中国物流重点课题报告

China Logistics Key Projects Report

（2007）

中国物流与采购联合会
China Federation of Logistics & Purchasing
中国物流学会
China Society of Logistics

中国物资出版社
China Logistics Publishing House

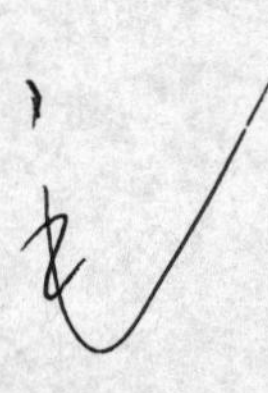

图书在版编目（CIP）数据

中国物流重点课题报告（2007）/中国物流与采购联合会，中国物流学会编.
—北京：中国物资出版社，2007.8
ISBN 978-7-5047-2703-9

Ⅰ.中…　Ⅱ.①中…②中…　Ⅲ.物流—研究报告—中国　Ⅳ.F259.22

中国版本图书馆 CIP 数据核字（2007）第 104618 号

责任编辑　胡郁林
责任印制　何崇杭
责任校对　孙会香

中国物资出版社出版发行
网址：http://www.clph.cn
社址：北京市西城区月坛北街 25 号
电话：（010）68589540　邮政编码：100834
全国新华书店经销
利森达印务有限公司印刷

开本：787mm×1092mm　1/16　印张：41　字数：972 千字
2007 年 8 月第 1 版　2007 年 8 月第 1 次印刷
书号：ISBN 978-7-5047-2703-9/F·1118
印数：0001—2000 册
定价：160.00 元
（图书出现印装质量问题，本社负责调换）

《中国物流重点课题报告》（2007）编委会

联合会研究室：010－58566575　010－58566588 转 133、135、132
网　址：中国物流与采购网（www. chinawuliu. com. cn）
电子信箱：hdc@ clfp. org. cn hdc@ csl. org. cn hedengcai@ sina. com

前　言

现代物流业是一个正在崛起的新兴产业，对其规律性的研究刚刚起步。近年来，中国物流与采购联合会、中国物流学会，伴随着我国现代物流业发展的步伐，先后推出了反映物流实践发展的《中国物流年鉴》和《中国物流发展报告》，展示优秀物流论文的《中国物流学术前沿报告》。现在，又一本汇集调查研究成果的《中国物流重点课题报告》与读者见面了。

《中国物流重点课题报告》收录了自2005年以来，联合会、学会承担国家有关部委研究课题及自主设立研究课题的精华部分。全书约70万字，入选了17篇课题研究报告，分为物流综合篇、专业物流篇和物流基础工作篇三部分。第一部分物流综合篇7篇文章，探讨了现代物流与科学发展观、国民经济增长的关系，研究了物流业发展的战略与规划问题、物流业整合问题、产业政策问题、民营物流企业发展和外资进入中国物流业的影响及其政策问题；第二部分专业物流篇6篇文章，分别从制造业、农业、商贸业、汽车物流、物流园区和跨国公司采购等方面，分析了发展的现状和问题，提出了相应的对策建议；第三部分物流基础工作篇4篇文章，对物流标准化、信息化、物流统计指标体系和采购经理指数等问题进行了研究。

《中国物流重点课题报告》所收文章，大部分保留了原貌，有的根据本书出版的需要由原课题组做了适当删减。课题组成员所在单位及职务，依据报告完成时提供的情况收录。文章选题比较宽泛，集中反映了当前我国物流业发展的重点、难点和热点问题。这些文章是在充分调查研究的基础上形成的初步结论，具有较强的实用性和针对性。研究报告中的有些建议，已被政府有关部门采纳；文中提出的数据和情况，被各类媒体广泛采用；有关物流行业基础性工作，已经依据课题研究的思路建立起来，并逐步完善。这些文章研究的内容，都是前人没有深入研究或较少涉及的问题，具有一定的开拓性和创新性。报告所提出的许多观点，对于确立现代物流的产业地位、形成有利于物流业发展的政策措施、引导物流企业的经营发展、普及现代物流的理念和知识，发挥了重要的推动作用。

《中国物流重点课题报告》是中国物流加速发展的产物，是各方关心支持的结果，也是联合会、学会工作的重要成果。进入21世纪以来，我国现代物流业快速起步，出现了一大批亟须研究的重大课题。物流实践的发展，又为课题研究提供了丰厚的土壤。特别是2005年全国现代物流工作部际联席会议成立以后，推动了现代物流业发展的合力逐步形成，为深入研究物流问题创造了有利环境。国家发改委、财政部、商务部、科技部、国务院国有资产监督管理委员会、国家统计局、海关总署等部门都委托联合会、学会进行了相关的课题研究，联合会、学会也根据实践发展的需要，自主设立了部分研究课题。这些课题的研究，得到了政府有关部门、研究机构和物流企业，以及专家学者的大力支持，先后参与研究的各方人士超过100人，参加讨论、提供资料的人士更是数以千计。可以说，本书的出版发行，是集体智慧的结晶，是行业组织依靠各方协商协作的成果。在这里，我们向所有参与、支持这些课题研究的单位和个人，表示衷心的感谢！

《中国物流重点课题报告》，也可以看做年度《中国物流发展报告》和《中国物流学术前沿报告》的姊妹篇，今后，我们还会按年度分别结集出版。这三本报告，将从不同角度描述中国物流业发展的进程，分析问题，展望前景，提出自己的解决方案，为政府、企业和国内外投资者提供决策参考，也可以作为物流研究、教学和管理人员的工具书。

我国的现代物流业正在快速发展，对其规律性的探索刚刚开始。本书提供的研究报告，只能是一个阶段，对某一问题的“一家之言”。希望读到本书的同仁提出宝贵意见，并与我们一起深入探讨。

编　者

2007年7月30日

目　　录

物流综合篇

专业物流篇

物流基础工作篇

物流综合篇

现代物流与科学发展观研究

内容提要：现代物流作为一门新型的复合型产业，近年来在我国发展很快。但从总体上来说，还处于初级阶段。无论是基础设施“硬件”条件，还是技术、管理和社会经济体制等“软件”环境，都存在很多问题。怎样在科学发展观的原则指导下，推进我国现代物流业加快发展，同时通过现代物流业的发展推动落实科学发展观，是当前我国物流业发展中面临的一个重大课题。

本课题首先明确界定了现代物流业的产业地位及其经济特征，回顾了现代物流业在国内外的发展历程，总结了现代物流业迄今在发展过程中所呈现的基本规律。其次，研究了现代物流的发展与科学发展观的内在关系，指出在科学发展观的指导下，现代物流的发展将极大地推动我国国民经济健康发展，提升我国产业国际竞争力，并有助于推动循环经济的发展和节约型社会的构建。在此基础上，就如何在科学发展观的指导下，加快我国现代物流业的发展，提出了以下五点建议：①搞好全国物流发展规划，提高宏观经济运行效率；②用现代物流的理念重塑微观基础，促进经济增长方式的转变；③大力发展“以人为本”的现代物流，推动和谐社会的构建；④结合循环经济发展现代物流，切实建立节约型社会；⑤提高宏观经济管理水平，创造有利于现代物流发展的环境。

一、现代物流与经济社会发展的关系

（一）现代物流的基本特征

1. 现代物流的发展历程与基本内涵

物流概念最早起源于美国，是美国“二战”期间军事后勤（Logistics）的组织管理思想、方法与技术。第二次世界大战后，美国经济界将其应用于工商企业和物资流通部门，称为“工业后勤”和“商业后勤”，其早期的基本含义是实体配送，即 PD（Physical Distribution）过程的有效管理，是将产成品由生产者送达批发商或零售商的过程中所伴随的一系列组织、协调、控制和经营管理活动。

20 世纪 50 年代，实体配送概念（PD）被引入日本，在日本被称为“物的流通”。日本对物流的运作机理与操作手段进行了较为深入的研究和实践，尤其在“企业物流”运作上取得了很大成功。1981 年，日本《物流手册》对“物流”的表述是：“物质资料从供给者向需要者的物理性移动，是创造时间性、场所性价值的经济活动。从物流的范畴来看，包括：包装、装卸、保管、库存管理、流通加工、运输、配送等诸活动。”后来，满足物流供需的活动不断拓展。

1985 年，美国物流管理协会（CLM）将 Physical Distribution 改为 Logistics。CLM 对 Logistics 的定义是：“物流是对货物、服务及相关信息从起源地到消费地的有效率、有效益的流动和储存进行计划、执行、控制，以满足顾客要求的过程。该过程包括流入、流出、内部和外部的流动以及以环境保护为目的的物料回收。”可见，Logistics 的概念领域较之于 Physical Distribution 更为宽广、连贯，更具整体性，已突破了商品流通的范围，把物流活动扩大到生产领域，这就是现代物流的概念。

随着全球性经济结构调整，世界进入了消费多样化、生产柔性化、流通高效化的时代。社会化大生产的发展和专业化分工的深化，使物流规模和活动范围在计算机和网络技术的支撑下不断扩大，物流企业向集约化、协同化方向发展。1998 年，美国物流管理协会对物流的概念做出了新的调整，即物流管理是供应链管理的一部分。供应链是“生产与流通过程中涉及将产品或服务提供给最终用户活动的上游与下游企业所形成的网链结构”。“供应链管理，即利用计算机网络技术全面规划供应链中的商流、物流、信息流、资金流等，并进行计划、组织、协调与控制[1]。”2005 年“美国物流管理协会”更名为“美国供应链管理协会”。从本质上说，供应链管理是企业内部和企业之间的供需管理的集成。21 世纪，电子商务与供应链管理将对物流的发展产生巨大的影响，跨国企业已引发新一轮的供应链战略。供应链管理的影响将引领世界物流业的发展方向。

“物流”自 20 世纪 70 年代末引入我国，经历了近 20 年的发展，“物流热”只是近几年的事情。1999 年 11 月，国家经贸委、世界银行举办“现代物流发展国际研讨会”，时任国务院副总理的吴邦国同志指出：现代物流是“中国经济发展的重要产业和新的经济增长点”，并要求“中国物流要实现跨越式发展”。2001 年，原国家经贸委等六部委联合印发了《关于加快我国现代物流业发展的若干意见》，这是我国政府有关部门第一个关于加快现代物流业发展的文件。2003 年，全国政协经济委员会提出《关于我国现代物流情况的调研报告》，引起了国务院领导的高度重视。2004 年 8 月，国家发改委等九部门联合印发了《关于促进我国现代物流业发展的意见》，推动我国现代物流的发展进入理性、务实、快速发展的新阶段。

2. 现代物流的运作机理

现代物流的运作机理，可以从不同的角度来理解。从现代物流的技术手段上看，是信息化，包括电子商务、快速反应等。通过运用更新、更快和更便宜的计算机软硬件及电子通信技术，使企业用更低的信息资产成本去替换昂贵的库存、运输和其他传统的物流成本[2]。从现代物流的运作主体上看，反映在“第三方物流”企业，还包括供应链的核心企业、供应链集成商等专业机构。强调企业从事核心业务，将非核心业务实行外包，从而实现“重心集聚战略”，提升企业核心竞争力。从现代物流的运作对象上看，是企业内部和企业外部的物流整合，包括社会物流和宏观物流资源的整合等。但就其本质而言，现代物流的运作机理是通过对现代技术的运用和不断优化的管理模式，在一个不断变化的社会经济系统中实现人类劳动对象在时间和空间上的更便捷、成本更低廉地转移。

现代物流这种追求“更便捷、更低廉”的运作机理，从局部的准时生产（Just in

Time）和广泛的国际贸易都能表现出来。从准时生产来看，它的出发点是不断消除浪费，追求无库存生产，即在合适的时间，将合适的原材料和零部件，以合适的数量，送往合适的地点。从国际贸易来看，为了保持和增加市场份额，一个企业必须以有竞争力的价格在合适的时间和地点提供合适的产品。这表明必须正确地实现四个基本功能：商品的供应、储存、运输和市场营销。即通过生产或贸易产生使消费者满意的货物；储存这些商品一直到需要的时候；运输送达需要的地方；市场营销将商品最终转移到认为其有价值的消费者手中[3]（见下图）。

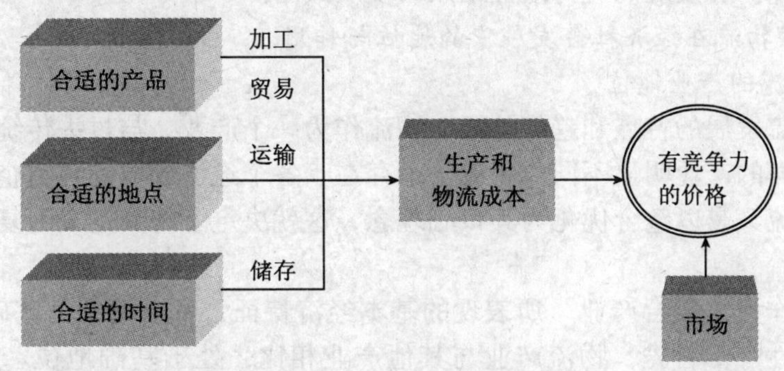

趋向于一个有竞争力的价格

现代物流是在现代制度和技术环境中产生和运作的，所以其必然要和现代的制度形式和技术相耦合。有学者提出物流运行的六大要素[4]，即①物流劳动人员，包括物流管理人员；②物流劳动对象；③物流劳动资料，即物流运行所需的装备；④物流劳动环境，包括自然、社会和政治环境；⑤物流劳动空间；⑥物流劳动时间。据此，我们也可以从技术、制度环境、人力资源环境、自然环境等方面来分析现代物流的运作机理。

（1）从技术角度看，现代物流是现代技术的产物，其运作和发展在根本上是对现代技术的应用，并支撑和推动现代经济系统的运行。目前已形成以信息技术为核心，以运输技术、配送技术、装卸搬运技术、自动化仓储技术、库存控制技术、包装技术等专业技术为支撑的现代化物流装备技术格局。其发展趋势表现为信息化、网络化、自动化、智能化和集成化。

（2）从制度环境看，现代物流产业是社会分工深化和经济集约化这两大趋势发展的结果，要求有一个有利于专业化分工、有利于整合的制度环境。有利的制度环境能够协调物流业与其他产业之间的联系，优化物流产业结构，并推动其向高级化的方向发展，促进现代物流业空间布局、地区分工协作、资源配置和利用的合理化；更重要的是，通过建立正常的市场秩序，提高物流市场绩效，加快物流产业基础软硬件设施的建设，以支持物流产业的健康发展。

（3）从人力资源环境看，现代物流以现代管理科学为基础，人的智力活动被整合进入其核心要素当中。现代物流只有吸纳掌握了现代科技、现代管理知识的专门人才，才能正常、高效地运作，真正发挥其社会、经济功能。同时，还必须吸纳掌握现代科技知识，懂市场、善服务的专门人才。因为现代物流是在高度竞争的市场化环境中进行的，对市场的开拓和管理，对客户的服务及其标准的制定和执行，是现代物流产业部门必须重视的核心活动内容。

（4）从自然环境角度看，现代物流应不断调整以适应两个方面的挑战：一是由于时间和空间的障碍对人类经济活动的约束日益削弱，市场对时间和空间转换的要求就越来越高。现代物流将以活动方式的技术化、组织形式的网络化以及活动内容的服务化来满足现代经济活动的需要。二是由于人类长期以来的经济活动对自然环境的破坏，保护环境成为现代经济活动不可回避的一个主题。现代物流将不断地制定和实行新的规范、标准，将环境保护和发展的可持续性纳入其发展战略。

（二）现代物流在经济社会发展中的地位与作用

1. 现代物流的产业地位

从现代物流发展的特点和趋势分析，物流作为一个产业，与过去传统意义上具有相对独立发展界面的产业明显不同。物流管理存在于各个经济领域和各类企业的各个经济活动环节，物流又是以整合优化为其核心理念，这就决定了将其定义为复合产业比较符合其产业特征。

现代物流作为“复合产业”所表现的基本经济特征，可以概括为基础性、整合性、服务性、广泛性[5]。首先，物流产业与其他产业相比，处于基础地位。从物流产业所覆盖的行业来看，它包括公路、水运、铁道、航空等运输行业，也包括储备、邮政、电信等公共行业。这些行业的基础与公共性质，决定了物流产业在国民经济中的战略地位。物流产业的重要性，与其说它是国民经济的支柱产业，不如说它是其他所有产业发展的基础。

其次，物流产业是整合性、服务性产业，它的竞争力是以提高其他产业竞争力为目的的。有关数据表明，物流成本可能占到商品价值的30%～50%，同时，由于服务费的高涨，产品的制造成本已不足总成本的10%，而与储存、搬运、运输、销售、包装等活动耗费的成本相比，产品的加工时间只有这些活动耗时的5%[6]。在现代物流诞生之前，运输、仓储、包装、装卸搬运和流通加工等物流活动已经零散和分立于不同的产业之中，人们对这些活动都是分别进行和管理的。而专门从事物流服务的第三方物流企业正是通过系统整合，降低社会经济系统各要素在时间和空间上转换的成本，形成价值增加的一个源泉。

最后是广泛性，物流产业牵引范围之大是别的产业不可比拟的。从对外贸易拉动经济的作用来看，发展中国家面临这样的现实：每个贸易国家都在被迫调整对外贸易管理关系，作为一种影响，也在调整国际物流和运输产业的关系。换句话说，发展中国家国际贸易导向产业的成功发展，越来越多地依赖于与国际物流服务网络有效联系的能力[7]。所以，每个国家的物流产业无疑都是以经济全球化为背景的，都是国际物流服务网络的一分子。例如，上海外高桥国际物流区港联动，将拓展国际中转、国际配送、国际采购和国际转口贸易四大功能，推动上海乃至整个“长三角”地区的经济发展。

除了上面讨论的经济价值之外，现代物流是通过改善城市功能、改善流通、改善交通、环保等方面直接服务城乡、服务社会，从而创造经济、社会及生态价值。例如，日本政府在2000年7月出台了《新综合物流施策大纲》，提出了到2005年要实现的两个目标：①构筑包括物流成本在内的具有国际竞争力的物流市场；②建设低环境负荷的物流体系为循环型社会做出贡献。

2. 现代物流的发展前景

目前，我国经济运行的物流总费用远远高于欧美发达国家，物流领域的管理水平和效率还比较低，说明我国物流成本下降的空间还非常大。如何衡量降低物流成本的潜力？国际上有一个通行的指标，就是物流总费用与 GDP 的比率。下表是联合国贸发组织所列的美国经济中物流费用的演变情况。从 1982～1999 年，美国的国内生产总值增加了 193.9%，而物流总费用仅增加了 78.8%。结果是物流在 GDP 中比率从 16.35% 降到 9.9%。而我国全社会物流总费用与 GDP 的比率，自 1998 年降到 21.4% 以来，连续 7 年上下徘徊，2004 年仍为 21.3%。虽然中美两国产业结构有所不同，但这从一个侧面也反映了我国物流的粗放与落后。2004 年，我国工业企业流动资产平均周转次数为 2.1 次，流通行业也不到 4 次，而发达国家高于我国几倍甚至十几倍，也反映出我国物流效率低下。与发达国家相比，我国物流总费用与 GDP 中的比率有 10 多个百分点的降低空间，每下降 1 个百分点，因物流总费用下降所形成的节约将超过 1000 亿元人民币[8]。这表明，物流产业将成为我国经济增长新的利润空间。

美国物流总费用的变化

项目	1982 年	1987 年	1992 年	1996 年	1999 年
物流总费用（亿美元）	5150	5520	6470	7970	9210
GDP（万亿美元）	3.15	4.54	5.95	7.58	9.26
物流总费用/GDP（%）	16.35	12.16	10.87	10.51	9.9

3. 现代物流对社会经济发展的作用

一是可以提高我国的国际竞争力。一方面，发达的物流产业和基础设施有助于改善投资环境，吸引更多的外国企业和国际资本。另一方面，在我国经济融入世界进程加快的背景下，加快我国物流产业的发展已不仅仅是强化物流领域的竞争能力问题，更重要的是，为我国企业和整个国民经济创造一个高效的物流环境，从整体上提高我国企业和我国经济的竞争力。

二是能够促进国民经济各产业部门的健康发展。现代物流的发展以信息技术在生产、流通与交通运输领域的应用为基础，有助于我国相关产业走新型工业化道路。首先是促进制造业调整传统的“大而全”、“小而全”的经营组织形式，降低物流成本，提高核心竞争能力。其次是促进新型商业企业和业态的发展。最后是促进交通运输业的改造和物流服务方式的创新，带动许多相关领域的发展，如物流设备制造行业、电子商务等。

三是有利于贯彻科学发展观，全面建设小康社会。发展现代物流业，可以提高运输效率，减少迂回运输和空驶，缓解交通拥堵问题，降低能源消耗和废气排放，符合可持续发展战略的要求；同时也是国家救灾应急、处理突发性事件，经济安全和社会稳定的有效保障。发展现代物流业，可以促进城乡商品流通，推动城乡经济、区域经济协调发展，改善城乡居民生活。特别是最后一公里的“末端配送”都要靠人力来完成，将会增加新的就业机会，并满足人民群众对多样化、高质量的物流服务需求。

二、科学发展观对现代物流发展的要求

（一）科学发展观的内涵

1. 科学发展观提出的背景

改革开放以来，我国社会主义现代化建设取得了举世公认的伟大成就，经济增长方式转变也取得了很大成效。但是，在社会经济发展过程中也存在一些问题，主要表现在以下四个方面：

（1）经济增长方式的粗放性。我国经济的快速增长在一定程度上是依靠资金、劳动力和自然资源等生产要素的粗放投入实现的。新中国成立50多年来，我国GDP增长了10多倍，矿产资源消耗增长了40多倍[9]。与高投入相伴随的是高消耗。我国单位产出的能耗和资源消耗水平明显高于国际先进水平，火力供电煤耗高22.5%，水泥综合能耗高45%。我国农业灌溉用水利用系数是国外先进水平的一半左右，工业万元产值用水量是国外先进水平的10倍[10]。

这种增长方式必然给环境带来沉重的负担。我国废弃物排放量大大高于发达国家，每增加单位GDP的废水排放量比发达国家高4倍，单位工业产值产生的固体废弃物比发达国家高十多倍。同时，我国循环经济的发展严重滞后。目前，全世界钢产量的1/3、铜产量的1/2、纸制品的1/3来自循环使用。而我国资源回收率比较低，综合利用率不高，每年约有500万吨废钢铁、20多万吨废有色金属、1400万吨的废纸及大量的废塑料、废玻璃等没有回收利用[11]。

（2）产业、城乡和区域间发展失衡。我国经济结构不协调，严重制约着经济的整体增长和总体效益的提高。从农业来看，“三农”问题不仅直接影响农民收入水平和消费水平的提高，而且影响农村市场的开拓，进一步制约着其他产业乃至整个国民经济的快速增长。从服务业来看，其增加值占GDP的比重只有32.3%，不仅低于全世界平均64%的水平，而且低于低收入国家平均45%的水平[12]。服务业不发达，就难以促进其他产业的专业化分工和技术创新。从工业来看，高技术产业发展相对滞后，装备制造业的水平不高，产品的层次和附加值低，产业竞争力差，增长代价大。

我国城乡之间存在巨大的发展差距。有关调研发现[13]，我国城乡之间的人均收入比率已由1995年的2.7%提高到2002年的3.1%，城乡收入差距仍呈拉大趋势。同时地区发展差异也在扩大。1988～2002年，我国东西部的人均GDP绝对差由1762.25元增长到了9132.24元，东南沿海与西南地区的绝对差从934.46元增长到了1万元以上，年均差距增长达1141.51元[14]。

（3）制度建设滞后，严重影响社会经济发展。具体而言，体现在市场基础制度和社会公共政策建设两个方面。

从市场基础制度看，我国的市场制度还很不完善，市场体系并不健全，各种非市场甚至是反市场力量导致的市场分割很严重。还存在各种形式的地方保护主义以及行业、

部门垄断。加入世界贸易组织后，政府面临进一步打破地方保护，健全全国统一、公平竞争、规范有序的市场体系的紧迫任务。

在公共政策方面，我国的公共管理从理念、体制和具体的管理行为表现为：政府是公共管理的实施者，公民是公共管理的接受者，这种由政府向公民的管理单向性，以及体现公共权力的公职持有人的服务意识的淡薄，造成公民在公共管理中的缺位。这种环境下制定公共管理和公共政策，影响市场的活力和自主性，阻碍高效、规范、有序的社会主义市场经济的建立和发展。

(4) 在经济全球化时代，产业的国际竞争力亟待提高。我国对外贸易的发展主要是由加工贸易带动的，改革开放以来加工贸易逐年发展，到2004年进出口加工贸易占对外贸易总额的比重达到了47.6%，其中加工贸易出口额占出口总额的55.28%[15]。同时，企业创新能力不足导致缺乏具有自主知识产权的有竞争力的产品，从而在国际竞争中受制于人，近些年在电子产品的知识产权上和国外企业之间的数起官司就是巨大的警示。

更为重要的是，我国产业的生产效率和国际先进水平存在巨大差距。2003年，我国以世界最大的煤炭消费、世界第二位的石油和电力消费，以及世界近50%的水泥、35%的铁矿石、20%的氧化铝和铜消费，只创造了占世界4%的GDP[16]。《2004年洛桑报告》指出，中国整体竞争力持续上升的根源在于GDP的持续增长，其他要素指标并未明显改善；经济增长对能源消耗的依赖加大，可持续发展能力受到制约；中国制造业规模扩张的基础是以低水平劳动生产率为代价的。

正是在上述背景下，2003年10月，中共十六届三中全会审议通过了《中共中央关于完善社会主义市场经济体制若干问题的决定》。《决定》提出，要完善社会主义市场经济体制，做到统筹城乡发展，统筹区域发展，统筹经济社会发展，统筹人与自然和谐发展，统筹国内发展和对外开放的要求（以下简称为“五个统筹”）。总起来说，就是要树立新的发展观，实现全面、协调、可持续发展。2005年10月召开的中共十六届五中全会上，更加明确规定了科学发展观是“十一五”规划的指导思想。

2. 科学发展观的基本内涵

科学发展观的基本内涵可以从两方面——“协调与可持续发展”来加以理解。协调发展从质上看，强调和谐的发展环境，以整体的发展为发展的基础；从量上看，协调发展意味着各发展要素在适当的比例制约下合理地发展。所谓可持续发展是“既满足当代人的需要，又不对后代人满足其需要的能力构成危害的发展”（布伦特兰委员会，1987）。对于科学发展观的含义，可以从以下几个方面加以把握：

(1) 科学发展观的第一要义是发展。

离开发展，就无从谈起发展观，更无从谈起科学发展观。社会运行的基本形式是发展，人类生存的基本要求靠发展，中国解决一切问题的关键在发展，发展是硬道理。

(2) 科学发展观的根本要求是统筹兼顾，协调发展。

首先，要坚定不移地坚持“五个统筹”。推进改革开放，促进社会资源的优化，把各方面的积极性充分调动起来，为发展提供强大的动力。

其次，要矢志不渝地推动经济社会全面、协调、可持续发展，全面推进社会物质文明、精神文明和政治文明建设，实现“三个文明”的共同发展。把实现社会主义现代化建设“三步走”、发展战略、科教兴国战略、可持续发展战略、西部大开发战略、振兴东北、中部崛起等战略性举措落实到经济社会发展的重大实践中去。

最后，要妥善处理发展中遇到的矛盾和问题，妥善处理好诸如经济发展与社会发展、城市发展与农村发展、区域间发展、不同利益群体间、经济增长同资源环境、改革发展与稳定、物质文明建设同政治文明建设及精神文明建设、经济体制改革与政治体制改革、国内发展与对外开放的关系。

（3）科学发展观在体制上要求进一步深化改革，完善社会主义市场机制，促进全国统一有序的市场体系的建设，不断增强经济发展的活力。

（4）科学发展观在技术上强调坚持以信息化带动工业化，以工业化促进信息化，调整和优化产业结构，提高经济运行质量和竞争力。

（5）科学发展观在政治上要求加强政治建设，增强党和国家的活力，充分发挥各族人民的力量和智慧。

（6）科学发展观强调以人为本，通过提高人的素质来提高劳动生产率、科技贡献率和管理效能，强化先进文化对经济发展的支持作用。

（7）科学发展观要求强化治理和保护生态环境对经济社会发展的基础作用。

（二）践行科学发展观对现代物流发展的要求

1. 现代物流与科学发展观的关系

落实科学发展观，贯彻“五个统筹”，是解决我国经济社会发展中突出问题的迫切需要，也是现代物流发展的根本指导和机遇所在。当前我国正处于工业化发展的中期阶段和重化工业发展时期，生产、流通和消费结构的变化，城市化步伐的加快，对物流的规模与质量提出了新的更高的要求。经济和社会协调发展，全面建设小康社会，都涉及构建符合城乡人民生产、生活和消费需要的现代物流服务体系。如何运用现代物流管理和技术，以最少的物流资源完成尽可能多的物流量，提高物流服务的质量、效率和效益；如何建立应急物流系统，积极应对国际、国内和自然方面的不确定因素，都是现代物流发展需要考虑的课题。

发展现代物流，符合科学发展观的要求。从我国当前的经济运行来看，存在着产业结构不合理，经济发展区域不平衡，经济系统技术水平低、效率低，信息化水平发展落后，循环经济发展滞后，自然环境负荷不断加重等问题。发展现代物流，可以解决和缓解这些问题。发展现代物流，从其社会经济功能来看，有利于加快商品流通和资金周转，降低社会流通成本，提高国民经济运行的质量和效益；有利于促进城乡和地区间商品流通，缓解区域发展差异的矛盾；有利于循环经济发展和节约型社会的建立。

2. 现代物流科学发展的内在要求

（1）物流发展必须与产业结构调整、优化相协调。物流业作为我国国民经济的一个产业，在它的发展过程中，既涉及物流基础设施建设、物流设备制造业、物流信息业等诸多产业部门，还涉及物流经济活动中的运输业、仓储业、包装业、货运代理业、物流咨询服务业等诸多行业，以及国家经济建设和人民生活的方方面面。因此，物流产业政策的制定要考虑到与国民经济其他产业部门的协调发展，同时，使物流产业内部资源得到有效整合。

(2) 物流发展必须与工农业生产相协调。现阶段，工业是我国国民经济的主导产业，农业是我国国民经济的基础产业。物流业不仅是连接工业生产活动和农业生产活动的桥梁和纽带，而且是连接工业生产各个部门、各个企业的桥梁和纽带。因此，我国的物流产业政策在促进物流产业发展的同时，必须与工农业生产的发展相协调，使物流产业的成长与我国工农业的发展能够相互促进，共同发展。

(3) 物流基础设施建设必须与物流资源整合相协调。目前，各级政府正面临“十一五”规划的编制工作，应按照科学发展观的要求，对物流基础设施建设与物流资源整合的问题引起足够重视。我国物流基础设施建设的投入产出模型如何构造，现代物流发展中的数量关系，需要进行认真的宏观经济分析。要在各地物流发展预期的基础上，通过有效协调，进行全国物流“一盘棋”的动态规划及决策，最大限度地实现物流资源的优化配置。

(4) 城乡物流发展必须相互协调。我国城乡物流的协调发展是我国的国情所决定的。我国是一个农村人口占多数的国家，农村人口约占我国人口的80%。加快我国物流产业的发展，不能离开农村、农民和农业。在我国高科技农业发展的进程中，存在现代物流发展的巨大需求，同时也离不开现代物流的支持。政府要注意各地农村物流基础设施的建设和布局，激活农村物流市场，让现代物流贴近城乡人民的生活。

(5) 物流产业的发展必须与信息产业、金融业相协调。在现代经济活动中，商流、物流、资金流、信息流，这“四流”是紧密联系、不可分割的有机统一体。由于物流受时空的限制，是现代信息社会经济交往的“瓶颈”，所以，虽然物流产业的健康发展，离不开信息产业的协同发展和金融业的协调共进。但是，物流产业政策的制定，必须充分反映物流产业的经济特征，让我国物流产业有一个长足进步。

(6) 发展现代物流必须与加快物流人才培养相协调。发展现代物流需要人才。现代物流几乎涉及国民经济的各个经济领域、产业部门和行业，仅现代物流活动本身的范围，如采购、生产、仓储、搬运、运输、货代、包装、配送、咨询服务、订单处理、存货管理等，就涉及十几个领域。国家需要对各类现代物流人才的培养标准和规格提出相应的要求，制定相应的人力资源战略和政策，以指导和加快现代物流人才的培养。

(7) 我国物流标准的制定必须与国际物流体系、标准相协调。制定、修订国家物流标准是我国物流发展实践的需要，已经提到政府的议事日程上来了。我国物流标准的制定、修订，要具有前瞻性，既要充分考虑我国已经加入WTO、我国的物流发展与国际物流体系日益融合的客观实际，使我国的物流标准与国际物流体系、物流标准相协调，也要注意保护我国的经济安全和重大知识产权。

3. 加快我国现代物流发展的意义

第一，现代物流是一个国家现代化的重要方面，现代物流的发展程度是衡量一个国家产业化水平和综合竞争力的重要标志。从世界经济发展过程来看，物流的高度发展与工业化发展过程相一致。英国工业革命后“世界工厂”的形成，日本经济奇迹及其工业化进程都得益于先进的物流系统。目前，我国正处于全面建设小康社会和实现工业化的发展阶段，流通现代化建设十分紧迫。流通现代化的核心是现代物流体系的建设，没有物流现代化就不可能有流通现代化。2004 年，我国国内生产总值达到 13.65 万亿元；社会消费品零售总额和生产资料销售总额分别达到 5.4 万亿元和 11.4 万亿元；进出口总额超过 1.15 万亿美元[17]。如此大的市场规模，没有现代物流就难以保证经济持续健康运转。例如，“煤电油运”长期紧张，经济运行就难以正常。可以肯定地说，没有现代物流的充分发展，就难以实现一个国家的现代化。

第二，现代物流产业的发展，将减少由于低水平、条块分割的物流方式造成的巨大物耗，实现全社会的巨大节约。我国传统物流采取的是“大而全”、“小而全”的经营方式，各种物流方式互不关联，物流过程中的物耗惊人。据估算，全国一年蔬菜损失价值达 1354 亿元，粮食损失价值达 35.7 亿元，包装破损造成的商品损失约 300 亿元[18]。在传统的物流模式下，一件商品从生产环节到最终的消费环节，至少要搬运十几次，如果实行社会化、专业化的多式联运、一单到底，就可以减少物流过程中的物耗。与此同时，各种运输方式自成体系，也造成了大量运力的浪费。另外，流通加工领域的物资充分利用和综合利用，对建立节约型社会，发展循环经济也潜力巨大。

第三，现代物流产业的发展，将加快资金周转，提高资金使用效率，是提高经济运行的质量和效益的现实选择。目前，全国长年积累的库存商品高达 4 万亿元左右，约占年度 GDP 的三分之一[19]。落后的物流和巨大的库存占压资金，使我国众多企业资金周转极其缓慢。国内外成功企业的发展经历告诉我们，建立或运用先进的物流系统，是加快资金周转的有效途径。如美国戴尔计算机公司、美国波音飞机公司、通用汽车公司和我国的海尔集团，无不借助先进的物流系统保证其经济运行的质量和效益。现代物流体系发达的日本企业流动资金年平均周转 15～18 次。沃尔玛、麦德龙、家乐福等跨国连锁流通企业的年周转速度则高达 20～30 次[20]。可见，我国工业、商业企业加快资金周转、提高效益的前景广阔。

三、我国现代物流发展的阶段性特征

（一）我国物流发展的历史与现状

1. 我国物流发展的历史

根据新中国成立以来我国经济以及物流活动的发展变化，我国物流产业发展的历史大体上可分为三个阶段：

第一阶段，新中国成立以后至 20 世纪 70 年代末期。

在这一时期，我国一直实行高度集中的计划经济体制，生产企业的原材料供应、生产、销售，流通企业的采购与销售，仓储、运输企业的经营管理，都是在严格的计划体制下进行的。企业普遍存在“大而全”、“小而全”的现象，没有物流的概念，更没有系统管理物流活动的理论与机制。

第二阶段，20 世纪 70 年代末至 90 年代。

十一届三中全会以后，随着改革开放步伐的加快、国内商品流通和对外贸易的不断扩大，物流开始得到重视。由于我国长期实行计划经济体制的原因，政府部门有组织、有计划地推动商品配送工作是 1990 年，即原国家物资部和国家体改委，在经济比较发达的无锡市等 11 个城市进行了以发展配送制为重点的物资流通综合改革试点。此间，物资短缺，国有企业改革仍处于“搞活”阶段，还不可能出现真正意义上的现代物流。

第三阶段，20 世纪 90 年代至今。

20 世纪 90 年代以来，随着经济体制改革的深化，我国国民经济进入高速发展时期。我国工商企业，特别是中外合资企业，为提高竞争力不断提出新的物流需求。为适应市场变化，传统的运输、储运、货代及批发贸易企业等转变成专业化的物流企业，由提供单一服务向多功能服务转变，由国内市场向全球市场发展。并投资建立自己的现代化仓库、集装箱货场，启用 ERP 管理软件、GPS 卫星定位系统等，为发展现代物流提供设施、技术和信息保障。同时，民营及外资企业也开始进入物流市场。1999 年 11 月，国家经贸委、世界银行举办的“现代物流发展国际研讨会”之后，全国上下开始将发展物流业提到重要的议事日程中来。

2. 我国物流发展的现状

总的来说，目前我国的现代物流业已经由粗放的起步阶段开始进入理性、务实、快速发展的新阶段。具体表现在以下几个方面：

（1）物流业加速发展，规模不断扩大。据统计，2004 年，我国社会物流总额达 38.4 万亿元，同比增长 29.9%（按现价计算，下同）；国内物流业实现增加值 8459 亿元，同比增长 8.4%，当年物流增加值占 GDP 的 6%，占第三产业增加值的 19%；从业人员超过 5000 万，在非农产业中仅次于制造业，居第二位；港口吞吐量达 41.7 亿吨，其中集装箱吞吐量达 6160 万标准箱，位居世界第一位[21]。

（2）物流基础设施和技术装备得到发展，物流技术条件不断改善。截至 2004 年年底，全国公路通车总里程达 187 万公里，高速公路里程达 3.43 万公里，居世界第二位；沿海港口拥有生产性泊位 35108 个，其中万吨级深水泊位 944 个，内河航道里程 12.33 万公里。全国各地拥有等级道路货运站 1802 个，年货物吞吐量 13.2 亿吨[22]。仓储设施投资规模呈现快速增长趋势。现代包装技术和机械化、自动化货物搬运技术已开始应用。近年来，一些企业为了提高仓储作业效率，投资建设了自动化立体仓库或智能化配送中心。同时，物流信息技术逐步得到应用并加快普及。

（3）物流行业得到各级政府的重视和支持。2004 年 8 月，九部委《意见》出台，明确了支持现代物流发展的各项政策措施；同时，由国家发改委牵头制定全国物流业发展总体规划；国务院相关部门对现代物流发展形成共识，分别从不同角度推动现代物流发展。全国现代物流工作部级联席会议制度的建立和运作，标志着我国政府推进现代物流业发展的综合协调机制已经形成。与此同时，全国已有 20 多个省市 30 多个中心城市作出或正在制定物流发展规划；区域经济发展较迅速的地区，已着手研究和制定有关政策。

（4）各类物流企业快速成长，企业经营、服务创新出现新局面。一是国有物流企业重组改制，加快向现代物流转型；二是民营物流企业超常发展，一些企业营业收入总额已超亿元甚至 10 亿元；三是外资和中外合资物流企业加快进入我国物流市场。各类物流企业根据物流市场需求和自身优势，发展了诸如汽车物流、家电物流、医药物流、烟草物流等专业化的物流形态，服务水平得到较快提高。企业在竞争中相互融通，互为补充，促进了经营和服务创新，出现了区港联动、仓单质押、精益物流、物流地产等新的经营服务模式。

（5）制造业和商贸企业引进现代物流理念，现代物流管理得到普遍重视。一些大型工业企业开始重视现代物流技术的应用，以订单为中心改造现有业务流程，在生产、原材料采购以及产品销售、配送和运输、仓储等方面实行一体化。商贸企业也在不断加快改制重组，发展连锁经营、统一配送和电子商务，以整合供应和销售物流为重点，努力与上下游企业建立供应链战略合作伙伴关系。

（6）物流标准化、信息统计、人才培养等工作取得突破。一是现代物流标准化工作全面启动。全国物流标准化技术委员会和全国物流信息管理标准化技术委员会制定了《现代物流标准体系表》，提出了急需制定、修订的300多项物流标准。二是已经建立国家物流统计核算制度。三是物流教育培训发展很快。截至2004年年底，我国已有140所高校开设物流专业，其中物流管理专业101所，物流工程专业39所[23]。我国物流师职业认证制度已经建立，劳动和社会保障部发布了《物流师职业资格国家标准》。截至2005年上半年，中国物流与采购联合会组织近2万人参加了物流师职业资格培训，其中1.2万人取得了资格证书。与此同时，一些行业协会还积极引进国际上成熟的物流与采购方面的资格认证体系。经过各方面的努力，物流人才严重短缺的局面有所缓解。

3. 我国物流发展中存在的问题及其成因

（1）我国物流发展中存在的突出问题

一是物流资源供需不平衡。一方面企业物流运作模式受“大而全”、“小而全”思想影响，习惯于自成体系，自我服务，大量潜在的物流需求还不能转化为有效的市场需求；另一方面物流企业规模小，实力弱，功能单一，服务质量和效率难以满足社会化物流的需要。这几年，我国第三方物流虽发展很快，但真正能够提供一体化服务的企业还不多。

二是基础设施建设的“瓶颈”制约。近年来出现的煤电油运紧张状况，同物流供给能力不足有直接关系。物流投资增长机制僵硬，物流用固定资产投资实际增长幅度明显低于需求增长。供需矛盾最突出的铁路运输投资增幅只有16.5%，低于同期全社会固定资产投资增长25.8%的水平[24]。经济圈之间的物流缺乏规划；省际高速公路“断头”，严重影响通行效率。2004年，我国需要运输的实物量增长20%左右，而实际完成的货运总量只增长了10.6%，使货物在途时间延长，压港、压库严重，增加了物流成本[25]。在这几年兴起的“物流热”中，各地规划了一些物流园区项目，也出现了借机“炒作”，圈占土地、搞房地产的问题，真正投入运行的园区并不多。

三是体制方面的障碍。物流的产业形态和行业地位不明确。物流组织布局分散，物流资源条块分割。地方封锁和行业垄断对物流资源的整合和一体化运作形成体制性障碍。物流企业普遍反映，许多地方对本地企业和外地企业不能一视同仁，存在地方保护的问题。我国物流法律体系和诚信体系建设的滞后，也影响着物流市场的发展和正常秩序的建立。在我国，与物流有关的政策分属不同部门，缺乏统一、透明的产业政策体系。

四是政策环境的影响。虽然九部委已出台了《意见》，但需进一步落实。在实际管理中，企业登记、发票使用、税收抵扣、企业资质评定等，都有自有车辆数量的硬性规定，这是整合社会资源的一大障碍；物流企业业务外包时，营业税应征基数偏高，除运输费用以外的物流费用不能抵扣、大型物流企业异地分支机构还不能统一缴纳所得税；在养路费、运管费、货运附加费、过路过桥费方面收费过高，企业负担重；由于各地限制货车进城，不少物流企业采用小型客车送货，既不安全，又增加了成本，还影响到及时配送；海关与动检、卫检、商检、外管局等相关部门不能联动，与企业信息系统也没有接口，又不允许企业预录入，延缓了通关速度。

（2）我国物流发展中问题的深层原因

我国物流发展中存在的问题，有其背后的深层原因，主要是经济发展水平的制约、社会经济体制的制约，以及人们对作为一个新产业的物流的发展规律认识不够。

一是社会经济发展水平的制约。我国经济发展的总水平还很有限，社会经济呈现出典型的二元特征。这就决定了我国物流发展在总体上不可能处于一个较高的水平。比如我国总体技术水平低，物流业的装备水平就低；我国整个信息技术应用的落后，物流业自然不会例外；我国第三方物流发展不足也和我国社会分工发展不够密切相关。所以，我国物流发展最终取决于我国整体社会经济发展水平的提高。我国多层次经济发展水平并存决定了物流发展阶段的多层次性。也就是说，我国的物流发展也呈现出多层次性，高效的现代物流与传统物流并存，以现代科技为基础的发达物流与以人力为基础的简单物流活动并存。

二是社会经济体制的制约。我国是一个处于多重转型中的国家，其中最关键的是经济体制的转型，即从传统的计划经济体制向现代的市场经济体制过渡。由于我国采取的是渐进主义的改革路线，这就使得计划经济的某些特征和功能只能是逐步退出和消逝。在一个比较长的时期，两种体制的不协调甚至是冲突难以避免，从而使宏观体制环境很难产生协同效应。体制和政策环境的“软约束”导致物流综合协调能力薄弱。比如体制性约束，一方面现代物流发展需要相对综合的协调管理机制，另一方面现有的传统体制又造成条块分割，难以协调，形成了对物流发展的约束。

三是人们对作为一个新产业的物流的发展规律认识不够。2003 年 7 月，中国物流与采购联合会会长陆江在《经济日报》发表名为《要处理好现代物流发展中的几个关系》的文章，提出要处理好现代物流发展的八大关系，即“物流需求和供给的关系”、“物流手段与目的的关系”、“现代物流和传统物流的关系”、“新建和改造提升原有物流资源的关系”、“物流企业和企业物流的关系”、“物流产业与经济发展的关系”、“政府作用与企业运作的关系”、“国外经验和我国国情的关系”，这些关系对于物流的研究与发展来说都是极其重要的，但是我们在总体上对这些问题的认识还很有限。

（二）我国物流发展与国外物流发展的阶段比较

1. 对我国物流发展阶段的判断

虽然物流概念的提出至今已有近百年历史，但作为现代意义上的物流，至今其实没有多少年的历史。以现代社会大生产为基础的现代物流，其历史要更短。美国是在 1988 年真正开始走向现代物流的，而日本也是在 1992 年开始的。物流概念引入我国至今虽然只有 20 多年时间，但近 10 年我国的市场经济关系总体上是买方主导、竞争加剧，为现代物流的发展提供了市场空间。特别是近 5 年，也就是我国加入世贸组织的前后几年，我国现代物流的发展从理论和实践上都加快了步伐。

所以，我国与发达国家现代物流发展的差异主要不是由现代物流发展在时间上的“早晚”所造成的，而主要是由我国和发达国家在经济体系、社会经济发展水平以及技术水平上的差异导致的。美国、日本和西欧都有一个从传统物流向现代物流“转型”的过程，都是在20世纪80年代以后才实现物流“现代化”的。从总体上看，发达国家现代物流业已经发展到一个相对较高的水平，而我国仍处于从传统物流向现代物流转型的过渡阶段。我国物流产业能否实现“跨越式”发展，国内许多学者进行了研究。如果按部就班，自发演进，必将持续落后于发达国家，而要加快发展，就应充分发挥我国在物流产业方面的后发优势，实现我国物流产业的“跨越式”升级[26]。

2. 与发达国家物流发展差距的分析

（1）物流发展所依托的经济体系上的差距。发达国家在大约一个世纪以前就已经实现了工业化，并已经向“后工业化”转型。其经济结构中，第三产业所占的比重平均高达60%以上；市场制度较为完善，信息技术、循环经济发达，物流效率高、竞争力强。我国现在仍然处于工业化阶段，社会经济的二元性结构明显；第三产业在经济结构中的比重低，约为34%，第一、二产业是我国经济活动的主体。但是，正是上述经济结构和我国在国际产业链条中的地位，导致我国物流压力大，特别是对物流基础设施的压力更大。我国产业结构的这些特点及其工业化水平，既是我国产业产出的附加价值在总体上偏低的原因，也是我国物流成本过高的原因。

（2）物流基础设施和服务能力上的差距。中国铁路尚未跨过对经济增长制约的“门槛”，主要运输通道运力依然紧张。京沪、京广、京沈、哈大和陇海（徐州——宝鸡段）五大繁忙干线平均运输密度达到9660万换算吨公里/公里，为全路平均水平的3.5倍，处于满负荷运输状态。由于铁路的网络特性，干线运输紧张也限制了支线运量的增长。铁路的规模和结构与国土面积、人口和经济发展水平很不相称。到2003年年底，中国每万平方公里拥有的铁路里程只有76公里，而德、英、法、日、美等国分别是中国的17、10、8、7.5和3倍。中国西部地区占有全国约60%的国土面积，铁路网络密度不到全国水平的40%[27]。中国铁路线路及运输装备的技术水平与国际先进水平差距也很大，快速铁路刚起步，高速铁路还是空白，复线、电气化铁路水平低。中国民航几十年来虽然发展速度很快，但航空运输规模仍然较小。中国民航企业收入仅相当于世界总额的2.8%，占国际航线市场的1.1%，远远不能适应国民经济和社会发展的需要。

（3）物流设施、装备及管理信息标准化上的差距。一是各种运输方式之间装备标准不统一。例如，海运与铁路集装箱标准的差异，在一定程度上影响着中国海铁联运规模的扩展。二是物流器具标准不配套。例如，现有托盘标准与各种运输装备、装卸设备标准之间缺乏有效衔接，影响了托盘在整个物流过程中的机械化和自动化水平的提高。三是物流包装标准与物流设施标准之间缺乏有效的衔接。这对各种运输工具的装载率、装卸设备的荷载率、仓储设施空间的利用率方面影响较大。四是信息系统之间缺乏接口标准。工商企业内部物流信息系统与第三方信息系统之间缺乏有效衔接，运输信息系统、仓储信息系统、物流作业管理信息系统之间互不沟通。由于没有公共物流信息交流平台，以EDI、互联网等为基础的物流信息系统难以得到实际应用。

（4）物流技术、物流管理水平上的差距。在仓储设施方面，现代化仓储设施比例低，具有冷藏、保鲜、气调功能的仓库更少。在使用的搬运工具中，功能低下的搬运车、手推叉车和普通起重设备占到70%以上。在运输工具方面，第三方物流企业拥有的普通车辆占70%以上，而现代化的箱式货柜和集装箱拖头及特种运输车辆却很少[28]。在信息技术应用方面，物流信息功能不够完善，信息化优化资源配置和带动商业模式创新的作用还没有得到很好体现。完整意义上的物流服务能力明显不足，仓储功能与运输功能缺少协调，长途运输与短途配送缺乏联系衔接，各种运输方式配合不力，单据准确率低、配送及时性差、货物缺损率高，“一票到底”和“门到门”物流服务企业很少。

（三）我国现代物流发展面临的宏观经济环境

1. 物流发展与我国的经济发展阶段和发展战略

我国当前正处于现代化的中期阶段，2002年，按市场汇价计算的人均GDP已经达到1000美元。关于我国经济如何发展，面临一些战略性的选择：一是走新型工业化道路，大力发展现代信息技术，以信息化带动传统产业的现代化改造，提升我国产业的国际竞争力。二是通过重化工一个阶段的充分发展，解决我国产业结构演进中的效率低、消耗高等弊端。三是在产业选择中充分考虑自身的资源特点与条件。因为我国目前仍然是一个劳动力要素丰裕的国家，劳动密集型产业至少在当前仍然是我国产业结构的主体。其实，上述新型工业化、重化工业化和以比较优势为基础的产业演进机制是三个相互包容、彼此协调的不同问题：新型工业化是我国在当前条件下工业化道路的发展战略，重化工业化是当前的阶段性特点，而比较优势原则是我国产业演进必须遵守的一般经济规律。

鉴于国情和发展需要，我国产业结构在今后相当长的时期仍将处于二元经济状态，也即传统产业和现代产业长期并存，区域发展差异短期内难以消除，城乡差别也将持续相当长一段时期。这就决定了我国物流业的发展也将处于一种二元状态。从物流的发展规划看，大中城市和沿海发达地区发展现代高水平物流的条件基本具备，而在中小城市和大部分农村地区物流业的发展仍将呈现传统物流的特征。又由于我国比较优势主要集中在制造业部门，物流快速发展的压力会进一步加大。这就要求我们在进行物流发展规划时，不能“一刀切”，应该给市场发挥其功能留出足够的空间，让企业和各类组织充分发挥作用，发展出适合各自特点的、高效而灵活的物流体系。从长期看，现代物流业的发展可以通过现代产业、大中城市的先进物流体系逐步渗透，带动其他领域和农村地区物流业的发展。

2. 物流发展与我国居民收入分配、区域发展

我国居民收入分配出现的差距以及区域发展的不平衡，客观上构成了我国物流发展的一个制约因素。各地发展现代物流的技术、基础设施条件参差不齐，这在一定程度上影响了我国物流规模化、网络化和标准化的发展。另外，我国居民收入分配差距的扩大，还给物流发展提出了更大的课题。一方面，物流的发展应该有助于消除区域不平衡和收入分配差距，带动落后地区的发展；另一方面，物流的一部分活动内容具有公共产

品或准公共产品的特性，比如城市公共交通系统、邮政系统和食品、粮食物流系统、医药配送系统等，这些活动关乎我国城乡居民的基本日常生活，也是我国居民收入分配和消费差距的主要体现的领域所在。因此，我国物流的发展规划，应该充分考虑到物流的社会效应，以科学发展观为指导，贯彻以人为本的精神原则，兼顾到低收入特别是弱势群体的利益，为构建和谐社会做出贡献。

3. 物流发展与我国买方市场的形成

我国告别短缺经济并向买方市场转化，不仅仅反映出社会生产供给能力的量的增加，更深刻地反映了经济素质的质的变化。国民经济增长方式的转变成为当前经济发展的主要矛盾。它标志着当前中国经济发展已从资源约束为主转向需求约束为主，经济发展的主要障碍不只存在于生产领域，而且已经开始转移到流通和消费领域。

虽然我们进入了消费通过流通决定生产的时期，但是“重生产、轻流通”的烙印还很深[29]。突出表现在以国有商业企业为流通主渠道的地位日益削弱，而现代物流、连锁经营、电子商务等新的流通方式还没有充分发展起来。城市日常消费品供应仍是以个体商贩为主体的“集贸市场”式的流通方式。生产资料流通问题突出，流通行业的高度分散化经营不仅使社会商品流通费用增加，而且将成为生产发展与消费扩大的障碍。因此，我国物流行业应该注重规模和网络化经营。通过兼并和资产重组，实现适度的产业集中度，将有利于推动社会物流成本的下降和生产、消费的扩张。近年来以连锁经营为代表的配送网络发展很快，带动了现代物流的发展。所以，未来的物流发展仍将与流通领域的组织化、集约化进程紧密地联系在一起，互相适应、互相支持。

4. 物流发展与我国劳动力过剩、就业压力

我国是一个人口大国，不仅在农村存在大量待转移的农业剩余劳动力，而且随着我国经济体制改革，城市失业问题也日益突出，整个社会就业压力巨大。这对我国物流发展战略带来了很大的影响。一方面，物流业的发展还有巨大的空间，物流对带动就业有着明显的优势；另一方面，物流业的发展本身也面临着巨大的压力，急需进一步提高技术水平和行业劳动生产率。然而，技术水平和劳动生产率的提高往往具有极强的节约劳动力的倾向。这是我国现代物流业发展规划中必须认真对待的一个问题。我国应在有条件的地区和行业大力鼓励第三方物流的发展，拉长物流业本身的产业链条，创造就业机会。同时，要采用先进适用技术，兼容物流技术的差异，改造落后地区和行业的传统物流，给中西部地区和广大农村地区物流的发展留下空间。

5. 物流发展与我国改革开放后的竞争

目前在华经营的外商投资企业已超过 25 万家，中国实际吸收外资超过 5500 亿美元。全球最大的 500 家跨国公司中已有 450 家在中国投资，其中 30 多家设立了地区总部[30]。1992 年以来，以世界零售业排名第一、第二和第五位的沃尔玛、家乐福和麦德龙公司为代表的外国企业，纷纷进入我国零售市场。由于跨国企业着眼于全球范围配置资源和对全球客户灵敏反应，力求做到全球供应链总成本最低。因此，它们无论在物流总量，还是服务模式、效率和效益方面都对中国物流企业带来巨大的竞争压力，提出了新的要求。从 2005 年起，我国进入了 WTO 后过渡期，外商投资企业在地域、数量、股权等方面的限制已逐步取消，未来的竞争无疑会更加激烈。改革开放后的竞争在带来压

力的同时，也给我国物流企业学习国外先进管理经验和技术提供了机会。我国物流企业只有抓住机遇，依托本土化优势，提升服务水平，才能提高竞争力。

6. 物流发展与国家安全战略

目前，我国已成为世界第七大经济体、第三大贸易国。同时也是世界第一的钢、煤炭、粮食消费国，世界第二的石油消费国。庞大经济体系的正常健康运行，对物流提出了很高的要求。我国国土面积广阔而资源分布又很不均衡，多数自然资源分布在东北、西北、西南以及北方地区，而人口多集中在中部和沿海自然环境及交通条件较好的地区。历史上就形成了原材料采掘、粗加工等基础工业远离加工工业的产业布局，物流在时间和空间上的跨度极大。目前“北煤南运”、“西气东送”等工程就是其中典型的例子。另一方面，由于我国资源有限，特别是石油、矿石等战略性资源紧缺，对进口和运输分销高度依赖。例如，我国每年进口铁矿石达到1亿~2亿吨，这么多铁矿石的输送，涉及29个海关、22个港口，在国内还需经水路、公路、铁路运输，如果物流不畅，将严重影响钢厂的正常生产[31]。所以，发展大规模、网络化的高效现代物流，对保障国家战略性资源的供应和流通，维护国家社会经济安全，是至关重要的。

四、运用科学发展观指导我国现代物流的发展

（一）搞好全国物流发展规划，提高宏观经济运行效率

1. 优化原料基地、商品产地与消费地的布局，减轻物流压力

2004年，我国需要运输的实物量增长了20%左右，而实际完成的货运总量增长了10.6%。这一方面反映了物流供给存在明显“缺口”，可以通过增加物流供给来解决。但是，另一方面，现代物流的理念首先是“避免不该发生的运输”，我国每年20%左右的运输增长量，有多少是“不该发生的运输”？有多少是“通过调整可以减少的运输”？随着我国重化工时期的到来，优化工业布局，统筹兼顾原料基地、商品产地和消费市场三者的关系，减少源头物流量，是十分必要的。这是宏观经济调控需要研究的重要课题，也是我国资源、人口和经济活动的地理空间分布不均衡所必须面对的。比如，我国煤炭运输一直紧张，而火电的耗煤占煤炭需求的50%以上，建设“坑口电站”便是缓解煤运紧张的良方。又如，我国已成为世界最大的钢铁生产和消费国，钢铁工业每年以20%左右高速增长，物流代价惨重，仅铁矿石的运输成本就占到30%以上。如果不从宏观上解决“布局的竞争力”问题，钢铁产业就不会可持续发展。

在优化布局的同时，要解决好生产资料的流通问题。生产资料流通在我国经济发展中的地位和作用越来越重要。生产资料流通量占我国总流通量的七成以上。我国钢、煤、水泥流通量分别达到3亿、20亿、10亿吨以上（陆江，2005）。要运用现代物流理念，重视和发展生产资料流通。要进一步打破行政垄断和地区封锁，建设统一开放、服务高效、运行规范的生产资料流通体系；要推行代理配送、流通加工、电子商务等新的流通方式；要以供应链为核心延伸服务，形成具有中国特色的生产资料流通新模式。

2. 消除各种运输方式之间的障碍，建立合作互利的现代综合运输体系

提高我国运输系统的综合组织或者综合协调能力，加快应用现代物流方式，采用现代物流机制，使整个运输过程总体有序化[32]。要鼓励运输服务方式的创新，解决由于

运输方式落后和各种运输方式衔接不畅带来的货物在运输过程中多次倒腾、拆装等问题。要加快综合运输体系建设，发展多式联运、集装箱运输、散货运输、航空快递运输等方式；推广应用厢式货车、大型拖车及集装箱、散粮车辆，开发使用专用车辆；加快集装箱中心站、中转站及散装码头建设；加强各种交通设施建设的紧密衔接配合，提高运输速度和效率，降低成本和减少浪费。

3. 利用新建设施整合存量资源，提高物流基础设施的利用效率

针对我国物流基础设施存在的高速公路的衔接问题、沿海港口功能定位雷同的问题、传统的内河水运日渐没落的问题、集装箱吞吐能力不足的问题、大量仓储设施闲置与“炒作”物流园区等问题，可以利用全国经济普查的信息资料，结合调查摸清家底，对已有物流资源的数量、类型、分布和使用状况心中有数，进而开展物流规划。据了解，我国商贸领域分散在各个地区和部门的仓储面积就达3亿多平方米，利用率平均还不到40%，大量的物流资源需要整合利用（陆江，2005）。规划时多考虑已有的基础、设施，千万不能盲目铺摊子、上项目。

我国目前虽然公路货运量占各种运输方式完成货运总量的近80%，但全国80%以上的货物周转量是由铁路和水运来完成的。因此，我们要充分发挥铁路和水运两种方式远距离、大运量、低成本的优势，加强以铁路和水运为主干的物流通道建设[33]，同时发挥公路分布广泛、便于货物集散和组织配送的优势，完成物流到户的任务。加快机场建设，提高空运能力。建立公路、铁路、海运、航空等多种不同运输方式有效衔接，集市场信息、仓储、配送、多式联运及展示、交易等功能于一体的现代物流基地。物流园区与配送中心的规划建设要立足实际，多种层次不同功能相配合，全国性、区域性、综合性、专业性相协调。建立包括数据交换中心、电子商务安全认证中心、金融结算中心等在内的与互联网连接的公共增值网络服务平台。尽快形成配套的综合运输网络、完善的仓储配送设施等，为现代物流业发展提供重要的物质基础条件。

4. 统筹区域物流发展，支撑区域发展战略的实施

现代物流是西部开发、东北振兴和中部崛起的一项重要内容。要建立东部与中西部、发达地区与欠发达地区的物流通道，推进农产品加工、销售和农业生产资料流通的现代化进程。只有区域物流协调发展，才有可能支撑和促进区域经济的协调发展。

一是在物流基础设施建设上向中西部地区倾斜。加快中西部地区中心城市现代物流发展和物流园区、配送中心建设。形成继环渤海物流圈、长江三角洲物流圈、环台湾海峡物流圈、珠江三角洲物流圈之后的中西部中心城市物流圈。中西部中心城市，应以股份制为纽带，以资产重组为突破口，引进现代物流管理，引导相邻地区的物流企业组建企业集团，逐步形成一定规模的区域物流中心。二是推进东部、中西部物流业在技术、管理、人才等方面的交流与合作。可以根据东、中、西部不同的物流需求制定相关的区域物流发展政策，建立起开放、统一的物流大市场。建立相关地区政府和行业间的协调机制，推动区域间的物流协调发展，为物流企业的发展创造一个有序竞争的市场环境。三是加强农村道路基础设施建设和物流集散地建设。完善信用社、供销社、邮政在农村的网络和功能，提高农产品生产的组织化水平。积极培育高科技农产品物流市场，引导农村集贸市场向区域物流中心建设，推动农村地区社会经济发展。

（二）用现代物流的理念重塑微观基础，促进经济增长方式转变

1. 以现代流通为先导，加快现代物流网络建设

现代流通是一种先进的生产力，包括连锁经营、电子商务、现代物流、佣金代理、供应链管理等先进的运营方式。其核心是要建立一种新的财富观，要从流通、消费决定和引导生产出发，减少一切不必要的闲置（宋则，2005）。组织生产、交换和消费，组织经济运行以及经济运行方式的转变，都应以现代流通为先导，才能从根本上提高国民经济素质。订单农业、订单生产，海尔“一流三网”（订单信息流，全球供应链资源网络、全球配送资源网络和计算机信息网络；以订单信息流为中心，“三网”同步流动，为订单信息流的增值提供支持），都是流通成为经济发展先导的范例。海尔集团的零库存管理，张瑞敏所描述的“企业的库存就是一条流淌的河”，就是这种新的财富观的体现。

由于现代流通的主体是物流，流通的时间主要取决于物流的时间，流通过程大部分活劳动和物化劳动消耗于物流，流通成本主要也是物流成本。所以，现代流通的核心是现代物流。利用新的流通方式，必须以现代物流为支撑。因此，伴随着现代流通的发展，必须同时加快现代物流网络的建设。例如，我国农村的现代流通网络建设就是农村供销合作社系统和邮政物流系统的有机结合。目前，全国供销合作社系统共发展连锁经营网点4万多个，配送中心1000多个，兴办具有一定规模的“龙头”企业1200多家，建立具有一定规模的交易市场1200个。中邮物流公司充分发挥中国邮政的资源优势，以全国性网络、一体化运营和精益化服务为特征，全力参与物流市场的竞争，在全国范围内采取中邮物流有限责任公司——省、区、市子公司——地、市分公司的组织模式，初步建立起一体化的邮政物流经营管理体系、市场营销体系、业务运营体系和质量监控体系。

2. 运用信息技术整合物流资源和需求，大力发展第三方物流

首先，提高物流领域中信息化技术与管理水平。2004年，我国货运总量为161亿吨，货物价值总额为38.4万亿元，货运平均价值为2384元/吨，只有美国的40%。说明我国目前物流的对象主要是附加值低的产品，很难适应多品种、多批次、小批量的流通方式的变化。所以，在发展第三方物流，培育专业化物流市场的过程中，需有效使用如客户反应（ECR）、车辆监控系统（包括GPS、GIS、DR等）、企业资源管理（ERP）等管理软件。这些信息系统软件集中采用了通信技术中信息采集、处理、交换、储存的各种技术，如条形码、EDI、无线通信、数据库技术等，为商品供应链中各环节的供应商、分销商和零售商提供集成的物流信息服务。

其次，交通运输、仓储配送、货运代理、多式联运等企业应积极向第三方物流转化。充分发挥其专业化、规模化的优势，建立信息管理系统，将物流服务与工商企业的生产和营销紧密融合，强化服务意识，完善服务功能，真正具备为用户优化物流管理提供策划设计、组织运筹和实际操作等综合服务的能力。从行业看，根据有关调查，食品、电子、家电和电信等行业对自理物流服务的满意程度较低，日化、食品和家电等行业对第三方物流服务的满意程度较低。这意味着，目前可以首先有重点、有选择地在食品、电子、家电和电信等行业加大鼓励发展第三方物流的力度，积累市场运作、网络扩

展、政府管理等方面的经验。

3. 鼓励生产企业物流外包，以提升核心竞争力

工业企业要逐渐转变传统观念，树立现代物流意识，将企业物流外包给社会专业化物流机构。充分认识优化物流管理是增强企业竞争力、获取新的利润源的重要手段。根据中国储运的调查，在有第三方代理的情况下，生产企业使用第三方的数量主要集中在2～10家，商业企业使用第三方甚至在10家以上，说明目前我国的生产企业和商业企业物流“外包”主要以“分包”为主，总代理的比例很小，总体来看在10%左右。在此现状下，企业物流被严重分割，难以达到规模经济性的要求。另外，国有企业要按九部委《意见》精神，实行主辅分离。政府可以采取措施，鼓励有条件的大中型生产流通企业，将物流资源和功能从主业中剥离、分立或外包，创新物流管理模式。逐步将其部分或全部业务委托给专业物流企业承担，以培育和发展物流市场。

4. 积极开展供应链管理，促进物流与电子商务的结合

工商企业要树立起为顾客创造价值和让顾客满意的服务理念，按照供应链管理要求对自身的业务流程进行重新规划，确保与客户及客户的客户的相应流程能够连接。积极推动物流和电子商务的有效结合：一是由电子商务企业从事物流信息的整合工作。如商务的信息查询与交易在网上完成，继而选择物流企业和物流方式，负责结算货款、运费、保管费、保险费，进行单据交付等；而物流业务则由专门的物流公司来做，即进行保管、运输、搬运装卸、包装、加工等。二是由物流企业通过电子商务完成所有的整合工作，即信息查询、交易、货物送达都由物流企业完成。供应商将货物存入物流企业配送中心，由物流企业代为交易、发货，并将货款支付给供应商。

在打造我国的电子商务平台方面，一是可将国外物流企业的物流信息平台进行汉化，并根据我国物流的流程设计物流信息系统软件；二是可组织技术力量开发我国的物流平台，形成有中国特色的物流平台及物流信息系统。信息系统的开发、建设要走市场化的路子，通过政府的引导和推动，采用市场运作的方式。物流信息系统应具有开放性、多功能的特点，既要考虑到整个物流系统的连接，也要考虑与其他物流信息系统和生产、销售企业的信息系统的连接。特别是与相关电子政务的连接整合，包括通关、商检、税收、外汇等形成统一的平台。

（三）大力发展“以人为本”的现代物流，推动和谐社会的构建

1. 以能源、食品和药品为重点，构建重要商品物流系统

目前，我国一些关乎国计民生的重要商品的流通工作仍然停留在较低水平的发展阶段，主要表现是流通效率低、质量安全隐患多。特别是粮食、煤炭、鲜活农产品、冷冻（藏）食品和药品等商品，这些商品往往是大宗的特殊商品，流通过程中数量大、牵涉面广、与人民群众的生活和社会稳定密切相关，在整个物流中始终占据着重要的位置。因此，要在调查研究的基础上，制定专题规划，组织实施重要商品物流系统改造工程，提高政府的监管水平，降低物流成本。

我国粮食流通要在过去几年粮库建设的基础上，重点发展散储、散运、散装、散卸，加强粮食物流节点功能的建设，完善系统网络。我国年产煤炭20亿吨左右，是世界第一产煤和耗煤大国。煤炭物流体系建设要从优化布局上减少生产与消费之间的物流

总量，同时加强铁路、航运硬件建设，解决深层问题。药品流通要改变目前从工厂产品到总代理商、再到分销商与使用单位等多环节状态，把确保药品物流的质量安全体系建设提到议事日程中来，建立相关基地。在现有资源的基础上，把各个分散的资源整合在一起，建立一个有一定规模，质量安全可以控制，集采购、储运、装卸、配送、整理、加工、监管为一体的现代药品物流体系。

2. 创新物流服务的“周到”方式，建设诚信与“亲近”物流

现代物流是以人为本、以客户为中心的服务，即以规模化、网络化、高效、便捷体现“周到”，以安全可靠、优质、低成本体现诚信与“亲近”。

（1）加快物流企业市场服务网络化建设。针对我国经济发展不平衡、各地物流市场化程度不同的特点，发展网络化的经营模式，拓展市场服务覆盖面，不断培育和满足市场需求。（2）加快有关服务和管理标准的本土化建设。根据我国各地经济、文化的差异，物流企业应进行市场细分，学习国外先进的管理经验，以一种和当地市场环境相“亲近”的方式进行营销和服务。（3）加快技术进步和管理创新，不断降低成本。目前我国一般工业品，从出厂最终到消费者手中的流通费用，约占商品价格的50%，而水果、蔬菜、某些化工产品的流通费用，有时高达70%。物流企业要针对这种情况，高效、低廉地开展服务。（4）加快服务创新。物流企业应不断跟踪市场变化，及时做出反应。不断推出优质、可靠的服务，满足社会新需求。比如，为奥运的成功举办，必须研究奥运“以人为本”的信息服务体系，即从政策、法律、标准规范、人员、组织、资金等方面出发，研究如何进行物流的有效管理，确保相关工作的有效实施。

3. 加快应急物流建设，应对社会风险和突发事件

第一，各级政府要充分认识现代社会是一个高风险社会，以及现代风险巨大的危害、难以预测性、应对的复杂性。在进行物流基础设施规划和建设时充分考虑到社会安全的需要，把各地相关规划建设纳入全国统一的原则框架。第二，海运、内河水运、铁路、航空、公路及管道运输等的建设要有前瞻性，要协调发展、相互配合，要网络化，实现更广的覆盖面。第三，加快物流领域的相关立法，明确紧急状态下对于社会物流资源的管理和征用，明确政府、企业等相关组织和个人在紧急状态下的权利和义务，紧急状态下权利的丧失和取得的程序和方式等。第四，对于关乎国家安全和人民基本生活的战略性资源的运输、配送，应该按不同方式，直接或间接地由国家有关部门进行严格监管，避免由于供给和配送出现问题影响社会经济的正常运行。

4. 强化“以人为本”的物流基础，发展现代化的运输服务系统

重点建设由高速铁路、高速公路、民用航空组成的快速客运系统，以及由铁路干线和公路干线组成的快速货运系统。发展国际航运中心港口群及集装箱运输系统、散装运输系统、特种货物运输系统。建设散装货物、集装箱货物的联合运输系统。改变目前运输系统建设不衔接、旅客换乘不方便的弊端，建设换乘便捷的旅客联合运输系统，发展公交优先的城市运输系统，实现运输组织的信息化、智能化。

（四）结合循环经济发展现代物流，切实建立节约型社会

1. 发展逆向物流和回收物流，提高资源综合利用水平

循环经济是指“资源—产品—再生资源”的经济增长模式。一般的传统工业化生

产是单向的“资源—产品—废弃物”线性经济，需要高强度地开采和消耗资源，同时高强度地破坏生态环境。而循环经济模式可以解决当前及今后人类面临的资源紧缺和环境污染问题，可以提升经济发展的质量[34]。所以，发展循环经济可以理解为社会生产物流、逆向物流、消费物流、回收物流的绿色循环。

从产业物流的角度来看，在清洁生产、预防污染的同时，提高资源综合利用水平是实现“再利用”与“资源化”的有效途径。所谓再利用，是指产品多次使用或修复、翻新或再制造后继续使用，尽可能地延长产品的使用周期，防止产品过早成为垃圾；所谓资源化，是指废弃物最大限度地转化为资源，变废为宝、化害为利，减少自然资源的消耗和可利用资源的废弃，实现资源再循环。“再利用”、“循环资源”都是以发展逆向物流和回收物流为前提的。我国每年都有大量的报废汽车、废旧家用电器、退役机电装备等流入市场，需要回收利用。例如制糖生态工业园，可以实行糖纸结合、林纸结合。利用煤矸石、煤泥、油母页岩等低热值废弃物发电，利用各种工业废渣为原料生产水泥、建材产品，利用林区“三剩物”生产中纤板，利用废纸、蔗渣生产瓦楞原纸和再生纸，利用冶金有色企业产生的废气生产化工产品等，都可以通过逆向物流和回收物流来实现。

2. 发展流通加工配送，实现资源的充分利用

流通加工是对商品所进行的加工，以满足消费者的多样化需求和提高商品的附加值。流通加工是一种低投入高产出的加工方式，并通过现代物流实现了资源的充分利用。实践证明，有的流通加工可以使商品充分实现其价值，有的流通加工可使产品利用率一下子提高20%～50%。如食品的流通加工：鱼和肉类的冷冻，蛋品加工，生鲜食品的原包装，大米的自动包装，上市牛奶的灭菌等。消费资料的流通加工：衣料品的标识和印记商标，家具的组装，地毯剪接，平板玻璃套裁等。生产资料的流通加工：钢板的切割，水泥熟料加工，磨制木屑，使用矫直机将薄板卷材展平等。这通常被称为绿色流通加工，是绿色物流的一部分。它对环境保护的途径主要分两个方面：一方面变消费者分散加工为专业集中加工，以规模作业方式提高资源利用效率，节约能源，减少环境和空气污染；另一方面是集中处理消费品加工中产生的边角废料，以减少消费者分散加工所造成的废弃物污染，如对水产品的集中加工减少了居民分散垃圾丢放并能集中处理。

3. 大力推行物流标准化、集装化、单元化

推进循环经济的“绿色”作业，必须实现物流容器的标准化。物流容器标准化是搬运机械化的前提。物流容器的单元化、标准化、通用化，包括供应商供货标准化，包括托盘—叉车系列化。即采用统一的托盘、周转箱以及叉车，使得供货运输模式单元化、标准化、集装化，从而减少倒库和分箱作业的次数，减少库存、验收、清点、堆垛、抽检、出库等一系列储存作业的工作量，可以从根本上减少对环境的负荷。

物流容器标准化给全社会带来的节约是十分巨大的，这是物流对生产、生活的巨大影响所决定的。海尔集团立体高架库内存放的空调、洗衣机、冰箱等事业部的零件已经做到使用标准化、单元化的容器，以便于堆垛和机械化搬运；空调事业部的大部分不规则部件，如钣金件、塑料件等，使用近万个标准的折叠式仓库笼，可以多达四层堆垛，使

现场更整洁，空间利用率更高，对物料的品质保证效果更好。冰箱、洗衣机的成品出库采用叉车和软包夹具，效率大大提高。这些措施，从根本上减少了浪费。社会生活的许多领域都有上述类似的例子，比如，菜市场蔬菜的集散物流标准化、城市垃圾的分类物流标准化等，都是发展循环经济要解决的问题，都会产生巨大的经济效益和生态效益。

4. 加快发展绿色物流，减少排放，节约能源

充分认识商品流通领域环保形势的严峻性，建立健全绿色流通的政策体系。政府要制定科学的环保政策，将节约能源、保护环境的要求法制化、制度化；应利用税收及收费手段对资源使用和污染行为予以限制和惩罚，以基金或补贴形式对节约资源、保护环境的行为予以鼓励；应当强化流通以及物流主体的责任，限制过度包装，发展适度包装和绿色包装。应针对物流产生环境问题的来源进行清理规制，使之与绿色标准相符合。要搞好绿色物流发展的服务体系，采取措施，在财税、投资、信贷、价格、交通运输、信息和技术等方面为绿色物流服务。

开展物流运营中的能耗研究，通过交通运输的合理规划，从根本上实现能源节约。据统计，交通运输能源消费总量占全国能源消费总量的7.6%，石油消费总量约占全国石油消费总量的25%，汽油、柴油的消费量分别约占全国石油消费总量的40%[35]。由于各运输方式的技术特征不同，单位运输量的消耗差异很大。据有关研究，铁路∶公路∶民航，客运为1∶3∶5.2；货运为1∶1.3∶3[36]。据德国调查，在同等运能条件下，铁路与高速公路间的占地为1∶2.5～3[37]；另据研究，单位周转量的占地，公路是铁路的3～5倍；各方式能耗强度，公路是铁路的2～10倍。交通运输对环境影响：客运方面（人公里）造成的对环境的污染强度，公路是空运的1～2倍，是铁路的10倍左右；货运方面（吨公里）造成的对环境的污染强度，公路是铁路的10倍左右[38]。无论从能耗、占地还是对环境的影响来看，公路都是铁路的数倍。从科学发展观的角度，结合不同运输方式的优势和特点，要形成以铁路、水运运输为跨区域主干线，以公路为区域内运输网络，以航空和管道为补充的"绿色物流体系"。

（五）提高经济的宏观管理水平，创造有利于现代物流发展的环境

1. 改革国家相关管理体制，建立一体化的综合运输管理体系

我国现行交通运输管理体制体现了较强的部门分割色彩。交通部管的是公路运输、内河航运和海运，民航总局管的是航空运输，铁道部则管着铁路运输，各个交通管理部门职能分离，互不协调，每个部门都主要给自己所管的行业争资源、争资金、制定符合本部门利益的政策。因而从全局来看，出现了很多非常不合理的现象，很多互相不协调的矛盾，很多资源的重复建设和浪费，很多低效率低水平的恶性竞争，造成了国家资源的浪费和经济运转的扭曲。

我国应当立即成立综合运输管理部门，这已经成为关系到我国经济发展和国计民生的当务之急。现在世界上发达国家基本取消了按单一运输方式设立行业管理部门的管理体制，改设统筹各种运输方式协调发展的综合运输管理部门。美国20世纪60年代就开始成立综合运输部，德国是建设与交通部，英国是环境与交通运输部，澳大利亚是运输与地区服务部，日本是运输省，韩国是建设交通部。这些国家之所以取消单独设立的运输主管部门，全部予以合并，就是要适应交通运输业走向综合化的发展方向。为了适应

这种发展趋势，管制体制肯定要综合化，如果还沿用每个独立交通管理部门管理某一种运输方式的旧体制的话，肯定没有办法适应国民经济发展的新形势和新要求。

如何建立一体化的综合运输管理体系，首先，要满足国民经济和社会发展总体需要，特别是满足经济社会向循环经济、知识经济发展的基本需要；其次，要符合经济社会可持续发展对交通运输的总体要求，建立安全、高效、经济、协调、绿色的交通运输体系；最后，交通对资源的占用、对环境的破坏等要控制在国家允许范围内，实现资源、环境、交通的和谐统一。[39]通过综合评估各种运输方式的土地占用、能源消耗、运输费用、环境影响、运输安全等成本效应，优先发展铁路，稳步推进投融资体制与运价市场化改革，促进铁路公路协调发展；强化运输大通道建设，在一些城市和产业的主要发展带，建设由多种运输方式骨干线路构成的运输大通道；积极推动综合运输枢纽的布局与建设，实现多式联运过程的“无缝化”，提高整个交通运输效率。

只有真正建立一体化的综合运输管理体系，建立起与之相应的物流投资体制，克服物流体系形成中的行政区划、部门分割、城乡分割的影响，我国物流产业才有可能发挥“后发优势”，实现跨越式发展。

2. 物流政策的制定应从“资源分配”型向“激励兼容”型转变

一是注重政策导向与市场机制的有机结合。交通基础设施具有很强的公共物品属性，交通运输赖以存在的土地、岸线、空域、航道等都为政府所控制。在交通基础设施网络的建设上，必须由政府进行综合规划与合理布局，采用政府投资和引导社会投资相结合的方式实现结构优化，并积极采用市场化运作的模式，维持公开、公平的竞争秩序，促使进入该领域的各类资源得到有效利用。在运输领域，必须消除体制性障碍和行业壁垒，鼓励各种运输方式之间的市场竞争，根据市场化原则赋予运输企业应有的经营权，政府的监管职能主要限定在规则制定、市场准入与运营监督等方面。

二是形成有利于我国物流改造的激励机制设计。我国物流总体上是一种初级状态，物流产业资金密集，物流基础建设和设施改造必须多渠道投资。这些项目需要运用经济机制设计理论，设计一种机制，让参与者在追求其目标时，兼容国家物流发展的目标。经济机制设计理论概括地说，是对于任意给定的一个社会目标或经济目标，在自由选择、自愿交换的分散化决策条件下，能否并且怎样设计一个经济体制（制定什么样的方式、法则、政策条令、资源配置等规则）使得经济活动参与者的个人利益和设计者既定的目标一致，即每个人在追求个人利益时，同时也达到了机制设计者的既定的目标[40]。从国外的经验来看，比如，欧洲、日本鼓励发展物流园区的政策，日本推进共同化、协作化物流发展的政策，德国促进多式联合运输的政策等，可以认为是激励兼容政策的部分优秀代表。

3. 适应我国的对外开放，提高物流产业的竞争力和控制力

一是开展应对物流国际化的政策体系研究。如何保护进入我国市场的国际物流资本（企业）的合法权益，维护包括国内物流资本与国际物流资本在内的公平竞争的市场秩序；鼓励并支持国内物流资本的联合、重组，提高经营管理水平，以便于与国际物流资本进行公平竞争；鼓励并支持国内物流资本与国际物流资本的合作，共同开发国际物流市场；鼓励并支持各地区根据本地区的实际情况，加入跨国性区域物流联合体，积极开

展跨国性区域物流合作，提高区域物流的增值能力，促进区域经济与社会的协调发展。

二是加强同周边国家和地区的物流合作。根据中国东盟、上海合作组织等区域性协议及中日韩合作意向，大力发展同周边国家的物流合作。根据中央政府与香港、澳门地区关于建立更紧密经贸关系的安排（CEPA），扩大同港澳台地区的物流合作。要按照加入世界贸易组织的承诺，加快物流领域的对外开放，提高我国的物流服务水平，进一步改善投资环境。

三是改进通关程序，提高通关效率。海关、外贸、检验、税务、外汇等部门要在有效监管的前提下简化审批手续，优化口岸通关作业流程，实行申办手续电子化和“一站式服务”，对进出口货物实施“提前报检、提前报关、实货放行”的模式。要发挥口岸联络协调机制的作用，加快“口岸电子执法系统”的推广应用，积极推进大通关工程建设。加强口岸规划和建设，实行分类管理。改革海关保税物流监管模式，选择条件比较好的保税区作为“区港联动”和“保税物流中心”的试点，实现自由贸易区的功能，引导加工贸易转型升级。

四是建设本土化物流网络，提高物流控制力。由于物流业包括路、水、铁、空等运输行业以及储备、邮政、电信等公共行业，在国民经济和国家安全中处于战略地位，仅从煤电油运短缺就可窥见控制力之必要。在消除物流行业垄断，提高我国物流业国际竞争力的同时，必须提高其必要的控制力。国际物流业演进中，各国政府在发展物流业中所起的作用可以借鉴。我国物流业的控制力有赖于建设国有物流网络及利用本土化优势，有赖于石油等战略物资储备及其运输安全，从而实现国家经济安全。

4. 加快建立适应市场经济体制的物流法律法规体系

我国长期以来一直处于初级运输发展阶段，因此管理方式相对比较简单，分部门运输管理方式就可以适应。但是到了经济运行的复杂阶段，到了运输方式需要综合性和一体化的阶段，还是沿用过去那种体制，这就明显不适应了。严格说，我们国家目前的运输管理方式、运输政策和运输机制都还是部门所有制，国家没有统一的政策法规，没有统一的管理和规划，没有统筹的考虑和安排，而且没有形成权威性的或者通过立法的政策。这有赖于改革国家相关管理体制，从国家层面制定统一的交通运输法律、法规和政策。

附　录

课题组成员名单

课题组组长：陆　江　中国物流与采购联合会会长、高级工程师
课题组副组长：戴定一　中国物流与采购联合会副会长、研究员
课题组成员：陈文玲　国务院研究室综合司司长、经济学博士
汪　鸣　国家发改委综合运输研究所副所长、副研究员
崔忠付　国家发展改革委经济运行局调研员、高级经济师
宋　则　社科院财贸所流通产业研究室主任、研究员
刘景福　中铁现代物流科技股份有限公司董事长、总经理
邬　跃　北京物资学院物流研究中心主任、博士

陶君成　湖北经济学院高级经济师
徐万华　湖北经济学院经济学博士
贺登才　中国物流与采购联合会研究室主任、主任编辑
执　　笔：陶君成
徐万华
统　　稿：贺登才

参考文献

[1] 物流术语，GB 2001

[2] 联合国贸发会议秘书处报告．发展中国家的增值物流服务（Added - Value Logistics Service to Be Offered in Developing Countries）．中国航海学会集装箱运输专业委员会费维军译，2003（3）

[3] 徐寿波．大物流论．中国流通经济，2005（5）

[4] 陶君成．关于物流园区建设的几个问题．管理世界，2004（12）

[5] 北京中交协物流研究院．我国物流发展政策研究．研究报告，2002（7）

[6] 黄洁等．我国物流发展环境的战略分析．商业研究，2005（12）

[7] 邹华玲，王新．绿色物流体系及其意义．经济与社会发展，2005（3）

[8] 国务院发展研究中心信息网（研究报告中简称为国研网），相关统计数据、统计资料．国务院发展研究中心编．调查报告总第1417、1418、1678、1686、1687号

[9] 毛剑峰．我国产业结构分析．经济纵横，2005（6）

[10] 中国社科院经济所报告．2003

[11] 李善同等．我国地区差距的历史、现状和未来．改革．2004（5）

[12] 国家统计局．中国统计年鉴．2004，2005

[13] 许胜余．物流网络化与网络化时代的物流．中国国际现代物流研讨会论文，2004

[14] 中国物流与采购联合会．中国物流发展报告（2004～2005）．北京：中国物资出版社，2005（5）

[15] 邓志斌．国际物流运作新模式及其对加快我国物流社会化的重要意义．中山大学学报论丛，2003（6）

[16] 刘成昆，王述英．我国物流产业跨越式升级的实现路径．中国流通经济，2004（9）

[17] 田震．西方发达国家物流成本的现状及对我们的启示．经济研究参考，2005（19）

[18] 赵剑英．发展第三方物流现状与对策．生产力研究，2005（3）

[19] 丁俊发．中国物流．北京：中国物资出版社，2002

[20] 李罗力．建立和发展综合运输体系已成我国当务之急．人民网，2005 - 05 - 24

[21] 经济参考报，2005 - 5 - 31

[22] 张天柱．关于循环经济若干问题的初步分析．http：//www. xslx. com，2004. 8

[23] 杨宏林，田立新．我国能源消费结构的多角度实证分析．企业经济，2004（9）

[24] 金润圭，龙江．以全球视角看物流管理．世界经济研究，2003（6）

[25] 张修成，尹相勇．交通运输可持续发展的对策探讨．软科学，1998（1）

[26] 郑国华．铁路在可持续发展型交通运输系统中的地位与作用．综合运输，1999（3）

[27] 中国科技信息网．我国交通运输方式优先发展的战略模式及政策取向，2005（5）

[28] 田国强．激励、信息与经济机制．北京：北京大学出版社，2000

我国现代物流业发展战略与规划研究

内容提要：《中华人民共和国国民经济和社会发展第十一个五年规划纲要》把“大力发展现代物流业”的内容单列一节，提出了“十一五”时期我国现代物流业发展的主要目标和重点任务，是本课题研究的基本依据。明确我国现代物流业的发展战略，理清发展思路，为正在制定中的《全国现代物流业“十一五”发展规划》提供参考，对各地物流业发展有所启发，是本课题研究的基本目的。

本课题首先对物流产业做出定义。认为物流产业（简称“物流业”）是以物流服务为产品，从事生产经营的企业或单位的集合。物流业具有如下一些重要特征和作用：它是国民经济中的动脉系统，连接社会经济的各个部分并使之成为一个有机整体；通过对各种物流要素的优化组合和合理配置，实现物流活动效率的提高和社会物流总费用的降低；可以为全社会提供更为全面、多样化的物流服务，并在物流全过程及其各个环节实现价值增值。关于物流业的基本组成，无论政府经济管理部门，还是理论研究领域，尚无统一定论。本课题从中华人民共和国国家标准《国民经济行业分类》（GB/T 4754—2002）中，抽出交通运输、仓储和邮政业、租赁和商务服务业与物流活动有关的内容，对物流业的范围作了界定。

我国物流业的发展现状与问题是本课题研究的基础。“十五”时期，我国物流业的发展呈现新的特点：现代物流的产业地位得以确立，物流经济运行呈快速发展的态势，物流企业和物流市场成长迅速，物流基础设施和信息化建设进度加快，各项基础性工作全面展开。在快速发展的同时，我国物流业也面临着问题与挑战，主要表现为：生产流通企业物流业务自营造成效率低、成本高；第三方物流企业发展不平衡对生产流通企业的业务拓展产生制约；第三方物流的发展仍然面临体制性制约和政策性障碍。

物流需求预测和物流业的变化趋势，是制定物流业发展战略以及规划的前提。作为国民经济的重要组成部分，物流业与国民经济发展存在很强的正相关性。按照国家“十一五”规划战略研究所确定的GDP发展目标进行测算，物流业增加值年均增长需达到9.8%以上。由于我国仍处于工业化发展的中期，物流需求基本上是以大宗能源、矿产资源、建材、金属及非金属材料、粮食等为主。我国物流业的发展已经呈现出变化的趋势，主要表现为：生产流通企业物流业务外包的趋势日益明显；物流企业并购重组以寻求提升综合物流服务水平；具有中国特色的现货商品交易市场为物流发展提供了新的需求；业务创新与整合为中国物流业带来巨大的增长潜力。

在此基础上，本课题提出了“十一五”时期我国物流业发展的指导思想和总体战略目标。指导思想是：按照党的十六大提出的全面建设小康社会的战略目标和“十一五”规划的要求，以科学的发展观为指导，以市场为导向，以企业为主体，以改革开放为动力，以先进的技术为支撑，以优质服务为宗旨，以营造现代物流发展的政策环境为切入点，推广现代物流管理技术，促进企业内部物流社会化；培育专业化物流企业，积极发展第三方物流；建立物流标准化体系，加强物流新技术开发利用，推进物流信息化；加强物流基础设施整合，建设大型物流枢纽，发展区域性物流中心，建立快捷、高效、安全、方便并具有国际竞争力的现代物流服务体系，努力降低物流成本，提高物流服务的质量和效率，推动产业升级和结构调整，为经济和社会的全面、协调、可持续发展和全面建设小康社会提供相应的物流保障。基本原则有：明确服务地位，服从总体战略；市场配置资源，政府营造环境；加强统筹规划，注重协调发展；打破分割封锁，整合现有资源；创新服务方式，坚持可持续发展。

依据总体战略目标，本课题提出如下核心指标：①物流总量保持稳定增长，物流业增加值年均递增9.8%以上；②提高物流产业的整体运行效率，社会物流总费用与GDP的比率在2005年18.6%的基础上下降到2010年的16%左右；③大力培育物流服务体系，做强做大专业化、社会化物流企业，到2010年，3A及3A级以上的物流企业数量达到500家左右，其主营业务收入总额占到全社会物流业总收入的30%以上；④大力发展现代物流职业教育和学历教育，到2010年接受过物流师职业教育的从业人员达到20万人，物流专业大专以上学历的从业人员达到80万人，受过中等物流专业职业教育的一线岗位技能人员达到150万人。

本课题提出了我国物流业发展的战略重点和任务。主要内容包括：①鼓励生产与流通企业改造业务流程，分离外包物流业务；②建设高效、可靠运行的大宗商品和特种商品的物流体系；③加快发展与培育专业物流服务企业；④重视与发展国际物流；⑤规范物流市场发展，推进物流信用体系建设；⑥继续完善物流标准化体系、全面推动物流标准化工作；⑦发展新型运输服务方式，提升物流装备技术水平；⑧积极推进信息技术在物流领域的广泛应用；⑨加强物流基础性研究与人才培养。

区域布局是本课题研究的一个重点。我们参照马凯主编的《国家“十一五”规划战略研究》关于九个综合经济区构成的全国综合经济区规划方案，提出建立适应区域经济发展的九大区域物流服务体系的设想。在对东北经济区、华北经济区、华东经济区、华南经济区、华中经济区、西南经济区、近西北经济区、新疆区和青藏区经济总量与结构、产业布局特点、交通枢纽位置和重要物资流向等因素进行分析的基础上，分别提出了各经济区域物流发展的重点和任务，以期最终形成南北对应、东中西互动、地区协调发展、各有侧重的物流格局。

本课题在物流园区的研究和规划方面有所创新。认为，物流园区是多家专业从事物流服务的企业和物流密集型工商企业在空间上集中布局的场所，是一个大型配送中心或多个配送中心的集聚地。借鉴日本、德国等国家物流园区的建设经验以及我国高技术园区发展的经验，根据我国物流业的发展实践，本课题提出了物流园区的发展思路与策略。根据我们的初步调查，目前全国已经投产运行、正在建设和规划建设以及提出规划设想的物流园区总数达到167家。建议“十一五”时期，在物流园区区位选择中确定的24个物流枢纽节点城市里，每个城市设立1个国家级物流园区重点项目，单个园区用地规模控制在1~3平方公里为宜。应该集中有限资金，重点建设孵化器，积极营造物流企业成长和发展的基本环境，推动更多的物流企业做强做大。同时，应该在物流园区建立多元化投资体系和风险投资机制，真正解决物流企业资金短缺的发展障碍。

为保障战略规划实施，本课题提出了我国物流业发展的策略与政策建议。主要有：加强组织领导和综合协调；改革物流管理体制；完善和统一物流政策法规；发挥政府引导作用、多渠道增加对物流业的投入；充分发挥行业社团组织的作用。

现代物流是新的产业，制定物流业发展战略和规划是新的课题。本课题在消化吸收现有研究成果的基础上，应该说有所突破和创新。比如，对物流产业的定义和构成分析、物流系统运行及行业关联度分析、我国物流需求预测及变化趋势、物流区域的划分及发展现状与方向研究、物流业发展核心指标和对物流园区数量的界定等，都是现有研究较少或没有涉及的问题。对于这些问题，我们力求加强针对性和可操作性。尽管如此，本课题对许多问题的研究还不够深入，需要进一步探讨。

本课题在研究过程中分析引用和借鉴了许多专家学者的研究成果，主要参考文献目录附后，在此一并致谢。

现代物流是经济、社会和技术发展到一定阶段的产物。其核心是突出系统整合、优化的理念，对分散的运输、储存、装卸、搬运、包装、流通加工、配送、信息处理等基本功能，运用信息技术和供应链管理手段实施一体化运作，以达到降低成本、提高效率、优化服务的目的。它不仅是一项先进的组织管理技术，蕴涵在生产、流通企业经营管理的各个环节；而且作为一门复合型服务产业，已成为经济发展新的推动力和衡量一个国家现代化水平与综合国力的重要标志。

为促进我国现代物流业持续、快速、协调、健康发展，根据《中华人民共和国国民经济和社会发展第十一个五年规划纲要》关于“大力发展现代物流业”的精神，本课题对我国现代物流业总体发展思路和对策进行了深入研究并提出相关建议，为制定《全国现代物流业十一五发展规划》和指导各地物流业发展提供参考。

一、物流产业的界定

（一）物流产业的形成

产业是一种社会分工现象，是随着社会分工的产生而产生，并随着社会的发展而发展的。其内涵也随着生产力的提高而不断充实、外延不断扩大。产业形成的物质条件是生产要素的支持，包括自然资源的稳定供给；科学技术在产业形成中具有革命性的作用。

产业形成的标志主要包括如下几个方面：一是该产业符合社会需要，能为当时经济和生活条件下的消费者所接受，从而获得生存和发展的空间；二是该产业生产已进入商业领域，具备一定的规模；三是该产业具有专业化的从业人员，包括专门的设计人员、技术人员、管理人员以及工人群体；四是具有专业化的生产技术装备和技术经济特点。

世界经济和科技革命的发展，为服务业提供了新的技术手段和物质基础，使服务业发生了重大变革。现代服务业不仅在发展规模和深度上是以往时代所难以比拟的，而且还带来了结构性变革。一方面，服务业的传统部门发生了革命性的进步；另一方面，崛起了众多的新兴服务业。物流产业就是其中一个引人注目的新型业态。

众所周知，从事仓储、运输、装卸搬运、包装等物流管理活动是任何企业与生俱来的基本功能。甚至物流概念还没有出现的时候，企业就在从事物流活动。原先的那些管理运作，如货运管理和运输、仓储和存货管理等都是企业日常的经营管理工作。传统上的物流活动分散在不同的经济部门、不同的企业以及企业组织内部不同的职能部门之中。随着经济快速发展、科学技术水平的提高以及工业化进程的加快，大规模生产、大量消费使得经济中的物流规模日趋庞大和复杂，传统的、分散进行的物流活动已远远不能适应现代经济发展的要求，物流活动的低效率和高额成本，已经成为影响经济运行效率和社会再生产顺利进行的制约因素，被视为“经济的黑暗大陆”。

从20世纪50年代到70年代，围绕企业生产经营活动中的物资管理和产品分销，发达国家的企业开始注重和强化对物流活动的科学管理，在降低物流成本方面取得了显著的成效。进入80年代以后，随着经济全球化持续发展、科学技术水平不断提高以及专业化分工进一步深化，在美国、日本和欧洲一些发达国家开始了一场对各种物流功能、要素进行整合的“物流革命”。首先，是企业内部物流资源整合和一体化，形成了以企业为核心的物流系统，物流管理也随之成为企业内一个独立部门和职能领域。之后，物流资源整合和一体化不再局限于企业层面，而是转移到相互联系、分工协作的整个产业链条，形成了以供应链管理为核心的、社会化的物流系统。物流活动逐步从生产、交易和消费过程中分化出来，成为一种专业化的、由独立的经济组织承担的新型经济活动。在此基础上，发达国家经济中出现了为工商企业和消费者提供专业化物流服务的企业，即“第三方物流”企业。

对于制造企业来说，市场越大，分销渠道越长，越是依赖于其物流活动的组织水平。由于市场竞争的日趋激烈，越来越多的生产制造和批发零售企业为了降低物流活动总成本，提高客户服务水平和获得市场竞争优势，愿意把属于非核心业务的物流运作外包出去，从而极大地推动了物流专业化以及第三方物流企业的发展。用户对物流服务的要求不断提高，已不仅仅满足于单一功能的物流服务，而需要综合性、一体化的高水平服务。同时，现代物流技术与信息技术的创新和应用，使得物流活动的组织水平大幅度提高。在这种形势下，现代物流管理理念出现并得到广泛地应用，使得物流企业能够从客户服务、发展战略和市场竞争的新视角来重新认识物流活动并更有效地组织物流运作，以进一步降低成本，提高客户服务水平和增强企业竞争优势。

各种专业化物流企业的大量涌现及其表现出来的快速发展趋势表明，专业化物流服务作为一个新的专业化分工领域，已经发展成为国民经济的一个重要组成部分。物流专业化服务以及物流企业已经是客观的存在。物流管理的功能对宏观（对 GDP 的贡献）和微观经济的作用不仅在国外而且在我国都已经获得社会各界的广泛认同。经济社会的发展实践证明，物流不仅能够通过运输、仓储、包装、装卸、搬运、流通加工、信息服务等功能性活动为国民经济发展提供基础性支撑条件，更为重要的是能够支持相关产业的发展，优化产业布局，并创造产业增加值，推动第三产业和国民经济的发展。

据中国物流信息中心统计，2005 年我国社会物流总额达 48.1 万亿元，同比增长 25.2%，增幅虽比上年有所回落，但仍呈快速增长态势；物流业增加值达 1.2 万亿元，占同年服务业增加值的 16.6%，同比增长 12.7%，增幅高于上年，也超过了当年 GDP 的增幅。与此同时，我国专业化的物流企业迅速成长并不断成熟，形成了国有及国有控股、外资及中外合资和民营物流企业“三足鼎立”的态势，促进了物流服务市场的形成和发展。中国物流人才教育工程于 2001 年正式启动，目前全国已有 200 余所大学设置或恢复了物流相关专业，并且还在继续扩大物流专业本科生、硕士和博士研究生的招生规模；物流师国家职业标准已经制定并发布，同时高级物流师、物流师和助理物流师的培训、考试和认证工作也已全面展开；在职人员的物流知识和物流技术的培训工作进一步深入。可见，我国物流产业形成的标志性特征已经完全具备。因此，从产业的角度去研究和透视物流系统对于我国国民经济的发展意义重大。

在现代经济生活中，产业的形成主要依靠市场机制的作用，但政府的产业政策也具有重要影响。一方面，政府的公共技术政策间接或直接地对产业的形成具有促进作用；另一方面，政府保护幼小产业的政策直接地支持产业的正常形成。在 20 世纪 60 年代，日本经济高速发展，在短短 20 年时间里走完了西方发达国家花一两百年才走完的路，其成功的主要原因是产业政策的有效实施。因此，结合我国的具体实际，加强政府的宏观指导作用，实施物流宏观规划对于我国物流产业的发展将会产生积极的作用。

（二）物流产业的定义

产业分类的调整肯定落后于产业本身的发展。随着社会经济技术的发展，一些老的行业消失了，一些新的行业产生了。要加快物流服务市场的发展和物流产业结构体系的形成，科学地对物流产业进行界定不仅十分必要，而且十分迫切。

根据《辞海》（上海辞书出版社，1999）的解释，产业是指各种生产、经营事业；行业是指职业的类别。在过去一段时间里，产业是相对于工业而言的，如产业革命，主要指的是工业革命；行业是相对于工商业而言的，如零售行业，指的是商业。随着社会的发展和进步，对“产业”和“行业”这两个词的理解也在发生着一些变化，产业的涵盖范围不仅包括工业，还包括非工业，比如信息服务、商务服务、旅游业等。这就说明产业可以是工业以外的行业，并且可以是由多个相对独立但业务性质完全一致的行业组成的，或者说是由分散在多个行业、具有同样的业务性质的经济组织组成的。我们将国民经济各行业划分为第一产业、第二产业、第三产业。这里，产业的概念更加宽泛，产业概念的外延要大于行业。从经济学研究的角度看，具有产业经济学的独立的学科门类。因此，从社会发展和科学研究的角度出发，我们采用物流产业的提法。

按照中华人民共和国国家标准《国民经济行业分类》（GB/T 4754—2002）的定义，产业（或行业）是指从事相同性质的经济活动的所有单位的集合。按照产业经济学的定义，产业是指国民经济中产品和劳务的生产经营具有某些相同特征的企业或单位的集合。对产业的界定关键在于选择什么样的特征作为企业分类的标准，然后集合。

按照中华人民共和国国家标准《物流术语》的定义，物流是“物品从供应地向接收地的实体流动过程。根据实际需要，将运输、储存、装卸搬运、包装、流通加工、配送、信息处理等基本功能实施有机结合”。由此可见，物流提供的是一种以运输、储存、配送等基本活动为主的、多种功能相结合的服务活动。物流活动普遍存在，从事仓储、运输、装卸搬运、包装等物流管理活动是任何企业与生俱来的基本功能。如果仅仅是按照是否具有物流活动来作为物流产业的分类标准，那么所有的企业都将纳入物流产业的范畴，这显然是不妥当的。丁俊发认为，物流产业是物流资源产业化而形成的一种复合型或聚合型产业。李学工将物流产业定义为：物流产业是指专门从事将商品或服务由起始地到消费地发生空间位移，对其进行高效率与高效益流动及储存为经营活动内容的营利性事业组织的集群。物流产业是集交通运输、通信、物资供应、仓储保管等产业的部分职能于一身的新兴产业部门，且绝非是各职能的简单加总，而是将上述产业社会职能依照社会分工日趋专业化的发展规律，并以现代科学技术尤其是网络信息技术的支撑为前提，浓缩形成一个崭新的致力于提高社会总体效率和效益的产业部门。

物流产业作为服务业中的新型业态，已经越来越具有其独立的特征。根据现代物流发展的理念和实践，采用“以物流服务为产品”作为物流产业的分类标准是比较合适的。因此，我们给出物流产业的定义为：物流产业（简称“物流业”）是以物流服务为产品从事生产经营的企业或单位的集合。

物流产业从本质上看是一些具有相同生产技术或产品特性的企业集合，那么它既不等于物流活动或物流业务，也不等于物流企业，它具有不同于单个物流企业的经济行为；物流产业的发展变化虽然会给经济总量带来一些影响，却不能代表经济总量的发展变化。所以，物流产业是介于单个经济主体和国民经济总量的中间层次，是介于宏观经济与微观经济之间的中观经济，是国民经济的重要组成部分。

随着社会生产力水平的不断提高和科学技术的不断进步，物流产业的内涵在不断充实，其外延不断扩展。例如，由于高速公路的大量修建和汽车制造技术的革新，高速公路快速货运已逐渐为更多的高附加值产品的制造企业所使用，也成为高质量物流服务的重要内容；又如绿色物流、电子物流等概念的提出，都是物流产业内涵的一种延伸。在不同的历史发展阶段，物流产业会被赋予不同的内容，有不同的表现形式。因此，我们应该以动态的观点去理解和界定物流产业的内涵。

我国对第三产业的内涵界定是在20世纪80年代中期。服务业内部结构是产业结构的重要组成部分，按照服务对象的不同，服务业包括消费性服务业、生产性服务业两大部分。生产性服务业是从制造业内部生产服务部门分离出来，进而独立发展起来的产业，为生产和商务活动提供服务。生产性服务业在工业经济时代大部分附属于制造业。而在知识经济时代，由于需求的迅速扩大、专业化分工的要求提高，这些产业独立出来，成为真正独立运作的产业。从服务业的服务对象看，生产性服务业服务的对象是企业，为生产活动和企业经营提供支撑，尤其是为制造业企业提供专业化服务。物流产业的形成过程与生产性服务业的演变过程相一致，是一个从企业组织内部的仓储、运输功能性服务向社会化、专业化的综合性服务演化的过程。从物流产业的自身特征看，它成为生产性服务业中的重要组成部分。这与我国的《国民经济和社会发展第十一个五年规划纲要》的分类界定相一致。

从我国国民经济发展的角度看，物流产业具有如下一些重要特征和作用：

1. 物流产业是国民经济中的动脉系统，它连接社会经济的各个部分并使之成为一个有机整体。在现代经济中，由于社会分工的日益深化和经济结构的日趋复杂，各个产业、部门、企业之间的交换关系和相互依赖程度也越来越错综复杂，物流产业是维系这些复杂交换关系的纽带和血管。因此，物流产业是国民经济运行中不可或缺的重要组成部分。

2. 物流产业通过对各种物流要素的优化组合和合理配置，实现物流活动效率的提高和社会物流总费用的降低。当物流活动分散在不同企业和不同部门时，各种物流要素很难充分发挥其应有的作用，例如仓储设施的闲置等。随着物流活动从生产和流通领域中分化出来，各种物流要素也逐渐成为市场资源，专业化物流企业可以根据各种物流活动的要求，在全社会范围内对各种物流要素进行整体的优化组合和合理配置，从而可以最大限度地发挥各种物流要素的作用，提高全社会的物流效率。

3. 物流产业可以为全社会提供更为全面、多样化的物流服务，并在物流全过程及其各个环节实现价值增值。当物流活动从生产过程和交易过程中独立出来后，物流就不再是一个简单的成本因素，而成为一个为生产、交易和消费提供服务的价值增值因素，其中也蕴藏着巨大的商业潜力。专业化物流企业不仅可以提供货物运输、配送、流通加工等有形服务，而且可以提供物流方案设计、物流信息管理等无形服务，这是商业企业、运输企业、仓储企业等传统流通部门所难以企及的。相对于产品的生产过程而言，物流服务创造的是产品的空间价值和时间价值，是产品价值的重要组成部分。因此，物流产业是国民经济中创造价值的产业部门，并正在成为全球经济发展中的热点和新的经济增长点。

（三）物流产业的组成

物流企业是物流服务市场的主体，物流服务的运作是企业行为。物流企业的微观运作构成了物流产业的宏观走向，进而为宏观物流政策的调整提供市场依据。因此，对物流企业的定性研究是确定物流产业是否能够独立存在并不断发展的基础，而且对物流规划工作的深入进行具有重要的现实意义。在国家标准《物流企业分类与评估指标》（GB/T 19680—2005）中，按照各类物流企业的主要业务功能特点，将其分为运输型、仓储型、综合型三种类型。运输型物流企业是以从事货物运输或代理运输服务为主，包含其他物流服务活动的企业。仓储型物流企业是以从事区域性仓储、配送服务为主，包含其他物流服务活动的企业。综合型物流企业是专门为客户提供原材料、在制品、产成品一体化物流服务的企业。根据《国民经济行业分类》（GB/T 4754—2002）以及物流产业的定义和物流企业的分类，以F门类（交通运输、仓储和邮政业等）为主集中反映了物流产业的有关内容。因此，物流产业的基本组成如表1所示，主要包括国民经济行业分类中的F门类与L门类（其中客运等部分内容已剔除）的有关内容。

表 1　　物流产业的基本组成

序号	名称	子项内容
		F 交通运输、仓储和邮政业
1	铁路运输业（51）	铁路货物运输（5120），货运火车站（5132），其他铁路运输辅助活动（5139）
2	道路运输业（52）	道路货物运输（5220），公路管理与养护（5232），其他道路运输辅助活动（5239）
3	水上运输业（54）	远洋货物运输（5421），沿海货物运输（5422），内河货物运输（5423），货运港口（5432），其他水上运输辅助活动（5439）
4	航空运输业（55）	航空货物运输（5512），通用航空服务（5520），机场（5531），空中交通管理（5532），其他航空运输辅助活动（5539）
5	管道运输业（56）	管道运输业（5600）
6	装卸搬运和其他运输服务业（57）	装卸搬运（5710），运输代理服务（5720）
7	仓储业（58）	谷物、棉花等农产品仓储（5810），其他仓储（5890）
8	邮政业（59）	国家邮政（5910），其他寄递服务（5990）
		L 租赁和商务服务业
9	商务服务业（74）	包装服务（7492），其他未列明的商务服务（7499）

以系统的观点和产业关联的角度来分析，物流系统的运行涉及三个层次的内容：①物流基础设施，包括交通运输体系和物流节点，点与线结合成为物流网络，反映了物流设施的“生产”能力。物流基础设施不仅因为它们大部分是固定在地面的基础设施，更是因为对整个物流的运作具有决定性，没有基础设施就不可能有物流手段，而没有物流手段就不可能进行流通和市场扩展。②依靠基础设施来运行的物流设备。③物流运作管理与服务，其主要的实体表现为物流企业，通过物流资源的组织和协调，为特定客户需求（国民经济发展的要求）提供服务。基于这一理解，并根据《国民经济行业分类》（GB/T 4754—2002），（物流相关）建筑业如房屋工程建筑（4710），铁路、道路、隧道和桥梁工程建筑（4721），水利和港口工程建筑（4722），工矿工程建筑（4723），架线和管道工程建筑（4724），其他土木工程建筑（4729）等，为物流系统的运行提供了重要的基础设施；而（物流相关）制造业如交通运输设备制造业（37），通信设备、计算机及其他电子设备制造业（40）［注：主要包括自动数据采集设备］，仪器仪表及文化、办公用机械制造业（41）［注：主要包括自动化立体仓库的设备］等，为物流运行提供了各种物流设备；物流产业则最终实现了物流的运作管理与服务。如表 2 所示。这里，前两项内容不直接提供物流服务，因此没有纳入物流产业的范畴，却是物流产业发展的重要支撑体系和基础，即物流相关建筑业和物流相关制造业成为物流产业发展的最

主要的支持性产业。

表 2　　物流系统层次及物流产业支撑体系

物流系统层次	产业	产业组成（内容）
物流运作与管理	物流产业	1. 交通运输、仓储和邮政业 2. 租赁和商务服务业
物流设备	（物流相关）制造业	1. 交通运输设备制造业（37）：铁路机车车辆及机动车组制造（3711），工矿有轨专用车辆制造（3712），铁路机车车辆配件制造（3713），铁路专用设备及器材、配件制造（3714），其他铁路设备制造及设备修理（3719）；汽车整车制造（3721），改装汽车制造（3722），电车制造（3723），汽车车身、挂车的制造（3724），汽车零部件及配件制造（3725），汽车修理（3726）；摩托车整车制造（3731），摩托车零部件及配件制造（3732）；脚踏自行车及残疾人座车制造（3741），助动自行车制造（3742）；金属船舶制造（3751），非金属船舶制造（3752），娱乐船和运动船的建造及修理（3753），船用配套设备制造（3754），船舶修理及拆船（3755），航标器材及其他浮动装置的制造（3759）；飞机制造及修理（3761），航天器制造（3762），其他飞行器制造（3769）；潜水及水下救捞装备制造（3791），交通管理用金属标志及设施制造（3792），其他交通运输设备制造（3799） 2. 通信设备、计算机及其他电子设备制造业（40）：通信传输设备制造（4011），移动通信及终端设备制造（4014），其他通信设备制造（4019）。注：主要包括自动数据采集设备 3. 仪器仪表及文化、办公用机械制造业（41）：工业自动控制系统装置制造（4111）。注：主要包括自动化立体仓库的设备 4. 废弃资源和废旧材料回收加工业（43）：金属废料和碎屑的加工处理（4310），非金属废料和碎屑的加工处理（4320）
物流基础设施	（物流相关）建筑业	1. 房屋和土木工程建筑业（47）：房屋工程建筑（4710），铁路、道路、隧道和桥梁工程建筑（4721），水利和港口工程建筑（4722），工矿工程建筑（4723），架线和管道工程建筑（4724），其他土木工程建筑（4729）。注：需剔除物流设施如仓库以外的房地产建筑部分 2. 建筑安装业（48）：建筑安装业（4800） 3. 建筑装饰业（49）：建筑装饰业（4900） 4. 其他建筑业（50）：工程准备（5010），提供施工设备服务（5020），其他未列明的建筑活动（5090）

在我国现行的国民经济统计体系中，“交通运输、仓储、邮政”和“包装”有关门类可以代表物流产业的主要部分，而装卸搬运、流通加工等业务则不是以完整的行业形

态来进行统计的，是分散在其他许多行业中的。另外，由于我国企事业单位搞“大而全”、“小而全”的现象比较普遍，国家统计局的统计没有包括那些不进行独立核算的，为生产、流通企业、政府部门和事业单位内部服务的交通运输、仓储从业人员数量及其贡献的国民生产总值，也不包括数量较为突出的大型工业企业和批发、零售企业自己拥有的非独立核算的码头、船舶、车队、仓库、铁路专用线等，也没有统计大量分散在军队、农村以及其他集体和个体所有者手中的交通运输、仓储资源。物流产业主体以外拥有的这部分资源总量也是非常巨大的，这一点在我国宏观物流规划中应引起高度的重视。

二、我国现代物流发展的总体分析

（一）宏观形势分析

当今世界，经济全球化趋势不断加强，科技进步突飞猛进，国际产业升级和转移速度加快。全球采购、全球生产、全球销售，企业生产经营模式和资源获取手段发生重大变化。由于物流对全球贸易、商业、制造业以及运输业具有基础性的整合强化作用，现代物流在相当大的程度上成为推进当代工商业升级发展的重要因素；而工商业的新兴业态又形成对现代物流的强大需求，这一良性互动机制推动着现代物流在全球范围蓬勃发展。为了追求竞争优势，实现扩大市场规模和降低成本的双重目标，全球供应链式的生产营销体系逐步兴起并得到普及。专业化分工加快，物流外包与“第三方物流”的出现，为宏观物流效率的提高提供了重要的微观机制。物流规模的大型化、物流运作的一体化、物流技术的信息化、物流管理的标准化，以及注重节能、环保的“绿色物流”，成为国际物流发展的大趋势。物流能力的竞争成为市场竞争的重要手段，现代物流发展的程度和水平成为一个国家发展后劲的重要体现。随着我国加入世贸组织，国际知名的物流企业基本上进入我国，既带来了先进的物流管理技术和经验，也加剧了国内物流市场的竞争。

发展现代物流业是贯彻科学发展观的重要举措。科学发展观强调“以人为本，全面、协调、可持续发展”，现代物流理念的核心是系统整合优化，讲究总体的效益、效率和质量。发展现代物流业，有利于加快商品流通和资金周转，提高国民经济运行的质量和效益；有利于充分利用国内外两种资源和两个市场，提高企业的国际竞争力；有利于促进产业结构调整和增长方式转变，走新型工业化道路；有利于提高运输效率，降低能源消耗和废气排放，缓解交通拥堵；有利于促进城乡和地区间商品流通，满足人民群众对多样化、高质量的物流服务需求；有利于建立与经济发展需要相匹配的物流服务体系，优化投资环境，实现产业分工与聚集；有利于国家救灾应急、处理突发性事件，保障经济稳定和社会安全。

我国的现代物流业从改革开放开始起步，近年来进入加快发展的新阶段，在我国经济社会发展中发挥着越来越重要的支撑和带动作用。“十五”时期我国现代物流业的发展呈现新的特点，主要表现在如下几个方面：

（1）现代物流的产业地位得到重视。五年前，现代物流作为一门组织管理技术在我国开始起步，没有明确的产业定位。为适应国际物流发展的趋势，2001 年，原国家经贸委等六部门联合印发了《关于加快我国现代物流发展的若干意见》，提出了我国现代物流发展的指导性意见；2002 年，全国现代物流发展规划的编制工作正式启动；2003 年，国务院领导同志对全国政协提出的《现代物流发展情况的调研报告》做出重要批示，要求国家发展和改革委员会会同商务部等部门“从体制、政策、人才等方面加强研究，提出促进现代物流发展的有效措施”；2004 年，经国务院批准，国家发展和改革委员会会同商务部等九部门联合印发了《关于促进我国现代物流业发展的意见》；2005 年，经国务院同意，全国现代物流工作部际联席会议制度正式建立，并组织召开了首次全国现代物流工作会议；2006 年 3 月，在全国十届人大四次会议通过的《国民经济和社会发展第十一个五年规划纲要》中，在第四篇“加快发展服务业”第十六章“拓展生产性服务业”里面，单列一节“大力发展现代物流业”。这在历史上从未有过，标志着现代物流作为产业的地位在国家规划层面得到确认。

（2）物流经济运行呈快速发展的态势。据国家发展和改革委员会、国家统计局、中国物流与采购联合会统计，“十五”时期，我国社会物流总额达 158.7 万亿元，比“九五”时期增长近 1.4 倍，年均增长 23%。扣除价格因素，年均增长 15% 左右，明显快于“十五”时期 GDP 增长 9.5 % 的水平。“十五”时期，我国社会物流总费用与 GDP 比率由 2000 年的 19.4% 下降到 2005 年的 18.6%，等于节约社会物流费用合计 1090 亿元。

（3）物流企业和物流市场成长迅速。专业化的物流企业成长、成熟，是“十五”时期物流产业地位得以初步形成的基础。中远、中海、中外运、中邮、中铁、中储等传统大型国有物流企业，都在“十五”期间进行了改制重组，加快向现代物流转型；宝供、南方、大田、宅急送、远成等民营物流企业，“十五”期间发展势头迅猛；联邦快递（FedEx）、联合包裹（UPS）、荷兰天地（TNT）、敦豪（DHL）、总统轮船（APL）、马士基（MAERSK）等外资物流企业，利用我国扩大开放的机会，抢滩中国市场。这些企业在竞争中合作，在改革中成长，促进了专业化、社会化物流的发展，提高了物流供给和服务能力，加快了生产制造和商贸流通企业物流业务分离和外包，促进了物流服务市场的形成和发展。汽车物流、家电物流、医药物流、电子物流、会展物流、连锁零售物流等专业物流市场发展迅速。

（4）物流基础设施和信息化建设进度加快。“十五”期间，我国物流相关行业固定资产投资年均增速达 19.7%，比“九五”时期加快 4.2 个百分点。铁路提速，公路联网，专业化泊位相继建成投产，长距离油气管道开通，车船运力加快向大型化、专业化方向发展，交通运输全面紧张的状况开始缓解。到 2005 年，全国铁路营业里程达 7.5 万公里；公路总里程达 192 万公里，其中高速公路 4.1 万公里。物流园区（基地、中心）建设在“十五”期间起步，促进了各种物流功能和要素的集成整合。“十五”时期，我国物流信息化取得突出成就。在企业物流信息化不断整合、优化与提升的基础上，行业物流信息平台建设初见成效。“十五”期间，我国现代物流基础设施和信息化建设取得的成就，极大地改善了现代物流运作的基础条件，物流业可持续发展的能力得到增强。

（5）物流行业基础性工作全面铺开。“十五”期间，我国物流标准、统计核算、人才培训等基础性工作从无到有，全面铺开。全国物流标准化工作，国家标准化管理委员会相继批准成立了跨部门、跨行业的全国物流标准化技术委员会和全国物流信息管理标准化技术委员会，提出了《物流标准体系表》，编制了《全国物流标准2005～2010年发展规划》并组织实施。物流统计核算工作，国家发展和改革委员会同国家统计局联合制定了我国社会物流统计核算制度，为全面监测分析现代物流业发展情况，有针对性地制定相关政策提供了重要依据。物流教育和培训工作，截至目前，全国开设物流专业的本科院校已从2001年的1所发展到现今的218所，在校生3万余人；开设物流专业的高职、高专480所，在校生15万人；中等职业学校突破1000所，在校生约30万人；硕士研究生和博士研究生培养院校超过100所。上述接受物流学历教育的人数近50万人。物流师职业资格等在职培训工作进展较快，物流人才严重短缺的局面有所缓解。

（二）我国物流系统运行的特征分析

1. 物流货物特征分析

我国仍然处于工业化发展的中期阶段和基础设施建设的高潮时期，“世界制造中心”的地位进一步显现，从而我国物流系统的运行呈现其独有的特点。

从货物的价值角度看，在社会物流总额构成中，工业品占物流总额的85%左右，物流需求的主体是工业品。农产品物流量虽然逐年上升，但占社会物流总额的比例在不断下降。进口货物量平稳增长，占社会物流总额的比例基本稳定在9%～13%之间。再生资源、单位与居民物品的物流量也有所增加，但占社会物流总额的份额低于1%。如表3、表4和图1所示。

表3　　　　我国社会物流总额的构成　　　　（单位：亿元人民币）

项目 年份	工业品	农产品	进口货物	再生资源	单位与居民物品	合计
1991	23418	3252	3395	128	27	30221
1992	31121	3335	4444	155	33	39088
1993	43780	4281	5990	222	42	54315
1994	62571	6104	9964	548	50	79237
1995	82584	7951	11029	352	59	101975
1996	89730	8618	11523	347	69	110288
1997	102501	8996	11817	274	78	123665
1998	107688	9160	11626	172	86	128732
1999	115827	9138	13736	155	98	138954
2000	142000	9634	18660	150	116	170561
2001	163739	10291	20159	199	126	194513
2002	196799	10986	24431	235	132	232583
2003	249570	11261	34193	278	187	295488
2004	324876	11970	46467	325	190	383829

资料来源：中国物流年鉴，2005

表4　社会物流总额的构成　(单位:%)

项目 年份	工业品	农产品	进口货物	再生资源	单位与居民物品	合计
1991	77.49	10.76	11.24	0.42	0.09	100
1992	79.62	8.53	11.37	0.4	0.09	100
1993	80.6	7.88	11.03	0.41	0.08	100
1994	78.97	7.7	12.58	0.69	0.06	100
1995	80.98	7.8	10.82	0.35	0.06	100
1996	81.36	7.81	10.45	0.31	0.06	100
1997	82.89	7.27	9.56	0.22	0.05	100
1998	83.65	7.12	9.03	0.13	0.07	100
1999	83.36	6.58	9.89	0.11	0.07	100
2000	83.25	5.65	10.94	0.09	0.07	100
2001	84.18	5.29	10.36	0.1	0.06	100
2002	84.61	4.72	10.5	0.1	0.06	100
2003	84.46	3.81	11.57	0.09	0.06	100
2004	84.64	3.12	12.11	0.08	0.05	100

资料来源：中国物流年鉴，2005

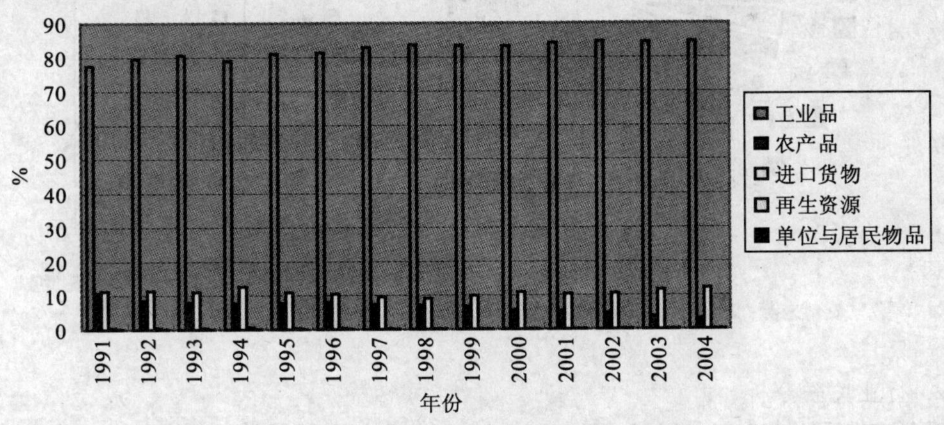

图1　社会物流总额的构成

能源和原材料构成了我国社会物流的重要组成部分。对2004年全国铁路货运量构成、货物周转量构成以及沿海主要港口货物吞吐量的构成进行分析，可以发现煤、矿石、钢铁、石油、粮食、矿建材料是消耗物流运力的主力；焦炭、化肥和农药、水泥、木材、盐等物资也占有比较重要的份额。即我国的物流需求基本上是以大宗能源、矿产资源、建材、金属及非金属材料、粮食等为主。如图2、图3、图4所示。

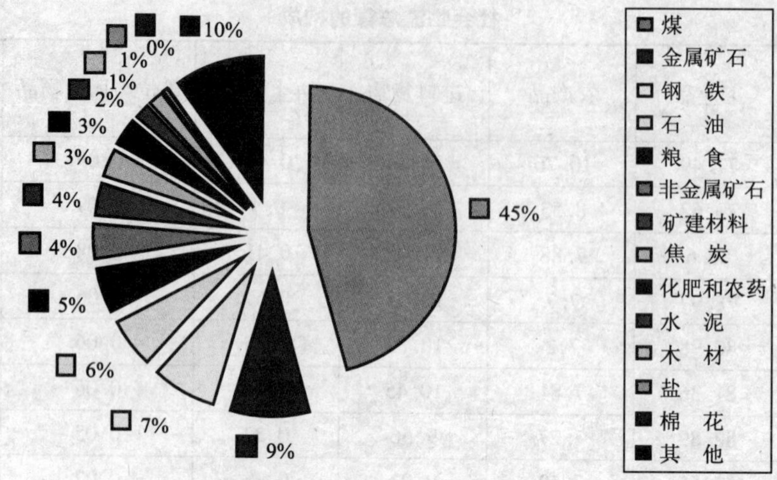

图 2　2004 年全国铁路货运量构成

资料来源：2005 年中国统计年鉴

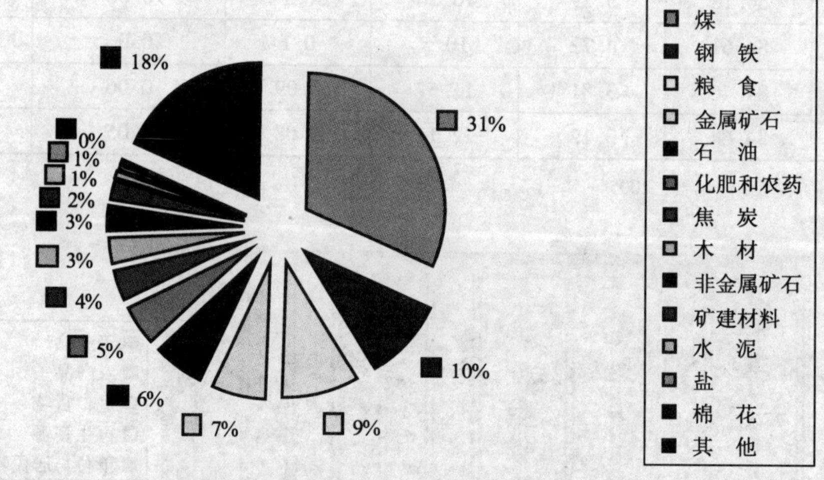

图 3　2004 年全国铁路货物周转量构成

资料来源：2005 年中国统计年鉴

2. 行业关联分析

我国编制了 1990 年、1992 年、1995 年、1997 年、2000 年、2002 年（未公布）投入产出表，由于我国经济的发展和统计制度的调整，每一次投入产出表的行业分类名称都有所调整，物流业在当时的投入产出表中主要体现为货运邮电业（历次投入产出表中每年部门数基本为 33 个部门，1990 年、1992 年、1995 年均为 33 个部门，1997 年有 40 个部门、2000 年有 17 个部门）。我们对五次投入产出表的其他部门对物流产业（主要为货运邮电业）的直接消耗系数进行排序，统计五次中进入前 1/3 的部门的频数，并按降序排列取前 11 个部门定为当年技术条件下受物流业影响显著的部门。其结果如图 5 所示。

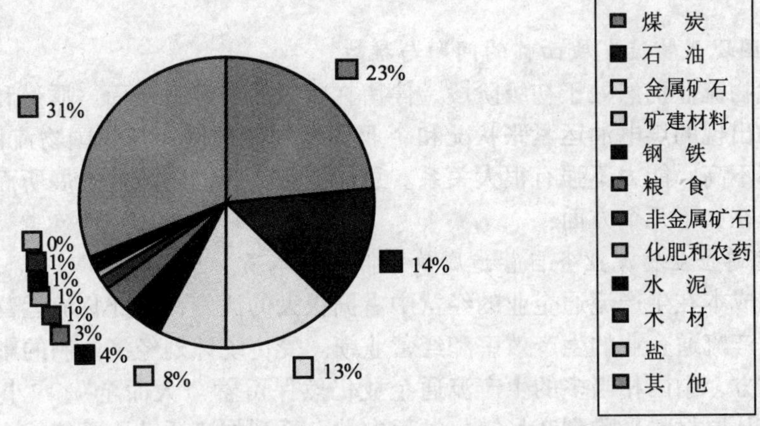

图 4 2004 年全国沿海主要港口货物吞吐量的构成

资料来源：2005 年中国统计年鉴

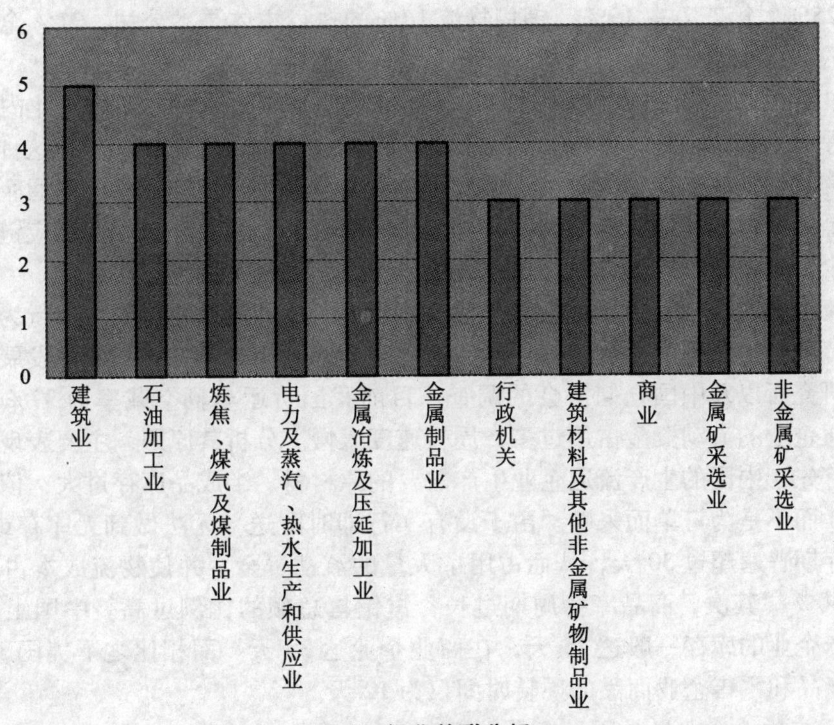

图 5 行业关联分析

上述分析表明，对我国物流业产生重大需求的行业依次主要有：①建筑业，②石油加工业，③炼焦、煤气及煤制品业，④电力及蒸汽、热水生产和供应业，⑤金属冶炼及压延加工业，⑥金属制品业，⑦行政机关，⑧建筑材料及其他非金属矿物制品业，⑨商业，⑩金属矿采选业，⑪非金属矿采选业。从产业链的角度来看，主要是以煤炭为燃料或原料的电力、热水、煤制品产业链，以石油为原料的石化产业链，以金属矿为原料的钢铁产业链，以非金属矿为原料的建筑产业链，以零售物流为依托的商业产业链，以及行政机关。

（三）我国现代物流发展面临的问题与挑战

我国现代物流业仍然处于初级阶段，停留在粗放式经营的层面，质量和效益还不很理想。近年来出现的煤电油运紧张状况和企业资金周转缓慢，与我国物流体系不健全、物流运作效率不高、能力不强有很大关系。总体上讲，我国物流业发展所面临的问题与挑战主要表现在如下几个方面：

1. 生产流通企业物流业务自营造成效率低、成本高

由于物流成本在生产流通企业的经营中占据很大的比例，因此物流运营的效率如何直接影响到生产流通企业的生产效率和经营业绩。受传统计划经济体制的影响，作为物流服务的需求方，中国相当多的生产流通企业仍然保留着“大而全”、“小而全”的经营组织方式，从原材料采购到产品销售过程中的一系列物流活动主要依靠企业内部组织的自我服务完成。据2005年10月中国仓储协会主办的第六次中国物流市场供需状况调查报告显示：生产制造企业中，原材料物流的执行主体主要是供货方，占56%，本公司自理占25%，第三方占19%。销售物流16%的执行主体是本公司，31%全部是第三方，53%的执行主体是部分自理与外包相结合；商贸企业物流执行主体17%为第三方，5%的企业由供货方承担，78%的企业由本公司自理。与此同时，多数企业内部各种物流设施的保有率都比较高，并成为企业经营资产中的一个重要组成部分。这种以自我服务为主的物流活动模式在很大程度上增加了企业的生产经营成本。生产流通企业对物流的需求还是以简单的运输、仓储型物流外包为主，综合型物流外包以及供应链管理的比重还比较少。

在物流运作过程中，由于社会化的程度比较低，生产流通企业的自营行为造成物流系统各环节的衔接较差、运转效率不高、物流服务水平比较低。据国务院发展研究中心市场经济研究所以及中国仓储协会的调查，目前我国货运车辆空载率为37%左右，而且生产流通企业的流动资金占用过多，周转速度太慢。分析其原因，主要表现在如下几个方面：首先，中国的生产流通企业生产需要的原材料、半成品库存过大，依然是为库存而采购，而不是为订单而采购。由于没有实行即时配送，无法做到无库存或少库存，原材料库存期普遍超过30天，从而占用了大量的流动资金，并使物流成本占生产成本的30%~40%。其次，商品库存周期过长，占销售总额的比例过高。中国工业产成品在工业生产企业的库存一般达45天，在商业企业达35天。而相比之下美国1997年汽车、电子产品和零售企业商品的周转时间仅为12天。

2. 第三方物流企业发展不平衡对生产流通企业的业务拓展产生制约

中国加入WTO之后，市场进一步开放，大型国际物流企业不断进入中国，随着各种类型的物流企业不断涌现，中国物流市场的竞争将越来越激烈。从目前中国的物流市场格局看，主要有如下一些类型：一是以传统运输系统和仓储系统为支撑的物流企业；二是以新经济为口号应运而生的新兴物流企业；三是掌握业务需求的生产企业内部物流部门；四是在华的国际物流企业。其特点如表5所示。

虽然中国第三方物流业务的发展很快，市场规模每年以20%~30%的速度上升，但是，中国国内的第三方物流企业多数是由传统的运输和仓储企业转变而来的，无论资

产规模大小，其网络化、信息化、资源集中运用的优势尚未形成，真正能够有力量统领全国业务的物流企业尚不多见。由于整体规模小，企业内部下属机构各自为政，所以国内单个物流企业所占的物流市场份额非常小，很少有拥有超过2%市场份额的物流服务提供商。另外，中国物流市场的地域集中度很高，近80%的收益都来自长江三角洲和珠江三角洲地区。当然，出现这种情况的原因与区域经济的发展不平衡有很大关系。但是，这种现象也造成中国国内物流企业的发展不平衡，绝大多数的物流企业仅具有一定的、局部地区性的物流服务能力，在长江三角洲、珠江三角洲、京津唐三大区域以外，其他地区的物流企业更为弱小、网络化的物流服务能力更弱。另外，物流企业的综合物流服务能力比较薄弱，约85%的收入还是来自基础性服务如仓储和运输，而增值性业务如重新包装、重新贴标签、商品退货、维修、财务服务等所带来的收入只占很小一部分。

表5　　各类物流企业的特点分析

企业类型	特　点
传统仓储、运输企业	（1）大型国有企业，拥有全国性的网络和许多运输、仓储资产 （2）与中央和地方政府关系良好 （3）冗余人员比例很高，效率低 （4）以内部为侧重的企业文化，而不是以客户和绩效为导向
新兴物流企业	（1）私有和合资企业，地域、服务和客户相对更有侧重点 （2）增长很快，效率相对较高 （3）只拥有有限的固定资产 （4）对市场扩张缺乏有力的财务支持 （5）内部管理和体系是高速增长的主要障碍
生产企业内部物流部门	（1）为内部和外部客户提供服务，但内部客户占主导地位 （2）在某些领域具有专长 （3）资产有限但网络覆盖性较好 （4）在市场营销方面较弱，难以吸引更多的外部客户 （5）战略和未来定位受到母公司的极大影响
国外物流企业	（1）有很强的海外网络 （2）具有丰富的行业知识和实际运营经验 （3）与国际客户具有良好的业务关系 （4）具有先进的IT技术 （5）有来自总部的强有力的财务支持 （6）在中国的业务还很有限，且成本相对较高

那些试图在中国市场范围内发展的生产流通企业，无论是境外的企业还是国内的企业，都在很大程度上受到了物流企业的这种业务能力限制，在其全国性市场的业务拓展中遭受不同程度的挫折。例如，以中央采购、集中配送见长的三大国际零售巨头——家乐福、麦德龙、沃尔玛在中国同时遇到了来自物流的麻烦，近两三年来其中国零售分店

的扩张计划均遭遇过不同程度的失败。据国际商报社对100家来华跨国公司的物流服务需求调查，这些来华跨国公司物流外包的比例高达90%左右，其首选的第三方物流服务企业为外资企业。但是，由于受中国国内物流服务条件的限制，其在中国国内的原材料库存期和成品库存期均比在本国高出30%左右。

3. 第三方物流的发展仍然面临体制性的制约

物流业的发展已经成为中国经济发展的重要组成部分。虽然中国各级政府已经充分意识到这一点，正在积极改善中国物流市场发展的宏观环境，但由于历史的原因、体制的原因、不同利益主体的原因，物流业发展面临的一些体制性问题仍然无法得到根本性的解决。

首先，政府条块分割的管理模式对中国物流业的发展具有不利的影响和制约。例如，在运输管理体制上，中国实行的是按照不同运输方式划分的分部门管理体制；同时，从中央到地方也有相应的管理部门和层次。这种条块分割式的管理体制，一方面，使得部门之间、地区之间的权力和责任存在交叉和重复，难以有效合作和协调，物流组织布局分散，地方封锁和行业垄断对物流资源的整合和一体化运作形成障碍，行业和区域物流发展的程度和水平差距拉大；另一方面，各部门、各地区各管一块，将全社会的物流过程分割开来，实行一种分段式的管理模式，多种运输方式不协调，线路与节点不配套和各种设施之间不衔接的矛盾较为突出。这种条块分割的体制，不仅无法适应和满足物流业发展的要求，而且在相当程度上影响和制约物流企业的发展。其次，在多头管理、分段管理的体制下，受部门、地方利益牵制，现行政策法规数量虽多，但相互之间有矛盾且难以协调一致。

根据美智（Mercer）管理顾问公司与中国物流与采购联合会对中国第三方物流市场的研究，政府的限制、政策的模糊性和高素质人员缺乏是中国国内物流企业和在华国际物流企业所面临的三个主要问题。如图6所示。

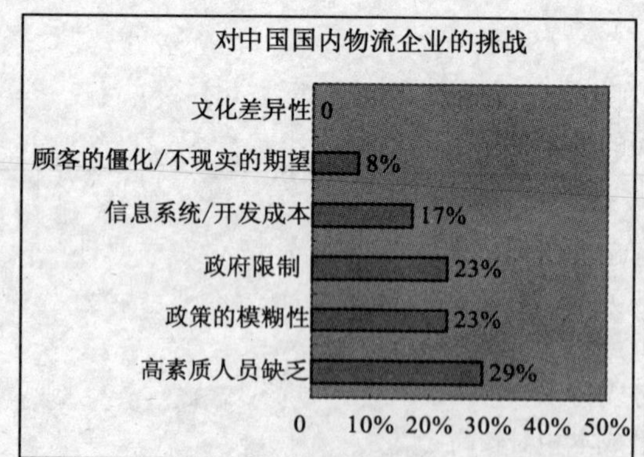

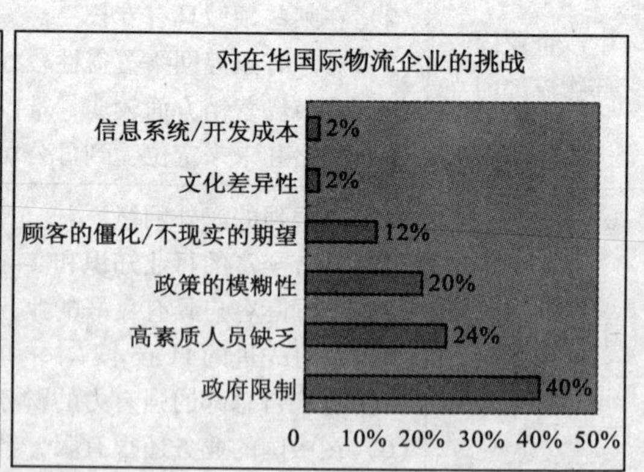

图6　第三方物流企业发展面临的主要制约因素

资料来源：美智中国第三方物流调查，2002

寻找合格的物流人才不仅对中国国内的物流企业，而且对在华的国际物流企业，都是个难题。这里，合格的物流人才不仅包括中高级物流管理人员，而且也包括受过良好培训的技术工人。物流业不断升级的结果是，推动我国制造业的发展，保证我国国民经济健康快速地增长，减少资源的浪费和消耗，提高我国经济的运行效率。同时现代物流业也需要更多的中高级人才，我国目前物流业从业人员大多数素质还比较低，很多人观念更新、知识更新跟不上现代物流业的发展需求，因此需要大力加强对物流从业人员的培训和学校教育，加强中高级物流人才的培养力度。

（四）我国物流发展的需求预测和物流业的变化趋势

1. 物流发展的需求预测

物流业是生产性服务业，随着国民经济的快速发展，物流业也在迅速增长。分析表明，物流业与国民经济发展存在很强的正相关性。根据《国民经济和社会发展第十一个五年规划纲要》，到2010年，我国国内生产总值要达到26.1万亿元；按照国家“十一五”规划战略研究（马凯主编，北京科学技术出版社，2005），到2020年达到35.3万亿元。根据这一战略规划，我们分析了GDP对物流增加值的需求预测（即与GDP目标相适应的物流增加值）和物流增加值的趋势外推预测（即物流增加值的自然趋势增长）。如图7所示。

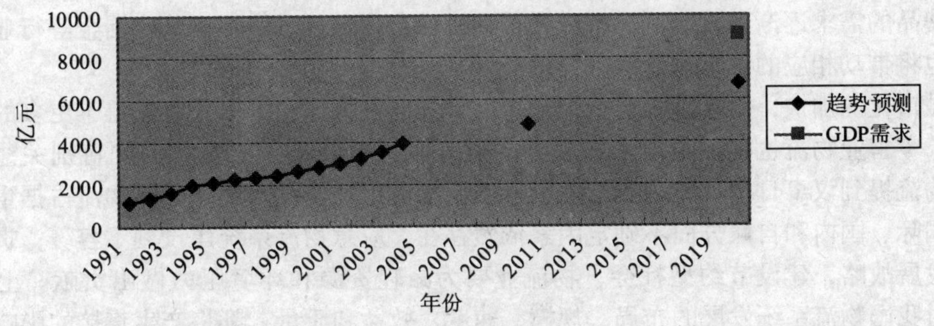

图7　物流增加值预测分析

注：在物流增加值预测分析时剔除了现行统计中的贸易业的相关内容

上述分析表明，GDP对物流增加值的需求预测要高于物流增加值的趋势外推预测值。也就是说，物流业如果不能加大投入、快速发展，就很有可能会影响我国国民经济的增长和规划目标的实现。“十一五”期间，为适应我国宏观经济持续增长的要求，物流业必须保持快速增长，物流增加值年均增长需达到9.8%，其中以邮政类业务增长速度最快，主要体现在快递业的高速增长方面，交通运输业、仓储业、流通加工业、包装业的增长速度也相当迅速。

我国国民经济目前处在工业化中期，中华人民共和国2005年国民经济和社会发展统计公报数据表明：2005年，我国第一、第二、第三产业增加值占国内生产总值的12.4%、47.3%和40.3%。我国的产业结构决定了物流成本占国内生产总值的比例比较高。扣除产业决定的因素，我国物流业的运作效率相对于美国、日本等发达国家还比较低。我国产业结构的调整和居民生活水平的提高会带来物流业的一系列变化，产业集群和梯度转移的趋向对我国物流系统的发展将会提出新的要求。

对能源和原材料的依赖是我国工业化进程中的一个重要特征。由于在“十一五”期间，我国的工业化水平会进一步提高，资本品的投资比重将继续上升。公路、铁路、民航、港口、通信设施、输配电网络等基础设施的进一步完善将带动钢铁、水泥等原材料产业的发展，与之配套的钢铁物流、水泥物流量仍将有较大的增长空间；城市化水平的提高将带来更多的投资机会，我国未来一段时间，城市化还有补历史课的任务，会有很大的增长空间，会带动房地产、城市基础设施建设投资的增长，从而带动基础原材料产业的发展，大宗原材料物流、建材物流、钢铁物流会有继续增长的空间。工业化水平的提高还需要能源的保障，煤炭还是我国最重要的能源来源，煤炭物流在“十一五”仍将是重要的物流组成部分。

随着国民收入的提高，居民的消费结构正发生着变化，食品消费的比重下降，生活必需品和耐用消费品的需求市场仍然庞大，但需求层次将不断提高。商品购买和消费服务正由传统模式向现代模式转化，对商品服务提供的效率性、便捷性提出了更高的要求。与此相适应，电子商务发展加速，食品物流 、家电物流、图书物流、家电物流、配送物流、快递业等与终端消费相关的物流业专业化发展的特征更加明显。食品物流将更关注食品的安全性和健康性，冷链物流会有很大的增长空间。居民对汽车和住房等高价消费品的需求逐渐释放，汽车产业将带动机械、化工、电子、钢铁、冶金等行业的发展，也将带动相应的汽车物流服务的增长。

城市化的加快，给连锁零售业带来了巨大的商机，连锁零售企业获得了更多的扩张机会，零售业物流也在不断地增加服务的覆盖面。中央对“三农”问题特别关注，农产品物流提到议事日程；我国履行入世承诺，物流市场全面开放，国际物流占据重要地位；国际、国内和自然方面不确定因素依然存在，应急物流系统建设刻不容缓；贯彻可持续发展战略，建设节约型社会，物流业要为减轻资源和环境压力做出贡献。上述因素，对我国物流系统发展的布局、规模、速度、效益和质量，都将产生直接的影响。

2. 我国物流业的发展及变化趋势

（1）生产流通企业物流业务外包的趋势日益明显

中国是一个大国，在辽阔的国土上资源的分布又很不均衡，造成物流在时间和空间上的跨度极大；“北煤南运”、“南粮北调”、“西气东输”等，导致中国物流费用较高。同时，中国又是一个中小型企业占相当比重的国家，降低流通成本，谋求物流的高效化，推进综合物流管理，已成为目前各方亟待解决的问题。

在降低成本的压力下，许多生产流通企业都在寻求第三方物流企业来外包物流业务，以求达到降低物流成本的目的。从外包业务的构成上看，目前多数生产流通企业往往愿意将其仓储业务或运输业务实行外包。其中，生产企业的物流业务外包主要集中在干线运输上，其次是市内配送；而商业企业的物流业务外包主要集中在市内配送，其次是仓储，然后是干线运输，这说明生产企业和商业企业在物流需求上的侧重点有所不同。但是，全面外包物流管理业务的生产流通企业比例并不高，这里一个很重要的原因是难以找到合适的、能够提供全程物流服务的物流企业。在物流业务外包方面，中国国内的生产流通企业与在华的国际企业相比，其比例要低很多。而从供应链的角度看，生产制造型企业实行销售物流业务外包的比例相对于其他环节来讲比较高，而原材料供应物流往往是实行自理或由其供应商承担，实行外包的比例很低。因为原材料供应物流直接关系着企业的生产正常与否，所以生产企业更愿意与供货商建立联盟，由自己组织物流管理，而把原材料供应物流完全交由第三方负责，生产企业还有许多顾虑，主要是担心第三方物流运作对企业生产带来影响，或因此而难以保证公司正常生产。

据中国仓储协会连续六次对中国物流市场供需状况调查显示，超过50%的生产企业和商业企业有意愿寻求新的物流企业，这一比例呈逐年上升势头，而且这些企业大都有意愿将所有的自理物流业务外包给第三方物流企业。由此可见，中国第三方物流的市场需求是相当可观的，处于逐步上升的时期，但是也说明物流业务的供求关系极不稳定，物流需求方与物流服务商的协作关系正处于动荡和变化之中。

生产企业与商业企业选择新的物流企业都首先关注其作业质量，其次是综合物流满足能力。他们选择第三方物流企业的具体标准依次为行业运营经验、企业信誉、网络覆盖性、较低的价格、拥有战略性的资产、物流资源整合能力、良好的信息系统、战略匹配度。因此，第三方物流企业尽快提高其专业水平、供应能力及其运作质量，会极大地增强生产流通企业物流业务外包的趋势，并将逐步建立起供应链环境下的战略协作关系。

在服务项目上，除了传统的物流服务如干线运输、仓储等业务外，市内配送服务、物流系统再设计、代结货款需求等业务需求也越来越迫切。因此，以物流系统设计、信息咨询为核心业务的物流咨询管理公司，将有很大的发展空间。

（2）物流企业合并重组以寻求提升综合物流服务水平

随着信息网络技术发展和全球化市场的加速形成，围绕新产品的市场竞争日趋激烈，技术进步和需求多样化使得产品寿命周期不断缩短，企业面临的竞争环境发生巨大改变，企业面临的竞争压力越来越大。在这种形势下，给物流经营带来了更大的挑战。第三方物流企业应站在客户企业的角度提供有利于其物流合理化的综合物流服务，必须熟悉客户企业物流活动的发展规律，具有物流系统开发和创新的能力。显然，这与只受客户或货主委托从事简单的运输、保管作业活动或代理活动是截然不同的。

由于中国物流行业较低的进入成本和广阔的发展前景，不但大量传统意义上的仓储、运输企业、快递公司争先恐后地转向物流服务，而且在刚刚过去的几年里新成立的一大批物流公司也来瓜分市场。在中国，各式各样的冠之以“物流”字样的企业不断涌现，中国物流市场形成了群雄逐鹿的主旋律。

在激烈的市场竞争和中国物流业快速发展的形势下，越来越多的生产流通企业有意将其供应链的某些业务环节外包给第三方的物流公司来承担。由于建立一个高效的全球或全国性第三方物流企业所需资本的投入非常大，所以越来越多的第三方物流企业都有通过兼并和联合的方式来扩大它们服务能力的愿望。同时，中国国内一些拥有大量资金的上市公司也在积极寻找新的市场机会，有些公司通过横向整合和纵向整合作为进入物流行业的市场“切入点”。对于第三方物流企业而言，发展模式从大的方向说有两类，一是通过物流企业间的横向整合来实现物流的网络化和规模化，达到规模扩张；二是通过物流功能的纵向整合来增强物流服务一体化的能力。纵向整合是把物流的各种功能，如储存、搬运、流通加工、配送、运输等整合成完整的物流系统，它是物流横向整合的基础。物流的横向整合是充分发挥各物流企业的有效资源的作用，将个别企业的服务行为转化为联盟整体的行为。

（3）具有中国特色的现货商品交易市场为物流发展提供了新的需求

现货商品交易市场这一形态在中国现阶段得到不断发展和壮大，成为促进城乡经济发展最有效的商品流通模式。2000 年前后我国现货商品交易市场开始实现由“数量型扩张”向“质量效益型”转变，一些商品交易市场迅速实现“交易创新和管理升级”。据国家统计局的统计，2002 年我国有各类商品交易市场 8.9 万多家，成交额 34772 亿元，相当于当年 GDP 的 33.95%，相当于社会消费品零售总额的 84.99%。其中，年成交额突破 200 亿元的市场有 3 家，比上年增加两家；年成交额在 100 亿 ~ 200 亿元的有 20 家，比上年增加 4 家；年成交额在 10 亿元以上的大型市场达到 414 家，比上年增加 70 家，其中成交额在 10 亿 ~ 20 亿元和 30 亿 ~ 40 亿元的市场发展尤为迅速。2004 年，我国超亿元的大型交易市场有 3365 个，交易额 26102 亿元；亿元以上市场超过 100 家的地区达 11 个，其中，浙江 496 个，江苏 456 个，山东 316 个，广东 293 个，河北 237 个，辽宁 170 个，湖北 137 个，湖南 128 个，福建 109 个，安徽 105 个，河南 102 个。我国的现货商品交易市场发展迅猛，并且主要集中在东部沿海及经济发展较快的地区。

中国现货商品交易市场的发展历程，是一个业务模式不断创新的过程。它的发展，极大地促进了中国商品流通和物流事业的进步。随着经济的发展，现货商品交易市场的职能也在不断的丰富，物流配送功能逐步增强，以前市场的主办者主要是房地产（摊位）的出租者，而目前其在交易双方之间控制交易风险、促进业务创新方面发挥了越来越大的作用。在现代信息技术的支撑下，这一颇具中国特色、乡土气最浓的商品交易和市场组织方式，已经显现出了强大的生命力和广阔的发展前景。现货商品交易市场融合了商品流通、交易和物流配送等多项功能，成为商品大进大出的集散地，搭建了公共分销和物流配送平台。

作为物流服务需求方的现货商品交易市场，充分利用信息技术的优势并发展电子贸易，成为重要的发展方向。一方面，可以使货物流通更加快捷和顺畅；另一方面，也带动了运输、配送、流通加工等综合物流服务业务的发展。从现货商品交易市场孕育而生的电子商务物流已经在中国成为颇具发展潜力的业务形态。

（4）业务创新与整合为中国物流业带来巨大的增长潜力

物流与资金流的结合能够极大地促进物流运作效率的提高和物流业的发展。近年中国兴起的物流金融业务成为物流与金融领域结合的典型代表和创新性领域。区别于传统银行贷款集中在不动产抵押或第三方信誉担保的模式，物流金融业务专门针对企业以自身经营项目采用动产质押的模式获得金融贷款服务。

这种新型金融服务原本属于金融衍生工具的一种，在其发展过程中，逐渐改变了传统金融贷款过程中银行——申请贷款企业双方面的责权关系，也完全不同于担保贷款中担保方承担连带赔偿责任的三方关系。它越来越倚重于第三方物流企业，目前主要表现为仓储企业的配套管理和服务，形成了银行—物流企业—贷款企业的三方密切合作关系。物流企业在整个业务过程中越来越成为关键的枢纽环节，其管理、控制和服务水平直接成为决定此业务能否开展和开展方式、灵活性、融资效率、风险管理的核心，表现出不同于传统银行业务的特色。

物流金融业务创新充分利用供应链环境，为中小企业融资带来新的途径，对整个供应链运作和管理效率的提升产生了积极的作用。

三、我国现代物流发展的区域性分析

经济区划是从国情出发，根据社会劳动地域分工规律和区划原则，按不同水平和各具特色的地域经济体系或地区生产综合体，遵循发挥比较优势、扩大区域市场和加强跨地区联系及提高宏观经济效益的思路，对国民经济在地域空间上进行的总体战略部署。区域经济的协调发展和各经济区划的物流系统的协调发展对我国经济社会的健康发展具有深远的影响。根据国家“十一五”规划战略研究（马凯主编，北京科学技术出版社，2005），提出一个由九个综合经济区构成的全国综合经济区规划方案。其中，受地理因素的影响，内蒙古、河南、江西和湖南被打破了省级行政界线，分属不同的大区。如图 8 所示。

图 8　全国综合经济区划方案示意

资料来源：2004 年 7 月，中国科学院院士咨询报告

促进区域协调发展，必然涉及区域物流的新格局。推进西部大开发，振兴东北等老工业基地，促进中部地区崛起，鼓励东部地区率先发展，对现代物流发展提出了新的要求。我国是制造业大国，工业品物流将是今后较长一段时间内我国物流业发展的主体和重点。工业结构的优化升级，一方面会推动工业分工的进一步细化，另一方面也会对专门为工业提供服务的工业物流提出更高的专业化要求。在我国，对物流业产生最直接影响的部门主要是作为国民经济基础的能源以及金属非金属原材料采掘、生产部门，重工业等资源密集型部门。同时，我国也是农业大国，建设社会主义新农村是“十一五”期间工作的重中之重，需要建立与之相配套的物流服务体系，加强农业服务体系建设，

就要完善农村流通体系。

从以上因素考虑，我们将在上述全国经济区规划方案的基础上，主要通过研究区域内外工业品（能源、钢铁等原材料、机械电子、轻纺品等）物流、农副产品物流来进行全国物流的区域性分析。

（一）我国国际物流发展特征分析

1. 我国对外贸易发展状况及国际地位

改革开放以来，我国对外贸易高速发展。1980～2005年的25年间，商品出口额平均递增16.1%，进口额递增15%；其中1990～2005年的15年间，出口额平均递增18.2%，进口额递增18.3%。发展速度大大超过同期世界贸易发展速度。2001年，我国进出口总额占世界贸易总额的比重为4%，在世界的排名跃升到第6位，2002年上升到第5位，2003年继续上升到第4位（其中进口额升至第3位），2004年又创下新高，升至第3位，2005年保持第3的位置，贸易大国的地位进一步巩固。如图9所示。

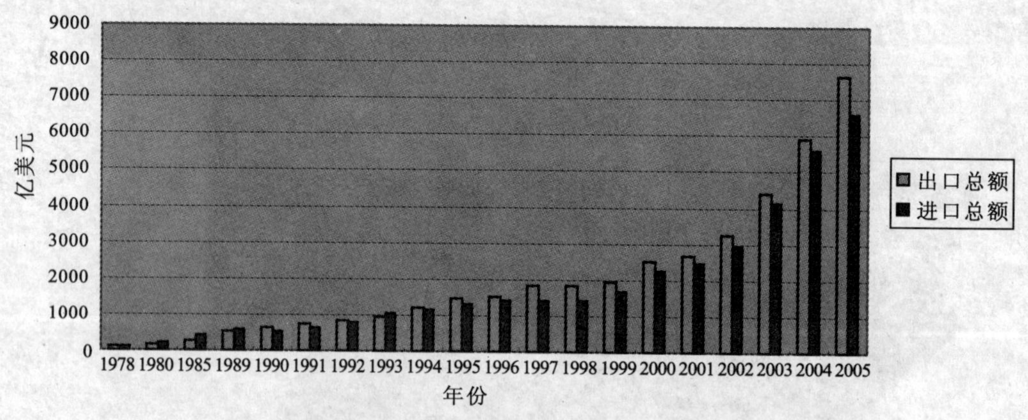

图9　我国进出口贸易额（1978～2005年）

从总体和长远看，加入WTO对促进我国社会主义市场经济的发育和成熟，加速国内产业结构调整和技术进步，在更深、更高层次上参与经济全球化进程，广泛分享国际经济交流产生的比较利益，为我国改革开放和经济现代化创造稳定、良好的外部环境，具有深远意义。国际物流就是联系中国与世界经济的纽带。

2. 我国进出口贸易中的商品结构

我国贸易经历了从轻工纺织到机电产品，再到以高新技术产品为主要支撑和新增长点的三个阶段，成功地驾驭着进出口产品结构逐步升级的过程，高新技术产品的进出口将成为未来若干年的希望之星。

“十五”时期，我国积极实施科技兴贸和品牌战略，促进了出口商品结构的优化。出口商品由劳动密集型的轻纺产品逐步转向机电产品和高新技术产品。2001年，我国机电产品和高新技术产品出口额分别为1187.67亿美元和464.52亿美元，占出口总额的44.6%和17.5%；2005年，这两类产品出口额分别跃升至4267.47亿美元和2182.48亿美元，平均增速分别为32.3%和42.6%，占出口总额的比重分别上升到56%和28.6%。

"十五"时期，随着国民经济增长的进一步加快，国内对原材料、机械设备及技术含量较高商品的需求大幅增加，从而促进了我国进口贸易的快速发展。在进口商品中，机电产品和高新技术产品的快速增长，不仅弥补了国内经济建设资源和技术的不足，而且为产业结构的调整和升级创造了条件。2005 年，我国机电产品和高新技术产品进口额分别为 3503.78 亿美元和 1977.08 亿美元，为 2001 年的 2.9 倍和 3.1 倍。

能源等重要资源短缺制约我国对外贸易均衡发展。总体上看，我国是资源相对短缺国家，进口资源对国民经济发展具有极其重要的作用。从 1993 年起，我国已从石油净出口国变为石油净进口国，目前我国仅能生产石油总需求的 70%，缺口主要从中东地区进口。铁、锰、铝、铜、铬铁矿、钾盐 6 种大宗矿产和石油一样不能满足国内需求，供需矛盾也日益加剧，需要大量进口。以能源为主的短缺矿产品及相关原材料的进口今后不但不会减少，反而会因为加入 WTO 后关税进一步下调而大幅度增长。

3. 我国对外贸易区域结构构成分析

改革开放以来，广东省进出口额一直雄踞全国第一。2005 年广东省进出口额分别占全国进、出口总额的 31.3% 和 28.8%。从广东、福建地区开始，逐步北上向华东、华北沿海地区发展的外资和乡镇企业，大大提高了沿海地区的制造业水平和对外贸易能力。从 1994 年起，排在我国对外贸易前 10 位的省市一直不变。2005 年从高到低依次排位是：广东、江苏、上海、北京、浙江、山东、福建、天津、辽宁和河北。10 省市合计占全国对外贸易总额比重达 92.6%。如图 10、图 11 所示。

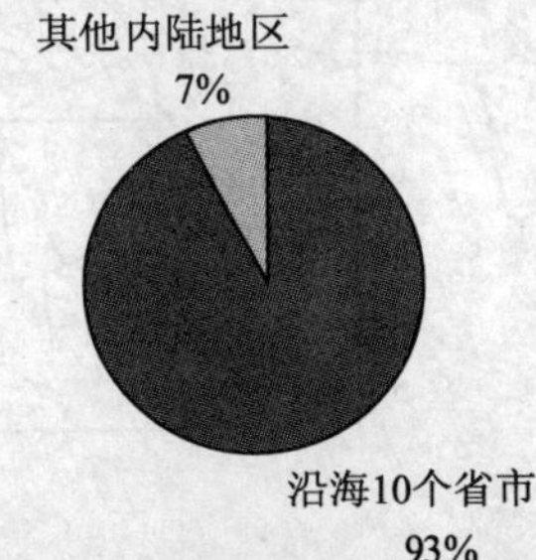

图 10 对外贸易区域结构

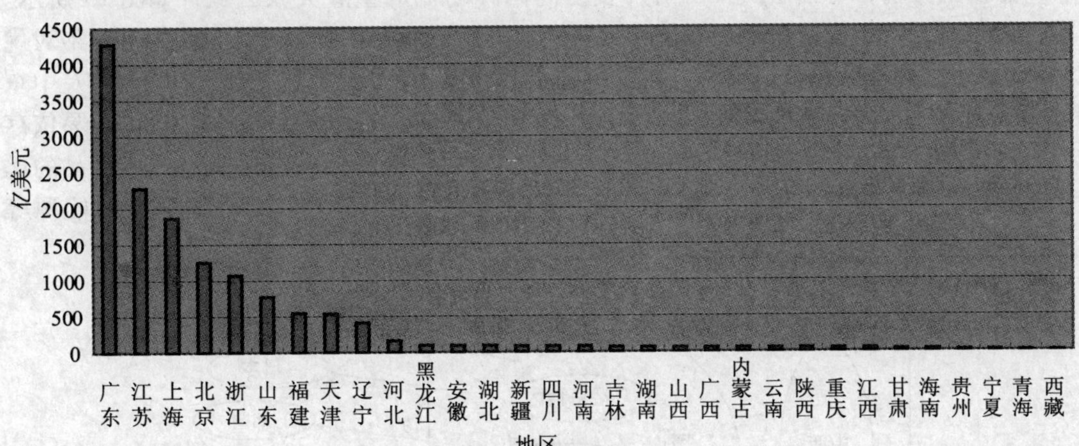

图 11 2005 年各地区进出口情况

目前我国制造业增加值在国内生产总值中所占比重已达 35% 左右，占世界制造业总额比例也超过 5%，位居世界第 4。至少在 21 世纪前 20 年，制造业仍是我国国民经济增长的主要来源，是我国经济比较优势所在。而以这 10 省市为主形成的珠江三角洲、长江三角洲、环渤海三大经济区域已成为世界级制造区域。这 10 个沿海地区作为我国制造业主要地区将继续发挥其重要作用，并将继续保持对外贸易方面的绝对优势地位。

4. 我国对外贸易的国际区域分析

改革开放以来，我国对外贸易的“多元化”战略，取得了相当的成绩，贸易伙伴遍布几乎所有国家和地区。但是，我国对经济相对发达的国家和地区依赖性较大，对外贸易主体对象始终集中在少数几个国家和地区。2005 年我国对美国、中国香港、日本、韩国、欧盟、东盟的出口总额占我国出口总额的 84% 左右；对日本、中国台湾、韩国、美国、欧盟、东盟、中东、中国香港合计进口的总额占我国进口总额的 80% 左右。我国对上述主要国家和地区仍存在高度依赖性这一特点还将长期延续下去。如图 12 所示。

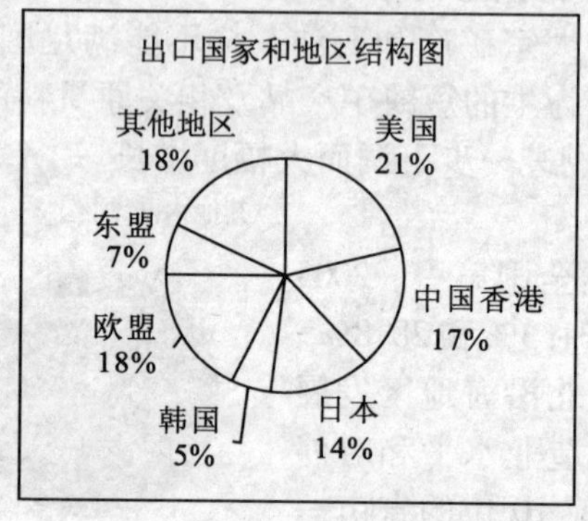

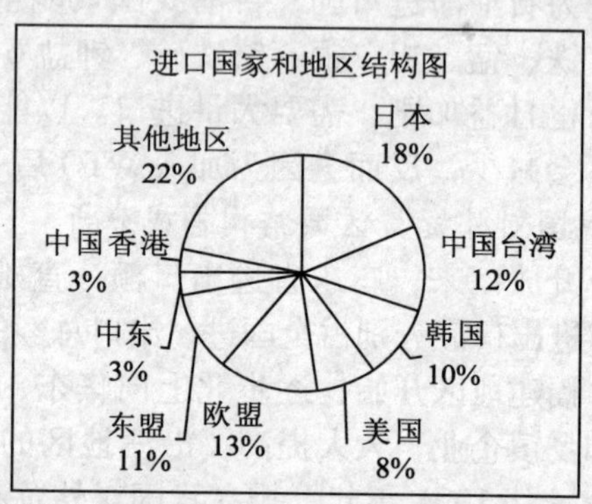

图 12　进出口国家和地区结构图

5. 我国对外贸易及国际物流特征分析

由以上分析，可描绘出我国对外贸易与国际物流的重点关联区域，如图 13 所示。东部沿海地区由于优越的地理区位和日益强大的制造业，在我国对外贸易中处于绝对优势地位，占据极大比重。美国、日本、欧盟、东盟、韩国、中国香港、中国台湾及中东等国家和地区在与我国的对外贸易中占据主导地位，我国对这些国家和地区的贸易依存度很高。在进出口商品中，制成品，尤其是机电产品占有较大比重，高新技术产品的比重逐年提高。我国资源相对短缺，为满足我国作为“世界制造工厂”的需要，能源等短缺矿产品和原材料的进口幅度会提高。

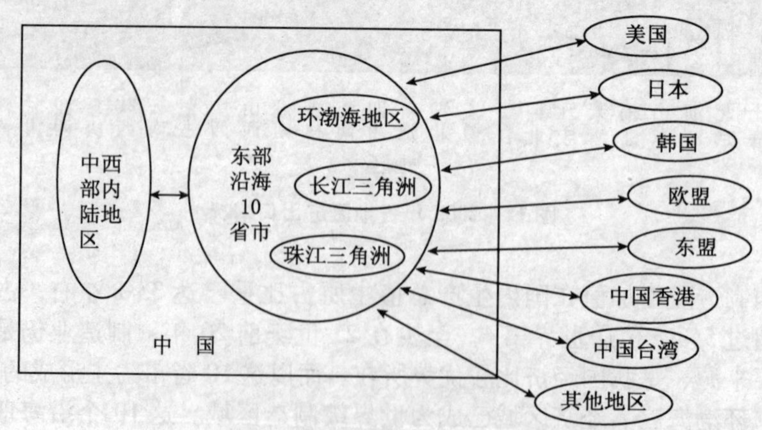

图 13　我国对外贸易与国际物流的重点关联区域

东部沿海地区（10 省市）应积极拓展与美国、日本、欧盟、东盟、韩国、中国香港、中国台湾及中东等国家的物流通道，消除一些体制和制度障碍，大力发展远洋物流和航空物流，提高物流效率，促进对外贸易发展。东部沿海地区同时应作为中西部地区与世界其他国家和地区的“物流跳板”，积极建设连接东部沿海地区和中西部地区的物流通道，促进内陆地区与世界各国的贸易往来。

（二）我国各经济区域物流特征分析

1. 东北经济区

东北经济区由辽宁、吉林、黑龙江、内蒙古东部地区（兴安盟、呼伦贝尔盟、通辽市和赤峰市）组成，面积为 127 万平方公里，人口为 11671 万，门户城市为沈阳和大连。该经济区是全国最重要的能源及原材料工业和装备工业基地以及国家粮食安全保障基地。

该区域是我国石油开采和冶炼最重要的地区，是我国产油及原油加工能力最大的地区，成品油占全国总量的 40% 左右，消费量仅占 10%，大部分运往外地，主要集中在黑龙江和辽宁两省。黑龙江和辽宁的石油及天然气开采业的市场占有率分别为 26% 和 7% 左右，在全国分居第 1 位和第 5 位；辽宁和黑龙江的石油加工、炼焦和核燃料加工业的市场占有率分别为 16% 和 7% 左右，在全国分居第 1 位和第 5 位。辽宁的原油开采量远低于黑龙江，而其成品油量却高于黑龙江，这是黑龙江的原油大量输送至辽宁满足其生产能力的结果。东北地区原油及成品油主要流向如图 14 所示。

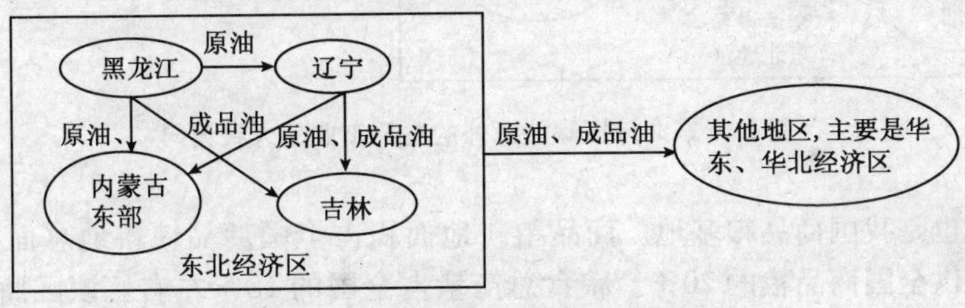

图 14　东北地区原油及成品油主要流向

该区域煤炭储量比重不大，但是产量仅次于华北地区，居全国第 2 位。黑龙江和辽宁的煤炭开采业的市场占有率分别为 4% 和 3% 左右，在全国分居第 7 位和第 8 位；内蒙古的市场占有率为 5% 左右，居全国第 6 位，但是该地区煤主要分布在西部，约占其储量的 80% 左右，属于东北经济区的很少。由于区内重工业发达，工业基地多，煤炭尚不够，需从关内调入。黑龙江的煤炭主要供应辽宁和吉林，内蒙古东部的煤矿也在加速建设。东北地区煤炭主要流向如图 15 所示。

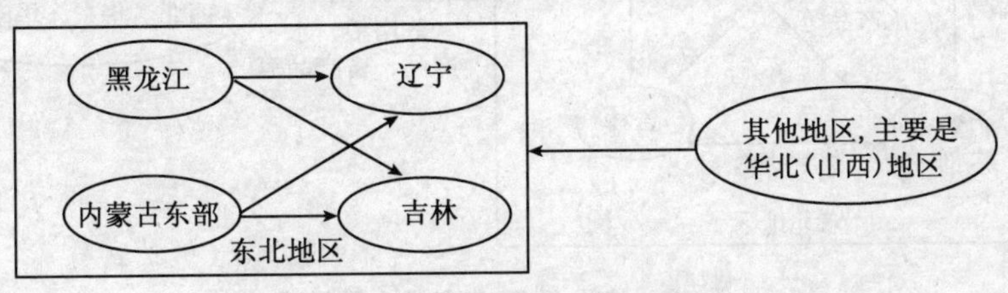

图 15　东北地区煤炭主要流向

该区域是我国重要的钢铁和装备工业基地，主要集中在辽宁省。辽宁省的鞍山、本溪地区是我国最重要的钢铁工业基地，鞍山钢铁公司是我国最大的钢铁联合企业。辽宁省的黑色金属采选业和黑色金属冶炼及压延加工业的市场占有率分别为12%和10%左右，分居全国第2位和第3位。相应的，辽宁省也成为全国重要的装备工业基地。另外，辽宁省的通用设备制造业、专用设备制造业、电气机械及器材制造业、仪器仪表及文化、办公用机械制造业、交通运输设备制造业等的市场占有率均进入全国前10位。吉林、黑龙江、内蒙古东部地区的制造业总体上不发达，唯有吉林省的交通运输设备制造业的市场占有率高居全国第2位，为12%左右。以电子信息产业为代表的高新技术产业、轻纺工业等不发达，所占市场份额较少。东北地区除能源（石油、煤炭）外的主要工业品大致流向如图16所示。

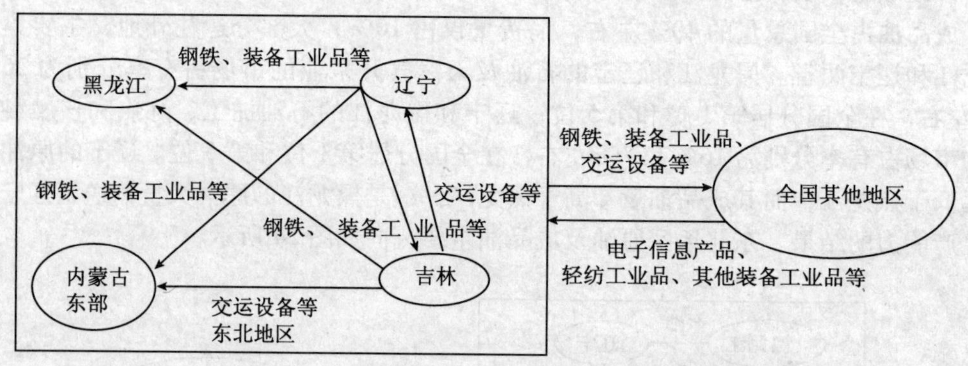

图16　东北地区除能源外的主要工业品大致流向

该区域也是我国商品粮基地。商品粮耕地面积占全国商品粮耕地总面积的40%以上，每年提供全国商品粮的20%。粮食总产量占全国的18%左右。该区商品粮主要为小麦、大豆、玉米等杂粮以及优质水稻。辽宁省水产品产量较高，占全国的8%左右，其中海水产品占12%左右。内蒙古东部、黑龙江的畜产品（奶类、羊毛等）具有较高产量。东北地区农产品（商品粮、水产品、畜产品等）大致流向如图17所示。

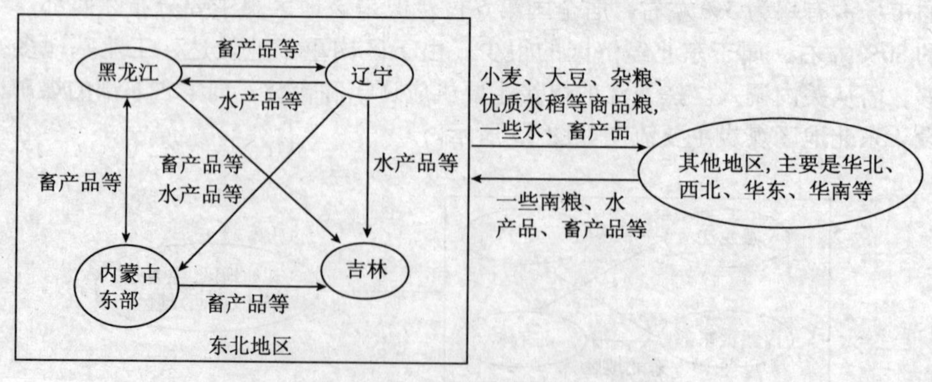

图17　东北地区农产品大致流向

总之，东北经济区能源（主要是石油）丰富，钢铁、重型装备工业发达，也是我国重要的商品粮基地。从该区域输出到其他地区的多为石油、钢铁、装备机械、商品粮等，从其他地区输入到该区域的多为电子信息产品、轻纺品、煤炭等。

2. 华北经济区

华北经济区由北京、天津、河北、山西、山东、内蒙古中部地区（呼和浩特市、包头市、乌兰察布盟和锡林郭勒盟）、河南中北部（安阳、鹤壁、新乡、焦作、商丘、开封、郑州、洛阳、三门峡和濮阳）组成，面积为 91 万平方公里，人口为 26449 万，门户城市为北京和天津。该经济区是一个产业结构层次和发展水平差异明显的区域。北京和天津是以高新技术产业和先进制造业为主导的发达地区，山东和河北是以一般加工制造业为主体的较发达地区，山西、内蒙古和河南是以资源开采和加工为主体的欠发达地区，具有良好的区域合作条件。

该区域能源（煤炭、石油等）丰富，山西、山东、河南、内蒙古、河北能源储量丰富，是本区乃至全国其他地区的能源来源地。煤炭方面，以山西为中心，包括内蒙古、河南等地的北方煤炭区是全国最大的综合性能源基地。山西素有“北方煤海”之称，已探明储量为 2035 亿吨，占全国总储量的 21%，其中炼焦煤和无烟煤都占全国探明储量的一半。山东煤矿资源丰富，煤炭工业基础好，采掘量大。山西、山东、河南的煤炭开采与洗选业的市场占有率分居全国前 3 位，三个省份总的市场份额超过 50%；另外内蒙古、河北的市场占有率也较高，进入全国前 10 位。山西等北方煤区主要供应区内的河北、北京、天津，以及东北、华东、华南、华中等地，山东煤区主要供应华东等地。石油方面，该区域有山东的胜利油田、华北油田以及大港油田。山东的石油和天然气开采业、石油加工冶炼及核燃料加工业的市场占有率均居全国第 2 位，分别为 13% 和 10% 左右；天津、河南、河北的石油和天然气开采业，河北、山西的石油加工冶炼及核燃料加工业的市场占有率都进入全国前 10 位。胜利油田的原油主要供应华东及沿长江各地，华北油田供应北京、天津、河北以及华东等地，天津大港油田主要供应天津，北京需从东北调入部分原油。胜利炼油厂的成品油主要供应华东地区，北京石化总厂的成品油主要南下。华北地区煤炭、石油大致流向如图 18、图 19 所示。

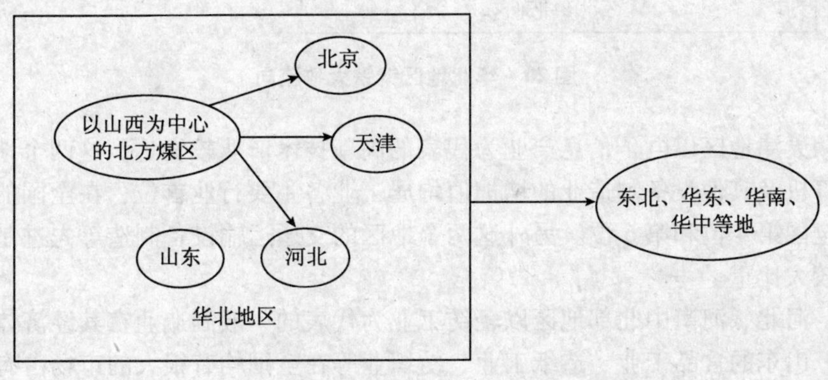

图 18　华北地区煤炭大致流向

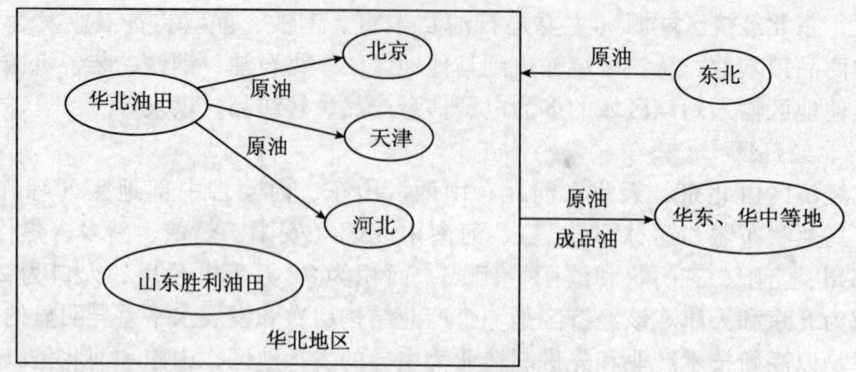

图 19　华北地区石油大致流向

该区域能源、矿产资源丰富，为我国主要的钢铁生产基地，包括京津唐地区的首都钢铁公司、天津和唐山各钢厂，山西的太原钢铁公司和包头钢铁公司。河北省的黑色金属矿采选业和黑色金属冶炼及压延加工业的市场占有率均居全国第 1 位，分别为 31% 和 14% 左右；山西省这两个行业的市场占有率均居全国第 6 位，都为 5% 左右；其他地区的市场占有率也较高。京津唐地区的铁矿石基本由冀东铁矿提供，太原钢铁公司的铁矿石基本来自附近，部分由海南岛调运及进口。内蒙古钢铁的输出量较大，天津、北京虽有大型钢铁公司，钢铁的输入量依然较大。华北地区钢铁大致流向如图 20 所示。

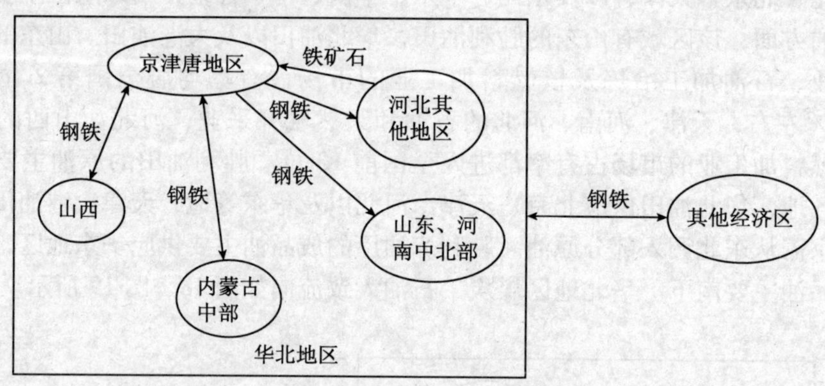

图 20　华北地区钢铁大致流向

北京、天津地区以电子信息产业为代表的高新技术产业较发达，这两个地区的通信设备、计算机及其他设备制造业的增加值均居工业各主要行业首位，在全国的市场占有率分别居全国第 4 位和第 6 位。另外这两个地区的交通运输设备制造等先进制造业在全国也占有较大比重。

山东、河北、河南中北部地区以轻纺工业为代表的一般制造业在其经济体系中所占比重较大。山东的食品工业、造纸工业、纺织业等在全国均有很大的市场占有率，河北省和河南省相关行业的市场占有率也较大。

华北地区除能源、钢铁外其他主要工业品大致流向如图 21 所示。

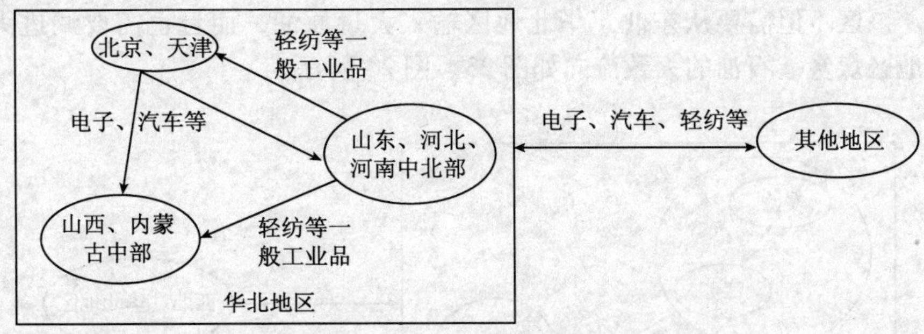

图 21 华北地区除能源、钢铁外其他主要工业品大致流向

该区域内，北京、天津、山西的第一产业增加值很低，农、畜、水产品产量都很低；内蒙古第一产业增加值较低，但是畜产品产量很高；山东、河南的第一产业增加值居全国前两位，两省的农、畜产品产量都很高，且山东的水产品产量很高，居全国首位。华北地区农副产品大致流向如图 22 所示。

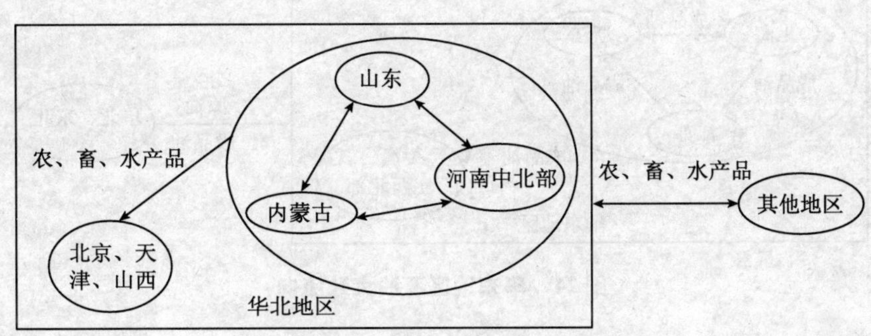

图 22 华北地区农副产品大致流向

总之，华北经济区经济结构差异明显，互补性强，区域内物流往来频繁。总体上，该区域能源、原材料、工农业产品都很丰富，与其他经济区的交流也很频繁，有大量的煤炭和石油输出到其他经济区。

3. 华东经济区

华东经济区由上海、江苏、浙江、安徽、江西北部（景德镇、九江、上饶、南昌、鹰潭、抚州、新余、宜春和萍乡）组成，面积为 45 万平方公里，人口为 22221 万，门户城市为上海。该区是我国最具国际竞争力的制造业基地之一，在信息产品、汽车、装备机械等领域具有较为雄厚的实力，在石化、钢铁、轻纺等领域也保持着优势。

该区域制造业发达，是能源消费中心，相比较而言该区能源产量不足，需从海外进口或从全国其他地方调入。煤炭方面，安徽境内的淮南、淮北煤田以及江苏境内的徐州煤矿是我国重要的煤炭基地。安徽的煤炭开采和洗选业的市场占有率为 6% 左右，居全国第 4 位；江苏的市场占有率为 3% 左右，居全国第 9 位。该区煤炭消费量大于产量，需从华北、西北等地调入。石油方面，华东地区原油产量极低，但是加工能力强，油品消耗量大。上海、江苏、浙江三省市石油加工炼焦及核燃料加工业总的市场占有率为

20%左右。该区不但需要从东北、华北地区输入大量原油，而且也需要调进大量成品油。华东地区煤炭、石油的大致流向如图23、图24所示。

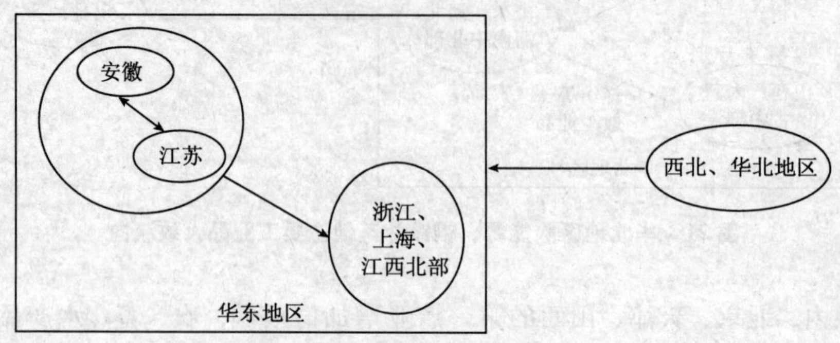

图23 华东地区煤炭大致流向

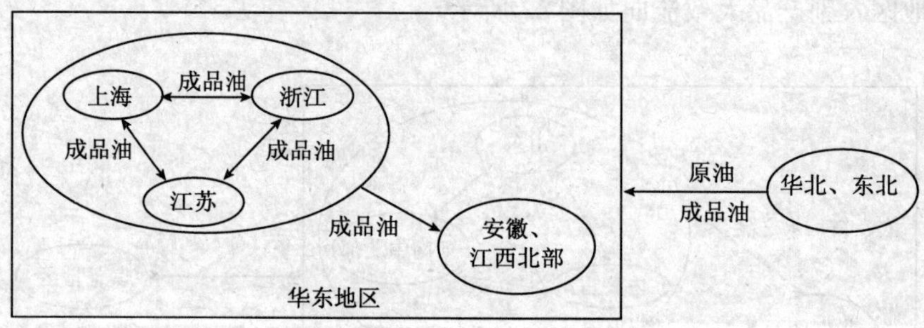

图24 华东地区石油大致流向

该区域自然资源匮乏，但是作为制造业中心，对钢铁等原材料需求很大。以黑色金属矿采选业为例，该区域只有安徽的市场占有率居全国第5位，为6%左右。而上海和江苏的黑色金属冶炼及压延加工业的总的市场占有率却超过20%。由于其优越的地理运输优势，该地区所需铁矿石大多从澳大利亚和巴西进口。上海地区钢铁的输出量和输入量均较大，江苏地区的输入量较大。华东地区钢铁大致流向如图25所示。

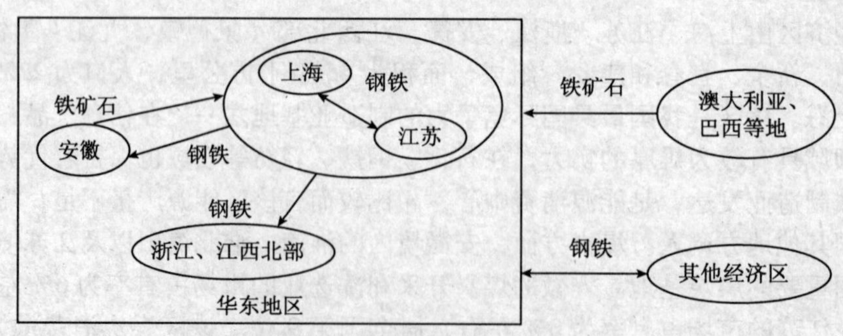

图25 华东地区钢铁大致流向

该区域以电子信息、汽车、装备机械为代表的高新技术产业和先进制造业以及轻纺工业在全国都具有很强的竞争实力。这些产业大都集中在由上海、江苏和浙江构成的长江三角洲地区。上海、江苏、浙江三省市的通信设备、计算机及其他电子设备制造的总的市场占有率超过34%；交通运输设备制造业方面，上海市的市场占有率居全国第1位，上海和浙江两省市总的市场占有率超过20%。上海、江苏和浙江三省市通用设备制造业的总的市场占有率为49%，专用设备制造业的总的市场占有率为33%左右，电气机械及器材制造业的总的市场占有率为36%左右，仪器仪表及文化、办公用机械制造业的总的市场占有率为35%左右。轻纺工业方面，该区域产品种类齐全，而且市场占有率非常大。华东地区除能源、钢铁外其他工业品大致流向如图26所示。

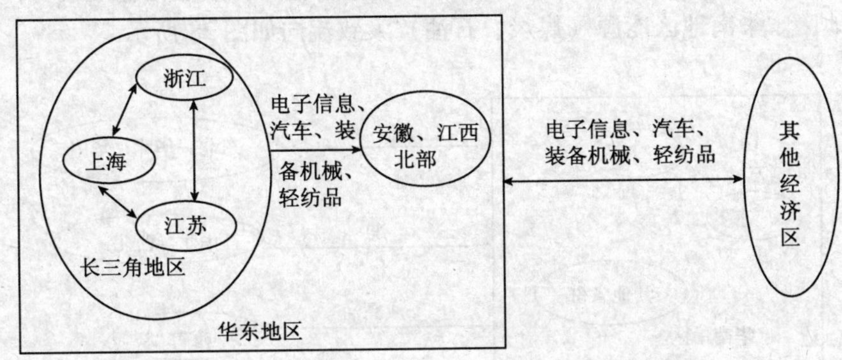

图26　华东地区除能源、钢铁外其他工业品大致流向

该区域水土资源条件优越，农业发达。除上海外，江苏、浙江、安徽、江西等地的第一产业增加值均较高。淮河平原（苏北和皖北）是我国重要的商品粮基地。区内粮食调出量最多的是长江三角洲地区和皖中沿江平原，粮食主要调入地是以上海为中心的长三角各大城市群。华东地区农副产品大致流向如图27所示。

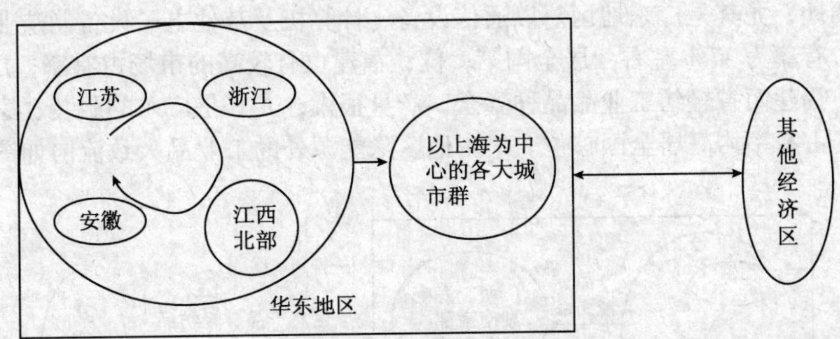

图27　华东地区农副产品大致流向

总之，华东经济区自然资源缺乏，制造业发达。从其他地区输入该区域的多是煤炭、石油、钢铁等能源和原材料；从该区域输出到其他地区的多是电子信息、汽车、装备机械、轻纺工业品等。农副产品方面以区域内部流动为主，区域间流动为辅。

4. 华南经济区

华南经济区由广东、广西、海南、福建、江西南部（赣州和吉安）、湖南南部（永州、郴州、衡阳、邵阳）、香港、澳门、台湾组成。面积为 75 万平方公里，人口为 23049 万，门户城市为广州、香港和台北。华南经济区是我国最重要的在全球具有影响力的经济聚集区之一，是我国具有重要国际影响力的信息产品和轻纺产品制造基地。

该区域能源匮乏，除了江西、湖南、广东一些具有地方意义的煤矿，该区域所需煤矿大多从华北和西北调入。石油方面，该区域原油产量很低，距离成品油产地较远，广东的广州和茂名等大型炼油厂利用优越的海运和港口条件，加工北方原油，产品以省内消费为主。该区域原油大多由东北、华北、华中地区输入，成品油输入很少，还有部分调运西南地区。华南地区能源（煤炭、石油）大致流向如图 28 所示。

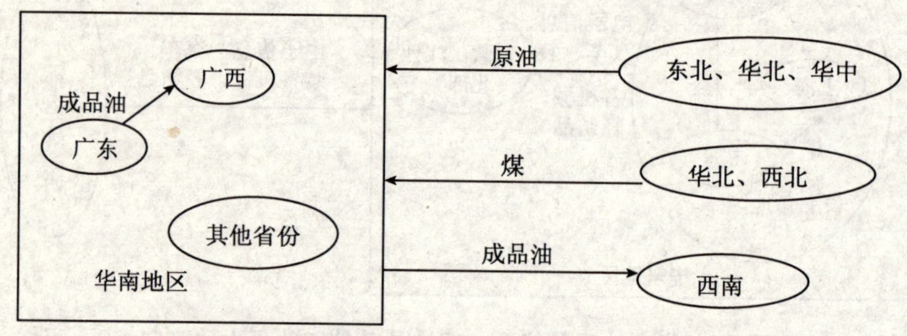

图 28　华南地区能源（煤炭、石油）大致流向

该区域黑色金属矿稀少，但是钢铁工业、装备制造业不发达，故对铁矿石、钢铁的需求量较少。相比较而言，有色金属矿较丰富，湖南、广西有色金属矿采选业的市场占有率为 25% 左右。

该区域电子信息产品、轻纺产品极具竞争力，不计中国台湾地区，主要集中在广东、福建两地，尤其是广东地区。以通信设备、计算机及其他电子设备制造业为例，广东的市场占有率为 37% 左右，居全国第 1 位；福建也有较高的市场占有率，居全国第 5 位。广东、福建两省轻纺工业品品种齐全，产量很大，尤其是广东的服装、家具、工艺品等的市场占有率均高居全国首位。华南地区除能源外的工业品大致流向如图 29 所示。

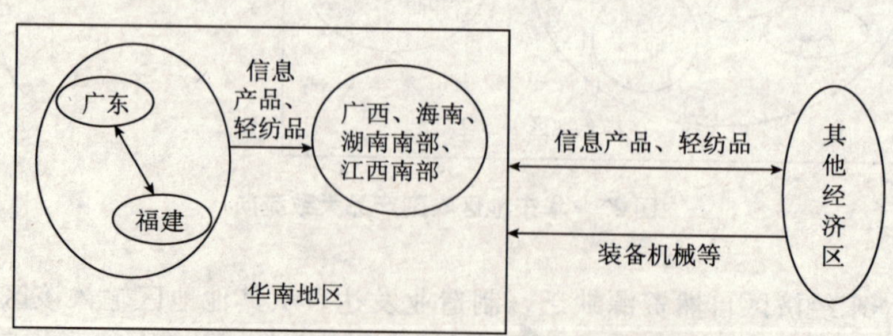

图 29　华南地区除能源外的工业品大致流向

该区域是我国以橡胶、甘蔗为主体的热带作物生产基地，珠江三角洲是我国粮食调出量最多的商品粮基地之一。港、澳的农副产品大都由区域内其他地区供给。华南地区农副产品大致流向如图30所示。

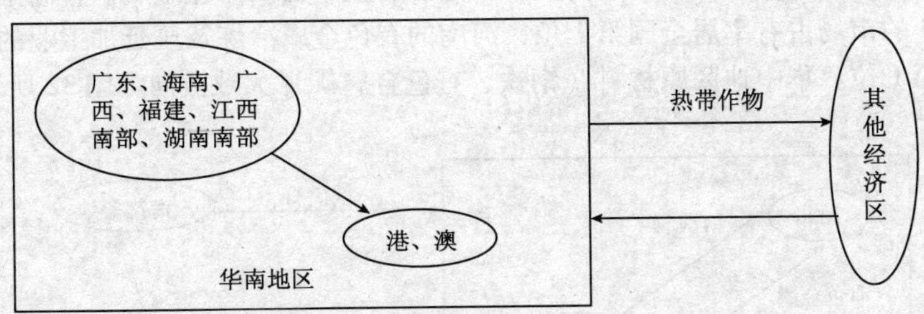

图30　华南地区农副产品大致流向

总之，华南经济区资源匮乏，电子信息工业和轻纺工业发达，对钢铁等原材料需求较少。其他地区输入到该区域的多是煤炭、原油等能源以及装备机械；该区域输出到其他地区的多是电子信息产品和轻纺产品。华南地区农副产品热带性质明显，与其他区域的农副产品交流较多。

5. 华中经济区

华中经济区由湖北、湖南北部（长沙、株州、湘潭、娄底、怀化、湘西自治州、张家界、常德、益阳和岳阳）、河南南部（信阳、驻马店、南阳、周口、平顶山、许昌和漯河）组成，面积为43万平方公里，人口为14934万，门户城市为武汉。该区域是具有全国意义的农产品主产区和重要的农副水产品加工基地，也是全国比较重要的汽车、原材料和部分装备机械制造基地。

该区域能源（煤炭、石油）产地集中在河南地区，且仍需从华北地区输入部分煤炭和石油。河南的煤炭开采和洗选业的市场占有率为11%左右，居全国第3位。属于华中经济区的河南平顶山是年产1000万吨的大型煤矿基地，而湖北和湖南的几个煤矿只具有地方意义。河南南部的煤主要供应武钢和两湖地区，部分运往华东；同时，华北有煤炭供应华中。石油方面，该区域原油产量少，只有河南的石油和天然气开采具有一定的市场占有率，需从华北地区输入。原油加工能力较强，油品消费量大，属于消费地建厂，成品油进出量小。华中地区能源（煤炭、石油）大致流向如图31所示。

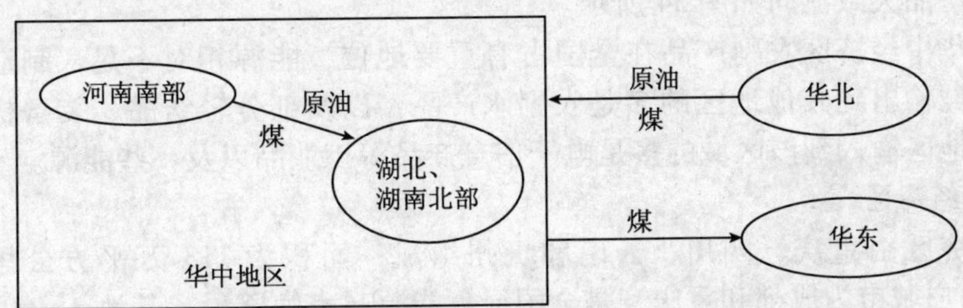

图31　华中地区能源（煤炭、石油）大致流向

该区域的工业原材料中，钢铁主要在湖北地区，有色金属主要在湖南、河南地区。湖北的武汉钢铁公司是我国比较重要的钢铁生产基地，钢铁输出量较大，所需铁矿石由鄂东的大冶、灵乡、金山店、程潮4个铁矿供给，不足部分从海南等地及国外进口矿石补充，煤由平顶山、鹤壁供应。湖南及河南地区有较丰富的有色金属矿，湖南的有色金属矿采选业的市场占有率居全国第1位，河南的有色金属冶炼及压延加工业的市场占有率居全国第1位。华中地区原材料（钢铁、有色金属矿）大致流向如图32所示。

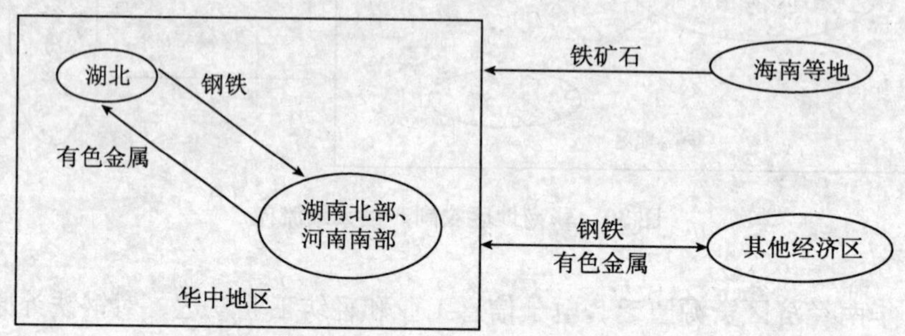

图32　华中地区原材料（钢铁、有色金属矿）大致流向

该区域制造业水平一般，部分轻纺工业品和装备机械在全国占有一定比例，但比重不大。另外，湖北省的交通运输设备制造业的市场占有率居全国第5位。电子信息产业不发达，产业结构有待升级调整。华中地区除能源、原材料外的工业品大致流向如图33所示。

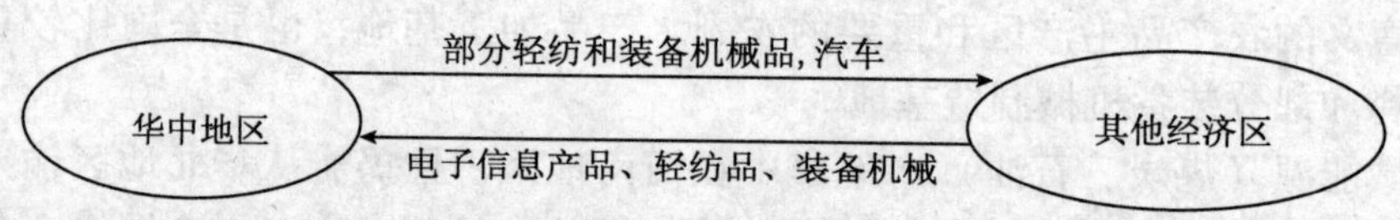

图33　华中地区除能源、原材料外的工业品大致流向

该区域的江汉平原和洞庭湖平原是我国的商品粮基地，粮食调出量较多。第一产业在其经济结构中占有重要地位，河南、湖北及湖南地区的第一产业增加值均居全国前列。其中，河南地区粮食总产量居全国第1位，小麦产量居全国第1位；湖南的稻谷产量和湖北的淡水产品产量居全国第1位。该区域的农副水产品销往华北、西北等地。华中地区农副产品大致流向如图34所示。

总之，华中经济区农副产品在全国占有重要地位，能源相对不足，制造业不太发达。从该区域输出到其他地区的多是农副水产品，以及部分轻纺品、装备机械及汽车等；从其他地区输入到该区域的多是电子信息产品等工业品以及一些能源。

6. 西南经济区

西南经济区由重庆、四川、云南和贵州组成，面积为113万平方公里，人口为19352万，门户城市为成都和重庆，是全国绿色能源（水力资源）基地。

该区域是全国仅次于华北、西北的全国第三大煤炭区。云、贵、川三省已探明煤储

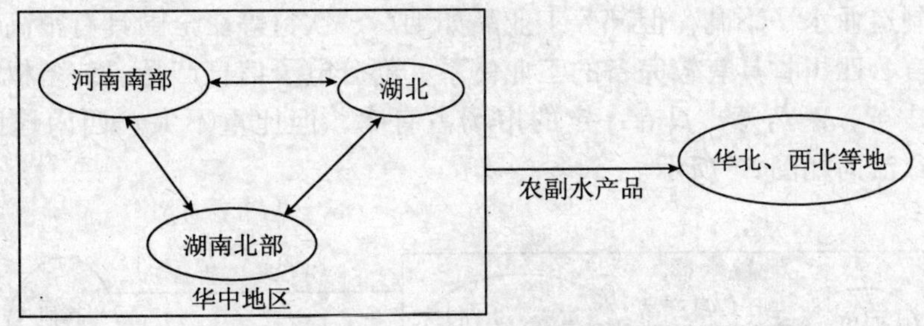

图34 华中地区农副产品大致流向

量688亿，占全国储量的10%，且以贵州储量为最多，占全区的2/3。该区域煤炭开发对减少北煤南运，保证西南煤炭需求平衡起着重要作用。煤炭生产量大于消费量，部分煤炭供应湖南、两广。天然气资源丰富，四川盆地天然气储量近1000亿吨，占全国已探明储量的71%，主要供应四川和重庆。但该区域石油资源极少，只有一个小炼油厂，所需油品几乎全部调入。西南地区能源（煤炭、天然气、石油）大致流向如图35所示。

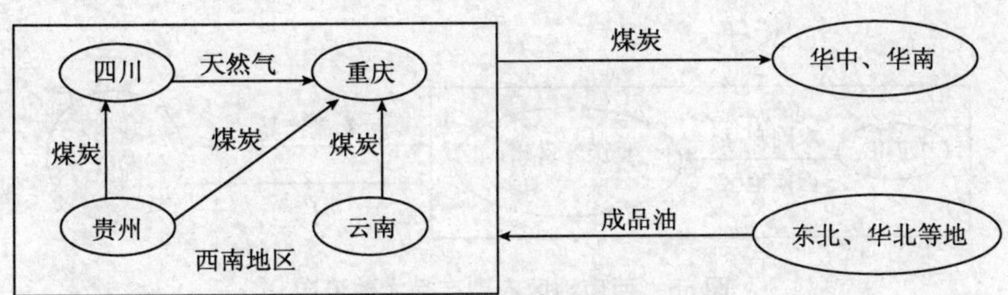

图35 西南地区能源（煤炭、天然气、石油）大致流向

该区域的攀枝花钢铁公司和重庆钢铁公司、重庆特殊钢厂是我国重要的钢铁基地。攀钢、重钢主要从海上进口矿石。四川的钢铁输入量较大。有色金属矿丰富，有色金属矿采选业和有色金属冶炼及压延加工业的市场占有率均居全国前列。西南地区原材料（钢铁、有色金属）大致流向如图36所示。

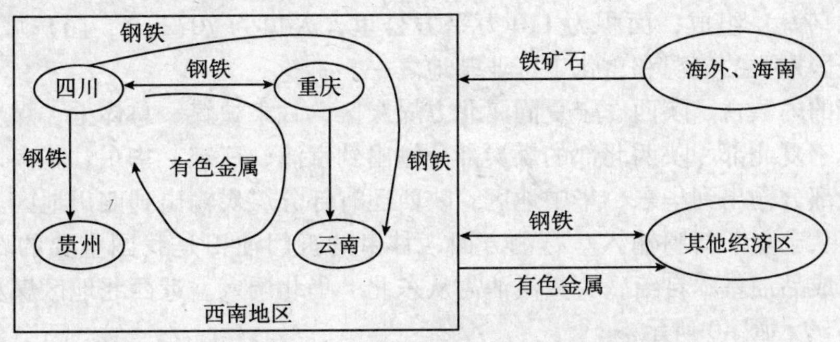

图36 西南地区原材料（钢铁、有色金属）大致流向

该区域制造业水平不高，但部分工业品如烟草、饮料等在全国具有很高的市场占有率。相较而言，四川省具有较完备的工业体系，部分电子信息产品、装备机械及轻纺产品（食品、皮革、医药等）具有一定的市场占有率，但比重不大。西南地区除能源外的工业品大致流向如图 37 所示。

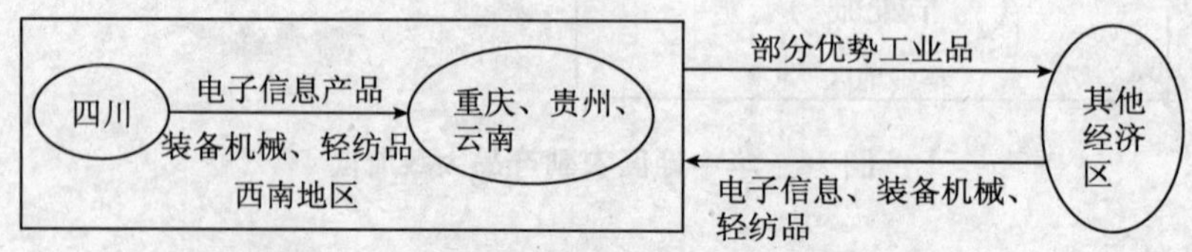

图 37　西南地区除能源外的工业品大致流向

该区域的农业主要集中在四川省。四川是农业大省，成都平原是我国粮食调出量最多的商品粮基地之一。四川第一产业增加值居全国第 3 位，农产品、畜产品产量很高，是西南地区农副产品的主要供给地。其他省份农业不发达，但部分产品（烟草、橡胶、松脂等）具有较高产量。该区域水产品产量很低。西南地区农副产品大致流向如图38 所示。

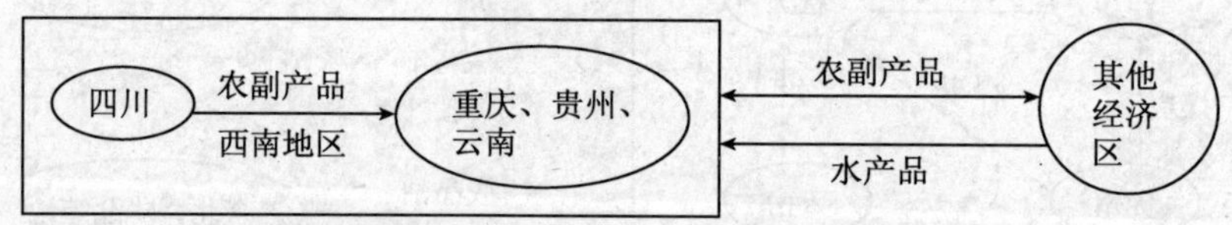

图 38　西南地区农副产品大致流向

总之，西南经济区作为我国的绿色能源（水电开发）基地，制造业及农业总体水平一般，煤炭资源较为丰富。从该区域输出到其他经济区的多是煤炭、有色金属、部分电子信息产品及轻工产品；从其他经济区输入到该区域的多是钢铁、成品油、电子信息产品、装备机械、轻工产品。农产品以区域内部流通为主（四川供应其他地区）。

7. 近西北经济区

近西北经济区由陕西、甘肃、宁夏、内蒙古西部地区（鄂尔多斯、阿拉善盟、巴彦卓尔盟和乌海）组成，面积为 110 万平方公里，人口为 7072 万，门户城市为西安。该区域是全国重要的能源和重化工工业基地之一。

该区域的内蒙古、陕西、宁夏同属北方煤炭区，甘肃缺煤。总体上，煤炭生产量大于消费量。宁夏北部、陕西北部的煤炭部分输出到京津、辽宁、华东、华南地区；陕西中部的煤炭部分输出到华东、华中地区；陕西还有部分煤炭输出到四川地区。甘肃地区缺煤，需要从宁夏、新疆输入。石油方面，甘肃的玉门油田是我国重要的石油基地之一，区域内成品油基本自给，少量汽油需从东北、华北调入。近西北地区煤炭、石油大致流向如图 39、图 40 所示。

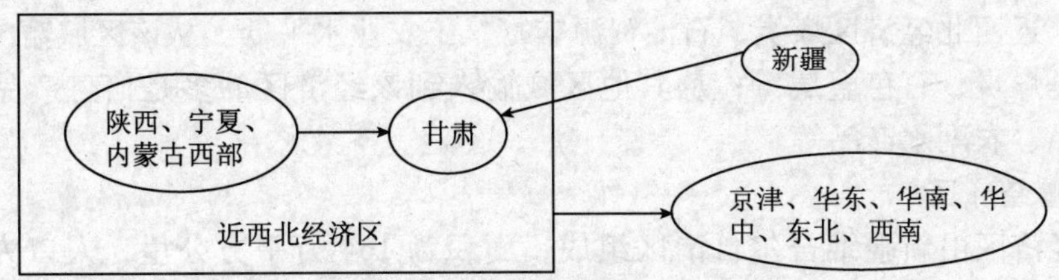

图 39　近西北地区煤炭大致流向

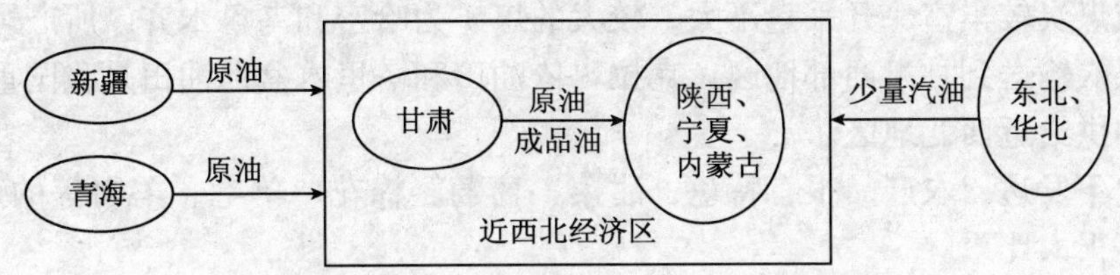

图 40　近西北地区石油大致流向

该区域制造业水平低，除有色金属冶炼在全国占有较大的市场占有率外，其他工业行业均不发达。大部分工业品（电子信息产品、装备机械、轻纺产品等）都需从其他区域（华东、华南、东北、华中等）调入。近西北地区除能源外的工业品大致流向如图 41 所示。

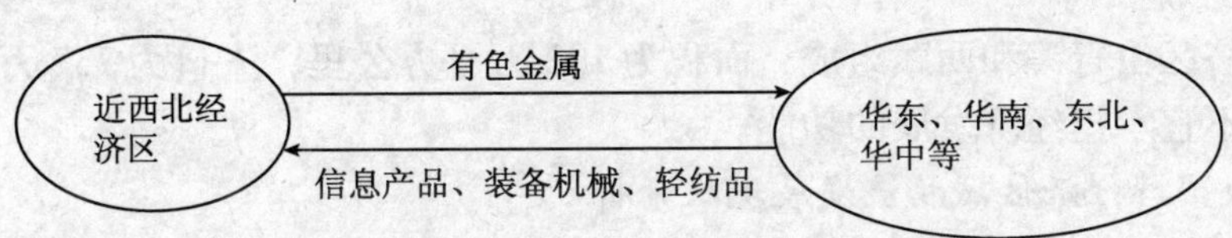

图 41　近西北地区除能源外的工业品大致流向

该区域第一产业不发达。区域内，粮食产量较多的是甘肃的河西走廊、宁夏的银川平原、陕西的关中和江中地区；缺粮较多的是黄土高原及广大牧区。该区域需从东北、西南、华中、华东地区输入粮食、食用油、水产品等。近西北地区农副水产品大致流向如图 42 所示。

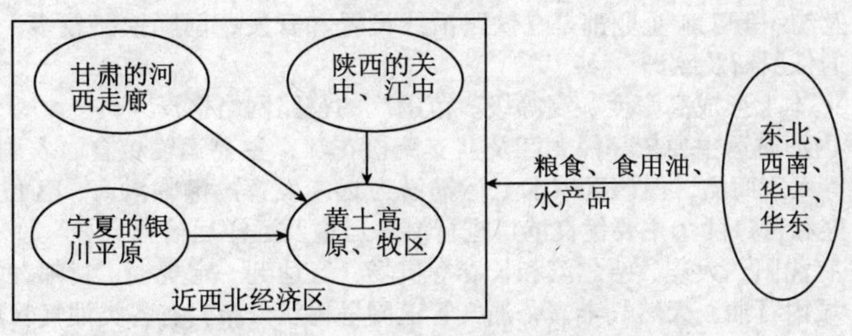

图 42　近西北地区农副水产品大致流向

总之，近西北经济区煤炭、石油资源丰富，工农业水平低。从该区域输出到其他经济区的多是煤炭、有色金属等；从其他区域输入到该经济区的多是信息产品、装备机械、轻纺品、农副水产品等。

8. 新疆经济区

新疆经济区由新疆维吾尔自治区组成，面积为 164 万平方公里，人口为 1824 万，门户城市为乌鲁木齐。新疆维吾尔自治区面积辽阔，地理环境和区位特殊，依赖于雪山融水的绿洲是社会经济发展的主要载体，是我国部分重要战略性资源后备开发基地。

该区域煤炭较丰富，开采量不大，较大的煤矿为哈密和乌鲁木齐，所产煤炭基本自给，部分煤炭输送到甘肃西部地区。克拉玛依油田和塔里木盆地油田是我国重要的石油基地，石油供给近西北地区。

制造业不发达，农产品很有特色，甜菜、葡萄、棉花、羊毛、羊肉等的产量很高，在全国占有很大比重。

新疆经济区能源、工农业品大致流向如图 43 所示。

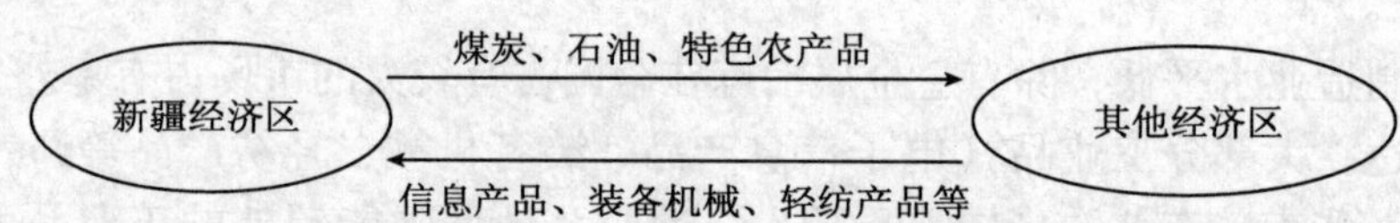

图 43 新疆经济区能源、工农业品大致流向

9. 青藏经济区

青藏经济区由青海和西藏组成，面积为 192 万平方公里，人口为 737 万。该区域在全国意义上不宜承担经济发展的功能。

（三）我国各经济区域物流发展现状分析

各经济区域物流发展现状分析如表 6 所示。

表 6　　各经济区域物流发展现状分析

经济区	物流现状
东北经济区	1. 物流需求量大，商贸物流需求量大，国际物流需求程度高。在物流企业中，有 2 个 A 级以上企业，1 个企业进入全国 50 强 2. 铁路布局基本上已成网，铁路网密度大，通车里程为各大经济区之冠；铁路布局同工业布局紧密结合，域内的重工业、钢铁、冶金、煤炭、机械、电力、石油化工以及纺织等工矿企业都是在铁路沿线设置和开发；国际铁路较多，有国际列车经此连通俄罗斯及欧洲 3. 基本上形成高密度、高等级、范围广的公路网络格局 4. 内河航运主要依靠黑龙江及其支流松花江，主要运输粮食、农副产品、煤炭、木材等大宗商品，但该区域水上运输潜力远未发挥。濒临渤海，区位优势良好，利用大连和营口两个主要优良港口进行沿海运输及远洋运输 5. 有沈阳、大连、哈尔滨和长春等机场，且达到一定规模，货邮吞吐量增幅很大 6. 域内石油、天然气丰富，油气管道网呈树状分布，有各类油气管道 95 条，总输油气里程为 4311 公里 7. 电信基础设施投入较大，信息能力短期内快速增长

续 表

经济区	物流现状
华北经济区	1. 物流需求量巨大，货运总量很大。其中，山东、山西2003年的货运总量居全国前两位。京津冀地区及山东沿海地区是中国对外贸易最为发达的地区之一，国际物流需求程度较高。在物流企业中，有9个A级以上企业，12个企业进入全国50强 2. 铁路布局基本形成网络。形成了以北京为中心的扩展型网络，连接东北、华东、华中、西北地区铁路；形成以山西煤炭基地为起点，逐步向外扩展的由西向东，由北到南的运煤铁路通路；铁路与海运密切联系，组成水陆联运的运输网 3. 公路基础设施发展迅速，其中京津冀地区基本上已形成了高等级、密度大、范围广的公路网络格局 4. 京津冀地区及山东地区濒临渤海和黄海，区位良好，形成天津港、秦皇岛、烟台港等优良港口，在该区综合物流体系中占据重要位置 5. 京津冀有京秦输油管道和华北油田至北京输油气管线。山东临邑站是整个东部地区管道网的重要枢纽站 6. 航空物流呈增长态势，其中北京是我国最大的国际航空港 7. 通信能力快速增长，积极实施港口“大通关”和“数字口岸”
华东经济区	1. 物流需求量大，商贸物流巨大，国际物流需求程度很高。在物流企业中，有27个A级以上企业，10个企业进入全国50强 2. 该区域尤其是长三角地区基本上已经形成很好的公路网络，公路运输向规范化、标准化方向发展 3. 该区域地处东南沿海，南北向和东南向铁路都负担了北煤南运和西煤东运的任务；铁路支线少，复线里程少；华东地区的铁路网不仅担负本地区的运输任务，而且也是沿海与内地运输联系以及内地对外贸易进出货物的重要铁路 4. 华东地区地处长江下游，内河航运发达，主要运输粮食、煤炭、钢铁、矿石、石油、木材等大宗商品。海港物流成绩斐然，服务模式不断创新，港口吞吐量增长迅速，上海港、宁波港的货物吞吐量居全国前两位；积极实施区港联动模式，口岸物流信息一体化全面铺开 5. 各大机场积极发展航空物流，货物价值量不断攀升 6. 区域内企业供应链管理意识增强，跨国物流企业调整在华经营战略
华南经济区	1. 制造业物流构成物流产业需求的主要部分，潜在物流量大；该地区尤其是珠三角地区经济呈现出“大进大出”的“加工贸易特征”，产生巨大的国际贸易物流需求。在物流企业中，有12个A级以上企业，14个企业进入全国50强 2. 公路网络发达，连接珠三角与香港和澳门的通道建设取得实质进度 3. 铁路网密集，铁路技术等级高。海铁联运进展较快。京广铁路连接五个省会，构成南北“脊梁骨” 4. 具有发达的港口设施和水运网络，珠江流经该区域的广东、广西、湖南、江西。珠江三角洲为珠江流域水上运输最频繁的地区，主要运输物资为矿建材料、粮食、木材、煤炭以及食盐、农副产品等。海港设施和货运量在世界上位居前列，有两个国际级大港——香港和深圳 5. 航空运输发达，尤其在珠三角地区机场密集，拥有港、穗、深、澳、珠五大国际机场 6. 物流园区、物流信息网络、第三方物流发展迅速

续 表

经济区	物流现状
华中经济区	1. 物流已经起到促进华中地区经济增长的作用，货物运输量增长迅速，物流总量规模不断扩大 2. 水陆空均形成了较为完善的运输网络。铁路布局渐趋合理，运输网络不断优化，形成武汉、株州、怀化等几个枢纽中心，铁路网以此向外扩展；不仅完成本区域的运输任务，而且要承担大量的沿海和内地交流的通过运量；与水港连接，组成水陆联运网。内河运输发展迅速，货物吞吐量较大，集装箱吞吐量有待提升。航空物流有所发展 3. 物流产业发展不平衡，区域内地区间发展不平衡；行业物流发展不平衡，一些工业行业物流相对比较发达，农产品物流比较落后；物流信息技术运用不平衡；城乡物流发展不平衡 4. 物流企业迅速成长 5. 物流信息化建设正在起步
西南经济区	1. 物流产业发展加快，传统物流业开始向现代物流业转变。物流企业中有1个企业进入全国50强 2. 基础设施日益完善。本区与其他经济区的联系以铁路为主。在云贵川三省内，纵贯南北的有宝成、成渝、成昆、川黔等铁路，横贯东西的有贵昆、南昆、湘黔、襄渝等铁路。该区地形复杂，铁路造价高，且该区铁路多为单线，没有复线，基本采取电气化。与越南有窄轨铁路相通 3. 长江水运得天独厚，水运货运量大 4. 该区既是我国腹地，又是边疆地区，与越南、老挝、缅甸等国相邻，与东盟的经济物流联系日益密切 5. 四川是全国天然气管道最集中的地区，已形成较完善的网络，为四川天然气的南北输送和东西调运提供了便利条件
近西北经济区	1. 物流业发展的地理基础较差，物流条块分割较严重 2. 物流水平有较大改善，物流相关投资有所提高 3. 物流基础设施建设较快，但是铁路运营里程、内河航运、公路和高速公路密度仍然较低。铁路只有东西铁路干线，南北铁路仅有一条包兰线，大片地区无铁路，基本形成网络
新疆经济区	1. 货运量不大。2003年其货运总量为27075万吨，居全国第25位，货物周转量居全国第22位 2. 铁路及公路建设步伐较快 3. 航空港建设步伐加快，其机场数（10个）在全国居前列。但其航空货运量相较于其机场个数而言不大
青藏经济区	从货运量及物流基础设施等指标来看，该区域物流业极不发达

四、我国现代物流业发展的总体战略目标

20世纪头20年，是我国改革发展的重要战略机遇期，也是现代物流业发展的重要战略机遇期。我们必须紧紧抓住这个机遇期，努力实现跨越式发展，使我国的物流能力

到2020年前后基本达到世界中等发达国家的水平，基本适应我国经济持续快速健康发展的需要。

（一）指导思想

按照党的十六大提出的全面建设小康社会的战略目标和《中华人民共和国国民经济和社会发展第十一个五年规划纲要》的要求，以科学的发展观为指导，以市场为导向，以企业为主体，以改革开放为动力，以先进的技术为支撑，以优质服务为宗旨，以营造现代物流发展的政策环境为切入点，推广现代物流管理技术，促进企业内部物流社会化；培育专业化物流企业，积极发展第三方物流；建立物流标准化体系，加强物流新技术开发利用，推进物流信息化；加强物流基础设施整合，建设大型物流枢纽，发展区域性物流中心，建立快捷、高效、安全、方便并具有国际竞争力的现代物流服务体系，努力降低物流成本，提高物流服务的质量和效率，推动产业升级和结构调整，为经济和社会的全面、协调、可持续发展和全面建设小康社会提供相应的物流保障。

（二）基本原则

1. 明确服务地位，服从总体战略

物流是基础性、动脉性产业，又是服务性产业，现实的需求是物流发展的根本推动力。物流发展必须以需求为基础，以产业为支撑，要服从和服务于国民经济及社会发展第十一个五年规划纲要提出的总体发展战略。

2. 市场配置资源，政府营造环境

发展现代物流业，要充分发挥市场配置资源的作用，调动企业的积极性，从满足物流需求的实际出发，注重投资的经济效益。政府要为企业发展现代物流营造良好的政策环境，支持现代物流业的发展。

3. 加强统筹规划，注重协调发展

要树立全国及区域物流协调发展的思想，做好地区之间、部门之间物流基础设施建设与发展的协调和衔接。重点选择一些大中城市和重要港口城市及一些重要产品领域，优先推进。各地要从本地经济发展的实际出发，正确引导现代物流业的发展，防止盲目攀比和重复建设。

4. 打破分割封锁，整合现有资源

要改革现行物流业相关行业管理体制，打破部门和地区分割，促进物流服务的市场化和资源利用的社会化，合理规划项目占地，优先整合和利用现有物流资源，提高物流设施的利用效率，提升物流设施的功能。

5. 创新服务方式，坚持可持续发展

要以满足企业和消费者不断增长的物流需求为出发点，不断创新物流服务方式，提升服务水平。要积极推进运输服务的现代化和合理化，注重节约能源，保护环境，减少废气对环境的污染和交通拥堵，保证交通安全，实现经济和社会的协调发展。

（三）总体发展目标

1. 区域物流战略规划的依据

区域经济的发展需要现代物流的支撑。因此，科学缜密地制定区域物流体系规划，有利于我国区域经济健康快速发展。统一规划、综合平衡，是区域物流规划的基本方法之一。进行物流规划，必须结合规划地区或系统的实际情况。物流系统服务于经济系统，各地经济系统的差异造成其物流系统存在着必然的差异。在区域物流规划中，应强调和突出这种差异性，从而使各地的规划能够因地制宜，适应区域经济发展的要求，避免各地物流规划的雷同和一哄而上。所谓物流规划的依据，指的是规划的前提与技术经济条件，也就是物流系统赖以发展的物质因素。主要包括如下几个方面：

（1）区域技术经济条件

区域技术经济条件主要包括区域生产力发展的历史、现有基础及其构成、水平和技术特点等。一个区域的经济基础是经过长期历史形成的，也是进一步发展的重要因素。对原有基础应深入调查研究，扬长避短，贯彻挖潜、革新、改造和提高的方针。对基础薄弱的地区，往往要求规划的新建项目多，但不能门类齐全；必须坚持因地制宜，发挥原有优势，有重点地建设。在具体安排时，点不能太分散，要适当集中；同时，要注意加强协作，考虑必要的配套工程。

（2）区域资源条件

区域的资源条件，直接影响区域经济发展的方向、经济结构和具体内容。例如，一项具有全国或全省意义的重要资源，往往会成为该区域经济发展的支柱。

（3）区域自然条件

这里，主要是指对物流设施在建设和布局上有影响的自然条件，例如地质、地形、气候和水资源条件，以及自然灾害如地震、台风、滑坡等，在一定程度上这些自然条件对物流系统规划的影响是非常大的。

（4）国家对行业或地区经济和社会发展的长期计划和要求

国家对某一区域的国民经济和社会发展长期计划明确规定了该地区在全国或全省所处的地位和作用，以及今后发展的规模、速度和方向等。这给物流系统规划提供了最基本的依据。在尚未制定国民经济和社会发展长期计划的地区，应当对区域经济发展方向，如区域的经济结构、发展速度进行预测。

2. 物流产业战略目标体系的设立

我国是一个大国，在辽阔的国土上资源的分布又很不均衡，造成物流在时间和空间上的跨度极大；“北煤南运”、“南粮北调”、“西气东输”等，导致我国物流费用较高。因此，大力发展区域物流是我国区域经济协调均衡发展的客观需要。区域物流是指区域之间及区域内部的物流活动，它侧重于城市之间、城乡之间的从供应者到需求者的物品的运输与集散一体化的过程，目的是运用区域概念和战略的手法解决有关大范围物流的各种主要问题，实现区域物流的最佳化。区域物流体系对于提高该区域物流活动的效率、保障物资的有效流通具有极其重要的作用。它是国民经济活动和区域经济发展的动脉，是联系生产和消费的纽带，是社会发展和人民生活水平提高的基础条件，也是衡量一个国家或区域现代化程度的重要标志之一。

良好的发展有赖于缜密的规划，区域物流体系规划与建设的最终目的是提升区域物流产业的竞争力水平、更好地服务于区域经济的发展。因为物流产业的关联范围很广，物流产业与区域经济是相互依存、互为因果的。影响一个区域物流产业的竞争力的因素是众多的，区域物流产业的竞争力是由众多的因素共同作用的结果。借鉴波特的竞争优势理论，通过分析区域物流竞争力的影响因素，提出了区域物流产业发展战略目标体系，如图44所示。

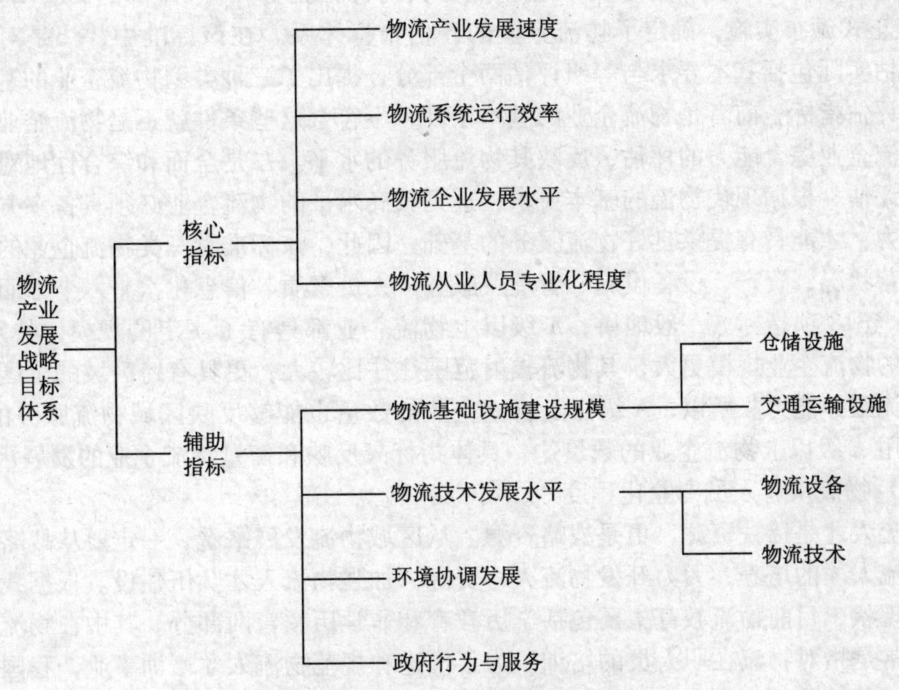

图44　区域物流产业发展战略目标体系

（1）物流产业发展速度

区域物流产业的发展必须与区域经济的发展水平相适应，因此，物流产业发展速度应该与区域经济发展速度（GDP发展速度）基本保持一致。增加值是国民经济新核算体系使用的衡量社会生产活动的总量指标，是各生产单位在生产过程中新增加的价值，是常住单位生产的物质产品和服务价值超过生产中所消耗的中间投入价值后的差额部分。国民经济中各生产单位的增加值总和即为国内生产总值。用生产法计算，增加值等于总产出减去中间投入。用分配法计算，增加值等于劳动者报酬、固定资产折旧、生产税净额和营业盈余四项之和。这里，选用物流增加值这一具体指标来反映和衡量物流产业发展速度。

（2）物流系统运行效率

提高物流系统运行效率、降低物流成本，是物流系统规划的重要目标之一。物流总费用由运输费用、保管费用和管理费用三部分构成。“社会物流总费用与GDP的比率”是宏观上衡量物流系统运行效率的重要指标，用以反映一个国家或地区取得1个单位的增加值所要花费的物流费用。这里，选用社会物流总费用与GDP的比率这一具体指标来反映和衡量物流系统运行效率。

（3）物流企业发展水平

根据物流产业的界定，物流产业是由物流企业共同构成的，物流企业的微观运作共同构成了物流产业的宏观走向。因此，一个区域物流的发展水平与该区域物流企业的整体实力是密切相关的，该区域物流企业的实力组成了该区域的物流产业基础。

中华人民共和国国家标准《物流企业分类与评估指标》（GB/T 19680—2005）于2005年正式颁布实施，确定了物流企业的评估指标体系。在该标准中，一是对物流企业的评估实际包括基本要求与等级评估两个部分，提出了三种类型物流企业的基本要求与等级评估指标，前者是物流企业的基本条件，不符合这些条件就不是物流企业，后者是对物流企业综合能力的评估，反映其物流服务的水平。二是全面和综合性地对物流企业进行评估。根据现代物流的基本要求，达到较高水平的物流企业必须具备多方面的要素与能力，才能具有提供良好物流服务的基础。因此，该标准对三类物流企业的评估覆盖了经营状况、资产、设备设施、管理及服务、人员素质、信息化水平六个方面，并细化为16至18项指标。一般地讲，A级以上物流企业都具有了一定的规模，特别是3A级以上的物流企业规模更大，其物流辐射范围往往比较大，更具有跨区域的全国乃至全球的物流服务能力。所以，A级以上物流企业的数量也能够反映区域物流服务的水平，这里选用A级以上物流企业的数量这一具体指标来反映和衡量物流企业的发展水平。

（4）物流从业人员专业化程度

物流人才是稀缺资源，更是战略资源。从区域物流发展来看，一定要从战略高度来重视物流人才的培养，大力开发物流人才资源，加强物流人才队伍建设。根据我国物流教育的现状，目前物流教育主要包括学历教育和非学历教育两部分。其中，物流非学历教育通常是指对物流在职人员的培训。为了推进和规范物流人才培训事业，我国颁布和实施了《物流师国家职业标准》，分助理物流师、物流师与高级物流师三个层次进行人才的培养，物流职业资格认证就是在政府部门指导下由行业协会推行的一种有益的尝试。因此，这里选用物流学历教育人才数量和物流师人才数量来反映和衡量区域物流从业人员的专业化程度。

（5）物流基础设施建设规模

物流基础设施的建设是物流系统运行的可靠保证。其中，物流网络中的点（物流中心）和线（道路）共同构成了物流基础设施的重要组成部分。这里，可以选用仓储设施面积来作为衡量仓储设施建设的一个重要指标，同时参考建设部门的规划要求和有关评价体系。交通运输是物流的关键环节之一，路网建设和运营的评价指标可以参考交通运输部门的统计与评价体系来选用，例如铁路营业里程、公路里程、内河航道里程、民用航空航线里程、输油（气）管道里程等。

（6）物流技术发展水平

物流技术是物流各项功能实现和完善的手段，物流技术包括硬技术和软技术两个方面，物流硬技术是指组织物资实物流动所涉及的各种机械设备、运输工具、站场设施以及服务于物流的电子计算机、通信网络设备等。物流软技术则是指为组成高效率的物流系统而使用的系统工程技术、价值工程技术、信息技术等，通过使用物流软技术，在物流硬技术没有改变的条件下，最合理最充分地调配和使用现有物流技术装备，从而获取最佳经济效益。这里，通过选用各类设施、设备的保有量指标，例如民用货运汽车拥有量、民用运输船舶拥有量、铁路货车拥有量、装卸设备拥有量、自动化立体仓库数量、

GPS车辆数量、物流信息系统数量（A级以上企业有此要求）等，在一定程度上来反映和描述区域物流技术发展水平。

（7）环境协调发展

物流基础设施的建设，有可能引起生态环境的变化和环境的污染。环境保护已经成为人们普遍关心的问题。防止水源地、城镇居民点与风景旅游区的污染，保护有科学意义的自然区和历史文物古迹，建设供人们休息的场地，已经成为人们普遍的呼声。区域物流规划应力求减轻或免除自然灾害的威胁，促进大自然的生态向良性循环发展，同时还应进一步改善和美化环境，对局部被人类活动改造过的地表进行适当修饰，搞好大地绿化和绿地规划，丰富文化设施，增加休息的活动场所。在环境协调发展指标上，可以参考环保部门的规划要求来制定。

（8）政府行为与服务

我国作为一个从计划经济转向市场经济的国家，毋庸置疑，各级政府在区域经济发展中的作用非常巨大。按照社会主义市场经济建设的基本要求，按照精简、统一、效能的原则和决策、执行、监督相协调的要求，建立决策科学、权责对等、分工合理、执行顺畅、监督有力的行政管理体制，加快建设服务政府、责任政府、法治政府，这对于物流产业的发展意义重大。因此，在物流产业发展战略规划中应考虑政府服务指标的建立。

这里，核心指标的确立直接反映物流系统的运行能力，在制定区域物流战略规划时必须建立；辅助指标对于确保物流系统的可靠运行也至关重要，在制定区域物流战略规划时可以参考相关产业或部门的发展规划来制定。

3. 我国物流产业总体发展目标

“十一五”期间我国物流业发展的总体目标是：到2010年，基本建立起快捷、高效、安全、方便并具有国际竞争力的现代物流服务体系，大幅度提高物流的社会化、专业化和现代化水平，积极培育具有国际竞争力的大型物流企业，使物流产业能够适应和支持我国国民经济的快速发展。具体的核心指标确定如下：

（1）物流总量保持稳定增长。按照GDP的规划增长目标，确定物流产业的物流增加值年均递增9.8%，如表7所示。

表7　　物流增加值年增长速度需求预测

	交通运输业	仓储业	流通加工业、包装业	邮政业	合计
十一五期间	9.6%	11.0%	10.5%	12.5%	9.8%

（2）提高物流产业的整体运行效率，使“社会物流总费用与GDP的比率”在2005年18.6%的基础上下降到2010年的16%左右。

（3）实施产业结构优化升级，大力发展第三方物流企业，加快物流企业信息化建设，鼓励物流企业的资源整合重组，促进优势物流企业做强做大，形成一批有核心竞争力的国内品牌物流企业。到2010年，3A级及3A级以上的物流企业数量达到500家左右，其主营业务收入总额占当年物流业总收入的30%以上。

（4）大力发展现代物流职业教育和学历教育，促进物流教育与物流实践相结合，使接受过物流师职业教育的从业人员数量到2010年达到20万人，物流专业大专以上学历的从业人数达到80万人，受过中等物流专业职业教育的一线岗位技能人员达到150万人。

五、我国现代物流发展的战略重点和任务

（一）我国现代物流发展的战略重点和任务

《中华人民共和国国民经济和社会发展第十一个五年规划纲要》第四篇第十六章第二节“大力发展现代物流业”中，明确提出了我国物流产业发展的重点任务，主要包括：推广现代物流管理技术，促进企业内部物流社会化，实现企业物资采购、生产组织、产品销售和再生资源回收的系列化运作。培育专业化物流企业，积极发展第三方物流。建立物流标准化体系，加强物流新技术开发利用，推进物流信息化。加强物流基础设施整合，建设大型物流枢纽，发展区域性物流中心。

根据“十一五”规划纲要的基本精神，提出我国现代物流发展的具体战略重点和任务，内容如下：

1. 鼓励生产与流通企业改造业务流程，分离外包物流业务

鼓励工业企业改变“大而全”、“小而全”的运作模式，运用供应链管理与现代物流理念、模式与技术，实现物资采购、生产组织、产品销售以及再生物品回收的一体化运作。以订单为中心改造现有业务流程，提高对市场的响应速度，降低库存，加快周转，提升市场竞争力。在汽车制造、石油化工、矿产品、机电产品、家用电器、IT产品、食品饮料等较具规模的行业选择一部分代表性企业进行试点，加快推广应用现代物流管理技术。

鼓励流通企业采用先进的物流管理技术，降低流通成本，提高经营效率和服务质量。要积极发展连锁经营、统一配送和电子商务等现代流通方式，促进流通的现代化。鼓励社会化配送中心建设，积极发展各种形式的配送服务。重点发展城市食品、日用工业品、药品、食盐、烟草等商品的统一配送。

重视农业和农村应用现代物流管理技术，逐步建立现代农村服务体系。要鼓励农产品的生产、加工、运销企业应用现代物流技术，提高信息化程度，发展农产品从产地到销地的直销和配送。要发展农业生产资料和农村生活消费品的连锁经营和统一配送。运用现代物流手段，为农民提供方便实惠的产前、产中和产后物流服务。选择一部分重点农副产品批发市场与面向农村的连锁企业，对其物流系统进行改造提升。

鼓励企业特别是中小型企业按照分工协作的原则，剥离或外包物流功能，整合物流资源，突出企业核心竞争力。鼓励以龙头企业为核心，通过供应链成员企业和物流服务企业的共同协作，进行物流服务流程、工具器具和技术装备等的标准化创新，建立起供应链网络协作关系。

加强企业物流现代化示范工程的建设。“十一五”期间，选择50家物流需求较大、物流服务要求较高、物流基础工作较好、物流关联度较广、处于各行业“领军”地位

的生产、流通企业，作为企业综合物流改造试点工程单位。

2. 建设高效、可靠运行的大宗商品和特种商品的物流体系

要在科学发展观的指导下，对大宗商品和特种商品物流，制定专门规划和政策加以推动。当前，要加强石油、煤炭、重要矿产品物流研究，建立起支持以煤炭为燃料或原料的电力、热水、煤制品产业链，以石油为原料的石化产业链，以金属矿为原料的钢铁产业链，以非金属矿为原料的建筑产业链的现代物流服务体系。引导和支持流通企业经营网络向农村延伸，改造升级农产品批发市场，培育大型农产品流通企业；要加快制定全国粮食物流发展规划，拓展东北到西部、中部黄淮海地区到全国特大城市的散粮运输通道，形成全国散粮运输网络。要加快棉花质检体制改革步伐，推进棉花物流的发展。要发展订单农业，加快鲜活农产品储藏、加工和冷链运输设施建设，促进鲜活农产品物流配送的发展。要开展化学危险品物流研究，建立健全化学危险品物流安全管理体系。要开展废弃物回收物流体系研究，鼓励资源再生利用，保护环境。要开展应急物流体系建设研究，建设和形成能够应对战争、救灾、流行病爆发等突发性事件的应急物流服务体系，特别是建设军地一体化物流、寓军于民，确保民用物流资源完成军队后勤保障，确保军队物流系统支持民用物流急需。

3. 加快发展与培育专业物流服务企业

要放宽市场准入资格限制，取消对物流企业经营范围的限制，促进现有运输、仓储、货代、外贸、批发、零售企业的服务延伸和功能整合，加快传统物流企业向现代物流企业的转变；按照我国“入世”承诺，允许外资物流企业进入中国市场，建立中外合资、外商独资物流企业、采购中心；鼓励民营资本进入物流业，发展第三方物流企业。要鼓励运输、仓储、配送、货运代理、多式联运企业通过参股、兼并、联合、合资、合作等多种形式进行资产重组，扩大经营规模。要清理和完善有关物流的行政法规，改革物流管理体制，破除物流市场的地方保护和行业垄断，推动现有物流资源的整合、改造与提升。要在运输型、仓储型与综合服务型物流企业中，逐步培育一批服务水平高、国际竞争力强的跨国、跨所有制的大型专业物流企业。

加强物流企业现代化示范工程的建设。“十一五”期间，选择50家规模和实力在行业内处于领先地位，管理、技术和服务在国内比较先进，专业物流服务市场占有率名列前茅，发展前景看好的各类专业物流企业，作为综合物流服务试点工程单位。

4. 重视与发展国际物流

要加强主要外贸港口、国际海运集装箱中转站、多功能国际货运站、国际机场等物流设施建设，提高国际货物的中转能力。要加强内贸港口泊位建设，实现内外贸货物中转的通畅。要加快内地集装箱枢纽站建设，减少港口拆箱、装箱的压力。要提高港口运营效率、集装箱终点站作业效率、港口装卸作业效率，减少各种收费，降低货物运输和装卸成本。

简化通关程序，提高通关效率。海关、外贸、检验、税务、外汇等部门要在有效监管的前提下简化审批手续，优化口岸通关作业流程，实行申办手续电子化和“一站式”服务，对进出口货物实施“提前报检、提前报关、实货放行”的模式。要发挥口岸联络协调机制的作用，加快“口岸电子执法系统”的推广应用，建立大通关信息平台，

积极推进大通关工程建设。加强口岸规划和建设，实行分类管理。改革海关保税物流监管模式，选择条件比较好的保税区作为“区港联动”和“保税物流中心”的试点，实现自由贸易区的功能，引导加工贸易转型升级。

要加强同周边国家和地区的物流合作。根据中国东盟、上海合作组织等区域性协议及中日韩合作意向，大力发展同周边国家的物流合作。根据中央政府与香港、澳门地区关于建立更紧密经贸关系的安排（CEPA），扩大同港澳台地区的物流合作。要按照加入世界贸易组织的承诺，加快物流领域的对外开放，提高我国的物流服务水平，进一步改善投资环境。

5. 规范物流市场发展，推进物流信用体系建设

各地方、各部门、各行业要把重点力量放在物流市场的建设上。以物流市场为中心，统筹考虑物流基础设施建设、物流企业与企业物流发展，以及与物流相关的工作。培育物流市场的关键是打破条块分割、行业垄断的体制，使所有的物流资源都进入市场，充分利用国内外两种资源和两个市场。加强对物流市场的监管，研究制定加强物流企业监管措施，制定市场运作法律法规，规范物流市场经营秩序；依据《反不正当竞争法》的有关规定，制止地区封锁和地方保护等行政性垄断行为，维护公平竞争的市场秩序，破除不利于物流市场发展的有关规定。物流市场的培育，必然要从无序走向有序，关键是要建立物流运作中的信用体系。加强行业自律，做出必要的规范，重点抓好行业诚信体系建设，推进物流业健康发展。物流行业协会要发挥行业自律的作用，逐步形成和完善具有行业特点的三大认证体系：①物流企业综合评估与等级认证；②物流企业信用评估与认证；③物流安全生产风险评估与认证。

6. 继续完善物流标准化体系，全面推动物流标准化工作

要加强物流标准化发展战略研究，将物流标准化内容纳入国家总体发展战略。全国物流标准化技术委员会和全国物流标准化信息委员会，要结合我国实际，积极组织和全面实施《全国物流标准2005～2010年发展规划》。各部门、各行业要形成合力，加快制定、修订物流管理、物流技术、物流基础、物流服务、物流信息等方面的基础性标准。近几年要加快物流企业分类标准、配送中心、物流成本、托盘、汽车箱体、国内集装箱、多式联运、商品包装等标准的制定。要密切关注国际发展趋势，加强对电子产品代码等重大基础标准的研究。要对标准制定实施改革，逐步让企业成为制定物流行业标准的主体。要通过采用能带来高效益、低成本的产品、技术和服务标准，鼓励企业和有关方面采用标准化的物流计量、货物分类、物流设备设施、工具器具、信息系统和作业流程等。

7. 发展新型运输服务方式，提升物流装备技术水平

要鼓励运输服务方式的创新，解决由于运输方式落后和各种运输方式衔接不畅带来的货物在运输过程中多次搬倒、拆装等问题。要加快综合运输体系建设，发展多式联运、集装箱运输、散货运输、航空快递运输等方式；推广应用厢式货车、大型拖车及集装箱、散粮车辆，开发使用专用车辆；加快集装箱中心站、中转站及散装码头建设；加强各种交通设施建设的紧密衔接配合，提高运输速度和效率，降低成本和减少浪费。要积极发展散粮、散糖、散肥、散装水泥运输物流方式，建立大宗货物高效、低成本的运

输系统。

要加快推进单元装载化，推行以托盘化为核心的单元装载方式。要统一托盘标准，推进并建立托盘共用系统，引进单元装载化物流机械，支持单元装载化物流设施建设。要实施现代物流技术示范工程，推动关键技术和产品的产业化。要鼓励企业采用仓储运输、装卸搬运、分拣包装、条形码印刷等专用物流技术装备，提升我国物流装备技术水平。

8. 积极推进信息技术在物流领域的广泛应用

积极推进企业物流管理信息化，促进信息技术的广泛应用。积极运用企业资源计划（ERP）和供应链管理（SCM）技术，提高生产企业的信息化水平。推广电子自动订货（EOS）技术，推动流通的信息化和现代化。

在推广与普及条形码技术的基础上，注重无线射频技术（RFID）和电子标签的运用，提高物流领域的信息化水平。充分发挥地理信息系统（GIS）的作用，鼓励建立各种运输工具通用的物流综合信息系统。积极开发运用智能交通系统（ITS），实现卡车运输的高度信息化。建立全国性公路运输信息网络，实现信息共享，降低货车的空驶率。建立航空货运公共信息系统，为各方面提供信息服务。

加快构建物流管理公共信息平台，为商务、金融、税务、海关、检验检疫、交通运输和工商管理等政府部门管理和企业物流组织提供良好的信息环境，实现政府监管手段的信息化。要以中心城市为依托，统筹和协调物流信息化的工作，逐步建立与九大物流区域相适应的公共信息平台，加快推进物流信息的标准化进程。尽快制定物流信息的标准和网络接口规范，建立物流信息的共享机制。

加强对现货商品交易市场的规范，引导交易方式和交易手段的升级。东部地区主要是改造和提升摊位制的专业商品交易市场，实现现货商品交易市场的功能创新；中西部地区重点是加强对现货商品交易市场的规范和调整，更好地发挥商品集散、衔接产销和物流配送的功能。加大对农产品批发市场建设的支持力度，更好地发挥农产品流通的主渠道作用。大中城市应重点培育和完善发挥骨干作用的全国性或区域性现货商品交易市场，县、乡应加快建设服务于当地农产品生产、方便农民销售的专业商品交易市场。鼓励现货商品交易市场建立信息体系，探索拍卖式、竞价式网上交易等新型交易模式，逐步实行电子统一结算。在严格执行国家法律法规的前提下，推进现货商品的电子交易市场建设，拓展交易范围，积极形成与之相配套的现代物流服务体系。

9. 加强物流基础性研究与人才培养

加强物流业务创新研究。物流金融业务作为一种新型的金融业务品种，其跨行业、跨领域的特性，也给物流金融业务的持续发展和金融产品的创新带来了巨大的挑战。要加强研究物流金融业务模式与体制环境的关系，尽快建立和完善物流金融业务的风险管理机制。在逆向物流领域，要加强我国循环经济立法、产品回收和报废的有关法律、国家标准、生产者延伸责任制度等方面的研究工作；在产业技术层面上，要加强电子产品环保技术、电子产品回收处理技术等研究；加强我国社会化的废弃物回收处理服务体系的研究和建设。

要加强物流园区发展战略、总体布局、运营模式等一些战略性问题的研究。要加强物流系统均衡运行的研究，解决我国物流系统中供需不平衡的结构性矛盾；其中着重研究东、中、西部区域物流发展不平衡，产品流量、流向不均衡的问题。

继续做好物流统计核算等基础性工作，为国家宏观决策提供有力的支持。

要采取多种形式，加快物流人才的培养。加强物流人才需求的调查，制定科学的培养目标和规划，发展多层次学历教育体系和在职人员培训体系。利用社会资源，鼓励企业与大学、科研机构之间合作，编写精品教材，提高实际操作能力，强化职业技能教育，继续广泛开展物流师职业资格培训与认证工作，推行物流领域学历证书和职业资格证书并重的制度。

（二）我国物流园区的建设思路和策略

1. 物流园区基本概念

（1）物流园区的定义

关于物流园区的概念目前还没有一个明确和统一的定义。汪鸣认为，物流园区是对物流组织管理节点进行相对集中建设与发展的、具有经济开发性质的城市物流功能区域；同时，也是依托相关物流服务设施降低物流成本、提高物流运作效率，改善企业服务有关的流通加工、原材料采购、便于与消费地直接联系的生产等活动，具有产业发展性质的经济功能区。王德荣认为，物流园区是指在物流作业集中的地区，在几种运输方式衔接地，将多种物流设施和不同类型的物流企业在空间上集中布局的场所，也是一个有一定规模的和具有多种服务功能的物流企业的集结点。基于对各方观点的理解，我们认为，物流园区是多家专业从事物流服务的企业和物流密集型工商企业在空间上集中布局的场所，是一个大型配送中心或多个配送中心的集聚地，它的占地规模较大，一般以仓储、运输、加工等用地为主，同时还包括一定的与之配套的信息、咨询、维修、综合服务等设施用地。物流园区是基础设施的一种，它有别于企业自用型的物流中心，是具有经济开发性质的物流功能区域，与科技园区、工业园区有相似之处。

科学规划的物流园区建设将分布于城乡各个角落的物流节点统一起来，通过功能整合、技术创新、规模运作，减少物流系统给城市发展造成的负面影响，改善城市的交通、生态环境、城市的景观和优化城市的功能布局，增强城市的综合竞争力。

物流园区是营造物流产业优良环境的一个区域，具有系统性和综合性。总体上讲，物流园区经营管理者的要素特征如图 45 所示。其主要包括如下典型特征：

※ 物流园区属于经济开发区性质，其直接市场客户或吸引入驻的对象主要包括交通运输企业、物流服务商和物流密集型工贸企业；

※ 物流园区经营管理者通过提供物流作业设施设备及技术手段为客户服务，具有比较强的地产经营和物业管理的业务特征；

※ 物流园区经营管理者应推动各方的合作，为物流及相关企业搭建公共运作平台，通过其综合服务，依托其客户最终完成物流活动和实现物流服务，为实现在经济、生态和社会诸方面的既定目标做出贡献。

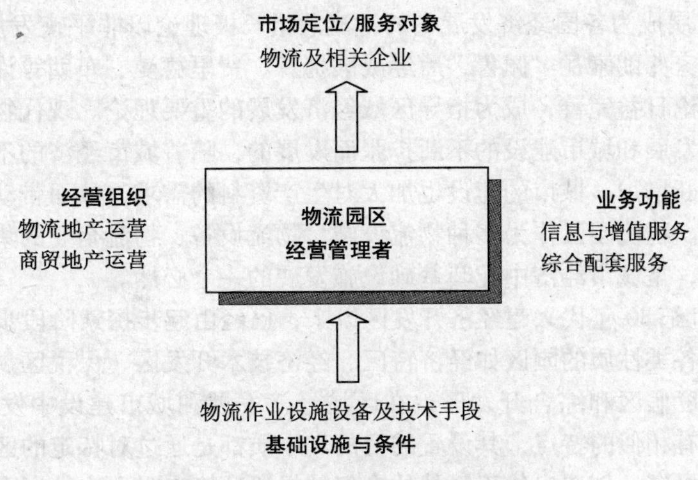

图 45　物流园区经营管理者的要素特征

（2）交通枢纽的定义

交通枢纽是指几种或多种运输方式的结合部或几条运输干线的交叉点，有大量客货流集散，具有优越的地理位置和方便的交通运输条件。交通枢纽的形成和发展，带动了交通运输条件的进一步改善，也促进了工业、农业布局和商业贸易的发展。

交通枢纽城市多是重要的物流节点，是在经济区域中具有较突出的经济地位、交通优势、信息条件，客流量和物流量大且集聚物流要素，并在区域物流规划中需要重点规划和培育，能成为物流区域发展极的城市，是整个国家物流业发展的重要基础。

（3）物流园区与交通枢纽城市的关系和异同

物流园区和交通枢纽城市是两个不同的概念，两者既有联系又有区别。

两者的共同点主要表现在如下两个方面：

❈ 两者一般都处于几种或多种运输方式的结合部或几条运输干线的交叉点，具有优越的地理位置和方便的运输条件。

❈ 两者都是物流要素的集聚地，都具有物流的组织管理功能和依托物流服务的经济开发功能，例如具有集中仓储功能、配送加工功能、多式联运功能、综合信息服务功能、辅助服务功能、停车场功能等。

两者的区别则主要表现在如下三个方面：

❈ 从侧重点看，物流园区强调的是物流企业在空间上的集中分布；而交通枢纽城市强调的是城市在经济区域中优越的地理位置和交通优势。

❈ 从范围上看，物流园区多是在城乡结合部、主要交通干道附近的一片物流和经济功能区域；而交通枢纽城市是指整个城市，一般有多个物流园区。

❈ 从作用上看，物流园区的建设是为了实现物流企业的专业化和规模化而发挥它们的整体优势和互补优势；交通枢纽城市是宏观物流系统中的重要节点，实现大量的客货流集散和中转。

2. 物流园区的发展思路与策略

第二次世界大战后，随着世界范围内工业化与城市化的快速推进，以大城市为中心的“圈经济”发展成为各国经济发展中的主流。增长极理论以非平衡发展理论为基础，始于法国经济学家弗朗索瓦·佩鲁，后经威廉姆森、费里德曼、布朗等许多经济学家的发展，使得该理论日益完善，成为指导区域经济发展的重要理论。现代物流的发展也是随着城市经济的发展和城市建设的不断扩张而发展的，随着城市经济的不断繁荣，城市的消费需求在不断增加，城市的建设也加大对生产资料的需求，从而带动了城市物流输入输出量的扩大。物流园区作为多种物流设施、物流设备、物流企业的集聚地和多种物流线路的交会地，是城市经济中配套基础设施发展的一个必然。

我国自20世纪80年代兴建经济开发区以来，已经由起步探索阶段步入较规范化的全面发展阶段。各类性质的园区如经济特区、经济技术开发区、保税区、高技术产业开发区、国家旅游度假区和综合开发区，在区域经济发展和城市建设中发挥了巨大的作用。这些园区具有相似的特点，其设置的目的和本质都是通过对特定的区域给予特殊的优惠政策和集中投资，创造出优于区外的良好的投资环境来吸引内外资本和发展外向型经济。从物流园区的设立初衷看，与经济开发区有非常大的类似之处。因此，经济开发区如高技术园区运作的成功经验与教训非常值得物流园区建设所借鉴。

1985年6月，深圳市政府批准建立的由该市与中国科学院联合创办的深圳科技工业园区，是我国第一个高技术产业开发区。随着国家实施以推动高技术成果商品化、产业化和国际化为基本宗旨的火炬计划，我国的高技术产业开发区的建设得到迅速的发展。1991年国务院批准建立了27个国家级的高技术产业开发区，1992年又批准建立了25个国家级的高技术产业开发区，国家级的开发区总数达到52个。此外，各省市也批准建立了一批省级及省级以下的高技术开发区，有70个左右。虽然高技术开发区的建立对我国高新技术产业的发展起到了巨大的推动作用，但总结其发展历程，也存在着一些不容忽视的问题。

首先，总量偏多、批租土地面积过大。我国建立的这些高技术开发区存在布点太多，一期开发规模过大的问题，远远超过了相应阶段国家本土科技成果开发、吸引外资和国力承受的能力。据52个国家级高技术开发区统计，仅6个高技术开发区的规划用地规模小于5平方公里，用地规模达到5~30平方公里的有19个，大于30平方公里的达到7个，其建设数量和规模都已远远超越我国该阶段物力、财力和科学技术能力的可能，与发达国家和新兴工业化国家及地区相比，它们的高技术园区一般都在1~3平方公里，存在巨大的差异。由于用于开发区建设的资金短缺，一些开发区急功近利，成片批租土地过多，租用年限过长，使一些投资者趁机炒地皮、炒房地产。其次，产业结构雷同现象严重、入驻企业质量不高，各高技术开发区之间引起对投资引入的“引资大战”和“过度竞争”，造成两败俱伤和众多低层次的重复建设和重复引进，导致资源的巨大浪费，降低了高技术开发区的总体经济效益和引进效益。例如，有些国家高技术开发区内的高技术企业多数名不符实，某“高技术公司”从事的业务甚至是电脑算命。这些问题的存在在很大程度上使高技术开发区的建设初衷发生了偏离。

物流园区建设要以提高物流组织化水平为目标。根据不同城市在工业、商贸流通，以及粮食、化肥、钢铁、石油及成品油等重要战略物资和产品物流组织中的作用和服务资源的不同，有针对性地建设相应的具有规模化特征的物流园区和专业化物流中心，培育物流服务市场。为了少走弯路、真正有益于区域经济的发展，借鉴我国高技术开发区的建设经验，对我国物流园区的发展提出如下建设思路和策略：

（1）合理控制物流园区设置数量。采取典型示范、稳步发展的策略。

（2）合理确定用地规模。物流园区的规模大小直接关系到园区的选址、界限划分及与中心城的关系等问题。借鉴国外物流园区发展的经验和我国经济开发区、高技术开发区发展的经验，应该确定适度的园区用地规模。从我国国家级高技术开发区的研究结果看，适度的用地规模在2~3平方公里之间，以用地规模不超过5平方公里为宜。日本是最早建立物流园区的国家，1965年建成第一家物流园区，至今已建成20多家大规模的物流园区，其平均占地74公顷（不足1平方公里）；德国也是物流园区发展极具代表性的国家，德国的一些物流园区占地规模较大，部分在100公顷（1平方公里）以上。综合参考这些内容，我国国家级物流园区的用地规模在1~3平方公里为宜，不宜过大。

（3）严格审定园区内的入驻物流企业。物流园区并不是物流服务的直接提供者，其入驻的物流企业才是真正的物流活动的组织者和实施者。因此，物流园区的成败直接由入驻的物流企业的数量和质量所决定。应该按照中华人民共和国国家标准《物流企业分类与评估指标》（GB/T 19680—2005）加强对入驻物流企业综合能力的评估和认定。

（4）集中有限资金，重点建设孵化器。积极营造物流企业成长和发展的基本环境，推动更多的物流企业做强做大，使其成为3A级及其以上的物流企业。

（5）建立多元化投资体系和风险投资机制。从我国实际看，物流产业是一个资金密集型的领域，资金短缺是制约物流企业成长壮大的关键因素。因此，应该在物流园区内积极推行风险担保、风险基金、股份制银行、信托投资公司等多种投资方式，促进物流与金融的结合。

3. 物流园区的布局区位选择

“十一五”规划纲要提出“加强物流基础设施整合，建设大型物流枢纽，发展区域性物流中心”。在我国现代物流发展中，既要注意线的延长、面的扩大，也要注意物流节点，特别是大型物流节点的建设，包括节点城市、国际航运中心、大型航空港、大型火车与集装箱编组站等的建设。能够成为大型物流枢纽的城市，往往都是沿海重要港口、内陆的交通枢纽城市。物流园区作为多种物流设施和不同类型的物流企业在空间上集中布局的场所，能发挥综合性物流功能，其区位选择的首要条件为是全国或区域性的交通枢纽城市。

按照我国综合交通运输体系发展战略研究报告（傅志寰院士），我国综合交通运输体系的建设是一个长期的动态过程。未来我国交通运网布局，对于国内交通，在经济圈间要侧重建设结构合理、能力充分的运输大通道；在经济圈内要侧重建设快速交通系统；在中心城市及其他大城市中，要建设以公共交通为主体的发达、通畅的城市综合交通体系，特大城市应大力发展城市轨道交通；对农村交通，要提高交通覆盖率、通达深度和道路质量。对国际交通，要重点加强国际运输通道的建设。其中，加强交通枢纽的建设成为我国综合交通运输体系建设的重要组成部分。

1997年1月6日，交通部发布了《关于印发“九五”期间培育和发展道路运输市场规划的通知》，在该通知中明确指出要以45个公路主枢纽所在城市为重点，培育发展区域性道路运输市场。根据《全国公路主枢纽布局规划》，45个公路主枢纽所在城市为：北京、天津、石家庄、唐山、太原、呼和浩特、沈阳、大连、长春、哈尔滨、上海、南京、徐州、连云港、杭州、宁波、温州、合肥、福州、厦门、南昌、济南、青岛、烟台、郑州、武汉、长沙、衡阳、广州、深圳、汕头、湛江、南宁、柳州、海口、成都、重庆、贵阳、昆明、拉萨、西安、兰州、西宁、银川、乌鲁木齐。在2004年的我国综合交通运输体系发展战略研究报告（傅志寰院士）中提出，要重点规划和建设北京、天津、上海、广州、郑州、武汉、重庆、西安、沈阳等具有全局意义的大型综合交通主枢纽，以及哈尔滨、长春、大连、石家庄、太原、济南、青岛、徐州、南京、宁波、杭州、南昌、厦门、福州、深圳、长沙、合肥、南宁、贵阳、成都、昆明、兰州、乌鲁木齐等地区性交通枢纽。

通过对城市货运量数据（2004）的分析，如图46所示，上海、北京、广州、深圳、天津、武汉、杭州、沈阳、南京、重庆、成都、济南、长春、西安、哈尔滨、宁波、大连、青岛、佛山、兰州、柳州、郑州、乌鲁木齐、昆明24个城市在我国物流运行、货物集散过程中地位显著，其货运量的总和占到全国货运量总和的25%左右。而且结合其经济状况和物流量的现状与发展趋势进行综合评价，这些城市在我国未来经济发展和物流运行当中都将扮演重要的作用，是重要的物流枢纽城市。因此，这些城市应该成为我国物流园区建设的首选地。

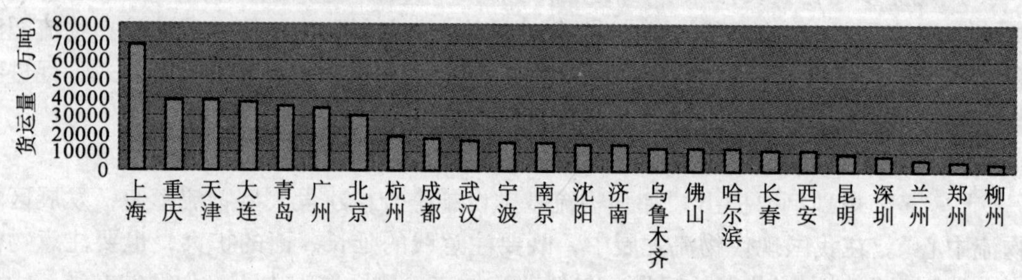

图46　我国若干重要城市的货运量分析

4. 物流园区的设点策略

为适应区域社会经济的协调发展，物流园区的建设既要按市场经济的原则运作，又要坚持必要的政府协调引导原则。首先，物流园区功能的发挥，需要很多政策、社会设施等宏观因素和条件的指导及支持，这些职能都必须由政府推动实施。政府在物流园区的规划建设中应当扮演好基础条件的创造者和运作秩序的维护者的角色。建设综合物流园区必须按照社会经济发展的要求和现代物流发展的规律，在全国运输大通道的格局下，按照区域经济的功能、布局和发展趋势，依据物流需求量和不同特点统一规划，尤其要打破地区、行业的界限，按照科学布局、资源整合、优势互补、良性循环的思路进行发展，防止各自为政、盲目布点、恶性竞争、贪大求洋的情况，避免走弯路、误时间、费钱财。其次，应按照“政府搭台、企业唱戏、统一规划、分步实施、完善配套、搞好服务”的原则，在园区的功能开发建设、企业的进驻和资源整合等方面，都要靠园区优良的基础设施、先进的物流功能、健康的生活环境、优惠的各项政策和周到有效的企业服务来吸引物流企业进驻和投资者共同参与，真正使园区成为物流企业大展宏图的舞台和成长壮大的摇篮。

根据我们的初步调查，目前全国已经投产运行、正在建设和规划建设以及提出规划设想的物流园区总数达到167家。其分布如表8所示。数量过多、规划占地面积过大等潜在问题不容忽视。

表8　　目前我国物流园区建设情况分布

省/直辖市	物流园区数量	省/直辖市	物流园区数量
北京	7	广东	21
天津	10	广西	6
河北	7	海南	1
江西	3	福建	6
吉林	2	云南	1
上海	7	贵州	0
辽宁	7	四川	3
黑龙江	0	重庆	5
山西	2	陕西	5
湖南	2	西藏	0
湖北	2	青海	1
安徽	4	新疆	1
山东	10	甘肃	8
河南	5	内蒙古	13
浙江	7	宁夏	1
江苏	20		
合计	167		

根据日本、德国等国家物流园区的建设经验和我国高技术园区发展的历史经验，结合我国物流园区的发展思路和策略，建议对物流园区建设实行总量控制。“十一五”期间，在物流园区区位选择中确定的24个物流枢纽节点城市里，建议每个城市设立1个国家级物流园区重点项目，由国家发展和改革委员会批准实施，并由国家和地方政府共同给予良好的政策支持。

（三）各区域物流发展重点和任务

根据国家开发西北、振兴东北、中部崛起发展战略，按照全国现有经济区域划分、产业布局特点、交通枢纽位置和重要物资流向，建立适应区域经济发展的九大区域物流服务体系，最终形成南北对应、东中西互动、地区协调发展、各有侧重的物流格局。

典型物流区域分布如下：一是以北京、天津为主枢纽的华北物流区域；二是以沈阳、大连为主枢纽的东北物流区域；三是以广州、香港为主枢纽的华南（珠江三角洲）物流区域；四是以上海为主枢纽的华东（长江三角洲）物流区域；五是以武汉、郑州为主枢纽的华中物流区域；六是以重庆、成都为主枢纽的西南物流区域；七是以西安为主枢纽的近西北物流区域；八是以乌鲁木齐为主枢纽的新疆物流区域；九是以西宁、拉萨为主枢纽的青藏物流区域。

各物流区域以主枢纽城市作为牵头单位，联络区域内相关节点城市，共同制定区域物流发展规划，报国家发展和改革委综合评审。

根据区域经济的特点，各区域物流发展重点和任务如表9所示。

表9　各经济区域物流发展重点和任务

经济区	物流发展重点和任务
东北经济区	1. 确定现代物流在东北老工业基地振兴中的战略地位和重要作用 2. 建设大连为东北地区物流中心城市，充分发挥其进出口货物集散基地、国际贸易门户、东北国际航运中心的作用，该区域其他省市应该与大连建成快捷的交通网络。发展边境口岸物流，提高该区域国内外两个市场、两种资源的利用水平 3. 完善油气管道网络，使管道与港口、铁路等有机连接，提高石油输送能力，保障本区域以及全国其他区域（尤其是华东、华北）的石油这一战略性资源的供应 4. 大力发展钢铁物流、装备机械物流，利用该区域的港口、铁路优势，建立与其他区域的安全、便捷、高效的物流通道，为相关行业的发展提供支持 5. 完善华北、西北、华东、华南等地区商品粮流通渠道，保障这些区域的粮食供应，更好地发挥该区域国家粮食安全基地的作用
华北经济区	1. 建设北京、天津为物流中心城市，推动京津冀地区物流发展，进而带动整个华北地区的物流发展。天津、青岛地区应注重港口资源整合，并注重与其他港口群配合，从而发挥群体优势 2. 完善山西、内蒙古、河南等地到区域内的北京、天津、河北以及与东北、华东、华南、华中的煤炭运输通道，提高输煤能力；完善京津冀地区及山东胜利油田的输油管道网络，进一步提高输油能力，保障京津冀及华东、华中等地的石油需求 3. 协调京津地区、山西及内蒙古中部地区和山东、河北及河南中北部地区这三个地区之间的工业品物流通道，使京津冀地区的电子、汽车等产品，山东、河北及河南中北部的轻纺等一般制造业工业品能在区域内外有效流通 4. 建立山东、内蒙古、河南中北部地区到北京、天津、山西地区的农副水产品物流通道，保障对北京、天津及山西的农副水产品的有效供应 5. 构建该区域与全国其他区域的物流通道，使钢铁等原材料、电子信息产品、汽车、轻纺品、农副产品等能在该区域与全国其他区域之间有效流通

续 表

经济区	物流发展重点和任务
华东经济区	1. 以上海为物流中心城市，将海港和空港作为上海建设国际航运中的两大发动机，带动上海、长三角乃至整个华东地区经济和物流的发展。深入推进以上海为核心的长三角乃至华东地区物流一体化进程，各地区应在交通基础设施、物流信息平台、物流产业发展等各个方面以更加务实的态度向上海靠拢，与上海连接 2. 建立长三角地区到域内安徽、江西地区以及全国其他经济区的钢铁、电子信息产品、汽车、装备机械、轻纺品物流通道，使这些工业品能高效、快捷地流通 3. 建立以上海为中心的各大城市群与域内其他地区间的农副水产品物流通道，保证对这些城市群的农副水产品的供应 4. 积极建立与东北、华北、西北地区的煤炭、石油通道，接受外部能源，保障内部需求 5. 帮助域内物流企业积极提高服务质量，使其具有综合增值服务能力，在物流服务市场的重新整合中占有一席之地
华南经济区	1. 建设香港、澳门、广州、深圳为物流中心城市，面向国际市场，发展成洲际或世界的中转物流中心，建设海运中转物流园区，辐射珠三角地区 2. 积极推动珠三角物流一体化，使物流业在泛珠三角区域合作及区域经济一体化过程中发挥重要作用 3. 建立协调机制，统筹发展港口、机场等物流基础设施的建设；使香港与珠三角及华南其他城市的物流信息实现共享，发挥物流网络的效能；加大制度创新力度，消除香港、澳门与珠三角乃至华南地区间的制度障碍 4. 构建广东、福建地区与域内广西、海南、湖南、江西地区及全国其他经济区的信息产品、轻纺品的高效、快捷的物流通道 5. 构建与区域内广东、海南、广西、福建、江西、湖南地区与港、澳地区的农副产品物流通道，保障对港澳地区农副产品的供应。构建到全国其他经济区的热带作物的物流通道，促进其特色热带作物的流通 6. 构建与东北、华北、西北、华中地区的煤炭、原油通道，保障该区域的能源需求
华中经济区	1. 建设武汉、郑州为中国内陆物流中心城市，改善其投资环境和竞争力，辐射并带动整个地区物流的发展 2. 积极接收沿海三大经济区的辐射，使该区域的物流业日益快速地融入珠三角、长三角及其全国的物流体系，成为全国物流体系中重要的物流枢纽 3. 加强沿江港口集装箱泊位的合理布局和建设，加快集装箱运输和滚装运输的发展 4. 构建域内河南地区到湖北、湖南的能源（煤炭、石油）通道以及该区域与华北地区的能源（煤炭、石油）通道，保证该区域对能源的需求 5. 构建域内湖北与湖南、河南地区以及该区域与其他经济区的钢铁、有色金属物流通道，平衡该区域对原材料（钢铁、有色金属）的需求 6. 构建该区域到华北、西北等地的农副水产品物流通道，保障对华北、西北地区农副水产品的供应

续 表

经济区	物流发展重点和任务
西南经济区	1. 建设重庆、成都为该区域物流中心城市，以此带动整个西南经济区的物流发展。努力使物流网络与西部、中部、东部相连，成为沟通大西部的跳板。构建与东盟经济往来的物流通道 2. 构建该区域到华中、华南地区的煤炭物流通道以及东北、华北地区到该区域的成品油物流通道，平衡该区域对能源的需求 3. 构建区域内外的钢铁、有色金属矿物流通道，平衡该区域对原材料（钢铁、有色金属）的需求 4. 构建四川到重庆、贵州、云南地区的电子信息产品、装备机械、轻纺产品的物流通道，以及本区域与其他经济区的工业品物流通道，平衡该区域对工业品的需求 5. 构建四川到重庆、贵州、云南以及全国其他经济区与该区域的农副水产品物流通道，平衡该区域对农副水产品的需求
近西北经济区	1. 建设西安、兰州为物流中心城市，带动整个近西北经济区物流的发展 2. 大力进行物流基础设施建设，加强与其他经济区的物流联系 3. 积极发展煤炭工业物流、石油化工物流、有色金属物流等，使相关工业行业更好地实现可持续发展 4. 发展特色农副产品物流，使其更好地发挥农业果业基地的作用
新疆经济区	1. 积极修建物流基础设施，加强与其他经济区的物流联系 2. 大力发展能源与原材料物流，尤其是石油化工物流，促使相关行业更好地发展 3. 发展特色农副产品物流，增强其流通性，促进农业经济 4. 利用其航空港众多的优势，积极发展航空物流 5. 发展商贸物流，促进贸易发展
青藏经济区	1. 该区域物流发展主要满足工农业生产及人民日常生活需要 2. 积极修建物流基础设施，加强与外部物流联系

六、我国现代物流发展的策略与政策建议

（一）加强组织领导和综合协调

现代物流业是一个复合型产业，涉及面比较广。全国现代物流工作部际联席会议制度已经正式建立，全国政府部门间推动现代物流工作的协调机制网络基本形成。但是，与全国物流协调发展的要求还有一定距离。要进一步增强联席会议的权威性和协调能力，联席会议办公室要向专业化发展，纳入经常性工作机构。要加大对地方协调机制的指导和协调，总结推广各地的做法与经验，使地方协调机制真正发挥作用。

（二）改革物流管理体制

改革铁路、公路、水运、民航、邮政等部门管理体制，打破行业垄断，减少进入运输行业、货运代理业务的限制，促进运输服务的市场化。改革仓储企业经营体制，打破

行业和地区限制，推进仓储设施和业务的社会化，提高全社会仓储设施的利用效率，鼓励仓储企业发展增值服务。放宽市场准入要求，打破地区封锁，逐步建立统一开放、竞争有序的全国物流服务市场，促进物流资源的自由流动。

（三）完善和统一物流政策法规

首先，要认真贯彻落实国家发改委等九部委制定的《关于促进我国现代物流业发展的意见》以下简称《意见》，各部门要不断加以具体化。文中提出的各项政策措施，涉及当前我国物流业运作中遇到的主要问题。《意见》的实施，将会改变物流业的运作环境。其次，要在落实《意见》的基础上，研究系统的物流产业政策，消除政策之间的不一致性，逐步形成具有中国特色并符合我国“入世”承诺的物流产业政策体系。最后，要在不断完善产业政策的基础上，为物流立法做好准备。

（四）发挥政府引导作用，多渠道增加对物流业的投入

现代物流业的发展，主要依靠企业自身的投入。要消除进入物流服务市场的限制，加快发展民营物流企业，加快对外开放步伐，多渠道增加对物流业的投入。对于列入国家和地方规划的物流基础设施建设项目，要鼓励其通过银行贷款、股票上市、增资扩股、企业兼并、中外合资等途径筹集建设资金。国有商业银行和政策性银行，要积极安排贷款，在资金上给予倾斜。对于涉及全国性、区域性重大物流基础设施项目，国家和地方政府要安排一部分投资，以财政补助、资本金注入或财政贴息等方式给予支持，由企业进行市场化运作。对于列入国家计划的重大物流基础设施项目、示范工程、行业基础工作和物流科技攻关项目，政府要给予政策和资金方面的扶持。

（五）充分发挥行业社团组织的作用

物流行业社团组织应履行行业服务、自律、协调的职能，发挥在物流规划制定、政策研究、规范市场行为、统计与信息、技术合作、人才培训、咨询服务等方面的中介作用，为企业服务、为行业服务、为政府服务，成为政府与企业联系的桥梁和纽带。政府相关部门也要积极转变观念、转换职能，为行业社团组织开展工作创造条件。

附　录

课题组成员名单

课题组负责人： 丁俊发　中国物流与采购联合会常务副会长、研究员

课题组成员： 汪寿阳　中国科学院数学与系统科学研究院副院长、教授

冯耕中　西安交通大学管理学院教授

崔忠付　国家发展改革委经济运行局处长

贺登才　中国物流与采购联合会研究室主任、主任编辑

朱凯誉　中国科学院研究生院管理学院博士研究生

周永圣　中国科学院数学与系统科学研究院博士研究生

王　谦　中国科学院研究生院管理学院副教授、博士

汪　鸣　国家发改委综合运输研究所副所长、副研究员

魏际刚　国务院发展研究中心副研究员、经济学博士

姜超峰　中国物资储运协会会长、高级经济师
蒋　坚　北京中经现代企业发展咨询中心主任、研究员

参考文献

［1］陈焰编著．物流经济地理．北京：中国物资出版社，2005

［2］陈子侠．现代物流学理论与实践．杭州：浙江大学出版社，2003

［3］丁俊发．正确认识物流，物流产业等概念．中国物流与采购网，2004（3）

［4］丁俊发．物流产业加快发展的重要标志．中国物流与采购联合会，2005（15）

［5］房殿军．德国物流园区规划方法．中国物流与采购，2005（16）

［6］冯耕中主编．现代物流规划理论与实践．北京：清华大学出版社，2005

［7］傅志寰．我国综合交通运输体系发展战略的探讨．中国综合交通运输发展战略——中国工程院第32场工程科技论坛论文集．陕西：西安交通大学出版社，2004

［8］顾朝林，赵令勋等著．中国高技术产业与园区．北京：中信出版社，1998

［9］郭成．发展我国现代物流业的对策分析．天津财经学院硕士学位论文，2003（6）

［10］国家发展与改革委员会经济运行局，南开大学现代物流研究所．中国现代物流发展报告：迈向全面开放的中国物流市场［2005年］．北京：机械工业出版社，2005

［11］韩勇．物流园区系统规划的理论方法和应用研究．中国优秀博硕士学位论文全文数据库，2003

［12］何明珂．物流系统论．北京：中国审计出版社，2001

［13］李青．武汉市向现代物流枢纽城市发展研究．中国优秀博硕士学位论文全文数据库，2004

［14］李严锋．国外第三方物流的发展及经验借鉴．物资流通研究，2000（11）

［15］李旭宏，张永，毛海军，徐永能．基于增长极理论的区域物流枢纽城市规划方法研究．公路交通科技，2005（9）

［16］李学工．论物流产业对国民经济的贡献．北京工商大学学报（社会科学版），第18卷第6期，2003（11）

［17］刘东岳．加入WTO与中国物流产业的发展．武汉理工大学硕士学位论文，2002（3）

［18］刘长俭，张庆年．国外物流园区规划及经营模式．综合运输，2006（2）

［19］刘伟文．日本物流园区的规划与运营管理．现代物流报，2006（4）

［20］鲁军．解读——现代物流枢纽城市．深圳商报，2004（1，1）

［21］骆温平著．第三方物流理论、操作与案例．上海：上海社会科学院出版社，2001

［22］吕良宝．北京丰台区物流发展竞争力分析及其提升对策．西安交通大学硕士学位论文，2004

［23］马凯．“十一五”规划战略研究．北京：北京科学技术出版社，2005

［24］芮明杰主编．产业经济学．上海：上海财经大学出版社，2005

［25］史或．入世后中国现代物流产业发展策略研究．天津财经学院硕士学位论文，2002（5）

［26］苏东水．产业经济学．北京：高等教育出版社，2000

［27］通创物流咨询有限公司课题组．中国物流园区发展模式．北京：中国物资出版社，2004

［28］万云虹，刘燕，王耀球．物流产业辨析．物流技术，2005（8）

［29］汪旭辉．日本物流产业的发展及对中国物流业的启示．现代日本经济，2003（2）

［30］王京．我国物流业发展研究．西安交通大学硕士学位论文，2002（5）

[31] 王述英，王青．试论物流产业的属性及其组成．学习与探索，2006（2）

[32] 王自勤．现代物流管理．北京：电子工业出版社，2003

[33] 吴邦国．在现代物流发展国际研讨会上的讲话．北京：现代物流发展战略——现代物流发展国际研讨会论文集，1999（1）

[34] 吴波．物流园区规划建设的研究．中国优秀博硕士学位论文全文数据库，2002

[35] 吴德进．产业集群论．北京：社会科学文献出版社，2006

[36] 西安交通大学管理学院．山西省现代物流业发展战略及其规划研究．山西省发展计划委员会高级专家基金课题报告，2005

[37] 夏春玉．现代物流概论．北京：首都经济贸易出版社，2003

[38] 徐涛．厦门市发展现代物流产业经济环境分析．武汉理工大学硕士学位论文，2002（5）

[39] 徐勇谋．现代物流管理基础．北京：化学工业出版社，2003

[40] 杨公朴，夏大尉．现代产业经济学．上海：上海财经出版社，1998

[41] 杨章贤．物流园区规划方法与实践．中国优秀博硕士学位论文全文数据库，2003

[42] 张国荣．基于SCP分析范式的我国物流产业研究．东华大学硕士学位论文，2004（12）

[43] 张瑜．论我国物流园区的规划与发展．中国优秀博硕士学位论文全文数据库，2004

[44] 张震．中国物流产业发展战略初探．国际商务研究，2001（3）

[45] 中华人民共和国国民经济和社会发展第十一个五年规划纲要．北京：人民出版社，2006

[46] 中国国家统计局．中国统计年鉴2004．北京：中国统计出版社，2005

[47] 中国国家统计局．中国统计年鉴2005．北京：中国统计出版社，2006

[48] 中国物流与采购联合会．中国物流学术前沿报告（2005～2006）．北京：中国物资出版社，2006

[49] 中国物流与采购联合会．中国物流年鉴（2005）．北京：中国物资出版社，2005

[50] 中国物流与采购联合会．中国物流发展报告（2005～2006）．北京：中国物资出版社，2006

[51] 中华人民共和国中央人民政府门户网站，http://www.gov.cn/index.html

[52] 中国物流与采购网，http://www.chinawuliu.com.cn/index.asp

[53] 中华人民共和国国家统计局，http://www.stats.gov.cn/index.html

[54] 中华人民共和国交通部，http://www.moc.gov.cn/

[55] 中华人民共和国铁道部，http://www.china-mor.gov.cn/

[56] Hau L. Lee and Chung-Yee Lee (Eds). Building Supply Chain Excellence in Emerging Economies. Springer Science + Business Media, LLC. 2006

中国物流产业发展与国民经济增长关系研究

内容提要：物流产业是经济、社会发展到一定阶段的产物，是在现代信息技术和管理技术的基础上，通过运输、仓储等传统产业的相互融合、延伸与集成，形成的一种新兴产业形态。

20 世纪 80 年代以来，随着经济全球化的持续发展、科学技术水平的不断提高以及专业化分工的进一步深化，在美国、欧洲一些发达国家开始了一场对物流各种功能要素进行整合的“物流革命”，物流活动由此开始走向系统化、专业化，并逐步从生产、交易和消费过程中分化出来，形成了一种专业化的，并由独立的经济组织承担的新型经济活动，出现了专门从事物流服务活动的“第三方物流”企业。到了 90 年代，各种专业化的物流服务企业在欧美发达国家已经大量涌现，并呈现出快速发展趋势，由此而形成了物流产业。

从国际上看，现代物流业的发展既是经济全球化的产物，又是推动经济全球化的重要因素，现代物流业在国民经济中的地位日益突出，是全球信息化速度最快的产业部门之一，已成为发达国家经济的重要组成部分，因而有关物流产业同经济发展关系方面的研究较为活跃。

物流在我国已经进入快速发展新阶段。目前，我国越来越多的工商企业开始引进现代物流的理念，整合物流资源，探索建立供应链合作关系；运输、仓储企业逐步摆脱传统业务模式，向专业化物流企业转型；国有、民营、合资等多种所有制形式的专业化物流企业应运而生。各级政府普遍重视现代物流的发展，把现代物流作为国民经济的基础性产业和新的经济增长点，制定相应的配套政策加以推动。国家“十一五”规划，把物流列为生产性服务业，强调要大力发展。

随着物流逐渐成长为一门新兴产业，随着物流普遍受到重视，开展物流与经济发展关系方面的课题研究具有重大现实意义。但长期以来，由于我国物流行业统计工作一直较为薄弱，真实反映行业运行情况的统计数据较为缺乏，这类课题研究受到了很大制约。在这样的现实情况下，虽然我们一直强调物流产业在国民经济发展中的重要性，但物流产业同经济发展之间到底是一种什么样的关系，却一直没有得到很好的回答。

目前，国家发改委、中国物流与采购联合会经国家统计局批准联合建立了国家物流统计调查和核算制度，具体工作由中国物流信息中心组织实施。2001 年以来，中国物流信息中心开展了大量的调查研究，取得了比较翔实的物流行业统计数据。我们以统计数据为基础，采用定性分析与定量研究、比较研究等方法，开展了物流产业与经济增长关系研究。我们的研究成果，初步回答了社会上较为关心的两个问题，即“经济发展对物流需求会产生什么样的带动影响”以及反过来，“物流产业对经济发展具有什么样的支撑作用”。

研究报告共分为七部分内容：物流产业在国民经济中的基础性地位和作用；我国物流产业发展基本现状；经济发展对物流产业的需求分析；“十一五”时期经济发展对物流需求预测；国外物流业发展及其对经济的影响；物流产业发展中存在的问题；促进中国物流产业发展的政策建议。

一、物流产业在经济发展中的地位和作用

物流活动是进行生产和建设的物质前提，是实现商品价值和使用价值的重要保障，也是形成统一的国内市场的客观基础，是参与国际市场竞争的必要条件。物流业可以大大降低占商品总价值 30% ~50% 的物流成本，从而成为现代经济增长的新的利润源，对国民经济增长发挥支持和带动作用，被喻为促进经济发展的“加速器”。发达国家的经验表明，现代物流业在国民经济中具有十分重要的地位。其重要性不仅表现在物流业产值在 GDP 中占有较大比重，而且还体现在抗御经济危机的能力上。1997 年爆发的东南亚经济危机，以新加坡、中国香港为代表的将物流作为支柱产业的国家和地区，表现出了很强的抗御经济危机的能力，使人们对现代物流的认识提高到了一个新水平。

（一）物流产业是我国国民经济的重要组成部分

物流产业直接参与了物质资料的生产和商品价值的创造。在生产领域，从供应物流到生产物流，再到销售物流、回收物流，物流活动渗透到生产的每一个环节。在流通领域，物流是实现商品流通必不可少的重要手段，现代化的流通方式带动了现代化的大生产。物流活动创造了时间价值和空间价值，创造了国民收入，扩大了经济总量。

据中国物流信息中心统计测算，“十五”时期，物流产业对 GDP 总量的平均贡献为 6.7%；GDP 年均增长率 13.6 个百分点之中，受物流产业直接拉动的约为 0.9 个百分点。2005 年，我国物流业增加值为 12140 亿元，按现价计算，比上年增长 12.7%，占当年 GDP 的比重为 6.7%；当年 GDP 增长率为 9.9%，物流业对经济增长的贡献为 0.66 个百分点。

（二）物流产业的发展，促进了商品流通，支撑了经济增长

据我们统计测算，“十五”时期，我国物流业累计完成全社会物流总额 158.7 万亿元，比“九五”时期增长近 1.4 倍；从 19.4 万亿元上升到 48.1 万亿元，年均增长 25.5%。同期，我国 GDP 从 11 万亿元上升到 18.2 万亿元，年均增长 13.6%；社会消费品零售总额从 4.3 万亿元上升到 6.7 万亿元，年均增长 11.7%；全社会生产资料销售总额从 5.8 万亿元上升到 14.3 万亿元，年均增长 25.3%。统计数据表明，我国物流业适应了商品流通快速发展的需要，保障了生产、流通和消费环节的顺利进行，支撑了经济增长。

（三）物流业的发展，促进了经济结构的调整，提升了第三产业的比重

第三产业在国民经济中占有较大比重，是一个国家经济发达的重要标志之一，是我国经济结构调整的一个重要方向。物流产业属于第三产业，物流业的发展必然会带动第三产业的发展。

从我们的统计测算数据来看，“十五”时期，我国物流产业增加值占第三产业增加

值的比重平均为16.3%。从近几年的情况来看，这一比例较为稳定，目前基本维持在16%以上水平。2005年第三产业增加值为73395亿元，增长9.6%，物流业增加值占第三产业的比重为16.5%。从对第三产业增长的贡献来看，2005年，第三产业增长率为9.6个百分点，9.6个百分点中物流产业的贡献为1.6个百分点。由此可见，物流产业对第三产业的拉动作用较为显著。加快物流产业发展，对促进经济结构调整，实现经济发展的转型具有重大现实意义。

（四）物流产业的发展，提高了产业集群效应，加快了区域经济的发展

我国产业集群在区域经济增长中扮演了重要角色，产业集群现象已成为我国区域经济发展的亮点。比如，改革开放以来，我国出现了北京中关村电子产业集群、浙江嵊州的领带产业集群、福建的运动鞋产业集群、广东的家具产业集群、江苏的纺织品产业集群、云南的烟叶加工产业集群、重庆的摩托车产业集群等。产业集群对区域经济发展的贡献日益突出。仅以浙江省为例，2001年该省集群经济总产值为5993亿元，约占当年全省工业总产值的49%，有1/3以上的县市区，集群经济的贡献率已超过50%，其中，位居全国十强县市的萧山，其集群经济总产值达550.78亿元，占工业总产值的91.5%。产业集群之所以对区域经济发展具有强大的辐射和带动作用，与强大的商流、物流、信息流、资金流和人流的顺利运转分不开。进一步来讲，就是与现代物流的系统优化与集成功能分不开。

（五）物流产业的发展，降低了物流成本，提高了经济运行的质量和效益

发展现代物流的一个重要经济意义，在于提高全社会经济效率。国际上通常用物流成本占GDP的比重来考察一个国家物流产业发展和经济运行的水平，物流产业越发展，物流成本所占比重就越低。

“十五”时期，我国全社会物流总费用与GDP比例基本保持在18%左右，并呈下降趋势。2005年，我国全社会物流总费用为33861亿元，比上年增长12.9%，增幅比上年回落4.1个百分点；全社会物流总费用与GDP的比例，呈进一步下降之势，由2004年的18.8%，下降至2005年的18.6 %，下降了0.2个百分点。这0.2个百分点的下降，蕴涵的经济效益是365亿元人民币，相当于当年规模以上国有及国有控股工业企业利润总额的5.7%。

物流产业的快速发展，已成为我国加快流通速度、提高流通效率的重要因素。据中国物流信息中心对全国50家重点生产资料流通企业的统计，2005年，生产资料流通企业流动资产周转次数由上年的2.3次提高到2.6次，提高了0.3次，流动资产周转速度加快了13%，商品库存周转期由上年的29.3天缩短到28天，缩短了1.3天，商品库存周转速度加快了4.4%。

（六）物流产业的发展，对相关产业乃至国民经济全局具有强大的带动作用

现代物流从纵向看，涉及运输、储存、装卸、搬运、包装、流通加工、配送、信息处理以及为以上各个环节提供装备和配套服务的诸多领域，其本身就是一个庞大的系统；从横向来看，物流产业几乎涉及国民经济的各个方面，是一个跨行业、跨部门、跨地区的基础性产业，具有强大的经济渗透能力与带动效应。

物流产业的发展，带动了物流基础设施、技术改造和创新投资；带动了机械、电

子、信息、通信、互联网络等行业的快速发展；促进了我国产业结构、产品结构、企业组织结构的调整与变化；促进了连锁经营、电子商务等新型商业业态的出现和发展，推动了流通领域的现代化。

（七）物流产业的发展，有利于提高我国的国际竞争力

发达的物流产业和基础设施有助于改善投资环境，吸引更多的外国企业和国际资本进入中国市场。另外，在中国经济日渐融入世界经济一体化的背景下，中国企业正在面临着巨大的、全方位的国际竞争压力。加快中国物流产业的发展已经不仅仅是强化物流领域的竞争能力问题，更重要的是，这将为所有的中国企业和整个国民经济创造一个高效的物流环境，提供高水平的物流服务，从整体上提高中国企业和中国经济的竞争能力，这对促进中国经济发展有十分重要的现实意义。

（八）物流产业的发展，适应了“贯彻落实科学发展观，全面建设小康社会”的基本要求

发展现代物流业，可以促进城乡商品流通，推动城乡经济、区域经济协调发展，改善城乡居民生活。可以提高运输效率，减少迂回运输和空驶，降低能源消耗和废气排放，缓解交通拥堵问题，符合可持续发展战略的要求，也是国家救灾应急、处理突发性事件，保障经济安全和社会稳定的有效途径。现代物流还是劳动密集型的产业之一。发展现代物流产业，将会增加新的就业机会，并满足人民群众对多样化、高质量的物流服务需求，改善生活方式，提高生活质量。

（九）物流产业的发展，是建设社会主义新农村的基础保障

随着社会主义新农村建设步伐加快，农业领域的物流问题将凸显出来，逐步建立服务于“三农”的现代物流体系，将是新时期经济社会发展的必然要求。比如，建设社会主义新农村，需要建立运用现代物流手段为农民提供方便实惠的产前、产中和产后物流服务的农业生产资料连锁经营体系；需要建立连接农产品生产、储藏、加工、包装、运销的产业链；需要发展农产品的直销和配送，特别需要加快鲜活农畜产品物流增值服务体系和配套设施建设，保障农产品物流畅通和食品安全。再比如，从农村生产资料市场来看，目前在我国逾14万亿元的生产资料销售总额中，农村生产资料市场份额仅占28.4%，随着我国社会主义新农村建设步伐加快，这一比例将稳步上升，广大农村孕育着一个巨大的市场，也需要现代化的物流来支撑。由此可见，物流产业发展将是我国建设社会主义新农村的基础保障。

（十）物流产业的发展，有利于转变企业生产经营方式，提高微观经济活力

由于机制和体制方面的原因，长期以来，在我国工商领域中，采购、制造、运输、仓储、代理、配送、销售等环节彼此分割，造成一方面生产企业原材料和产成品库存过大，占压资金较多，产品成本上升；另一方面运输、仓储等企业有效货源不足，现有设施能力未能充分利用。物流产业的发展，把彼此分割的环节有机地连接起来，优化了企业物资供应链，降低了企业经营成本。

早在20世纪60年代，美国的彼得·杜拉克就预言，物流领域是经济增长的“黑暗大陆”，是“降低成本的最后边界”，是降低资源消耗、提高劳动生产率之后的“第三利润源”。据估算，物流成本可以占到商品价值的30%～50%，而物流业可以大大降低

该部分的成本。

二、中国物流产业发展现状

改革开放以来，我国经济持续快速增长，工业化进程加速发展，物流产业作为一个新兴的复合型产业，作为服务业的一个重要组成部分，已迈过起步期，进入快速发展时期。从统计数据来看，我国物流业呈高速稳定增长，物流活动规模逐渐扩大，对国民经济的支撑作用逐渐提高。

（一）物流需求快速上升，经济发展对物流的依赖性增强

20 世纪 90 年代以来，我国 GDP 按现价计算年均增长 16.5%，到 2005 年，达到 18 万亿元人民币，比 1991 年增长 7.4 倍。国民经济的持续快速发展构成了强大的物流需求。据中国物流信息中心统计测算，1991 ~ 2005 年，全国社会物流总额从 3 万亿元上升到 48 万亿元，增长了 15 倍，年均增长为 21.8%，高出同期 GDP 年均增速 5 个百分点。扣除价格因素，需要运输、装卸等物流服务的实物量年均增长 15% 左右。从经济发展与物流需求的关系上看，1991 年物流需求弹性系数为 1:1.4，到 2005 年已经上升到 1:2.64，比 1991 年提高了 1 倍多，表明经济发展对物流的需求不断上升（见表 1）。

表 1　　1991 ~ 2005 年单位 GDP 物流需求系数

年份	物流需求系数
1991	1.40
1992	1.47
1993	1.54
1994	1.64
1995	1.68
1996	1.55
1997	1.57
1998	1.53
1999	1.55
2000	1.72
2001	1.77
2002	1.93
2003	2.18
2004	2.40
2005	2.64

资料来源：中国物流信息中心

（二）物流市场发展迅速，基本形成综合性产业雏形

据统计，从1991年至2005年，我国物流产业增加值从1851亿元上升到12140亿元，增长了5.6倍，年均增长14.4%，综合性产业雏形已基本形成。

从市场构成来看，由于我国物流业起步于传统的运输仓储业，并且发展到目前，运输仓储业仍然是物流业的重要支柱。据中国物流信息中心统计测算，自1991年至2005年，货运量从98.58亿吨上升到221.47亿吨，增长了1.2倍，年均增长6%；货运周转量从27987亿吨公里上升到91508亿吨公里，增长了2.3倍，年均增长8.4%。2005年交通运输业实现物流增加值9470亿元，比1991年的1526亿元增长5.2倍，年均增长13.9%，占整个物流增加值的比重高达78%。仓储业实现物流增加值517亿元，比1991年增长7.8倍，年均增长16.8%，占整个物流增加值的比重为4.3%。运输和仓储两个行业占整个物流增加值的比重超过了4/5。贸易业实现物流增加值1340亿元，比1991年增长5.9倍，年均增长14.8%，占整个物流增加值的比重为11%。流通加工、包装业呈现加快发展态势，2005年实现物流增加值720亿元，比1991年增长12.5倍，年均增长20.4%，增速是几大行业中最快的，占整个物流增加值的比重也由1991年的2.9%提高到5.9%。邮政业实现物流增加值93亿元，比1991年增长3.7倍，年均增长11.7%，占整个物流增加值的比重一直保持在1%左右（见图1）。

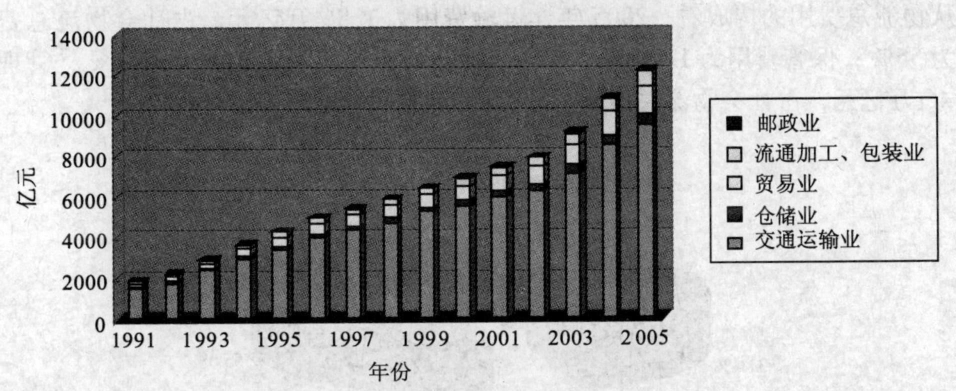

图1 1991～2005年物流行业增加值变化图

（三）社会物流总费用增速回落，占GDP的比例进一步降低

自1991年至2005年，我国社会物流总费用从0.5万亿元增长到3.4万亿元，增长了5.8倍，年均增长14%，但这种增长势头趋于减缓，尤其是1994年以后增速明显放慢。社会物流总费用占GDP的比例呈下降之势，由2001年的24%，下降至2005年的18.6%，下降了5.4个百分点（见表2）。

表2　　1991年以来物流总费用占GDP比例　　（单位:%）

年份	运输费用	保管费用	管理费用	社会物流总费用
1991	13.3	7.5	3.2	24.0
1992	12.7	7.2	3.1	23.0

续 表

年份	运输费用	保管费用	管理费用	社会物流总费用
1993	12.8	6.6	3.0	22.4
1994	11.6	6.8	3.1	21.4
1995	10.6	7.3	3.2	21.2
1996	10.7	7.2	3.2	21.1
1997	10.4	7.4	3.3	21.1
1998	10.3	6.7	3.2	20.2
1999	10.6	6.0	3.3	19.9
2000	10.1	6.0	3.2	19.4
2001	9.9	5.9	3.1	18.8
2002	10.0	6.1	2.9	18.9
2003	10.4	5.9	2.6	18.9
2004	10.6	5.6	2.6	18.8
2005	10.2	5.8	2.5	18.6

资料来源：中国物流信息中心

从物流总费用的构成看，2005 年，运输费用为 1.86 万亿元，占社会物流总费用的比重为 55%；保管费用为 1.06 万亿元，占社会物流总费用的比重为 31.4%；管理费用为 0.46 万亿元，占社会物流总费用的比重为 13.6%（见图 2）。

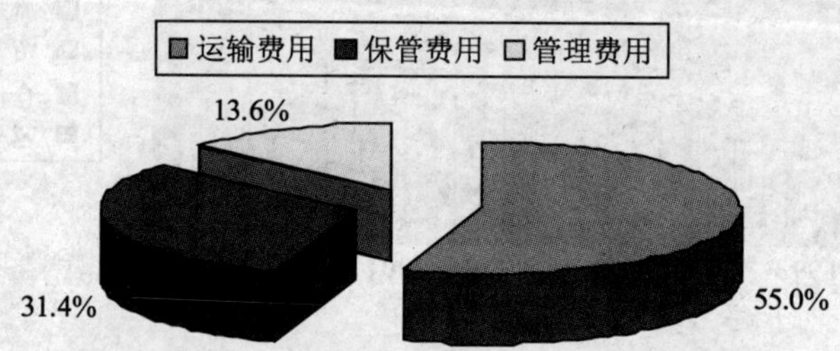

图 2　2005 年社会物流费用构成图

（四）物流用固定资产投资较快增长，物流基础条件继续改善，可持续发展能力增强

改革开放以来，我国物流固定资产投资增长迅速。从统计数据来看，自 1991 ~ 2005 年，国有物流行业固定资产投资额从 325.8 亿元上升到 9293 亿元，增长了 27.5 倍，年均递增速度达到 27%，快于全社会固定资产投资年均增速约 4 个百分点。从新增投资情况来看，自 1991 年至 2005 年，国有物流行业新增固定资产投资从 197.7 亿元上升到 2731.4 亿元，增长了 12.8 倍，年均递增 27%。

从投资构成看，交通运输业投资达到 7750 亿元，占物流用固定资产总投资的 83.4%；仓储业固定资产投资额为 356 亿元，贸易业物流用固定资产投资额为 1104 亿元，配送、流通加工、包装业等物流用固定资产投资额为 46 亿元，邮政业固定资产投资额为38亿元。

由于物流固定资产投资快速增长，我国物流基础条件持续改善，物流行业可持续发展能力得到增强。

据统计，“十五”期间，我国高速公路建设加快，先后跃上了2万公里、3万公里和4万公里三个大台阶。累计建成高速公路2.47万公里，是“八五”和“九五”建成高速公路总和的1.5倍，总里程达到4.1万公里。

“十五”期间，相继建成投产集装箱、原油、矿石、煤炭等专业化码头泊位920个，其中万吨级以上泊位188个，新增港口吞吐能力5.4亿吨，分别是“九五”期间的1.3倍、1.7倍和2.1倍。

车船运力加快向大型化、专业化方向发展。截至2005年年底，全国营运汽车发展到760万辆，比“九五”末期增长41.8%。目前，专用和重型货车数量比五年前翻了一番。运输船舶达22.1万艘，船舶净载重量和集装箱箱位分别比“九五”末期增长84.6%和127.8%，超大型油轮、大型散货船和大型集装箱船拥有量显著增加。

三、国民经济增长对社会物流需求分析

物流产业作为我国国民经济的基础性产业之一，其发展与国民经济的发展紧密相关。经济发展对物流需求具有巨大的带动作用，反之，物流发展对经济发展具有强大的支撑作用。

（一）国民经济增长对社会物流需求的总体分析

从统计数据来看，随着我国国民经济的快速发展，我国社会物流产业活动的规模日趋扩大，社会物流总额呈现出快速增长的趋势。1991～2005年，我国国内生产总值（GDP）从21617.8亿元增长到182321亿元，增长了7.4倍；同期我国社会物流总额从30290.6亿元增长到480583亿元，增长了14.9倍，增长速度远远高于同期GDP的增长速度（见图3）。

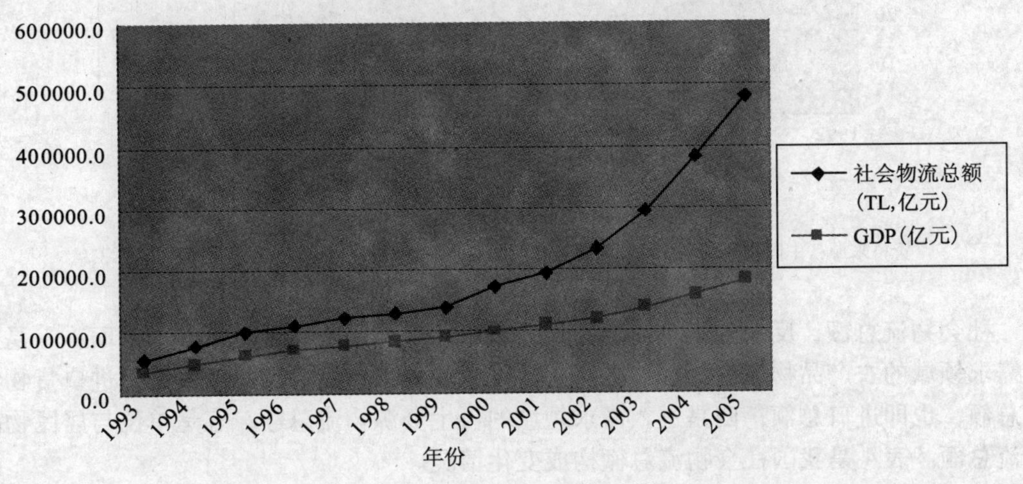

图3　1991～2005年GDP与社会物流总额（TL）比较

资料来源：中国物流信息中心

从国民经济发展与物流需求的关系上看，1991 年每单位 GDP 的物流需求系数为 1.4，到 2005 年已经上升到 2.6，比 1991 年提高了 1.2 倍。而且这一数据在 2000 年以后呈现逐渐增加的趋势，表明国民经济发展对物流的需求加快上升（见表 3）。

图 4 是 1991 年以来我国 GDP 增长与社会物流总额增长比较图。从图中可以看出，我国社会物流总额的增长与 GDP 的增长基本同步，但社会物流总额增长比 GDP 增长更具有敏感性和先行性。

从 2000 年以来的数据可以看出，社会物流总额的增长率远远高出 GDP 的增长率。如 2000 年社会物流总额增长 22.7%，比 GDP 增长 10.6% 高出 12.1 个百分点，而且 2003 年以来这种趋势更为明显，两者差距均在 10 个百分点以上。

表 3　2000～2005 年 GDP 和社会物流总额增长率对比　（单位：%）

年份	GDP 增长	社会物流总额增长	差
2000	10.6	22.7	12.1
2001	10.5	14.0	3.5
2002	9.7	19.6	9.9
2003	12.9	27.0	14.1
2004	17.7	29.9	12.2
2005	14.0	25.2	11.2

资料来源：中国物流信息中心

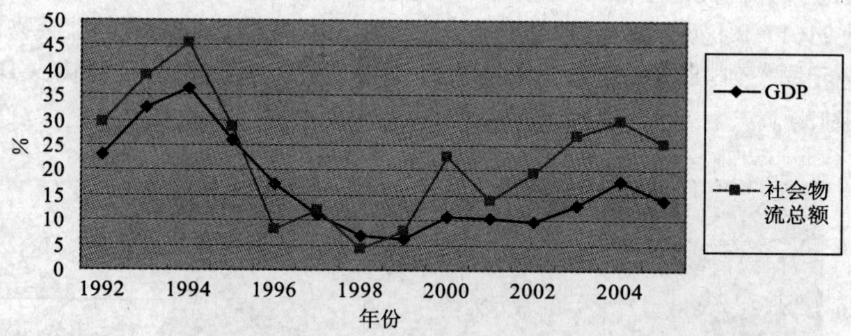

图 4　我国 GDP 增长与社会物流总额增长比较

资料来源：中国物流信息中心

社会物流总额，反映的是全社会物流总需求，从构成上讲，包括五个方面：一是进入需求领域的农产品物流总额；二是进入需求领域的工业品物流总额；三是进口货物物流总额，也即进口总额；四是进入需求领域的再生资源物流总额；五是单位与居民物品物流总额。表 4 是我国社会物流总额构成变化情况。

表4　我国社会物流总额构成变化情况

年份	工业品	农产品	进口货物	再生资源	单位与居民物品	合计
1991	77.49	10.76	11.24	0.42	0.09	100
1995	80.98	7.80	10.82	0.35	0.06	100
2000	83.25	5.65	10.94	0.09	0.07	100
2005	85.97	2.65	11.26	0.08	0.04	100

资料来源：中国物流信息中心

下面就上述五个方面，详细论述经济发展与物流需求之间的关系。

（二）农业发展对农产品物流需求分析

农产品物流总额反映的是报告期内，由农业生产部门提供，进入需求领域，产生从供应地向接受地实体流动的全部农林牧渔业产品价值总额。也就是农业生产部门的农产品商品产值，但不包括不经过社会物流服务，由农业生产者直接通过集市贸易售与居民消费的部分。

1. 农产品物流总额发展态势

1991年以来，我国农产品物流总额除1999年以外，均呈增长态势。1993～1995年，农产品物流总额以年均34.6%的速度增长。1996～1999年有一个大的回落，到1999年，农产品物流总额增长速度比1998年下降0.2%；2000年开始，农产品物流总额呈现低速、平稳发展的态势，截至2005年六年间，农产品物流总额年平均增长6.6%。预计今后物流总额增速也将继续以这种态势发展（见图5）。

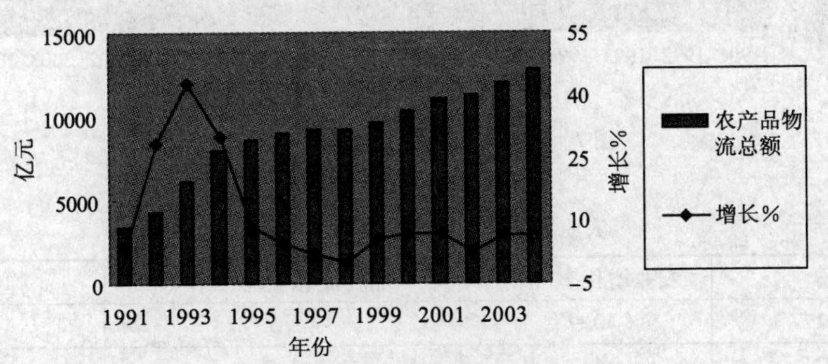

图5　农产品物流总额及其增长情况

我国农产品物流总额是社会物流总额的重要组成部分，在社会物流总额构成中一直占有重要地位。但是随着我国工业化进程的逐步加快，农产品物流总额在社会物流总额中所占的比重呈逐渐下降的趋势。如1991年农产品物流总额占社会物流总额的10.8%，到2005年已经下降到2.7%（见图6）。

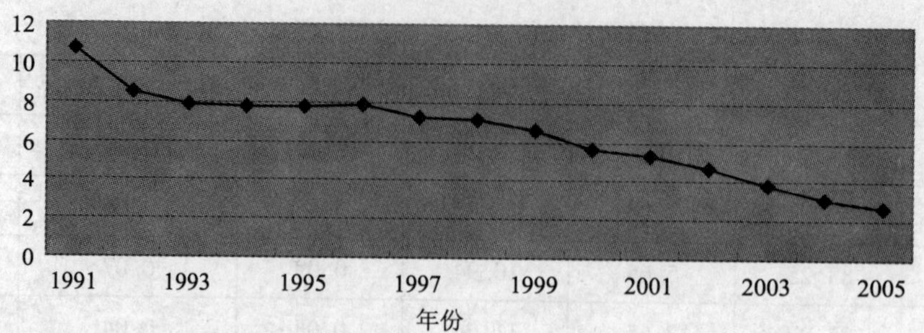

图6　农产品物流总额占社会物流总额比重变化

资料来源：中国物流信息中心

2. 农业发展对农产品物流需求影响

从农业与农产品物流发展趋势对比来看，有三个特点：一是多数年份，农产品物流总额增长率高于农业增长率；二是“八五”时期，农产品物流总额变化较为剧烈，基本上是陡升陡降，“九五”、“十五”时期变化相对平稳；三是“八五”、“九五”时期二者发展变化趋势不太一致，“十五”时期二者基本上是同步变化（见图7）。

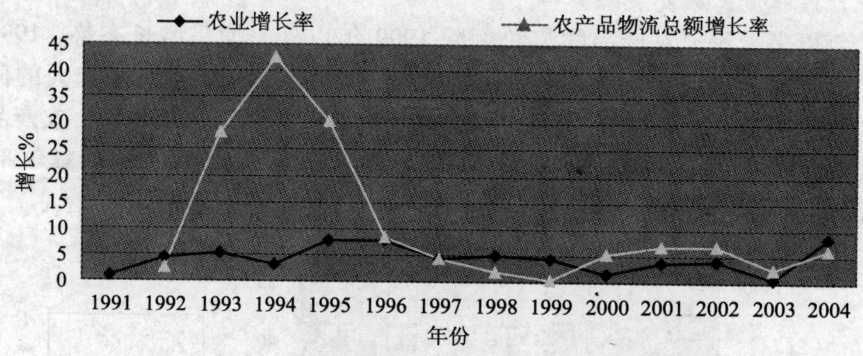

图7　农业与农产品物流发展趋势对比

表5　农业发展对农产品物流需求弹性系数

年份	农业增长率（%）	农产品物流总额增长率（%）	弹性系数
1991	0.9	—	—
1992	4.2	2.5	0.60
1993	5.2	28.4	5.46
1994	3.2	42.6	13.30
1995	7.9	30.3	3.83
1996	7.8	8.4	1.08
1997	4.5	4.4	0.97
1998	4.9	1.8	0.37
1999	4.3	0.2	0.05

续 表

年份	农业增长率（%）	农产品物流总额增长率（%）	弹性系数
2000	1.4	5.4	3.88
2001	3.6	6.8	1.89
2002	3.9	6.8	1.73
2003	0.5	2.5	5.00
2004	8.5	6.3	0.74

资料来源：国家统计局统计年鉴、中国物流信息中心

从农业发展对农产品物流需求的弹性系数来看，多数年份在1以上，个别年份更高，如1993年达到5.5，1994年达到13.3，2003年达到5，“十五”时期弹性系数平均为2.5左右。

（三）工业发展对工业品物流需求分析

工业品物流总额，反映的是报告期内，国内工业生产部门提供，进入需求领域，产生从供应地向接受地实体流动的全部工业产品价值总额。简单地说，也就是工业生产部门的销售产值，但不包括不能以具体产品体现的工业性作业销售产值，或不能通过一般性运输、装卸、搬运等物流服务形式完成的电力、蒸汽、热水的生产与供应业销售产值、煤气生产和供应业销售产值、自来水的生产和供应业销售产值。

1. 工业品物流总额增长趋势

1991年以来，我国工业品物流总额一直呈增长态势。1991～1995年，工业品物流总额从23418亿元增长到82584亿元，五年间增长了2.5倍，年均增长50.5%；1996～1999年，工业品物流总额出现一个低增长时期，工业品物流总额从1996年的89730亿元，发展到1999年的115827亿元，四年间增涨了29.1%，年平均增长7.3%；2000年开始，工业品物流总额再次出现快速增长的势头。2000～2005年，工业品物流总额从142000亿元增长到413161亿元，六年间增长了1.9倍，年平均增长31.8%。预计今后工业品物流总额的增速也将继续呈快速平稳的态势发展（见图8）。

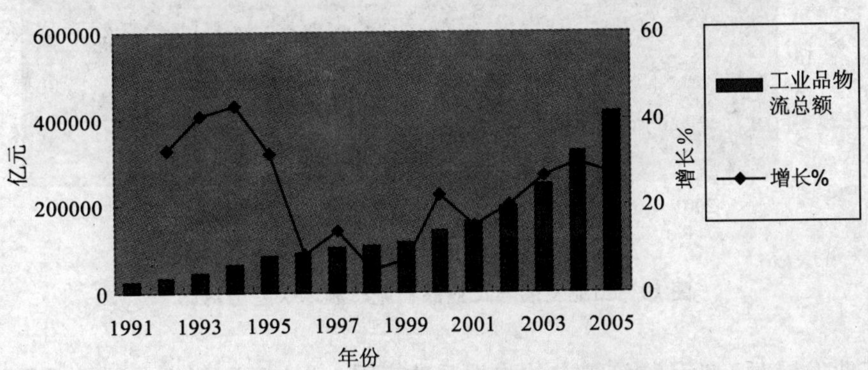

图8 工业品物流总额及其增长情况

我国工业品物流总额一直是社会物流总额的主要组成部分，在社会物流总额中占据了举足轻重的地位。1991 年以来，工业品物流总额占社会物流总额的比重呈逐年增加的趋势。1991 年，工业品物流总额占社会物流总额的 77.5%，到 1995 年该比重上升到 81.0%，2000 年该比重上升至 83.3%，到 2005 年已经上升到了 86.0%（见图 9）。

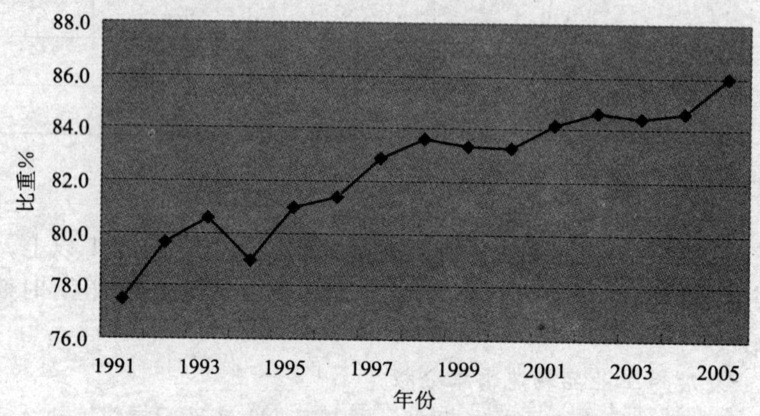

图 9　工业品物流总额占社会物流总额比重变化

2. 工业发展对工业品物流需求影响

从统计数据分析，工业发展对工业品物流需求的影响较为显著，二者相关系数可以达到 0.87 左右。从二者发展趋势对比来看，主要表现为两个特点：一是，工业品物流总额增长始终快于工业增长；二是，二者变化总体趋势基本一致，但工业品物流总额变化相对滞后（见图 10）。

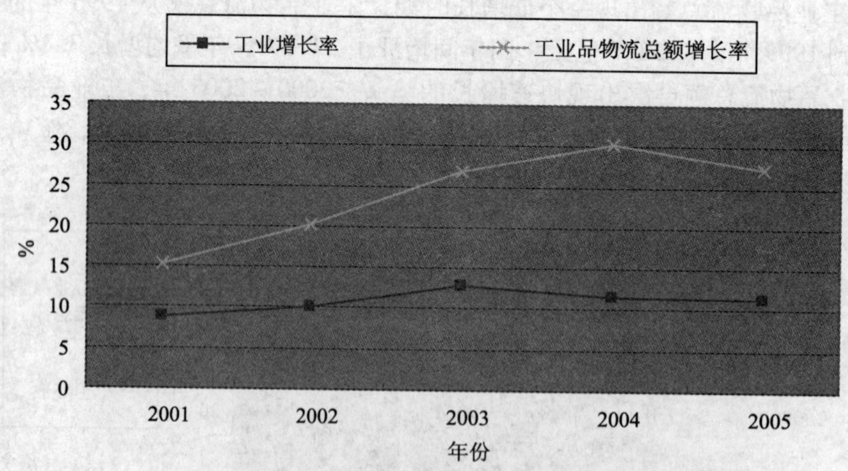

图 10　工业发展与工业品物流总额增长趋势对比

从工业发展对工业品物流需求的弹性系数来看，“十五”时期，弹性系数均在 1 以上，2002 年以后弹性系数上升，达到 2 以上，五年平均值为 2.3（见表 6）。

表 6　　工业发展对工业品物流需求弹性系数

年份	工业增长率（%）	工业品物流总额增长率（%）	弹性系数
2001	8.7	15.3	1.76
2002	10	20.2	2.02
2003	12.8	26.8	2.09
2004	11.5	30.2	2.62
2005	11.4	27.2	2.38
平均	11.43	25.73	2.25

资料来源：国家统计局、中国物流信息中心

（四）进口贸易对进口货物物流需求影响分析

进口货物物流总额，反映的是报告期内，以人民币表示的、通过我国海关进口的物品总额。

1. 进口货物物流总额发展趋势

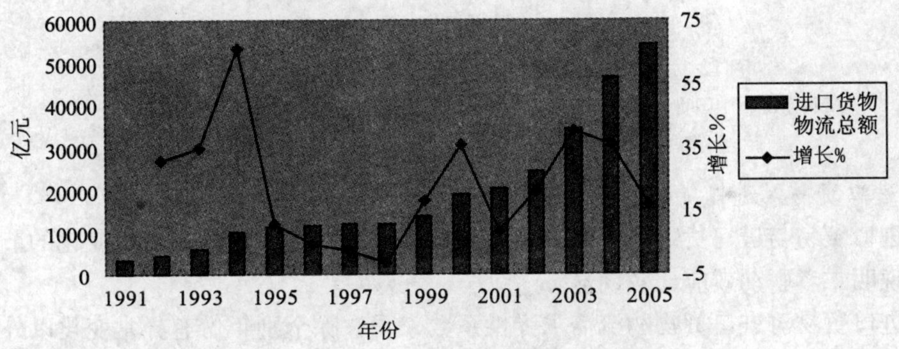

图 11　进口货物物流总额及其增长情况

资料来源：中国物流信息中心

1991 年以来，我国进口货物物流总额除 1998 年略有下降以外，一直呈增长态势，但是各年度的起伏变化比其他物流总额的变化要大得多。1991～1994 年，我国进口货物物流总额呈现快速增长态势，进口货物物流总额从 1991 年的 3395 亿元迅速增长到 1994 年的 9964 亿元，四年间增长了 1.9 倍，年均增长 48.4%；1995～1998 年，我国进口货物物流总额出现一个低速增长时期，进口货物物流总额从 1995 年的 11029 亿元，发展到 1998 年的 11626 亿元，四年间增长了 5.4%，年平均增长只有 1.4%；1999 年、2000 年我国进口货物物流总额连续两年呈现较大的增长趋势，1999 年进口货物物流总额从上年的 11626 亿元增长到 13736 亿元，2000 年更增加到 18660 亿元，两年间增长了 60.5%，年平均增长 30.3%；2001 年我国进口货物物流总额继续增长，但增速又有所下降，比上年增长了 8.0%；2002 年以来，我国进口货物物流总额再度呈高速增长之势，四年间进口货物物流总额从 24431 亿元增长到 54093 亿元，增长了 1.2 倍，年平均增长 30.4%。预计我国进口货物物流总额的增速也将继续呈快速平稳的态势发展。

进口货物物流总额也是我国社会物流总额的重要组成部分，在社会物流总额中占有比较重要的地位。1991 年以来，进口货物物流总额在社会物流总额中所占比重基本保持在一个较稳定的水平，即 10% 左右。1991 年该比重在 11.2%，1994 年达到 12.6%，但 1998 年一度下降到仅占 9.0%，2000 年开始该比重才又有所提升，2004 年达到 12.1%，2005 年占 11.3%（见图 12）。

可以预见，随着我国对外贸易的进一步发展，进口货物物流总额在社会物流总额中所占比重将呈逐渐上升的趋势。

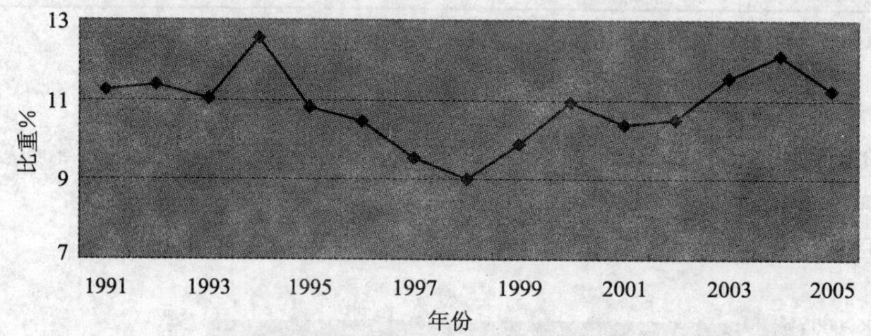

图 12　进口货物物流总额占社会物流总额比重变化情况

资料来源：中国物流信息中心

2. 进口贸易对进口货物物流需求影响分析

从进口贸易与进口货物物流总额增长趋势来看，二者变化的方向和变化的节奏基本一致，说明二者联动效应比较明显。

从进口贸易对进口货物物流需求弹性系数来看，除个别年份有异常变化以外，多数年份基本上在 1 附近摆动，"十五"时期弹性系数较为稳定，基本维持在 1 左右（见表 7）。

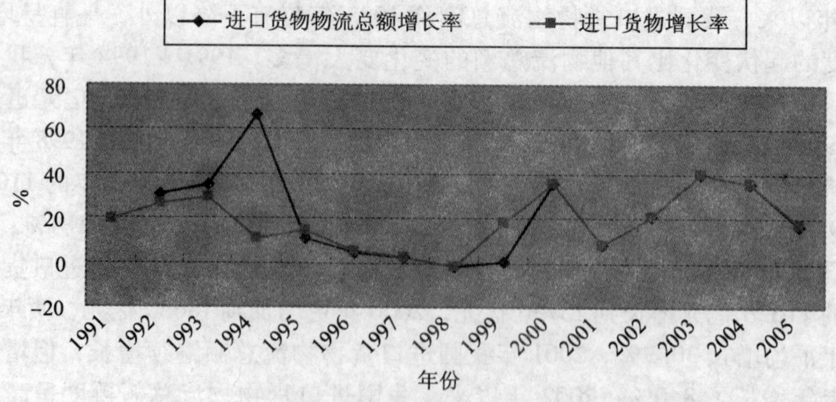

图 13　进口贸易与进口货物物流总额增长趋势对比

表7　进口贸易对进口货物物流需求弹性系数

年份	进口货物物流总额增长率（%）	进口货物增长率（%）	弹性系数
1991	—	19.6	—
1992	30.9	26.34	1.17
1993	34.8	29.00	1.20
1994	66.4	11.21	5.92
1995	10.7	14.25	0.75
1996	4.5	5.11	0.88
1997	2.5	2.55	1.00
1998	1.6	-1.50	1.07
1999	0.2	18.15	0.01
2000	35.8	35.84	1.00
2001	8.0	8.20	0.98
2002	21.2	21.19	1.00
2003	40.0	39.84	1.00
2004	35.9	35.97	1.00
2005	16.4	17.62	0.93
平均	24.30	24.56	0.98

（五）再生资源物流总额及其发展趋势

再生资源物流总额，反映的是报告期内，进入需求领域，经再生产加工后可重复利用的废旧物资总额。计算方法：根据流通环节再生资源商品销售额计算。

再生资源物流总额 = 流通环节的再生资源商品销售额

废旧物流回收利用在我国有很大的市场发展空间。仅以机电产品为例，当前我国以汽车、家电、计算机为主的机电产品报废数量惊人：2000 年达到报废标准的汽车 210 万辆，预计到 2010 年前，年均汽车报废量将在 200 万辆以上；自 2003 年家电已逐步进入更新高峰期，电冰箱、洗衣机、电视机年均报废量超过 1500 万台；预计电脑年均淘汰量将在 500 万台以上。汽车再制造零部件包括内燃式发动机、传动装置、离合器、转向器、启动机、化油器、闸瓦、水泵、空调压缩机、刮水器马达、油泵、刹车动作筒、动力控制泵和缓冲器等。此外还包括医疗设备、复印机等几十个种类。巨大的废旧物流回收利用市场，带动了我国再生资源物流的发展，特别是近几年来，我国提出了加快发展循环经济，再生资源物流发展呈加快趋势。

统计数据可以清晰地反映出我国再生资源物流发展趋势。

1991 年以来，我国再生资源物流总额的增长呈现增长—下降—再增长的格局，而且相比较其他物流总额的增长情况，再生资源物流总额的增长特点更加明显。1991～1994 年，我国再生资源物流总额呈现快速增长态势，再生资源物流总额从 1991 年的

198 亿元增长到 1994 年的 548 亿元，四年时间增长 1.8 倍，年均增长 44.2%；1995～2000 年，我国再生资源物流总额的增长出现一个较长时期的回落，再生资源物流总额从 1995 年的 352 亿元逐年减少，到 2000 年只有 150 亿元，六年时间再生资源物流总额不增反降，减少了 202 亿元，平均每年下降 9.6%；2001 年开始，我国再生资源物流总额才再次走上一个逐年增长的时期，2001～2005 年五年间我国再生资源物流总额从 2000 年的 150 亿元增长到 2005 年的 376 亿元，增长了 1.5 倍，年平均增长 30.1%（见图 14）。

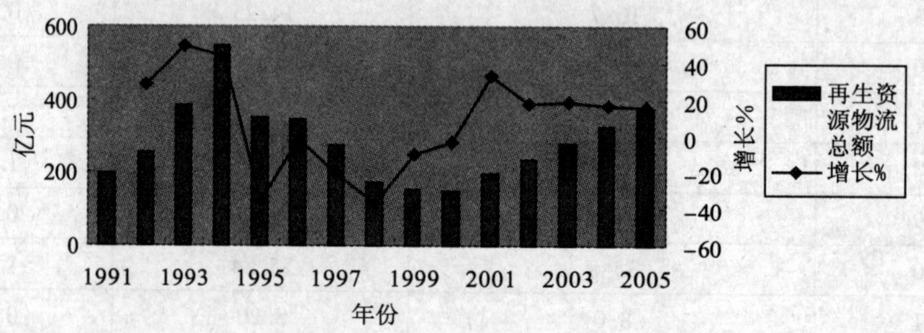

图 14　再生资源物流总额及其增长情况

资料来源：中国物流信息中心

我国再生资源物流总额也是社会物流总额的一个重要组成部分，尽管在社会物流总额中所占比重一直不高，但仍然占有不可或缺的地位。1991 年以来，再生资源物流总额在社会物流总额中所占比重基本保持在 0.1% ～0.7% 的水平。1991～1993 年该比重基本保持在 0.4% 左右，1994 年达到近年最高 0.7%，之后 1995 年回到 0.4%，1996 年、1997 年、1998 年逐年降低一个百分点，1998 年及其以后各年，再生资源物流总额在社会物流总额中所占比重一直保持在 0.1% 左右（见图 15）。

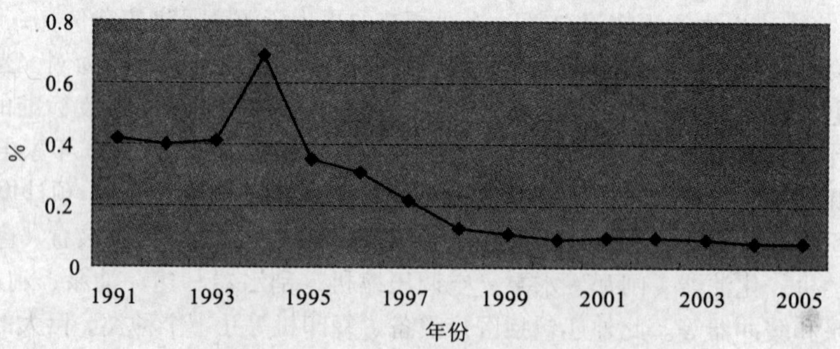

图 15　再生资源物流总额占社会物流总额比重变化

资料来源：中国物流信息中心

预计随着我国加强对再生资源的充分利用，再生资源物流总额的增速将继续呈逐年增长的态势发展，再生资源物流总额在社会物流总额中所占比重会逐渐有所上升（见图 16）。

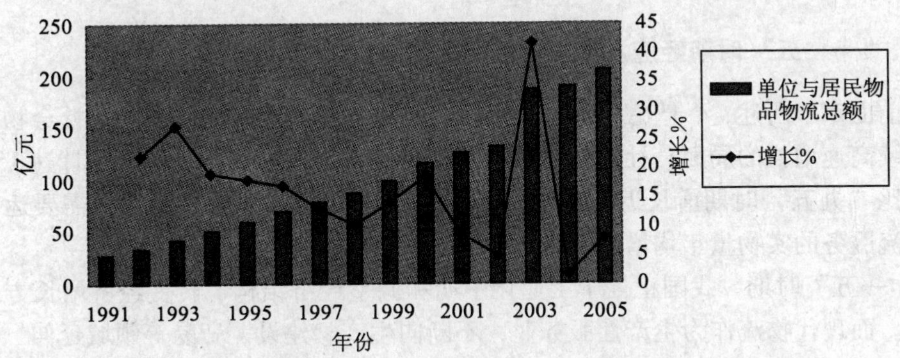

图 16　单位与居民物品物流总额及其增长情况

资料来源：中国物流信息中心

（六）单位与居民物品物流总额及其发展趋势

单位与居民物品物流总额，反映的是报告期内，进入需求领域，经社会物流服务，从提供地送达接收地的单位与居民的物品价值总额。包括铁路、航空等运输中的计费行李、邮政与快递业务中快件、包裹、信函、报刊杂志等寄递物品、形成社会物流服务的社会各界的各种捐赠物、单位与居民由于搬家迁居物品等。1991 年以来，我国单位与居民物品物流总额从量上来看，一直呈逐年增加的趋势。1991 年单位与居民物品物流总额仅有 27 亿元，到 2005 年已经增加到了 205 亿元，增长了 6.6 倍。但从各年增长情况看，2000 年之前呈两位数增长，之后各年除 2003 年外均呈个位数增长。其中，1992 年、1993 年分别增长 22.2% 和 27.3%；1994 ~ 2000 年，从 1994 年的增长 19%，下降到 1998 年的 10.3%，随后又增长到 2000 年的 18.4%。2001 年、2002 年我国单位与居民物品物流总额与上年比仅分别增长 8.6% 和 4.8%，2003 年增长 41.7%，之后的 2004 年、2005 年，年增长幅度仅分别为 1.6% 和 7.9%。

单位与居民物品物流总额在我国社会物流总额中所占比重也不大，但它仍然是社会物流总额中不可或缺的部分。1991 年以来，我国各年度单位与居民物品物流总额在社会物流总额中所占比重基本保持在 0.04% ~0.09% 范围内，没有超过 0.1%。预计这一水平还会保持下去（见图 17）。

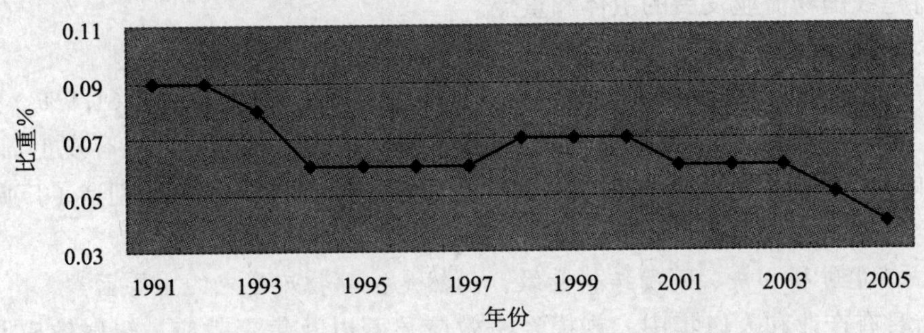

图 17　单位与居民物品物流总额占社会物流总额比重变化

资料来源：中国物流信息中心

四、“十一五”时期经济发展对物流需求预测

如前面章节所述，“十五”期间，我国国民经济进入新一轮增长期，社会物流需求出现持续高速增长的局面，社会物流需求规模持续扩大。社会物流总额累计达158.7万亿元，比“九五”时期增长近1.4倍，年均增长23%，扣除价格因素，需要运输、装卸等物流服务的实物量年均增长15%左右。

“十一五”时期，我国正处于工业化中期和调整经济结构、转变经济增长方式的关键时期。而现代物流作为生产性服务业，不断向生产、建设、贸易等领域延伸，是调整经济结构、转变经济增长方式的重要内容，是国家重点发展的行业之一。可以预见在国家政策积极倡导以及强大需求拉动下，“十一五”期间我国物流产业将迎来一个快速发展的新局面，物流产业在促进国民经济持续快速健康发展方面将继续发挥重要作用。预计到“十一五”末期，我国社会物流总额规模将达到93万亿元，社会物流费用将达到6.2万亿元，全国社会物流业增加值将达到3.3万亿元左右。

（一）“十一五”时期物流产业需求前景分析

“十一五”时期，拉动我国物流产业需求的因素有很多，在这些因素拉动下，我国物流产业将迎来一个快速发展的新局面。

1. 经济保持快速增长、工业结构加快优化升级，直接产生强大物流需求

经济发展加速了全社会商品、信息和服务的流通，为物流发展提供了广阔的市场空间，为我国现代物流业供给总量的快速增长提供了经济物质基础。“十一五”时期，我国宏观经济继续保持平稳较快增长。按照国家“十一五”规划纲要目标，预计到2010年，GDP将达到26.1万亿元，年均增长7.5%；人均GDP达到19270元，年均增长6.6%。而根据改革开放以来我国经济运行的增长速度看，“十一五”期间预计GDP将达到35万亿元左右，年均增长仍将在8%以上。

“十一五”时期，工业结构将加快优化升级。工业结构优化升级，一方面会推动工业分工的进一步细化，另一方面也会对专门为工业提供服务的工业物流提出更高的专业化需求。当前，我国物流发展与工业化加速发展的趋势基本一致，我国物流总值中工业品物流所占比例最大，在工业结构加快优化升级过程中，预计“十一五”时期工业品物流仍将是我国物流业发展的主体和重点。

2. 对外贸易高速增长，国际物流将迅速发展

据专家预计，到2010年，我国进出口贸易总额将比2005年增长61.9%，达到2.3万亿元。对外贸易的增长促进了国际民间商品和服务交易量的扩大，客观上需要更多、更优质和更高效的国际物流服务，为我国现代物流业走向国际市场创造了广阔的发展前景。

3. 城镇化进程加快、消费结构升级，仍然是拉动物流需求的主要因素

城市具有产业和人口集中、规模经济效应显著以及集聚效应、辐射效应明显等特点，在国民经济发展中发挥着重要作用。据世界银行专家分析，20世纪80年代以来，中国经济增长中的10%来自城市化进程。城市发展是我国今后经济发展的重中之重。

“十一五”时期，我国城镇化进程继续加快。2005年我国城镇化率达到41%，预计到2010年将达到45%以上。这意味着，到2010年我国将有占总人口将近一半的庞大人群居住、工作、生活在城市，城市物流需求规模将持续扩张。

消费结构升级，将带来产业结构调整，进而影响物流的规模、流动方向和作用对象。“十一五”时期，随着经济增长、人民群众收入水平的提高，消费结构由“衣、食”温饱型向“住、行”小康型转变过程继续加快，新的、更高层次的消费需求将不断涌现。当一种新的消费需求产生以后，就会有企业为满足这种需求，调动必要的社会资源进行生产和销售活动，从而为物流提供了新的市场。

4. 产业政策导向有利于改善物流产业发展的宏观环境

国家“十一五”规划纲要中有专门一篇“加快发展服务业”，该篇之下又专列一章“拓展生产性服务业”，现代物流业被列入生产性服务业，强调要大力发展该业务，并指出了一些具体措施：“推广现代物流管理技术，促进企业内部物流社会化，实现企业物资采购、生产组织、产品销售和再生资源回收的系列化运作。培育专业化物流企业，积极发展第三方物流。建立物流标准化体系，加强物流新技术开发利用，推进物流信息化。加强物流基础设施整合，建设大型物流枢纽，发展区域性物流中心。”在这样的产业政策导向下，我国物流产业将受到更大重视，物流产业发展的宏观环境将会有更大改善。

5. 国家重大发展战略为物流产业发展带来了新机遇

党和国家关于促进区域协调发展、建设社会主义新农村和建设资源节约型、环境友好型社会等重大战略构想，为现代物流发展提供了新的机遇。在实施区域发展总体战略过程中，现代物流将成为西部开发、东北振兴和中部崛起的一项重点发展内容；在建设社会主义新农村过程中，需要与之配套的物流服务体系，“三农”物流将获重视，并得到大力发展；在发展循环经济过程中，再生资源物流也将具有广阔的发展前景。

6. 中国正逐渐成为全球采购中心，外部因素对我国物流需求的带动作用不断增强

目前，中国已形成了一些具备国际竞争优势的经济特色区域产业集群，百余种产品的产量位居世界第一位，行业涵盖家用电器、纺织服装、化工、电子、机械等，吸引了越来越多的国际机构和全球采购商的目光，推动中国成为正在崛起的全球采购中心。全球供应商网站最近的一项调查显示，在未来几年内，80%的供应商将寻找更多的机会从中国采购商品和原材料。

统计显示，目前全球500强企业中已有400多家在华投资，项目总数超过3000个。由于外资的大量涌入，使得中国逐渐成为亚洲乃至全球的制造业中心，从而也促使跨国公司在中国大量增加采购。许多跨国公司正将中国作为其重要的采购基地，把全球采购中心迁至中国。例如，沃尔玛全球采购中心已迁移深圳；家乐福在上海设立了全球采购中心，并陆续在中国境内建立区域采购中心；麦德龙把上海和天津作为中国南北区域采购供应枢纽。美国福特公司宣布，要在中国采购价值100亿美元的汽车零部件。

由于我国是全球最富经济活力的地区之一并拥有最大的消费市场，“十一五”时期，跨国公司将制造中心或采购中心加速向我国转移的趋势将不会改变，同时我国国内也有越来越多的企业开始面向全球生产和经营，这种形势迫切需要建立一套快速、机

动、便捷、高效的现代物流系统作为支撑。

7. 2008年的奥运会，北京亟须庞大物流体系支撑

据专家分析，2008年北京奥运会规模将超过历届奥运会。从最初奥运会场馆建设到最终奥运会结束，都需要庞大的物流体系支撑。例如，比赛前后所需器材、体育用品的运送、储存、包装、信息处理，乃至众多人员的来往、出行、旅游及消费品的配送等都属物流范围。

8. 物流行业服务水平不断提高，对社会物流需求产生磁吸效应

良好的物流服务水平对物流需求将产生强大吸引作用。随着物流产业加快发展，全行业服务水平将不断提高，物流企业利用其规模化优势和专业化服务优势，可以为生产企业降低大量成本。面对激烈的市场竞争，物流作为第三大利润源泉将成为越来越多的生产企业毋庸置疑的选择。可以预见，“十一五”时期，将会有越来越多的生产企业趋向于寻求专业化的物流供应商服务。

（二）物流产业主要统计指标预测

基于上述因素分析，我们运用定量研究的方法，对“十一五”时期物流产业主要统计指标做出了预测。

1. “十一五”期间社会物流总额规模预测

社会物流总额是社会物流物品的价值总额，由GDP、国内产品供给量决定，根据SPSS10. 0软件计算，20世纪90年代以来我国社会物流总额与GDP、国内产品资源量等指标呈高度正相关，其相关系数分别达到了97. 6%和99. 9%。另外，由于我国经济一直保持持续稳定的增长，物流业发展宏观、微观环境在一定时期内保持稳定，社会物流总额与GDP和国内产品资源量等指标的弹性系数在短期内也具有一定的稳定性。结合社会物流总额（TL）与GDP、国内产品资源量散点图（见图18和图19），通过历史数据利用回归模型和弹性系数法可对“十一五”时期我国社会物流总额做出三种预测（见图18）。

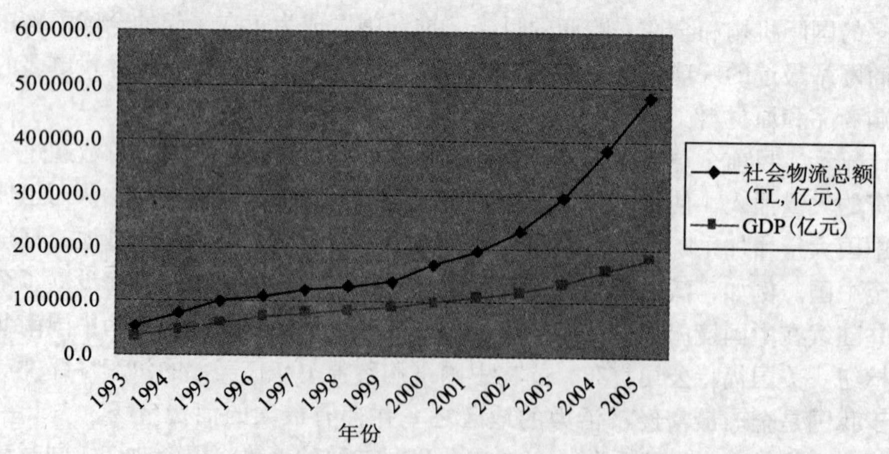

图18 社会物流总额（TL）与GDP关系对比图

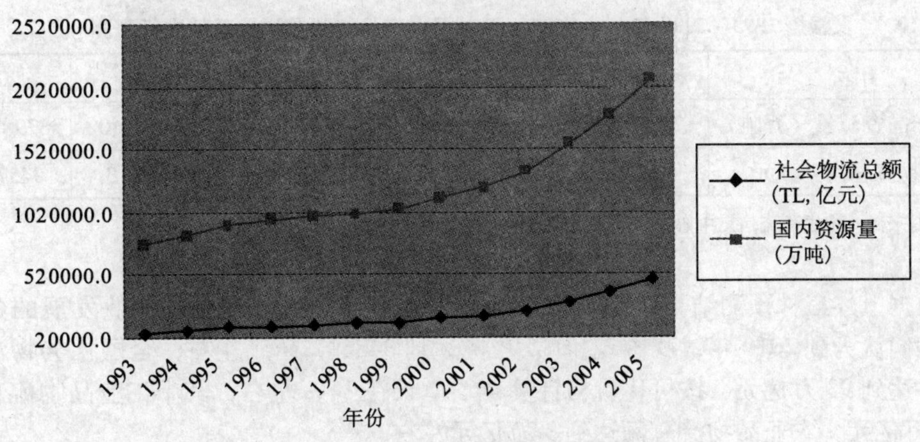

图 19　社会物流总额与国内产品资源量关系图

（1）根据 1993～2005 年社会物流总额（TL）和 GDP 数据拟合回归方程为：

$$TL = -89226.1 + 2.865 \times GDP$$

方程系数 T 值　　　　　　（－4.322）　（14.772）

拟合优度 $R^2 = 0.952$，说明模型拟合数据较好，方程系数绝对值大于 2，说明系数具有显著性。考虑到“十一五”时期，可比价 GDP 年均增速保持在 8% 左右，利用上述模型对生产资料销售总额预测结果（见表 8）。

（2）根据 1993～2005 年社会物流总额（TL）对现价 GDP 数据的弹性系数平均值，可预测社会物流总额（见表 9）。

（3）根据 1993～2005 年社会物流总额（TL）对国内产品资源量数据的弹性系数平均值，可预测社会物流总额（见表 10）。

表 8　根据 1993～2005 年社会物流总额和 GDP 关系进行预测　（单位：亿元，均为现价）

年　份	2006	2007	2008	2009	2010
GDP	213862.5	241664.7	273081.1	308581.6	348697.2
社会物流总额	523490.1	603143.2	693151.2	794860.2	909791.4

资料来源：中国物流信息中心

表 9　根据 1993～2005 年社会物流总额对 GDP 弹性系数进行预测　（单位：亿元）

年　份	2006	2007	2008	2009	2010
社会物流总额	607222.1	635115.6	729280	835685.8	955924.4

资料来源：中国物流信息中心

表10　根据1993～2005年社会物流总额对国内产品资源量弹性系数进行预测

年份	2006	2007	2008	2009	2010
国内产品资源量（万吨）	2427521.9	2727202.0	3009333.7	3380839.0	3798206.9
社会物流总额（万元）	603841.4	631800.9	705111.7	827421.3	945706.1

资料来源：中国物流信息中心

根据上述三种预测结果，综合宏观经济发展环境和影响社会物流业发展的各种因素，我们认为到2010年，我国现价GDP将达到348697亿元左右，全国社会物流总额规模将达到93万亿元，按可比价格计算年均增长在11%左右，其中工业品物流总额达到80万亿元，农业品物流总额达到3万亿元左右。

2. “十一五”期间社会物流费用规模预测

社会物流费用是国民经济各方面用于社会物流活动的各项费用支出。社会物流费用主要由运输费用、保管费用、管理费用三部分组成。就全社会范围来看，社会物流费用决定于物价水平、货运量、货物周转量以及经济结构等因素。20世纪90年代以来我国社会物流总费用（TC）与社会货运量（见图20）、货物周转量散点图（见图21）可看出社会物流总费用和社会货物周转量的决定关系。根据SPSS10.0软件计算，社会物流费用与社会货物周转量指标呈高度正相关，其相关系数达到了98.6%。利用历史数据通过回归模型和弹性系数法对“十一五”时期我国社会物流总费用做出三种预测。

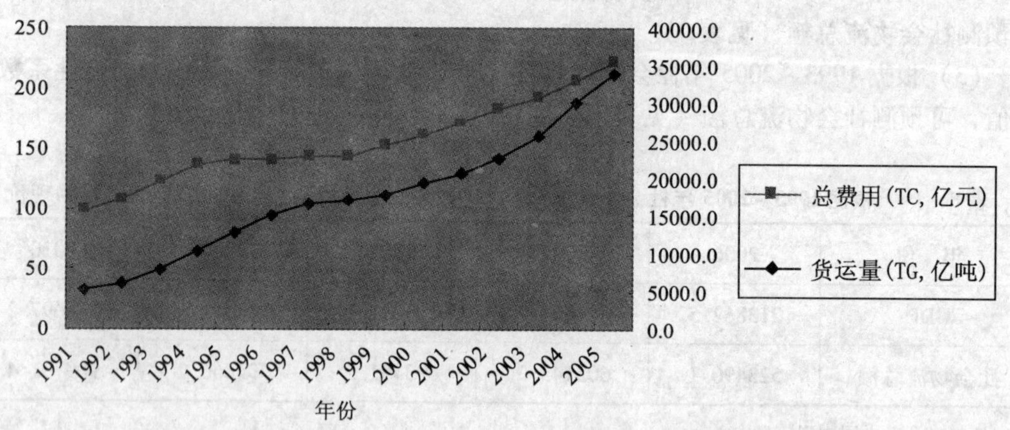

图20　社会物流总费用（TC）与全社会货运量散点图

（1）根据1993～2005年社会物流总费用（TC）和周转量（TO）数据拟合回归方程为：

$$TC = -5051.05 + 0.453779 \times TO$$

方程系数T值　　　　　　（-3.133）（14.759）

拟合优度 $R^2 = 0.944$，说明回归模型拟合数据较好，方程系数绝对值大于2，说明系数具有显著性。利用20世纪90年代以来周转量发展趋势，可对“十一五”周转量进

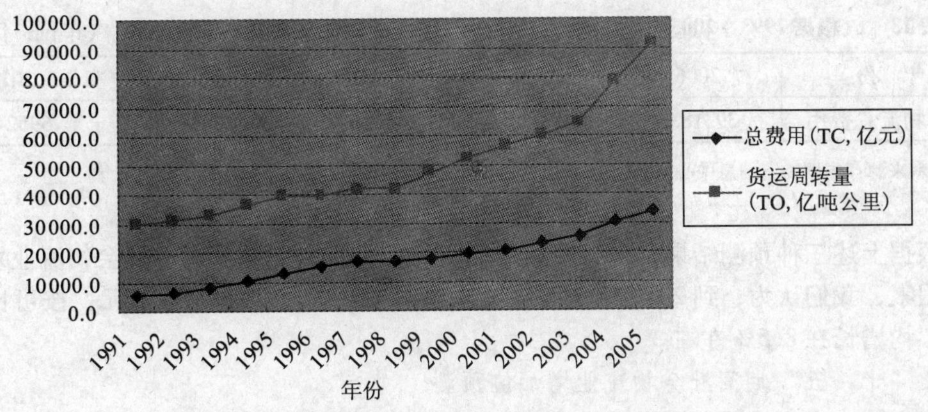

图21 社会物流总费用（TC）与全社会周转量散点图

行合理预测，从而利用上述回归方程对社会物流总费用进行计算，预测结果（见表11）。

（2）根据1993～2005年社会物流总费用（TC）和货运量（TG）数据拟合回归方程为：

$$TC = -20307.8 + 242.7564 \times TG$$

方程系数T值　　　　　（-8.388）　（16.579）

拟合优度 $R^2 = 0.962$，说明回归模型拟合数据较好，方程系数绝对值大于2，说明系数显著不为零。利用1993年以来货运量发展趋势，可对"十一五"期间货运量进行合理预测，从而利用上述回归方程对社会物流总费用进行计算，预测结果（见表12）。

（3）根据1993～2005年社会物流总费用（TC）对周转量弹性系数的平均值，可预测社会物流总额（见表13）。

表11　　根据1993～2005年社会物流总费用和周转量关系进行预测

年　份	2006	2007	2008	2009	2010
周转量（亿吨）	105196.8	118782.3	132367.9	145953.4	159539.0
社会物流总费用（亿元）	42685.1	48849.9	55014.7	61179.5	67344.4

资料来源：中国物流信息中心

表12　　根据1993～2005年社会物流总费用和货运量关系进行预测

年　份	2006	2007	2008	2009	2010
货运量（亿吨）	239.7	261.7	283.3	309.4	337.9
社会物流总费用（亿元）	37872.1	43233.4	48453.3	54789.6	61709.9

资料来源：中国物流信息中心

表 13　　根据 1993～2005 年社会物流总费用对周转量弹性系数关系进行预测　（单位：亿元）

年　份	2006	2007	2008	2009	2010
社会物流总费用	39318.8	51030.0	57194.8	63359.6	69524.5

资料来源：中国物流信息中心

根据上述三种预测结果，结合我国运输等行业发展特点以及影响社会物流业发展的各种因素，我们认为，到 2010 年全国社会物流总费用将达到 6.6 万亿元，按可比价格计算年均增长在 8.5% 左右。

3. “十一五”期间社会物流业增加值预测

作为第三产业的社会物流业，其增加值直接构成国内生产总值，对经济发展起到直接推动作用。“十五”以来，我国物流业固定资产投资加速发展，各类物流企业快速成长，物流经营管理和服务创新出现新的局面，物流企业主营业务收入不断增加，物流业增加值规模逐渐扩大，对经济增长贡献越来越大。社会物流业增加值主要由社会物流业收入以及全社会物流企业经营成本决定；另外，物流基础设施投资虽然不直接决定物流业增加值，但当年物流基础设施投资对后期的物流业增加值有一定正相关关系。从 20 世纪 90 年代以来，我国社会物流业增加值（TP）与物流业基础设施投资数量关系，可看出社会物流基础设施对物流行业增加值的决定关系。根据 SPSS10.0 软件计算，社会物流业增加值与前两期的社会物流基础设施相关系数达到了 98.24%。由于社会物流业收入数据难以取得，我们利用物流基础设施投资历史数据通过回归模型和弹性系数法对“十一五”时期我国社会物流业增加值做出两种预测。

（1）根据 1993～2005 年社会物流业增加值（PL）和 1991～2003 年社会物流业固定资产投资总额（IL）数据拟合回归方程为：

$$PL = 4336.292 + 1.5893 \times IL(-2)$$

方程系数 T 值　　　　（14.66）　（17.47）

拟合优度 $R^2 = 0.9652$，说明回归模型拟合数据较好，方程系数绝对值大于 2，说明系数具有显著性，IL（-2）表示对于当期的物流业增加值（PL）指标而言，主要由其前两期的固定资产投资（IL）决定。利用最近几年的物流业固定资产投资发展趋势，可对“十一五”该指标进行合理预测，从而利用上述回归方程对社会物流增加值进行计算，预测结果（见表 14）。

表 14　　根据 1993～2005 年社会物流业增加值和 1991～2003 年社会物流业固定资产投资关系预测　（单位：亿元）

年　份	2006	2007	2008	2009	2010
物流业固定资产投资	11802.2	14752.8	18441.0	23051.2	28814.0
社会物流总费用	16368.2	19105.8	23093.6	27782.9	33644.5

资料来源：中国物流信息中心

（2）根据1993～2005年社会物流业增加值（PL）和物流业固定资产投资总额IL利用弹性系数法预测结果（见表15）。

表15 根据1993～2005年社会物流业增加值和物流业固定资产投资弹性系数进行预测

（单位：亿元）

年　份	2006	2007	2008	2009	2010
社会物流总费用	16632.6	19184.6	22626.3	27494.1	33283.6

资料来源：中国物流信息中心

根据上述两种预测结果，结合影响社会物流业增加值发展的各种因素，我们认为，到2010年全国社会物流业增加值将达到3.3万亿元左右，按可比价格计算年均增长在18%左右。

（三）“十一五”时期我国物流产业发展基本趋势

从上述影响物流产业需求的宏观背景和预测结果来看，“十一五”时期，我国物流产业发展将呈现如下基本趋势：

1. 经济发展对物流服务需求在“质”和“量”上的要求越来越高

物流需求总规模将持续扩张，物流供给能力必须相应扩大；建设资源节约型、环境友好型社会，必须改变粗放的物流运作模式；调整经济结构、转变经济增长方式，物流结构和服务方式必须随之而改变；随着对外开放不断扩大、国内外联系不断加强，“中国制造”、“中国采购”均需要“中国物流”来支撑。

2. 中国物流将会更快更好地发展

（1）从主要物流产业统计指标来看，均表现出快速增长，年均增速达到8%以上。

①到2010年，全国社会物流总额规模将达到93万亿元，按可比价格计算年均增长在11%左右，其中工业品物流总额达到80万亿元，农业品物流总额达到3万亿元左右。

②到2010年，全国社会物流总费用将达到6.6万亿元，按可比价格计算年均增长在8.5%左右。

③到2010年，全国社会物流业增加值将达到3.3万亿元左右，按可比价格计算年均增长在18%左右。

（2）从行业物流发展来看，发展比较快的行业和品种，将集中在汽车、家电、图书、医药和快速消费品等直接面对销售终端的产品，钢铁、粮食、棉花、能源等上游产品的物流服务将受到重视；农产品物流、农资物流、农村物流体系建设将加快发展。

（3）从区域物流发展来看，发展比较好的地区，仍然以珠江三角洲地区、长江三角洲地区、环渤海地区为主，东北地区和中西部部分地区物流发展步伐也将加快。

（4）从物流运作模式来看，口岸物流、航空物流、快递服务以及其他特种物流需求的发展速度将快于其他模式；社会化的物流服务将从销售物流向供应物流、生产物流延伸；供应商管理库存、保税物流、物流金融、物流地产等，将成为物流经营服务创新的新亮点。

五、国外物流业发展及其对经济的影响

现代物流作为一种先进的组织方式和管理技术，由于其在经济增长中发挥着越来越重要的作用，被认为是国民经济发展的动脉和基础产业，是降低生产和经营成本、转变经济增长方式、合理地配置社会资源、促进经济的增长和社会的协调发展的重要因素。物流的发展水平代表了一个国家的经济发展程度。正因为如此，物流也越来越受到世界各国政府和企业的关注，而世界经济的快速增长，信息技术特别是网络技术的迅猛发展，为物流的发展提供了广阔的市场和空间。

美国、德国、日本是目前世界上物流发展较早、水平较高的三个国家，它们现阶段物流发展的状况和未来的趋势，尤其是以上各国政府在物流发展中所起的作用，值得我们借鉴。

（一）美国、德国、日本三国物流发展的状况和特点

1. 美国物流业发展状况

美国是世界上物流业起步最早，发展水平最高的国家。美国物流业经历了较长的发展历史，近年来，随着基础设施的完善，信息技术的发展和应用，物流业迅速发展，在美国的经济、军事中的应用日益广泛。

（1）完善便利的物流基础设施

据美国交通部的数据，2003 年，全美公路总里程约 398 万英里，其中洲际高速公路 4.66 万英里，占世界高速公路总里程的一半。公路物流每年大约有价值 49820 亿美元的物流量，占整个物流量的 72%，而且每年以 2.6% 的速度递增。

铁路：美国拥有铁路全长约 33.5 万英里，占世界铁路总长的 35% 左右，其货运量约占美国社会总货运量的 1/3，货运员工 19.2 万人，2002 年 2 月的货运量为 21.4 亿吨英里，目前铁路货运量约占全世界 40%。

航空：美国有 5288 个公共机场，空中货运能力大约为 280 亿吨英里。

内河水运：可航运水道 29627 英里，41000 个运输船只。

管道物流：美国有原油管道 88000 英里，成品油管道 91000 英里，天然气运输管道 254000 英里，分销管道 981000 英里。

完善便利的交通设施，构成了密集的空中、地上、水上、地下的立体交通网，近几年美国的年物流费用达到 9000 亿美元以上，增长率维持在 2.9% 以上，推动了美国经济的增长。

（2）快速发展的第三方物流市场

根据美国商务部的统计，美国第三方物流在 1996 年突破了 308 亿美元之后逐年上升，1999 年突破 450 亿美元，2001 年达到 608 亿美元，2002 年达到 650 亿美元，2005 年攀升至 1037 亿美元，同比上升 16.1%，纯利润增长 5.4%。2001 年以来的 5 年中，第三方物流年平均增长速度在 15% 以上。

（3）信息技术在物流中的运用广泛

信息技术成为物流企业竞争的主要手段，也是美国物流的主要特征。通过信息技术

的广泛运用，美国的物流管理已实现了高度的机械化、自动化和信息化。条形码技术和射频识别技术（RFID）、全球卫星定位系统（GPS）和互联网技术的应用，使物流能够更迅速、快捷，以达到最大限度地降低成本、提高效率。

2. 德国物流的发展状况及特点

（1）物流发展成熟和普遍。物流在德国几乎渗透各行各业和经济活动的各个环节。到2003年，德国物流营业额约1500亿欧元，占德国国内生产总值的7.2%，占欧盟（与原15国）物流成本总额（5850亿欧元）的1/4。德国共有6万个物流企业，就业人员260万人。德国的物流服务和基础设施建设水平居世界领先地位。

德国拥有欧洲最密集长途交通网：超过1.17万公里长的高速公路；长达7300公里的水运网络，每年内河货运量达2亿吨以上；最现代化的集装箱船队等。先进和密集的交通基础设施及货运中心，自动化、信息化物流装备，为德国物流的发展奠定了坚实的基础。

（2）德国物流的突出特点：

①物流园区（货运中心）的建设，是德国物流突出的特点之一。德国的现代物流业重视综合性、系统性，强调整体优化和企业物流整合。

德国政府倡导实行依托一定的经济区域，发展集约化的运输组织形势。20世纪80年代，政府在广泛进行经济结构、货物种类、流量与流向调查的基础上，根据各种运输方式衔接的可能，确定物流园区的布局和发展规模，形成物流中心网络，从而确保物流经济的高效益、低消耗和可持续发展。联邦政府开始规划建立全国物流园区，规划到2010年建设40个城市物流与货运中心，迄今已有33个城市物流与货运中心投入运行。

物流园区依托一定的经济区域，提供多种运输方式、快捷的运输网络和周到的服务，集中以往分散经营的运输及运输服务企业和各方货物，选择适宜的运输工具迅速运往目的地。从社会效益来看，物流园区发挥了减少空驶、缓解道路拥堵，进而减少交通噪声和环境污染，同时对区域经济的发展、创造就业岗位和增加税收等方面做出贡献。

②充分利用信息技术，构建物流网络。

德国物流企业充分发挥互联网和信息技术的优势，构建物流网络，以便及时准确地掌握全方位的物流动态信息，尽可能地降低空载率，减少商品库存，缩短商品库存周期。

③绿色物流发展迅速。

目前，德国的物流发展融入了环境可持续发展理念，以减少在物流过程中对环境产生的污染，注重资源利用和回收，建立工业和生活废料分类回收处理的循环系统。

3. 日本物流发展状况

日本的物流虽然起步较晚，但发展迅速，经过20多年的发展，已成为现代物流先进的国家，近年来日本物流成本占GDP的比重稳定在11%左右。

（1）日本物流的突出特点

①非常注重物流各个环节的现代化。大力发展交通运输，实现交通运输装备的现代化；兴建大型仓储群和小型仓库，实现仓储系统的机械化、自动化；政府颁布了《工业生产包装标准》，货物包装都有统一的编号，采用条形码识别货物。包装技术或产品

包装手段，都实现了高度现代化。

②信息技术高度的普及和运用。信息技术的快速发展的广泛运用，促使了传统物流向现代物流转化。目前在日本自动识别与数据采集系统（AIDC）、物流电子数据交换系统（JIRN）、全球卫星定位系统（GPS）的跟踪和追踪货物和货车的系统已得到比较广泛地运用。通过上述信息技术的应用，实现物流的配送化、网络化，构成日本现代物流的基本流通模式。

最具日本物流特色的7－11便利店，是物流信息管理系统应用的典范，每家连锁店都可以通过销售时点信息系统（Point Of Sale，POS）收集货物、销售等方面的信息，传递到配送中心，同时又可以得到按其需求配送的货物。这种先进的信息系统的运用，使7－11便利店迅速地发展起来，目前遍布日本各地，达到1万多家。

③日本物流成本管理独树一帜。即通过成本管理物流，提高物流效益。1977年，日本运输省流通对策本部制定了《物流成本计算统一标准》，标准规定成本核算涉及各个领域：供应物流、社内物流、销售物流、退货物流、废弃物流。从细微处着手，从精细中见功夫，使日本的物流管理卓有成效，并在世界物流理论界独树一帜。

发达的物流对日本经济增长贡献十分显著，在近20年内，日本物流产业每增长2.6个百分点，经济总量就增加1%。现代化的物流业促进了其国民经济的发展，成为日本重要的行业体系。

（2）当前日本发展现代物流的趋势

①发展国际物流特区。2002年12月日本国会通过《结构改革特别区域法》。而实施国际物流特区构想是其重要内容之一。2004年，在北九州港增设集装箱码头，提高了北九州港的国际竞争力，使之成为亚洲的物流据点。据统计，在日本政府认定的结构改革特区中，有关发展国际物流特区构想的就有15项，除北九州市外，还有横滨市国际物流特区、川崎市国际航空产业、物流特区等，都在加紧实施之中。

②发展社会综合物流，构筑绿色物流体系。针对环境问题，日本政府于2001年7月制定了《新综合物流施政大纲》，以构筑环境负荷小的绿色物流体系。实现采购、储存、包装、货物卸载、组装、物流信息等物流活动与社会需求之间的平衡发展，削减物流的社会成本，如交通堵塞、噪声、汽车尾气排放等。遵循“重新使用、减量使用、再生利用”的原则，是日本物流发展的新动向。

（二）发达国家物流业发展总体趋势

进入20世纪80年代，世界经济呈现出全球化的发展趋势，一些经济发达国家开始注重对生产要素以及各种物流功能、要素进行整合，借助于IT产业的发展和相关技术的广泛运用，国际物流业呈现出快速发展的趋势，主要表现在以下四个方面：

一是内部一体化。即一些有远见的生产企业开始注重进行工业工程的建设，对企业内部物流资源进行整合，形成了以企业为核心的一体化物流系统。

二是社会化。也就是在以企业为核心的一体化物流系统为基础，将物流活动逐步从生产、交易和消费过程中分化出来，以此建立相互联系、分工协作的产业链，形成了以供应链为核心的、社会化的物流系统。

三是专业化。各种专业化物流经济组织机构——第三方物流企业的兴起以及所表现出的快速发展趋势表明，专业化物流服务作为一个新的专业化分工领域，随着专业化物流占整个物流市场的比例不断提高，已经发展成一个新兴产业部门和国民经济的一个重要组成部分。

四是自动化、信息化。计算机技术、信息技术在物流活动中已经得到广泛运用，如电子数据交换（EDI）、条形码技术（Bar Code）、射频技术（RF）、全球卫星定位系统（GPS）、电子订货系统（EOS）等，使得物流作业活动效率大大提高。

（三）物流在发达国家国民经济中的作用

1. 通过物流降低费用，开发“第三利润源”

随着全球经济一体化进程的加快、国际竞争的加剧，企业更多地面临如何降低生产和经营的成本，如何更好地满足用户的需要，如何在市场上获取竞争优势，物流业的发展，被认为是企业在降低物资消耗、提高劳动生产率以外的重要的利润源泉，称作“第三利润源”，物流不仅在企业的经营中发挥着越来越多的作用，而且在国民经济和社会发展中发挥着重要作用。

以美国为例，1999 年以来，美国物流成本占 GDP 的比重基本在 10% 左右，并呈逐年下降的趋势（见表 16）。

表 16　1999～2003 年美国年度物流总成本的规模和结构　（单位：亿美元）

年　份	1999 年	2000 年	2001 年	2002 年	2003 年
存货持有成本	3330	3740	3390	2980	3000
运输成本	5540	5900	5810	5770	6000
物流行政管理成本	350	390	370	350	360
物流费用总计	9220	10030	9570	9100	9360
年增长率 ± %	4.3	8.8	-4.6	-4.9	2.9
占当年 GDP 的比重%	10	10.2	9.5	8.7	8.5

资料来源：Armstrong & Associates Inc

从表 16 可看出，美国物流成本占 GDP 的比重呈逐年下降趋势，从 1999 年的 10% 下降到 2003 年的 8.5%，下降 1.5 个百分点，而在 20 世纪 70 年代，这一比例为 13.7%，1989 年为 11.1%。比重的下降，不仅与美国经济发展状况有关，而且与物流的发展，科学技术的进步，尤其是信息技术在物流中的应用，降低了物流费用有关。如表 16 所示，与 2000 年相比，通过降低存货持有成本，2003 年美国物流成本降低了 740 亿美元，物流成本占 GDP 的比重，由 10.2% 下降到 8.5%。2000 年美国 GDP 为 10 万亿美元，降低 1 个百分点，可节省 1000 亿美元。因此，一些发达国家把降低流通费用，特别是物流费用，作为提升整个国民经济重大的措施。

最近的抽样调查也显示，美国第三方物流企业的客户物流成本平均下降了 11.8%，物流资产下降了 24.6%，订货周期从 7.1 天下降到 3.9 天，库存总量下降了 8.2%。

发达的物流对日本经济增长贡献十分显著，在近 20 年内，日本物流产业每增长

2.6个百分点，经济总量就增加1%。现代化的物流业促进了其国民经济的发展，成为日本重要的行业体系。

2. 实现产业结构升级和促进地区经济增长

这个方面最具代表性的是德国物流园区的建设，德国在物流园区的建设方面目前尚处于世界领先地位。物流园区对德国物流的发展、整合交通和推动当地的经济发展都起到了重要的作用。

物流园区改善了当地的经济结构，使物流企业成为当地的主导产业；增加了当地的税收，减轻了政府的负担；增加了当地的就业机会等，促进了当地经济的发展。

3. 物流实现社会综合效益

通过开展绿色物流，优化交通运输，实现最优化的运输方式，缓解交通运输拥挤情况，减少汽车尾气污染、噪声等对环境的影响，回收再利用，削减社会物流成本，实现物流的社会效益。

（四）发达国家政府在物流发展中的作用

国外没有统一的物流管理政府部门，物流企业在经营运作过程中起主导作用，政府不直接进行物流活动的管理。只是利用各种政策法律措施对物流业实行鼓励或限制。概括起来基本如下：第一，从资金上给予支持，政府负责建立物流中心；第二，实行减免税政策；第三，组建物流园区，提高物流经营的规模效益；第四，加强环境控制，维护社会整体利益。从实施上各个国家的侧重点又有所不同。

1. 美国倾向于通过法律和市场对物流企业实施调控

美国没有集中统一管理物流的专职政府部门，政府机构按其职能对物流的基本环节进行分块管理。

美国是发达国家中唯一长期实行运输、仓储等物流业私有化的国家。政府只负责掌控企业设立及其行为的合法性。至于企业是否从事物流业务以及制定何种物流发展战略、经营模式、竞争手段等，则完全由企业自主决定。物流企业只要依法登记即可自主经营，自负盈亏，政府不会多加干预。

政府的作用就在于：一方面要通过法律政策保护公共事业，如保护人身安全、保护环境、防治污染等；另一方面要为公平有效的竞争创造条件，从而使市场机制以及各类组织和个人的优势得以充分的发挥。

从20世纪70年代开始，美国政府制定一系列法规，逐步放宽对公路、铁路、航空、航海等运输市场的管制，通过激烈的市场竞争使运输费率下降、服务水平提高。分别制定了《航空规制缓和条款》、《铁路和汽车运输的条款》、《航空条款》、《多式联运法》等多项法规。这些政策法规的推行，使美国的物流产业得以迅速发展，推动了美国经济的蓬勃发展。

2. 日本政府采取政策导向和辅助措施引导物流发展

日本政府对物流业的管理也是通过政府各部门分块管理。政府则根据本国和世界经济的发展趋势及需求，在不同时期制定的物流业发展目标、实施方法以及政策措施，采取了一些行之有效的方法，引导、促进物流业的发展。

（1）制定物流发展的目标和政策导向。日本政府于1997年制定了《综合物流施政大纲》，以“降低物流成本、提高物流服务水平”为宗旨，制定发展目标。2001年，日本政府又制定了《新综合物流施政大纲》，提出了新的发展目标，构筑具有国际竞争力的物流市场；创建一个能减轻环境负担的新的物流体系和可循环型的新社会，并提出实现目标的时间要求。

（2）日本政府投资或出面组织民间的投资，建设大型的基础设施项目，如物流中心、高速公路、机场、港口等，而后以向租用企业收取使用费的方式逐步回收成本。建立物流中心，吸引多个配送中心在此集中，共享基础设施和配套服务设施，降低环保等多方面成本，取得规模效益。

（3）政府资助建设综合物流信息系统平台。采取政府统筹规划，提出使物流交易、运送和作业过程效率化的总体目标，企业招标，政府给予资助，并对成果推广予以支持的方式，建立综合物流信息系统。

（4）政府组织专业团体负责综合物流的标准化规程的制定与监管工作。日本在大力发展物流政策的推进过程中，十分注重标准化、规范化的同步。设有专门的专业团体JIS负责物流标准化工作的研究、监督与推广。

3. 德国政府投资建设物流基础设施，协调物流综合发展

（1）重视现代化物流基础设施建设，并推动各种运输方式的协调发展，形成综合运输网。德国所有的运输基础设施均由政府投资建设，每年交通基础设施建设投资高达数百亿欧元。德国政府宣布至2008年将追加投资20亿欧元，用于交通基础设施扩建和现代化改造。其中9亿欧元用于公路建设，7.5亿欧元投入铁路建设，3.5亿欧元用于水路建设。德国政府要求物流中心紧临港口，靠近铁路货运站，周围有高速公路网，物流中心内至少有两种以上运输方式的连接。物流中心实行公司化运作、自主经营的发展模式。

（2）加强对包括物流总体布局、商品储备和调拨及废弃物流在内的宏观物流调控与监督管理，依靠法律手段对交通运输进行宏观调控。制定和完善交通运输与货代法律法规。制定《商法典》、《德国通用运输条例》、《货运法》等对交通运输业实行约束。

（3）支持制定物流产业的标准化发展

德国政府支持物流行业协会对各种物流作业和服务制定相应的行业标准，如统一物流专业术语标准和物流从业人员资格标准；对物流基础设施和装备制定通用标准，如统一托盘标准、车辆承载标准、物品条形码标准等，保证物流活动的顺利进行。

六、物流产业发展中存在的问题

虽然我国物流业发展势头良好，在国民经济中的地位和作用不容低估，但从总体上来看，我国物流产业的总体规模目前还比较小，发展水平也比较低。我国物流业发展仍然存在诸多问题。

（一）物流供需发展的不平衡

物流需求不足与供给不足并存，特别是高端需求、特色需求满足率不高。据中国物流信息中心统计，1991～2005年，我国实际完成的货运量年均只增长10%左右，与同期需求增幅之间至少存在5个百分点的差距。反映出我国物流供给与需求之间存在明显

的供给不足的“硬约束”。但与此同时，有效物流需求不足，除东部沿海外资与中外合资企业以及部分产业物流需求释放较好外，大部分制造企业与流通企业仍处于“大而全”、“小而全”的运作模式。从原材料采购到产品销售过程中，一系列物流活动主要依靠企业内部组织的自我服务完成。据有关部门调查，在工业企业中，36%和46%的原材料物流由企业自身和供应方企业承担，而由第三方物流企业承担的仅为18%；产品销售物流中由企业自理、用户自理与第三方物流企业共同承担比例分别为24.1%和59.8%，而由第三方物流企业承担的仅为16.1%；在商业企业中，由企业自理和供货方承担物流活动的比例分别为76.5%和17.6%。这种以自我服务为主的物流活动模式在很大程度上抑制了工商企业对高效率的专业化、社会化物流服务需求的产生和发展。由于这种原因，造成我国物流总体规模较小，对经济的贡献上升缓慢。

（二）物流市场的不规范

行业垄断、地区封锁、地方保护在有的地方和行业还比较严重，诚信体系建设相对滞后。我国长期实行计划经济，生产、流通、消费各环节互相分割，各项物流功能之间缺乏有机的联系。虽然社会主义市场经济实行以来，市场化进程不断加快，市场开放程度显著提高，但由于受经济发展水平和思想观念的制约，“条块分割”、“多头管理”、“行业垄断”、“地区封锁”、“地方保护”的管理模式还依然存在。在这种管理模式下，物流领域中有关行业、部门、系统自成体系，独立运作，相互之间缺乏必要的协调，这种情况严重影响物流效率整体水平。这可从我国的物流成本水平同西方主要发达国家的物流成本水平的比较上看出来。2005年，我国社会物流总费用与GDP的比例仍高达18.6%，比美日等发达国家高出一倍多。原因是我国经济尚处于工业化中期的重化工业阶段，GDP增长主要依靠第一、第二产业，第三产业只占到GDP的40%，与发达国家三产比例高达70%~80%的份额相比，我国的经济增长方式显著落后（详见表17、表18）。

表17　　中国、美国、日本物流费用占GDP比例　　（单位:%）

年份	中国	美国	日本
1991	24.0	10.6	10.5
1992	23.0	10.1	9.9
1993	22.4	9.9	9.8
1994	21.4	10.1	9.3
1995	21.2	10.4	9.5
1996	21.1	10.3	9.3
1997	21.1	10.2	9.3
1998	20.2	10.1	9
1999	19.9	9.9	8.8
2000	19.4	10.1	8.6

续表

年份	中国	美国	日本
2001	18.8	9.5	8.4
2002	18.9	8.7	8.3
2003	18.9	8.5	—
2004	18.8	8.6	—
2005	18.6	—	—

资料来源：中国物流信息中心、美国交通统计年鉴

从表17中可以看到，中国在生产与再生产过程中，物流费用过高，属于典型的粗放经营模式。从物流总额的规模和速度大大高于物流行业增加值的事实也能说明这一问题。自1991至2005年，全社会物流总额从30221亿元上升到480583亿元，增长了14.9倍，年均以20.2%的速度递增；而同期物流行业增加值从1851亿元上升到12140亿元，只增长5.6倍多，年均递增13.4%。如此大的差距折射出物流的低效率。这也说明降低我国物流成本的空间还是比较大的。以2005年为例，根据计算，如果我国物流成本降低1个百分点，就可以节约1814亿元人民币；如果我国物流成本降低3个百分点，就可以节约5442亿元人民币；如果我国物流成本与世界上的平均成本基本持平，即降低约9个百分点，就可能节约物流成本16326亿元人民币，这一数字约是当年新增GDP的73%，相当可观。但根据1991～2005年的统计，15年中，物流总费用与GDP的比例下降了5.4个百分点，年均下降0.36个百分点，而“十五”期间，年均下降速度为0.16个百分点。如按年均下降0.3个百分点计算，到达10%左右的水平，还要花20～30年的时间。

（三）物流组织管理水平不高

我国与美国、日本相比，差距主要表现在物流的组织管理水平。由于我国物流组织管理水平较低，导致物流总费用中的仓储保管费用及管理费用明显偏高。目前我国物流管理费用与GDP的比例仍高达2.5%，美国和日本均只有0.4%。我国管理费用太高，原因是多方面的，其中最主要的是体制性和机制性约束，内部分割、垄断、封锁的现象依然突出，尚未建立公正、公平、公开的物流竞争市场，没有形成可控与自由运作的现代物流机制。

保管费用的差距，也反映我国物流水平较低。我国物流保管费用高，一个重要原因是我国库存水平高。据我们初步核算，目前我国社会商品库存额与GDP的比例高达20%以上，而美国这一比例只在3%左右。我国社会库存过高，占用资金较多，造成所占用流动资金周转速度慢。据统计，目前我国比较有规模的工业企业流动资金年周转速度只有2.1次，重点生产资料流通企业只有2.8次，大大低于发达国家10～20次的周转速度。社会库存比重过高，资金周转速度低，这既带来巨大的资金占用成本，又减少了企业的实际收入，降低了企业的核心竞争能力。同时，容易诱发各种债务危机，不利于社会扩大再生产（见表18）。

表 18　中国、美国、日本物流费用占 GDP 比例　（单位:%）

年份	中国			美国			日本		
	运输费用	保管费用	管理费用	运输费用	保管费用	管理费用	运输费用	保管费用	管理费用
1991	13.3	7.5	3.2	5.9	4.3	0.4	6.5	3.5	0.5
1992	12.7	7.2	3.1	5.9	3.8	0.4	6.2	3.3	0.5
1993	12.8	6.6	3.0	6.0	3.6	0.4	6.3	3.0	0.4
1994	11.6	6.8	3.1	6.0	3.8	0.4	6.0	2.9	0.4
1995	10.6	7.3	3.2	6.0	4.1	0.4	6.3	2.7	0.4
1996	10.7	7.2	3.2	6.0	3.9	0.4	6.1	2.7	0.4
1997	10.4	7.4	3.3	6.0	3.8	0.4	6.0	2.8	0.4
1998	10.3	6.7	3.2	6.0	3.7	0.4	5.8	2.8	0.4
1999	10.6	6.0	3.3	6.0	3.6	0.4	5.8	2.6	0.4
2000	10.1	6.0	3.2	5.9	3.8	0.4	5.7	2.5	0.4
2001	9.9	5.9	3.1	5.9	3.2	0.4	5.5	2.6	0.4
2002	10.0	6.1	2.9	5.5	2.8	0.3	5.4	2.5	0.4
2003	10.4	5.9	2.6	5.4	2.7	0.4	—	—	—

（四）现代物流业务附加值低

我国物流实物规模较大，社会物流收入总规模却较低，说明我国现代物流业务增值服务少、附加值低。和美国相比，2002 年美国货运总量为 158.2 亿吨，同期我国为 148.3 亿吨，中美两国货运量基本相当。同时，结合美国交通统计局（BTS）数据计算，1993 年、1997 年和 2002 年美国单位货运量物流收入分别为 409 元/吨、473 元/吨和 476 元/吨，近几年基本保持稳定，而我国单位货运量物流收入虽然自 1991 年以来一直呈现增长态势（见图 22），但总体水平仍然很低，2005 年单位货运量收入不到 160 元/吨，为美国同期 26% 左右，这说明我国现代物流业务附加值低，物流业务增值服务太少，导致物流活动还处于低水平、粗放的阶段，很难适应目前多品种、多批次、小批量的流通方式的变化。

（五）物流企业集中度低

2005 年排序的中国物流企业 50 强，第 50 位主营业务收入不足 3 亿元人民币。第三方物流企业一体化服务功能差，第三方物流企业的营业额在整个物流市场中的比例不到 10%。

（六）物流信息化发展滞后

不仅物流公司的信息网络不健全，全国性和区域性现代物流信息平台更缺乏。

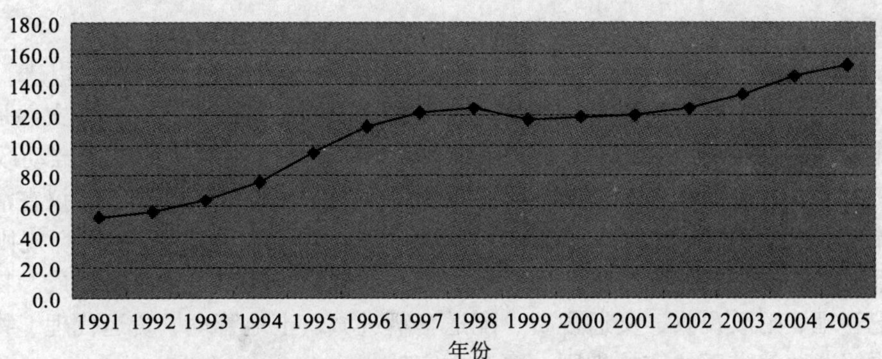

图 22　1991 年以来我国单位货运量物流费用（单位：元/吨）

七、促进中国物流产业发展的政策建议

在国家“十一五”规划纲要中，有史以来第一次专门对大力发展现代物流业提出了规划和目标：“推广现代物流管理技术，促进企业内部物流社会化，实现企业物资采购、生产组织、产品销售和再生资源回收的系列化运作。培育专业化物流企业，积极发展第三方物流。建立物流标准化体系，加强物流新技术开发利用，推进物流信息化。加强物流基础设施整合，建设大型物流枢纽，发展区域性物流中心。”这标志着“十一五”时期，我国物流业面临着一个新的历史机遇，将进入一个新的发展阶段。

但如前面章节所述，与国际物流的发展趋势相比较，目前我国物流产业仍处于刚刚起步阶段，发展过程中仍存在诸多问题。针对这些问题，我们就“十一五”时期我国物流业如何抓住机遇、加快发展提出以下政策建议。

（一）要用科学发展观认识和指导现代物流发展

现代物流是社会经济发展到一定阶段的产物，是在现代信息技术和管理模式创新的基础上，对运输、仓储等传统物流产业的相互融合与延伸集成形成的一种新兴的复合型产业，有利于整个供应链的全面、协调、可持续的发展，是国民经济的重要组成部分和新的经济增长点。现代物流的发展符合科学发展观的要求，也迫切需要接受科学发展观的指导。贯彻落实科学发展观，调整经济结构，转变经济增长方式，走新型工业化道路，发展循环经济，全面建设和谐社会，这既对物流产业的发展提出了更高的要求，同时也成为物流产业发展的方向和指导原则。

（二）加强领导，统筹规划

2005 年，经国务院批准由国家发改委牵头，13 个政府部门和中国物流与采购联合会、中国交通运输协会两个协会参加，成立了“全国现代物流工作部际联席会议”，统筹协调全国物流发展的重大问题。全国现代物流工作部际联席会议制度建立后，各省区市相继建立了现代物流工作协调机制。全国上下之间、部门之间沟通联系的工作网络开始形成。这种协调机制和工作网络的建立，对发挥各部门职能，协调解决相关问题，共同营造政策环境，形成政府工作合力具有重要意义。但是，在国民经济转型时期，物流业的加快发展，需要政府部门进一步加强规划协调与指导。

1. 逐步形成统一的物流产业政策体系

国家发改委等九部委《关于促进我国现代物流业发展的意见》出台以来，引起了政府有关部门、地方政府高度重视和物流企业普遍欢迎。贯彻落实九部委文件是一项长期的工作，一方面政府有关部门和地方政府应该制定相应的实施细则，推动政策的落实；另一方面企业也要积极贯彻落实，并提出落实当中出现的新问题。建议在清理完善现有物流产业政策的基础上，逐步形成符合我国现代物流发展需要和 WTO 规则的产业政策体系，促进统一开放、公平竞争、规范有序的现代物流市场体系的形成。特别是在工商登记管理、财政税收、交通规费、配送车辆进城、土地管理、货运代理、物流市场规范、快速通关等方面的实施细则，要落在实处。

2. 总体规划，合理布局

目前，我国许多地方和部门都在制定物流业发展规划。从国家层面来看，铁路、公路、民航、水运和管道多种运输方式的规划与管理分属不同部门，各自都在搞线路和节点建设规划，缺乏有机联系。在地方，各地根据自身需要做出物流规划，缺乏有效衔接。如果国家层面的规划不能出台，将会加大资源统筹规划的难度，给全国物流协调发展带来不利影响。建议中央政府尽快制定总体规划，以引导地区、部门和行业规划的合理布局。

3. 促进物流社会化、专业化

通过政策实施，引导工商企业剥离外包物流业务，提高物流活动社会化、专业化水平。鼓励工商企业进行资产重组，整合各种物流资源，成立独立核算、自负盈亏的物流公司，降低物流成本，提高物流运作效率。

4. 建立公平、公正、竞争的市场环境

加快法律体系的建设，建立规范的市场秩序，创造公平、公正的物流企业竞争环境，建立诚信社会，降低交易风险，促进专业化分工的深化。

鼓励行业协会规范物流业市场行为，制定物流服务质量标准及行业规范。

5. 鼓励重点物流企业做大做强

在对物流企业进行考评的基础上，鼓励物流企业走整合、兼并的道路，做大做强，促进物流产业结构升级。

积极引进国外一流物流企业，扩大物流领域的对外开放，鼓励国外大型物流企业根据我国法律、法规的有关规定设立分公司或办事处。

（三）加大物流投入，加快物流基础设施的建设

“十五”期间，我国物流用固定资产投资虽然有所加快，但一直低于全国固定资产投资水平。2004 年出现的煤电油运紧张局面，一方面是需求大幅增加，另一方面也是多年来欠账的叠加。从发达国家工业化进程看，物流发展要适度超前。物流投资应与全国固定资产投资水平相当或适度提高。要贯彻国家改革投融资体制的政策，疏通多元化投资渠道，吸收国内外资本进入物流基础设施建设领域。加强铁路、港口、多式联运和重要物流节点建设。对于建设投资规模较大的物流基础设施及配套设施、公共信息平台等公共建设项目，政府可通过投资、补贴等方式参与建设。

对于政府投资参与的物流基础设施项目，应制定明确的建立与管理原则，具体

如下：

（1）政府项目，以降低成本、提高质量和建设效率为目的，除为政府管理提供服务外，还应为社会提供公共服务，要建立明确的管理制度和制约机制；

（2）明确各类基础设施建设主体的责任、权利和义务；

（3）明确基础设施建设所需的资金来源及筹集方式；

（4）建立有效利用公共资金和私有资金的管理制度；

（5）建立项目的验收、监管与后评估体制。

（四）要以科技创新为动力，用物流信息化推动物流现代化

物流信息化是现代物流的核心。与国外相比，我国物流发展差距最大的就是信息化水平低。国家要通过重点投资和前期投资引导的方式加大对现代物流发展的科技创新和信息技术的支持。

1. 建立和完善我国物流公共信息服务体系

政府的工作重点是搞好基础建设，在抓“硬件”的同时，更要抓好“软件”的基础。目前物流公共信息服务体系尚未建立、健全，还需要政府进一步的支持。全国物流公共信息服务体系的内容包括：

（1）全国主要运输干线流量、流向、运力监测信息；

（2）对主要货运枢纽（港口、码头、铁路枢纽、公路枢纽）接驳、装卸、堆存等信息监测；

（3）铁路、公路、海运、航空等运价指数信息；

（4）重要物流基础设施的统计信息；

（5）物流企业信用数据库与信用体系的建设。

2. 建立政府物流监管信息平台

（1）搭建需要多个政府部门参与、协调的物流监管信息平台，如包括海关、质检、工商、税务等在内的电子大通关工程。

（2）对重要商品如化学危险品、医药、食品等建立科学高效的物流信息监管体系。

政府要从公共管理的角度出发，改善对市场的监管，采用先进技术提高监管的水平和规范性。搭建政府物流监管平台，一方面通过政府的职能加强对这些商品的物流监管，保证人民生命和生活安全；另一方面上述监管系统要适度开放，为商业信息服务平台的建立构建基础。

3. 加强物流信息标准化建设

加快我国物流标准化特别是物流信息标准化步伐，是推进我国物流信息化的基础。在上述物流信息平台建设中，标准化也是重要的基础。重大信息化项目是涉及全局的、具有战略意义的重点工程，耗时较长，远非一个部门、一个机构力所能及，亟须政府的支持。尤其是建立包括EDI、GIS、GPS、信息传输技术、自动识别技术、各种协议、编码与标准等在内的底层技术平台的标准。

4. 通过多种手段推进物流信息化

（1）大力提倡鼓励企业采用信息技术，促进信息技术与企业业务的融合。大力支持现代物流企业采取多种途径筹集资金开展信息化项目。对于现代物流龙头骨干企业可

以实行财政贷款担保，支持这些企业优先取得贷款；对于大量的中小型物流企业，可考虑政府出资鼓励有实力的、成熟的软件商开发成本低廉的、先进适用的、标准化的、可不断升级的软件，让中小型企业用较低的成本使用和租用，从而大大推进底层的信息化。

（2）充分发挥行业社团组织的作用。根据发达国家经验和我国市场经济发展、政府职能转变的实际，特别是物流产业复合性强、关联性大的特点，应该充分发挥行业社团组织在物流基础信息资源的开发与整合，物流的标准化体系建设，信息化基础研究和技术推广等方面的作用。

（五）充分发挥行业协会的作用

政府要充分支持行业协会在建立行业统计、制定行业规范与标准、开展行业认证和人才培训等方面发挥中介组织的作用。

附　录

课题组成员名单

课题组负责人：	何黎明	中国物流与采购联合会副会长兼秘书长，硕士、高级经济师
课 题 组 成 员：	蔡　进	中国物流与采购联合会副秘书长，中国物流信息中心主任，硕士、高级经济师
	崔忠付	国家发改委经济运行局处长
	许科敏	国家发改委产业政策司处长
	贺登才	中国物流与采购联合会研究室主任、主任编辑
	何　辉	中国物流信息中心副总经济师、高级经济师
	吴志惠	中国物流信息中心处长、高级经济师
	张十红	中国物流信息中心处长、高级经济师
	闫红英	中国物流信息中心副处长、高级经济师
	闫淑君	中国物流信息中心副处长、高级经济师
	陈中涛	中国物流信息中心副处长，硕士、高级经济师
	叶茂盛	中国物流信息中心、硕士
终　　　审：	何黎明	中国物流与采购联合会副会长兼秘书长，硕士、高级经济师

参考文献

[1] 海峰，程志，江琪斌．武汉大学商学院．物流产业政策体系研究
[2] 丁俊发．中国物流与采购联合会．“十一五”我国物流业将进入快速协调发展轨道，2006
[3] 商务部研究院．德国现代物流发展现状及对现代物流经济发展的作用
[4] 中国物流与采购联合会．中国物流发展报告（2003～2006）

我国现代物流业整合问题研究

内容提要：从某种意义来说，物流是一个整合起来的行业。即把分散的物流功能环节和相关资源，通过集成整合，实现一体化运作，以达到降低成本、提高效率和改善服务的目的。本文认为，整合是物流发展的基本途径，也是我国当前推动物流发展的主要任务。

2004 年，本课题组负责人、中国物流与采购联合会陆江会长，写下了《抓好资源整合，发展现代物流》一文，曾发表于《人民日报》等媒体。本课题力求在该文基础上，对我国物流业整合问题做进一步研究。课题首先分析了整合在物流业发展中的重大意义，介绍了我国物流业整合的现状和突出问题。然后，提出了我国物流业整合的基本原则和目标，以及实现我国物流业整合的途径。报告认为，需要通过企业、产业、区域和宏观等多个层面，大力抓好物流功能、企业物流、区域物流、基础设施、物流信息、人力资源、管理体制和政策等方面的整合，以实现物流业的科学发展。本课题提出从制度、技术和人力资源等方面，为我国物流业整合营造适宜的环境，文中同时列举了国内外物流整合的一些典型案例。

本课题是在认真贯彻科学发展观的基础上，对我国物流业发展的一些新的思考。选题切合当前我国物流业发展的实际，资料收集较为全面，分析和阐述也比较深入具体，提出的方法和途径具有较强的实用性与一定的指导性和相对创新性。

一、整合在物流业发展中的重大意义

（一）物流业“整合”的定义及其内涵

物流理念的核心，就在于以系统的观念进行物流功能整合，将运输、仓储、包装、装卸搬运、流通加工、配送和物流信息等功能环节有效集成或协调，促进一体化运作，从而有效降低物流成本，提高流通的效率和效益，增强企业、产业和国民经济的竞争力。物流业整合的实质就是对分散的物流资源进行综合利用、相关功能进行协调与集成、物流管理与运作实施重组与优化、提升相关产业的组织与服务等，从而降低物流总成本，并对物流总体能力做出最大贡献。

（二）整合在物流业形成与发展中的作用

1. 整合是物流产业形成与发展的基础

传统物流的功能环节是分散在生产和流通各个领域，单独运行的。20 世纪 80 年代以来，美、日、欧等发达国家开始了一场对各种物流功能、要素进行整合的“物流革命”。首先，是企业内部物流资源整合和一体化，形成了以企业为核心的物流系统；其次，物流资源整合和一体化扩展到企业之间相互联系、分工协作的整个产业链条，形成了供应链管理的核心业务；在此基础上，出现了为工商企业和消费者提供专业化服务的第三方物流企业。随着经济全球化和信息技术的发展，物流活动范围空前扩大，供应链管理和物流功能整合进入新的发展阶段。

2. 整合提高物流产业的运行效率

由于分散的物流要素存在着“效益背反”的问题，物流的若干功能要素之间存在着损益的矛盾。即某一个功能要素的优化和利益发生的同时，必然会存在另一个或另几个功能要素的利益损失，反之也如此。这是一种此涨彼消，此盈彼亏的现象，虽然在许多领域中这种现象都是存在着的，但物流领域中，这个问题似乎尤其严重和普遍。寻求解决和克服各功能要素效益背反现象需要物流系统优化，实现物流的总体最优。这种通过功能整合的系统思想在不同国家、不同学者中有不同的表述方法。例如，美国学者用“物流森林”的结构概念来表述物流的整体观点，指出物流是一种“结构”，对物流的认识不能只见功能要素而不见结构，即不能只见“树木”不见“森林”。物流的总体效果是“森林”的效果，即使是和“森林”一样多的“树木”，如果各个孤立存在，那也不是物流的总体效果。这可以归纳成一句话：“物流是一片森林而非一棵棵树木。”通过整合，将会提高物流业的效率，这主要体现在时间上、空间上和经济上的节约。物流活动是一种降低总成本的活动，这种成本降低活动包括的内容是广泛的，即时间成本的降低、空间成本的降低，而且还包括交易成本的降低等。物流系统就是要通过渠道设计和网络分析来提高物流运作的高效性、流动性。

3. 整合提高物流产业的效益

通过有效地整合，物流产业提供的服务能够实现“在正确的时间、以正确的方式、正确的价格、把正确的物品送到正确的地点”这一顾客满意的要求，能够为顾客提供完整的从起点到终点的物流服务，为顾客创造满意的价值。

4. 整合创造竞争优势

第一，传统运输、仓储、物资等企业纷纷转型发展物流，把物流作为一种战略性竞争行为，通过物流服务提供的成本优势和差异化树立起其在行业内的竞争优势。

第二，整合还能够提升物流产业竞争力。通过对各种零散的存量物流资源的整合，能够实现物流产业的规模效应和网络效应，提高物流产业集中度，做大做强物流产业。

第三，通过有效整合，物流产业能够为制造企业提供高效率的物流服务，从而为制造企业，也就是相关产业创造竞争优势。

5. 整合符合科学发展观的要求

整合能够减少资源的浪费和对环境的影响，更加充分、有效、节约地利用资源（例如，降低能耗，节约运力，节省土地占用，降低包装材料消耗，对包装材料等资源进行梯级利用，回收再生利用，延长物流设施、设备的生命周期，提高物流设施、设备效率以及实现其他资源节约），这是实现粗放式的经济增长向集约式经济增长方式转变的重要途径，也是走新型工业化道路的关键环节之一，对于我国构建节约型社会和发展循环经济具有重大的现实意义。

（三）整合对于我国物流业形成和发展的重大现实意义

我国的物流业于20世纪90年代才刚刚起步，近年来发展迅速。目前的情形是，一方面由于国内缺乏对大量分散物流资源的有效整合，使得各种分散的物流功能资源不能提供令客户满意的服务；另一方面庞大的存量资源分散形成一种低水平的过度竞争，严重影响了物流产业的形成和发展。如果再不加紧对国内分散、无序的物流资源进行有效地整合，提高物流产业集中度，将对我国物流产业的未来发展带来非常不利的影响。

随着经济的高速增长，我国已经成为世界上最广阔和最具潜力的物流市场。现实和潜在的巨大利润吸引着众多来自亚洲、欧洲和美国的物流服务供应商的进入。大多数外资物流企业进入我国以后，都有比较快的发展，许多企业在2004年得到高增长、高回报。例如，美国联合包裹运送公司（UPS）在我国出口业务保持强劲增长势头，2004年增幅高达125%。于1984年进入我国的英运物流有限公司（EXCL），已从早期的货代企业发展成为拥有空运、海运、陆路运输、合同物流等业务的综合物流企业。2004年，英运的业务量增长了60%以上。到2004年年底，中外运敦豪的56家分公司，已覆盖我国300多个城市，在我国的业务保持到50%的增长率。同时，越来越多的跨国物流和供应链管理专业服务商把目光转向我国国际物流市场，帮助我国企业管理日益复杂的供应链。如美国总统轮船物流服务公司（APLL）在深圳盐田港附近设立物流中心，为客户提供包括货源地（出口）管理、国际货运管理、目的地（进口）管理、国内货运管理和配送中心管理的一体化供应链服务模式，以响应客户对控制、灵活性和单点接触的需求。在物流地产、物流信息、物流保险等相关领域，也都可以看到外资的踪迹，一个全方位的开放时期已经来到。

跨国物流企业进入我国市场对我国物流业带来多重影响。从短期看，跨国物流企业服务的对象主要还是我国境内的跨国企业，因此对我国物流企业的冲击还不算太大，但已经显现。从长远看，如果我国物流企业不能从服务理念、服务方式、服务标准、服务范围等方面有一个全面的提升，其面临的市场压力和挑战将会越来越大。据美世管理顾问的调查，外资企业的物流业务80%以上是交给国外的物流企业去做的。因此国外的物流企业会凭借手中的市场订单，通过联合、并购逐步渗透，达到整合国内的物流资源，建立起覆盖目标市场的物流网络。目前外商、外资进入我国物流业的重点领域，是涉及国际物流或国内市场那些技术含量高、附加值高、市场潜力大的采购、供应链管理等业务项目，以及物流管理信息技术、快递、集装箱多式联运等，这些领域正是我国物流业发展的薄弱环节或今后的发展方向。可以预见，我国物流企业要想在高端市场与跨国物流企业竞争，其挑战性是相当大的。

随着我国市场全面开放和跨国企业的发展，原先属于国内物流企业拥有的一部分市场份额将被跨国物流企业占据，我国物流企业面临更大的竞争压力。就我国物流业而言，跨国企业引致的全球物流竞争对我国物流基础设施、物流企业还是物流市场建设都提到了一个崭新的高度，物流企业之间的竞争直接表现为物流基本服务能力、物流增值服务能力和物流服务价格等方面的综合竞争。因此，那些拥有完备物流网络、物流成本较低、能够对客户需求做出灵敏反应的物流企业将赢得客户的青睐，并获得生存和发展的机会。相反，那些不具备网络规模优势、运营成本高昂和对市场不能做出灵敏反应的物流企业将逐步被兼并、重组或直接淘汰出局。

（四）物流业整合的前提条件

从国际经验看，物流业的整合需要具备一些前提条件。

首先，要形成有利于物流业整合的制度和政策环境。

物流整合涉及国民经济的多个部门，在空间上是跨地区的，因此它必须消除部门间、地区间的政策壁垒，打破部门分割和地区封锁，确保有一个开放的市场环境。因此，各国在物流整合过程中往往会创造有利于物流整合的制度和政策环境。如美国20世纪70年代以后放松了对运输业的管制，其直接效果大大加强了市场配置物流资源的机制，通过市场机制在各运输方式之间引入竞争，运输企业灵活定价，增强各种运输方式对市场的反应力和经营活力，运输公司的业务不再受到束缚，能够提供运输服务之外的其他服务。这对各种运输方式根据市场需求扩展或收缩其业务边界起到了实质性的推动作用。例如，许多汽车运输公司转型为物流服务公司，可以提供一系列相关的服务，包括订单履行、库存管理及仓储。

其次，（信息）技术的发展。

物流业整合往往以信息技术、特别是互联网技术为支撑，对仓储、运输、装卸搬运、流通加工、配送等分立于不同产业的资源整合形成专业性的物流服务能力。信息技术的发展是产业整合的必要条件，信息技术实现了数据的快速交换、准确传递，提高了运输、仓库管理、装卸搬运、配送、订单处理的自动化，使订货、保管、运输、流通加工实现一体化。在计算机技术和定量化技术可以广泛使用以前，没有理由认为物流的各种功能可能被综合，或者这种交叉功能的综合会提高整体性能。随着物流管理方法的进步，以及信息技术在物流领域的应用，跨功能协调变得容易和富于效率。

最后，具有一定规模的物流需求。

物流的成长取决于物流需求和需求的潜力，物流对企业、产业所产生的效益主要实现于满足需求。物流需求是一个多维度的概念，它是顾客、中间环节主体对原材料、中间产品和零部件的流动提出的多方面要求：①流动的路径；②流动的速度；③流动的质量；④流动的成本等维度。一定规模的物流需求是物流业形成和整合的前提条件。

二、我国物流业整合的现状

（一）物流企业与制造企业建立战略合作关系

物流企业与制造企业在市场的驱动下，发挥各自优势，达成战略合作，共同提升双方主业优势。2004年，中远物流先后与海尔、长虹、中核集团、TCL等结成战略合作关系，与日立公司签署了物流总包合同，并成为悦达物流的第一大股东，与东风悦达起亚汽车形成更紧密的合作关系。中邮物流公司与雅芳公司在逐年扩大运输、仓储、配送、流通加工、信息和代收货款等服务内容的基础上建立起战略合作伙伴关系，又将合作延伸到联合开办专卖店等新领域。中海集团与宝钢集团签订了《战略合作协议》，涉及信息资源共享、建立长期的国际海上运输和国内江海运输合作、研究合作国际散货远洋运输、探讨和研究物流优化组合、充分利用资源优势提升双方主业竞争力等多个方面。由宝钢国际、一汽解放、日本住友商事三方签署了《冷轧钢板库实施仓储、加工、配送一体化管理合作协议》，以推进一汽生产的零库存，同时稳固了宝钢的战略供应商地位。三方合资项目——一汽宝友钢材加工配送有限公司在长春建成投产。

（二）供应链管理在一些先进企业中得到应用

国内某些行业的领袖企业，如新华制药、广东美的、江苏春兰、上海烟草集团、雅戈尔集团等纷纷实施了SCM管理应用。其中格兰仕在整合分销渠道基础上建立的供应链管理系统进一步提高了市场反应速度，可以准确预测客户需求，科学安排产销计划，加快存货周转，避免呆滞存货。山东鲁能帆茂物流公司在煤炭领域建立起供应链，从煤炭被挖出、运输到煤渣的回收、利用和废弃物深埋，从煤矿的采购物流到分销物流，实现了一体化的信息管理。

（三）行业物流发展取得较大进步

1. 汽车物流

过去，汽车生产厂家销售汽车，是由销售商或用户到厂家提货。现在，汽车一离开生产线，就由第三方物流公司直接将车辆运送到各地经销网点，实现了“零公里”运输，汽车物流应运而生。据目前不完全统计，国内从事商品车运输服务的物流企业有近千家。我国的汽车物流企业目前主要有4种形式：一是从传统的运输企业转变来的；二是从汽车制造企业分离出来的；三是伴随着市场崛起的民营企业；四是中外合资的汽车物流企业。2004年，这4类企业都有大的动作：由大连港集团、日本邮船和中远太平洋合资建设，总投资6亿元的大连汽车码头建设项目正式启动；广州港可靠泊6000车位滚装船的汽车码头投入使用；天津港北港池码头也已开工，可满足10万辆商品车接卸；上海港也在实施自己的物流项目。与此同时，汽车供应链的建设也取得新的进展。汽车零配件的物流被业界称为技术最复杂的“高端市场”，现在已经有像中远物流、安吉天地、长安民生、上海虹鑫等一批有影响的专业服务商。

2. 烟草物流

从2003年年初开始工商分离后，烟草流通企业在信息化、网络化方面取得了全面进步。截至2004年上半年的统计，我国烟草行业共建立配送中心2281个，客户服务中心2294个，电话订货中心1444个；其中实行电话订货的零售客户达到总数的60%以上，实行电子结算的零售客户达到总数的20%以上，全行业36家重点生产企业中已有18家建成了自己的自动化仓库。烟草行业的物流现代化已经走到了国内制造业物流管理的前列。

烟草行业物流取得的成绩离不开高度统一的管理体制，以及雄厚的经济实力。国家烟草专卖局从2003年起着力打造的烟草全行业信息化工程，被业内称为“一号工程”发挥了重大作用。其基本思路是用信息化带动烟草现代化建设，按照统一平台、统一数据库、统一网络的要求，进行烟草行业的信息化建设，努力实现系统集成、资源整合、信息共享。为切实加强领导，2004年5月成立了由国家烟草局副局长任组长，相关部门和企业参加的“烟草行业物流工作领导小组”，行业主管部门的推动功不可没。

3. 家电物流

家电业是国内关注企业物流管理问题最早的行业之一。近年来，许多家电企业在流程改造、供应链管理方面取得了很大成绩，家电业在2004年的效益有所提高，这与该行业物流管理水平的提升是分不开的。如海尔品牌的成功正是建立在海尔物流的基础之上。在生产企业得益于物流的同时，大型专业家电连锁商开始加大投入，优化自身物流管理。如苏宁电器在北京共有12家店，覆盖10个城区。采取了自建物流体系的方式，送货不及时率由原来的0.8%左右，降为现在的0.2%，管理成本费用也有大幅度降低。国美一直在寻找服务和成本两者之间的平衡点。自己只有少量的配送车辆，只负责门店之间大批量的配送；大部分配送车辆和司机都是第三方物流的，国美具有管理和使用权；部分单项商品采取了全部外包的模式。如手机配送业务交给大田物流后，城际物流成本降低了20%。2003年开始，国美全面实施“集中配送”模式，每年减少车辆使用费135万元，减少人工费用290万元，减少门店库房租金1600万元。可见，物流优势不仅是家电生产企业，也是流通企业的核心竞争力。

4. 连锁零售物流

连锁零售业是以物流为支撑的新兴业态。据商务部公布的2004年全国前30名商业连锁零售企业的经营状况统计结果，2003年排名第30位的连锁零售企业销售额为26.1亿元，而2004年已经达到45.8亿元，表明我国连锁零售业企业集中度进一步提高。从近几年的统计来看，排在前30名的企业大部分经营稳定，成为国内连锁经营的龙头企业。重视物流管理，加快物流发展，是这些企业的共同追求。

一是外商投资连锁零售企业采用多种物流模式。2004年共有8家外商投资企业进入我国前30家连锁零售企业名单，合计销售额为864亿元，增长34.6%，占30家连锁零售企业销售总额的22.5%。此外，未列入前30家的百安居、欧尚集团2004年销售额增幅都超过60%，发展势头迅猛。沃尔玛进入我国时，在广东与天津分设了两个配送中心。而家乐福，强调“充分授权，以店长为核心”，采取了以供应商直送为主的运营模式。

二是连锁零售企业积极投资区域性配送中心。物美集团股份有限公司成功登陆香港创业板之后，努力打造辐射华北的物流配送中心。目前，物美已经与天津方面达成协议，将在天津兴建一个占地2500亩的大型现代化商贸物流配送中心。青岛利群集团股份有限公司物流中心已开始二期工程的方案论证工作，目标将辐射整个山东半岛。2004年年初，总投资约2亿元的苏果马群物流配送中心正式启用。该中心占地250亩，库房单库单层面积达3.8万平方米，共有3万个标准托盘式储货位，商品储存总量可达150万箱。配送的商品种类有1.5万种，年配送总额将达52亿~60亿元，可同时满足250公里半径内600余家连锁店的需要。

三是物流外包有所发展。继北京物美与和黄天百2002年签署合作协议后，深圳新一佳与招商物流达成物流合作，将物流全部外包，广东好又多物流的经营模式也是采用外包。据该公司介绍，外包的好处是可以利用社会资源，资金掌控在自己一方，配送委托给第三方物流。

四是扩大配送服务对象，开展商品配销业务。一些连锁超市企业如上海华联、杭州家友等开始利用自身较强的物流配送能力，进行社会化的配送。这种配送方式不仅提供物流服务，还伴随着商品的销售甚至管理的输出。其开展配送服务的目的，除了由此产生的服务收益外，更主要的是带动企业的销售，扩大企业的销售规模，赚取进销差价。

此外，医药物流、食品（包括冷链）物流、图书物流、军事物流等也都取得了新的进展。

(四) 物流企业在整合与改造中发展壮大

1. 市场细分，专业定位

许多物流企业根据市场需求和自身优势，进行市场细分，功能定位，培育核心竞争力。一些功能较强的“领头企业”整合中小型、专业化物流服务提供商，在专业领域控制资源，提供增值服务，逐步向上下游延伸，占据专业市场的主导地位。如中远物流凭借国际化网络优势，在细分市场的基础上，开拓了汽车物流、家电物流、零售物流、展品物流、电力物流和石化物流，为客户提供高附加值服务。中邮物流充分发挥邮政特色和优势，立足城市、农村两个市场，以一体化物流业务为核心，积极发展区域配送、货运代理与零担货运、分销与邮购业务，满足不同类型的客户需求，并稳步开拓国际物流市场。中铁快运发挥铁路长距离、大运能、全天候的优势，逐步向公路和航空延伸，通过多式联运的方式，加大中小型客户开发力度。

2. 资源整合，业务创新

既有在企业原有业务基础之上内部资源的整合，也有社会资源的整合。如中外运整合集团资源，建立了以海陆空三大货运体系为支撑的综合物流平台。在海运方面，积极调整运力结构和布局，在干散货运输和石油、汽车等特种商品运输领域进行了低成本扩张；在陆路运输方面，开辟了零担快运专线业务；在铁路运输方面，积极开展过境运输和国际联运业务；在空运方面，适时推出了“外运发展 e 速”服务项目。中国东方航空公司、中国远洋运输集团和中国货运航空公司 3 家共同投资组建了上海东方远航物流有限公司，形成了完备的航空货物地面代理、装卸、运输、中转、仓储、配送、快速通关等一体化服务能力。中邮物流与中铁行包等公司共同出资登记注册了新时速运递公司，并于 2006 年 5 月 18 日开行行邮专列，使中邮物流北方、南方和华东三大集散网连通，大大提升了邮政物流的网络运营能力，吸引了大批客户，快货业务迅猛发展。

3. 资本运作，对外合作

大田集团在北京与欧洲最大的汽车物流供应商捷富凯（GEFCO）成立了“捷富凯 - 大田物流有限公司”，并随后在武汉和上海分别设立了分公司，开始对“神龙”等汽车公司提供国际化水平的汽车物流服务。中铁物流科技公司与伊藤忠商事株式会社共同出资设立中铁伊通物流有限公司，注册资本为 1.4 亿日元，主要提供汽车和零部件的铁路及卡车运输与物流服务。中邮物流与澳大利亚邮政物流在上海合资成立赛诚国际物流有限公司，利用各自的运营能力共同为客户提供中澳之间的国际物流服务。由深圳航空有限责任公司、德国汉莎货运航空公司和德国投资与开发有限公司共同出资组建的我国第一家真正意义上的外资参股的航空公司——翡翠国际货运航空公司成立。

此外，国内三大航运巨头近年相继与日本海运巨头合作，进军汽车海运市场。2004 年 4 月，中国对外贸易运输（集团）总公司和株式会社商船三井公司合资成立的中外运—商船三井航运有限公司正式挂牌成立。此前 2002 年 10 月，中远集团已与日本邮船株式会社合资成立了中远日邮汽车船运输有限公司；2003 年 11 月，中海集团也宣布与日本川崎汽船合资组建中海川崎汽车船运输有限公司。值得关注的是，三家公司的主攻业务不仅均为我国沿海航线的整车运输服务，而且合资方也都来自日本的海运巨头。

4. 布点联网，提升实力

宝供物流为了提升供应链效率及客户服务价值、有效降低供应链成本，以在国内形成一个以现代化物流服务平台为节点的运作网络。2002 年至今，已建设并启动了苏州、广州及合肥物流基地；上海、广东顺德、南京、北京、天津物流基地正在积极规划和建设中。中外运公司先后在北京、上海、沈阳、武汉、西安、青岛、苏州等国内众多大中城市建立了几十个中央仓库（CDC）、区域分拨中心（RDC）或地区配送中心（LDC）。10 月 18 日，招商局集团与深圳市政府签署全面合作备忘录，提出将以整合重组港口、物流等逾 220 亿元资产为基础，在深圳成立物流等产业的总部和基地；未来 3 ~ 5 年内，计划在深圳投资 100 亿港元，重点发展以交通设施和技术为基础的物流业务。

5. 网络优化，重新布局

我国履行入世承诺，全面开放物流市场，而且有些方面的工作已经提前，外资正以较快的速度进入，投资规模越来越大，行业竞争呈全方位态势，国内重点物流企业积极应对。大田集团为了适应国际化发展和提高服务水平的需要，在全国 502 个城市设置了经营网点，并把管理总部从天津迁到了北京空港，已聘请了 13 位高级外籍管理人员。中远物流每年挑选优秀青年员工赴英国格兰菲尔德大学攻读物流与供应链管理硕士学位，并和 IBM 合作打造融合现代通信技术的信息系统。宅急送聘请了美国安永国际会计事务所从事公司上市审计工作，JP 摩根与台资倍利证券为其上市承销商，计划于 2005 年在港上市。

6. 创新服务，进军海外

随着客户供应链管理复杂性的提高，本土物流企业逐步涉足高价值物流服务领域。中远物流与北京吉普汽车签署了循环取货（MILK RUNS）物流服务协议，从天津地区扩展到上海及周边地区。中邮物流在为戴尔电脑提供物流服务的基础上，又增加了打印机、耗材等产品的物流服务，增加了实时订单处理、VMI、逆向物流等新的服务内容。与此同时，我国本土物流企业的服务也随着客户的市场延伸到国外。中远物流与由 TCL 集团控股的全球最大彩电企业 TTE 签署了涉及美洲、欧洲、亚洲和我国等地区的海外物流合作意向及协议。招商局物流与新加坡保世高公司签署了麦当劳玩具出口物流服务合作协议。

7. 结成联盟

一方面，大企业在合资合作方面迈开实质性步伐。上海交运集团与台湾大荣以及德国豪治、韩国大宇等进行合作。两年来，已经从一个多年从事普通货物运输的传统货运企业转变为经营“专项、专货、专户”运输的现代企业集团。在巩固原有业务领域地位的基础上，确立了进军物流的发展方向。许多沿海地区的大型货运企业都陆续开展了这类业务，而合作较好的一些企业，还尝试成立合资公司。另一方面，中小企业的合作联盟虽然声势浩大，但鲜有实质性进展。两年多来，特别是 2004 年，在东部和中西部地区，都举行过轰轰烈烈的加盟仪式。但一谈到具体投资和操作，就变得踌躇不前。因此，许多还停留在局部地区和局部业务合作的层面，与当时预期相差甚远。

（五）港口物流进一步整合

随着我国外贸持续高速增长，外贸依存度提高，沿海港口特别是大型枢纽港对区域经济的带动作用越来越重要，已成为推动区域物流和经济发展的“引擎”。

2004年，上海港货物吞吐量完成3.79亿吨，约占全国规模以上沿海港口吞吐量的15%，已超过鹿特丹港，位居新加坡港之后成为世界第二大货运港口；集装箱吞吐量完成1455.4万标准箱，约占全国规模以上港口集装箱量的24%，居世界第三位；洋山深水港第一期工程基本完成，设计吞吐能力250万吨。数字能清晰显示上海港的跨越：从1949~1984年，上海港货物吞吐量达到1亿吨，用了35年；到2000年突破2亿吨，用了16年，而突破3亿吨仅仅用了3年。宁波港2004年11月22日，货物吞吐量突破2亿吨，成为我国大陆8个亿吨大港中第二个跨上2亿吨台阶的港口。广州港、天津港也紧随其后，纷纷提前跨入2亿吨港口的行列。

1. 港口成为物流功能的聚集区

2004年，深圳港货物吞吐量达1.35亿吨，同比增长20.33%；集装箱吞吐量1365.54标箱，位居国内港口第二位、世界港口第四位。随着进出口货量不断增长，班轮公司在深圳设立的分公司和办事处已达32家。马士基海陆、美国总统轮船等已将华南操作部从境外迁至深圳。全球40多家班轮公司新增航线25条，航线总数达到131条。中远、中海、东方海外、地中海航运、法国达飞、以星轮船等船公司投入多艘载箱量8000标准箱的船舶运营欧美干线。已有3艘集装箱轮以深圳命名，深圳港在全球的知名度不断提升。青岛港通过良好的服务吸引众多船公司和货主企业，仅2004年就增开25条航线。至此，青岛港已与世界上130多个国家和地区的450多个港口开通了航线，每月达到航班420班。

2. 物流功能向上下游延伸

天津港在实现集约化经营的过程中，不断拓展港口在加工、物流、交易等方面的功能。在港口周边大力发展原油、冶炼、钢铁、电力等临港工业；进一步加快集装箱物流中心、散货物流中心，以及化肥、钢材、矿石等多个分货类分拨中心建设，大力发展物流业；通过货物交易大厦，引进金融等相关服务机构，进一步完善交易服务功能，努力为客户提供综合性物流服务。大连港初步构建了覆盖东北地区主要城市的内陆海铁联运体系，2004年集装箱海铁联运18万标准箱，再度蝉联全国海铁联运第一大港地位，拓展了海向、路向腹地，延伸了港口的功能。

3. 进一步明确港口间的分工协作

长三角地区经济发展推动着上海向国际航运中心迈进。珠三角港口经过10余年市场化竞争的稳步发展，已初步具备了香港国际航运中心、深圳区域性航运中心和广州港等众多城市港口为补充的集装箱港口群。青岛、天津和大连三大港，是环渤海经济圈港口群中的核心。在市场经济体制以及港口下放地方以后，彼此的关系既有竞争，也有不同的市场定位和分工合作。各地方政府纷纷提出“以港兴市”甚至“以港兴省”的思路，加大对港口建设的投资力度，期望在未来港口竞争中占据有利地位。为了整合港口资源，使各港口间既分工又能有效协作，2004年12月24日，国务院总理温家宝主持召开了第74次国务院常务会议，审议并原则通过了《长江三角洲、珠江三角洲、渤海湾区域沿海港口建设规划》。

（六）物流整合出现新的“亮点”

1. “区港联动”

主要以整合保税仓库和出口监管仓库的功能为基础，打破保税仓库和出口监管仓库分别专门存放进境、出口货物且相互隔离的状态，集成、拓展这两个仓库的功能，主要有保税仓储、简单加工和增值服务、国际物流配送、进出口贸易、国际中转和转口贸易、物流信息处理等。

2003 年 12 月 8 日，国务院办公厅正式批复海关总署，同意《上海外高桥保税区港区联动试点方案》。2004 年 7 月 15 日，全国首个保税物流园区——上海外高桥保税物流园区正式封关运作。截至 2005 年 1 月 15 日，已有 18 家国内外知名的物流企业和船公司进驻，投资金额超过 1900 万美元。半年来共监管各类进出区货物 5507 票，货值达 5.2 亿美元，其中“视同出口”货物 2857 票，货值近 2.7 亿美元。保税物流园区国际转口、国际配送和国际采购业务全面展开。如东方海外货柜航运（我国）有限公司在江浙一带集中采购五金工具和厨卫用品，然后通过包装、集拼运送至日、美等国的大型超市。先锋制造（我国）有限公司国际采购项目采购来的商品实现了“进区退税”，采取“一次采购、分批配送”的模式，进出境和中转货物都在园区内分拆、集拼，然后出口英国、日本、巴西等十几个国家，物流成本节省了 40% ~70%。2004 年 8 月，国务院办公厅批复同意“区港联动”，把保税物流园区的试点扩展到 8 家。

2. 连锁化整合

我国物流企业的网络建设从资产的角度来讲，基本上走了两条不同的路子。一是构建经营性资产，壮大自身实力，走“实资产”的路子；二是通过连锁加盟，整合社会资源，走“轻资产”的路子。前者如宝供，后者如锦程。大连锦程国际物流集团从 1990 年开始介入货运行业。前 10 年走的是“实资产”的路子，发展分支机构四五家；后 10 年开始探索“轻资产”的路子，特别是最近不到 5 年的时间，锦程的分支机构已发展到 102 家，并开始向海外扩展。锦程总部对各加盟企业基本上只参股不控股，各企业经理人还继续是老板；各加盟企业共同使用以锦程公司名义统一签约的船东资源，分散操作，整合了的客户市场资源形成了扩张效应。2004 年 12 月 8 日，锦程全球订舱中心开通了全国免费订舱热线，全球订舱中心项目开始启动。一是连锁经营，整合小型货代，集合客户资源，提供综合物流服务；二是集中采购，推出低价产品，做全球物流批发商。在公路货代运输、仓储配送等领域也都出现了连锁化整合的趋势。

3. 多式联运

2004 年 4 月 22 日，连云港—阿拉木图国际集装箱“五定班列”（定点、定时、定价格、定班次、定路线）开通。这是新亚欧大陆桥自 1992 年开通以来首次开行的跨国集装箱直达班列。11 月 24 日，上海—无锡空陆联运正式开通。进出口企业实现了就近报关缴税，直接到口岸提货。空陆联运采取定时、定价、定航班方式，有效缩短了物流时间，加快了通关速度，降低了通关成本。深圳—南昌海铁联运正式开通，内陆部分主要由“五定班列”承担。黑龙江开通至温州粮食江海联运专线。运输船舶将就近从乌苏里江东安港、松花江同江港和黑龙江勤得力港起航，过扶远、俄罗斯阿穆尔河，通过鞑靼海峡，经日本海、朝鲜海峡、东海直至我国东南沿海各地。

4. 多种快捷通关模式

深圳海关与成都海关联手制定了《关于支持蓉深两地海铁联运业务的框架方案》，最大限度地简化了通关手续，两地转关货物的通关时间缩短了一半。天津保税区和首都机场两地之间正式开通了“空运出口直通业务”。这项专为北京转关货物而设置的业务，将以往转关货物的二次报关简化为一次报关，有效提高了通关效率。北京海关与上海外高桥保税区海关正式签署了《关于京沪两地转运保税货物的联系配合办法》，京沪两地保税物流双向联动分拨模式正式开通。南京海关将原来的监管仓库、出口监管仓库和保税仓库的不同功能整合到一个平台，并进行信息化联网，实行“三库联动”、“一站式监管”。

5. 供应商管理库存（VMI）

联想集团在北京、上海和惠阳三地工厂采用了供应商管理库存的方式。联想根据生产要求定期向库存管理者即作为第三方物流公司的伯灵顿全球货运物流有限公司发送发货指令，由第三方物流公司完成对生产线的配送。从其收到通知，进行确认、分拣、海关申报及配送到生产线的时间要求只有2.5小时。该项目实施后，联想的供应链大大缩短，成本降低，灵活性增强。大田集团在苏州海关的保税物流中心开始了供应商管理库存（VMI）和区内退税的物流服务业务。基本的运行模式是，撤销制造企业和供应商库存，在制造企业的生产车间周围，由物流企业租用并管理仓库。物流企业根据制造企业的生产进度，要求供应商送货到仓库；然后根据制造企业的需求分批次把所需物料直接送达车间工位；并按照实际使用情况，由物流企业给双方办理结算。在此基础上，物流企业分别建立国际分拨中心和区域分拨中心，根据订单把制造企业的产品发往终端客户。目前，大田已经为800多家供应商提供供应商管理库存服务；建立了7个区域分拨中心和2个国际分拨中心。

6. 物流园区（基地、中心）建设走向理性和规范

物流园区既是一个地域概念，也是一个功能概念。近年来，在各地物流发展规划中，几乎都提出了物流园区的规划和建设问题，全国各地出现了相当数量的物流园区、基地、中心。同时，规划与建设物流园区也引起了极大争论，国务院决定与其他园区一样列入整顿范围。但这并不意味着国家反对搞物流园区，而是要科学地规划与发展物流园区。物流园区具有基础性、公共性和服务性的特点，与一般的开发区、工业园区是不同的，它是物流运作不可缺少的功能环节。建设物流园区，既有利于各种物流功能和要素的集成整合，实行一体化运作，提高物流服务的专业化水平，又有利于物流企业实现规模经营，提高物流效率，避免重复建设，达到少占土地的目的。从2004年我国物流园区等相关专业化基础设施的建设情况分析，其名称存在较大差别，分别使用了物流园区、物流基地、物流中心、配送中心、数码仓库等多个称谓，也反映出专业化物流基础设施功能和作用的不同。从一些地方的经验来看，凡是那些定位明确、贴近需求，按照市场经济规律发展起来的物流园区，运作情况都比较好。如北京空港物流园区、上海外高桥物流园区、深圳盐田物流园区和广州南方物流园区等，都是以具有强大运输组织功能的港站枢纽为中心，整合运输与物流服务资源，建设起来的物流园区设施系统，是成功运作的典型。浙江传化物流基地是一个交易平台型的物流园区，在短短的两年时间内

整合进驻360多家各类物流企业，30多万辆社会车辆资源，日交易额达5亿元，为杭州市及周边地区6000多家工业企业和商贸企业提供物流服务，2004年实现营业额达10亿元，发挥了聚集物流需求，整合物流资源的重大作用。由于具有需求的支撑基础，加之对违法、违规占地的查处，过去几年盲目建设和发展物流基础设施（包括物流园区、物流基地、物流中心、配送中心和大型仓库）的局面得到改观。

（七）物流政策的整合受到重视

物流政策是推动我国物流发展的重要动力和基本保障条件。随着改革开放和社会主义市场经济体制的建立，人们对物流的认识也经历了一个从模糊到逐步变得清晰的过程，政府相关主管部门、各地方政府对物流发展的政策制定也经历了一个从各自分立到逐步协调和综合的渐变过程。目前，我国物流发展的宏观政策环境显著得到改善，支持物流业发展的统一的国家物流发展政策正在形成之中。2001年，原国家经贸委会同铁道部、交通部、信息产业部、原外经贸部、民航总局联合印发了《关于加快我国现代物流发展的若干意见》。这是我国政府部门联合下发的第一个有关物流发展的政策性、指导性文件。该《若干意见》明确提出了物流发展的指导思想与总体目标。2004年8月，国家发改委、商务部等九部委出台了《关于促进我国现代物流业发展的意见》。并由发改委牵头，商务部等13个部门和物流与采购联合会、交通运输协会参加，形成“全国物流工作部际联系会议”机制。这对于统一指导、协调、促进物流发展将会起到十分重要的作用。

三、我国物流业整合存在的突出问题

（一）供需不平衡的矛盾依然存在

一方面，企业物流运作模式受“大而全”、“小而全”思想影响，习惯于自成体系，自我服务，大量潜在的物流需求还不能转化为有效的市场需求；另一方面，物流市场结构不合理，物流企业数目众多，规模小，实力弱，功能单一，服务质量和效率难以满足社会化物流的需要。这几年，我国第三方物流发展很快，但真正能够提供一体化服务的企业还不多。在如何促进生产流通企业外包、释放物流需求、物流企业增强供给能力和服务水平等方面，政府有关部门还缺乏有效的政策措施，迫切需要政府加强对物流市场的宏观调控。

（二）基础设施的结构性“瓶颈”制约较为突出

近年来，我国物流基础设施发展很快，但同物流需求的增长仍然不相适应，存在物流基础设施供给的某些领域明显不足的“硬缺口”现象。2004年，我国需要运输的实物量增长20%左右，而实际完成的货运总量只增长了10.6%，使货物在途时间延长，压港、压库严重。

我国铁路总营业里程居世界第三位，完成工作量居世界第二位，每公里铁路完成的货运量居世界第一位，但仍然不能满足社会物流需求。全国各地每天向铁路部门申请车皮15万~16万辆，实际只能满足9万多辆的要求。我国现有路网建设与社会发展需求的矛盾日益显现。按国土面积平均的路网密度算，每万平方公里拥有铁路，德国为1009.2公里、英国为699.1公里、法国为538.3公里、日本为533.63公里，我国只有

74.89公里，排在世界第60位之后。按人口平均算，我国每万人拥有铁路0.56公里，排在世界第100位之后。

目前，我国90%以上的集装箱吞吐量集中在沿海主要港口，而集装箱吞吐能力的严重不足与港口集装箱业务需求快速增长已形成巨大反差，尤其是枢纽港吞吐能力不足的矛盾更为突出。同时，与港口连接的公路、铁路、内河航运等集疏运系统的不完善和不配套，也在一定程度上制约了我国集装箱运输的发展。

在这几年兴起的“物流热”中，各地规划了一些物流园区项目，也出现了借机“炒作”、圈占土地、搞房地产的问题，但真正投入运作的园区并不多，物流基础建设滞后的问题还很突出。其根本原因是，物流用固定资产投资实际增长幅度明显低于需求增长。2004年物流基础设施固定资产投资总额为0.7万亿元，增长24.3%，增速比同期社会物流总额增长速度低5.6个百分点，也低于同期全社会固定资产投资增长25.8%的水平，尤其是供需矛盾最突出的铁路运输投资增幅只有16.5%。

（三）物流发展的体制和政策环境需要进一步改善

一是体制方面的障碍。鉴于物流业的复合产业特征，从各国物流业的发展情况看，并未出现对物流业的专门管理部门，我国也不例外。但是，我国在物流业的管制上有自身的特点。

1. 管理部门较多，管理效率较低

物流业涉及国家发改委、交通运输、商业、城市管理、公安、税务、海关、商品检验检疫等多个部门，这些部门的管理职能、管理方式和制度体系等存在较大不同。在对物流业实施职能分散管理的过程中，因管理之间的体制及机制性原因，造成管理的环节多、管理的差异性大、执法的宽严尺度不一，加之管理的协调性较差，使得管理的效率较低。

2. 管理条块分割，管理能力较低

物流业的多部门管理并非就是问题，经济发达国家物流业的相关管理也不是在一个部门进行的。目前我国物流业管理的问题在于，脱胎于计划经济体制的管理体制及机制，政企尚未实现真正的分开，一些大型国有企业部门所属关系复杂，形成了多部门管理的利益的分割状态，使得好的管理方式和先进的生产力的发展受到制约，管理的能力也因分割而受到局限和制约，造成管理水平提高较为缓慢。

3. 管理层次较多，地方保护主义严重

物流业管理的多部门设置，以及我国从中央到地方的多级管理，本可以形成严密的管理网络，但是，由于中央及地方以及不同地区的经济利益驱动，地方管理成为地方利益的体现，助长了地方保护主义。目前，我国相当一部分省市间的市场壁垒还很严重。因此，使我国网络化物流服务企业的成长变得相当困难。物流业从业企业规模较小、地域化经营特点鲜明的症结，均可以在地方保护中得到答案。物流企业普遍反映，许多地方对本地企业和外地企业不能一视同仁，存在地方保护的问题；物流企业在异地设立分支机构、承揽业务和车辆通行等遇到许多困难，纠纷时有发生；有的地方出台文件，要求货运企业统一进入指定的货场经营。

总之，我国物流业的管制是较为严格的且较管制权相对分散，容易形成物流业市场准入的控制较严、限制较多。

二是政策环境的影响。据不完全统计，改革开放以来，我国物流业相关的领域共出台各类管理法规逾3万件，单从物流业管理需要角度讲，不可谓不多。但是，这些法规因受到前述的管理部门较多、管理的条块分割和地方保护等因素影响，有相当部分法规之间存在矛盾、重复和缺乏协调之处，加之执法主体多元化，也是造成管理混乱和无序的重要原因。

由于物流产业的复合性，与物流有关的政策分属不同部门，缺乏统一、透明的产业政策体系。虽然九部委已经出台了《意见》，但需要抓紧落实。例如，不少企业反映，在工商行政管理部门缺乏明确标准，物流企业没有明确界定；在企业登记、发票使用、税收抵扣、企业资质评定等管理中，都有自有车辆数量的硬性规定，这是整合社会资源的一大障碍；物流企业业务外包时，营业税应征基数偏高，除运输费用以外其他外包的物流费用不能抵扣、大型物流企业异地分支机构还不能统一缴纳所得税；在养路费、运管费、货运附加费、过路过桥费方面收费过高，企业负担重；由于各地限制货车进城，不少物流企业采用小型客车送货，既不安全，又增加了成本，还影响到及时配送；从总体上来说，海关与动检、卫检、商检、外管局等相关部门还不能联动，与企业信息系统也没有接口，又不允许企业预录入，延缓了通关速度等。

三是市场竞争的“失信”和“失范”。目前，在许多地方存在着诚信缺失和无序竞争的问题。如有的执法机构和人员借机乱收费、乱罚款；甚至还有黑恶势力当道，欺行霸市；企业间的恶性竞争、打“价格战”；招标中的不规范、“暗箱操作”等问题也比较严重。据河北、河南、山东等地的一些货运企业反映，在它们参加过的货运企业招标中，90%以上的招标价低于成本价。这些都影响着物流市场的发展和正常秩序的建立，需要抓紧解决。

（四）技术水平相对比较落后

我国物流业中有两个环节的技术含量缺口很大，一是装卸搬运、换装、承接方面，主要原因是物流技术标准化程度低，各种物流功能、要素之间难以做到有效衔接和协调发展；各种运输方式之间装备标准不统一。如海运集装箱与铁路集装箱、公路集装箱的标准不统一，不能互相兼容，影响了联运业务的发展；物流器具标准不配套。例如现有的托盘标准与各种运输设备、装卸设备标准之间缺乏有效的衔接，这对各种运输装载率、装卸设备的荷载率、仓储设施空间利用率方面的影响较大。二是物流信息系统建设滞后，物流信息系统的及时传递和处理、单证的流转等易出现脱节。国内在信息技术的应用方面与发达国家有很大差距，发达国家已普遍使用的一些技术设备在国内还很少使用。要提高自身的信息化程度，缩短与国际先进水平的差距，必须有意识、有重点的采用先进的信息化技术和设备，如电子订货系统、管理信息系统、企业资源计划系统以及自动识别技术、自动机械技术、自动跟踪技术等。

四、我国物流业整合的基本原则和目标

（一）基本原则

1. 物流业整合必须适应国内外经济发展的客观规律和市场需求，为增强国民经济

综合竞争力服务。为此，物流发展必须适应经济全球化、信息化及新技术革命的要求；同时，也要适应国内经济发展的买方市场约束阶段和体制改革进一步深化的要求，从而更好地为国内经济发展、结构调整、体制改革和对外开放提供服务。

2. 物流业整合必须符合国民经济总体发展的要求。作为独立产业的物流业，其关联度很大，交通运输、邮电通信、仓储等都是物流设施的组成部分，制造企业、商业流通企业则是物流业发展的重要需求主体。确保物流发展与国民经济发展协调、配套和统一，从而减少物流发展的成本，提高物流发展的效率性和科学性。

3. 物流业整合必须坚持“大物流”的原则。“大物流”原则的第一层含义是要统筹考虑正向物流和逆向物流的发展。“大物流”原则的第二层含义是要统筹考虑商流、物流和信息流的协调。物流已经走出单纯的商业领域，逐渐融入各项产业和部门，走向社会化服务的轨道，而且它已不仅仅是单纯的物流本身或“小物流”，而是包括商流、物流和信息流在内的“大物流”。这是物流发展的客观趋势。因此，物流发展必须跳出传统的狭隘的商业领域，从“大物流”的思维出发，形成了包括交通运输、配送服务、加工代理、仓储管理、信息网络和营销策略等多环节组成的，商流、物流和信息流相统一的物流大循环系统。

4. 物流业整合必须有利于物流市场的统一和规范。物流市场有四个特点：一是完整性，即构成物流的要素市场要同时具备如信息、商品等要素市场必须齐全；二是统一性，即物流市场是统一的整体，而非分割或分裂的；三是开放性，既要求物流市场对内开放，也要求其对外开放；四是规范性，即物流市场的竞争与发展需要一整套物流法律、法规来进行规范约束，以确保其有序、规范的竞争。我国物流发展必须体现上述四点，如打破地区分割、部门分割等，从而有利于物流市场的统一和规范。

5. 物流业整合必须符合科学发展观的要求。物流过程的空间跨度性和时间跨度性，决定了其对环境和资源的重大影响。特别是近几十年来，物流活动伴随着世界经济总量的迅速增加而大大扩展，已经带来了巨大的环境和资源压力。物流的整合必须充分考虑对环境和资源产生的影响，坚持走可持续发展和循环经济之路，形成一个环境共生型、资源节约型的物流运作体系。

（二）目标

我国物流业整合的基本目标是：根据物流发展的规律，结合我国国情，以促进国民经济的竞争力和国民经济运行效率提高为战略目标，通过对分散的物流资源进行综合利用、相关功能进行协调与集成、物流管理与运作实施重组与优化、物流网络的重新布局和调整、物流管理体制改革和政策统筹，初步建立起适应经济社会发展需要的现代化、社会化、专业化物流服务体系。

五、我国物流业整合的实现途径

从理论上讲，整合的途径有多种，例如，从产业链的角度看，我们可以归纳出纵向整合、横向整合和混合整合等类型。本报告认为，实现我国物流业整合，可以通过企业、产业、区域和宏观等多个层面，大力抓好物流功能、企业物流、区域物流、基础设施、物流信息、人力资源和管理体制等方面的整合，从而实现物流业的科学发展。同时，不同层面的整合，在整合对象、整合内容、整合目的、重点任务、具体措施等方面都存在很大差别。具体如下：

（一）企业层面的实现途径

企业层面的实现途径主要包括物流企业功能整合和企业物流整合。主要着眼于企业微观层面和物流的功能环节。

1. 物流企业功能整合

一是对现有物流的功能环节进行整合。如诚通中储依托原有的仓储业务，不断开发了经销、质押监管、加工、配送、信息等服务项目。

二是通过系统开发和运用，增强服务功能和效率。如宝供在2003年年初，引进全球领先的仓库管理系统，开始在苏州物流中心投入运行，实现与原有工作流程的无缝集成，提高了库存控制能力以及物流设施的使用效率。

2. 企业物流整合

企业物流是我国现阶段物流活动的主体。国外发达国家物流发展的经验表明，物流的社会化和现代化正是从制造业物流的高度发展开始的。国外许多专业化的物流企业，也是从企业物流中逐步发展起来的。从我国物流发展的现状看，企业物流和物流企业的相互融合、转化和共同发展，将是一个相当长的过程。

当从单一企业的优势角度出发来讨论物流工作时，会受到两个重要条件的限制。首先，所有的企业都需要其他业务活动的支持和协调，才能完成其整个物流过程。这种协调是按照共同的目标、政策和规划等，把企业团结起来的。从整个供应链的角度来考虑，由于排除了重复作业的浪费而提高了效率。然而，交叉的组织协调却又需要共同制订有关的计划和处理相互的关系。

我国物流运作集约化、社会化程度低，经营分散、粗放，不仅与发达国家有较大差距，也同我国市场经济发展的需要不相适应。相当多的生产和流通企业，还没有完全摆脱计划经济的束缚，仍然习惯于“大而全”、“小而全”的运作模式。许多企业拥有自己的车队和仓库，独立设置经营网点和人员，自成体系，自我服务。这是造成物流成本高、效率低、服务差的主要原因，也是物流发展的严重障碍。为适应全球化竞争的需要，企业物流面临新的选择。要提倡制造企业、商贸企业引入物流理念，抓好企业内部流程改造和资源整合，提高自身物流管理水平；鼓励企业间的物流合作，逐步建立供应链管理的合作伙伴关系；支持企业剥离、分立或外包物流功能，形成核心竞争力。如何在改善供给能力，提高服务水平的同时，培育社会化物流的需求基础，也是我国物流发展的根本性问题。

案　例

海尔物流中的“一流三网”

海尔的物流改革是一种以订单信息流为中心的业务流程再造，通过一系列的整合，构筑起海尔的核心竞争能力。

海尔物流管理的“一流三网”充分体现了物流的特征：“一流”是以订单信息流为中心；“三网”分别是全球供应链资源网络、全球配送资源网络和计算机信息网络。“三网”同步流动，为订单信息流的增值提供支持。

在海尔，仓库不再是储存物资的水库，而是一条流动的河。河中流动的是按单采购来生产必需的物资，也就是按订单来进行采购、制造等活动。这样，从根本上消除了呆滞物资、消灭了库存。

目前，海尔集团每个月平均接到6000多个销售订单，这些订单的品种达7000多个，需要采购的物料品种达26万余种。在这种复杂的情况下，海尔物流自整合以来，呆滞物资降低了73.8%，仓库面积减少了50%，库存资金减少了67%。海尔国际物流中心货区面积为7200平方米，但它的吞吐量却相当于普通平面仓库的30万平方米。同样的工作，海尔物流中心只有10个叉车司机，而一般仓库完成这样的工作量至少需要上百人。

全球供应链资源网的整合，使海尔获得了快速满足用户需求的能力。

海尔通过整合内部资源优化外部资源，使供应商由原来的2336家优化至840家，国际化供应商的比例达到74%，从而建立起强大的全球供应链网络。GE、爱默生、巴斯夫、DOW等世界500强企业都已成为海尔的供应商，有力地保障了海尔产品的质量和交货期。不仅如此，海尔通过实施并行工程，更有一批国际化大公司已经以其高科技和新技术参与到海尔产品的前端设计中，不但保证了海尔产品技术的领先性，增加了产品的技术含量，还使开发的速度大大加快。另外，海尔对外实施日付款制度，对供货商付款及时率达到100%，这在国内，很少有企业能够做到，从而杜绝了“三角债”的出现。

由于物流技术和计算机信息管理的支持，海尔物流通过3个JIT，即JIT采购、JIT配送和JIT分拨物流来实现同步流程。

目前通过海尔的BBP采购平台，所有的供应商均在网上接受订单，使下达订单的周期从原来的7天以上缩短为1小时以内，而且准确率达100%。除下达订单外，供应商还能通过网上查询库存、配额、价格等信息，实现及时补货，实现了JIT采购。

为实现“以时间消灭空间”的物流管理目的，海尔从最基本的物流容器单元化、集装化、标准化、通用化到物料搬运机械化开始实施，逐步深入到对车间工位的五定送料管理系统、日清管理系统进行全面改革，加快了库存资金的周转速度，库存资金周转天数由原来的30天以上减少到12天，实现了JIT一站式物流管理。

生产部门按照BtoB、BtoC订单的需求完成以后，可以通过海尔全球配送网络送达用户手中。目前海尔的配送网络已从城市扩展到农村，从沿海扩展到内地，从国内扩展到国际。全国可调配车辆达1.6万辆，目前可以做到物流中心城市6~8小时配送到位，区域配送24小时到位，全国主干线分拨配送平均4.5天，形成全国最大的分拨物流体系。

海尔CRM（客户关系管理）和BBP电子商务平台的应用架起了与全球用户资源网、全球供应链资源网沟通的桥梁，实现了与用户的零距离。在企业内部，计算机自动控制的各种先进物流设备不但降低了人工成本、提高了劳动效率，还直接提升了物流过程的精细化水平，达到质量零缺陷的目的。计算机管理系统搭建了海尔集团内部的信息高速公路，能将电子商务平台上获得的信息迅速转化为企业内部的信息，以信息代替库存，达到零营运资本的目的。

积极开展第三方分拨物流。

海尔物流运用已有的配送网络与资源，并借助信息系统，积极拓展社会化分拨物流业务，目前已经成为日本美宝集团、AFP 集团、乐百氏的物流代理，与 ABB 公司、雀巢公司的业务也在顺利开展。同时海尔物流充分借助，与我国邮政开展强强联合，使配送网络更加健全，为新经济时代快速满足用户的需求提供了保障，实现了零距离服务。海尔物流通过积极开展第三方物流配送，使物流成为新经济时代下集团发展新的核心竞争力。

流程再造关键是观念的再造。

海尔实施的物流管理是一种在物流基础上的业务流程再造。而海尔实施的物流革命是以订单信息流为核心，使全体员工专注于用户的需求，创造市场、创造需求。

机制的再造海尔的物流革命是建立在以“市场链”为基础上的业务流程再造。以海尔文化和 OEC 管理模式为基础，以订单信息流为中心，带动物流和资金流的运行，实施三个“零”目标（质量零距离、服务零缺陷、零营运资本）的业务流程再造。

构筑核心竞争力物流带给海尔的是“三个零”。但最重要的，是可以使海尔一只手抓住用户的需求，另一只手抓住可以满足用户需求的全球供应链，把这两种能力结合在一起，从而在市场上可以获得用户忠诚度，这就是企业的核心竞争力。这种核心竞争力，正加速海尔向世界 500 强的国际化企业挺进。

（二）产业层面的实现途径

产业层面的整合主要涉及两大方面：一是物流基础设施的整合；二是物流产业组织的整合。主要着眼于产业组织和基础设施。

1. 物流基础设施整合

近年来，我国的物流基础设施建设发展很快，为物流运作提供了基本条件。但也出现了互相攀比，盲目建设的倾向，特别是物流园区建设急需统筹规划、协调发展。有的地方在物流规划尤其是物流园区建设中缺乏明确的目标定位，缺乏明确的需求基础和客户群体，也没有可行的商业模式和投资回报机制，一味地贪大求全，隐藏着较大的投资风险。那些定位不清，盲目上马的园区，有的已陷入“进退两难”的境地。物流基础设施，特别是物流园区大多是投入高、占地多、回收期长的项目，而且涉及城建、交通、生态、环保等一系列问题，一定要慎重行事。

我国物流虽然起步较晚，但物流基础设施已有一定的基础。据了解，仅商贸领域的仓储面积就达 3 亿多平方米，利用率平均还不到 40%。大量物流基础设施，分散在各个地区和部门，整合的任务非常艰巨。要重视现有物流资源的利用、整合、改造和提升，不一定都搞新的。我国土地资源严重不足，国家正在实行最严格的耕地保护政策。盲目建设物流园区，不符合我国国情和物流发展的内在规律。当前，迫切需要打破条块分割、地区封锁，对物流基础设施建设进行统筹规划，促进现有资源的充分利用。政府要在加强宏观调控的同时，出台整合利用现有资源的优惠政策，引导物流走内涵式发展的路子。

2. 物流产业组织整合

我国物流市场存在着物流产业集中度低、物流企业数目多、规模小、效益低、缺乏现代化物流运营方式、国际竞争力弱等问题，需要加强对整个产业的整合。具体方式包括：

①并购。企业的并购是现代市场经济中资源整合最重要的手段。并购能够促进生产经营要素和活动的集中，节省培养人才、开拓市场、开发技术等所需要的时间，迅速扩大企业规模，形成生产、营销、技术、资金、管理等方面的协同作用。在成熟的欧美市场，大型物流企业通过兼并，进行业务单位的选择性交换，重组公司的资产，增强了核心竞争力，使行业合并呈线性增长；在我国这样的新兴市场，它们则通过兼并，进入市场或争取更大的市场份额。近年来我国物流企业的兼并重组也不乏其例。如20世纪90年代中远对上海众城实业、2002年上海实业物流控股有限公司对大通国际运输、2004年中储对北京中储物流以及中远对中外理货等，到目前为止在上述诸方面都取得了很好的效果。

②合资。这种合资可以是物流企业与上下游企业的合资。通过合资，上游企业可以获得可靠的客户源，下游企业也可以获得长期高效的服务。如上汽集团上海汽车工业销售总公司与天地物流控股公司合资组建的安吉天地汽车物流有限公司，主要向上海大众、上海通用在整车物流、零部件入厂以及售后物流等方面提供一体化、网络化的物流管理方案；UPS与Pricewaterhouse Coopers、Oracle、EXE Technologies合资成立公司，向企业对企业的电子商务客户和企业对消费者的电子商务客户提供服务，联营公司的经营范围囊括了从技术咨询、金融管理到计算机技术、物资投递服务等所有的邮政类服务。

合资方式还可以是物流企业与物流企业的合资，通过这种合资，双方可以相互学习、共享资源和共享市场。如TNT与土耳其科克集团通过资源共享，利用TNT的物流及IT经验、科克集团的客源及本土优势，共同开拓土耳其、独联体国家、中东和巴尔干地区的物流市场，与英国邮政局及新加坡邮政局合资，成立全球最大的商业邮递机构SPRING以提供涵盖200多个国家跨国邮递业务等。

合资是外资进入我国物流市场的主要途径。通过合资，外国物流企业大多能在市场进入、与政府关系、网络、客户关系等迅速打开局面，而本土企业尤其是传统物流企业通过与跨国企业合资，也获得了企业发展急需的技术、管理理念和专业人才等，并且与跨国公司一起，通过充分挖掘自身的业务网络的潜力，实现了企业的跨越式发展。目前，许多大型的传统物流企业如中储、中外运等通过合资，已经取得整体发展。中储的合资项目以天津宝储菱和天津冈谷为代表，收效明显；随着物流业的全面开放，UPS、FedEx、TNT尽管不再与中外远联营，但这些项目无异对中外远近年来的发展起到了巨大作用。

③战略联盟。战略联盟既包括非股权参与型的松散合作，也包括股权参与型的紧密合作，但不形成独立的法人实体。物流企业通过战略联盟可以实现资源共享、开拓新市场等特定战略目标，可以分享约定的资源和能力。这样的协议可以任意取消，而不必受到严格的惩罚。通过战略结盟，物流企业可以在未进行大规模的资本投资的情况下，利

用伙伴企业的物流服务资源，增加物流服务品种，扩大物流服务的地理覆盖面，为客户提供一体化物流服务，提升市场份额和竞争能力。相同的文化背景和彼此相互依赖、有效而积极的信息沟通、共同的企业经营目标和凝聚力、技术上的互补能力、双方高层管理人员在管理方面的共同努力等，是物流企业战略联盟成功的关键因素。

日本的物流企业主要就是通过建立战略联盟的方式来整合物流市场、强化与北美和欧洲的物流一体化运作的。例如，日本运输公司与辛克公司通过战略联盟，在全球供应链层面上展开合作；近铁快递公司与荷兰邮政集团通过战略联盟，为亚洲和欧洲的客户提供一体化的物流解决方案；伊藤忠商社与美国的GATX物流公司通过战略联盟，在北美和亚洲之间展开物流服务合作，以此作为进入对方物流市场的切入点。我国的一些大型物流企业也通过战略联盟，获得共同发展。如中储与中远、中储与中国邮政、中远与日本国际轮渡株式会社、中联理货与中远、中海、中外运等。2004年中储向广大储运企业发出倡议，拟成立我国储运联盟，目前正处在运作之中。通过这个联盟，成员企业可以互为代理异地仓储、区域配送和干线运输、质押贷款以及客户进出口货物的报关、报验等业务。

④托管。物流企业也可以通过托管的方式，对其他物流企业或物流资源进行经营和资产方面的委托管理工作，包括资产重组、资本运作、内外部资源整合和项目开发等。通过托管，物流企业也可以在不进行大规模的投资的情况下，实现兼并重组从而延伸网络、做大规模。但与战略联盟不同的是，这种方式下，被托管的资源完全纳入物流企业，避免了因利益分配、商业机密和技能的保密问题等带来的控制力度有限的瓶颈。同时，被托管企业或资源由于先进的管理、技术、人力资源、客户资源和网络优势，可以获得较托管前更高的资产回报率。

托管对于我国的物流现状，具有很强的现实意义。受计划经济的影响，一方面，目前我国企业中“大而全”、“小而全”的现象仍普遍存在，这些企业拥有大量土地等物流设施，由于仅仅服务于本企业和客户资源匮乏，这些设施很多都处在半闲置状态，造成了巨大浪费；而另一方面，众多的物流企业却由于缺少发展所必需的资源而苦苦挣扎。托管是解决这一矛盾的行之有效的方法，通过托管可以在短时期内实现市场资源的优化配置，取得物流企业与工商企业的双赢。

案　例

马士基收购铁行渣华

马士基集团成立于1904年，总部设在丹麦哥本哈根，在全球100多个国家设有数百个办事机构，雇员逾六万多名，服务范围遍及世界各地，作为集团的集装箱海运分支，是全球最大的集装箱承运人，服务网络遍及六大洲。铁行渣华是一家享负盛名的提供国际集装箱运输及全球物流服务的公司，是由Peninsular and Oriental Steam Navigation Company和Royal Nedlloyd NV两家公司合并而成，是全球第二大的集装箱航运公司。铁行渣华拥有166艘集装箱船舶以及约782977个20英尺标准箱位。铁行渣华的环球网络经营76条覆盖249个主要港口的航线。2005年5月11日，全球航运业有史以来最大的一次收购案成型，马士基将以现金形式收购铁行渣华，每股作价57欧元，共计金额为23亿欧元（即29亿美元），二者的合并是航运界有史以来最大的一次合并，从今以后其他班轮公司将很难超越马士基。马士基与铁行渣华合并后，将当之无愧地成为航运界的"航母"，全球市场份额达到17%左右。据初步统计，合并后二者在中国的市场份额将达到30%左右。马士基和铁行渣华合并后，在马士基和货主的博弈中，竞争的天平已经大大倾斜到马士基一方。

（三）区域层面的实现途径

区域层面的物流整合主要包括以下两个方面：一是形成完善的区域物流网络；二是加强区域间物流发展的协调。区域物流整合的基本思路是将区域内所有物流基础设施资源视为系统内诸要素，通过对区域物流系统内各要素的重组，使之相互联系、相互协调，形成有机合理的结构体系，实现整体优化，协调发展，发挥整体最大效能，实现整体最大效益。同时，兼顾区域间物流发展的协调。

1. 打造区域物流服务网络

区域内一次完整的物流过程是由许多运动过程和许多相对停顿过程组成的。一般情况下，两种不同形式运动过程或相同形式的两次运动过程中都要有暂时的停顿，而一次暂时停顿也往往联结两次不同的运动。物流过程便是由这种多次的运动——停顿——运动——停顿所组成的。与这种运动形式相呼应，物流网络结构也是由执行运动使命的线路和执行停顿使命的结点两种基本元素所组成的。线路与结点相互关系、相对配置以及其结构、组成、联系方式不同，形成了不同的物流网络，物流网络的水平高低、功能强弱则取决于网络中两个基本元素的配置和两个基本元素本身全部物流活动是在线路和结点进行的。其中，在线路上进行的活动主要是运输，包括：集货运输、干线运输、配送运输等。物流功能要素中的其他所有功能要素，如包装、装卸、保管、分货、配货、流通加工等，都是在结点上完成的。所以，从这个意义上来讲，物流结点是物流系统中非常重要的部分。实际上，物流线路上的活动也是靠结点组织和联系的，如果离开了结点，物流线路上的运动必然陷入瘫痪境地。

打造区域物流网络必须基于对特定区域现状的充分调研与分析，特别是对影响该区域物流基础设施的关键因素进行翔实解剖，并在此基础上站在区域物流整体效益最大化的战略高度，对其进行有效整合。整合流程大致可分为五个步骤：①初步确定物流集聚因素重点分析区域；②详细分析各区域内影响物流基础设施的各相关因素，确定合理的物流基础设施集聚区域及各区域的物流功能定位；③综合考虑区域布局与定位，按集聚区域分析现有物流基础设施资源状况；④在以上分析的基础上，提出区域物流基础设施资源整合具体方案；⑤根据其具体功能定位该区域的资源进行功能提升。

2. 加强区域间物流发展的协调

我国物流的发展，首先是从经济发达地区开始的，特别是珠三角、长三角和环渤海地区走在全国的前列，区域物流合作的趋势逐步加强。2003年，中央政府分别与香港和澳门签署《关于建立更紧密经贸关系的安排》。港澳货运企业申请并获准参与内地运输市场经营，港澳“零关税”货物进入内地市场，许多粤港澳物流合作项目启动。2004年6月，内地9省区和港澳特区正式签署了《“泛珠三角”区域合作框架协议》，必将推进这一区域物流合作的“一体化”进程。2003年8月，苏浙沪三地物流主管部门齐聚杭州，共同探讨构建“长三角物流圈”有关事宜。会议决定，建立长三角物流合作联系制度，突破行政区划的禁锢，积极推动区域物流的合作与发展。环渤海地区紧邻日韩东北亚经济圈，背靠东北和华北腹地，正在成为日资和韩资企业登陆我国的首选地。积极融入东北亚经济圈，在东北亚物流中发挥更大作用，是环渤海物流发展的明显趋势。

我国物流发展的区域差异十分明显。广大中西部地区，特别是经济不发达地区物流运作水平还比较落后。不少地方缺乏必要的物流基础设施，缺乏专业化的物流企业，更缺乏物流技术和人才。因为物流条件的限制，资源优势不能转化为经济优势，特别是农副土特产品运销不畅，是农民增产不增收的一个重要原因。这几年区域物流发展的不平衡，还表现在有些地方不顾区域经济和物流需求的实际，竞相提出“区域物流中心”的设想。区域内“多中心”势必导致重复建设，影响区域物流的协调发展。

温家宝总理在第十届人大第二次会议的《政府工作报告》中指出：促进区域协调发展，是我国现代化建设中的一个重大战略问题。要坚持推进西部大开发，振兴东北地区等老工业基地，促进中部地区崛起，鼓励东部地区加快发展，形成东中西互动、优势互补、相互促进、共同发展的新格局。党和国家关于统筹区域协调发展的战略思想，为物流发展提供了新的机遇。发展物流应成为西部开发、东北振兴和中部崛起的一个重要内容。要从区域经济和物流需求的实际出发，明确区域物流分工与定位。要运用物流理念、管理和技术，改造现有物流资源。要高度重视“三农”物流，推进农产品加工、销售和农业生产资料流通的现代化进程。要沟通城镇与乡村、东部与中西部、发达地区与欠发达地区的物流通道，建立起高效、通畅、便捷的物流服务体系。只有区域物流协调发展，才有可能带动区域经济的协调发展。

（四）宏观层面的实现途径

宏观层面的实现途径主要涉及物流管理体制和政策两大方面的整合。主要着眼于国家层面的宏观管理体制和政策协调。

1. 管理体制整合

随着经济全球化趋势的增强，全球生产、全球采购促进了物流的发展，也对物流的管理体制和制度环境提出了新的要求。根据物流发展的需要和我国国情，当前，迫切需要建立市场配置资源、政府营造环境、行业协调自律的运行管理机制和相应的法律法规体系。

首先，要培育有效竞争的市场机制。重点是打破条块分割和地区封锁，让各种物流要素在市场机制作用下充分竞争，自由流动。其次，要建立统一、高效、权威的部门协调机制。政府的作用主要在于制定物流发展战略、规划及产业政策，清除地区和行业壁垒，创造并维护公开、公平、公正的市场环境，履行社会管理和公共服务职能，并提高监管水平。应由国家经济综合管理部门牵头，与物流相关的部门参加，建立统一的全国物流发展部门协调机制，形成政府各有关部门共同推进物流发展的合力。最后，要充分发挥行业协会的作用。各级政府要通过行业社团组织加强行业管理和服务，凡物流发展的重点地区都应建立相应的行业社团组织，政府部门要支持行业组织开展工作。行业组织要牢固树立为政府、为行业、为企业服务的观念，成为沟通政府与企业的桥梁和纽带。要在物流行业标准制、修订、物流人才教育和培训、物流技术交流与推广、物流信息收集与服务、物流统计体系建立、物流规划咨询服务、物流业对外交流与合作等方面发挥积极作用。

要完善物流法律法规体系，营造有利于物流发展的外部环境。我国目前涉及物流管理的法律、法规大多是在计划经济体制下形成的，有不少是部门性、行业性、地方性规章，越来越难以适应物流一体化发展的要求，也不符合我国加入世界贸易组织物流国际化发展的需要。要在全面清理现有物流法律法规的基础上，制定有利于物流发展的法律、法规，推动我国物流发展尽快走上规范化、制度化、法制化的轨道。

2. 政策整合

政策环境是物流业发展的基本保障条件。随着改革开放和社会主义市场经济体制的建立，从总体上看，我国物流发展的宏观政策环境显著改善，支持物流业发展的政策体系正在逐步形成，但由于受管理体制、行业垄断、部门保护和地区封锁的影响，我国物流企业的经营发展环境仍然存在不少问题。全国人大、政协代表及物流企业、专家学者多次呼吁政府有关部门采取切实有效措施，努力形成一种适合物流业跨部门、跨地区发展的国家统一的物流政策环境。

搞好以上各方面的整合，是当前我国物流发展的重要问题。整合的根本目的在于，按照物流理念，充分利用现有资源，做强做大专业物流企业，形成符合经济社会发展需要的物流服务体系，从总体上降低物流成本，提高物流服务的质量和效率，增强我国企业和产品的国际竞争力。这是物流发展的一篇大文章，需要业内人士和有关部门做出不懈努力。

案　例

日本构筑整体高效物流体系的一些对策

日本高度重视物流资源的整合，以实现其“流通立国”的经济发展战略。其主要方式是通过制定相关产业政策予以大力扶持，并特别注重协调各相关政策部门，以提高其物流产业的竞争力。

为了迅速提高物流效率，大幅度降低环境负荷，日本政府大力推进物流的一体化，在积极运用原有成果的同时，大力推进物流的信息化和标准化。

在物流 EDI（电子数据交换）方面，与互联网相匹配的（结构上与可扩张标志语言 XML 一致）日本标准物流 EDI（JTRN）在物流业务中应用十分广泛。国际物流业务要积极开发引进标准 EDI，生鲜食品等行业标准 EDI 的普及要抓紧进行。此外，与 EDI 相配套的发货、运输、接货作业通用标签（STAR 标签）也要符合 JIS 标准（日本工业标准）。

在交通信息应用方面，努力着手充分发挥地理信息系统（GIS）的作用，建立各种运输工具通用的物流综合信息系统，同时要促进各运输领域的信息。在公路运输领域，要实现卡车运输的高度信息化，积极开发运用ITS（智能交通管理系统），并为从事道路交通信息传输的民间企业开创良好的市场环境，使这些企业能提供准确的交通信息服务（如道路阻塞预测）。在海运领域，强调运输效率和运输安全，促进船舶运输智能化和陆路运输支援系统的高度功能化，努力构筑充分运用IT（信息技术）的新一代海上交通运输系统。在航空货运方面，更大力加强货物信息共享系统（CCS）建设，实现航空货单信息传输电子化，通过政府与民间企业信息系统对接，提高航空货物运输信息网络化效果。

日本政府广泛开展商业惯例实态调查研究，了解并掌握商业惯例做法中哪些环节可能有碍物流活动效率化。同时要充分运用物流合理化指导大纲，对物流的效率等问题进行跟踪调查，发现问题时根据需要加以改正。

为了降低国内的物流成本，将着手通过各企业之间或企业内部之间的信息共享，在降低整体物流成本上狠下工夫，而并不局限在降低单个环节的物流成本上。

此外，政府还应为物流企业创造有利的环境条件，鼓励企业多提合理化建议，不断改善为货主服务的质量。

为了进一步巩固规制改革成果，继续放宽行业准入资格限制，运费及收费项目限制，通过自我责任管理的形式扩大物流企业的选择范围，促进物流企业自主经营，具体做法可参照《推进规制改革三年计划》，有计划、有步骤地展开。

根据物流技术进步情况，在未来适时适当地修改物流安全标准，减轻民间物流企业的过重负担。

为了简化行政手段，提高工作效率，为申报者提供便利条件，出口航空货物实行预审制，一定金额以下的零担紧急货物可采取货单申报认可制，特殊车辆通行证申请手续力求电子化（无纸化）和一站式服务化。

考虑到提高物流的速度和效率，须积极开发和利用新技术。因此，在公路运输领域，将促进道路交通信息通信系统（VICS）、不停车自动交费系统（ETC）、现代安全汽车（ASV）、行驶支援系统、新交通管理系统（UTMS）、电子车牌（智能车牌）、互联网ITS（智能交通管理系统）、传感信息系统等新技术的开发和利用。在海运领域，研究开发新一代内航货船（超级生态船），在努力构筑应用智能技术的超现代化海上交通系统的同时，积极推行现代化货轮海上运输。航空运输领域也要加强新一代航空安全系统建设。此外，作为货物和运输机械的电子化管理手段，要引进和普及今后可能会广泛使用的狭域通信（DSRC）系统和无线移动识别（RFID）技术。由于日本的新型经济模式须充分考虑空间利用问题，所以，将来在研究构筑高效物流体系时，还将结合日本的人文地理和社会科学因素。

在提高物流作业效率过程中，一方面要促进以一贯托盘化为核心的单元化装载方式，对目前状况进行普查，另一方面要大力推行托盘联营体系，以利于JIS规格（日本工业规格）托盘的共同利用和回收。同时，还要积极引进有助于单元化装载的物流机械，支持单元化装载物流设施的建设。

为了促进一贯托盘化物流，继续普及以T11（1100mm×110mm）型托盘为基础的《单元装载系统通则》，从有利于各行业实现单元装载化的观点出发，按照JIS（日本工业标准）的规格，使“托盘系统设计基准”实现标准化。还要努力促进T11型托盘的国际标准化，并在亚洲普及以T11型托盘为基本规格的JIS标准托盘。

六、为我国物流业整合创造适宜的环境

（一）制度环境

为使我国物流产业快速发展，政府必须提供基本的制度环境。

第一，形成统一物流发展的协调和监管机构，专门负责研究、制定、规划和协调物流产业发展的相关政策。

第二，加强对物流市场的宏观调控，消除多头管理、市场无序的状况。构建统一的物流大市场，各部门和各地区根据国家物流发展规划制定适合本地区本部门的物流发展规划。

第三，完善物流发展的相关法律和法规。目前执行的许多法律、法规是从过去计划经济体制环境下延续下来的，不仅难以适应市场经济条件下的物流发展，更难以适应我国加入WTO以后物流国际化发展的需要。尽快修订完善物流法律法规，正确规范和引导企业行为，使物流市场规范化、制度化、法制化。

第四，充分发挥行业协会作用，促进企业之间、企业与政府之间的沟通和交流。发挥行业协会作用是当前政府改革的一个重要方面，政府要通过协会加强行业管理和服务，行业协会要加强行业自律，牢固树立为政府、行业和企业服务的观念，成为沟通政府与企业、教学和科研机构的桥梁和纽带。行业协会要把诚信体系建设作为行业自律的一项重要内容。建立物流企业的信用评价机构，完善健全担保信用机构，形成健全、有效的物流信用担保体系。

第五，重视整合过程中的利益的协调和平衡。企业和产业层面的物流整合会涉及重大的利益冲突，需要形成一种利益协调和平衡机制、约束机制和补偿机制等。

第六，形成有效的融资制度。资金对于物流业发展是必不可少的。我国物流业发展对国民经济的制约十分明显，这其中重要原因是由于投资不足。要彻底改变中国物流业落后状况和被动局面，分阶段实现中国物流业现代化目标，需要有持续、稳定的资金投入。为了逐步建立起资本市场，需要在确立稳定的、有机结合的多元化投资体制和进一步开辟多元化的融资渠道方面做出努力。要通过立法建立解决投资利益的保护和投资行为的规范问题，政府依法保护投资者的经济权益，并对投资行为进行必要的管理和监督。要积极探索各种运输建设债券的发行和运用方式，以及BOT方式及其派生方式、经营权转让方式、ABS（资产证券化）等多种融资方式，拓宽融资渠道。要借鉴国际上的先进经验，培育投资主体，按照商业原则组织投资和运营中，使物流业成为一个富有生机和活力的投资领域。

（二）技术环境

适宜的技术环境是物流整合和发展的重要保障。

第一，物流的整合离不开信息化的手段。现代信息技术使分散在不同经济部门、不同企业之间的物流信息实现交流和共享，从而达到对各种物流要素和功能进行有效协调、管理和一体化运作的目的。近年来，现代信息技术在我国物流资源整合中发挥着越来越大的作用。例如，上海、深圳等地的电子通关平台，不仅整合了报关信息，还整合了税收、银行支付、运输等环节的信息，加快了通关速度，降低了物流成本。厦门市公共物流信息平台汇接了海港、空港和电子商务中心三个 EDI 系统，可以为用户提供多功能、低成本的公共信息服务。现代信息技术的推广应用，促进了物流资源整合与技术创新。但从总体上来看，信息技术在我国物流领域的应用程度普遍较低，物流信息功能不够完善，能够利用信息技术优化配置资源的企业还不多，信息化带动商业模式创新和制度创新的作用还没有得到很好体现。特别是公共信息平台建设滞后，物流信息分散，资源不能有效整合，形成了大大小小的“信息孤岛”。

要抓住全球化和信息化带来的机遇，充分利用现代信息技术，不断提高物流企业的信息化水平，推动企业内部流程改造，积极探索物流一体化管理，大力推进公共信息平台建设，建立健全电子商务认证体系、网上支付系统和物流配送管理系统，促进信息资源共享。物流信息化应纳入国家信息化发展的总体规划，统筹考虑、协调发展，要从体制上打破条块分割和地区封锁，从信息资源整合入手，抓好物流资源的整合，使其走上以信息化带动工业化、工业化促进信息化的发展道路。

案　例

世界零售巨头沃尔玛通过物流信息化整合产业链

在沃尔玛的信息战略中，起着核心作用的就是其庞大的数据库。借助这个庞大的数据库，沃尔玛长期积累了大量的与顾客消费相关的各种数据，一般沃尔玛积累的数据主要是过去 65 周不同单品、不同店铺、不同时期的销售数据；除此之外，还包括现时点不同店铺、不同单品的在库数据、配送中心内的数据、在途运输数据、退货数据以及商品补货、订货所需要的数据等。借助于先进的数据库，沃尔玛能对其标准店 6 万种产品，超市中心 10 万种产品以及遍布全世界 3500 家店铺实行全面的信息管理。所有这些信息都按照不同的标准进行趋势分析、库存分析和顾客分析。如沃尔玛利用过去 65 周的销售数据、在库数据、配送数据、退货数据等分析来控制和管理各店铺的 CRP（自动连续补货）系统，同时将 POS 数据按照不同地域、不同市场、不同店铺进行研究；加上不同季节、不同店铺的趋向分析，用于了解当地的顾客购买行为以及对特定店铺的货架实行控制。可以说，沃尔玛所有的经营管理决策都是由信息分析来支持的。而且通过与合作企业的共享，实现了整个产业链绩效的提高。

信息共享所带来的另一个更显著的效应是 CFAR（Collaborative Forecast and Replenishment）和 CPFR（Collaborative Plan，Forecast and Replenishment）等系统的实现，这种新型的系统不仅是对企业本身或合作企业的经营管理情况给予指导和监控，更是通过信息共享实现联动的经营管理决策。CFAR 是利用 Internet 通过零售企业与生产企业的合作，共同做出商品预测，并在此基础上实行连续补货的系统。在原来的信息共享机制下，沃尔玛通过与其他企业共享 POS 数据来实现滞销商品的削减，迅速进行补货等功能，合作企业也能有效地控制本企业产品的销售。

CFAR 的系统数据采集是从沃尔玛的数据库开始，通过零售链接将沃尔玛与合作企业之间的交易记录、销售数据、各种相关信息等储存在 CFAR 服务器中，采用标准化的格式加以分类整理。沃尔玛利用 CFAR 工作组进行预测作业，对各种数据和经营指令进行分析整理，用 Excel 表格形式进行处理，然后将分析结果以标准化的格式存入 CFAR 服务器。合作企业也设置有 CFAR 服务器，该系统服务器与沃尔玛的系统服务器用 Internet连接，就这样通过网络沃尔玛 CFAR 服务器上的内容自动显示在合作企业 CFAR 服务器上。合作企业根据沃尔玛的预测情况，加上本企业的分析研究，做出新的预测，并将新的商品预测存入 CFAR 服务器，再通过网络传输给沃尔玛方的 CFAR 服务器。这样在基于双方预测的基础上，综合形成一致的预测结果，最后将预测结果传输给企业总部，开展生产、配送、进货、库存、销售等业务。显然，这种基于双方一致的预测，使得企业之间的产销物各种活动和流程之间形成了紧密的结合。从最近沃尔玛的动向看，基于信息共享的 CFAR 系统正在向 CPFR 发展，CPFR 是在 CFAR 共同预测和补货的基础上，进一步推动共同计划的制定。这样，不仅合作企业预测和补货，同时将原来属于各企业内部事务的计划工作（如生产计划、库存计划、配送计划、销售规划等）也由供应链各企业共同参与。

第二，结合国际标准和国内物流发展实践，从提高物流系统运行效率出发，制定出各子系统的设施、设备、专用工具等技术标准，以及业务工作标准；研究各子系统技术标准和业务工作标准的配合性，按配合性要求，统一整个物流系统的标准；研究物流系统与相关其他系统的配合性，谋求物流与社会大系统的和谐统一。要从我国国情出发，借鉴国外经验，采取引进消化、先易后难、分步实施的办法，加快推进托盘、集装箱、各种物流装卸设施、条形码等通用性较强的物流装备和技术标准化建设，以及物流服务规范标准的建设，形成一整套既适合我国物流发展需要，又与国际惯例接轨的全国物流标准化体系。

（三）人力资源环境

人力资源是物流发展中的重要生产要素，我国物流发展需要多层次物流人才支撑。当前尤其缺乏实用型物流人才，缺乏高水平的物流管理人员和物流工程技术人员。构建我国物流人才保障体系，已经成为推动物流发展的当务之急。

第一，形成以科技创新和知识型物流人才为目标的学历教育体系。各高校可结合自身实际，开设物流专业本科和研究生教育，在课程设置、教材选取、培养方向等方面，力争与国际接轨。高等院校培养出来的人员应当知识面较广，适应供应链管理对物流人才的需求。

第二，加强职业教育和岗位资格证制度。在物流人才培养方面光有学历教育是不够的。目前物流从业人员中，绝大多数没有受过系统物流教育，为提升这部分人员的专业素质，要通过加强职业教育和实行岗位资格证制度来完成。根据发达国家的经验，这方面要充分发挥行业社团组织的作用。

第三，积极推进企业与大学、科研机构之间的“产学研”合作。要利用社会资源，调动社会力量，充分发挥物流企业、教育部门和科研机构的积极性。积极推进企业与大学、科研机构之间的交流与合作，探索以“产学研”一体化模式培养物流理论研究、管理和操作的物流人才。

附 录

课题组成员名单

课题组负责人：	陆　江	中国物流与采购联合会会长
课 题 组 成 员：	戴定一	中国物流与采购联合会副会长
	张文杰	北京交通大学教授、博士生导师
	汪　鸣	国家发改委综合运输研究所副所长
	崔忠付	国家发改委经济运行局调研员
	姜超峰	中国物资储运总公司常务副总经理
	魏际刚	国务院发展研究中心副研究员、博士后
	贺登才	中国物流与采购联合会研究室主任
执　　　　笔：	魏际刚	国务院发展研究中心副研究员、博士后
	贺登才	中国物流与采购联合会研究室主任

参 考 文 献

[1] 陆 江. 抓好资源整合，发展现代物流

[2] 张文杰. 区域经济与现代物流

[3] 汪鸣，冯浩. 我国物流业发展政策研究

[4] 姜超峰. 整合，路在何方

[5] 魏际刚. 现代物流管理基础

[6] 贺登才. 2004 年中国物流发展回顾与 2005 年展望

促进我国物流发展的产业政策研究

内容提要：在物流业进行结构性的升级换代的过程中，政府的物流发展政策与一国所制定的物流法律制度环境是极其重要的。我国物流产业经过几年的快速发展，取得了很多成绩，物流产业已开始迈向理性、务实、快速发展的新阶段，但是由于体制、政策、人才等方面的原因，我国现代物流的整体发展还存在很多问题。

本文研究了物流政策及相关行业法律法规的发展历程，借鉴发达国家发展物流产业经验，提出要切实改进和完善我国的物流法制环境，良好的政策指引和与之配合的市场法制环境是不可缺少的，强调制定物流产业政策要坚持立足于市场，营造良性市场结构，加强物流技术的开发和应用等原则，注意政策对社会生活和经济发展等诸多方面的影响。

最后，建议在制定总体政策时应重点突出税收政策，港口设施建设，物流运输系统，物流标准化建设等，组织相关人员进行充分调研，在此基础上出台纲领性的产业政策，并且建议改善物流法制环境，建立与物流法发展相协调的推进机制。

一、我国物流产业发展现状及问题

（一）对物流产业的界定

1. 对物流产业的界定

物流产业是其政策制定的对象和载体。随着全社会对物流的认同，对物流产业的界定变得越来越模糊。因此，进一步明确什么是物流产业则显得更加有必要。就产业而言，产业有广义和狭义之分。从广义上看，产业指国民经济的各行各业。从生产到流通、服务以至于文化、教育，大到部门，小到行业都可以称之为产业。从狭义上看，由于工业在产业发展中占有特殊位置，经济发展和工业化过程密切相关，产业有时指工业部门。

产业的概念介于微观经济细胞（企业和家庭消费者）与宏观经济单位（国民经济）之间的若干“集合”。现代经济社会中，存在着大大小小的，居于不同层次的经济单位，企业和家庭是最基本的，也是最小的经济单位。整个国民经济又称为最大的经济单位；介于二者之间的经济单位是大小不同、数目繁多的，因具有某种同一属性而组合到一起的企业集合，又可看成是国民经济按某一标准划分的部分，这就是产业。

为适应进行产业分析时的不同目的的需要，可将产业划分成若干层次，这就是“产业集合”的阶段性。具体地说，产业可以分成三个层次：第一层次是以同一商品市场为单位划分的产业，即产业组织，现实中的企业关系结构在不同产业中是不相同的。产业内的企业关系结构对该产业的经济效益有极其重要的影响，要实现某一产业的最佳经济效益须使该产业符合两个条件：首先，该产业内的企业关系结构的性质使该产业内的企业有足够的改善经营、提高技术、降低成本的压力；其次，充分利用“规模经济”使该企业的单位成本最低。第二层次是以技术和工艺的相似性为根据划分的产业，即产业联系。一个国家在一定时期内所进行的社会再生产过程中，各个产业部门通过一定的经济技术关系发生着投入和产出，即中间产品的运动，它真实地反映了社会再生产过程中的比例关系及变化规律。第三层次是大致以经济活动的阶段为根据，将国民经济划分为若干大部分所形成的产业，即产业结构。

2. 物流作为产业的条件

产业是按照规模经济和范围经济要求集成起来的行业群体，它的覆盖面很广泛，不仅指工业，还包括非工业，比如文化产业。因此，要成为产业的最基本条件是：必须达到一定的规模。

“物流”虽然是个比较新的名词，发展时间并不长，但是，物流发展的速度很快。一方面，物流基地、物流园区的兴建，将许多物流企业都聚集到了一起，充分发挥了规模经济的作用。另一方面，由于物流包括运输、仓储、包装等功能，因此，我们可以说物流是由运输业、仓储业等许多行业按照规模经济和范围经济的要求集成起来的群体，需要进行必要的分工，群体的各个组成部分相互关联，相互合作，共同完成为其他所有经济领域提供服务的功能。传统的物流活动通过广泛应用现代科学技术，并在对实践进行不断总结的基础之上，全方位整合社会物流资源，同时不断发展和完善物流管理理论和物流科学技术，逐渐发展形成了现代物流产业。

随着经济的发展，现代物流产业已经成为经济的新的增长点，国民经济的支柱产业。具体来说，物流产业主要有如下特征：

（1）对相关产业及部门物流资源的整合性

各国经济发展的经验表明，物流产业是从流通产业中游离出的一个新兴产业部门，是社会分工日益专业化的结果，国民经济各产业部门由以往的物流活动内部化，逐步转变为物流活动的外部化和社会化，这一切均是从社会总效益、总成本、总流通费用的角度出发，力求降低流通成本、交易成本及减少流通环节。就产业组织个体而言，企业物流是物流产业发展的基础，客观环境迫切需要有一个专业化的物流产业群体，其发展水平必须达到一定的阶段，建立起一个无形的物流平台，为社会及企业提供“中间服务”，满足其不断增长的专业化“物流服务需求”，在社会环境的孕育下，逐步诞生出社会化、市场化和专业化的物流产业。因此，物流产业的产生与发展是建立在与国民经济各产业部门资源整合的基础之上，将社会较为零散的物流资源进行重组与整合，作为回报向社会各产业部门提供具有个性化、差异化、标准化的物流服务。

（2）现代物流产业与国民经济各产业部门具有高耦合性

物流产业和国民经济中产业部门之间的高度耦合，主要体现在物流产业的产生与发展是随着社会对物流活动的大量需求而形成的新型产业部门；社会呼唤专业化的物流服务，企业物流职能的外部化，需要物流产业提供规范化、标准化、个性化的物流服务，其包括国民经济发展的各个产业部门（第一、第二、第三产业）及组织；物流服务供给与需求的矛盾对立面及物流产业的职能得以发挥和满足物流服务需求得以解决，避免造成物流“瓶颈”而使社会经济发展趋于平衡，以达到货畅其流。从社会分工与交易的理论角度出发，在其他投入要素日臻完善的今天，物流这条“短腿”始终成为制约着社会总体经济效益和社会效益提高的因素。按照社会技术进步的一般历史规律，生产领域的技术创新往往先于并较多地运用于流通领域，重大的技术创新及其扩散也在生产过程中迅速得以实现，然后逐渐影响流通领域。不言而喻，现代物流产业的诞生是随着国民经济各产业部门的技术进步及其现代化步伐的加快，客观上需要一个与之相适应的发达的物流产业部门。

（3）行业壁垒的相对坚固性

物流产业尤其是现代物流产业的社会职能，以高效化的物流活动推助和影响国民经济各产业部门的发展进程和发展水平。物流产业作为全社会的“后勤”服务部门，所发挥的社会职能是其他产业部门无法替代的，即便是传统的物流部门其社会职能过于单一且被人为地分化为运输产业、仓储保管业、流通加工业、包装业等，从其产业及组织的社会经济地位来看，也是依附于流通产业部门中的。而现代物流产业则借助于先进的科学技术、管理方法、网络技术、信息系统、运筹管理、系统工程等大量技术与手段的应用作为技术投入，相配套的硬件物流设施与设备和资金的投入，在进行科学合理的物流规划和设计中，对物流知识与管理技术的投入，以及对大量人力资本的投入，使该产业具有知识、技术和资金密集型极高的属性，且随着第三方物流与第四方物流产业组织的出现，更使这种知识与技术含量急剧加大。显而易见，物流产业中行业壁垒像一道无形的屏障，成为在产业发展过程中，构成对新进入者的障碍，同时也是在产业升级过程中行业内优胜劣汰的关键要素。因此，物流产业部门中行业壁垒的坚固性，是由现代物流的管理、技术、人力资源储备及其他相关手段与核心技术所决定的。

（4）物流产业的社会化和市场化属性

根据社会经济发展的普遍规律，衡量产业发展是否具有社会化和市场化特征，很大程度上取决于该产业市场竞争的激烈程度和状况，产业部门内组织化程度的高低，能否产生规模经济效益。物流产业在我国是一个刚刚启动的产业部门，但近年来大量涌现出一大批物流企业及组织，承担着专业化的社会职能而发挥特殊的作用，尽管目前物流企业组织化程度较低，但为培育和完善物流市场及其组织群体，逐步朝着产业发展的社会化和市场化的方向迈进。从全球来看，国外尤其是西方发达国家，其产业的社会化和市场化程度较高，不仅成为国民经济发展中关键的支柱产业，而且在国民经济各产业部门的地位和作用日渐突出，在 GDP 或 GNP 中所占的比重逐年上升，社会产品的流通速度大大加快。因此，物流产业的社会化和市场化程度越来越高，将成为其发展的主要特征之一。

以上这些特点说明：物流的发展已达到了一定的规模，技术也发展到了一定的水平，并且形成了一定的行业壁垒。物流在这样的条件下，逐步达到了产业规模，成为了产业。

现代物流业的发展是经济发展和社会分工细化的必然趋势。近几年，随着我国经济的快速发展和经济全球化、信息化进程的加快，我国现代物流业进入快速发展期，物流产业已逐渐成为国民经济发展中的支柱产业和新的经济增长点。认真分析物流产业发展的现状和存在的问题，采取积极有效的应对措施，对推动我国现代物流业的发展有着重要的意义。

（二）我国物流产业的发展现状

1. 物流产业的发展得到了党和国家领导人、国务院有关部门和各级地方政府的高度重视

近几年来，党中央、国务院领导对现代物流的发展非常重视。吴邦国同志在1999年11月召开的“现代物流发展国际研讨会”上明确提出，“要把现代物流作为国民经济的重要产业和国民经济新的增长点，努力实现我国现代物流业的跨跃式发展”。2003年12月，温家宝、黄菊、曾培炎等国务院领导同志，对全国政协的《关于我国现代物流情况的调研报告》做出重要批示。2004年8月，经国务院批准，国家发改委等9部门联合发布了《关于促进我国现代物流业发展的意见》，提出了促进我国现代物流业发展的政策措施。2005年2月，由国家发改委牵头，商务部等13个部门和有关行业协会参加的“全国现代物流工作部际联席会议制度”正式建立。以此为标志，我国现代物流产业的发展在国务院相关部门形成共识。商务部、公安部、铁道部、海关总署、国家税务总局、民航总局和国家工商行政管理总局等，都把推动物流发展列入议事日程。国家质检总局和全国标准化委员会、国家统计局、信息产业部、科技部、教育部和劳动部在物流标准化、物流统计、物流信息化、物流科技发展、物流教育和培训等方面，做了大量卓有成效的工作。

2005年9月，全国现代物流工作部际联席会议制度建立以来的首次全国现代物流工作会议在青岛召开，会议对我国现代物流业的基本情况、下一步发展的基本思路和工作重点，进行了系统的阐释。

与此同时，各级地方政府对发展现代物流业也非常重视，制定了一系列的物流政策和物流规划。据不完全统计，全国已有20多个省市和50多个中心城市制定了当地的物流发展规划，有的已经开始实施，不少地方已形成了综合性的物流工作协调机制，并对规模较大、具有集成化、全过程提供物流服务的第三方物流企业给予重点扶持。在9部门出台《意见》后，各地也制定了相应的政策，如浙江省出台了《关于加快浙江省现代物流发展的若干政策》、江苏省出台了《江苏省发展现代物流业若干政策意见》、福建省出台了《关于加快现代物流业发展的意见》、天津市出台了《加快发展现代物流业的综合政策意见》等。

2. 现代物流在经济和社会发展中的支撑和带动作用越来越明显

近年来，由于社会物流需求高速增长，物流用固定资产投资也随着快速增长，与此相对应的物流业的增加值也稳步上升，而社会物流总费用占GDP的比重却呈平稳下降趋势。据国家发改委、国家统计局和中国物流信息中心联合统计，2004年我国社会物流总额达到38.4万亿元，同比增长29.9%；物流用固定资产投资额为7283亿元，同比增长24.3%。两者都是近10年来增长最快的一年。2004年国内物流业实现增加值8459亿元，同比增长8.4%，占服务业增加值的19.5%，增长速度快于整个服务业。物流需求的快速增长，带来了物流总费用的不断攀升，但其占GDP的比重却呈下降趋势。2004年我国社会物流总费用为29114亿元，同比增长16.6%，占GDP的比率为21.3%，同比下降0.1%。说明我国物流在快速发展的同时，运行质量有所提高。

我国物流业的快速发展，物流运行质量的不断提高，使得物流产业逐渐成为国民经济运行中的支柱产业和新的经济增长点。越来越多的部门、地方和企业认识到，现代物流的快速发展，不仅促进了国民经济的良性循环，加速了经济结构的调整和增长方式的转变，而且催生了许多新兴业态和经营模式，在创造就业机会、增加投资渠道、改善道路拥堵等方面，发挥着越来越重要的作用。由此可见，现代物流在经济和社会发展中的支撑和带动作用已越来越明显。

3. 物流基础设施建设和技术装备更新取得长足进展

一是交通运输网络建设进展迅速。经过多年的建设，我国已逐步建立了由铁路、公路、水运、民航和管道运输组成的物流运输网络，并已初具规模。2004 年，我国铁路营业里程 7.4 万公里，其中新建投产里程 1433 公里；公路运营里程 185.6 万公里，其中新增里程 46411 公里；内河航道里程 12 万多公里；在用运输航班机场 137 个，其中新启用机场 7 个；沿海港口万吨级以上的深水泊位 600 多个，其中新建 47 个，新增吞吐能力 1.2 万吨。物流业的运输里程和作业设施得到了极大的改善。二是涌现出了大批的以发展现代物流为核心的物流园区、物流中心和配送中心，其货运场站、货物分拣中心、大型仓储设施等大多能满足现代物流的要求。三是以互联网技术应用为手段，以新式自动化立体仓库、托盘、货架、集装箱、机动工业车辆、自动分拣装备等为基础的物流信息化和物流技术装备得到快速发展。

4. 企业物流管理得到优化，各类物流企业发展迅速

现代物流理念的引进和现代物流技术的应用，优化了企业物流管理，加快了各类物流企业的发展，特别是第三方物流企业发展迅速。我国在加入 WTO 后，随着经济全球化进程的加快，国内制造企业和商贸企业纷纷引进现代物流理念，大量采用现代物流技术。比如，一些制造企业开始对企业物流资源和物流流程进行改造和整合，它们以订单为中心改变原有的业务流程，实行生产组织、原材料采购和产品销售、配送、运输以及仓储等方面一体化运作，以降低库存，减少资金占用，整合了企业物流资源，优化了企业物流管理；一些商贸企业通过改制重组，按照国际趋势，大力发展连锁经营、物流配送和电子商务等现代流通方式，努力与上下游企业建立供应链战略合作关系，整合了社会物流资源，提升了企业的服务功能和服务品质。

经过几年的发展，我国物流市场上形成了以传统运输、仓储、商贸和货代企业转型的物流企业，以生产制造企业在供应链流程再造中打造的第三方物流企业，以按照现代物流理念和经营模式建立的新型物流企业，以民营资本为主的民营物流企业，以外资为主的外资物流企业和中外合资物流企业组成的、多种所有制、多种经营规模和经营模式共同构成的物流企业群体。这种产权结构多元化的物流企业共同竞争的格局，促进了物流服务功能的创新，出现了仓单质押融资、区港联动、供应商管理库存、精益物流和物流地产等新的经营服务模式，提高了物流服务水平。

5. 物流基础性工作取得突破，物流产业形态逐步显现

一个行业、一个产业的形成，离不开支撑其发展的基础性工作的建设。近几年来，无论是物流标准化工作的启动，还是物流统计核算制度的建立；无论是物流科技的推广应用，还是物流人才的教育和培训，这些支撑物流产业发展的基础性工作，在政府有关

部门的大力推动下，在行业协会的精心组织和企业的积极参与下，从无到有，从有到逐步完善，都已取得了突破性进展。比如，《物流标准体系表》和《物流企业分类与评估指标》已对外发布、《全国物流标准 2005～2010 年发展规划》正在组织实施、社会物流统计信息定期对外公布、物流学历教育体系已经形成、物流师职业认证制度已经建立等，这些工作的突破，为现代物流产业的发展奠定了坚实的基础。物流产业形态已逐步显现。

（三）我国物流产业发展中存在的主要问题及原因分析

1. 我国物流产业发展过程中的主要问题

我国物流产业经过几年的快速发展，虽然取得了很多成绩，并已开始由起步阶段迈向理性、务实、快速发展的新阶段，但总的看，由于物流基础薄弱，实际操作经验缺乏，我国现代物流的整体发展水平还很低，还存在很多问题。主要表现在：

（1）社会物流总成本过高

衡量一个国家物流发展水平的高低，一个重要的指标就是看这个国家社会物流总成本占 GDP 的比率是多少。目前国际上经济发达国家的这项指标在 10% 左右，虽然我国的这项指标呈稳步下降趋势，但仍比发达国家高出 10 个百分点左右。工业企业流动资金平均周转速度也比发达国家低几倍甚至十几倍。我国物流业的粗放与落后已充分反映出来。

（2）专业化物流企业少，产业集中度低

近几年，随着“物流热”的到来，我国物流市场上的物流企业大批涌现。但这些企业普遍规模较小，实力较弱，功能单一，大多仅停留在货物代理、仓储、搬运和干线运输等方面，不仅经营主体处于零散状态，而且组织化程度低，专业化程度不高，服务质量和效率难以满足社会化物流的需要。同时，受“大而全”和“小而全”思想的束缚，许多制造企业和商贸企业在物流运作上自成体系、自我服务，它们的物流需求难以转化为有效的市场需求。这种物流产业集中度低所造成的物流资源供需不平衡的矛盾，严重阻碍了我国物流市场的发展。

（3）物流基础设施薄弱

前面谈到，我国的物流基础设施建设近年来取得了长足的进展，但从现代物流发展的要求上看，由于基础单薄，物流用固定资产投资增幅又低于物流需求的增长，因此，我国的物流基础设施不仅在总量上，而且在配套性、兼容性方面，都不能满足物流增长的需求，造成了货物在途时间延长，压港、压库现象严重。近年来我国出现的煤电油运紧张状况，就是一个典型的例证。

（4）物流的组织和布局不合理，区域发展不平衡

我国物流的发展与经济发展有着相同的属性，即东部地区、沿海地区发展较快，西部地区和中部地区发展较慢。这种组织和布局的不平衡，极大地影响了社会物流资源的整合和一体化运作。

2. 制约我国物流产业发展的原因

造成我国物流产业发展主要问题的原因表现在以下三个方面：

（1）体制方面的原因

由于地方保护主义和行业垄断现象的存在，加上多年来形成的条块分割、地区分割、部门分割、城乡分割、内外贸分割的状况没有得到根本改变，充分竞争的物流市场难以形成，物流运作中的“价格战”、“暗箱操作”和越权、缺位、交叉以及各种纠纷时有发生。

（2）政策方面的原因

我国的物流政策政出多门，虽然建立了“全国现代物流工作部际联席会议制度”，九部委也出台了《关于促进我国现代物流业发展的意见》，但这只是纲领性的文件，还需要具体落实。与物流企业相关的工商注册、税收、土地征用、收费和通关等方面的政策，难以适应现代物流发展的需要。

（3）物流人才方面的原因

虽然我国的物流学历教育体系已经形成，物流师职业认证制度也已经建立，经过几年的教育和培训，大批的物流人才走上工作岗位，物流人才严重短缺的局面有所缓解，但还没有得到根本性的改变。物流人才的缺乏，导致了现代物流理念和现代物流技术在实践中推广和应用进程的缓慢，影响了现代物流业的发展。

二、我国物流政策及相关法律法规的发展历程

在物流业进行结构性的升级换代的过程中，政府的物流发展政策与一国所制定的物流法律制度环境是极其重要的。这包括物流基础设施建设的政策与法规、与物流服务有关的政策与法规以及有关产品的生产加工与流通的政策与法规。这种制度上的引导配合市场机制的发挥，使政府的宏观调控能够极大地保障和促进物流业的健康稳定发展。

发达国家普遍高度重视物流产业发展的政策指引和合理规划。日本早在1966年就编制了《流通业务城市街道整备法》，目的在于统筹规划大城市中心部位物资流通设施的合理布局。根据这一法律，把拥挤在大城市中心部位的流通设施向距离市中心20公里左右的郊区集中搬迁。1968年，日本通产省、运输省陆续制定了一些政策措施，对日本流通系统化的概念、商流、物流、信息流的系统化的内容做了具体规定。与此同时，通产省、运输省、农林水产省、建设省和经济企划厅等还协作制定了全国统一的总体物流框架构想，决定建设物流基地的具体城市。这些城市按照城市的整体规划确定物流基地的地点、数量、位置、规模及功能，并报中央政府审批。日本政府通过了《综合物流施政大纲》，以便统一指导建立高效的市场竞争环境和必要的基础设施环境。这样，25年来日本在全国22个城市中建设了24个流通团地，将运输、集散、中转、储存、配送、租赁、订货、销售、售后服务等功能有机结合起来，大大提高了物流设施的利用效率，保证了道路畅通，优化了大城市的流通机能，增强了城市的综合服务功能，从而建立了一个便捷、安全、透明、低成本的全国大物流系统，并在此基础上延伸物流服务功能，打入国际市场。

德国联邦政府在统筹考虑交通干线、主枢纽规划建设的基础上，通过调查生产力布局、物流现状，根据各种运输方式衔接的可能，在全国范围规划指导建立物流园区的空间布局、用地规模与未来发展。英国、荷兰、比利时等国家也都有自己的物流园区。

可见，现代物流业的兴盛离不开良好的政策指引和与之配合的市场法制环境。一国

物流的发展需要政府的有效干预，这就要求政府各管理部门的相互配合和协调，统一制定国家产业发展政策。

（一）我国政府及相关部门对物流产业的推动政策

我国自1979年从日本引入物流概念，至今已有二十几年的发展历史。但直到20世纪90年代末，物流才作为一个产业的发展逐步引起我国各界的重视，特别是政府也开始重视物流的发展，并开始组织专家对物流业发展中政府的作用进行研究与探讨，在这方面不管是从政府主管领导专门就物流发展的讲话，还是进行专项研究，对政府在发展物流中的作用都进行了逐步深入的研究。我国的物流政策也在这几年不断推陈出新，主要表现在以下几个政策：

1.“十五”规划中，“物流”被列为要大力发展的新型服务业之一

五年前的“十五”计划是中国进入新世纪的第一个五年计划，是开始实施现代化建设第三步战略部署的第一个五年计划，也是社会主义市场经济体制初步建立后的第一个五年计划。当时的主题仍然是发展，而结构调整是主线，改革开放和科技进步是动力，提高人民生活水平是根本出发点。

“十五”之初，中国即将加入WTO，所以计划的主要目标是巩固和加强农业的基础地位，加快工业改组改造和结构优化升级，大力发展服务业，加快国民经济和社会信息化，进一步加强水利、交通、能源等基础设施建设，实施西部大开发，促进地区协调发展，积极稳妥地推进城镇化，促进科技进步和创新，大力开发人才资源，加快发展教育事业，加强人口和资源管理，重视生态建设和环境保护，进一步深化改革，完善社会主义市场经济体制，进一步扩大对外开放，发展开放型经济。

加快物流业发展，将对我国经济的发展起到重大作用：①将对建立社会主义市场经济体制，促进经济增长方式转变产生重要影响。②将在我国加入WTO后，使我国工商及物流服务企业具备较强的国际竞争能力。③将推动第三产业发展，促进我国产业结构的合理调整。④将使构成物流业的传统产业和新兴产业获得难得的发展。⑤将促进区域分工与协作，推动我国区域经济发展战略。⑥将是在新的经济发展形势下，促进国有企业改革的需要。

在当时经济的实际情况和发展物流必要性的基础上，2001年我国制定了未来5年物流配送发展的初步规划，以推动物流业的快速发展。该“规划”包括扶植和规范发展一批第三方物流企业，争取“十五”期末社会化配送企业的比重达到五成以上；培育若干条贯通全国并且使之开展国际配送业务的联运干线，构建全国性的商品物流配送绿色通道；在全国各大中城市主要商品生产、集散地和交通枢纽，建设若干有合理规模、运作规范的现代化商品物流中心和专业化配送中心，构建全国性的物流配送网络；培育若干国家物流骨干基地，有条件的可争取发展成亚洲的重要物流中心；确定一批物流配送示范项目，在全国各大区的中心城市，选择符合现代商品物流配送基础条件的企业，建立符合现代商品物流配送、具有全国性经营网络的专业化骨干物流配送企业。

2. 六部委《关于加快我国现代物流发展的若干意见》

六部委《关于加快我国现代物流发展的若干意见》，肯定了现代物流业近年来的快速发展，并正成为国民经济发展的新的增长点；阐述了物流方面的政策，介绍了地方政

府和企业的典型经验；发布了《中国物流发展现状及对策研究报告》，并讨论了今后现代物流工作的思路。

以六部委的《关于加快我国现代物流发展的若干意见》为开端，国家经贸委先后进行了“现代物流工作重点企业联系制度”以及“关于做好2001年商品流通工作的若干意见”，交通部也发布了《关于促进运输企业发展综合物流服务的若干意见》，以推动我国现代物流的发展。

这是我国第一个国家层面的物流发展的系统性文件，并且对政府、企业、科研院所等参与方在物流发展中的作用进行了定位，指出了物流发展的方向和途径。但是，需要实施的可操作的政策措施，对我国未来物流发展应达到的水平和可能形成的局面，对近期具体的推进政策，因不确定性因素较多而未能涉及，而企业对此较为关心，地方政府推进本地区物流的发展，也存在操作支持。

3. 九部委《关于促进我国现代物流业发展的意见》

2001年3月制定的《关于加快我国现代物流发展的若干意见》出台后，经过3年时间，到2004年，我国的物流得到一定程度上的发展，但还存在一定的问题。按照2001年12月11日中国加入世界贸易组织的承诺，2005年我国要全面开放服务业，而物流正是服务业中的重要行业。在经济全球化的今天，加快发展现代化物流已经成为迫切需求，这对于提高我国经济运行质量和效益，优化资源配置，改善投资环境，增强综合国力和企业竞争力具有重要意义。为进一步推进我国现代物流业的发展，尽快提高物流服务水平，在全国范围内尽快形成物畅其流、快捷准时、经济合理、用户满意的社会化、专业化的现代物流服务体系，我国有关部门在充分调研了我国现代物流的发展情况，全面系统地反映我国现代物流发展的现状，客观分析当时存在的问题后，于2004年8月5日以九部委的《关于促进我国现代物流业发展的意见》（以下简称《意见》）形式，对政府部门如何进一步做好物流工作提出了具有很好的借鉴和指导作用的建议。

该《意见》的出台成为我国物流业浴火重生，凤凰涅槃的开始，社会各方也给予了极大的关注。但是落实好还必须有一个过程，并且其中还仍然存在一些不足。

通过《意见》，我们的物流企业在一定程度上经营发展的条件更加宽松，环境也更好一些。另一方面，虽然参与制定该《意见》的各有关部委将会按照文件严格执行相关事宜，但是在具体的操作过程中还会遇到不断调整的问题，如税收，物流企业的营业税的基数，国家税务总局迟迟没出来一个具体的起征数，同时各有关部委在执行该《意见》时，可能在一些具体的操作上会出现有所偏颇的情况。

《意见》的出台是我国物流业加快发展的新机遇，对于我国物流业发展具有十分重要的意义。第一，它顺应了我国物流业发展的需要。自20世纪70年代末引进物流概念以来，到21世纪初的这几年，我国的物流业才有了实质性的推进。但在推进的过程中，又遇到许多困难和问题，特别是涉及体制与政策性的约束。而这个文件正是从我国物流业发展的实际出发，提出了具体的政策措施。第二，它是在我国改革开放大背景下产生的。根据“入世”承诺，2005年我国将全面开放服务业，而物流业正是服务业中的重要行业。出台相关政策，营造有利环境，对于物流业的对外开放，物流业服务于经济一体化需要，非常及时，也很有必要。第三，它是政府部门转变职能，加强协调的产物。

最近几年，国家进行了政府机构改革，出台了《行政许可法》。物流业是复合型产业，几乎涉及国民经济管理的各个部门，必须通力合作，加强协调。这次九部委能够形成一个统一的意见，共同为物流业发展创造宽松环境，确实是一个良好开端。第四，适应企业发展的迫切需要，也是各方面共同努力的结果。提到这个文件的出台，我们不能不联系到2005年的政协调研。全国政协组成现代物流专题组先后对我国现代物流发展最快的长江三角洲、珠江三角洲和环渤海地区进行了调研。形成的调研报告，经过总理和两位副总理批示，其中大多数意见在这个文件中得到体现，反映了企业、行业组织的意见和建议。因此，它的出台必将受到行业、企业的欢迎。这是继2001年原国家经贸委等六部门出台有关推动物流业发展的意见以来，又一个十分重要的文件，对于我国物流业的发展必将是一个有力的推动，将是我国现代物流业加快发展的新机遇。

如今，随着政府主管部门日益深刻地认识到现代物流对我国经济发展的作用，全国人大及政协、国务院及各相关部门正在大力推动现代物流业在我国的发展，这体现在全国人大和政协把代表们关于大力发展物流业的提案及时转交有关部门办理，以引起有关部门对物流业的重视；也体现在，国务院及相关部门各自或联合行动，为推动现代物流业在我国的发展发布的各种经济管理类文件上。如国家发改委首次把流通与现代物流技改项目列入国债资金扶持项目；财政部、国家税务总局已经着手研究支持物流业发展的财税政策；铁道部、交通部、商务部、国家民航总局和信息产业部等与物流业相关的部门把发展现代物流列入重要议事日程，并先后发布了各部门推动物流业发展的政策。

（二）我国物流业及相关行业现行的法规

由于经济方面的法律法规与经济社会发展程度密切相关，我国的物流业还处于正在发展的初期，专门的法律、法规还未能建立，指导物流业发展的法规仅限于相关行业的法规。但我国政府已经在制定物流业的法规方面开展了基础性的工作，体现在2001年4月17日，国家质量技术监督局发布了中华人民共和国国家标准《物流术语》（标准编号为GB/T 18354—2001，2001年8月1日开始实施）。这是我国物流业的第一个综合性国家标准，旨在规范我国当前物流业发展中的基本概念，以适应物流业的迅速发展和与国际接轨的需要。另外，在2001年颁布《关于加快我国现代物流发展的若干意见》的同时，交通部也颁布了《关于促进运输企业发展综合物流服务的若干意见》，以鼓励不同类型企业培育和发展第三方物流。

我国人大颁布的与物流相关行业的法律有：

1.《中华人民共和国铁路法》（1991）

该法对铁路的概念、铁路工作主管部门及其管理权限、铁路运输企业及其职能、铁路运输营业、铁路建设、铁路安全与保护等进行了法律规范，是我国交通运输方面的主要立法，也是我国铁路物流方面的基本法律之一。除此以外，与铁路物流相关的法规或规则主要有：《铁路货物运输管理规则》（1991）、《铁路集装箱运输管理规则》（1989）。这两个规则主要是针对铁路货物运输的法律文件，因此，也是有关铁路物流的代表性政策。

2.《中华人民共和国民用航空法》（1996）

该法对民用航空器国籍、民用航空器权利、民用航空器适航管理、航空人员、民用机场、空中航行、公共航空运输企业、公共航空运输等进行了较为详细的规定，是我国民用航空事业的基本法律。但该法很少涉及航空货物运输方面的内容。因此，为了弥补该方面的不足，我国又先后制定并施行了《中国民用航空货物国内运输规则》(1996)、《中国民用航空货物国际运输规则》。这两个规则是针对航空货物运输而制定的，因此，是我国航空物流方面的主要政策。

3.《中华人民共和国公路法》(1998)

该法对我国公路的概念、公路的等级、公路工作主管部门及其管理权限、公路规划、公路建设、公路养护、路政管理、收费公路、监督检查、法律责任等进行了法律规范，是我国公路建设、使用、管理方面的最高法律。显然，《公路法》侧重于对公路的规划、建设、使用与管理进行规范，而涉及公路运输方面的内容并不多。因此，在《公路法》以外还制定了许多有关公路运输方面的法规或规则，其中，与公路物流直接相关的法律规定主要有：《中华人民共和国道路交通管理条例》(1988)、《高速公路交通管理办法》(1994)、《城市道路管理条例》(1996)、《道路货物运单使用和管理办法》(1997)、《道路运输车辆维护管理规定》(1998)、《汽车货物运输规则》(1999)、《外商投资道路运输业管理规定》(2001)。上述这些条例、办法或规则分别对车辆及车辆的装载与行驶、道路管理、公路货物运输等进行了规范，因此，是我国重要的公路物流政策。

4.《中华人民共和国水路运输管理条例》(1987)

目前，我国还没有水路运输方面的正式法律，现行的《水运条例》是我国最权威的有关水路运输管理的行政法规。该条例对水路运输的概念、水路运输的种类、水路运输事业的主管部门及其权限、水路运输的营运管理等进行了规范。除此之外，与水路运输相关的行政法规还有：《中华人民共和国航道管理条例》(1987)、《中华人民共和国海上交通安全法》(1983)、《中华人民共和国内河交通安全管理条例》(1986)、《中华人民共和国海港管理暂行条例》(1954)、《中华人民共和国河道管理条例》(1988)、《中华人民共和国船舶登记条例》(1994)、《水路货物滚装运输规则》(1997) 等。上述这些条例或规则分别对航道的规划、建设、保护、海上与内河交通安全、海港与内河码头的建设与管理、船舶管理等进行了规范，是水路物流方面的主要政策。

5.《中华人民共和国海关法》(1987)

该法对进出境运输工具、进出境货物（法人)、进出境物品（个人)、关税、海关事务担保、海关的权限及其隶属关系、执法监督等进行了详细的规定。《海关法》虽然主要是规范进出口商品“商流”行为的法律，但也直接对进出口商品的“物流”行为产生影响，因此，《海关法》也是有关物流，特别是国际物流方面的政策。

6.《中华人民共和国海商法》(1993)

该法对船舶、船员、海上货物运输合同、海上旅客运输合同、船舶租用合同、海上拖船合同、船舶碰撞、海难救助、共同海损、海事赔偿责任限制、海上保险合同等进行了法律规范。《海商法》调整的主要内容是海上运输关系、船舶关系，因此，也是有关海运物流方面的重要政策。除《海商法》外，我国还制定并施行了《中华人民共和国国际海运条例实施细则》(2000)。该实施细则分别对国际船舶代理、国际班轮运输、国际集装箱运输等进行了详细规定，因此，也是有关海运物流方面的重要政策。

除上述法律、法规外，与物流相关并对物流活动具有调整作用的法律、法规还有：《石油天然气管道保护条例》（2001）、《中华人民共和国土地管理法》（1998）、《中华人民共和国邮政法》（1986）、《中华人民共和国城市规划法》（1989）、《中华人民共和国建筑法》（1997）、《中华人民共和国环境保护法》（1989）、《中华人民共和国大气污染防治法》（1995）、《中华人民共和国水污染防治法》（1996）、《中华人民共和国固体废物污染环境防治法》（1995）、《中华人民共和国环境噪声污染防治法》（1996）、《中华人民共和国海洋环境保护法》（1982）、《外商投资国际货物运输代理企业管理规定》（2002），等等。这些法律、法规分别对管道物流、邮政物流、物流设施与网点的建设与布局、物流设备与工具（特别是车辆与船舶）的环境污染、物流产业的对外开放等进行了法律规范，因此也是间接的法律类物流政策。国务院颁布的有关物流业的法规较多，主要涵盖航空、航运、公路、铁道交通的各个方面；当然，负责各类交通管理的主要部委，也发布并实施了许多旨在提高安全性、便利性、通畅性的管理制度。

（三）我国相关物流政策法规的主要问题

尽管我国在各个领域都陆续制定了相关的物流政策法规，但从物流产业的角度看，我国还缺少协调一致的管理物流业的法律法规，尤其是在物流服务业的市场准入、物流市场管理、物流市场体系建设、物流节点的建设和运行管理、物流技术的推广及应用等方面还缺少相关的法律、法规或相应的政策。这影响了我国物流业的平稳、迅速的发展，将是今后我国物流政策研究中应解决的问题。

总之，现代物流业的发展与兴盛依赖于统一、透明、公平和高效率的法律制度环境。目前我国物流业发展的“瓶颈”恰恰在于法制环境的缺陷和不足。要切实改进和完善我国的物流法制环境，应当从统一全国物流产业发展规划、注重市场功能的政策与法律法规体系、清除部门和地区保护主义、转变政府职能、完善物流行业协会组织入手。从现代物流业的产业特征出发，为加快我国物流业的发展，国家及地方政府必须首先确立正确的政策导向，以便为发挥政府部门在物流发展中的作用创造条件和奠定基础。

三、外国物流产业政策分析

（一）日本物流政策分析

1. 日本物流政策的制定

日本是在20世纪50年代中期由政府派代表团去美国考察流通技术，回国后带回物流这一全新的概念并迅速被社会所接受。其原因一是当时日本经济正处于高速发展时期，大量生产、大量消费所产生的大量货物缺乏有效的渠道、先进的技术进行管理和操作，导致交通堵塞、环境污染以及成本上升、利润下降，直接影响了国民经济的健康发展（日本当时的GDP、人均GDP、货物运输量和周转量等数据）。当美国的物流概念被引入之后，立即得到政府和企业的高度重视。一是日本政府1964年正式将“物的流通”（当时从美国带回的概念）定名为物流。二是由政府出面组成了若干委员会进行日本全国的物流调查。

日本运输省为了把握日本国内运输现状，尽快提出政策建议，首先在 1967 年 4 月成立了以“运输经济恳谈会”形式的审议会。该审议会作为运输大臣的咨询机构，由协会、企业家媒体、银行以及大学教授组成。该审议会在成立的两年中，为政府把握物流现状、出台物流政策提供充分的数据和建议。该审议会由两个工作组组成，一个是物流工作组，另一个是城市交通工作组。物流工作组的成员主要由大学教授和银行人士组成。工作组首先对日本国内物流做了详细调查。具体内容包括：

- 物流费用调查；
- 流通技术的进步状况调查；
- 物流模式变化调查；
- 各种运输方式费用比较调查；
- 企业形态和财源调查。

然后，又在调查的基础上为政府提出很多建议，并在 1969 年最终形成了《物流革新的方向》一书。

与日本运输省不同的是，日本通产省是从流通系统化角度入手进行物流政策的研究的。通产省 1962 年在产业构造审议会中设置了流通部会，到 1969 年共发表了 6 份中间报告和 1 份最终报告。其具体内容如下：

- 流通机构的现状和问题点；
- 流通政策的基本方向；
- 零售业的连锁化；
- 批发综合中心；
- 物流的改善点和流通金融的改善点；
- 流通现代化的展望和课题；
- 流通系统化。

最后是在调查基础上分别由当时通产省和运输省出台了若干政策。

如果深入研究日本通产省流通政策的变化，也可看出日本政府根据不同时期的企业和外部环境变化，适时推出的不同政策。如：

1945 ~ 1959 年，主要以保护中小商业为主；

1960 ~ 1965 年，主要以提高中小企业现代化为主；

1966 ~ 1969 年，主要以流通机构的合理化和现代化展望为主；

1970 ~ 1972 年，以推进流通系统化为主；

1973 年以后则以改善流通秩序和推进现代化为主。

到目前为止，日本政府已出台了众多的提高物流现代化水平、降低物流成本、提高效益的政策，具体有：

《货物汽车输送事业法》、《道路交通法》、《铁道事业法》、《铁道营业法》、《海上输送法》、《内航海运业法》、《港湾输送事业法》、《港湾劳动法》、《航空法》、《仓库业法》、《汽车集散中心法》 等。

2. 日本物流政策制定过程对我国的启示

分析日本的物流政策可以清楚地看出，其对物流政策的理解还有一定偏差。目前国内不论是学者还是企业都渴望政府出台物流政策，但从日本的分析看，真正推动企业发展的恰恰是那些纵向政策，即由管理物流功能的纵向部门出台的政策。而横向政策，比如当年日本14个政府相关部门共同出台的物流施策大纲只是宏观性的纲领性文件。

当时，日本政府在出台“综合物流施策大纲”时，也是联合了14个政府相关部门共同制定的。也就是说在日本，与物流有关的行政部门也有很多。这说明由于物流所涉及的领域很多，很难由一个部门来统筹管理。所以，在制定物流政策时，应当既有横向政策也应有各纵向管理部门出台真正促进本行业企业发展、切实可行的推动本系统向现代化转化的政策与规章制度。等到各纵向政策成熟时再制定横向的、全国性的物流政策。

此外，政策的主要目的是维护企业利益，促进企业发展。特别是当前物流企业规模普遍偏小，基本不具备网络的情况下，如何推出内外资一样待遇的政策也是应当重点考虑的。

（二）美国物流政策分析

1. 美国物流政策的制定

美国并没有直接调整物流产业发展的所谓国家物流产业政策，也没有所谓发展物流产业这样一个概念，甚至于连所谓物流产业（Logistics Industry）的定义都还没有。美国政府通过对运输产业的调整，直接地或间接地影响着企业管理物流活动的方式和物流企业的经营管理行为。由于运输产业及其运输服务作为企业物流管理、供应链管理以及物流和供应链系统设计中所必须涉及的非常重要的功能活动（美国全社会运输费用支出占当年物流总成本的60%左右，占美国当年GDP的5%～6%），在美国一直被认为是事关公众利益的产业部门，如事关国民经济、国防事务、抢险救灾、商品流通、国际贸易等。所以，自1887年以来，美国联邦政府就一直是站在维护公众利益的立场上，根据努力构建、保持和加强运输市场竞争性的基本原则，运用立法、司法和行政的力量共同参与对运输市场的资源分配。因此，对美国物流相关产业政策的研究主要就是对美国运输业管制政策的结构、形成的历史背景和演变历程的研究。

（1）运输管制的政治理念和政府的角色定位

众所周知，美国人崇尚的是自由企业经济或经济自由主义，主张通过市场竞争来有效配置稀缺资源。但是，他们也深知完全充分竞争的市场实际上是不存在的。市场本身的缺陷倾向于产生垄断，因而有可能造成社会服务的不公或者歧视，因此，需要政府运用政治的力量对此加以调节和控制，限制垄断并保证运输系统能为社会大众公平的提供所需的运输服务。

美国政府所关心的就是如何在实现有效管制的同时促进运输经济的发展，保证运输服务的可靠性和稳定性。因此，维护公众利益和保证运输市场的充分竞争性就构成了美国政府采取行政手段来配置运输资源的两个基本出发点。所以，不管是加强管制还是放松管制，美国政府只能是根据运输市场力量的对比变化，不断调节有关各方的利益对比关系，在这两极之间建立某种可以接受的平衡。

美国政府对运输活动的管制通常采取联邦政府法规，州政府法规，以及广泛的司法裁决和行政裁定等形式。这是由其立法制度的特点所决定的。这里有必要说明源自英格兰的习惯法或普通法（Common Law）对美国政府制定运输管制政策和方式具有深刻的影响。比如早期的运输管制政策就是从普通法发展而来的，其中最主要的基本立法理念就是公共承运人（Common Carrier）的概念，即以类似的或同样的手段为所有的发货人提供服务、收取合理费用、没有歧视和负责交货。可以说，公共承运人的概念实际上构成了美国政府对运输业实施管制的基本出发点。虽然现有的商业和运输管制方面的法律大多以成文法（Statutory Law）为基础，但是，许多法令实际上也都是从普通法的法则中复制过来的。

美国的运输管制政策可以分成两类：一类是直接面向运输活动本身的经济类法规。包括运输市场准入条件，费率管制规定，服务市场范围，运输企业退出和合并条件，以及会计和财务管理等。另一类则是直接面向公众安全和环境保护的非经济类法规。包括水土和空气保护，车辆注册，发动机排放标准，汽车安全带使用要求，飞机发动机噪声限制，危险物料运输规程，司机最大连续工作时间规定等。就目前的情况来看，放松对运输的经济管制，维护竞争性的市场结构和保证公共安全，加强供应链的安全管制已经成为美国政府管理运输市场的主要政策走向。总的来说，对运输业的直接的经济管制趋向于放松，而间接的安全管制则趋向于越来越紧。

从历史的角度来看，美国政府应用政治手段参与运输资源的分配过程，是一个对运输业加强管制或放松管制不断交替的过程。为了确保运输服务的可得性和稳定性，政府通常是通过控制市场准入，管制运输费率和调节服务水平来保护承运人的利益。因此美国政府对运输业的管制实际上是运输服务供需双方不断博弈，行政和市场的力量不断权衡的过程和结果。当然，其中也伴随着由于技术进步，如新的运输方式或工具的产生而带来的新情况。但是，2001 年“9·11”事件以后，美国政府对运输业的管制明显的从国内转向国际，从经济转向安全，进而对企业物流和供应链管理，尤其是国际贸易和全球供应链管理产生了重大影响。

实际上，美国政府为了构建、维护和加强市场的竞争性，一直是不遗余力的。但是。随着美国的发展和经济的繁荣，随着企业的活动范围、活动的复杂性以及经营规模的增加，美国政府对经济活动的管制和控制也在不断加强。为了弥补自由市场力量的先天不足，美国政府主要采取三种方法来保持市场的竞争性结构，一是维护和强化竞争，比如反垄断；二是用管制来代替自由竞争，比如对运输；三是采取拥有和直接控制的办法，比如对邮政。需要注意的是，在美国，管制运输的制度框架是由联邦法律提供的。

由此可见，美国的运输市场实际上是在由一系列政府管制政策和法规构成的框架内运行的。这些管制政策一方面要保证只要有可能就要充分运用市场竞争的力量，另一方面则要保证私营企业或自由企业在这样的制度架构内仍然能够有效地配置稀缺资源。实际上，经过 100 多年的发展，运输管制不仅构成了美国运输产业发展的约束条件，而且也已经成为美国运输产业发展的推动力量。

有研究表明，到 1970 年的时候，美国联邦政府对运输业所实施的经济管制政策在某种程度上已经影响了 100% 的铁路和航空货运、80% 的管道运输、43.1% 的卡车运输以及 6.7% 的内河航运。

有趣的是，美国政府对自由市场经济活动实行行政干预就始于对运输和仓储的管制，确切地说，是始于 1887 年开始的对铁路运输企业及其开办的配有升降机的谷物仓库的管制。而同样有趣的是，美国政府解除或放松对运输业的行政管制同样始于对铁路运输的解除管制（1976 年）。运输产业对国民经济发展和公众福利维护的重要性由此可见一斑。

按照一般历史研究的阶段性分析方法，人们常常把美国历时 100 多年的运输管制分成若干阶段，比如，1920 年以前建立政府管制阶段、1920～1940 年管制形成阶段、1940～1970 维持现状阶段、1970～1980 年放松管制拉开序幕阶段和 1980 到现在的放松管制阶段（Donald J. Bowersox 等，2002），或者 1887～1920 年的开始管制阶段、1920～1935 年的积极管制阶段、1935～1976 年的综合管制阶段以及 1976～1996 年的放松管制阶段（John J. Coyle 等，1999）。但是，如果我们从这些法案对企业物流和供应链管理运作的影响角度来看，则可以明显地看出只要把握几个关键的法案或历史事件的发生点，就可以在总体上把握美国政府对运输业实施管制，即所谓美国的物流相关政策的演进过程。它们是 1887 年通过的州际商务调整法案（Act to Regulate Commerce）和州际商务委员会（Interstate Commerce Commission，ICC）的设立；1942 年完成了对所有运输服务方式的管制；1976 年拉开了放松运输管制的序幕；1980 年通过的汽车承运人法（Motor Carrier Act of 1980）和斯塔格斯铁路法（Staggers Rail Act of 1980）；1995 年 ICC 的撤销；2001 年"9·11"事件以后的跨国安全或全球供应链安全管制。

显然，为了更好的理解美国政府有关运输管制政策的发展和变化，充分了解美国政府对运输业实施管制的历史背景是非常有益也是非常重要的。

（2）美国政府对运输业实施管制的起源

美国政府对运输业的管制起源于对铁路运输的管制，而对铁路运输业实施管制却是由美国历史上一场声势浩大的农民运动——格兰奇运动（Granger Movement，也称为农民协进会或农业保护社运动）引起的。实际上，格兰奇运动成为美国政府对运输业实施经济管制，甚至是最终放弃自由主义市场经济理论，对市场经济活动实施政府干预的导火索。

众所周知，早期的美国运输业主要就是铁路运输，几乎处于绝对垄断地位，主要从事原材料和农产品的国内消费和出口贸易运输业务，只要有可能就会索要高价并歧视小货量的托运人。但是，直到 18 世纪末期，主要是由于格兰奇运动的推动，美国联邦政府和州政府才认识到铁路运输业对美国的民众非常重要，不能指望铁路运输公司通过行业自律来约束自己的经济行为，而同时又能够保证公众的利益不受侵害。因此，州和联邦政府必须对铁路运输实施经济管制。

美国对铁路运输的管制首先是在州政府一级通过立法开始实施的，即所谓州管制（State Regulation）。由于有关的州对铁路运输和仓库实施管制的法律是在格兰奇运动的推动下通过的，所以也被统称为格兰奇法（Granger law，1871～1874）。实际上，州管制也被用于早期对收费公路的管制和运河特许航运权的管制。一般认为，正是铁路运输的发展促进了美国成文法商业管制体系的发展，而对铁路运输的管制以及相应的法律和管制架构则成为美国政府采用行政手段干预市场并实施经济管制的开始。

创建于 1867 年的 Granger，是由广大农民参加的社交和培训组织，旨在保护农民的利益和反对经济虐待（Economic Abuses）。该组织的口号就是“协作”（Cooperation，指农民自己）和“打倒垄断”（Down with Monopoly，指铁路公司）。

农民认为铁路公司设定了过高的谷物和其他农业生产资料的运输费率，而且常常对某些地区或者某些人实施不公平的差别服务，因此损害了他们的合法利益。比较极端的例子就是艾奥瓦州的农民不得不把谷物作为燃料烧掉，因为在当地 1 蒲式耳（35.238 升）的谷物只能卖到 15 美分，而当时在美国东部地区却能卖到 1 美元。他们认为这是由于铁路公司在谷物储存和运输环节进行价格敲诈造成的。于是，格兰奇运动把处于分散和封闭状态的各州农民组织起来，共同反对铁路公司和配置升降机的谷物仓库（通常也为铁路公司所拥有）的运价垄断和服务歧视。

作为格兰奇运动的一项重要成果，美国伊利诺伊州的立法机构在 1870 年通过立法，限制铁路客运和货运最高费率，并设立铁路和仓库专业委员会负责执行这些法律和收集有关的信息。该法案被认为是开创了美国政府采用成文法管制经济的先河。

实际上，早在 1869 年该州的立法机构就通过了一项法律，宣布铁路公司应当收取“公正、合理和统一的运价”。但是，由于实际上无法对满足这个要求的运价做出明确的规定，所以，该法案就只能停留在法令全书的纸面上而无法实施。但是在 1870 年制定新的州宪法的时候，宪法起草人受蓬勃发展的农民运动的影响，在新宪法中加入了一段话，要求州立法机构“通过相关法律来惩戒经济虐待，防止在本州运营的各铁路公司对托运人实施不公平的差别待遇和利用货运价格和客运费率的欺诈行为”。于是该州的立法机构就在第二次会议上通过了 1870 年铁路管制法案。

但是，铁路公司认为州政府无权对它们的商业活动进行管制，不仅不服从管制，而且诉讼到法院。由于伊利诺伊州的最高法院认为州政府通过铁路管制法案属于违宪行为，于是该州的立法机构又在 1873 年通过了新的管制法案来规避违宪陷阱。该法案规定，歧视性运输费率的认定仅凭托运人的第一感觉就可以成立而无须提供受到不公平对待的绝对证据。因此，法律也允许铁路公司通过举证来说明差别价格是公平合理的。法案还清楚地表明，在有些地方虽然存在竞争或者原本就不存在其他竞争者，但也不能构成不存在价格歧视的充分理由。为了防止铁路方面提高所有的费率到最高水平，而不是把所有的费率降低到最低的水平，法案还指定专门的专家委员会来制定最高限价费率表，并规定任何公司如果在 1874 年 1 月 15 日以后收取高于最高限价的费率就可以被理所当然地作为价格欺诈的证据。该州的 1873 年管制法案还规定了一些具体的其他条款来提高违规惩罚的力度和加强委员会执法的权力。但是，尽管该州 1873 年法案中规定有关禁止不公平差别待遇的条款应在当年 7 月生效，可是直到 1874 年 1 月最高运价费率表还是没有准备好。

重要的是，虽然该法案一经出台就遭到了许多责难，尤其是在美国东部地区，而且铁路公司有好几年都拒绝服从，但该法案最终还是成为伊利诺伊州铁路管制的永久性法律基础，并成为许多其他州解决此类问题的样板。

随后，明尼苏达州在 1871 年先后通过了两个法律，要求制定固定的客货运价目表，并指定铁路专员来执行管制。铁路公司则认为州政府无权管制，并在州法院于 1873 年判决州政府胜诉以后，上诉到美国联邦最高法院。此间，有关的法案当然也无法实施。

于是，明尼苏达州的立法机构在1874年用了一个类似于伊利诺伊州1873年的法律来替代它，但实际上也感到无法具体实施，因为在本州不同地区的实际情况差异很大。在州边界地区属于公正的价格和收费在人口稠密地区就可能构成敲诈，所以无法设定一套可资实际应用的统一运价费率标准。这个问题本来是可以通过授权管制委员会根据不同地区的同一条铁路制定变化的价目表来解决的，但由于当时社会上反对铁路公司的情绪已经开始逐渐消退，于是在1875年该州的立法机构就不再试图完善有关的管制法律，而是放弃了州管制的尝试。

1874年，威斯康星州和艾奥瓦州也通过了类似的法案，希望通过直接的立法活动来限制铁路最高运价，同样也设立了专职的管制委员会来帮助执行这些管制措施和收集信息。艾奥瓦州的法律在其有效期间至少在形式上被大多数铁路公司所遵守，但在1878年由于铁路公司方面的积极活动而被废止。在威斯康星州，由于美国东部的一些著名律师告诉铁路公司该法律无效，于是铁路公司拒绝执行有关法规，直到州最高法院在1874年宣布支持该法案。但铁路公司随即就开始活动要废止该法案，并最终在1876年达到了他们的目的。

实际的情况是，有关各州的铁路管制立法一经通过，就陷入了与铁路公司之间没完没了的诉讼过程，最后不得不提交美国联邦最高法院裁决。除了伊利诺伊州以外，在联邦最高法院做出终审判决之前，所有各州的铁路管制法案均已被废止。可是，管制委员会的组织机构还是保留了下来，不过仅具有一些咨询的职能，并且有时为托运人和铁路公司之间的纠纷提供仲裁服务。

虽然人们对铁路公司垄断问题的兴趣随着时间的推移而逐渐被淡化，但是，后来对铁路运价实施成文法管制的各州都遵循了同样的立法原则。所以，格兰奇法不仅为这些州未来的和更持久的管制立法铺平了道路，而且还为美国大多数其他州类似的立法，甚至是联邦政府通过设立州际商务委员会（Interstate Commerce Commission，ICC）来管制铁路运输业铺平了道路。

美国联邦最高法院在1876年10月终于对来自伊利诺伊州、威斯康星州、艾奥瓦州和明尼苏达州的联邦巡回法院和州法院的总共八个上诉案件做出判决，这些判决肯定了格兰奇法的有效性。特别是在所有这些案件的裁决中都包含了一个相同的基本观点，即州政府有权管制私人拥有和管理运营的但具有公众事业性质的商业活动。所以说，格兰奇裁决是美国17世纪反垄断运动的最重要的成就。

（3）两个重要的判例和ICC的诞生

在有关农民与铁路运输和仓储公司，或者铁路运输公司与美国州政府的一系列诉讼案中，有两个美国最高法院的判例对美国政府日后管制运输以至管制经济具有奠基性的深远意义。

①Munn 诉 Illinois 案

在美国法学界有一种看法，第一个“格兰奇诉讼案”并不是铁路公司的诉讼案，而是来自于1871年伊利诺伊州农民赢得的仓库管制立法案。该法案设定谷物仓库收费的最高限价，并要求所有的仓库业主在每年1月份的第1个星期公布当年的收费标准，且不许在当年提价，不允许歧视客户。在执法的过程中，州铁路和仓库委员会对芝加哥的一家仓库公司 Munn & Scott 提起诉讼，控告该公司没有依照本州法律提供谷物仓储的最高收费价目表。最终官司打到联邦最高法院。1876 年，联邦最高法院做出了有利于州政府的判决。联邦法院首席大法官 Morrison Remick Waite（1816～1888）支持批准格兰奇提出的通过立法来调节配备升降机的谷仓的收费水平，并宣称公众利益要求借助政府的权威来控制私营企业的利益。

在本案审理过程中，仓库公司的律师认为，有关的州管制法案，借助于霸道的限定收费，实际上是在没有经过法定程序的情况下剥夺业主的财产，所以与美国宪法第十四修正案是不一致的。

但是，法院认为，在英格兰和美国，一直就有通过立法来管制任何事关公众利益的商业活动的习惯，诸如摆渡、公共承运人、面包师或者磨坊主等。只要私有的设施服务于公共的利益，对其费率进行管制也就是符合宪法原则的。而在本案中的谷物仓库的经营毫无疑问的事关公众利益，因此，最高法院裁定宪法第十四修正案并不阻止伊利诺伊州政府管制带升降机的谷物仓库的收费水平。

实际上，本案的裁决把问题的焦点集中在一家私营公司是不是应该根据公共利益受到政府调节方面。Waite 大法官认为，这是一个权力的问题。当私营财产的运用影响到公众利益时，公众就拥有宪法赋予的权利借助法律来保护自己的利益。Munn & Scott 公司实际上已经垄断了当地的谷物仓储，所以伊利诺伊州政府就应该行使权力，对该公司的经营行为进行管制。

法院认为，这种管制的权力包含了设定最高限价的权力，而具体最高限价是多少则是一个立法问题，而不是司法问题。Waite 大法官所表达的最高法院的意见确定了后来处理有关铁路管制诉讼案的基本原则——只要私有的设施服务于公共的利益，对其费率进行管制就是符合宪法原则的。

这些由法院判决所确定的原则一直沿用到现在，对美国政府处理有关的商业和政治问题影响深远。自那时以来，没有人再否认州政府有权对任何具有公用性质的或者涉及公众利益的商业活动设定最高收费限价。也没有人再对把铁路运输和仓储业务定性为事关公众利益的商业活动提出疑问。虽然州政府的权力也要接受司法审查，但本案的裁决至今仍是美国各州管制铁路运输的法律基础。

②Wabash 案

1886 年 10 月联邦最高法院对 Wabash, St. Louis & Pacific 铁路公司诉 Illinois 案做出裁决，认为州政府无权直接管制州与州之间的铁路运输费率，因为宪法中的商务条款（Commerce Clause）并没有说州政府就有权对州际商务负有“直接的”责任。但是，Wabash 案的裁决并没有剥夺州管制铁路运输的所有权力，例如，州安全管制仍然属于州的“间接”责任。在此案裁决之前，联邦政府倾向于把铁路运输管制权交给州政府，而 Wabash 案的裁决则使得对州际货物运输费率的管制变成一项受宪法保护的联邦政府的权力，实际上也就把州际货物运输费率管制权上收到联邦政府这一级。

这项裁决的一个直接的结果就是国会在 1887 年 2 月 4 日通过了商务调整法案，以此来填补由于 Wabash 案的裁决所产生的铁路管制真空。这是一个反垄断和反渎职的法律。该法案要求铁路公司的运价必须“公平合理”，不得进行价格歧视和长短途运输歧视，不得合谋防碍竞争等。同时，为了更好地实施管制法案，国会设立了五人州际商务委员会（Interstate Commerce Commission，ICC），这是美国第一个在联邦政府的层面上设立的独立经济管制委员会。法案要求铁路公司公布运价费率表并在ICC备案，且必须按照公布的价目表提供服务。法案规定ICC有权调查铁路公司管理状况，要求铁路公司提供年度报告和统一会计报表格式。法案还设定了货主和承运人等的投诉程序，以及授权ICC决定执行管制的范围和制定程序规则。

Wabash案的裁决发出了美国联邦政府对经济事务负有管理责任的信号。商务调整法案的通过对美国政府建立完善的经济管制架构具有非常重要的意义，由此开创了通过独立的委员会对经济活动实施管制的现代模式。

必须指出，采用独立管制委员会的组织架构来管制经济活动是美国的一大特色。ICC是一个集立法、审判和执行于一身的所谓第四政府机构，最初的职能就是管理铁路企业，后来才逐步扩大到管理卡车、轮船、货物运输和其他州际运输，并成为美国最有权力的综合管制委员会。ICC所确定的管理法规涉及运费、路线、服务项目、联合经营、提单格式以及承运人发行债券等。

除了ICC以外，美国还有成立于1961年的管制国际水运承运人的联邦海事委员会（Federal Maritime Commission，FMC）和隶属于美国能源部的管制石油和天然气管道运输的联邦能源管制委员会（Federal Energy Regulatory Commission，FERC）。

（4）加强运输管制的历程

美国政府对铁路运输实施管制的主要目的是为了保护公众利益，在特定的历史时期保护市场力量相对比较小的一方，比如小规模的托运人，维护和加强市场竞争，并在维护公共利益的基础上进行运输资源的有效配置。

美国政府大概用了55年的时间完成了对逐步出现的各种运输服务方式的管制。从1887年对铁路运输实施管制开始，1916年对远洋运输，1935年对汽车运输，1938年对航空运输，1940年对内河航运，一直到1942年完成对货运代理的管制立法。

实际上，在1887年以后，随着运输业的发展和运输技术手段的不断进步，美国政府就不断的通过立法来修正和充实州际商务法案的内容并强化ICC的管制权限，所采用的理念和方法都是对铁路运输实施管制的基本模式。

1906年通过的赫伯恩法案，授权ICC决定铁路运费最高限价，使得ICC的决定对承运人具有约束力，同时宣称油品管道运输（主要是石油）为公共承运人性质，因此要接受ICC的管制。

1920年通过的运输法案，旨在重建美国铁路运输业；允许铁路承运人在特定条件下可以联营和使用共同场站；确立铁路运输定价规则，使得铁路业投资可以获得公平的回报；将ICC的检查权扩大到认定最低费率和最高费率的合理性；ICC有权设定最低运价费率，并在认为现行费率不合理时，可要求托运人按实际费率支付。该法案还将1887年的州际商务调整法更名为州际商务法（Interstate Commerce Act）。由此美国政府对运输业的管制进入所谓积极管制的时期。

1935通过的汽车承运人法案将汽车承运人置于ICC的管辖之下；开办汽车运输服务者，须到ICC申请批准并领取执照。该法还界定了汽车承运人的四种类型，即公共、合同、自营和豁免。

1940 年通过的运输法案使得 ICC 有权管制除了豁免以外的水路运输公司；同时首次公布国家运输政策说明。

1942 年通过的货运代理法案将涉及铁路、汽车和水运的水陆货代服务纳入州际商务法案的调整范畴，并接受 ICC 的管制。至此，美国国会完成了对各种基本形式的运输服务管制立法。除了空运仍由民用航空委员会（Civil Aeronautics Board，CAB）管制以外，所有的管制法规都由 ICC 负责执行。

1966 年通过的运输部法案决定设立美国运输部（DOT），把 ICC 所管制的铁路和汽车承运人的安全管理职能合并了进来。法案还要求新的内阁部长负责统领国家运输事务并制定国家运输政策，保证向公众提供一个安全、高效和可靠的运输系统。

1973 年通过的地区铁路重组法案（即所谓 3 – R Act）旨在挽救七家濒临破产的美国东北地区的铁路公司；成立了美国铁路协会（USRA）；在破产的 Penn Central 铁路公司的基础上组建联合铁路公司（CONRAIL）来经营管理这 7 条铁路。

1974 年通过的危险品运输法案作为 1974 年运输安全法案的一部分，规定危险品运输由运输部的物料运输部门统一管理，要求有关运输公司接受培训，责成运输部制定危险品运输路线和装卸规则，并加重对违法行为的处罚力度。

1976 年通过的铁路复兴和管制改革法案（即所谓 4 – R Act）决定为铁路公司提供财政资助，为 ICC 提供有关“公正和合理”费率的指导原则，并定义“市场操控”。至此，在美国盛行 90 多年的扩大政府管制的趋势开始发生逆转，并由此拉开了放松运输管制的序幕。

必须指出，1890 年的谢尔曼反垄断法和 1914 年的克莱顿法一直到 1980 年左右放松管制以后才开始对运输业形成约束，因此可见运输产业在国民经济体系中的特殊性。

（5）放松和解除运输管制

到 20 世纪 70 年代末，美国运输业界和联邦政府都认识到当时的管制环境阻碍了运输市场的竞争和运输业的发展，因此，对运输业管制的基本政策调整思路开始转向培育私营运输公司之间的竞争，目的是为了提高运输市场的竞争性和运输服务的水平。为此必须解除或放松政府对运输的管制。

美国政府用了将近 20 年的时间完成了对运输业的解除管制，主要的思路就是：放松对承运人在服务、价格和所应承担义务等方面的经济管制。这时，看得见的手开始帮扶承运人了，运输资源的配置开始向承运人倾斜。

如果说 1976 年的铁路复兴和管制改革法案（4 – R Act）还只是拉开了放松运输管制的序幕的话，那么，1978 年的空运航线管制解除法，1980 年的汽车承运人法和 1980 年的斯塔格斯铁路法则对美国解除运输管制以及整个国民经济的发展具有里程碑式的意义。实际上，由已故 Robert V. Delaney 先生设计的所谓商业物流指数即物流总成本占当年名义 GDP 的比重就是用来评价解除运输管制以后美国国民经济运营效率改善状况的。1995 年的州际商务委员会终结法案更是把这次解除管制的运动推向高潮。

一般认为，美国政府对运输管制的解除始于 1977 年对联邦航空法（Federal Aviation Act）的修订。该修订案解除了对国内航空货运承运人、货运代理人以及托运人协会等在有关定价和市场准入方面的管制。

随后，1978年通过的航线管制解除法，责令行政部门在1985年1月1日之前解散民用航空委员会（CBA），对各种形式的航空客运业务开放美国的天空。

1980年通过的汽车承运人法旨在促进汽车运输业的竞争和提高效率。立法的基本前提是认为承运人的权力多年来受到太多的限制，因此在市场上缺乏足够数目的承运人进行有效的竞争。因此该法要求放开市场准入条件，规定只要新进入者适合、愿意和有能力，ICC就应当发放运营许可证；放开对运输线路的管制，承运人可以运营循环路线；私营承运人可以回程带货；合同运输市场放开；运输费率可以在一定的范围内浮动；运输经纪人市场放开；限制运费管理局的权力；允许管制的和豁免的货物混装；公共承运人也可以做合同承运人。

MC－80法的通过，使得美国的道路运输业迅速进入新时代。随着管制的解除，1980年时全国只有约18000个汽车承运人，到1983年就达到了33000个。同时，ICC批准了大约65000条新的运输线路申请，因此导致了高度的竞争，新的服务品种和高的服务水平，以及更多的以谈判商定运价的市场选择机制。承运人也更加以市场为导向，经营方式不再模仿和跟风，而是越来越注重公司的服务营销。私营承运人可以通过申请获得公共承运人或者合同承运人的同等经营权。运输公司为了降低回程空驶所造成的损失可以从其他发货人那里配货。

对汽车承运人管制的解除，使得零担货运（LTL）承运人的跨州运输服务迅速增长，承运人开始积极开发各种可行的运输定价方案，简化服务清单和费用支付方式。特别是从固定价格转变为协议价格，使得承运人可以根据客户的具体要求设计个性化的服务和价格协议，或者“现场定价”，使得承运人有可能通过服务项目创新，从单纯的运输服务提供商转变为物流服务提供商，为客户提供延伸的“一揽子”物流服务。该法案的实施，强化了市场竞争态势，要求汽车承运人尽可能实现低成本运作。实际上，该法案的实施使得整车费率（TL）和零担费率（LTL）都有显著下降。经过将近10年的有效竞争，许多没有竞争力的承运人纷纷退出市场。到1990年左右整个美国的汽车运输业达到了相对稳定状态（James R. Stock 等，2001）。

同样在1980年通过的斯塔格斯铁路法解除了政府对铁路运输行业的管制。旨在为铁路运输行业恢复活力提供必要的自由空间，并通过费率改革的方法来改善铁路公司的财务状况。因为这个法案是由铁路公司自己提出来的，所以，该法案反映的是铁路承运人的意志。该法案大规模地限制了ICC管制铁路运输费率的权力，削减了费率制定办公室的权限。准许铁路承运人与发货人签订长期合同和协议费率。铁路承运人有权降低费率来应对竞争，也有权提高费率以弥补经营成本的上升，因此可以针对特定的市场快速调整价格和设备配置、开发新的服务品种、设计合同费率和客户激励办法、淘汰无利可图的线路以及按照服务创新的要求来管理。结果是发货人在获得较低运费率的同时可获得改善了的服务，铁路公司也借此获得较好的投资回报率。

对铁路运输管制的解除，使得铁路公司可以为市场提供各种不同的服务和价格组合方案，极大地吸引了托运人，也推动了多式联运的发展。解除管制5年左右，美国铁路运输业的整体状况开始稳定。但是由于一系列的合并，美国一级铁路即年收入超过

5000 万美元的铁路公司的数目从 1979 年的 45 家下降到 1991 年的 13 家。

美国目前基本上形成了由 4 家超级铁路公司提供铁路运输服务的格局。托运人没有了选择，也无法确定是否多付了费用和接受了较差的服务，有关各方多有抱怨。所以，美国政府有可能再次通过立法即经济管制来提高铁路运输市场的竞争性。

1984 年通过的航运法部分解除了远洋航运业的管制，使承运人在制定船期表、定价以及签合同方面具有更大的灵活性。允许航运公司采用联营和配载的方式；可以指定港口、控制船期、公开港口到港口或者点到点的运价费率；可以与托运人签署私下协议；允许托运人成立非营利性的机构获得大批量货物运输的较低费率等。由此促进了合同运输和多式联运的发展，这必然给客户提供更多可选择的物流解决方案。

1984 年通过的水陆货运代理人解除管制法和报关行法则标志着对各种运输服务方式的解除管制基本完成。

1994 年通过的卡车运输行业规章制度改革法案进一步放松了汽车承运人的入市条件，主要考察安全和保险方面的标准；取消各种运输报备的要求，承运人无须再向 ICC 报备运输费率；以及扩大汽车承运人运输豁免权的适用范围。至此，ICC 的作用被大大的削弱，实际上变成了运输纠纷的调停人。

1995 年 12 月 31 日，美国国会通过了 ICC 终结法案，曾经令人敬畏的 ICC 被废除，取而代之的是管制范围和权力小得多的水陆运输委员会（Surface Transportation Board，STB）。STB 设在美国运输部内，但仍然作为独立的管制机构，并不受美国运输部的监管。委员会的三个成员均由总统任命，并经过参议院批准。该法案直接导致取消了公共承运人和合同承运人之间的区别，为承运人的物流转型，为物流服务的一体化和个性化以至供应链管理的开发扫清了政策障碍。

虽然解除或放松对运输业管制的历程很长，而且涉及那么多法律关系的调整，但对运输业来说，真正的变化就是市场准入和价格弹性。

解除管制对美国国民经济运行效率的提高是显而易见和影响深远的。据美国资深物流和运输经济分析师 Rosalyn Wilson 女士的研究，在 1982 年刚刚开始解除运输管制的时候，美国商业物流指数即物流总成本占美国当年名义 GDP 的比重为 14.5%。到 20 世纪 80 年代后期，这个比重就降到 11.5% 左右；到了 20 世纪 90 年代，这个比重就下降到并维持在 10% 左右；进入 21 世纪，特别是考虑到 2004 年创纪录的高燃料成本和极度的运力紧张，这个比重还是连续第 4 年保持在 10% 以下，连续第 3 年保持在 9% 以下。

（6）加强安全和环境管制

在放松对运输经济活动管制的同时，美国政府加强了对公共和环境安全的管制。

在联邦政府这一级，对运输业实施安全和环境管制的主要是美国运输部。自 1996 年成立以来，美国运输部在有关危险品的运输和搬运、司机最大连续工作时间以及交通工具的技术安全等方面发挥了积极的作用。1974 年通过的运输安全法使得运输安全管理进一步规范化和制度化。

其他有关的运输安全管制法律还包括与环境安全有关的危险品材料运输法，限制有毒和废弃物料转移量的资源保护和恢复法，综合环境责任赔偿和义务法，以及限制汽车尾气排放的清洁空气法等。

就美国运输部内部各部门的职能分工来看，联邦航空管理局（FAD）主要负责对机场和航空承运人的安全管理；联邦公路管理局（FHA）主要负责对汽车承运人的安全管理；国家公路交通安全局（NHTSA）主要负责对汽车及车辆设备的安全性能的管理；联邦铁路管理局（FRA）主要负责铁路运营安全管理；海岸警卫队（USCG）主要负责船只和港口的海洋安全（现已并入美国国土安全保障部）；危险货物运输办公室（OHMT）主要负责对各种危险货物运输实施管制；国家运输安全管理局（NTSB）主要负责对交通事故的情况和原因进行分析调查和实施管理。

在州政府一级，通过美国宪法赋予的政治权力，也对交通运输工具的安全运营进行各种管制，比如，限制行驶速度、控制交通工具的大小尺寸等。州政府一级对运输实施安全管制主要是为了保护本州公民的健康和福利。

（7）美国运输业管制政策现状

①STB 的任务

ICC 撤销以后，美国政府对运输业的管制，除了航空运输以外，主要是通过由三人组成并设在美国运输部的水陆运输委员会（STB）来负责。在 1995 年的 ICC 终结法案中包含了美国政府对铁路、汽车、水运、货代和运输经纪人以及管道运输的管制政策说明，这些说明一方面被用来指引 STB 的工作，另一方面也为国家运输资源向各种运输方式的配置提供了框架。

在铁路运输管制方面，有关的经济管制仍然存在。主要包括对铁路运费、定价规则、线路、服务、设施和铁路公司之间并购活动的管理；公共承运人在使用铁路时有义务为所有的客户服务；不歧视人员、地点和商品，索取合理的费率，并对商品的损毁负责；除农产品运输合同仍需备案；铁路公司如果改变价格，必须提前 20 天发出通知等。

在汽车和水路运输管制方面，日常用品和非边境贸易仍然实行运价管制和备案制度；所有的承运人都要和托运人签合同；承运人要对货物损毁负责；承运人必须在托运人的要求下出示运费价目表等。

在航空运输管制方面，主要是控制安全规则。比如通过控制机场起降架次来影响承运人的服务水平和决定承运人是否可以为特定的机场提供服务。

在货代和运输经纪人管制方面，都需要在 STB 注册；货代公司对货物毁损负有责任；STB 可以对货代和经纪人提出保险要求；运输经纪人必须存放 1 万美元保证金以确保他所使用的承运人能够获得费用支付等。

②国家运输政策

制定国家运输政策是美国运输部的主要任务之一。但是由于运输活动几乎渗透到社会生活的每一个方面，所以，美国政府各部门都参与制订运输管制方案。实际上，即使在大规模的放松运输管制 20 多年后的今天，在美国可以左右国家运输政策的除了美国国会和总统外，还有 60 多个联邦机构和 30 多个国会委员会。比如联邦和州政府的有关部门，国会专业委员会，独立管制机构、法院和行业协会等。它们中的每一个都可以影响美国运输部的政策制定。

所以，虽然美国的联邦政府在构建高效的运输系统中发挥了巨大的作用——做规划、给投资，但迄今为止，美国既没有一部真正意义上的国家运输政策，也“没有一个完整的联邦运输政策说明或政策目标来指引联邦政府的行为”（Coyle 等，2000）。我们目前所能见到的类似美国国家运输政策的说明（Statement）大多散布于其他一些法律文件中。比如 1940 年的运输法案，1980 年的汽车承运人法案和 1995 年的 ICC 终结法案等。这些政策说明实际上是运输管制的原则性要求和制定具体政策的指导原则，也是政府配置运输资源的基本框架，有些类似于我国有关政府部门发布的“意见”。但由于在美国司法裁决也是立法律体系的一部分，所以美国的“说明”就在司法和行政实践中具有原则的、指导的和依据的作用。

2005 年 8 月，美国运输部负责制定运输政策的部长助理办公室发布了美国国家货运政策说明。该说明指出，美国运输部关心的就是在确保国家拥有一个安全、可靠和高效的货运系统来支持当前和未来的经济增长以及美国的国际竞争力的同时，维护和建设一个健康、安全的环境。说明中所给出的国家货运系统建设指导原则阐明了美国运输部的政策立场，这有助于有关各方做出可能影响各种货物运输方式的重要决策。公布该说明的目的就是要使得国家的运输系统能够更好的为公众服务，因此需要政府部门、货运企业和托运人建立新型伙伴关系。

说明还指出，所提出的八条基本原则既是制定美国货物运输政策的基础，也是对联邦政府在货物运输领域的角色做出的界定。这些原则是：

- 对那些有助于实现国家目标且自身投资效益也比较好的交通基础设施建设项目提供联邦资源的帮助并制定一套项目优先等级评价的制度和程序；
- 通过取消不明智的或者是不必要的管制政策和对使用公共财政建设的运输基础设施合理定价的方法来促进国家经济的增长；
- 确保公众拥有一个安全的运输系统；
- 保护环境和节约能源；
- 资助运输技术开发，以促进降低成本、加强安全和提高速度；
- 有效地满足国防和紧急运输需求；
- 便于国际贸易和国际商务的发展；
- 高效和公平的综合利用基础设施条件，促进客货运服务的发展。

③“9·11”事件以后的安全管制政策

2001 年的“9·11”事件，使得美国的运输安全管制政策发生了极其深刻的变化。主要表现在从原先的致力于国内运输安全的管制转向对国际运输安全的管制；从致力于对承运人的管制转向对运输活动各利益相关人的系统管制；从仅仅关注运输安全转向关注供应链安全；从单纯的政府管制转向政府与企业联合管制。总之，新的运输安全管制政策已经事关美国国土和经济安全。

事实上，受“9·11”事件影响最大的就是美国与世界各国的海、陆、空运输。当时，美国政府出于安全考虑曾停止了有关港口原本正常的进出口作业长达数周之久。此举不仅造成了人员输运的困难和相关的经济损失，而且也对国际贸易和进出口货物的流动造成重大冲击，并间接地造成国际供应链的短期中断和供货短缺，实际上对企业物流运作和供应链管理产生了极大的影响，并影响到全球经济活动的正常运行。

由于集装箱货物占全球货物贸易的 90%，每年大约有 4800 万个货物集装箱往来于世界各主要港口，而通过船舶、飞机、卡车、铁路等运往美国的集装箱就高达1600万个，其中在海运方面，每年在美国港口靠岸的轮船达21.4万艘，从这些船上卸下的集装箱达570万只，相应的货物价值约占美国进口总额的50%，其中大约有67%来自20个主要的外国枢纽港，所以，美国政府认为恐怖分子采用集装箱将炭疽菌等细菌武器和核炸弹等大规模杀伤性武器运往美国本土的危险性明显的存在并在增大。

为了防止恐怖分子利用集装箱进行恐怖活动，美国政府把对运输安全尤其是国际运输安全管制的战略重点放在了港口，并在短期内迅速推出一系列有关集装箱运输安全管制的法律和措施。包括美国海关总署于2001年11月提出并于2002年4月开始实施的美国海关贸易伙伴联合反恐计划和2002年1月提出的集装箱安全倡议；2002年6月通过的生物反恐法；2002年11月，美国总统布什签署的国土安全法，美国海关总署提出的24小时提前货物通报，美国交通部运输安全管理局、海关总署联合提出的商业营运安全计划以及2003年1月美国国土安全保障部正式成立。所有这些管制措施都指向一个目标，就是改善集装箱运输的安全性和提高运输效率，同时提高全球供应链管理合作伙伴的信心。

实际上，美国政府为了实现其反恐防恐的战略目标，从行政管理体系改革、运输流程前置控制和信息技术系统支持等方面同时下手，力图迅速建立全方位的运输安全防护管制体系。

在行政管理体系改革方面，2003年1月24日美国成立了统管反恐对策的国土安全保障部，并从其他各政府部门抽调了17万人，预算达370亿美元左右。这是美国自1947年设立国防部以来规模最大的一次部门重组，也是对没能有效利用反恐信息进行深刻反省的结果。为实现信息的有效共享和一体化管理，美国政府将财政部海关总署、运输部海岸警备队和司法部移民归化局等机构并入DHS。DHS有权从中央情报局（CIA）和联邦调查局（FBI）获得必要的信息，对所有进入美国本土的物资、资金以及人员的出入进行监视。美国海关总署并入DHS后已正式改组为海关和边境保护局，统管边境执法，其首要任务就是防范恐怖分子和恐怖武器进入美国本土。

在运输流程前置控制方面，为了提高信息收集、分析和控制能力，美国政府采取了一系列措施，包括CSI计划和C-TPAT计划等，并对关税法进行了修改，设定24小时提前申报规则等。

• 美国海关总署于2001年11月提出的C-TPAT计划指的是进口企业必须根据海关要求，制定各自的供应链安全保障预案，并和海关协作共同实施的自愿性计划。如果进口企业经海关审查批准加入该计划，则可享受进口通关、货物抽样检查等方面的优惠，实现快速通关。另一方面，美国的安全部门通过掌握计划参与者的供应链伙伴情况，可以保证安全管制措施的有效实施。

参与该计划的成员企业将依据C-TPAT所订立的安全管制指引去强化其设施、人员、程序及付运等方面的安全保障措施，并会要求其业务合作伙伴或供应链成员厂商共同参与保证供应链的整体安全。

目前，C-TPAT已为九类供应链伙伴制定了安全管制指引，包括进口商、航空承运人、海运承运人、陆路承运人、货物承揽、货运代理、无船承运人、美国本地港口管理当局、码头经营商、外国制造厂商和仓库经营者。

安全管制指引的内容则涵盖八个方面，包括程序安全、文件处理、实物安全、存取监控、人员安全、教育和培训、申报舱单程序和运输工具安全。

这样一来，可以保证凡进入美国的货物从装船一直到货柜送至美国客户端为止，在整个供应链过程都有一套完整的数据记录，包括供货商的货品数据、运送过程、存放时间、人员名单等。

但是，作为美国进口商供应链伙伴的企业，因此将会面对进口商更高的安全程序要求和更加严谨的监察。实际上，自 2005 年 3 月 25 日起，CBP 已经进一步加强了对美国进口商成员企业的安全管制要求，其中包括规定进口商须订立书面的和可核实的程序以挑选商业伙伴如制造商、产品供货商和卖家等。进口商还须具备有关文件证明整个供应链的商业伙伴均达到了 C－TPAT 的安全标准，或者达到了由外国海关当局实施的同等供应链安全标准。

显然，作为 C－TPAT 的成员，不论是进口商还是承运人，都可能因此使他们的货物和服务在竞争对手中被识别出来。而对于非 C－TPAT 成员来说，也将面临一定的市场压力，考虑是否邀请第三方认证机构审查他们的安全监管程序，并显示他们已经遵循了相关的供应链安全指引。

- 美国海关总署于 2002 年 1 月发起的集装箱安全倡议，是美国政府针对进口集装箱货物的安全保障计划，旨在加强全球海上运输安全管理，保障海运集装箱这一相对脆弱的全球贸易链连接点的安全。CSI 计划主要包括四个方面的内容：一是利用情报和自动化信息系统识别和锁定高风险集装箱；二是在集装箱运往美国之前就在发货港对确定为高风险的集装箱进行提前查验；三是运用科技手段快速预先检查高风险的集装箱；四是使用智能化、不易损坏和难以改装的集装箱。该倡议的核心部分是，由美国海关总署检查人员在外国海港对运往美国的货运集装箱进行起运前的检查，由美国海关官员与外国海关官员共同合作，在这些外国港口查缉大规模毁灭性武器和其他用于制造恐怖的手段。

CSI 计划首先从海运货物集装箱开始实施，今后，其实施范围将逐步扩大到航空货物等领域。实际上，CSI 计划是一个保证从外国港口输往美国的潜在高风险的海运集装箱在装船前即被甄别和查验的安全管制机制。

美国海关总署于 2002 年 11 月提出的所谓“24 小时提前申报规则”指的是：出口货物在运往美国的 24 小时之前，必须向美国海关提交舱单（货物目录）等。美国海关自 2003 年 2 月 2 日起，即开始严格执行该规则，要求航运公司或已经向美国联邦海事委员会注册的无船承运人在输美货物在离岸港口装货前 24 小时，通过美国的自动舱单系统，向美国海关提交详尽的货物资料。

在信息系统支持方面，美国对海关信息系统本身也实行了大规模的改造，准备用自动贸易环境系统来取代现行的通关手续系统。此举旨在达到四个目的：提高走私打击率，防止恐怖活动，大幅简化进出口手续和解决行政人员和预算安排的矛盾。

ACE 与现行 AMS 系统的不同之处在于，它本身就是收集和分析相关信息的基础平台。有关政府部门通过共享这些信息，可以提高办事效率，确保安全监控。ACE 系统也是推进商务流程改革，简化贸易手续，支持信息交流的基础信息管理平台。目前，美国政府仍在构建 ACE 体系，预计将在 2006 年开始启用。

综上所述，美国政府的意图是，出口商在货物离港前 24 小时向美国海关提交舱单。舱单信息将与出口商向出口国政府提交的申报信息一起，通过 ACE 等信息系统，根据出口商、进口商、进口途径、最终目的地、以往业绩等进行分析，挑选出高风险集装箱。根据 CSI 计划，被派遣至出口国的美国海关人员将获得这些信息。于是在货物离开出口国之前，美国的海关人员将用 X 射线、伽马射线或无线射频识别技术（RFID）等设备检查并确认集装箱的安全性。运用 RFID 的跟踪技术以及 C－TPAT 成员申报的供应链资料，美国政府就可以实时控制和协调集装箱运输过程。

安全性得到确认的集装箱将被贴上电子标签。如果该集装箱在上岸之前被开封，则无须人工介入就可通过自动识别而被拒绝卸货。由 C－TPAT 计划成员企业负责运输的低风险集装箱，将被转入快速通道，迅速办理进口通关手续。货物进入美国本土后，采用 RFID 技术、通过智能运输系统（ITS），以及应用 HS 6 位码分类等方法，就可以掌握国内货物运输的全过程，并迅速应对可能的紧急事态。如果作业流程已经实现电子化，且基础设施系统比较完善，则出口企业也可以在一定程度上实现信息共享。因此，整个供应链伙伴的安全管制信息将实现一体化，从而大大提高整个供应链的运营效率。

截至 2004 年 7 月，全球前二十大输美货柜港（包括中国香港、上海、盐田）中，已有 19 个签署 CSI 双边协议，美国海关人员已经进驻的港口有 16 个；另有超过 4000 家美国公司已参加了 C－TPAT 计划。

此外，2002 年 6 月通过的生物反恐法。该法案由美国食品和药物管理局（FDA）发起。该项政策的实施正在检查和研究之中，可能要求进口食品到美国的食品进口商披露产品的细节；要求美国国内和国外的食品生产、加工、包装和仓储企业，如果其产品是用于动物或人类的消费，则必须在 2003 年 12 月 12 日前完成在 FDA 的注册。食品进口发货应在被允许进入美国之前提前通知美国海关，等等。如果该项政策全面实施，必将对整个出口美国的食品供应链的运营管理产生巨大的影响。

总之，面对全新的国际政治和经济环境，特别是恐怖主义威胁仍然很严重的形势，美国政府为了更好地维护国家安全已经通过一系列的立法、行政和技术措施直接介入全球供应链管理。可以预计，美国政府仍将不遗余力地在全球推行运输安全管制计划和技术措施，力求从供应链的前端就开始收集物流和贸易信息，控制物流和供应链过程以保护美国本土的安全。这些运输安全管制政策的效力已经远远地跨过了美国的国界，必将影响到我国的物流和供应链管理方式。所以，与其说美国正在积极推进集装箱运输安全管制措施，倒不如说美国正在全球积极推进自己的地理和安全边界。

2. 美国物流政策制定过程对我国的启示

从美国物流政策的发展历程来看，美国并没有制定出直接调整物流产业发展的所谓国家物流产业政策，也没有所谓发展物流产业这样一个概念，甚至于连所谓物流产业（Logistics Industry）的定义都还没有。但是，这并不意味着美国政府对企业物流和供应链管理活动完全采取了经济自由主义的态度而放任自流。恰恰相反，美国政府通过对运输产业的调整，直接地或间接地影响着企业管理物流活动的方式和物流企业的经营管理行为，所以也就不妨碍我们借鉴和参考美国政府的经济管理理念、行政角色定位和政策调整方法。

自1887年以来，美国联邦政府就一直是站在维护公众利益的立场上，根据努力构建、保持和加强运输市场竞争性的基本原则，运用立法、司法和行政的力量共同参与对运输市场的资源分配。

显然，美国政府有关运输业管制的政策法规必定要对运输服务的可得性、运输系统的稳定性以及运输市场的竞争性产生不可避免的影响，进而对企业物流和供应链管理，尤其是企业的全球化供应链管理，甚至是国家的经济运行和社会安全产生影响。

由此看来，我国政府在制定物流产业政策时，可以考虑由相关纵向物流部门出台针对运输等物流功能的纵向政策，而不应仅仅考虑制定横向的综合物流政策。

四、我国物流产业政策制定的基本方向

（一）对物流产业政策的界定

1. 对产业政策的界定

产业政策是指国家根据国民经济发展的内在要求促进各生产企业部门均衡发展而采取的政策措施及手段的总和。

产业政策是以经济进步为目标的经济政策，其科学性由下列因素决定：①产业政策的实施环境。由于各国经济发展的阶段、文化与历史条件、国际环境及政治经济表现的不同，因而产业政策在各个国家相差很大。就是在一个国家，由于经济发展的阶段不同，产业政策也不相同。产业政策的制定必须充分考虑产业政策所处的历史现实。②产业政策的完善性。产业政策是一个多方面多层次的政策体系，其制定和实施要依据整体观念和思维，要求政策的各个方面相互配套和相互协调。③产业政策要与其他宏观经济政策相协调。④产业政策的制定和实施必须保证技术的发展和更新。产业政策的作用目标是鼓励和促进需要发展的产业尽快建立和扩张，限制不需要发展的产业促使其缩小或向其他产业转产，以保证供给和需求总量的平衡。

产业政策包括产业组织政策、产业结构政策、公益政策、能源政策、社会性资本政策等。其中，产业组织政策和产业结构政策是产业政策的核心。产业组织政策是国家根据国民经济运行规律调整产业组织形式和结构，从而提高供给总量的增长速度，使供给总量适应需求总量要求的所有政策措施及手段的总和。产业组织政策的任务是协调生产者之间的关系及组织结构、规模结构，使之合理化和高效化，促进资源的有效分配和产业效率的提高，最终促进供给的增加。产业组织政策的主要内容是通过利用规模经济、组织适度竞争秩序、提高产业技术等途径，实现产业组织的高效化和合理化。产业结构政策是根据经济发展的内在联系，而揭示一定时期内生产结构的变化趋势及过程，并按照生产结构的发展规律规定各产业部门在社会经济发展中的地位和作用，同时提出协调生产结构内部比例关系及保证生产结构顺利发展的政策措施。产业结构政策的核心是促进产业结构的合理化，提高产业结构的转换能力。从推动产业结构合乎规律的转换中求速度、求效益。产业结构政策包括产业计划、经济立法、税收结构、预算分配结构以及价格政策、信贷政策在内的调节系统。科学的产业结构政策反映生产结构协调性发展规

律，反映生产结构的整体性发展规律，反映生产结构在时间组合上的有序发展规律，反映生产结构的企业规模结构合理化发展规律。

2. 对物流产业政策的界定

我国的物流产业尚处在导入期，在这个时期制定的产业政策也处在摸索的阶段，自然会存在许多不完善、不科学的地方。首先，我国还没有很成熟的物流产业政策的理论基础，也就是它的产业政策的经济学理论准备不充分。因此，我国的物流产业政策缺乏科学性、系统性、实效性和针对性；其次，在制定产业政策时，缺少行业组织和企业的参与，有些政策的制定脱离实际，不能起到引领物流产业经济发展的作用，因此，制定的产业政策缺乏力度，在实施时缺乏权威性；再次，我国制定出的物流产业政策过分强调经济手段的作用，尤其是强调投资手段的作用，缺乏使用法律手段、管理手段、科技手段等的应用，导致产业政策不能有效的实施；最后，缺乏对国外产业政策制定的深入的研究，没有把握好政策制定的关键所在。

按照现代物流产业的复合特征，在进行物流发展政策的制定中，政策设计的基本原理应该是宏观上的综合性、中观上的协调性和微观上的针对性。

所谓宏观上的综合性就是必须确立从总体上推进现代物流发展的思想，国家及省（自治区、直辖市）要按照符合物流的复合产业特点进行物流发展的目标设计和对各个相关行业、部门在实施政策设计上提出总体性要求。

中观上的协调性是指与物流相关的各个行业管理部门要加强在物流发展政策制定及管理运作上的协调，要通过积极对既有不适应发展的政策的调整和制定有利于物流发展的政策和措施，通过分门别类的指导和在不同领域对物流发展的共同促进，为我国现代物流产业的发展提供良好的物流系统。

微观上的针对性则是对政策的可操作性的要求，即各个行业和部门所制定的各项推进替代物流发展的政策。要能发挥作用，能较好地解决物流经营企业培育、工业生产与商业流通企业物流技术应用和物流基础设施建设等方面存在的问题，达到实现物流效率与效益不断提高的目的。

（二）我国制定物流产业政策的必要性

随着经济全球化进程的加快，物流产业的发展已进入“从战略的高度来考虑物流的时代”。就物流的区域化以及全球化发展趋势而言，21 世纪必将是物流服务全球化的时代，全球经济一体化本质就是流通全球化。因此，我们必须解放思想，与时俱进，彻底从“重农轻商”、“重生产轻流通”的传统观念的桎梏中解放出来，深刻认识发展现代物流产业的战略意义：第一，有利于推进经济结构的战略性调整。我国的二元经济结构比较明显，第三产业发展滞后，制约着我国经济的快速、健康、稳定的发展，发展现代物流产业将有力地促进各个产业的平衡发展，优化和促进产业的升级；第二，有利于提高我国的整体经济效益，转变经济增长方式，提高经济运行质量。现代物流产业被称为继劳动力、自然资源之后的“第三利润源泉”。由于我国现代物流产业发展滞后，发展现代物流产业将有效地提高经济增长的效益和质量；第三，有利于促进我国的对外开放。现代物流产业对交通等基础设施和信息化水平要求较高，是一个地方经济发展环境的综合反映。同时，物流可以带动人流、信息流、资金流，将有效地提高我国的对外开放水平。鉴于现代物流的快速发展已是大势所趋，制定积极的发展政策，不仅必要，而且迫切。目前，现代物流业已经引起了我国各级领导、各级政府的高度重视。中央和地方政府也相继出台了相关的物流发展政策。2004 年，国家发展改革委等九部委下发了《关于促进我国现代物流业发展的意见》，对于物流产业政策的制定起到了指导性的作用。

总之，现代物流业的复合产业特征决定了要有良好的相关行业发展环境和相互间的配合与支持，因此，要切实加快我国现代物流业的发展，从总体上必须明确物流业发展的政策导向。既要从体现迎头赶上国际物流发展先进水平的紧迫感的高度，在政策上体现推进现代物流业发展的积极姿态，又要循序渐进，通过现代物流发展规划、现代物流业相关管理部门的政策制定和政府、企业、协会等现代物流发展的推进体系建设，达到有效管理和合理组织现代物流发展的目的。

（三）制定物流产业政策的基本原则

我国在制定物流产业政策时，切记不可“一刀切”，应该根据我国的国情、经济发展阶段和不同的企业性质做相应的调整。我国物流产业包含的各类企业经营状况和发展的潜力参差不齐，对那些在提供物流服务方面起到重要作用的企业，在制定产业政策时要有所侧重，比如为了促进物流的发展，可以先按照企业在物流活动中所起的作用，将物流企业分出不同级别（例如核心、次核心、辅助企业），定出核心物流企业，先将这些核心的企业培养成骨干企业后，再带动其他的企业发展，从而带动我国的物流产业向前发展。

韩国和德国经济的全面发展，在很大程度上依赖于其有效的产业政策。根据韩国、德国等一些在制定产业政策方面比较成功的国家的经验，我国在制定物流产业政策时应坚持以下原则：

（1）物流产业政策的制定要立足于市场，强调市场机制在资源配置中的作用；

（2）在鼓励发展大型物流企业集团的同时，要给中小型物流企业生存发展的机会，营造一个大企业集团与中小企业并存的良性市场结构；

（3）科学技术是推动经济发展的主要动力，在发展物流产业时，也要加强物流技术的开发和应用；

（4）加强法律手段的运用，同时要加强使用管理手段、科技手段等。此外，还要鼓励企业进行多渠道融资，减少政府贷款。

（四）制定物流产业政策中应注意的问题

物流在国民经济中的重要地位和作用，决定了物流政策的重要作用。由于物流关系到国计民生的特殊性质，物流政策必然涉及社会生活和经济发展的方方面面，其考虑的因素也必然要包含诸多方面。

1. 将促进物流产业化发展作为政策导向

作为产业，就应当考虑其产业化发展的问题，物流是复合产业，必须从构成复合产业的各个经济门类，各种企业形态等多个层面上做好工作，以提高物流产业化发展水平。

产业化可以按产业的概念在产业的发展基础上进行解释，产业化是指产业规模不断扩大、效率和效益不断提高、对国民经济的影响不断加强的产业向高级、纵深发展的过程。按照物流系统思想和物流产业发展现状水平衡量，走物流产业化发展道路任重道远。因此，为从宏观和整体的高度推动我国现代物流的发展，必须把促进物流的产业化作为指导物流业发展的重要的政策导向。

2. 明确物流业发展目标和重点

物流业发展的政策导向属于物流政策的宏观层次的问题，鉴于发展现代物流业是我国经济发展进程中的长期战略，考虑到物流业的跨部门和多环节以及服务业态和服务种类的多样性的特点，考虑到我国现代物流业尚处于发展的起步阶段，以及为了发挥现代物流在国民经济及企业经营管理中提高效益、降低成本、改善服务等方面的作用，需要在较短的时间内解决加快现代物流业发展的一些较为关键的问题等一系列因素，必须尽快明确我国物流业发展的总体战略目标及近期发展的重点。

3. 树立正确的政策观念

现代物流业在发展政策上的多层次、多环节和系统性特征正在为各级管理部门所认识，但是，在物流业发展政策上的简单化倾向也在一定范围内存在。为顺利推进我国现代物流业的发展，减少政策决策上的失误和提高政策的作业力度，各级政府部门应树立正确的现代物流业发展政策观念。

4. 物流政策要考虑社会基础设施的建设和完善

美国、日本、新加坡以及欧洲的一些物流较发达的国家，都是以政策为导向，优先发展社会基础设施。尤其是在物流发展的初期，社会基础设施的建设显得尤为重要。因为整个经济的运行、各个行业的发展都要依赖与一定社会、一定发展阶段相适应的物质技术基础。我国台湾、香港地区也都是从加强基础设施建设开始，通过一定的政策进行合理的规划、布局，或者通过积极引导，甚至直接投资来完成基础设施的建设和完善的。通过不断完善基础设施，完善人们生活和社会生产的基本物质条件，不但直接构建了物流发展的平台，更重要的是构筑了整个社会经济和社会生活的运转平台。

5. 及时考虑技术进步要素，提高物流技术水平

连锁商业的发展，电子商务的兴起，都直接得益于物流技术和服务水平的提高，正是由于物流保障体系和制度健全，才使得这些行业能够呈现飞速发展之势。同时，物流连接着消费，连接着广大群众的普通生活，物流的高效率促进了整个流通的高效率，从而直接影响着消费需求的变化。物流政策在促进物流效率的同时，为人们社会生活质量的提高作出了巨大的贡献。而且，物流发展推进了对先进技术的应用和推广，并不断形成技术创新的动力，推动着技术的进步和生产的发展。

6. 注意学习和借鉴国外物流政策的经验

通过对不同经济类型国家和地区物流发展的管理体制、政策法规以及不同时期政策的作用等方面的考察，我们可以发现物流政策在各个国家和地区物流发展进程中的重要地位和作用。不管是物流发展较早的国家和地区，还是物流发展后进的国家和地区，都在物流发展的初期和整个经济发展的过程中，出台了一些促进物流发展、推动物流与整个经济环境相适应的发展政策措施。我国作为发展中国家，物流的发展具有后发优势，我们可以从物流发达国家和地区的发展历程中借鉴一些有益的经验，在物流政策的制定

和实施方面少走一些弯路，实现我国物流的跨越式发展。

7. 要重视和突出各级政府部门在物流发展过程中的积极作用

行业的发展依靠政策的引导和支持。作为政策的制定者，政府在物流的发展过程中，积极地予以引导和规范，并不断地通过法律的形式将运作规则加以固定。具体通过一系列的行业法规，创造有利的市场竞争环境，使企业在行业法规的约束下公开、公平地展开自由竞争，从总体上保证物流的快速、健康发展。在国内物流发展的不同阶段，政府应从物流园区的规划、物流核算的标准、物流发展的目标措施等方面，指导物流的标准化、社会化、现代化发展方向，引导物流朝着适应国民经济整体增长的方向发展。

在新的政策观念的指导下，各级政府部门将根据“有所为和有所不为”的原则，通过制定适宜的发展政策，充分发挥政府在推动物流业发展中的积极作用。根据现代物流业的特点，政府的政策导向主要体现在对物流业发展的引导和扶持方面。

8. 制定物流政策要有前瞻性和可持续性

任何政策都是基于现状而又具有超前意义的，否则便失去了政策存在的基础和应有的指导意义。物流政策的制定必须具有前瞻性，必须考虑到当前以及未来一段时期内国民经济的发展状况以及物流自身的发展趋势。在物流的不同发展时期，根据经济发展进程中的具体情况，提出物流发展的不同政策。物流的发展促进了经济的发展，但也同时会给社会环境造成不利的影响。运输工具的噪声、油气污染的排放、物流废弃物的不当处理、物流用地的过度开发，以及过度的物流运输活动带来的交通安全隐患和交通阻塞的现状，都给人们的日常生活和社会的自然秩序带来不利的影响。因此，政府在制定物流政策时既要考虑提高物流效率、促进物流发展，又要考虑环境保护、有序开发、节约一次性自然资源等可持续发展等问题。

9. 要引导和发挥物流中介组织在物流产业发展和政策制定过程中的协调性

物流中介组织在物流的产生和发展过程中也起着非常重要的作用。它们一方面可以对物流企业进行调查、咨询，设计物流方案，一方面还可以对政府和工业组织提出开发物流系统的建议构想，向政府提出制定有利于物流发展的政策建议。它们可以在政府与企业之间起到上行下达和向上反馈等协调发展物流的重要作用。几乎每一个国家都存在着物流中介组织，有些物流中介组织还是由政府参与组成的，由政府、企业界和学术界三方共同组成的专门从事物流发展研究的全国性行会机构，除了具有学术研究功能外，还在政府引导和授权下参与物流管理工作，是政府物流管理工作的有利助手。

此外，物流政策还要着眼于与国民经济和社会发展相关的其他方面，如就业、国防体系建设、环境保护、污染治理、产业布局等。

五、对制定我国物流产业政策的若干建议

现代物流是融合运输业、仓储业、信息业、批发零售业、对外贸易业等形成的覆盖流通领域全过程的新兴复合型服务产业。其核心是按照系统整合的理念，运用信息技术对分散的运输、储存、装卸、搬运、包装、流通加工、配送、信息处理等环节的资源进行整合，实行一体化运作，以降低成本、提高效率、优化服务。在日益成熟的现代经济中被誉为继降低资源消耗、提高劳动生产率之后的“第三利润源泉”。

（一）总体政策制定建议

1. 国家应组织相关人员进行大量充分调研，在此基础上出台我国的物流产业政策

我国从物流概念引入到今天已有二十几年的历史，虽然快速发展始于20世纪90年代初，但真正的被称为物流的政策直到2001年才出台。然而，“关于加快我国现代物流发展的若干意见”也只是个纲领性文件。虽然这期间各地方政府、中央各部委也出台过若干与物流有关的政策、措施，但都只是些具体的管理条例，迄今为止还没有过一部具体和可操作的物流发展长远规划。一方面与国内物流理论及概念以及物流对国民经济贡献还处于混乱、模糊不清有关，另一方面也与从政府到研究机构对我国目前的物流现状缺乏深入研究有关。这些直接导致政府无法从全国角度进行判断，进而出台具体政策。

因此，根据发达国家制定物流政策的经验，我国政府在出台物流产业政策之前，应事先进行大量充分的调研，只有这样，才能制定出真正切合我国国情，真正有利于推动我国物流产业发展的政策。

建议由政府牵头，组建专门的物流政策研究协会，通过该协会组织相关物流协会、物流专家学者及企业代表，共同开展对我国物流产业发展的调研。以调研结果为基础，再出台物流产业政策。

2. 政府制定的应是纲领性的物流产业政策，而不宜出台过于具体的政策措施

从对国外的物流政策的分析可以看出，国内在对物流政策的理解上还有一定偏差。目前国内不论是学者还是企业都渴望政府出台物流政策，但从国外的分析看，真正推动企业发展的恰恰是那些纵向政策，即由管理物流功能的纵向部门出台的政策。而横向政策，比如当年日本14个政府相关部门共同出台的物流施策大纲只是宏观性的纲领性文件。这说明由于物流所涉及的领域很多，很难由一个部门来统筹管理。所以，在制定物流政策时，应当既有横向政策也应有各纵向管理部门出台真正的促进本行业企业发展、切实可行的推动本系统向现代化转化的政策与规章制度。等到各纵向政策成熟时再制定横向的、全国性的物流政策。

因此，考虑到政策的适用性和可操作性，政府在制定最终的物流产业政策上，应出台指导性、纲领性的政策，把握住政策的大方向即可。

具体、详细的政策措施的制定，则最好由相关部门各自负责，以保证政策切实可行，具有良好的针对性和可操作性。

3. 先确定物流产业政策的总体目标，再制定实施细则

从国家角度出台物流产业政策，应首先确定产业政策所要达到的总体目标，然后再由相关部门出台确保每个目标实现的具体政策措施和实施细则。

（二）对于物流产业政策总体目标的建议

在我国现代物流业目前的发展状况下，根据我国现有的经济发展水平、区域经济布局和产业结构特点，我国在发展现代物流的政策导向上，建议明确以下总体目标：

1. 促进现代物流服务体系的建立

通过对现代物流各种服务业态的结构优化、布局调整和管理体制改革，初步建立起适应国民经济、企业生产、商品流通、进出口贸易、区域经济发展等需要的社会化、专

业化现代物流业服务体系，为在全国范围内提高物流服务的整体质量和运作效率创造条件。作为现代物流服务的承担者和服务载体，在各经济区域的经济中心城市，造就一批依托国家主干物流网络开展物流服务经营，具有较强市场竞争能力、经营规模合理、技术装备和管理水平较高的大型现代物流企业，并以此类企业为依托，建立服务效率较高、服务门类齐全的现代物流企业体系。

2. 促进高效的主干及区域物流网络的构建

从国家和区域经济发展的宏观角度，高效率物流发展所依托的基础设施条件将是全国物流主干物流网络（区域物流中心 + 中心城市间的物流运输通道）和区域性物流网络系统。因此，应将主干网络与区域网络作为物流发展的重要目标进行建设。应在发挥现有物流基础设施作用的基础上，形成以区域经济中心城市为依托，与区域经济发展水平和中心城市自身物流效率相适应的高效率的区域物流网络，并在此基础上构建与物流的流量、流向相适应的国家主干物流网络。

3. 促进工业及商业企业物流技术应用体系的建立

我国工业生产及商业流通领域企业资金占用、物流资产使用效率低，既妨碍了企业效率与效益的提高，但同时，也为通过物流管理挖掘第三利润潜力创造了条件，因此，从发展现代物流的政策目标上，从发展现代物流的宏观支撑上，必须明确将建立工业及商业企业物流技术应用体系作为重要的发展目标，通过积极的政策引导，从帮助工业生产及商业流通企业改善内部物流管理，以及创造工业生产及商业流通企业与外部建立良好的服务支持关系等入手，提高我国经济运行领域的物流管理水平和企业、行业经济效益，提高企业在参与国际竞争中的以运行效率为基础的竞争能力。

4. 创造适宜的物流企业发展的环境

物流的发展是政府推动的结果，更是相关领域企业参与的结果，因此，必须把尽快创建适宜的企业发展环境提升到战略的高度。要通过物流产业政策的扶持与引导，调整和优化当前我国物流企业结构，帮助企业树立速度和效益相结合和注重发掘物流管理潜力的观念，以提高劳动生产率和社会化服务为根本目的，使物流业的发展在整体上有较大的突破。要结合市场机制的调节作用，从体制、机制、制度和政策上为综合性、专业化、规模化服务与经营的物流企业的发展创造有利的战略环境。

5. 推动现代化社会物流体系的形成

建立科学的现代化社会物流体系，是现代化国家市场经济的一个重要环节。我国应尽快建立符合我国物流特征，适合我国发展的面向全社会的区域性社会物流体系。与国际、国内的物流中心接轨，形成现代化物流体系，加快产品的生产和流通，增强企业活力，扩大企业产品市场份额，这是企业提高竞争能力的保证。物流通畅，一通百通，企业可以增加效益，同时还可以间接地为社会提供更多的就业机会。与传统物流系统相比，现代物流理念更加科学，在市场竞争日益激烈的今天，现代物流更加充分地显现出自身的优越性。

（1）建立现代化的社会物流体系的对策建议

为了在我国建立起高效、优质、安全、廉价的社会物流体系，我们认为，需要以下四项对策：

①要提高对发展物流业的认识。要提高对发展物流的认识，需要解决好这样两个问题：一是要树立物流系统化思想。从战略上研究企业在生产经营中遇到的各种问题，把按传统的划分而相互分割的生产领域和流通领域联系在一起，统筹考虑，追求全过程的最小成本和最大效益。二是要树立大物流的社会化分工思想。突破部门所有、分散化经营的产业组织形式，转变为具有经济规模、专业化协作的公用型、社会化产业组织形式。

②加强宏观调控和政策引导。要促进物流从自我实现方式向社会实现方式转化，从根本上改变“大而全”、“小而全”、低效率重复建设的局面。近年来新兴起的物流运营方式，如连锁经营中的配送系统因受到地域、部门的局限而出现连而不锁或盲目投资建设物流设施的现象，很容易将现代化的物流运营方式重新导入“大而全”、“小而全”、低效率重复建设的误区。因此，必须采取相应的政策措施，支持和鼓励社会化物流设施建设，对自备型物流设施采取压缩、限制发展政策，充分发挥公用型物流设施的效率。与此同时，应重视物流管理体制的研究，借鉴发达国家物流管理的先进经验，逐步将城市物流管理纳入大交通的管理体制之中。

③多渠道筹集发展资金，因地制宜发展社会基础物流设施。物流业需要较多的资金投入，而且回报期相对较长，因此应采取多渠道筹集发展资金的措施，除国家投资外，还应鼓励社会投资、融资和引进外资，以促进物流设施建设的更快发展。我国是发展中国家，在发展社会物流时，还要注意充分利用现有的基础设施和其他物质条件，即便暂时简陋，也可以视条件让其在一段时间内发挥作用，做到新旧兼容。同时，提高物流设施建设的水平，要逐步建设高层自动货架仓库，以节约用地，提高仓库周转效率。

④大力培养物流管理和物流技术人才。物流体系建设是我国流通—运输领域中的一场新的技术革命。它不仅需要政府主管部门的重视，政策措施的引导，企业经营观念和机制的转变，而且需要培养和造就一大批热衷于物流事业的管理人才、经营人才和技术人才，从这个意义上讲，这又是一场人才的竞争。要通过多种途径，培养一大批物流管理和技术人才，吸收、消化国际上先进的物流管理思想和物流实用技术。在积极引进外国先进物流技术的同时，大力培养我们自己的物流人才，开发广阔的物流市场，走一条符合我国国情的物流发展道路。

（2）建立现代化的社会物流体系需要解决的两个问题

①资源整合问题。建设以现代物流为标准的物流园区、物流中心，要求在电子商务的环境下，从根本上实现信息流、资金流、物流的畅通，其中供应链整合是其本质的内容。供应链整合即是整个产品从原材料到商品所涉及的信息流、资金流、物流从全局的观点出发进行优化配置，并利用信息挖掘技术对决策提供智能化的支持。

②组建新的物流中心和配送中心。通过寻找利益的平衡点，把生产企业、商业企业、仓储企业和运输企业现有的物流资源联合起来组建成新型的物流中心、配送中心，用信息技术手段对传统产业进行升级改造。联合现有专业运输、大型企业现有设备、场地（由政府进行政策性协调，企业进行具体的合作洽谈，以现代化的管理理念重点从整合现有物流运输、仓储资源、不同运输方式物流节点的有效衔接为出发点，在物流设备、物流管理手段、物流信息化手段上重点有目的的投入。开展物流信息化环境建设，

信息化平台的规划及招标采购，人员的引进和选用，添加必要的设备、场地（对生产或流通领域有物流服务需求的企业推出具有优势的某些物流环节服务，不一定要从全程物流起步），逐步完善物流服务层次，扩大市场份额，发挥物流中心的信息价值和规模效益。

（3）建立现代化的社会物流体系应处理好的几个关系

建立现代化的社会物流体系的直接目的是为了实现全社会物流的效率化和效益化，以较低的成本和优质的服务完成社会商品实体从供应地到消费地的运动，最终实现所有商品的社会价值。建设现代化的社会物流体系，实施现代物流管理，就是要在正确的时间（right time）、正确的地点（right place），将具有优良质量（right quality）的正确的商品（right commodity），以良好的印象（right impression）、合适的价格（right price）、合适的成本（right cost）交付给最终顾客。要实现上述目标，就要通过物流系统各子系统的有机联系和相互作用，并正确处理好下列要素之间的关系。

①现代化与本土化的关系。信息化、自动化是现代企业的重要特征，也是区别于传统商业的重要特征。目前，我国全社会各行业正处在传统物流与现代物流并存发展，并逐步向现代物流转变的过程中，不能简单地认为传统物流已经过时，现代物流就“包治百病”。所以现代化的社会物流体系的建设一定要坚持实事求是的原则，本着先进实用的指导思想，注重调研，避免一哄而上，相互攀比，搞形象工程。因此，处理好现代化与本土化的关系，就是要求不盲目追求现代先进物流技术，做到高度信息化、适度自动化、力求本土化。

②自营化与外部化（外包）的关系。管理大师彼得·德鲁克认为现代物流是“一块经济界的黑大陆”，具有极大的“利润创造空间”。通过物流的合理化，可以为企业创造新的经济增长点。目前我国企业的自有物流占整个物流市场规模的70%左右，第三方物流发展尚不成熟。物流外部化克服了自营物流的局限，简化了企业交易程序，减少了固定资产投资，降低了成本，提高了效率，使企业能够专心于自己的核心业务，增强核心竞争力。因此我们认为，随着各行业现代物流体系的完善和我国第三方物流市场的发展，可以采取适度外部化的方式。

③标准化与特殊化的关系。随着全球经济一体化的发展，物流系统的标准化越来越重要。到目前为止，国际标准化组织已制定了200多项与现代物流相关的执行标准，许多发达国家也制定了与国际标准相兼容的系列标准。为避免各行业物流系统之间以及与国际物流标准之间的冲突，要在研究国际物流标准的基础上，结合各行业的实际情况，尽快制定各行业物流标准，包括各类物流所涉及的概念术语及物流各环节的运作模式、运输工具、信息系统的标准化。当前商业企业现代物流体系构建尚处于起步阶段，各地都有各地的实际，如果强调差异和特殊情况，就不能实现物流环节和信息系统的有效对接，仅仅一个托盘的非标准化，就会造成运输、仓储、分拣、搬运和配送等各方面效率的巨大差异。因此，在商业企业建设现代物流体系的过程中，标准化建设尤为重要。

④一元化和多元化的关系。一元化和多元化作为企业两种不同的发展战略，一直是理论界争论的一个焦点。当我们提及多元化发展战略时，不论是学术翘楚，还是商界名流，经常挂在嘴边的一句经典名言是：“千万不要把鸡蛋放在同一个篮子里。”人们认

为，通过实施多元化战略，对现有资产充分利用并深度开发，可以分散经营风险，利用富余劳动力，发掘新的经济增长点，寻找并把握新的发展机遇。实际上，从 20 世纪 70 年代以资产组合理论为基础的不相关多元化，到以协同效应为指导的相关多元化发展战略，再到企业核心能力的回归，推动企业实施多元化发展战略的内在逻辑是不断演变的。企业多元化发展成功的案例也有，而失败的清单则更长。究其根源，不在于多元化战略本身的对与错，而在于企业选择的多元化发展战略是否符合历史的发展潮流，是否结合企业自身的实际情况。结合我国物流的现状，随着现代物流体系的完善，企业积累了丰富的物流管理经验，各行业物流可以逐步探索共同配送、多元配送等多元化、社会化物流配送方式。

综上所述，现代化的社会物流体系的作用是功能性的，它只是对物流采购、仓储和销售等环节提供有力的物质支持。其目的，是为了通过现代物流体系建设来整合行业物流资源，提升物流效益，从而最终提升行业整体竞争力，在日益激烈的竞争中赢得一席之地。如果没有一批具有国际竞争力的商品品牌，没有一个巩固的销售网络，就会丧失主业，无论物流体系多么先进，也会沦于无物可流、无处可流的悲惨境地，最终必将淹没于激烈市场竞争的汪洋大海。

虽然，目前我们在对物流的认识方面还有一定的差距，物流设施和功能水准方面也还不尽如人意，但是只要我们坚持改革开放的基本方针，抓住机遇，稳步推进，逐步建立现代化的社会物流体系，现代物流业必将以一个崭新的产业形象出现在世人面前，为社会主义市场经济发展注入新的活力。

6. 推动贴近国民生活的物流系统的构建

物流系统不仅仅是一个宏观的概念，如社会物流系统；还可以是微观的概念，如企业物流系统等。但无论是宏观还是微观，物流系统似乎仍然与国民生活联系不是特别紧密。其实，无论是哪种物流系统，归根结底最终的服务对象还是消费者。因此，在制定物流政策时，要充分了解国民生活的需求状况，制定出加快构筑贴近国民生活的物流系统的政策，真正能满足国民生活的需求。

（1）目前出现的贴近国民生活的物流系统

①电子商务物流系统

电子商务下的物流系统是指在实现电子商务特定过程的时间和空间范围内，由所需位移的商品、包装设备、装卸搬运机械、运输工具、仓储设施、人员和通信设施等若干相互制约的动态要素所构成的具有特定功能的有机整体。电子商务物流系统是信息化、现代化、社会化和多层次的物流系统。该系统针对各类用户的需要，采用网络化的计算机技术和现代化的硬件设备、软件系统及先进的管理手段，严格地、守信用地进行一系列分类、编配、整理、分工和配货工作，定时、定点、定量地交给没有范围限制的各类用户，满足其对商品的需求。电子商务对物流系统有以下几点要求：第一，电子商务下物流系统要求物流的运作方式——信息化、网络化；第二，电子商务物流系统要求提高物流的运作水平——标准化、信息化；第三，电子商务物流系统要求提高物流的快速反应能力——高速度、系统化；第四，电子商务物流系统要求提高物流动态调配能力——个性化、柔性化；第五，电子商务物流系统要求改变物流的经营形态——社会化、全球化。

②快递物流系统

根据我国加入 WTO 的承诺，2005 年年底我国的快递业务将实现对外资的全面开放，国内快递物流业将完全进入“群雄逐鹿”的战国时代。内地市场的全面开放，在为我国快递公司提供广阔发展空间的同时，也使它们面临着巨大的挑战。信息时代的市场竞争是时效的竞争，特别是快递物流行业，安全、准时、快捷是企业生存的根基。快递市场完全开放以后，蓄力已久的国际快递巨头势必会大举进入国内市场，给目前国内的快递物流企业带来巨大的压力。面对用先进信息技术武装的跨国公司的竞争，打造快捷、高效的物流信息系统，将成为快递企业在国内市场中求得生存与发展的必由之路。

③物流配送系统

国家标准物流术语（GB/T 18354—2001）对“配送”的定义为“在经济合理区域范围内，根据用户要求，对物品进行拣选、加工、包装、分割、组配等作业，并按时送达指定地点的物流活动”。而所谓的物流配送系统，是指通过广泛的信息支持，实现以信息为基轴的物流系统化，是一个经济行为系统。现代物流配送系统的内在特征，在目的上表现为实现物流的效率化和效果化，以较低的成本和优良的顾客服务完成商品实体从供应地到消费地的活动；在运作上，表现为通过作业子系统和信息子系统的有机联系和相互作用，来实现物流系统优化的目的。

（2）制定相应的物流政策发展贴近国民生活的物流系统

①制定加快发展电子商务物流系统的相关政策

随着电子商务的发展，物流已逐渐成为电子商务的“瓶颈”。构建、完善电子商务物流系统是解决这一问题的唯一办法。根据电子商务物流系统的要求，我们可以制定出以下一些政策来促进电子商务物流系统的发展：加强物流基础设施建设，构建高效的物流信息平台；制定出物流标准，实现物流作业的标准化；鼓励国内第三方物流企业拓展国际物流业务以满足电子商务国际化的要求；加快物流技术的运用，如 GPS 定位技术等。

②制定加快发展快递物流系统的相关政策

安全、准时、快捷是快递企业生存的根基。要达到这些目标，必须有科学、合理、高效的快递物流系统做支撑。而快递物流系统的关键是快递物流信息系统。因此，要加快发展快递物流系统，应该有相应的政策做支持。一是加快信息系统的开发，培养高素质的信息系统开发人才；二是大力加强物流网络建设。

③制定加快发展配送系统的相关政策

配送属于末端运输，直接面对用户。因此，物流配送系统必须有很强的应变能力，并且做到及时、准确。物流配送系统标准规范是物流配送系统研究、实践的重要组成部分，它的制定也是国家对物流业的有序发展进行宏观调控和提供保障体系的重要组成部分。随着国内物流社会化、现代化程度的逐步提高，从政府领导到各界专家学者、企业界人士都深刻认识到制定物流配送标准规范的重要性与紧迫性。因此，我们要从以下几个方面制定加快发展物流配送系统的政策：加快物流信息平台建设，实现各物流结点信息共享，并能提供相应的配送方案；制定物流配送系统标准规范，如物流术语、物流设备、物流作业等的标准规范。

7. 搭建与各行业相协调的物流系统

物流系统涉及面非常广泛，仅物流基础设施而言，就有交通、铁路、航空、仓储、外贸、内贸等领域，更涉及这些领域的众多行业。实际上，这些领域和行业在各自的发展规划中都有自己的物流规划。在各自领域行业资源的限制下，从自身的利益出发，由于缺乏沟通和协调，不可避免地破坏了物流大系统的有效性。因此，必须有一个更高层次的、全面综合与各行业相协调的物流系统规划，才能够把现代物流发展纳入有序的轨道。

物流系统由两部分构成，一部分是技术保障体系，另一部分是政策保障体系。技术保障体系主要是物流系统的硬件部分，包括两个平台，即基础设施平台和综合物流信息平台。政策保障体系主要是物流系统的软环境部分，为技术保障体系以及整个物流系统的建立与完善提供政策方面的保障，政策是物流系统的重要组成部分，也是物流系统的特色之一。政策保障体系是由为了物流业的迅速健康发展而制定的一系列法律法规、行业管理政策规定、政府为引导行业发展而采取的引导措施、政府为达到总体目标而采取的协同行为规范以及相应成立的组织机构等要素构成。它的构建主体是政府，即政府担负着构建和完善政策保障体系的任务。它的主要内容包括政府协调机制、政府市场管理、政府产业政策、政府企业战略以及对技术保障体系建设在规划、政策、管理、资金方面的支持与保障。

（三）整体措施建议

鉴于现代物流的快速发展已是大势所趋，制定积极的发展政策，不仅必要，而且迫切。但是，按照现代物流产业的复合特征，在进行物流发展政策的制定中，政策设计的基本原理就是宏观上的综合性、中观上的协调性和微观上的针对性。

针对当前实行加快建立社会主义市场经济体制、实现经济增长方式根本性转变的形势下，我国现代物流业的发展面临新的机遇和严峻的挑战，也给现代物流业的发展提出了既要注重社会经济效益又要提高自身经济效益的双重任务。因此在制定我国物流政策法规体系时应重点突出以下几个主要方面：

1. 制定和实行优惠的税收政策，促进物流企业的成长

目前我国物流的发展尚处于初级阶段。由于大多数的工商企业还处于“大而全”、“小而全”的状况，还没有将物流管理从生产过程和主业中分离出来，社会的物流需求还不充沛。工商企业物流需求的启动，需要工商企业本身的业务流程再造和企业结构的调整。而吸引工商企业启动物流需求，又需要好的物流供应商提供优质的物流服务。这是一种客观存在的物流市场供需双方互动关系，这也是导致物流企业作为物流服务的供应方在初期处于低利水平必然的趋势。

为了扶持我国物流企业的尽快成长，在物流企业发展的初期阶段，例如在未来的5～10年内，对物流企业实行低税率政策。鉴于物流企业的大部分服务费用是运输支出，首先，建议国家对物流企业的营业税税率参照运输业的税率按实际营业额的3%征收等。其次，要避免重复征税。物流企业作为对客户物流服务的总承包商，客户将全部物流服务费用支付给物流企业，而物流企业由于需要将部分或全部物流环节的服务外包给

相应的服务供应商，则将相应的费用支付给外包的供应商。如果按我国服务业征收营业税的规定，则会出现两次重复纳税。这样不仅加重了物流企业的负担，相应地提高了物流费用，不利于物流的发展。同时，由于物流服务费用过高，抑制了工商企业对物流的需求。最后，要解决物流企业实行整个网络统一核算，统一纳税问题。对于众多的物流公司来说，由于服务的地域是广大的，为了适应客户的要求，需建立服务网络系统，在主要的服务和运作地点设立分支机构。由于服务的客户不一定在本地，分支机构的大量作业是根据总部的物流服务方案进行的，不一定有直接收入。而物流企业运作的特点，是整个服务网络按统一的物流服务方案运作，它只有一个管理中心、调度中心、结算中心，因而也需要有一个利润中心。因此对物流企业来讲，统一核算，统一纳税，实行一个利润中心有利于物流企业提高服务质量，提高作业效率。

2. 加大港口设施建设方面的优惠措施，发展以港口为核心的国际物流

我国的港口物流正面临难得的发展机遇。从以下几个方面的有利因素可以说明：①我国经济在未来较长时期内将继续保持较快增长，预计到2020年，实现国内生产总值在2000年近1万亿美元的基础上再翻两番。②随着加入WTO后对国内各种行业保护期的结束，各个行业领域将取消行业限制而陆续全面开放，各种外资企业将以不同的形式进入我国，那么外资企业的业务关系必然会带动或促进国内的物流服务行业的发展，而作为承揽90%以上的外贸物资运输的海运方式是各种国际运输形式中的最主要方式，这也必然要求加快港口设施建设满足海运发展的需要。③我国将继续实行稳定的开放政策，我国与世界经济的联系将进一步扩大，贸易量将在目前1.15万亿美元的基础上继续保持稳定、快速增长。据统计目前我国贸易增长量占了世界海上贸易增长量的60%以上，而有关专家预计，我国外贸货物运输进出口将继续保持增长，未来的一段时间内贸易的实际增长可能将保持在20%左右的水平，这必然对港口设施提出严峻考验。④世界海运业重现繁荣，其中我国的贸易增长是不可忽视的力量，同时航运市场周期性的自然运转也被认为是一种主要因素，这也意味着未来较长的一段时间内将会持续海上贸易的繁荣。⑤随着经济全球化和产业结构的调整，我国将逐步形成世界制造业中心，促进重化工工业、加工制造业进一步向港口及交通干线转移，带动临港工业的快速发展。⑥世界港口布局重心的转移。目前，名列世界前茅的五大集装箱港口均在亚太地区。北起釜山，中跨神户、上海、高雄、深圳、中国香港，南至新加坡，已形成一条港口链。南亚太区的中国香港、新加坡是公认的国际航运中心，随着洋山深水港的建成，将使亚太枢纽航线重心北移至上海。⑦从国家港口建设的发展战略来看，我国港口建设的格局，也将是华南以香港为国际航运中心的珠江三角洲港口群，华东以上海为国际航运中心的长江三角洲港口群，北方形成以大连、天津、青岛为主的环渤海湾港口群，形成以港口建设为重点、三大经济区域为支撑的港口经济协调发展的新格局。因此也要求我国要抓住有利时机发展港口设施建设。

以上众多有利因素说明，我国政府有必要采取政策和措施，鼓励社会各方面，以各种投资方式来投资建设和经营港口设施，鼓励中外合资、合作和外商独资建设和经营港口设施；此外，中央和地方政府相继出台关于港口建设方面的专项基金、土地、税收等优惠政策，保证港口建设适应国民经济和对外贸易的发展。

3. 出台相关政府扶持政策，加快物流基础设施的建设

我国物流的发展，需要相应的物流基础设施支持。除物流的运输基础设施，我国各级政府已有相应的政策给予积极扶持外，其他物流基础设施，如物流园区、配送中心、物流企业的大型基础设备和信息系统建设目前尚没有系统的强有力的扶持政策。为此要对重要的物流基础设施建设项目给予相应的财政扶持，同时减少物流基础设施建设中的各种配套费用。对于对物流发展全局有重要作用的物流基础设施的建设，应根据项目的意义和受益的地区，由相关政府给予财政贴息，在物流项目建设中尽量减少地方的收费项目和降低收费标准，以减轻项目的负担，鼓励更多投资者对物流项目投资。对于地方政府来说，为了提高经济运行质量和提高地区经济的竞争力，加快经济结构调整，应加大对物流基础设施建设和重点物流企业的扶持力度。

4. 降低收费公路标准，促进物流企业的运作与发展

运输费用是物流企业经营成本的重要组成部分。运输费用的高低不仅对物流企业的经济效益有直接的影响，而且还直接关系着我国经济的竞争力和各种运输方式优势的发挥。公路运输作为目前我国一种重要的运输方式，是物流企业物流业务活动中不可或缺的。由于目前我国一些地方收费公路特别是高速公路对运输车辆收费标准过高、设立的收费点过多，甚至有的完成了还贷任务的收费路桥仍继续执行原有贷款性收费而没有转入经营性收费，因此，为了降低我国的物流费用，为物流企业创造良好的运输发展环境，建议各地交通运输管理部门和公安交通管理部门应从国家经济发展的整体出发，尽快执行并实施交通部以及其他部委的有关文件的规定，以提高现有公路和高速公路的使用效率和效益，适应我国经济发展需要和应对 WTO 的挑战。同时考虑保证车辆的畅通，应减少一些不必要的检查站，规范对车辆的检查程序，减少不必要的检查，为运输与物流企业运输车辆的顺畅通行创造良好的条件。另外，对已经完成了还贷任务的路桥，应尽快从贷款性收费转入经营性收费，以不断降低我国经济运行中的运输费用。

5. 加大对铁路运输设施的投资，改革原有铁路运输方面的经营体制，完善我国的物流运输系统

在目前我国综合运输系统中，铁路运输是一个较为特殊的运输方式。首先，铁路运输具有受体制及运作机制决定的独家经营的垄断性，使得在铁路运输方式内，客户缺乏对其服务的选择性，服务质量的提高受到内在竞争力不足的限制；其次，因体制和国家政策因素，加之机制不灵活，铁路建设相对落后，造成了运输能力的相对短缺。因此，在发展综合运输和向现代物流业转型中，铁路运输业应从转变观念和提高竞争能力入手，为未来综合运输管理和网运分离的企业化经营创造条件，也为铁路在市场竞争中发展壮大做好准备。为此国家相关部门要协同尽快出台有关政策，改变现在铁路运输目前计划约束较强、基础设施落后、管理体制僵化、经营手段不灵活的局面。要采取有力的政策措施，建立多元化的经营机制，改革现有的管理体制，使铁路运输参与与其他各种运输方式的竞争，尽早实现经营的市场化，来积极提高铁路运输业的竞争能力。要利用国家及市场的双重作用来解决好铁路的基础设施建设问题，在引入市场机制和充分发挥企业在资源利用方面作用的前提下，扶持和组建若干个具有铁路运输特色的专业化物流运作企业，依托全国路网，开展以枢纽站为基地的区域分拨物流服务，同时，要制定相

关政策来引导和协调铁路运输同公路、水运、航空等其他运输方式的衔接工作，并鼓励和吸纳各路资本参与铁路物流基地和分拨中心以及基础设施的建设当中去，以提高物流在铁路运输环节的规模、效率与效益。

6. 加快物流标准化体系的建设

由于物流的整个活动经过众多的环节，使用大量的技术装备与设施，同时，它又连接上下游众多的企业，因此，实现物流运作系统内的包装、机械、装备、设施等的技术标准和包装、装卸、运输等各类工作标准，并形成全国以及和国际接轨的标准化体系，对于保障物流活动的通畅，最大限度地节省投资和流通费用，以及提高服务质量有重要意义。

物流标准化是物流发展的基础。因此应尽快制定和国际接轨的关于物流技术标准和工作标准，如包装、托盘、货架、装卸机具、条形码、车辆、集装箱等。并在统一标准的基础上，不断改进物流管理，实现物流活动的合理化。由于物流系统的标准化比一般的标准化系统涉及的面更广泛，标准种类繁多，标准内容复杂，而目前组成物流大系统的各个分系统，大都分别制定了相应的标准，因此在物流标准化体系建设中，要组织专门的班子，在充分考虑原有标准的基础上，根据物流活动的需求和国际标准，分阶段、分步骤地加以修改和制定。

（四）建立推进机制建议

鉴于现代物流业对地方经济发展的重要性，我国各级政府部门均从不同程度上对现代物流业的发展予以了高度的重视，许多省市都将现代物流业列为本地区的支柱产业或重点产业，并相应制定了许多的优惠措施。

国内经济相对发达地区的发展经验已经证明，健全、完善的地方物流政策对现代物流业的发展以及地方经济的发展有着极大的促进作用。分地区来看，我国地方物流政策在不同省市有着鲜明的差别，相对而言，东部地区起步较早，物流体系比较规范，西部地区则较为落后，甚至不少省市至今尚未制定物流业发展规划，也没有一项专门的物流业发展政策；从目前各地出台的支持物流业发展的政策来看，主要包括：工商行政管理政策、规划和土地政策、财税政策、投融资政策、通关政策、改善交通管理政策、重点物流企业扶持政策、技术标准政策等方面。这些政策的出台和实施，有力地推动了当地和区域物流发展，也为其他各省市地区促进物流业发展提供了很好的思路和借鉴。尽管还存在一些不协调、不一致之处。然而，在总体上，从不健全、不完善逐步走向健全和完善是我国地方物流政策的发展趋势，并已经得到初步体现。

总结几年来我国物流发展的实践，结合我国物流发展面临的形势和发展目标，各级政府部门在促进我国现代物流发展的工作中，发挥政府部门的行政作用，注重市场的协调作用，积极制定相关政策措施，扶持物流产业的健康发展。

首先，在物流发展环境的营造上，国家各级政府部门、行业组织等要结合全社会整体的物流发展计划。物流政策要注意从经济发展整体上规划现代物流发展的方向和规模，通过逐步配套完善各项物流基础设施、服务设施和提供优惠的政策，引导现代物流产业朝着与国民经济协调发展的方向前进。

其次，在促进物流企业的顺畅运作方面，制定出台的物流政策要考虑逐步地放松影响当前物流企业竞争力发展的各种不利条件，逐步地放松有关的市场准入、竞争条件，营造企业自主经营的制度氛围，扩大物流企业经营的范围，减少国家的控制和约束，推动物流自由竞争市场机制的形成。

再次，在具体指导物流企业的建立和运作方面，各级政府部门要采取积极的鼓励政策和引导方针。有关物流企业建立的优惠政策和鼓励措施方面，比如，可以对物流园区的建设方面给予具体的规划指导，还可在税收、资金等方面给予具体的优惠措施。在引导和规范物流企业运作方面，各级地方政府要结合本地区的实际情况，采取不同的发展策略和政策措施，通过制定具体的物流法规或行业规章制度，直接对物流企业的作业和运行方面进行规范，将物流企业运行的游戏规则标准化、规范化、制度化。

（五）改善物流法制环境的建议

在现代物流的发展过程中，政府部门的任务是提供公平、透明、统一、高效率的物流法制环境，为企业能够在市场中充分发挥进取心和创造力提供良好的外部条件，为能够孵化出自己的强势物流企业创造出宽松的宏观环境。要改善我国的物流法制环境，应从以下几个方面着手：

1. 制定统一的全国物流产业发展规划

我国物流产业刚刚起步，其中既有传统物流企业向新型物流企业过渡的结构调整问题，也有新入局企业的初创铺开问题，因此，物流产业政策的导向应立足于加快发展和规范市场竞争秩序。谨防政出多门，草率定规，出现新的政策性、体制性障碍。目前，我国涉及物流的有关行业、部门、系统都自成体系，独立运作，各做各的规划，各搞各的设计，各建各的物流中心或基地，部门分割、行业垄断、地方封锁，相互之间毫无关联，造成了物流资源的极大浪费。要扭转这一局面，需要打破地区、部门和行业的局限，建立条块之间物流工作的联系会议制度，加强协调，做到全面统筹，整体布局，要设计出能充分利用和整合各种存量资源、又可优化增量配置的符合现代物流业发展方向的全国性的物流产业发展规划，并按此规划构建我国的运输干线通道和物流结点，合理设立综合物流中心或物流基地。各省、各发展综合物流基地的中心城市再按照全国的统一规划，经过认真切实的调查研究、科学论证之后，制定能和周边地区密切配合的地方物流产业发展规划。

2. 建立和完善物流发展的细化政策与法律法规体系

基于我国现代物流发展刚刚起步，政府制定物流政策与法规时都应秉持充分依靠市场活力、不随意干涉市场自我运行规律的原则。一方面，充分利用市场机制在资源配置方面的作用；另一方面，要发挥政府的作用以弥补市场机制的不足，做到市场竞争秩序的公平、公正、公开和统一，努力降低市场运行的政策和法律成本。各地政府部门要结合当地实际情况，抓紧研究制定促进现代物流发展的政策措施，加快引入竞争机制，简化相关程序和手续；制定恰当的价格和税收、市场准入政策及相应的法规制度；与WTO规则所规定的国际物流法律秩序保持衔接和一致；抓紧清理、修订不利于物流发展的法律规章，包括全国及各地方政府的产业政策、市场管理法规、部门协同工作机制等，使整个产业合理配置、协调发展。

3. 清除部门、地区保护主义的政策和法规，尽快建立全国统一大市场

尽快建立全国物流业统一开放的市场。这是物流业长远发展的根本利益所在，也是当前最为迫切的任务。部门和地区保护主义只能保护一时一地的若干企业利益，却无助于长远和整体的部门、地区发展。必须打破地区封锁和行业垄断经营行为，加强对不正当行政干预和不规范经营行为的纠正和制约，创造公平、公正、公开的市场环境，使各类物流企业能够平等地进入市场，在统一、透明、公平、高效的市场竞争中优胜劣汰。当前应首先从改革市场准入制度和线路审批制度入手，打破地方和部门保护，促进全国统一大市场的形成。

4. 转变政府职能、提高政府宏观协调能力

政府有关部门一定要转变职能，强化服务意识，去除吃、拿、卡、要的陋习和拖沓推诿的工作作风。要切断政府部门与垄断物流企业及企业领导人的不正常利益关联，杜绝用政府行政权力粗暴干预市场正常运行和竞争秩序。要在物流规划建设、技术改造、查验通关、交通管制、工商管理、财税金融方面给企业以支持，帮助企业排忧解难，搞好协调服务。并积极帮助解决物流企业在跨地区经营过程中遇到的工商登记、办理证照、统一纳税、城市配送、交通管制、进出口货物查验通关等方面的实际困难。建立与周边地区物流管理部门的信息沟通渠道，公开和及时通报有关物流信息，以逐步建立起与国际接轨的物流服务及管理体系。

5. 完善物流行业协会组织

逐步建立全国及地方的物流行业协会组织，将以往政府过多的管理职能逐步过渡，交给行业协会行使。加强物流业发展中的行业协调和行业自律，并从法律法规上加以支持，对物流行业协会组织的功能、作用、职权及与政府相关部门的联络和沟通作出法律规定，使对物流的管理逐步与国际惯例对接，发挥民间组织所固有的协调功能和专业知识。

附　录

课题组成员名单

课题组负责人： 丁俊发　中国物流与采购联合会常务副会长，研究员、政府特殊津贴专家

课题组成员： 崔忠付　国家发改委经济运行局处长、高级经济师

邬　跃　北京物资学院物流系主任、教授、博导，北京市物流实验室主任

王　佐　中国北方工业总公司高级工程师、博士

余　平　中国物流与采购联合会副秘书长兼行业事务部主任、记者

颜普兵　中国物流与采购联合会行业事务部高级经济师

参考文献

[1] 中国物流与采购联合会．中国物流发展报告（2004～2005）．北京：中国物资出版社

[2] 郭克莎，王延中．中国产业结构变动趋势及政策研究．北京：经济管理出版社，1999

[3] 陈振明．政策科学．北京：中国人民大学出版社，1998

[4] 戴伯勋，沈宏达．现代产业经济学．北京：经济管理出版社，2001

[5] 邹力权．中国现代物流业发展初探．厦门大学，硕士论文

[6] Ronald H. Ballou. 企业物流管理．王晓东，胡瑞娟等译．北京：机械工业出版社，2004

[7] 朱耀明．产业经济研究．北京：中国纺织大学出版社，2003

[8] 张东明．韩国产业政策研究．北京：经济日报出版社，2002

[9] 王佐．物流到底是不是产业——兼论物流企业的界定．中国物流与采购，2003（3）

[10] 吉福林．我国物流产业政策初探．商业时代·理论，2004（36）

[11] 张静芳．从美、日物流业的发展探究中国现代物流产业．交通科技与经济，2005（2）

[12] 黄磊．韩国德国产业政策比较及对我国的启示．国际经贸探索，2004（2）

[13] LLC, 2004 *LOGISTICS & DISTRIBUTION INDUSTRY REPORT*, Volume3, Issue 1, March 1, 2004

[14] Advisory services LLC, 2003 *LOGISTICS & DISTRIBUTION INDUSTRY REPORT*, Volume 2, Issue 1 January 12, 2003

[15] Frederick J. Stephensons, Jr., " Transportation USA ", Addison Wesley Publishing Company, 1987

[16] John J. Coyle, Edward J. Bardi, Joseph L. Cavinato, "Transportation", 2ed, West Publishing Company, 1986

[17] John J. Coyle, Edward J. Bardi, Robert A. Novack, "Transportation", 5ed, South – Western Publishing , 1999

[18] James R. Stock, Douglas M. Lambert, "Strategic Logistics Management", 4ed, McGraw – Hill Company, Inc., 2001

[19] Donald J. Bowersox, David J. Closs, " Logistics Management: The Integrated Supply Chain Process", McGraw – Hill Company, Inc., 1998

[20] Donald J. Bowersox, David J. Closs, M. Bixby Cooper, "Supply Chain Logistics Management", McGraw – Hill Company, Inc., 2002

我国民营物流企业发展研究

内容提要：民营物流企业是我国现代物流业发展中出现的多种所有制企业之一。经过10多年发展，民营物流企业与国有和外资物流企业一起，已成为中国物流市场的主体，也是推动我国物流产业发展的一支重要力量。为全面了解我国民营物流企业的发展情况和存在问题，提出相关政策建议，促进民营物流企业更好、更快地发展，2006年4～10月，中国物流与采购联合会组织了民营物流企业发展情况专题调研。

调查组先后在北京、上海和广州召开了民营物流企业座谈会，有50多家民营物流企业的代表参加；发出民营物流企业调查问卷70多份，收回有效问卷39份；并广泛收集有关资料，进行分析整理，还深入部分民营物流企业进行了现场考察。

本文在全面分析我国民营物流企业的发展现状，遇到的主要困难和问题的基础上，提出了促进民营物流企业发展的七条政策建议：第一，把扶持发展民营物流企业纳入物流产业政策体系；第二，实施有利于民营物流企业做强做大的合理税收政策；第三，支持民营物流企业规模经营，网络发展；第四，创造快捷方便、收费合理的交通环境；第五，切实解决民营物流企业的融资困难；第六，为物流企业创造人力资源服务环境；第七，做好行业基础工作，加强行业自律。

一、我国民营物流企业的发展现状

经过调查，对我国民营物流企业的发展现状，得出如下基本结论：

（一）我国民营物流企业10多年来获得超常规发展

物流在我国是新行业、新产业。我们这次调查的民营物流企业70%成立于20世纪90年代中期以后。其中，1995～1999年成立的占32%；2000年以后成立的占38%。此外，1990～1994年成立的占26%；1989年以前成立的民营物流企业仅占4%，显示出民营物流企业与我国现代物流产业同步快速发展的趋势（见图1）。

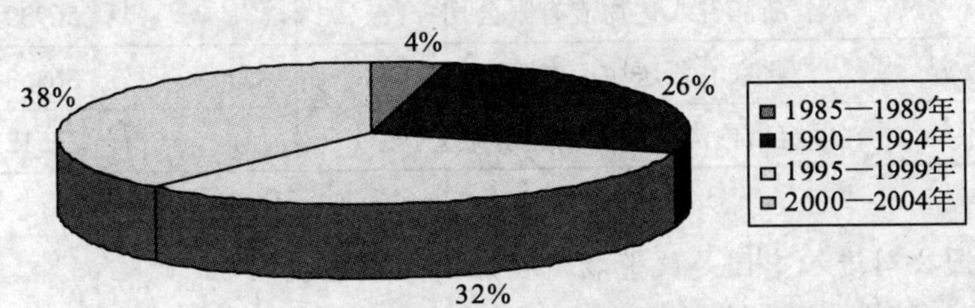

图1 民营物流企业成立的时间

10 多年来，我国民营物流企业经历了艰难的创业过程，取得了超常规发展。如成立于 1988 年的远成集团，从经营铁路货运代理业务开始，发展到拥有 6 条特快行邮专列、6 条行包快运专线、10 条五定班列、12 条集装箱班列和众多经营网点的综合物流服务提供商。宝供物流企业集团 1994 年从一家小型储运公司起家，为了公司名称能够使用“物流”二字曾经大费周折。经过 10 多年发展，已建成覆盖全国的业务运作网络和信息网络，业务范围向境外、国外拓展，正朝着“中国领先的供应链服务商”的目标前进。宅急送总公司 1994 年仅凭 7 个人和 3 辆车起家，现在总资产已接近 3 亿元，员工近万名，年货物周转量 3200 万件，正在向股票上市、飞机上天、500 强上榜，做中国民族快运名牌企业的方向努力。

我们这次所了解到的民营物流企业，从 1994 ~ 2005 年 11 年间，主营业务收入平均每年增幅达 30% 左右。在《2006 年中国最具竞争力 50 强物流企业排序名单》中，有 14 家民营物流企业入选，占总数的 28%，其中年主营业务收入超过 5 亿元的有 13 家，超过 10 亿元的有 8 家，超过 20 亿元的有 3 家（见表 1）。

表 1　《2006 年中国最具竞争力 50 强物流企业排序名单》中上榜民营物流企业

排位	单　位	2005 年主营业务收入（万元）
8	山东海丰国际航运集团有限公司	509661
11	远成集团有限公司	353610
15	天津大田集团有限公司	297113
25	浙江传化物流基地有限公司	161800
27	南方企业集团物流有限公司	158400
28	深圳亦禾供应链管理有限公司	155000
29	深圳市华运国际物流有限公司	139278
33	上海佳吉快运有限公司	108000
37	山东盖家沟国际物流有限公司	62000
38	宝供物流企业集团有限公司	60174
41	深圳粤钢松山物流有限公司	58818
44	浙江省八达物流有限公司	56939
45	北京宅急送快运有限公司	56363
50	保定市白沟鑫通源物流有限公司	35512

（二）跨国公司进入中国是民营物流企业发展的重要契机

10 多年来，特别是我国加入 WTO 以后，跨国公司大举进入中国。跨国公司往往专注于自身的核心竞争力，而将物流等辅助业务外包，为中国物流企业发展带来契机。许多民营物流企业抓住机遇，发挥自身优势，在为跨国公司的服务中学习物流理念、管理和技术，提升自身服务能力和水平。宝供与宝洁的合作就是一个生动事例。宝供正是通过为宝洁提供服务，才实现了从传统物流向现代物流的转型，从为宝洁一家的服务转向为飞利浦、联合利华、安利、松下、东芝等50多家全球500强企业的服务，从物流服务转向供应链一体化服务。可以说，宝供物流发展的历史，也是不断为跨国企业服务，向跨国企业学习，使国际先进物流理念不断“中国化”的过程。

从我们这次调查的情况看，80%以上的民营物流企业在为跨国公司提供物流服务，发展比好、比较快、比较稳的民营物流企业都与跨国公司具有较好的合作关系。如深圳市千亦禾供应链技术股份有限公司将供应链管理技术和理念付诸实施，与国外客户建立了“供应链协同关系”，把跨境供应链管理优化解决方案推广到与境外、国外企业的合作上，开始收到实效。创建于1997年的深圳市怡亚通供应链股份有限公司，在主要经济区域建立保税物流平台，与世界知名企业建立战略合作联盟，积极拓展海外市场，业务范围已从IT行业延伸到通信、医疗器械、汽车等领域。

民营物流企业在为跨国公司的服务中，努力学习先进的物流理念和技术，不断提升和完善自己的服务能力。如上海惠尔物流通过与雀巢（中国）的合作，在逐步完善雀巢产品供应链的同时，学习和掌握供应链运作方法；通过与美能达（中国）的合作，领悟到物流服务的细微末节；通过与百事可乐的合作，经历了带有季节性特点国际品牌物流环节需要的严谨和机变。凡是能够抓住机遇，善于学习的民营物流企业都有比较快的发展。如2000年成立的德利得物流有限公司，把客户群定位于外资企业和合资企业，不断创新价值链和服务链，给高端客户以高端服务，连续5年实现了高速增长。

（三）民营物流企业的资本积累和网络建设已经达到一定规模

我国社会物流需求的较快增长，为民营物流企业赢得了发展的空间。民营物流企业经过10多年超常规发展，资本积累和网络建设已经达到一定规模。此次调查的企业中，资产总额在2亿元以上的占51.85%，表明部分民营物流企业已经具备了一定的资本实力。同时，由于进入“门槛”较低，资产总额不达5000万元的企业仍占29.63%，表明还有相当一部分民营企业规模较小，实力较弱（见图2）。

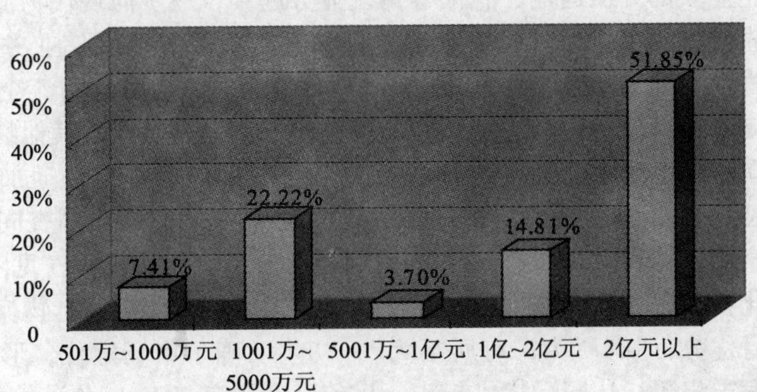

图2　民营物流企业资产总额

现代物流业也是资源网络化要求较高的行业，民营物流企业在网络化建设中有较快进展。调查显示，拥有100个以上网点的企业占受调查企业的18%，50~99个网点的占18%，30~49个网点的占11%。三类合计，网点数在30个以上的企业占48.14%，表明民营物流企业网点建设已经初具规模（见图3）。

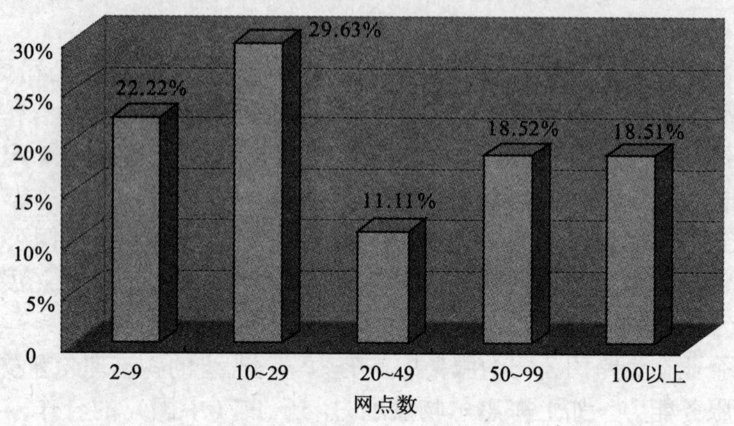

图3　民营物流企业网点数

随着企业实力的增强，民营物流企业加快运作基地建设，由“轻资产型”向“实资产型”转变。如南方物流企业集团1999年开始全国“基地”布局，已先后在东莞、惠州、中山、广州、无锡等地建立了“基地”，天津、郑州、成都等地的“基地”也在规划设计中。宝供从2002年起计划在全国15个经济中心城市建立自已的物流服务平台，目前，苏州、广州、合肥、上海、顺德等地物流平台已建成投用，北京、天津、沈阳等地的物流基地建设项目即将启动。以运输业务起家的上海惠尔物流有限公司从2003年起，在国内21个中心城市建立区域配送中心，在上海建立了中央分拨中心，向仓储和运输一体化发展。

（四）服务内容和市场定位基本明确的民营物流企业实现了较好较快发展

民营物流企业大部分从运输、仓储等传统业务起步，逐步向现代物流业务转型与拓展。在接受调查的企业中，提供运输业务的企业占93%，提供仓储业务的占89%，提供配送业务的占67%，这些都是物流服务的基本功能，也是民营物流企业专注的优势项目。在此基础上，部分实力强、理念新的民营物流企业开始涉足其他物流环节的增值服务。在接受调查的企业中，涉足包装业务的企业占45%，提供流通加工业务的企业占36%，其他业务如商贸、货代、快递、咨询等业务的占33%。调查同时显示，民营物流企业对信息服务特别重视，有58%的受调查企业提供相关服务（见图4）。

随着一体化物流服务理念的推广，社会物流需求开始分化。民营物流企业根据客户需求，结合自身优势，“有所为，有所不为”，初步明确了市场定位，形成了各自优势领域。如山东海丰集团，从国际货代起步，目前已经拥有40多艘集装箱船舶和40多条航线，网络已延伸到日本、韩国、中国香港、中国台湾、泰国、马来西亚、菲律宾、新加坡、越南等国家和地区，正向着“国际一流的综合物流企业”目标迈进。大田集团把快递业务转让给外资企业，依托覆盖全国的业务运作网络，专注于为制造业做供应链物流业务。民营物流企业的专业化，促进了市场细分化和专业物流的发展。

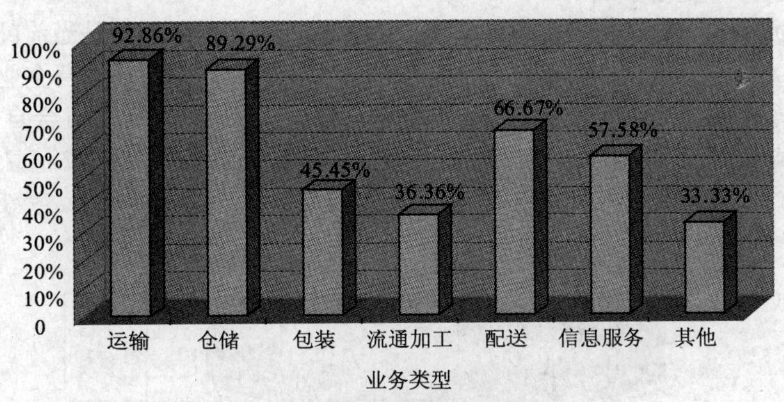

图 4　民营物流企业服务内容

（五）合作联盟成为民营物流企业新的发展趋势

我们了解到的目前民营物流企业合作联盟的几种主要形式有：

一是制造企业与商贸企业的合作。如安得物流有限公司由美的集团和芜湖一家贸易公司于2000年合资组建，成为独立的第三方物流公司。一方面为美的生产和销售提供物流服务，另一方面向社会延伸物流服务。从2001年起，安得开始承揽社会业务，美的业务同样通过招标取得。目前，安得物流在全国50多个大中城市设立60多万平方米仓库和相应的信息管理系统，为客户提供“精益配送”服务。

二是自主开放物流平台。如宅急送2006年4月宣布，向国内外物流和货运代理企业开放覆盖国内2000多个城市和地区的网络。该“网”由32家分公司、3大物流基地、200家营业网点和400余家合作公司组成。为使自身网络创造更多的价值，按照宅急送公布的合作方案，同行可以使用宅急送的网络，进行门到门、港到门、门到港、港到港的货物运输。

三是建立综合物流服务平台。如浙江传化物流基地2003年4月18日正式开始营业，后来放弃自营物流业务，专做服务平台，吸引专业物流企业进驻，形成综合物流服务能力。2006年，全年实现营业总额达23亿元，上缴税款8000多万元，已有400余家专业运输、仓储、零担、货代等物流企业进驻，整合了30多万辆社会车辆资源。通过基地内各种资源的协调运作，服务于18000多家制造企业和商贸企业，为其降低物流成本40%左右。

四是连锁加盟。如锦程国际物流集团股份有限公司，从2000年引入加盟连锁的商业模式，主要通过合作代理、品牌授权、投资参股等形式，重组各地中小型物流企业，在5年时间里，迅速完成了全国网络架构的搭建，实现了快速聚集人才、资金和客户资源，布局全国的目标，并有效地降低了快速扩张带来的风险。在此基础上，建立了锦程全球订舱中心，达到了整合资源、集中采购的目的。广州海元物流公司与31家专线运输公司结成联盟，在形成规模化、网络化的同时保持自身灵活性，迅速提高了联盟整体竞争能力。

（六）民营物流企业的信息化建设迈上新台阶

现代物流业是以信息化为支撑的新兴产业，物流信息网络建设是当前民营物流企业竞争的焦点。考虑到信息系统与业务流程的配合性，65%的受调查民营企业选择自主开发建设信息系统。还有4%的企业结合国际、国内和自身条件开发适合自己的软件平台，两类企业合计占69%。同时，仍有7.69%的受调查企业尚未建立信息系统，依靠传统方式进行信息传递（见图5）。

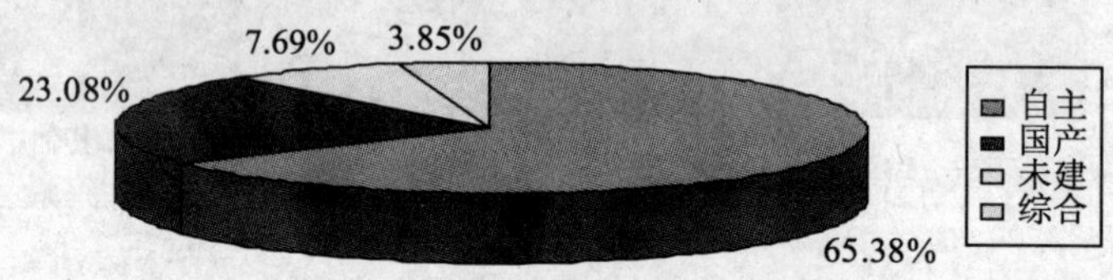

图5　民营物流企业信息系统

调查表明，信息化程度与民营物流企业服务能力密切相关。宝供物流从1997年开始，就运用互联网技术取代电话、传真，现已基本建成第三方物流信息集成平台，实现了物流、信息流和资金流的一体化管理，能为客户提供实时、动态、可视化的物流运作信息，提高了物流运作效率，节省了大量的人员和费用。通过实施宝供提供的信息系统和物流系统变革方案，某跨国制造企业获得如表2所示效益。

表2

项　目	改造前	改造后	降幅（%）
地区分销中心数量（个）	54	20	63
产品库存天数	60	27	55
订单完成时间（天）	7	4	43
物流人员（人）	155	20	87
企业总体物流费用	—	—	15

调查发现，信息化建设走在前列的民营物流企业一般都采用了客户关系管理系统、全面订单管理系统、库存管理系统、车辆管理系统、财务管理系统、决策分析系统，有的开始运用卫星定位系统、实时查询系统和无线射频技术等，实现了和客户信息系统的对接。

（七）现代企业制度开始进入民营物流企业

早期的民营物流企业受历史阶段影响，个体私营性质和家族制管理现象比较普遍。所有权和经营权的一体化保证了责、权、利的统一，家族管理降低了企业初期发展成本，减少了内部监管需要。缺点是管理不规范、流程不标准、内部人控制严重、企业激励机制欠缺。随着企业规模和市场范围的扩大，原有的治理机制和管理体制已经不适应发展的要求，许多民营物流企业引入现代企业制度，企业性质有了较大改变。此次调查中显示，民营物流企业为有限责任公司的占72.41%，股份有限公司的占17.24%，两类合计占89.65%。但仍然有10.34%的民营物流企业还是私营企业性质（见图6）。

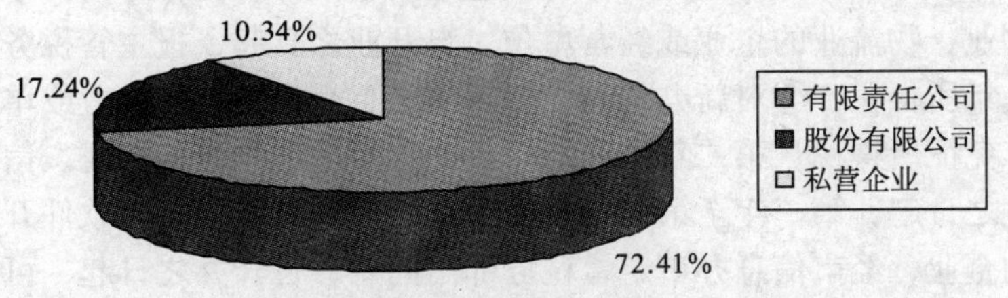

图6　民营物流企业的企业性质

调查表明，许多民营物流企业正在脱离“家族制”管理，向现代企业制度转型。发展较快的民营物流企业多数实现了所有权和经营权的初步分离，聘用了职业经理人，大田物流等聘用外籍管理人士；德利得物流等许多企业董事会、监事会和经理班子制度健全，运行规范；上海百岁物流、成协物流等企业建立了股权激励制度；一些企业实行了股份合作制，企业产权清晰，股权多元化；宅急送等企业积极筹划整体上市。

（八）民营物流企业生存发展的政策环境有了较大改善

近年来，国家对现代物流业和民营经济的重视提到了新的高度。2004年8月，经国务院批准，国家发改委等9部门出台了《关于促进我国现代物流业发展的意见》，提出了促进现代物流业发展的一系列政策措施。2005年5月，由国家发改委牵头、商务部等13个部委和中国物流与采购联合会两家行业协会组成的全国现代物流工作部际联席会议制度建立，我国现代物流工作政府部门间综合协调机制正式启动。为贯彻9部门文件精神，国家发改委和国家税务总局2006年批准首批37家物流企业进行税收制度改革试点；第2批、158家企业试点工作从2007年1月1日开始，其中包括部分民营物流企业。

2005年2月，国务院发布《关于鼓励支持和引导个体私营等非公有制经济发展的若干意见》，肯定了个体、私营等非公有制经济是社会主义市场经济的重要组成部分和促进社会生产力发展的重要力量，进一步放宽了非公有制经济的市场准入资格限制，对非公有制企业与其他所有制企业一视同仁，在投资核准、融资服务、财税政策、土地使用、对外贸易和经济技术合作等方面实行同等待遇。

各地政府对民营物流企业的支持和引导也不断加强，比较集中地体现在对物流园区的政策支持方面。物流园区（基地）是民营物流企业的聚集地，各地对物流园区发展的政策支持，民营物流企业是主要的受惠者。如在用地政策方面，一些地方根据本地的实际情况制定和实施了一些优惠政策。例如，深圳市对现代物流用地及园区配套用地的土地使用年限统一确定为50年。为充分发挥现代物流业对深圳市经济的拉动作用，物流园区用地可分期支付地价款。南宁市对物流园区内的物流企业、物流园区市政公用配套设施建设项目，免收城建配套费。经南宁市物流行业主管部门审定的重点物流项目用地，可以减免15%的城建配套费。

在税收方面，大部分物流园区也都享有优惠政策。例如，合肥市政府规定：

（1）物流园区内入驻的物流企业，对其经营发生的仓储、运输、包装、流通加工、配送等活动，不分别计税，实行统一征税。

（2）对园区内新办的独立核算的物流企业，按不同的经营项目享受税收优惠：①凡从事仓储业、物流业的企业或经营单位，自开业之日起，报主管税务机关批准，可减征或免征一年所得税；②对新办的独立核算的从事交通运输的企业或单位，自开业之日起，第一年免征所得税，第二年减征所得税；③对从事物流咨询业、信息业的企业或单位，自开业之日起，第一年至第二年免征所得税；④对从事物流软件开发或公益性物流信息平台的企业，经市信息办审定，税务部门同意，自开办之日起，可免缴所得税两年，减征所得税三年等一系列政策。

（九）民营物流企业为经济社会发展做出了重要贡献

物流企业是物流市场的主体，是物流产业形成的基础。经过10多年发展，我国民营企业虽然在整体实力上，与国有物流企业和外资物流企业还有较大差距，但是凭借灵活的市场意识、良好的适应和创新能力，已经成为我国物流产业发展的重要推动力量，为我国经济社会发展做出了重要贡献。

一是民营物流企业的发展，加速了我国物流产业市场化的进程。民营物流企业的产生和跨国公司的进入，改变了我国物流市场的主体结构，推动了我国现代物流业的市场化和产业化。10多年来，不仅民营物流企业获得超常规发展，国有和国有控股的物流企业也加速向现代物流转型。原来隶属于铁道、航空、交通和邮政等政府部门的传统物流企业，正是在这几年间完成了改制和重组。国有物流企业改革步伐的加快，既有自身改革意识增强的成分，也有多种所有制企业发展，市场竞争加剧的推动。民营企业和外资企业、国有企业的竞争与合作，构成了我国物流市场“三足鼎立”的基本格局。

二是民营物流企业的发展，提高了我国现代物流业的供应服务能力。民营物流企业通过自建或合作等方式不断扩充物流节点，已经编织起覆盖全国的物流网络；民营物流企业利用其服务和价格优势，协助客户物流运作模式转型，引导工商企业从自营物流向社会物流转变；民营物流企业具有较强的市场意识，善于发现新的社会需求，整合社会资源，开发新的物流业务。快递行业应该说是具有现代物流性质的新型行业，目前我国民营快递企业约有上万家，从业人员在100万人以上，年营业规模超过100亿元。虽然，我们这次没有就民营快递企业作专门调查，但他们所起的作用确实不可低估。

三是民营物流企业的发展，对经济社会做出了重要贡献。民营物流企业不仅直接推动了我国物流产业的发展，而且促进了经济结构调整和经济增长方式转变，有利于国民经济又好又快发展，有利于有效利用社会物流资源，减少交通拥堵和环境污染，符合科学发展观的要求。民营物流企业的发展，扩大了国家税源，提供了大量的就业岗位。从这次调查来看，民营物流企业员工人数超过500人的占到42%，300~500人之间的占15%，100~300人的占27%。三类合计，员工人数超过100人的受调查企业占84.61%。我国已经出现了一批吸纳劳动力上千人和个别近万人的民营物流企业。如果考虑到产业的关联度和渗透性，民营物流企业所带动和辐射的就业岗位更为广阔（见图7）。

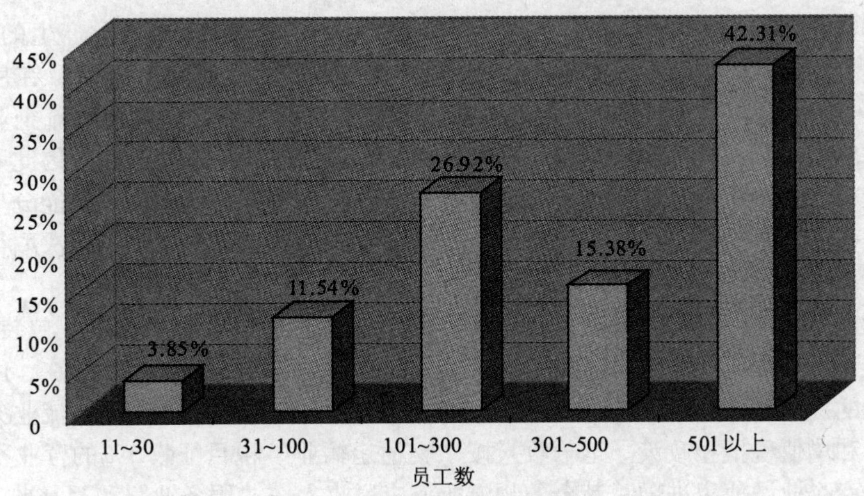

图7　民营物流企业人数

二、民营物流企业发展中遇到的主要困难和问题

近些年来，我国民营物流企业虽然发展很快，在社会上的地位不断提升，所发挥的作用越来越大，但也遇到一些突出问题。特别是经过10多年连续的“高速增长”之后，企业发展进入相对的“平台期”，再加上经营环境、社会环境和行业政策环境的制约，民营物流企业谋求更大发展遇到了比较大的困难。因此，一些发展较快、已经达到一定规模的民营物流企业选择了全部或部分转让网络资源的路子。这也从一个侧面说明，民营物流企业的经营环境亟须改善。

这次调查中，企业所反映的突出问题，大致可以分为以下三类：一是整个经济社会快速发展条件下社会转型中出现的问题。比如，地方保护与区域封锁的问题，社会秩序和治安的问题，过多的行政审批及某些行业的腐败问题，社会诚信度缺失，甚至黑恶势力欺行霸市的问题等。二是企业自身的问题。在逐步完成原始积累之后，民营物流企业相继遇到了企业规模化成长过程中的“瓶颈”。在发展战略、管理体制、组织机构、决策机制、人员素质等方面已经不能适应企业规模的扩张与发展，难以支撑继续高速增长的需要。三是需要政府出面协调解决的政策环境问题。企业反映比较集中的政策性问题主要有：

（一）税收方面的问题

近年来，国家税务总局按照九部委文件精神，先后出台了［2005］208号文《关于试点物流企业有关税收政策问题的通知》和国税函［2006］270号文《关于物流企业缴纳企业所得税问题的通知》，以及国税函［2007］146号《关于下发试点物流企业名单（第二批）的通知》，在税收方面发出了支持物流企业发展的信号，一些试点单位开始收到实效。但就目前情况看，税收方面的问题仍然是物流企业特别是民营物流企业最为关注的问题之一。

1. 自开票纳税人资格的认定问题。企业申请自开票纳税人要求具备“交通管理部门核发的道路运输经营许可证”，还要求“具有自备运输工具。”由此产生的问题有，一是许多大城市不允许货运车辆进城，物流企业大多采取“客车”运货，在用车辆无法取得“道路运输经营许可证”。二是片面强调自备车辆，不符合当前物流企业普遍依靠社会车辆的实际，也不利于从整体上整合社会车辆资源，许多物流企业因此无法取得自开票纳税人资格。三是集团型物流企业自开票纳税人资格在所属网点不能分享。像宝供这样在全国网络型经营的大型民营物流企业，在某些新开业的网点也无法取得自开票资格。

2. 物流服务收入分别核算、税率不同的问题。把运输、仓储、搬运、包装、加工、配送等物流环节集成整合、一体化运作，是物流企业的基本模式和优势所在，由此带来物流效率的提高和社会资源的节约。但目前的税务设计，对运输和其他物流业务实行不同的税率和增值税抵扣政策。运输收入按“交通运输业”税目征收3%的营业税，并允许抵扣工商企业增值税进项；其余的物流业务应税收入按“服务业”税目征收5%的营业税，还不能纳入工商企业增值税进项抵扣范围。这样，不仅不利于物流企业的一体化运作，而且企业在实际操作中也会造成人为地调节运输收入和其他物流服务的收入比例。

3. 按照车辆运力核定最高收入额的问题。目前，税务部门对取得运输发票的企业每辆车核定运输收入最高限额，超过限额的收入即认为不合理。这同当前物流企业市场细分、分段操作的运作模式不相适应。在实际操作中，往往是一家取货企业收取全程运费，或完成其中一段运输任务，再根据需要交给另外的企业中转、分拨、配送，才能保证车辆满载，降低运营成本。而目前的做法，非常不利于业务外包和资源整合，特别是加重了取货企业的税务负担和风险。

4. 仓库租赁费的扣除问题。随着物流市场的细分化、服务的细分化，出现了“物流地产”的概念，专营物流业的“物业”公司快速发展，更多的物流企业采取了租赁仓库的做法。国税发［2005］208号文虽然规定：“试点企业将承揽的仓储业务分给其他单位并由其统一收取价款的，应以该企业取得的全部收入减去付给其他仓储合作方的仓储费后的余额为营业额计算征收营业税。”但对租用仓库的租金成本却不能在营业额中扣除，这块成本约占仓储收入的30%。如果不能扣除，实际上并未从根本上减轻试点企业的负担。

5. 试点企业“所属企业”的界定问题。国税发［2005］208号文虽然提到试点企业的“所属企业”，但没有明确地界定是“子公司”，还是“分公司”，在具体执行中不好把握。

6. 缺乏适合物流企业运作特点的专用发票。我国缺乏与物流外包形式相对应的物流专用发票，外包业务发生的代垫费用无法在营业税中抵扣，造成物流企业普遍性的不合理重复纳税现象。同时，为专门以开发票为生的“票务公司”有机可乘，不仅造成国家税款的流失，也给民营物流企业的合法经营带来很大风险。

7. 物流企业所得税不能统一缴纳的问题。网络化经营是物流企业的基本特征，发展比较好的民营物流企业都建立了覆盖全国的经营网点，但这些网点经营状况不尽相同。按照目前税法的规定，盈利企业要缴纳所得税，而亏损企业只能由企业自身承担。

就集团型企业来说，无疑增加了税务负担。尽管国家税总出台国税函［2006］270号文，规定“物流企业在同一省、自治区、直辖市范围内设立的跨区域机构（包括场所、网点），凡在总部统一领导下统一经营、统一核算，不设银行结算账户、不编制财务报表和账簿，并与总部微机联网、实行统一规范管理的企业，其企业所得税由总部统一缴纳，跨区域机构不就地缴纳企业所得税。”但与物流企业跨省区经营的实际情况，还有相当距离。部分大型国有物流企业已有专案解决。中外合资或外商独资企业更有《外国企业和外商投资企业所得税法》的规定，允许汇总缴纳。民营物流企业在这方面，显然没有得到同等的待遇。

8. 内外资企业所得税方面的不平等问题。同其他行业一样，外资企业享受着比内资企业低的所得税税率。

（二）交通方面的问题

1. 配送车辆进城的问题。相当部分城市的物流企业送货车辆进城配送需要货车《通行证》，通行证发放和货运车辆进城没有统一明确的标准，从正规渠道远远无法满足需要，要么花“黑钱”从非正规渠道购买，要么以客车违法装货，承担着安全和罚款的风险。

2. 干线运输的高收费问题。高速公路通行费及过路过桥费收费标准仍然偏高，国家对于集装箱运输车辆通行费的优惠政策在部分地区不能落实，造成部分区域的高速公路运能闲置。走普通公路不仅距离长，干线公路运输能耗高，环境污染问题严重，还会遇到乱收费、乱罚款等问题，货物的安全也存在很大隐患。

3. 部分地区仍然存在着较为严重的公路“三乱”问题。有的物流企业甚至因为本公司的车体形象标识遭到罚款。

（三）全国性物流企业区域分支机构的设立问题

有的地方规定，物流企业设立分支机构要在当地找“挂靠单位”，强行要求进入指定经营地点，硬性规定车辆台数，不分企业状况缴纳押金等。许多地方出于地方利益考虑，要求物流连锁经营单位在当地重新登记注册，不允许注册非独立核算的分支机构，严重地制约了全国性物流企业的集团化与规模化进程。

（四）中小物流企业融资难问题

民营物流企业体制灵活，发展较快，自有资金实力远远不能满足企业发展的需要，又缺乏相应的抵押物，企业经营所必需的融资体系问题十分突出，部分民营物流企业陷入民间借贷等非正规渠道，造成了企业经营的风险及国家金融秩序的混乱。同时，物流企业与货主之间的应收账款拖期问题也比较严重，造成物流企业资金周转困难，加大了经营成本与风险。

（五）货物的安全和保险问题

特别是一些贵重物品如手机在航空、铁路等垄断性公共物流平台中丢货现象较多。据反映，仅宅急送总公司每年在航空公司丢失的货物价值就在100万元以上。但根据目前规定铁路和航空部门最高仅按每千克数元到20元的价格赔偿，也常常不在保险公司标准承保范围之内，物流企业不堪重负。还有，有的地方在车辆保险中不允许自主选择保险公司，也不允许保险“团购”。

（六）缺乏统一的格式合同

物流作为一个新兴的行业，尚没有行业专属的标准格式合同和统一专用发票。由于背书的标准交易条款是物流公司单方自行制定的，得不到法律的承认与保护。货运单据的不统一，也造成了企业信息管理的困难和行业内部信息的交换障碍。

（七）关于物流设施建设的配套问题

目前消防管理部门对仓储消防标准的规定不符合现代物流的管理特性。如库房每3000平方米就必须建造消防隔断，还有自动喷淋设施的成本过高和在北方寒冷地区冬季不适用等问题。再如，货运场站的规划建设问题。部分没有纳入统一规划，但是历史原因已经自发的形成运输集散地的物流场站处境尴尬，部分面临拆除和清理，其对民营物流企业影响很大。还有，急需建立全国性的公共物流信息平台，以解决物流信息的“孤岛”问题。

（八）物流企业职工技能培养以及社会养老和保险问题

虽然已经有了物流师和采购师等证书资格培训，而企业大量需要的技能型人才缺乏有效的培训体系与机制。现行社会保险政策与民营物流企业的经营管理特点也有一定差距，农民工社会保险存在投保地与居住地不一致的问题，农民工无法享受部分社会保障，而企业由于社保的投入用工成本却大大增加。

三、促进民营物流企业发展的政策建议

“大力发展现代物流业”，是新世纪、新阶段调整经济结构，转变经济增长方式，贯彻科学发展观的重要举措，是落实“十一五”规划的重要内容。民营物流企业是我国物流产业发展的重要力量，促进民营物流企业健康、持续、较快发展，应是我国物流产业政策的重要组成部分。近些年来，民营物流企业在快速发展的同时遇到了许多困难和问题，迫切需要相应的扶持政策。

（一）把扶持发展民营物流企业纳入物流产业政策体系

我国加入WTO以后，特别是近一两年来，外资物流企业接连出手，终止与国内企业的合作，收购国内民营物流企业，重点是经营网络和人才。它们利用雄厚的资金实力和先进的管理技术，加快占领中国市场的步伐。国外物流企业进入中国，经过充分准备，几大巨头型企业发挥各自优势，实施“错位经营”，分别抢占各自目标市场，发展势头很猛，对我国物流企业特别是民营物流企业既是机遇更是挑战。

国务院《关于鼓励支持和引导个体私营等非公有制经济发展的若干意见》指出：公有制为主体、多种所有制经济共同发展是我国社会主义初级阶段的基本经济制度。毫不动摇地巩固和发展公有制经济，毫不动摇地鼓励、支持和引导非公有制经济发展，使两者在社会主义现代化进程中相互促进，共同发展，是必须长期坚持的基本方针，是完善社会主义市场经济体制、建设中国特色社会主义的必然要求。

国家发改委等九部门《关于促进我国现代物流业发展的意见》指出：大力发展现代物流业，对于推动和提升相关产业的发展，提高经济运行质量和效益，增强综合国力和企业竞争力具有十分重要的意义。各地区、各部门要高度重视，努力探索，结合实际，制定相应的政策措施，加快促进我国现代物流业的协调健康发展。

要按照以上两个文件的基本精神，把扶持发展民营物流企业作为物流产业政策体系的重要组成部分。要将支持民营物流企业发展纳入国家物流发展规划，加强对民营物流企业发展动态的监测和分析，及时向社会公布有关产业政策、发展规划、投资重点和市场需求等方面的信息。要把促进民营物流企业发展列入全国现代物流工作部际联席会议的工作内容，加强部门之间的协调配合，形成促进民营物流企业健康发展的合力。在财税政策、融资服务、土地使用、交通管理、用工培训和行业基础工作等方面，对民营物流企业与其他所有制企业一视同仁，在实行物流市场准入制度的行业对国有、民营实行同等待遇。进一步加强和改进政府监督管理和服务，为民营物流企业发展创造良好环境，进一步引导民营物流企业依法经营、诚实守信、健全管理，不断提高自身素质，在推动我国现代物流业发展中发挥更大作用。

（二）实施有利于民营物流企业做强做大的合理税收政策

1. 进一步扩大试点物流企业范围。建议在前两批试点的基础上，进一步按地域扩大试点，待条件成熟时全面推开。

2. 放宽集团型物流企业自开票纳税人资格的限制。在上述“试点物流企业”中，有一些集团型物流企业由于地方保护主义造成的分支机构独立注册及因为没有运输车辆或没有达到规定的车辆数而未取得自开票纳税人资格，还是享受不到试点优惠政策。建议对于列入试点的集团型物流企业，不一定要求每一个网点都必须要有自备车辆。让正规的物流公司从正常渠道取得运输发票，堵住非法渠道的发票交易。

3. 物流业务环节实行从低统一税率。建议凡物流环节营业税一律从低统一税率，不论运输、仓储或相关业务统均按3%计征，同时取消部分地区按照车辆运力核定最高运输收入额的限制性规定，鼓励整合社会资源。

4. 允许物流环节费用抵扣增值税进项。建议所有物流环节的费用都纳入增值税进项税额抵扣范围。

5. 设立物流业务专用发票，允许物流企业外包成本在应纳税额中抵扣。建议国家税务部门考虑物流行业的特殊性，在统一物流环节税率、减轻物流企业税赋的同时，设计发行符合物流业务特点的物流业务专用发票。在物流业专用发票中，允许物流企业通过整合社会资源外包业务所发生的运输、人工、包装、材料等经营成本及租赁物流仓库等基础设施、设备的租赁成本在应纳税额中进行抵扣。

6. 切实解决物流企业所得税统一缴纳的问题。建议按照九部门《意见》精神，尽快开始物流企业所得税统一缴纳试点工作，并研究具体的集团型物流企业的界定方法，鼓励与支持现代物流企业做强做大的政策措施。

7. 尽快解决内外资企业统一所得税税率的问题，使民营物流企业与其他所有制企业得到同等待遇。

（三）支持民营物流企业规模经营，网络发展

1. 加快制定和完善行业准入配套政策。建议各级管理部门切实贯彻平等准入、公平待遇的原则，进一步打破行政垄断及基于行政的经济垄断，打破地方封锁，推进行业准入政策与管理的公开化、公平化、程序化和规范化，为民营物流企业集团化、连锁化经营、网络化发展创造公平的竞争环境。

2. 放宽设立分支机构的限制。建议有关地方政府部门抓住突出问题，重点清理各地不符合物流发展的“地方政策”。对达到一定规模和标准的物流企业设立分支机构，不要强制在当地重新登记注册，不强行要求进入指定经营地点，不硬性规定车辆台数，不能不分企业状况缴纳押金等，努力为物流企业集团化经营及连锁经营提供方便。

3. 鼓励民营物流企业参与国有经济结构调整和国有企业重组。要鼓励民营物流企业通过并购和控股、参股等多种形式，参与国有企业和集体企业的改组改制改造。民营企业并购国有企业、参与其社会职能的分离和辅业改制，在资产处置、债务处理、职工安置和社会保障等方面，可以参照执行国有企业改革的相应政策。

4. 帮助民营物流企业解决用地困难。地方政府有关部门要在国家土地政策允许的前提下，在当地城市发展规划的框架内优先安排物流业用地，鼓励民营物流企业整合、利用、盘活现有物流、仓储资源。建议仓储及工业用地从一次出让向土地租赁发展，这样可以缓解企业土地成本一次性付出的压力，企业可以通过自己每年的运营收入来支付租金。

5. 改变消防和绿地等方面的硬性规定。建议根据现代物流业发展的实际需要，借鉴国外做法，消防隔断是否可以放宽到5000～10000平方米；自动喷淋设施成本过高，是否可以针对不同货物类型寻求其他消防安全对策；是否可以降低绿化率的硬性规定。

6. 在调整区域货运场站的过程中要考虑民营物流企业经营的便利与历史因素慎重处理，防止简单的“一刀切”拆除现象。

（四）创造快捷方便、收费合理的交通环境

1. 妥善解决配送车辆进城和停靠装卸的问题。为了既保证送货车辆能够顺利进入市区，又不至于造成道路拥堵，建议建立城市配送物流企业配送效率评价制度，让那些实力强、效率高、服务好的企业优先取得特许通行权。同时，可以考虑确定城市配送专用车型，杜绝客车运货。可以借鉴部分城市“货的”管理的成功经验，制定符合我国城市物流特点的相关交通管理措施。

2. 进一步降低公路收费。建议研究进一步降低收费标准，减少收费站点，减轻物流企业负担，落实集装箱运输支持政策，充分发挥我国高速公路的利用率，降低能耗，减少污染，全面提升我国公路道路运输效率。

3. 继续抓紧公路“治超”。要坚持统一口径、统一标准、统一行动，特别要严肃查处乱收费、乱罚款、重复罚款。“治超”要从源头进行管理，在对大吨小标车辆第一次清查的基础上，继续进行清查，确保车辆吨位标定的科学、合理。

4. 研究针对特种物流需求的特型车辆的标准体系。如大型轿运车整车运输车辆标准与实际需要还有一定距离，建议国家有关部门研究修订相关的标准，并制定相应的管理政策，满足物流企业的实际需求。

（五）切实解决民营物流企业的融资困难

1. 拓宽直接融资渠道。鼓励符合条件的民营物流企业上市融资，或依照国家有关规定发行企业债券，建立健全创业投资机制，拓宽民营物流企业的融资渠道。

2. 鼓励和规范民营物流企业开展增值服务。鼓励民营物流企业开展仓单质押监管和代收货款等涉及金融方面的增值服务，有关的金融部门应予以支持。

3. 建立健全信用担保体系。支持非公有制经济设立商业性或互助性信用担保机构。鼓励有条件的地区建立中小企业信用担保基金和区域性信用再担保机构。

4. 改进保险机构服务方式和手段，研究适合现代物流需求的险种，开展面向物流服务企业的产品和服务创新。

（六）为物流企业创造人力资源服务环境

1. 建立针对物流企业的人才服务市场，实施更为灵活的人才流动政策，为民营物流企业人力资源建设创造良好环境。

2. 加强物流专业人才的培训。除搞好物流师执业资格培训认证外，国家要对物流行业技能型、操作型人才的培训提供支持。

3. 研究适合物流企业特点的社会保障制度建设。有关部门要根据民营物流企业量大面广、用工灵活、员工流动性大等特点，积极探索建立健全物流企业职工社会保障制度。

4. 对达到一定等级并经过严格审核的、具有全国影响力和行业领先地位的大型民营物流企业授予一定的人事权，放开一定数量的中心城市入城户口指标限制。

（七）做好行业基础工作，加强行业自律

1. 宣传贯彻行业标准。当前，要在民营物流企业当中加紧推行《物流企业分类与评估指标国家标准》，推进民营物流企业规范提升。

2. 加强行业统计工作。全国社会物流统计制度虽已建立，但企业物流和物流企业的物流统计工作还比较薄弱，可选择部分大型物流企业为试点，逐步建立和完善物流企业统计制度，以便于企业明确自己在行业中的地位和差距，也有利于政府实施更有针对性的支持政策。

3. 推进社会诚信体系及企业信用制度建设。在信用体系建设中要特别重视建立适合民营物流企业特点的信用征集体系、评级发布制度以及失信惩诫机制，推进建立企业信用档案试点工作，建立和完善物流企业信用档案数据库。同时要逐步研究与解决社会信用评价查询体系向物流企业放开的方法与利用手段，解决目前常见的拖欠物流费用等社会信用问题。要从解决企业资信认证、招投标查询、企业间合同认可、代结货款运费和小额担保贷款、企业信用查询等具体问题入手，帮助民营物流企业解决具体问题。

4. 建立技术研发和创新基地。可以考虑在大型民营物流企业建立物流技术研发和创新基地，推动产学研结合，制定和实施鼓励民营物流企业自主创新的激励政策。

5. 建立重点民营物流企业联系制度。可选择达到一定规模的民营物流企业，建立纳入国家有关主管部门重点联系企业，加强对民营物流企业的行业指导与服务。

6. 设立物流服务格式合同。要组织力量，研究推出适合物流业务需要的物流服务格式合同，并要取得法律地位，以维护物流市场正常秩序和物流企业合法权益。

附　录

课题组成员名单

课题组负责人：	陆　江	中国物流与采购联合会会长
课 题 组 成 员：	贺登才	中国物流与采购联合会副秘书长、研究室主任
	恽　绵	德利得物流总公司运营总监
	石彤阳	中国物流与采购联合会会长秘书
	周志成	中国物流与采购联合会研究室
以下人员对本文亦有贡献：	刘　武	宝供物流企业集团有限公司董事长
	张　宇	大田集团总裁助理
	田喜林	北京远成物流有限公司总经理助理
	宋少波	北京和众奥顺达物流有限公司董事长
	熊星明	宅急送总公司副总裁

外资进入中国物流业的影响及其政策研究

一、经济全球化与全球产业转移对全球物流市场的影响

国际物流产生和发展的前提是国际贸易和国际直接投资，而物流的发展也促进了国际贸易的发展。国际贸易和国际直接投资带来的全球采购、全球供应和全球销售必须有全球物流系统作支撑，巨大的进出口物流需要全球物流业的快速发展。国际物流业正在成长为全球性质的新兴行业，全球物流管理是未来的发展趋势。现在，跨国公司间的竞争重点在某种程度上正逐渐转向物流管理和供应链间的竞争，且竞争已不再局限于从一个地方到另外一个地方的转移，而是一个系统性、全球性的综合竞争。

随着中国“入世”以及物流市场对外资的全面开放，全球知名的物流巨头正以极快的速度向中国市场渗透。2005 年 12 月，我国已经正式开放了包括道路运输、货代、仓储等物流领域，并已经按照 WTO 承诺对外商开放了控股权。世界物流业巨头纷纷抢占我国市场，并加紧对现代物流的研发。在这种物流市场全球化的大背景下，中国物流企业不仅要面对已经开始占领本土的外国竞争者，同时还要走出国门，参与全球范围的竞争。下面我们主要分析在全球一体化和全球产业转移情况下，全球物流市场的发展以及跨国物流公司的全球战略及其在中国市场的发展。

（一）全球物流市场概况

1. 全球物流市场的形成和发展

全球物流市场是对传统物流活动超越国界后的延伸和发展。美国是现代物流观念萌芽最早，也是当今世界上现代物流最发达、最先进的国家。在 20 世纪 50 年代之后，物流传入了日本和欧洲。日本的物流观念虽然在 50 年代才从美国引入，但发展迅速已成为现代物流的先进国家。90 年代后，产品的个性化、多品种和小批量成为生产经营的主流，整个流通体系的物流管理从集中化物流向多频度、少量化、短时化快速发展，并且在销售竞争不断加剧的情况下，物流服务作为竞争的重要手段在日本受到了高度重视。随着制造企业对内部物流职能的剥离，在日本形成了由大批制造企业的物流子公司和第三方物流公司组成的物流产业。

20 世纪 80 年代至 20 世纪世纪末这一时期是美国第三方物流市场快速发展的时期。美国第三方物流市场的年营业额从 20 亿美元增长到 560 亿美元。进入 21 世纪以来，美国第三方物流市场的年营业额以 15% ~20% 的增长率递增。

发达国家的物流实证分析表明，只有独立的第三方物流占物流市场总量的 50%，现代物流业才能形成巨大的需求，广阔的发展空间。物流服务的外部化趋势与物流服务供需双方面临的压力有关。首先，从物流服务的需求方看，成本节省和获得高水平的服务，是导致发达国家的物流企业把资本集中在主要的、能产生高效益并获得竞争力的业

务上的主要诱因。有近60%的公司认为物流不是它们的主业，使用外部物流合同承包商不仅减少物流设施的新投资，而且解放了在仓库与车队上占用的资金，使其可以用在更有效率的地方。同时，采用第三方物流还可使企业获得物流管理专业公司的专业技能，克服内部劳动力效率不高的问题。其次，从物流供给方的角度看，一方面随着第三方物流服务业的壮大成长，其提供服务的标准已大大提高，作业效率也有了较大改进，为客户需求定制的各类新型服务得到了充分发展；另一方面由于公路运输等传统行业竞争越来越激烈，使得很多企业资金回报下滑，利润率降低，通过改造成综合物流公司，大承运人能对服务增加价值，形成进入门槛较高的细分市场，以保证与客户的长期合作。这也是促成第三方物流综合服务业快速成长和增加利润的因素。第三方物流服务公司的营销能力也变得更加有力和纯熟，许多传统的运输和仓储公司都演变成了开展广泛物流服务的供应商。

在欧洲，由于有了共同的、开放的欧洲市场，欧洲的物流业呈现进一步集中化的发展趋势。许多跨国公司将分散在各国的物流中心、配送中心逐步地削减、整合以最大限度地降低物流成本、提高经济效益。随着世界经济一体化的发展，欧洲的物流中心、配送中心不仅为本国服务，而且也为其他国家和地区提供服务。

2005 年我国第三方物流市场的规模已超过1000 亿元人民币，摩根士丹利预测，中国第三方物流市场到2010 年年增长率将达到16% ~25%。据 IDC（国际数据公司）的调查结果表明，45%的企业将在未来一两年内选择新的物流商，其中75%的企业将选择新型物流企业，而不是原来的仓储运输企业，并且64%的企业将把所有的综合物流业务外包给新型的物流企业，这几个数字反映出第三方物流的市场需求相当可观。

2. 全球物流市场发展的特点

（1）物流市场日渐成熟，市场运作越来越规范，出现规模化的物流市场

物流市场的成熟表现许多国家的政府开始对物流网络进行规划与统一布局。在物流管理上，许多国家已经建立跨地区、跨行业、全国统一开放、公平、竞争、有序的物流市场。物流市场的规范表现在法律、法规的规范与健全。自从运输活动对国内贸易和国际贸易产生重大影响以来，各国政府就特别关注如何控制和促进运输活动，为物流企业创造一个开放、公平、竞争、有序的市场环境，而且这一切通常通过健全的法律法规来保障。以美国为例，从20 世纪80 年代开始，美国政府逐步放宽对运输市场的管制，取消了运输公司在市场准入、经营路线、联合承运、合同运输、运输费率、运输代理等多方面的审批与限制，建成了世界上最安全、最方便和最经济有效的物流运输系统。

（2）物流技术广泛运用在物流运作中

物流信息化建设在现代物流发展中发挥越来越重要的作用。在物流的各功能要素中，运输及保管分别解决了供应者及需求者之间空间和时间的分隔，是创造“场所效用”及“时间效用”的主要物流功能要素。而物流信息系统在整个物流系统中处于非常重要的地位，包括进行与各项物流活动有关的计划、预测、动态的信息及有关的成本信息、市场信息的收集和分析活动。因此，建立物流信息系统，正确进行信息的收集、汇总、统计、使用，确保其可靠性和及时性，为物流各环节的决策提供依据。由于全球经济的一体化趋势，当前的物流业正向全球化、信息化、一体化发展。使商品与生产要

素在全球范围内以空前的速度自由流动。电子数据交换技术与国际互联网的应用，使物流效率的提高更多地取决于信息管理技术，为电子计算机的普遍应用提供更多的需求和库存信息，提高了信息管理科学化水平，使产品流动更加容易和迅速。

国际贸易中企业的资源、技术、生产以及销售都是在国际市场上分布，现代物流企业服务地域上的广阔性决定了企业的服务设施必须网络化。实现物流体系的网络化，启动现代物流标准化工作，制定现代物流服务的技术标准和服务标准，使得各种运输方式、仓储设施等能够相互兼容，实现现代物流资源共享。物流企业应该变放射性经营为网络化经营，积极进行多层面的物流服务网络建设，提升、实现物流企业的网络化。发挥电子物流强大的功能，实现系统之间、企业之间资金流、物流、信息流的无缝链接，为供应链管理提供了强大的技术支持。物流信息系统的建设还推进了物流企业逐步应用地理信息系统（GIS）、全球卫星定位系统（GPS）、计算机电话集成、无线互连技术等先进的信息技术手段，实现现代物流意义上的配送优化调度、动态监控、智能交通、仓储优化配置等物流管理技术。各种形式的信息处理手段不断数字化和相互融合，为全球物流信息带来新的发展趋势。典型的公司边界将变得越来越模糊，供应商和客户间的战略决策大多数情况下是通过 EDI、电话会议和其他应用的电子交换手段进行的，实现信息的实时沟通。

发达国家物流企业的技术装备已达到相当高的水平。目前已经形成以信息技术为核心，以信息技术、运输技术、配送技术、装卸搬运技术、自动化仓储技术、库存控制技术、包装技术等专业技术为支撑的现代化物流装备技术格局。第三方物流已从提供运输、仓储等功能性服务向提供信息和管理服务延伸，通过信息的共享与客户结成双赢的战略合作伙伴关系。在物流技术中，全球卫星定位技术（GPS）、地理信息系统（GIS）和射频识别技术（RFID）、条形码技术已经得到广泛采用；利用高科技检测技术促进工程质量监测和道路养护智能化；提高了通行能力，同时加强环境保护。信息化、机械化、自动化和智能化于一体，物流技术运用集成化。

（3）跨国公司的全球发展带来大量跨国物流

跨国企业在国际市场之间相互渗透，为取得市场，必然扩大生产的地域范围，进行全球制造和全球销售。为了实现成本最低化，很多企业从世界成本最低的国家和地区进行原材料、零部件的采购，同时，又把产成品销往世界各地。在目前的生产多品种、小批量生产趋势逐渐加强、产品生命周期日益缩短以及日趋激烈的贸易竞争情况下，企业不可能孤军奋战，通过合作伙伴，如供应商、贸易商、零售商、代理商共同参与，才能对产品进行动态改进，不断挖掘客户新的需求，这就需要形成高效的全球供应链体系来不断整合全球资源。企业可以凭借高度灵活和快速响应的物流和供应链系统，世界全方位重组、要素进一步优化配置，生产定位和布局，进而实现贸易利益的最大化。跨国企业的采购和销售在国际贸易中占据的比重越来越大，据统计，跨国企业掌握着全球 2/3 的国际贸易。美国的公司有 1/5 的产品在海外生产；美国的进口的 1/4 是美国母公司与其海外子公司的贸易；从 20 世纪 80 年代起，有 1/2 的美国公司在海外的投资有所增加。随着发展中国家经济市场化程度的提高，全球性经营企业在全球范围寻找新兴市场，国际经营和国际物流的地域范围迅速扩张。

供应链管理的效率同时降低了采购成本和制造效率，使企业在扩大了生产和销售地区的同时，仍然具备竞争优势。在全球供应链的管理中，利用电子商务技术优化供应链管理，首先完成企业内部业务流程一体化，然后再向企业外的合作伙伴延伸，达到生产、采购、库存、销售以及财务和人力资源管理的全面整合，使物流、信息流、资金流发挥最大效能，把理想的供应链运作变为现实。供应链中的全部物流管理可通过供应链所有成员之间的信息沟通、责任分配和相互合作来协调，这样就可以减少链上每名成员的不确定性，减少每名成员的营运成本。企业可以用较少的设备完成库存的周转，减少资金占用量、削减管理费用，从而降低成本，并提高运输、包装、标识和文书处理等活动的效率。

（4）综合物流发展迅速，专业物流形成规模

全球综合物流系统将组合多式联运、全球仓储、清关、保险、存货管理、订单服务、金融、文件制作以及任何一种所需的物流服务功能，为发货人提供单一资源的物流服务。在这种情况下，越来越多的全球化运作的公司将发现把它们的物流服务外包给全球综合物流系统会更加经济，获得更好的服务。全球综合物流系统的迅速发展，将使现在的运输、仓储等物流外包服务大幅度延展。美国联邦快递公司投资 2 亿美元，在法国的戴高乐机场建设小件货物仓储运输设施，目的是将欧洲 38 个城市的空中物流和陆地物流连为一体，发展 38 个城市间的空中和陆地一体化快递服务。

由于消费者多样化、个性化的产品需求越来越多，制造商日益采取多样、少量的生产方式，因而高频度、小批量的配送需求也随之产生。目前，在美国、日本和欧洲等经济发达国家和地区，专业物流服务已形成规模，它有利于制造商降低流通成本，提高运营效率，并将有限的资源和精力集中于自身的核心业务上。而共同配送是物流配送发展的总体趋势。共同配送是经长期的发展和探索优化出的一种追求合理化配送的配送形式，也是美国、日本等一些发达国家采用较广泛、影响面较大的一种先进的物流方式，它对提高物流动作效率、降低物流成本具有重要意义。

（5）全球物流市场上并购浪潮出现

由于世界上各行业大型企业之间的并购浪潮的迅速发展和国际货物流动带来的对国际物流的需求，欧美发达国家的一些大型物流企业跨越国境，展开连并购，大力拓展国际物流市场，以争取更大的市场份额。同时，还有很多物流公司开始考虑确立自己的核心竞争力。2002 年以后，补充本企业的核心竞争力成为物流并购的重心。合并过程与其说是大型购并，不如说是各公司间业务单位的选择性交换。其目的在于增强核心竞争力并清理、组合公司的资产，这些活动使行业合并大量增长。

比较典型的例子有德国国营邮政出资 11.4 亿美元收购了美国国内排列前 10 位的陆上运输企业 AEI，美国的 UPS 则并购了挑战航空公司，英国国营邮政公司并购了德国大型的民营物流企业 PARCE，法国邮政收购了德国的民营敦克豪斯公司。德国、英国和法国的邮政公司为争夺欧洲物流市场，竞相收购民营大型物流运输企业。

世界上各行业企业间的国际联合与并购，必然带动国际物流业加速向全球化方向发展，而物流业全球化的发展走势，又必然推动和促进各国物流企业的联合及并购活动。新组成的物流联合企业、跨国公司将充分发挥互联网的优势，及时准确地掌握全球的物

流动态信息，调动自己在世界各地的物流网点，构筑起本公司全球一体化的物流网络，节省时间和费用。

（二）经济全球化推动了物流全球化的发展

自20世纪70年代以来，经济全球化呈现出加速发展的态势。特别是90年代以互联网技术和通信技术为代表的信息技术革命的出现，为经济全球化提供了可靠的应用手段和技术支持，成为经济全球化新的助推器。

与此同时，经济全球化也成为了推动物流全球化发展的主要动力。

1. 物流全球化的定义和表现

物流全球化就是以满足全球消费者的需求为目标，科学组织货物在国际间的合理流动，也就是发生在全球范围内的物流。具体而言就是在全球范围内，把货物的采购、运输、仓储、加工、整理、配送、销售和信息等方面有机结合起来，选择最佳的方式与路径，以最低的费用和最小的风险，保质、保量、适时地将货物从某国的供方运到另一国的需方，为消费者提供多功能、一体化的综合性服务。物流全球化的实质是按国际分工协作的原则，依照国际惯例，利用国际化的物流网络、物流设施和物流技术，实现商品和服务全球流动与交换，以促进区域经济的发展和世界资源优化配置。

物流全球化的表现可以从两个层面来理解：

从企业层面来讲，随着国际贸易和国际直接投资的发展，跨国公司的供应链链条也从国内、区域内不断延伸到国际，其供应链管理的层次也由此上升到全球水平，也就是说在全球范围内完成资源的调配和产品的生产、销售，而与此同时，作为与制造业企业相伴而生、紧密依存的物流企业，出于与制造业企业战略协作和开拓新兴市场等原因，也将触角伸向了全球，尤其是新型市场国家。

从国家层面来讲，经济全球化发展和世界经济格局调整的结果，使得世界各国都成为国际分工中的成员，将全世界每一个国家或地区都变成了全球贸易与运输链的一个组成部分。

2. 经济全球化对物流全球化的推动

经济全球化是世界经济发展的必然趋势，突出表现在国际贸易、国际直接投资的迅猛发展，信息技术革命的深化以及区域经济一体化，这些方面也极大地推动了物流全球化的发展：

（1）国际贸易的发展对物流全球化的推动

经济全球化的一个突出表现便是全球贸易额持续、快速的增长，极大地促进了物流全球化的发展，这是因为国际贸易是物流全球化的前提，具体地说，当生产和消费，或者产地与原材料基地分别处在两个或两个以上国家（或地区）时，国际贸易就会进行，贸易条件达成之后，为了克服消费活动、生产活动所受限的空间隔离和时间距离，便需要对物资进行物理性移动，国际间的物流活动便会随之产生。这里我们必须要指出的是，物流全球化与过去的贸易全球化带来的全球货物运输有所不同，全球货运只是一种单一的物流全球化方式，它和现在兴起的企业内的或者是企业间的物流全球化有很大差别，后者更多的涉及全球范围内的资源优化配置。

（2）国际直接投资的发展对物流全球化的推动

在经济全球化的过程中，处于不同的发展阶段的不同地区，要素的供给状况和要素的价格水平差异很大。全球要素成本的地区差异成为跨国直接投资的主要动力，跨国企业在全球范围寻找最低的要素组合，全球范围内的资源的调配与产品生产、销售也随之产生，物流活动乃至供应链管理的范围也随之延伸到了全球。而供应链管理的效率如何，将决定采购、制造成本能否下降，效率能否上升，进而决定企业在扩大了生产和销售区域的同时，能否具备竞争优势。

（3）信息技术革命对物流全球化的推动

作为推动经济全球化的动力的信息技术革命实质上也是一种内在的经济活动。全球化的物流系统需要更多的企业和各国政府、国际组织的广泛合作才能建立，而这种合作离不开信息技术的发展与应用。条形码技术、EDI、电子扫描与传输、传真等通信工具的广泛使用，提高了信息的可获得性和稳定性。这种以迅速可靠的信息交换为基础的物流作业安排，为全球物流战略的选择提供了更大的空间。我们可以从许多全球化企业的准时化战略（JIT）、快速反应战略（QR）、连续补充战略（CR）和自动化补充战略（AR）运作中得到证明。信息革命还加快了订货需求的传输速度、生产速度、装运速度、清关速度等，降低了全球物流的时间和成本，极大地促进了物流全球化的发展。

（4）区域经济一体化对物流全球化的推动

区域经济一体化的驱动是推动物流全球化发展的另一个重要的原因。经济体内部解除管制、经济体之间建立的贸易协定和贸易区为国际物流提供了广泛空间，贸易壁垒的消除加快了物流全球化的发展。为促进本地经济发展而采取的放松管制的政策，极大地释放了国际物流的市场空间。而经济体之间的壁垒，为国际物流的畅通发展提供了有利的条件。

3. 物流全球化的发展趋势

（1）信息化（数字化）趋势

各种形式的信息处理手段不断数字化和相互融合，为全球物流信息带来新的发展趋势。各种信息手段的数字化，产生了集数据、音频、视频为一体的综合数据交换系统。在这种方式下，家庭和车间都将成为电话、电脑、传真、收音机、摄像机、影碟机、录音机、电视机、扫描仪、复印机等所有设备的数据交换场所，数字化信息技术的发展必将提升物流管理的技术水平。

以综合服务数据网络（ISDN）通过全球通信连接的所有数据影音综合系统将改变未来的组织结构，特别是将改变未来国际物流的组织结构。中间商和经理人将进一步被压缩。典型的公司边界将变得越来越模糊，因为供应商和客户都是由网络连接在一起的。他们之间的战略决策很多时间是面对面进行的。他们之间的操作交易很多情况下是通过 EDI、电话会议和其他应用的电子交换手段进行的。

（2）物流服务的综合化趋势

全球综合物流系统的迅速发展，将使现在的运输、仓储等物流外包服务大幅度延展。这就要求所有的物流服务能够在全球范围，在任何时间，从起始点到消费点之间迅速地、经济地实现物流活动。全球综合物流系统将组合多式联运、全球仓储、清关、保险、存货管理、订单服务、金融、文件制作以及任何一种所需的物流服务功能，为发货人提供单一资源的一体化的物流服务。在这种情况下，越来越多的全球化运作的公司将发现把它们的物流服务外包给全球综合物流系统会更加经济，获得更好的服务。

(3) 物流全球化运作的新趋势

国际企业的成功运作，离不开五个要素。每个要素出现的频率均要接近零，这样企业才能在竞争中生存。这五个要素称为“五个零要素”：零缺陷、零停顿、零延误、零库存、零文件。这五个要素影响到各种产品和服务的生产。出现上述情况的概率，是不能用百分比来计量的，要用十亿分之几来计量。

零缺陷。产品和服务的缺陷是不能接受的。质量必须接近完美。用户永远希望得到他们想要的产品，使产品表现合乎他们的要求，而产品还必须按照准确的数量、在准确的时间送到准确的地点。

零停顿。任何生产的停顿都是不能接受的。客户希望按照绝对准确的条件得到商品或服务，因此生产过程是随时可以运作的，不能停顿。因此，产品或服务的供应商必须通过预防、检修措施，保证不间断的生产过程。否则，他们或者要累积大量存货，或者违约失去客户。

零延误。在企业战略中，速度已经成为基本的竞争武器。客户不仅希望在正确的地点得到正确数量和质量的产品及服务而且时间也要正确，不能有丝毫延误。

零库存。存货的成本变得越来越昂贵。存货的成本不仅在于财务成本、操作成本、储存费用，而且最主要的成本是过时。随着技术爆炸，在很多产业，新产品、新工艺推陈出新的速度越来越快。这样，昨天的存货今天就可能过时了，如果保留了存货必然产生严重的损失。

零文件。所有文件均电子化和具备可传输性，而不会采用传统的邮递方式。纸面文件意味着延误、错误、多余的工作量，既浪费时间又浪费金钱。供应商必须对所有客户提供电子信息界面，使用 EDI 技术。

以上就经济全球化如何推动物流全球化的发展以及物流全球化的一些基本趋势作出了判断，在这里我们必须注意的是，经济全球化与物流全球化的作用是相互的，物流全球化的发展同样极大地促进了经济全球化的发展，很难想象，离开全球范围内的物流运作和供应链管理，跨国经营和国际贸易将如何进行。

(三) 全球产业转移四次浪潮的回顾

全球产业转移，是指产业在不同国家之间的移动，通过资本的国际流动和国际投资实现。在产品生产技术发展的不同阶段，由于对生产要素的需求不同，各国生产和出口该产品的比较优势会随着产品生产要素密集性的变动而变动，促使产业的国际领先地位在科技知识密集的国家（如美国）、拥有充裕资本和熟练工人的国家（如日本）、具有丰富的劳动力资源的国家（如中国）之间不断转移。产业转移是指产业由于资源供给、市场需求或竞争优势的变化从一个地方转移到另一个地方，是产业在空间上移动的现象。

到 20 世纪 90 年代，美国国内一台电视机也不生产，全部靠进口；日本在 20 世纪 60 年代后成为电视机的主要生产和出口国，90 年代以后，韩国和中国也成为电视机的主要生产和出口国。美国是最早的汽车生产和出口国，但现在大量进口日本汽车，最近乃至一段时期内，韩国将成为重要的汽车出口国。再比如，广泛应用于计算机、汽车、飞机等产品的重要电子元件半导体的生产和出口也同样经历了分别由美国向日本、再向韩国、中国台湾转移的过程。这种全球产业转移现象是一国比较优势动态发展变化的结果。

第二次世界大战后数十年来，国际间经历了四次大规模的产业转移和产业结构调整。第一次发生在20世纪50年代。美国在确立了全球经济和产业技术领先地位后，率先进行了产业结构的调整升级：在国内集中力量发展汽车、化工等资本密集型重化工业，把纺织业等传统产业通过直接投资向正处于经济恢复期的日本等国家转移。日本由于整体经济相对落后、劳动力成本相对较低，在承接了美国移出的轻纺工业后，很快成为全球劳动密集型产品的主要供应者，“日本制造”开始畅销全球。

第二次国际产业转移浪潮发生在20世纪六七十年代。科技革命推动发达国家加快产业升级的步伐，美、德、日等国集中力量发展钢铁、化工和汽车等资本密集型产业以及电子、航空航天和生物医疗等技术密集型产业，而把劳动密集型产业尤其是轻纺工业大量向外转移。亚洲新兴工业化国家积极把握这一轮产业转移机遇，大力发展出口导向的轻纺工业，其工业化取得了突出的业绩，启动了真正意义上“外围”国家的现代经济增长。

第三次国际产业转移浪潮始于20世纪70年代后期。两次石油危机及期间世界性经济危机的爆发，迫使发达国家努力发展微电子、新能源、新材料等高附加值、低能耗的技术密集和知识密集型行业，将“重、厚、长、大”型的钢铁、造船和化工等重化工业以及汽车、家电等部分资本密集型产业进一步向外转移。与此同时，亚洲“四小龙”积极承接从发达国家转移出的资本密集型产业。东盟国家沿着亚洲“四小龙”的发展路径，接过亚洲“四小龙”转移出的劳动密集型产业，将进口替代的轻纺工业纳入出口导向式的发展轨道，创造了良好的出口业绩和经济发展局面。

借助前三次大规模的国际产业转移，世界经济体系中发展水平呈梯次结构的三类经济体相继完成了产业结构的转换升级，这在东亚表现得尤其突出。在东亚，“四小龙”不仅通过承接国际产业转移实现了经济起飞和繁荣，而且通过转移失去竞争优势的产业，积极主动地完成了比较优势的动态转换，为发展中国家通过国际产业转移、实现产业持续升级换代树立了典范。

第四次国际产业转移浪潮开始于20世纪90年代，在极大程度上受到产业模块化发展的影响。所谓“模块化”，就是将产业链中的每一个工序分别按照一定的“模块”进行调整、分割，模块各自独立运行，然后依据统一的规则与标准连接成整体。制造环节的转移在20世纪90年代达到一个新的阶段，产业转移的深度、广度进一步发展。因为以前发达国家与发展中国家之间的合同制造主要集中在中间产品或零部件的加工贸易。在20世纪90年代中期，全球零部件贸易已经达到8000亿美元，相当于世界制造业贸易的30%。特别是在主要发达国家，这个转移的比例还在上升，如美国跨国公司的出口中，出口转给国外子公司进一步加工的中间产品的比例从1989年的57%上升到1999年的68%。而这种中间产品贸易的增长几乎都是由于跨国公司对发展中国家的其子公司的贸易增长带动的。同一时期，产业转移的重点也由劳动密集型产品，如服装、鞋业、金属制品等向电子、化工、运输工具、机械等中间产品转变，这种转移目前还在加速进行。

20 世纪 90 年代兴起的新一轮产业转移不同于以往，传统的产业周期理论解释不了新一轮国际产业转移发生的新现象、新趋势。第四次全球产业转移的浪潮呈现出以下一些新的特点：

（1）新一轮国际产业转移不仅是生产、制造环节的转移，还是包括产前的研究开发、资本融资等产前阶段的转移，也包括产后的产品销售、售后服务。这种全方位的产业转移不仅是工业、制造业的转移，也是为其服务的服务业即第三产业的转移。国际服务业成为全球产业转移的主导产业，这突出表现在国际直接投资流向服务业，服务业成为国际直接投资的主要方向。由信息技术革命所带动的服务产品交易的变化，加速了服务业的国际产业转移，即促进了服务业国际投资的增长。20 世纪 70 年代初期，服务业部门的外国投资存量占全世界外国投资存量的 1/4；1990 年这一比例还不到 50%；而 2002 年则上升到 60%。

（2）由于高新技术产业国际转移加快，研发全球化和本土化趋势明显，促使跨国公司进行全球战略布局，随之进行的是从产品研发到售后服务的不同环节的产业转移、跨国投资。20 世纪 90 年代以前，跨国公司大都自己开展主要业务，只是转移了部分劳动密集型加工装配环节。90 年代后期以来，它们不但大规模转移生产制造环节，而且将转移延伸到研发、设计、采购、销售和售后服务环节，以增强核竞争力。为此，它们不断调整战略战术，如扩展战略联盟，世界最大的 150 家跨国公司中已有 90% 的公司参与结盟；加快本土化战略，赢得所在国政府和公众的认可与支持；加强组织集中化程度，总部的作用进一步突出；国际化程度持续提高，世界最大 100 家跨国公司的跨国指数已由 1991 年的 51% 上升到 2000 年的 56%。据联合国贸发会议统计，2002 年跨国公司达 6.4 万家，分支机构 87 万个，分别是 20 年前的 6.7 倍和 14.5 倍，海外分支机构销售收入 17.7 万亿美元，相当于全球出口的 2.7 倍。

（3）国际产业转移速度加快、规模扩大引致全球跨国投资高速增长。由于新型国际产业转移是生产、流通、产前产后各环节全方位的产业转移。因此，产业转移大大推动了国际投资的迅速增长，国际产业转移的主体是发达国家；产业转移的受资重心向东半球转移，东亚成为制造业国际转移的最大承接地；中国多年来是世界高额使用外资的国家之一。跨国投资更趋系统化，产业链的连锁转移显现。生产能力的转移不再是个别企业的孤立行为，而是形成了以领导企业为核心、在全球范围内相互协调的国际生产网络或体系。当一家大企业转移后，会带动相关配套产业如物流、后勤服务、中小型企业随之转移。在美国制造基地芝加哥、底特律等地，中小型企业跟随大企业转移的意愿十分强烈，以便在东道国为大企业提供配套服务；沃尔玛的对外投资带动了与之相关的其他企业的转移；美国工业品物流企业格润吉公司因其部分客户和供应商已投资中国，正积极准备来华投资。

在 20 世纪 80 年代，美国个人计算机行业率先开始了模块化战略经营。此后，计算机行业的模块化战略发展推动了信息产业的崛起，并很快被广泛应用于通信设备等高科技产业、汽车等传统制造业和金融等服务业。国际产业转移由此呈现出一系列新的发展趋势：一是国际产业转移进一步加速。这种态势的直接表现就是产业全球化的发展进一步加强；二是国际产业转移的产业结构不断升级。研究表明，制造业链条正沿着由低附加值链条和部门向高附加值链条和部门的顺序持续地向低成本国家外移和外包；三是国际产业转移的链条不断延展。产业转移沿着制造业链条向服务业和研发部门延展已然形成趋势。20 世纪 90 年代以来，服务业的国际直接投资开始超越制造业，在国际直接投资的部门结构中占据主导地位。服务业外包与服务业离岸外移一起，共同推动了服务业国际转移的浪潮。

每一次全球产业转移和结构调整，总是由处于生产力发展水平高端的国家向低端的国家转移其已失去竞争优势的产业，同时在其产业结构中加强优势产业；而处于生产力发展水平低端的国家则在承接高端国家转移下来的产业时，可以利用自己的后发优势加快发展，迎头赶上。

（四）国际产业向中国转移对中国物流产业的影响

1. 国际产业向中国转移

当前我国承接国际产业转移的行业主要是制造业。据统计，1998～2002 年，外商对制造业实际直接投资额占当年全部外商实际直接投资额的比重均在 50% 以上，且所占比重逐年增长，到 2002 年达到近 70%；2002 年外商对制造业实际直接投资额比 1998 年增长 50. 3%。可见制造业仍然是发达国家和地区对我国进行产业转移的重点。从制造业内部来看，我国的纺织品和服装出口额占世界同类产品出口额的比重一直居于世界首位，且逐年上升，分别从 1980 年的 4. 6% 和 4. 0% 上升到 1999 年的 8. 8% 和 16. 2%，表明发达国家正在逐步将传统制造业向发展中国家转移，而中国则是国际产业转移的重要目标国之一，并且以劳动密集型行业为主。近年来，对我国的国际产业转移已向资本和技术密集型行业发展。

东亚、美国等是向我国进行产业转移的主要国家和地区。亚洲“四小龙”、日本、美国对中国的直接投资和对中国投资企业的数量一直处于领先地位，表明它们是对中国进行产业转移的主要国家和地区。其中，日本的汽车产业向我国转移的势头强劲。如日本三大汽车品牌本田、丰田、尼桑，分别与广州汽车集团、东风汽车制造厂在中国合资建厂，扩大生产规模。一些日本知名公司纷纷在中国投资建厂，生产汽车相关配套产品。日本钢铁企业也瞄准了中国这个大市场，仅新日本制铁株式会社与上海宝钢股份公司合资兴建的 1800 毫米冷轧工程一项即投入资金 32 亿多元人民币。此外，日本企业在医疗设备、化工产品、机械、服装、食品等行业的投资也有所增加。日本对我国的第三产业转移主要集中在证券、软件开发、信息服务、保险等行业。

2. 国际产业转移对中国物流产业的影响

全球产业转移对中国社会经济、贸易、物流等产生重要影响，有利于促进我国物流市场的发展。长期以来，我国物流市场是在中国对外贸易快速发展的推动下逐步发展壮大的，而中国物流产业能够良好增长主要得益于中国具有劳动力成本低等方面的比较优势，从而形成劳动密集型的物流产业结构，如图 1 所示。

近年来，发达国家在继续向发展中国家转移劳动密集型产业的同时，开始向发展中国家转移部分资本、技术双密集型产业，甚至向少数发展中国家转移高技术产品生产过程中的某些工序。目前我国已经承接了部分包括微电子、信息资讯等行业在内的信息产

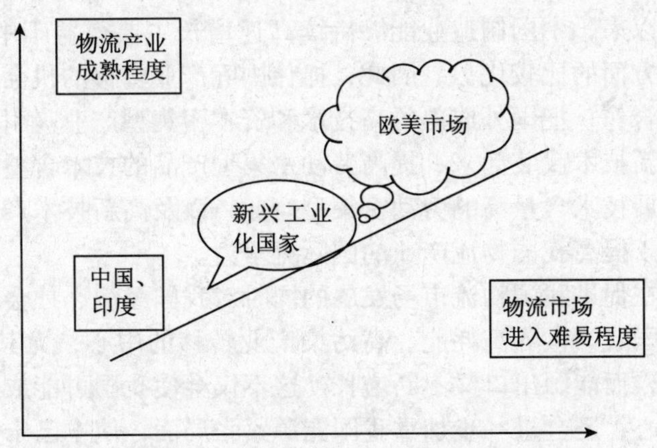

图 1　物流产业成熟程度与物流市场进入难易程度

资料来源：本课题组，2006 年 10 月

业的国际转移，这为我国进一步发展信息产业等高技术产业奠定了基础，也为促进我国产业结构升级、调整提供了难得的机遇。因此，我们应借此机会大力发展信息产业及其相关产业，大力推广信息技术应用，提高全社会的信息化水平，以信息技术改造传统的生产流程和管理模式，扶持高新技术中小型企业的成长，从而提高产业整体素质和市场竞争力，加速产业结构升级。

全球产业转移有助于确立我国在国际分工中的地位。20 世纪 80 年代，中国开始成为劳动密集型产业跨国转移的一大目的地，至 90 年代，中国已经牢固地确立了劳动密集型产业生产的世界中心。近年来，美、日、欧等发达国家和地区正在积极确立知识技术密集型产业的国际分工地位，把一般资金密集型和技术密集型产业向其他国家和地区转移；而中国由于创造了良好的投资环境、市场潜力大、劳动力成本低，成为国际产业转移的聚集地。目前，中国制造业总量居全球第四位，中国出口贸易产品结构中工业制成品已取代初级产品，占 80% 以上的比重。中国正在由跨国公司的加工组装基地向制造基地转变，在一些行业中，中国制造业已经拥有了与世界同行竞争的实力。国际社会一致认为中国肯定会成为 21 世纪的世界制造中心。当然，虽然我国能否最终成为“世界工厂”还没有定论，但不可否认的是：产业的跨国转移确实极大影响了中国在国际分工中的地位。跨国公司在中国的投资规模、投资领域、投资方式改变着中国的产业结构，调整着中国在国际分工中的地位。

全球产业转移有利于提高我国物流产业的竞争力。美国经济学家波特认为，国家竞争力的核心是产业竞争力，而产业转型是保持竞争力的关键。随着国际产业转移规模的不断扩大，资本密集型和低技术密集型行业向我国转移的趋势在不断加强。据统计，尽管外商在服装及其他纤维制品制造业、塑料制品业、电气机械及器材制造业等传统劳动密集程度高、资金和技术含量低的行业所占投资比重达 35% ~40%，但在电子及通信设备制造业这一技术和资金密集型行业的投资比重高达 66.4%，大大高于此行业国有及国有控股投资的 23% 和民间投资的 10.6%，表明在制造业内部对我国的国际产业转移已向资本和技术密集型行业发展，这极大地推动了我国产业转型及产业结构的调整、升级。而改革开放以来，中国制造业能够持续高速增长主要得益于中国具有的劳动力、成本和市场容量等方面的比较优势，因此，抓住国际产业转移的机会，与有资金、有技术的大型跨国公司合作，把国外成熟的高技术和资本密集型产业吸引进来，把一部分具有优势的制造业以新技术武装起来，提高劳动密集型产品的技术含量，形成新的制造业技术优势，同时发展技术含量高的劳动密集型产业，以及高新技术产业中的劳动密集型生产环节，将有助于提高我国物流产业的国际竞争力。

国际产业转移在促进我国物流市场发展的同时对我国经济、社会产生了一些负面影响。我们应警惕我国成为世界高耗能、高污染产业转移的中心，尤其在能源产业领域。我国目前能源紧张，而能源出口又不断增长，这不仅会使我国可能成为世界高耗能、高污染产业转移的中心，还会进一步加重我国能源紧张局面，使本已十分脆弱的生态环境更是雪上加霜。因此，我们在承接国际产业转移过程中应把好“产业政策关”，不能不惜资源、环境代价，不顾国内能源紧张的形势，为别人提供高耗能产品。

（五）在全球产业转移条件下跨国物流企业的发展战略

全球物流是对传统物流活动超越国界后的延伸和发展，跨国公司的结构调整和贸易全球化以及对外直接投资的持续增长是传统物流向全球物流转变的强大推动力。物流活动的全球性扩张形成了两个相互交错的网络：一个是跨国公司的母公司与其海外分、子公司之间的内部物流网络，另一个是跨国公司与其他企业（包括供应链上各企业、第三方物流企业甚至竞争伙伴等）之间建立的外部物流网络。两个网络之间互相渗透，互相补充。母、子公司之间的物流活动既是公司内部的物流活动，也可能是国家与国家之间的国际物流活动。

首先，与传统物流相比，由于跨国公司实行全球战略，制造中心不断向低生产成本的地区转移和集中，使其远离最终产品的装配线和产品的消费地，甚至远离原料的供应地，跨国公司供应链上各个环节之间的物理距离加大，从总体上看全球物流活动在两大物流网络中表现出物流供应链拉长和物流成本（特别是运输成本）相对增加的特征。因此，跨国公司必须从全球视角出发，在利用区位比较优势将价值链上各环节和职能加以分散和配置的同时，还应通过全球物流管理将供应链有机地结合起来，既降低生产经营成本，又减少物流成本的增加（或尽可能地降低物流成本），以实现最小化的交易成本和最大化的全球效率。

其次，与传统物流相比，全球物流管理在经济全球化和跨国公司全球战略的推动下，更容易受到世界范围内各种不确定因素所引发的间断性风险与潜在风险的影响，或者是受到政治风险的影响，导致全球物流管理特别是全球供应链管理难度增大。全球物流管理面临的长期风险和系统风险一旦成为现实甚至会对全球物流市场起到牵一发而制全身的作用，这些风险主要表现在：

（1）罢工风潮显露了全球物流管理的脆弱性。

2002 年 9 月底，码头工人罢工使美国西海岸陷入瘫痪，港口集疏运无法进行，对步履蹒跚的全球经济复苏构成严重威胁，更对全球物流管理造成巨大的影响。

（2）战争降低了全球物流成本的可控性。

20 世纪 70 年代“石油危机”的爆发曾推动了物流管理理念的成熟并加速了其在全

球范围的快速发展。石油价格成为影响全球物流成本高低的关键因素之一。通常情况下，石油价格及全球物流市场上运价的起落在很大程度上取决于战争持续的时间长短和扩散范围，由于战争前景和趋势的不确定，以石油定价为基础的运价就会波动，使得全球物流转运成本的可控制性降低。

此外，不确定因素引发的航空运价上涨和运输保险费用增加，以及海运和空运运力吃紧甚至某些重要航线停运导致供应链断裂，也成为全球物流成本上升的主要来源。

(3) 恐怖主义的存在使物流环节增加。

世界范围内恐怖主义依然存在，其对全球政治、经济活动的威胁亦构成影响全球物流管理安全性的不确定因素之一。特别是战争期间，恐怖分子极可能采取极端措施进行反扑。为防范风险，需要提高全球物流管理的安全防范水平。

尽管受到诸多不确定因素的影响，但经济全球化作为一种规律和趋势仍在发挥其作用，国际物流业正在成长为全球性质的新兴行业，全球物流管理仍是未来的发展趋势。现在，跨国公司间的竞争重点在某种程度上正逐渐转向物流管理和供应链间的竞争，且竞争是一个系统性、全球性的综合竞争。同时，战争等不确定因素对物流管理的影响是一把“双刃剑”，在一定程度上也存在着一些有利方面，例如，战争爆发前后，武器装备的运送、后勤保障的供给等均会产生对物流管理的战时需求，在一定范围内促进物流需求的增加，并使运输业、通信业等相关行业多多获益。

面对诸多不确定因素，对跨国公司来说，全球物流管理是要发展而不是倒退到传统的物流管理上去。这里的关键在于针对“9·11”事件以及美伊战争后的负面影响，制定正确的战略，采取有效的措施，防范和规避各种风险暴露。比如，提高全球物流管理的信息分析能力，增加对不确定因素的预防性；制订多种物流方案，确保全球供应链畅通；发展现代物流技术，加快全球物流管理新进展。此外，大力发展现代物流技术和先进的管理理念，有利于规避风险，降低物流成本，推动全球物流管理的快速发展。

全球战略是国际企业发展到高级阶段的产物，而物流管理在使跨国公司降低交易费用，获得更大的成本优势方面将起到更为关键的作用，因此，当越来越多的中国企业参与到全球性竞争中，特别是大型股份制企业集团将全球战略锁定为其目标战略时，不能忽视物流管理的重要性，更不能游离于全球物流管理之外。

首先，虽然目前越来越多的中国企业开始重视物流管理，但是与跨国公司的全球物流管理战略和趋势相比，中国企业的物流管理尤其缺乏的是现代物流的技术创新、组织创新和制度创新。

其次，随着跨国公司全球战略的推行，中国成为跨国公司产业转移的首选之地。跨国公司全球供应链不断向中国延伸，与之相应，中国企业必然要参与到跨国公司的全球物流管理之中。一方面，中国企业面临更多的竞争；另一方面，中国企业将从中学到更为先进的技术和管理，挑战与机遇并存。

再次，以海尔集团为代表的一批中国企业已经跨出国门，制定全球物流管理战略必然要成为这些企业重要的发展战略之一。

最后，中国企业向全球物流管理迈进的过程中也会遇到如前所述的各种风险影响，为此，中国企业应从中吸取经验，事先做好准备，以防患于未然。

总之，全球性竞争带来了更专业化的物流规模经济，对中国的企业而言，在全球物流管理不断发展的今天，运用全球视野和思维，那些具备条件的大型企业应理性地思考制定以全球竞争力为目标的跨国经营战略，不断创造和增强自己的竞争优势，把整体目标任务有序地分散到价值链的各个环节和分支，特别是提高全球物流管理的决策质量和供应链管理效率，通过长期目标的实施来发挥全球战略的潜能。

二、外资进入中国物流市场的进程与战略

（一）跨国物流巨头进入中国的历程

从1984年4月FedEx与代办商在中国开展速递业务开始，全球诸多知名跨国物流企业纷纷看准机会进入中国市场。从1984年至今的23年中，跨国物流企业在我国的发展大致经历了如下三个阶段：

1. 起始阶段：（1984~1996年）

1984年4月，FedEx登陆中国，开始与代办商在中国开展速递业务。随后，各国速递巨头纷至沓来，美国联合包裹服务公司（以下简称“UPS”）、敦豪（以下简称“DHL”）、天地（以下简称“TNT”）都与中国最大的货运代理公司中国对外贸易运输（集团）公司（以下简称“中外运”）成立合资企业。1994年，FedEx成为首家拥有中国直航权的美国速递公司。跨国航运企业也不甘示弱：1989年，素有航运旗舰美誉的丹麦马士基旗下的马士基物流率先在上海成立第一家外资航运公司驻沪办事处；1996年，美国总统班轮独资设立了美集物流（中国）公司，在中国从事货代业务；1992年，日本物流界的杰出代表、日本最大的综合物流企业日本通运株式会社在大连合资成立物流公司，并于1994年6月在上海、同年8月在深圳成立物流公司。至1996年年底，已有4家跨国速递公司、2家国际航运企业、1家综合物流企业登陆我国。

随着我国准时化物流需求逐渐增多，尤其是加入WTO后，外资物流企业在华开展业务的限制不断放宽，越来越多的跨国物流企业纷纷看好我国物流业广阔的发展空间和巨大潜力而进入我国，拉开了全面进攻的架式。

2. 初步发展阶段（1997~2002年）

从1997年开始，日本的通运、伊藤忠商事、日新、住友、佐川急便和英国的英之杰等公司已在上海、北京、广州、武汉等大中城市建立物流机构和货运网络。我国还先后批准了丹麦马士基、美国总统班轮、日本邮船、韩国韩进4家外国航运企业在中国设立独资集运服务公司，进行物流服务试点。如今，马士基物流在中国设有14家分公司和两个代表处，美国总统班轮在中国已拥有30家分支机构和联络处，其下属的美集物流开始向国际托运人提供全球化的供应链管理服务及物流解决方案，韩国韩进也已设立了23家分支机构。1999年10月，FedEx与天津大田集团合资成立大田—联邦快递有限公司。至今，FedEx的势力范围已经覆盖中国202个城市，是直飞中国各城市速递专线航班最多的国际速递公司，UPS于2001年4月3日获得中国直航权，服务遍及中国120个城市，DHL在中国建立了最大的快递服务网络，在全国各主要城市开设39家分公司和135家快递中心，TNT如今在中国拥有12家分公司，华北地区4家、华东地区3家、华南地区5家。2000年5月，新加坡与上海联手，成立上海招新物流有限公司。2001

年，日本邮船（中国）在上海成功地设立集装箱物流公司，正预备在天津、青岛、福州、厦门、广州、大连设立物流分公司。6月，德国西门子在北京成立专门的物流公司。2002年5月，全球著名物流品牌“宅配便”登陆中国，大众交通（集团）股份有限公司和日本住友商事株式会社、佐川急便株式会社等共同签署协议，发起成立中外合资上海大众坐船急便物流有限公司。

至2002年7月底为止，以合资或独资形式拓展我国物流市场的跨国物流企业共有31家。其中速递公司5家、航运企业10家、综合物流企业16家，在我国各主要大中城市设立了309个分支机构和办事处。

3. 飞速发展阶段（2002年至今）

为有序开放物流市场，我国政府从2002年开始先期在江苏、浙江、广东、北京、天津、重庆、上海、深圳8个省市开展外商投资物流业的试点工作，4年来，众多跨国物流巨头纷纷以设立办事处、分公司、合资公司等形式进入我国市场，如FedEx、UPS、APL、DHL、德国辛克物流（SCHENKER）、马士基（Maersk）、英国英运（EXEL）、TNT、全球货运、泛亚班拿、宅配便等，他们已分别在快递、航运物流、汽车物流等领域占据了高端市场，其中DHL、TNT、FedEx、UPS等跨国物流公司在我国国际快递市场的份额已经达到了80%。

FedEx目前在我国的服务网络已覆盖了220多个城市，并计划在未来4~5年内再新增100多个城市；UPS目前也在深圳、青岛、厦门、东莞、杭州、天津、石家庄和成都等20个城市设立了代表处；TNT的服务也已覆盖了我国的200多个城市，网点超过2000个，目前TNT的中国区总部已经迁至上海，并计划在未来3~5年内对华增加2.5亿欧元的投资，用于增加物流设施和培训员工，使我国成为其欧洲之外的最大市场；DHL已经在我国建立了最大的快递服务网络，覆盖全国318个主要城市，并在全国开设了50家分公司，2004年5月DHL还启动了位于浦东外高桥保税区的海空运物流中心，建筑面积达到1.15万平方米，是外高桥最大的物流设施。

（二）跨国物流巨头进入中国的方式

跨国物流巨头进入我国市场时采取了多种方式：包括购买航线、投资物流设施、追随制造业进入、成立中外合资以及独资物流公司等。

1. 购买航线。如FedEx自1996年起已经独家拥有每周直飞中国的10趟航班，而UPS则拿到了直飞北京和上海的6个航班，因此这两家国际速递巨头早已在我国市场站稳了脚跟。而根据2004年中美签署的“中国民用航空运输协定”，中美双方在1999年签订的允许每个国家4家航空公司提供每周54个航班的基础上，在今后6年内分阶段双方可以增加5个航空公司；每周航班达到249次，其中84班为客运航班，111班为货运航班。协议签署后，联邦快递立即做出反应，在首次航班分配中获取了12班新航线，其中6班用于开设西行环球航班服务，采用MD-11货机连接美国和上海；另外6班则开设青岛的货运服务。联邦快递还向美国交通部提出申请，希望于2006年增设6班货运航班连接广州和美国安克雷奇，促进华南地区业务的蓬勃增长。UPS也要求美周增加6班“美国—上海”的航班，2005年再开通6班美国直飞广州的航班，并计划2007年在上海建立航空运转中心。

2. 投资物流设施。如新加坡港务集团是世界上最强的集装箱码头管理机构之一，集装箱年吞吐量多年来一直稳居全球前两位。2002 年年底，新加坡港务集团加盟广州港，双方合资 8 亿元组建广州集装箱码头有限公司，通过投资物流设施建设而成功进入我国市场。此后，新加坡港务集团又与广州港务局合资组建了广州鼎盛物流有限公司，首期投资 1.6 亿元人民币，建设占地约 20 万平方米的现代物流中心。

3. 追随制造业进入。2002 年年初日本著名的物流公司商船三井 MOL 宣布，与富士胶卷在苏州成立合资物流及仓储公司，与富士胶卷提供中国地区的物流服务。再比如，UPS 和摩托罗拉是长期战略伙伴，到了中国，UPS 理所当然地成为摩托罗拉的物流服务供应商。

4. 设立分公司。20 世纪 90 年代，全球最大的 4 家速递公司 DHL、TNT、UPS、FedEx 都在我国设立了分公司，与中国邮政 EMS 展开激烈的竞争。1995～1999 年间，中国邮政国际速递业务年均增长率仅为 2%，其中有些年份还出现了负增长。而 DHL、TNT、UPS 的业务增长速度都在 20% 以上，DHL、TNT 近几年的业务增长速度已达到 40% 左右。

5. 成立中外合资物流公司。很多跨国物流巨头都曾采取合资的形式进入我国市场。如在 1988 年 TNT 就与中外运合资建立了“中外运—天地快件有限公司”开拓中国业务；1999 年，联邦快递与大田集团合资组建了大田联邦快递有限公司，双方各占 50% 的股份。

6. 设立独资物流企业。随着我国物流领域对外开放地推进，外资物流企业可能采取独资的方式大举进军我国市场，目前合资转独资的倾向已经显现。2004 年 6 月 TNT 正式宣布与中外运的合约到期，转而寻求与小公司超马赫合作，除了出于扩展网络和开展物流业务的需求外，其中最大的目的就是迈出了由合资到独资的第一步。2004 年 8 月，美国物流巨头伯灵顿公司（BRINK）落户广州，成立了独资子公司——伯灵顿货运代理（广州）有限公司，这是中国政府批准成立的售价外商独资物流企业。瑞士的 K&N 公司也已经获得了在 2005 年年底建立全资子公司的许可，并在 2004 年 4 月获得了交通部的甲级许可。日本日通公司也以中国香港法人的名义在丰田公司广州工厂的周边地区设立了全资子公司。这些都预示着跨国物流巨头将以独资的形式大规模进入我国市场。

表 1　　跨国物流巨头进入我国市场的形式

进入方式	代表公司
购买航线	FedEx、UPS
投资物流设施	新加坡港务集团
设立分公司	DHL、TNT、UPS、FedEx
追随制造业进入	商船三井、UPS
成立中外合资物流公司	FedEx、TNT、UPS、DHL
设立独资物流企业	TNT、K&N、伯灵顿（BRINK）

（三）外资参与中国物流市场竞争的现状

1. 运输业是外资投入最多的领域

自20世纪80年代以来，外资物流企业开始陆续进入中国市场。随着大批跨国企业在华投资力度的加大，外资物流企业加快了进入中国的步伐，特别是在我国加入WTO物流市场全面开放后，外资物流企业更是迅速扩张。截至2004年年底，我国道路运输领域、水上运输业及航空运输领域三大类主要领域均吸纳了大量外资，其中道路运输领域共吸引外商投资立项222个，合同外资金额76783万美元，实际使用外资金额53701万美元；水上运输领域共吸引外商直接投资立项86个，累计合同外资金额53178万美元，实际使用外资金额48324万美元；航空运输业累计利用外资项目28个，合同利用外商直接投资23900万美元，实际利用外资19300万美元。如表2所示。

表2　　截至2004年外商累计投资三大类运输行业情况

	道路运输业	水上运输业	航空运输业
外商投资立项（个）	222	86	28
合同外资金额（万美元）	76783	53178	23900
实际利用外资金额（万美元）	53701	48324	19300

2. 港口与集装箱运输是外商投资增长最快的领域

近年来，我国港口与集装箱运输领域外商直接投资增长势头最为强劲。2004年利用外资项目48个，同比增长585.71%；合同外资金额为44227万美元，同比增长3072.67%；实际使用外资金额为36047万美元，同比增长1566.53%。

表3　　2004年外商投资三大类运输行业同比增长情况

	道路运输业	水上运输业	航空运输业
外商投资立项（个）	72（50%）	48（585.71%）	11（266.7%）
合同外资金额（万美元）	41700（367.8%）	44227（3072.67%）	10068（84.4%）
实际利用外资金额（万美元）	9708（171.32%）	36047（1566.53%）	6336（629.9%）

注：括号中数字为同比增长。

3. 航空邮货业运输是全球500强跨国公司进入的主要物流领域

2004年，全球500强跨国公司分别有11家在我国航空运输业投资，9家在邮政及快递领域投资，6家在铁路运输领域投资，2家在水上运输领域投资。

在航空运输领域中竞争最为激烈是国际货邮及快递业，是外资最早涉足的领域，同时也是著名跨国企业较为集中的市场。在逐步摆脱了政策束缚之后，FedEx、TNT、UPS、DHL等国际快递巨头凭借其与我国本土企业长期的合作经验和雄厚的资金实力，开始将中国作为亚太市场布局的重要地点。FedEx每星期可提供26班货机往返中国，其斥资1.5亿美元的亚太转运中心已经于2006年年初在广州白云国际机场破土动工。UPS可以通过北京和上海两个航空口岸，每周分别提供12个和24个往返航班，并将于2007年在上海建立航空转运中心。

4. 沿海地区是外资物流企业进入的重点地区，并向中西部地区延伸

由于中国经济发展的不平衡，所以在外资物流企业进入中国市场初期主要立足于沿海经济发达城市。随着中国经济的发展和物流市场的逐步放开，其开发力度逐渐加大，在形成珠三角、长三角、环渤海三地重点城市的网络布局后，投资地域开始从沿海港口城市向内地延伸。如中外运敦豪于1986年进入中国在北京布点后1995年就在成都和西安设立了分公司，2000年分别在郑州、重庆和兰州开设了3家分公司，2003年又在太原和昆明等内地城市设立分公司。UPS在刚进入中国之初，于1994年在中国三个主要城市：北京、广州和上海开设了办事处；2004年完成了中国23个城市网络的交接，2006年年初成立了成都分公司等都表明，外资物流企业在我国铺设的网络先以东部沿海为切入口，并有从沿海港口城市向内地延伸的趋势。

5. 外资主要集中于中国物流市场的五大领域

伴随着多年的积累和最近几年的大规模投入，可以说外资物流企业已经进入了我国物流市场的大多数领域，但从其对我国物流各细分市场的影响角度观察，外资物流的进入具有明显的行业特征，多数物流企业集中在以下五个细分市场：

一是国际货邮及快递业。是外资最早涉足的领域，同时也是著名跨国企业较为集中的市场。在逐步摆脱了政策束缚之后，FedEx、TNT、UPS、DHL等国际快递巨头凭借其与我国本土企业长期的合作经验和雄厚的资金实力，在中国快速扩张。FedEx已在220个城市开展业务；TNT在我国已拥有25个分支机构，服务范围覆盖500个城市；伯灵顿在全国10余个主要城市开设了独资公司和代表处。除了FedEx、TNT、UPS、DHL等国际快递巨头较早进入我国外，一些中型的外资快递企业，如日本的佐川急便也通过合资的方式进入我国，主要在我国东部沿海区域开展快递业务。

二是国际货运代理业。截至2004年年底，我国经批准取得货运代理业《批准证书》的货代企业共有5012家，其中法人企业2555家，其余为分支机构。我国共批准外商投资国际货运代理企业（不含分公司）455家，已经占到了我国国际货运代理企业总数的18%。2004年中国共批准设立外商投资国际货代企业158家，比2003年分别增长71.80%，总计投资总额16143.01万美元，同比增长85.29%。全球著名的SchenKer、KUEHNE & NAGEL、PANALPINA、SDV等跨国货代企业均已通过在我国设立独资子公司设立办事处、建立合资公司或签订代理协议等方式进入我国市场。

三是海上运输业。到目前为止，已有近百家航运公司在中国港口开辟集装箱班轮航班；具有代表性的马士基、商船三井、美国总统班轮等国外航运公司在我国已有较长的发展历史，并在我国主要港口城市建立起了相对完善的网络。此外，美集、铁行渣华、日本邮船等业内较为著名的企业也已进入中国。

四是物流地产业。主要包括物流园区、仓储设施，特别是港口设施。对物流园区和仓储设施的投资以物流地产巨头美国普洛斯为代表，其计划在未来几年内，投资20亿美元在中国打造沿海仓储网络，并已在华东、华南及华北的部分中心城市完成了对物流

园区的巨额投资，并向中西部推进。在港口设施方面，铁行码头公司、CSX环球码头、马士基等公司已在我国上海、深圳、大连、天津等主要港口进行了投资。截至2004年年底，港口项目共吸引外商直接投资立项44个，累计合同外资金额42796万美元，实际使用外资金额30291万美元。其中，2004年立项22个，同比增长214.29%；合同外资金额288330万美元，同比增长672.14%；实际使用外资金额13103万美元，同比增长441.45%。

五是第三方物流业务。第三方物流业务是指为客户提供综合一体化物流服务项目的运作形式，这些企业有的是为了巩固原有市场追随自己的服务客户进入的，有的是为了拓展新市场、开发新业务而进入的。目前进入中国市场的第三方外资物流企业有日通、山九、伯灵顿、英运、夏晖等。

此外，以林德、西门子、伯曼、沃尔沃、大福等为代表的技术装备企业通过开设代表处、组建合资公司和设立独资企业等多种方式进入我国，并开始逐步占领综合物流服务、汽车及会展等专业物流服务、物流信息技术等高端物流市场。

6. 高端物流市场主要是大型外资物流企业之间的竞争

外资物流巨头企业凭借先进的技术、丰裕的资金、雄厚的实力和广泛的网络，逐渐占据了我国物流领域的高端市场。我国物流企业虽然在近些年有了长足的发展，成长很快，但总体来说，我国的物流企业数量多、规模小，企业技术含量较低，大多数只能提供运输和仓储等传统服务，能够提供“一揽子”物流解决方案的企业很少，难以在高端市场与大型外资企业抗衡，因此我国高端物流市场主要是大型外资企业之间的竞争。

在高端领域日资企业已经感觉到了与欧美企业竞争的差距，加快了进入中国的步伐。如日本通运在2004年将设在香港的中国本部移至上海，统领日通在中国的事务。此外，日通在揽下了日产汽车在华的零部件运输的同时，还瞄准了丰田、本田等公司并在2006年度继续扩大在华的与汽车零部件运输相关的物流业务。目前，日通已在中国汽车的主要生产基地，如上海市、武汉市、天津市和广东省等设立了59个网点，目标销售额为10亿日元以上。另外，日新于2005年4月，在上海设置了集团总部性质的“中国事业部”，计划在已有的7个公司58个网点的基础上，加快网点的扩充，达到其在后三年市场销售额递增25%的目标。

（四）中国物流市场存在两重网络关系，内外资物流企业在各自领域参与竞争

由于中国成为世界制造工厂使得国外资金大量投入，这些投资为中国的经济做出了很大贡献，中国也一跃成为世界上一个难以撼动的出口机器。2004年，中国的出口额达到5933.2亿美元，比2003年的4383.7亿美元上涨35.3%，比1979年上涨了近11倍。但不容忽视的是，外资公司占据了中国的50%的出口、60%的进口，这说明外资公司在中国生产的产品更多的是为了再加工再出口。据统计，从1995年到2002年，中国为满足国内消费需求的进口几乎翻了一番，从422亿美元上涨到787亿美元。但同期为了再加工的进口几乎是原来的3倍，从298亿美元上升到819亿美元。结果是2002年中国的进口有51%是为了再加工，而该比例在1995年时是41%。由此可以看出，在中国活跃的进出口活动中，有很大一部分是跨国公司或外资公司的体内循环——内部原材料的进出口，是国际产业链在中国的延伸（见图2）。

正是活跃的进出口业务以及外资公司的全球供应链政策，给中国物流带来了新的格局变化。外资的原材料进口，本土加工再出口，形成了以港口和机场为中心，通过公路、铁路和水运相连的“外资企业全球供应链中国物流网”。其中，外资物流企业形成主要的核心控制能力。

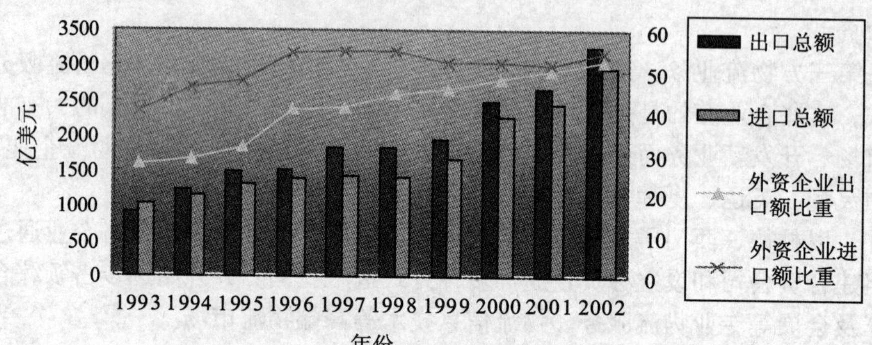

图2 外资企业占中国进出口总额比例情况

低端物流市场是我国本土物流企业的主要竞争市场，本土物流企业主要以服务本土货主企业为主。物流的需求与经济发展水平存在必然的联系，受自然资源、地理位置、社会分工、历史因素等条件影响，我国国内各区域物流的基本特征短期内不会发生根本变化。在三次产业中，虽然第一类产业比重有下降趋势，但仍然处于主导地位，第三产业发展相对滞后，我国仍处于重化学工业时代，并且处于经济结构调整的转型期。因此，在我国国内市场的物流需求主要是初级产品的低端物流服务需求，也是我国物流企业当前的竞争市场。

外资物流企业主要为外资货主企业服务，主要关注与进出口相关的物流活动，与内资企业的物流市场重点有本质不同，形成业务上的互补。据统计，外资物流企业的进出口物流相关业务，约占业务收入70%。由于我国的物流企业总体规模较小，物流服务功能相对单一，服务水平尚难达到跨国企业的国际化运营要求，而外资企业技术先进、实力雄厚，拥有全球范围的网络，在国际物流市场上有较大优势。因此，内资物流企业很难在这一市场对外资物流企业构成威胁（见图3）。

本土物流供应商更注重国内物流商机，而国外的物流供应商更侧重全球的大客户，他们的服务客户98%是外商独资或中外合资企业等外国客户。另外，从货主企业选择物流服务商的标准来看，外资跨国公司以选择外资物流服务商为主。

中国物流市场形成的内外资两重网络，可以说是当前以及未来一段时间内我国物流市场的最显著特征，内外资物流企业从事不同领域的业务，在各自的领域参与竞争（见表4）。

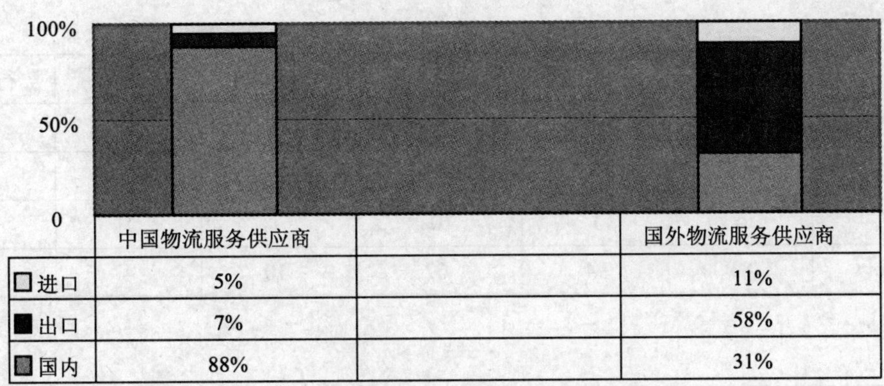

图3　按服务领域划分的内外资物流企业收入对比

表4　内外资物流企业的两重网络

	主要服务对象	主要业务
外资物流企业	外资企业	国际物流、3PL
本土物流企业	本土企业	公路、铁路干线运输、仓储

（五）中外物流企业对比

1. 基本竞争格局

从物流供给方的情况看，国内物流公司可分为三类：一是DHL、UPS、FedEx、TNT、马士基、美集、英运、伯灵顿、普洛斯、和黄天百、铁行渣华、美国总统轮船、新加坡港务集团等外资物流公司；二是中远、中海、中外运、中邮物流、中储、招商局物流、中铁快运、中铁集装箱、中铁现代物流、中铁联合物流、民航快递等国有物流公司；三是华宇、宅急送、锦程、宝供、海丰、安得、佳吉、大田、佳怡、南方物流等民营物流公司。

各类物流公司各有优劣势，国内物流市场竞争比较激烈。一般说来，外资物流公司的优势主要在于拥有国际物流网络、财务状况好、运营能力强、管理水平高、信息系统先进，劣势主要在于缺少国内物流网络、不熟悉当地情况、运营成本较高；国有物流公司的优势主要在于与政府关系好、拥有国内物流网络、熟悉当地情况，劣势主要在于体制僵化、机构冗余、服务意识较差、运营效率偏低、缺少国际物流网络；民营物流公司的优势主要在于具有创业精神和创新意识、价格低、反应快、运作灵活，劣势主要在于资产量过少、资金短缺、物流功能不全、网络还未形成。

2. 国有、民营和外资物流公司的对比分析

2006年七八月间，课题组抽样调查了分布在全国各地的数百家企业，调查对象为这些企业中负责物流管理的部门主管，调查方式为问卷调查。本次调查共回收有效问卷258份，样本分布情况见表5～表12（少数问卷部分问题未答，进行相关统计时，计入“未填”）。

表 5

	国有企业	民营企业	外资/合资企业	其他企业	未填	行合计
生产制造企业	39	59	56	6	1	161
商贸服务企业	38	34	11	3	2	88
未填	6	1	0	1	1	9
列合计	83	94	67	10	4	258

表 6

	年销售额					行合计
	1 亿元以下	1 亿～10 亿元	10 亿～50 亿元	50 亿元以上	未填	
生产制造企业	58	60	27	11	5	161
商贸服务企业	37	36	5	6	4	88
未填	5	1	0	0	3	9
列合计	100	97	32	17	12	258

表 7

	客户所处行业											
	IT	化工	家电	汽车	日用品	建材	医药	烟草	农业	百货	其他	未填
生产制造企业	13	13	9	15	21	1	61	5	5	0	21	1
商贸服务企业	37	1	6	2	3	2	17	7	0	2	10	1
未填	2	0	1	1	0	1	1	0	0	1	1	1

基于本次调查，我们对国有、民营和外资物流公司进行了对比分析，具体如下。

（1）国有、民营和外资物流公司的主要客户群

①客户企业性质

表 8

	国企客户	民企客户	外企客户	其他客户	未填	合 计
外资物流公司	15.6%	11.1%	66.7%	6.7%	0.0%	100%
国有物流公司	36.0%	32.9%	24.4%	5.5%	1.2%	100%
民营物流公司	24.4%	43.8%	25.0%	4.4%	2.5%	100%

表 8 表明，从客户企业性质看，外资物流公司的客户主要为外企客户，国有物流公司的客户主要为国企和民企客户，民营物流公司的客户主要为民企客户。

②客户企业规模

表 9

	客户年销售收入					
	1 亿元以下	1 亿～10 亿元	10 亿～50 亿元	50 亿元以上	未填	合计
外资物流公司	17.8%	37.8%	26.7%	15.6%	2.2%	100%
国有物流公司	35.4%	39.6%	13.4%	7.3%	4.3%	100%
民营物流公司	40.6%	35.6%	12.5%	8.1%	3.1%	100%

表 9 表明，从客户企业规模看，外资物流公司的客户主要为大、中型企业客户，而国有和民营物流公司的客户主要为中、小型企业客户。

③客户所处行业

表 10

（单位:%）

	客户所处行业											
	IT	化工	家电	汽车	日用品	建材	医药	烟草	农业	百货	其他	未填
外资物流公司	24.4	8.9	6.7	15.6	15.6	2.2	15.6	0.0	4.4	0.0	11.1	0.0
国有物流公司	20.7	4.9	7.3	7.3	7.9	1.2	28.7	5.5	1.8	1.8	12.2	0.6
民营物流公司	15.0	6.3	6.3	7.5	10.0	1.9	33.1	3.1	1.9	0.6	14.4	1.3

表 10 表明，从客户所处行业看，外资物流公司的客户主要分布在 IT、汽车、医药、日用品、化工等行业，国有物流公司的客户主要分布在医药、IT、日用品、家电、汽车、烟草等行业，民营物流公司的客户主要分布在医药、IT、日用品、汽车、化工等行业。

与其他两类竞争对手相比，外资物流公司在 IT、汽车、日用品、化工等行业具有较强的竞争优势，国有物流公司在烟草、家电、医药、IT 等行业具有较强的竞争优势，民营物流公司在医药、烟草、日用品、化工等行业具有较强的竞争优势。

（2）客户对国有、民营和外资物流服务的评价

表 11

	客户满意度得分（5 分制）	
	均 值	方 差
外资物流服务	3.96	0.29
国有物流服务	3.61	0.53
民营物流服务	3.72	0.40

表11表明，客户对外资物流服务的满意度较高（满意度得分的均值较大），看法比较一致（满意度得分的方差较小），多为褒赞，对其他两类物流服务尤其是国有物流服务的满意度则相对更低，看法也更不一致，显得褒贬不一，这主要因为：一方面国有（民营）物流公司数量很多，物流服务能力参差不齐；另一方面，同一国有（民营）物流公司在不同时期、不同地区对不同客户提供了不同水平的物流服务。

（3）小结

国有、民营和外资物流公司的对比分析结果如表12所示。

表12

	数量	主要客户群			客户评价
		企业性质	企业规模	优势行业	
外资物流公司	较少	外企	大、中型企业	IT、汽车、日用品、化工等	较好，多为褒赞
国有物流公司	多	国企民企	中、小型企业	烟草、家电、医药、IT等	介于一般到较好之间
民营物流公司	多	民企	中、小型企业	医药、烟草、日用品、化工等	介于一般到较好之间

（六）外资参与中国物流市场竞争的战略与策略

1. 大物流公司的全球物流运作

大规模的并购和重组是大物流公司战略调整和全球物流市场整合的最主要特征。德国、英国和荷兰的物流企业主要是向美国的市场扩张，而美国的第三方物流企业则将全球化的目标主要定位在欧洲、南美和亚洲。

有专家统计，在过去5年中发生的重要的物流企业并购案有33起。涉及17家主要的物流公司，包括APL，德国邮政，EGL，FedEx，PBB全球物流，荷兰邮政，UPS和USF货运公司等。其中，比较典型的有：

（1）2000年9月，荷兰邮政集团（TPG）收购了英国著名的泰勒—巴那德（Taylor Barnard）运输和配送公司（年营业额为1.6亿美元、有2200名员工、750部车辆和约35万平方米的仓库）。而就在8月底，TPG刚刚用6.5亿美元收购了美国的一家运输公司CTI物流。

（2）APL物流公司以为客户提供“一体化的国际供应链解决方案”为战略指针，通过一系列的并购和重组迅速建立起全球化的陆上物流支持系统。从2000年9月至2001年6月，APL先后与日本懒户内海九州快递结盟；收购美国第二大以增值仓储服务为主业的GATX物流公司（利用GATX物流公司的仓储分拨系统，APL的全球供应链可以直达最终客户）和德国汉堡的Mare物流公司；在东部非洲的蒙巴萨设立办事机构；为在俄国和波罗的海地区诸国集装箱多式联运市场上充当物运作的组织者，任命新的地区市场总监。

（3）UPS通过并购和重组实现其“在世界上的任何地方、以任何方式、在任何时间、处理任何货物”的物流服务能力扩张战略目标。

①2001年5月完成收购全球货代和客户经纪的领头羊Fritz物流公司（该公司在全球200多个国家设有400多个分支机构），在业界引起轰动。同时，UPS将此前收购的7个主要运作美国从加拿大和墨西哥进口物流的货代公司，以及UPS原有在美国、英国和意大利的货代业务整合，成立了一个新的全球货代和客户经纪事业部。

②UPS为了让客户借助资金、货物和信息的一体化运作更好地管理其供应链，于2001年1月收购了专门为中小型企业服务的第一国际银行的母公司第一国际银行公司。2001年4月，开通了每周6班直航中国的专机。为了帮助客户评价总体的运营状态，2001年10月成立了UPS咨询公司。2002年2月成立了专门为大公司提供运输、金融和物流一体化服务的供应链解决方案事业部。

（4）UPS物流集团（UPS Logistics Group）为了迅速占领全球高技术产品的配件物流（ServiceParts Logistics）市场，从1999年12月到2001年7月先后收购了法国的Finon Sofoom公司；美国Burnham物流公司的配件物流事业部；拉丁美洲和加勒比海地区著名的配件物流服务供应商Comlasa公司；澳大利亚的计算机物流解决方案公司（CLS）；瑞士的Polysys公司和欧洲领先的高技术产品物流服务供应商；德国的UN工—DATA公司，在全球范围内迅速建立起由总面积约25万平方米的450多处仓库和1100多个服务网点组成的关键零部件的紧急配送网络体系。

（5）日本虽然受到经济衰退的影响，但在物流市场的扩张方面并没有裹足不前。与美国和欧洲的物流企业不同，日本的物流企业主要是通过建立战略联盟的方式来整合物流市场，强化其与北美和欧洲的物流一体化运作。如日本运输公司（Seine）与德国申克公司（Schenker）的战略联盟（1999年10月）；日本近铁快递（Kintetsu）与荷兰邮政集团（TPG）就为亚洲和欧洲的客户提供一体化的物流解决方案的战略合作（1999年12月）；伊藤忠商社（Itochu）与美国的GATX物流公司就北美和亚洲之间的物流服务合作确立战略联盟关系（2000年10月）；丰田贸易公司与Ryder物流在美国成立合资的TTR物流公司（2000年11月）等。

（6）欧洲物流巨人瑞士的德迅国际（Kuehenand Nagel）于2001年8月完成了对美国著名的仓储物流公司USCO（2000）年营业收入为2.35亿美元，专长于为制药业、零售业和高技术企业提供仓储和第三方物流服务，在北美地区拥有70个分支机构，3000多名员工和140万平方米的仓库价值3亿美元的收购。

可以预计，大公司的全球化经营和物流企业对在全球范围内提供“一站式”服务境界的追求将进一步推进物流企业的全球化并购。

2. 外资物流公司的中国战略

（1）将中国市场作为外资全球物流市场的战略组成部分

伴随中国“世界加工厂”格局的进一步形成，原材料、零部件及产成品的国内国际物流需求持续增长，外资物流企业必然将其物流网络作为原有战略联盟关系的一种延伸扩展到中国，将中国物流市场纳入全球供应链体系，将中国物流网络与其全球网络进行整合，从而建立全球一体化物流服务体系。这一点从外资物流企业进入中国的地域分布上可进一步佐证。如英运物流在上海设立中国区总部，看中的是上海作为连接120余个国内机场及亚洲、欧洲以及美洲国际航线的空中连通性；FedEx宣布将其亚太快件转运中心设在广州新白云机场；UPS通过中国香港把亚太地区和欧洲地区的科隆进行连接等举措都是为了能够使其在中国的物流网络同全球网络形成整体，实现功能上更好地衔接。

与欧美物流企业被动追随本国制造业进入中国的情况不同，多数日资物流企业是主动进入，这主要是由于“产业空洞化”导致“物流空洞化”而进入中国市场的。日本物流业受过去十年的经济低迷的影响，市场规模出现缩小态势。日本国内货物运输量在近十年间平均减少0.8%，物流业呈“高水准停滞”状态，专业物流企业竞相到中国寻求发展空间。同时，日本国内物流市场除国内沿海运价部分上扬外，卡车等其他运输方式的运价仍在谷底徘徊，利润增长余地小。2002年日本通运、山九等专业物流企业或利润大幅下降或出现经营赤字，日本物流企业希望借助中国物流业的发展活力摆脱经营困境。例如，佐川急便在中国设立的公司目的就是从中国的加工制造源头吸纳货源以支撑本国市场业务。

（2）外资进入中国物流市场以本国企业为服务对象，提供“跟进式”服务

不论是出于何种原因进入中国市场，其业务切入的普遍方式是为本国制造及商贸流通企业服务。以日本企业为例，自20世纪90年代以来日本制造业掀起新一轮对华投资热，由此推动了日本物流企业拓展“跟进式”服务领域。据日本经济产业省调查，80.6%的日本企业认为中国市场是今后需加大开拓力度的重要市场，高于美国73.4%的比率。因此，日本物流企业追随制造企业进一步拓展中国市场，相继在上海、广东设立物流中心，为在华日资企业和日本企业在华采购提供物流服务，形成日资体系的配套产业集群。同时，以制造业为中心的日资企业其原材料、零部件、产成品在中国市场的采购额及销售额也都在急速上升。原材料、零部件的采购总额的52.4%，产成品的销售总额的56.6%是以中国市场为对象进行交易的。此外，随着在中国市场销售领域竞争的激烈程度不断增加，许多日资企业加快了销售网络的建设。与此相适应，大型日资物流企业也对自身的物流服务进行了相应的调整。在外资企业服务于本国企业这种格局已经形成的条件下，不论是外资货物的“体外循环”（国内加工后直接出口供应海外市场）还是外资货物在中国境内的“体内循环”（国内加工产品在国内消费），中国本土物流企业都很难参与这一领域的市场竞争，即便提供服务也只能参与高端客户的低端业务，而控制权被外资物流企业掌握。

（3）外资企业在进入中国物流市场的初始阶段主要以选择同业合作为主要方式

外资物流企业进入中国物流市场不外乎两大直接目的，即巩固原有客户和开发新市场。而选择具有本土优势和相关业务经验的中资企业作为外资物流企业在进入中国市场初始阶段的合作对象，能够使其更迅速的、更安全的达到这两方面的目的。随着世界制造中心的转移，越来越多的大型跨国制造企业将其生产工厂设立在中国，这必然伴随着大量的原材料和产成品的进出口物流，为了维持这些重要的客户，跨国物流企业也必须将其物流网络作为原有的一种战略联盟关系延伸扩展到中国，比如有“戴尔物料保姆”之称的伯灵顿、英运物流、日通等公司都是同其原有客户一起进入中国的。Exel通过

与中外运合资成立的金鹰国际货运代理有限公司在上海与强生医疗器材（上海）有限公司和与其签订的为期5年的新合约就是英运物流为强生医疗的 Ortho Clinical Diagnostics 产品在欧洲提供合同物流和货运管理服务的一种延伸。DHL 与中外运的合作、FedEx 与大田的合作都是为了外资企业自身达到上述两方面的目的而进行的同业间的合作。

此外由于存在本土化障碍，如人脉关系、地方保护、地区差异等因素，也迫使外资与本土企业合作。

（4）大型外资物流企业独资倾向明显，并购加剧

目前，外资物流企业在华投资加大，已不仅仅是着眼于单个项目的投资，而是在总部的统一管理和协调下，着眼于我国整体物流市场进行全方位的系统化投资。投资方式也由原来的参股，到现在的参股、控股、独资等多元化方式发展。

同时，随着外资物流企业业务扩张和本土化程度的加深，以及中国市场全面放开，外资物流企业的独资趋势日益明显。比如2004年12月，联邦快递宣布在上海成立中国业务分区总部，统筹中国区所有业务的发展。在2005年年底之前，UPS 获得在我国23个区域内的国际快递业务的直接控制权。TNT 在2004年与中外运合作的15年期限终止后，单方面宣布将不再与中外运合作，并随后收购了国内最大的公路零担货运商华宇物流集团。

（5）外资物流企业主动搭建物流网络，为进一步扩张做准备

外资物流企业一方面通过扩张自身物流网络的方式来满足日益增长的本国制造和流通企业的需求；另一方面开始有计划的先行搭建网络准备吸纳更多的跨国公司在中国的业务。

外资物流企业在中国已经铺设起了庞大的物流网络，发展速度甚至远远超过了绝大多数本土物流企业。例如，FedEx 已在220个城市开展业务；TNT 在中国的服务网络已覆盖500多个城市，拥有25家分支机构；伯灵顿在全国10余个主要城市开设了独资公司和代表处。日资企业相对而言网络数量较少，但也已经占据了中国主要城市，如表13所示。

表13　　日资企业在华投资地域分布计划

	日　通	山九	佐川急便	
公司分布	华南	深圳、珠海、广州、厦门、福州	深圳、珠海、广州	深圳、广州
	华东	上海、苏州	上海、南京	上海
	华北	北京、大连等多家分公司	北京、大连、天津、青岛	天津、大连、青岛、北京

三、外资进入中国物流市场的利弊分析与政策建议

（一）外资进入中国物流市场的几个特点

1. 进入与增长速度快

中国巨大的贸易量与较高的增长速度，孕育着双向物流服务的巨大商机。中国物流市场很大，是一个未被开发的处女地，物流业将成为推动中国经济发展的重要支柱产业，未来10年内年均增长率将超过20%。2005年，物流总成本3.38万亿元人民币，到2010年，将超过5万亿元人民币。面对新兴的巨大物流市场，外国物流企业实行抢滩战略，以其规模、资本、技术、管理、信息、人才优势，快速进入中国物流市场，实行本土化战略，先与中国企业合资合作，克服自身的劣势，在站稳脚跟后果断独资经营。外国物流公司年营业额的增长速度一般超过30%，有的成倍增长。

2. 涉及领域广

丁俊发认为，外资物流进入中国涉及物流业的八大主体业务：一是成立中外合资或外商独资物流企业，推进全国布局；二是进入中国国际货邮运输业务，特别是快递业；三是进入中国港口物流，已有近百家航运公司在中国港口开辟集装箱班轮航班；四是进入物流装备与设施生产和供应领域；五是进入中国物流人才培训市场；六是进入物流信息平台软件市场，开展物流咨询；七是进入物流地产投资领域，包括物流园区投资、配送中心开发、物流节点，特别是港口建设投资等；八是进入物流展览业，最明显的是德国汉诺威与慕尼黑，已抢占中国物流展览半壁江山。

3. 独资倾向明显

按照我国加入WTO的协定，到2005年年底，我国已取消对外商在中国投资物流企业在所有权上的限制。之前，外资物流大多采用合资的形式进入中国，一旦限制取消之后，他们将如何参与中国市场的竞争，这不仅是外资物流企业要思考的问题，同样也是本土物流企业需谨慎对待的问题。外资正在从中外合资向独资过渡，不断加大投资，实施全国性布点。如果说前几年外资进入的大部分是以海运、国际货代为主的物流企业的话，真正的国际第三方物流公司已开始进入。外资已进入中国的港口物流，包括投建集装箱码头，开展货代、船代业务，进入港口保税物流园区。特别明显的是，国际快递业的四大巨头UPS、TNT、DHL、FedEx分别投巨资在上海、北京、香港、广州建立了亚太快运中心。

4. 目标明确

外资物流进入中国主要是配合全球跨国公司进入中国，抢占新的市场，而降低物流成本已经成为跨国公司市场竞争力的重要因素。全球产业转移，中国必将成为制造业中心，外资物流进入中国是为了开拓中国这一新兴物流市场，占领世界制造业产业链中的高端市场。

（二）外资进入中国物流市场的利弊分析

1. 外资进入中国物流市场的有利之处

（1）推进体制改革，加速物流业市场化进程

外国物流企业的进入，对中国传统物流业带来了一个巨大的冲击，从而促使他们必

须打破原有的格局，去寻求新的发展方式，加速中国现代物流业的诞生，加快了我国物流业的改造、重组与升级；同时，随着政策限制的全面放开，外资开始逐渐进入一些传统垄断性行业，打破了铁路运输、港口建设等行业的垄断局面，推进体制改革，加速了物流的市场化进程，促进物流市场的形成。

这里以交通部为例，可以清晰地看出外资进入对打破我国传统垄断行业的过程：

2001 年 11 月 29 日，中华人民共和国交通部发布《关于印发〈道路运输业发展规划纲要（2001 ~ 2010 年）〉的通知》，指出要抓住我国加入 WTO 的机遇，采取请进来、走出去的方式，学习和借鉴发达国家运输企业的运作方法和在成本核算、市场开发、服务水平、质量管理和人员培训等方面的先进的思想观念和实际操作经验，引进在现代物流、快速客运、快速货运、汽车租赁等方面的先进技术和管理经验，有计划、有步骤、有针对性地引进外资，鼓励我国有实力的企业与外国运输企业合作，争取短期内带动运输产品的升级换代和企业的结构调整。广开资金渠道，鼓励对运输站场基础设施建设投资多元化。继续采取国家投资、社会集资、市场融资、利用外资的政策，积极探索新的融资方式，保证道路运输站场建设和改造有充足的资金。

2002 年 11 月 28 日，中华人民共和国交通部发布《关于进一步对外开放道路运输投资领域的通知》（交公路发［2002］551 号），规定自 2002 年 12 月 1 日起，经交通部批准立项，允许外国以及中国香港、中国澳门、中国台湾地区的公司、企业和其他经济组织或个人（以下简称“外商”），在道路货物运输、道路货物搬运装卸、道路货物仓储和其他与道路运输相关的辅助性服务及车辆维修等道路运输领域，采用中外合资形式，同中国的公司、企业或其他经济组织共同举办由外商控股经营的中外合资道路运输企业，其中外商的投资比例可以达到 75%。对从事集装箱运输、冷藏保温货物运输、货物多式联运、快件货运、物流配送、汽车租赁、汽车综合性能检测经营业务的中外合资道路运输企业，对投资建设并经营货运及物流站场基础设施的中外合资道路运输企业，对与西部地区道路运输企业共同举办从事本文“一”中经营业务的中外合资道路运输企业，外商的投资比例还可适当放宽。允许已在华设立的外商投资企业以再投资的方式，与西部地区的道路运输企业共同举办中外合资道路运输企业，但在新设立的中外合资道路运输企业中，外商的投资比例不得低于 25%。

2003 年 1 月 20 日，中华人民共和国交通部发布《中华人民共和国国际海运条例实施细则》（2003 年第 1 号令），其中，对外商投资经营国际海上运输及其辅助性业务的申请、审批等做了详细规定。

2003 年 12 月 31 日，中华人民共和国交通部、商务部联合发布《关于〈外商投资道路运输业管理规定〉的补充规定》（中华人民共和国交通部、中华人民共和国商务部令 2003 年第 13 号令），规定自 2004 年 1 月 1 日起，允许中国香港服务提供者和中国澳门服务提供者在内地西部地区设立独资企业经营道路客运业务；允许中国香港服务提供者和中国澳门服务提供者在内地设立独资企业经营道路客货运业务；允许中国香港服务提供者和中国澳门服务提供者经营中国香港、中国澳门至内地各省、市、自治区的货运“直通车”业务；中国香港服务提供者和中国澳门服务提供者在内地从事货运“直通车”业务须在内地设立独资、合资或合作企业，并取得道路运输经营许可。

2004 年 1 月 9 日，中华人民共和国交通部办公厅批复同意广东东耀国际货运代理有限公司（中方合营者：华夏物行有限公司，外方合营者：广耀海运有限公司）从事道路货运业务，核定该公司道路货运经营范围：集装箱运输。

2004 年 2 月 16 日，中华人民共和国交通部《关于印发〈交通部机关政务公开规定（试行）〉的通知》，规定国家重点公路、水路交通工程建设项目、利用外资基础设施建设项目、重点科研项目和重大政府采购项目的有关情况应当主动向管理和服务对象以及社会公众公开。

2004 年 2 月 25 日，中华人民共和国交通部、商务部发布《外商投资国际海运业管理规定》（交通部、商务部令［2004］第 1 号），自 2004 年 6 月 1 日起施行，对外商投资经营国际海运业的形式、设立外商投资国际船舶运输企业需符合的条件、设立外商投资国际船舶代理企业需符合的条件、设立外商投资国际船舶管理企业需具备的条件和程序做了详细规定。

2004 年 4 月，中华人民共和国交通部发布《公路、水路交通结构调整意见》，深化企业体制改革，引导企业走经营组织化、管理集约化、生产专业化、发展规模化及现代化的道路。按照平等、自愿、互利的原则，通过兼并、联合、重组、引进外资等形式，形成一批区域和全国性的具有较强实力并能主导道路运输发展方向的大型运输企业或集团。鼓励积极吸收境内外资本，参与内河港口和航电枢纽等内河航运综合开发建设。

由此可见，外资作为一个改革的外力，对推进中国物流产业的市场化进程，起到了重要的促进作用。

（2）提高管理水平，促进我国物流企业的成长

外资物流企业经验丰富、管理水平先进，在输入资金、输入先进机器设备和技术的同时，也将先进的管理经验带了进来，尤其是通过合资、参股等投资形式，客观上为中国培养了大批具有现代物流管理和经营意识的人才，它们先进的物流理念、全球化的运作模式、规范的管理制度和全新的人才培养模式，直接或间接地提高了全行业的物流管理水平。比如，客户细分与服务深化方面，美国总统轮船物流服务公司在深圳盐田港附近设立物流中心，为客户提供包括货源地（出口）管理、国际货运管理、目的地（进口）管理、国内货运管理和配送中心管理的一体化供应链服务模式，以响应客户对控制、灵活性和单点接触的需求。2003 年 10 月中旬，美国联邦快递旗下的中美合资大田国际物流公司，首期投资 1500 万美元兴建昆山市目前规模最大的国际商务和物流服务中心。由他们提供的专业化服务，使昆山市内外企业的进出口通关，不再需要转到上海办理繁杂的手续，设在这里的保税仓库和海关、商检部门的入驻服务，将保证企业原料进口和商品出口实现一次性通关。

以物流理念的转变来看，我国的物流企业在与对外交流过程中，逐步学习了外资物流企业的运营理念，开始从传统物流向现代物流乃至协同物流理念转变（见表 14）。

表 14　　物流理念的比较

	传统物流	现代物流	协同物流
经济特征	产品经济	有竞争的商品经济	满足个性需求的服务经济
技术特点	重点提高物流作业技术与装备	信息系统与系统优化	供应链与协同商务
产品服务特征	被动消费	可选择的产品服务	个性化大规模定制
运作管理目标	提高物流各环节作业效率	系统成本最优	关注商务系统整体价值
系统特点	包装、运输、储存功能环节串联集成	物流系统综合集成	与协同商务系统融合系统
关注内容	作业效率	关注成本	关注客户反应 建立合作伙伴间协同关系
IT 作用	作业环节间信息沟通	物流信息管理系统与网络	商务系统的信息共享与协同

资料来源：编辑部焦点文章，“协同商务与现代物流变革”，《物流技术与应用》2002 年第 1 期

同时，在与外资的竞争中，我国物流产业的框架也在逐步形成（见表 15）。

表 15　　中国物流产业框架

物流产业类型	特　点	代表企业
第一类型	由传统运输储运邮政 批发贸易企业转变形成的	中国远洋（集团）公司 中国对外贸易运输（集团）公司 中国物资储运总公司 中国邮政总公司
第二类型	制造企业物流 向专业物流公司转型	海尔集团 第一汽车集团 青岛啤酒集团
第三类型	新兴崛起的第三方物流企业	宝供物流 亚洲物流
第四类型	物流设备制造商、 集成商软件服务商 和管理咨询	昆明船舶设备集团有限公司 富基旋风 IBM，SAP，快步易捷
第五类型	国际快递	DHL、UPS、TNT、FedEx
	国内快递	中国邮政 EMS、中铁快运、民航快运、宅急送
	同城快递公司	小红帽

资料来源：荆林波．中国社会科学院财贸所重点课题，2005 年

以宅急送为例，它于 1994 年 1 月 18 日成立，截止到 2004 年，宅急送已经在北京、上海、沈阳等 7 座城市建立了总仓储面积近 6 万平方米的物流基地，并且开通了京广、

京沈、成西、广沪等多条干线物流班车，再加上庞大的航空货运网，一个安全可靠、通达全国的快运网络在宅急送的地图上慢慢铺开，同时，宅急送总资产超过2亿元，员工8000名，车辆1500台，年货物周转量3200万件，年递增率超过65%，为“2003年中国成长企业百强”第4名，“2004中国最具竞争力的物流企业”。公司率先搭建了“宅急送物流信息网络平台”，开单、查询、结账等业务可轻松在网上完成；货物条形码跟踪技术（Bar Cod）和车辆全球定位系统（GPS）的采用，使客户能够快速、准确地跟踪货物信息；宅急送 CALL－CENTER（呼叫中心）的投入使用，使客户与公司联系更加便捷。宅急送公司正从一个以卡车为主的传统快递公司向以信息技术为牵引的现代化快运企业飞速发展。4000多台电脑都是联网的，他们可以在QQ上互相交换信息，就说您的电脑一进来全国各地包括拉萨、乌鲁木齐都可以看到这票货，就是4000多台电脑都可以看到这一票货。

2005年新年伊始，宅急送亮相《福布斯》中文版。在这家全球财富排行榜第一缔造者的视野里，宅急送一举跻身2005中国潜力100榜前10位，成为6000多家候选中小型企业中颇具“潜力”的绩优股。在宅急送加紧国内布局的脚步声中，国际快递巨头也主动出击。随着2005年12月18日，国内门到门速递业务大门的即将敞开，国际四大快递巨头纷纷排开阵势——天地快运（TNT）计划在未来10年内增加上亿美元投资；敦豪（DHL）打算在现有50个网点的基础上再设立10家分公司；联合包裹（UPS）将与中外运在21个城市实行代理制合作；联邦快递（FedEx）也在190个城市设立网点，并计划5年内新增100个城市分支机构。

为了保住自己的地位，中国邮政也在不断调整步伐。1982年EMS依托中国邮政应运而生，EMS拥有2万名专职员工，1万余部专用车辆，遍及全球200多个国家及地区，在中国近2000个城市57136处网点开展业务，EMS经营范围广泛，拥有500克以内信函的专营权，而宅急送等快递公司只能经营500克以上的小件货物业务。但宅急送至少目前奔跑得很好：继核心盈利产品“24小时门对门”之后，针对EMS“次晨达”推出“次日达”服务，并具有低价优势；宅急送“全民皆兵”，每一名员工都是市场开发员，每一名员工都是创利中心；EMS使用的网点属于邮政系统共用，一定程度上影响了其效率。宅急送网点用途单一，采用内外网结合，效率更高。

总而言之，我们在对外开放的过程中，把国际快递巨头纷纷引入，同时，我们在开展国内快递业务中，诞生了像宅急送等这样的民营快递企业，随之，也激活了国内的传统中国邮政，催生了EMS快速发展。

（3）引发我国物流企业战略调整，加快国际化步伐

外资物流企业的进入主要集中在高端物流领域，这些领域具有技术含量高要求高、全球网络要求高或资金实力要求高等特点，同时也是利润相对最为丰厚的物流领域。这种局面一方面使得我国物流企业在低端市场的竞争更加激烈和残酷，另一方面也促使我国一些基础较好、综合实力较强的物流企业开始跳出原有业务模式，通过积极的战略调整，开始尝试为大型货主企业提供附加值更高的综合一体化物流服务，为我国物流企业走向国际化奠定了基础。

比如，外商投资的仓储项目有：沃尔玛在上海外高桥保税区拟建40万平方米采购

分拨中心，荷兰世天威在上海建10万平方米仓库，雀巢公司在上海、成都、武汉建立了华东、西南、中南地区物流中心；此外，还有一批专业仓储设施在建，如日本王子纸业的纸品物流中心、医药物流配送中心、图书物流中心等。目前，仅日本物流企业在中国设立的企业和分支机构就达320多家，其中有50多家为仓储企业。国内代表性的仓储投资有：中远物流在全国的仓库达300多个，面积580万平方米；武钢正在投资10亿元人民币建造200公顷的物流中心；苏宁、物美、海尔等知名企业建立数个配送中心。继2004年宝供物流在上海、顺德的物流基地奠基之后，宝供已完成了广州、苏州、合肥的一期工程，此外，顺德、上海、北京、南京、沈阳、天津、苏州二期工程即将启动。面对我国仓储业的巨大市场需求和利润空间，连一向低调的物流地产巨头美国普洛斯也于2005年年初表示，在2004年投资1.7亿美元的基础上，计划未来5~7年，继续投资20亿美元在中国沿海打造仓储网络。

为了应对外资进入，中储运采取整体上市的方法，扩大企业规模。整体上市方案包括三步：资产置换、总公司本部改造、募集资金收购剩余资产实现整体上市。核心将以上市企业中储股份（证券代码：600787）为核心，通过资产重组将其他2/3资产充实其中，采取配股、收购方式，完成中储运总公司的股份制改造。据姜超峰介绍，中储运此次整体上市，将实现对中储运国企体制的全面改造，目标是形成全国的物流网络，成为国内最大的基础物流和综合物流供应商之一。

（4）缓解资金压力，弥补国内物流建设资金的不足

外资物流企业的进入带来了大量的资金，弥补了国内建设资金的不足。2001年11月29日，中华人民共和国交通部发布《关于印发〈道路运输业发展规划纲要（2001~2010年）〉的通知》，指出要广开资金渠道，鼓励对运输站场基础设施建设投资多元化。继续采取国家投资、社会集资、市场融资、利用外资的政策，积极探索新的融资方式，保证道路运输站场建设和改造有充足的资金。

作为一个大的和起步比较晚的发展中国家，中国对外开放后的高速发展实际上是建立在高投入的基础之上的。在过去几年间，UPS已经投入了近5亿美元进行基础设施建设。美国物流地产巨头普洛斯计划在未来几年内，将投资20亿美元，进行物流仓储设施的兴建。DHL计划在该亚太地区陆续投入14亿美元建设相关物流设施，其中中国投资将达2亿美元，包括建设上海、北京和广州快件物流中心，负责三大区域内的零部件分拨，并建造16个战略备件中心，直接为客户提供2~4小时内的备件配送。这些巨额的投资对于原本建设资金缺口就比较严重的中国来说，是很难自行筹集的，外资的大量投入在很大程度上缓解了这个矛盾。正如宅急送总裁陈平所言，单一股权结构造成的短视、低价竞争以及融资渠道单一是造成中国民营物流企业困境的三大主要原因，其中，“资金短缺是罪魁祸首。”而为解决资金问题，宅急送上市时间至多不迟于明年。近年来，宅急送仅凭品牌就已获得多家银行4亿元左右的授信贷款额度，这些授信贷款还剩余2亿多元未动用。针对物流企业存在的问题，陈平认为，单一股权结构严重制约了中国物流民企的发展，这容易造成企业家的短视。有的企业仅把物流视为一种象征，有的仅把物流视为多元产业战略一部分，即使不跨行业，其物流市场地位也不明确，最终致使其业务不能精而专，其品牌和人才、资金优势难以真正形成。2003年，由于很多大

生产集团都有自己或控股的物流公司，许多中国物流民营企业就以低价诱迫承揽大企业物流外包业务，并借此击垮对手。对中国物流民企造成最大威胁的是融资渠道单一。陈平说，因为资金“断奶”，中途“夭折”的民企比比皆是。由于没有银行的支持，很多物流民企不死不活。“这种状况维持越长越可怕，你停滞1年，人家就进步1年。”

同样，作为有着50多年传统的老国企，中国外运集团也充分利用了国际资本市场进行融资。20世纪90年代后期，中国外运集团开始提出，作为中国国有大企业，中国外运集团要通过自己的能力保持和扩大市场，要寻求自己的生存发展之路。出路何在？中国外运集团聘请的咨询专家为其重新战略定位为：放弃航运情结，发展物流产业。中国外运开始了自1997年的第二次创业。在全国，中国外运集团先后实施了结构调整、网络重整、建立一体化销售体系和建立标准化操作流程的一系列“伤筋动骨”的大改革。与此同时，中国外运集团在继续继承原有专营优势的基础上，开始开拓与欧洲、美国、日本等地区国际跨国物流巨头的合作。这一切，都为中国外运集团迈向资本市场打通道路。2000年外运发展一举成功发行A股。2003年2月13日，张斌带着中国外运的国际化团队，经过200多场精彩路演，征服了一大批境外投资者，实现在香港成功上市，使集团拥有了资本经营的实力。中国外运上市不久就提出，要从单纯的资产运作公司变成资产经营与资本运作结合的公司。在收购国内裕利集团后，中国外运还将加快国际化的步伐，与世界物流大公司合作或购并等一系列精彩好戏，可能不久就上演，从而尽早实现进入世界物流业前十强的梦想。在中国国有大型企业加快国有资产管理体制改革的进程中，踌躇满志的中国外运集团似乎要演绎一场完美的大力发展混合所有制经济的改革风暴。

（5）改善投资环境，带来新的物流市场机会

在未来相当长的一段时间内，我国仍然将是跨国企业全球性投资的重要地区。外资物流企业在我国的发展已经初具规模，在一定程度上提升了我国物流市场服务供给能力的总体水平，强化了我国与全球其他国家的货物往来通道，进一步改善了我国吸引各类外商直接投资的软环境。对物流市场来说，外商直接投资的增加必将带来更大和更多层次的物流需求，同时也会为我国物流企业带来新的市场机会。

跨国公司在华投资刺激了物流外包业务的发展。世界500强中的400多家企业在华进行了投资，这其中90%左右的外资企业都选择了物流外包，占中国全部物流外包企业总数的70%。麦当劳进入中国时带来了自己的合作物流企业。与此同时，越来越多的国内企业对物流外包的认知和需求，在降低成本的压力下不断提高，这些都促使中国第三方物流市场不断呈现增长趋势。2005年，中国物流总成本为3.38万亿元人民币，物流成本占GDP的比率为18.6%，比发达国家的平均水平高出1倍。

2. 外资进入中国物流市场的不利之处

（1）外资企业自身的优势加上超国民待遇在国内市场形成不平等竞争

我国按照加入世贸组织的承诺，在2005年12月底全面放开物流市场。外资的涌入会给新兴的物流行业带来强大冲击波。随着我国外贸份额的逐年加大，物流业对外资有着很大的吸引力，除快递市场之外，外资对航空、港口、铁路类企业的参股、并购活动也将加剧。特别是外资物流企业在技术、资金、网络和经验等许多方面占有优势，加上

有些地方还存在超国民待遇，所以实际上变成了一种不平等竞争。

目前，中资与外资企业的不平等竞争体现在：比如，税负的不平等。企业所得税的税法不统一是我国现行企业所得税制度存在的最主要问题，针对内资企业，实行的是《中华人民共和国企业所得税暂行条例》，而对外资企业实行的是《外商投资企业和外国企业所得税法》，内外有别的税制、税率导致了税收负担差别很大。据测算，尽管内外资企业所得税的法定税率为33%，但实际税负都大大低于名义税率，外资企业实际平均税负在13%左右，而内资企业实际税负在25%左右。内资企业的所得税负担几乎是外资企业的两倍。

此外，从1999年起，我国开始实行计税工资的人均每月扣除限额标准为800元，在此基础上，省级人民政府可自行确定上浮20%，以协调地区间经济发展的差距。但是，在我国投资的外资企业，允许工资支出在税前全额扣除，使得内资企业计税工资政策加重了内资企业的税收负担。同时，由于国家对外资企业实施一些税收优惠政策，使得内资企业与外资企业间的实际税负差距拉大。在年个人所得税征收标准提高到1600元后，企业所得税的工资成本并没有相应提高，由此给企业带来较重的税收负担。于是，包括一些弄虚作假违规扣除工资支出的企业行为也相继出现。

为此，财政部和国税总局公布了一项从2006年7月1日起执行的税收调整政策——《关于调整企业所得税工资支出税前扣除政策的通知》（财税［2006］126号）。企业所得税扣除工资标准从800元提高至1600元。根据新的政策，2006年7月1日起，内资企业在计算缴纳企业所得税时允许扣除的计税工资标准由目前的人均每月800元上调到1600元，同时停止执行按20%比例上浮的政策。国税总局表示，这是内外资企业所得税“两法合并”改革前一项重要的政策调整，有利于缩小内外资企业的税负差距，逐步实现公平竞争。这次政策调整从2006年下半年开始执行，据测算将减少2006年企业所得税收入120亿元。

总之，这项政策的出台，更符合实际情况，有利于建立一个公平的竞争环境，加快了“两税合并”（内外资企业税收政策）的进程。

（2）为中国物流企业进入高端市场设置了较高的壁垒

在我国已经成为世界制造工厂的背景下，大量的原材料和产成品都需要实现全球范围内的调拨，我国的物流企业想要得到更好的发展，就必须尽快有效的参与到跨国企业主导的全球供应链当中。但是，由于我国的物流企业目前普遍缺乏国际化的运营能力，服务水平低，较多承担的是传统和初级的物流活动，所谓的国际化也只是作为外资物流企业在国内的一级或二级分包商，大量的外资物流企业进入中国市场更是加剧了这种不利局面。因此，随着外资物流企业在我国市场数量的增多和独资步伐的加快，不但在其主要投资领域会对我国本土物流企业产生直接的竞争关系，挤压我国企业的生存空间外，还会在一定程度上给我国物流企业争取大型跨国企业客户带来更高的壁垒。

如果把整个物流市场比作“蛋糕”的话，那么，以航空作为主要运输手段的快递市场就是“蛋糕上的奶油”，它不仅以运送手段的高度现代化“傲视群雄”，更以运送的物品体积小、重量轻、科技含量高、附加值高，因而物流利润高而使其他物流市场难以企及。所以，抢占中国物流高端市场是“洋物流”发挥优势、获取高额利润的必然选择。而对“洋物流”的大举进军，国内物流企业应如何应对？坦率而言，目前中国物流企业还无力在速递市场与“洋物流”一争高低。中国最大的速递企业是中国邮政EMS，其主要速递工具——飞机的数量还不及UPS一家飞机数量的零头，其余本土物流企业多由货代企业改型而来，大多处于自理物流层面。

再以航空货运市场为例，中国航空货运市场是一个正在蓬勃发展的市场。2001～2005年，中国民航航空货邮周转量年均增长15.9%。2005年全行业完成货邮运输量307.7万吨，完成货邮周转量78.9亿吨公里，占全部运输总周转量的30.2%，其中国际货邮周转量为45.2亿吨公里，占全部货邮周转量的57.4%。目前，全行业拥有货运飞机33架，客、货机可利用货运吨位7700吨，已有多家全货运航空公司。同时，有90余家外国公司开展了至中国大陆的国际货邮运输业务。

中国企业由于与外资实力差距较大，被迫纷纷开始通过合资方式，进入这些高端市场。随着我国对物流行业的全面开放，2005年四大快递中UPS与FedEx的单飞，已经加速了对我国航空货运市场的争夺。2006年，随着国泰收购港龙与国航交叉持股、翡翠航空货运公司首航成功等诸多事件的尘埃落定，一场关于国内航空货运市场争夺的大战悄悄地拉开了帷幕。

6月13日，台湾长荣航空证实，将正式与上海航空合作，投资上海国际货运航空公司，加入大陆航空货运市场，总投资金额为388万美元，长荣将持有25%的股份。长荣航空表示，上海国际货运航空资本额为1.24亿元人民币，主要业务为航空货运业，投资该公司的目的主要为拓展航空货运市场。几乎同期，由民营资本与外资合资组建的东海航空有限公司，也向民航总局申请了公共航空运输企业经营许可证。

8月5日，国内最早申请筹建的中外合资航空公司——翡翠国际货运航空公司（下称“翡翠航空”）正式开航。翡翠航空是深航、汉莎、德国投资与开发有限公司三方强强联合、优势互补、精诚合作的产物。

由中国长城工业公司与新加坡航空公司、新加坡腾飞投资公司共同合资成立的航空货运公司——长城航空已经率先开航，主要经营国内以及上海到阿姆斯特丹的货运服务。虽然现在受美国政府技术制裁拖累而暂时停航，但公司正在与有关方面积极协商，希望能够在不久之后重新开航。

南航计划组建独立的货运航空公司，并引进国外的战略投资者，重点开拓国际货运航线。目前南航正在为引进战略投资者与多家国外航空公司进行谈判，包括法国航空以及亚洲、欧洲和美国的其他航空公司。

9月19日，大韩航空就与中国外运有限公司（简称“中外运”）的子公司中国外运空运发展股份有限公司（以下简称“外运发展”）签署协议，共同在华成立一家货运合资企业。早在2004年，大韩航空就表露出要在中国投资货运航空的意图，同时近两三年来，中外运也一直为投资航空货运寻找着各种机会。其中，大韩与奥凯的谈判就进行了将近两年。根据双方所签合同的公开内容，这家合资企业的总投资将达到6500万美元，其中中国外运空运发展有限公司和大韩航空分别出资51%（3315万美元）和25%（1625万美元）。另外两家韩国投资商HANA（出资845万美元，持股13%）以及Shinhan（出资715万美元，持股11%）也参与了合资。合资期限为30年，运营范围包括中国国内、国际货物空运以及相关业务。这家从 2007 年 6 月开始运营的合资公司能成为中国最大的航空货运企业。

再以化工物流市场为例，据中投证券分析，化工物流领域的市场竞争状况可以概括为：高端市场严重供不应求；中端市场基本饱和；低端市场供过于求。兰飞燕说，这里所谓的高端市场是指壳牌、巴斯夫、杜邦、拜尔等跨国合资化工企业的液体化工品运输市场，这些跨国企业对其液体化工产品的运输条件极为严格，包括优良的船队和专业的船队管理公司等，以保证其产品运输的绝对安全；中端市场主要指中石化、中石油、中海油等国内大型化工企业的液体化工品运输，其对产品运输条件的要求低于大型跨国化工企业。目前受运力的限制，中化国际的化工物流远远不能满足这些高端客户的需求。2005 年，中化国际通过长约等方式承接了上海赛科、中海壳牌以及南京扬巴等高端客户的大部分水运订单，已占内贸水运中高端市场 21% 以上的份额。

3. 加剧人才争夺，对国内物流企业造成压力

目前中国具有助理物流师、物流师、高级物流师资格的约 1.7 万人，而具有高级物流师职业资格仅 292 人，物流人才已被列入中国十二种短缺人才之一。专家预计，至 2010 年，除现有的物流人才外，大专及以上学历人员还需要再增加 100 多万人，才能满足市场发展的需要。到 2010 年，我国对中、高级物流管理人才的需求量约为 3 万人，每年约需 5000 人。

物流人才缺口达 600 万，其中对高级物流人才的需求每年以 15% 速度增长，物流人才已真正成为社会发展急需的热门人才。仅北京物流人才缺口就达 30 多万，目前 IT 物流管理员年薪一般 5.3 万 ~6.2 万元，高者 17 万 ~20 万元。

我国物流企业要想在竞争当中发展壮大，就必须留住人才、依靠人才，尤其是优秀经营管理人才，但现状的经营水平和经济效益，对人才的吸引力普遍较弱。国外物流企业进入我国物流市场后，为了推行本土化建设和抢占更大的市场份额，会不惜重金利用各种手段吸引国内高素质的物流企业经营管理人才，这必将加强对物流人才的争夺，使得国内争夺物流人才的竞争加剧。

以上海物流人才市场为例，美国 UPS 和 FedEx、英国 EXEL、德国 DHL、荷兰 TNT 等全球 10 大物流企业，以及丹麦马士基、英国 P&O、美国总统轮船等全球 20 大船运公司也先后进驻上海，42 家跨国公司在上海设立总部。一大批提供储运代理、供货分销、配送、多式联运、流通加工、信息服务或物流管理等服务的企业在申城崛起，使得物流领域的人才竞争不断加剧。

目前我国最为紧缺的物流人才有三类：物流规划咨询人才、物流外向型国际人才和物流科研开发人才，而国内拥有国际认证机构颁发的物流资格证书者不足百人。专业知识匮乏与观念狭隘，已成为阻碍物流行业高速发展的主要“瓶颈”。物流专业人才的供需状况正在面临革命性“洗牌”。

来自猎头公司的信息：具有物流技能的专业人才，月薪起价 2000 元；传统仓运物流工作人员即使手捧鲜红的“岗位证书”，一时还是很难找到合适的岗位；而掌握管理与开发经验的物流经理年薪开价 40 万元，仍然经常有价无市，难以“猎得”。据有关专家预测，这种两极态势还将进一步分化。即物流人才的需求总量非但不会增加，甚至

还可能减少；而对现代物流技能素质的要求及其市场需求将会越来越高。

（三）外资进入中国物流业引发核心问题的思考

外资进入中国物流业，引发的最核心的问题就是：加入 WTO 之后，外资进入中国物流业是否仍然需要中国政府相关部门进行规制。

行业规制和竞争政策是近年来在西方比较热门的学科。比如，行业进入问题，行业集中度问题，垄断者之间合谋问题，掠夺性定价问题，等等。在我国，迫切的问题是：整顿和规范市场秩序，健全社会信用体系。“十六大”报告里明确指出：“整顿和规范市场经济秩序，健全现代市场经济的社会信用体系，打破行业垄断和地区封锁，促进商品和生产要素在全国市场自由流通。”

在这个核心问题之下，我们对三个具体问题进行分别讨论：

1. 关于外资进入是否需要设置审批制度的问题

目前，在物流业存在两种主要观点，一种观点认为，物流业属于竞争性领域，政府不应当干预，应当鼓励外资参与中国物流业，进一步扩大物流领域的对外开放程度；另一种观点认为，中国物流产业属于幼稚产业，与跨国巨头相比，不在一个层面上，无论从国家产业发展的角度，还是从国家安全的角度考虑，都应当进行适度的保护政策，即可以通过政府审批限制外资过度进入，或者通过地方物流规划进行合理的规制。

我们认为，外资进入中国物流业应当经过相应的审批制度，以规范其投资领域，避免过度竞争。外资进入中国必然是从追逐利润出发的，所以，他们必然会在高利润的领域争夺市场份额，而绝对不会承担公共服务的责任。换言之，外资要急欲进入的市场，必定是有较高利润回报的市场，比如具有市场前景的中国大中城市，而绝对不会进入支付能力较低的农村地区为农民提供相应的物流服务。

2. 关于外资进入中国物流是否导致垄断问题

目前，我们已经看得很清楚，外资快递公司在国际快递业务领域已经占据了大半以上的市场。是否未来中国的物流产业会出现外资垄断的问题呢？

我们认为，物流业具有网络产业的基本特性。网络产业是一个古老的名词，一般人们把电信、自来水、电力等通过物理网络连接的产业归纳为网络产业。因为这些产业需要巨大的一次性投资，才能形成供给能力。这些投资一旦发生，就成为“沉淀成本”（Sunk Cost）。对于这些产业来说，新的竞争对手面临很高的“进入门槛”，因为他们必须再支付一笔巨大的投资，才可能与在位厂商竞争市场需求。这就是通常所说的“自然垄断”。那么，物流业既然具备网络产业类似的特点，政府有关部门就必须对这类企业进行必要的管制，防止出现垄断。

3. 关于外资物流企业的待遇问题

在其他行业领域，能否给予内资企业与外资企业同样的“国民待遇”（比如同样的税负水平），外资的“超国民待遇”何时了这样的呼声非常强烈。比如，2003 年“两会”期间，全国工商联副主席张宏伟先生旗帜鲜明地提出：针对外资商业企业的违规操作，有关部门的清理整顿不够，而且外资的违规行为仍在继续。“入世”以来，人们关注的主要是外资企业进入中国能否获得“国民待遇”。其实，WTO 的核心原则就是三个字——“非歧视”。非歧视不仅是对外资企业进入中国而言，而且应当是国内企业能否获得与外资企业同等的竞争地位。

在物流领域，由于近年来，物流产业逐步升温，成为外资非常希望进入的领域，而某些地方政府为了完成招商引资的任务，往往对外资物流项目多少有一些照顾，给一定的优惠政策。的确，个别外资物流企业获得一些优惠待遇。那么，如何看待这些待遇的合理性，如何规避地方政府之间彼此竞争，以各自的优惠政策来吸引外资物流企业，是我们当前与今后必须认真研究的问题。

我们认为，在改革开放初期，当中国物流产业还没有发展起来的时候，我们对外资物流企业可以适度优惠，如今，当中国本土的物流企业逐步成长与成熟起来之后，我们应当采取一视同仁的政策，强调提供公平公开的竞争环境，这样，更有利于我国物流产业健康有序地发展。

（四）外资进入中国物流业的政策建议

综上所述，本报告认为，外资进入中国物流业利大于弊，总体的态势是向上的、积极的。但是，的确也存在一些值得关注的问题，针对上述分析的情况，我们提出如下促进外资进入中国物流业的政策建议，供决策部门参考：

第一，政府有关部门必须高度重视外资进入中国物流产业这个问题的重要性。众所周知，未来中外企业之间的竞争在于供应链之间的竞争，一旦供应链的控制权在外资手中其后果不堪设想。必须从产业链的角度来认识外资进入物流对我国整个产业链的影响，必须清醒地认识到外资企业的潜在威胁性和真实威胁力。建议全国现代物流部际联席会议听取课题组的汇报，在2007年春节前后，由部际联席会议办公室出面，召开一次进入中国的跨国物流企业座谈会，并建议国务院领导接见。

第二，政府有关部门应当考虑在物流领域修订一些不合时宜的法规，同时制定一些必要的规制法案。我们认为，加入WTO之后，中国政府仍然有必要进行物流业的进入规制，一方面防止外资企业垄断某些领域，获得超额垄断利润；另一方面防止外资企业通过掠夺性定价，摧毁中小型物流企业。对外资开放，并不意味着外资可以“通行无阻”，至少对外资进入中国物流业的状况必须进行严格的备案，经过必要的审批程序，尤其是必须强化对地方政府的监管，对他们的过度开放政策予以制止，外资企业享受的一切“超国民待遇”应当取消。

第三，加快“两税合并”（内外资企业税收政策）的进程有利于建立一个公平的竞争环境。

第四，加强对外资进入我国物流产业的统计工作，强化进入之后的跟踪统计与监管分析。十分遗憾，目前国内在这方面存在着严重的空缺，加入WTO时我们对物流的开放分散在各行业中，而目前商务部无法得到整体的数据，因此，我们对外资企业进入物流的状况，缺乏足够的数据统计，没有相应的监测保障制度，因此，政府制定相关政策或者企业制定相应的对策时，往往是“盲人摸象”，不一定能够全面了解对手，更无法从整体上分析与监管。

第五，高度重视全球产业转移的趋势，加大中国物流产业参与国际分工力度。伴随外资大量进入中国，外资物流企业与跨国制造企业往往通过全球战略联盟方式，拓展海外市场，所以，从目前的状况来看，在全球产业转移过程中，中国本土的企业参与不够，而且多是中低端的物流服务，中高端的物流服务大多依靠外资物流企业和中外合资的物流企业。我们应当鼓励国内企业与跨国公司进行多方位的嫁接，加大承接全球产业转移中的物流业务，提高自身的物流物流服务水平。

第六，政府应当更多发挥物流相关行业协会的作用。比如，通过行业协会，充分开展国际交流合作，增强与国际组织、发达国家相关部门、研究机构和跨国巨头等的联系，促进官、协、产、研之间的合作。再比如，商务部可以委托中国物流与采购联合会对外资进入我国的物流状况进行分类，建立定期统计分析制度。

第七，落实“十一五”规划中“大力发展现代物流业”的任务，尽快出台“十一五”全国物流业发展专项规划，对九部委发展物流业的有关政策要具体化，进一步强化政府推动力度，并形成纵向、横向的合力。

第八，政府应当倡导和强化物流外包的核心理念，对进行物流外包的相关企业多扶持，鼓励跨区域、跨行业的物流配套服务体系的建设。可以考虑通过贴息贷款、加强物流园区的规划等措施，扶持第三方物流企业的发展。

第九，政府应当设立专项物流人才基金，培育具有国际竞争力的国内物流高级人才。中外物流企业的竞争取决于企业之间的实力竞争，而企业的最终竞争在于人才的竞争。因此，必须加快对高级人才的培育，以免被跨国公司以高薪挖走。

第十，批准由有关企业包括吸引外资建立“中国物流产业发展基金”，并在国内或国外上市，对鼓励与引导发展的物流产业进行市场化投入。

附　录

课题组成员名单

课 题 组 组 长： 丁俊发　中国物流与采购联合会常务副会长、研究员
课题组副组长： 荆林波　中国社会科学院财贸所研究员
课 题 组 成 员： 杨长春　对外经济贸易大学教授
邬　跃　北京物资学院教授
李　雄　中邮物流高级工程师
参 与 人 员： 韩福文　中邮物流
李　蕊　中国社会科学院财贸所
赵京桥　中国社会科学院财贸所
侯方淼　北京林业大学经济管理学院
张　涵　北京物资学院
梁　晨　北京物资学院
温卫娟　北京物资学院
田　雪　北京物资学院
王　燕　北京物资学院
王　强　对外经济贸易大学
叶　梅　对外经济贸易大学

李　茜　对外经济贸易大学
赵　超　对外经济贸易大学
熊　洁　对外经济贸易大学
张晓燕　对外经济贸易大学
统　　　稿：荆林波
总　　　撰：丁俊发

专业物流篇

中国制造企业物流现状及政策研究

内容提要：制造业是我国国民经济活动的主体产业和支柱产业。从发展趋势看，工业化进程决定了中国经济的发展在相当长的一段时间内仍需要制造业的发展来支撑。这就必然要求不断提高制造业发展的水平、质量和效率。一般来讲，衡量一个行业的实力，主要在于三个方面：一是技术水平，二是装备水平，三是物流水平。总体来看，我国制造业物流水平仅相当于发达国家20世纪80年代中期水平。因此，发展制造业物流，建立与完善制造企业物流体系，促进制造业由大变强，提升制造业企业综合竞争力已经成为我国制造业发展中迫切需要解决的问题。从现代物流发展的角度看，一个国家在工业化过程中，发展企业物流，特别是发展制造业物流是推动现代物流发展的一项重要任务，也是关键所在。

制造业的发展是现代物流发展的主要推动力量，现代制造业物流必须要与现代制造业发展水平相适应。从国际上看，制造业和现代物流发展是互动的，密不可分的。而且制造业发展水平越高，越离不开现代物流的支撑。制造业的发展是物流发展的基础，物流的发展又是制造业发展重要的推动力量。制造业不同阶段的发展，必然要求相应的制造业物流水平与之相适应。19世纪末以来，国际上制造业发展经历了四个阶段，相应的制造业物流也经历了四个逐步提升的发展时期：一是工厂式制造厂阶段；二是少品种、大批量的流水线生产阶段；三是“精益生产”阶段；四是“敏捷制造、柔性生产”阶段。这自然要求物流服务也要与制造业发展相适应，进入供应链的协同运作阶段。于是现代物流发展到目前最新的形式——供应链管理（SCM）阶段。全球制造业和现代物流业近一个世纪的发展历程表明，没有现代物流业的发展和水平不断提升，制造业不可能发展到现在的水平。

调查研究表明，当前我国制造业企业物流发展正在向一体化物流管理提升，基本处在实物配送管理向一体化物流管理过渡的后期。总体表现出以下八大特征和趋势：①制造业物流需求快速增长、规模快速扩大，占社会物流总额比重提高；②物流业务发展正在由生产、销售环节向采购环节迅速扩展，部分企业开始向回收（循环）物流发展；③物流发展目标开始由加快销售、降低销售成本，向整体优化、提高企业效率、降低整体物流成本转变；④物流发展的行业特征越来越明显，精细化、专业化的趋势开始显现；⑤制造企业普遍拥有一定物流基础设施，内资企业平均规模远大于外资企业；⑥物流业务外包增加、专业化程度提高，制造业企业与物流企业联合趋势明显；⑦物流信息化认识明显提高，在制造业企业物流中发挥越来越关键的作用；⑧现代物流技术与产品在企业物流作业中开始得到应用。

中国发展制造业物流的基本思路：①要充分认识发展制造业物流在转变制造业经济增长方式过程中的关键作用，在考虑和制定制造业发展规划和政策时，一定要把制造业物流发展作为重点和关键环节纳入规划和政策范围；②发展制造业物流要从我国制造业发展的现状和实际情况出发，在现阶段重点要以采购环节为龙头，着力推动一体化物流管理方式的应用与发展，有条件的行业和企业可以逐渐探索和实践供应链管理的方式，切忌贪快求洋；③要加快物流技术在制造业物流发展中的应用，特别要加快提高物流标准化、信息化水平，通过物流标准化、信息化来提高制造业企业信息化的整体水平；④要通过构建有关法律体系，建立企业延伸责任制等措施，逐步形成制造业循环物流体系，推动我国循环经济的发展。

由于历史原因，中国制造业发展水平具有多层次、多元化发展特征，既有国际上最先进的外商独资合资企业，也有国内先进的制造企业，更有仅仅相当于国际上20世纪五六十年代水平的制造企业，因此制造业物流的发展水平与特点也是多层次的。中国制造业物流的发展应该借鉴国际经验，具有系统思维和和谐发展思路，追求先进适用的现代物流技术与理念。为此，本报告提出了制造业物流的布局政策、制造业物流的组织政策、制造业物流的技术政策和制造业物流的人才政策等建议。

一、发展现代物流是推动制造业升级的根本途径

制造业是指对原材料进行加工以及对零部件进行装配的工业部门总称。目前我国制造业采用联合国统计署编制的《全部经济活动的国际标准产业分类》标准，共分为31个大类，是涵盖面最广的产业之一。制造业是我国国民经济活动的主体产业和支柱产业。国家统计局公布的有关资料显示：2004年我国制造业法人单位132.9万家，占全国法人单位总数的25.7%；就业总人数为8390.3万人，占全部法人单位就业总人数的39.5%。据《中国统计年鉴》数字，制造业增加值在国内生产总值（GDP）中所占的比重多年来一直保持在30%左右。由此可见，制造业对于我国经济发展具有举足轻重的作用。

从发展趋势看，工业化进程决定了中国经济的发展在相当长的一段时间内仍需要制造业的发展来支撑。这就必然要求不断提高制造业发展的水平、质量和效率。我国“十一五”规划中提出必须加快转变经济增长方式，切实走新型工业化道路，要推进工业结构优化升级。要发展先进制造业，调整优化产品结构、企业组织结构和产业布局，提升整体技术水平和综合竞争力，促进制造业由大变强。这就给我们提出了一个需要认真思考，也是必须解决的问题，制造业如何转变经济增长方式？如何提升综合竞争实力？我们的差距何在？一般来讲，衡量一个行业的实力，主要在于三个方面：一是技术水平，二是装备水平，三是物流水平。从我们这次对制造业企业调查和对国外制造业发展状况比较分析，我国制造业发展除了技术水平和装备水平存在差距外，制造业物流发展滞后，差距更为明显。总体来看，我国制造业的技术水平和装备水平与国外相比差距在5年左右，有些行业的技术水平和装备水平甚至已经达到国际先进水平。而我国制造业物流水平仅相当于发达国家20世纪80年代中期水平，落后20年。如果还不加快提

升制造业物流水平，就会严重制约我国制造业又好又快地发展，更谈不上发展先进制造业提升制造业综合竞争实力，也会影响我国工业化的进程和国民经济的健康发展。

对于即将成为“世界制造业中心”的我国制造业来说，现代物流的作用非常关键。这是因为，“中心”迁入中国之后，固然反映出我国的某些优势，但是这不代表经济的竞争力已经具有优势。“中心”的转移是有规律的，今天进入中国，总有一天也会转移走，问题是如何利用这个机遇，提升国内制造业的经济竞争力。要成为世界制造业的中心，无疑就是吸引全世界范围内的制造业厂商，使制造行业集中到某一个地理区域内，利用中心的各项优势，降低成本，扩大利润。这就要求这个地理区域内有极大的吸引力，也就是说要有其他任何地区都无法比拟的优势。

后 WTO 时代，国际分工超细化，产业链延伸扩展，资金周转加快，利润生成趋满并分散。这种情况下仅靠工业时代的区位比较优势、劳动力比较优势、资源比较优势等显然不能完成利润的扩大化。而且现在的统计数据表明，大量发展中国家也具有与中国相似的优势条件，出口结构具有一定的趋同性。在这种情况下，中国制造业要形成区域优势必须在现代物流方面寻求发展。

在古典和新古典经济理论中，经济学家研究的比较多的是比较优势，无论是绝对比较优势还是相对比较优势，分析都属静态方面。但是到现在，在新型国际分工格局下，传统的国际间产业转移正相应地演进为产业链条、产品分解与全球化配置。20 世纪 90 年代美国著名经济学家波特提出国家竞争优势这一动态分析理论。以竞争环境的差异来说明不同国家和地区之间产业竞争能力的差距。其理论依据是，一个国家的竞争优势产生于五个方面的基本因素（资源和人的要素、国内需求条件、相关的和支撑的产业、企业的战略、结构与竞争）和两个方面的辅助因素（政府的作用和机遇），这些构成了该国家企业的竞争环境。

中国制造业具有的比较优势是静态的，让静态的优势动起来，整合资源，提高配置效率，只有依靠发展现代物流业的方法。物流配送的动态仓储、信息整合、统一配送可以让整个比较优势动起来。在制造业比较优势不明显的情况下，让资源和仓储动起来，把静态时所耗费的成本节约并根据规模效应创造价值。现代物流业的建立与发展，能够大大提高中国制造产品的国际竞争力，提高对外贸易的增值率，吸引外资，扩大制造业的再生产，为中国制造业升级改造创造条件。

在新的全球化经济格局中，为了充分发挥规模经济和地区差异的优势，跨国公司根据比较优势的原则进行产业分工和资源配置，其中重要的内容就是将零配件的生产向低成本地区转移，而将最终装配安排在邻近顾客的高成本地区。中国内地由于明显的成本优势和市场空间，已经成为跨国公司进行制造业生产线转移的重要地区。而随着加工贸易的发展，越来越多的全球物流供应商跟随在内地设厂的客户，将业务发展到沿海地区。在此过程中，现代物流业与加工贸易相互结合，发挥了重要的作用，并且显现出巨大的发展潜力。第一，物流网络及其信息化是促进加工贸易发展的动力。加工贸易的一个重要特点是，与最终产品相关的零部件需要大量采购、及时发送、守时交货。这是加工贸易能够顺利发展的重要条件。而快捷、完善的物流网络是加工贸易企业原材料、零部件购进及产品走向目标市场的通道。为适应复杂多变的市场环境，企业生产与销售必须敏捷且柔性化，物流网络化特别是物流网络信息化因此成为企业市场竞争的支持系统。第二，现代物流业是提升加工贸易层次的重要条件。对于发展中国家来讲，加工贸易不仅是制造业全球化分工协作的直接产物，而且是实现产业结构升级、参与高新技术产业国际化分工的有效途径。目前，内地沿海地区加工贸易的层次正在不断提升，并对物流服务业提出了相应的要求。其主要表现：一是开始摆脱简单加工装配的局面，向高附加值、高新技术产业转变；二是随着加工贸易中进料加工业务的快速增长，正在从受托加工转向自营生产的发展；三是为了减少资金在存货、原材料和场地的积压，越来越多的加工贸易企业采用“及时供货”的生产程序和“虚拟库存”的运作方式；四是面对国内市场的变化，推动加工贸易的发包厂商也要及时获得信息，以赢得市场的先机；五是加工贸易的发展对于仓储、运输和货物报关等都提出了更为方便、快捷的要求。

因此，发展制造业物流，建立与完善制造企业物流体系，促进制造业由大变强，改造传统加工贸易、提升制造业企业综合竞争力已经成为我国制造业发展中迫切需要解决的问题。从现代物流发展的角度看，一个国家在工业化过程中，发展企业物流，特别是发展制造业物流是推动现代物流发展的一项重要任务，也是关键所在。

二、国外制造业技术及其物流管理现状与趋势

（一）现代制造技术与管理的历史演变

17 世纪至 19 世纪 30 年代，在蒸汽动力机技术的普及应用基础上，出现了制造企业的雏形——工厂式的制造厂，人类社会的生产率开始出现大幅度的飞跃。到了大约 1900 年，制造业成为一个重要的产业，其主要生产模式是“少品种、单件、小批量生产”，但这些独立承担大部分生产任务的小工厂没有能力开发新技术，产量低、成本高，且成本不随产量而下降。

20 世纪，E. Whitney 提出了“互换性”和“大批量生产”理念，Oliver Evons 把传送带引入制造系统，F. Taylor 提出了“科学管理”。在这一背景下，与当时的标准化、系列化、机械化技术相结合，Henry Ford 开创了机械自动流水线生产方式，带动制造业形成了“少品种、大批量生产”的制造模式，又称为底特律式自动化模式，从而制造业开始了第一次生产模式的转换。这种新的生产模式——大批量生产方式及其技术支持——零件的互换性带给了制造业一场重大变革，它推动了工业化的过程和经济高速发展，为社会提供了大量的经济产品，促进了市场经济的发展。其主要特征是：少品种、大批量生产、塔形多层次垂直领导和严格的产品节拍控制。其市场特征与生产模式相适应，都是卖方市场。

刚性生产线大大提高了生产效率，从而降低了产品成本，但这是以损失产品的多样性为代价的。到 20 世纪 50 年代，大批量生产方式达到了顶峰。

从 20 世纪 50 年代开始，人们对“少品种、大批量”生产方式的优缺点有了进一步的认识。为此人们从技术的角度形成成组技术和以计算机与系统技术为基础的制造自动化，试图改进这一模式的不足。

早在 20 世纪 50 年代，日本丰田汽车公司开始创立一套与大批量生产不同的生产经营方式，被美国学者称为“精益生产”模式。这种生产方式综合了单件生产方式和大

批量生产方式的优点，使工厂的工人、设备、资金、厂房的投入以及开发新产品的时间都大为减少，而生产出的产品品种更多，质量更好，这种生产方式促进了日本制造业的发展，使得日本制造业达到了国际领先水平。

到了20世纪80年代，人们已经将少品种、大批量生产模式的优点发挥到了极限，同时这种生产模式同市场需求变化间的矛盾越来越明朗，并成为制约制造业发展的重要因素。解决这对矛盾的出路只能是进行生产制造模式的转换。

从20世纪80年代后期以来，美国、日本、加拿大、澳大利亚等国以及西欧各国都先后提出了新模式的制造战略和研究开发计划。具体模式及比较研究见表1。

表1　　现代制造模式的分析与比较

制造模式	CIMS	并行工程	精益生产	敏捷制造	全能制造系统	生物制造系统
目　标	提高企业的市场竞争能力，适应多变的市场需求，以赢得市场					
产生背景	适应多变的市场需求和激烈的市场竞争	使串行的各道工序更有效地交互工作，缩短交货期	满足多品种、小批量、高质量、低消耗要素	快速响应市场需求，满足用户个性化需求	建立一个高度分布的制造系统体系结构	提高制造系统可靠性、柔性、容错性、自适应、自监控和自诊断
主要战略	强调人、技术和管理的全面集成	强调产品设计及其他过程并行进行	简化，以人为中心，尽善尽美	大范围动态集成，最佳利用资源	加强单元的独立自主性和相互协调	采用生物模型的问题求解方法
理论基础	系统论、控制论、计算机技术、信息论	信息论、控制论、系统论、协调论	现代组织理论	协调论、分布化人工智能	复杂系统理论、生命科学理论	相似学理论、生命系统理论
生产方式	并行工作方式，面向订单的生产模式					
组织结构	动态的插件，兼容式的组织结构	项目组，多功能工作组，矩阵组织	有较大自主权的小组	动态联盟的独立团队	全能体 Holon	基元 Modelons
技术支持	信息技术、标准化技术、传感技术	数据共享、人机互换、智能技术	信息技术、标准化技术、快速制造技术	信息高速公路、标准化技术	信息高速公路、标准化技术	信息高速公路、标准化技术

续 表

制造模式	CIMS	并行工程	精益生产	敏捷制造	全能制造系统	生物制造系统
对人的要求	以人为中心的集成	以人为中心，一专多能，紧密协作	多面手，高度的责任感，协作型	创造性，很好的协同工作能力	多面手，较强的协同能力	多面手，较强的协同能力
制造模式	分形企业	学习型组织	智能制造	LAF 生产系统	分散网络化生产系统	绿色制造
目　　标	提高企业的市场竞争能力，适应多变的市场需求，以赢得市场					环境影响最小，资源利用最优
产生背景	市场竞争激烈，环境复杂	学习智能，企业应变力差	提高制造的智能水平	寻求多样化、个性化	迎接全球制造的挑战	全球生态环境日益恶化
主要战略	自相似，自组织，自优化	具有很强学习能力的组织	提高制造的智能水平	精简、灵活、柔性生产	迅速组成超越时空约束的经营实体	可持续发展战略
理论基础	分形理论	信息论、控制论、系统论、协调论	人工智能、并行工程、自动化、系统工程	现代管理理论、组织创新理论	协同论、分布化人工智能	系统工程、法律、环保和资源优化理论
生产方式	并行工作方式，面向订单的生产模式					
组织结构	分形 Fractal	团队 Team	智能自主体	有创新精神的组织	独立制造	
技术支持	信息技术、标准化技术	信息技术	信息技术、虚拟制造技术	信息技术、先进制造技术	信息技术、标准化技术	信息技术、绿色技术
对人的要求	自主和自律的统一，相互信任	富有创新和合作精神	人机柔性合作	高素质的且被授权的人员	创造性，良好的协调能力	高素质的人员

（二）世界制造业物流发展的分析

制造业的发展是现代物流发展的主要推动力量，现代制造业物流必须要与现代制造业发展水平相适应。在工厂式制造厂阶段，生产效率不高，产品销售量不大，对物流的需求也自然不高，因此也就自然难以产生现代物流的理念与思想。

到了少品种、大批量的流水线生产阶段，随着制造业工业化进程的加快，以及为适应大批量生产出来的产品市场销售的实现，人们开始意识到降低物资采购及产品销售成本的重要性，物流技术装备的发展也为大批量配送提供了条件，出现了现代物流的萌芽，并随着制造技术的飞速发展，推动了以实物分销配送为主体的物流发展。

到了“精益生产”阶段，制造业以计算机技术为基础的自动化和产品生产的成组技术的普遍应用，使生产出来的产品种类增加、质量改进，要求产品生产一体化运作，也自然促进企业内外部物流整合，实现从采购的获得、制造的支持到成品分销提供一体化的物流服务，从而推动了现代物流向一体化物流管理阶段过渡。

到了“敏捷制造、柔性生产”阶段，要求复杂多变的产品快速进入市场，而开发新产品的最快路线涉及从不同的企业中组织资源，借助信息技术共同完成各自功能。因此企业边界被打破，企业间需要形成动态联盟。这自然要求物流服务也要与制造业发展相适应，进入供应链的协同运作阶段。

结合上述分析，国外制造业物流发展大体经历了四个阶段。

第一阶段：现代物流萌芽阶段（20 世纪初至 20 世纪 50 年代）

20 世纪初，在北美和西欧一些国家，随着制造业工业化进程的加快以及大批量生产和销售的实现，人们开始意识到降低物资采购及产品销售成本的重要性，为大批量配送提供了条件，同时也为人们认识物流提供了可能。

虽然在 1901 年，J. F. Growell 在美国政府报告“关于农产品的配送”中，第一次论述了对农产品配送成本产生影响的各种因素，揭开了人们对物流认识的序幕。但物流的概念首次应用还是在 20 世纪 30 年代前后的制造业“大批量流水线生产模式”开始的时候。1927 年 R. Borsodi 在“流通时代”中首次用 Logistics 来称呼物流，为后来的物流概念的确立奠定了基础。

从实践发展的角度来看，1941 ~ 1945 年第二次世界大战期间，美国军事后勤活动的组织为人们对物流的认识提供了重要的实证依据，推动了战后实业界业对物流的重视。1946 年美国正式成立了全美输送物流协会，物流开始受到制造企业的重视。这一时期可以说是美国现代物流的萌芽和初始阶段，也是制造业物流发展的初始阶段。

日本物流观念的形成虽然比美国晚很多，但发展迅速。日本自 1956 年从美国引入分销配送的物流概念以来，在对国内物流进行调研的基础上，将物流称之为“物的流通”。至 1965 年，“物流”一词正式为理论界和实业界全面接受，形成了以配送为主线，包括运输、配送、装卸、仓储、包装、流通加工和信息传递等各种活动的物流理念。

此时，欧洲各国为了降低产品成本，开始重视制造业工厂范围内的物流过程中的信息传递，对传统的物料搬运进行变革，对厂内的物流进行必要的规划，以寻求物流合理化的途径。当时制造业（工厂）还处于加工车间模式，工厂内的物资由工厂内设立的仓库提供。工厂为了实现客户同月供货的服务要求，在工厂内实行了紧密的流程管理，只是管理技术相对落后。这一阶段储存与运输分离，各自独立经营，可以说是欧洲物流的初级阶段。

在这一阶段，流程型制造业的物流服务与管理运作模式主要是以运输调配、管理为主，储存管理也很落后，现代物流的系统化理念还不普及。

第二阶段：实物配送发展阶段（20 世纪 60 年代至 70 年代）

20 世纪 60 年代以后，随着科学技术的发展，尤其是制造业管理科学的进步，生产方式、组织结构及规模化生产的改变，大大促进了物流的发展。物流逐渐为管理学界所重视，企业界也开始注意到物流在经济发展中的作用，将改进物流管理作为激发企业活力的重要手段。这一阶段是物流快速发展的重要时期。

在美国，由于现代市场营销观念的形成，使制造业意识到顾客满意是实现企业利润的唯一手段，顾客服务成为经营管理的核心要素，物流在为顾客提供服务上起到了重要的作用。物流特别是配送得到了快速的发展。1960 年，美国的 Raytheon 公司建立了最早的配送中心，结合航空运输系统为美国市场提供物流服务；1963 年，美国成立了国家实物配送管理委员会。这一时期，美国赋予物流概念的定义也比第二次世界大战前有了更为广阔的内涵。美国物流学者 D. Bowersox 在其 1974 年出版的《物流管理》一书中，将物流管理定义为“以卖主为起点将原材料、零部件与制成品在各个企业之间有策略地加以流转，最后到达用户，期间所需要的一切活动的管理过程”。

20 世纪 60 年代中期至 70 年代初是日本经济高速增长阶段，也是日本制造业大发展的时代。这一时期制造业的生产技术向机械化、自动化方向发展，要求销售体制及成品配送要不断改善，物流已成为制造企业发展的制约因素。这一时期，日本对物流发展非常重视，制定了国家物流发展规划。在这一时期，日本制造业物流技术得到了很大的发展，形成了一大批先进的物流技术装备企业。为了促进产品的快速分拣与配送，制造业立体库及自动化立体库开始大规模建设；为了提高配送效率及速度，叉车、托盘、货架技术产品开始普遍应用，物流单元化运输及标准化托盘被高度重视。

20 世纪 70 年代是欧洲经济快速发展时期。随着商品生产和销售的进一步扩大，多个工厂联合的企业集团和大公司的出现，成组技术广泛采用，物流需求的增多，过去的物流服务已不能满足企业集团对物流的要求，因而形成了基于工厂集成的物流。仓库已不再是静止封闭的储存式设施，而是动态的物流配送中心。需求信息不只是凭订单，而主要是从配送中心的装运情况获取。这个时期信息交换采用电话方式，通过产品本身的标记（Product Tags）实现产品的跟踪。

这一时期流程性制造业的物流发展也以实物配送与运输调配为主体。

第三阶段：物流一体化发展阶段（20 世纪 70 年代至 80 年代）

这一时期，制造业的少品种、大批量生产模式的优点已经发挥到了极限，人们也越来越认识到这一生产制造模式的缺点，生产模式与市场需求之间的矛盾越来越明朗。日本丰田汽车公司从 20 世纪 50 年代开始探索的“精益生产”模式日益成熟，开始得到了全世界关注与效仿。制造业开始向精益生产模式变革，使生产出来的产品更多、品种变化更快、质量更好，这一生产方式使日本制造业达到了国际先进水平。

与这一阶段制造业发展水平相适应，物流管理开始实现内外部一体化整合，企业开始超越现有的组织机构界限而注重外部关系，将供货商、分销商以及用户等纳入管理的范围，利用物流管理建立和发展与供货厂商及用户的稳定的、良好的、双赢的、互助合作伙伴式的关系，形成了一种联合影响力量，以赢得竞争的优势、物流管理已经意味着企业应用先进的技术，站在更高的层次上管理这些关系。丰田公司创造的准时制生产、看板拉动管理得到普及，立体仓储、自动分拣、单元化技术、电子标签管理等流技术不断涌现，并得到普及与发展，为物流管理提供了强有力的技术支持和保障。

1988 年，美国物流管理协会重新定义物流为：以满足客户需求为目的，为提高原料、在制品、制成品以及相关产品，从供应到消费的流动速度和存储的效率和效益，并对其进行的计划、执行（实现）和控制的过程。这一定义反映了物流实践的发展，也进一步揭示了物流的本质，体现了综合一体化物流管理的概念，并得到广泛的认可和应用。这一观念的引入，使制造业企业内部逐步改变了传统的财务、采购、销售、市场、研发等企业分解式管理的思维方式，代之以系统整合的思想。它表明物流协作化与专业化已成为今后物流发展的主方向，物流外包理念的普及也推动了第三方物流业的巨大发展。

在这一阶段，日本经济发展迅速，并进入了以消费为主导的时代。虽然物流量大大增加，但由于成本的增加使制造业利润并没有得到提高，因此，降低经营成本特别是降低物流成本成为经营战略中的重要特征，这一时期也称物流合理化时代。此时，在企业内开始出现了专业物流部门，用系统的观点开展降低物流成本的活动，同时物流子公司也开始兴起。物流合理化主要是改变以往将物流作为商品蓄水池或集散地的观念，而在经营管理层次上发挥物流的作用。

这一时期，欧洲的制造业已采用准时生产模式（JIT），客户的物流服务需求已发展到同一天供货或服务，因此，综合物流的供应链管理进一步得到加强，如组织好港站库的交叉与衔接、零售商管理控制总库存量、产品物流总量的分配、实现供应的合理化等。这一时期物流需求的信息直接从仓库出货获取，通过传真方式进行信息交换；产品跟踪采用条形码扫描，信息处理的软硬件平台是客户/服务器模式和购买商品化的软件包，这一时期欧洲第三方物流开始兴起。

第四阶段：供应链物流管理阶段（20 世纪 90 年代以来至今）

1988 年美国通用汽车公司和里海大学共同推出敏捷制造战略，1990 年向社会公开。同时全球制造业都认识到现代信息技术对制造业发展的影响，纷纷研究与之类似的制造模式与制造系统的开发，智能制造、柔性生产、CIMS 系统、全能制造、绿色制造等新理念不断涌现。这些制造模式的核心都是研究怎样在保持流水线快速大量生产的高效率基础上，实现多品种、柔性化生产，降低生产成本，满足市场实时多变的需求。为达到这一目的，企业间的联盟与协同运作越来越重要，供应链管理得到普遍重视，物流发展也就逐步进入供应链管理阶段。

这一时期，现代信息技术的进步是促进物流向供应链管理转变的关键，特别是网络技术的发展，为物流发展提供了强有力的支撑，使物流向信息化、网络化、智能化方向发展。这不仅使制造企业和物流企业、流通企业建立了更为密切的关系，也使企业可以实时应对市场反馈，实现实时制造。

这一时期，美国制造业与电子商务发展相适应，提出了协同商务、实时企业、随需应变的动成长企业的理念，物流运作越来越与供应链管理融合，2005 年美国物流管理协会干脆更名为美国供应链管理协会，充分体现了现代制造业物流发展的特点。

这一时期，欧洲一些跨国公司纷纷在国外特别是在劳动力比较低廉的亚洲地区建立生产基地。企业的需求信息直接从顾客消费地获取，采用在运输链上实现组装的方式，使库存量实现极小化、信息交换采用 EDI 系统，产品跟踪应用了射频标识技术，信息处理广泛应用了互联网和物流服务方提供的软件。目前，基于互联网电子商务的电子物流正在欧洲兴起，以满足客户越来越苛刻的物流需求。

（三）世界制造业物流的先进理念

1. 全球采购与供应商管理

在经济全球化的背景下，国与国之间的经济互相影响越来越大，国外先进国家的制造业的国际化趋势也越来越明显，很多大牌公司的采购、制造、营销越来越趋向于全球化与国际化，无国界化的企业经营的趋势越来越明显，整个市场竞争呈现出明显的国际化和一体化。

世界各国产业的全球化和国际化都极大地依赖现代物流供应链管理，作为国际化的大型制造企业，尤其是组装型的装备制造企业，其零部件采纳全球采购的方式企业越来越多，全球采购与供应商管理成为许多国外大型装备制造企业的市场制胜砝码（见表2）。

表2　采用全球策略的部分大型制造企业

公司	国别	本国以外销售额（%）	本国以外资产（%）
雅芳	美国	61	48
拜尔	德国	65	—
高露洁	美国	66	47
戴姆勒—奔驰	美国	61	—
道氏化学	美国	54	45
本田	日本	63	36
IBM	美国	59	55
飞利普	荷兰	94	85
宝洁	美国	52	41
西门子	德国	51	—
索尼	日本	66	—
联合利华	荷兰/英国	75	70

全球发展策略的制造企业肯定也是全球采购，全球采购给大型制造企业的物流运作业带来了很多新的要求。要求全球供应商的生产、配送、质量控制与总部协同，要求全球供应链及物流运作灵敏高效，要求企业物流信息系统完善灵敏等。

2. 物流业务外包

随着制造业的发展，企业越来越关注企业的核心能力，将物流业务外包给专业的第三方物流企业，这是国外现代制造业自20世纪80年代以来物流管理的一个发展趋势。物流外包也是国外制造业普遍接受的先进物流服务理念。

但是，关于国外制造业物流外包比例，却难以有大家公认的一个统计调查数据。因为很多资料表明，关于制造业物流外包的调查数据，有的是从制造企业是否采用第三方物流服务的比例入手调查，有的调查数据是关于制造企业物流外包业务额所占比例，统计口径不一，结果自然也就不一样。

根据美国东北大学商学院和埃森哲顾问公司对财富500强企业的调查结果分析，83%的公司都使用第三方物流（3PL）供应商，将近60%的公司同时使用多个3PL供应商。这是从企业是否采纳物流服务角度的调查结果。也有的报告认为，美国等先进国家物流外包的业务额比例并不高，大部分公司虽然部分地采用了第三方物流外包，但全部物流业务外包的比例并不大。

Analytica是一家英国的营销和商务情报研究公司，他们关于欧盟东扩的物流的研究报告指出，60.9%的大制造商和零售商对目前遍及东欧的物流外包的多国协作方法感到满意，并预计这种状况在今后五年内会发生巨大的变化。但仅有34.8%的制造商和零售商对东欧地区的3PL供应商感到满意，同时有65.2%的企业希望他们的3PL具有泛欧物流服务能力。

虽然详细的物流外包统计数据难以寻找，但根据各类资料分析表明，世界制造业使用第三方物流服务的比例是不断上升的，大部分企业都或多或少地将部分物流业务外包，但是，全部外包物流业务的还不多，第三方物流外包业务额占制造业全部物流业务额的比例还不高。也有迹象表明，一些国家的大型制造企业将自己的物流业务独立出来运作，成立第三方物流公司，为自己或其他相关企业提供物流外包服务。

3. 精益制造与精益物流

精益物流（Lean Logistics）起源于精益制造（Lean Manufacturing）的概念。它产生于日本丰田汽车公司在20世纪70年代所独创的“丰田生产系统”，后经美国麻省理工学院教授的研究和总结，正式发表在1990年出版的《改变世界的机器》一书。精益思想是指运用多种现代管理方法和手段，以社会需求为依据，以充分发挥人的作用为根本，有效配置和合理使用企业资源，最大限度地为企业谋求经济效益的一种新型的经营管理理念。

精益物流则是精益思想在物流管理中的应用。是物流发展中的必然反映。作为一种新型的生产组织方式，精益制造的概念给物流及供应链管理提供了一种新的思维方式。它要求以客户需求为中心，以即时管理（Just In Time，JIT）为着眼点，详细分析，找出不能提供增值的浪费所在，制定创造价值流的行动方案，及时创造价值，努力追求完美。因此，可以说精益物流的内涵已经远远超出了Just In Time的概念。它的内涵是指：通过消除生产和供应过程中的非增值的浪费，以减少备货时间，提高客户满意度。

精益物流的目标是根据顾客需求，提供顾客满意的物流服务，同时追求把提供物流服务过程中的浪费和延迟降至最低程度，不断提高物流服务过程的增值效益。

精益物流系统的特点：①拉动型的物流系统。在精益物流系统中，顾客需求是驱动生产的源动力，是价值流的出发点。价值流的流动要靠下游顾客来拉动，而不是依靠上游的推动，当顾客没有发出需求指令时，上游的任何部分不提供服务，而当顾客需求指令发出后，则快速提供服务。系统的生产是通过顾客需求拉动的。②高质量的物流系统。在精益物流系统中，电子化的信息流保证了信息流动的迅速、准确无误，还可有效减少冗余信息传递，减少作业环节，消除操作延迟，这使得物流服务准时、准确、快速，具备高质量的特性。③低成本的物流系统。精益物流系统通过合理配置基本资源，以需定产，充分合理地运用优势和实力；通过电子化的信息流，进行快速反应、准时化生产，从而消除诸如设施设备空耗、人员冗余、操作延迟和资源浪费等，保证其物流服务的低成本。④不断完善的物流系统。在精益物流系统中，全员理解并接受精益思想的精髓，领导者制定能够使系统实现“精益”效益的决策，全体员工贯彻执行，上下一心，各司其职，各尽其责，达到全面物流管理的境界，保证整个系统持续改进，不断完善。

总之，精益物流系统的核心就是：以客户需求为中心，追求准时、准确、快速，通过信息化手段，借助系统集成整合各方资源，达到降低成本、提高效率的目的。

4. 供应商管理库存

供应商管理库存（Vender Managed Inventory，VMI）作为一种目前国际上前沿的供应链库存管理模式对整个供应链的形成和发展都产生了影响。VMI 帮助供应商等上游企业通过信息手段掌握其下游客户的生产和库存信息，并对下游客户的库存调节做出快速反应，降低供需双方的库存成本。目前许多跨国制造业巨头都在拥抱 VMI，并享受着由它带来的丰盛果实——提高库存周转率，降低库存成本，消灭库存冰山，实现供应链的整体优化。

长期以来，供应链中的库存是各自为政的。供应链中的每个环节都有自己的库存控制策略，都由各自管理自己的库存。由于各自的库存控制策略不同，因此不可避免地产生了需求的扭曲现象，即所谓的需求放大现象，加重了供应商的供应和库存风险。

众所周知，库存与服务水平总是相互矛盾的。提高顾客服务水平就需要更多的缓冲库存以减少缺货，提高准时交货率；而降低库存水平又会增加缺货的可能性，影响服务水平。早在 20 世纪 80 年代末，宝洁就开始实施 VMI，但当时并未引起学术界和企业界的重视。随着产品寿命周期缩短，需求不确定性的加大，顾客对服务水平要求的不断提高，VMI 优越性也逐步显现。

关于 VMI 的定义，国外有学者认为：VMI 是一种在用户和供应商之间的合作性策略，以对双方来说都是最低的成本优化产品的可获性，在一个相互同意的目标框架下由供应商管理库存，这样的目标框架被经常性的监督和修正，以产生一种连续改进的环境。

目前 VMI 主要应用于制造商与其分销商或代理商之间，是国外现代物流新管理理念之一。制造商为了准确地掌握实际需求信息，将分销商的库存纳入自己的管理范围，通过库存信息间接地了解需求信息。在 VMI 中，由制造商确定产品的销售价格，并根据库存信息决定分销商的订货点及订货量，以此为主要依据，指导并安排自己的生产活动，从而降低成本，提高物流效率。

5. 零库存管理

零库存管理是国外制造业的物流管理中新的库存控制理念。它是指在生产、流通、销售等环节中在提高资本增值率、降低积压风险的前提下，商品以少量的仓库储存形式存在，而大部分处于周转状态的一种库存方式。零库存起源，可以追溯到 20 世纪 60 年代，当日本丰田汽车公司实施准时制生产，在管理手段上采用了看板管理、单元化生产等技术，同时实现了拉式生产，实现了生产过程中基本上没有积压的原材料和半成品的目标，同时大大降低了生产过程中的库存及资金的积压率，而且提高了对相关生产环节的管理效率，此后，在国外，零库存不仅用于生产过程中，而且延伸到了原材料供应、物流配送、产品销售等各个领域，成为了企业降低库存成本、提高经营效率的重要手段。

没有资金和仓库占用，达到零库存是库存管理的理想状态。然而，由于受到不确定供应、不确定需求和生产连续性等诸多因素的制约，企业的库存不可能为零，基于成本和效益最优化的安全库存是企业库存的下限。但是，通过有效的运作和管理，企业可以最大限度地逼近零库存。此外，零库存并不等于企业不需要仓储，仓库中的货物为零，而是将传统仓储的储货功能转变为配货和配送功能，在仓储系统中的货物都是按订单配送的，是流动的、周转的，仓库成为了物流中心而不是储存中心。

准确的预测及按订单组织生产是实现零库存的关键。在这方面典型的制造企业是戴尔公司。戴尔这样采取按单生产模式的企业，包括手头正在进行的作业在内，它的任何一家工厂里的库存量都不超过5～6小时的出货量。这种模式，即以最准时、最经济的生产资料采购和配送满足制造需求。

戴尔公司之所以能实现JIT，就是因为它有一个组织严密的供应商网络。戴尔公司95%的物料来自这个供应网络，其中75%来自30家最大的供应商，另外20%来自规模略小的20家供应商。戴尔公司几乎每天都要与这50家主要供应商分别交互一次或多次。在生产运营中，如果生产线上某一部件由于需求量突然增大导致原料不足，主管人员就会立刻联系供应商，确认对方是否可能增加下一次发货的数量。如果问题涉及硬盘之类的通用部件，主管人员就会立即与后备供应商协商。如果仍然没有收获，就会与公司内部的销售人员磋商，通过他们的“直线订购渠道”与客户联系，争取把客户对某些短缺部件的需求转向那些备货充足的部件。所有这些操作，都能在几个小时内完成。

宝洁公司则是通过信息化技术，借助于零售商的合作来实现自己的零库存战略的。它和零售商沃尔玛之间用信息系统架起了直通桥梁，宝洁可以实时跟踪其产品在沃尔玛的库存情况，从而及时制订批量生产计划，实现为沃尔玛自动补货。这样，一方面减少占用沃尔玛的库存资源，同时也可以节省自己的生产资源，减低自己的库存成本。

6. 实时制造与实时物流

随着市场竞争的加剧，商务速度的加快，制造业面临经营环境的不断变化，企业要想处于不败之地，就需要对各种信息实时做出反应与应对，许多世界著名制造企业已认识到“实时”对企业的重要性和紧迫性。一些世界知名企业已经开始把建设“实时企业”（RTE）作为一个理想目标，利用现代IT技术等手段千方百计地降低企业关键业务流程中的管理与执行的延迟，提高企业的反应速度。

例如，现在Intel将制造和销售重新整理只要两天时间；GM大量削减新产品开发周期，从4年降低为少于18个月；Dell通过RTE的重新设计挤出超过10亿美元利润。

在这一背景下，世界知名公司Gartner，在经过长期的调查研究后，总结归纳出必将产生深远影响的概念 RTE（实时企业）。Gartner 将实时企业定义为：实时企业是一家通过使用最新信息来积极地消除其关键性业务流程中的管理与执行中的延迟从而展开竞争的企业。简而言之，RTE 并不是一项技术，而是一种业务理念和业务能力。

要成为实时企业，做到随需应变，必须要有实时物流系统的支撑。作为实体运作的物流系统，它的执行与管理要做到实时却复杂得多。因为现代物流系统是信息系统与实物运作系统的结合体，信息系统不可能取代物流的运作，要实现实时企业目标，实体的物流运作必须要与现代企业信息系统相适应，通过现代物流信息系统做到企业物流系统与企业经营管理系统协同一体化运作。因此实时物流（RTL）是实时企业的基础支撑，同时，实时物流也是企业追求“实时”理想的最主要“瓶颈”。

制造业利用现代实时物流系统，可以提高企业的市场反应能力与执行能力，按照市场的要求实时组织生产与销售，满足客户需求；因此实时物流理念体现了现代物流的发展趋势。提倡实时物流符合时代的需求，反映了现代物流技术的发展趋势，更符合现代企业对物流服务业的最新要求。

实时物流就是采用一切技术手段，消除物流作业与管理中的所有不必要的延迟，这是实时物流的核心，围绕这一核心，在物流系统实时在线管理的协同下，要做到实时采购、实时配送、在线仓储管理、实时制造、实时营销、实时追踪、实时反馈、实时响应等。

实时物流作业系统集中体现了近些年现代物流技术的最新发展，其各个功能模块所使用的技术可以说是现代物流技术的集中体现，他涉及了目前最热门的自动识别技术、电子标签技术、移动计算技术、无线传输技术、在线管理技术、GPS 卫星定位与追踪技术、电子地图技术等，一般而言实时物流作业系统主要有实时采集、移动计算、实时传输、实时响应、协同运作、实时管理、实时追踪等几大功能。

（四）国外制造业的物流技术与装备

1. 单元化技术

单元化技术是现代国外制造业普遍采用的基础性的物流技术，单元化技术的核心是将制造过程的零部件，借助标准包装，分成标准单元，形成单元化系列，小单元可以组合成大单元，大单元可以组成一个托盘单元，托盘单元可以组成集装箱单元，从而形成单元化系统与系列，实现物料与成品的单元化管理、单元化包装、单元化搬运、单元化运输、单元化作业，大幅度提高物流运作效率。

单元化技术很简单，但却是制造业物流管理的最基础的技术，也是提高物流效率的基点。单元化技术首先通过标准的包装单元来实现，在制造业，最常用的包装单元是广泛应用的物流容器、工位器具、托盘等。

现代制造企业物流实施过程中对物流器具和工位器具的要求越来越高：必须满足企业对物流组织规范化、高效率、低成本的要求；提高有效空间利用率和组织管理水平；保护零部件在物流作业过程中的品质；满足物流管理定制定位的要求；满足物流信息的识别及传递功能；满足厂内物流实施过程各环节兼容、统一、高效的要求；满足整个供应链物流实施各环节兼容、统一、高效的要求；物流器具和工位器具的结构、尺寸、功能必须规范化，种类必须尽可能少，尽可能采用通用器具。

物流单元化技术是以制造企业物流各项要求和原则为指导，分析物流中每一种零部件及材料的尺寸、特性，一体化设计确定每一种零部件及材料的包装、运输设备、储存方式及设施（货架、托盘、容器等）、周转容器（尺寸和容器种类）、线旁料架、工位器具、成品包装及储运等物流环节所需的物流器具和工位器具，达到实现各类物流设施能相互匹配兼容、物流各环节作业高效、低成本的管理目的。

物流单元化设计之后，企业物流管理者就知道各个物流环节的物流量是多少、物流“瓶颈”可能会在哪里、对各作业场地的空间要求是什么，从而对各个环节的物流工作进行合理的设计、平面布局、局部空间规划、流程再造等，并使物流管理从成千上万种物料的管理转为对符合一定规范的、种类有限的物流单元的管理。物流单元化方案应成为企业物流实施的指导标准。

物流容器是物流单元化管理最基础的器具，物流容器贯穿制造业物流全过程，在符合所盛物料的容器要求基础上，必须具有通用性，与物流各环节的储运设施相兼容，同时能够自身堆垛并尽可能与其他容器相互兼容堆垛，以提高空间利用率。此外它还必须具有物流信息载体的功能，以提高物流作业效率和正确率。

工位器具是制造企业生产线旁物料管理和物流配送的重要工具，根据其结构特点，可分为通用工位器具和专用工位器具。在汽车制造业通用工位器具主要是滑移式货架。它解决了在小空间存放管理很多种类零部件的问题。根据使用习惯的不同，欧美企业大多采用钢结构滑移式货架，而日本和韩国企业大多采用线棒结构滑移式货架。专用工位器具是保证零部件在储存、搬运作业中的安全，保护零部件的质量，防止表面划伤、碰撞、滑落；满足现代物流叉车搬运作业的要求；通过相互多层堆垛节省空间；大部分专用工位器具不能只考虑本厂的使用情况，必须在供应链上游和下游物流储运作业中通用，以提高作业效率、降低物流成本；专用工位器具的种类必须尽可能少，减少管理成本。

2. 信息化技术

制造业物流信息化技术是制造业物流的关键技术，根据国外制造业的发展来看，早期为了满足制造业流水线大批量生产的要求，制造企业生产物流管理的信息化技术与企业管理运作的信息化技术相融合，随着企业信息化技术的发展而发展。从 MRP 的企业物料需求计划逐步发展到企业资源管理计划（ERP），其中物料需求、库存控制、物料管理等是这一系统的核心。另外，国外制造业的企业库存管理信息化软件如 WMS 软件、配送管理软件等也得到极大发展，专业的库存管理、分拣、配送软件系统与企业 ERP 系统集成，构成完善的企业物流信息系统。

企业信息化的基础是标准化和单元化，借助标准化、单元化可以方便地统计单元物料信息，为物流信息系统提供基础的信息支撑，为物流运作与管理提供基础条件。制造业另一项信息技术就是自动识别技术，借助自动识别技术，可以自动识别与采集物流信息。在国外普遍应用的自动识别技术是条形码技术。

最近，RFID 技术的发展也给制造业物流带来了新的技术手段。RFID 技术采用射频技术识别物流信息，具有非接触识别的特点，较条形码技术具有较大优势，同时射频标签具有信息量大、方便采集的功能，对产品生产过程的物流管理、信息采集、信息传输、信息追踪都将带来极大的方便，将成为物流管理领域的革命性技术。但是，目前这一技术还受到成本较高、系统不稳定、技术不成熟的制约。

尽管RFID技术在制造业普及应用还有很多问题，但是他在制造业的应用前景已经得到了国外制造企业的普遍重视，一些制造企业也已经将其应用引入到制造流程管理之中，开始在制造业物流管理领域得到应用。如劳斯莱斯公司等企业已经成功地将RFID技术引入到物流制造过程中。劳斯莱斯公司使用RFID无线射频识别技术追踪军用飞行器的零部件信息，以加强对各种零部件的监管。目前，劳斯莱斯方面主要是针对军用运输机、战斗机和直升机三种机型的零部件进行追溯，以增强生产信息透明度和可掌控度。

3. 先进适用的物料搬运技术

在国外制造企业，目前已经普及应用了各种先进适用的物料搬运技术，如手动搬运车，各类型的手推车，各类型牵引车，各类型叉车、托盘、分拣系统，各类型输送系统，等等。国外制造企业的各类物料搬运技术应用注重实用性，不求高精尖，各种技术装备成系统化、系列化应用，既有技术含量不高的各类手动搬运车，也有简单高效率的小型牵引车，更有高技术的自动导引车、全自动货柜以及全自动分拣系统等先进设备，充分体现了现代物流的系统思维。

物流的核心是系统化，系统化的思维也体现在企业物流技术的方方面面，各类技术的应用与规划都不是孤立的，如物流作业管理需要与信息化技术协同，而信息化技术需要标准化、单元化技术为基础支撑，物流作业操作要想提高效率，更需要单元化搬运，也需要单元化技术作为基础，同时物料搬运的作业也分不同的要求及特点采纳不同的技术手段，形成多层次、立体化的物流技术应用。

4. 现代仓储技术

国外制造业是现代仓储技术集中应用的最主要行业。从最先进的全自动立体仓储、部分自动化的立体仓储、机械化立体仓储，到一般仓储甚至最没有技术含量的普通堆场，都得到普及应用。

制造企业根据企业需求，选择适用的仓储系统技术，主要目标追求适用与高效。随着现代制造业的发展，在一些先进的制造企业，全自动仓储系统得到了普及应用，也促进了国际上全自动仓储技术的提高。

国外仓储技术的应用还有一个较为鲜明的特点，那就是有时候从外表看，仓储系统的基础设施虽然不新，但其信息系统却是先进的，是与企业管理系统集成的，是与总系统协调的。即使是比较陈旧的仓库或没有技术含量的堆场，其管理也都追求信息化。

近两年国外制造业仓储技术还有一个发展趋势就是外包，这从另一个方面促进了工业地产的发展。物流基础设施外包、叉车租赁、托盘共用系统的建立，这一系列的发展趋势都表明了国外制造业专注于自己核心能力，推进物流外包，甚至推进物流资产外包的现代企业经营理念。

5. 机械化、自动化技术

国外制造业的物流机械化、自动化技术体现在多种方面，主要有机械化自动化的搬运、起重技术，机械化、自动化的输送技术，机械化、自动化的储存、分拣技术，机械化、自动化的运输配送技术，机械化、自动化的装卸配载技术，机械化、自动化的称量、称重技术，机械化、自动化的安全管控技术等，先进的物流技术是推动国外制造业物流发展的主要动力。

（五）国外制造业物流最新发展趋势——敏捷制造与供应链管理

1. 敏捷制造的提出

“敏捷制造”的概念最早源于美国里海大学亚柯卡研究所与其合作者在1991年共同提交的《21世纪制造业发展战略》研究报告。“敏捷制造”创始人Roger Nagel和Rock Dove对“敏捷制造”的解释是：敏捷是企业在不断变化和不可预测的竞争环境中发展壮大的一种能力。敏捷要求实现柔性生产技术与有知识的工人的技艺的集成和柔性生产技术与能激发企业之间合作动机的柔性管理结构的集成。敏捷制造企业能快速地为市场提供创新产品，快速地响应市场和用户对新产品和产品性能的要求，具有一个可重编程、可重置并可不断改变的能以极小的经济批量生产的制造系统。“敏捷制造”概念不仅涉及核心制造功能，而且涉及整个制造业务，包括营销、设计、生产、后勤供应、服务等。像精益生产一样，敏捷制造也是用户订单驱动型生产，敏捷制造的一个重要的方面在于有能力开发与用户和供应商之间的战略关系。虚拟企业是敏捷制造的固有组织形态，复杂的新产品快速进入市场是主要的竞争优势。通常，开发新产品最快速的路线是从不同的企业中选择组织资源，然后将它们结合为一个单一的电子化的经营实体——虚拟企业。如果各种分布的资源、人和物体是相互之间可置换兼容的，即如果它们能共同完成它们各自的功能，则虚拟企业就能如同一个单一的企业一样，从事于一个特定的项目。只要该市场机会持续下去，虚拟企业将继续存在；当该市场机会消逝，虚拟企业将会解体，而其人员将转入其他项目。

2. 敏捷制造的实质

所谓敏捷，是在不断变化、不可预测的环境中高效、低耗、迅速地完成所需任务的能力。敏捷制造是指制造企业利用现代通信网络技术，通过快速配置各种资源（信息、物资、资金、管理、人员、技术），以有效和协调的方式响应用户的需求，实现制造过程的敏捷性。敏捷制造的基本特征是智能和快捷。智能是人的智能与人工智能的完美结合；快捷是指对用户驱动的市场反应的灵活而迅捷。

敏捷制造在市场观念有一个飞跃：企业提供的不再是产品和服务，而是对问题的有价值的解决方案。大规模生产提倡的是接近和了解消费者，而敏捷制造突出的是为消费者创造价值。在敏捷制造中，产品的开发设计不再是设计人员的专利，利用仿真技术，顾客更多地参与设计和“体验”产品，供应商和制造人员也同时贡献他们的经验和知识。正如里海大学教授、敏捷制造创始人Roger Nagel指出的：“我们正在进入‘解决经济’和‘感受经济’中，顾客的期望已不再是单个产品和服务，而是长期获得的价值目标。”

敏捷制造对“孤岛式”的先进管理技术和制造技术进行了整合，形成了一个动态敏捷的系统。例如将自动化技术、计算机辅助设计（CAD）、计算机辅助制造（CAM）、计算机辅助工艺规划（CAPP）集成为计算机集成制造系统（CIMS），同时组合制造资源计划（MRPⅡ）和企业资源计划（ERP），实现信息流、实物流、资金流的内外协调大循环开放式柔性系统，达到对市场的快速响应。

可见，敏捷制造生产模式，不是一种孤立的、单纯的管理方式和途径，而是一种管理思想的突破、创新和升华。在敏捷制造中传统静态管理转变为动态管理，传统的内部管理变为内外统一的开放式系统管理，内部的资源有限性转变为外部广域的资源无限性。因此，敏捷制造迎合了经济全球化的趋势，使跨国公司的战略发展达到一个新的阶段。

3. 实现敏捷制造的关键条件

（1）建立高效的数据交换和共享网络。以网络技术和电子商务为平台的敏捷制造系统，是一个多企业组成的动态开放系统，依靠 Internet/Extranet/Intranet 来建立企业之间和企业用户之间的宽松的、直接的信息交流框架。

（2）实现集成化的产品过程设计。在敏捷制造中实现的是面向产品生命周期的信息集成和并行开发集成化产品设计概念。它要求设计人员不仅熟悉内部资源、能力条件，而且充分了解用户需求，掌握产品作为“解决问题途径”的实质，因此，用户、供应商、批发商也被邀请参与产品设计，产品设计不仅考虑产品本身，而且要增加服务和技术支持项目。

同时，各种建模、仿真、分析技术的应用，使传统的产品开发发展到虚拟产品设计和虚拟制造、仿真产品开发模式。虚拟产品设计，可以根据用户对产品的要求，对虚拟产品的结构、功能、性能、加工、装配、制造在虚拟环境下进行仿真，并根据评价体系提供的规范和指标进行修改和优化。结合并行工程，设计、评价、修改过程从多次串行转化为并行，不仅使整体大循环成为现实，而且能够对多个解决方案进行比较和选择。

（3）构建虚拟企业。敏捷制造的创新、突破主要体现在两个层面上：一是技术角度，实现敏捷制造的关键技术；二是组织结构的发展，即虚拟企业的出现。面对复杂多变难以预测的市场需求，单个企业的力量已无法应对，无力敏捷开发新产品来满足市场机遇。通过整合在价值链不同环节具有核心竞争力的各企业，从而组建临时的战略同盟——虚拟企业，也称动态联盟，以最佳、最强的阵容协力来适应市场的需要，体现了虚拟企业的现实性。虚拟企业突破了传统企业边界、充分整合和利用内部和外部资源，建立一个动态的、柔性的、开放的系统，降低了市场交易成本，形成产品开发、制造与消费的敏捷能力。

（4）供应链管理系统（SCM）与企业资源管理系统（ERP）的集成。在高速信息网络支持下，具有拓扑网状结构的供应链管理系统对供应商、制造商、分销商、零售商和顾客所构成的网络中的物流、资金流和信息流进行动态管理，实现 5R，即将正确的物料在正确的时间、正确的地点以正确的数量交给正确的顾客。供应链也称为“需求链”或“价值链”，是最终实现顾客价值的综合过程。

4. 敏捷制造的动态联盟

动态联盟是敏捷制造模式下的企业、公司组织形式，它的显著特点是由许多子系统——虚拟项目任务工作小组组成，或按项目任务要求成立的若干个工作小组与跨部门、跨企业甚至跨国度的合作工作小组、合作公司组成。它随市场机会产生而成立，随机会消逝而解散（见图 1）。它可以小到只有一个大公司的不同部门之间的合作构成，也可以大到由分布在几十个国家的不同公司联合而成。

图1的前三个阶段可看做结盟阶段，它由“寻找盟友”、“结盟竞争”和“企业重组”构成。

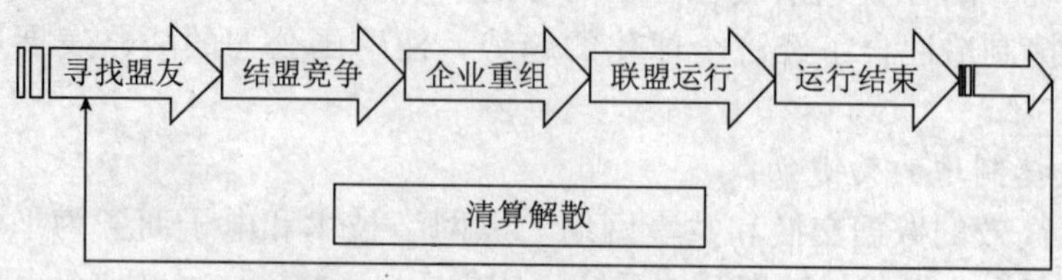

图1　动态联盟的生命周期

在这个动态联盟酝酿、诞生、运行直到消亡的过程中，牵涉许多新的概念和认知，需要对整个企业组织、管理和运行的方式方法作大量的调整。特别是对人们传统意识的调整。这里最重要的是要树立一个合作竞争、共同盈利的概念。

敏捷制造的这一特点将现代制造业的物流管理推进了新的时代，它大大推动了制造企业供应链管理的发展，是目前制造业最新的物流发展趋势。

5. 面向敏捷制造供应链的本质

面向敏捷制造的供应链是在传统供应链的基础上融入了动态联盟的思想，将供应链的范围拓展到了全球，强调供销环节的信息化和自动化，对供应商和销售商的需求信息给予充分的重视，同时也强调了主导企业的作用。面向敏捷制造供应链的设计充分考虑动态联盟的动态特征，它根据动态联盟的形成和解体（企业重组）进行快速的重构和调整。

这种供应链支持以下这些功能：①支持迅速结盟、结盟后动态联盟的优化运行和平稳解体；②支持动态联盟企业间基于敏捷制造供应链管理系统的功能；③结盟企业能根据敏捷化和动态联盟的要求方便地进行组织、管理和生产计划的调整；④可以集成其他的供应链系统和管理信息系统。

敏捷制造模式下的供应链区别于传统供应链的最主要的特点是可以随机遇的改变而动态重构。这种重构是建立在各企业对机遇的把握和对供应链价值认识的基础上的。传统的供应链要求将各节点企业连成一体去分析问题，过多强调供应链构成关系的稳定性。但是由于技术进步和外界环境的变化特别是最终客户需求的变化，导致企业本身业务流程甚至是其所经营的主流业务的转变，在客观上促使这种成员间的关系变得越来越不稳定。因此，我们认为供应链的静态性、稳定性是相对的，而敏捷性、动态性是绝对的①。动态联盟一方面否定传统供应链企业之间静态、僵化的结构，另一方面又强调包括供应商、制造商、销售商等企业在内的各节点企业结成的一个直接面向市场和用户的联盟企业，它们应该像一个企业内部的不同部门一样主动、默契地协调工作。供应链主要产生于后勤和物料管理，更多的是面向供应和生产，强调的是通过上下游企业之间的共同协调，使供应链上的信息流、物流和资金流更为畅通，集成是供应链的主要特征。

① J. L. Cattorna, D. W. Walters. *Managing the Supply Chain—A Strategic Perstpective.* Macmillan Press Ltd. , 1996

动态联盟（虚拟企业）强调的是多个企业围绕某种机遇，为完成某种任务，临时组建，共同完成任务，动态性是它的主要特点。归根结底，供应链和动态联盟（虚拟企业）都是多个企业通过核心能力的互补来构建一个比竞争对手更强大的联盟，通过利益共享，实现风险分担，最终实现“共赢”。

6. 敏捷制造模式下的供应链分类

根据敏捷制造模式下供应链的组织形式和合作深度的不同，敏捷制造模式下的供应链可以表现为以下几种形态：

（1）企业级供应链。企业之间为了战略目的而进行合作。既包括从事类似业务的公司之间的联合，也包括从事互补性业务的公司之间的联合；既包括强强联合，也包括强弱联合。这种联合是企业为了长远的生存或发展而采取的重要步骤。

（2）项目级供应链。产品的开发过程分别由不同的企业完成，或一个企业把项目中的某些过程完整地外包给伙伴企业，并提供完整的数据和技术规范。合作是以合同和信誉为基础的，以共同获利为出发点。

（3）产品级供应链。产品中的某些专业性很强的专业系统、辅助性系统或零部件等的设计及生产，必须由专业公司完成，负责产品的公司与这些合作伙伴公司之间形成很强的专业产品级联盟。

（4）过程级供应链。联盟企业之间基于某一项目所涉及的各类资源及生产计划统一进行生产调度和分配，共同进行某些过程的活动，相互了解项目的进展情况，相互参与对方的过程，共享与相互操作联盟企业的生产计划和资源，并根据项目的进展情况动态地调整自己的工作进程与调度策略。

根据敏捷制造模式下供应链的合作范围又可以将其分为以下几种类型：

（1）两级供应链（Two Level Supply Chain，TLSC），这实际上是最简单的一种形式，其主要包括业务上有直接联系的相邻的两个组织，如供应商—制造商、制造商—分销商、分销商—客户等。

（2）链式供应链（Link Level Supply Chain，LLSC），它是TLSC的扩展，更多地考虑了企业上下游的合作伙伴。然而，它主要涉及与企业关系比较密切的对象，因此，从整体上看，供应链呈现链状结构。

（3）网络供应链（Network Level Supply Chain，NLSC），这是最为复杂的一种形式，NLSC将所有与企业有直接或间接关系的对象都纳入研究范畴，因此从整体上看，供应链呈现网状结构。

敏捷制造模式下的供应链分类还有很多方式，如根据控制方式，可以分为推式供应链和拉式供应链等。

7. 敏捷制造模式下的供应链组建模型

敏捷制造模式下的供应链的形成主要有目标确定、建立模型、伙伴选择、企业重组和实施运行等几个步骤，如图2所示。

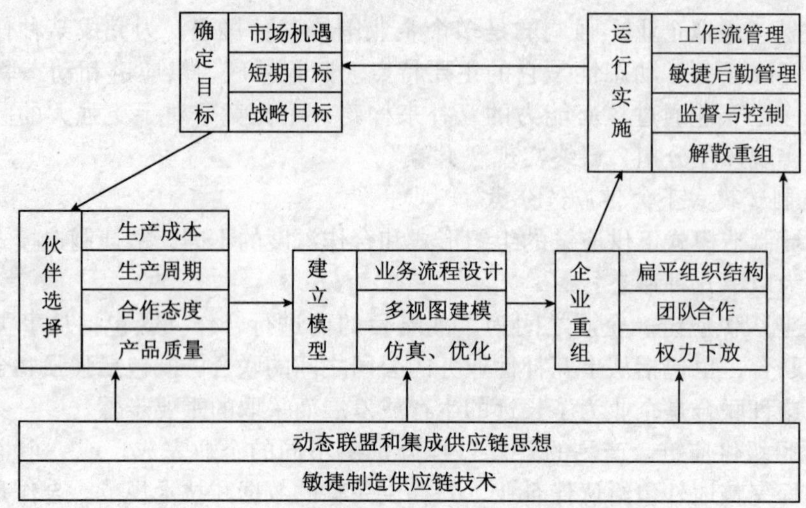

图2　敏捷制造供应链形成过程

(1) 确定目标。该阶段主要包括根据企业的经营宗旨和市场情况，制定企业的战略目标和短期目标，确定企业的竞争优势。在对市场的充分认识和对企业产品、过程、企业所拥有的核心优势进行分析的基础上，合理分配资源，强化和扩展企业的优势。当机遇来临，企业可根据所设定的目标，快速做出反应，及时响应市场机遇。

(2) 伙伴选择。根据企业所设定的目标，确认哪些业务过程应该外包，并相应地选择合作伙伴。由于信息技术的发展，企业的合作范围扩展到了全球，企业可供选择的合作伙伴可能不止一个，伙伴选择的主要功能是根据时间因素、成本因素、效益因素等对每一个潜在的合作伙伴进行评价，分析合作伙伴的核心资源和敏捷性，最后确定一个最优的敏捷制造模式下的供应链构成方案和合作伙伴参与方式。

(3) 建立模型。当敏捷制造模式下的供应链的合作伙伴的参与方式确定后，在此基础上可以从整条供应链的角度进行全局的分析和建模。由于敏捷制造供应链的组建是面向产品过程的，该阶段主要是以过程为中心，对敏捷制造供应链进行描述和建模。并以过程模型为基础，从功能视图、过程视图、产品视图、资源视图和组织视图等多角度敏捷制造模式下的供应链进行建模。企业根据自身在供应链中所处的环节，综合考虑企业经营过程和运行机制、企业核心资源和能力、经营过程的管理和控制等多方面因素细化以上的模型。

(4) 企业重组。由于敏捷制造模式下的供应链的动态特征对传统的企业业务流程提出了新的要求，制造企业的生产系统及其生产过程应做到可重构性（Reconfigurable)、可重用性（Reusable）和可扩充性（Scalable)。为此，处于敏捷制造供应链中的企业应能建立适应业务流程不断变化的特点，可经常重建企业业务流程。同时，企业的组织机构也应随着企业业务流程的重组而重组，使之能不断地适应市场的需求，保证竞争的优势。

(5) 实施运行。该阶段按照动态联盟的思想和组织设计原则组建供应链。各联盟企业分别进行相应设计、采购、制造等工作。在利益共享和风险共担的前提下，实现供应商、制造商和客户三方面共同获利，并进一步促进整条供应链获利。

值得提出的是敏捷制造供应链的组建并不一定如图2所示有清晰的界限，各步骤可以并行重叠地执行。敏捷制造供应链的组建本身是多个企业不断协商、优化、反复的过程。敏捷制造供应链的整个运营过程应该在良好的建模方法体系的指导下，有步骤、有条理地进行。

8. 敏捷制造的供应链技术

敏捷制造模式下的供应链管理是一项复杂而又系统性很强的任务，它涉及许多思想和技术的应用，其中比较关键的技术有如下几方面。

（1）敏捷制造企业供应链建模技术

在敏捷制造模式下的供应链模型中，我们需要全面完整地描述供应链的构成和伙伴企业的信息。一个好的敏捷制造供应链模型应该能够支持整个供应链的生命周期过程。由于敏捷制造模式下的供应链的动态性，系统模型应该具有较好的可重组性和可重构能力。

（2）决策理论和方法体系

敏捷制造模式下的供应链系统的研究经常遇到决策问题，包括企业核心优势的确定、合作伙伴的选择、市场分析与评估、利益和风险的分配决策等。

（3）工作流管理技术

随着企业业务过程重组的发展和深化，对贯穿多个企业的过程进行管理是一项非常复杂的任务。过程是一个企业进行重构、产品制造和适应客户需求与其他伙伴关系的基础。这个过程构成了企业进行组织、管理和规划的战略层，需要大量的高级信息技术的支持。于是工作流技术成为了一个迫切需要解决的问题。设计一个能够提高供应链管理效率、提高事务处理效率的有效工具，支持企业内部和企业之间工作以及进行日常处理的系统是有必要的。

（六）国外制造业物流发展的启示

自20世纪以来，国外制造业发展经历了工厂式制造阶段，少品种、大批量流水线生产阶段，精益制造阶段，以及以敏捷制造为代表的满足市场的柔性化生产阶段共四个阶段。与制造业发展相适应，国外制造业物流发展也经历了现代物流萌芽阶段、实物配送阶段、一体化物流管理阶段、供应链管理阶段共四个阶段。20世纪90年代以来，世界经济迅速发展，全球化进程逐步加快，区域经济合作紧密，制造业和物流业发展互动关系逐步增强。一方面，现代制造业的发展是现代物流的主要推动力量；另一方面，制造业物流的发展需要与制造业发展水平相适应。国外制造业物流快速发展的路径表明：制造业和物流业需要和谐发展，相互促进；信息技术发展是推动制造业物流发展的关键；全球化、外包非核心业务、降低库存、快速反应是现代制造业面临的主要问题，因此，全球采购、物流业务外包、VMI与零库存策略等新型库存管理模式以及实时物流等成为制造业物流发展的新理念；单元化技术是制造业物流管理的基础技术，是提高物流作业效率的基点；信息化物流技术是国外制造业物流发展的关键；与制造企业发展水平相和谐的先进适用的现代物流技术装备是国外制造业的普遍追求；国外先进国家制造业物流已经开始从一体化物流向供应链管理发展的阶段；国外大型的先进制造企业开始追求以敏捷制造为代表的新型制造模式变革，敏捷供应链是先进制造企业发展的最新趋势。

三、中国传统制造业企业物流现状及总体评价

（一）中国制造业的现状

1. 中国制造业在国民经济中的地位

制造业是我国国民经济活动的主体产业，也是国民经济的支柱产业，在国民经济中占据着十分重要的地位。这主要表现在以下三个方面：一是制造业国民经济重要的组成部分。特别是改革开放以来，中国制造业发展很快，制造业增加值占 GDP 的比重在不断提高，在国民经济发展中具有举足轻重的地位。据国家统计局统计，制造业增加值在国内生产总值（GDP）中所占的比重一直保持在 30% 左右。二是制造业是我国财富积累和扩大就业的主要产业。根据第一次经济普查数据，2004 年全国制造业工业总产值为 19.4 万亿元，占全年工业总产值比例为 87.25%，制造业主营业务税金为 16.3 万亿元，占 88.1%；我国财政收入的一半以上来自制造业，制造业吸收了一半的城市就业人口、一半的农村剩余劳动力；自 20 世纪 90 年代以来，工业制造产品在我国出口贸易产品结构中取代大量初级产品，比重已占到 80% 以上，创造了 3/4 的外汇收入。三是制造业是发挥后发优势实现跨越发展战略的中坚力量。在工业化过程中，制造业是推动经济发展的决定性力量。世界经济发展的实践表明，在此阶段，制造业会推动国民经济进入一个较长的高速增长期，而经济的高速增长也会为生产力实现跨越式发展提供机遇，会推动制造业物流等生产性服务业及其他相关产业的快速发展。同时制造业物流的快速发展又为制造业的进一步发展提供保障。

2. 中国制造业发展与制造业物流的演变

新中国成立以来，我国制造业随着国家不同阶段的经济管理方式改变而改变，大体经历了四个主要阶段：

第一阶段：1949～1978 年，国民经济的计划管理时期，制造业尚处在小规模低水平的生产阶段。这一时期无论是物质产品还是生产设施都很短缺，从原材料供应到产品生产、销售都受到政府部门严格的计划控制。由于这一阶段的特殊性，由此形成了我国制造业小而全、大而全，原材料供应、产品生产、运输、调拨销售各环节由专门成立的政府部门分头计划管理的条块分割，物流运作模式体制性缺陷延续至今。

第二阶段：1978～1993 年，我国处于从计划经济向商品经济转化的时期，市场仍处于相对短缺的卖方市场，企业发展的重点是生产资源型的扩张，即生产设备的大量投入和生产能力的提高。这一时期的物流运作模式，总体上依然沿袭计划管理的模式，但开始向企业自主定价、自主运作的方向转化。

第三阶段：1994～2001 年，是我国从商品经济向市场经济过渡的时期，也是企业生产模式的转变时期，即从大批量少品种向多品种小批量或大规模定制生产转换以适应卖方市场向买方市场的转变，企业在管理技术方面不断革新，如采用 JIT、MRP、KANBAN、MRPⅡ，部分企业还采用 ERP 等来组织企业生产和加强管理，企业发展的重点是资本运营和低成本规模扩张。由专门的政府部门和国有经济形式管理运作的道路、水

路运输企业等，逐步脱离政府体制，向市场化、社会化、民营化方向转变。

第四阶段：从2002年开始到今后一段时间，我国加入WTO，参与国际一体化进程的时期。随着国际制造业向我国转移，外商投资企业的不断增加，我国制造企业之间的竞争焦点从价格竞争的同时，产生了向适应市场需求、客户快速反应、准时供货等方面的竞争，传统的物流运作模式受到更加广泛的挑战，现代物流理念和先进的物流管理技术开始成为现代企业发展战略的重要内容。传统运输、仓储、贸易流通企业等，开始向多功能、综合型、一站式现代物流服务企业发展。

（二）中国制造业企业物流现状

制造业物流发展状况一方面取决于制造业本身的发展情况，另一方面又取决于现代物流发展程度。近几年，随着我国市场经济行为的深化、产业结构的逐步升级，制造业和现代物流业的互动关系得到加强，制造业企业物流水平逐步提高。一方面，制造业的改造升级释放了大量的物流需求；另一方面，物流业的发展推动了制造业升级。总的来看，目前我国制造业物流处于由实物配送（Distribution）向一体化物流（Logistics）过渡阶段。其发展的特征和趋势：一是物流需求快速增长、规模快速扩大，占社会物流总额比重提高；二是物流业务发展正在由生产、销售环节向采购环节迅速扩展，部分企业开始向回收（循环）物流发展；三是物流发展目标开始由加快销售、降低销售成本，向整体优化、提高企业效率、降低整体物流成本转变；四是物流发展的行业特征越来越明显，精细化、专业化的趋势开始显现；五是制造业企业普遍拥有一定数量的物流基础设施；六是物流外包增加、专业化程度提高，制造业企业与物流企业联合开始趋势化；七是现代物流技术与产品在企业物流作业中开始得到应用；八是物流信息化的认识明显提高，在制造业企业物流中发挥越来越关键的作用。

1. 制造业物流需求快速增长、规模快速扩大，占社会物流总额比重提高

中国制造产业的升级，主导了物流需求的释放，也直接影响着制造业物流市场的行业布局和需求结构。近年来，伴随我国现代物流迅速发展，制造业物流规模逐步扩大，制造业物流总额在社会物流总额中所占比重最大并逐年提高，制造业内部各行业之间物流需求分布不平衡。据中国物流信息中心数据，2005年，我国制造业物流总额为359004亿元（除特别说明，均为现价），比上年增加26.9%，增速快于同期社会物流总额增长速度1.7个百分点。制造业物流总额占社会物流总额比例为74.7%，比例比上年提高了1个百分点。

制造业物流总额在社会物流总额中不仅比重最大，而且增长最快。2005年，制造业物流总额比上年增长26.9%，分别高于农产品物流额、进口货物物流额、再生资源物流额、居民物流额同期增速20.4个、10.5个、11.2个、19.0个百分点，而同期全国社会物流总额比上年增长25.2%，增速也比制造业物流总额低1.7个百分点。由此可见，社会物流总额快速增长主要由制造业物流发展带动。

另外，制造业内部各行业之间物流需求分布不平衡。在制造业物流额的构成中，机械制造业物流额所占比例最大，为40.3%，所占比例较大的行业还有黑色金属冶炼及压延加工业、化学原料及化学制品制造业和交通运输设备制造业，比例分别为9.2%、7.5%、6.8%（见表3）；所占比例较小的有印刷业和记录媒介的复制业、家具制造业、

文教体育用品制造业、废弃资源和废旧材料回收加工业，比例均在1.0%以下。

表3　　2004～2005年制造业主要行业物流额及增长情况

行业种类	2004年	2005年	增长（亿元）	比重（%）
制造业合计	282913	359004	26.9	100
黑色金属冶炼及压延加工业	25432	33006	29.8	9.2
石油加工、炼焦及核燃料加工	13423	18146	35.2	5.1
化学原料及化学制品制造业	20370	26762	31.4	7.5
机械制造业	77332	96846	25.2	40.3
交通运输设备制造业	21295	24459	14.9	6.8
有色金属冶炼及压延加工业	9200	12419	35.0	3.5
纺织业	16994	21526	26.7	6.0
烟草制品业	3866	4282	10.8	1.2
非金属矿物制品业	14555	18219	25.2	5.1
医药制造业	4746	6012	26.7	1.7

注：表中比重为2005年各行业物流额在制造业物流额中所占比重

资料来源：全国第一次经济普查年鉴（2005年）、中国物流信息中心

2. 物流业务发展正在由生产、销售环节向采购环节迅速扩展，部分企业开始向回收（循环）物流发展

我国制造企业为提高整体效益，增强国际竞争力，已经开始培育现代物流理念、利用现代物流技术和工具，其物流业务发展正在由生产、销售环节向采购环节迅速扩展，部分企业开始向回收（循环）物流发展。

制造业企业物流成本发生于包括采购、生产、销售各环节在内的生产经营全过程。只有对所有环节的物流费用进行有效的控制，才能使企业的物流总成本最低、物流效率最优。在传统制造业物流活动中，采购环节通常不被重视，而事实上采购环节又是最有成本节约空间的环节。在竞争日趋激烈的市场中，增加制造业企业销售额一般是比较困难的，而物流成本下降则相对容易，由此可见，降低物流采购成本十分重要。通过招标采购，制造企业可以有效地降低物流采购成本，避免采购过程中的浪费。

我们在这次调查中就看到，沈阳华晨金杯汽车有限公司就已经开始采用订单采购物流管理。其采购活动是以订单驱动的：制造订单的产生是在用户需求订单的驱动下产生，制造订单驱动采购订单，采购订单再驱动供应商。这样，华晨金杯汽车有限公司实现了低成本、准时化的采购物流，并与生产中的实时物流和专业化的销售物流进行优化整合，形成以企业为整体的一体化物流体系，推动了企业整体效率和效益提高。据我们了解，目前国内一些主要汽车企业，如上海大众、一汽大众等都普遍采用这种准时有效的一体化物流管理的模式。

3. 物流发展目标开始由加快销售、降低销售成本，向整体优化、提高企业效率、降低整体物流成本转变

在一体化物流管理模式下，物流的本质是以满足消费者的需求为目标，把采购、制造、运输、销售等市场情况统一起来考虑的一种战略措施，通过信息存储、运输、存货、仓储、装卸搬运和包装等现代物流手段按尽可能低的成本，将产品在各级流通节点之间传送。从我们的调查情况看，目前，已经有一些制造行业的物流发展的目标开始由加快销售、降低销售成本，向整体优化、提高企业效率、降低整体物流成本转变。我们这次调研中，燕山石化就提出了整体优化的要求。在传统石化企业物流活动中，企业往往只重视加快销售、降低销售成本，注重加强和改善企业产品销售绩效的提升，但在生产、原材料供应等环节的物流管理还相对落后，使得企业内部物流管理脱节，效率不高，整体物流成本仍然居高不下。目前，实施物流整体优化后，燕山石化成品油的销售配送可以直达最终用户——加油站，其物流管理模式基本与国外接轨。因此以燕山石化为代表的许多石化企业开始提出整体优化、降低企业整体物流成本的物流管理的目标，我们认为这在制造业具有较好的代表性，充分说明制造业企业物流管理理念在提升，对推进我国制造业现代物流向前发展，改造升级传统制造业具有重要意义。

4. 物流发展的行业特征越来越明显，精细化、专业化的趋势开始显现

通过这次调研，我们看到制造业物流发展由粗放式物流管理向精细化、专业化管理转变的趋势明显加快，物流发展的行业特征越来越明显。例如我们在这次调查中就了解到，辽宁省大连海洋渔业集团公司（简称辽渔集团）近年来为了适应客户和市场的需要，特别是适应产品出口日本、韩国等国家的要求，根据水产行业的特点和产品的特征，着力加强水产品物流和冷冻储藏业务，打造冷链物流管理体系，提高企业核心竞争力。目前辽渔集团已经成为中国东北地区最大的冷冻、冷藏基地，国内外客户达500多家，冷库年吞吐量达到了43万吨的规模。辽渔集团冷冻厂已拥有功能齐全的大型现代化冷藏库五座，总资产1.2亿元，向客户提供水产品的冷冻粗加工及其他食品的快速降温或速冻服务，向客户提供良好的货物冷藏环境、快捷方便的货物装卸服务。先进可靠的设备和设施，持续保证在正常的技术状态和安全状态下运行，保证货物的质量和安全；利用微机实现了电脑化专业冷藏库管理和库房温度的自动测试、记录和储存。通过现代物流的建设，形成具有水产行业特点的冷链物流管理体系，明显提高产品的质量，最大限度地满足了客户的要求，使得企业的核心竞争力明显加强，企业的经济效益也明显增强。在未来若干年内，在东北地区很难有企业在冷产品物流和冷藏市场能与辽渔集团全面抗衡。事实上，在这次调研中，我们了解到有很多类似辽渔集团的企业正在根据本行业的特征和市场需求来改造和构建自身的物流管理体系，推动了制造业物流加快由粗放式管理向精细化、专业化物流管理转变，由此也推动了诸如冷链物流、危险品物流等专业型物流的快速发展。

5. 制造企业普遍拥有一定物流基础设施，内资企业平均规模远大于外资企业

长期以来，我国传统制造业由于受“大而全”、“小而全”的观念影响，在物流管理和运作上习惯于自成体系，自我服务，集中表现为集约化程度较低，内部物流基础设施规模较大。全国第二次物流统计调查资料显示，制造企业普遍拥有一定物流基础设

施。2005年制造业重点调查企业平均使用仓储面积为12万平方米，其中：平均自有仓储面积为7.2万平方米，占平均使用仓储面积的60.1%，平均租用仓储面积4.8万平方米，占39.9%；重点调查企业货运车辆平均拥有量为58辆，装卸设备35台（见表4）。同时，据调查资料，制造业重点大类行业中黑色金属冶炼及压延加工业、有色金属冶炼及压延加工业和烟草制品业平均规模又大于其他行业。

表4　　2005年制造业重点调查行业物流设施基本情况

行业种类	使用仓储面积（平方米）	自有仓储面积（平方米）	租用仓储面积（平方米）	货运车辆（辆）	装卸设备（台）
制造业合计:	120208	72490	48118	58	35
黑色金属冶炼及压延加工业	218357	210087	8270	147	115
石油加工、炼焦及核燃料加工	132955	130715	2240	61	49
化学原料及化学制品制造业	304253	55808	248445	22	16
机械制造业	15446	14320	1127	19	43
交通运输设备制造业	45733	39026	6707	25	40
有色金属冶炼及压延加工业	201815	86276	115540	138	72
纺织业	11413	10585	828	4	2
烟草制品业	159446	115174	44272	41	22
非金属矿物制品业	52566	49964	2602	24	34
医药制造业	15605	12615	2991	15	4

注：机械制造业物流额由通用设备制造业、专用设备制造业、电气机械及器材制造业、通信设备、计算机及其他电子设备制造业和仪器仪表及文化、办公用机械制造业物流额汇总构成（下同）

资料来源：全国第二次物流统计调查（2006年）

我国制造业企业内部物流基础设施不仅规模较大，而且在物流基础设施拥有量方面内资企业和外资企业之间区别表现得非常明显。据全国第二次物流统计调查资料，2005年制造业内资企业重点调查企业平均使用仓储面积为14.1万平方米，其中：平均自有仓储面积为8.2万平方米，平均租用仓储面积为5.9万平方米，而同期外资企业平均使用仓储面积、自有仓储面积和租用仓储面积为2.9万平方米、2.4万平方米和0.5万平方米，内资企业各类仓储面积分别是外资企业的4.9倍、3.4倍和12.3倍；重点调查内资企业货运车辆平均拥有量为66辆，装卸设备为38台，分别是同期外资企业的3.7倍和1.5倍（见表5）。

表5　内资企业和外资企业物流基础设施对比

项目	仓储面积合计（平方米）	自有仓储面积（平方米）	租用仓储面积（平方米）	货运车辆（辆）	装卸设备（台）
内资企业	141356	81999	59357	66	38
外资企业	28943	24098	4845	18	25
内资/外资	4.9	3.4	12.3	3.7	1.5

注：外资企业是指中外合资经营企业、中外合作经营企业、外资（即外商独资）企业、外商投资股份有限公司和港澳台资企业

资料来源：全国第二次物流调查（2006年）

制造企业普遍拥有一定物流基础设施的调研结论说明，我国发展制造业物流要走中国特色的道路，不能盲目学习国外发达国家整体外包物流业务的经营战略。中国发展制造业物流，必须结合现有制造业发展现实，充分利用现有物流基础设施，实现物流资源最优配置。

6. 物流业务外包增加、专业化程度提高，制造业企业与物流企业联合趋势明显

制造业企业物流外包表现出来的特点是：物流业务外包增加、专业化程度提高，但物流业务整体外包较少，运输外包比重较大。由于目前我国物流外包业务在统计上暂时缺乏统一的量化指标，目前只有专门对运输业务外包情况进行专门调查。据第二次全国物流调查数据显示，企业运输业务主要靠外包来完成。2005年，在所调查企业完成的30054万吨货运量中，货主企业自我完成的只有9900万吨，占总量的32.9%，委托第三方完成的达20153万吨，占67.1%。这一比例比上年提高了近2.5个百分点。由于产品结构的差异，各行业物流外包需求各不相同。据调查资料显示，2005年运输业务外包比例最大的行业是非金属矿物制品业、烟草制品业和黑色金属冶炼及压延加工业等行业，其货物运输外包比例分别达到89.6%、87.6%、83.5%、81.3%、73.1%（见表6）。

表6　调查制造企业运输业务外包分行业情况　（单位：%）

行业种类	2004年	2005年
黑色金属冶炼及压延加工业	73.02	73.11
石油加工、炼焦及核燃料加工	49.25	46.25
化学原料及化学制品制造业	61.03	61.22
机械制造业	68.26	71.09
交通运输设备制造业	63.66	58.93
有色金属冶炼及压延加工业	30.78	36.54
纺织业	49.98	47.29

续 表

行业种类	2004 年	2005 年
烟草制品业	74.42	81.29
非金属矿物制品业	78.06	89.56
医药制造业	53.77	65.91
工业合计	63.95	66.41

注：工业合计数包括黑色金属冶炼及压延加工业、石油加工、炼焦及核燃料加工、化学原料及化学制品制造业、机械制造业、交通运输设备制造业、有色金属冶炼及压延加工业、纺织业、烟草制品业、非金属矿物制品业、医药制造业以及煤炭采掘等行业

资料来源：第二次全国物流统计调查（2006 年）

同时，制造企业与物流企业联合趋势明显。近年来，辽宁本溪钢铁集团（以下简称本钢集团）与中国远洋运输集团签订战略合作协议，确定本钢集团出口的钢材均由中远以优惠价格负责海运，同时，本钢集团进口的铁矿石也交给中远运输，该集团的海运业务基本全部外包给中远集团。由于中远集团物流业务具有规模效应，双方实现“双赢”的局面。目前，制造企业和物流企业实现战略合作、资源共享已经形成一种有利趋势。

7. 物流信息化认识明显提高，在制造业企业物流中发挥越来越关键的作用

物流信息化就是利用信息技术整合物流业务流程与物流资源，实现信息标准化和数据库管理、信息传递和信息收集电子化、业务流程电子化，进而实现规模化经营、网络化运作管理过程。随着我国近几年物流业的蓬勃发展，物流信息化受到了普遍重视，物流行业信息化投资规模不断扩大，物流信息技术装备水平有了较大提高。据第五次中国物流市场供需状况调查资料显示，我国大型制造企业现场物流采用看板管理的占 25%，采用 JIT 配送的占 11%，采用原材料直送工位的占 44%，采用精益化物流管理的占 6%，采用条形码信息系统的占 13%，采用了企业集成化物流系统的比例为 13%，与第四次调查相比，企业物流系统有较大改善（见图 3）。

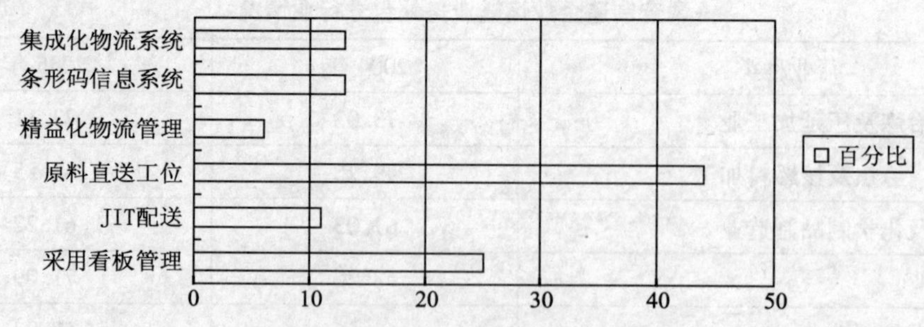

图 3 制造企业生产线物流系统情况

资料来源：第五次中国物流市场供需状况调查报告（2006 年）

我国重点制造企业在物流系统改善过程中，采用一体化物流管理的企业占23%，实施了供应链管理优化的企业占18%，原材料采购采用招标采购措施的企业占37%，采纳物流业务外包的企业占49%，实施ERP信息化管理的企业占47%，进行了业务流程优化的企业占29%，采纳了其他各种物流改善措施的企业占31%（见图4）。

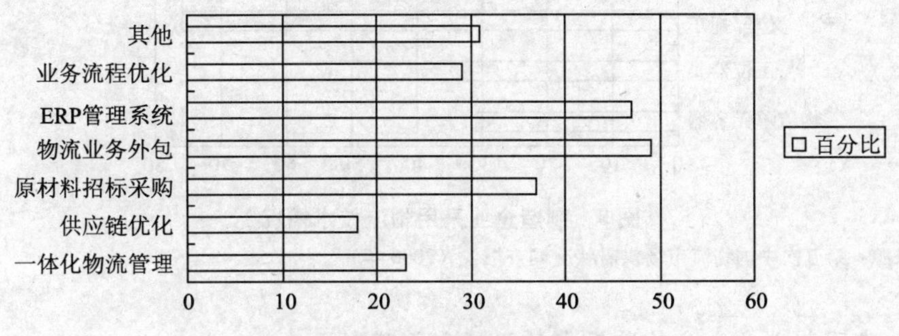

图4　制造企业物流改善措施情况

资料来源：第五次中国物流市场供需状况调查报告（2006年）

物流信息化整合了制造业资源，促进了制造企业供应链各环节之间协调运行，减少了"牛鞭效应"，提高了物流系统的快速反应能力，改善了物流系统的时空效应，节约了物流成本。物流信息化是提升我国制造业物流现代化水平，实现跨越式发展的核心途径。推动物流信息化，对促进我国制造业物流的发展，提高国民经济运行的质量和效率，具有重要意义。

8. 现代物流技术与产品在企业物流作业中开始得到应用

21世纪，以信息技术为代表的现代科学技术的发展对现代制造业提出了更新、更高的要求，也更加突出了现代物流业作为制造业升级推动力量在社会技术进步和产业升级中的重要作用。作为国民经济增长和技术升级的原动力，制造业特别是装备工业将伴随包括物流业在内的新兴产业的发展而共同进步，制造企业现代物流技术将向智能化、柔性化、网络化、精密化、绿色化和全球化方向发展。

现代信息技术对制造业企业物流组织的影响，将导致新的物流组织的出现，而且促使物流组织的层次也在不断提高。20世纪80年代以前，是以企业内部信息管理系统为基础的企业内部一体化物流组织；到80~90年代EDI技术出现以后，特别是第三方物流企业出现以后，则可以概括为以电子数据交换技术或EDI为基础的专业化的物流组织，即专业化物流部门或早期的第三方物流企业，现代物流技术的发展对制造业物流的发展和创新的影响是非常明显的。

第五次中国物流市场供需状况调查报告显示，我国大型制造企业在物流作业中采纳了许多现代化物流技术与装备，其中采用了物流集装单元化技术，使用物流单元化容器的企业占31%，使用工位器具的企业占67%，使用叉车/拖车等搬运设备的企业占76%，采用吊车/起重机的企业占27%，生产线采用了连续自动输出线的企业占46%，采用自动包装与码垛技术的企业占19%，采纳其他物流技术的企业占28%（见图5）。

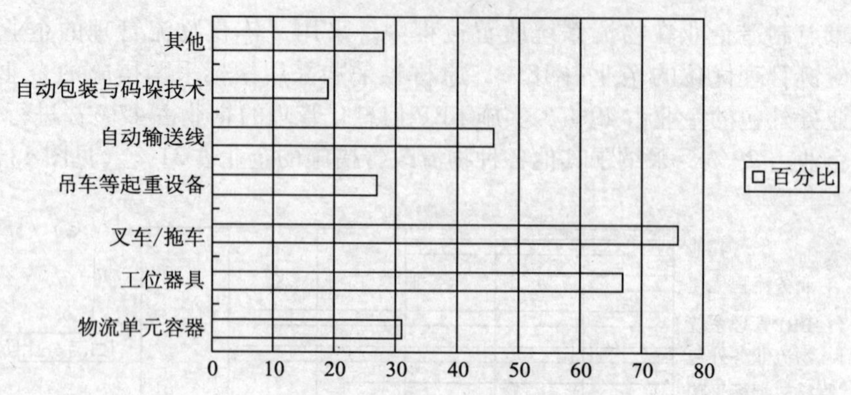

图5　制造企业采用物流技术情况

资料来源：第五次中国物流市场供需状况调查报告（2006年）

（三）中国制造业企业物流存在的问题和差距

1. 中国制造业与发达国家的差距与问题

我国制造企业在经过了四次改造后，生产方式上已有了明显的改进，机械化、自动化的水平逐步提高。相当多的制造企业，尤其是大中型制造企业采用少品种、大批量生产方式，同时有相当一部分企业已经进入精细生产和多品种、小批量生产时期。但总体看，仍远落后于发达国家。与国外先进工业化国家相比，中国制造业整体规模还不大，实力还不强，还存在不少问题。用三个字概括，就是“小、散、差”。

（1）企业规模普遍偏小。据国家统计局统计，2005年我国共有国有及规模以上（年主营业务收入在500万元以上）非国有制造业企业25.1万家，这些企业的资产总值合计为18.3万亿元，平均每个企业的资产总值仅为7279万元。而据日本统计局统计，2003年，日本规模以上（50人以上或资产总额3000万日元，约420万元人民币）制造企业的平均资产总值折合成人民币（以下同）为157513万元，相当于我国制造业的21.6倍。在两国均有数据的行业中，均以石油加工、炼焦及核燃料加工业企业的资产规模最大，中国企业的平均资产规模约为3.3亿元，日本企业平均为114.6亿元，相当于我国企业的35.2倍。两国间企业平均资产规模差距最大的是饮料制造业企业，我国平均不到1亿元，日本平均为35.9亿元，相当于我国企业的36倍。差距最小的是钢铁企业，我国平均为2.9亿元，日本平均为28.1亿元，相当于我国企业的9.9倍（见表7）。

表7　　中日制造业企业平均资产规模比较

行业种类	中国（万元）	日本（万元）	日企为中企倍数
制造业	7279	157513	21.6
食品制造业	5858	65604	11.2
饮料制造业	9985	359450	36.0
纺织业	4589	56003	12.2

续 表

行业种类	中国（万元）	日本（万元）	日企为中企倍数
纺织服装、鞋、帽制造业	2688	29395	10.9
木材加工及木、竹、藤、棕、草制品业	2481	42665	17.2
造纸及纸制品业	6246	127280	20.4
印刷业和记录媒介的复制业	3673	63419	17.3
石油加工、炼焦及核燃料加工业	32617	1146497	35.2
化学原料及化学制品制造业	8108	287150	35.4
塑料制品业	3681	69740	18.9
非金属矿物制品业	5157	91436	17.7
黑色金属冶炼及压延加工业	28502	281177	9.9
有色金属冶炼及压延加工业	12724	248449	19.5
金属制品业	3455	63655	18.4
通用设备制造业	4948	129458	26.2
交通运输设备制造业	14236	292951	20.6
电气机械及器材制造业	7199	114396	15.9
通信设备、计算机及其他电子设备制造业	20369	654486	32.1
仪器仪表及文化、办公用机械制造业	5979	78290	13.1

注：中国为2005年数据，日本为2003年数据

资料来源：根据第一次全国经济普查、《2006中国统计年鉴》、《2006日本统计年鉴》资料计算

（2）产业集中度低。据第一次全国经济普查资料显示，2004年全国共有制造业企业132.9万家，其中资产总额500万元以下的达105.6万家，占全部制造业的79.4%，500万元以上的有27.3万家，占全部制造业的20.6%，亿元以上的只有2.4万家，仅占全部制造业的1.8%。在重点行业中，只有垄断性极强的烟草行业的产业集中度较高，亿元以上企业占到47.7%，医药制造业占到8.6%，通用设备制造业只占到1.2%（见表8）。

表8　　我国制造业企业产业集中度情况

行业种类	企业法人（个）				比重（%）		
	单位数（家）	500万元及以下	500万元以上	1亿元以上	500万元及以下	500万元以上	1亿元以上
制造业	1328948	1055512	273436	24323	79.4	20.6	1.8

续 表

行业种类	企业法人（个）				比重（%）		
	单位数（家）	500 万元及以下	500 万元以上	1 亿元以上	500 万元及以下	500 万元以上	1 亿元以上
食品制造业	32174	25766	6408	543	80. 1	19. 9	1. 7
饮料制造业	27178	22456	4722	685	82. 6	17. 4	2. 5
烟草制品业	308	86	222	147	27. 9	72. 1	47. 7
纺织业	87342	63475	23867	1891	72. 7	27. 3	2. 2
石油加工、炼焦及核燃料加工业	7697	5325	2372	482	69. 2	30. 8	6. 3
化学原料及化学制品制造业	79845	60410	19435	2000	75. 7	24. 3	2. 5
医药制造业	12213	5931	6282	1055	48. 6	51. 4	8. 6
非金属矿物制品业	165562	142460	23102	1761	86. 0	14. 0	1. 1
水泥、石灰和石膏的制造业	13454	7481	5973	697	55. 6	44. 4	5. 2
黑色金属冶炼及压延加工业	21812	14560	7252	1084	66. 8	33. 2	5. 0
有色金属冶炼及压延加工业	16053	10909	5144	684	68. 0	32. 0	4. 3
通用设备制造业	118985	97302	21683	1476	81. 8	18. 2	1. 2
专用设备制造业	58471	45377	13094	1066	77. 6	22. 4	1. 8
交通运输设备制造业	56529	43720	12809	1698	77. 3	22. 7	3. 0
汽车制造	39496	30974	8522	1134	78. 4	21. 6	2. 9
电气机械及器材制造业	63475	46033	17442	1773	72. 5	27. 5	2. 8
通信设备、计算机及其他电子设备制造业	29058	18244	10814	2048	62. 8	37. 2	7. 0
仪器仪表及文化、办公用机械制造业	17504	12875	4629	408	73. 6	26. 4	2. 3

资料来源：第一次全国经济普查年鉴（2005 年）

（3）差。

①劳动生产率还比较低。据第一次全国经济普查资料计算，2004 年我国制造业人均生产总值为 24 万元，同期日本制造业人均生产总值折合人民币为 235 万元，我国人均生产总值仅相当于日本的 1/10。

②传统企业的产品市场辐射能力差。受体制性局限和物流网络不配套等多方面因素的影响，我国传统制造企业产品的市场辐射能力都较小，大多数只能在本地区销售，能出省、能出国的少。改革开放二十多年来，我国工业品出口有了快速发展，中国产品在国际市场的份额与影响力有了明显提升，尤其是中国加入世贸组织的 5 年来，更是呈现

高速增长。但这种增长主要是靠外商和中国港澳台商投资企业实现的，内资企业的份额非常有限。据第一次全国经济普查资料计算，2004 年我国工业企业完成的 4.2 万亿元出口交货值中，占全国工业企业总数92.3%的内资企业仅占29%，只占企业总数7.7%的外商和中国港澳台商投资企业却占 71%（见表9）。

表 9　　制造业流动资产周转次数

行业种类	流动资产周转次数（次/年）
制造业总计	2.4
农副食品加工业	3.6
食品制造业	2.4
饮料制造业	1.9
烟草制品业	1.4
纺织业	2.5
石油加工、炼焦及核燃料加工业	4.7
化学原料及化学制品制造业	2.5
医药制造业	1.6
塑料制品业	2.2
非金属矿物制品业	2.1
黑色金属冶炼及压延加工业	2.8
有色金属冶炼及压延加工业	2.7
金属制品业	2.3
通用设备制造业	1.7
专用设备制造业	1.6
交通运输设备制造业	1.8
电气机械及器材制造业	2.0
通信设备、计算机及其他电子设备制造业	2.4

资料来源：第一次全国经济普查年鉴（2005 年）

③流通效率低，资金周转慢。据中国统计年鉴和第一次全国经济普查数据，2004 年我国制造业流动资产周转次数为 2.4 次/年，虽与 2000 年相比已有较大提高，但仍远远低于日本制造业年均 15 ~ 18 次，沃尔玛、家乐福等 20 ~ 30 次的先进水平。

④库存大、比例高。由于我国制造业发展相对滞后，导致目前我国制造业物流活动仍然处于分散管理的阶段，采购、制造、运输、仓储、代理、配送、销售等环节彼此分割，企业追求各环节的低价位竞争，而不是整体效率的提高，导致企业内部的物流管理缺乏统一性、协调性，物流管理还比较落后，基本还处于传统配销阶段。与国外发达国家相比，还存在一定差距和问题（见表10）。

表10　　2004年我国主要制造行业企业库存率

行业种类	工业产值库存率（%）
制造业总计	14.65
食品制造业	12.82
饮料制造业	21.43
烟草制品业	35.03
纺织业	14.76
造纸及纸制品业	13.51
石油加工、炼焦及核燃料加工业	9.74
化学原料及化学制品制造业	12.45
医药制造业	17.35
非金属矿物制品业	13.21
黑色金属冶炼及压延加工业	14.24
有色金属冶炼及压延加工业	14.95
通用设备制造业	19.33
专用设备制造业	23.38
交通运输设备制造业	17.81
电气机械及器材制造业	15.58
通信设备、计算机及其他电子设备制造业	11.50
仪器仪表及文化、办公用机械制造业	16.46

资料来源：第一次全国经济普查年鉴（2005年）

2. 中国制造业企业物流的问题与差距

（1）现代物流理念缺失，一体化物流和供应链管理应用程度较低

由于我国制造业现代物流理念的引入时间不长，不仅各方面认识还有限，而且有关制造业现代物流方面的统计信息指标数据更是严重缺失，制造企业不明，企业状况不清。政府有关方面在研究我国制造业物流产业发展情况、制定物流产业发展规划时，缺乏统计数据依据。供应链管理的应用程度较低，企业大而全、小而全，物流社会化、专业化程度较低，现有的物流设施利用率低，存在物流资源闲置与浪费现象。

(2) 物流总体水平较低，影响了企业竞争力的提升

近年来，随着现代物流的发展，我国物流整体水平逐渐提高，但生产服务业特别是物流业与制造业之间的互动发展并不明显。制造业整体上未能形成与其相应的具有效率和竞争力的物流供应链，企业的采购成本高、原材料与产成品库存量大，资金占用多且周转缓慢和周转期较长，企业的经济效率和竞争力受到很大制约。制造业物流费用率仍然高居不下。2005 年我国制造业物流费用率为 8.5%，虽然同比下降了 0.7 个百分点，但仍然远远高出日本制造业 4.8% 的平均水平①。制造业物流费用率偏高是因为我国制造业物流总体水平较低。现阶段，我国制造业物流基础设施尚不完善，物流管理水平低下；观念上不重视科学技术特别是先进物流技术在生产制造领域的应用，尤其是电子商务在提高制造业物流效率、效益和竞争力方面的重要作用，影响制造业企业竞争力的整体提升。

(3) 企业物流专业人才缺乏，物流人员业务素质较低

近几年我国很多大中专院校都设了物流专业，培养了不少物流专业人才，但由于制造业物流属于实践性很强的学科领域，一些物流专业的应届毕业生不能适应岗位的需要，没有进入物流行业，而物流行业又紧缺人才，特别是缺乏在制造技术上和商业模式上都具有创新精神的高层次复合型人才，这就造成了我国制造业物流人才的供需脱钩。我国传统制造企业物流人员主要是从企业内部运输仓储部门转换而来，业务素质较低，难以达到提供现代综合物流业务的要求。

(4) 现代物流技术应用程度较低，物流技术及管理水平与发达国家有较大差距

长期以来，我国传统制造业由于受"大而全"、"小而全"的观念影响，在物流管理和运作上习惯于自成体系，自我服务，物流技术应用程度较低，物流网络不够健全，物流系统不顺畅，集中表现为集约化程度较低、企业规模庞大，未能形成与其相应的具有效率和竞争力的产业链，企业的采购成本高、原材料与产成品库存量大，资金占用多且周转缓慢和周转期较长，企业的经济效率和竞争力受到很大制约。

另外，我国制造业技术和管理水平与发达国家有较大差距。在机械设计方面，CAD 在发达国家已经覆盖了制造业的 60%，而我国 CAD 覆盖率不到 10%；在自动化技术方面，发达国家普遍采用数控机床、加工中心，实现柔性自动化，并向智能化、集成化发展，而我国目前仍处在单机自动化、刚性自动化阶段；在管理技术方面，发达国家开发并应用了 JIT、LP、AM、CE 等新的制造模式及 MRP、MRPⅡ等管理技术，而我国制造业多重生产技术轻管理技术、重视信息化忽视集成化物流管理，特别是物流技术、人与团队之间的综合集成管理。

(5) 传统制造企业物流发展不平衡

我国传统制造业物流在多方面发展不平衡。第一，东、中、西部区域物流发展不平衡，资源型地区流出量与流入量差距很大。第二，城乡物流发展不平衡，农产品物流与农资物流发展滞后。第三，制造业内部行业物流发展不平衡，部分传统产业物流模式转型不快。第四，各物流环节发展不平衡，供应物流和生产物流的分离外包慢于销售物

① 日本物流协会：2005 年度物流调查报告书。

流。第五，基础性服务与增值性服务发展不平衡，增值性服务所占比例仍然不大，多种运输方式衔接不够，配套不好，公路运力相对“过剩”，铁路运能依然不足；普通设施设备“过剩”，特种设备、专用设备不足；物流基础设施分属不同的地方、部门和行业，缺乏有效整合和充分利用。

(6) 企业自营物流居多，物流设施利用率低

由于过去长期实行计划经济体制，我国制造企业普遍存在“大而全、小而全”的现象，在计划体制下形成的物流模式仍在影响今天的企业和社会生产。企业的原材料供应物流和产成品销售物流主要由企业自理或由供应商提供，极少由第三方来承担，根据第五次中国物流市场供需状况调查报告显示，我国制造企业原材料物流由第三方承担的仅为19%（见图6），产成品物流由第三方承担的仅为18%（见图7）。我国的中小企业委托第三方物流代理的比例更小，其自理物流的能力也相对更低。而1996年美国由第三方物流企业承担的物流业务量已经占全社会物流总量的57%。

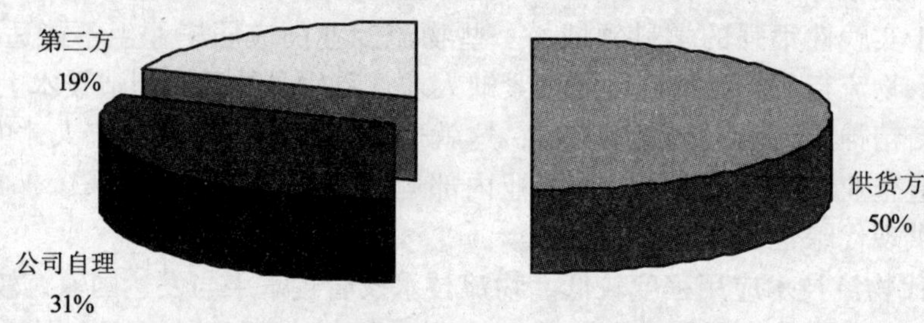

图6　工业企业原料物流执行主体分析

资料来源：第五次中国物流市场供需状况调查（2006年）

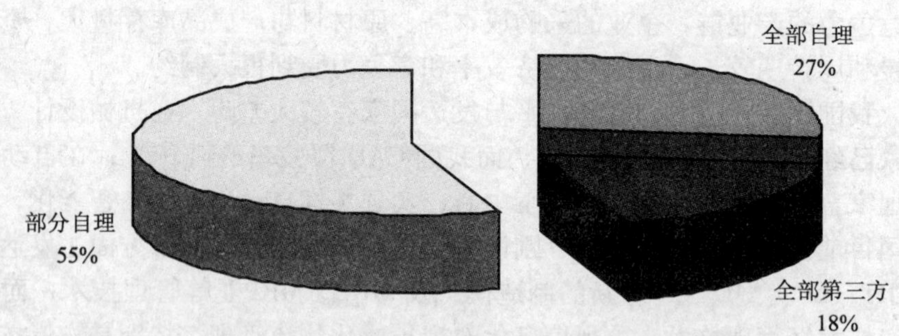

图7　生产制造企业成品物流执行主体分析

资料来源：第五次中国物流市场供需状况调查（2006年）

据第五次中国物流市场供需状况调查报告，目前在我国的生产制造企业中有49%的企业拥有自己的汽车车队、46%的企业拥有自己的仓库、48%的企业拥有机械化的装卸设施，9%的企业拥有高架库或立体库、13%的企业拥有铁路专用线。但与此相对应的是我国制造企业内部的物流资源利用率的低下，其中汽车空驶率大于50%的企业为5%，累计平均空驶率达34.7%。

(7) 制造业物流费用增长较快，占社会物流总费用比例偏高

随着我国制造业物流规模逐步扩大，制造业物流费用支出也保持较快的增长趋势，在社会物流总费用中所占比重进一步提高。根据中国物流信息中心统计，2005 年，我国制造业物流费用为 30566 亿元，比上年增长了 17.9%，增长速度高出全社会物流费用 5 个百分点；制造业物流费用不仅增长较快，而且占社会物流总费用的比例进一步提高，2005 年为 90.3%，比上年提高了 3.9 个百分点。

在制造业的主要大类行业中，医药制造业，黑色金属冶炼及压延加工业，有色金属冶炼及压延加工业，石油加工、炼焦及核燃料加工业，纺织业，机械制造业，非金属矿物制品业物流费用增长较快，增速均超过制造业 17.9% 的平均增速；化学原料及化学制品制造业、烟草制品业、交通运输设备制造业物流费用增长较慢，增速保持在 7% ~ 18% 之间。

在制造业物流费用构成中，机械制造业物流费用所占比例最大，为 23.6%，所占比例较大的行业还有非金属矿物制品业、化学原料及化学制品制造业和黑色金属冶炼及压延加工业，比例分别为 10.2%、10.0% 和 9.6%（见表 11）；所占比例较小的行业是有色金属冶炼及压延加工业、医药制造业和烟草制品业，比例在 3% 以内。

表 11　　2004 ~ 2005 年制造业主要行业物流费用及增长情况

行业种类	2004 年	2005 年	增长（亿元）	比重（%）
制造业合计	25916	30566	17.9	100
黑色金属冶炼及压延加工业	2277	2933	28.8	9.6
石油加工、炼焦及核燃料加工	996	1248	25.3	4.1
化学原料及化学制品制造业	2603	3054	17.3	10.0
机械制造业	5874	7213	22.8	23.6
交通运输设备制造业	1526	1637	7.3	5.4
有色金属冶炼及压延加工业	678	868	28.2	2.8
纺织业	1253	1548	23.5	5.1
烟草制品业	250	284	13.8	0.9
非金属矿物制品业	2619	3130	19.5	10.2
医药制造业	403	530	31.4	1.7

注：表中比重为 2005 年各行业物流额在制造业物流额中所占比重

资料来源：全国第一次经济普查年鉴（2005 年）、中国物流信息中心

(8) 物流费用率呈下降趋势，非金属矿物制品业、化学原料及化学制品制造行业仍然偏高

据第一次全国经济普查数据和第二次全国物流统计调查数据计算，2005 年制造业物流费用率为 8.5%，比上年下降 0.65 个百分点。各个大类行业的物流费用水平普遍

有所降低，物流费用占工业品物流额的比重即物流费用率普遍下降到10%以内。这反映随着我国现代物流的发展，制造业社会物流效率整体上提高了。尽管如此，我国物流费用率总体上仍然偏高。2005年8.5%的物流费用率高出日本同期水平3.7个百分点。

分行业看，物流费用率较高的仍然是非金属矿物制品业、化学原料及化学制品制造业、黑色金属冶炼及压延加工业和医药制造业，2005年分别为17.2%、11.3%、8.9%和8.8%，均远高出同期制造业的平均水平；机械制造业，纺织业，有色金属冶炼及压延加工业，石油加工、炼焦及核燃料加工业，交通运输设备制造业和烟草制品业，这些行业的物流费用占销售额比例相对较低，都低于行业平均水平（见表12）。

表12　　2004～2005年制造业主要行业物流费用率及变化情况　　（单位：%）

行业种类	2004年	2005年	增长率
制造业合计	9.16	8.51	-0.65
黑色金属冶炼及压延加工业	8.95	8.89	-0.06
石油加工、炼焦及核燃料加工业	7.42	6.88	-0.54
化学原料及化学制品制造业	12.78	11.41	-1.37
机械制造业	7.60	7.45	-0.15
交通运输设备制造业	7.16	6.69	-0.47
有色金属冶炼及压延加工业	7.36	6.99	-0.37
纺织业	7.37	7.19	-0.18
烟草制品业	6.46	6.64	0.18
非金属矿物制品业	18.00	17.18	-0.82
医药制造业	8.50	8.82	0.32

资料来源：全国第一次经济普查年鉴（2005年）、中国物流信息中心

四、中国发展制造业物流的基本思路

（一）发展制造业物流是我国现阶段生产力发展的客观要求

中国制造业发展水平具有多层次、多元化发展特征，既有国际上最先进的外商独资、合资企业，也有国内先进的制造企业，更有仅仅相当于国际上20世纪五六十年代水平的制造企业，因此制造业物流的发展水平与特点也是多层次的。“十一五”规划明确提出“加快发展先进制造业”、“大力发展物流业”，在将来的一段时期，我国将着重加快转变经济增长方式；提升我国工业整体技术水平和综合竞争力，促进制造业由大变强；促进我国产业升级、调整优化产品结构、企业组织结构和产业布局。发展制造业物流应该借鉴国际经验，具有系统思维和和谐发展思路，追求先进适用的现代物流技术与理念。总的来看，发展制造业物流在新的历史时期显得迫切需要，是我国生产力发展的客观要求。

1. 改变我国经济增长方式需要大力发展制造业物流

转变经济增长方式、提高经济增长质量是我国推进工业化进程中必须解决的关键性问题。长期以来，我国经济增长重生产、轻物流，重速度、轻效益，重规模、轻质量。在经济高速增长的同时，资源和环境的压力不堪重负。实施物流现代化改造，将使各类制造企业在物流系统的支撑下，对企业各个物流环节集成整合，一体化运作，使产品和服务贴近用户、贴近市场，通过物流环节降低成本，加快周转，不但可以达到转变经济增长方式、提高经济增长质量与效益的目的，还可以提高资源的利用率，促进资源的再循环，同时对人流、物流、资金流以及信息流具有优化作用，降低由此而产生的资源消耗。

加快制造企业物流现代化改造，将打破我国制造企业长期存在的“自成体系”、“自我服务”、“大而全”、“小而全”的传统观念，转变生产组织形式和经济增长方式，全面提升我国制造企业的国际竞争力。

2. 走新型工业化道路需要大力发展制造业物流

党的十六大报告指出，坚持以信息化带动工业化，以工业化促进信息化，走出一条科技含量高、经济效益好、资源消耗低、环境污染少、人力资源优势得到充分发挥的新型工业化路子。制造企业通过物流现代化改造可以推动企业内部流程改造，实现物流一体化管理，建立企业信息平台，提高企业物流信息化水平，从而逐步实现走信息化、可持续发展、集约型、高收益的新型工业化道路，以先进的信息技术改造和提升传统产业，以信息化带动工业化，以工业化促进信息化，充分发挥后发优势，实现生产力跨越式发展。

3. 提高企业竞争力需要大力发展制造业物流

20 世纪 60 ~70 年代，发达国家的企业大多把追求利润的竞争焦点放在生产领域，千方百计降低物资资源获取“企业的第一利润源泉”，通过提高劳动生产率获取“企业的第二利润源泉”。然而，生产领域的这两个“利润源泉”，都受到科学技术发展水平的制约，现在基本上无利可取。

进入 20 世纪 80 年代，面对全球激烈的市场竞争的挑战，人们开始把探寻利润的目光从生产领域转向非生产领域，惊奇地发现创造物流价值的成本相当高昂，企业生产经营中的浪费仍然十分突出。自 80 年代以后，作为“企业的第三利润源泉”的物流，就成为市场竞争的一个新焦点，受到理论界和实务界的高度重视。

良好的物流管理体系对企业竞争力的提高起着关键的作用，物流管理水平的提高不但可以挖掘企业利润，降低经营成本，同时也可以提高客户满意程度，扩大销售，提高市场占有率，最终增加企业的利润、提高企业的竞争力。

4. 提高我国装备制造业水平需要大力发展制造业物流

我国装备制造业目前总体水平不高，主要原因除技术改造乏力、研发能力不强、思想观念落后、企业机制不活、政策环境较差、社会负担过重等因素外，另一个重要原因就是我国装备制造业产品的数字化、智能化、信息化程度低，满足不了国内各行业对工业设备要求不断提高的需求。党的十六大报告提出：“用高新技术和先进适用技术改造传统产业，大力振兴装备制造业。”装备制造业是整个工业生产的母机，装备制造业的发展发达，是增强现代工业竞争力的基础，也是整个国民经济生产水平现代化的基础。可以通过对制造企业的物流现代化改造来解决我国装备制造业的技术落后、低水平生产能力过剩、高水平生产能力严重不足等问题，同时提高我国装备制造业整体的研发、生产、管理、贸易、信息流、资金流和现代物流等各方面的竞争能力，提升我国装备制造业的整体竞争力。

（二）物流发展对制造业升级影响的主要途径

随着经济全球化的发展，制造业面临着更加蓬勃的生机和更加激烈的竞争，同时，发达国家的制造业出现了新的创新趋势，其主要是：制造网络化、敏捷制造、制造智能化等。而保证这些新的制造技术能够实现和推广的重要环节之一，就是现代物流业的发展和与制造业的密切结合，从而使传统制造业的竞争迅速提高。中国制造业具有规模庞大的基础，特别是在加入WTO后，市场的进一步开放，一方面将使制造业更加全面地融入世界分工体系之中，拓展进一步发展的新空间；另一方面，尽管具有劳动力成本低和市场广阔的优势，但是，制造业仍然未能全面推广先进的制造技术和组织形式，在专业化分工基础上如何进一步降低成本，保持对市场的快速反应能力，依然是一个严峻的课题。总体上讲，与国际先进制造业相比仍存在较大差距，缺乏与之竞争的能力。面对这种形势，提升制造业的竞争优势，迫切需要将现代物流业与制造业结合起来，相互促进和发展。

1. 现代物流管理：产品竞争力的核心。物流是一个供应链的整体。物流的核心是以制造商为中心，以产品为主线，通过加强供应链中各活动主体间的信息交流和协调，增大物流和资金流的流量与流速，并使其保持畅通，实现供需平衡，缩短产销周期，减少库存，使整体供应链上的物流、商流、信息流和资金流合理化，以提高整条产品“链”对市场快速反应的能力，从而增强产品的竞争能力。在经济全球化的今天，市场竞争不再是单个企业的产品竞争，而是核心企业产品供应链同其他企业产品供应链的整体竞争。物流供应链管理成为提高企业产品竞争力的核心。中国内地的制造业如果能够与现代物流业更为紧密地结合，必将使制造业的整体效益提高，增强国际竞争力。

2. 改善采购与生产物流：制造业竞争力的基础。企业生产原材料采购物流费用的高低，生产物料、半成品的通畅程度、数量、质量、效率是否符合生产经营要求，直接影响企业销售产品的数量、质量、交货期，制约销售竞争能力。因此，加强采购物流管理，改善生产物流，是降低生产成本、保证产品质量的关键，也是提高企业产品竞争力的前提。有资料表明，当前我国企业生产过程中只有5%的时间用于加工制造，95%的时间用于搬运储存等物流作业活动。在美国企业的产品制造成本中，材料费占60%，人工费占10%，管理费占5%，而采购与生产物流费用高达25%。我国目前已经进入市场供大于求的阶段，为了赢得和保持市场竞争的优势，各制造商在其熟悉的核心业务即原材料节约、提高生产效率来降低成本方面都已竭尽所能，而有可能进一步挖掘潜力的环节就是采购和生产过程中的搬运、装卸、运输、包装、配送等物流活动。加强采购与生产物流研究提高生产系统物流作业效率，并使其合理化，将大大降低产品生产成本与销售价格，缩短产品生产制造周期，提高产品市场反应能力，增强企业竞争力。

3. 高效的销售物流服务：企业竞争的有力手段。随着社会经济的高速增长和科技进步，商品质量日趋均等化，商品价格差距缩小，企业单纯以提高产品质量、降低产品价格为促销手段已经不能适应市场需求个性化的发展趋势。特别是在社会需求进入多品种、多档次、少批量的时代，客户不仅要求产品质量与价格，同时更加注重产品的服务，特别是物流服务，已经在企业和竞争力政策中占据重要位置。企业全面系统地管理好所销售货物的装卸、搬运、保管、配送等物流环节，将产品经济安全、按时按量地送达指定目的地，减少直接及间接损失，使客户能够灵活及时地调整生产及采购数量，节省物流系统总成本，尽可能实现零库存，是制造业提高整体效益和企业增强竞争力的有力手段。我国制造业目前的生产缺少对市场需求的快速灵活反应，重要的原因之一，就是缺少相应的高效的销售物流服务。加强这一环节，将提高我国制造业的整体竞争力和效益。

（三）中国制造业企业物流发展思路

1. 要充分认识发展制造业物流在转变制造业经济增长方式过程中的关键作用，在考虑和制定制造业发展规划和政策时，一定要把制造业物流发展作为重点和关键环节纳入规划和政策范围。

中国制造业企业物流虽然有了快速发展，但同欧美、日等发达国家和地区相比，制造业行业物流总费用率仍高出5个百分点左右，说明当前中国制造业物流发展水平不高、效率偏低，制造业发展过程中的物流含量偏小，与发达国家在物流运行的质量和效益方面确实存在明显差距。与制造业特别是装备制造业发展所需相比，制造企业社会物流尚有诸多问题，首先是物流基础设施“瓶颈”制约突出，其次是制造业社会物流依然粗放，供需不平衡的矛盾依然存在，再次是制造业物流外包业务绝大多数还只是集中在传统的运输、仓储业务，一些新兴的物流业务外包比重很低。最后是制造业社会物流综合协调能力薄弱，标准化、信息化跟不上物流发展的需要。据此，要加快制定“十一五”全国制造业现代物流业专项规划，建立健全综合协调机制；加大对物流基础设施建设的投入，特别加强铁路、港口、多式联运和重要物流节点建设和对重要公共服务设施的支持；为制造业物流发展创造适宜的政策环境。

2. 发展制造业物流要从我国制造业发展的现状和实际情况出发，在现阶段重点要以采购环节为龙头，着力推动一体化物流管理方式的应用与发展，有条件的行业和企业可以逐渐探索和实践供应链管理的方式，切忌贪快求洋。

北京燕京啤酒集团公司（简称燕京啤酒）1980建厂，在20多年的时间里，走内涵式扩大生产道路，积极实施供应链改造，利用现代物流理念着力推动一体化物流管理方式的应用与发展，主动打破计划经济体制下的啤酒统购包销模式，抓住机遇积极发展配送业务，根据北京的实际情况，与350个代理商签订了啤酒销售合同，购买了19辆卡车和2600多辆平板三轮车，走街串巷向经销商户与消费用户搞配送，送酒进城，服务到家，满足北京市民的需求。在发展中，燕京啤酒积极引入现代物流理念，运用现代物流技术，年年进行技术改造，使企业不断发展壮大；积极进入市场，率先建立完善的市场网络体系，适应市场经济要求，目前全国市场占有率达到11%以上，华北市场在50%，北京市场在85%以上。目前，燕京啤酒已经成为中国最大啤酒企业集团之一，2005年进入世界啤酒产销量前十名，销售收入80.89亿元，实现利税16.89亿元，实现利润3.71亿元。燕京啤酒用20年的时间跨越了世界啤酒业100年的发展历程。

燕京啤酒成功的案例说明，制造企业要根据不同行业对物流的不同要求，实现制造业物流发展专业化，要充分发挥制造业企业现有物流资源的优势，在推动制造业企业物流外包的同时，充分挖掘企业内部物流发展的潜力。

3. 要加快物流技术在制造业物流发展中的应用，特别要加快提高物流标准化、信息化水平，通过物流标准化、信息化来提高制造业企业信息化的整体水平。

针对当前制造业物流标准化进程中存在的问题和国际物流标准化的发展方向，政府部门要加强对物流标准化工作的重视：一方面，要在计量标准、技术标准、数据传输标准、物流作业和服务标准等方面做好基础工作；另一方面，也是最为迫切的是要加强对标准化工作的协调和组织工作，对国家已颁布的各种与物流活动相关的国家标准、行业标准进行深入研究，及时淘汰一批落后的标准，增加通用性较强的物流设施和装备的标准制定。要注意不同功能活动的特殊要求，但更应强调各类物流活动间的兼容性。

硬件方面要针对不同性质的运输货物制定相应的标准，同一体系内的标准之间要满足级数基准。如设计20立方米的某一储运标准，其他的标准系列应以此为基准，无论从长、宽、高角度都应是20的倍数。这种设计方式不仅便于统计、计算，而且沟通了制造业企业内部和企业之间的不同运输方式，使得运输、仓储等各类物流活动得以协调运作。

软件方面要加快通用标准体系的建立。尽快实现标准数据传输格式和标准接口：通过网络和信息技术连接用户、制造商、供应商及相关单位，实现资源共享、信息共用。借助信息技术实现对物流的全程跟踪，实现有效控制。制定统一的条码格式，使用一致的计量单位。此外，要进行环境体系的认证，规范各类物流企业的绿色标准。

随着制造业现代物流发展的加快，标准化工作所涉及的领域越来越广泛，发挥的作用也越来越大，国际标准的普遍采用，都将进一步推动制造业物流标准化、信息化进程。

4. 要通过构建有关法律体系，建立企业延伸责任制等措施，逐步形成制造业循环物流体系，推动我国循环经济的发展。

我国的制造业物流已初具规模，但相应的法律法规的修改和制定则明显滞后，还没有形成一套比较完整的体系。因而，制定和完善物流法律法规是我国制造业物流健康发展的一项迫切任务，也是规范行业发展秩序和整顿不合理行为的要求。要进一步提高宏观调控能力，加大监控力度，建立市场准入制度，限制不合格企业进入物流市场，控制恶性竞争。

当前，我国物流各部门的非标准化行为相当普遍，尤其在包装、运输和装卸等一些流通环节，缺少必要的行业规范和行业标准，造成了物流成本的上升，严重影响了物流活动的正常进行。随着我国制造业物流的进一步发展，这个问题的严重性愈加明显。为了适应国际贸易的要求，增强竞争优势，在制造业产品包装、运输、仓储以及装卸搬运等流通环节，应当采用国际标准或通用的国家标准。在统一标准的基础上，不断改进物流技术，以实现物流活动的合理化和现代化；要建立健全企业延伸责任制等措施，逐步形成制造业循环物流体系，推动循环经济的发展。

（四）制造业物流发展的问题与阻力

我国制造企业越大、越老，物流理念认识落后的问题就越严重，重生产轻管理，重工艺轻物流，墨守成规，畏难不进，缺乏物流革新精神。我国制造企业特别是国有制造企业由于特殊的历史背景使它们在进行企业物流现代化改造的过程中要涉及跨职能部门的作业，因此面临的阻力是多方面的。概括地说，企业物流现代化改造的阻力主要来自于以下几个方面：物流现代化意识、供应链整合、物流成本认识、改造成本、闲散人员的安置、利益分配、专业物流人才和信息技术等。

1. 对物流的重要程度认识不够

目前我国大多数企业对物流的重要程度认识不够，甚至有相当一部分企业的领导者不了解何为现代物流，没有意识到物流对降低企业成本、提高企业服务水平、实现顾客满意、取得竞争优势方面的重要作用。许多企业的领导者仍然固守传统观念，认为只有生产是最重要的，认为物流或称为物流流通环节只是生产和销售的辅助环节，对整个企业的生产经营并不起决定作用，只要抓好生产，产品质量提高了，产品就一定能够销售出去，企业就一定能够获利。即使是已经引入物流的企业，也没有完全认识到物流对企业的重要性。有关调查表明，在已经引入或准备引入物流的企业中认为物流对企业发展非常重要的仅占7.9%，认为较为重要的仅为34.2%，甚至有2.6%的企业认为物流对企业的发展几乎没什么影响（见表13、图8）。

表13　我国制造企业物流重要性调查回答比例表　（单位：%）

很高	较高	一般	较低	很低
7.9	34.2	48.7	6.6	2.6

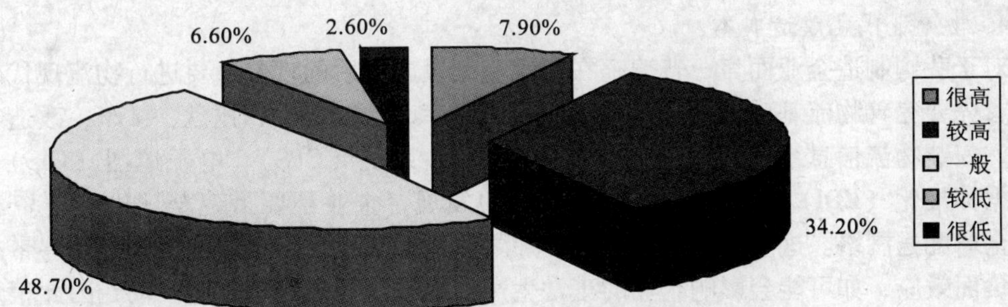

图8　我国制造企业物流重要性调查回答比例图

资料来源：中国物流市场第一次调查报告

部分企业管理者对物流的认识仅仅局限于“运输、仓储、装卸、加工、配送和信息技术的堆砌就是物流”，这样的观念很大程度地限制了企业物流流程的整合和改造；有的企业管理者认为发展物流仅仅是添置现代化设施和高技术设备，而这样只能带来物流成本的过度膨胀，而不是降低。

2. 物流服务网络与供应链整合

在今天竞争激烈的全球市场中，产品周期的缩短以及顾客需求的提高，迫使企业必须开始着重于供应链管理模式的建立。供应链管理是利用一连串有效率的方法，来整合供货商、制造商、销售商、物流商和最终用户，使整个系统成本最小化。唯有经由供应链的整合，企业才能将成本降低，改善服务水准，并且提升企业竞争力。

然而，长期的计划经济体制、管理体制，部门分割、地区分割，导致企业各自为政，缺乏统筹观念、合作意识，很少有企业能够重视对供应链的整合，疏于对企业的上游和下游企业进行管理和控制，造成供应成本、销售成本的居高不下以及产生对产品质量和售后服务缺乏控制的局面。有的企业管理者只关注企业内部资源运作，缺乏合作意识、忽视供应链管理，导致企业无法长久保持竞争力；还有个别企业虽然已经引入供应链管理，但仅仅局限在供应商—制造商的层面上，却没有考虑整个从供应商、分销商、零售商到最终用户的完整供应链和整个供应链管理的战略性问题。

3. 物流成本认识

在成本管理方面，企业一直将注意力集中在生产成本的控制上，制定了许多管理措施与方法并收到了很好的成效。但对于物流过程中的费用却研究较少，缺乏物流成本意识，看不到物流成本的作用，因而物流成本管理基础工作薄弱，也很少研究降低企业内部物流费用的途径，特别是对物流活动的全过程缺乏有效的和全面的控制，造成此低彼高，物流系统整体效益不佳。

另外，我国企业在进行物流成本核算时大多是各部门分别计算，大多数企业都把注意力集中在尽可能使每一个物流功能都达到最低的成本，而很少或没人注意到总成本。如从上面对我国物流现状的分析中可以发现，从总体来看物流需求方和物流供给方的费用结算方式还处于单笔单结的传统方式，企业很少从系统或整体的角度计算企业物流成本。由于物流成本之间存在“效益背反规律”，就要求管理者从全局的角度考虑各种物流成本的整体控制，逐步建立物流成本的整体观念。

4. 物流现代化改造成本

对于我国制造企业而言，普遍存在物流基础设施落后的现象，要进行物流现代化改造，首先要完善物流基础设施，包括建设立体仓库，购置货架、托盘、叉车，改造老旧仓库，安装物流信息系统（ALIS）、卫星在途定位系统（GPS）、电子地图（GIS）、电子数据标准化（EDI）等。要想取得更长远的发展，企业还要搭建全球供应链资源网络、全球配送网络。这些成本不容小觑，加之改造初期也会给企业的生产、销售带来一定的负面效应，如可能会影响企业的正常生产活动，使员工心里产生波动，因此很多企业对物流现代化改造显得有心无力，同时更多的企业被前期改造可能产生的巨大风险吓退，不敢尝试。

5. 信息技术

信息技术是企业物流现代化改造的关键因素。企业的信息系统传统上也是按照组织机构的思路来分别进行设计的，这就使得企业许多数据库仅限于在特定的职能部门内使用，在涉及跨职能部门时，信息难以共享。因此，无法实现信息共享无疑是企业物流现代化改造的又一大阻力。

6. 专业物流人才

“企业物流现代化”改造在中国仍然处于起步阶段，物流现代化改造成功的企业很少，所以在这方面有丰富经验的专业人员更是凤毛麟角，企业往往由于缺乏这样的人员，以至于尽管有改造意识，却不知道如何改。此外，由于中国物流教育、培训体制刚刚起步，尚缺乏有效的从业认证制度，致使我国制造企业的物流管理人才与物流操作人员匮乏。

7. 闲散人员安置

由于过去计划经济的影响，我国的制造企业大多数是国有企业，至今仍然存在机制不灵活、政策性负担过重的问题。物流现代化改造带动物流环节工作效率提高，就会产生大量的闲散人员，人员的安置就成为改造的最大阻力。因此出现了很多制造企业被迫选择用大量的人工来代替现代物流设施的现象，不利于企业进一步降低物流运作成本。

综上所述，如何妥善处理好企业物流现代化改造所要面对的问题是我国制造企业面对全球化竞争刻不容缓的议题。只有结合本企业的实践活动解决好这些问题，通过物流现代化改造努力提高企业自身的物流能力，企业才能在国际竞争中立于不败之地，才能为企业自身的长远发展打下坚实的基础。

五、中国制造业物流发展的政策建议

由于历史原因，中国制造业发展水平具有多层次、多元化发展特征，既有国际上最先进的外商独资合资企业，也有国内先进的制造企业，更有仅仅相当于国际上 20 世纪五六十年代水平的制造企业，因此制造业物流的发展水平与特点也是多层次的。中国制造业物流的发展应该借鉴国际经验，具有系统思维和和谐发展思路，追求先进适用的现代物流技术与理念。

（一）制造业物流的布局政策

制造业物流的布局是指制造业物流系统在全国地域空间内的分布与组合。制造业物流的布局政策是指包括一定时期制造业物流布局目标及其形成机制和保证布局目标得以实现的重大措施等在内的政策体系。本研究报告认为，制造业物流的布局政策包括制造业基地重点布局、产业集群网络布局、行业示范布局等三个部分。

1. 制造业基地重点布局

制造业基地是指在一定的地域范围内，集中了某类或某几类相关的制造企业，它们有着较强的生产能力，所生产的某类或某几类制造业产品在我国国内市场甚至是全球市场具有相当的竞争力并占有较高的市场份额，这样的工业化地域即是制造业基地。

目前，我国的制造业集中度并不高，没有形成多少有规模的制造业基地，比较大规模的制造业基地主要分布在长江三角洲经济区、珠江三角洲经济区、渤海湾经济区、山东半岛和辽宁省中南部，制造业物流也是在这些制造业基地相对集中。因此，制造业物流系统应在制造业基地进行重点布局。

制造业基地重点布局政策的具体内容如下：大力鼓励、引导上述大规模的制造业基地迅速建成为若干个制造业物流中心和物流园区，规划制造业物流中心和物流园区的合理布局，鼓励、引导制造业物流企业的入驻，通过制造业物流企业在物流中心和物流园区的聚集实现制造业物流系统的布局优化。

2. 产业集群网络布局

产业集群是由与某一产业领域相关的相互之间具有密切联系的企业及其他相应机构组成的有机整体。产业集群至少应包括如下几个因素：首先，与某一产业领域相关，这是产业集群形成基础。其次，产业集群内的企业及其他机构之间具有密切联系，这是产业集群形成的关键。最后，产业集群是一个复杂的有机整体。产业集群内部不仅包括企业，而且还包括相关的商会、协会、银行、中介机构等，是一个复杂的有机整体，这是产业集群的实体构成。

产业集群的作用就是发挥集群内部企业的核心竞争力，因此，由于运作能力、信息、资金等各方面的限制，企业必须把自己不擅长的非核心业务外包给第三方企业，物流就成了外包当中一个很重要的环节。物流在产业集群中起着很重要的作用：物流可以帮助集群内部的企业分担风险，物流可以加速集群内部企业重构优势的形成，物流可以减少集群内部企业难以管理或失控的辅助业务职能。

产业集群网络布局政策是指，在制造业已经形成产业集群的区域，构建制造业物流网络，优化制造业物流系统在产业集群空间内的分布与组合。产业集群网络布局政策具体包括以下两个方面：

（1）在产业集群区域完善制造业物流网络。制造业物流网络包括运输网络、仓储布局网络、信息功能网络和综合服务网络。

（2）在产业集群区域建立物流联盟的运行模式。这种物流联盟可以是由产业集群的各个成员企业的相关职能部门合作建立的虚拟物流联盟，也可以采用第三方物流公司的形式。

3. 要选择一部分行业与工业城市进行供应链改造试点

发展制造业物流，必须对我国传统制造业进行供应链改造。由于我国制造业物流水平存在地区差异和行业内部结构差异，要同时在所有省市和行业进行供应链改造不可行，也没有必要。发展制造业物流，要按照循序渐进、逐步接轨的原则制定我国制造业长远发展规划，引进国外先进的物流运作模式，结合行业与工业城市具体现实，选择一部分行业与工业城市进行供应链改造试点，为我国制造业物流与国际接轨提供示范。

供应链改造试点工作的目的是，及时掌握现代物流企业的发展特点，发现和解决制造企业与工业城市在供应链改造过程中存在的问题，交流和总结供应链改造经验，指导制造企业开展物流服务，推广和开发先进的物流服务模式。通过试点工作在我国树立制造业物流行业典型和工业城市典型，培育和壮大一批成功进行供应链改造的新型品牌工业城市。

切实加强行业与工业城市供应链改造试点工作，对于试点行业和试点城市要信息上给予引导，政策上给予支持，方法上给予指导，资金上给予引进，宣传上给予帮助。要加强和试点企业的联系，帮助制造企业和试点城市重新整合现有的物流资源，帮助试点单位和地区制定发展战略和开展物流业务，抓典型，以点带面，促进制造企业的升级转化。

制造业物流行业示范布局政策具体包括以下三个方面：

（1）需求牵引，效益驱动。在政府推进与引导下，坚持企业自愿申请、以企业投入为主，从企业的实际需求出发，提出先进、实用、可靠的制造业物流发展方案。

（2）示范引导，集成联动。抓好一批不同技术层次、不同行业类型、各具特色的试点企业，增强示范性。充分发挥地方政府与部门、企业单位的积极性，加强横向联合，促进上下联动，加快整体推进。

（3）发挥专家作用，构建新型机制。根据制造业物流相对技术含量高、专业性系统性强的特点，注重发挥专家和工程技术人员在制订规范、咨询服务、实施监理及新技术等方面的作用，同时高度重视制造企业自身物流队伍的建设，建立适应市场经济要求的推进制造企业物流现代化的新机制。

（二）制造业物流的组织政策

1. 开展工业超市试点

工业超市起源于美国，是集工业品的展示、零售、批发、维修、信息交流于一体的综合流通平台，包括信息化、物流配送、PTP（Person To Person）、维修超市、供货商同盟和企业会员六大网络。主要从事通用机械、专用机械、输变电设备、仪器仪表等多种工业品的流通。大多数制造企业没有能力投入巨大的人力、物力和财力建立一个包括销售网络、物流网络、售后服务网络和信息网络在内的集成的营销系统，而工业超市为制造业企业提供了强有力的物流保障。

工业超市除了能提供传统物流所具有的快捷、完善的信息资源及信息反馈共享和金融服务，还具有四个重要特点：一是售后服务不同，工业超市为了真正适应制造业物流，首推维修超市，将工业品分成电子电工、仪器仪表、量具衡器等专业科室，当工业产品或设备出现问题时，维修超市就可以完成修复工作。二是销售方式不同：工业超市对工业品的采购和销售都是通过 PTP 服务来完成的，使传统的分散型的业务形式实现集群化、标准化，形成一个庞大的 PTP 网络，有针对性地把产品配送给客户，并提供针对每个客户的技术、信息咨询等服务。三是商圈辐射范围不同：工业超市辐射范围在 200 公里以上，大大超过传统超市（2 公里左右）。工业超市通过 PTP 网络、媒体宣传网络和电子商务网站对企业信息进行实时发布和宣传，使销售网络直接辐射到每个城市甚至乡镇的每一个企业。四是用户购买方式不同：工业超市通过集群采购和现代物流帮助企业有效地降低运输风险和库存压力，还可以帮制造企业降低采购、售后服务、网络建设和库存等各项成本。

从我国制造企业的采购环节来看，原材料配送这种新的供应方式发展缓慢。在美、日、德等发达国家，原材料配送较为成熟，制造企业几乎全部采用配送。而在国内，采用配送的工业企业不足工业企业总数的 10%。这与我国缺乏工业超市这种先进的制造业物流组织模式有关。为了提高我国制造企业的物流运作水平，建议加快在产业集群地带的工业超市试点工作。

2. 合理安置制造业物流设施及人员

由于制造企业实施物流流程再造，必然会出现一定规模的闲置物流设施和富余物流人员，对此国家应给予一定的优惠政策，保障闲置物流设施的合理利用以及富余物流人员的正常生活。

合理安置制造业物流设施及人员政策主要遵循以下原则：①正确处理改革、发展、稳定的关系，充分考虑企业、职工和社会的承受能力，整体规划，分步实施，确保稳定；②要与企业的结构调整、改造重组和培养核心竞争力相结合，符合国家产业政策，有利于加快企业发展，促进企业资产结构、组织结构、人员结构的优化；③要依法进行，规范操作，坚持“公开、公平、公正”的原则，维护国家、企业及职工的合法权益，防止国有资产流失；④要对闲置物流设施和富余物流人员改造创办的新经济实体给予税收、贷款等方面的优惠政策。

（三）制造业物流的技术政策

1. 提高制造业物流信息化水平

制造业物流信息化建设是一项庞大的系统工程，涉及制造业各行业的整体运作。在发展制造业物流信息化时，必须进行长远规划，有重点、分步骤实施，既要适应眼前的需要，又要满足未来的需求。提高制造业物流信息化水平包括以下几个方面：

（1）要尽快制定制造业物流信息的采集、传输、处理和控制等标准和规范，鼓励企业建立物流信息共享机制，分享信息共享的收益。要在企业物流管理流程规范化、核算精细化和服务模块化的基础上，积极推进物流管理的信息化进程。加强物流管理应用软件的研发和推广。如仓库管理系统、货运管理系统、供应链管理系统、协作计划预测和补货系统、企业资源计划、全球贸易管理系统等。

（2）构建制造业物流管理公共信息平台，使得制造业各行业可以共享物流管理和交易信息，以便为企业物流运作提供更好的环境支持和实行必要的安全控制。

（3）提高企业全员的物流信息化意识。在企业决策层信息化意识到位后，必须采取有效措施，提高企业全员的信息化认识，分层次搞好信息化的培训，使全员特别是中层以上干部或骨干人员提高掌握、挖掘和利用各种信息的能力，保证企业的信息化系统能有机地运行起来。企业实施信息化建设，必须十分重视信息人才的培养，造就一支具有较高水平的信息技术应用和现代化管理队伍。

（4）保证物流信息化建设的资金来源。企业实施信息化建设是一个系统庞大、周期长、投资较大的工程，足够的资金投入是企业信息化建设顺利实施的前提条件，企业决策者应依据自身的经济实力，积极拓宽融资渠道，有计划、分步骤地实施信息化。

（5）选择具有高水平的软件商作为物流信息化的技术合作伙伴。企业在信息化建设要上规模、上档次，提高企业生产、管理、决策的效率，增强企业的竞争力，必须广泛利用外界力量和先进的信息技术成果，选择具有持续发展能力的软件商作为信息化技术合作伙伴，防止企业物流信息化建设停留在低水平、低效率的现象。

（6）充分利用社会力量，与咨询机构合作，提升企业物流信息化水平。利用社会专业管理咨询等社会中介机构的力量，也是企业物流信息化建设不可忽视的环节。社会管理咨询机构拥有经验丰富的专业管理人才，他们可以为企业做好管理诊断，明确企业的发展战略，找出企业实施物流信息化过程中的薄弱环节，并制定出有效的改进办法与策略。

（7）要全面规划，有重点、分步骤地实施。制造企业在物流信息化之前，应该首先研究、了解企业自身的行业特性与物流信息化需求，明确物流信息化的首要目标及相应策略。企业实施物流信息化，第一步是企业内网建设，将原始信息资料进行数字化转化，构建企业物流信息库，解决好物流信息化的基础、应用、普及、集成和提升等问题。第二步是企业内外一体化网建设。在对内部网建设达到一定水平之后，企业可以着手实施与合作伙伴等外界单位的协同物流信息化，企业应实现与合作伙伴、客户群等外界的物流信息化连通，达到企业内外网的物流信息一体化。

2. 建立完善的制造业物流标准体系

制造业物流标准化是物流制造业现代化建设的基础，是提高制造业物流效率的关键。所谓制造业物流标准化是指以制造业物流为一个大系统，制定内部设施、机械装备、专用工具等各个分系统的技术标准；制定各分领域如包装、仓储、运输、装卸等各类作业标准；以制造业物流系统为出发点，研究各分系统与分领域中技术标准与工作标准的配合性要求，统一整个制造业物流系统的标准。

建立完善的制造业物流标准体系的政策目标为：在对各种与制造业物流活动相关的国家标准、行业标准进行深入研究的基础上，全面梳理现行标准。对已经落后于制造业物流发展需要的标准应予淘汰，并代之以新型标准；对部分不符合实际需要的标准，进行修订完善；对尚未制定的标准，要抓紧制定，以使各种相关的技术标准协调一致，与国际标准接轨。

建立制造业物流标准体系的政策具体内容包括以下三个方面：

（1）制造业物流标准体系的制定要以企业需求为基础，保证标准切实可行。例如可以采用典型调查的方法，对涉及的各类企业选取典型进行调查，然后进行综合和统一；也可以让更多的企业参与到标准的研究与制定中，并把一些企业应用较好的标准加以推广；还可以鼓励以龙头企业为核心，通过供应链成员企业和物流服务企业的共同协作，进行物流服务流程、工具器具和技术装备等的标准化创新与推广，以提高制造业物流标准的应用水平。

（2）加强制造业物流标准化理论研究。要以物流术语标准研究、托盘和集装箱标准化研究、服务流程标准化研究为基础，尽快建立制造业物流统计标准体系、制造业物流技术标准体系、制造业物流企业分类标准体系和制造业物流管理绩效评价指标体系。特别是要加强与发达国家和周边国家的国际物流标准化开发合作，提高我国制造业物流标准与国外相关标准的一致性。

（3）鼓励大力推广各种制造业物流标准化技术。加快发展多式联运、集装箱运输、通用航空运输等新型运输方式，积极开发大宗产品的散装运输技术。加快传统仓库的多功能现代化改造，特别是升级为配送中心的技术改造和仓库管理信息系统的完善。

3. 加强制造业物流新技术开发利用

加强制造业物流新技术开发利用主要包括以下三个方面：

（1）要加大对制造业物流技术现代化的研发投入。充分利用现有政府主管部门、科研院所、大专院校、企业的研发资源和技术力量，建立和完善制造业物流技术研发课题的申报、资助、监控和评价体系。充分利用招标等有助于公平竞争的技术手段，充分发挥民间研发力量的作用，提高有限研发资金的使用效率。

（2）积极走产、学、研一体化的道路，充分发挥研究咨询机构在理论研究及应用技术研究方面的优势，使其与制造业物流紧密结合。利用社会资源，调动社会力量，充分发挥制造行业、教育部门和科研机构的积极性。积极推进制造行业与大学、科研机构之间的交流与合作，探索以“产学研”一体化模式推动制造业物流新技术的开发利用。

(3) 要鼓励制造企业采用物流机械化和自动化装备，大力开发、改造和引进能有效提高物流效率和降低物流成本的仓储运输、装卸搬运、包装分拣、条形码印刷等专用物流技术装备，提升我国物流装备技术水平。包括专用车辆运输技术、条形码技术(BC)、智能标签技术(IL)、无线阅读识别技术(RFID)、分拣配货技术、配载配送和路径优化技术等的应用。

(四) 制造业物流的人才政策

人力资源是物流发展中的重要生产要素，制造业物流发展需要多层次物流人才支撑。当前尤其缺乏实用型物流人才、高水平的物流管理人员和物流工程技术人员。构建制造业物流人才保障体系，已经成为推动制造业物流发展的当务之急。制造业物流的人才政策包括建立制造业物流人才教育体系、全方位培训制造企业一把手、实施制造业物流管理与工程人才培训和设立制造业物流国外培训项目等部分。

1. 建立制造业物流人才教育体系

制造业物流人才教育体系应该是包括物流管理基础理论研究、应用技术研究、学历教育、从业人员的在职培训等在内的物流教育、科研和培训体系。制造业物流人才教育体系的目标是成为以物流科技创新和知识型物流人才为核心的物流教育体系。建立制造业物流人才教育体系政策具体包括以下三个方面：

(1) 首先应制定合理的制造业物流人才培养方案，设置符合实际的制造业物流专业与课程，建立并完善多层次的制造业物流教育体系，以满足社会对制造业物流人才多样化的需求。

(2) 加强制造业物流师资力量，提高制造业物流专业师资水平。目前高校的物流师资力量大多是从宏观经济学、管理科学、营销学、交通运输学专业教师转移过来的，制造业物流专业水平总体不高。因此，要加大引进海外留学物流人才和出国培训力度，可以采取邀请外国专家来讲学的办法，提高制造业物流专业师资水平。

(3) 组织编写制造业物流的精品教材。教材是保证教学质量的重要条件，应组织物流领域的专家、学者共同研究编写制造业物流教学的基础教材，出版一些精品；也可根据需要引进一些国外优秀的教材课本，翻译试用一段时间后修改形成适合中国制造业物流发展的教材。

2. 全方位培训制造企业一把手

用先进的物流理念替代传统观念，是发展现代制造业物流业的先导。要从改变观念入手，对制造企业一把手进行全方位培训，促使制造企业改变“大而全”的发展模式，释放物流需求。当务之急是要充分调动理论和舆论的力量，实事求是地向制造企业一把手介绍发达国家特别是欧美的先进物流理念、供应链管理理论以及跨国公司在我国的物流运作模式，强化物流是管理、物流是服务、物流是产业的理念，阐明现代物流业在专业化、社会化、规模化方面的优势及其广阔前景，使更多的人了解、关注、支持现代物流业的发展。同时，有选择地介绍世界各国发展物流业的有为之举和成功经验，借他山之石，采众人之长，选择适合我国物流业发展的有效途径。在此基础上，结合我国物流业发展现状，对制造业物流业进行全方位的调整、扬弃和创新，推进其向现代物流业转变，提高我国制造业物流业的集约化水平。

3. 实施制造业物流管理与工程人才培训

建议通过国家有关主管部门授权，由制造业各行业协会组织认证，以各省及中心城市为依托，整合包括高等院校、专业研究机构、职业技术培训组织、国内外物流专业咨询机构在内的教育培训资源，开展多层次、多方式的制造业物流管理与工程人才培训工作。实施制造业物流管理与工程人才培训重点包括以下两个方面：

（1）通过建立产、学、研和政府有关部门及行业协会的协调机制，逐步完善和规范制造业物流从业人员的职业教育、技能培训和从业资格认证制度及认证体系。

（2）加大企业与物流教育机构的合作力度，实现优势互补，在带动教育产业化，促进我国物流教育发展的同时，也可以为制造企业低成本高效率地大批量培养物流实用人才。

4. 设立制造业物流国外培训项目

我国制造业物流相对于欧美等发达国家起步较晚，非常缺乏高水平的物流人才，所以要使制造业物流发展有充足的智力支持，就必须加强制造业物流高级人才的培训。

通过设立制造业物流国外培训项目，使我国制造业物流从业人员尤其是制造业物流管理人员更加有效地学习、借鉴国外发展制造业物流的成功经验，具有更广阔的国际视野和更强的战略思维能力，从而促进我国制造业物流高级人才队伍的建设，提高制造业物流管理人员的专业素质和管理水平。

关于制造业的分类见表14。

表14　　制造业分类

1	农副食品加工业
2	食品制造业
3	饮料制造业
4	烟草制造业
5	纺织业
6	纺织服装、鞋、帽制造业
7	皮革、毛皮、羽毛（绒）及其制品业
8	木材加工及工、竹、藤、棕、草制品业
9	家具制造业
10	造纸及纸制品业
11	印刷业和纸媒介的复制
12	文教体育用品制造业
13	石油加工、炼焦及核燃料加工业
14	化学原料及化学制品制造业
15	医药制造业

续 表

16	化学纤维制造业
17	橡胶制品业
18	塑料制品业
19	非金属矿物制品业
20	黑色金属冶炼及压延加工业
21	有色金属冶炼及压延加工业
22	金属制品业
23	通用设备制造业
24	专用设备制造业
25	交通运输设备制造业
26	武器弹药制造业
27	电气机械及器材制造业
28	通信设备、计算机及其他电子设备制造业
29	仪器仪表及文化、办公用机械制造业
30	工艺品及其他制造业
31	废弃资源和废旧材料回收加工业

注：据国民经济行业代码（GB/T 4754—2002）

附 录

课题组成员名单

课题组组长： 丁俊发　中国物流与采购联合会常务副会长、研究员

课题组副组长： 蔡　进　中国物流与采购联合会副秘书长

中国物流信息中心主任、硕士、高级经济师

课题组成员： 郭国荣　国资委研究室副主任、研究员

王继祥　《物流技术与应用》杂志社、执行总编

何　辉　中国物流信息中心副总经济师、高级经济师

叶茂盛　中国物流信息中心、硕士

杨广君　德国弗朗恩霍夫物流研究院北京办事处工程师

朱　煜　北京交通大学物流管理专业博士生

促进我国农村流通体系建设的财税政策研究

内容提要：本课题所称农村流通体系，包括农产品流通体系、农业生产资料流通体系、农村日用消费品流通体系，以及与之相应的监管和服务体系四个部分。这是农业生产、农民生活和农村发展的基础和血脉。

本课题认为，建立比较完善的农村流通体系，是发展现代农业和推进社会主义新农村建设的重要基础，也是促进农业产业化和增加农民收入、加快城乡一体化进程、构建和谐社会的重要举措。可以说，这是继大包干、取消农业税、粮食直补等政策在农村落实之后又一项深受农民欢迎的“德政工程”。

本课题在全面、系统描述我国农村流通体系现状的基础上，深入剖析了农村流通体系建设与发展面临的主要问题：农村流通体系基础设施薄弱；农产品流通中间环节多、成本高、效率低下；农村流通体系的组织化程度低，缺乏规模化的农村流通企业；农产品流通技术与加工技术滞后，导致农产品在流通中的增值效益差，损耗大；国家对农村流通体系建设缺乏整体协调与管理，相关法律法规建设滞后；市场交易行为不够规范，流通秩序比较混乱；专业人才和管理人才缺乏，行业素质不高；农村流通企业融资难。

本课题在以上研究的基础上，提出了我国农村流通体系建设的指导思想和基本原则。指导思想是：按照党中央、国务院关于建设社会主义新农村和发展现代农业的战略部署，全面落实科学发展观，从各地农业、农村和农民的实际需要出发，充分发挥财税政策对农村流通体系建设的引导、支持作用，加大扶持力度，同时整合现有资源和各方面力量，加强农村流通基础设施建设，培育农村流通主体，引进和推广现代流通方式，建立适应农业产业化和城乡一体化需要的农村流通体系，为建设现代农业和社会主义新农村服务，为实现农业增效、农民持续增收、农产品市场竞争力增强的目标提供有力支持。需遵循的基本原则是：以增量支持带动存量调整，整合现有资源和各方面力量；培育农村流通体系的主体；因地制宜，统筹兼顾；发挥财税政策的支持、导向作用；促进农村流通体系的可持续发展。

根据以上指导思想和基本原则，本课题提出了国家财政建立支持农村流通体系建设专项资金的建议，并明确专项资金支持的 8 类重点对象和 5 个重点环节和领域。支持的重点对象有：农副产品批发市场，农产品、农资和日用工业品配送中心，农业产业化龙头企业，农资连锁经营骨干企业，农民合作营销组织，农村营销经纪人，农产品出口加工企业，老少边穷地区流通网点。为方便操作，本课题还提出了这些重点对象的基本条件。重点环节和领域有：农村流通体系基础设施建设，农村流通体系信息化建设，垃圾污水处理等环境保护系统，农村流通技术进步和标准化，农村流通人才培养工作。

本课题还提出了调整与农村流通体系相关的税收政策和清理不合理行政性收费等政策建议，并结合我国农村流通体系建设的实际，提出了相应的配套保障措施，主要有：建立部门协调机制，统筹规划农村流通体系建设；加强农村金融体系建设，降低农村流通风险；扩大“绿色通道”覆盖范围，提高农村运输效率；严格项目资金的使用管理，确保专款专用。

课题组邀请有关方面专家共同参与，收集了大量资料，进行了比较深入的调查与研究，得出以上初步结论。其目的在于为政府有关部门提供具有现实针对性和可操作性的政策建议，明确财税政策支持的重点方向以供决策参考。鉴于农村流通体系建设是一项涉及面很广的大课题，从理论到实践都还有许多问题有待进一步深入研究。

一、农村流通体系在经济社会发展中的意义

（一）农村流通体系的内涵

1. “农村流通体系”的基本内涵

“农村流通”是指涉农的各种商品，通过多种交易方式，实现从生产领域到消费领域转移的一种经济活动。农村流通是商流、物流、信息流、金融流的统一。商流包括商品收购、批发、交易、分销零售等环节，主要解决商品所有权转移的问题；物流包括商品的储存、加工、分拣、运输、配送等环节，也就是实物的流转过程；信息流包括信息的收集、加工处理、传输发布和应用等环节，从属于商流和物流；金融流包括资金流转、存贷款、投融资、保险、担保等环节，从属于商流，农村流通架构如图 1 所示。

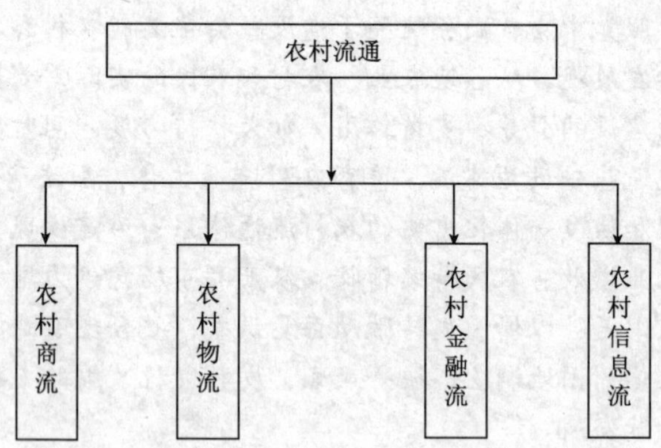

图 1　农村流通架构示意

“农村流通体系”，是指以农产品、农业生产资料、农村日用消费品等为主要流通对象，连接城乡和各次产业，不同农村生产主体、农村流通主体、农村流通基础设施、农村流通环节共同构成的一个服务体系。它是全国流通体系的有机组成部分，其与城市流通体系的有机结合，共同构成了全国统一的流通体系。图 2 是农产品物流体系的框架结构。

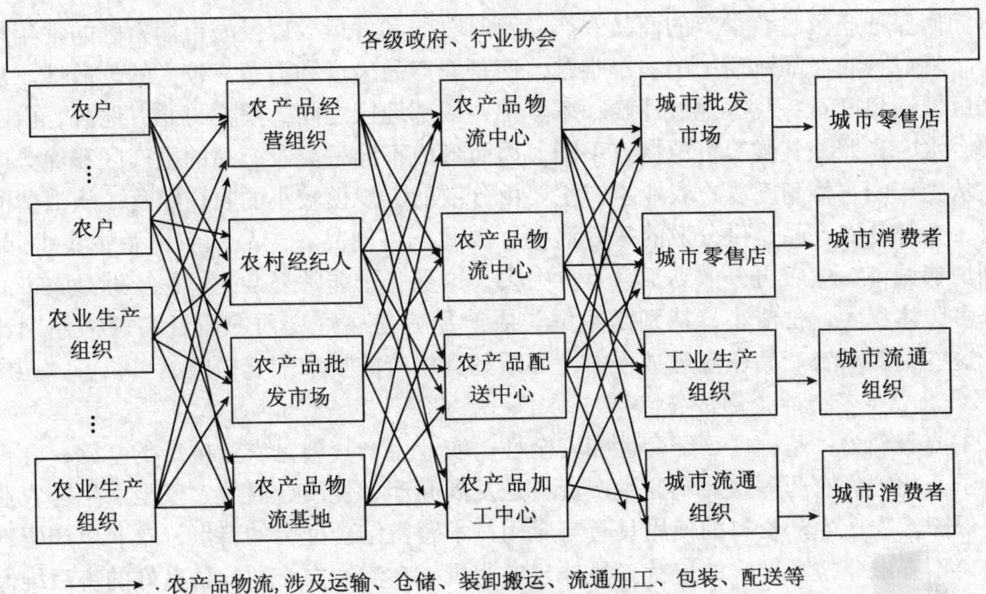

图2　农产品物流体系框架结构

根据农村流通体系中商品类型的不同，可大体分为以下几种流通类型：

(1) 农产品流通

主要包括粮、棉、油、糖等大宗农产品以及蔬菜、水果、水产、畜禽等农牧渔业商品农产品从生产地到消费地的流通。

(2) 农业生产资料流通

主要包括种子、种苗、肥料、农药、农膜、兽药、饲料以及农业机械及其配套机具和零配件产品的流通。

(3) 农村日用消费品流通

主要包括农村“衣食住行”所需的日用工业品流通，如各种加工食品、副食品以及衣物、日常生活用品等一般消费品，也包括家用电器等耐用消费品等。

2. 本课题的研究范围

本课题研究范围包括：农产品流通体系（粮、棉、油、糖等大宗农产品涉及较少）、农业生产资料流通体系、农村日用消费品流通体系，以及与此相应的监管和服务体系四个部分。

(二) 农村流通体系的基本特点

1. 农产品流通的特点

农产品流通的特点是由其生产和消费的特点决定的。一是农产品流通一头连着广大农民，一头连着城镇广大消费者，流通是否顺畅，既直接关系到农民能否实现增产增收，又直接影响农产品市场供应。因此，农产品流通事关国民经济发展和社会稳定的大局，是促进城乡经济社会协调发展和构建和谐社会的重要载体。二是农产品品种繁多，商品总量和流通规模大，涉及面广，不同农产品的流通渠道与物流要求差别很大。三是农产品流通具有明显的季节性。由于农产品收获时间相对集中，消费却是常年相对均衡的。如何保证产区收获季节的商品农产品及时收购和外运，以及城市消费区的常年均衡供应，就成为农产品流通中的一个难题。四是农产品生产和消费有较大的分散性。从生产的区域性角度看，我国地域辽阔，东、中、西部地区之间，南方与北方地区，由于其土壤、水、光照、气候等资源特点不同，因而形成不同种类农产品的主产区和优势产业带；从生产的主体角度看，农业生产主要由分散的、规模较小的农户经营；从消费的角度看，大部分农产品是供分散的家庭消费。因此，将商品农产品从农户手中集中起来，运到消费城市，然后再分散到千家万户中去，这是一个非常复杂的过程。五是农产品种类繁多，体积大，价值小，特别是生鲜类农产品容易腐烂变质，质量和规格差别比较大。这些都要求农产品在流通过程中，必须具有相应的技术配套措施。

2. 农业生产资料流通的特点

主要表现为：基础性、配套性和安全性。农业生产资料是农业生产的基础，合理使用种子、化肥、农药等重要农业生产资料是发展高产、优质、高效、安全、生态农业的重要保障。农业生产资料的使用具有与应用技术紧密结合配套的特点，农业生产资料的流通离不开农业技术推广的支持。另外，农业机械在流通中必须配备良好的售后维修服务和零配件供应。农业生产资料的不当使用不仅会影响农产品质量安全，危及消费者健康与生命安全，而且会造成生态环境的恶化。

3. 农村日用消费品流通的特点

农村日用消费品流通主要受农民收入水平的制约。根据《中华人民共和国2006年国民经济和社会发展统计公报》的数据，全年农村居民人均纯收入仅为3587元，恩格尔系数为43%；城镇居民人均可支配收入为11759元，恩格尔系数为35.8%。同时，城镇居民收入的绝大部分可用于生活消费，而农民还要拿出收入的40%～50%用于农业再生产的支出。这样，农民人均每年实际上用于生活消费的支出额大约仅及城镇居民的1/6。农村生活资料消费水平低下，整体购买力不足，地区之间和不同收入群体之间的消费结构、消费水平和消费习惯的差别决定了日用消费品流通的小规模、多样化、多元化和方便化也相当明显。

（三）农村流通体系建设对农业和农村经济社会发展的意义

农村流通体系建设是加强发展现代农业、推进社会主义新农村建设的重要内容。大力发展农村流通，是促进农业产业化发展、增加农民收入、缩小城乡差别、保障社会稳定的重要战略举措，是转变农村经济增长方式和调整农村经济结构的客观要求。实践证明，哪个地方流通体系健全、流通渠道畅通，就有利于哪个地方的生产发展、农民增收、生活富裕，从而带动村容村貌的改善、农民生活质量的提高和社会安定和谐。农村流通体系建设，是继大包干、取消农业税、实行粮食直补等政策在农村落实之后又一项深受农民欢迎的“德政工程”。

1. 完善的农村流通体系是建设社会主义新农村的重要基础

农村流通体系建设是建设社会主义新农村整体目标中极为重要的组成部分。过去很长一段时期，我国“三农”问题的关键是解决粮食供给不足和人们的温饱问题。经过改革开放20多年的努力，我国农村的生产力水平已经有了很大提高，农民生活不断改善，农村人口占全国总人口的比重已经由90%以上降低到60%左右。现在，“三农”

问题的主要矛盾，已经从解决农产品供给短缺转变到既确保粮食生产稳定发展又切实保证农业增产增效、农民增收上来。农村流通业的发展，对于农村“生产发展”、农民“生活富裕”，食品供应充足，做到“乡风文明”、“村容整洁”，以至“管理民主”，都具有积极意义和重大的促进作用。因此，下一步运用财税政策支持“三农”、服务“三农”，应把大力加强和完善我国农村流通体系建设列为重点，使流通体系在社会主义新农村建设中真正发挥先导性、基础性作用。

2. 加强农村流通体系建设，是发展现代农业、推进农业产业化的必然要求

农业产业化是进一步提高农业生产力、实现农业现代化的重要途径，而农村流通体系是农业产业化的重要支撑系统。建设现代农业、发展农业产业化经营的根本目的是通过建立生产、加工、运销等一条龙，产前、产中、产后一体化经营的产业链，增加农业的附加值，促进农业产业价值的实现，确保农业增效、农民增收，这就必然要求以现代市场流通体系为支撑。农村流通体系作为连接农业生产经营主体和其他相关产业部门、连接生产与消费的重要桥梁和纽带，其发达程度决定了农产品进入市场的能力、规模和效率。没有相匹配的农村流通体系，农业产业化的“链条”将会断裂。

3. 加强农村流通体系建设，是促进农民增产增收的重要手段

“三农”问题的核心是如何确保农民增产增收，这就离不开建立健全农村流通体系。我国是个农业大国，农业生产资料和农产品的流通总量巨大，而农户的生产经营规模小，地域分散，流通成本相对较高。健全、高效的农村流通体系是有效地解决农业生产资料“买难”和农产品“卖难”的必备条件。同时，通过推进农村流通产业的信息化，解决农民获取信息难和不对称问题，营造公平的市场环境，也是确保农民增产增收的重要措施。

4. 加强农村流通体系建设，是统筹城乡发展、构建和谐社会的重要途径

流通体系的成熟与完善是城乡一体化的重要标志之一。农村流通体系与城市流通体系的对接和融合是实现以工促农、以城带乡、统筹城乡发展的重要途径。城乡流通体系的对接和融合为城市工业提供所需农产品原料，城市居民得到所需的农副产品。同时，用工业领域的先进技术和装备改造传统农业，建设和发展现代农业，日用消费品下乡改善了农民生活。流通体系的相互影响有利于城市带动农村、工业带动农业，发展好农村经济，建设好农民的家园，让农民过上宽裕的生活，促进农村生产方式、生活方式和居住方式的转变，促进城乡劳动力、技术、资本、资源等要素的合理流动和优化配置，逐步实现城乡经济、社会协调发展。

5. 加强农村流通体系建设，是一项关系到国计民生的重大工程

农产品流通和农村生活资料流通关系到城乡千家万户的吃穿用，是满足城乡居民消费需求、保障社会安定的重要基础。特别是食品安全，必须切实加强“从农田到餐桌”的全过程监管，在管住生产源头的同时，切实强化对采购、加工、包装、装卸搬运、仓储、运输、销售等全部环节的质量安全控制。通过发展现代流通体系，建立“绿色农产品”物流供应链，以保障进入市场的农产品安全、可靠。同时，农业生产资料作为专门服务于农业生产的特殊商品，在很大程度上决定和影响着农业生产的效率和水平。在我国现有农资产品流通模式中，农业生产资料市场在供应来源、质量检测、销售渠

道、技术指导、价格监督、售后服务和损害赔偿等环节，都有待于进一步规范、调整和创新。要通过逐步建立和规范适应我国农业产业发展、服务广大农民群众的农资流通新秩序，以保障农产品质量安全和维护农民利益。

二、我国农村流通体系的现状及存在问题

（一）我国农村流通体系的现状

1. 农产品流通的现状

一是流通总量巨大。近些年主要农产品的总产量如表1所示。这些产品中有50% ~70%作为商品通过流通渠道进入全国消费市场。

表1　　主要农产品产量　　（单位：万吨）

指标＼年份	1990	1995	2000	2003	2004	2005
粮食	44624	46661.8	46217.5	43070.0	46947	49746
棉花	450.8	476.8	441.7	486.0	632	673
油料	1613.2	2250.3	2954.8	2811.0	3057	3062
糖料	7214.5	7940.1	7635.3	9642.0	9528	10987
黄红麻	72.6	37.1	12.6	10.0	8.7	8.3
烤烟	225.9	207.2	223.8	201.5	214.0	247
猪牛羊肉	2513.5	4265.3	4838.2	5506.7	5776.8	6157.6
牛奶	415.7	576.4	827.4	1746.3	2260.6	2753.4
禽蛋	794.6	1676.7	2243.3	2606.7	2723.7	2879.5
水产品	1237	2517.2	4278.5	4705.0	4901.8	5250
水果	1874.4	4214.6	6225.1	14517.4	15340.9	17050

资料来源：2006中国农村统计年鉴

二是流通渠道多元化。经过20多年的改革与发展，我国农产品流通渠道呈现多元化发展的局面，初步形成了以产地批发市场、销地批发市场和零售农贸市场三级市场流通为主，自销、直销流通为辅的农产品流通格局。随着连锁超市的兴起，一些经过加工的农副产品和生鲜冷冻产品开始进入连锁超市，在大中型城市已经占有相当的市场份额。但从总体上看，批发市场和农贸市场仍然是目前农产品流通的主要渠道。

三是流通主体多样化。我国农村流通体系的最基层，是以从事农产品运销的个体工商户或私营企业、农村经纪人、各类农民合作组织为主力军。他们熟悉农村、农民，了解市场行情，成为农产品流通的行家里手。据农业部的统计，至2005年年末，全国有各类农村经纪人800多万人；各类专业合作组织已超过15万个，成员数量达到2363万户，占全国农户总数的9.8%。这些专业合作组织，从单纯的技术服务向生产、加工、

销售综合服务转变，大力开拓市场，形成稳定的农资供应和农产品销售渠道。2005年，全国农村专业合作组织为其成员和周边农户代销农产品2亿多吨，代购化肥、农药、饲料、农膜等生产资料近1亿吨；全年经营服务盈余187亿元，平均每名成员获得盈余返还和股金分红收入达364元。可见，各类农村合作组织在农村流通体系中发挥着不可替代的作用。在农产品流通链条的中上端，农业产业化龙头企业和规模化流通企业逐步占据重要地位。

四是农产品批发交易规模不断扩大。目前，全国有农产品批发市场4500个左右。1986年我国单个农产品批发市场年成交额仅为317.8万元，到2005年农产品批发市场平均年成交额超过8000万元。2005年，我国亿元以上农产品批发市场交易总额7083亿元，平均每个市场年成交额近5.6亿元，农产品批发交易总额占农产品社会消费总额近75%，大中城市80%的食用农产品是通过农产品批发市场提供的。农产品批发市场集商流、物流、信息流于一体，已成为整个农产品流通的中心环节，也是我国商品农产品的集散中心、价格形成中心和信息传输发布中心。

五是农产品流通的交易模式以现货交易为主，合同交易为辅。现货交易手续简便、灵活，适用面广，银货两清，是目前最为广泛使用的交易方式。

近年来，在农业结构调整和农业产业化经营过程中，订单农业得到重视和快速发展。目前参与订单农业的签约双方大体有以下5种类型：一是农户与科研、种子生产单位；二是农户与农业产业化龙头企业或加工企业；三是农户与专业批发市场；四是农户与专业合作经济组织、专业协会；五是农户通过经销公司、经纪人、客商。但从总体上看，由于农业产业化程度还不高，订单农业的比重还比较低。

2. 农业生产资料流通的现状

经过多年的农资流通体制改革，原有供销合作社独家经营的农资流通格局已被打破，多种经济成分介入到农业生产资料流通中，新的农资流通格局已经初步形成。

一是生产企业的直销力度不断加大。许多生产企业纷纷建立自己的销售网点，一方面增强了对货源和市场的控制力；另一方面加大品牌的宣传力度，将产品优势和网络优势结合起来，大大提高了企业的经济效益。例如“安徽绿雨农业有限公司”，主营水稻、小麦、玉米、棉花等农作物种子、花卉苗木、瓜菜种苗和无公害蔬菜的研发、生产，在杂交水稻种子生产上有相当的竞争优势，同时建立了自己的销售渠道，2005年销售额达8900万元。

二是中农公司仍占有一定市场份额。中国农业生产资料集团公司（简称中农公司）是全国供销合作总社直属的全国性化肥、农药、农膜等农业生产资料的流通服务企业。2004年位列中国最大500强企业第139位；2005年实现销售收入210亿元，销售化肥1137万吨，占有13%的全国市场份额。

三是农资流通企业不断重组整合。在市场机制的作用下，农资流通企业重新整合原有的网络资源，经过改造，打破了系统界限，吸收其他资本加入到自己的销售网络，通过积极发展工商、商商、农商等多种形式的联合，以参股、代理等形式，形成了规模更大、实力更强的农资流通企业或集团。例如：安徽供销合作社所属农业生产资料公司，在2003年整体改制为“安徽省辉隆农资集团有限公司”，截至2005年10月，已经在省内外建立了农资配送中心 75 个，发展加盟连锁店 826 家，初步形成了现代农资连锁经营网络。在改制当年，实现商品销售额 12 亿元，2005 年达到 26 亿元，其中化肥销售量达到 150 万吨。

四是农业生产资料流通主体日益多样化。随着改革开放的深入，股份、合伙、个体、私营等各类经营主体介入农业生产资料流通，跨国公司也以合资建厂、并购、股权转让等形式介入国内市场，促使我国农业生产资料流通格局发生深刻变化，已经形成了多种经济形式相互竞争、共同发展的格局。

五是农业生产资料拥有量呈不断增长趋势。由表 2 可以看出我国农业机械年末拥有量较快增长的态势。

表 2　　我国主要农业机械年末拥有量及增长情况　　（单位：万台）

指标＼年份	1990	1995	2000	2004	2005
大中型拖拉机	81.4	67.2	97.5	111.9	139.6
小型拖拉机	698.1	864.6	1264.4	1454.9	1526.9
大中型拖拉机配套农具	97.4	99.1	140.0	188.7	226.2
小型拖拉机配套农具	648.8	958.8	1788.8	2309.7	2465.0
农用排灌电动机	430.8	510.3	741.3	883.5	921.5
农用排灌柴油机	411.1	491.2	688.1	777.5	809.9
联合收割机	3.9	7.5	26.2	41.1	48.0
机动脱粒机	493.3	605.9	876.2	914.7	926.2
渔用机动船	32.1	37.7	46.0	48.7	44.0
机电井	—	—	435.8	472.8	476.3
节水灌溉类机械	39.3	58.6	91.9	108.7	111.3
农用水泵	723.9	903.5	1392.5	1640.3	1719.4

资料来源：2006 中国农村统计年鉴

3. 农村日用消费品流通现状

一是传统的流通模式占主导。多年来由于农民收入增长速度相对缓慢，城乡居民收入差距扩大，农民的购买力水平较低，导致农村生活资料的流通与消费方式总体上仍处于传统、粗放阶段。农民购买的消费品，70% 来自“夫妻店”、代销店、流动商贩和集贸市场，选择商品最基本的条件就是价格低廉，加之农民识别假货能力差等问题，“不方便，不安全，不实惠”是当前农村日用消费品流通的主要问题。

二是现代流通模式开始起步。针对农村生活资料流通滞后的状况，党和政府十分重视着力解决农民的放心消费问题。2005 年，商务部启动“万村千乡”工程，商务部、财政部发出了《关于对 2005 年“万村千乡”市场工程项目予以资金支持的通知》，“万村千乡”市场工程的目标是从2005年起，力争用3年时间，在试点区域培育约25万家农家店，形成以城区店为龙头、乡镇店为骨干、村级店为基础的农村日用消费品营销网络。

4. 农村流通企业的基本格局

现有农村流通企业大体可以分为以下四类：

（1）农村供销合作社

截至2005年年底，全国供销合作社系统共有省级社31个，省辖市社342个，县级社2366个，基层社22263个；社有企业46890个；事业单位467个。共有各类法人企业46890个，产业活动单位287076个。有2489家企业开展了连锁经营和配送业务，发展连锁、配送网点16.89万个。组织农民兴办的各类专业合作社19149个，入社农户499.53万户，帮助农民实现收入157.05亿元。发展各类专业经济协会5131个，会员60.21万个；组建综合服务社133347个，庄稼医院1.91万个，农机服务队3140个；建立商品基地8206个，联结农户441.2万户，帮助农民实现收入101.55亿元。全供销社系统近50%的基层经营服务网点得到改造或业态转换，35%的商品经营网点被纳入了连锁经营配送体系，发展连锁、配送网点11万个。在商务部“万村千乡”市场试点中，基层社新建和改建的农家店所占比重近60%。全系统消费品零售额的35%、销售给农民的农业生产资料总额的42%都是通过连锁配送方式实现的。全系统共有职工204.09万人，其中：在岗职工108.46万人，离退休人员132.03万人，同时吸纳社会劳动力36.47万人。但是供销合作社企业在经营中仍然存在着机构庞杂、人员富余、历史包袱沉重等问题。

（2）民营流通企业

民营农村流通企业是在农村流通产业市场化进程中逐步产生的，其主要来源于三个方面：一是供销社企业的改制与重组，像四川邦力达连锁有限公司等；二是从个体经营户逐步扩张形成规模企业，如安徽蚌埠淮丰农机有限公司等；三是从相关行业逐步渗入农村流通行业，如从房地产开发进入流通的安徽蚌埠农产品批发市场、从种植业延伸进入农村流通的安徽绿雨农业有限公司，等等。这类企业来自“三农”、服务“三农”，经营机制灵活，有些已具有一定的规模。

（3）个体工商户和农村经纪人

个体工商户和经纪人是目前我国农村流通的主力军。无论是直接面向农村千家万户的“夫妻店”、路边店、游商以及批发市场和农贸市场的经营户，还是从事农业生产资料的最终销售、农机维修保养，个体工商户在数量上都占绝对优势，已经成为农村流通产业中不可或缺和替代的力量。他们熟悉市场、贴近农民、服务意识强，但是规模小，抗风险能力弱。农村经纪人队伍在农副产品的推销中发挥着重大作用，经过多年市场经济的摔打磨炼，有些经纪人已完成了原始积累，在农村流通产业发展中具有相当的活动能量。

（4）专业协会和行业协会

在改革开放过程中各地农村涌现出一大批各类专业协会和行业协会，它们广泛活跃在农村生产、流通领域。如四川成都温江区的花卉盆景协会，就是由温江区花木经纪人和花木生产大户发起成立的农民合作组织，目前联系花农6000余户。协会自1998年成立以来，围绕优势花木产业，做好为政府、企业（花农）的“双向服务”，以带动全区花木产业发展为重点，以花木龙头企业、大户和特色基地为核心，积极探索建立“协会+龙头企业（特色基地）+农户”的花木生产经营模式。协会扶持龙头企业、特色基地，龙头企业、特色基地带动周边农户发展生产。这种合作经济组织创新了花木产业化的经营机制，发挥了龙头企业在技术、市场、资金等方面的优势，促进了花卉流通产业的发展。除此之外，全区还有花木盆景协会、兰花协会、大蒜协会、生猪专业合作社等10多个农村经济合作组织，有效地推动了温江区农村流通体系建设。

（二）存在的主要问题

1. 农村流通体系基础设施薄弱，购销网点总量不足，布局不够合理

农村流通基础设施薄弱，农业生产资料和农村生活资料的销售网点总量不足，分布也不尽合理。

就农村流通体系中最重要的节点——交易市场而言，截至2004年，我国行政区划中乡镇总数是36952个。而全国农村商品交易市场5.8万个，平均每个乡镇仅有1.5个市场。“油盐酱醋找个体，日常用品赶大集，大件商品跑县里”，反映了农村消费品市场流通的基本状况。

长期以来，由于对农村市场流通建设缺乏整体规划，有的市场选点局限于行政区划，未能充分考虑商品流通的流向、流量和市场辐射范围等问题，往往出现“有场无市”。而一些没有市场的地区，仍延续着农村特有的赶大集习惯，形成“有市无场”的情况。

从全国来看，我国东部地区与中西部地区之间、农产品产地与销地之间，在农村流通基础设施建设上进展不平衡、布局不合理，差距比较明显；与城市销地市场相比，农村产地市场基础设施条件较差，是当前农村流通体系中的薄弱环节。就农产品批发市场的数量而言，全国660个市，大体每个城市平均有3个农产品批发市场，而全国县级区划2860个，每个县平均不到1个。尽管商品农产品的消费主要在城市，但农村产地市场发育不足，不仅直接影响产地汇集农产品货源，制约城市销地市场的供货，而且不利于解决农产品卖难和农民增产不增收的问题。

2. 农产品流通的中间环节多、成本高、效率低下

改革开放以来，农村家庭联产承包责任制的推行和农业市场化改革，大大提高了农民的生产积极性和农业生产效率，较好地解决了农产品供给长期短缺的问题。但是，我国农业现阶段仍以农户小规模分散经营为主，农产品交易以简单的商品交换方式为主，农民仅仅进入了农村流通的初级市场，农民增产不增收的现象较为突出。农业生产的规模化、商品化程度较低，直接制约着农民收入水平和实际购买能力的提高。

长期以来，由于农户在商品经济关系中处于弱势地位，缺乏市场信息的有效引导，农户生产带有较大的盲目性和随意性，生产出来的农产品要么质量良莠不齐，没有进行品质检测和分级分类处理，灰头土脸，用麻袋箩筐混装混淆，要么难以找到销路、卖出好价钱；而农民所需的生产资料质量也难以保障，价高质次、假冒伪劣现象屡有发生；农民出售农产品基本没有定向的目标市场和销售对象，肩挑车拉集市出售仍是主要的形

式和渠道。农村流通体系不健全，必然导致农产品流通成本高。蔬菜、水果等鲜活农产品进入城市消费者手中往往需要经过收购、运销、批发、零售等诸多环节，层层加价，层层“剥皮”，终端消费者购买蔬菜、水果的价格相当于农民出售价格的三四倍。农村流通产业的这种低水平状况严重影响农民增产增收，不利于我国农业的持续稳定发展。

3. 农村流通体系的组织化程度低，缺乏规模化的农村流通企业

我国农村的现代化流通产业正处在起步期，由于农村流通体系的长期落后状态与农民居住相对分散、农村购买力不足，以及农村基础设施条件差等问题，造成我国农村流通的组织化与集约化程度低，缺乏规模化、有实力的流通企业，个体运销商、农民经纪人和小规模企业仍占主导地位，缺乏龙头企业带动产供销链条，农村流通效率难以提高。

4. 农产品流通与加工技术水平不高

一是相对于工业品流通技术与加工技术，农产品流通技术与加工技术明显落后。包括商流技术、常温物流技术、冷链物流技术、存储技术、加工与分级分类包装技术等一系列实用技术，都远不能适应农业商品化、市场化发展的要求和居民消费水平提高的需要。

二是农村流通信息化程度低下。一项对全国十几个省的农产品批发市场的调查统计结果显示，经营户对于市场信息获得的渠道，第一位是自己通过交易现场获取，第二位依靠同行的传播，而依靠当地市场发布、政府部门发布、媒体及网络传播所占的比例都很少。另外，对批发市场供给信息的调查结果表明，许多批发市场尚未建立及时向社会发布供求信息和价格信息的平台与制度。由于农村流通信息的不对称性与单向性，造成农产品流通不畅或好东西卖不上好价钱。

5. 农村流通管理缺乏统筹协调的机制与体制

农村流通涉及工业品与农业生产资料的“制造业管理部门”、农业技术推广与农业管理的“农业管理部门”、商品流通的“商业管理部门”、企业管理相关的“工商管理部门”、产业支持与税收相关的“财税部门”、资金与融资支持的金融服务机构、提供物流交通服务的“交通管理部门”，整体物流服务的“物流协调管理部门”、食品卫生安全的“卫生监督部门”、国家经济统计的“统计部门”、物价审核管理的“物价管理部门”、农产品进出口的“海关、动植物检疫部门”，等等。

这些部门和单位分别从各自职能出发对农村流通进行监管与服务，但缺乏部门间的统筹和协调，难免出现有些事“没人干”，有些事“都来干”的局面，降低了监管和服务质量，也不利于资源优化配置和农村流通效率的提高。以农副产品批发市场为例，近年来相继有多个政府部门分别出台支持政策。2006 年 2 月 13 日商务部商建发［2006］42 号文《商务部关于实施“双百市场工程”的通知》，提出从 2006 年起，力争用三年时间，重点改造 100 家大型农产品批发市场，着力培育 100 家大型农产品流通企业。2006 年 4 月 17 日，农业部农市发［2006］5 号文《农业部关于组织实施农产品批发市场“升级拓展 5520 工程”的通知》，提出“十一五”期间，通过多方筹资重点扶持建设 500 个农产品批发市场，推进设施改造升级和业务功能拓展 20 项工作。全国供销合作总社也提出，建设“一个市场”（即农副产品批发市场），“两个中心”（即农副产品

物流配送中心和农副产品加工中心)，“两个系统”（农副产品检测系统和农副产品信息网络系统)。自2003年以来，国家发改委和财政部已经拿出13亿元，对350个农产品批发市场的信息系统和检测系统给予重点支持。

国家有关部门重视和支持农村流通体系建设是好事，但不同的部门就同一个支持对象发出不同的声音，会带来一些负面效应。一是部门的支持政策与管理政策以部门管理权限为特点，出现了“政策孤岛”，形不成合力；二是政出多门，财流多口，造成资金使用分散与重复投入，降低了支持效果与资金使用效率。

6. 相关法律法规建设滞后，交易行为不规范，监管成本高

尽管我国农村商品交易市场体系已初步建成，但由于相关法律法规建设严重滞后，导致市场准入管理不到位、交易行为不规范等问题没有得到根本解决。

由于缺乏严格的市场准入制度、健全的商品质量检测制度和必要的检测设备手段，农村市场中假冒伪劣商品危害程度远高于城市。无论是农产品、日用工业品还是农业生产资料，不合格率高、假冒伪劣现象比较多，销售渠道混乱，严重危害农民的生产和生活。同时，农产品生产过程中诸如农药化肥的残留等问题，在农村生产源头和产地市场往往缺乏严格检测与把关。一些不合格农产品流向市场，给消费者带来食品安全隐患。近年来，有关食品安全问题频频曝光，诸如“毒大米”、面粉“增白剂”、“吊白块”、“避孕药黄鳝”、“甲醛鱿鱼”、防腐剂超标以及蔬菜、水果中农药残留超标等屡见不鲜，商品检验合格率低。一些地方初级市场出现的欺行霸市、行政管理乱收费现象，加重了交易双方负担。

7. 农村流通专业人才缺乏

农村流通专业人才的匮乏严重制约农村流通产业的发展，这里面包括：一是人才总量不足，二是缺乏高素质的农村流通管理人才、专业技术人才和市场营销人才。同时，由于城乡之间各方面条件与差别较大，农村难以引进和留住优秀人才。

8. 农村流通企业融资难、保险难

由于农村流通企业的规模小、地域偏远、抗风险能力低、信用评估困难，各金融机构根据城市工业与商业领域需求设计的金融服务模式，难以为农村流通企业发展提供必要的金融支持，农村信用社也由于流通企业规模小、管理成本高等各种问题，难以加大支持力度，造成农村流通企业普遍遇到融资难的问题。农业保险，包括农村流通中的保险问题，也是农村流通体系建设中亟待解决的一个难题。

三、我国农村流通体系建设相关支持政策的现状分析

（一）财政对“三农”和农村流通业的支持政策回顾

近年来，国家重视“三农”工作，财政支持力度不断加大，已经产生了积极效果。

1. 治理农村“三乱”

针对20世纪80年代中后期农村“三乱”（乱收费、乱摊派、乱罚款）问题凸显、农民负担加重的状况，党中央、国务院出台了一系列政策措施，不断加大农村治乱减负工作的力度。1998年，党的十五届三中全会明确提出要逐步改革农村税费制度。2000年，中央下发了《关于进行农村税费改革试点工作的通知》，制定了“减轻、规范、稳

定”的六字指导方针，提出了以“三取消、两调整、一改革”为主要内容的总体改革思路。通过清费正税的一系列改革措施，有效遏制了农村“三乱”现象。

2. 全面取消农业税

2004年，党中央、国务院进一步加大了农村税费改革力度，取消了除烟叶外的农业特产税，逐步降低农业税税率，并明确提出五年内全面取消农业税。到2005年，又宣布取消牧业税，全国免征农业税的省份已达28个，农民负担得到了大幅度减轻。2006年全国提前两年取消农业税。与农村税费改革前的1999年相比，全国农民每年减负总额将超过1000亿元，人均减负120元左右，8亿农民得到了实惠。

3. 逐步加大转移支付力度

为巩固农村税费改革成果，确保农民负担不反弹，各级财政按照中央安排，积极调整支出结构，加大了对农村税费改革的专项转移支付力度。截至2005年，中央财政已累计安排农村税费改革和取消农业税转移支付资金1830亿元。从2006年起，财政每年将安排1030亿元以上的资金用于支持农村税费改革的巩固完善，其中中央财政每年将转移支付补助地方财政782亿元，地方财政亦将安排财政支出250亿元。同时，为缓解县乡财政困难，中央财政大力推行“三奖一补”政策（对财政困难县政府增加税收收入和省市级政府增加对财政困难县财政性转移支付给予奖励、对县乡政府精简机构和人员给予奖励、对产粮大县给予奖励，对以前缓解县乡财政困难工作做得好的地区给予补助）。2005年安排“三奖一补”资金150亿元，2006年增至210亿元，有效调动了各地发展县域经济、精简县乡机构人员、控制化解县乡政府债务、创新财政管理体制和管理方式的主动性和积极性。

4. 进一步扩大中央财政“三农”支出预算安排

免征农业税后，中央财政将在承担农业税改革成本的同时，继续在公共财政方面加大支农力度。据财政部长金人庆于2006年7月上旬就财政如何支持社会主义新农村建设谈话提供的数据，2006年中央财政预算安排用于“三农”的支出达3397亿元，比上年实际执行数增加422亿元，增长14.2%，高于中央财政总收入、总支出的增长水平，占中央财政总支出增量的21.4%。

《国务院关于编制2006年中央预算和地方预算的通知》明确了6个方面的内容：一是巩固农村税费改革成果，全面推进以乡镇机构、农村义务教育、县乡财政管理体制改革、国有农场税费改革和化解乡村债务试点等为主要内容的农村综合改革试点工作；二是完善对种粮农民直接补贴、良种补贴、农业机械购置补贴的“三补贴”政策，探索建立农民种粮收益综合补贴制度；三是继续落实和完善对产粮大县奖励政策；四是加大农业综合开发投入力度，支持农业综合生产能力建设；五是完善测土配方施肥补贴政策，加大对农业科技和农村劳动力转移培训工作的支持力度；六是推动和促进农村市场经济体制改革，深化粮食流通体制改革，支持农村金融体制改革。

（二）财政支农政策绩效评估

国家财政上述各项支持政策，已经并将继续为解决“三农”问题发挥日益重要的作用。取消农业税，不仅直接减轻了农民的经济负担，而且在国内外都产生了积极的社会和政治影响。落实和完善对产粮大县的奖励是中央“三奖一补”政策的重要组成部分，体现出国家利用公共财政手段支持，调整农业生产结构、增加农民收入的意图。国家加大对农业综合开发的投入力度，为农民提供诸如土壤改良和农田水利建设等公共产品与服务，增强农业综合生产能力，有助于我国农业摆脱“靠天吃饭”的状态。中央财政在承担农业税改革成本的同时，继续在公共财政方面加大支农力度。无论从资金总量和规模结构来看，都是空前的，体现了落实科学发展观和“五个统筹”的战略思路，必将对社会主义新农村建设产生重大而深远的影响。

在充分肯定我国农业财税政策绩效的同时，也应当清醒地看到，财税政策对农业发展的支持仍存在一些不足或缺位现象，主要表现在以下方面：

一是从总体上看，目前财政对“三农”的投入不能完全适应新时期新阶段农业发展的需要。同时，一些地区的农业资金存在“非农化”的现象，好的支农政策尚未落到实处。

二是财税政策对农业科研的支持不够。有资料表明：我国农业科研投资强度仅为0.36%，不到世界平均水平的1/2，相当于发达国家的1/10。农业科技投入不足，直接影响农业科技水平的提高。

三是财税政策对农村流通业的支持比较少。在现代市场经济条件下，流通是基础性、先导性产业，农村流通业的发展对解决“三农”问题至关重要。但这些年来，财政对农村流通体系建设的支持力度明显不足。

四是政府对农业的筹资、投资管理体制不完善，有限的财政支农资金的使用效率亟待提高。由于缺乏与市场经济发展相适应的农村公共事业筹资体制，农村中的低税高费、以费代税现象仍然存在。同时，由于支农资金来自不同部门，各自的管理方式不同，导致支农资金使用管理分散，影响资金使用效益和政策效应的发挥。

（三）目前涉及农村流通企业的税收状况

全面取消农业税后，涉及农村流通领域的相关税收大体可分为两部分：

国税部分：

主要涉及增值税：根据我们的调查，农民自产自销农产品免增值税，一般纳税人经营农产品征13%，免13%，小规模纳税人经营农产品征收4%的增值税。

地税部分：

主要涉及：营业税、城建税、印花税、房产税、土地使用税、车船使用税、土地增值税、企业所得税、个人所得税、教育费附加、水利基金11项税负，另有社会保险费等。

根据我们在上海、四川、安徽的调查，各地地税部门都采取了多种惠农政策，将营业税的起征点调整到最高限额的5000元，非营运农用车免征车船使用税，个人所得税的收入扣除额设为最高1600元/月等。

（四）目前农村流通业相关税、费政策存在的问题

我国农村流通涉及的各种税、费中，仍然存在着不合理的现象：

例如：对于农村的个体工商户个人所得税的收入每月扣除额为1600元，但由于实际收入统计核实困难，就往往采取按商品销售收入进行计算，而实际上个体工商户的商品销售毛利润仅为5%~20%，这样每月扣除额实际上不到300元。

现代农村流通是一个多环节、多企业共同参与和合作的过程，因此，运输、加工、仓储等业务外包较为普遍。如某农产品物流企业每月取得运输营业收入500万元，按3%缴纳营业税，但是其中70%的运营业务外包给其他运输公司或个体养车户操作，外包金额350万元，其他物流公司又要按350万元的3%缴纳营业税。这样，一笔500万元的业务，实际上两家企业要按850万元的税基缴纳营业税，形成了事实上的重复纳税。

农村流通领域货物运输业代开票纳税人的税务负担较重。在实际征收时，不论是否有企业或个人所得，一般都采用营业税、城建税、教育费附加、所得税一并按6.6%征收的方式。过高的税负实际上引发规避纳税、现金交易盛行，反而带来了国家税款的流失。

在行政收费方面：20世纪末国家明令各级工商行政部门对城乡集贸市场实行“管办脱钩”后，工商部门已不再承担市场内部的运行管理职能，而早在1983年规定的“取之于市场，用之于市场”的市场管理费并未随之取消；个体工商户除了向工商部门缴纳“个体劳动者协会会费”之外，仍须另行缴纳个体工商户管理费。上述两项均为针对市场主体依法纳税后的不合理收费项目。

四、运用财税政策促进我国农村流通体系建设的指导思想和基本原则

（一）促进农村流通体系建设财税政策的指导思想

按照党中央、国务院关于建设社会主义新农村的战略部署，全面落实科学发展观，从各地农业、农村和农民的实际需要出发，充分发挥财税政策对农村流通体系建设的引导和支持作用，加大公共财政扶持力度。同时，整合现有资源和各方面力量，改造和完善农村流通基础设施，逐步推广现代流通方式，营造农村经济良性循环和可持续发展的环境，推动建立适应农业产业化和城乡一体化需要的农村流通体系，为建设现代农业和社会主义新农村服务，为实现农业增产增效、农民持续增收、农产品市场竞争力增强的目标服务。

（二）运用财税政策促进农村流通体系建设的基本原则

1. 以增量支持带动存量调整，整合现有资源和各方面力量

改革开放以来，我国农村流通体系已经初具规模，各部门相关的财政支持项目也取得了相当的成效，进一步加强农村流通体系建设，并不是“另起炉灶”，而是要本着以增量带动存量的思路，把整合现有农村流通资源和政策作为重点，利用、改造、盘活、提升现有农村流通产业资源，突出以加强基础设施作为突破口，统筹协调，形成合力，进一步加大投入，并用好、用足各项财税扶持政策。要坚持政府引导、扶持，企业市场化运作的原则，形成农村流通产业自我发展、自我创新的能力。

2. 培育壮大农村流通体系的主体

农村流通体系点多、面广，营运利润低，社会资本介入很不积极。据此，必须加强政府引导与扶持。加大财税政策支持力度，培育、发展规模化、集约化、组织化的流通主体。目前，在农村流通体系建设过程中，各地已有一大批农业合作经济组织、农村流通网点、农村经销大户和经纪人。他们熟悉农业、农村、农民，是农村流通的主力军。

应对其进一步加强引导、扶持和管理，以利于提高组织化程度，扩大营销规模，降低流通成本，增强抵御市场风险的能力。

3. 区别对待，因地制宜

我国地域辽阔，地区之间经济发展水平和社会文化环境差异较大，不同民族的生活习惯也存在较大差别。因此，加强农村流通体系建设，要坚持区别对待，因地制宜。在扶持重点上，要从当地实际需要出发，依据区域优势和产业特点，做出切实可行的规划和安排；在建设速度上，要允许有先有后，不搞一个模式和“一刀切”。

4. 统筹兼顾，全面安排

鉴于农村流通产业跨行业、跨地域、跨部门的特点，同时涵盖农产品流通、农业生产资料流通和日用消费品流通三大领域和产品收购、储藏、加工、运输、批发、配送分销、零售等诸多环节，因此，在制定和实施对农村流通产业的支持政策过程中必须统筹安排。

5. 发挥财税支持政策的导向作用

我国和世界上许多国家的经验都证明，由于农业是一个国家维系经济发展和社会稳定的基础产业，同时农业又是弱质产业，因此，建设现代农业和现代农村流通体系，都必须以国家财税支持政策为依托。财政部门作为国家农村流通财税支持政策的执行主体和国民经济的宏观调控部门，应该在农村流通体系建设中发挥更大作用。加强对农村流通体系建设的支持，既不是各部门现有工作的简单重复，更不是撇开有关部门“另搞一套”，而是通过对全国现有财税政策体系的梳理、调整、充实、完善，形成合力，进一步加大扶持力度，推进农村流通体系的建设与发展。

6. 保证农村流通体系的可持续发展

我国农村流通体系建设的起点低，底子薄，涉及环节多，不能毕其功于一役，而应依据农村经济社会发展的不同阶段，通过政府引导扶持，扎扎实实稳步推进，逐渐形成具有自我积累能力、良性循环、可持续发展的农村流通体系，从而带动农村经济增长方式的转变和农业结构调整，同时增强农村流通产业的核心竞争力。

五、促进我国农村流通体系建设的财税政策建议

通过对我国农村流通现状的深入调研与分析，根据上述指导思想和原则，现提出促进我国农村流通体系建设的相关财税政策建议。

（一）国家财政建立支持农村流通体系建设专项资金

鉴于农村流通体系建设是加快发展现代农业、推进社会主义新农村建设的一项长期的基础性工程，事关国民经济与社会发展的大局，同时现有农村流通体系基础差，历史欠账多，需持续投入巨额资金，单纯依靠农业、农村、农民的自身积累难以办到。据此，各级政府应将其列为落实“以工促农”、“以城带乡”政策、统筹城乡社会经济发展、构建和谐社会的重要战略举措，政府财政应将其纳入为“三农”提供公共产品与公共服务的重要内容。因此，建议建立财政支持农村流通体系建设专项资金。财政专项资金支持的重点对象、重点环节和领域以及主要操作建议如下：

1. 财政专项资金重点支持的对象和条件

(1) 农副产品批发市场

农副产品批发市场是农产品流通的重要节点，承担着农副产品流通的主渠道作用。要引导批发市场向规模化、规范化、现代化方向发展，重点改造升级现有批发市场。

重点支持农副产品批发市场的条件：符合区域市场规划，市场投入运营3年以上，上年有盈利业绩，信用等级A级以上。以农副产品批发交易为主，交易商品辐射全国或者区域性主要产销区，对主要农产品产销影响较大，并发挥主导作用。年成交额在本地区同类市场中位居前列。其中，农副产品综合批发市场年成交额，东部地区20亿元以上，中部地区10亿元以上，西部地区5亿元以上；专业农产品批发市场年成交额，东部地区8亿元以上，中部地区4亿元以上，西部地区2亿元以上。产权清晰，实行股份制、企业化运作，规章制度健全，运营规范。

对中西部地区的农产品产地批发市场要给予更多的支持。支持的条件在上述基础上可适当放宽。

(2) 农产品、农资和日用消费品配送中心

农产品、农资和日用消费品配送中心承担着物资集散、加工、转运和分拨等项任务，并在一定程度上起着调节和缓冲的作用，有利于解决供需节奏或批量不均衡的矛盾，同时也有利于促进农村流通方式向现代化转型，保证市场货源和价格的稳定。

重点支持农产品配送中心的条件：经工商注册登记3年以上，上年有盈利业绩，信用等级A级以上。以农产品采购、仓储、配送为主营业务。年销售额在本地区同类配送中心中居于前列，其中，东部地区5000万元以上，中西部地区2000万元以上。设施先进、功能完善、组织机构和规章制度健全，运营规范。

重点支持农资配送中心的条件：经工商注册登记3年以上，上年有盈利业绩，信用等级A级以上。以农资仓储、配送为主营业务。年销售额在本地区同类配送中心中居于前列，其中，东部地区2亿元以上，中西部地区5000万元以上。设施先进、功能完善、组织机构与规章制度健全，运营规范。

重点支持日用消费品配送中心的条件：经工商注册登记3年以上，上年有盈利业绩，信用等级A级以上。以日用消费品采购、加工、仓储、配送为主营业务。年销售额在本地区同类配送中心中居于前列，其中，东部地区5000万元以上，中西部地区2000万元以上。设施先进、功能完善、组织机与规章制度健全，运营规范。

上述配送中心应以面向和辐射地（市）、县域范围的为支持重点。此外，对于中国邮政和供销合作社在县乡一级承担普遍服务的配送体系也应给予适当的支持。

(3) 农业产业化龙头企业

农业产业化龙头企业通过有效组织生产、加工、营销、物流等资源，充分发挥规模效应，提高市场有效供给能力，引导农业生产，满足市场需求。要鼓励龙头企业的规模化、集约化、规范化和现代化发展，增强企业的辐射能力和带动作用。

重点支持龙头企业的条件：经工商注册登记3年以上，具有独立法人资格，上年有盈利业绩，信用等级A级以上。以农产品采购、加工、配送、销售或出口为主营业务。

能够带动一定数量农户（种植业，东部地区1000户以上，中西部地区500户以上；养殖业，东部地区500户左右，中西部地区100户左右）。年营业额东部地区2亿元以上，中西部地区1亿元以上。实施现代企业制度，组织健全，运营规范。

（4）农资连锁经营骨干企业

农资连锁经营骨干企业运用自身渠道优势、品牌优势，建立以集中采购、统一配送为核心的新型营销体系，有利于形成以现代流通方式为支撑、以先进实用技术推广为手段的农业生产资料经营服务网络。要鼓励农资连锁经营骨干企业延伸网点、搞好服务、规范发展。

重点支持的农资连锁经营骨干企业的条件：经工商注册登记3年以上，具有独立法人资格，上年有盈利业绩，信用等级A级以上。以化肥、农药、农膜、饲料和种子种苗等农业生产资料批发、配送为主营业务，辐射范围在县域以上。年销售收入东部地区2亿元以上，中西部地区5000万元以上。实行现代企业制度，组织健全，运营规范。

（5）农民合作营销组织

通过发展合作与联合，组织和引导农民进入市场，参与竞争，是加强现代农业和新农村建设的重要内容之一。要积极引导农民合作营销组织规模化经营、规范化管理，建立现代企业制度，提升农民的组织化程度。

重点支持农民合作营销组织的条件：实行独立自主、自负盈亏、民主管理。以从事农产品收购、营销和农资分销为主营业务，上年有盈利业绩和利润返还或股份分红。成员人数东部地区100户以上，中西部地区50户以上。年销售额东部地区300万元以上，中西部地区100万元以上。组织机构与规章制度健全，运营规范，有健全的监督机构和专业服务网络。

（6）农村营销经纪人

农村营销经纪人队伍的发展，有利于密切产销联系，充分搞活农产品流通。要营造良好的政策环境，促进农村营销经纪人队伍的发展和壮大，提升自身的经济实力和抗风险能力。

重点支持农村营销经纪人的条件：获得县级工商部门的资质认可，具有法人资格，能够带动影响一定数量农户发展生产，东部地区300户以上，中西部地区100户以上。年销售或交易额东部地区300万元以上，中西部地区100万元以上。已经形成稳定的营销品种，通畅的营销渠道，运营比较规范，信誉良好。

（7）农产品出口加工企业

农产品出口加工企业是从事农产品国际贸易的主体，对增加农民收入的拉动作用日益显现。要鼓励、扶持农产品出口加工企业积极开拓国际市场，加强对农产品生产、加工和流通的全程质量控制，应对国际贸易壁垒，增强我国农产品的国际竞争力。

重点支持农产品出口加工企业的条件：经工商注册登记3年以上，具有自营进出口权，上年有盈利业绩，信用等级AA级以上。以农产品采购、加工、出口为主营业务，能够带动一定数量农户（种植业，东部地区500户以上，中西部地区100户以上；养殖业，东部地区300户左右，中西部地区100户左右）。年出口额东部地区在3000万美元以上，中西部地区在1000万美元以上。实施现代企业制度，组织健全，运营规范。

(8) 老少边穷地区流通网点

革命老区、少数民族地区和国家级贫困县，由于经济发展较慢，人口稀少，流通网点更加缺乏。而这些地区流通体系建设的周期长、投入大、成本高、回报低，更具有普遍公共服务的性质，不能完全依靠市场化运作。应采取更为优惠的政策，加大对这些地区流通网点的扶持力度，使这些地区的群众也能同等享受到改革开放的成果，以利于国家经济发展和长治久安。

2. 财政专项资金支持的重点环节和领域

(1) 农村流通体系基础设施建设

流通基础设施是农村流通体系的基础和依托，要加强农产品批发市场、配送中心、冷链物流系统以及农产品分拣、加工、包装等基础设施设备的改造和升级，切实改善农村流通的基本条件。

重点支持：

①符合条件的农副产品批发市场的基础设施升级改造；

②符合条件的农产品配送中心的基础设施建设；

③大型农产品冷链物流系统建设（包括冷藏库、冷冻库、保鲜库建设；冷藏、冷冻、保鲜运输车辆购置等）；

④符合条件的农业产业化龙头企业对分拣、加工、包装设施设备的更新与改造。

(2) 农村流通体系信息化建设

信息闭塞、信息不对称是造成农村流通低效的重要原因之一，信息化先行是农村流通产业现代化的重要步骤。要从畅通农村流通信息渠道入手，加强国家和省、地(市)、县四级农村流通信息采集、加工处理和发布平台建设，逐步推广电子商务，切实保证农村基层信息化终端的连通和有效利用。根据我国一些地区和发达国家的成功经验，相关跨行业信息系统建设以政府组织实施，企业化运作，国家、地方财政支持的方式较为有效。

重点支持：

①国家、省、地（市）、县四级农村流通信息网络平台建设；

②符合条件的各类农村流通主体的信息化建设。

(3) 农村流通环节的质量安全检测检验系统建设

农产品质量安全关系到广大消费者的健康与生命安全，已成为当前各级政府和社会公众广为关注的焦点问题。为此，在管好农产品生产基地源头的同时，要切实加强对农产品流通环节的监管，严格市场准入。要扶持农产品加工、批发、零售环节的质量检测系统建设，购置必需的检测设备。针对农资流通中假冒伪劣、坑农害农事件屡有发生的状况，必须加强对流通中的农资质量检测监管系统建设。对农产品及其加工品、农资产品都要逐步建立质量可追溯制度。

重点支持：

①农产品和农资流通中的检测监管服务平台设施建设，包括检测检验设备等；

②检测检验人员的技术培训。

(4) 垃圾污水处理系统建设

目前，农产品流通过程中产生的大量废弃物、垃圾和污水的处理是薄弱环节，严重污染环境。因此，要重点支持农产品流通主要节点有机废弃物、垃圾、污水的处理系统建设，同时扶持相关处理技术的研发和设备研制与产业化发展。

重点支持：

①有机废弃物和污水无害化处理系统建设；

②有机废弃物无害化处理设备的研制、产业化。

(5) 农村流通技术进步和标准化

加强对农村流通的理论研究、技术研发与创新，加快农村流通领域相关标准的制定、修订工作。

重点支持：

①农村流通体系相关的技术研发和设备创新；

②我国农村流通理论研究；

③农村流通领域相关标准的制定、修订与标准化实施；

④农村流通领域先进技术示范项目建设。

(6) 农村流通人才培养工作

建设现代农村流通体系，需培养、造就一大批善经营、懂技术、会管理的农村流通人才。要制定实施农村流通人才培训支持政策，采用符合农村流通特点和流通主体要求的培训方式，举办不同类型的培训班。同时，利用图书资料、广播电视、计算机网络等多种手段，开展农村流通人才培训工作。培训的重点对象是农村基层干部、农村营销经纪人、个体工商户、私营企业负责人、农村合作经济组织负责人、市场流通的管理者等，培训的内容包括先进的经营理念、农村流通基本知识与技能、管理要点、相关法律法规等。通过多种形式的教育培训，提升农村人才队伍的整体素质。

重点支持：

①举办多种类型农村流通人才培训班；

②农村流通多媒体教材的编制、录制与培训设备。

(二) 促进我国农村流通体系建设的税费支持政策

1. 切实解决农村流通体系相关的一些税收问题

农村流通体系建设惠及“三农”，具有准公共产品与公共服务的特点，在对涉及农村流通的相关税种与税率进一步调查研究的基础上，应从实际出发，适当调整农村流通税收政策，对农村流通企业与个人给予一定的优惠扶持。在此基础上进一步完善农村流通税收设置和征收体系，从涵养税源入手，逐步提高农村流通合理税收的征收率，走“财政支持—涵养税源—合理征税”的良性循环路子。

政策建议：

(1) 营业税

①制定农村物流、加工企业外包服务的抵扣政策，解决目前农村物流、加工环节存

在的重复纳税问题；

②将农产品批发市场经营收入和农村流通相关的仓储、包装、分拣等流通环节的营业税从5%调减为3%。

（2）企业所得税

①允许全国或区域性农村流通连锁企业统一缴纳所得税；

②对地市（含地市）及以下农产品产地批发市场免征所得税；符合支持标准的龙头企业及销地农产品批发市场按15%征收所得税或免征所得税；

③大型农资（含农机）批发市场减征所得税。

（3）个人所得税

对村一级从事农村日用消费品、农业生产资料流通的个体工商户，个人所得税计税收入由按商品销售额计算改为按商品销售净利润计算。

（4）增值税

①解决农产品流通环节中商品批发13%、商品零售17%两种增值税纳税额在衔接过程中造成的中小规模纳税人不合理税负的问题，建议采用进项17%、销项17%的抵扣政策；

②参照财税［1994］117号文件规定的农业机械主机免征增值税优惠政策，免征农业机械配套农机具与维修配件的增值税。

（5）土地、房产税

针对农村流通企业产品附加值低的特点，对重点支持企业土地使用税、房产税减按现行税率30%征收。

（6）土地出让金

对于农村流通龙头企业在土地置换、更新与盘活存量资产，农产品批发市场改造升级新增用地等新建农村流通基础设施过程中的土地出让金，给予减免50%的优惠政策。

2. 清理不合理行政性收费

目前，农村流通仍存在一些亟待解决的不合理行政性收费问题，如各地农产品市场强烈要求并多次提出的取消工商部门现行两项不合理收费及城乡集贸市场管理费和个体工商户管理费等问题。其中部分省市已经采取了相应措施。2006年3月17日，北京市人民政府京政发［2006］7号文件《北京市人民政府关于鼓励支持和引导个体私营等非公有制经济发展的意见》第21条已经明确规定“停止收取两项收费，规范行政事业性收费。停止收取集贸市场管理费和个体工商户管理费”。建议财政部会同相关部门研究，尽快取消相关部门在农产品流通环节的不合理行政性收费。

（1）取消工商部门收取的农产品交易市场管理费、个体工商户管理费；

（2）取消已经完成历史使命的初级农产品“自产自销”证明；

（3）取消国家向农机制造厂商收取的农机补贴产品、型号的评审费、公告费；

（4）取消农业机械推广证的鉴定费与年审费；

（5）进一步清理对农村流通企业的其他行政收费项目。

（三）促进我国农村流通体系建设的配套保障措施

1. 建立部门协调机制，统筹规划农村流通体系建设

农村流通体系是一个跨部门、跨区域的综合系统，需要多个部门的政策支持和配合。针对我国农村流通政策政出多门、相互交叉又存在盲区的现状，建议在中央政府层面建立协调机制进行统筹管理。

建议设立“全国农村流通体系建设部际联席会议”，由综合管理部门牵头，各有关部委和相关的行业协会参与，负责协调对农村流通体系建设的各项支持政策。对分散在各部门的支持政策进行梳理，统筹规划，整合资源，形成合力，避免重复支持、重复建设。积极创造条件，开展以县级为主的支农资金整合工作，提高支农资金的整体使用效益。

2. 加强对农村流通的金融支持，解决农村流通企业融资难问题

破除农村流通产业发展的金融“瓶颈”，解决农村中小规模流通企业融资难问题，是支持农村流通体系建设的重要措施。

要采用适当的财政支持政策，建立农村流通企业的融资担保体系，形成一套有效的融资技术咨询、风险评估、资金管理、联合监控的一整套有效运作机制，消除目前农村金融服务中惜贷、惧贷等现象，从而解决我国农村流通产业发展的融资难问题。

3. 扩大生鲜农产品运输的“绿色通道”覆盖范围

要根据生鲜农产品流通的特点，继续支持农产品“绿色通道”建设，特别是要打破省际之间、地区之间的界限，扩大“绿色通道”覆盖范围，保证生鲜农产品在全国范围的顺畅流通，以减少农产品在流通中的损失，降低流通成本。同时，在条件成熟时建立农业生产资料“绿色通道”，支持农业生产资料在全国范围合理流通。

4. 严格项目资金的使用管理，确保专款专用

针对我国农村流通相关支持政策相对分散的现象，财政部门要建立项目资金的专项管理和监控体系，推行项目招投标、公告和专家评审制度，资金分配的转移支付制度，工程建设的国库集中支付、政府统一采购制度，从而强化资金运行监管，确保政府支持资金的及时足额到位、专款专用，确保资金使用效益。

附　录

课题组成员名单

课题组组长： 胡静林　财政部经济建设司司长

课题组副组长： 何黎明　中国物流与采购联合会副会长、中国物流学会会长

曾晓安　财政部经济建设司副司长

课题组成员： 翟　旭　财政部经济建设司商业处处长

秦　斌　财政部经济建设司商业处调研员

贺登才　中国物流与采购联合会副秘书长、研究室主任

闵耀良　中国农产品市场协会秘书长、高级农业经济师

魏际刚　国务院发展研究中心产业经济部副研究员、经济学博士

恽　绵　德利得物流有限公司运营总监、副研究员
查艾军　财政部经济建设司商业处调研员
王民臣　财政部经济建设司商业处调研员
曲富国　财政部经济建设司商业处调研员
程　婧　财政部经济建设司商业处
周　蕙　财政部税政司
汪　鸣　国家综合运输研究所副所长、研究员
吴　震　《中国合作经济》杂志主编、高级编辑
黄　萍　中国物流与采购联合会研究室研究员
周志成　中国物流与采购联合会研究室研究员

中国现代商贸物流体系研究

内容提要：改革开放以来，我国的流通业伴随着国民经济的整体发展而持续高速发展着。特别是自20世纪90年代末期起，供不应求的短缺经济时代的结束，市场对产品和服务的及时性与个性化要求日益提高，我国的流通业也逐渐从传统流通业向现代商贸业转型，物流作为改变经济增长方式的重要手段，越来越受社会各界的广泛重视，整个“十五”期间基本保持了20%的增长率，而且各方面的预测均显示“十一五”期间物流业还会以更高的速度发展，大力发展现代物流业已成为整个社会的共识，迫切需要我们从宏观上加以引导和规范，从微观上予以指导和扶持，从而促进物流业更快、更好地发展，早日形成适应我国国民经济需要的，可持续发展的现代物流体系。

通过“十五”期间的发展，物流市场的多元化竞争格局初步形成，虽然还有这样或那样的问题，但传统的物资仓储和运输企业已经或正在完成向物流服务企业的转型，现代化的物流技术和信息化的管理手段日益得到推广应用；生产和流通企业中的内部物流已经开始在企业内集中和集成，成为一个独立的职能部门或独立出来成为单独的企业，在满足自身物流需求的同时向社会提供物流服务；社会资本已经发现了物流业的巨大发展空间，新的物流企业大批产生，专业化物流企业业已出现，物流行业在规模扩大的同时已经开始了向专业化分工和细分市场服务的第二阶段发展；伴随着国际资本的大量流入，为跨国企业服务的国际著名物流企业也在大举进入我国，它们在带来先进的物流理念和管理经验的同时也对我们新兴的物流企业造成了巨大的竞争压力。这一切都表明我国的物流产业正在从起步发展阶段迈入快速发展阶段。

当然，不管是相对于发达国家的物流产业而言还是从国民经济发展对物流业的要求而言，我国物流业的整体水平还很低，服务的深度和广度都还无法满足整个社会再生产对物流的需求。面对“十一五”规划所描述的自主创新型的工业化道路，面对快速城市化的社会发展形态，面对日益完善的社会主义市场经济体制，面对国际产业制造能力向我国转移和国内市场与国际市场日益紧密相关的国际化发展趋势，面对地区间发展水平很不平衡的产业格局和不断增强的产业集聚化趋势，面对建设社会主义新农村的时代任务，物流业在迎来了一个快速发展机遇的同时也必须要克服自身的各种问题，才能真正成长为一个新兴的战略产业。

但是，物流业作为生产性服务业，因所服务对象的不同其自身也有着很大的差异性。农业物流、生产制造物流和商贸物流之间在保持物流共性的基础上也有着各自的独特性。我们此次的研究重点放在商贸物流上，这里集中了我国绝大多数的物流企业，为社会大流通提供着主要服务，但同时却是我国物流社会化水平较低的一个领域，迫切需要大力发展和提高。从当前商贸物流业的整体水平来看，大部分商贸企业还都在自办物流，物流的集约化优势基本没有发挥出来；物流企业的绝大多数都是中小企业，服务单一，网络狭小；行业的整体服务水平有限，太多的企业集中在运输与仓储基础服务上过度竞争；现代物流技术和管理工具的应用还很有限；从业人员的素质也亟待提高等。此外，还有地方保护和行业分割对物流这种最需要合作配套的产业的负面影响，都是我们通过研究和试点工程实验要努力解决的重点问题。

特别需要说明的是，在这一课题研究中，由于商务部已经将研究领域进行了详细的划分，我们对港口物流、农业和农产品物流及医药物流基本没有涉及，对于制造业的物流和供应链也基本没有涉及，我们的研究重点主要集中在工业制成品和农副产品进入流通领域后的物流高效服务体系的构建上。

本课题研究主要依据国家"十一五"规划内容与商务部"十一五"专项规划，按流通客观规律，理论联系实际，力求在理论的深度与实际操作的广度达到一个新高度。

一、我国现代商贸物流体系的紧迫性

我们这里所指的商贸业，是世贸组织中指的分销服务业，包括批发、零售、佣金代理、特许经营，涵盖了生产、交换、消费的全过程。"十一五"时期是我国全面建设小康社会的关键时期，商贸业起着引导生产、扩大消费、增加就业、促进经济和社会发展和提高人民生活水平的重要作用。物流作为连接生产和流通的纽带和桥梁，将在商贸业中发挥越来越重要的作用。鉴于我国物流的现代化进程刚刚展开，物流产业的绩效对商贸业还不适应，物流业与信息化一样，是流通现代化的重要组成部分，已成为商贸产业提升的关键之一，构建适应我国现代商贸发展的物流体系就显得尤为必要和紧迫。

我国现代商贸流通业已经取得了巨大成就。随着国民经济的持续稳定增长，现代物流业在国民经济和企业经营管理中的地位逐步提高。"十五"期间，我国国内外贸易得到迅速的发展，社会商品零售总额、生产资料销售总额和进出口贸易额达到空前水平，流通规模的大幅度增长，到2005年我国社会物流总额已达到了48.1万亿元。同时，随着我国物流管理水平的不断提高，全国社会物流总费用的增速开始回落、社会物流总费用占GDP的比率下降，其中运输费用增速减缓尤其明显，说明我国物流的整体效率在不断的提高，商贸物流的运作效率也在提高。

但是商贸物流业的问题依然很严峻。首先是物流成本较高影响流通业的发展。虽然我国整体物流绩效在不断改善，但社会物流总成本与GDP的比率仍高达18.6%，而发达国家只有10%左右，反映了流通环节的低效。加入WTO后，在国际化的激烈竞争下，物流成本较高已成为流通业提高竞争力的主要障碍之一。

其次是物流效率不高导致流通效率不高。衡量物流效率的指标有物流时效、物流设备利用效率和物流占用资金的周转效率。从周转时间上来看，产成品的库存周期我国是40天，发达国家一般是20天；我国历年库存商品沉淀的资金占当年GDP的近20%，美国只有3%，而目前国际公认的比例，发达国家一般不超过1%，发展中国家也不过5%。设备利用效率方面，我国汽车空驶率高达37%。由于我国商业企业的商品送达有74%是由供货方完成的，只有13%的企业依靠第三方物流机构完成，造成中小流通企业的公共配送中心极不发达，批发业与中国零售业的物流生产率低下。资金利用方面，我国流通业流动资金的年周转次数只有3次左右，国有商业流动资本年平均周转2.3次，而日本达到15~18次。从缺货情况来看，国内零售商的缺货率在10%左右，原因一是供应商的物流和配送订单交付服务质量不高；二是零售商配送中心的运营能力尚不成熟。

再次是第三方物流企业发展滞后，成为现代流通方式发展的“瓶颈”。近年来第三方物流企业获得了长足的发展，但第三方物流占整个物流市场份额的只有5%左右，还相当分散，规模小，服务水平不高，功能单一，没有实现从原材料供给到商品销售整个供应链的全程服务，没有形成网络服务。

第四商贸物流管理缺失常常造成流通中的安全隐患。农产品、商产品、水产品从生产到最终消费是一个非常复杂的过程，其中一个小小的忽视都会带来巨大的食品安全问题。而流通领域尤其是农贸、批发市场和连锁超市在食品安全控制方面存在的薄弱环节是造成我国食品安全问题频发的主要原因之一。

第五物流技术与装备水平在地区间和城乡间的差异造成流通发展的不平衡。我国经济发达的东部沿海省份零售和物流网点多、发展快，东部地区零售企业单位数占全国总量的一半以上，达61.8%，从业人数占59.1%；而中、西部地区分别占22.6%和15.6%，从业人数为26.5%和14.4%。

二、国内外商贸物流体系比较分析

由于制度要素、基础设施要素、技术要素和标准要素四个方面的滞后，我国目前商贸物流的发展已不能适应现代流通业的变革。

（一）商贸物流管理制度

随着经济体制改革的深化，我国物流的管理体制和法律法规建设都有了长足的进步，从过去分散的条块管理正逐步走向各部门联合协调管理。对某些不太适应社会主义市场经济的法规进行了修订，有效缓解了转型时期的“法律空白”状况，提高了法律调整效率。但是与发达国家相比，我国的物流管理体制、法律法规建设和行业管理仍存在较大的差距。第一，我国商贸物流管理机构部门众多、协调性差、效率低下。第二，我国商贸物流政策法规与发达国家相比系统性与前瞻性不足，现有的物流政策法规不能适应现代商贸物流发展的需要。第三，我国商贸物流人才培养模式与发达国家相比滞后。

（二）商贸物流基础设施

经过多年发展，我国在交通运输、仓储设施、信息通信、货物包装与搬运等物流基础设施和装备方面取得了长足发展，物流基础条件持续改善，物流行业可持续发展能力得到增强。但总体来看，现有的物流基础设施还比较落后：一是公路网密度、铁路网密度、对电信投资占GDP比值、人均计算机台数、互联网连接比例等方面与世界发达国家及某些发展中国家相比仍存在较大差距，尚处于较低水平；二是线路建设发展较快，相应的“节点”建设相对滞后，网络整体功能有待发挥；三是涉及各种运输方式之间、国家运输系统与地方运输系统之间、不同地区运输系统之间相互衔接的枢纽设施和有关服务设施缺乏有效协调；四是由于物流设施分属不同地区和部门，信息不对称，负载不均衡，既造成了资源的极大浪费，也影响到整个物流系统作用的全面发挥。

（三）商贸物流技术

发达国家商贸物流企业的技术应用已达到相当高的水平，实现了高度的机械化、自动化和计算机化，运输、装卸、仓储、配送等也普遍采用专业化、标准化、智能化的物流设施设备。目前，已经形成以信息技术为核心，运输技术、配送技术、装卸搬运技术、自动化仓储技术、库存控制技术、包装技术等专业技术为支撑的现代化物流装备技术格局。条形码技术（BC）、电子数据交换（EDI）技术、卫星定位技术（GPS）、地理信息系统（GIS）、射频认别技术（RF）、自动化技术等被广泛地运用于物流的全过程，安装在每台叉车、牵引车、托盘车上，从而提高了信息的传输速度和准确性，大大降低了单据处理成本、人事成本、库存成本和差错成本，保证了物流作业的速度和质量。

与发达国家相比，立体仓库、条码技术、自动识别系统、分拣技术等先进技术在我国商贸物流领域的应用还处于起步阶段，信息化发展水平还很落后。发达国家广泛采用的集装箱系统和自动分拣、光电识别、自动取货机和条码等先进技术只在我国少数企业中采用，没有形成完善的现代化商贸物流配送体系。我国物流信息技术的发展水平仍比较低，突出表现在：第一，网络建设速度和安全性不足；第二，信息技术应用程度不高；第三，物流软件市场不够规范，仍以低端需求为主；第四，物流信息平台综合性和协调性差。

（四）商贸物流标准建设

发达国家通过对物流标准化方面高投入的研发和推广，有力推动了现代物流业的发展。与发达国家相比，虽然我国现代物流业发展已经起步，但物流标准化建设相对滞后。第一，物流标准制定部门各自为政、缺乏统一性。第二，我国的物流标准缺乏强制力和约束力。第三，我国的物流标准与国际接轨不够。第四，我国物流设备缺乏统一规范，物流包装标准与物流设施标准缺乏协调性。

（五）国内外商贸物流市场主体

目前，商贸物流社会化程度较低，国内商贸企业物流外包比例与社会化程度偏低，国内连锁业物流自营比例过高。第三方物流企业中国营企业比例多于国外的比例。我国第三方物流企业资产规模较小而人员多。但是，由于发达国家物流企业运营效率较高，所以相对人员规模反而较小。

（六）国内外商贸物流市场供需

从商贸物流供应市场来说，我国物流基础设施和设备水平、相对数量远远落后于发达国家；我国采用的物流设备总体来说还比较传统，机械化、自动化程度低，发达国家已经实现了物流设备的高度机械化和自动化；发达国家已经将现有的先进技术应用到物流业中，而我国先进技术的应用程度很低；我国物流企业提供的服务种类单一、水平较低，物流增值服务比例较低，缺乏提供综合性高级物流服务的能力，发达国家已经着重于在提供综合性增值服务的基础上逐步提高服务水平。我国商贸物流市场供给规模和质量落后于发达国家，第三方物流还不发达，在连锁业物流市场供应方面，我国在基础设施与设备、物流运作水平、专业化程度、物流技术应用与信息化程度等方面都与国外先进水平相差很多。

从商贸物流的需求市场来看，我国对第三方物流需求正在上升，但我国企业对第三方物流需求层次低，发展不平衡。物流需求仍集中于运输、仓储等基本服务，而对增值服务和信息服务没有想象的那么大，但是对增值服务和信息服务需求正在提高。Mercer管理咨询机构的一项年度调查报道：不到20%的物流合同涉及了更进一步的供应链活动，如库存补充供应和产品组配。

三、现代商贸物流体系的构建

（一）现代商贸物流体系的总体框架

1. 现代商贸物流体系的构建原则

（1）系统整体性原则；

（2）多层次、多成分、多形式推动的原则；

（3）统一规划，分地域、分步骤、分产品实施的原则；

（4）资源整合的原则；

（5）借鉴与创新相结合原则。

2. 现代商贸物流体系建设的总体目标

从2006年到2020年，我们将继续大力推进商贸物流外包模式的发展，提升商贸物流主体的竞争能力，推进物流设施设备的自动化和标准化，推广先进适用的物流技术，降低物流成本，缩短物流时间，建立节约型和环保型商贸物流发展机制，健全物流管理制度和法律法规，整顿和规范物流市场秩序，完善商贸物流人才教育培训体系。

现代商贸物流体系建设的总体目标是：按照科学发展观的要求，从我国国情出发，借鉴国外商贸物流的成功经验，充分考虑不同商品物流的特性，逐步建立起统一开放、竞争有序、布局合理、运作高效、技术先进的商贸物流体系，促进我国社会经济全面、协调、可持续发展。

3. 现代商贸物流的发展阶段

根据我国的国情，现代商贸物流的发展可分为三个阶段：

（1）现代商贸物流的发展起步阶段（1978～2000年）

我国是在1978年引入物流这个概念，1993年，党的十四届三中全会通过了《关于建立社会主义市场经济体制若干问题的决定》，从此，中国的经济建设开始进入一个新台阶，需求个性化加强，新的物流需求不断出现，一些老的仓储运输企业开始进行改造，来提供新的商贸物流服务；一批不同形式的商贸物流服务企业，包括商业、物资储运业经过改造建立配送中心，提供配送服务；交通运输业和货运代理业扩大业务范围，开展门到门服务，进而转向为用户提供部分物流服务；工业生产企业自身组建的相对独立的物流服务机构，负责原材料和产成品的后勤保障工作；少数专门从事物流服务的企业，面向全社会提供公共型商贸物流服务，如连锁配送、速递服务等。在这个阶段，商贸物流模式以自营物流和货主物流为主，兼有外包物流。

（2）现代商贸物流的快速发展阶段（2001～2020年）

2001年出台的《关于加快我国现代物流发展的若干意见》，进一步促进了商贸物流的发展。2004 年，政府相关部门、行业组织及社会有关方面继续努力改善中国第三方物流市场环境，并在政策、措施方面取得突破性进展。主要政策及措施有：一是发改委、商务部等九部委出台文件完善物流企业税收管理、简化通关手续、拓宽融资渠道和减轻企业负担，这标志着我国政府已经明确了在中国发展现代商贸物流的方针政策。二是治理公路超载与降低通行收费已初见成效。三是取消国际货代企业审批。四是建立保税物流中心。五是推行物流责任保险，为第三方物流企业提供了全面有效的保障。六是积极推进物流标准化、技术进步和人才培训。

随着工业化程度提高和电子商务的发展，社会化分工越来越细化，物流需求主体规模进一步增大。该阶段的任务是大力推进商贸物流外包模式的发展，增强商贸物流主体的竞争能力，加大物流固定资产投资，注重物流设施设备的自动化和标准化的推进，积极推广高效的物流技术，降低商贸物流成本，缩短商贸物流时间，引入绿色商贸物流的概念，逐步推进节约型和环保型商贸物流发展机制的建立。健全物流管理制度和法律法规，促使管理部门分工明确化，整顿和规范物流市场秩序。建立合理的物流人才教育培训体系。到 2020 年，社会消费品零售总额与生产资料销售总额将达到 45 万亿元人民币左右，进出口总额超过 2.5 万亿美元，对物流的依赖程度进一步加大。使用第三方物流和第四方物流比例达到 60% 以上，从现在的以自营为主转向外包为主。第三方物流企业集中度明显提高，商贸企业的物流成本比 2005 年下降 5% ~10%，商品库存周转期比 2005 年缩短 10 ~ 15 天。

（3）现代商贸物流的发展成熟阶段（2020 年以后）

根据国家的总体安排，到 2020 年，我国将建立完善的社会主义市场经济体制。商贸物流将进一步稳步发展，接近经济发达国家的水平。

4. 现代商贸物流体系的总体框架图

商品千差万别，物流的模式与流程也不一样，但不管商品如何不同，都有其共同的特点，因此，可以描绘出一个总体框架图。

从系统工程的角度分析，现代商贸物流体系框架的含义可以理解为现代物流系统和各子系统的构成要素、各构成要素间的相互作用和层次结构，并包括系统内部的功能组合、信息传递以及共同实现的商贸物流服务等。

商贸物流体系框架的结构可以分为逻辑结构和物理结构两个方面：逻辑框架包括商贸物流供应主体、商贸物流需求主体、商贸物流客体、商贸物流基础设施及设备平台、信息平台和政策平台（其中后三者构成商贸物流支撑平台），以及它们之间的逻辑关系：商贸物流供给主体通过物流支撑平台给商贸物流需求主体提供物流服务，把商贸物流客体送到需求地，如图 1 所示。物理框架则描述了商贸物流体系框架中物流设施的布局、规模和能力，解决了物流基础设施在空间的布局、节点能力的确定以及合理配置物流信息系统的硬件设施等问题，如图 2 所示。物流园区集结多个有一定规模的物流中心，每个物流中心下设多个与之配套的配送中心，物流中心主要承担大规模的物流集散，配送中心主要承担物流末端的物流配送及物流的加工增值服务。

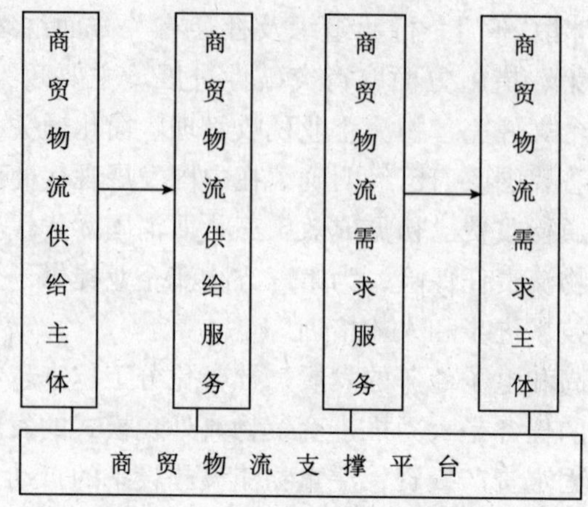

图1 商贸物流体系逻辑框架图

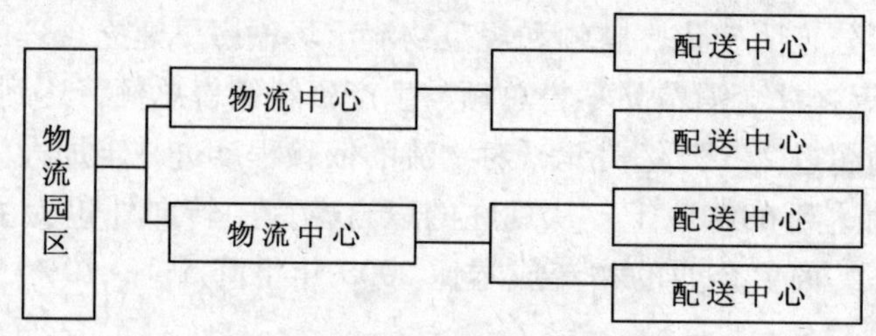

图2 商贸物流体系的物理框架图

逻辑框架和物理框架结合在一起形成了现代商贸物流体系框架结构，现代物流体系的物理框架如图3所示。

受企业规模、产品类型等基本状况以及企业商贸物流的具体需求、商贸物流企业供给状况、商贸物流业基础条件，以及商贸物流产业政策条件的影响，物流需求企业选择适合自己的效率最高的物流运行模式（见图4）在物流支撑平台（基础设施及设备平台、信息平台和政策平台）下进行物流活动。在实现物流服务目标的同时，信息流也得到循环。从图4中可以看出，供应商对物流公司（或物流机构）发接发货通知，随后物流公司（或物流机构）对配送中心（为简单起见，图中略去物流园区和物流中心）下达指令，最后配送中心给需求主体进行配送服务，另外每一个环节都有相应的信息反馈，这样构成一个循环信息流。物流与信息流两个系统是相互作用、密不可分的。信息流是伴随着物流的运作而不断产生的，为提高物流的效率，要求信息流保持通畅，并准确反馈物流各环节运作所需要的信息。另外，信息技术的不断进步为信息的及时大规模传递创造了条件，反过来促进物流服务范围的扩大和物流组织管理手段的不断改进，促进物流能力和效率的提高。

在商贸物流体系中，物流对象不断从供给主体向需求主体、从生产领域向消费领域运动，从而实现包装、装卸、运输、仓储、配送、流通加工和信息输送等功能。根据产品对商贸物流的要求不同，又可将商贸物流按照产品类别分为生活资料物流和生产资料物流，生活资料物流可细分为快速消费品物流和耐用品物流，生产资料物流又可分为农业生产资料物流和工业生产资料物流，工业生产资料物流又可细分为金属材料商品物流、非金属材料商品物流和机电商品物流。本报告重点探讨生活资料物流中的快速消费品物流、生鲜产品冷链物流，金属材料物流中的钢铁流通加工物流，非金属材料物流中的煤炭、成品油等散装物流，机电商品物流中的汽车零配件物流。由于按产品分类，类别较多，图 3 中仅表示本报告要探讨的产品。在这些产品当中，快速消费品物流大体有连锁配送和公共配送两种运作模式，且公共配送是以后发展的趋势；生鲜冷链物流、成品油物流和汽车及零配件物流由于对物流设施和设备要求的特殊性，专业性社会化物流配送是未来的发展趋势；对于煤炭物流，则由于其流通特点主要采用自营物流的模式；对于钢铁物流，以流通加工为主的专业化社会配送则是未来的发展趋势。

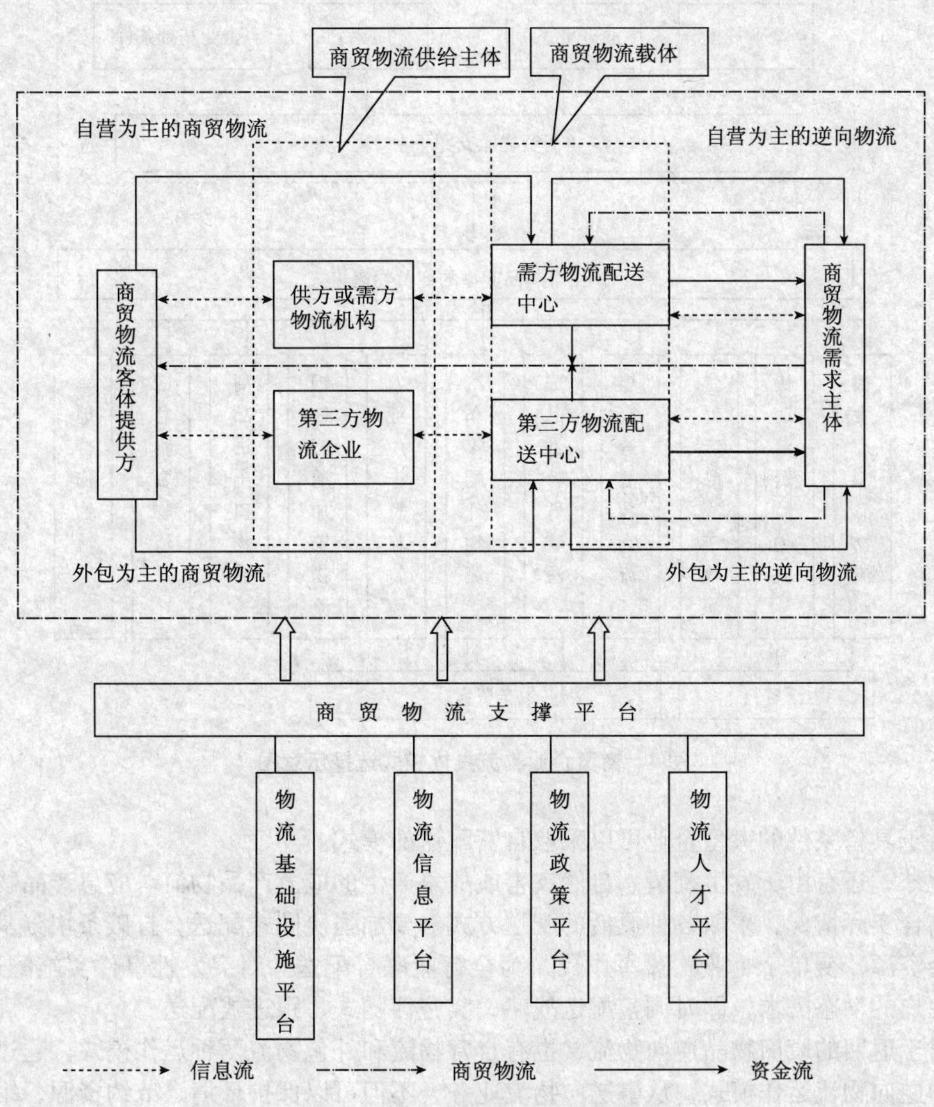

图 3　现代商贸物流体系框架结构

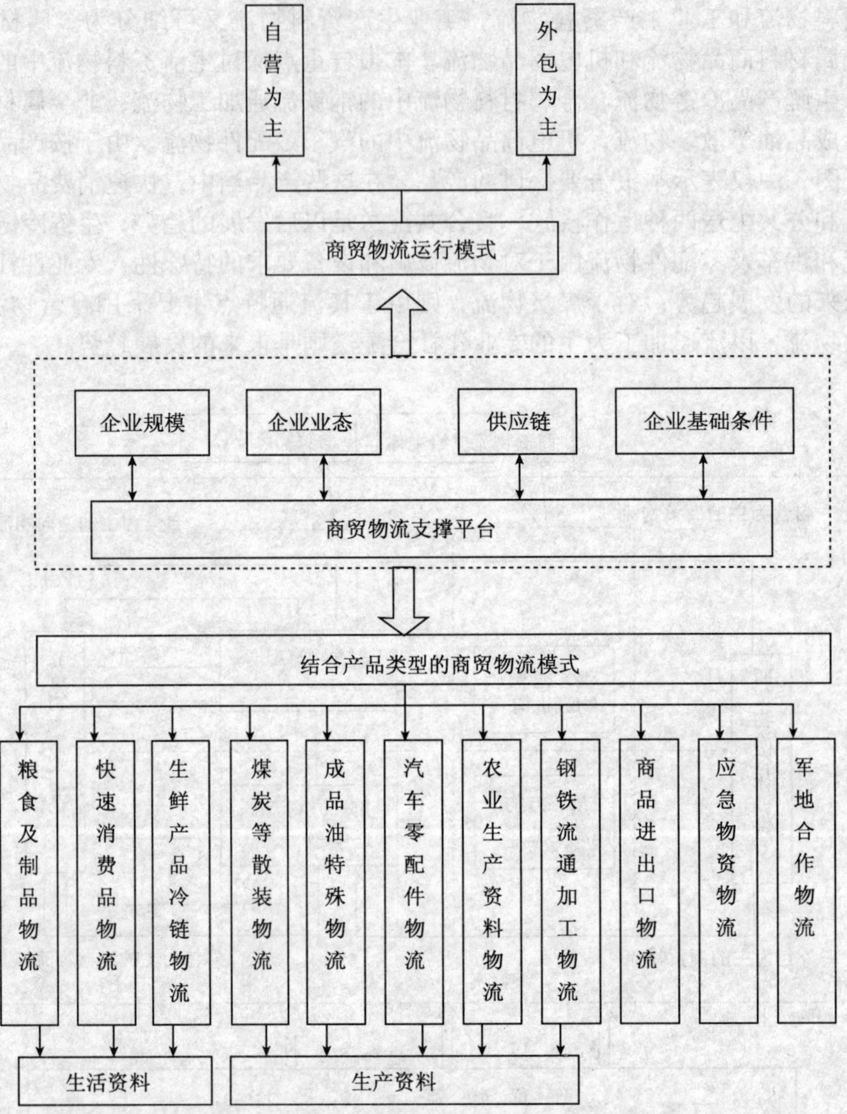

图4　商贸企业物流具体模式选择示意图

对于具备条件的大型企业可以采取自营配送的模式。

此外，还有由于发生疫情、自然灾害或战争产生的应急产品物流。应急产品物流运作应结合实际情况，采取各种灵活的配送方式。要加强协同式配送，打破条块分割，整合社会资源，变单个企业“孤军作战”为全行业联合配送。对突发性事件实施配送时，根据用户的动态需求，即时调整配送战略，实施伴随式、跟进式配送。

对于退回的废旧物品逆向物流，也有自营物流和外包物流两种运作模式，通过选择适当的逆向物流运作模式，从事逆向物流业务，不但可以保护环境、节约资源，维护公众利益，而且可以实现企业的经济利益，提高企业的环保形象。

（二）现代商贸物流体系构成要素的具体描述

1. 商贸物流主体

商贸物流主体分为商贸物流供给主体和需求主体两类。

商贸物流供给主体也称为商贸物流企业，是至少从事运输（含运输代理、货物快递）或仓储一种经营业务，并能够通过对运输、储存、装卸、包装、流通加工、配送等基本功能进行组织和管理，具有与自身业务相适应的信息管理系统，以满足客户物流需求，实行独立核算、独立承担民事责任的经济组织。商贸物流供给主体，决定了商贸物流的组织结构。按照对物流企业的定义，将商贸物流企业划分为运输型、仓储型、综合服务型三种类型，并对每种类型的基本要求作了具体界定：

（1）运输型商贸物流企业是从事货物运输，以货物快递服务或运输代理服务为主，并包含其他物流服务的企业，也就是说，除了以传统意义上的运输、快递、货代业务为主业或基础，还要进一步从客户的需求出发，能够为客户提供门到门、门到站、多式联运等现代运输服务，以及相应的信息服务。

（2）仓储型商贸物流企业是以从事区域性仓储、配送服务为主，包含其他物流服务活动的企业，与传统仓储企业相区分的，是在为客户提供储存、保管等仓储服务的基础上，还可以提供配送、送货上门以及相应的信息服务。

（3）综合服务型商贸物流企业是专门为企业客户提供原材料、产成品综合物流服务的企业。综合物流服务，也称为第三方物流服务，集中体现了现代商贸物流的本质和发展水平，主要是为客户制订物流方案，以合同形式在一定时期内为客户提供物流一体化（采购、运输、仓储、包装、装卸等）。

目前，我国第三方物流发展很快，但真正能提供一体化服务的企业还不多，商贸物流服务以运输、仓储居多，物流配送、流通加工、分拣包装等物流服务业务正处在兴起和发展阶段，争取到2020年之前，能提供增值服务和一体化服务的商贸物流企业比例有明显提高。

但在现实生活中，商贸物流的供给主体相当一部分是生产企业，即实际的提供商，在中国不可能一下子消失，在国外也可能存在着。

商贸物流需求主体是指由商贸物流需求的企业和个人。比如，有商贸物流需求的生产企业、商贸企业和个人等。

商贸物流主体规模包括商贸物流主体企业资产规模和商贸物流主体企业从业人员规模，商贸物流供给主体规模是衡量商贸物流服务能力的主要指标。物流供给主体企业服务范围越广，单位人员资产规模越大，物流服务能力越强，效率越高。目前，我国的物流企业以中型规模居多，一些较大规模的物流企业已成为上市公司，其内容几乎涵盖了物流业的各个领域。商贸物流需求主体规模和发展水平则是衡量商贸物流需求能力的主要指标。

2. 商贸物流客体

商贸物流客体即物流对象，是一切在物流主体间进行定向循环运动的物质实体。物流客体种类多、数量大，每种物流客体都有不同的形态、结构、功能、物理特征和度量单位，并且由不同的生产者生产和不同的消费者使用。

商品的状态、类别和数量等属性对流通渠道、环节乃至形式都有直接影响。它决定着在生产与消费之间有多少流通渠道，或多少流通环节及以什么形式来完成商品的流通，决定了商贸物流的物品类型和规模。不同商品类别有其各自的流通特点：①消费品品种繁多，规格复杂，档次不一，生产稳定，并相对集中，而且消费分散，可替代性强。②生产资料的替代性小，对产品的偏好性小，只要质量、数量、型号或成分合格，即可订货，无须观看实物。此外，生产资料多为大量生产，消费稳定且集中，只有少数产品是分散销售，生产规模效益决定着消费的大批量性，竞争价格易于形成。

商贸物流的客体可以分为生活资料和生产资料两类。本报告重点探讨生活资料中的快速消费品、生鲜产品，金属材料中的钢铁，非金属材料中的煤炭、成品油等散装产品，机电产品中的汽车及零配件等产品。

3. 商贸物流基础设施平台

商贸物流基础设施是保证商贸物流活动有效、协调开展的基础条件。物流基础设施主要包括线状设施、点状设施和相关设备，其中线状设施主要指公路、铁路、航线、管道等交通线路；点状设施主要指港口、航空货站、火车与集装箱编组站台、配送中心、物流中心、物流园区等；设备指运输工具、搬运装卸设施及相关设备。商贸物流基础设施平台决定了商贸物流空间结构，其完善程度和先进程度是一个商贸物流发展水平的重要标志。商贸物流基础设施平台应以地区商贸物流发展战略为基调，根据所在地区商贸物流流量、产业结构、交通网络等现状、发展趋势，充分考虑区域现状和发展需要，协调各核心城市、周边区域的物流规划，优化区域内现有物流资源，实现地区内各物流枢纽的可达性、货运及配送通道的连通性，实现地区经济、社会和环境多层次、全方位的综合效益。构建一个协调发展、物畅其流的商贸物流基础设施平台，仅依靠市场的自发行为是不够的，需要中央政府和地方政府来统筹规划。

目前，我国物流用固定资产投资加速，物流基础条件继续改善，但物流基础设施“瓶颈”制约现象仍很突出，因此，物流基础设施建设的投入还要加大，要贯彻国家改革投融资体制的政策，疏通多元化投资渠道，吸收国内外资本进入物流基础设施建设领域，对铁路、港口和重要物流节点的建设要给予重点支持，争取到2020年之前构建一个协调发展、物畅其流的商贸物流基础设施平台。

4. 商贸物流信息平台

商贸物流信息是随着企业的商贸物流活动同时发生的。商贸物流信息包括订货信息、库存信息、发货信息、物流管理信息等有关商贸物流活动信息。商贸物流信息平台是由人员、设备和程序组成的，为商贸物流管理者执行计划、实施、控制等职能提供相关信息的交互系统，包括公共物流信息平台、专用物流信息平、物流企业信息平台、物流结点（物流园区、物流中心、配送中心）信息平台。

按现代商贸物流业发展的要求，物流信息是物流活动的关键要素，因此，建立开放式完善的综合物流信息平台是确保商贸物流业发展的前提条件。商贸物流信息平台最重要的作用就是能整合各商贸物流信息系统的信息资源，完成各系统之间的数据交换，实现信息共享。一个功能完善的商贸物流信息平台应整合企业、货主、公路、铁路、港口、银行、海关、工商税务等多个信息系统，通过商贸物流信息平台能实现以上各系统之间的信息交换和信息传递，满足不同客户的信息需求，提高商贸物流系统的效率。通过商贸物流信息平台，可以加强相关地域内的商贸物流企业与上下游企业之间的合作，形成并优化供应链。当合作企业提出商贸物流请求时，商贸物流企业可通过商贸物流信息平台迅速建立供应链接，提供相关商贸物流服务。

一个综合物流信息平台的建设离不开先进信息技术的应用。目前，主要的信息技术有条形码技术（BC）、电子数据交换技术（EDI）、卫星定位技术（GPS）、地理信息系统（GIS）、无线互联网技术、自动化技术和射频识别技术（RF）等。这些技术被运用于物流的全过程中，安装在每台叉车、牵引车、托盘车上，从而提高了信息的传输速度和准确性，降低了单据处理成本、人事成本、库存成本和差错成本，增强了物流信息平台的服务水平。

目前，我国商贸物流信息平台的建设正处于起步阶段，公共物流信息平台有了进一步的发展，如交通部的联网收费、安全监控和公共信息服务取得新的进展；科技部“十五”期间确定的10个智能交通系统示范城市开始进入实施阶段；跨部门信息平台的建设也在开展；越来越多的物流企业开始采用信息技术建立信息平台，利用EDI（电子数据交换）技术和卫星定位技术（GPS）进行定位和跟踪地信息系统已有许多应用案例出现。争取在2020年之前建立与现代商贸物流体系相协调、相适应的功能完善、多层次的综合物流信息平台。

5. 商贸物流政策平台

商贸物流体系的建立需要许多支撑手段，尤其是处于复杂的社会系统中，要确定商贸物流体系的地位，协调与其他系统的关系，这些要素必不可少。下面重点介绍构成政策平台的软支撑要素：商贸物流管理体制，法律法规，商贸物流标准化系统，商贸物流人才的培养。

（1）商贸物流管理体制

在各种商贸物流要素不变的情况下，商贸物流组织与管理水平越高，商贸物流资源配置越优化，商贸物流的效率也就越高。管理也正是生产力表现于这一点上。

商贸物流管理体制是指对商贸物流产业进行宏观管理的管理体制。它是推动商贸物流产业发展的管理机制、运行管理机制进行管理的各级管理机构以及保证管理机制发挥作用的管理制度等诸方面的统一体。商贸物流管理体制是实现商贸物流产业发展目标的重要组织保证。它决定着商贸物流运行的有效方式，制约着商贸物流管理水平，是合理组织商贸物流发展所需的人力、物力、财力和信息资源，保证商贸物流体系正常运转的主要手段。完善的商贸物流管理体制将有利于为整个体系框架的实施创造良好的发展环境。

政府商贸物流管理体制的建设有赖于政府商贸物流管理职能的界定，只有明确政府管理职能范围，政府管理体制才能进行科学设置。市场经济理论告诉我们，由于商贸物流市场存在着垄断、信息不对称、不完全竞争、供求失衡等市场失灵问题，需要政府对商贸物流市场的微观规制和调控，以提高商贸物流市场的资源配置效率，促进市场稳健发展。与此同时，由于商贸物流产业对一国经济存在广泛影响，是形成一国经济竞争力的一项重要内容，这决定了各国政府对商贸物流业的管理职能必然超出市场失灵的范围，形成一国的商贸物流产业发展政策。国外的实践也证明，发展现代商贸物流离不开政府的推动和促进。政府的作用主要体现在：制订全国以及区域商贸物流总体规划和中长期以及年度计划；制定和实施促进现代商贸物流业发展的政策和措施；为商贸物流业发展提供公共基础设施，如交通设施、公共信息服务平台等；培育现代商贸物流市场，规范市场主体行为；协调解决现代商贸物流发展中的有关问题等。

另外，目前我国商贸物流发展处于起步阶段，也需要中介组织来规范商贸物流市场行为，加速企业商贸物流社会化进程，培养现代商贸物流企业。目前，我国商贸物流中介组织主要是行业协会和商会，相关协会有中国物流与采购联合会、中国交通运输协会、中国货贷协会、中国仓储协会等，这些协会起着政府无法起到的作用，实施行业自律，规范市场行为。

（2）商贸物流法律法规

适用于商贸物流体系的法律法规不仅是政府部门制定政策进行宏观调控的法律依据，也是商贸物流企业必须遵守的“游戏规则”。在市场经济条件下，建立健全商贸物流相关的法律体系，是商贸物流得以正常运作的基本前提。我国现行与商贸物流有关的法律、法规主要有两类：一类是适用于各个部门、各个领域的，进而也适用于商贸物流领域的法律、法规；一类是适用于铁路、公路、水运、航空、管道等交通运输领域的法律、法规。除法律、法规外，政府部门有关商贸物流方面的一些“通知”、“意见”也是很重要的商贸物流政策。目前我国法律、法规不够健全成熟，应尽快制定商贸物流业统一的税收政策、技术政策、产业组织政策等，逐渐形成并完善商贸物流产业的政策体系。

（3）商贸物流标准化系统

标准化是对产品、工作、工程、服务等普遍活动制定、发布和实施统一标准的过程。它是使系统保持统一性和一致性，对系统进行处理，提高系统运行效益的有效手段。商贸物流本身是一个涉及面广、内容复杂的大系统，所涉及的要素极其广泛。一项商贸物流活动的完成，是众多商贸物流要素共同作用的结果。为了能够使各种商贸物流要素有效配合，需要对商贸物流设施、设备、器具、作业方法等制定统一的标准，并且按照统一的标准组织商贸物流活动。商贸物流标准化就是以商贸物流系统为对象，围绕运输、储存、装卸、包装以及商贸物流信息处理等商贸物流活动制定、发布和实施有关技术和工作统一的标准并按照技术标准与工作标准的配合性要求，统一整个商贸物流系统标准的过程。商贸物流标准化能够加快流通速度，保证商贸物流质量，减少商贸物流环节，降低商贸物流成本，极大地提高商贸物流作业效率、管理效率及经济效益。

商贸物流标准化体系的建立主要是通过制定标准规格尺寸来实现全商贸物流系统的贯通，解决各不同系统之间的接口问题，从而提高整个商贸物流体系的运作效率和运作质量。在全球化浪潮席卷各国的今天，标准化还涉及与国际接轨及企业的国际竞争力。由于商品结构、种类、性质等特点的多样性，决定了商贸物流体系标准化的复杂性。商贸物流标准化体系的建立和实施是摆在政府和商贸物流企业面前极其繁重而又必须尽快推进的重要任务。

商贸物流的标准化除了贯彻八部委发布的“十一五”物流标准规划以外，更新统商贸物流制定与修订必要的行业标准，主要依靠中介组织与大型企业积极参与。

（4）商贸物流人才的培养

劳动者要素是现代商贸物流体系中的核心要素，第一要素。提高劳动者素质，是建立一个合理有效现代商贸物流体系的根本保障。商贸物流水平的高低取决于高素质人才的拥有量。我国目前的现状是商贸物流领域专业人才严重缺乏，市场经济急需的人才培养成为大问题。可逐渐建立多层次的商贸物流专业教育，包括研究生、本科生和职业教育等以及建立商贸物流业的职业资格认证制度，鼓励商贸物流企业与大学、科研机构的合作，走产学研之路。

6. 商贸物流体系的功能要素

商贸物流体系的功能要素是指商贸物流体系所具有的基本能力，这些基本能力有效地组合、联结在一起，便成了商贸物流的总功能，有效合理地实现商贸物流系统的总目标。商贸物流体系的功能要素一般包括包装、装卸、运输、仓储、配送、流通加工和信息功能等。随着新形式的商贸物流服务的发展，上述功能要素中，配送和流通加工越来越重要。

（三）生活资料物流体系的构造

1. 快速消费品物流模式

随着我国经济的快速发展和人民生活水平的不断提高，消费品得到了快速的发展。近两年来，我国社会消费品零售总额年增长在10%以上，消费品市场需求增幅大。由于我国人口多，经济稳步发展，我国零售市场具有广大前景。根据商务部的估计，到2010年，全社会消费品零售总额将达到10万亿元人民币。伴随着消费品的发展，作为消费品重要组成部分的快速消费品也将呈现出快速发展的趋势。快速消费品的发展，离不开现代物流的支撑。实践证明，高效的物流系统是支撑快速消费品发展新的增长点。我们认为，由于市场消费能力的增强，我国快速消费品业进入了高速成长期，在未来15年内我国快速消费品物流将会得到快速发展，将建立起现代化快速消费品物流体系。

（1）快速消费品物流的内涵及其特点

①快速消费品内涵及其特点

a. 快速消费品的内涵与构成。快速消费品是消费频率高、使用时限短、需要不断重复购买、拥有广泛消费群体的日用产品。快速消费品在商贸领域并没有形成统一共识，一般指大众消费品，主要包括个人护理品、家庭护理品、品牌包装食品饮料、烟酒、一般服装五大类产品。

b. 快速消费品的特点。快速消费品与其他类型消费品相比，除具有单位价值低、品种花色多、更新速度快、同质化现象普遍等固有特点外，在购买决策、购买过程、购买便利性等方面有着明显的差别。快速消费品具有简单、迅速、冲动、感性、便利等消费特性，而这些特性对快速消费品物流提出了更高的要求，要求快速消费品物流适合现代经济发展的特点，遵循消费品流通规律，具备更强的配送与补货能力、更快的反应速度和更有效的控制与管理能力；要求快速消费品物流与市场有效的协同，通过高覆盖率和铺货率，更加接近消费者，提供高效、快捷、准时、安全、优质、低成本的服务，满足多频次、短时化、个性化物流需求；要求转变快速消费品物流观念，通过供应链变革，创新物流方式，不断降低成本，提高效率，并形成良性物质循环，减低污染，保护环境。

②快速消费品物流内涵及其特点

快速消费品物流是指快速消费品从供应商、销售终端到消费者的流动过程，主要包含供应物流、销售物流、逆向物流等环节。消费品物流具有如下特点：

a. 与销售紧密联结。快速消费品物流和销售紧密是联结在一起的，甚至分不清销售和物流，如有的配送商，他们做的既是销售，也是物流，只有快速消费品销售总公司向分公司或分区发货，这样的才是典型的物流。

b. 物流对象种类多，物流复杂化程度高。快速消费品花色品种繁多，涉及日用品、包装食品、饮料、米面、烟酒等，而不同类型的商品，有其自身特点，对物流有不同要求，如对易碎易压的商品在物流中需要专业的操作和运输要求等。因此，由于物流对象的多样化，对物流的要求也呈多样化的趋势，增加了物流的复杂化程度。

c. 物流配送量波动大，订单频繁。由于快速消费品物流配送一般实行连锁配送或共同配送，而连锁店铺分布广泛，以及其需求的多样化和个性化，使得订单频率高，大多数订单的货物种类繁多，甚至有些订单有时间要求。例如，只有某一个时间才可以送货，甚至有些小型的便利店甚至要求一天送货两次。

d. 涉及领域多，作业环节多。快速消费品物流涉及供应、销售和逆向物流领域，作业环节多，除了运输、储存、包装、装卸搬运作业外，还有拆零、拼装、补货、处理退货、更换商品等作业。

e. 物流质量要求高，库存周期短。快速消费品与人民的健康密切相关，因而，要满足现代消费的多样化、个性化、新鲜化和无害化的要求，对商品保质期、物流质量要求严格，库存周期短。

上述特点使得快速消费品物流要有更快的反应、更高的效率、更复杂技术和信息支持，才能满足快速消费品销售的要求。

（2）快速消费品物流现状及存在问题

①快速消费品物流基本情况

a. 对物流的需求越来越高。随着快速消费品销售规模的不断扩大，快速消费品销售渠道整合和创新速度加快，快速消费品门店拓展迅速。据2005年中国物流年鉴统计，2004年，门店在14个以上的连锁零售企业有507家，比2003年多60家。其中拥有超过100个门店的连锁零售企业数由2002年的55家、2003年的73家增至2004年的97家。不断增加的门店，对物流的需求越来越高，对物流的依赖度越来越大。

b. 重视物流基础设施的建设。为了满足经营规模和市场竞争的需要，降低运作成本，提高对店铺、消费者的反应速度，在政府的支持下，快速消费品经营主体加大了物流基础设施的建设力度，不断改善仓储条件，提高运输能力，积极采用先进的物流技术和设施，为提高物流运作效率和效益创造了重要的物质条件。如苏果马群物流配送中心的投入使用、联华超市改建的新物流中心投入运行，极大地提高了苏果超市、联华超市的物流配送能力，促进了经济效益的提高。

c. 快速消费品物流配送的技术水平不断提高。一些快速消费品流通企业，在物流配送中心的建设及物流管理中，纷纷引进先进的物流技术和设备，极大地提高了物流作业的效率，全面提升了快速消费品物流技术水平。目前，国内快速消费品物流配送中心的技术含量不断提高，如增加了高层立体货架和拆零商品拣选货架相结合的仓储系统；部分配送中心使用电动高位叉车、低位拣货车和托盘，大大提高了装卸、搬运、拣货作业的机械化程度；配送中心的信息系统、货场电子化设备和电子标签的应用，使作业人员可以方便有效地按订单取出商品，进行理货和分拣，大幅度提高速度，降低差错率；托盘、物流笼车的使用，提高了门店的配送商品交接效率。例如，联华快客物流中心，拥有先进的输送机、拣选设备等物流技术和设备，并配以快速的补货系统，每天能及时把快速消费品送到450家门店，差错率在0.01以下。从而，满足了快速消费品快进快出的需要，提高了供货能力。

d. 物流模式多样化。随着我国快速消费品行业的发展以及整个行业对物流认识的提高，快速消费品物流出现了多种模式，强有力地支撑了零售业规模的扩张。目前，主要有供应商自理物流、快速消费品流通企业自营物流、第三方物流、共同物流等多种模式，如北京物美、深圳新一佳、广东好又多等采用第三方物流，有效地利用了社会资源，降低物流成本，提高了企业的核心竞争力。

②快速消费品物流存在的问题

我国快速消费品物流发展虽然取得了较大的成绩，但与外国成熟的沃尔玛、家乐福相比，还有很多不规范的地方，主要表现在以下几个方面：

a. 有实力的快速消费品专业化物流公司不多。现在的第三方物流公司专门从事快速消费品物流的不是很多，规模较大的有宝供、新科安达、招商物流、中邮物流等。有些物流公司承揽业务后再转包出去，对承包商的控制没有做到位，很难提供专业化服务。

b. 快速消费品供应链信息化程度低，库存高。国际商业巨头如沃尔玛的存货只是在路上，可见其信息化程度。而我国物流公司、厂家、经销商和各卖场等供应链成员之间缺乏互信和协同，信息化程度不高，致使信息不共享、信息滞后；供应链同层次间难以实现调拨转运、互通有无。

c. 专用物流设施设备少。快速消费品物流一个很大的问题是专用的设施设备少，有的企业还用敞车运输，与快速消费品的要求很不相称。仓储设备也较落后，有的甚至是露天堆场，造成货损货差严重，运输仓储等物流服务质量不高。

d. 盲目自建配送中心，选址不科学，功能不全。近年来，随着快速消费品物流的快速发展，物流配送中心受到重视，快速消费品经营企业自建配送中心的积极性很高，较大型的零售企业在建设自己的配送中心，一些小型的零售企业店铺数量少、规模不大，也在筹建配送中心，以期实现100%的商品由自己配送中心配送，而快速消费品生产企业为了强占销售终端，也在建立配送中心，还有第三方企业也在建设配送中心。虽然配送中心可以支持门店的扩张，但它必须与门店发展的规模、速度和店铺面积相协调。盲目建设，必然会造成人、财、物的极大浪费，反过来又影响快速消费品物流的发展。

我国大部分快速消费品物流配送中心是在原有仓库的基础上改造的，所以功能很不齐全，仅限于原有的储存、保管等功能，有的连基本的分拣设备都没有，各种软硬件设施落后，管理和配送效率较低。

e. 配送规模小，统一配送率不高。目前，我国快速消费品物流配送规模均较小，配送率只有60%左右，平均一个物流配送中心配送20家店铺，平均每辆车承担2～3个店铺的送货。而国外配送率一般为80%以上，日本的一个物流配送中心可以负责70个店铺，只需4～5辆车，沃尔玛一个配送中心可以负责100个店铺。可见，我国快速消费品物流配送尚未形成规模优势，配送效率不高，绝大多数配送中心没有达到经济配送的规模，配送成本偏高。

f. 快速消费品物流标准化程度低，运行效率低。物流配送是跨部门、跨行业的运作系统，标准化程度的高低在很大程度上影响着物流效率的提高。目前，我国商品容器如托盘，以及有关的装卸、搬运、储藏、运输等设备未能实现统一的规格化和标准化，商品条形码化率低，物流信息不能共享，故难以发挥电子计算机控制的作用，制约了自动化水平的提高和运营效率的提高。运营效率不高，致使配送服务水平降低，供货的及时性、准确性和经济性受到影响。

g. 物流管理水平不高，常出现缺货现象。当前我国快速消费品物流管理没有形成规范化，配送中心的集、配、送等功能没有形成一套规模的作业程序。或者，有的配送中心已实现了作业程序的规范化，但只停留在对商品的单纯处理上。计算机的应用仅限于配送中心业务、事务管理，而货物组配、运输车辆的送货路径规划、最优库存控制、配送中心的物流成本控制却未能采用计算机管理。计算机的应用仅处于初级阶段，使配送中心的现代化程序较低。物流配送中心管理的落后，致使配送服务水平的降低。此外，由于快速消费品品种多，规格不同，特性不同，诸多因素，在物流很多环节都容易出错。配货、配送过程都会导致货缺。

（3）快速消费品物流运作模式

快速消费品物流模式是快速消费品从制造商到消费者之间的流动路径。科学的快速消费品物流模式是降低物流成本、促进物流资源整合、优化供应链库存管理、提高物流效率、提升快速消费品物流配送能力的重要手段。

①快速消费品流通基本模式

从快速消费品流向来看，快速消费品流通基本模式主要有：

a. 制造商（产品）→总经销商（省级）→二批商（城市）→三批商（县、镇）→零售商（终端经销点）→消费者。这种模式具有较合理的流向，但流通环节多、流通成本较高。

b. 制造商（产品）→大区总经销商→二批商→零售商（终端经销点）→消费者。该模式与第一种模式比较，主要以大区市场为流通控制中心，旨在缩短流通环节、杜绝窜货，但这种区域配送模式加大了管理难度。

c. 制造商（产品）→批发市场→零售商（终端经销点）→消费者。该模式向纵向延伸，能整合更多的经销商资源，但物流配送能力相对薄弱、物流条件较差。

d. 制造商（产品）→商超（大卖场）→消费者。该模式是制造商为实现渠道扁平化，向连锁超市采取的“直供”方式，加快了流通速度。

e. 制造商（产品）→总代理商（区域市场）→终端市场→消费者。这种模式是近年来白酒等商品进入高端市场所采取的一种新模式。

f. 制造商（产品）→无形市场→消费者。这种模式是制造商采取电子商务、电视采购、电话订购等方式把快速消费品直接售给消费者，流通环节少，但流通辐射区域有限。

g. 制造商（产品）→公共配送中心→门店→消费者。这种模式国外普遍采用，中国刚刚起步。

以上模式，可根据不同时期和实际情况，分别或同时采用。随着信息技术的快速发展以及供应链的逐渐成熟，上述模式还需要合理调整，进行变革，从而创造出新的流通模式。我们认为，上述d、e、f、g种模式符合现代快速消费品渠道发展趋势，是今后一段时期快速消费品流通的主导模式。

从上述快速消费品流通模式可以看出，快速消费品物流由制造商→各个地区配送中心→零售网点（就近调配）。在同一地理区域内，快速消费品流动都由配送中心统一管理，配送中心根据订单，对该区域内一定时段的消费进行统一配送，这样可降低物流费用，更快把产品运送到消费者手中。

②快速消费品物流运作模式的选择

快速消费品物流运行模式，必须满足快速消费品行业对物流模式的要求；必须遵循简单、实用、强调统一、适度考虑个性的原则；必须适应快速消费品的特性以及快速消费品经营企业的性质、管理水平、现有资源等条件。

根据提供物流服务的主体不同，快速消费品物流有以下几种运作模式：

a. 以经销商或连锁超市自营物流为主的模式，即经销商或连锁超市通过多种方式以自己为主组织快速消费品物流活动。

b. 以制造商自营物流为主的模式。快速消费品制造商为了有利于控制终端网络，培育消费者对品牌的忠诚度，自建物流配送中心、专卖店与连锁店，并以自己为主组织物流活动，如图5所示。

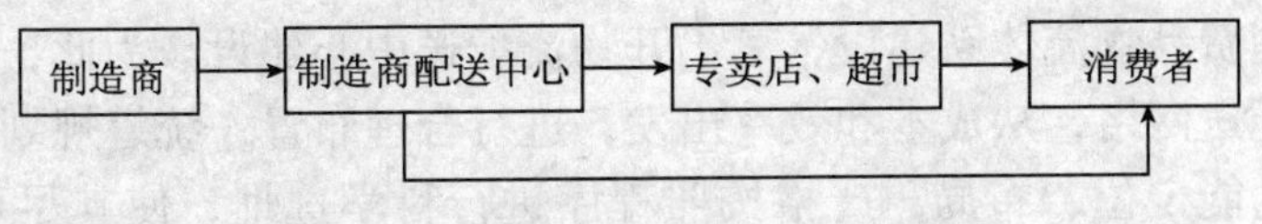

图5　以制造商自营为主的物流模式

c. 商贸企业以外包为主的物流模式。中小型快速消费品生产经营企业把主要物流配送业务承包给第三方物流企业或其他大型连锁企业的配送中心。中小型连锁企业以外包为主的物流模式如图6所示。中小连锁企业与第三方物流公司建立物流联盟，形成协作型物流中心，对连锁门店进行快速消费品物流配送。

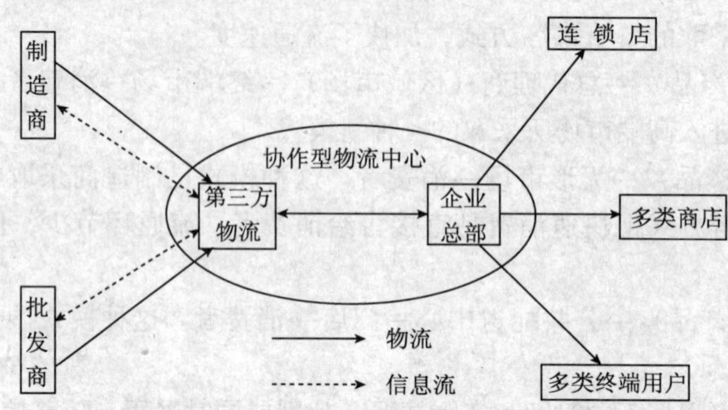

图6　中小型连锁企业以外包为主的物流模式示意图

以上三种运作模式各有特色，快速消费品生产经营企业应从物流对企业成功的关键性和自身经营物流的能力等角度，选择科学合理的物流模式。

综上所述，我们认为，快速消费品物流适宜采用连锁配送或共同配送模式。对于大型的快速消费品生产企业和销售企业可自建配送中心，按需向各门店以及其他销售终端配送；而对于中小型快速消费品生产企业和销售企业可共同出资建立物流配送中心或与第三方物流公司联合，提供统一配送服务，实行共同配送。

(4) 快速消费品物流发展要注意的问题

随着全球经济一体化进程的加快，快速消费品竞争越来越激烈。面对激烈的国内外市场竞争，我国快速消费品行业应立足于国际竞争大环境和国内的实际情况，从战略高度重视物流体系建立，并围绕现代物流供应链管理思想的科学构建起一个柔性好、响应快、过程简捷、信息共享、运行效率高、用户满意度高的快速消费品物流供应链体系。

①强化现代物流意识，加强供应链管理集成系统建设

近年来，物流的理念逐步得到普及，但对现代物流以及供应链管理的发展过程还认识不深。特别是快速消费品行业要培育现代物流的意识，树立基于供应链的统一资源观。政府应支持企业供应链管理集成系统的建设，不断优化供应链网络设计，实现协同运作，提高运营速度和效益。

②以网络化的物流配送中心建设为重点，积极发展社会化物流，不断优化物流业务

加强快速消费品物流体系建设，离不开物流配送中心建设。为此，应重点构筑完整的社会化物流配送网络，从成本和效率出发，进行合理布置，统筹规划，做好快速消费品配送中心的功能定位、布局，严格按照程序进行科学选址，使其尽可能发挥最大功效。同时，鼓励快速消费品生产经营企业采用第三方物流，与物流服务商建立“双赢”的合作伙伴关系，不断优化物流业务，快速完成物流业务，不断提高准时送货率。此外，鼓励和支持商贸企业与制造商的合作，不断提高商贸企业的控制力。西方零售商已经成为供应链条的控制方。例如，在美国，前10个杂货店占了整个全国市场的96%，而我国所有综合零售商，却只占有全国市场份额的5.7%。可见，有关政府部门应不断

培育大型快速消费品商贸企业，全面提升活力和实力，提高竞争能力。

③应用现代信息技术，增强快速消费品物流管理水平

政府有关部门要按科技兴业的要求和中国社会经济发展的需要，建立以现代科学技术和高科技装备为主体的现代化快速消费品物流信息系统，大力发展电子商务。一是应充分整合现有快速消费品物流信息机构的资源，构建统一的快速消费品物流网络平台，建立和健全快速消费品物流信息服务体系，努力实现制造商、物流商、销售商计算机联网，资源共享、信息共用。二是应加强对国际市场消费需求和趋势的跟踪研究，以便为企业开拓国际市场提供参考。三是灵活运用国际物流领域中较先进的经营管理和业务操作技术，以业务流程的规范化、标准化为基础，采用现代信息技术，具体包括电子自动订货系统（EOS）、物流条形码技术（BARCODE）、销售时点系统（POS）、电子数据交换系统（EDI）、预先发货清单技术（ASN）、电子支付系统（EFT）、连续补充库存方式（CRP）和信息反馈系统等，实现配送过程无纸化，建立基于电子计算机技术、现代通信网络技术的流通信息管理系统。同时，将此项工作与电子商务、连锁超市、物流配送等方面的建设结合起来。四是优化信息资源配置，大力发展电子商务。政府有关部门和新闻媒体要开展对网络经济的宣传，加快网络基础设施建设，发展网络间的互联互通，实现资源共享。

④积极发展绿色物流配送

物流的发展必须建立在环境共生的基础上。因此，应积极发展绿色物流配送，建立环境共生型的物流系统，实现经济的“可持续性发展”。通过对运输车辆的有效配置，提高统一配送率，减少货物积压率；通过共同化的货物配送，减少货车运行的次数以降低单位货车的废气排放量，从而降低对大气的污染。在发展绿色物流配送的进程中，政府应加强对快速消费品绿色物流配送系统的管理，加强绿色物流通道建设，并加强监督和控制，使绿色物流系统建立得以实现。

⑤完善相关制度，营造良好快速消费品物流环境

物流是一个投资大、回收期长、社会效益显著的特殊产业部门。因此，政府在政策上、舆论导向上要积极引导快速消费品生产经营企业积极利用社会化专业物流。鼓励支持跨行业、跨地区、跨所有制的相关行业部门建立集商流、物流、信息流和资金流为一体的社会化配送中心。同时，完善有关政策和制度，创造良好物流环境。总之，在充分开发与利用社会物流资源上，政府的宏观调控与指导是非常重要的，在统一规划的前提下，确保物流系统实现规模经济效益和物流资源的最优化配置。

2. 生鲜产品冷链物流模式

随着我国经济的快速发展和居民生活水平的提高，人们的消费观念从传统的单一化向现代的多样化、快捷化转变，不但要求生鲜产品新鲜、卫生、安全、营养，而且还要求品种多样，配送迅速及时。从而促使生鲜产品物流方式发生了重大变革，使冷链物流急剧升温，成为人们关注的焦点。近年来，冷藏冷冻生鲜产品以每年10%的速度快速增长，冷链物流进入了快速增长时期。虽然冷链物流具有很大的发展潜力，但是由于专业人员的缺乏和基础设施的严重滞后，我国的冷链物流尚处于初级阶段。因此，运用现代物流理念和技术，构建专业化、规模化和现代化的生鲜产品冷链物流体系，是实现生

鲜产品从生产、采购、加工、配送等高效运营的基础，也是我国当前社会经济发展中亟待解决的重要问题。

（1）生鲜产品冷链物流的内涵及其特征

①生鲜产品冷链物流的内涵

“新鲜”是生鲜产品的生命和价值所在，但由于生鲜产品的保鲜期较短，其生命周期较短，在运输、储存、销售中会发生腐烂、霉变和病虫害，极易腐烂变质，造成损失。同时，生鲜产品是人们的生活必需品，卫生要求高。生鲜产品这两个固有的特点，使生鲜产品物流有自身的规律。因此，在生鲜产品物流中，只有自觉地遵循其物流客观规律，才能取得预期的经营效果。

冷链物流是指易腐食品从产地收购或捕捞之后，在产品加工、储藏、运输、分销和零售直到消费者手中，其各个环节始终处于产品所必需的低温环境下，以保证食品质量安全，减少损耗，防止污染的特殊供应链系统。目前，冷链物流所适用的范围包括：一是初级农产品：蔬菜、水果，肉、禽、蛋，水产品，花卉产品；二是加工食品：速冻食品，禽、肉、水产等包装熟食，冰激凌和奶制品，快餐原料；三是特殊商品：药品。本报告中研究的生鲜产品主要是以上第一种产品。

冷链物流是在低温条件下的物流，是具有高科技含量的一项低温复杂系统工程，与高新技术、高投资、先进管理密切相关。由于冷藏生鲜产品在物流中会随时间和温度变化而产生质量的变化。因此，在供应链流程中，对不同产品和相同品种、不同质量的产品，都必须要有对应的产品温度控制和储藏时间的经济技术指标，以保障生鲜产品安全，减少损耗，提高质量和附加价值。

②生鲜产品冷链物流的特征

生鲜产品冷链物流，比一般常温物流系统的要求更高，也更加复杂。其主要特征表现在：

a. 投资大，对物流管理要求高。冷链物流需要专门的设备和技术，比常温物流的建设投资要大很多，它是一个庞大的系统工程。同时，生鲜产品的时效性要求冷链各环节具有更高的组织协调性。

b. 生鲜产品物流量大。我国作为生鲜产品生产大国，大多数生鲜产品的产量和品种在世界上名列前茅。目前，我国已经具备了年生产4亿吨蔬菜、5000万吨水果、5000万吨肉类、3500万吨水产品、2500万吨禽蛋、1800万吨奶的生产能力。这些生鲜产品大部分都要变成物流，形成巨大的生鲜产品物流。

c. 生鲜产品物流周期相对较短，但要求严格。生鲜产品自身的生化特性和特殊重要性决定了它在基础设施、仓储条件、运输工具、技术手段等方面具有相对独立的特性。在生鲜产品储运过程中，为使农产品的使用价值得到保证，需采取低温、防潮、烘干、防虫害等一系列技术措施。而且，生鲜产品流通中的发、收以及中转环节都需要进行严格的质量控制，以确保生鲜产品质量达到规定要求。

d. 生鲜产品流通点多面广，对装卸、运输要求高。生鲜产品运输具有装卸的多次性、运输的不均衡性以及对运输的技术性要求高等特点。首先，由于生鲜产品生产点多面广，消费生鲜产品的地点也很分散。因此，生鲜产品运输和装卸比多数工业品要复杂得多，常常需要两个以上的储存点和两次以上的装卸工作，单位产品运输的社会劳动消耗大。只有科学规划生鲜产品物流流向，才能有效地避免对流、倒流、迂回等不合理运输现象。其次，由于生鲜产品生产的季节性，在运输上具有时间性强和不均衡性的特点。最后，生鲜产品是有生命的有机物，多数易损、易腐，因此，必须根据它们的物理、化学性质安排合适的运输工具，并对运输效率和保鲜条件提出更高的要求。

（2）生鲜产品冷链物流现状及存在问题

①生鲜产品冷链物流现状

近年来，我国生鲜产品物流发展很快，许多大型企业积极开发生鲜产品冷链物流技术，高效率地向市场供应各类生鲜产品，满足社会日益多样化、高度化需求。根据有关数据显示，我国冷链行业在“十五”期间的平均增长率超过30%，截止到2004年年底，冷链物流行业的年市场规模已经达到1万亿元以上。

目前，生鲜产品冷链物流规模不断扩大，现代物流方式逐步推广，物流设施和服务水平不断提高，出现了生鲜产品物流的新格局。

a. 政府有关部门高度重视生鲜产品冷链物流发展，初步构建起全国范围的低成本生鲜农产品运输网络。近年来，为解决“三农”问题，各级政府都非常重视生鲜产品物流，不断加大投资力度，加强生鲜产品物流网络建设。到2005年年底，我国基本建成全国鲜活农产品流通“五纵二横绿色通道”网络，首次构建全国范围的低成本鲜活农产品运输网络。贯穿全国31个省、自治区、直辖市的“绿色通道”骨架，为生鲜农产品跨区域长途运输提供快速便捷的主通道，冷链物流进入了快速发展新时期。

b. 初步形成了生鲜产品冷链物流的快速路。经过多年的努力和发展，我国逐步形成了生鲜产品冷链物流快速路：“生产者或代理商—社区专卖店—消费者”、“生产者或代理商—农产品经销公司—超市—消费者”。

c. 出现了一定规模的生鲜产品物流配送中心，生鲜产品物流设施建设得到了加强。由于生鲜产品物流具有良好的发展前景，一些大型农业企业和零售企业积极投资兴建低温供应链配送系统及生鲜食品配送中心。一些大型连锁企业开始建立技术难度较高的生鲜食品、果蔬等配送中心，如上海联华超市、苏果超市、北京京客隆等都非常重视食品卫生安全，加大了他们生鲜食品加工配送中心的建设，初步构建起绿色食品供应链及物流体系。

随着生鲜产品物流配送中心的建设，政府和生鲜产品流通主体加大了物流设施的建设力度，不断改善仓储条件，提高运输能力，积极采用先进的物流技术和设施，为实现生鲜产品物流专业化运作创造了重要的物质条件。

d. 生鲜产品流通加工发展迅速。近年来，我国特别重视果蔬等农副产品加工业的科技含量，政府有关部门已制定了有关政策，进一步加大投入，积极发展农产品加工，并首次将农产品加工列入科技攻关计划，积极推广和应用生物工程、超高温杀菌、保鲜冷藏、冷冻速冻、冷链物流等高新技术，极大地促进了生鲜产品精深加工。

②生鲜产品冷链物流存在的主要问题

我国生鲜产品冷链物流虽然有了新的发展，但从总体来看，还处于起步阶段，与发达国家的冷链物流相比，存在非常大的差距，主要表现在：

a. 完整独立的生鲜产品冷链物流体系尚未成形。大部分农副产品没有形成冷链物流体系，损失严重。在发达国家生鲜产品冷藏运输率超过50%。其中，美国、日本、西欧等发达国家和地区超过80%，而在我国大约只有15%左右。目前，我国生鲜产品物流主要是以常温物流或自然物流形式为主，没有形成连贯成形的冷链物流，存在着不合理的包装、运输、储存现象，致使鲜活农产品在物流过程中的损失很大。

b. 生鲜产品冷链物流市场化程度很低。我国生鲜产品的物流配送业务多由供应商和销售商自己完成，市场规模不大，区域性特征较强，生鲜产品冷链的第三方物流发展滞后，服务网络和信息系统不够健全，准确性和及时性，同时，缺乏专业化和规模化，难以形成高效率的冷链物流配送，冷链物流的成本和商品损耗亦很高。

c. 冷链物流的硬件设施建设不足。原有设施设备陈旧，发展和分布不均衡，无法为易腐食品流通系统地提供低温保障。造成大量损耗，物流费用高，易出现安全隐患。如专业运输设备的严重缺乏。在我国铁路方面，冷藏车仅占总量的2%左右，且大多是陈旧的机械式速冻车皮，缺乏规范、保温的保鲜运输车厢，而运量还不到铁路货运总量的1%。公路方面，现代化的冷藏卡车严重不足，我国冷藏保温汽车的占有率极低，仅为货运汽车比例的0.3%，而发达国家中，美国为1%、英国为2.6%、德国更是达到了3%。另外，专业冷藏设备如冻库等的缺乏也是导致我国冷藏物流落后的一个关键因素。

d. 冷链物流缺乏整体规划和整合。在生鲜产品供应链上，缺乏供应链上、下游之间的整体规划与协调。因此，影响了生鲜产品冷链物流的资源整合。

e. 生鲜产品流通加工还待进一步发展。目前，我国生鲜产品的产值主要在原产地周边实现，绝大多数以采收后的原始产品形式出售。资料显示，在发达国家，生鲜产品产值与生鲜产品加工产值之比为1:3或1:4，而我国为1:0.8；世界发达国家果蔬产品的加工量占总产量的75%，全世界平均为23%，而我国不超过10%，大大落后于世界平均水平。我国农业部规划，到2010年，我国农产品产后处理率要达到产时的45%~55%。要实现这个目标，还需要走很长的道路。

f. 缺乏冷链物流专业人才。目前，训练有素的冷链物流供应链管理和操作人员严重缺乏，制约着冷链物流的发展。

（3）生鲜产品冷链物流运作模式

生鲜产品冷链物流的发展是个系统工程，需要各方参与，协调运作。冷链物流的效率取决于冷链物流供应链成员间的有效衔接。因此，从生鲜产品物流运作模式来看，宜根据不同的生鲜产品经营主体，选择多样化的物流运作模式。

根据我国现行生鲜产品的物流运作实际，在充分考虑我国冷链物流发展的各种因素的基础上，我们认为，以下几种模式将是今后一定时期生鲜产品物流的主导运作模式。

①以大型生鲜农产品批发市场运营商为主导的物流模式

大型生鲜农产品批发市场运营商通过与基地、生鲜产品经销公司、专业合作社联结，形成农产品生产、收购、加工、储存保鲜、配送以及提供市场信息等一体化的物流模式，如图7所示。

在这种模式中，农产品批发市场运营商接受用户需求的拉力和基于利润需求的推

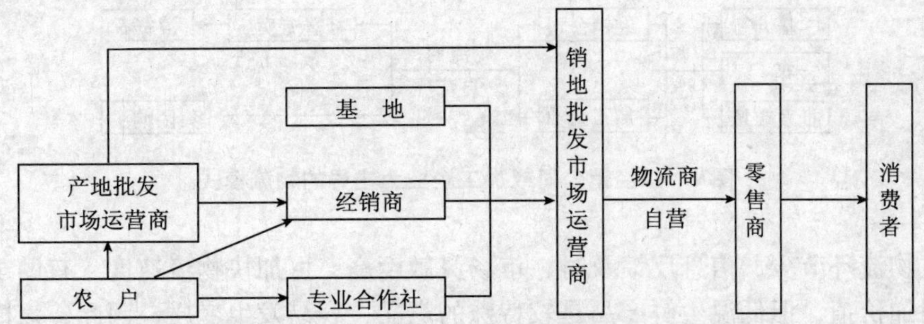

图7 以大型生鲜产品批发市场运营商为主导的物流模式

力，不断拓展服务功能，建立综合化和一体化的物流服务体系，集批发交易、仓储保管、冷藏冷冻、分货拣选、流通加工、包装及配送为一体，并作为供应链的链主企业驱动各参与主体实施物流供应链管理，建立起利益共享、风险共担的运行机制。如山东寿光地区作为生鲜产品专业批发市场，建立批发市场生鲜产品综合物流供应链管理系统，现已经发展成为全国重要的蔬菜中转集散中心、价格形成中心、信息交流中心。

②以大型连锁超市为主导的物流模式

大型连锁超市公司向生鲜产品冷链物流上游延伸，通过投资兴建基地或与生鲜产品经销公司、加工企业联合，与大规模稳定货源和基地的生鲜产品生产商建立长期合作关系，并通过自建生鲜产品物流配送中心或采用第三方物流，向门店提供无公害蔬菜、新鲜水果、多品种配菜，如图8所示。

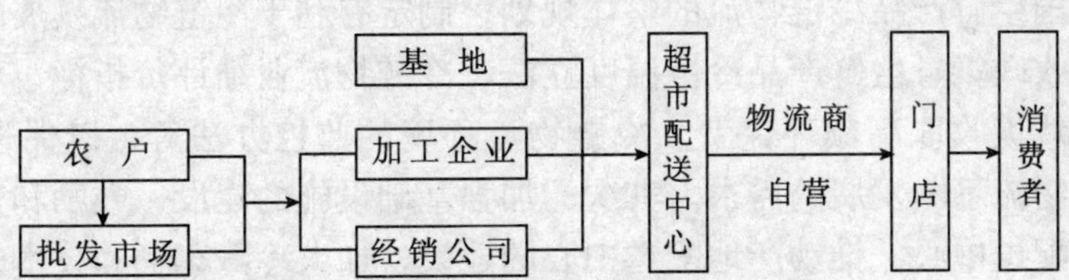

图8 以大型连锁超市为主导的物流模式

如上海联华超市，向冷链物流上游发展，自己种植蔬菜，养殖禽类、水产品等，并建立自己的配送中心，形成了自己冷链物流系统。

这种模式有助于实现产品质量、加工和管理的标准化，能有效控制和减少店铺的存货和损耗，具有规模、质量优势，有利于提高生鲜产品物流效率，有利于实现生鲜产品在整个物流供应链链条上都处于低温状态，有利于超市自创品牌，是今后较长时期内生鲜产品冷链物流的主流模式。

③以大型生鲜产品经销公司或加工企业为主导的物流模式

大型生鲜产品经销公司或加工企业根据自身的资源通过自建或联合建社区专卖店，控制销售终端，组织生鲜产品物流，如图9所示。

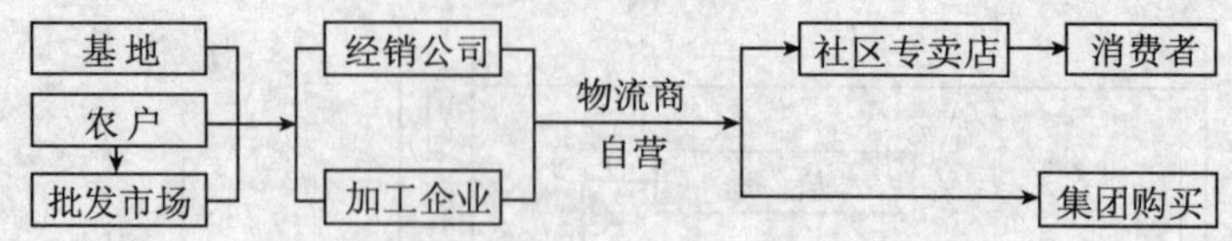

图9　以经销公司或加工企业为主导的物流模式

这种模式物流环节少，信息反馈及时，市场灵敏度高，可加快物流速度，有助于提高生鲜产品附加价值，但低温生鲜产品是较特殊的产品，容易发生变质，因此，该模式物流半径小。目前，我国的一些大型农副产品的加工企业已经开始建立自己的物流供应链系统，如伊利、双汇等企业。

由于我国生鲜产品生产结构属分散小规模，为提高规模效益，发挥龙头农业企业带动整个供应链的独特作用，构建以大型生鲜产品经销公司或加工公司为核心，涵盖中小农业企业群体在内的生鲜产品物流供应链，是生鲜产品物流的发展方向。

综上所述，由于生鲜产品冷链物流技术含量高，需用专用设备，因此，我们认为，生鲜产品冷链物流适宜采用专业化物流服务模式，以及大企业自营与社会化物流相结合的模式。

（4）生鲜产品冷链物流发展要注意的问题

为实现我国生鲜产品冷链物流规范化和高效运作，应注意如下问题。

①整体规划，积极引导生鲜产品冷链物流的发展

在我国生鲜产品物流的发展中，政府有关部门应积极引导，发挥宏观调控的作用，首先，加强我国生鲜产品冷链物流的整体规划，制定有利于冷链物流发展的相关法规和制度，包括税收政策、生鲜产品冷链温度立法、冷链物流业绩评价指标、对易腐食品因非冷链造成的垃圾收取高额环保费、冷链物流环境的监控办法等，以促进整个行业发展，满足冷链物流不断发展的需求。其次，加强基础设施的建设，鼓励和支持多家企业联合建立生鲜配送中心，推动产地配送中心的建设，加大冷藏车辆和技术的投资，建立生鲜产品冷链的公共信息系统。再次，建立政府、行业组织和相关企业的联动机制，构建联盟型的生鲜产品冷链物流体系。最后，建立和健全生鲜产品冷链物流质量体系，实施 HACCP（危害分析和关键点控制），确保生鲜产品卫生和安全。

②重视冷链整个链条建设，充分发挥第三方物流的作用

冷链物流作为物流业务中基础设施、技术含量和操作要求都很高的高端物流，往往是企业最薄弱的环节。因此，应加强宣传，强化低温冷链系统和第三方物流的优势，积极引导冷链物流需求，培育和壮大第三方物流企业，充分发挥第三方物流的专业化、规模化、组织化的优势。同时，在培育冷链物流的主体时，应把更多的精力放在整个链条的建设上，鼓励和支持上、下游企业建立长期战略合作伙伴关系，共筑低温冷链物流系统，有效降低物流成本，提高物流效益。第三方物流企业可通过与生产商、超市以及同业企业联合，整合各种资源，积极开展冷链物流服务。

③加大科技开发和投入，推进冷链物流技术与设备的完善和提高

发展现代生鲜产品冷链物流系统必须依托现代冷链物流技术与设备。因此，应加大

投入，积极开发冷冻冷藏技术，加快先进技术引进的步伐，尽快普及各种冷藏保鲜新技术。一是不断采用新的冷藏技术，研究开发系列品种齐全的冷藏车，不断完善冷藏物流设备；二是在生鲜产品运输和储存过程中，应进行转运方式和转运途径的创新，合理运用专业化、现代化的运输工具，开辟绿色通道，形成高效率、无污染、低成本物流网络，积极推广和应用冷链物流技术，开发适应不同农产品生理特点的宽温度带冷藏运输技术，严防农产品变质和二次污染；三是加大生鲜产品产后的投入，开发和应用保鲜储藏新技术，不断提高生鲜产品保鲜和储藏能力，提高生鲜产品的鲜度和质量，降低生鲜产品的损耗；四是开发生鲜产品物流规范化的作业流程，实施大规模的作业，并根据不同生鲜产品，积极开发和应用散装和集装技术，降低作业成本，减少多次装卸搬运所产生的鲜活产品破损；五是对生鲜产品进行规范化、合理化包装，保持生鲜产品特有的原色、原味和营养成分，有效地减低损耗，提高物流效益；六是开发和应用适应多品种、小批量、高频率的物流配送技术，提高生鲜产品配送和分销能力，降低生鲜产品的配送成本，从根本是解决生鲜产品生产经营的“瓶颈”。

④加快培养冷链物流专业人才

重视冷链物流专业人才的培养，是冷链物流有效运转的关键。为此，应建立一个长期的、稳定的制度，培养既懂物流又懂冷藏技术的高级管理人才。我们建议在高校中应设置冷链物流工程专业，并与国外有关机构合作，进行在职培训学习国外冷链物流技术，全面提高从业人员的素质。

总之，生鲜产品冷链物流对我国经济和社会具有重大意义，生鲜产品冷链物流具有广阔的发展前景。发展和普及生鲜产品冷链物流是一项浩大的工程，需要政府、企业、行业协会等社会各界的长期协作和努力。

（四）生产资料物流体系的构造

生产资料在我国亦称为物资，它是人们在生产过程中所使用的劳动工具和劳动对象，是在生产过程中消耗并把价值转移到新产品上的物质资料。生产资料主要包括汽车、电机、机床、钢材、木材、煤炭、水泥、成品油、化工、纺织原材料等工业生产资料和农业机械、种子、化肥、农药、农膜、饲料等农业生产资料。

在我国目前的生产资料流通格局中，生产企业直接销售已逐步占到主要部分，约占70%，与美国模式比较相近。但是，目前生产企业的自销是一种分散的、初级的、低效的流通，还不是现代化的流通。我国的大型生产企业在规模与实力上还不能与国外的大公司相比，他们长期受传统体制的影响，历史包袱沉重，资金短缺，要进一步发展高效率的现代商贸物流产业往往力不从心。另外，我国工业的集中度也不高，用户众多，布局分散，中小企业的数量相当大，如果以生产企业自办物流作为发展流通产业的主要途径，不但生产企业的实力达不到，从宏观的角度来看，对社会资源的投入也是一种浪费。

我国生产资料商贸物流在逐步市场化的过程中，究竟选择哪种物流模式，这需要我们认真分析生产资料组织结构、企业规模、经营网络、经营方向以及物流战略等方面，尤其要从生产资料产品特性出发，把握其特殊的商贸物流规律，选择适当的物流模式。本报告重点研讨生产资料中典型商品的物流模式。

1. 以水泥、煤炭为典型产品的散装物流模式

(1) 干散货物流的特点

干散货，是指不加包装的块状、颗粒状、粉末状货物。如矿石、矿粉、煤炭、砂石、散运的粮食、盐、糖、化肥、水泥等。近几年来，随着世界经济的复苏和中国经济的高速增长，对煤炭、矿石、粮食等资源性货物需求强劲，干散货国内外贸易量持续放大，涉及铁路运输、公路运输、水路运输。以水运国际干散货运输向船舶大型化、港口装卸专业化方向快速发展，物流体系正在形成。

干散货物流的特点主要有以下两点：

①干散货运输的集中性

首先，干散货货源地和消费地具有一定的固定性。大宗散货的货源地和消费地一般比较集中。如中国煤炭资源分布具有“东少西多、南贫北丰、相对集中”的特点，而北方又分别集中在山西、陕西、内蒙古和新疆，仅此四省（区）煤炭地质储量就占全国总储量的79.6%；正是干散货这种货源地和消费地的相对集中性，形成了干散货运输的聚集效应。

其次，货主具有较高的集中度。干散货作为生产资料，与普通消费商品相比，具有货类单一、批次少、批量大、过程简单的特点。这种单一量大的特点使货主能够高效率、低成本地处理相关的物流业务，再加上干散货货主大都是实力雄厚的大企业，物流设施和组织机构比较完备，因此往往不需要物流的外包服务，而是将相关业务集中在自己手中。货主的高集中度使得货主企业对整个干散货物流链的控制远大于运输行业，形成了大货主纷纷建设货主码头并向港口进军的局面。

最后，铁路和航运的集中性。干散货在港口的进出以铁路、大型船舶运输为主。无论煤炭、矿石、粮食、化肥等货类，货物这种干燥、散装、量大的特点，均有利于发挥铁路运输的各种优势，从而形成了港口干散货集疏运依赖于铁路的局面。同样，由于大宗干散货的进出口地区的相对固定，目前已在世界范围内形成了几条运量大且稳定的航线。

②干散货物流各环节的高效性

首先，干散货生产和消费的规模化。随着煤炭、铁矿石等矿产资源露天开采技术的发展和机械化、自动化的普遍运用，干散货生产规模越来越大，生产效率越来越高。以国内煤矿生产为例，利用国外先进设备装备起来的综合机械化采煤队伍，已经创造了一个综采队年产400万吨煤炭的纪录，继而涌现了一批年产原煤超过1000万吨的大型煤矿；而中国的目标是组建10个年产原煤超亿吨的矿业集团。同时，韩国浦项制铁、日本新日铁、中国宝钢等钢铁巨头的矿石和煤炭年需求量都已超过了1000万吨的水平，成为名副其实的资源消费大户。

其次，干散货运输工具的大型化。铁路和航运部门为干散货大规模运输提供了强有力的支持。铁道部为提高大秦线铁路运力，专门开通了10000吨的重载列车，并向20000吨/列的目标努力；世界干散货远洋运输船舶以巴拿马型（6万~10万吨级）和好望角型（15万~20万吨级）为主，30万吨大型船舶已经开始使用。干散货物流中间环节较少。由于干散货可以整车或整船地运输，中转环节相对于其他货类较少。当前在

世界干散货物流服务领域，企业物流仍是主流。货主企业通过自行设立物流服务部门或物流分公司来处理干散货的购买、运输、仓储等事宜，甚至拥有自己的铁路、码头和船队。

（2）散装物流模式选择

最普通的散货运输系统可以这样描述：生产→铁路运输→码头→水路运输→码头→铁路运输（公路运输）→消费。在上述系统中，除了运输、装卸、仓储等与干散货物流直接相关的活动外，其他与运输、装卸组织有关的各种贸易和代理活动大多数由货主企业自身承担了，如图10所示。

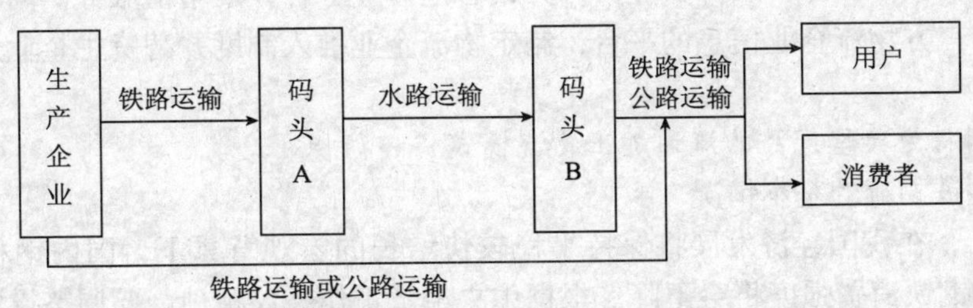

图10　最普通散货运输系统示意图

由于散装物流需要特殊的运输工具和物流流程，相对而言，货主企业所起物流功能较大，也较为完善。所能外包或委托的业务主要是装卸组织有关的各种贸易和代理业务，而这些业务依据港口业务而产生，小规模的贸易代理企业较少。因此，散装物流模式以专业化为主，主要由货主企业承担，港口企业提供物流服务衔接和辅助功能。

散装运输企业在专业化运输上做文章，比如中铁联合物流先后开发、试制了用于散装货物运输的“散堆装专用箱”，用于液体运输的专用液袋等运输设备，形成公司独有的物流服务品牌和个性化服务的能力，提高公司物流服务的科技含量。此外，通过运输优化，减少中间环节，提倡无缝衔接。

（3）散装物流模式发展应注意的问题

基于以上干散货特点，在发展干散货的物流模式时，要加强以下几方面的工作：

①积极推进干散货物流专用的技术标准。相对于其他货类，干散货在物流领域中有各自独立的技术要求和分类标准。以煤炭为例：煤炭分为炼焦煤和非炼焦煤；前者包括气煤、肥煤、主焦煤、瘦煤、未分牌号的煤；后者包括无烟煤、贫煤、弱黏结煤、长焰煤、褐煤、天然焦、未分牌号的煤和牌号不清的煤。而这些煤种的分类标准又依据灰分、硫分、挥发分、发热量、黏结指数、胶质层厚度等各种各样的质量指标。因此，必须对不同的煤种实现单独堆放，避免交叉污染。

②提高港口干散货物流增值服务的专业化，满足港口干散货物流中转条件的高要求。中转货物的增值加工一直是港口物流服务的主要内容。但目前为止，由于干散货用户对产品需要的专业性，港口物流服务仅在某些方面做了一些有益的尝试。港口干散货中转所具有的大批量、高效率的特点，使得货主对码头泊位水深、中转场地等条件要求较高，像粮食需要专门的筒仓等储存设施。在实际操作过程中，部分港口码头已经可以

停靠30万吨级船舶、库场容量早已超过8%的合理范畴。

③大货主企业积极外包自己薄弱环节，推进干散货物流的专业化。目前，第三方物流主要集中在产成品货物方面。在这一领域，货主比较多，运量比较分散。如果每个货主都建立自己的物流系统势必耗费很大，这就给第三方物流服务创造了生存和发展的空间。第三方物流企业将众多批量小的物流业务集中起来处理，形成规模效益，从而可以大幅度降低物流成本。但在干散货领域，情况则相反，物流服务更多地是由大货主企业自己承担，这也是以干散货为主的港口物流业务不发达的主要原因。大货主企业针对自己的物流薄弱环节，与第三方物流企业形成联盟，第三方物流企业专注于货主企业的某项物流职能，做好做专，发挥其优势，并结合港口业务，开展增值服务。同时，建立货主企业与第三方物流企业信息的平台，制定物流企业准入制度并替货主企业进行物流绩效评价。

2. 以钢材为典型产品的流通加工物流模式

(1) 钢铁物流的基本情况

2006年，在我国经济发展将保持平稳较快增长的宏观背景下，国内钢材需求进一步增长，但钢铁消费强度将会下降。根据中央经济工作会议精神，要调整投资和消费关系，即提高消费拉动经济的比重。我国单位固定资产投资额的钢材消费量是单位消费者消费支出额的钢材消费量的14倍。改变经济增长方式，优化经济结构，将导致钢材消费强度比2005年有所回落。2010年以前，中国钢铁工业主要产品的市场消费，仍然是增长趋势。根据世界上主要工业发达国家钢铁工业发展的一条重要规律，当人均钢的积蓄量为5吨时，钢铁产品的年产量和市场消费量呈上升趋势。建筑、机械、汽车、造船、铁道、石油、家电、集装箱八大行业2010年需用钢材达2.61亿吨。

国内钢铁物流运行模式分为三大模块：原材料采购运输—钢铁生产物流—产成品销售物流。原材料采购运输，钢铁业需要的原材料主要是铁矿石和能源，这就要耗费企业大量的采购、运输成本；钢铁生产物流，由钢铁生产的特点所决定，钢铁生产过程中物流管理必然服务于质量管理和生产管理功能，这就需要钢铁企业的生成物流管理要加强计划性与柔性的结合；产成品销售物流，一般而言，钢铁销售总是借助其加工配送中心向市场延伸的。由于原材料采购金额大，与生产关系密切，一般由钢铁企业直接参与，所以从钢铁商贸物流的角度来看，钢铁商贸物流主要指钢铁产成品销售物流。

目前，钢铁物流主要以自营为主，借助物流配送中心或者钢材市场实现分销和配送。目前我国已建成投产的钢材剪切配送中心约有200多家，已在建、拟建的还有10多家，投资主体主要为国内的钢材分销商、重点钢铁企业以及日本、韩国的企业。这些钢材剪切配送中心主要分布在华中、华东（长江三角洲）和华南（珠江三角洲）等经济比较发达的地区，服务的行业主要为汽车制造厂家及其零部件生产厂家、家电产品生产厂家及其零部件生产厂家、办公设备和办公家具生产厂家及其零部件生产厂家、轻型型钢和钢管制造厂家等。

(2) 钢铁物流发展中存在的问题

①思想观念、经营方式不适应现代物流的发展

钢铁物流具有浓厚的重工业特色，基本运作模式是原材料采购—生产—成品销售，

即产供销一体化自营物流运作模式。但是实际情况是：由于国内铁矿石只能满足一半需求，每年需要进口大量的铁矿石，可以说中国钢铁物流在原材料进口这一环节就走上了“国际化”的道路；中国钢铁物流具有渠道长、物流量大、整体技术不够先进、受国际因素影响明显的特点，钢铁物流的成本已经在不知不觉中居高不下，严重的制约了中国钢铁物流企业进一步壮大。在这种背景下，传统的物流思想和经营模式限制了钢铁物流的升级和适应现有发展要求。

②分布零星、分散，未形成网络体系

钢材分销商的剪切配送中心比较分散、各自为政，区域性、通用性较强。其中一部分仅简单地做一些钢卷开平和剪切加工，主要面向零售市场，以赚取加工费盈利为目的，配送服务能力较差，相对而言属作坊式，不是真正意义上的剪切配送中心；另一部分是为其钢材贸易做支撑，与当地用户配套剪切加工钢材，有一定的生产规模和管理水平，档次较高，除了剪切加工外，还有一定的配送服务能力，为企业抢占市场创造条件，是剪切加工配送中心的主要经营方式。钢铁企业（主要是宝钢、鞍钢、武钢等）建的钢材剪切配送中心，目前约有20家左右（见表1）技术装备水平较高，加工配送能力较强，主要是为其钢材营销服务，为其占领、巩固市场（特别是大的终端用户）创造条件；同时发展其物流产业，增创收入。但由于钢铁企业建立的剪切配送中心的配送范围有限，服务的企业数量也有限，配送仅在区域范围内，全国的钢铁配送网络共享的程度低，都是各自为政，极大地影响了钢铁物流设施的利用率。

表1　我国主要钢铁企业的钢材剪切配送中心数量

钢厂	宝钢	鞍钢	武钢	攀钢	首钢	太钢	马钢	本钢	备注
上海市	1	1	—	—	—	—	—	—	
浙江省	1	—	—	—	—	—	—	—	
江苏省	1	—	1	—	—	1	1	—	
广东省	—	1	—	1	—	—	1	—	—
湖北省	0	—	3	—	—	—	—	—	含拟建
辽宁省	1	1	—	—	—	—	—	1	
吉林省	1	—	—	—	—	—	—	—	
重庆市	1	—	—	—	—	—	—	—	
山东省	1	1	—	—	—	—	—	—	
北京市	—	—	—	—	2	—	—	—	
合计	7	4	4	1	2	1	2	1	

③与用户协作配套的紧密程度低，物流技术设备档次低

首先，由于钢铁物流企业与钢铁企业原有的联系非常紧密，往往是在原有钢铁企业的销售中心基础上建立起来的；更不用说是那些由钢铁企业建立的剪切配送中心，这些

企业和部门往往把精力放在产品销售上，针对不同用户提供的钢铁物流服务种类少，与用户协作配套的紧密程度低；其次，由于绝大部分“钢铁物流中心”的技术装备大多处于传统的物流管理水平上，与现代钢铁物流要求相去甚远。这些企业的运输手段较单一、网络不完善、货运车空驶率高。另外，许多钢铁联合企业内部仍以铁路运输为主，方式单一，仓库空间有效利用率相对不足，物料出、入机械化程度较低，很多仓库尚未实现由传统的储存功能向流转型转变。

④钢铁物流企业信息化程度低

与钢铁相关的第三方物流的信息化水平相对较低。如 SCM、ERP、CRM 资讯提供商，其管理方案虽在一定程度上提升了企业信息化管理水平，但由于开发的系统缺少个性化服务，常常不能满足和达到企业的预期要求。

(3) 钢铁物流模式的选择

当前，国内钢铁物流大致有几种模式：一是建立剪切配送中心，如图 11 所示，为客户提供剪切加工和配送服务。这类物流业态在钢材贸易企业中较多，其特点是投资小，人手少，只需配备几台剪切、切割设备，找几名操作工人，花上几十万元或上百万元就可以为客户提供剪切加工、配送一条龙服务。对型钢铁生产企业而言，钢铁物流随着钢铁营销体系的建立完善而不断完善服务和网络功能，会有越来越多的实力型企业将现有的营销网络改造成为干线运输加工区域配送的合理模式。

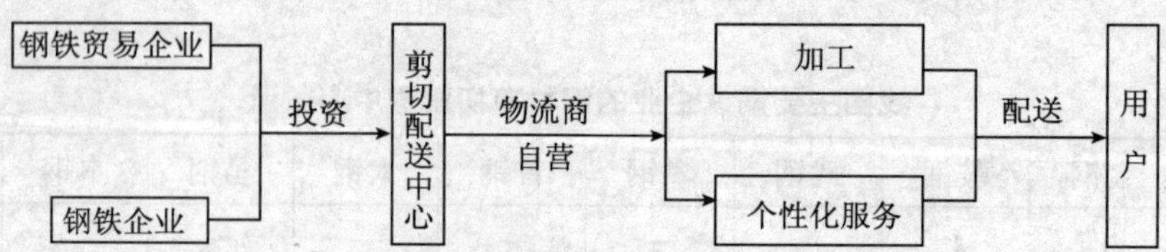

图 11　以剪切配送中心为主的钢铁物流模式

二是与上下游结成“供应链”，如图 12 所示，联手建立钢材加工、配送、仓储物流中心。这种以上、下游“供应链”模式存在的有很多，主要是加工、配送、仓储的物流形式。一些有实力的钢材贸易企业与上游的钢厂和下游的船厂，结成供应链，并组建钢材加工钢板进行切割加工，浪费人力、物力；而钢厂和贸易商则拥有固定的客户，经过切割、加工的钢材，又提高了附加值，这种物流模式，带来的是一举多赢。

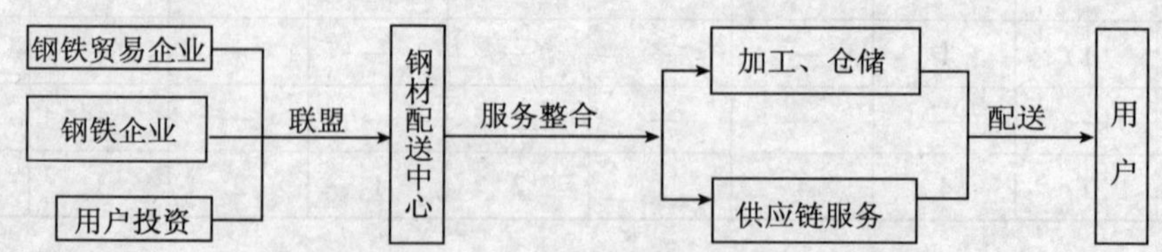

图 12　与上、下游结成供应链的钢铁物流模式

三是以港口为依托，如图 13 所示，与港口、船务公司联盟，开发水运物流业。根据《钢铁产业发展政策》，今后的钢铁企业布局将会在大港口周边，尤其是在一些优良深水港周边，以此解决运力紧张的问题，降低物流成本。

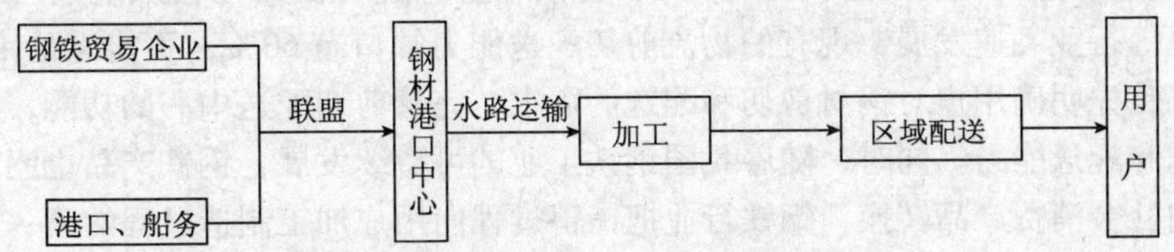

图 13　以港口为依托的钢铁物流模式

近年来，建立物流基地、铺实物流网络、布置物流战略已成为诸多钢铁企业壮大的必由之路，而“电子交易 + 剪切加工 + 快速配送”的现代钢铁物流模式，更是产业先行者志在探寻的方向。有数据显示，2003 年，宝钢的网上年交易量达 60 亿元，2005 年网上交易总额更是高达 81.3 亿元。从钢材的采购、深加工到配送，如果使用电子商务方式，可减少中间成本，即能够减少或省去短途运输、仓储、客户管理等费用，电子商务是我国钢铁物流业发展提升的目标，也是现代物流理念和技术向钢铁领域渗透的必然趋势和产物。

我国第三方钢铁物流企业要学习借鉴国外先进成熟的第三方钢铁物流管理经验，结合中国国情和企业实际，把现有物流服务做好、做实，并结合电子商务，提供全面的增值服务（比如仓单质压、金融服务等），积极、稳妥、全面地推进公司向第三方现代钢铁物流企业发展和转变。对于那些属于钢铁厂的物流部门，要针对市场环境和自身实力，有计划、有步骤地从钢铁公司剥离，形成面向市场更广、独立核算经营的主体，逐步走向专业化程度高的第三方钢铁物流企业。

（4）钢铁物流发展应注意的问题

针对我国钢铁物流存在的问题和近阶段我国钢铁物流模式选择趋势来看，我国钢铁物流离现代钢铁物流水平还有相当距离。所谓钢铁现代物流，指的是有形物品从产出源点到最终消费点的流动储存配送活动，具体包括运输、保管、包装、装卸、搬运、流通加工及信息处理，它是以产业链为通道构建起来的环环相扣的物流体系。

目前，我国钢铁物流企业不可避免地面临着这样几个转变：一是在物流流向选择上，已经处于向循环经济过渡的关键期。现代钢铁物流引入循环经济概念，其起点是原燃料的获取，止点是用户；起点是资源，止点还是资源。二是从流量的确定上已由供应物流、生产物流、销售物流进一步扩展到回收物流和废弃物物流量。三是在流程设计上，正向着系统思考转变，更注重以双向物流、闭环物流流程为主的物流流程的优化设计。四是在物流装备和技术上正向着现代化、自动化和信息化转变。五是在投资主体上正向着现代物流投资主体多元化方向努力。六是在资源利用上正向着整合资源、充分利用“第三方物流”转变。

为实现我国钢铁物流的六大转变，为完善发挥钢材物流功能，优化钢材物流模式，可以重点从以下几点着手：

①明确用户的需求和需要，加强与用户的协作配套

未来发展，越来越多的行业和产品需要钢材剪切配送服务，一些新建和在建企业，为了减少投资风险，主动把分条、冲片、套裁等生产过程留给社会来配送。我国的汽车、家电等行业飞速发展，现有的物流剪切配送能力缺口有60%，不能满足用户需求。这就需要首先明确用户对钢材剪切和配送的需求，完善剪切配送中心的功能，重点加强剪切技术和配送能力。同时，随着我国钢铁工业的可持续发展，钢铁产品也逐步从原材料产品向社会消费产品转换，钢铁行业把销售过程向用户加工制造过程的第一道工序或第二道工序延伸，这样就使供应商与用户形成了牢固的供货渠道和不可分开的供应链。这就需要加强与用户的协作配套，建立稳定的供应、配套甚至共同研发等完善的供应链物流服务模式。

②完善剪切配送中心的功能

首先，加强加工精度、保证质量第一。国内钢材剪切（加工）配送的发展速度不断提高，明确发展“三高”，剪切线的技术装备水平越来越高、产品加工精度越来越高、加工专业化程度越来越高，在新建或拟建剪切线所选设备时，尽量采用技术装备水平较高的日本、韩国、意大利、俄罗斯等国家的设备。

其次，增强电子商务功能。目前，世界电子商务年交易额已超过万亿元，已经成为物流的一个重要内容。但是，电子商务的兴起也给物流业的发展提出了新的要求，特别是对用户、资源竞争已趋白热化的中国钢铁企业而言，必须尽力满足电子商务提出的物流速度更快、配送范围更广、市场嗅觉更灵敏、市场反应力更强、服务水平更高的要求。因此，钢铁物流业必须以自动化、信息化、网络化、个性化和柔性化为主要发展方向。要注重研究和开发最优的电子商务现代钢铁物流模式和剪切配送体系。

③钢铁物流组织形式创新，提高钢铁物流一体化运作效率

国外发达国家和地区钢铁物流的组织形式与我国有些不同，他们很少有使用自有设施承担物流作业，而是把物流业务外包给独立物流公司。一般专业做钢铁物流的企业往往其前身是大型钢铁企业的物流部门。像在美国、日本、欧盟等国家和地区，一些钢铁物流企业是从钢铁公司剥离出来的，比如美国钢铁集团旗下的美国钢铁物流公司，另外，在物流行业发展相对比较成熟的地区，往往有较大的第三方物流企业和航运企业。这些企业运作规范、网络健全，并掌握了相当数量的运力，可以形成一定规模经济效应。此外，物流组织形式方面也越来越重视应用物流共同化，即不同企业之间的运输合并和设施共用，以更有效地利用物流资源。由此可知，物流外包和物流共同化是国外先进的主导物流组织形式。

我国第三方钢铁物流企业要学习借鉴国外先进成熟的第三方钢铁物流管理经验，结合中国国情和企业实际，制订出企业在新形势下的长期发展战略规划，积极、稳妥、全面地推进公司向第三方现代钢铁物流企业发展和转变。对于那些属于钢铁厂的物流部门，要针对市场环境和自身实力，有计划、有步骤地从钢铁公司剥离，形成面向市场更广、独立核算经营的主体。钢铁物流企业要在经营理念、经营方式方法、技术装备、管理手段、管理流程、网络体系建设等方面，逐步全面实现与国际接轨。要努力按照第三方物流运作的要求，努力发展一体化服务，为用户提供综合配套服务。注重加强物流信

息、库存管理、流通加工、物流方案设计等方面的服务能力，努力提供适合用户个性化需求的增值服务，全面提高服务水平和服务档次。

④注重钢铁回收物流系统和废弃物物流系统的开发

钢铁回收物流系统的开发是关系到钢铁行业可持续发展的一个重要课题。国外同行多年来一直致力于改进工艺以减少废弃物的生成，大力研究和推广少渣或无渣炼钢，积极推广使用钢铁企业二次资源的循环利用和再利用技术。我国钢铁工业在世界环保意识和呼声越来越强的今天，及时提出要"最大限度地提高废气、废水、废物的综合利用水平，力争实现'零排放'，建立循环型钢铁工厂"。对此，钢铁企业应抓住机遇，大力研究回收物流系统和废弃物物流系统的优化技术，转变废弃物粗放的销售或处理模式。

3. 以汽车和汽车零配件为典型的物流模式

(1) 整车及零配件物流基本情况

近两年来，随着我国国民经济的高速发展和人民生活水平的不断提高，我国汽车产业进入了高速发展阶段。2004 年中国国内汽车累计产销分别达 507.05 万辆和 507.1 万辆，同比分别增长 14% 和 16% 左右，其中轿车累计产销同比增长 11.99% 和 15.17%。目前，我国汽车消费已占全球汽车消费的 7.5%，已成为世界第三大汽车消费国和第四大汽车生产国。据此，汽车产业快速发展为汽车物流业发展的整体水平提升、行业性成长、潜力提升提供了产业基础。据权威部门测算，在我国，汽车物流成本占汽车工业总产值的 10% 左右，预计 2005 年全国汽车物流产值达到 531.75 亿元。

从汽车整条价值链可以划分为上、下游两个阶段：价值链的上游为销售前的阶段，基本上是一个实物化的过程，其周期随着汽车工业生产流程的规范化和信息技术的发展不断缩短。这一阶段的物流活动主要是采购物流。从汽车销售开始的价值链下游，主要以汽车贸易和以汽车相关的服务产业为主，包括了整车分销与零售、整车物流、汽车销售领域的金融和保险服务、日常的汽车维修和保养服务、汽车废弃件的回收物流等。这一阶段的物流活动主要是整车物流、售后物流以及回收物流。汽车物流业务运作如图 14 所示。

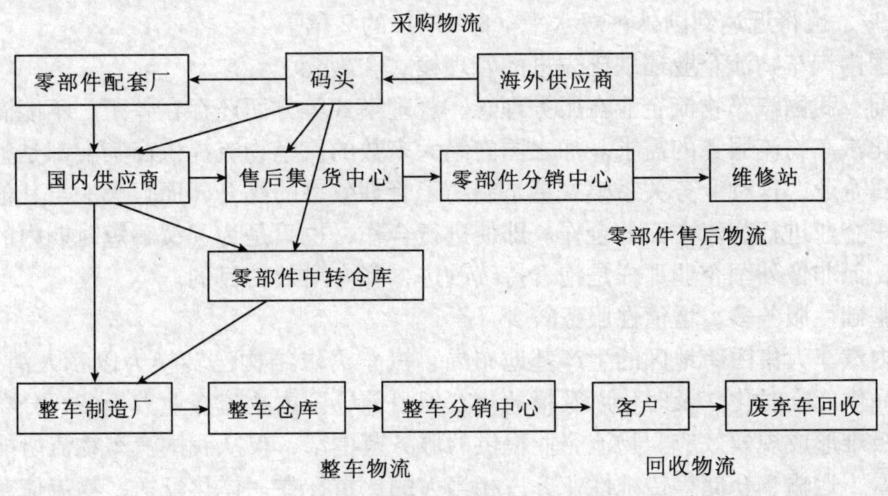

图 14　汽车物流业务运作图

从汽车物流所针对的课题可以将汽车物流细化成两个相关的领域，即整车物流和零部件物流。过去人们一直注重于整车物流的研究，而忽视零部件物流的研究，这与我国零部件工业发展落后有关。对零部件物流业的研究是最近几年才逐渐兴起，由于汽车产业全球采购浪潮的兴起，人们发现零部件物流业的落后已远远制约了零部件工业的发展。

（2）汽车物流存在的问题

①我国汽车物流发展的宏观环境亟须进一步改善

尽管经过多年的发展，我国汽车物流发展的宏观环境有了一定程度的改善，但与真正现代化的汽车物流发展要求相比还存在不小的差距，还存在许多不足亟待进一步改善。一是体制区域壁垒依然存在，汽车物流服务部门条块分割依然是阻碍我国汽车物流发展的一大因素；二是汽车物流发展的设施设备基础条件和技术条件仍不完善；三是市场价格体系尚未建立，重要是因为汽车物流企业与制造企业有千丝万缕的联系，导致国内汽车物流的价格一直未能实现完全市场化，价格差异很大，致使国内汽车物流市场出现了秩序混乱，恶性竞争的现象，也十分不利于我国汽车物流的健康快速发展。

②供产销一体化的自营物流模式束缚了我国汽车物流的进一步发展

我国现行的主体汽车物流模式是供产销一体化的自营物流，即汽车产品原材料、零部件、辅助材料等的采购，汽车产品的制造物流与分销物流等活动全部由制造企业完成。制造企业既是汽车生产活动的组织者、实施操作者，又是企业物流活动的组织者与实施者。自营物流往往只从整车生产企业的利益出发，过多地强调保障生产企业生产的连续性，要求零配件生产企业提供远大于实际需要的库存。为保证自身的物流需求，还重复性地建设运输与仓储网络，不但加重了制造商的资金负担，造成资源浪费，而且不能充分发挥分工的经济优势，使物流业务缺乏竞争机制而降低了汽车产品的总体物流效率。汽车制造企业物流成本偏高，物流企业运作效率、效益低下。据调查，我国汽车商品车运输空返率约为39%，车辆运输成本是欧美国家的3倍；物流成本占销售的比重约为15%，也将近达到国外一般水平（8.8%）的2倍。

③国内汽车物流企业还缺乏先进的管理模式和理念

目前，我国汽车物流企业在服务理念、管理模式等方面还存在差距，不能满足客户对现代化汽车物流服务的需求。加之国内绝大多数的汽车物流提供商其实都是整车制造商的下属企业，这种业务关系模式更是制约了管理效率的提升，而且无法与其他不同品牌的汽车企业进行物流方面的合作。即使进行合作，也只是为了缓解短时期内的物流资源不足，而非像外国企业那样是抱着持续改进，降本增效的目的。

④基础性服务多，增值性服务较少

国内汽车大集团跨地区的生产基地布局，汽车需求结构已转换为以私人消费为主，需要产品供应准时化、及时化以及精益化，但目前，国内物流企业数量多、分布散、规模小，极难形成规模效应。物流企业提供的服务范围窄，仅从我国汽车物流所能提供的服务来看，运输、仓储等传统性业务占相当大的比重，在一体化配送、物流信息服务等增值性的汽车物流服务方面亟待加强。同时，由于汽车物流商的服务能力有限，制造企业、分销企业难以将大量的物流业务外包出去，从而影响到产业内企业的专业化分工和效率提升。

⑤汽车物流业的投资回报率较低

作为企业营运成本的组成部分，中国汽车企业的物流成本占据了相当大的比重，主要体现在：第一，中国汽车企业的物流成本明显偏高，盈利能力水平较低。据美国物流业协会的统计与分析，以运输为主的物流企业年平均资产回报率为 8.3%，仓储为 7.1%，综合服务为 14.8%。在中国，仅为 1%。第二，物流效率低下。高水平的零部件物流与整车物流是汽车厂家提升生产效率、控制产品成本的先决条件，国际上一般以物流成本占 GDP 比重来衡量一个国家的物流发展水平，比重越低越先进。美国等发达国家物流水平比重为 10% 左右，日本为 12%；中等发达国家，如韩国为 16% 左右，而中国的物流比重指标大约在 20%。我国车辆的运输成本是欧洲或美国的 3 倍，全国运输车辆的空驶率约 37%，其中汽车物流企业车辆空驶率达 39%，表明我国汽车物流业存在着回程空驶、资源浪费、运输成本高等问题。

⑥国内竞争国际化、白热化趋势明显加快

当前，在我国汽车制造业国内竞争国际化态势的初步形成的同时，汽车物流业国内竞争国际化也初步显现：第一，国内市场国际化。国内主要的汽车物流企业与国际知名的物流企业结盟或组建合资企业。自国内首家汽车物流合资企业——安吉天地汽车物流公司 2002 年 6 月成立以来，已建立了至少有 10 家类似的合资企业或企业联盟。第二，业务运作国际化。合资企业借助先进的信息管理技术及成本控制经验，在战略上，有将整车物流、零部件物流、售后物流一体化运作和整合国内物流配送中心的战略要求；在实际操作上，汽车物流业获利能力较高业务将全由合资企业承担，不仅有利于汽车大集团提高汽车物流效率服务，也将成为其进一步抢占汽车服务贸易市场的重要一步。

（3）整车及零配件物流模式的选择

①整车物流模式的选择

就整车物流模式而言，大致分为三种：第一种是封闭性很强的企业内部物流，也就是第一方物流，这种模式下，企业拥有完整的物流设施和人员配备，隶属于企业的销售部门。如图 15 所示。

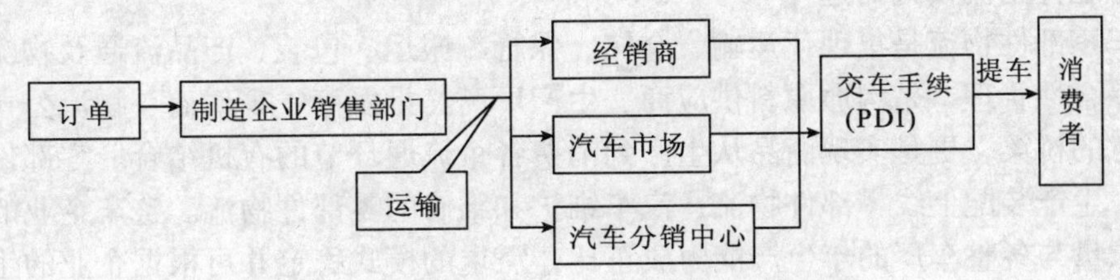

图 15　封闭式汽车制造企业内部整车物流模式

第二种是开放性很强的第三方物流，这种物流模式便于处理供应链末端任务，在尽可能靠近消费者或者买主的地方完成产品的制造，降低运输成本，减少供货时间，便于提供定制化产品，增加收益，增强客户满意度。如图 16 所示（3PL RDC 指第三方物流企业的区域分销中心）。

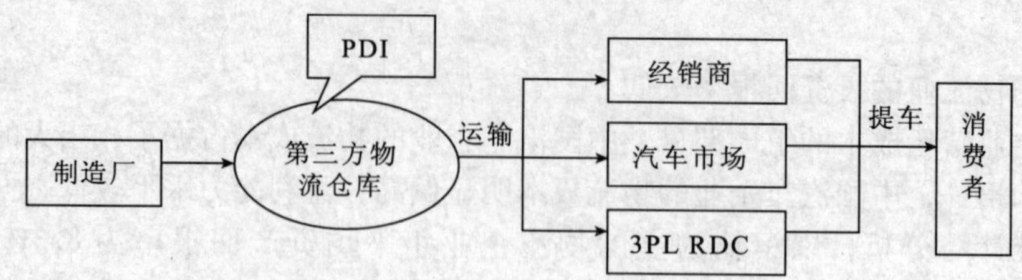

图 16 开放式第三方整车物流模式

第三种是介于上面两种模式下的一种，称为外协物流。这种模式得到发展背景是：对许多自理物流的公司来讲，选择完全封闭自身的物流系统，变动性太大，他们不愿意处理掉现有的物流资产，裁减人员、去冒过渡阶段作业中断的风险。为此，有些公司宁愿采取逐渐外协的方法将自身物流职责部分转移。如图 17 所示。

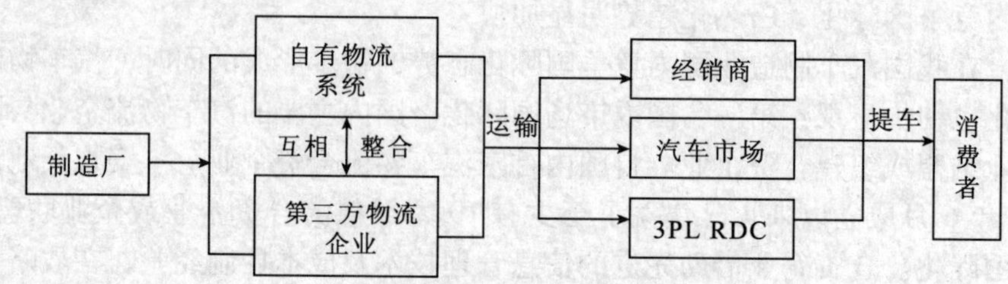

图 17 外协式整车物流模式

在社会化分工不断深入的背景下，物流配送功能必将从制造企业中剥离出来，把物流管理的部分功能委托给第三方物流系统管理，从而降低作业成本、减少投资，将资源集中配置在核心事业上，促进汽车新产品的开发与产品质量的提高，是世界汽车物流发展趋势，第三方物流模式将成为未来的主导型物流形式。但由于历史的原因和体制上的问题，我国汽车物流则处于刚刚起步阶段，正经历着传统模式的大变革，传统的物流模式正在向外协物流和第三方物流转变。

②零配件物流模式的选择

汽车零部件物流是集现代运输、仓储、保管、搬运、包装、产品流通及物流信息于一体的综合性管理，是沟通原料供应商、生产厂商、批发商、零件商、物流公司及最终用户满意的桥梁，更是实现商品从生产到消费各个流通环节的有机结合。零部件物流主要分为：生产装配上线零部件物流；汽车维护和维修的零部件物流。整车企业的零部件物流需求量与各整车厂的年生产能力成正比，需求的模式稳定并可根据企业的生产计划知道各类零部件需求的准确数据，需求频率与整车企业的生产节奏同步，需求水平随国家汽车消费的高速发展而呈高水平的零部件需求。后者物流特征为：备品备件品种多、运输批量小、需求地域分布广泛；需求量地区分布不均匀、不稳定且实效要求高；备品备件要求个性化、专业化的装卸及运输。紧急状况下需快速反应和高质量服务。

现阶段，我国汽车零部件物流模式主要有两种：一是以产供销一体化为主的物流模式。这种模式主要是指由零部件供应商供货（或应用自己的外包汽车零部件销售物流体系），主机厂形成自己的入厂生产物流体系，并借助自身的经销商网络和物流设施，自主地进行维修零部件供应或销售。如图 18 所示。

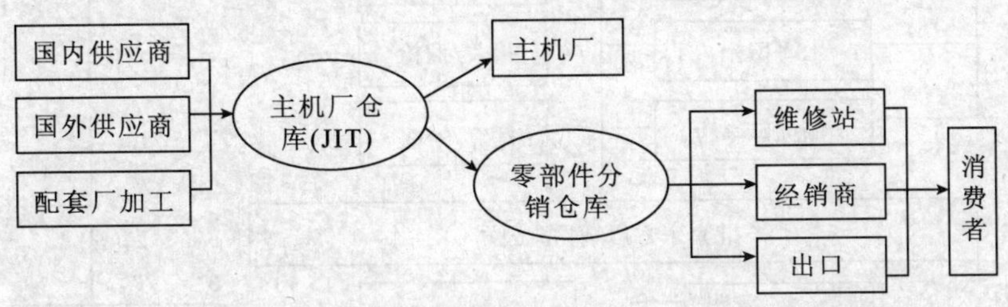

图 18　以产供销一体化为主的零部件物流模式

二是由第三方汽车物流企业承担供应商供货之后的仓储、JIT 入厂物流、零部件分销以及维修零部件供应，如图 19 所示。当然由于第三方汽车物流企业实力不同，在实际中运行中，承担的功能有所不一，这就产生了介于两者物流模式之间的中间模式。中间模式种类较多，区别在于承担的零部件物流功能多少，与主机厂的关系紧密程度不同。

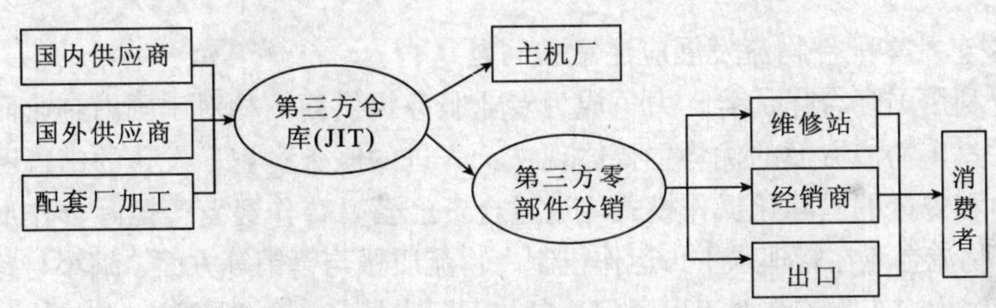

图 19　以第三方汽车物流企业为主的零部件物流模式

比较可行的方式是将供产销一体化模式与第三方物流模式有机结合起来，综合二者的优点。汽车企业内部的汽车物流由制造商负责，汽车的原材料、零部件、供应物流主要由第三方物流公司负责，汽车产品的分销物流一部分由第三方专业物流公司负责，另一部分由制造商自己负责，最后完全过渡到由第三方物流公司负责。

下面介绍一下在零部件做的比较好的第三方物流企业东方启航物流。东方启航的品牌概念——启航物流，作为汽车配件第三方物流解决方案的专业提供商，通过品牌旗下的三家公司——东方启航、启航振业、启航泰合，并凭借优势业务涵盖了从汽车配件进口报关到直达用户手中的每一环节。作为汽车售后物流服务的先锋品牌，“启航物流”通过制订个性化化、效率化的零部件物流方案，整合各方资源，获得世界级别的著名汽车企业的青睐，成功地获得了德国宝马在中国区的汽车零部件进口服务商授权，并在业界不断取得佳绩的同时获得用户良好口碑。其主要业务流程如图 20 所示。

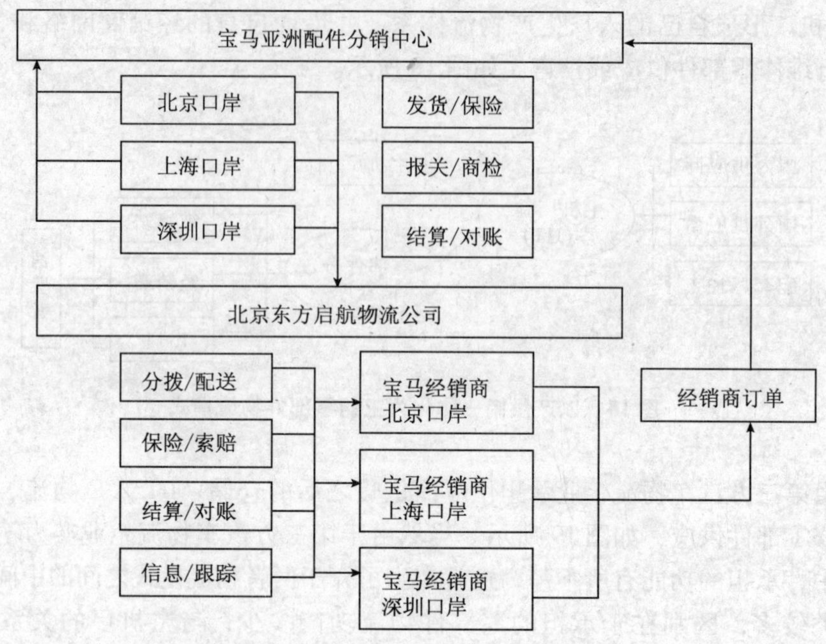

图 20 启航零部件物流主要业务流程图

(4) 整车及零配件物流发展应注意的问题

①充分利用国际合作优势，力争成为专业服务提供商。相对于国内企业而言，跨国物流公司在汽车物流方面的优势主要体现在：先进的服务意识、发达的销售网络、雄厚的资本实力和先进的国际化操作模式。通过合资经营、合作经营等国际合作形式，有利于国内汽车物流企业在管理水平、运作机制、物流质量与营销等方面，缩小与跨国企业的差距，也为国内汽车物流企业迈出国门，参与国际市场竞争创造条件。应加快与国际汽车物流业巨头合作步伐，谋求合作“共赢”，努力向“第三方”物流服务商方面发展。

②稳妥推进物流战略联盟建设，提升运作效率。稳妥推进汽车物流战略联盟建设，国内汽车大集团理应在以下几方面加强：首先，大集团间开展批量公路、铁路、水路等对流服务，充分利用三大集团各处东北、中部、东部等位置优势，切实降低物流成本，初步构建起有效的物流战略联盟，以提高物流质量与运作效率；其次，适时对营销网络与服务网络进行优化整合，加速推进“四位一体”的营销物流网络建设，提升物流的适时性、及时性和有效性，构建起高质量的物流网络以抢占更多的汽车物流市场份额；第三，通过完善的物流网络开展共同配送，把物流各环节紧密连成一个有机整体加以运营管理，消除空载等不合理运输，减少不必要的中间环节，减少损耗和分散库存造成的各种浪费，有利于扩大利润空间，从而不断提升企业的核心竞争力。

③积极实施并购战略，逐步形成供应链服务体系。积极有效地开拓汽车物流市场，利用购并战略将可以使汽车大集团有效地扩大企业规模，同时也可以使汽车大集团在国内汽车物流市场完全开放前，获得渠道上的优势。通过整合运作的形式，整车厂与配套厂之间、汽车制造商与分销商之间正在逐步形成战略合作伙伴关系，支撑这些合作关系

的是现代物流与配送服务，逐步形成供应链体系。

4. 以成品油为典型产品的特殊物流模式

(1) 成品油物流现状

过去10年，中国成品油需求的增长速度与中国经济的增长速度保持一致，成品油消耗量逐年增长，成品油消费量也已跃居世界第三位。据预测，在中国经济保持稳定发展的背景下，成品油市场未来10年内将以每年4.5%以上的速度增长。

2004年12月1日，我国成品油零售市场开放。到2006年12月11日完全开放国内成品油批发市场，中国石油石化企业将更深地融入世界经济的大循环。市场竞争主体和资源的多元化，使得中国石油销售企业的盈利空间受到进一步挤压，石油企业将面临着竞争、生存和发展的严峻考验。在这种背景下，石油企业对成品油物流的重视程度不断加强，积极在创建迅捷、低成本的成品油物流模式。

成品油物流是由储存、运输、配送三大主要功能和包装、装卸搬运、流通加工和信息处理四个辅助功能构成的。其物流过程见图21。

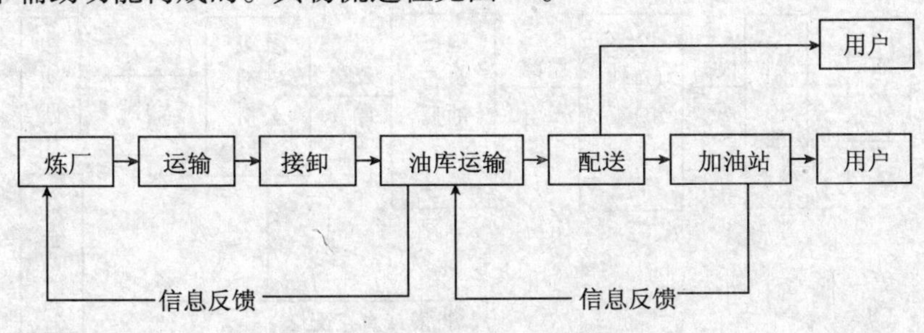

图21 成品油物流过程示意图

(2) 成品油物流存在的问题

①物流意识薄弱。我国石油石化行业基本上是属于垄断性质的行业，在其经营思维中，普遍存在“重采购轻销售，重批发轻零售，重销量轻效益”的现象，对于成品油流通过程缺乏科学的统筹，没有意识到优化物流活动对于增强企业竞争力、提高企业效益的重要作用。

②销售区域划分不科学。各销售区域的划分是在过去行政区划的基础上进行的，造成有些油库和加油站在进货的时候舍近求远，出现迂回运输，发生费用高，造成资源浪费。

③运力分配不均。在各个不同的销售区域内部，有的运力过剩，有的则运力不足，没有实现资源的优化配置，同样会造成成本升高。运输没实现优化选择。由于跨地域的炼厂和消费地，导致如果不能对运输路线进行优化处理，成品油逆流和回流现象严重，成本增加。

④信息传递存在“长鞭效应”。物流活动流程上的各节点企业，只根据来自其相邻的下一级企业的需求信息进行各种决策制定时，需求信息的不真实性会沿着整个流程逆流而上，并且逐级放大。这一现象在管理学界被称为长鞭效应。“长鞭效应”的出现会给石油石化企业带来很大损失。

⑤对于运输方式的选择，更应该反复权衡，各种运输工具的优点和缺点也应当放在一起综合考虑。

(3) 成品油物流模式的选择

由于成品油属于关键物资，成品油物流模式是以石油企业为主的自营物流模式。具体成品油物流过程如图22所示，可以看出：石油从油井抽出“经过水处理或者聚合物处理之后成为原油”进入首站“通过首站运输到各大炼油厂进行炼制”转化为成品油。成品油物流一般分为一级物流和二级物流。“一级物流是指成品油从各大炼厂到各辖区的省级或直辖市油库的流动。二级物流指的是油品从省级（直辖市）石油公司经过市级、地县级石油公司，直至加油站，最终被消费者消费的过程；同时还包括由配送中心直接供社会终端用户消费和由批发中心向社会经销商批发的过程。

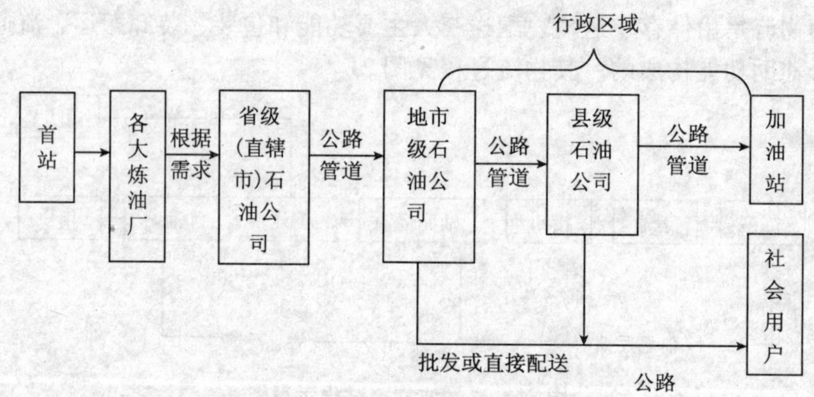

图22　石油公司主导的成品油物流过程图

在我国有专门的石油物资供应部门“承担着为油田输送物资”，保障油田正常生产的职能。随着市场经济的发展“市场体制的变革以及经营机制的转化”尤其是石油系统的两次改制，对物资供应部门造成了极大的冲击。为适应市场经济发展的需要，在变中求生存，有必要将企业内部物资供应部门的一部分逐步向第三方物流转化“以信息化的手段进行资源整合”在为客户创造价值的同时获得自身的生存空间。现阶段，对于寻求第三方物流整合的主要是成品油物流中的二次物流，即成品油从省级（直辖市）石油公司经过市级、地县级石油公司，直至加油站，最终被消费者消费的过程。

(4) 成品油物流发展应注意的问题

针对这些问题，在建立成品油物流模式时，需要从以下几个方面入手：

①整合资源，实现成品油一体化物流。所谓成品油物流一体化，就是将系统管理思想引入到成品油物流管理中，通过对成品油物流运输、储存、装卸搬运等的统筹安排，在保证服务质量的前提下，实现物流总成本的最大合理化。为了实现成品油物流一体化，需要从以下几方面入手：整合活动流程，要实现成品油物流活动的一体化运作，必须将物流流程中的所有活动有效的整合起来；同时，通过对原有流程的改进，并积极进行信息化建设，实现物流、指令流、信息流三流合一。发展成品油物流配送体系，由于

二次物流是直接针对最终消费者市场，运输活动相对来说是短途运输，以骨干油库为核心建立配送中心。加强对终端加油站的管理。加快信息化建设步伐所谓成品油物流信息化建设，就是以成品油物流实物流程为依托，运用信息技术并辅之以组织机构重组，实现决策制定的科学化，从而达到流程优化和操作优化的目的。

②采用外包模式，推进二次物流优化。2005 年 9 月，吉林销售公司和中国石油天然气运输公司签订成品油配送协议。销售公司不再承担从油库到加油站和用户的成品油配送业务，吉林销售成品油的公路配送实现第三方承运。据估计，可以实现降低 20% ~30% 运输成本的目标。成品油的二次物流采用第三方承运是基于 2003 年制定的《成品油配送专项整治工作方案》。外包方式很好地解决了原有运输设备老化、配送效率低、成本居高不下等问题。除承运二次成品油运输外，为积极加强对成品油终端的管理和配送管理，可以与专业的管理公司合作，利用它们的信息技术和管理技术，整合专业物流公司或配送公司，实现二次物流的完全外包。

③加强成品油管道运输，缓解铁路运输压力。我国成品油管道已投用的只有 8 条（其中超过 1000 公里的仅 2 条）。这些管道所承担的运量不到我国成品油运输总量的 4%。我国成品油管道总长度还不到 4000 公里，仅占世界成品油管道总长度的 1/50。而我国成品油生产 1.5 亿多吨，其中大部分要靠铁路运输，为此常年占用铁路油槽 6 万多辆。不仅给铁路运输带来很大的压力，而且在运输结构上也极不合理。我国跟世界先进国家在成品油运输方式上的比较见表 2（各国成品油运输结构对比），可以看出我国成品油运输能力明显不足。

表 2　　各国成品油运输结构对比　　（单位：%）

国　家	管道运输	铁路运输	水路运输	公路运输
美国	47	1	23	29
日本	20	10	70	
中国	1	65	25	9

从成品油管道运输的优势来看，成品油管道能明显减少油品损耗，可以省去装、卸、运输等多个作业环节，能明显降低运输成本，可以减轻油品运输供应的不均衡性，并改善成品油的操作条件，便于集中管理，此外可以减少环境污染，提高运输过程的安全性。我国成品油管道运输在建设方面首先形成一个较完整的覆盖全国主要地区的管道干线管网。根据规划，到 2010 年全国将形成 13 条成品油管道，到时将覆盖我国东北、华北、华东、中南、西南和西北的部分地区，经过 15 个省市，形成全国成品油管道干线网络系统。其次本着经济合理的原则，适当建一些中小型成品油输送管道。多年来，大中型油库和炼油厂大多沿铁路分布，而一些炼油厂和油库又远离用油量大的城市，其间成品供应则主要靠公路运输。因此，在适当的运量下，建设从炼厂或中心油库至用油需求大的城市的中小型成品油输送管道，不失为一种经济有效的办法。再次建立分工合理，协调发展、发挥各自优势的水陆联运网。水运在各种运输方式中成本最低，因此，在未来的成品油管道网络布局中，还要尽可能发挥水路运输的优势，使各种运输方式紧密配合，分工合理，协调发展，共同完成我国成品油的分销物流任务。

(五)我国商贸物流体系的完善

物流模式的选择上不能“一刀切”，要针对自身实力和长期的发展目标，采取渐进式或跨越式的物流发展策略和不同的物流发展模式。同时，在模式具体应用时，必须持续改进，不断完善和创新。

1. 注意节约，开展逆向物流

资料表明，在再生资源利用方面，目前我国可以回收而没有回收利用的再生资源价值达300亿~350亿元。每年约有500万吨左右的废钢铁，20多万吨废有色金属，1400万吨的废纸及大量的废塑料、废玻璃等没有回收利用。而另一方面有超过50%的企业并没有管理它们的退货，这是因为这些企业并不重视退货问题。分析原因可知有以下两点：对一些企业而言这是一个小问题，不值得大惊小怪。第二，如何评估一家公司的退货流程，如何决定退货对财务报表的影响，以及如何获取数据，这些都是困难之事。

企业在开展逆向物流时，可以根据自己情况选择自营模式、共同参与模式和外包模式。根据国外先进经验，大多数公司因为缺乏专业技能从而让第三方公司来管理退货。退回来的货物通常被捐赠、重新回收利用，或被销毁。这样做有利于发挥第三方物流企业的网络优势和整合资源优势，也有利于形成标准化的逆向物流程序和可测量的成本效益评估体系。

2. 积极推进商贸物流全球化

中国现在已有100多种制造产品的产量处于世界第一位，许多产品初步形成了中国制造服务全球市场的格局。(见图23)；考虑到工业制成品占出口额的比重超过90%，这一数据实际上反映了国际制造业向中国转移的情况，也意味着中国制造业已较深地融入到国际经济大循环和国际分工体系之中（见图24)。

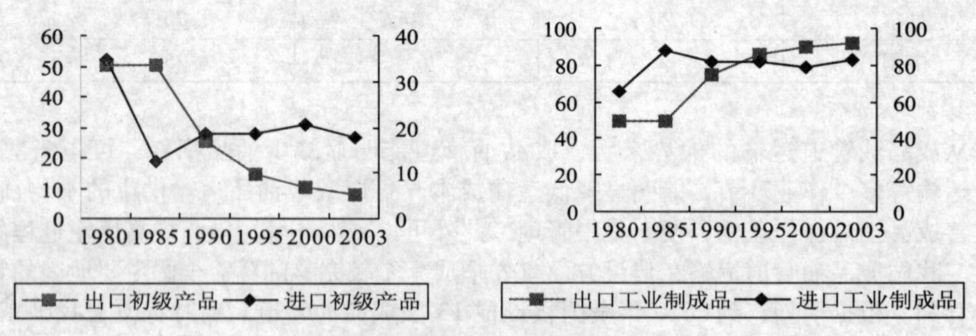

图23 中国的进出口产品结构（%）

制造企业全球化步伐需要物流全球化的支持，全球供应链一体化、区域经济一体化、信息与技术的革命性突破、国际标准化的推行是促进制造业物流全球化的外在动力。大型制造企业在推进全球化商贸物流进程中起到带头作用，积极制定全球化商贸物流规则和标准，适应WTO规则和供应链一体化要求。政府积极推动建立良好的适应全球化的商贸物流环境，使大型商贸企业建立商贸物流信息平台和信用体系，促进中小型商贸企业和商贸物流企业共享信息资源，瞄准专业物流市场，发挥自身特长，逐步迈进全球供应链商贸物流体系中。

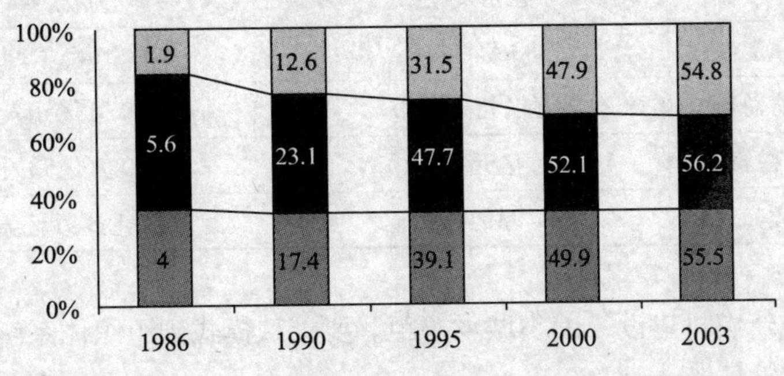

图 24 外资企业占进出口的比重图

资料来源：中国统计年鉴

3. 加快信息化建设，推进电子商务的应用

“十一五”期间，大部分企业主要加强企业内部信息化建设，主要在产品研发、管理方面的信息化建设。而制造企业采购、销售成本占了总成本的大部分比重，零售企业加“快网上销售+配送网络”的运营模式的建设。应用电子商务可以降低交易成本，促进制造企业物流、商流和信息流有效促进。目前，我国制造业大型骨干企业信息化及电子商务得到发展，这带动了整个行业电子商务的应用，为中小企业服务的第三方电子商务平台得到很大的发展，行业网站的出现也为其电子商务发展提供了条件。

我国企业信息化进程不容乐观，相对应的物流方面的应用也较少，不能满足我国企业发展和全球物流发展的要求。在这方面需要政府积极引导，建立公共信息平台和电子商务平台；同时大型制造企业和零售企业起到示范作用，中小型企业积极联合建立共享的电子商务模式，共同推进商贸物流信息建设。

四、构建与发展现代商贸物流体系的政策建议

根据以上总体分析，现提出如下政策建议。

（一）现代物流是实现传统商贸业向现代商贸业历史性跨越的必然选择

1. 今后的5~10年，中国流通业面临六大挑战与六大任务

第一，服务与服从于全面实现小康，随着消费率的适度提高与消费升级，必须推进新的流通方式，改变与改善全国流通结构的空间布局。

第二，为适应经济的快速稳定增长，特别是工业化中期重化工的特点，流通量大幅度增长，将形成历史上从未有过的商流、物流、信息流、资金流协调运作的大流通格局。表3是从不同角度看流通量。

表3 **从不同角度看流通量**

	2005年	2010年（预测）
物流总值	48万亿元人民币	90万亿元人民币
货物运输量	183亿吨	2020年达290亿吨
社会消费品零售总额	6.7万亿元人民币	10万亿元人民币
生产资料销售总额	14.3万亿元人民币	20万亿元人民币
进出口总额	1.42万亿美元	1.8万亿美元

第三，加快新农村建设，缩小城乡差距。要求从模式到组织体系解决农村双向流通体系，特别是物流体系。

第四，中国加入WTO以后，随着经济的全球化与产业结构的大调整，中国已成为世界制造业中心，进出口贸易量大增，货物吞吐量、集装箱吞吐量将保持世界第一的地位。

第五，城市化速度将进入实质性推进，中心城市的经济功能进一步强化，特别是城市的流通效率影响到整个国民经济的发展。

第六，中国流通业的改革与发展将进入从传统流通业向现代商贸业的历史性跨越，实施流通产业的整体提升。流通体制改革进入攻坚阶段，流通业的发展按科学发展观的要求，将迈入快节奏、低成本、高效率的艰苦历程，为中国经济从粗放型向集约型转轨作出贡献。要完成这一过程很困难，付出的代价很高，但只有迈过这一步，才能真正与国际接轨；才能真正进入社会主义市场经济；才能真正讲中国的流通业已成了先导产业；才能真正实现消费通过流通决定生产，而现在远远没有实现，“大流通”、“大市场”、“大贸易”还是一个口号，一个目标而已。

2. 在今后5~10年内，现代商贸物流业面临六大挑战与六大任务

第一，彻底改变“大而全”、“小而全”的商业运作模式，推进流通的社会化、市场化、专业化、现代化。实施流通企业的内部流程再造，释放物流需求。根据中国物流与采购联合会、中国仓储协会的调查，目前流通企业比工业企业物流社会化、专业化程度要低，这是一种很不正常的现象。

造成这种状况有三大原因，一是“大而全”、“小而全”商业运作模式的惯性；二是中国商贸企业集中度低，在全国1700万个流通业中93%为单体经营户，规模以上只占1%；三是第三方物流企业功能单一，满足不了现代商贸业发展的物流需求。

第二，构建现代商贸物流的总体布局，包括物流中心或配送中心布局、物流公用与商用信息平台布局，为商贸服务的不同所有制、不同功能的物流企业布局，进出口商品物流结点布局等。

第三，构建农村双向的物流系统。

第四，为保证食品安全，构建易腐食品的冷链物流体系。

第五，为确保突发事件后的物资供应，构建应急物流系统。

第六，通过物流运作模式的转换，压缩产品库存，加快资金周转，减少中间环节，

达到降低物流费用，增强竞争力的目的。据中国物流信息中心调查统计，2004 年流通业销售物流费用中，运输费用占 31.6%，仓储费用占 21.4%，管理费用占 35%，其他费用占 13%。仓储费用与管理费用明显偏高。据国务院发展研究中心统计，1997 年，批发零售企业的商品库存占当年销售额的 13.6%，2004 年限额以上批发零售企业商品库存占当年销售额的 6.37%，而美国、德国、日本在 1990 年至 1998 年期间，非制造业（含批发零售）的商品库存占当年销售额的 1.14% ~ 1.29%。1992 年至 2001 年，中国商业流动资本年周转率为 2.3 次，日本非制造业（含批发零售）为 15 ~ 18 次，沃尔玛、麦德龙等为 20 ~ 30 次。中国商贸企业的采购成本、物流成本明显处于高位，企业对物流成本的控制能力明显不足。

（二）突出重点，抓好物流示范工程，推动商贸业现代化进程

1. 推进商贸物流示范工程的总体考虑

（1）国家政策扶持与资金支持。对于这种投入较大，管理组织较复杂的新型综合性项目，特别需要政府在政策上的支持引导，不仅要提供必要条件，更要帮助协调好参与各方的利益，帮助进行人才引进，帮助开展市场培育。考虑到物流业的整体水平偏低，企业的自我积累很少，还有必要以专项基金的形式对项目予以支持，带动其他社会资金进入，并在股权置换重组、融资和上市、跨地区经营的工商和税收管理、人才引进与培养等方面提供政策和财政的支持。

（2）物流信息化和标准化建设。信息化是现代物流的灵魂，正是因为有了现代信息手段，物流才得以从原来混杂于其他社会职能中独立出来，成为一个新兴的门类。因此项目建设必须以信息化建设为基础，在选取项目试点单位时要先考察确定其信息系统符合或仅经部分改造即可符合项目推进的需要。信息化依赖于标准化，特别是商贸物流这种面向全社会服务的行业，其信息系统的建设更需要保证所有参与者都能准确理解所有数据的正确含义，必须依靠国家的强制手段来做好标准化工作，这是项目成功的基础，也是将来向其他地方推广，并进而全国联网的基础保障。除了信息标准化外，物流设施设备的标准化同样重要，在某些项目中必须有国家强制标准和政府质量监督部门的认真监督实施来保证试点成功。

（3）参与者的积极性。项目说到底是要为市场服务的，市场主体对项目的认可，愿意通过这个平台促进自身的物流水平提高，才能使项目正常运转起来，项目才有存在的价值。所以前期一定要与试点企业间做好交流，为什么要建这个项目，项目怎样运行，大家在其中要做哪些事情，能获得哪些收益，都要让企业明白。只有充分调动起企业的积极性，才能产生适应市场需求的项目建设方案，才有可能获得许多我们想不到的好设想、好方案。

（4）认真选取试点单位。选择要注重典型性和先进性，既要可以代表行业的主流水平，又要在行业中处于较先进的地位，在软硬件和人力资源上都有进一步提高的基础能力。还要以重要或大宗产品流通为主，尽量不考虑仅服务于小市场或狭小供应链的物流，以使试点成果能对社会产生较大的示范效应。政府可以委托行业协会推荐，专家委员会评审确定。实施中可以按以下三条做目标原则：以供应链整体优化为目标；以组建跨地域、跨行业的物流合作联盟为目标；以优化整合现有存量资源，充分发挥它们的价

值为目标。

(5) 相关科研和教育单位的大力配合。商贸现代物流这个新体系的摸索过程肯定会遇到许多复杂的困难和障碍，需要有专业力量在第一线参与工作，随时提供解决问题的建议，随时随地为试点单位的参与人员提供培训和咨询，从观念上和技能上帮助他们推进项目。

2. 实施商贸物流示范工程的主要内容

(1) 选择5~10个商贸中心城市重点培育面向多用户、面向支线末端的公共配送中心与物流信息平台。

(2) 扶植5~10个主要为商贸服务的第三方物流龙头企业。

(3) 以冷链技术和理论为指导构建生鲜食品的物流安全通道。

(4) 用电子商务与实物配送模式改造传统工业品批发市场，抓5~10个工业品超市试点。

(5) 结合"万村千乡工程"，构建供应链理念下农产品进城、工业品下乡的双向物流系统。

(6) 研究流通领域应急反应机制的模式，并建立应急物流实施的保障体系。

(三) 营造现代商贸物流发展的政策环境

1. 提高全民现代物流理念

物流的概念传入我国已有二十余年，世界的物流理念已经进入了供应链物流管理的时代，我国由于生产力与经济发展较发达国家相比落后而使我们的物流业较之国外落后20~30年。在理论研究的推动下，在经济较发达的地区特别是东部沿海地区，一批生产企业、流通企业和物流服务企业已经开始应用现代的理念进行企业的物流管理。但综观我国流通业的物流管理尚没有整个的明显改观，这主要是因为流通业的经营模式除少数连锁企业和带电子交易的批发市场外都还属于传统方式，加上大部分企业实力弱规模小，不适应现代物流服务。如集贸市场式的批发市场，出租柜台个体经营的商场等，他们由于交易额很小，难成批量，加之观念陈旧，物流业务基本上是自行解决。就是连锁企业也多是自己建配送中心，只委托运输，很少有整体物流外包的，这严重的制约了我国服务于流通业的物流业的发展。而在供应链理念下，流通与生产都对商品的成本承担重要责任，流通业也应积极地降低自己的经营成本。在传统的经济学概念下，社会经济活动分为生产、分配、流通与消费，在从计划经济向市场经济转型中的我国生产与流通曾由于利益分配而成为对头，加上"产、供、销一条龙"的不恰当引导，致使许多生产厂家自己采购、自己生产、以发展"三产"的名义搞自己销售。将拥有广阔销售网络、丰富销售经验的销售商甩在了一边，结果是两败俱伤。今天人们已经从这场不应有的惨烈竞争中清醒过来，加上供应链理念的普及，使双方都认识到产销是一条船上的两个桨，必须齐心协力才能迅速到达彼岸——将产品（商品）送到消费者手中，实现商品的价值与使用价值，完成惊险的跳跃。在物流术语国家标准中，供应链即"生产及流通过程中，涉及将产品或服务提供给最终用户活动的上游和下游组织形成的网链结构"。从这里可以得到的一个重要观点就是：在商品所有权转移到消费者手中之前，在供应、生产、销售所有环节与涉及的企业中所发生的一切费用，累积到成本里则可能使消费者不能承受，商品卖不出去，链上的各企业都受损！反之如果链上各企业都能自觉而有效地节制费用，则使累积的成本在满足消费者需求的前提下达到最低！

据有关专家测算，一个商品从原材料采购开始直到消费者手中，其真正处于生产制造过程的时间仅占全过程时间的10%左右，其他时间都是以不同形态存在于流通过程中。由于商流、信息流、资金流都因电子化发展使流通成本大大下降，物流成本就凸显出来，于是物流成本的降低就成了供应链管理所最关心的问题了。

综上所述，降低流通成本首要的是降低物流成本，而降低物流成本就要优化库存，以最小的实物存量最大限度地满足市场需求。同时还要提高运输效率，降低单件运输成本，以最小的运输支出最大限度地实现货物准时适量地到达消费者手中。面对市场消费的个性化，竞争的白热化，又要少库存又要快速反应，最有效的方法就是物流专业化、社会化。企业将非核心竞争力的物流业务交由物流公司，既能保证质量，也节约了流通企业的成本，更重要的是有利于他们集中精力发展主业，提高主业的核心竞争力。积极引导流通企业运用现代物流理念，对自己内部业务进行改造和重组，强化内部物流管理。鼓励他们与第三方物流服务供应商建立战略合作关系，将其物流业务逐步剥离，释放到市场上，形成更大的物流市场需求，这既给专业物流企业发展开辟市场，又使流通企业竞争力获得提高，这是一个“双赢”的结局。

中国物流业的发展进入21世纪的10~20年是中国物流业发展的高增长期，只要市场导向、政府推动、企业运作、行业自律运作得好，可以实现跨越式发展。但最关键的是要解决体制约束与观念约束。所以要在全民中提高流通意识，提高现代物流意识。建议组织编写一本《现代物流知识读本》。建议在国家行政学院开设省部级现代物流班。

2. 把发展现代物流作为提升流通产业的战略措施

提升传统的流通产业有多种办法，比如用信息化带动流通现代化，用新的流通方式改造传统的流通方式，用结构优化代替落后的空间布局，用诚信体系代替市场混乱等。但现代物流绝对是提升传统流通业的关键之一。现代物流、电子商务、连锁经营、佣金代理等，根本不会去区分不同所有制，根本不会去区分内贸外贸，根本不会去区分生产资料贸易与生活资料贸易，根本不会去区分城市流通与农村流通。可以打破过去设置的一些体制性约束，向“大流通”、“大贸易”、“大市场”目标推进。现代物流对商贸流通业来讲有四大功能：第一，改造传统流通业；第二，降低流通成本；第三，使电子商务得以真正实现；第四，提高居民的生活质量。物流无时不在，无处不在，与生产建设、人民生活息息相关，因此是一条红线。建议商务部把构建商贸领域的物流体系作为一项战略重点来抓。

3. 用信息化、标准化作支撑

由于信息网络和计算机软硬件技术的快速发展，我们在信息流和资金流的现代化方面已经取得了不小的进步，而物流与之相比处于一个落后局面，需要我们下大力气去改进，用信息化带动物流的现代化，成为推进流通现代化中的重点工作。

近年来国内物流业非常活跃，发展迅速，这一方面是经济发展、市场竞争促使物流业的相应发展，但更重要的是技术发展引起的。明确地讲是信息网络技术的飞速发展，使物流得以向现代化方面大步迈进，实现许多原来无法完成的事情，与客户企业实现原材料、物资、财务结算等服务的实时无缝连接。物流既是每一个企业都要关心的问题，也是必须要全社会合作的产业，只有当供应链中总的物流成本降低的时候，物流现代化的价值才能体现出来。越是能广泛迅速地传递物流信息，就越能提高全国的物流效率，从而降低生产和销售企业的物流成本，并有利于物流企业的成长。

众所周知，物流业是服务业，是生产性服务业，主要为生产与商贸企业服务。而生产与商贸企业的经营策略又取决于市场，市场要什么就生产什么，卖什么！当今市场由于经济发展，人们的消费能力大大提高，市场需求向多样化、个性化发展，因此生产就必须满足这种多品种、小批量的需求，这就是我们常说的柔性化生产。接下来的原材料供应商和产成品的销售商都要适应这种变化，物流业也必须要改变自己的传统业务方式，一方面要提高业务柔性化，另一方面要加大向客户企业生产流程的渗入。例如生产厂商为了提高竞争力必须降低成本，他们发现降低库存是非常有效的方法，这个降低库存不仅是生产厂自己的，还包括供应商和供应商的供应商和产品销售的批发商和零售商，这就是供应链的重要内容之一。要做到这一点就必须要有畅通的信息网络系统，才能使整个供应链以较低的库存量来保证、满足市场在品种、规格、样式、色彩、数量都不断变化的需求。面向供应链服务的物流企业作为这个供应链中的一员，同时也是这条信息网络中的一个重要节点，处于将信息转化为物品位移的关键位置。而想完成这样的任务，没有一个高效的、畅通的、安全的、可靠的、接口良好的信息管理系统是不可想象的，这一系统应贯穿于企业业务活动的全过程和所有场合，它是企业管理理念和工作程序的具体体现，应在建立企业的组织结构时就一并设计和建立，并且随企业的发展而不断地发展更新，以适应不断变化的业务需要。例如建在深圳福田保税区的“中海深圳物流公司”，是为IBM、美能达、华为、联想、NEC、LG、三星等几十个电子企业做物流服务，每个企业又有几十个甚至几百个供应商和几十、几百个客户和客户的客户，如何能保证接、送货物与资金结算都准确无误？必须要有一支高素质、严格操作的职工队伍。这样复杂的业务内容，如果靠人脑记忆和查账本是不可能做到的，这就是为什么信息网络技术造就了物流业的今天。应该强调的是，只有当我们建立起了一套行之有效的业务模式，我们才会有一套合适的信息管理系统与之配套。信息管理系统是可以外包给专业公司开发的，但我们企业的业务模式则一定是我们自己的业务发展的结晶，是我们的核心竞争力的体现，它一定是我们自己所独有的。没有一套自己的业务模式，是不可能有一套合适的信息管理系统的，即使勉强建立起来也只能是个摆设。据社科院财贸所提供的资料，中国流通企业投在信息系统中的资金只占其销售额的0.1%～0.3%，而发达国家则为1.2%～2%。在信息化建设中，投入硬件与软件的比例中国为5:1，而发达国家为1:1～2。建议商务部对如何建立全国性、区域性、企业性信息平台提出分类指导意见。

标准化作为信息化不可分割的一部分同样应予以高度重视，标准化是信息化的基础，没有标准化的支持，物流信息化将事倍功半甚至举步维艰。为此国家要充分发挥物流行业组织的作用，要加强物流的标准制定与修订工作，包括为信息系统服务的各种标准，也包括实物物流领域的各种标准。在信息标准化方面，应由国家有关部门牵头组织订立流通信息数据库和信息交换规则等国家规划和标准，并建立国家级的流通信息汇集中心和发布机制，在为国家宏观经济管理提供数据支持的同时为各地的流通信息提供数据交换。各地政府和企事业单位据此制定本地或本单位的数据库格式，进行数据采集和整理，同时保留与上级数据库和相邻数据库良好的数据接口，在有条件的地区可直接实现信息联网，从源头上保证信息流通渠道的畅通有序。国家和地方各级政府同时还要加强标准的贯彻监督，加强对信息流通秩序的管理，督促迫使所有信息流的参与者均按标准提供和交换信息，要有把信息视同为资金的理念。在实物标准化方面，同样应由国家牵头，制定相关标准并指定强有力部门负责监督标准的执行，确定市场准入门槛，规范市场竞争环境，同时加强对标准化流通设施生产、租赁企业的扶持，使得他们得以持续发展，从根本上促进标准化建设。

4. 大力培养物流人才，缓解物流人才的短缺

2001 年，中国物流与采购联合会提出了启动中国物流人才教育工程的设想，目前，在教育部的支持下，已有 208 个大学在本科中设立了物流管理与物流工程专业，在 450 个职业院校设立了物流专业。并设立了两个物流教学指导委员会，秘书处均设在中国物流与采购联合会，不同层次的学历教育已经铺开。目前比较突出的矛盾是对工商领域从事物流的在职人员的培训。虽然中国物流与采购联合会开展了“物流师”与“采购师”的系列培训与资质认证，也引进了国外的有关证书，但仍满足不了需要。建议商务部责成有关部门与中国物流与采购联合会合作，加速推进物流人才教育工程。

5. 加大商贸领域国内外交流与合作

国外商贸领域的物流发展十分迅速，有许多值得借鉴的成功经验，比如美国、德国、日本、韩国、澳大利亚、新加坡等。建议把中外的物流合作，作为政府间的合作领域。建议外国专家局加大对国外物流专家的引进，加大到发达国家的物流培训。建议科技部加大物流领域高科技的项目的中外合作，特别是进入欧盟科技框架计划。建议商务部在东盟自由贸易区与东北亚自由贸易区的实施中，把物流作为重要领域，特别是尽快启动中日韩托盘共用系统的项目合作。

加入 WTO 以来，物流领域成为外资投资新的热点，现已进入后过渡期，需要对外资进入物流领域的现状做出科学的评估，以便采取必要的措施，保护民族物流企业的发展。

6. 设立物流发展专项资金

建议在国家推进流通业发展的资金中，专门划出一部分作为商贸领域推进物流发展专项资金，支持物流示范工程的推进，支持公共物流信息平台的建设，支持中外物流合作项目，支持重大领域物流的理论研究。也可以考虑从外国引进资金与国内大企业合作建立物流发展基金，支持物流重点项目的建设。

附　录

课题组成员名单

课题组组长：丁俊发　中国物流与采购联合会常务副会长、研究员

课题组副组长：牟惟仲　北京中物联物流规划研究院副院长、教授级高工

课题组成员： 邸建凯　商务部商业改革发展司司长
王晓川　商务部商业改革发展司副司长
张文杰　北京交通大学经济管理学院教授
沈小静　北京物资学院工商管理系主任、教授
李锦莹　北京中物联物流规划研究院院长、工商管理硕士
尹　虹　商务部商业改革发展司现代流通处处长
李伊松　北京交通大学经济管理学院副教授
魏国辰　北京物资学院工商管理系副教授
田　园　北京交通大学经济管理学院副教授
王　斌　商务部市场运行司市场运行处处长
刘卫战　北京中物联物流规划研究院研究员
李　刚　商务部市场建设司标准处
董　博　商务部商业改革发展司现代流通处
易　华　北京交通大学经济管理学院讲师
王　燕　北京物资学院工商管理系讲师
杨春河　北京交通大学经济管理学院博士研究生
牟屹东　工商管理硕士
秦薇薇　北京交通大学经济管理学院硕士研究生
于孝生　北京物资学院工商管理系研究生
侯林丽　北京物资学院工商管理系研究生

参考文献

[1] 黄祖辉，刘东英．我国农产品物流体系建设与制度分析［J］．农业经济问题，2005（4）

[2] 吴聪．我国连锁零售企业物流运作模式选择决策研究［J］．物流技术，2005（4）

[3] 杨善林，丁欣，马溪骏．我国连锁零售企业物流发展对策研究［J］．华东经济管理，2004，18（5）

[4] 唐倚智．浅议连锁超市商品物流模式［J］．中国远洋航务公告，2006（2）

[5] 上官学进，胡风铃，孟笋．连锁超市物流配送的地位、特点与模式创新［J］．商品储运与养护，2005

[6] 李学工．生鲜农产品营销物流运作机理及模型［J］．农业经济，2006（3）

[7] 张计划．我国食品冷链的困境与对策［J］．特区经济，2005（6）

[8] 刘洋．对快速消费品物流系统的经济分析［J］．特区经济，2005（5）

[9] 周庆．快速消费品行业渠道变革创新探讨［J］．商业时代·学术评论，2006（9）

[10] 盛光．电子商务是钢铁行业商务活动的必然趋势［J］．内蒙古电大学刊，2006（5）

[11] 李斌云．对发展第三方钢铁物流的思考［J］．冶金管理，2005（9）

[12] 曾娟，张国方．中国汽车零部件物流与整车物流的比较分析［J］．武汉理工大学学报，2006

[13] 陈思云．汽车零部件物流市场研究［J］．物流技术，2005（11）

[14] 徐小娟．石油企业物流管理系统模式的建立［J］．集团经济研究，2005（8）
[15] 贾宝军，廖美春．我国现代钢铁物流业的发展［J］．交通企业管理，2006（4）
[16] 本刊编辑部．启航物流：中国汽车配件物流先锋［J］．物流技术，2005（11）
[17] 徐梅，陈顺．我国成品油物流系统的发展探讨［J］．物流技术，2005（10）
[18] 韩美贵，周应堂．区域物流规划的研究，铁道运输经济，2006，4（28）：36～39
[19] 赵黎明，徐青青．构建地区现代物流体系的探讨，天津大学学报（社会科学版），2003.10
[20] 王成金，韩增林．关于我国区域物流体系建设的思考，人文地理，2005，12（6）：19～22
[21] 董　雷，何世伟．区域物流信息平台的构建研究，物流科技，2005，2（28）：71～75
[22] 李雄．2004年中国第三方物流发展回顾与2005年展望，2005年物流统计年鉴
[23] 丁俊发，赵启兰．中国第三方物流理论的发展与创新，2005年物流统计年鉴
[24] 王新利．中国农村物流模式及体系发展研究　西北农林科技大学博士论文，2003.6
[25] 仓储业发展的调查报告（2004年）
[26] 中国生产资料市场发展报告（2005～2006）
[27] 中国消费品市场发展报告（2005～2006）
[28] 中国对外贸易形势报告（2005～2006）
[29] 商务部．国内贸易发展“十一五”规划

我国汽车物流运力资源整合研究

内容提要：随着汽车生产扩大、市场需求升级和物流技术进步，商品车的“零公里”运输已经成为目前整车物流的唯一方式。但我国汽车整车物流行业仍然处在相对较低的发展水平，企业多数停留在粗放式经营阶段，特别是运力资源不能整合是目前最为突出的问题。经测算，我国汽车商品车运输空驶率约为39%，仅2005年全国运力资源浪费就达10.5亿元，车辆运输成本是欧美国家的3倍。本课题针对这一问题，通过深入调查研究，分析产生问题的根源，提出实现运力资源整合的方法、途径和实施步骤，以期为解决这个问题寻求答案。

近年来，国内汽车生产厂纷纷扩大产能，我国汽车产销量持续增长。2005年全国汽车产量达到570万辆，其中轿车380万辆，汽车整车物流业得以快速发展。我们通过对占据全国运力资源80%的企业进行统计分析，找出运力资源浪费的根本原因和数学模型，对问题的严重性进行量化，从而为行业和企业在运力资源整合方面的必要性提供了基本数据。在广泛调查汽车生产企业和物流企业资源整合问题的基础上，找出问题产生的原因，以及整合资源应该采取的措施和需要解决的关键问题。借鉴国外在汽车整车物流领域的成熟经验，对照分析我国存在的主要差距。摸清了我国在汽车整车公路、水路和铁路领域的资源情况，为全国范围资源整合工作奠定了基础。

报告第一部分对我国汽车整车物流的行业总体情况进行了描述，分析了目前行业存在的主要问题，得出运力资源浪费是行业首要问题的结论，将报告引入主题。第二、三部分通过对国内外汽车整车物流的差距分析，以及我国汽车在公路、水路和铁路等运力资源方面的优势分析，过渡到第四部分整合运力资源的必要性。第五部分对宏观和微观、行业和企业、硬件和软件等多方位分析，得出整合运力资源是完全可行的，同时结合行业实际提出了切实可行的方案。报告最后为资源整合工作向政府、行业和企业提出了若干建议。

汽车整车物流在我国发展历史不长，这方面的研究也比较少。本课题在如何有效实施运力资源整合工作方面提出了实施方案，应该讲是一个创新。不足之处在于对国外汽车整车物流的具体流程，发展历程及其政府、企业和市场的运作模式缺乏深入分析和研究。

研究报告得到了有关政府部门、企业和研究院所和高等院校有关领导和专家的大力支持和积极参与，我们在此表示衷心感谢！同时课题援引了多篇文献，这些文献为课题的完成提供了宝贵帮助，在此我们也深表谢意！尤其要感谢安吉天地汽车物流有限公司为课题研究提供的大力支持，保证了课题的顺利完成。

汽车整车物流是指将商品汽车整车从供应方到需求方的业务流程，包括仓储、保管、运输、装卸、信息处理以及其他流通增值服务等，是汽车产业物流和供应链的重要组成部分。商品车整车供应方一般为汽车生产企业或二手车经销企业，在我国由于二手车经营业务处于起步阶段，供应方主要为汽车生产企业；需求方主要为分布在全国各地的汽车销售网点或个人。汽车整车物流业的发展，适应了商品车“零公里”交付的基本要求，对于降低物流成本，提高物流效率，改进汽车物流服务，促进汽车生产与消费，减轻资源和环境压力发挥着重要作用。

近年来，随着国际汽车巨头纷纷进入中国，汽车行业的竞争愈演愈烈。在目前中国的汽车消费环境下，价格仍然是竞争的主要决定因素。在这样的背景下，国内所有汽车制造商通过降低成本来降低产品价格成为十分迫切的要求。物流成本作为产品的一项主要成本，越来越受到企业的重视。据统计，欧美汽车制造企业的物流成本占销售额的比例是8%左右，日本汽车厂商甚至可以达到5%，而我国汽车生产企业普遍在12%以上。商品车整车物流作为汽车物流的主要组成部分，目前我国此方面的成本是欧洲或美国的3倍，汽车空驶率达39%，资源浪费和运输成本高等问题普遍存在。据统计分析，我国2005年380万辆轿车运输中有66万辆属于可对流资源，由此造成的损失高达10.5亿元。究其原因，运力资源分散而各企业又不能整合是主要原因。到2010年中国汽车年产量将达到1000万辆。对整车的仓储、配送需求量将会是目前的1.8倍，汽车物流在面临前所未有的发展机遇的同时，也将面对严峻挑战。如果企业间运力不能整合，资源得不到优化配置，将严重影响汽车物流行业和汽车消费市场的健康发展。

自2004年5月中国物流与采购联合会汽车物流分会成立后，一直致力于解决汽车运力资源整合问题，得到汽车生产企业和汽车物流企业的积极响应，但由于资源整合问题涉及国家政策扶持、行业标准统一和信息平台建设等多种问题，是一项复杂的系统工程，而取得国家政府部门的支持是解决这个问题的第一步。

行业的呼声得到国家政府部门的高度关注，国家发改委专门设立课题，委托中国物流与采购联合会汽车物流分会组织有关企业和专家，对轿车运力资源整合问题进行调查分析，并根据我国现实情况研究出解决方案。相信在政府有关部门的高度关注和积极推动下，在行业组织的大力引导下，在广大生产企业和物流企业的热情参与下，制约资源整合工作的问题一定会逐步解决，全国汽车运力资源一体化平台建设一定会取得成功，汽车物流行业一定会得到新的发展。

一、我国汽车整车物流的行业现状和存在的主要问题

（一）我国汽车整车物流的形成与发展

1. 我国汽车整车物流市场的形成

我国汽车整车物流市场的形成大体上经历了三个阶段。

第一个阶段是在新中国成立到1979年的30年间，我国的国民经济以发展重工业和农业为中心，人民的生活水平停留在解决温饱问题阶段，国家的汽车工业主要以满足各行业生产需要为目的，汽车产品作为重要的生产资料实行统购统销。购车单位派司机专程到产地提车，是当时汽车整车“物流”的主要方式。

随着国家实行改革开放政策，引进外资，搞活经济，我国的汽车整车物流在有计划

的商品经济推动下进入第二个阶段。1980 年到 1991 年以上海大众汽车有限公司生产的桑塔纳为主流车型，开启了我国的轿车时代，多年被抑制的汽车消费市场逐渐得以释放，轿车已不再是政府部门的形象和特权，集团消费是当时汽车市场的主流，但少得可怜的汽车品牌和落后的汽车工业，致使汽车市场长时间停留在卖方市场，计划分配是当时汽车供应的主要方式。自驾专运仍是当时汽车整车物流的唯一方式，但正是这个时期诞生了一批专业从事轿车自驾专运的个体商户，俗称“地跑”，其中的一些佼佼者成为我国将来汽车物流市场的弄潮儿。

1990 年对中国的汽车物流行业是一个特别有纪念意义的年份，天津安达公司在全国首发了第一辆运送汽车的专业车，率先尝试了中国商品汽车的“零公里”交付，从此汽车整车物流迈出了划时代的第一步，进入了汽车整车物流现代化的第三个阶段。1992 年以后，汽车开始进入先富裕起来的百姓家庭，中国巨大的汽车市场潜力得以不断释放，汽车工业保持了连续 10 年 20% 以上的增长速度，汽车作为寻常消费品迅速进入家庭。随着人民生活水平的提高和消费观念的改变，1995 年以后“零公里”汽车商品逐渐成为汽车消费市场的基本需求，汽车市场和消费环境推动了汽车整车物流行业的快速发展，运输方式也由单一公路运输方式，逐渐形成目前我国以公路运输为主，以铁路和水路运输为补充的汽车整车物流市场格局。

2. 推动我国汽车整车物流市场快速发展的主要因素

因素一：我国巨大的汽车市场和持续高速发展的汽车工业

改革开放为我国经济注入生机和活力，中国经济逐步驶入快行道，国民经济持续高速发展，综合国力得到大幅度提升，人民生活水平得到根本改善。从 1996 年至 2005 年的 10 年间，GDP 增长 269%，城市人均可支配收入增长 217%，农村人均可支配收入增长 169%（如表 1、图 1 所示）。已经走向小康的中国百姓在彻底摆脱温饱问题困扰之后，注重了生活品质的提高，住房、汽车成为当前国人的消费热点，为我国汽车市场迅速成长奠定了坚实的物质基础。

表 1　　我国主要经济指标增长情况表

各项经济指标	1996 年	2005 年	增长率
GDP（亿元）	67795	182321	269%
城镇人均可支配收入（元）	4839	10493	217%
农村人均可支配收入（元）	1926	3255	169%

市场需求的强劲拉动，我国汽车工业已步入高速发展的轨道。特别是进入 21 世纪，我国汽车生产市场增长迅猛，无论是国产新车，还是进口汽车，再到二手车流通，均呈现出购销两旺的良好势头。据有关资料显示，1996 年至 2005 年的 10 年间，我国总体汽车市场增长了 375%，其中国产新车市场增长了 290%，进口汽车增长了 114%，二手车市场增长了 869%（注：1998 年开始有二手车流通数据统计，二手车增长率是以

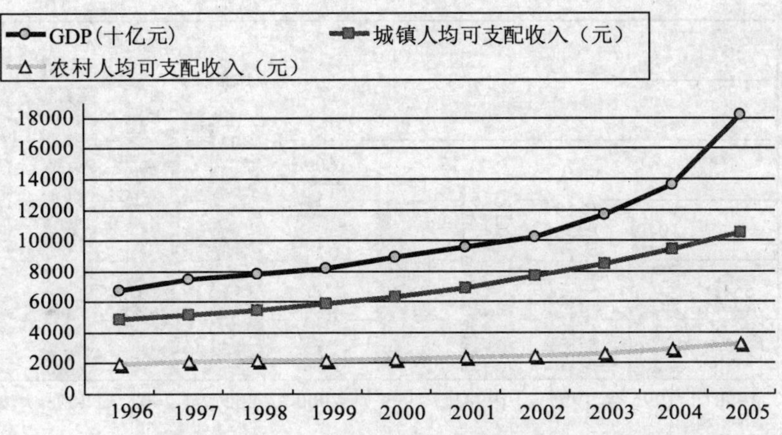

图1　我国主要经济指标增长情况曲线图

1998年统计数据为基数)，汽车工业的支柱产业地位得以加强（近十年我国汽车市场增长情况见图2)。2004年，我国汽车保有量达到了2742万辆，其中私家车1446万辆，占汽车保有量的53%（我国汽车保有量增长情况见图3)。

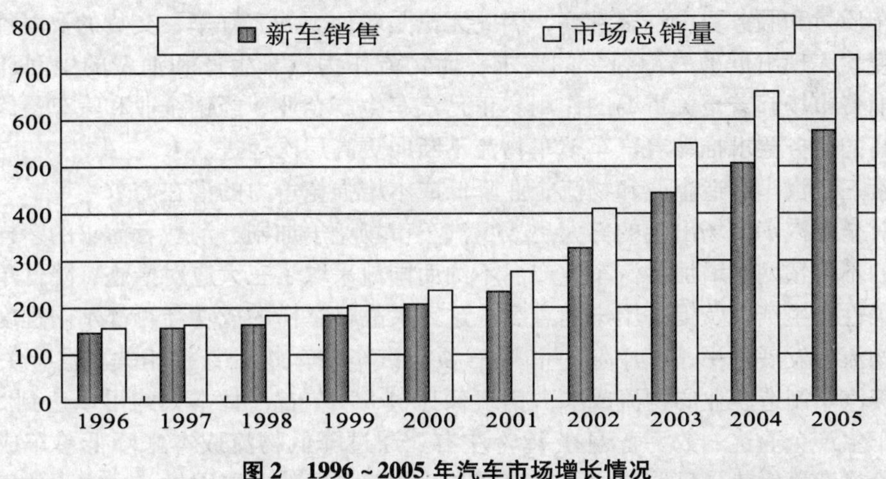

图2　1996～2005年汽车市场增长情况

我国汽车市场的持续快速增长和总规模的不断扩大，使我国汽车市场的国际地位显著提升，成为世界汽车市场不可分割的重要组成部分。我国国产新车销量占全球汽车总销量的比例已经由2001年的4.3%提升到2005年的8.7%，全球每年汽车销量的增量中我国约占25%，我国汽车市场已经成为推动全球汽车市场增长的主要力量。自2003年，我国就以444万辆的国产新车销售成绩，超越德国成为世界第三大汽车消费国；而进入2005年更是以576万辆国产新车销量超过日本，成为仅次于美国的全球第二大汽车消费国。汽车消费需求的强劲增长，带动了汽车产销量的快速增长，为我国汽车物流行业的迅速崛起提供了前所未有的发展机遇。

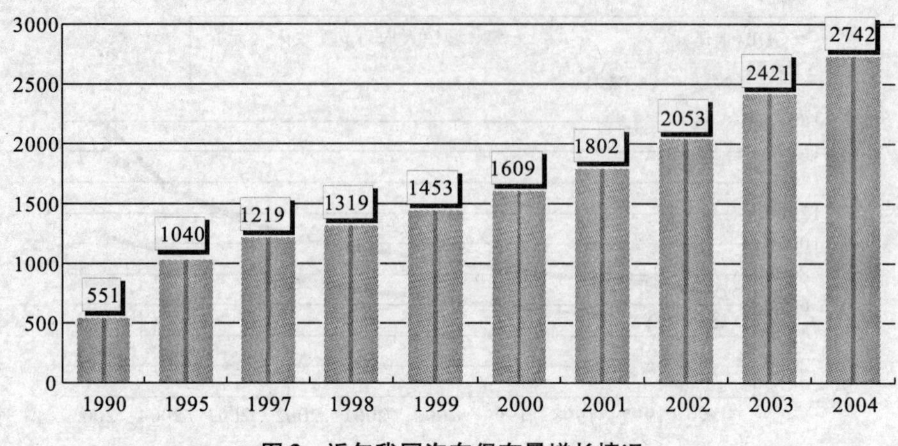

图 3　近年我国汽车保有量增长情况

因素二：汽车消费环境的改善和消费者对服务质量要求的提高

物流作为一种服务行业，客户对服务质量的满意程度，决定着企业在市场中的生存能力，汽车整车物流连接着汽车生产企业和汽车经销商，具有多重服务对象的特点。尤其随着汽车市场的不断成熟，汽车成为目前家庭消费仅次于房产的第二“大件”，消费者对汽车质量和服务要求越来越高，因此无论是对外观的完好率，交货的及时性和服务的满意度均表现出近乎“苛刻”的要求，而物流作为汽车生产和消费的中间环节对汽车产品消费市场起着至关重要的作用。正是汽车生产企业、经销企业和汽车最终消费者不断提高的服务要求推动着汽车整车物流不断向更高层次迈进。

因素三：汽车制造企业和物流企业降低成本增强竞争力的潜在需求

针对全球汽车市场出现的三大挑战：汽车市场竞争加剧、消费者需求的多样化、市场环境的不可预测性增加，汽车生产商不约而同地采取了三大应对措施：降低单车生产成本、柔性化生产以及提高用户满意度。这三大战略举措的成功与否都不同程度地取决于汽车物流的发展水平，其中第一和第三项与汽车整车物流直接相关。据有关资料统计，欧美汽车制造企业的物流成本占销售额比例 8% 左右，日本大约可以达到 5%，而国内汽车生产企业这一数字普遍在 12% 左右。通过降低物流成本来降低单车成本，从而获取价格竞争优势是目前我国汽车生产企业普遍考虑的重要因素，也成为他们选择物流运营商的主要出发点。对物流企业来讲，为保持竞争优势，在不断提高物流服务满意度的同时，需要不断降低企业运营成本，由此带来的压力和动力，推动着企业加强内部管理和现代新技术的运用，从而推动着行业整体水平不断提高。

3. 第三方物流是我国汽车整车物流行业的市场主体

汽车整车物流不外乎三种模式：一是第一方物流（1PL）模式，是指汽车生产企业自己完成汽车的仓储和货运；二是第二方物流（2PL）模式，是汽车生产企业聘请专业车队、仓库来做仓储、货运，属于功能性的服务；三是第三方物流（3PL）模式，是指汽车生产企业为集中精力搞好主业，把原来属于自己处理的物流活动，以合同方式委托给专业整车物流服务企业，同时通过信息系统与物流企业保持密切联系，以达到对物流全程管理控制的一种物流运作与管理方式。由于我国汽车产业基地相对集中，并且汽车产品相对集中于6+3国内外大型汽车集团，因此整车物流企业集中度相对较高。全国可统计整车物流企业共计60家，其中53家属于第三方物流企业，占据全国资源80%的9家全国汽车整车物流联盟企业为安吉天地、长久物流、天津安达、中远物流、中信物流、一汽储运、西上海物流、陆友物流和金杯物流，尽管安吉天地、长春陆捷和金杯物流都曾经有着第一方物流的影子，但目前无一例外都转变成第三方物流公司。

（二）我国汽车整车物流行业存在的主要问题

1. 运力资源分散造成的严重浪费和高额物流成本

全国乘用车潜在对流资源2006年应将近66万辆。经统计全国9家主要汽车整车物流企业2005年，不同区域方向商品车物流情况，除去其自身已经实现对流的资源外，这些物流公司之间尚有可对流资源52.4万辆（见表2），这些企业全年运输商品车总计302万辆，占到全国乘用车产量380万辆的80%，由此可推算全国潜在对流资源约为66万辆。

假设各区域城市汽车对流在中心城市间进行，按1元/车·公里计算，9家主要汽车整车物流公司的潜在对流成本约为8.4亿元，根据在占全国资源总量比例79%计算，全国潜在可对流资源物流成本约为10.5亿元。

2. 在用轿车运输车多数不符合国家新标准的要求

2004年4月1日由国家质检总局、国家标准化管理委员会联合颁布了国家强制性标准GB 1589—2004《道路车辆外廓尺寸、轴荷及质量限值》，《标准》规定半挂车长度为16.5米。但此前汽车物流企业为降低物流成本，使用的轿车运输车长度大都在20米或20米以上。出现了在用车几乎全部超标的严重问题。进入2005年4月份，各地交通执法部门开始对超标轿车运输车进行处罚，每辆车少则罚5000元，多则罚2万元，致使当时全国轿车运输出现了混乱局面。

为解决这个问题，2005年4月30日，交通部以明传电报的形式向各省区市交通厅（局、委）发出《关于做好商品车运输专用车辆管理工作的紧急通知》，声明：对4月1日以前入市并不超重，车货总高4.3米以内、总长20米以内、总宽3米以内的商品车运输专用车辆按《超限运输车辆行驶公路管理规定》（交通部2000年第2号令）办理超限运输通行证，各地交通执法人员应予以放行。文件对整车物流行业起到了积极作用，在一段时间内轿车运输车的矛盾得以平息，但由于深层次的潜在矛盾使得汽车物流行业仍然处在一个进退维谷的境地。一是交通部明文电报，随着时间的推移，有些执法人员对司机持有的明传电报不置可否，轿运企业遭罚现象仍时有发生。二是中国物流与采购联合会、天津劳尔、扬州中集等行业组织和轿车运输车生产企业，多方奔走积极研究解决方案。由于汽车的专用性和高成本，生产企业和广大用户此时都不敢轻易投产或购置，目前仍在焦虑中观望等待。三是我国汽车生产2006年产量持续增加，上半年产销达到350万辆，同比增长30%，运力不足的矛盾十分突出，在汽车销售的旺季更是一车难求。矛盾如果得不到尽快解决，将严重制约中国汽车产业和汽车市场的健康发展。

表 2　　全国 9 家主要汽车整车物流企业 2005 年对流资源统计表

	东北	东北	东北	东北	东北	东北	华北	华北	华北	华北	华北	华东	华东	华东	华东	华南	华南	华南	华中	华中	西南
	华北	华东	华南	华中	西北	西南	华东	华南	华中	西北	西南	华南	华中	西北	西南	华中	西北	西南	西北	西南	西北
安吉天地	3300	6000	-9800	0	600	-9800	-121300	-52300	-1300	0	0	-74000	49200	45300	28300	43000	20600	14500	0	0	0
长久物流	9316	4050	-2945	4845	2205	-2945	30199	7799	8077	7931	18086	-14700	1997	6000	-2336	3800	3500	5200	1800	1792	0
天津安达	-14500	5400	1200	-200	7800	1200	30300	-600	-12100	14000	15300	-1200	-200	800	0	600	800	300	1000	800	3200
中远物流	32	1668	-1056	0	0	-1056	44248	23016	6624	11832	12432	0	-5600	544	576	0	0	0	0	4800	3168
中信物流	2000	-1500	1100	300	100	1100	-9000	-7000	0	-200	-200	4000	-1000	-100	0	-7000	-750	-950	1150	0	300
一汽储运	55242	67824	32201	25660	13002	32201	11232	1872	0	1872	0	0	0	0	0	0	0	0	0	0	0
西上海物流	-25000	-5000	0	0	0	0	-35000	-5000	-5000	0	0	-5000	-5000	0	5000	-5000	0	0	0	0	0
陆友物流	-3000	0	-7000	0	0	-7000	0	-20000	0	1000	-3500	-35000	500	0	0	3000	3000	4000	0	1000	0
金杯物流	546	930	-228	-234	138	-228	-309	-636	-126	0	0	-708	-42	108	150	-150	0	192	0	0	0
正向流	70436	85872	34501	30805	23845	34501	115979	32687	14701	36635	45818	4000	51697	52752	34026	50400	27900	24192	3950	8392	6668
负向流	-42500	-6500	-21029	-434	0	-21029	-165609	-85536	-18526	-200	-3700	-130608	-11842	-100	-2336	-12150	-750	-950	0	0	0
可对流量	42500	6500	21029	434	0	21029	165609	85536	18526	200	3700	130608	11842	100	2336	12150	750	950	0	0	0

3. 汽车整车物流的行业标准建设严重滞后

物流标准化是现代物流发展的基础，是提高物流效率的重要途径，在国际上物流标准化已经成为行业发展的关注焦点。据有关专家分析：我国每年在物流过程中产生的损耗大约是3000亿元人民币，主要原因在于物流过程时间过长、装载次数过多，造成包括资金、场地、车辆的过多浪费，导致整个资源消耗过大。全国物流标准化技术委员会成立后，在物流标准化建设方面做了大量工作，物流领域标准建设全面启动，并于2005年和发改委等八部门联合颁布了《全国物流标准2005~2010年发展规划》，物流行业标准化建设步入了快车道。但汽车物流作为各产业中涉及面最广、技术难度最高、专业性最强、全球化程度高、市场容量最大的专业物流之一，标准化建设尤其重要，目前行业普遍存在着资源利用率低，信息化建设不完善，汽车综合服务体系不健全等问题，无论是公路运输、铁路运输、水路运输以及多式联运都还没有形成统一的标准体系，如运输规范不统一、仓储服务规范不统一、生产商与多个运营商之间的信息交换不统一、多式联运的单证不统一等都在一定的程度上加大了企业成本，无法有效使用资源。目前，发达国家的物流不管是跨国的、跨省的还是跨城市的，都可以“一单到底”达到最终的目的。汽车物流分会成立后，汽车物流标准化建设从整车物流方面开始起步，目前已经通过了《乘用车运输服务规范》，并正在起草《乘用车仓储服务规范》、《乘用车水路运输服务规范》、《乘用车质损判定及处理规范》和《商用车运输服务规范》，为规避标准间的重叠，有必要先行建立汽车物流标准体系规划，逐步完善适应中国国情又能与国际接轨的汽车物流标准体系。

4. 铁路和水路运力资源未得到合理开发和充分利用

目前，我国的汽车整车物流量的83%集中在公路，当然有很多历史和现实的原因，公路运输的机动性、门到门、网络建设便利等优势，以及国内整车物流企业发展初期都是以公路运输为主开始的，因此铁路、水路等运力资源未能合理地开发和利用。由于我国幅员辽阔，汽车工业又相对集中在长春、京津、上海、武汉、重庆、广州等少数发达地区，汽车产品对全国的辐射和国民消费的多样性，决定了汽车整车物流具有分散和纵横交织的特点，随着能源价格的持续上涨，物流装备的经济性选择是大势所趋，铁路在远距离运输的优势已经凸显，而中国丰富的水路资源也得到汽车物流行业的青睐，但整个市场的融合尚在起步和磨合阶段，目前主导的公路运输模式更多地引入水路、铁路资源，走多式联运的道路将是中国未来汽车整车物流的必然选择。

5. 现代化信息技术的应用还处在原始起步阶段

JIT、EDI、GPS、RFID、GIS等技术在现代物流具有广阔的空间，但由于传统习惯，落后的观念和行业的低水平竞争，使得现代化信息技术的应用仍处于起步阶段，虽然各汽车生产企业内部基本上已实现了信息化管理，但汽车物流企业除了少数企业已经使用信息系统外，多数还处在开发阶段，总体还处于基础阶段。企业间的数据交换，除了极少数应用了EDI系统，更多的还是用传真加电话的传统方式进行。数据交换、商业合同等多以纸面介质为主，辅以电子邮件进行，互联网商业应用的潜力远未得到开发。

6. 二手车市场的物流资源尚未得到开发

二手车市场在发达国家是汽车市场的重要部分，发达国家二手车交易远远多于新车，美国2005年的新车销售1224万辆，二手车则达到4350万辆；德国2005年新车销售325万辆，二手车683万辆；日本2005年新车销售600万辆，二手车850万辆。我国的二手车市场目前仍处在发展初期，2005年交易量为150万辆，有着巨大的发展潜力。国外的汽车物流早已覆盖了新车和二手车两个领域，但我国的汽车物流仍然停留在只为新车提供服务上，二手车市场的物流资源远未得到开发。

二、国外汽车整车物流情况和国内外差距分析

（一）发达国家汽车整车物流的概况

发达国家汽车整车物流模式大致分为以下四种：一是汽车制造商自运模式，代表企业是法国标致PSA集团投资建立的捷富凯Gefco物流公司，号称法国的第二大物流公司；二是第三方物流模式3PL，代表企业为德国BMW汽车公司；三是第三方和第四方混合物流模式3.5PL（integrated 3PL/4PL），代表企业为Renault－CAT；四是第四方物流模式4PL（control 3PL)，代表企业为Ford NA－UPS。

1. 欧洲地区（西欧）

根据欧洲汽车制造商协会的最新统计，2005年欧洲汽车市场的表现较为低迷，全年新车销量为1520万辆。车辆的总体回程利用率达到75%以上，比我国高出十五个百分点。主要原因为：

外部原因：西欧的主机厂在地域上属于均匀分布、新车销量逐年缓慢上涨、二手车/租赁车市场上涨势头良好，对新车整车物流市场是一种补充，这些导致西欧的整车物流市场流向流量比较均衡，非常有利于形成对流。

内部原因：欧洲整车物流企业合作意识较强，ECG积极倡导物流企业开展多方合作。

2. 日本

日本汽车企业在日本国内生产汽车1080万辆，整车物流通常由OEM合资公司的物流公司负责。其物流模式基本上采取的是3.5PL的运作模式。如丰田公司在日本、北美和欧洲的整车物流就是典型代表。

3. 澳洲

• 市场特点

澳大利亚2005年汽车销售量为100万辆，其中本地制造商生产仅占30%，其余均依靠进口。澳大利亚二手车业务很发达，二手车市场遍布全国。在澳大利亚岛国，主要人口均分布在沿海地区，其中绝大部分在东南部地区。

• 配送模式

整车物流公司通常选择人口集中的沿海大中城市和客户需求集中的地区作为其配送节点，这些节点包括：城市物流中心和整车仓库。其配送方式是首先将整车业务整合运输到各个节点，再由节点向节点区域内的经销商或直接用户配送。向节点运输是大规模的，一般采用铁路和公路联运。铁路运输采用裸露式车皮，可装载三层商品车；采用集装箱运输只可装载两层；公路运输采用大装载量的轿车运输车，这种车最多可装载13辆商品车。对于节点区域内的小批量的配送，则使用反应快的小型轿车运输车直接送达

经销商或直接用户，这种车辆装载量一般为 2 ~6 辆商品车。

配送节点城市配备有一定的“驻点车”，负责实施市内运输及省内运输，另有少量运输车负责跨省运输。由于澳大利亚二手车业务发达，经销商之间的配送业务较多，因此司机到达目的地后一般均可有一定的业务回流，不必空车返回，相当于 MILKRUN，因此空驶率很低。

（二）国外汽车整车物流各种运输方式的大体情况

1. 公路运输

在北美、西欧等公路网络比较发达的国家，以牵引车拖挂半挂车组成的汽车列车的运输方式占了总运输量的 70% ~80%。

在美国，其公路货运设备构成中，专用货运设备几乎达到了 90%，其公路货运的主力车型就是汽车列车或厢式半挂车，从美国货运行业的发展历史及未来发展趋势来看，半挂车仍将是公路货运的主要运输工具。

在欧洲，轿车运输车具有装车数量多，运输效率高的特点，并且可以在包括高速公路在内的主干道上行驶。在整车运输设备中，英国的整车物流运输车的装载量较大，大致分二层和三层两种结构。二层结构的装载 8 辆，三层的装载 11 辆，大装载量的运输车辆最多可装载 13 辆商品车。也有采用集装箱运输的，可装载两层商品车，总长多数都在 20 米左右。

2. 水运和海运

世界上绝大部分汽车下线后都是通过汽车滚装船被发送到世界各地的。如日本、欧洲地区已得到广泛应用，亚洲国家这两年汽车出口发展迅速，韩国每年出口 250 万辆以上，日本 400 万辆，都是靠滚装船运输。由于韩国、日本出口量大，因此他们控制了几乎所有亚洲到其他地区的远洋滚装船。我国的商品车出口目前更多依赖这些资源，因此受到价格、时间以及竞争关系等多种因素的制约，发展属于我国自己的远洋滚装船是我国汽车工业国际化战略的重要一环。

由于水路运输的经济性和环保性，在很多国家得到积极扶持。日本由于资源贫乏，为了降低能源消耗积极引导水路运输，政府有政策规定，凡是运输里程超过 300 公里的必须采用水路运输。即使在美国这样的消费大国，水运由于低廉的价格、良好的物流服务质量和准确的交货时间，也一样得到青睐。

3. 铁路运输

发达国家由于没有我国铁路、水运和公路明显的行业分割，因此在市场推动下，从 20 世纪 50 年代开始应用铁路承运商品汽车以来，铁路与公路和水运有着良好的协调关系，有资料显示：欧洲铁路在整车运输市场中的份额为 35%、美国为 50%，远远高于我国 10% 的水平。

（三）国内外汽车整车物流的差距分析

从横向进行对比，我国的汽车整车物流还只是刚刚起步，从企业的规模、服务内容、服务质量、服务理念等各个方面与发达国家相比，还有很大差距。而欧洲、北美、日本等地区和国家，由于汽车工业发展历史悠久，与之相应的汽车整车物流的发展也相对成熟，拥有先进的物流管理技术和物流理念，其整车物流企业可以为客户提供除运输和仓储之外的多种个性化增值服务（详见表3）。

表3　　国内外汽车整车物流差距比较

	中国	发达国家
物流理念	准时、保质完成商品车的发运任务	为客户提供一体化整车物流服务，以客户需求为导向，满足客户的多方位需求
管理政策	税收政策滞后、行业设备和服务标准欠缺、各种运输方式行业管理分散制约了行业的快速发展	在市场推动下，形成了完善的行业政策体系
运力资源	企业间运力分散，运力资源利用率低，水路和铁路资源开发不足	运力集中，资源已得到有效整合，建立了科学、优化的多式联运体系
服务内容	服务内容单一：运输、仓储 服务产品仅为新车	服务内容全面：PDI、批量运输、特殊运输、仓储、清洗、整新、加工、个性化服务、各种增值服务、输出管理等，服务产品包括新车和二手车
物流过程	可控性差，物流企业柔性差，被动接受市场变化与波动	物流全程的可视化，以良好的柔性面对各种突发事件，对市场变化和波动迅速反应
技术支持	运输、仓储管理；在途车辆定位；应用现代信息技术水平低	先进的物流管理系统、先进的物流信息系统、全程的订单跟踪技术、物流过程可视化
服务对象	汽车生产商、经销商	汽车进口商、汽车生产商、汽车经销商、汽车租赁商、个体客户
市场定位	整车销售物流的承运商	与客户之间形成战略伙伴关系，深刻洞察市场的变化与波动，积极参与产品开发和市场预测
中转库建设	数量少、节点衔接差	数量多、节点层次清晰

三、我国汽车整车物流的运力资源

我国汽车整车物流采用公路、铁路和水运以及多式联运的方式进行运输。目前整车物流运输中公路、水路和铁路的运输市场份额分别为83%、10%和7%。

（一）公路运输

1. 运输车辆情况

目前投入运行的整车物流运输车辆国内主要生产厂家有：扬州中集通华专用车股份有限公司、天津劳尔工业有限公司、中国第一汽车集团公司四平专用车、安徽开乐汽车股份有限公司、威海开发区汽车改装有限公司汽车、广东明威专用汽车有限公司、山东东岳专用汽车制造有限公司、武汉天捷专用汽车有限公司、湖北神鹰汽车股份有限公司。其中，扬州中集通华专用车股份有限公司、天津劳尔工业有限公司具有生产品种多、数量大和质量高等特点主导和领先市场。据统计2003年轿车运输车的年产量已经达到4000辆，但进入2004年下半年，由于国家强制性标准GB 1589—2004《道路车辆外廓尺寸、轴荷及质量限值》的出台，以及国家严格的治超政策，运输车辆标准的问题悬而未决，致使各企业生产基本处于半停滞状态，此问题在前面已有表述。

2. 运力资源情况

据不完全统计，截至2005年年底目前在用的车辆运输车大约有1.2万辆，运输了全国380万辆乘用车。按每车次平均运送8辆，每辆车运营周期约为11天，可见利用率相当低。据统计全国在用运输车的空驶率达到39%。造成空驶率高和利用率低的主要原因有：①汽车生产相对集中，而市场相对分散；②企业之间的运力资源没有得到有效整合；③水路和铁路资源开发应用不足造成公路运输的单一化；④因节日引起的消费市场的波峰波谷因素导致运力资源不能均衡使用，忙闲不均是公路运力的明显特点。

3. 成本和效益情况

由于公路运输是大多数整车物流企业的主要运输方式，在成立之初都经过了效益较好的一段时期，但自2004年后利润情况持续走低，目前情况仍无好转迹象。这是由多方面的因素造成的，虽然有企业管理水平不高、现代化技术应用不足等方面的内因，但外部环境的影响是导致这种情况的根本原因。一是企业间运力资源未能整合，回程空驶造成的浪费；二是价格竞争仍然是中国汽车市场竞争的主旋律，生产企业为获取竞争优势挤压物流成本首当其冲；三是燃油价格持续快速上涨；四是小企业和个体运输户为抢占市场大打价格战引起了行业的无序竞争；五是在用轿车运输车“超限”严重的现实情况，罚款问题时刻存在，罚款现象时有出现，加重了企业的负担。

（二）水路运输

1. 滚装船情况

汽车整车物流水路运输主要是利用滚装船运输。汽车滚装船高度为普通轮船的两倍，附加值高，建造难度大。自从1986年江南船厂造过两艘汽车滚装船之后，近十几年里，中国国内船厂汽车滚装船的建造几乎处于空白。2005年6月，中国建造的拥有4300个车位的大型汽车运输船在厦门顺利下水，打破了国内造船界十几年来无人问津该类船舶的历史。同年8月25日，南通中远川崎船舶工程有限公司建造的5000个车位的汽车滚装船首制船成功交付，这是我国迄今为止建造的最大型汽车滚装运输船。

2. 运力资源情况

我国内河滚装船运输主要在长江全线，截至2005年年底服务长江全线的滚装运力超过100艘、月均运输能力22000辆。远洋运输中只有中远旗下的一艘滚装船属于我国自有，其余均为与外方合作。

3. 发展海运滚装船解决国产汽车出口“瓶颈”，疏通南北汽车运输大动脉

目前，海洋整车滚装船呈现以下几个特点：一是世界汽车滚装船运力紧张；二是亚洲的汽车海运基本上被具有稳定出口量的日本和韩国垄断；三是运营成本高昂；四是运

力没有规律。我国轿车出口2005年达到3万辆，2006年仅奇瑞预计就会达到7万辆，但我国汽车出口大都是不定期，而且数量小（单个企业的汽车出口每批最多为一两千辆，大多数时候只有几百辆甚至几十辆）、批次多、航线偏僻（出口地区大多数是中东、非洲和南美，这些地方不是主流航线，船很少），很多中国汽车企业无法和国际航运大公司签订全年协议，只能和人家拼船或者利用韩国、日本汽车企业留下的空闲车位。这样船期无法得到保证，运价也要比日韩企业高出50%左右，而且积压一两个月运不出去更是常有的事。我国汽车整车出口的命脉被动地掌握在日韩和欧美等海运企业的手里。发展属于中国人自己的远洋滚装船成为中国汽车物流的战略选择。中国海运集团的全资子公司大连中海汽车船运输有限公司投以巨资买下了一艘可以装载2000多辆大大小小车辆的滚装船，其服务定位就是我国自主民族品牌的汽车出口商。

同时由于广州和长春及京津作为南北汽车生产基地，海洋运输动脉的疏通对南北交流更是意义重大，深圳长航和大连汽车码头以及天津港都在疏通这条通道上迈出了步伐。

（三）铁路运输

1. 基本概况

目前，铁路在我国乘用车运输中的市场份额还非常有限，虽然从2002年以来市场份额有所增加，在2005年我国生产370多万辆乘用车的形势下，铁路运输仅29万辆，市场份额大约7.3%。从统计数据来看，铁路目前在乘用车运输市场中的份额远低于国外水平（欧洲为35%、美国为50%），见图4。

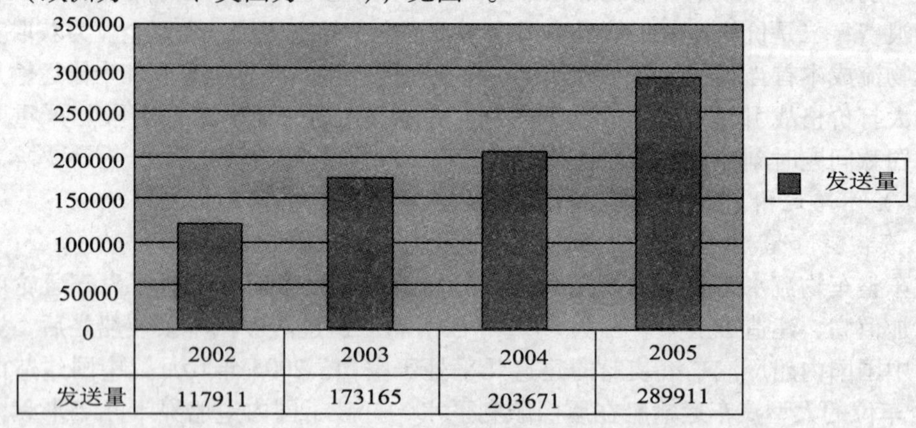

图4　2002~2005年全国铁路乘用车发送量（单位：辆）

2. 运载设备及资源情况

目前，我国铁路运输乘用车主要通过汽车专用集装箱（包括双层汽车集装箱和板架式汽车集装箱）、小汽车运输专用车（包括中铁特货公司用家畜车改装的专用车及SQ系列的专用车，后者主要是相关企业的自备车）。

目前，我国铁路运输设备和运力大部分集中在铁路系统路内企业，其他路外企业数量只是补充。铁路内部几种运输设备及运力资源见表4。

表 4 铁路运输设备及运力资源一览表

<table>
<tr><th colspan="2"></th><th>汽车专用集装箱</th><th>改装车</th><th>SQ 系列企业自备车</th></tr>
<tr><td colspan="2">特　点</td><td>是铁路运输商品车的专用工具，拥有四项新型专利</td><td>家畜车改造</td><td>专用车</td></tr>
<tr><td colspan="2">经营开始时间</td><td>1999 年</td><td>2005 年</td><td>1996 年</td></tr>
<tr><td colspan="2" rowspan="3">保有量</td><td>50 英尺双层汽车箱：2100 只</td><td rowspan="3">500 车</td><td rowspan="3">498 车</td></tr>
<tr><td>20 英尺双层汽车箱：232 只</td></tr>
<tr><td>25 英尺板架箱：834 只</td></tr>
<tr><td colspan="2">单位装载汽车辆数</td><td>根据不同车型，可装载 3 ~ 8 辆</td><td>可装载 6 ~ 8 辆</td><td>可装载 8 ~ 12 辆</td></tr>
<tr><td colspan="2">运营主体</td><td>铁龙公司（中铁集装箱公司控股）</td><td>中铁特货公司</td><td>安吉物流公司下属三家合资公司</td></tr>
<tr><td colspan="2">物流运作方式</td><td>开行班列或专列、实现门到门“零公里”运输</td><td>零散发送，站到站、班列</td><td>零散发送，站到站</td></tr>
<tr><td rowspan="2">2005 年运营指标</td><td>服务汽车商数量</td><td>15 家</td><td>1 家</td><td>5 家</td></tr>
<tr><td>运输汽车数量</td><td>22.33 万辆</td><td>近 2600 辆</td><td>6 万辆</td></tr>
</table>

3. 服务的主要厂商

目前较大规模使用铁路运输乘用车的厂商主要有广州本田、东风日产、上海大众、上海通用、重庆长安等，其中广州本田的乘用车有 49% 通过铁路发运到北京、上海等大中城市。

（四）公路、水路和铁路运输方式的比较分析

汽车整车物流是以低成本原则提供优质服务的一种管理方式。而运输是物流中构成成本最大的项目，是物流管理中最重要的一环。对于公路、铁路、水路三种运输方式来说，汽车消费者、生产商和经销商、政府管理部门站在各自的立场上所关心的问题是不一样的。消费者关心自己是否能及时地购买到车况完好的“零公里”车辆和满意的服务；生产商和经销商追求的是以“零库存”、可靠性、安全性、及时性为内容的低成本和高质量的服务，以提高市场竞争能力；政府管理部门则关心的是节约能源和社会资源、公共安全、环境保护等公共利益。因此，兼顾消费者、生产商、经销商和社会公共利益，我们通过市场调查定性分析公路、水路和铁路三种运输方式，其比较优势列表如表 5 所示。

表 5　　公路、水路和铁路三种运输方式的利弊比较

	公路	铁路	水路
资源占用	占用土地多	占用土地较少	占用土地少
能源节约	能源耗费大	能源耗费较小	能源耗费小
环境保护	环境污染大	环境污染较小	环境污染小
运输成本	高	较高	低
资金投入	小	较大	大
运输能力	小	较强	强
门到门的方便性	便捷	不很便捷	中转环节多
路途的安全性	不安全	安全	安全
运输速度	较快	快	慢
运输可控性	最好	最差	差
物流及时性	最好	差	较好
路途的可靠性	可靠性差	可靠	可靠
运输中的质损率	高	低	低
目前物流成本	较高	最高	最低

综上所述，各种运输方式各有利弊，就目前情况而言，公路运输虽然有占用土地资源大、环境污染重、行驶安全性和可靠性差以及质损率高等弊端，但是以投资相对小、可操控性强、门到门的方便快捷服务占据了汽车整车物流市场份额的80%以上。相比之下的水路和铁路对节约土资源，节能环保、安全可靠、运输量大、成本低等明显优势受到物流企业的关注，社会效益和经济效益潜力巨大，汽车整车物流将越来越多地趋向水路和铁路运输，通过运力资源的整合，达到降低物流的成本，提高服务质量的目的。

四、我国汽车整车物流整合运力资源的必要性

（一）运力资源整合可有效降低汽车生产企业的物流成本

按2005年全国公路运输全部实现资源整合可节约成本10.5亿元推算，380万辆轿车运输平均每辆成本可以降低276元，约占每辆车运输平均费用1500元的18%，这是一个相当可观的数字，如果科学结合铁路和水路资源，成本则会进一步降低。这对汽车生产企业来讲有着相当诱惑力，谁能够抢到先机，谁的产品就会占据竞争优势。

（二）运力资源整合可有效降低物流企业的运营成本从而增强企业的竞争力

上述数据如果作为汽车物流公司的可增加利润计算，2005年安吉天地可增加实现利润3亿元，长久集团8000万元，安达集团8500万元，9家联盟单位最少的也会增加利润500万元。这对企业提高市场竞争力将带来积极影响，因此大型整车物流企业积极性相当高。

（三）运力资源整合可有效加强国内企业间的合作，增强国际竞争力

中国汽车物流巨大的市场和潜力得到国外物流巨头的关注，尤其随着我国加入WTO物流市场进一步开放以来，汽车物流领域的竞争已愈演愈烈。国际著名跨国集团TPG集团下属的荷兰TNT和上海汽车工业销售总公司各出资50%组建了国内首家汽车物流合资企业安吉天地汽车物流有限公司；丰田通商在中国建立汽车零部件物流中心；日本伊藤忠商事株式会社进入中国汽车物流领域；法国捷富凯物流公司进入中国汽车物流领域；日本川崎汽船株式会社和日本邮船株式会社并肩进入中国汽车物流航运市场。真可谓“山雨欲来风满楼”，国外同行凭借资金、品牌、技术、人才、管理的优势进入中国市场，给我们带来了巨大竞争压力。但由于我国汽车物流企业掌握着市场资源，熟悉本土运营特点，在经营中已经获得客户的认可，在市场中已经树立了形象，但我们要未雨绸缪，清醒地认识到国外企业绝不会轻易放过这块市场，因此国内企业尽快组织起来，通过整合资源加强合作，树立民族物流品牌，增强抵御外来竞争的能力。

（四）运力资源整合可有效解决国内整车物流领域设备和服务标准的不统一问题

汽车生产企业和物流企业在市场利益推动下，必将在资源整合方面积极参与，而整合资源的前提是必须逐渐建立全国统一的物流设备技术和服务标准，通过政府部门的支持和行业协会的积极引导，全国整车物流设备技术和服务标准体系必将得以快速建立，各方企业也会按市场要求对有悖于发展方向的基础设施和管理方法不断做出调整、更改和完善。

（五）运力资源整合可有效推动水路、铁路资源的开发和应用

由于多年的行业分割，中国的公路、铁路和水路总是在各自体系下独立运营，运力资源整合必将通过企业间的“共赢”合作，打破行业间的壁垒，这对全国物流行业的整合也会起到积极的示范作用。

（六）运力资源整合将为未来汽车工业的进一步发展打下基础

根据发展改革委的预计，2010年中国国内汽车市场需求量将达到800万至900万辆；汽车产量在1000万辆左右；汽车保有量达到5500万辆左右；仅新车商品车就是2005年的1.8倍，如果加上二手车资源，整个商品车物流量将会超过2005年的两倍，如此巨大的市场如果不能实现资源的优化配置，不仅为国家、行业和各个企业带来多么巨大的浪费，而且短期内汽车运力的发展是否能够满足市场需要都是一个令人担心的问题。

（七）运力资源整合对推动整个行业技术水平的提高有着深远意义

运力资源的整合的理念基础是企业间的“共赢”合作，但操作基础是一体化信息平台的建设，需要充分利用现代化信息手段和管理模式，因而对推动汽车制造企业、物流企业和行业协会应用现代物流信息技术有着积极意义。

五、我国汽车整车物流整合运力资源的可行性

从目前我国汽车整车物流的硬件环境和软件环境来看，实现资源整合的条件已经基本具备，只要政府部门大力支持、行业协会积极引导，各方企业热情参与是完全可行的。

（一）国家政策大力支持

2004年国家发展和改革委员会等九部委联合颁布的《关于促进我国现代物流业发展的意见》是我国物流行业的指导性文件，其中明确提出“加快物流设施整合和社会

化区域物流中心建设。采取必要的调控措施，推动各地区工业、商业、运输、货代、联运、物资、仓储等行业物流资源的整合，合理规划建设区域物流中心，开展社会化、专业化的公共服务。对符合条件的此类项目，各级政府要给予重点支持"，并就行政管理、税收、标准、信息技术应用提出了指导性意见。建立了由国家发展改革委牵头，商务部、铁道部、交通部、信息产业部、民航总局、公安部、财政部、工商总局、税务总局、海关总署、质检总局、国家标准委等部门和中国物流与采购联合会、中国交通运输协会组成的全国物流行业联席会议。2005 年国家标准化管理委员会和发改委等八部门联合颁布《全国物流标准 2005～2010 年发展规划》等，物流标准化建设也全面启动，中国物流与采购联合会汽车物流分会也在积极筹备建设汽车物流标准化体系，国家的支持态度和不断改善的政策环境为汽车整车物流资源的整合提供了保障。

（二）生产企业和物流企业有着高度热情

根据《我国汽车整车物流资源整合的调研与分析》有关统计，在调查的 25 家物流企业中，有 21 家物流企业确认整合是整车物流行业的发展趋势。分析见图 5：

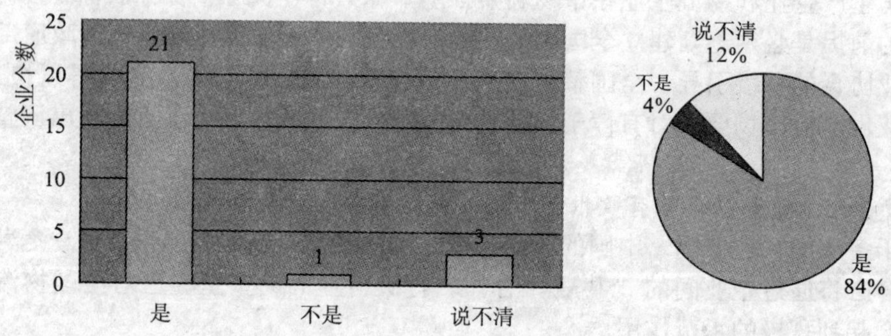

图 5　25 家物流企业调查分析图

根据《我国汽车整车物流资源整合的调研与分析》有关统计，参与调查的 18 家汽车生产企业有 16 家认为实现物流资源整合是行业发展的趋势。分析见图 6：

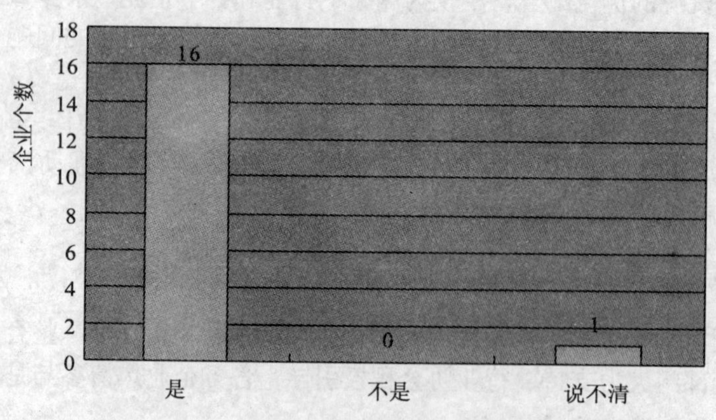

图 6　18 家汽车生产企业调查分析图

可以看出大多数的汽车生产企业和整车物流企业对实现运力资源整合抱有积极热情。

（三）协会已经产生了凝聚力和号召力，在推动行业发展中已经发挥主导作用

2004年5月18日，中国物流与采购联合会汽车物流分会作为汽车物流领域的专业协会，成立两年来，促请政府解决乘用车公路运输超限受阻问题，推进行业标准和行业规范建设，启动行业信息平台建设工作，推广适于汽车物流与供应链发展的管理和技术，组织行业人才培训活动；虽然步履蹒跚，却是诚心可鉴，分会工作得到了广大会员的认可和赞许，被誉为“汽车物流行业真正的家”。目前，汽车物流分会现有会员单位71家，其中理事单位27家，常务理事单位19家。中国国内大型汽车生产企业和整车物流企业都是协会的中坚力量，2006年年初为推动汽车运力资源整合，分会专门组建了“全国汽车整车物流联盟”，9家成员企业掌握了全国80%的市场资源，他们是运力资源整合的主体。中铁特货公司、大连汽车码头、长航企业等铁路和水运企业也积极谋求在整车物流领域发挥更大作用。协会搭台、企业唱戏的良好局面已经形成。

（四）部分物流企业在整合资源方面已经积累一定的实践经验

我国的大型物流企业比如安吉天地、长久集团和安达集团等龙头企业，在市场推动下已经自发开始了运力资源整合的尝试，在信息交换、运力调度、合同约定、纠纷处理方面开始了尝试，并积累了丰富经验，这为实现全国运力资源整合工作奠定了基础。

（五）有可供借鉴的国外成功经验

他山之石，可以攻玉。在国外尤其欧洲汽车市场，与国内十分相似，其运力资源整合的成功经验，完全可以为我借鉴。

（六）现代信息手段为整合工作提供了技术支撑

JIT、EDI、GPS、RFID、GIS等技术在我国物流领域已经得到部分应用，这些技术也相当成熟，为运力资源整合提供了现代化技术支撑。

（七）国家日益发达的交通设施为资源整合提供了基础保障

截至2005年年底，全国公路总里程达到195万公里；高速公路为4万公里；二级以上公路为32万公里；二级以上公路占公路总里程比重为16.4%；公路网密度为20.3公里/百平方公里。到“十一五”末，全国公路总里程将达到230万公里；高速公路为6.5万公里；二级以上公路为45万公里。

到2005年年底，共有千吨级以上各类生产性泊位2769个，其中，万吨级以上泊位1113个，到2005年，全国内河航道通航里程为12.33万公里，其中，三级及三级以上航道8669公里，四级航道6966公里。到“十一五”末，沿海港口通过能力达到46亿吨，千吨级以上各类生产性泊位将达到3509个，其中，万吨级以上泊位达到1752个，改善航道里程5200公里，建设三级及三级以上航道2000公里、四级航道1800公里、五级航道1200公里，新增港口泊位340个，新增吞吐能力6400万吨。

截至2005年年底，中国铁路总营业里程为7.5万公里，2010年全国铁路营业里程达到9万公里，货运量达到32亿吨，与2005年相比将增长19.9%。

内陆四通八达的交通网络，横贯东西的天然的长江黄金水道，延绵万里的海岸线，为汽车整车物流的快速发展和运力资源整合提供了良好的基础。

六、建设全国汽车整车一体化物流平台的思路

(一)建设全国汽车整车一体化物流平台总的原则和目标

1. 总原则

构建全国汽车整车一体化物流平台总的原则是，争取国家政府部门的大力支持，发挥行业协会桥梁纽带作用，充分调动和发挥汽车生产企业和大型整车物流企业的积极性，借鉴国内外成熟的经验和基础，应用现代化信息技术和手段，低起步，快启动，稳步发展。

2. 总目标

到“十一五”末即2010年，完成整合物流企业、汽车生产企业和行业机构优势，建立初具规模的全国一体化运力资源体系，回程空驶率降低到20%以内，生产企业物流成本明显降低，物流企业效益显著增长，同时完成全国汽车物流标准化体系建设，行业进入健康、有序、快速发展的轨道。

(二)实现全国汽车整车一体化物流平台的实施步骤

第一步：起步阶段（如图7所示）

时间：2006年一季度到2006年末

目标：

(1) 统一大型公路汽车物流企业认识；

(2) 取得汽车生产企业的支持；

(3) 建立信息平台雏形；

(4) 有组织、有规则商品车公路运输实现对流。

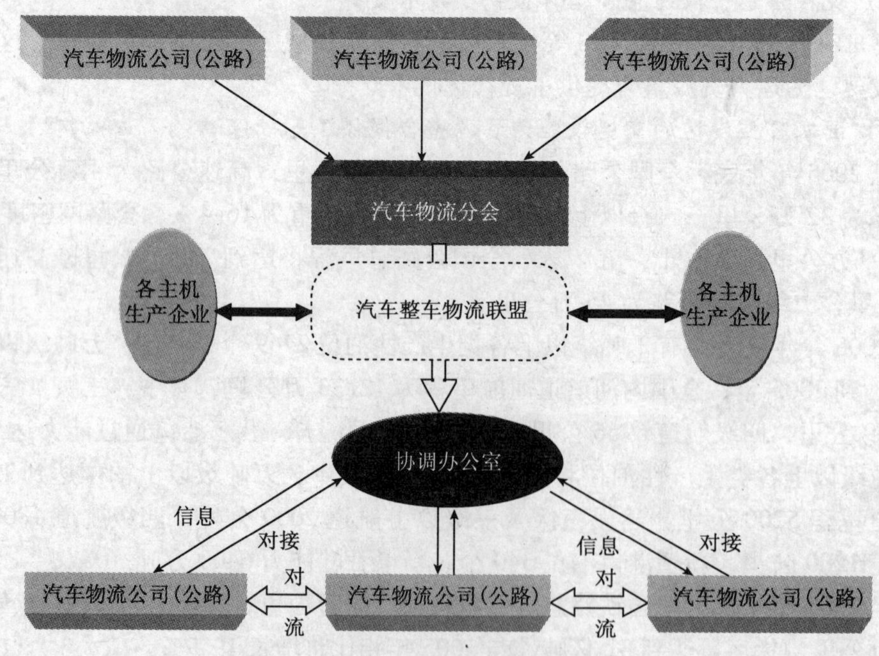

图7 起步阶段示意图

第二步：发展阶段（如图8所示）

时间：2007～2008年

目标：

（1）选择建设大型汽车集散中心；

（2）将主机生产厂资源逐步引入调度平台；

（3）将铁路和水运汽车物流企业引入到对流平台中；

（4）统一行业设备和服务标准；

（5）企业间的合作更加紧密。

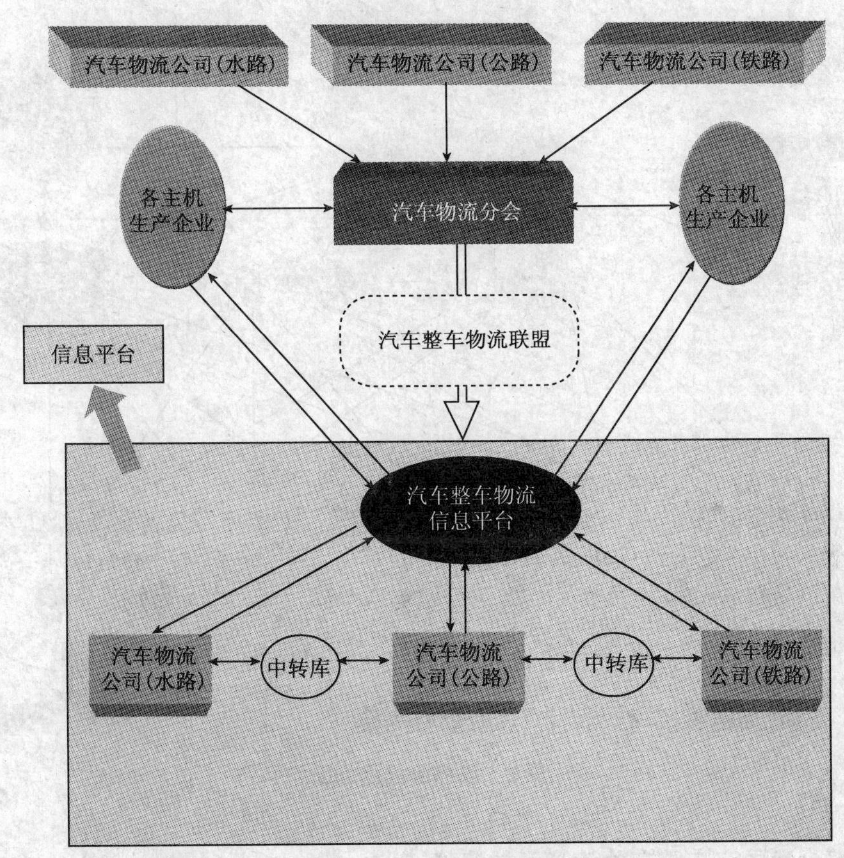

图8　发展阶段示意图

第三步：成熟阶段（如图9所示）

实现企业化运营，初步达到理想共享平台。

时间：2009～2010年

解决的主要问题：

（1）统一汽车物流设备和技术标准；

（2）形成完善的电子商务信息平台；

（3）企业间由业务型合作向合资经营型转变；

(4) 引入二手车资源;

(5) 平台向第四方物流企业转变。

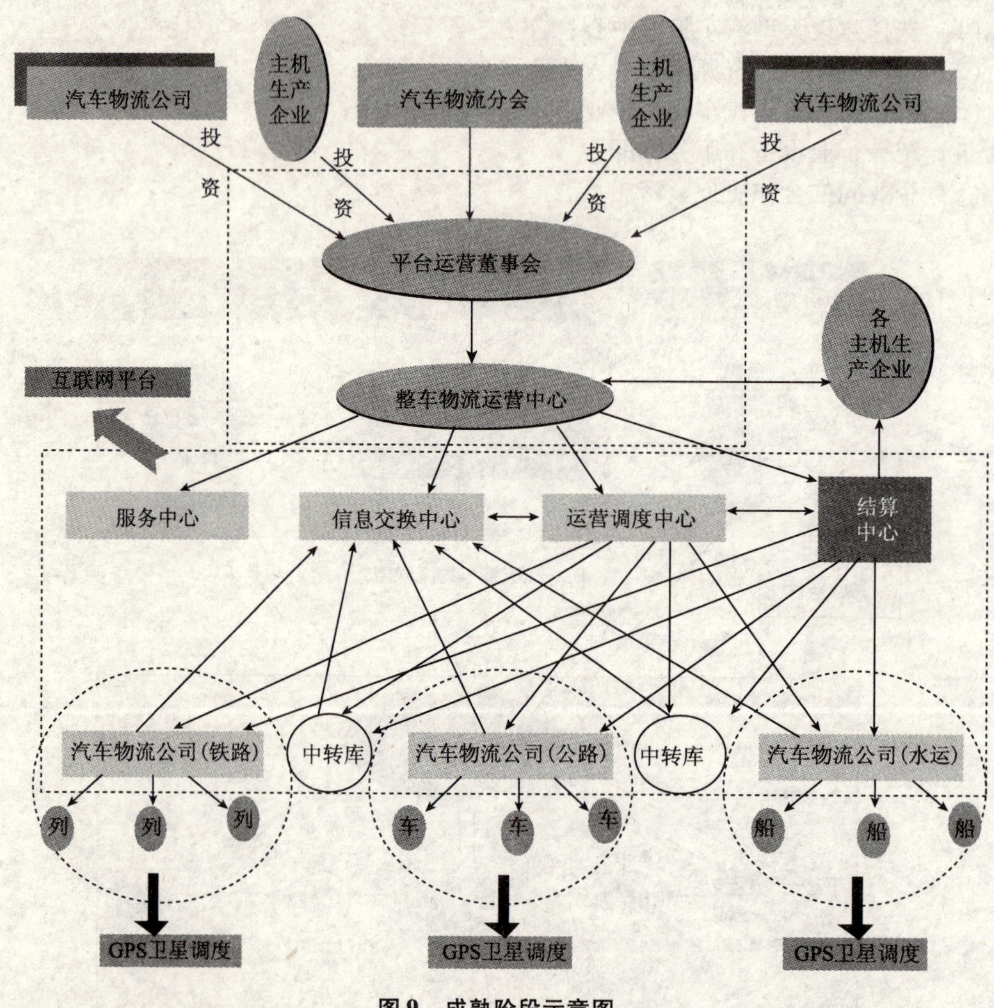

图9 成熟阶段示意图

七、整合我国汽车整车物流资源的建议

(一) 发挥政府部门的主导作用为资源整合创造环境

汽车整车物流是汽车物流的重要组成部分，运力资源整合涉及国家发改委(物流行业综合管理和汽车产业管理部门)、商务部(汽车流通行业管理部门)、交通部(公路和水路管理部门)、铁道部(铁路行业管理部门)、海关(汽车进出口管理部门)、公安(公安交通执法部门)、国家税务总局(国家税收管理部门)、国标委(行业标准管理机构)等多个部门。建议各部门在制定国家政策时，充分考虑汽车物流行业面临的问题，积极推动运力资源的整合和行业的健康发展。

（二）解决迫在眉睫的轿车运输车超标问题

运力资源的整合第一步就是公路运输资源的整合，所以轿车运输车的标准实现统一是第一步。关于目前在用轿车运输车与GB 1589—2004《道路车辆外廓尺寸、轴荷及质量限值》的矛盾问题，前面已经做了详细描述。所以有必要针对车辆运输车的使用特点，结合中国的实际使用状况提出一个切实可行的车辆运输车外廓尺寸标准。车辆运输车所装轿车等车辆为轻抛货物，满载时轴荷较小。根据行业实际情况，以及天津劳尔公司和扬州中集通华专用车公司的建议方案（见附录），我们提出轿车运输车有关尺寸建议：

1. 对于最大设计总质量大于12000kg专门用于运送车辆的二轴货车（专用底盘），其车长放宽到12000mm。对于中置轴挂车、其他挂车在设计专门用于运送车辆时，其长度放宽到12000mm。

专门运送车辆的运输车主要对长度要求较高。在长度允许的情况下（12000mm），其装载车辆也不过4~5台，总重量不过5000~6000kg。底盘生产厂和改装厂要把车辆运输车的整备质量控制在10000kg以下是完全没有问题的。

挂车牵引杆向前伸到货车底部设计是为了增加转弯时主车与挂车的间隙及提高列车的通行能力和行驶平稳性。国外的情况：日本、欧盟标准是12000mm，美国12200mm，加拿大12500mm，而且总长与总质量和轴数无关。在日本、欧美等发达国家，车辆运输中置轴挂车与车辆运输车组成的列车是非常普及的车辆运输模式，而现行标准则阻碍了这一车型的发展，不利于技术进步。

2. 建议车辆运输半挂车车长增加到15200mm。

如按车辆运输半挂车装载6辆奥迪A6 1.8T轿车，每辆轿车自重1440kg，共载重8640kg，载重较小；长度按上下各装3辆，每辆轿车长4886mm，4886×3=14658mm，加上3辆车之间和前后车与车厢前板和后门间隙，共需400mm，再加上前板和后门厚度等约需120mm，这样总长度：14658+400+120=15178mm，因奥迪A6是这类车比较典型的车型，长度15200mm应是这类车的最基本长度。

3. 建议车辆运输车、列车的宽度给予厢式货车一样的对待，即车宽限值放宽到2550mm。

参照国外除厢式车外的其他汽车和其他挂车的宽度标准，欧盟是2550mm，美国是2600mm。目前国内车辆运输车为了对所运车辆有效保护，两侧要求安装厢板、铁丝网或帘布，而装运的中高档轿车宽度都超过1800mm，装车后轿车两侧间隙小于340mm，在两侧立柱和油缸处，两侧间隙小于250mm，人通过都不顺畅，更不利于操作者捆绑固定轿车，也不利于装车时司机打开车门从轿车中出来。将外宽增大到2550mm，就能使此现象得到缓解。此宽度与厢式车相同，应不影响安全行驶。所以车辆最大宽度2550mm应是合理的。

4. 建议增加对于装载车辆的运输车满载高度规定：装载车辆后的限制高度不大于4.3米。车辆装载后高度小于等于4300mm时，通过公路桥、涵洞有较高的安全余量，同时满足了最基本的轿车装载要求，所以4300mm限高应是可行的。

参考国际标准，各国对高度限值不一，澳大利亚的车高限值为4300mm。

对于装载车辆后总高度超过4300mm的车辆，可通过高低车辆混装方式来解决。

5. 建议对于运输车辆的专用运输车装载给予一定放宽，能否考虑沿用1988年3月9日国务院发布的《中华人民共和国道路交通管理条例》的规定，即“后端不准超出车厢二米”。因为车辆有它的特殊性，它不同于一般的货物，和不可拆解的物体，如果严格按照《交通安全法实施条例》要求装载车辆的专用运输车货物（车辆）不超出车箱，也会造成运力的浪费、能源的浪费、人力资源的浪费。这样既符合国家交通部的《公路工程技术标准》公路工程规定，又有利于国家车辆运输行业、国家汽车工业的发展。

（三）解决制约汽车物流行业发展和资源整合的税收政策

运力资源整合实际上是多企业之间的密切合作，因此彼此间重复纳税问题如果得不到解决，则很难建立一体化平台。

为了解决物流企业税收政策方面存在的突出问题，国家税务总局于2005年12月29日，以国税发［2005］208号文发布《关于试点物流企业有关税收政策问题的通知》。从2006年1月1日起，对国家发改委和税务总局联合确认的37家试点物流企业，进行有关物流企业营业税差额纳税的试点工作。2006年3月18日，国家税务总局以国税函［2006］270号文，发出《关于物流企业缴纳企业所得税问题的通知》。明确提出，物流企业在同一省、自治区、直辖市范围内设立的跨区域机构（包括场所、网点），凡在总部统一领导下统一经营、统一核算，不设银行结算账户、不编制财务报表和账簿，并与总部微机联网、实行统一规范管理的企业，其企业所得税由总部统一缴纳，跨区域机构不就地缴纳企业所得税。

这两份文件的出台，可以说从国家政策层面基本上解决了物流企业在税收方面遇到的突出问题，是国家有关部门支持我国现代物流业发展的重要举措，受到了业界普遍欢迎。但是，汽车物流作为专业物流，尤其整合运力需要很多汽车物流公司共同参与，跨地区特点十分突出，如果参与企业列不到试点中或跨地区征税问题的制约，以及企业重复纳税等因素都会造成局部环节不畅，影响整体运营和企业参与的积极性。再有大型汽车集散中心是未来汽车整合资源的重要环节，仓储业发票税率偏高和不能抵扣增值税的问题。仓储及其他物流服务业不仅税率高于运输业，而且还不能抵扣进项税额。这样不利于一体化物流业务的开展，也给管理上带来了一定的困难。

从总体上来看，解决物流企业重复纳税的问题，减轻物流企业的税务负担，不仅有利于物流企业的发展，有利于社会资源的整合，也有利于从整体上均衡税负，扩大税基，涵养税源。

（四）加快建立汽车物流行业标准

行业标准是政府进行管理、企业提供服务、社会和消费者对服务质量进行监督和评价的依据，也是汽车整车物流资源整合的基础工作。针对目前汽车整车物流标准尚处在起步和空白阶段，建议国家有关部门予以一定经费支持，由中物联汽车物流分会尽快提出建立汽车物流标准化体系，并组织行业企业和有关科研机构，按照标准的紧迫程度，逐步完成。

（五）行业协会在资源整合中要发挥主导作用

行业协会是政府和企业的桥梁，是企业之间的纽带，是汽车物流企业的家，为行业和会员企业服务是协会的宗旨。中国物流与采购联合会作为国家物流行业的权威行业组织，在国际国内的物流领域有着高度影响力，汽车物流分会作为其主要专业分支机构，应当充分发挥作用，积极按照企业要求做好资源整合工作基础工作，协调解决资源整合进程中的各种矛盾问题，推动资源整合工作进程和行业的健康发展。国家相关政府部门也要对行业协会给予充分信任和支持，发挥好协会在行业工作中的桥梁和纽带作用。作为市场主体的企业也要积极支持协会工作，相信协会的作用，理解协会工作的难处，充分认识到协会工作的最终受益者还是企业。

（六）建议国家将资源整合列入国家支持项目，在融资和税收政策方面给予倾斜

由于资源整合工作涉及面广，技术含量高，矛盾问题复杂，项目工作与解决行业问题密不可分，无论从信息设备投入，还是到软件开发都需要进行必要的前期投入，由于参与企业均为近几年的新兴企业，因此经济力量十分薄弱，因此单靠企业投入困难很大，协会秘书处作为非营利机构，投入人员力量没有问题，但不可能进行资金投入，因此建议国家发改委将项目列入国家重点支持项目，给予一定的前期投入，并在融资和税收政策方面予以倾斜。

附 录

课题组成员名单

课题组负责人： 戴定一　中国物流与采购联合会副会长

课题组顾问： 崔忠付　国家发改委经济运行局处长

许科敏　国家发改委产业政策司处长

蔡团结　交通部公路司处长

陈　钟　交通部政策法规司处长

左　亭　铁道部运输局处长

课题组成员： 沈进军　中国物流与采购联合会汽车物流分会秘书长

杨晓宇　一汽轿车股份有限公司生产物流部副总师

金　麒　安吉天地汽车物流有限公司首席执行官

王怀相　铁道部科学研究院主任、博士

魏明晖　大连码头汽车物流公司总经理

邬世锋　扬州中集通华专用车公司技术中心副部长

邱立夫　天津劳尔工业有限公司

蔡临宁　清华大学副教授、博士

张红卫　交通部公路科学研究院公路交通试验中心主任

王　秦　东风汽车工业公司物流部部长

谢瑞培　奇瑞汽车物流公司副总经理

关　瞻　神龙汽车有限公司生产部整车储运分部主任

李　超　吉林省长久物流有限公司高级经理

郑玉强　天津安达物流有限公司副总经理

何拉志　北京福田物流有限公司副总经理

戴　艳　中信物流有限公司高级经理

郭晶松　辽宁金杯物流有限公司副总经理
孟小平　陆友物流（北京）有限公司总经理助理
蔡小龙　北京快克物流有限公司市场部经理
徐涵博　长春陆捷物流有限公司技术发展部部长

审　稿　人: 贺登才　中国物流与采购联合会研究室主任

执　笔　人: 马增荣　中国物流与采购联合会汽车物流分会副秘书长
孟庆文　一汽轿车股份有限公司物流部储运管理科主任
费　跃　安吉天地汽车物流有限公司整车物流经理

附录1

天津劳尔工业有限公司关于《车辆运输车》标准技术参数的建议

1. 关于车辆运输车及车辆运输半挂车长限值

《GB 1589—2004 标准》中对运送车辆的专用半挂车车长不限，只规定其列车长限值（见《GB 1589—2004》表一的注解）。但没有对运送车辆的车辆及中置轴挂车（或其他挂车）做出同样的注解。

我公司按照新的标准及法规等规定，以装载天津夏利为例模拟装载效果，见图 1：

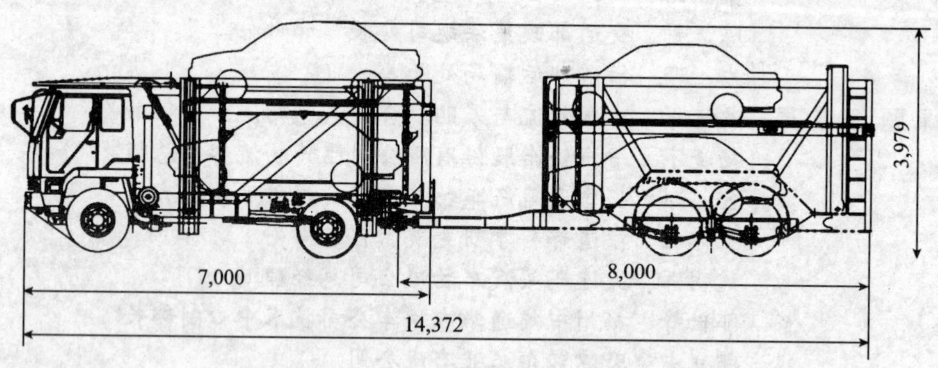

图 1

图中专用货车车长按规定只能小于 7000mm（最大设计总质量 3500kg），中置轴挂车（其他挂车）按规定只能小于 8000mm，组成列车后装载如上图。

天津夏利 TJ7100U 型轿车长、宽、高、整备质量分别为 3995mm × 1615mm × 1385mm、845kg。四台车总重量共计 3380kg。这种设计无论在底盘选择和挂车设计上都是很困难的（质量利用系数会很小）。在运行经济性方面也很不合理。即使考虑其他一些较整备质量较大的被运输车辆如别克、奥迪等，它们的整备质量一般都在 1500kg，也不会达到合理的设计要求。

要提高运输效率，还要符合《GB 1589—2004 标准》质量参数要求。想增加装载运载车辆的数量，只能增加主车和挂车的长度，见图2：

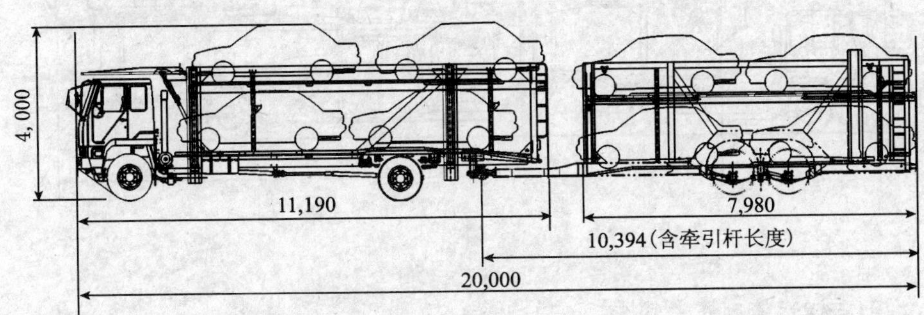

图2

如果按模拟装车图进行设计，按《GB 1589—2004 限值》规定要求前面货车必须设计成三轴车（图示为二轴），最大总质量必须大于20000kg，图中主车货物只有3380kg，其整备质量可能必须大于16620kg，其实际质量利用系数很低。

图中挂车牵引杆向前伸到货车底部设计是为了增加转弯时主车与挂车的间隙及提高列车的通行能力和行驶平稳性。如果要保证挂车长度（《GB 1589—2004 限值》规定为最前端到最后端）不超长，只能减小（缩短2400mm）挂车有效承载部分，缩短挂车只能装载2台夏利。显然这种设计运载车辆效率也不合理。

通过以上分析说明，专门运送车辆的运输车主要对长度要求较高。在长度允许的情况下（假如二轴车长允许12000mm），其装载车辆也不过4～5台，总重量不过5000～6000kg。底盘生产厂和改装厂要把车辆运输车的整备质量控制在10000kg以下是完全没有问题的。要按照实施的《GB 1589—2004 限值》规定，想要设计使用效率较高地用于运送车辆运输车是不可能的。

因此在《车辆运输车》标准修改意见中提出增加车辆运输车的长度尺寸：

对于最大设计总质量大于12000kg专门用于运送车辆的二轴货车（专用底盘），其车长放宽到12000mm。

对于中置轴挂车、其他挂车在设计专门用于运送车辆时，其长度放宽到12000mm。

2. 关于车辆运输半挂车长限值

《GB 1589—2004 限值》规定单轴“车辆运输半挂车限制长不大于8.6米，车宽限制2.5米（但与牵引车组成的列车长度不可大于16.5米）”。其原因是对车辆运输的特殊性未予考虑。下面是我们仍模拟上海通用公司生产的两种不同型号的别克装在单轴车上的效果图（车型为GLX、GL8，最宽为1847mm，最长5114mm）。见图3：

从图示中，可以分析到车辆运输半挂车加长到14500mm基本能较高效率地运输轿车系列各种车型。

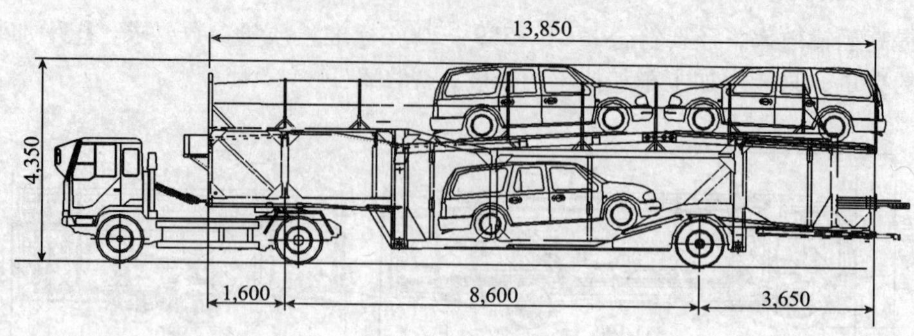

图 3

3. 关于车辆运输列车长限值

我们参照模拟的上海通用公司生产的别克车装在双轴车上效果图。

该半挂车采用双桥单胎结构，从装载图可以看出别克车（宽度 1847mm）要从两个轮胎中间通过或停放。因为如果把别克装在挂车轮胎的平面上面，会使装载高度超过国家《交通安全法实施条例》第五十四条规定的“重型、中型载货汽车，半挂车载物，高度从地面起不得超过 4 米，载运集装箱的车辆不得超过 4.2 米”的规定。而挂车的宽度按《GB 1589—2004 限值》规定是 2500mm，减掉四个轮胎的宽度（约 1200mm），只剩 1300mm，也就是说 1840mm 宽的别克车根本不能通过一个 1300mm 宽的通道，只能设计在轮胎上平面平台装车。另外为充分利用空间装载后车辆超过列车长度限值，又不符合《GB 1589—2004 限值》中关于列车长度不大于 16.5 米的规定。见图 4。

以上分析，为充分利用空间装载后车辆超过列车长度限值，少装车辆两辆车又是明显的资源浪费，我们的设计要提高装载效率，减少运输浪费。在实际运输中需要运输的类似车型很多，如奥迪、广州本田等高级乘用车。在保证符合轴荷分配情况下，增加装载车辆后的限制伸出长度要求不大于 2 米。

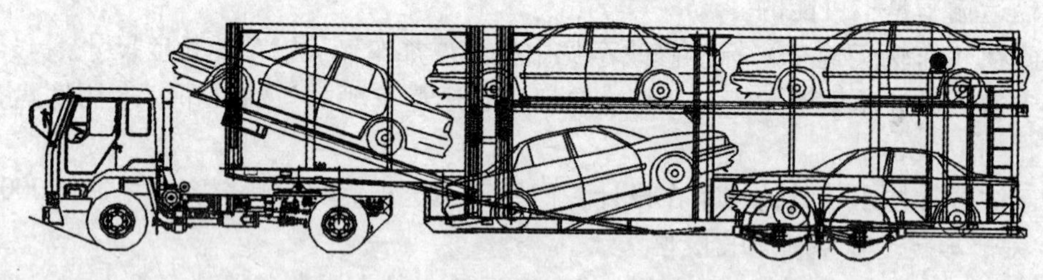

图 4

提出车辆运输半挂车列车车长增加到 18500mm、车辆运输中置轴列车、牵引杆列车、车辆长度增加到 21500mm。

4. 关于车辆运输车、列车宽度限值

《GB 1589—2004 限值》规定“整体封闭式厢式半挂车及整体封闭式厢式汽车的车宽最大限值为 2550mm”。其原因是考虑托盘运输问题。但对车辆运输的特殊性未予考虑。下面是我们模拟的上海通用公司生产的别克装在双轴车上的效果图。见图 5：

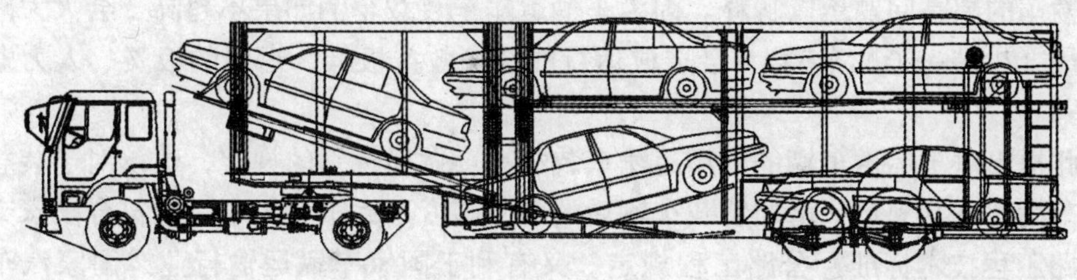

图5

该半挂车采用双桥单胎结构，从装载图可以看出别克车（宽度1847mm）要从两个轮胎中间通过或停放。因为如果把别克装在挂车轮胎的平面上面，会使装载高度超过《交通安全法实施条例》第五十四条规定的“重型、中型载货汽车，半挂车载物，高度从地面起不得超过4米，载运集装箱的车辆不得超过4.2米”的规定。而挂车的宽度按《GB 1589—2004限值》规定是2500mm，减掉两个轮胎的宽度（约600mm），只剩1900mm，也就是说1840mm宽的别克要通过一个1900mm宽的通道，才能完成装载。这显然是一件非常困难、几乎不可能完成的事。需要运输的类似车型很多，如奥迪、广州本田等高级乘用车。

因此我们提出对于运送车辆的专用车的宽度给予厢式货车一样的对待，即车宽限值放宽到2550mm。有利于运送各种系列轿车。

5. 关于车辆运输车、列车高度限值

《GB 1589—2004限值》规定“2007年1月1日以后，集装箱挂车列车的车高最大限值为4200mm”。

《交通安全法实施条例》第五十四条规定“重型、中型载货汽车，半挂车载物，高度从地面起不得超过4米，载运集装箱的车辆不得超过4.2米”。

国家原某部委曾经发过文件：考虑到我国的技术水平，“对于集装箱运输车、车辆运输车超高不予罚款处理”。见图6。

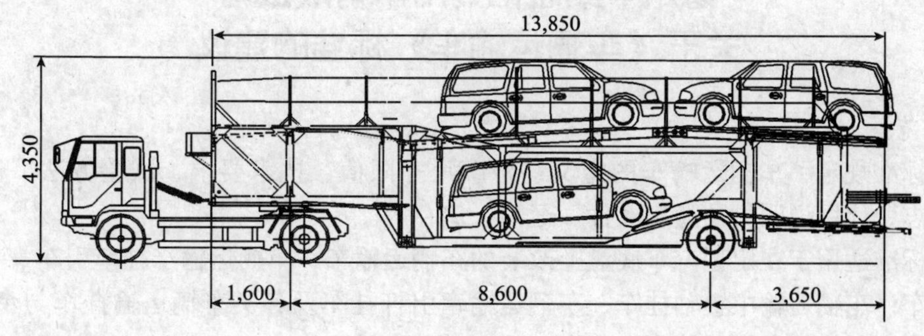

图6

现在无论是《GB 1589—2004限值》还是《交通安全法实施条例》都没有单独对

车辆运输车的超高问题予以解释。因为车辆运输车装载车辆如果不超高，会大大减少装载的数量（少装一半的车辆），会造成运行的经济效益极低、运力的浪费、人力资源的浪费。

因此提出对于运送车辆的专用运输车装载高度做出特别的规定，建议对于装载车辆的运输车满载高度规定：增加装载车辆后的限制高度不大于4.4米。既符合国家交通部的《公路工程技术标准》公路工程规定。又有利于国家车辆运输行业、国家汽车工业的发展。

《交通安全法实施条例》第五十四条规定“机动车载物不得超过机动车行驶证上核定的装载质量，装载长度、宽度不得超出车厢”，对装载货物的长度没有详细说明，是否可以理解为严格禁止超出车箱?

如按上述理解对运输车辆的专用运输车严格执法，将会很困难。因为车辆有它的特殊性，它不同于一般的货物和不可拆解的物体（指《GB 1589—2004 限值》表 1 说明 j)，如果严格按照《交通安全法实施条例》要求装载车辆的专用运输车货物（车辆）不超出车厢，也会造成运力的浪费、能源的浪费、人力资源的浪费。

对于运输车辆的专用运输车装载给予一定放宽，能否考虑沿用1988 年 3 月 9 日国务院发布的《中华人民共和国道路交通管理条例》的规定，即“后端不准超出车厢二米”。

以上是我公司针对《交通安全法实施条例》、《GB 1589—2004 限值》的一些建议，我们对上述问题咨询了有关专家，明确表示必须解决行业标准的问题。因原国家经贸委发布的行业标准《QC/T 679—2004 车辆运输车》，没有对具体车辆尺寸参数规定。因此我们根据国内市场车辆运输需求状况提出修订意见，增加有关技术参数限值。请领导和专家予以考虑审查。

附录2

扬州中集通化专用车有限公司
关于《车辆运输车》标准的建议

1. 范围

本标准规定了车辆运输车的定义、外廓尺寸限值、技术要求、试验方法、检验规则、标志、使用说明书及随车文件、运输、储存等。

本标准适用于在定型汽车底盘上改装的车辆运输车、车辆运输半挂牵引车、车辆运输半挂车、车辆运输中置轴挂车、车辆运输牵引杆挂车及各类车辆运输挂车与牵引车、车辆运输车组成的车辆运输汽车列车（以下简称运输车）。

2. 规范性引用文件

下列文件中的条款通过本标准的引用而成为本标准的条款。凡是注日期的引用文件，其随后所有的修改单（不包括勘误的内容）或修订版均不适用于本标准，然而，鼓励根据本标准达成协议的各方研究是否可使用这些文件的最新版本。凡是不注日期的引用文件，其最新版本适用于本标准。

GB 7258　机动车运行安全技术条件

GB 1589　道路车辆外廓尺寸、轴荷及质量限值

GB/T 3766　液压系统　通用技术条件

GB/T 17275　货运全挂车通用技术条件

GB/T 18411　道路车辆　产品标牌

JB/T 4185　半挂车通用技术条件

JB/T 5943　工程机械焊接件通用技术条件

QC/T 252　专用汽车定型试验规程

QC/T 484　汽车油漆涂层

3. 定义

本标准采用下列定义。

3.1　车辆运输车

在已定型货车底盘上改装，具有单层或多层货台，用于装载各类车辆的运输车。

3.2　车辆运输半挂牵引车

具有装运车辆的货台，同时具有用于牵引半挂车鞍座的专用牵引车。

3.3　车辆运输挂车（含：半挂车、中置轴挂车、牵引杆挂车）

具有单层或多层货台，用于装载各类车辆的运输挂车，挂车的具体分类按 GB 7258 的有关定义。

3.4　车辆运输车列车

3.4.1　车辆运输半挂列车

半挂牵引车或车辆运输半挂牵引车和车辆运输半挂车的组合。

3.4.2　车辆运输中置轴挂车列车

车辆运输车和车辆运输中置轴挂车的组合。

3.4.3　车辆运输牵引杆挂车列车

车辆运输车和车辆运输牵引杆挂车的组合。

4. 车辆外廓尺寸限值

4.1　空载状态车辆外廓尺寸限值

4.1.1　车辆运输车：长度 12000mm，宽度 2550mm，高度 4000mm。

4.1.2　车辆运输半挂车：长度 15200mm，宽度 2550mm，高度 4000mm。

4.1.3　车辆运输中置轴挂车：长度 12000mm，宽度 2550mm，高度 4000mm。

4.1.4　车辆运输牵引杆挂车：长度 12000mm，宽度 2550mm，高度 4000mm。

4.1.5　车辆运输半挂列车：长度 18100mm，宽度 2550mm，高度 4000mm。

4.1.6　车辆运输中置轴挂车和牵引杆挂车列车：长度 20000mm，宽度 2550mm，高度 4000mm。

4.2　满载状态车辆高度限值

各类运输车装载车辆后总高度应小于等于4300mm。

5. 技术要求

5.1 整车

5.1.1 运输车应符合本标准的规定，并按经规定程序批准的产品图样和技术文件制造。

5.1.2 外购、外协件应符合相关标准的规定，并有制造厂的合格证，经整车厂检验合格后方能使用。所有自制零部件经检查合格后方可装配。

5.1.3 车辆运输车除应符合本标准的规定外，车辆运输车的半挂式还应符合JB/T 4185的规定，中置轴、牵引杆式挂车应符合GB/T 17275的规定。

5.1.4 运输车的最大轴载质量应符合GB 1589的规定，在已定型货车底盘上改装的运输车的最大总质量和轴载质量同时应符合所选用底盘的要求和有关规定。

5.1.5 运输车的最小离地间隙不得小于150mm。

5.1.6 强制性检验项目应符合有关标准和法规的规定。

5.1.7 焊接件的焊接质量应符合JB/T 5943的规定，焊缝应平整均匀，无焊穿、漏焊、裂纹、气孔、夹渣等缺陷，焊渣清除干净。

5.1.8 铆接应牢固，铆钉排列整齐，铆钉头不允许有裂纹、偏斜、残缺现象。

5.1.9 油漆涂层应符合QC/T 484中的有关规定。

5.1.10 滑脂嘴装配齐全并注满润滑脂，其他摩擦表面按规定涂加润滑脂。

5.1.11 所有联结件、紧固件必须联结可靠，不得松动。

5.1.12 所有管路和电路应分布合理，固定牢固，夹持可靠，在车辆行驶过程中不允许发生摩擦干涉现象，油、气、水管路不得有渗漏现象。

5.1.13 在运输车取用方便的地方配置灭火器。

5.2 运输车专项要求

5.2.1 运输车上层货台左右两侧应设置安全护栏。在捆绑作业位置，护栏最下端距上层货台脚踩位置垂直距离需在0.5～1.0米之间。

5.2.2 运输车货台的车辆行驶走道应有防滑性能，保证装卸车辆时不打滑。

5.2.3 空载时上层活动货台在完全落到位时与支承座之间应贴合，但允许其中一边有不大于6mm的间隙。

5.2.4 活动货台支承装置应转动灵活，安全可靠。

5.2.5 联结货台与地面之间的过渡跳板收放灵活、可靠，跳板宽度不小于380mm。

5.2.6 运输车所装载车辆应能可靠固定，应配备使车辆停放不发生移动的车轮停止装置，及快速、有效的车辆紧固装置。

5.2.7 装载的车辆之间，其纵向最小间距不小于100mm，装载的车辆与车厢前端及与车厢后端纵向最小间距不小于100mm，装载的车辆顶部与上层货台或顶棚下端的最小垂直间距不小于100mm，装载的车辆底部与货台上面最小垂直间距不小于60mm，装载的车辆的两侧与运输车内侧的最小横向间距不小于50mm。

5.2.8　装载的车辆其驾驶员一侧前门的开启角应能保证驾驶员自由出入。

5.2.9　停放车辆的货台不允许有导致刺、划伤车辆轮胎的尖角和锐棱。

5.3　升降装置

5.3.1　升降操纵控制机构应设置在便于观察活动货台升降的位置，并且有操作指示标记。

5.3.2　升降系统应设置安全保护机构，能防止活动货台自降。

5.3.3　活动货台举升、下降应平稳，不允许发生冲撞、卡滞现象。

5.3.4　活动货台举升过程中，货台左右应保持同步升降，左右端不同步偏差应不大于100mm。

5.3.5　活动货台采用机械手动升降时，其操纵力不得大于260N。

5.4　液压传动装置

装车货台如采用液压升降时应符合下列要求：

5.4.1　液压系统应符合GB 3766的要求，液压管路应经耐压试验，试验压力为1.5倍额定工作压力，保压1min，管路不得有渗漏及零件损坏等不正常现象。

5.4.2　活动货台在额定承载质量升降过程中，在任意位置停留5min，自降量应不超过10mm。

5.4.3　活动货台在额定承载质量工况下，连续升降3000次后，液压传动装置的各零、部件（易损件除外）不得出现任何损坏，自降量应符合5.4.2的规定。

5.4.4　活动货台负载性能：

活动货台在额定工况下，承受1.25倍工作负荷举升后，活动货台应无变形，液压系统管路不允许有渗漏、裂纹、局部膨胀及接头脱开等现象。

6. 试验方法

6.1　运输车定型试验按QC/T 252的规定执行。

6.2　运输车强制性检验按有关标准的规定进行。

6.3　液压系统耐压性能试验

液压系统在承受1.5倍额定工作压力下，保压1min，观察液压系统有无渗漏及零件损坏现象。

6.4　活动货台静沉降量试验

活动货台均匀装载额定载质量，举升到任一高度停止，记录测量点高度，保持5min再记录测量点高度，差值即为活动货台静沉降量。

7. 检验规则

7.1　出厂检验

7.1.1　运输车须经制造厂质量检验部门进行检验，检验合格并附有产品证后方可出厂。

7.1.2　运输车出厂检验项目为：

a）外观；

b）制动性能；

c）整车装配调整；

d）灯光；

e）活动货台空载举升5次；

f）液压系统耐压性能试验。

7.2　型式检验

7.2.1　凡属下列情况之一者，应进行型式检验：

a）新产品或老产品转厂生产的试制定型时；

b）产品停产三年后，恢复生产时；

c）正常生产产量累计1000辆时；

d）正常生产后，如材料、工艺有较大改变，可能影响产品性能时；

e）出厂检验与定型检验有重大差异时。

7.2.2　型式检验时，如果属7.2.1中a）、b）两种情况，应按第6节的内容和QC/T 252及有关规定进行检验；如果属7.2.1中c）情况，应对专用性能进行检验；如果属7.2.1中d）、e）两种情况，可仅受影响项目进行检验。

8. 标志、使用说明书

8.1　标志

运输车应在明显部位固定产品标牌。标牌应符合GB/T 18411的规定，包括以下内容：

a）产品名称与型号；

b）产品外形尺寸（长×宽×高），mm；

c）厂定最大总质量，kg；

d）整车整备质量，kg；

e）出厂编号及出厂日期；

f）制造厂名及厂牌；

g）车辆识别代码。

8.2　使用说明书

运输车的使用说明书编写应符合GB 9969.1的有关规定。

9. 随车文件、运输、储存

9.1　随车文件

a）产品合格证和底盘合格证（当采用定型底盘改装时）；

b）使用说明书；

c）随车备附件清单。

9.2　运输

运输车在铁路（或水路）运输时以自驶（或拖曳）方式上下车（船），若必须用吊装方式装卸时，需用专用吊具装卸，防止损伤产品。

9.3 储存

运输车长期停放时，应将冷却液和燃油放尽，切断电源，锁闭车门、窗，放置于通风、防潮及有消防设施的场所并按产品使用说明书的规定进行定期保养。

全国物流园区发展研究

内容提要：《中华人民共和国国民经济和社会发展第十一个五年规划纲要》正式确立了现代物流的产业地位，提出“加强物流基础设施整合，建设大型物流枢纽，发展区域性物流中心”的重点建设任务，这是本项调查研究的基本依据。全面了解和掌握全国物流园区建设和经营情况，更有针对性地做好相关服务工作，为政府主管部门、物流园区和企业提供决策参考，是本项调查研究的基本目的。按照2006年全国现代物流工作部际联席会议的部署，国家发展和改革委员会和中国物流与采购联合会联合组织物流园区调研组，在全国范围内，对物流园区发展现状进行全面的调查。整个调查工作历时半年，分三个阶段完成。

深刻理解物流园区的定义以及掌握物流园区的基本特征是本项调查分析的基础。根据中华人民共和国国家标准《物流术语》中物流园区的定义，本项调查给出物流园区的三个判别特征：①物流园区的直接市场客户或吸引入驻的对象主要包括交通运输企业、物流服务商和物流密集型工商企业；②物流园区通过提供物流作业设施设备及技术手段为入驻企业客户服务，具有比较强的地产经营和物业管理的业务特征；③物流园区应推动各方的合作，为物流及相关企业搭建公共运作平台，通过其综合服务，依托其入驻企业客户最终完成物流活动和实现物流服务，为实现在经济、生态和社会诸方面的既定目标做出贡献。

本项调查收集到的物流园区的总量为207个，其中已经运营的物流园区50个，占24%；在建的物流园区65个，占31%；规划中的物流园区92个，占45%。运作良好的物流园区表现出明显的经济效益和社会效益。物流园区主要分布在东部沿海经济区和南部沿海经济区，其物流园区的数量为88个，占到总量的43%。按类型划分，综合物流园区的数量最多，为104个，占总量的50.3%；货运枢纽型物流园区的数量为77个，占38%；配送中心型物流园区的数量为17个，占8.2%；仓储型物流园区的数量为9个，占4.3%。在物流园区的开发过程中，政府起着主导作用。政府规划、企业主导开发的物流园区最多，有128个，占总量的61%；政府规划、工业地产商主导开发的物流园区有51个，占25%；企业自主开发的物流园区有28个，占14%。在物流园区的投资主体中，政府提供优惠政策、企业出资建设的物流园区占34%；政府和企业共同投资建设的物流园区占25%；企业自己出资兴建的物流园区占41%。从投资规模来看，总投资在1亿~10亿元之间的物流园区比例最大，占总量的50%；总投资在10亿~20亿元之间的物流园区占16%；总投资在20亿~30亿元之间的物流园区占15%；总投资在1亿元以下的物流园区占12%；总投资在30亿元以上的物流园区占7%。物流园区的占地面积主要集中在0.1~1平方公里之间，其数量占47%；在1~2平方公里之间的物流园区占17%；在5~10平方公里的物流园区占15%；在0.1平方公里以下的物流园区占8%；在3~5平方公里和10平方公里以上的物流园区均占5%；在2~3平方公里的物流园区占3%。入驻物流园区的企业和实体中，商贸企业最多，占39%；货代公司占26%；物流公司占15.1%；生产企业占7.2%；运输企业占2.7%；银行等服务机构占0.4%；快递公司占0.3%；其他类型的企业占9.3%。物流园区主要的收入来源包括库房/货场租金、配套设施租金/管理费、各种增值服务费、物业管理费和办公楼租金。规划不充分和征地困难成为物流园区建设发展过程中遇到的最大阻力，多数物流园区进行了信息化建设和提供信息化服务。税收优惠政策和用地优惠政策是物流园区建设过程中所涉及的主要政策内容，各地区的做法不尽相同，而且随着时间的变化，各地区的政策也在做出相应的调整。

本项调查在数据、资料分析的基础上，形成如下的基本结论：①对什么样的企业或什么样的组织是物流园区，在现实实践中还存在着不同的理解，物流园区的界定原则和界定依据有待于进一步确定。②物流园区的建设和运营对区域经济的发展起到了积极的促进作用，具有明显的经济效益和社会效益。③物流园区的建设和区域经济发展水平基本相适应。在经济发达和地理位置优越的经济区域，物流园区发展比较迅速，物流园区建设数量多，已经投入运营的比例高。而在经济不发达的经济区域，物流园区发展步伐相对比较缓慢，但呈现出追赶的趋势。④全国各地物流园区的建设热情普遍高涨。虽然我国有国土辽阔等因素，但不能排除各地在物流园区建设上存在着一定程度的“刮风”和“虚热”现象，这一点要引起各级政府和企业等各方面的高度重视。⑤从物流园区的开发方式、投资建设方式和政策导向来看，政府部门在物流园区的建设过程中起到了极为重要的作用。科学地规划是物流园区实现经济和社会双重目标的重要手段之一。因此，加强物流园区的科学规划，做好政府部门以及条块之间的协调，对于物流园区的健康发展意义重大。⑥物流园区的规模大小直接关系到园区的选址、界限划分与中心城的关系等问题。在物流园区的建设过程中，各地应借鉴国内外物流园区发展的经验和我国经济开发区、高技术开发区发展的经验，根据当地的经济发展水平和物流需求，确定适度的园区用地规模，避免造成土地资源的闲置。⑦物流园区并不是物流服务的直接提供者，其入驻的物流企业才是真正的物流活动的组织者和实施者。因此，物流园区的成败直接由入驻的物流企业的数量和质量所决定。从现有的调查数据来看，多数物流园区的实际运营效果并没有完全发挥物流组织节点的功能。⑧物流园区是一项“前期投入大、投资回报慢、综合效益好”的系统工程，需要综合考虑各种因素，加强物流园区建设的可行性研究，才能够使建设的物流园区真正发挥其作用和达到预期的效果。⑨物流园区的建设兼有物流的特性，也有土地资源开发的基础设施建设的特性，其发展受国家土地政策和财税政策以及各级政府的相关政策影响很大。⑩资金不足也是物流园区建设发展过程中遇到的阻力之一，资金短缺是制约物流园区发展和物流企业成长壮大的重要因素。

一、调查背景介绍

物流园区是近年来我国现代物流发展中出现的新事物，在已经制定物流发展规划的省市区和经济中心城市大都提出物流园区的规划建设问题。物流园区在日本、德国等发达国家发展快速，但是物流园区的规划建设和运营管理在我国还缺乏经验。为全面了解和掌握全国物流园区建设和经营情况，更有针对性地做好相关服务工作，为政府主管部门、物流园区和企业提供决策参考，按照2006年全国现代物流工作部际联席会议的部署，国家发展和改革委员会和中国物流与采购联合会联合组织物流园区调研组，在全国开展了本次物流园区调查。

本项调查从2006年3月至2006年9月实施，整个工作分为三个阶段进行：

第一阶段为案面工作阶段（3~5月），主要采取资料检索的方式，通过互联网、杂志和期刊等获取全国范围的物流园区的二手资料。通过信息的检索和查询，尽可能全面地收集全国各地的物流园区的基本信息和各地的相关政策。在资料汇集的基础上，列表和汇总分析各地的基本情况。

第二阶段为问卷调查阶段（5~7月），由国家发展和改革委员会经济运行局向各省市物流主管部门下发文件和物流园区调查问卷，并组织问卷的回收。共回收问卷44份，其中有效问卷39份。

第三阶段为实地调查阶段（7~8月），物流园区调查组在广州、上海、北京、天津、重庆等地进行实地调查，与当地的物流主管部门和各物流园区企业就物流园区在建设发挥过程的相关问题进行探讨，并参观若干重点物流园区，以此获得重要的第一手资料。

在以上三个阶段工作的基础上，通过对问卷资料和数据、实地调研过程中获得的信息以及在互联网、杂志和期刊上检索到的二手资料进行定量分析和定性对比分析，形成了《全国物流园区发展调查报告》。

二、调查资料与数据统计分析

（一）物流园区基本概念

在修订的中华人民共和国国家标准《物流术语》（GB/T 18354）中，对物流园区的概念解释为：物流园区（logistics park）是为了实现物流设施集约化和物流运作共同化，或者出于城市物流设施空间布局合理化的目的而在城市周边等各区域，集中建设的物流设施群与众多物流业者在地域上的物理集结地。

依据这一解释，在本项调研中，我们根据如下的一些特征来作为物流园区的判定依据：

1. 物流园区的直接市场客户或吸引入驻的对象主要包括交通运输企业、物流服务商和物流密集型工商企业；

2. 物流园区通过提供物流作业设施设备及技术手段为入驻企业客户服务，具有比较强的地产经营和物业管理的业务特征；

3. 物流园区应推动各方的合作，为物流及相关企业搭建公共运作平台，通过其综合服务，依托其入驻企业客户最终完成物流活动和实现物流服务，为实现在经济、生态和社会诸方面的既定目标做出贡献。

在物流园区资料检索和实地调查过程中，存在着一个明显的现象，即社会各界对物流园区的认识和理解是多种多样的。例如，在调研中发现，有些企业虽然名称上是称为物流基地有限公司，但实际上是典型的从事仓储或配送等物流服务的物流企业；物流园区也存在着园中园的情况，如上海西北综合物流园区包括了未来岛高科技物流园区和搓浦现代物流基地两个相对独立的园区组织。

因此，在调研过程中提出一个基本的问题，如果政府对物流园区的发展给予政策支持，那么物流园区的认定就是一个基础性的工作。根据什么样的标准来判定是否为物流园区，对政策的顺利执行有着极为重要的影响。

这里，值得说明的是，由于存在以上情况以及资料来源和统计口径等原因，有可能出现本报告收集的数据与读者掌握的数据出现不一致的情况。

（二）物流园区地理分布

本次全国物流园区调查，通过发放问卷、进行实地调查和举行研讨会以及互联网、杂志和期刊检索等收集到包括运营、在建和规划中的207个物流园区的资料。

1. 按经济区域的地理分布

为了能够反映全国物流园区的地理位置分布与当地的经济发展水平之间的关系，按照全国“十一五”发展规划中提出的新的经济区域划分的构想，将全国划分为八大经济区域：东北经济区（辽宁、吉林、黑龙江）、北部沿海经济区（北京、天津、河北、山东）、东部沿海经济区（上海、江苏、浙江）、南部沿海经济区（福建、广东、海南）、西南经济区（云南、贵州、四川、重庆、广西）、西北经济区（甘肃、青海、宁夏、西藏、新疆）、黄河中游经济区（陕西、山西、河南、内蒙古）、长江中游经济区（湖北、湖南、江西、安徽），在本报告中全国物流园区的分布也按照这个标准来进行分析。

调查表明，东部沿海经济区的物流园区的数量在八大经济区位居首位，有52个物流园区，占到26%的比例。南部沿海经济区有36个物流园区，占到17%的比例。北部沿海经济区有28个物流园区，占到14%的比例。东北经济区有21个物流园区，占到10%的比例。黄河中游经济区有21个物流园区，占到10%的比例。西南经济区有19个物流园区，占到9%的比例。长江中游经济区有17个物流园区，占到8%的比例。西北经济区有13个物流园区，占到6%的比例。如图1所示。

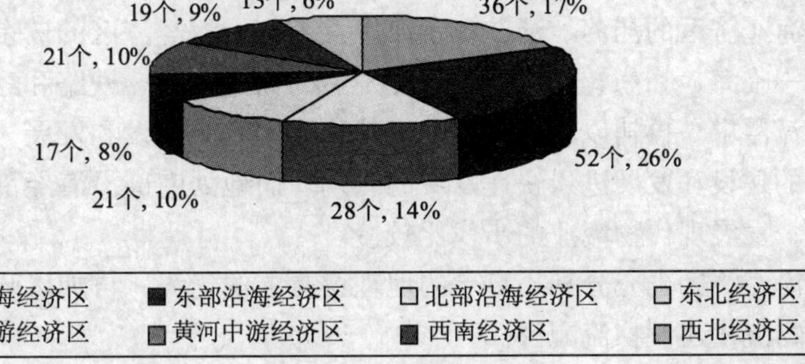

图1 物流园区在各经济区的分布

南部沿海经济区和东部沿海经济区的物流园区的总量占到全国物流园区总量的43%，接近一半。这在某种程度上表明：①这两个经济区的经济发展水平在全国来说，处于领先位置，物流基础设施的建设相对于其他的经济区来说比较发达。②这两个经济区的现代物流发展的水平比较高，物流市场的需求量大。③这两个经济区物流园区的发展热情很高。

西北经济区的物流园区的总量最少，占到全国物流园区总量的6%，这与西北经济区的经济发展水平和物流发展水平比较低有很大的关系。

2. 按省份（直辖市）的地理分布

按照各个省份划分，物流园区的地理位置分布情况表1所示。

表1　　物流园区在各省（直辖市）的分布

省份	物流园区数量	省份	物流园区数量	省份	物流园区数量
广东	21	辽宁	10	重庆	5
福建	14	吉林	6	广西	7
海南	1	湖北	9	云南	2
上海	8	湖南	3	贵州	0
江苏	28	江西	2	甘肃	10
浙江	16	安徽	3	宁夏	1
山东	9	陕西	4	青海	1
河北	3	河南	5	新疆	1
天津	8	山西	2	西藏	0
北京	8	内蒙古	10		
黑龙江	5	四川	5		

调查表明江苏省的物流园区的数量最多，有28个物流园区。其次是广东省21个物流园区，接下来是浙江16个物流园区、福建14个物流园区。而海南、宁夏、青海和新疆的物流园区的数量为1个，贵州、西藏没有物流园区。

东部沿海经济区的江苏、浙江和上海以及南部沿海经济区的广东、福建由于优越的地理位置——临海、临江、临空以及高度发达的高速公路、铁路和经济的快速发展，产生巨大的物流需求，再辅以政府的大力支持物流园区的建设和发展，导致这两个经济区的物流园区的建设和发展进入快速发展的时期。而地处南部沿海经济区的海南由于特殊的地理位置，发展现代物流业的步伐比较慢。

北部沿海经济区也充分利用自己的地理位置上的优势，再加以政府的大力扶持，积极发展现代物流，建设物流园区。

东北经济区的黑龙江、吉林和辽宁依靠东北工业基地纷纷建立服务区域经济发展的专业物流园区以及依托大连港口建立物流园区。

长江中游经济区的湖北靠近长江，在积极发展依托港口的物流园区的同时发展服务区域经济的综合物流园区和专业物流园区。江西、安徽和湖南的现代物流发展水平不高，物流园区的数量很少。

黄河中游经济区的内蒙古积极发展现代物流业，到目前为止已有10个物流园区（有些名称里面没有园区，但是按照园区的模式运作）；河南大力发展以服务区域经济服务的商贸物流园区。西南经济区的重庆、四川和西北经济区的甘肃在政府的大力支持下，正规划和建设物流园区。

黄河中游经济区的山西、陕西以及西北经济区的新疆、青海、西藏和西南经济区的云南、贵州的物流业的发展水平较低，物流园区的数量较少甚至没有。

（三）物流园区建设状态

为进一步了解全国物流园区的建设和运营情况，下面将物流园区分为三种类型进行分析，即运营的物流园区、在建的物流园区、规划中的物流园区。

这里，运营的物流园区的统计口径是指已经全部建成并投入运营的物流园区和部分建成并投入运营的物流园区。在建的物流园区的统计口径是指已经完成规划和审批、正在建的物流园区。规划中的物流园区的统计口径是指还没有得到审批的物流园区，以及在当地物流规划中提出建设构想的物流园区。

1. 全国范围的物流园区建设状态分析

调查收集到的物流园区的总量为207个，其中已经运营的物流园区50个，占24%；在建的物流园区65个，占31%；规划中的物流园区92个，占45%。如图2所示。

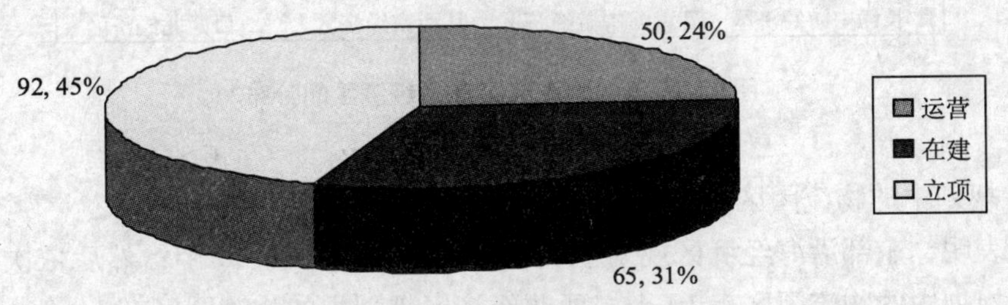

图2　全国范围的物流园区建设状态

目前已经运营的物流园区的比例较低，而规划中的物流园区数量最多，表明全国掀起规划和建设物流园区的高潮。

2. 经济区域的物流园区建设状态分析

（1）已经运营的物流园区分析

调查表明，东部沿海经济区已经运营的物流园区最多，有11个；然后依次是北部沿海经济区运营的物流园区有10个；南部沿海经济区运营的物流园区有8个；长江中游经济区运营的物流园区有7个；黄河中游经济区运营的物流园区有6个；东北经济区运营的物流园区有4个；西南经济区运营的物流园区有3个；西北经济区运营的物流园区有1个。如图3所示。

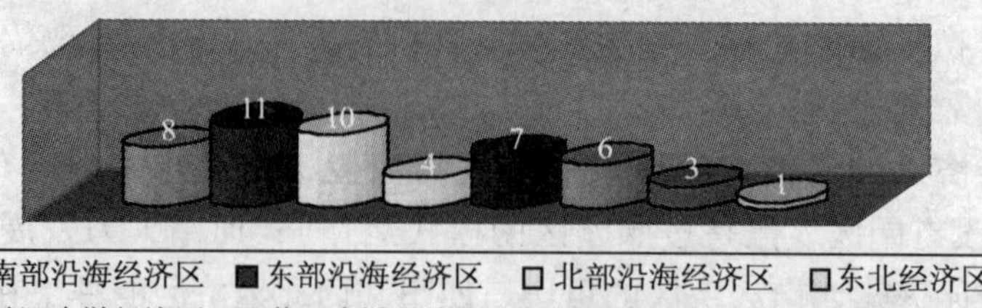

图3　运营的物流园区在各经济区的分布

（2）在建的物流园区分析

调查表明，东北经济区在建的物流园区最多，有12个；然后依次是东部沿海经济区在建的有11个；南部沿海经济区在建的物流园区有9个；长江中游经济区在建的物流园区有9个；北部沿海经济区和西南经济区均为8个；黄河中游经济区有7个；西北经济区有1个。如图4所示。

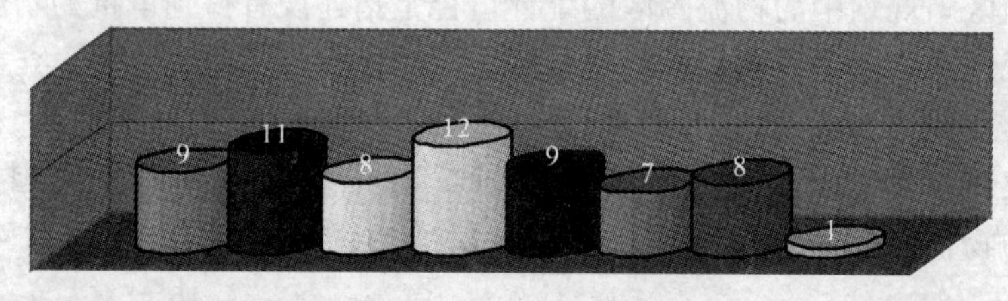

图4　在建的物流园区在各经济区的分布

（3）规划中的物流园区分析

调查表明，东部沿海经济区规划中的物流园区最多，有30个；然后依次是南部沿海经济区规划中的物流园区有19个；西北经济区规划中的物流园区有11个；北部沿海经济区规划中的物流园区有10个；黄河中游经济区为8个；西南经济区规划中的物流园区为8个；东北经济区规划中的物流园区有5个；长江中游经济区规划中的物流园区有1个。如图5所示。

图5　规划的物流园区在各经济区的分布

3. 各省份（直辖市）的物流园区建设状态分析

（1）已经运营的物流园区分析

调查表明，广东运营的物流园区最多，有 7 个，依次是山东 5 个，上海、浙江 4 个，江苏、北京、辽宁、湖北、河南 3 个，湖南、内蒙古、广西 2 个，福建、河北、天津、吉林、江西、安徽、山西、云南、新疆 1 个，海南、黑龙江、陕西、四川、重庆、贵州、甘肃、宁夏、青海和西藏没有。如表 2 所示。

表 2　　已经运营的物流园区在各省（直辖市）的分布

省份	运营物流园区数量	省份	运营物流园区数量	省份	运营物流园区数量
广东	7	辽宁	3	重庆	0
福建	1	吉林	1	广西	2
海南	0	湖北	3	云南	1
上海	4	湖南	2	贵州	0
江苏	3	江西	1	甘肃	0
浙江	4	安徽	1	宁夏	0
山东	5	陕西	0	青海	0
河北	1	河南	3	新疆	1
天津	1	山西	1	西藏	0
北京	3	内蒙古	2		
黑龙江	0	四川	0		

（2）在建的物流园区分析

调查表明，辽宁和湖北在建的物流园区最多，各有 6 个；福建、吉林在建的物流园区同为 5 个；广东、上海、江苏和内蒙古在建的物流园区同为 4 个；浙江、山东、北京、四川、重庆在建的物流园区同为 3 个；河北、河南、广西在建的物流园区同为 2 个；黑龙江、湖南、江西、安徽、甘肃在建的物流园区同为 1 个；海南、天津、陕西、云南、贵州、宁夏、青海、新疆、西藏没有在建的物流园区。如表 3 所示。

表 3　　在建的物流园区在各省（直辖市）的分布

省份	在建物流园区数量	省份	在建物流园区数量	省份	在建物流园区数量
广东	4	辽宁	6	重庆	3
福建	5	吉林	5	广西	2
海南	0	湖北	6	云南	0
上海	4	湖南	1	贵州	0
江苏	4	江西	1	甘肃	1
浙江	3	安徽	1	宁夏	0
山东	3	陕西	0	青海	0

续 表

省份	在建物流园区数量	省份	在建物流园区数量	省份	在建物流园区数量
河北	2	河南	2	新疆	0
天津	0	山西	1	西藏	0
北京	3	内蒙古	4		
黑龙江	1	四川	3		

（3）规划中的物流园区分析

调查表明，江苏规划中的物流园区最多，高达21个；广东规划中的物流园区有10个，而其他省份规划中的物流园区都在10个以下，其中福建、浙江、天津、甘肃规划中的物流园区的数量在5个以上，其他省份（直辖市）规划中的物流园区的个数在5个以下。如表4所示。

表4　　规划中的物流园区在各省（直辖市）的分布

省份	规划中物流园区数量	省份	规划中物流园区数量	省份	规划中物流园区数量
广东	10	辽宁	1	重庆	2
福建	8	吉林	0	广西	3
海南	1	湖北	0	云南	1
上海	0	湖南	0	贵州	0
江苏	21	江西	0	甘肃	9
浙江	9	安徽	1	宁夏	1
山东	1	陕西	4	青海	1
河北	0	河南	0	新疆	0
天津	7	山西	0	西藏	0
北京	2	内蒙古	4		
黑龙江	4	四川	2		

（四）物流园区的作用

针对目前社会上对物流园区的发展有着不同的观点，本项调研就“物流园区是否有必要存在、物流园区的作用是什么?”等问题进行了考察和座谈交流。

调查表明，无论是地方政府，还是物流企业或物流园区的主办单位，多数均认为物流园区对区域经济发展具有良好的支持和促进作用。具体地表现在如下几个方面：

1. 有利于土地资源的集约化使用

随着城市化进程的加快和市区的不断扩展，住宅、商贸、金融、饮食服务等第三产业的用地需求不断增加，原来的城市边缘区迅速成为市中心区，原有的大型仓库、配送中心、货运站因对城市交通和环境造成了很多不利的影响，从而必须迁出。物流园区的出现既为配送中心提供了新的发展空间，也为城市用地结构调整创造了条件，减小了物流对城市环境的不利影响。而且物流园区可以统一提供仓库、货场、停车场、装卸设备等物流设施供入驻的企业使用，使土地使用效率大为提高，缓解了紧张的土地供给问题。这一点在沿海大型城市如上海、广州等地尤为重要。

2. 有利于促进第三方物流的发展，加快物流社会化的形成

据行业研究结果表明，目前国内工业园区或工业企业聚集地中共享型的生产性服务载体相对缺乏，许多配套服务功能如物流配送服务与入驻的国内外企业的需求相差较大，在很大程度上影响了制造业的发展。物流园区的出现将众多的物流企业聚集在一起，有利于为生产流通企业提供全方位的物流配套服务、提高其物流运作的效率和降低其物流成本，从而有利于生产流通企业和物流企业的专业化运营，促进区域经济的健康发展。例如，据粗略测算，浙江传化物流基地的建成与运行，在 2005 年使其区域内的生产流通企业降低物流成本 12 亿元人民币。

3. 有利于提高规模效益，实现资源共享和物流功能的综合集成

组建物流园区，按照市场经济的规律，可将多个物流企业吸引在一起，发挥整体优势和规模优势，实现物流企业的专业化和互补性。同时，这些企业可以共享园区内的基础设施、配套服务设施、优惠政策和综合服务，有利于实现物流企业的重组，实现社会资源的优化配置、降低运营成本。

4. 有利于物流市场的管理和实现物流公共信息平台服务

物流园区的建立有利于实现资源整合，将不同规模、不同服务项目、不同专长的物流服务企业，将银行、电信、保险、法律、会计等专业化服务，将汽修汽配等工具设备的维护保养服务，将餐馆住宿等生活配套服务，将工商、财税、运管、公安等政府的监督管理服务职能一起集聚到同一平台上，从而有利于促进政策协调、节约行政资源，实现物流市场的高效管理和服务。例如，一些物流基地的建成为社会零散车辆运营服务的税收管理提供了便利条件。同时，物流园区将区域内外的众多工商企业的物流需求信息和物流企业的服务信息汇集在一起，有利于搭建物流公共信息平台，提供物流信息增值服务。

（五）物流园区基本类型

本调查报告按照功能对物流园区进行分类分析，具体的分类为：

（1）配送中心型物流园区。

（2）仓储型物流园区。

（3）货运枢纽型物流园区。其中，货运枢纽型物流园区又分为：

❈ 依托港区服务的物流园区——港口物流园区

❈ 依托机场服务的物流园区——航空（空港）物流园区

❈ 依托陆路服务的物流园区——陆路物流园区

（4）综合物流园区。

1. 全国物流园区的类型分析

调查表明，配送中心型物流园区的数量为 17 个，占 8.2% 的比例；仓储型物流园区的数量为 9 个，占 4.3% 的比例；货运枢纽型物流园区的数量为 77 个，占 38% 的比例，其中港口物流园区的数量为 34 个，占 16.4%，航空物流园区的数量为 10 个，占 4.8%，陆路物流园区的数量为 33 个，占 16%；综合物流园区的数量为 104 个，占 50.3%。如图 6 所示。

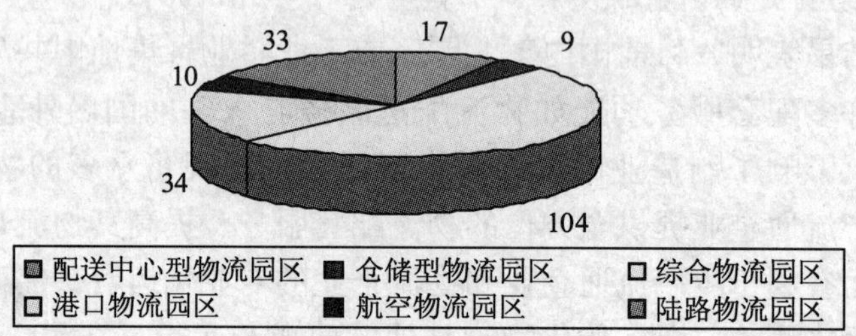

图 6　物流园区的类型分析

调查表明，全国物流园区一半为综合物流园区，表明各地从区域经济发展的战略高度来规划建设物流园区，目的是实现物流园区更好地为当地的物流业的发展服务，提高区域物流服务水平，提升区域的综合经济实力。

2. 经济区域的物流园区类型分析

调查表明，南部沿海经济区和东部沿海经济区以综合物流园区和港口物流园区为主；北部沿海经济区以综合物流园区、陆路物流园区和港口物流园区为主；东北经济区的各类物流园区数量比较均衡；长江中游经济区以陆路物流园区和综合物流园区为主；黄河中游经济区和西南经济区以综合物流园区和陆路物流园区为主；西北经济区以综合物流园区为主。如图 7 所示。

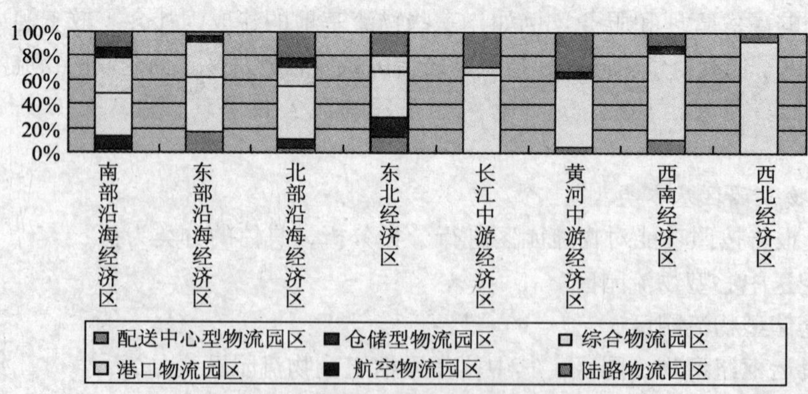

图 7　各个经济区的物流园区类型分析

调查表明，综合物流园区在各个经济区占到的比重最大；各个经济区都有陆路物流园区，其中黄河中游经济区的陆路物流园区在该经济区中所占的比重很大；航空物流园区的数量比较少，主要分布在南部沿海经济区、东部沿海经济区和北部沿海经济区。港口物流园区主要分布在南部沿海经济区、东部沿海经济区、北部沿海经济区和东北经济区。

（六）物流园区开发方式

考虑到我国的经济发展特点和对发展物流的需求，在本项调查中物流园区的开发方式主要划分为如下三种形式：

1. 政府规划，工业地产商主导

政府对物流园区进行统一规划，然后由工业地产商进行统一开发建设，建成后，物流企业通过租赁或出让的方式进入到物流园区，工业地产商负责园区的物业管理。该模式要求投资量很大，但统一建设可以使园区布局合理。能够采用这种模式的往往是那些占有战略性资源的物流园区，如依靠空港、海港的物流园区。

2. 政府规划，企业主导

政府统筹安排物流园区用地，通过招商引资把企业吸引进来，企业征得土地后自行开发建设。该模式由于各企业从自身利益出发，各自为政，因此园区整体布局比较混乱，与政府最初设想相差甚远。

3. 企业自主开发

企业根据市场需求，自行征用土地、自行开发建设物流园区。

（1）全国物流园区的开发方式分析

调查表明，政府规划、企业主导开发的物流园区最多，有 128 个，占 61%；政府规划、工业地产商主导开发的物流园区有 51 个，占 25%；企业自主开发的物流园区有 28 个，占 14%。如图 8 所示。

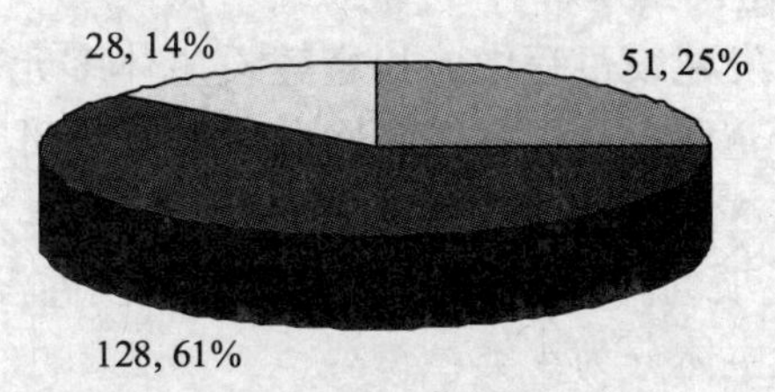

图 8　物流园区的开发方式

调查表明，我国的物流园区开发过程中，政府在其中起着重要的作用，这将有利于物流园区的宏观指导。科学地规划是物流园区实现经济和社会双重目标的重要手段之一。例如，在上海，特别强调政府的统一规划，着重建设上海外高桥保税物流园区、西北综合物流园区、浦东空港物流园区、洋山港物流园区四个园区。

（2）经济区域的物流园区开发方式分析

调查表明，在政府规划、工业地产商主导开发的物流园区中，南部沿海经济区和东部沿海经济区比较多，分别为10个和18个，主要是这些区域临港，再临空建设一些物流园区。北部沿海经济区和东北经济区依托港口和机场分别建设6个物流园区和4个物流园区。黄河中游经济区依靠政府的规划和资金的支持，依托机场和铁路建设9个物流园区。

调查表明，在政府规划、企业主导开发的物流园区中，东部沿海经济区最多，30个。依次是南部沿海经济区24个、北部沿海经济区和东北经济区16个、西南经济区14个、西北经济区13个、黄河中游经济区8个、长江中游经济区7个。如图9所示。

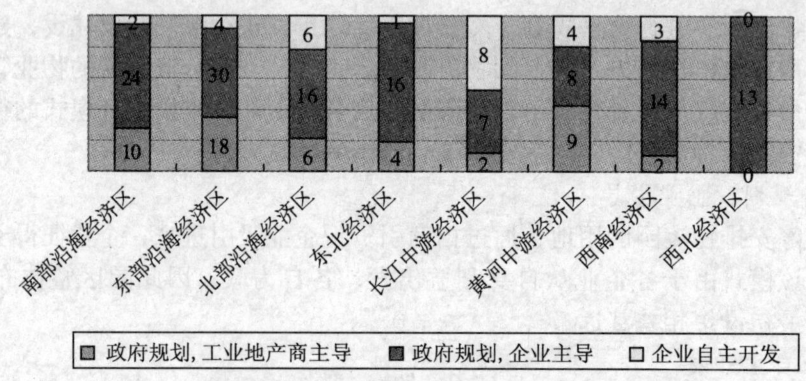

图9　各经济区中的物流园区开发方式

调查表明，在企业自主开发的物流园区中，长江中游经济区8个，最多。依次是北部沿海经济区6个、黄河中游经济区和东部沿海经济区4个、西南经济区3个、南部沿海经济区2个、东北经济区1个。

（七）物流园区投资建设主体

在我国物流园区的开发建设过程中，投资建设主体多元化，既有我国的国有企业、民营企业，也有外商投资企业。由于从互联网、杂志、期刊上很难获得关于物流园区投资建设主体的资料，因此这里将选择本项调查发放的问卷作为样本进行分析。在回收的39份有效问卷中，填写此项的问卷有32份，另外7份问卷没有填写此项。

本项调查将投资建设主体分为4类：

1. 政府直接投资。

2. 政府提供优惠政策，企业直接投资。

3. 政府和企业共同投资建设。

4. 企业自己出资建设。

调查表明，没有政府直接投资建设的物流园区；政府提供优惠政策，企业出资建设的物流园区有11个，占34%；政府和企业共同投资建设的物流园区有8个，占25%；企业自己出资兴建的物流园区有13个，占41%。如图10所示。

调查表明，政府在物流园区的投资建设过程中起着重要的作用，不但参与制定各种优惠政策，而且参与部分投资推动和吸引企业投资建设物流园区。

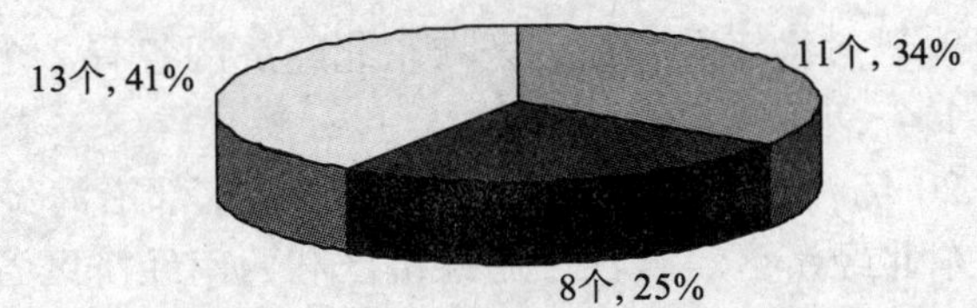

图10　物流园区的投资建设主体

(八) 物流园区投资规模

在本项调查涉及的207家物流园区中，91家物流园区有总投资的数据。本项目将总投资分为5个等级：①1亿元以下，②1亿~10亿元，③10亿~20亿元，④20亿~30亿元，⑤30亿元以上。

因为数据的原因，这里我们只分析了物流园区总体投资的情况，而没有考虑物流园区分期投资建设的情况。

1. 全国物流园区的总投资规模分析

调查表明，91家物流园区中总投资在1亿~10亿元之间的物流园区数量最多，有45个，占50%；总投资在10亿~20亿元之间的物流园区有15个，占16%；总投资在20亿~30亿元之间的物流园区有14个，占15%；总投资在1亿元以下的物流园区有11个，占12%；总投资在30亿元以上的物流园区有6个，占7%。如图11所示。

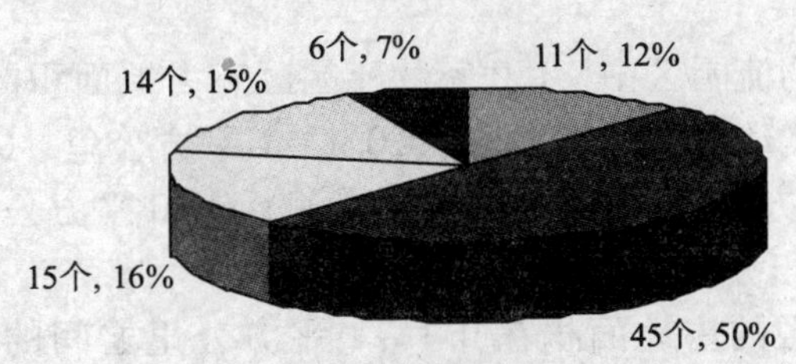

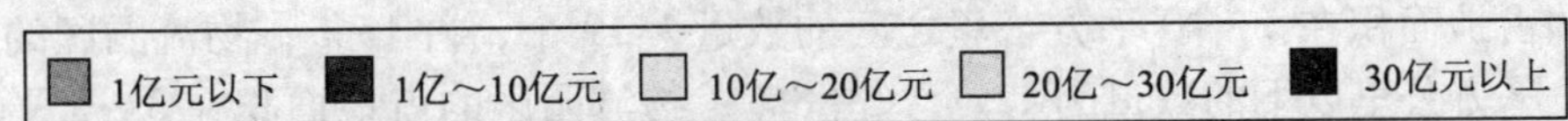

图11　物流园区的投资规模

2. 经济区域的物流园区总投资规模分析

调查表明，物流园区总投资在1亿元以下的经济区中，东北经济区最多有4个；北部沿海经济区、黄河中游经济区和西南经济区各有2个；南部沿海经济区有1个；东部沿海经济区、长江中游经济区和西北经济区没有。

物流园区总投资在1亿~10亿元之间的经济区中，黄河中游经济区最多，有11个；长江中游经济区有8个；东部沿海经济区和北部沿海经济区各有6个；南部沿海经济区和东北经济区各有4个；西北经济区和西南经济区各有3个。

物流园区总投资在10亿~20亿元之间的经济区中，南部沿海经济区、长江中游经济区和西南经济区各有3个；北部沿海经济区和东北经济区各有2个；东部沿海经济区和黄河中游经济区各有1个；西北经济区没有。

物流园区总投资在20亿~30亿元之间的经济区中，东部沿海经济区和北部沿海经济区最多，各有3个；东北经济区、长江中游经济区和西南经济区各有2个；黄河经济区和西北经济区各有1个；南部沿海经济区没有。

物流园区总投资在30亿元以上的经济区中，北部沿海经济区最多，有4个，其中有2个物流园区的总投资在100亿元以上，它们分别为北京物流港、济南市槐荫区国际物流基地；长江中游经济区有2个；南部沿海经济区、东部沿海经济区、东北经济区、黄河中游经济区、西南经济区和西北经济区没有。如图12所示。

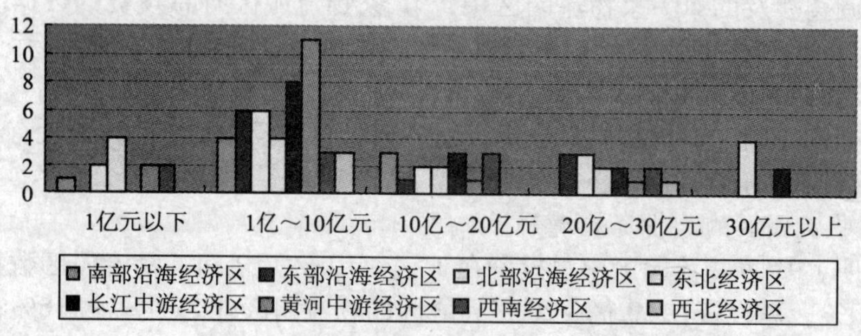

图12 各经济区的物流园区的投资规模

（九）物流园区建设规模

在本项目调查的207家物流园区中，130家物流园区有占地面积的数据。本项目将占地面积分为7个等级：①0.1平方公里以下；②0.1~1平方公里；③1~2平方公里；④2~3平方公里；⑤3~5平方公里；⑥5~10平方公里；⑦10平方公里以上。

1. 全国物流园区占地面积分析

调查表明，全国物流园区的占地面积在0.1~1平方公里之间的数量最多，有62个，占47%；物流园区的占地面积在1~2平方公里之间的数量为22个，占17%；物流园区的占地面积在5~10平方公里之间的数量为19个，占15%；物流园区的占地面积在0.1平方公里以下的数量为11个，占8%；物流园区的占地面积在3~5平方公里之间和10平方公里以上的数量均为6个，均占5%，物流园区的占地面积在2~3平方公里之间的数量为4个，占3%。如图13所示。

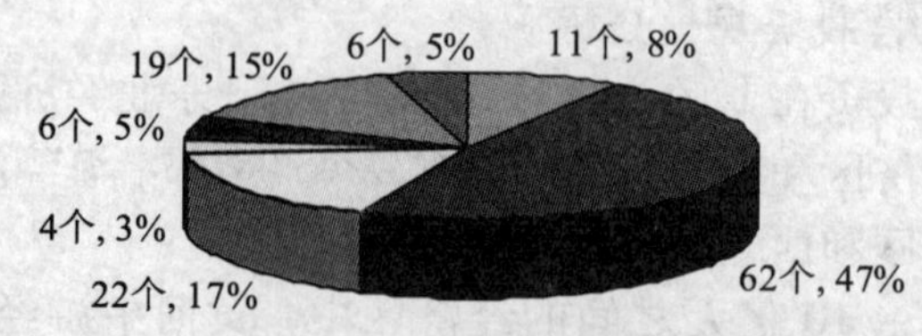

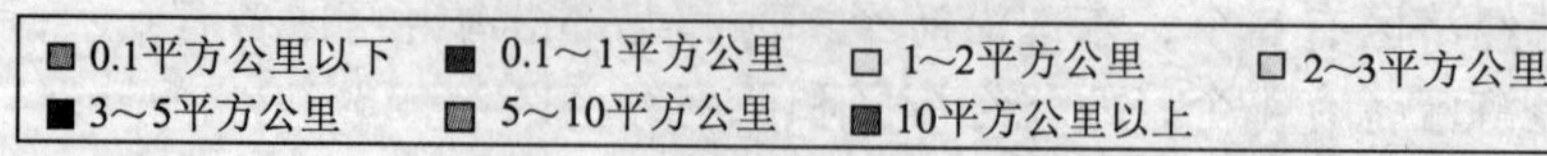

图13 物流园区的占地面积

2. 经济区域的物流园区占地面积分析

调查表明，南部沿海经济区的物流园区占地面积集中在0.1~10平方公里之间，其中占地面积在0.1~1平方公里之间的物流园区有5个，占地面积在1~2平方公里之间的物流园区有3个，占地面积在5~10平方公里之间的物流园区有4个。

东部沿海经济区的物流园区占地面积集中在0.1~10平方公里之间，其中占地面积在0.1~1平方公里之间的物流园区有20个，占地面积在1~2平方公里之间的物流园区有3个，占地面积在5~10平方公里之间的物流园区有3个。

北部沿海经济区的物流园区占地面积集中在0.1~10平方公里之间，其中占地面积在0.1~1平方公里之间的物流园区有6个，占地面积在1~2平方公里之间的物流园区有5个，占地面积在5~10平方公里之间的物流园区有5个。

东北经济区的物流园区占地面积集中在0.1~10平方公里之间，其中占地面积在0.1~1平方公里之间的物流园区有8个，占地面积在1~2平方公里之间的物流园区有2个，占地面积在5~10平方公里之间的物流园区有1个。

长江中游经济区的物流园区占地面积集中在0.1~10平方公里之间，其中占地面积在0.1~1平方公里之间的物流园区有4个，占地面积在1~2平方公里之间的物流园区有3个，占地面积在5~10平方公里之间的物流园区有3个。

黄河经济区的物流园区占地面积集中在0.1~10平方公里之间，其中占地面积在0.1~1平方公里之间的物流园区有10个，占地面积在1~2平方公里之间的物流园区有3个，占地面积在5~10平方公里之间的物流园区有1个。

西南经济区的物流园区占地面积集中在0.1~10平方公里之间，其中占地面积在0.1~1平方公里之间的物流园区有7个，占地面积在1~2平方公里之间的物流园区有2个，占地面积在5~10平方公里之间的物流园区有2个。

西北经济区的物流园区占地面积在0.1~1平方公里之间的物流园区有2个，占地面积在1~2平方公里之间的物流园区有1个，占地面积在0.1平方公里以下的物流园区有1个。

3. 物流园区内入驻的企业和实体的主要类型

本项调查以回收的问卷作为样本，对物流园区内入驻的企业和实体的主要类型进行分析。在回收的39份有效问卷中，有24份问卷填写了此项。

本项目将物流园区内入驻的企业和实体的类型分为8类：①物流公司；②货代公司；③商贸企业；④生产企业；⑤运输企业；⑥快递公司；⑦银行等服务机构；⑧其他。

调查表明，入驻物流园区的企业和实体中，商贸企业最多，共有2298家，占39%；依次是货代公司，共有1529家，占26%；物流公司890家，占15.1%；生产企业421家，占7.2%；运输企业156家，占2.7%；银行等服务机构23家，占0.4%；快递公司18家，占0.3%；其他类型的企业550家，占9.3%。如果从广义的物流企业来分析，物流企业应包括货代公司、运输公司和快递公司。这样物流企业共2593家，其数量比商贸企业略多。如图14所示。

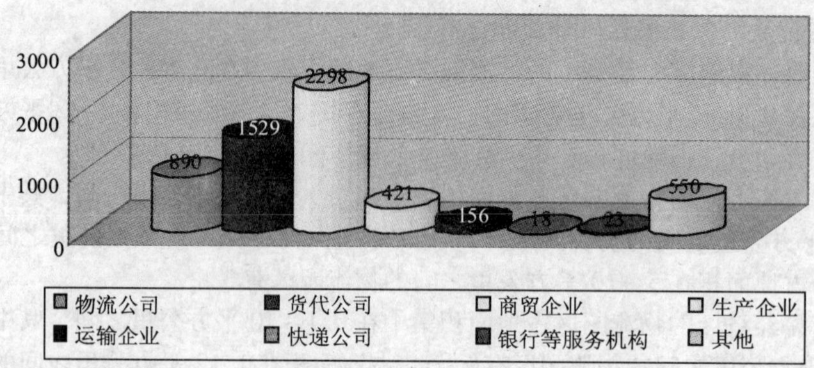

图 14　物流园区内入驻的企业和实体的主要类型

4. 物流园区盈利模式

本项目以回收的问卷作为样本，对物流园区的盈利模式进行分析。在回收的 39 份有效问卷中，有 32 份问卷填写了此项。

物流园区的盈利模式有很多种，在本项目中物流园区的收入来源主要包括如下的 11 种：①办公楼租金；②库房/货场租金；③设备租金；④配套设施租金/管理费；⑤各种增值服务费；⑥物业管理费；⑦国家拨款；⑧税收优惠；⑨所属物流企业；⑩土地升值后出租或出售；⑪其他。

调查表明，库房/货场租金是物流园区的最主要的收入来源，32 家物流园区中有 30 家的收入来源有库房/货场租金。配套设施租金/管理费、各种增值服务费、物业管理费和办公楼租金也是物流园区的主要收入来源，其中 21 家物流园区的收入来源有物业管理费，20 家物流园区的收入来源有各种增值费，19 家物流园区的收入来源有配套设施租金/管理费，18 家物流园区的收入来源有办公楼租金。设备租金、所属物流企业、国家拨款、税收优惠和土地升值后出租或出售也是物流园区的收入来源。其中 10 家物流园区的收入来源有设备租金，7 家物流园区的收入来源有所属物流企业，3 家物流园区的收入来源有国家拨款和税收优惠，2 家物流园区的收入来源有土地升值后出租或出售。有 5 家物流园区的收入来源中有其他的收入，比如物流信息服务费、仓储和运输费用等。如图 15 所示。

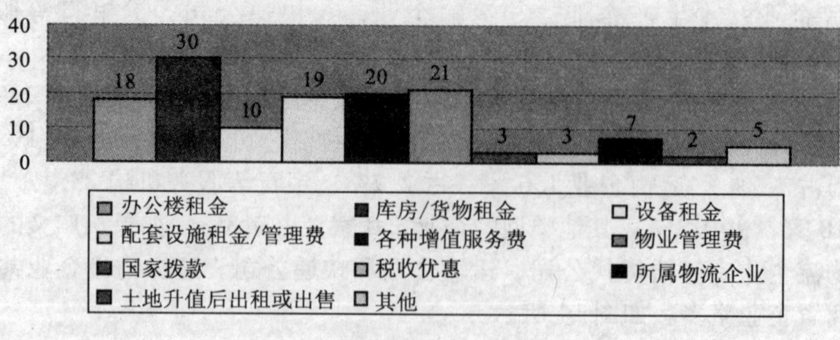

图 15　物流园区的盈利模式

5. 物流园区发展过程中遇到的阻力

本项目以回收的问卷作为样本，对物流园区发展过程中遇到的阻力进行分析。在回收的 39 份有效问卷中，有 32 份问卷填写了此项。

物流园区在规划建设和发展过程中会遇到各种各样的阻力。本项目在设计问卷的时候，设计了 13 个指标：①战略定位不明确；②规划不充分；③地理位置不理想；④没有优惠政策；⑤审批困难；⑥资金不能及时到位；⑦配套设施没有及时跟上；⑧管理水平低；⑨物流品种混杂；⑩功能单一；⑪通关不便；⑫征地困难；⑬其他。

调查表明，32 家物流园区在建设发展的过程中，遇到的最大的阻力来自规划不充分和征地困难，有 12 家物流园区遇到这两个阻力。配套设施没有及时跟上、没有优惠政策、审批困难也是物流园区在建设发展过程中遇到的较大阻力，有 8 家物流园区遇到这 3 个阻力。物流品种混杂、资金不能及时到位也是物流园区建设发展过程中不小的阻力。有 5 家物流园区遇到物流品种混杂和战略定位不明确的阻力，有 6 家物流园区遇到资金不能及时到位的阻力。功能单一和通关不便也是物流园区建设发展过程中的阻力之一，有 3 家物流园区遇到通关不便这个阻力，有 2 家物流园区遇到功能单一这个阻力。有 5 家物流园区遇到其他方面的阻力，比如发展空间有限、竞争激烈等阻力。地理位置不理想和管理水平低的阻力在物流园区的建设发展中没有遇到。如图 16 所示。

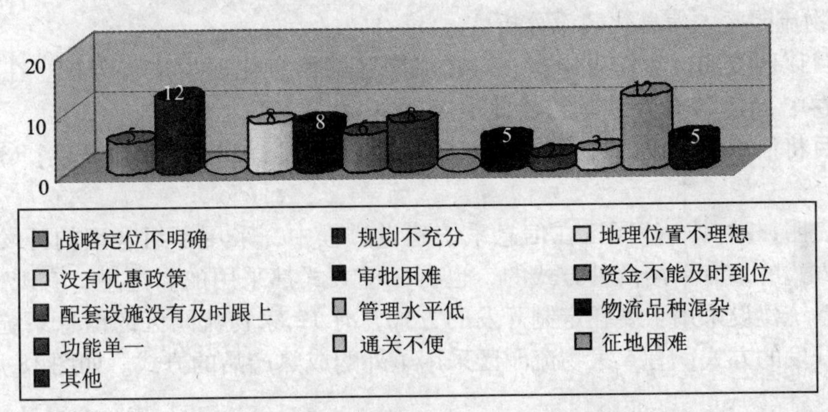

图 16　物流园区发展过程中的阻力

在现场调研过程中，如下两个问题表现得比较突出：①物流园区的规划和建设是一项巨大的系统工程，需要有政府综合经济、交通运输、城市规划、工商、贸易等主管部门的相互配合。如何做好政府部门以及条块之间的协调，运用良好的市场调节机制，达到整合各种物流资源的目的，对于建立一个现代化的、科学的物流园区经营管理体制显得十分重要。②物流园区的建设需要巨额投资和大量的土地。由于国内融资渠道的不畅，物流园区建设过程中的巨大压力来源于资金的不足。

6. 物流园区内的典型设施、设备

本项目以回收的问卷作为样本，对物流园区内的典型设施、设备进行分析。在回收的 39 份有效问卷中，有 31 份问卷填写了此项。

本项目在设计问卷的时候，把物流园区内的典型设施、设备分为 7 类：①集装箱；

②立体仓库；③冷库；④GPS；⑤条形码或射频识别设备（RFID）；⑥计算机系统；⑦其他。

调查表明，31 家物流园区中有 26 家物流园区拥有计算机系统，有 19 家物流园区拥有立体仓库，有 15 家物流园区拥有集装箱，有 11 家物流园区拥有 RFID，有 10 家物流园区拥有 GPS，有 9 家物流园区拥有冷库，有 5 家物流园区拥有其他典型的设施、设备，比如商品检测设施、铁路专用线仓库。如图 17 所示。

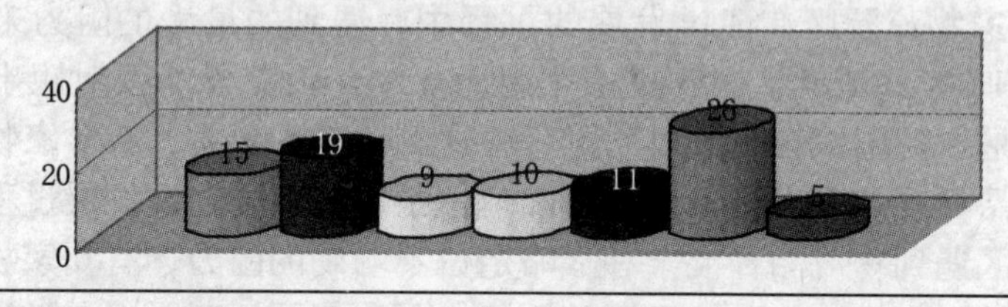

图 17　物流园区内的典型设施、设备

7. 物流园区的信息化建设以及服务

（1）物流园区的信息化建设分析

本项目以回收的问卷作为样本，对物流园区的信息化建设进行分析。在回收的 39 份有效问卷中，有 24 份问卷填写了此项。

本项目将信息化建设的方式分为 3 类：①自行开发；②委托定制开发；③外购成熟产品。

调查表明，24 家物流园区在信息系统建设过程中，采用了组合型的开发方式，有采用一种方式的，有采用两种方式的，也有三种方式都采用的。这里，有 17 家物流园区的信息系统建设采用了委托定制开发的方式，有 12 家物流园区的信息系统的建设采用了自行开发的方式，有 6 家物流园区采用了外购成熟产品的方式。如图 18 所示。

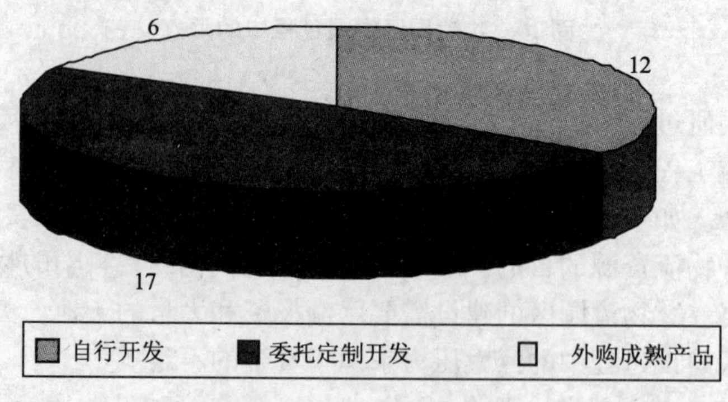

图 18　物流园区信息化建设

（2）物流园区的信息化服务分析

本项目以回收的问卷作为样本，对物流园区的信息化服务进行分析。在回收的39份有效问卷中，有26份问卷填写了此项。

本项目将物流园区提供的信息化服务分为3类：①互联网接入；②物流信息系统平台；③信息服务。

调查表明，26家物流园区中有16家提供互联网接入，有23家物流园区提供物流信息平台，有18家物流园区提供信息服务。如图19所示。

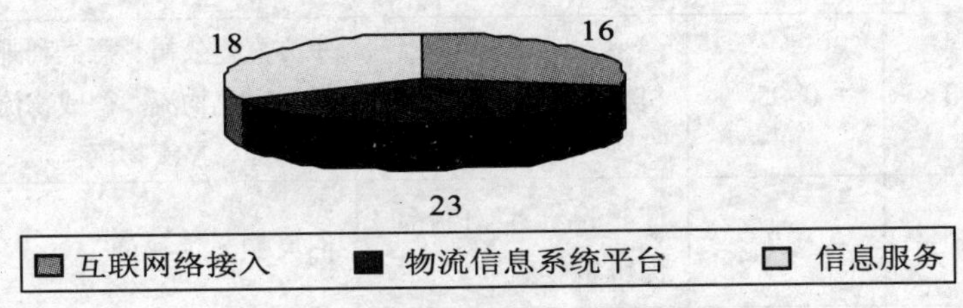

图19　物流园区提供的信息化服务

8. 保税物流园区

自1991年保税区设立以来，国家赋予保税区“国际贸易、保税仓储、出口加工、国际商品展示展销”四大基本功能。近年来，随着改革开放的深入、国际经济一体化和全球贸易自由化进程的不断加快，保税区已明显不适应中国市场准入进程不断加快的要求，更不能发挥比较优势，积极参与国际竞争，吸引更多外资，扩大对外贸易的国家政策取向；相反，随着我国加入WTO国内关税水平普遍下降，保税作用日趋减小，保税区的功能优势日益削减。现代物流的发展，保税区功能的拓展，需要在区域政策和管理上有新的突破，由此催生了“区港联动”的设想。

保税物流园区是在毗邻保税区的特定港区或在国务院已经批准的保税区规划区域内，划出专门供发展现代国际物流产业的独立封闭区域。区港联动、建立保税物流园区是将综合型保税区的保税仓储功能和临近港口的装卸、运输功能整合起来，实现保税区与港口的一体化运作，重点发展仓储和物流业，并赋予其国际中转、国际配送、国际采购中心和国际转口贸易四大功能。建立保税物流园区，实现区港联动对促进国际港航产业和现代物流产业的联动发展，提高物流企业国际竞争能力，具有十分重要的战略意义和深远的历史意义。

2003年12月8日，国务院办公厅正式批复海关总署，同意《上海外高桥保税区区港联动试点方案》。2004年8月16日，国务院办公厅批复进一步扩大保税区与区港联动试点范围，同意青岛、宁波、大连、张家港、厦门象屿、深圳盐田港、天津港保税区与其临近港区开展联动试点。如表5所示。

表 5　　八大区港联动保税物流园区

保税物流园区名称	总投资(亿元)	建设面积(平方公里)	主要物流种类	重要客户	封关运营时间
上海外高桥保税物流园区	28	1.03	钢材、有色金属、家电、IT 类产品、IC 类产品	世天威、东方海外、商船三井、DHL、日通	2005.1
宁波保税物流园区	13	0.95	机械、化工、棉花	东方嘉盛公司、意大利邮船公司、巨龙物流、德威物流、东方海外、嘉宏物流	2006.1
厦门保税物流园区	3	0.7	IT 产品、生物制品、保鲜货物	伯灵顿、怡亚通	2005.12
深圳盐田港保税物流园区		0.96		嘉里物流、日通物流	2006.4
青岛保税物流园区	2.5	1	电子、棉纱、不锈钢卷板、油漆、稀释料、轮胎	美国 UPS、荷兰世天威、瑞士名门、瑞士地中海、香港东方海外、新加坡锦佳公司	2005.11
天津保税物流园区		1.5		海信、中集造箱、太平造箱、浦项不锈钢、马士基物流、韩国物流协会、嘉里物流集团	2005.4
大连保税物流园区	7	1.5	汽车配件、机器设备	伊藤忠、东方海外、美国阿拉斯加标准渔业	2004.11
张家港保税物流园区	25	1.53	化工、纺织、机电五金	荷兰孚宝公司、荷兰百科公司、德国瓦克、日本三井	2005.3

在这八大区港联动的保税物流园区中，张家港保税物流园区是唯一的“内河港型”保税物流园区，其他的保税物流园区都是“海港型”保税物流园区。

调查表明，上海外高桥保税物流园区的总投资最多，为 28 亿元，依次是张家港保税物流园区 25 亿元、宁波港保税物流园区 13 亿元，其他的保税物流园区的总投资都在 10 亿元以内。厦门保税物流园区的建设面积最小——0.7 平方公里，同时总投资量最小为 3 亿元；上海外高桥保税物流园区、宁波保税物流园区、深圳盐田港保税物流园区、青岛保税物流园区的建设面积都在 1 平方公里左右；天津保税物流园区、大连保税物流园区、张家港保税物流园区的建设面积都在 1.5 平方公里左右。各个保税物流园区所涉及的主要物流种类有所不同，与当地的经济发展相关。入驻保税物流园区的企业不但有国内知名企业，还有国际上知名的企业。这表明区港联动的保税物流园区在国际贸易领域发挥着越来越重要的作用。

八大区港联动的保税物流园区现已全部正式封关运作。在2004年进行正式封关运作的物流园区有1个，在2005年进行正式封关运作的物流园区有5个，在2006年进行正式封关运作的物流园区有2个。其中上海外高桥保税物流园区在2004年7月第一个试行运作，正式封关运作在2005年1月。大连保税物流园区正式封关运作在2004年11月，成为我国第一个正式进行封关运作的保税物流园区。深圳盐田港保税物流园区正式封关运作在2006年4月，成为最后一个进行封关运作的八大区港联动的保税物流园区。

9. 物流园区的相关政策

通过问卷调查和网上检索，大致可以将物流园区以及入驻物流园区的物流企业享受的优惠政策分为7类：①税收政策优惠（税收返还支持、进区出口退税政策等）；②用地政策优惠；③融资优惠，加大信贷；④用电、用水优惠；⑤放宽行业准入和公平竞争；⑥简化行政监管和审批手续；⑦其他政策。

调查表明，物流园区内的企业享受的优惠政策主要来源有两种：一种是来自中央和地方各级政府的相关部门关于促进现代物流业发展的优惠政策；另一种是来自于当地的高新技术开发区和工业园区内企业享受的优惠政策。其中，税收优惠政策和用地优惠政策是物流园区建设过程中所涉及的主要内容，而且各地区的做法不尽相同。随着时间的变化，各地的政策也会有相应的调整。

（1）用地政策

在被调查的207家物流园区中，绝大部分的物流园区都能享受用地政策的优惠。除了国家相关部委发布的政策文件如《国务院关于促进流通业发展的若干意见》（2005年6月实施）等涉及用地优惠政策外，一些地方政府为了吸引企业入驻物流园区，还根据本地的实际情况制定了多种多样的优惠政策。

例如，深圳市对现代物流用地及园区配套用地的土地使用年限统一确定为50年，为了充分发挥现代物流业对深圳市经济的拉动力，物流园区用地可分期支付地价款，新申请的用地项目地价还可优惠20%。

南宁市对物流园区内的物流企业、物流园区市政公用配套设施建设项目，免收城建配套费。经南宁市物流行业主管部门审定的重点物流项目用地，可以减免15%的城建配套费。此外，物流园区用地可分期支付地价款，对入驻园区经物流行业主管部门审定的重点物流企业，或一年内投资金额到位超过5000万美元的，可按基准地价优惠30%收取出让金。

上海外高桥保税区对成片批租土地、自行开发物流项目、一次性投资超过1000万美元的物流开发商，给予一定比例的减收地价的优惠。北京空港物流园区对使用先进物流技术的入区企业，在土地出让价格上予以10%～15%优惠等。

随着各区域经济以及物流业的发展，各地区根据国家土地政策在物流园区用地政策上也在不断做出调整。

（2）税收政策

在税收方面，大部分的物流园区也都享有优惠政策。这其中除了国家相关部委制定的有关优惠政策外，如《商务部、海关总署办公厅关于保税区及保税物流园区贸易管理有关问题的通知》（2005年7月实施）等，各地方政府为了加快当地现代物流园区的开发建设步伐，也纷纷制定相关优惠政策。

例如，合肥市政府规定：物流园区内入驻的物流企业，对其经营发生的仓储、运输、包装、流通加工、配送等活动，不分别计税，实行统一征税。对园区内新办的独立核算的物流企业，按不同的经营项目享受税收优惠：①凡从事仓储业、物资业的企业或经营单位，自开业之日起，报主管税务机关批准，可减征或免征所得税一年；②对新办的独立核算的从事交通运输的企业或单位，自开业之日起，第一年免征所得税，第二年减征所得税；③对从事物流咨询业、信息业的企业或单位，自开业之日起，第一年至第二年免征所得税；④对从事物流软件开发或公益性物流信息平台的企业，经市信息办审定，税务部门同意，自开办之日起，可免缴所得税两年，减征所得税三年等一系列政策。

江苏省张家港保税物流园区（区港联动）的有关政策规定为：①享受保税区相关政策，在进出口税收方面，比照实行出口加工区的相关政策，即国内货物进入园区视同出口，办理报关手续，实行退税；②园区货物内销按货物进口的有关规定办理报关手续，货物按实际状态征税；③区内货物自由流通，不征增值税和消费税。

上海外高桥保税区对注册在外高桥保税区的物流企业给予两年内先征 15%、返回 14%，后三年先征 15%、返回 5% 的企业所得税税收优惠。上海外高桥保税物流园区内的企业享有固定资产加速折旧政策。

南京市政府规定，凡到龙潭、禄口、王家湾三大物流园区注册经营的物流企业，南京市政府权力范围内的相关费用一律免除。

（3）其他相关政策

①融资和信贷优惠政策

在被调查的 207 家物流园区中，大约有一半的物流园区享有地方政府制定的融资和信贷的优惠政策。例如，深圳市罗湖区对区内笋岗——清水河物流园区实施融资扶持政策：组织金融企业对园区内重点物流项目、物流企业给予贷款扶持。上海市外高桥对注册在外高桥保税区的物流企业，通过资信度审核，可获得贷款优先权和一定的优惠利率。必要时，外高桥保税区可给予政府担保。

②用电、用水政策

在用电、用水方面，国家和各地政府也都制定了相应的优惠政策。在被调查的物流园区中，享有优惠政策的园区，如深圳市罗湖区笋岗——清水河物流园区、广州空港物流园区等，一般均规定：园区物流企业用电统一按工业用电收费，以降低企业成本。

③行业准入、行政监管等政策

在放宽行业准入、简化行政监管和审批手续等方面，为了使物流园区之间、物流园区和其他企业之间平等竞争，营造物流园区便捷快速的通关环境，国家和各地方政府也都制定了一系列的优惠政策来吸引物流企业入驻物流园区。例如，《厦门市人民政府办公厅转发市发展与改革委员会等部门关于推进象屿保税物流园区发展的试点意见的通知》提供了有关规定，如外国及中国港澳台投资者在物流园区内设立中外合资、中外合作或外商独资企业，比照象屿保税区有关企业设立的规定和程序审批。合肥市提出了改善通关环境的政策：凡在物流园区内注册的物流企业和进出口企业，可实行海关监管。海关对于监管的进出口货物，采取双信息放行的办法，对转关和关内放行以纸面和电子数据放行的形式，通过港口 EDI 中心传输给相关物流单位；对在物流园区内设置的物流企业实行“一次报关、一次验单、一次查验”，简化手续，加快办理速度等。大连保税物流园区享有的海关政策规定：①园区内企业既可经营非保税品物流，也可经营保税品物流，且允许无限期保税存放或展示，海关不征收任何监管费用。保税商品亦可在区内自由买卖。境外与区内间货物进出自由，免关税，免许可证。②按照国际惯例简化通关手续，货物进出区实行备案制和报关制相结合的申报制度。货物在区内和境外之间进出，只需收、发货人或其代理向保税区海关备案，具备条件的区内企业可与海关之间实行 EDI 联网报关。③园区的进出口货物在港口和园区之间实行“直通式”的通关模式。进境或进口货物可从港区接运入区内，在区内报关、查验。出境或出口货物在物流园区报关，查验后直接运进港区，真正实现“港区一体、直提直放”。

三、基本结论以及启示

根据本次调研的现场考察以及数据分析，关于我国物流园区的发展形成如下几点基本结论：

1. 对什么样的企业或什么样的组织是物流园区，在现实实践中还存在着不同的理解，即物流园区的界定原则和界定依据有待于进一步确定。

2. 物流园区的建设和运营对区域经济的发展起到了积极的促进作用，具有明显的经济效益和社会效益。其作用具体表现在：有利于土地资源的集约化使用；有利于促进第三方物流的发展，加快物流社会化的形成；有利于提高规模效益，实现资源共享和物流功能的综合集成；有利于物流市场的管理和实现物流公共信息平台服务。

3. 物流园区的建设和区域经济发展水平基本相适应。在经济发达和地理位置优越的经济区，物流园区发展比较迅速，物流园区建设数量多，已经投入运营的比例高。例如，在北京、天津、山东、广东、福建、上海、江苏、浙江几个省市，物流园区的建设数量占到全国的55%；而实际已经运营的物流园区数量则占到全国的57%。而在经济不发达的经济区，物流园区发展步伐相对比较缓慢，但呈现出追赶的趋势。

4. 全国各地物流园区的建设热情普遍高涨。在被调查的物流园区中，已经运营的物流园区占24%；在建的物流园区占31%；规划中的物流园区占45%。同时，一些地区表现出了很高的热情，例如，在甘肃各类物流园区有 10 个，内蒙古自治区也有 10 个，江苏省有 28 个。

日本是最早建立物流园区的国家，1965 年建成第一家物流园区，至今已建成 20 多个大规模的物流园区；德国规划 40 个物流园区，已建成 20 多个；荷兰建成 14 个物流园区。而相比之下，本项调查检索到的我国物流园区就有 207 个，约 80% 的物流园区处于在建和规划状态。虽然我国有国土辽阔等因素，但不能排除各地在物流园区建设上存在着一定程度的“刮风”和“虚热”现象，这一点要引起各级政府、企业等各方面的高度重视。

5. 从物流园区的开发方式、投资建设方式和政策导向来看，政府部门在物流园区的建设过程中起到了极为重要的作用。科学地规划是物流园区实现经济和社会双重目标的重要手段之一。科学规划的物流园区建设将分布于城乡各个角落的物流结点统一起来，通过功能整合、技术创新、规模运作，减少物流系统给城市发展造成的负面影响，改善城市的交通、生态环境、城市的景观和优化城市的功能布局，增强城市的综合竞争力。物流园区的规划和建设是一项巨大的系统工程，横向上需要有政府综合经济、交通运输、城市规划、工商、贸易等主管部门的相互配合，纵向上也要避免各级政府重复建设，因此加强物流园区的科学规划，做好政府部门以及条块之间的协调，对于物流园区的健康发展意义重大。

6. 物流园区的规模大小直接关系到园区的选址、界限划分与中心城的关系等问题。从本次调研数据来看，在我国，占地面积在0.1~1平方公里之间的物流园区占47%，占地面积在1~2平方公里之间的物流园区占17%，合计占64%。日本的物流园区平均建设74公顷（不足1平方公里）；德国也是物流园区发展极具代表性的国家，德国的一些物流园区建设规模较大，部分在100公顷（1平方公里）以上。在物流园区的建设过程中，各地应借鉴国内外物流园区发展的经验和我国经济开发区、高技术开发区发展的经验，根据当地的经济发展水平和物流需求，确定适度的园区用地规模，避免造成土地资源的闲置。

7. 物流园区并不是物流服务的直接提供者，其入驻的物流企业才是真正的物流活动的组织者和实施者。因此，物流园区的成败直接由入驻的物流企业的数量和质量所决定。但是，本次调查发现，入驻物流园区的企业和实体中非物流企业的数量比例超过50%，入驻最多的是商贸企业，而不是物流企业、货代公司、运输企业、快递公司等。这可能有三种原因，一是被调查的对象虽然名称上是物流园区，但实质上更具有现货市场的特征；二是物流园区为生存而迫，只求有企业入驻，而暂时缺少总体上的发展考虑；三是物流的发展必须要和商流相结合。当然，国内物流企业实际经营能力弱小的现状，也给物流园区的发展和运营带来了巨大的挑战。从现有的调查数据来看，国内多数物流园区的实际运营效果并没有完全发挥物流组织结点的功能。

8. 由于物流园区实现了公用基础设施的集中布局、物流企业的集中布局和货物的集中处理，是社会物流网络系统的重要结点，它兼有物流的特性，也有土地资源开发的基础设施建设的特性。物流园区在规划建设和发展过程中遇到的最大的阻力之一是征地困难，这反映了物流园区的发展受国家土地政策和财税政策以及各级政府的相关政策影响很大。

9. 在物流园区规划建设和发展过程中遇到的最大的阻力也包括规划不充分和战略定位不明确两项因素。物流园区是一项“前期投入大、投资回报慢、综合效益好”的系统工程，因此需要综合考虑各种因素，加强物流园区建设的可行性研究，才能够使建设的物流园区真正发挥其作用和达到预期的效果。

10. 资金不足也是物流园区建设发展过程中遇到的阻力之一。从我国现实实际来看，物流产业是一个资金密集型的领域，资金短缺是制约物流园区发展和物流企业成长壮大的重要因素。

附 录

课题组成员名单

课题组负责人：何黎明　中国物流与采购联合会副会长、中国物流学会会长

课题组成员： 王慧敏　国家发展和改革委员会经济运行局交通与物流处处长
崔忠付　中国物流与采购联合会副会长兼秘书长
冯耕中　西安交通大学管理学院教授、博士生导师
陈宝峰　西安交通大学管理学院
高拥军　中国物流与采购联合会
黄亮亮　西安交通大学管理学院

参考文献

[1] 中华人民共和国国民经济和社会发展第十一个五年规划纲要. 北京：人民出版社，2006

[2] 通创物流咨询有限公司课题组. 中国物流园区发展模式. 北京：中国物资出版社，2004

[3] 中华人民共和国国家标准《物流术语》GB/T 18354—2006

[4] 国家发展与改革委员会经济运行局、南开大学现代物流研究所. 中国现代物流发展报告：迈向全面开放的中国物流市场［2005 年］. 北京：机械工业出版社，2005

[5] 中国物流与采购联合会. 中国物流学术前沿报告（2005～2006）. 北京：中国物资出版社，2006

[6] 中国物流与采购联合会. 中国物流年鉴 2006 版. 北京：中国物资出版社，2006

[7] 中国物流与采购联合会. 中国物流发展报告（2005－2006）. 北京：中国物资出版社，2006

[8] 吴波. 物流园区规划建设的研究. 中国优秀硕博士学位论文全文数据库，2002

[9] 杨章贤. 物流园区规划方法与实践. 中国优秀硕博士学位论文全文数据库，2003

[10] 刘长俭，张庆年. 国外物流园区规划与经营模式. 综合运输，2006（2）

[11] 刘伟文. 日本物流园区的规划与运营管理. 现代物流报，2006（4）

[12] 徐文静. 走向科学的物流园区. 现代物流报，2005（9）

[13] 陆江. 规范发展物流园区. 中国物流与采购，2004（10）

[14] 王佐. 物流园区真理与谬误. 中国物流与采购，2004（3）

[15] 王战权、杨东援. 物流园区规划初探. 系统工程，2001（1）

[16] 房殿军. 德国物流园区规划方案. 中国物流与采购，2005（16）

[17] 丁俊发. 物流园区不会成为泡沫. 中国交通报，2005（8）

[18] 冯耕中. 现代物流规划理论与实践. 北京：清华大学出版社，2005

[19] 吴峰. 物流园区开发模式探讨. 江西社会科学，2004（6）

[20] 桑榆. 江苏物流园区热，是喜是忧？. 国际商报，2006（5）

[21] 徐振斌，李义松. 我国物流园区政策问题研究. 中国物价，2006（4）

[22] 中国物流与采购网. http：//www. chinawuliu. com. cn/index. asp

[23] 中国物流园区网. http：//www. 56park. cn/logispark

跨国公司采购模式与我国制造业应对策略研究

内容提要：跨国公司把采购管理看做是重要的战略活动，是连接客户和供应商的重要桥梁，也是企业对外商业道德和商业行为规范的窗口。随着经济全球化进度的加快和中国加入世界贸易组织（WTO），跨国企业在更大范围、更宽领域以更快的速度进入中国，我国企业面临国际化竞争的考验。研究跨国公司的采购模式，分析我国制造业采购存在的问题，提出相应的对策建议，为政府有关部门和相关企业提供决策参考，具有十分重要的意义，也是本课题研究的初衷。

本课题认为，采购环节不再是企业的成本中心，而是企业高效率、高效益的利润中心。根据2002年《全球供应链年鉴》公布的全球采购金额最大250家企业的资料，70%的企业采购活动所花金额占到企业总销售收入的40%～70%之间。而我国企业普遍采购金额占销售收入的70%以上，这说明采购对产品竞争力的提升和企业利润的形成具有重要的杠杆作用。从这个意义上来讲，采购是企业战略供应链的核心，是决定企业在市场竞争中胜负成败的关键。因此，跨国公司普遍建立科学规范、统一管理的采购组织和全球化的采购网络，形成科学的供应商选择评价和管理体系，注重采购从业者的商业道德和商业行为规范，加强采购流程的审计和内部控制体系的掌控，利用供应商投诉举报机制，实现对采购总成本的控制，发挥战略采购和战略供应链管理的作用，让采购和供应链管理真正成为企业核心竞争力的重要组成部分。

本课题对跨国企业在华投资的特点作了分析。据国家统计局贸易外经统计司介绍，中国自改革开放至2005年，已经累计吸收外商实际直接投资6224.3亿美元，其中约有70%是投向制造业。目前，全球500强企业中已有400多家在华投资，项目总数超过3000个，其在华投资呈现出以下主要特点：一是项目规模较大。比如Motorola、ABB、GM、GE、IBM等跨国公司在华投资额累计大都超过10亿美元。二是地域集中。跨国公司一般把中国区，甚至有些是把亚太区的总部设在上海、北京和广州、深圳等沿海城市。三是技术含量较高。在中国推出的产品几乎与欧洲、美国市场同步，市场更新换代的速度与国外同步甚至领先。四是研发投入增多。跨国企业10%以上在中国设立了研发中心或者实验室，不仅建立面对国内的需求，同时也充分利用国内的高新技术人才。五是投资方式灵活。调查表明，目前在华外商投资企业2/3实现了盈利，2/5的跨国公司在华业务的利润率高于其全球业务的平均利润率。据初步统计，从1990年到2004年，境外投资者汇出利润约2500亿美元。

跨国公司在中国的发展，以及将中国作为其全球重要的采购基地或采购中心，经历了一个逐步深化的过程。本课题通过对以制造业为主的跨国公司、以零售业为主的跨国公司和外包服务采购等几个方面，列举大量事例和数据，从中分析跨国公司在华采购的发展趋势。一般是从开始的与中国企业合资、建立独资公司负责在中国投资管理，到近年来很多全球500强企业把亚太的总部搬到中国来，参股中国企业，再到收购国内企业，甚至收购国有企业股份；从把中国当做是本土之外第二大市场，到现在更是把中国当成其全球最重要的供应来源，重要的采购基地或采购中心。目前国外企业在中国的采购，已经从满足其国内的合资厂的生产，满足降低成本的国产化，过渡到为其全球供应寻找更佳来源的国际采购阶段。

本课题认为，跨国公司在华采购规模的扩大，对中国企业既是机遇，也是挑战。跨国公司在中国采购金额逐步扩大，同时培养了一大部分国内企业，让他们成为国际供应链重要的一环和全球市场的供应源。中国企业从跨国公司的采购战略管理中开阔了视野，学到很多先进的企业管理理念，在比较短的时间内中国企业与国外企业的差距正在缩小。2006年7月，在上海举办的Global Sourcing &IPO Summit（全球供应寻源和国际采购组织高峰会）上，来自全球500强的90位跨国公司的采购经理共同分享他们在采购与供应商管理方面的经验。几乎所有的跨国公司都设立了IPO组织，把中国当做其全球供应最重要的基地，从供应商的质量、交货、服务品质、价格等方面进行讨论，普遍认为中国供应商价格低廉，但产品质量不稳定。另外由于国内出口的物资大多属于低值、技术含量低的简单加工性产品，国外买家大多处于买方市场的主动地位。国内出口企业往往“自相残杀”，报价低微。另外，由于出口退税、保税区等政策激励，很多企业只靠出口退税来维持利润水平。而这也是国外企业屡屡指责中国低价倾销的原因之一。结果，一方面中国企业损失了宝贵的利润，政府损失了税收；另一方面还面临“倾销”、巨大贸易顺差的指责。

本课题对我国制造业生产经营特别是采购领域存在的主要问题进行了深入分析。主要有：一是制造业规模普遍过小，企业竞争力较低；二是国产化计划不周，导致引进技术没有转化为企业自身的核心技术；三是产品更新慢，缺乏持续性创新的动力；四是研发投入小，开发管理较差；五是制造业总体浪费严重，库存居高不下；六是低成本的总目标造成质量不稳定，价格持续低迷；七是管理水平参差不齐，企业采购管理、供应链管理水平低下；八是企业之间恶性竞争多于协作、合作，博弈多于联盟，影响了供应链的稳定性；九是不讲采购策略，更不讲行业联合采购。我国企业对外采购需求缺乏统筹管理，对外采购的窗口太多，国内企业都争抢一两个国外供应商，这就给国外供应商提供了涨价的机会。毋庸置疑，以上问题的存在对我国产品和企业国际竞争力的提升形成严重制约。

基于以上分析，本课题提出了我国制造业采购方面的应对策略及政策措施。第一，加强对大型企业采购活动的宏观管理和政策指导，以增强我国企业的国际竞争能力；第二，应协助企业和行业协会逐步建立起供应商管理的公共信息平台，指导国内企业对外进行供应商选择、评价、管理、审核，完善供应商管理体系；第三，加强对进口货物的监管，对不合格的进口货品，尤其是涉嫌欺诈、以次充好、以旧充新等厂商实行监控，为企业“保驾护航”；第四，充分发挥行业协会在采购行业自律管理方面的重要作用，鼓励横向的联合采购与物资专业经验分享；第五，进一步加强对企业供应链管理和采购物资专业化管理的宣传和培训，普及先进的采购管理理念，培养采购和供应链管理专业人才；第六，加强对引进技术、装备等内容的管理，促进技术进步和创新能力的提高；

第七，加快国内采购管理有关法律的制定和修订工作，鼓励国内有经验的采购专家参与到相关法律的制定和修改中；第八，重视采购经理指数（PMI）数据的挖掘利用，为国内众多企业提供有价值的商业报告，使其成为企业决策和政府有关部门制定相关政策的主要依据；第九，鼓励我国企业通过进入跨国公司的供应链条，学习跨国公司的经营管理之道，以提升企业的经营管理水平和综合竞争能力。

吴仪副总理2005年9月在北京举办的第14届国际采购与供应管理联盟世界大会上提到，“企业的竞争已经转变为供应链管理的竞争”，这是非常重要的科学论断。中国企业尤其是国有大中型企业的领导和高层管理者，都应该把采购与供应管理当做企业核心竞争力的一部分，采购与供应管理应当成为企业绩效考核的重要内容之一。

本课题承担单位是全国性物流与采购行业社团组织，设有采购与供应链管理专业委员会，在国内外物流与采购行业具有一定影响。课题主要作者来自国内采购领域研究、教学单位和行业协会，跨国公司的采购高层主管也参与其中。这决定了在研究方法上更加注重实证研究，强调研究结果的应用价值。

课题组通过多方收集资料，深入调研，部分资料来自跨国公司内部会议、电邮、网站和商业情报。主要参考文献目录附后，我们向为本课题提供资料、参与研究和关心这个问题的各界人士表示衷心的感谢。

“跨国公司的采购模式与我国制造业应对策略研究”是一个新的课题，国内涉及研究的人员还不多。尽管我们做了努力，使本课题具有较强的针对性和实用性，在某些方面也有所创新，但对于这样一项开创性的工作，我们还需要深入研究。

当今世界，科技进步极大地促进了生产力的发展，由此创造了前所未有的物质财富。经济全球化和产业结构调整促进了生产要素的跨国流动，世界各国的经济联系越来越密切，为各国发展提供了重要机遇。经济全球化已经成为推动世界经济发展的重要动力。跨国直接投资发展迅猛，高科技、高附加值的高端制造及研发环节转移的比例大大提高。据联合国贸发会议统计，2000年国际直接投资流入量1.27万亿美元，是1980年的22倍，国际直接投资占世界各国国内投资的比重由2.3%提高到22%。服务业外包成为新一轮国际直接投资的重要特点。据联合国贸发会议预测，2007年服务外包业务转移额将超过6000亿美元，2010年超过1.2万亿美元。

跨国公司在整个世界经济的影响越来越大。跨国公司是国际直接投资和生产全球化的主要载体，它通过全球化生产、全球化销售、全球化采购和全球化研发活动，把世界各国经济联结为一个紧密的整体。据联合国贸发会议统计，2003年全球跨国公司占全球生产总量的40%、全球贸易总量的65%、全球技术交易总量的80%、全球跨国直接投资的90%和全球高新技术研发的95%以上。据美国采购协会2002年《供应链管理年鉴》（*Supply Chain Management Yearbook*）中介绍，跨国公司500强中70%采购金额一般占到销售金额的40%~70%。

中国是经济全球化的积极参与者。20世纪70年代末以来，中国坚持深化改革，扩大开放，经济社会发展取得了举世瞩目的成就。据海关统计显示，中国对外贸易继2004年首次突破1万亿美元后，2005年达到14221.2亿美元，比上年增长23.2%。其中出口7620亿美元，增长28.4%；进口6601.2亿美元，增长17.6%。2005年中国对境外出口7620亿美元，比上年增长28.4%；从境外进口6601亿美元，比上年增长17.6%；顺差1020亿美元，比上年增长三倍多。

国家统计局贸易外经统计司介绍，中国自改革开放至2005年，已经累计吸收外商实际直接投资6224.3亿美元。其中，约有70%是投向制造业。这些投资中的大部分，无论是从它们来华的初衷或是从实际操作层面来看，其指向都不是中国内部的需求。它们进入中国的主要目的，是为了能够利用相对低廉的劳动力和其他生产成本。更确切地说，伴随这些国际资本转移的是生产基地，而不是销售市场。正是这些庞大的境外资本，在中国造就了一个相当可观的加工工业，进而又造就了一个规模巨大的进出口加工贸易。

随着中国改革开放的深化，随着跨国公司在中国的成长，跨国公司在中国的影响力与日俱增。目前，全球500强企业中已有400多家在华投资，项目总数超过3000个，其在华投资呈现出以下主要特点：

一是项目规模较大。比如Motorola、ABB、GM、GE、IBM等跨国公司在华投资额累计大都超过10亿美元。ABB在华累计投资在10亿美元以上，在华有近30家合资企业。其中最大的一家注册资本8000万美元。通用汽车（GM）在浦东的汽车制造厂投资超过15.2亿美元，上海大众汽车公司注册资本从1985年的1.6亿美元增长到现在的100亿美元。据《桥》——中国瑞士商会会刊2006年1月第6期统计数据显示：1990年到2005年间，跨国公司已经在浦东新区投资了超过160亿美元。国家统计局景气中心数据显示，从1990年到2005年的16年间，中国投资增长速度年均达到20.8%。

二是投资地域集中。跨国公司一般把中国区，甚至有些是把亚太区的总部设在上海、北京和广州、深圳等沿海城市，在全国主要中心城市设立分公司，在二、三级城市设立办事处。在天津，已有近1.8万家外资企业落户，投资额超过550亿美元。世界500强中的107家企业在天津投资近300个项目，平均规模4000万美元。

三是技术含量较高。在竞争激烈的行业，推出的产品几乎与欧洲、美国市场同步，市场更新换代的速度与国外同步甚至领先。比如电脑、家用电器、家用汽车、手机、存储设备等。

四是研发投入增多。目前跨国企业10%以上在中国设立研究中心或者实验室，不仅建立面对国内的需求，同时也充分利用国内的高新技术人才。比如IBM中国实验室每年从大学招收最优秀的毕业生，经过测试直接进入IBM，每年不仅保证超过5%以上销售收入的研发经费投入，同时保证他们与国外技术同行的交流和学习。

五是投资方式灵活。第一种是早期的跨国公司在中国设立办事处，通过建立代理商体系和渠道经销商体系，以中国香港作为进口窗口，实现销售。第二种是建立独资的中国投资公司，然后与国内有一定实力的企业合资，建立制造基地，然后通过引进产品、设备和进口原材料、零部件，回收部分投资。通过合资和国产化降低制造成本，减少运输成本和时间，抢占市场份额。第三种是近几年来在合资企业的产品立稳脚跟之后，外资开始加大投入，从原来小于50%的股份，变成控股；从60%增加到80%以上。还有一些企业收购原企业伙伴的股份变为独资。第四种是在华跨国公司之间的兼并和相互参股。第五种是寻找在中国投资的机会，比如微软、IBM、Intel、新桥国际等跨国企业资本和风险资本，通过收购，直接涉足国内“门槛”较高的行业和耗费大量时间的行业。比如：软件、芯片设计、防火墙、太阳能电池、环保产业等，和参股一批优秀有实力和潜力的企业，比如微软对浪潮集团投资2亿元人民币，在浪潮国际持股21.4%；2.8亿元人民币进入中软国际，国际金融公司（IFC）也向中软国际投资1500万美元，持股比例不到10%。美国国际商业机器（IBM）卖掉PC事业部给联想集团，同时占联想18.9%股份。第六种，国外财团、银行作为战略投资者，直接参股中石化、中海油、国内几大商业银行等。

随着这些投资方式的改变，跨国公司在中国市场的总销售额也从通过经销商和渠道销售的试探市场，到直接建立自己的庞大的销售队伍和销售网络而大幅度提高。从十年前一般在中国销售额大约占到其整个集团销售的1.5%～8%，到现在很多跨国公司在中国的销售额已经成为跨国公司除本土之外的第二大市场。据初步统计，从1990年到2004年，境外投资者汇出利润约2500亿美元。调查表明，目前在华外商投资企业2/3实现了盈利，2/5的跨国公司在华业务的利润率高于其全球业务的平均利润率。

在20世纪90年代初，跨国公司刚进入中国的时候，其采购活动几乎全部依赖进口，包括原材料、零部件、设备、专有技术和专利等知识产权以及外方的总经理、财务总监甚至工程师、核心技术人员都全盘引进和西化。随着跨国公司在中国的加速发展和对中国市场环境的进一步了解，跨国公司越来越重视本土化发展问题，越来越多的跨国公司开始充分利用中国本土廉价的劳动力成本和具有较高管理能力的中高层管理者，到目前原材料采购的国产化率已高达50%以上。这些都是我国改革开放近30年来出现的重大变化。

中国人口占世界的1/5，而且正处在工业化、城镇化进程加快，人民群众收入水平提高和消费结构升级的发展阶段，具有广阔的市场需求。2005年中国国民经济和社会发展公报显示，全国全年社会消费品零售总额为6.72万亿元。在该年份，中国城镇居民人均可支配收入10493元，人口56212万人，农村居民人均可支配收入3255元，人口74544万人，由此得出的全国居民可支配收入总额为8.32万亿元。

中国加入世界贸易组织后，商品贸易领域和服务贸易领域的市场进一步开放，给跨国公司提供了更多的商机。越来越多的国际机构和全球采购商把目光投向中国，认为中国是全球唯一可生产所有门类商品的国家，没有一家外国公司不看重中国市场的销售和采购。许多跨国公司将中国作为重要的采购基地，甚至把全球采购中心迁至中国。中国已经成为跨国公司本土之外的第二或者第三大市场。据不完全统计，2005年跨国公司在我国的采购额超过500亿美元，占我国出口总值的1/10以上，占我国工业销售额的比重也达到5%左右，对中国经济的拉动作用与日俱增。2006年全球最大的计算机制造商戴尔DELL宣称将在中国采购总价值180亿美元的零部件和相关产品。戴尔集团2006年全年计算机计划总销量3700万台，总销售额将达到580亿美元。按照采购占销售的80%计算，DELL全球采购额将达到464亿美元，DELL在华的采购额将达到其全部总采购额的38.8%。

但也要认识到，中国产品在全球采购市场中的份额仍然较低。根据国外咨询公司的研究报告，2003年仅全球零售业100强的销售额就超过了2万亿美元。如果其中有10%是中国产品，那么就可达2000亿美元，这个数字是非常可观的。但这个数字在全球跨国采购总额中所占比例还是微不足道的。这一方面是因为大多数在中国开店的跨国零售集团的采购潜力还没有发挥出来，另一方面还有很多尚未进入中国的跨国零售集团对中国的产品和企业不了解、不熟悉。

全球采购对中国经济发展的积极影响是显而易见的。从微观来看，全球采购为中国企业提供了一个开拓国际市场、建立稳定国际销售渠道、帮助企业产品出口、进入全球采购网络的机遇；从宏观上来看，有利于扩大我国出口规模，推动出口结构升级。我国制造业经过多年的发展，产品已经形成了一定竞争能力，如果仅仅依靠传统的贸易公司和企业自营出口开拓市场，进入到国际生产和国际市场的主流领域会有一定困难。利用跨国采购活动和全球采购网络体系，可以使我们很多有竞争能力的制造业产品快速进入到国际市场，从而真正推动我们有附加价值的和有竞争能力的产品的出口，进而推动出口结构的升级。中国企业在参与全球采购过程中，已经初步学会按照国际市场的规则来进行生产、提供产品，也更积极主动地去了解国际市场运行规则和需求，反过来又进一步促进中国企业加快自身产品结构的调整和技术的创新，以及提高自己的产品质量和竞争能力。因此，无论是从贸易还是产业结构调整上，跨国采购对中国而言功不可没。

一、跨国公司在华采购发展现状、特点和趋势

（一）制造业的跨国公司采购策略和实践

中国一方面是发展中（Emerging Market）国家，有巨大的增长潜力，另一方面由中国传统教育体系培养的较高技能的廉价劳动力，在制造成本寸土必争的激烈竞争中，成为降低成本的关键。因此，基于跨国公司的全球战略，中国成为全球的制造中心和巨大的消费中心，已经成为不争的事实。较早进入中国的外资企业如摩托罗拉、国际商业机器公司（IBM）、通用电气公司（GE）、诺基亚、ABB等一大批跨国公司巨头企业纷纷进入全国各地的高新技术区、开发区，并在自己周围形成供应商园区，保证自己供应链的反应能力和总成本最低。制造业巨头如汽车业的通用汽车（GM）、本田（HONDA）、日产（NISSION）、德国大众，纷纷在中国与众多国内汽车企业成立数以百计的合资企业，并形成自己的供应商体系，汽车骨干企业在中国汽车市场的需求，刺激了汽车配套行业的迅猛发展。

这些外资和合资企业的采购大都采用集团全球集中采购的管理体系，首先统一物品种类和采购内容的管理，强调采购的集中管理和专业化管理。目前，绝大多数跨国公司的采购供应商体系，符合ISO 9000的规范要求，质量是筛选供应商的第一道门槛。基于专业化管理的采购员，对供应商的质量管理体系，进出货的检验，质量保证能力、合格率、按时到货等都不遗余力地进行现场检验、评审和年度考评。

经过10年以上对本土供应商的筛选、考核、评估、培养和审核，一大批本土制造业厂商脱颖而出。这些本土制造业供应商一方面大大提高了产品的质量和生产效率，另一方面在与跨国公司的接触中，学到了大量的先进理念和实践，再借助在跨国公司任职多年的中高层管理者的力量，他们渐渐不满足只做跨国集团的供应商。很多本土供应商

借助跨国公司的供应链走出国门，成为海外自有品牌、外包服务的最早“拓荒者”。

跨国公司在实行本土化降低成本的同时，也发现并找到了全球范围新的供应源。国产化成功的企业所选择和培养的供应商，进而成为该跨国公司全球集团的供应商，即收回了早期在供应商身上花费的投资，同时由于集团共享而需求量大增，跨国公司获得更为低廉的价格和服务。在中国建立全球采购中心，成为很多全球500强企业的共同特征。这方面表现突出的有：

(1) IBM、HP、DELL等除了建立专业化的采购队伍，负责供应商的选择、认证工作和管理工作外，还设置了国际采购办事处（International Procurement Office，IPO）。这一职能组织，负责整个集团的采购与供应管理工作。为这些大的跨国公司服务的供应商首先降低公司产品的成本，条件成熟后，即加入到跨国公司的全球供应链中。例如在互联网通信领域广为使用的超五类线缆，起初IBM是使用ABB集团的贴牌（OEM）产品，全部进口。从2000年起，一家位于虎门的台资企业最后通过了IBM的质量认证，成功进入IBM的全球供应体系。目前这家企业为7家世界知名品牌贴牌（OEM），包括ABB、IBM、朗讯（Lucent）、安普（AMP）等。这家企业成功延伸自己的产品线为各种线束，如电源线、电缆线、电话线、铜编织线、信号线、连接线等进行自有品牌和贴牌生产。这家公司充分利用当地劳动力成本低廉的优势，建立了4个规模很大的加工厂，是个典型劳动力密集型企业。生产规模效益和专业化的结果，使得生产效率和效益大幅度提高，成本大幅降低，其产品价格是国外品牌的1/3，整体竞争力达到世界水平。

(2) GE公司在全球设立IPO组织，在中国派驻300名采购代理，专门为符合GE全球采购标准的供应商提供认证。预计到2005年可以在华销售50亿美元，采购金额也将达到50亿美元。采购产品既涉及公司自己的部门所需产品如医疗器械、照明设备等，也有大量贴牌（OEM）采购如冰箱等家用电器，为其全球的供应找到供应来源，极大地提高公司的效益。比如GE从新飞采购冰箱，贴牌后直接在华销售。

(3) 惠普公司早在2000年开始在中国设立国际采购办事处的实践，在全国各地由几十名IPO采购代表负责供应商的选择和产品的认证，不仅考察供应商的能力，还直接负责考察验收产品线所生产的产品。惠普公司在华没有自己的工厂，直接到合格供应商的生产线订购后贴HP牌产品，在市场销售。

(4) IT领域的产品如笔记本、台式机、光存储设备（CD-RW，DVD-RW）、手机等，普遍采用代工制造（OEM）和代工设计（ODM）模式，代工率高达90%以上，厂商多为中国台湾厂商。代工制造虽规模大，但因为技术含量低，利润微薄。以台湾显示器生产厂商冠杰AOC为例，每年在全球销售2200万台各种显示器，成为全球最大的显示器厂商，为几乎所有的品牌电脑做OEM厂商，全年的采购金额高达37亿美元。

(5) 有关资料显示，2004年中国汽车定点零部件生产厂家为2000家，而实际上超过了5000家。这些企业规模小，80%以上的销售额在1亿元以下；年营业收入在1亿元以上的只有130家，50万元以下的却高达2700家，生产成本高，行业整体效益低下。

零部件采购全球化是制造业发展的一大趋势。目前，世界上许多汽车整车企业不断降低零部件自制率和减少协作厂数，实行全球生产、全球采购的策略，从原先向多个零部件厂商采购变为向少数系统供应商采购，从单个零件采购转变为模块采购，从国内采购转为全球采购。如20世纪80年代，通用汽车公司的自制率从90%降至目前的42%，大众汽车公司从80%降为30%，福特公司从68%降到40%。

2004年9月在首届中国汽车零部件跨国采购贸易论坛上，德尔福（DELPHI）、博世（BOSCH）、畅博电子（WAI）、卢卡斯（LUCAS TVS，印度最大的汽车零部件制造商）、伟世通（VISTEON）、法雷奥（VALEO）、罗孚（MG－ROVER）、大陆公司（CONTINENTAL）、德纳（Dana）、福特（GETRAG FORD）、住友电装、美铝（Alcoa）等全球500强企业亚太采购总监近400人出席，现场采购200多种产品，采购涉及金额30亿美元。

2004年9月20日，世界500强排名256位，汽车零部件全球排名前8位的TRW（天合）在中国召开亚太地区2004～2005年采购清单中国发布会，会上创造了单个海外零部件采购商正式发布采购清单单场采购金额近18亿元人民币的最高纪录。在本次采购会上，TRW提供了将近30万字的采购说明，专供有可能成为TRW供应商的企业在申请前后仔细阅读、准备。供应商将通过至少一周的时间准备5页200余项的预审资料，以及阅读约500分钟《全球供应商质量手册》（*Global Supplier Quality Manual*）等必要的准备工作。供应商的高层企业代表直接和TRW亚太采购高层负责人面对面沟通洽谈，可以节省以往由采购专员同供应商市场部沟通中至少3个月到半年的前期准备时间。对于有潜力成为TKW供应商的中国企业，只要事先申请，在发布会后的供应商碰面会上，他们会一对一的和企业沟通，商讨共同发展的空间，而且入选的供应商将有50%的可能性同TRW亚太地区采购最高负责人面对面沟通半个小时以上。

中国已经成为许多跨国公司的采购中心，TRW的亚太采购中心在上海拥有近四层楼面。2004年上半年，伟世通（VISTEON）把亚太采购中心也搬到了上海，而福特（FORD）的采购中心也扎根在了上海浦东，美国通用汽车（GM）的亚太采购中心进驻上海金贸大厦，而VALEO（法雷奥）1994年在北京建立中国区总部，2001年就把亚太采购中心设在了上海。

在2004年下半年，日本三菱等3家全球500强的汽车零部件采购商，先后各自组成采购代表团，在上海召开单场汽车零部件采购会。从以往多家共开的贸易洽谈会，到越来越专业的厂商采购单场邀请洽谈会，已经成为跨国巨头零部件采购的新趋势。

汽车制造业是中国的支柱产业，也是政府重点扶持的领域。全球采购对中国汽车零部件企业既是机遇，又是挑战。目前中国汽车及零部件企业总体上还处于一个较低的层次，企业规模小，产业集中度低，产品开发能力薄弱，系统化、模块化、电子化产品的供货能力刚刚起步。国内零部件生产企业的出口产品主要面向国际汽配维修市场，出口产品主要集中在科技含量相对较低的机械零部件上。

为跨国公司供货，企业必须进行相应的改进，包括增强开发能力和生产能力，实行质量和流程控制，使成本清晰透明。全球采购带来的好处，首先，是出口贸易中拖欠账款的风险较小；其次，出口贸易有利供应商扩大规模；更重要的是，供应商可以借此实现技术生产能力的升级，并获取更多的国际经验。

中国现在的零部件出口规模相对较小，但发展潜力相当大。但根据商务部的规划，2005年中国汽车和零部件出口达150亿~200亿美元，2010年达700亿~1000亿美元。商务部副部长魏建国曾公开表示，“中国在未来很可能成为全球汽车制造业的零部件供应中心”。

（二）跨国公司零售业的采购实践

跨国公司零售业的竞争，更是花样翻新。根据商务部提供的数字，2004年美国沃尔玛公司采购中国商品出口180亿美元，法国家乐福公司采购出口30亿美元，德国麦德龙公司采购出口26.6亿美元。仅这三家跨国零售集团的采购出口额，就相当于2004年中国出口贸易总额的4%。再如西门子通信，其2001年的全球采购额是20亿欧元，而从中国市场采购的通信零配件就达到了5亿欧元。跨国公司还在华纷纷设立采购基地，沃尔玛的全球采购中心早已从香港搬到深圳；家乐福已在上海设立全球采购中心，并计划在中国境内再建立10个区域性采购中心；麦德龙已把上海和天津作为中国南北区域采购供应枢纽；欧洲主要零售集团英国翠丰集团在上海也建立了采购中心。

沃尔玛这家全球最大的零售集团，已经在中国建立了几十家分店。2004年，沃尔玛在中国本地采购金额已经高达180亿美元。借助全球的网络，本地采购也为其全球的供应找到新的品种和更低价格的中国优秀供应商。由于全球采购量巨大和标准化程度高，采购带来的巨大效益已经成为跨国公司的利润来源。以DVD的贴牌制造（OEM）为例，沃尔玛选择我国万利达为其贴牌制造，万利达80%的制造能力供应全球上千家沃尔玛连锁店，为欧洲、韩国、美国、加拿大进行生产。万利达原本是国内著名的生产企业，由于技术更新，国内VCD市场萎缩，虽然为沃尔玛贴牌制造每台DVD加工的利润微薄，只有几美元的利润，但因为市场稳定，销售成本等营销成本低，万利达也愿意做。这总比国内市场价格战和拖欠货款带来的利润损失，甚至冗余产生的报废要好得多。当然，国内市场价格战竟然成就了远在国外的全球零售巨头，这不能不令人深思。

联合国机构这两年的来华采购数额也翻了一番多。联合国采购主要集中在农产品、信息技术以及药品等。跨国公司之所以看好中国，主要是中国制造的产品与其他国家同类产品相比，不仅质量上毫不逊色，价格上还占有明显优势。以英国翠丰集团为例，它在中国采购的产品金额占到整个集团采购总额的7%，但是采购商品数量却占到整个集团的15%。在中国采购的商品价格，比在东欧、南欧等国家采购的商品价格低得多，采购环节实现的利润也高得多。

世界零售商联盟（Worldwide Retail Exchange）是来自全球64个国家零售业界的领导者，综合销售总额超过9000亿美元。该联盟向其成员全力推荐由环球资源（Global Sources）2004年4月开始在上海举办的三个大型交易会——国际电子产品及零件跨国采购会、国际家用品及赠品展览会和国际家庭装饰用品及工具交易会。据独立第三方审核，环球资源不断壮大的贸易社群拥有来自逾230个国家及地区的398000位活跃买家。每年，这个买家社群通过环球资源网站向其贸易社群中的约140000多位供货商发出超过360万个查询。环球资源在大中华地区及全球各主要供应市场设有63家信息管理中心，并拥有700位优秀客户主任，每月拜访40000家供货商。其广泛及卓越超群的服务大大提升了全球供货商的商务活动能力。环球资源植根中国大陆达22年，并在全国设有43个办事处，拥有900名团队成员，350位客户主任，再加上中国香港、中国台湾及其他供应市场的数百位客户主任，形成了环球资源强大的销售网络。

（三）外包和服务的采购方兴未艾

如果说中国日益成为全球的生产制造中心的话，中国在高新技术和服务领域，要进入全球供应链就任重道远。外包服务的理念已经渐渐深入人心。跨国公司从进入中国起，花钱的方式（采购方式）就与中国企业不一样。

1. 非技术类服务

如公司办公环境清洁服务、保安服务，高层管理人员的车辆租赁、公司班车租赁、复印等办公环境需要的内容，统称为办公需求（Office Supplies）。这些采购活动外包由来已久，国内企业也开始实行。

复印机、电脑等办公设备的租赁，也是跨国公司采购发展的重要趋势。采购不再仅仅是"购买"（Purchasing），而是更为广义的"获得"（Procurement）。除了买，租赁是更为聪明的方式——加速折旧，来抵减税收。外资在国内几乎100%的企业复印机是租赁的。国内厂商一方面服务达不到要求，另一方面没有意识去提供这方面的服务。这样，在复印这个特种行业，也有很多的外企进入中国市场。如施乐（Xerox）、奥西（OCE）、金考（Kinko）等公司蜂拥进入中国。这些公司进入中国不仅提供门店式复印文档服务，而且进入跨国公司内部，建立企业文档服务中心，可以复印、装订，满足投标、教材、培训、产品宣传等大量的高速的文档服务需求。

在全球范围内，专业服务，如公关服务、广告代理、货运代理、仓储租赁等，这些服务采取外包方式或外包化发展，渐渐成为一种发展趋势。

经过几年与国外公司的合作、竞争和学习，国内很多印刷公司在经历为跨国公司提供简单的印刷，过渡到提供文案和编辑、参加和组织大型展会（如金融展、网络展、汽车展等）、进行平面设计等阶段，慢慢逐渐可以与国外公关广告公司竞争，成为新一代的公关公司。当然，他们最大的竞争优势是价格优势，以及对中国文化和对中国顾客的需求的深入了解。经过竞争的专业服务业，收费也慢慢向着透明、公正的方向发展。目前全国知名的十大公关公司均为各大跨国公司培养的本地供应商或者外资在中国的分公司。

国外公关公司虽然专业，有全球的网络和人才，创意水平高，能很快了解跨国公司的需求，但毕竟对国内企业了解太少，对中国市场的特殊性不够了解，故往往竞争不过本土企业。加之收费过高，小时收费逾千元美元的创意，国内企业实在难以接受。很多低利润的行业常常无法承受这种"奢侈品"，于是忍痛割舍而退而求其次。降低成本成为专业服务外包的一个重要因素，这也为本土企业参与外资服务外包领域创造了机会。国内企业欲求得更大发展，就要提高自身的素质，了解跨国公司的需求和套路，积极参与到这场竞争中去。

2. 独立软件开发商和系统集成商

独立软件开发商（Independent Software Vendor）或者系统集成商（System Integration Supplier）是IT领域的两只重要力量。几年来，我国信息化建设中投资很大，信息化水平不断提高。但是在采购和建设中，重硬件轻软件，重升级轻维护，重质量轻服务，重价格轻成本等现象正逐步得到改善。招标活动虽然降低了采购的成本，但最低价格中标的评标结果，却使得这种采购选择的供应商并不能真正满足企业信息化建设中的实际。中标供应商在信息化建设后期的质量、技术、服务等问题使很多企业苦不堪言。这些都说明采购对供应商的评选和招标流程问题很多。

目前我国软件总出口销售额与印度的软件外包相比，相差很远。跨国公司在国内采购的软件服务内容是有很大局限的。目前跨国公司购买的，也是国内软件公司做的最多的是国外软件的汉化，其次是项目型外包。

跨国公司中标大型企业的管理信息系统（MIS）或者信息化的建设项目，除了参与项目管理，作为总承包商提供相应自己的产品外，项目中大量内容是外包各个子系统，由项目经理进行监管。跨国公司将这些内容采购称之为客户服务型采购（Customer Solution Procurement），即为了客户的需要进行采购的项目。由专业的采购人员负责采购，而不是像国内很多项目采购是由项目经理负责。这就提高了采购的专业性，也让项目经理集中精力抓项目管理本身。

国内软件企业在这方面的经验不多，项目迟迟不能达到验收，不仅损害了客户形象，也使得跨国公司受到损失。这方面，印度软件公司有后来居上的趋势。几个著名的印度软件巨头如 TATA 等，已经在中国设立办事处，欲在中国市场一显身手。

信息产业部虽然从 2001 年就建立了系统集成商认证体系，有四个级别。截至 2004 年，一级认证的集成商不超过 100 家。同时规定只有二级以上系统集成资质的集成商，才能参加国家级的网络等信息化建设招投标。但是评价内容不够客观合理，如自主软件销售要占到销售额的 30%。许多已经获得认证的企业并没有真正达到要求，很多软件销售都是国外软件在中国的分销而已。同时，认证评审委员会一般只受理本土公司的申请，这个领域国外的厂商很难进入。因此这个领域的跨国公司采购范围受到很大的局限，参与国际竞争的能力亟待加强。

3. 技术服务

作为跨国公司，在国内销售多年，需要向庞大的客户群提供售后服务和信息支持，这也是市场竞争激烈环境下的生存之道。但由跨国公司自己建立技术服务中心、售后服务中心成本过高，建设费用，包括建立配件仓库，几乎和建立新工厂一样耗资巨大。

以 IBM 技术支持中心为例，每年接几十万用户电话来解决客户问题，只能解决软件和应用方面的问题。如客户的硬件问题，就需要全国性的网络站点，如蓝色快车的支持网络来解决。这个网络在全国有 200 个以上站点，负责维修和相应配件的配送、库存。跨国公司自己的销售网点遍及全国，迫切需要能够与之配套的售后服务体系，如专业的呼叫中心（Call Center），完善的备件和配件配送体系，分派合理的工程师队伍。这些在国内很难找到。体系健全的经销商，往往不具备售后服务能力。目前国内很多客户购买时往往注重价格，等到服务跟不上时就悔之晚矣。

很多跨国公司对于产品高级别的技术服务和增值服务是牢牢掌握在自己的工程师队伍中，只有低端技术服务才开放给代理商和经销商。而经销商往往把注意力放在加大销售额上，对耗材和出保修期的有偿售后服务却力不从心。

综上所述，企业建立技术服务体系，到底是外包还是自己控制，到底集中备件，服务由经销商来做，还是一统到底，对于企业是个战略性的决策。越来越多的跨国公司希望外包技术服务给规模大、管理系统规范的企业如摩托罗拉（Motorola）、IBM 等企业。国内企业目前能够在规模和服务品质，甚至在全国乃至更大范围的网络建设等方面能满足跨国公司要求的，是屈指可数。

二、跨国企业在华采购方式和带来的机遇

目前，跨国企业在华采购形式大体可分为 4 个层次。一是试探深浅。一些国外公司刚刚认识到中国市场的重要性，可能从中国采购一些基础商品，但完全属于试探性质。二是采购零部件或成品。这是沃尔玛等目前大多数在华跨国公司的采购模式。三是全方位采购，不仅采购商品和配件，而且延伸到了产品设计和工程等服务和人才范畴。四是实施一体化采购战略。以前在华的国外汽车制造商及供应商主要考虑的都是如何服务中国市场，而今他们不再只把中国当做单纯的重要市场或者单纯的出口商品供应基地，而是越来越多地将中国看做市场和供应基地的结合体，进而实施一体化采购战略，即每种产品线的配件采购可以分别用于生产适合在中国和国外市场销售的产品。

总结跨国公司在进行全球采购活动中有以下几个方式：

第一，以那些制造企业为核心的全球的采购活动，比如说通用电气、通用汽车等一些技术密集型或者品牌非常响亮，具有国际品牌的，或者是具有很大资金优势的跨国公司，他们作为采购龙头来主导采购体系和采购市场。对于中国企业来讲，很多是为这些企业提供一些配套性的产品，比如说汽车配件，这是一个非常重要的采购方。对于世界知名的大企业如摩托罗拉（Motorola）、诺基亚（Nokia）、IBM 等，在中国各地的开发区，有几十家来自全球各地的核心供应商一起围绕在这些企业周围，以实现快速反应和降低物流成本。比如在北京的亦庄开发区、苏州的高新技术园、深圳的高新区等，都有大量的全球 500 强企业入驻，同时还有大量的他们原来在全球各地的供应商。这些实践都是完全符合现代供应链管理的规律和原则的——把制造厂放在最大的市场以便快速响应，让供应商围绕这些大企业（当然也是他们的客户），以便使整个供应链反应速度更快，效率更高。他们用实践揭示了什么是战略的供应链管理和现代采购管理。

日前在上海举办的 Global Sourcing and IPO Summit 国际供应寻源与采购供应机构高峰论坛上，来自联合利华、Nokia、IBM、AO Smith 等全球 500 强的 90 位高级采购经理共同讨论如何在中国做好供应的管理，如何把找寻供应商作为其跨国战略采购的一部分。

第二，以贸易企业为核心的全球采购体系，很多大型有竞争力的跨国企业，在采购活动过程中，由于要把自身的资源集中在一些核心的领域里，一些非核心领域的很多采购活动目前都采取了外包的方式，承担这种采购外包的市场主体，往往是那些在国际市场上非常活跃的贸易企业。

第三，是以大型零售集团为核心的采购活动，这些大型的跨国零售巨头近几年来在中国市场上的表现是非常引人注目的，他们采购的商品更关注的是国内非常有优势的快速消费品和劳动密集型的各种产品，比如服装、鞋帽、食品等商品。这些商品通过跨国零售巨头进入国际市场的主流渠道，特别是主流的零售渠道中去。这对促进中国出口是

有非常重要影响的。过去中国很多的产品出口依托原来传统的国有贸易企业，或者是企业自行组织出口，往往不能进入全球主流的渠道，或者全球采购网络，只能进入一些国外街边市场或者其他的市场。现在，这些跨国零售巨头使中国很多企业的商品进入到国际市场正规的渠道中去。

第四，以专业采购组织和经纪人为核心的跨国采购体系，中小企业为了获得最佳商品的供应和最佳零售品供应，委托一些经纪人或者是一些专业的采购组织来为他们进行采购服务。目前，这些经纪人和采购组织，在国际上更为流行的运作方式是通过网上采购，特别是集合众多中小企业的采购要求，到中国或者是到一些低成本的国家进行采购。2005 年，有很多国外的采购专家们组成“采购服务商”，利用他们对跨国公司的了解，以及采购专长，为国外企业进行采购服务。这种服务方式非常值得中国企业借鉴。

第五，以地方政府为主要发起人，为了招商引资，宣传城市形象和服务本地企业走向世界的需要，组织一些大型采购活动。从 2003 年起，上海、重庆等地开始组织面对跨国公司的全球采购会，效果很好，形成了规模和气候，已经先后召开 3 届。2004 年，在第三届上海跨国采购会，参会的全球 500 强有 30 家。2005 年 3 月，重庆召开第三届全球采购会。参会的跨国采购商已超过 60 家，其中全球 500 强企业有 35 家。组委会提供的数据表明：前两届重庆全球采购会，重庆企业已获得上亿元的意向性订单。北京、天津等地也正在兴建大型国际采购中心。

总的发展趋势是，采购职能中心化和采购组织的全球化会极大地提高跨国公司的采购议价能力，这是跨国公司全球战略的必不可少的一部分。专业化的采购人员，以及训练有素的采购技能和较高的采购谈判水平，与严密的采购流程和全球的信息网络技术相结合，使得跨国公司的采购实践不仅成为公司发展战略的一部分，也为跨国公司贡献了可观的利润。这同时不仅为在中国的发展作出显著的贡献，也为我国制造业和服务业的发展提供了机会和学习的榜样。中国企业要结合自身的产品、自身的需求来寻求可能合作的对象，以进入到这些不同类型的跨国网络采购体系当中。

三、我国制造业在经营中特别是采购领域存在的主要问题

（一）制造业规模普遍过小，没有达到规模经济的要求，企业竞争力较低

现代企业的规模化大生产一般通过使用先进技术和设备，制造工艺的高度自动化和在线检测设备，大幅度提高了制造的质量、稳定性和一致性，摒弃了很多人为因素，大幅度降低了制造成本，也造成人工成本在整个制造成本中的比例越来越低。这样，国外企业生产规模所带来的效益，将远远超过由于劳动力成本低廉所带来的效益。我国企业如果制造规模不能达到经济规模和计划的生产能力，前期工厂建设的资金、设备和引进技术的消化吸收，不能达到实现单位产品国外的生产效率和质量水平。这种结果使得总体的产品竞争力大为下降。

例如，某合资企业所用的设备材料、工艺和所生产的产品与国外母公司几乎一样，唯一不同的是人工不同。我方员工三班倒一天所生产的内容，竟然不如国外母公司一班生产的多。这样人工成本上的优势就荡然无存。再举例，国内某知名品牌电梯厂在国内有四个合资电梯厂，全部产量加起来，不如另外一个外资企业在上海一个工厂产量高。

（二）国产化计划不周，导致引进技术没有转化为企业自身的核心技术

国产化由于缺乏总投入，往往没有把主要目标放在关键技术消化、关键设备的分析、替代上，而是主要放在零部件的降低成本上。而这些零部件的原材料（金属材料、塑料）、模具（工装卡具、磨具、刃具）等核心内容，迟迟不能真正实现国产化。

以国际电工巨人 ABB 为例，ABB 集团自 1994 年起在全国成立 24 个合资企业，主要生产低压、中压、高压电器，发电、输电、配电设备等。1994 年与北京低压电器厂合资成立 ABB 低压电器有限公司，引进德国 ABB 的微型断路器（MCB）技术进行生产。当时与国内产品相比，技术确实先进，与 1986 年进入中国的法国施耐德集团天津梅兰日兰工厂的生产产品技术水平相当。后国产化遇到困难，与德国 ABB 技术部门联系时，得知这个耗费巨资（当时合资公司注册 8000 万美元）引进的产品在德国 ABB 20 年前就已经停产。

引进这个产品时，合资公司投资千万翻盖了厂房，引进价值超过 300 万美元的组装生产线，8 台世界最先进的注塑机，德国 Otto Bihler 的高速冲床、德国模具 150 套。塑料是美国杜邦 Dupont、荷兰 DSM、德国 Raschig 等品牌的塑料。电工用材量最大就是铜材——主要来自全球最大的电解铜制造商 ——芬兰的奥托昆普。当然，引进的还有来自芬兰、德国、新加坡、法国、英国的高管们和技术工程师，最大的采购就是这些零部件的原来供应商。原来为这些企业供货，现在要飘洋过海，不仅成本不低，还要加上运费、保险、包装等物流环节，这些物流成本加上时间的延迟，都使得大部分合资企业初期步履维艰，成本上没有任何优势，因此国产化要求相当迫切。

总结国产化十几年来的结果，很多国产化短期阶段是为了降低制造成本，但由于对引进技术消化不够，替代的结果往往达不到原来的质量要求，而不得不重新使用进口材料，反而增大了成本。这种反复，不仅很多国产化的模具由于迟迟不能验收而报废、试验失败带来的材料报废和重复测试所耗费的时间和资金，使得国产化的代价高昂。可以说，很多的国产化是失败的。即使成功的国产化，也只是部分低技术水准零件，比如印刷品、包装物、标准件。技术复杂程度高的国产化失败例子比比皆是，比如基础材料的替换，像合金材料、特种树脂、特种塑料件的注塑，尺寸多、精度要求高的模具等，都是付出高昂学费后而不得不继续进口。ABB 使用电器外壳用的热固性塑料，希望使用桂林电工科学研究所研制的电工塑料替代进口，结果经过半年时间，材料试验导致模具报废，由于材料性能迟迟不能得到验收，最后只能以失败告终。国外钢材的规范大部分是按照德国 DIN 标准要求，国内首钢等没有相应标准产品，少量试用没问题，但批量大了，竟然不合格，最后连 A3 钢这样最简单的材料都要进口。我国是铜矿大国，但大批量加工不能达到电解铜和电器工业的标准，最后大部分还是要进口。我国很多的基础原材料出口，在国外精加工之后返销我国。这一出一进的巨大差异，我国为此要付出巨大的代价。

核心技术离不开核心材料、核心部件、元件、器件！我国的模具钢、核心电子敏感器件等基本依赖进口，而汽车上的传感器有两百多种！国产化问题不解决，不走自主创新的路子，我国要走新型工业化道路，只能是一句空话。

(三)产品更新慢,缺乏持续性的创新的动力

由于投资回报慢,我国长期缺乏对新产品的研发投入。企业的资金大量投入到销售环节和产品外形的改变,但对产品的核心技术缺乏持续的投入、研究,没有创新的动力。以解放牌30年的辉煌折射出在市场竞争匮乏的计划经济时代的创新乏力,上海桑塔纳(Santana)从上市的1984年至今逾22年的产品寿命,真正是世界汽车史的"奇迹"!中国汽车产业这二十年主要精力放在了降低成本的国产化率的提高上,但忽视了核心技术的引进和消化。没有发动机就没有汽车,没有模具这个"工业之母"就没有零件和大规模的制造,没有特种塑料和特种金属材料,就没有特种车辆、特种工具、高质量的模具、发动机等!我们引进了生产线,除了生产线的工人是我们的,原材料、零部件、设备、工具等都是进口的。我们没有消化这些产品,更没有由此获得创新的能力。

上海浦东通用汽车GM有先进的柔性制造系统(Flexible Manufacturing System, FMS)生产线,赛欧、别克、别克商务车等不同型号、不同颜色和配置的车型,一台台从生产线出来,可以满足个性化的订单生产的需要。我们的一汽、东风等国家骨干企业在市场景气的时候,没有放在提高企业自身竞争实力,提高自主创新能力和先进技术的消化上,而是不断追求降低成本和推出新车型,本身的技术含量没有明显的提高。当国外企业发力开始降价和推出新技术产品,我们就招架不住了。2005年年底,神龙汽车等开始出现历史上的第一次亏损。东风乘用车公司也出现了建厂35年来的第一次停产。

我们需要更新的不仅是我们的产品和研发,更应该更新我们的观念。我们引进的不仅是技术,还应该学习管理和运作的流程,这也是一种创新。

(四)研发投入小,开发管理差

技术进步离不开资金的支持。一般跨国公司会拿出销售额的5%左右,作为研发费用投入,以保持公司的竞争力绵延不断。我国企业本身的利润微薄,产品增值的幅度小,加之国内企业与中外合资或者外资企业在税负方面的差异(国内企业需缴纳33%的企业所得税,而中外合资或者外资企业根据优惠政策只有15%的税负,有些地方甚至享受减免政策),国内企业没有能力拿出自有资金进行研发投入。

比如国内的吉普车很有市场,但产品老化,几十年一贯制,缺乏市场竞争力。金山WPS原产品占国内逾90%的市场,但由于缺乏资金的投入,技术在DOS时代成功,到了Windows时代就失掉了优势。联想集团每年拨款给联想的研究院,但整体规模和管理水平无法和国外竞争企业相提并论,联想集团不能较快地推出技术进步需要的产品,无法和业界实力最强的戴尔(DELL)等公司抗衡。联想收购IBM公司(2004年12月)至今逾一年半,税后净利润不足销售额的3%,而戴尔(DELL)则高达6.35%。我们无法利用技术优势来与跨国公司竞争,就只能在价格方面与跨国公司进行"殊死搏斗"。而这种价格竞争的结果,只能造成企业更加缺乏资金,无力进行可持续的投入。这样,企业就陷入一种恶性循环的经营困境。

当然,只有资金的支持还是不够的,国内很多产品的研发也耗资巨大,但最后产品整体不能达到市场的预期。没有充分的市场调研,没有产品的统筹规划,没有开发进程科学化的管理,很多研发投入都以失败告终。神州数码2004年投入1.5亿元巨资欲进

入当时利润丰厚的手机制造领域，最后到年底神州数码领导才看到亏损巨大的数字，不得不停止投入而退出，而主业利润不足2%！

（五）制造业总体浪费严重，供求矛盾突出，库存巨大

近几年来，OEM生产在我国制造业成为一种发展趋势，使得中国制造能力和出口能力每年以30%以上的速度递增。国内很多知名企业大多在十年内，公司整体销售额提升了10倍。这种增幅，使得一大批企业形成了经济规模，整体实力大增。但国内外市场不会都是以这样的速度无休止地增长的，很多产品已经出现饱和过剩状态。2004年汽车型号每三天推出一款新车型，2005年很多汽车企业已经开始亏损，2006年仍然保持这样的势头。汽车行业的产能已经超过了中国市场和环境的需求，当然这直接导致汽车行业的利润从30%锐减到7%！服装、鞋帽、家电的加工能力，都远远高于需求和购买力。这种供远大于求，低成本、低质量、低技术的产品充斥市场的结果，浪费了宝贵的资源（钢材、电力、石油）和劳动力，在材料供应紧张加剧的同时，价格也跌到了谷底。另一方面，企业居高不下的库存更就说明了这一点。以长虹等家电巨头为例，2005年长虹的账面库存超过50亿元。海尔、海信等一大批企业的库存也都超过10亿元。这些库存不仅会加剧市场价格下跌，同时有相当一部分库存会成为坏账。这些坏账不仅会直接给这些家电厂带来损失，还会使这些家电厂的供应商雪上加霜。国内一些著名家电大企业，已经拖垮了很多供应商，长期的拖欠货款，使得本已经利润微薄的加工型企业入不敷出。

（六）低成本的总目标造成质量不稳定，价格持续低迷

这几年煤、电、油、运全线紧张，钢材、铜材等基础原材料和能源大幅涨价，使得企业经营压力大增。很多企业都以降低成本为目标，而忘记了降低成本的目标是满足企业竞争和客户的需要这一大前提。

很多企业将降低成本变成向供应商杀价的借口，把企业增长需要支持变成拖欠供应商货款的借口。这种舍本逐末的做法已经成为产品质量下降的一个重要因素。这种不顾客户要求，不顾质量、安全、风险，单纯追求降低成本的经营模式，最终导致廉价商品，甚至假货、劣货充斥在城乡市场。消费者也忘记了一分钱一分货的基本客观规律，只顾在低廉的超市寻找更加低廉的商品，等待着一次次商家的促销活动。当然消费投诉和不满意度也会上升。

（七）管理水平参差不齐，企业采购管理、供应链管理水平低下

企业从研发、采购、生产，一直到仓储、客户服务、售后维修等环节，需要供应链一体化管理思想。不少新产品的引进没有考虑国内生产的实际，也没有考虑供应商的实际，很多国产化付出很高的代价，采购在国内找不到合格的供应商，只能继续进口。如果在引进技术时，充分考虑国内供应商的状况，以便改进设计以适合国内的制造水平，就会大幅度降低成本。这种方法在国外称之为供应商的早期参与技术（Supplier Early Involvement）。没有前期采购的参与，没有引入供应商的参与，等到引进后，等发现供应存在的问题，就很难解决了，成本也很难降低下来。

对于供应链管理，很多企业领导并没有这方面的意识。在企业经营管理活动中，他

们往往只是认为客户最重要、价格和质量是企业竞争的法宝，很重视市场的宣传和炒作，重视资金的运作，重视销售和客户服务，但对内部管理、物资管理、供应商管理，都缺乏应有的重视。

（八）企业之间恶性竞争多于协作、合作，博弈多于联盟，欠债过多影响了供应链的稳定性

目前，我国很多企业不注重建立供应链上下游合作伙伴之间的稳定合作关系。交易双方之间更多的是博弈，敌意多于诚意，普遍存在短期行为的投机心态。不少采购方存在“供应商的便宜能占就占，不占白不占”的心态，很多企业的财务总监向采购部门指示，供应商要经常更换，不换怎么能降价呢！一些公司长期拖欠供应商大量货款，最后的尾款就赖着不付了，这里面包括很多著名的大企业。

这使得国内供应商即使利润微薄也愿意总和国外的大企业做长久一点的生意，或者价格较低但希望马上付款。比如在北京亦庄开发区，不少跨国公司周围有很多的小公司。跨国公司的重合同守信誉的形象最终使得企业供应成本低，供应链稳定。

我国企业整体信用水平不高。也许对广大的客户和消费者，他们是受人尊敬的，受国家保护和推崇的，但是对于广大的供应商，他们大多数是不受欢迎的。企业与供应商之间的这种关系，对企业本身的成长和发展，是存在相当大的经营风险的。如果欠款危机一旦激化，供应商以无法供货相要挟，这些企业就会因为整个供应链的中断导致经营危机！企业间三角债在几年前成为中国企业的痼疾，千万不要重蹈覆辙。

（九）采购需求盲目，无计划、无管理，不讲采购策略，更不讲行业联合采购

国内很多采购需求是盲目的，缺乏计划、管理和采购策略。目前我国是全球钢材和原油最大的市场之一，但我们拿到的钢材和原油价格却往往是最高的。近几年铁矿石涨价 2 倍以上，2005 年上涨 71.5%，2006 年三大铁矿石供应商联手涨价 19%，原因何在？他们根据收到的订单认为我国整体需求增长，因此涨价。而 2006 年一季度，我国沿海港口已经有近千吨铁矿石积压。铁矿石进口商囤积居奇，待价而沽，趁火打劫的做法，进一步推动了铁矿石的价格虚高。

我国企业对外采购需求缺乏统筹管理，对外采购的窗口太多，缺乏行业联合。国内企业都争抢一两个国外供应商，这就给国外供应商提供了涨价的机会。

国外企业非常重视采购管理和采购横向联合策略。国外汽车业通用 GM、福特、克莱斯勒三大巨头 2000 年联合成立了考文森公司，把企业内部采购需求整合起来，大量零件采购进行标准化管理，网上对 36000 家供应商招标，超过 1000 亿美元的采购量进行电子商务和电子采购。国际经验表明，形成行业自律和行业管理的协调机制，形成联合采购（Consortium Buy）模式，这是国家对能源等大宗战略物资进行管理规范的必由之路。

四、我国制造业采购应对策略及政策措施

我国制造业发展和制造业采购存在的种种问题，需要在实施新型工业化发展战略过程中逐步加以解决。这些问题有些需要企业自身加强管理，有些需要政府和行业协会通

过制定政策措施来加以规范和解决。

（一）应加强对我国大型企业采购活动的宏观管理和政策指导，以增强我国企业国际竞争能力

国家商务部等主管部门应统计、收集和分析国家每年通过各种渠道进口的大宗物资的基本规律，包括石油、矿石、钢材、塑料、软件、大型加工机械等进口的渠道、供应商的资质、平均价格水平等信息的收集。同时汇总国内主要买家的大宗物品的需求、采购价格的整体水平和国际价格的差距，针对这种差异，提出加强采购宏观管理的指导性建议，比如推行联合采购政策、加强物资采购标准化和规范化管理等，限制无序的对外询价和进口活动带来的价格虚增。2005 年上半年商务部提高铁矿石进口商门槛的做法非常英明，从源头上来规范采购需求，避免经销商的爆炒原料、借机涨价，把涨价直接转嫁给国内企业的恶劣压力。比如汽车行业出现材料暴涨，国家有关部门和行业协会应加强协同管理，密切汽车制造商与上游原材料提供商之间的合作，提高汽车生产的整体供应链效率和效益。

有关部门应该组织研究进口资金和物资的使用、国外税收、海关的特点，运输和物流等环节的规律，方便中国企业与国外企业交易，减少交易风险，降低交易成本，增强我国企业国际竞争能力。

（二）商务部应协助企业和行业协会逐步建立起供应商管理的公共信息平台

在条件许可的情况下，建立国际企业与我国企业的交易数据库，指导国内企业对外进行供应商选择、评价、管理、审核，建立供应商的管理体系。比如某些国外企业利用国内企业信息不足、语言不通、不懂得使用信用证等结算手段降低收款风险等弱点，进行商业欺诈。大型企业应逐步建立起集团整体供应商和全球性交易对象黑名单，以规避风险。大型企业组织内部分享，也可以向行业协会申请分享这些名单，这必将大大降低来自供应商的风险。这些名单也可以从国际仲裁庭、企业诉讼和国外的银行等共享和交换数据。这种信息平台的建立，将大大挤压不良供应商的生存空间，非常有助于形成企业信用体系和环境。

（三）加强对进口货物的监管

国家质量与技术监督局技术可以与海关联手，对进口货物实行管理，对不合格的进口货品，尤其是涉嫌欺诈、以次充好、以旧充新等厂商，实行监控，起到为企业“保驾护航”的作用。对与黑名单的企业进行交易行为能及时警示，防患于未然。

（四）充分发挥行业协会在采购行业自律管理方面的重要作用

我国的行业协会的工作机制和工作内容、角色的定位亟须改革。行业协会首先应该规划产品整体策略，物资整体的标准化策略和采购策略，了解整个行业中先进的做法和实践经验的分享，对行业内的企业予以指导。比如行业性的学习曲线规律，物资采购价格变化趋势和行业对策等。鼓励横向的联合采购与物资专业经验分享。如果能把过去采购的历史数据进行分析，对行业数据进行预测和规划，企业既可以对行业总需求有了解，又可以对市场进行理性的规划。行业协会通过这种数据分析提供给会员专业分析报告，有利于会员自觉地摒弃盲目扩大规模、盲目地以牺牲质量和利润来加大市场份额的

做法。这是一种理性的科学发展观，鼓励企业追求提高企业实力和竞争能力，而不是以提高市场占有率为目标。

行业协会也可以把会员过去的交易记录的供应商根据表现分门别类，鼓励信守合同表现优异的好企业，打击欺诈和不良表现的供应商，与会员企业分享优秀供应商和不良供应商名单，帮助企业规避交易中的风险。同时，通过交易记录的分析，可以帮助企业理性地对待价格，并提供各个企业价格相对于整个行业的采购优势（Procurement Competitive Advantage）。可以帮助企业理性地对待炒作和夸大事实的宣传，打击制假、售假和不公平交易的企业行为，规范行业风气，形成行业自律的格局。

（五）物流与采购联合会等机构将进一步加强对企业供应链管理和采购物资专业化管理的宣传和培训

应当重视采购从业人员的专业资质的培养，向企业的中高层管理者提供专业化的服务，将跨国公司的采购管理、供应链管理等理念和实践，通过培训、咨询、认证、组织学习参观等形式，为企业提高整体供应管理水平服务。

物流与采购联合会已经引进国外的采购从业管理资格的认证，并将逐步建立中国企业采购职业经理认证体系和培训体系。国有大中型企业和集团总裁们应加强采购管理与供应链管理的培训，企业首席采购官（CPO）和采购从业人员必须有采购技能和采购规范的上岗培训。对国有控股大中型企业的采购管理者，实行采购从业资格制度，建立采购从业人员商业道德和商业行为规范等行业自律体系。对大型国有骨干企业和集团的采购管理者必须有中国注册采购经理人（China Certified Procurement Manager）资格才能担任。对于国有控股企业，必须强化企业的高层管理者重视、学习和掌握企业采购管理的规律，了解先进的采购管理理念和实践，完善自身管理水平，建立起高道德、高效益、高效率的连续稳定、安全的供应链管理体系。

（六）加强对引进技术、装备等内容的管理，促进技术进步和创新能力的提高

国家和企业迫切需要加强技术研发投入和后续管理：对于国计民生最为重要的基础原材料如塑料、钢材与钢带、模具与测量仪表、精密机械及传感器元件、机电一体化设备、汽车发动机、家用电器内的核心部件、计算机软件、计算机和工业控制设备中的集成电路芯片、网络设备、通信系统、数据存储与备份、计算机信息系统、金融机具、航空器材、企业资源计划软件 ERP（Enterprise Resource Planning）、重大核心技术培训和管理咨询等，国家应该组织对近十年引进技术、装备、原材料、技术服务等大宗内容进行汇总和分析，看看有否重复进口和引进的关键技术和装备，得到了的关键性技术有否消化吸收了；哪些基础原材料我们可以不要进口和那些战略资源要限制出口；哪些装备我们可以自给自足了。我们的国有大中型企业的项目研发费用和重大引进项目都获得了哪些专利技术和收获，哪些可以替代进口，达到什么水平。对于重大技术难题需要协作和组织攻关，重点扶持汽车发动机、计算机芯片、核心操作系统软件等战略物资，提高技术管理水平，重视相关人才的引进和培养。

（七）应加快国内采购管理有关法律的制定和修订工作

《中华人民共和国招标投标法》颁布施行至今已经 6 年时间，中间漏洞和不合乎采购管理规律和国际规范的地方比比皆是。很多大型企业集团已经认为招投标法中的不完

善之处，使得采购活动受到局限。企业采购管理核心是建立采购管理制度、设立规范科学的采购组织、规范化采购流程和采购技术及供应商的管理体系等。招投标只是采购技术的一种方式。很多物资由于供应商少，标准化程度低，供应商之间很难造成有效竞争。这种不适合招标的场合使用招标，使得采购招标流于形式。应当建立采购技术规范体系，把握投标活动的几个关键环节，以避免采购领域的腐败现象。

《国家采购法》规范了政府采购活动，但采购人的权限过大，采购代理机构的地位不明，使得采购活动迟迟不能达到集中采购的规模和发挥集中采购的优势。逾千亿采购金额，而每年政府集中采购金额只有 30 亿元。政府采购等法律也亟待修订，相关的采购法律亟待建立。包括《采购从业人士职业道德与商业行为规范》、《供应商的投诉管理》、《反商业贿赂》等内容，鼓励国内有经验的采购专家参与到相关法律的制定和修改中。

（八）加强采购数据统计分析和挖掘工作

我国的采购经理人指数（PMI）已经参照国际标准建立，但相关的数据分析整理亟待加强。PMI 的指数是我国经济建设的“晴雨表”，也应该是整个经济建设的红绿灯。应该重视 PMI 数据的挖掘，成为相关政策制定的依据，为国内众多企业提供有价值的商业报告。

（九）鼓励我国企业通过进入跨国公司的供应链条，学习跨国公司经营管理之道，以实现经营水平的提高，以提升企业的综合竞争力

附　录

课题组成员名单

课题组负责人： 陆　江　中国物流与采购联合会会长

课 题 组 成 员： 宋　则　中国社会科学院财贸经济研究所研究员

张家敏　利丰发展（中国）有限公司、利丰研究中心执行董事

胡大剑　中国物流与采购联合会采购与供应链管理专业委员会主任

谢勤龙　北京普思华管理咨询有限公司总经理

沈小静　北京物资学院教授

物流基础工作篇

物流标准化与现代物流业的发展研究

内容提要：目前，我国物流业尚处于起步阶段，标准化基础相当薄弱，明显滞后于现代物流业的快速发展，成为制约我国物流发展的“瓶颈”。为促进和保证物流业的健康协调发展，亟须加强物流标准化建设，建立协调统一的物流标准体系。

在传统物流时期，运输、仓储、信息、邮政、商贸、机械等物流相关行业，按照传统流通方式制定本行业的技术装备和作业环节标准，没有充分考虑到行业衔接与整合运作的需要。在现有与物流业相关的标准中，这一阶段的标准占据了主要部分。进入21世纪以来，在政府、企业、学术界的高度重视下我国物流标准化工作已经取得了一些进展，比如物流标准化专业组织的成立、制定修订机制逐步完善等，但是，物流标准化存在的问题仍然比较严重，主要体现在物流标准的兼容性差、标准化工作管理体制混乱、市场基础薄弱等方面，标准化工作任重道远。

国外发达国家的物流标准化工作有许多值得我们借鉴的地方，通过对美国、德国、英国、法国、日本、韩国等国家物流标准化工作及其管理模式的介绍，可以发现：中介组织和企业在标准化制定过程中发挥了重要的作用，而政府主要负责监督、引导以及给予相应的政策支持；普遍重视标准的教育、培训和宣贯；倾向于制定面向基础、实用领域的物流标准规范等。这对我国物流标准化工作有着一定的启示作用。

针对我国物流标准化存在的问题，参照国外发达国家物流标准化的成功经验，结合我国的实际情况，从远景规划角度提出我国物流标准化的战略目标，主要包括：提高物流系统效率、促进物流的整合作用、建立原有行业标准与物流标准的协调机制、建立市场主导的标准化机制等。在具体实施过程中，要坚持这样几个原则：可持续性发展、加快物流标准的国际化、加强物流标准的宣贯、保证国家经济安全等。

希望这些工作不仅能够为建立科学完善的物流标准化体系奠定一定的基础，而且对提升政府与全社会对物流标准化重要地位的认识起到一定的作用，最终将通过确立我国物流标准化战略与实施规划，明确当前与今后我国物流标准化的工作重点。

一、我国发展物流标准化的重要性和紧迫性

（一）现代物流业的发展状况

物流业在我国尽管起步很晚，但随着市场化进程的加快和经济的持续快速发展，原本接近于空白的国内物流业近年呈现出了一派生机勃勃的景象，被视为“第三利润源”的现代物流，已成为近几年国内经济领域中最活跃和最受关注的一个产业。目前从物流

的总体发展趋势分析，国内物流业正处于从起步、摸索转向更深入、务实的发展阶段。

1. 物流服务趋于专业化和社会化

近年来，物流企业通过一系列的资源整合，整体的管理水平得到了很大的提升，物流服务的质量也趋于专业化和社会化，同时外资和跨国企业的进入也加速了物流的市场化进程。中远、中外运等一批传统物流企业通过内部资源整合及与外资共同组建物流公司等方式，改进管理方式，全面提升了客户服务水准；非核心业务外包也成为大势所趋，据2004年中国仓储协会等单位的调查显示，生产企业成品销售物流中，全部外包给第三方的占18%，部分外包的占55%，其中部分外包比2002年高出了19%，这说明物流服务的水平逐步得到了社会的认可，越来越多的企业愿意将自己的物流相关业务外包给更加专业的物流企业。

2. 物流市场潜力巨大

据中国物流信息中心统计，2004年全国社会物流总额达38.4万亿元，同比增长29.9%（按可比价格计算，下同），明显高于同期GDP的增长速度。GDP总量与物流总额相比的物流需求系数为2.8，这一系数也明显高于“八五”时期平均1.6、“九五”时期平均1.7的水平，国民经济发展对物流的依存度进一步提升。

随着物流需求规模的高速增长，2004年国内物流业实现增加值8459亿元，同比增长8.4%，增幅比去年同期提高1.4个百分点。物流业增加值的增长速度快于整个服务业增加值增长的速度。物流业增加值占整个服务业增加值的19.5%。发展现代物流已经成为加快服务业发展，调整经济结构的主要途径。

3. 物流基础设施初具规模

我国铁路、公路、航道、港口等交通基础设施建设发展较快，现代综合运输体系初步形成。2004年年底，全国铁路完成基本建设投资516.32亿元，同口径同比增长7.7%。路网规模继续扩大，全国铁路营业里程达到74408公里，比上年增加1406公里，增长1.9%；全国公路总里程达到187.07万公里，比上年年末增加6.08万公里；全国内河航道通航里程12.33万公里，其中等级航道6.08万公里，占总里程的49.3%，比上年年末提高0.2个百分点；全国港口拥有生产用码头泊位35108个，比上年净增819个，其中万吨级及以上泊位944个，比上年净增45个；物流园区（中心）建设这几年发展很快，许多物流园区依托当地产业集中进行布局，较好地发挥了物流组织与管理的功能。

4. 物流的科技、理论、人才等方面取得显著进步

物流技术设备是现代物流发展水平的标志。目前，我国已经可以独立设计制造自动化立体仓库、AGV、搬运机器人等高技术水平的物流设备和产品。以光缆为主体，以数字微波和卫星通信为辅助手段的大容量数字干线传输网络业已基本形成，EDI、ERP、MRP、GPS等围绕物流信息交流、管理和控制的现代通信技术也已在物流中得到应用。我国现有30余家专业的物流研究机构，在物流的基本理论、物流企业、物流成本、物流规划与政策、物流园区和物流实用技术等方面进行了深入的探讨并取得了新的进展。从事现代物流研究的大专院校也不断涌现。初步统计，到2005年，开设有物流管理和物流工程专业的院校有近140余所，学历教育、证书教育和岗位培训的多层次物流教育

体系初步形成，一定程度上缓解了物流人才短缺的问题。

5. 物流市场进一步对外放开

按照加入世贸组织的承诺，我国在2004年12月，包括公路货物运输、货物租赁，一般货物的批发、零售及其物流配送，出入境汽车运输公司等取消在地域、股比等方面对外资的限制，实现物流领域进一步对外开放，2005年12月，物流市场更将全面放开。随着全面放开时间的临近，UPS、FEDEX、DHL、TNT等物流巨头纷纷高调推出中国区投资和网络建设计划，加大了对中国区的资金投入和网络建设，希望在这一轮竞争中抢得先机。尽管如此，合作共赢仍是目前最有效的手段，同时国际区域物流合作取得初步成果，在全方位开展物流合作的基础上，与周边国家的区域物流合作取得新的进展。

6. 政府部门加强推动作用

现代物流业的发展已成为政府部门关注的重点之一。2001年与2004年，国务院有关部门两次出台了关于加快我国现代物流业发展的若干意见。意见中，不仅明确提出了改善物流环境，推进物流发展的几点重要措施，而且提出要建立由13个部委及两个物流协会参加的全国现代物流工作协调机制，这些政策对指导我国现代物流未来的发展具有重大而深远的意义。为了统筹推进现代物流工作的开展，从国家到地方政府目前正在积极制定物流发展规划。

（二）物流标准化建设的重要性和紧迫性

物流标准化是以物流作为一个大系统，制定系统内部设施、机械设备、专用工具等各个分系统的技术标准；制定系统内各个分领域如包装、装卸、运输等方面的工作标准；以系统为出发点，研究各分系统与分领域中技术标准与工作标准的配合性，统一整个物流系统的标准；研究物流系统与相关其他系统的配合性，进一步谋求物流大系统的标准统一。标准化是物流管理的重要手段，对物流成本和效益有决定性作用，它在现代物流中的重要性具体体现在：

1. 提高物流系统效率、降低管理成本

物流标准化是提高物流效率的重要途径。物流的载体包括托盘、集装箱、拖车等各种运输装卸设备，这些载体设备的标准化可以使物流各环节的运作得到有效衔接，通过减少重复劳动，加快了流通速度，提高了整体运作效率。同样在物流过程中，如果信息技术的标准化提高了，整个物流系统的运转效率也会得到明显提升，随着近期RFID和EPC技术在全社会的推广应用，还将进一步地提高物流系统的运作效率。

2. 加强部门、行业协调

部门分割主要表现在行政管理的分散，物流企业主管部门相互割裂，物流资源在操作环节上的分散和地域上的分散等。解决“散”的一个重要途径就是加强物流的标准化建设。物流标准体系的建设，有利于行政部门之间建立协调机制，通过标准化技术组织与科研机构相互之间的沟通、协调，建立公共信息平台，不但能够制定出实用有效的标准，更能够消除计划经济时代遗留下来的分割现象。

3. 规范物流市场

随着我国现代物流的快速发展，物流市场上各类物流企业同时并存，提供的物流服务水平也参差不齐，产生了鱼龙混杂的局面，造成物流市场的秩序混乱，使物流业内恶性的不规范竞争愈演愈烈，已成为制约我国物流业健康发展的极大障碍。通过建立物流相关标准，推动标准在物流市场的应用，可以有效地引导物流企业健康发展，促进整个物流市场的规范化，保护用户合法利益，促进物流改善服务水平，这也是确保我国物流业稳步发展的需要。

4. 带动整个供应链的整合优化

物流是一个开放的网络系统，生产企业和物流企业组成的不同供应链在这里纵横交错、互相渗透。先进信息技术的应用更促使了社会分工的深化。我们知道某种物流总是根据其供应链的需要而产生，并在供应链各结点间流动。因此物流的标准化同时也是各结点企业间相应的设施、包装、产品制造、流通加工的标准化过程。一个结点的标准化将最终带动整个供应链的标准化，从而使供应链上各企业间的战略合作关系得以加强巩固，供应链的竞争力加强了，规模效益也可以得到充分的展示。

5. 加强国际合作，拓展企业市场

全球经济一体化的浪潮使许多跨国企业开始把目光投向中国。加入 WTO 后，随着物流领域对外逐步放开，国内物流企业面临着国外先进物流企业涌入中国市场所带来的严峻考验。国内的物流业必须尽快与国际接轨，学习先进的管理理念、科学的管理方法，改造和武装我们的物流企业，以提高竞争力。市场的国际化随之必然会带来标准的国际化，推动物流企业、物流设备生产企业采用通用国际标准和国外先进标准，有利于强化企业发展的技术基础，拓展企业的市场，加快企业的国际化进程。

我国经济已蓬勃发展了 20 余年，积累了雄厚的物质基础，各个行业已形成各自的标准体系，而这些标准的制定并没有考虑到现代物流的发展需求。在现代物流发展的过程中，必然会产生与原有标准体系不一致甚至相互矛盾的问题，如果再不及时建立新的物流标准体系，势必这种矛盾会愈加扩大，制约物流业乃至整个国民经济的发展。

随着物流市场不断扩大和细化，体现在技术标准等多方面的差异也愈加明显，如果没有一个客观的标准，物流服务的质量没有保证，消费者在选择物流服务时也难辨优劣，这些都严重影响了整个物流系统的运作效率。这些问题突出表现在托盘、信息编码等基础性、通用性的设备、技术上。同时，对于如何加强现有标准的科学整合及采用国际标准和国外先进标准应遵循什么原则也都是目前迫切需要解决的问题。

二、物流标准化在我国现代物流业发展的状况

（一）传统物流时期的标准化状况

近几十年以来，国家的物流及其标准化工作都是由政府部门管理的，涉及行业包括铁道、交通、民航、物资、商业以及所有工业部门的物资管理系统。我们在这里将主要介绍近几十年来管理较为系统、标准化工作较为显著的三个行业领域：交通运输业（含铁路、公路、水路运输）、农业、邮政业。

1. 交通运输业

（1）铁路

目前，根据铁道部标准计量研究所的资料，铁道部制定或归口的国家标准档案有 204 项，铁道行业标准档案 2412 项，JJG 规程（铁道）53 项。应该说，我国铁路几十

年来形成了较为先进的管理模式，总结出了一套具有中国国情特色、行之有效的管理制度和办法。

从标准类别上讲，有技规、行规、段细、站细及各类技术标准、管理标准、工作标准等，形成了较为完善的铁路标准体系；从标准内容上讲，包括：名词、术语的标准化；企业间信息传递的标准化；铁路物流管理软件架构的标准化；基础设施规划与建设的标准化；服务产品包装和装卸、承运器具的标准化。

目前我国铁路的物流相关标准化工作的关键点，包括进一步完善标准化管理机构建设、及时复审修改过时的标准、加强标准执行的监督检查和考核、进一步完善规章标准体系的建设宜贯等。

（2）公路

在管理架构上，交通部设有公路司，总体统管公路运输事宜。具体标准研发方面，所涉及的机构、单位较为复杂，包括全国智能运输系统标准化技术委员会等三个标委会。其中，全国智能运输系统标准化技术委员会是从事全国性智能运输系统标准化的技术工作组织，负责智能运输系统领域的标准化技术归口工作，现正负责制定的标准有40余项。

目前，公路运输物流标准化工作的关键点主要包括安全的标准化、环卫标准化、能源标准化、客货运输标准化、信息标准化和质量管理标准化等方面。

（3）水运

在管理架构上，交通部设有水运司，总体统管水路运输事宜。具体标准编制方面所涉单位较复杂，缺少统一归口。目前水路运输服务还存在标准不配套（特别是安全、环保、卫生标准）、体系不完善、标准贯彻实施仍显不力、质量意识不强等问题。

水运方面物流相关标准化工作的关键点主要包括：安全的标准化、企业质量管理和质量保证体系的标准化、相关运输设备与信息的标准化等。其中，安全是水路运输最重要的质量特性，而相关运输设备与信息的标准化与物流的标准化十分相关，目前初具成效的领域主要有集装箱标准和EDI系统应用。

①集装箱标准：

我国现有集装箱有关标准19个，其中8个标准是参照国际集装箱标准制定的，但没有等同或等效采用国际集装箱标准。根据国家经贸委、计委和国家技术监督局《关于推进采用国际标准和国外先进标准的规定》（以下简称《采标规定》）的要求，我国集装箱标准应等同、等效采用ISO/TC 104的标准。

②EDI系统：

在开发EDI系统中，首先要采用国际通用的标准化单证。国家计委批准的“七五”国家重点工业性试验项目“国际集装箱运输系统（多式联运）工业性试验”，使用了传统件杂货运输中未曾使用的格式统一的新单证，既符合国际惯例，又适合我国国情和集装箱运输特点。过去我国传递集装箱单证，在开船后最快3天才能送到用户手中，现在有了EDI系统，3小时即可传给用户，且准确率达100%。

2. 农业

国家农业部统管农业工作，但是在机构设置上并无专司标准化工作的机构。产业政策与法规司所涉工作与法规制定息息相关，但以产业发展规划而非物流操作技术层面为主；另外，部门设有种植业管理司、农业机械化管理司、畜牧业司、农垦局、渔业局等机构，各自可承担所辖业务范围内的法规、标准工作。从总体来看，对农业物流标准化的归口工作存在一定模糊。从我国目前的现实来看，农产品物流标准化工作还处于十分落后的状况，亟待培育和完善。相关工作关键点如下：

（1）标准体系建设

物流标准化的落后使农产品在加工、运输、储存中得不到有效的保护，导致农产品品质和安全卫生质量下降，也使得农产品在市场流通和出口中遇到很多障碍。

（2）标准编制方式需进一步改进

我国农产品标准化工作起步较晚，总体上表现为标准编制水平低、指标设置不合理、分析手段落后。

（3）农产品运输工具标准化

农产品物流几乎均为以汽车为载体的公路运输，绝大多数采用“裸露运输”即开放式运输，容易造成货物丢失、损坏交通、危害人身安全、污染环境等。因此，加快农产品物流运输工具标准制定，大量采用厢体运输作为公路货物运输的主载体是当务之急。

（4）农产品物流信息的标准化

农产品物流的支柱有三：农产品物流基础设施、物流企业经营管理和物流组织信息化。前两者可以通过政府和企业的努力得到较好的解决，但物流组织的信息化则存在较大困难。目前，我国企业信息系统建设自成体系进行，这些独立的信息系统因各农产品物流企业资金投入、开发方法和对象、组织管理等存在较大差异，信息的共享和传递客观上已存在障碍。

（5）外围的物流业市场培育

农业物流标准化建设还须注意外延的农产品物流市场运行环境的培育（包括基础设施建设、构建农产品物流信息服务平台、提高农产品物流技术水平、创建农产品物流业服务信用体系等）和市场主体的培育（包括各种提供农产品物流服务的物流企业、中介组织、批发商和代理商等）。

3. 邮政业

中国邮政行业自邮电分营以来，完全归口由国家邮政局管理，已建立了统一计划、统一审查、统一编号和统一批准发布的标准管理体制。共发布国标、行标、指导性文件及内部标准146项，涉及信息网建设、实物网建设、企业形象标识、产品检测规程等方面，并积极参加了万国邮联的标准化活动，万国邮联标准的转化率已经达到了70%。

应该说邮政领域的标准化工作开展还是相对到位的。如《中华人民共和国邮政法》、《中华人民共和国邮政法实施细则》、《中国邮政企业形象管理手册》、邮政标准目录、邮政标准信息检索（030531）、邮政标准目录（行业标准）、邮政标准目录（指导性文件）、邮政标准目录（国家标准）、邮政标准目录（内部标准）、邮政标准目录（其他）等一系列法规、标准、文件相继出台。目前，中国邮政将标准制定工作的重点从满足技术发展和工程建设急需，逐步拓宽到支撑业务发展、提高服务水平和统一优化内部生产作业流程上来。加强涉及形象工程、服务质量、中心局作业组织和生产流程、邮政信息网和实物网互联互通标准，以及术语、代码等基础标准的制定工作。

目前邮政企业物流装备水平仍然很低，各种运输方式之间的装备标准不统一，物流器具缺乏统一标准而且不配套，物流包装标准与物流基础设施标准之间缺乏有效的衔接，邮政汽车的运量、车型与所承运的物流产品不配套，在很大程度上影响了运输工具的装载率、负荷率和仓储设施的利用率。

邮政业物流标准化工作的关键点主要有：企业标识的标准化；邮政物流企业间信息传递的标准化；邮政物流基础设施规划建设的标准化；物流产品包装、装卸和承运器具的标准化；自动识别与分拣跟踪技术的标准化。

（二）现阶段物流标准化的初步进展

1. 物流标准化专业组织的成立

我国物流标准化的工作传统上主要是通过各个行业或相关部门的工作体现，在一定程度上起到了积极的作用。但随着现代物流理念的引入和我国物流产业的快速发展，它已很难适应社会、经济发展的要求。成立全国性、综合性的物流标准化组织，进行整体的物流标准化规划与实施，促进物流标准化的全面、协调发展，已是当务之急。

为顺应物流标准化工作的需要，国家标准化管理委员会于2003年8～9月间，正式批准成立了全国物流标准化技术委员会和全国物流信息管理标准化技术委员会，具体负责制定现代物流标准体系。这两个委员会分别由来自国家经济管理部门、科研机构、高等学府和企业的标准化专家组成。两个委员会的工作领域都是物流业，分工各有侧重，前一个委员会负责重点研究和制定物流基础、物流技术、物流管理和物流服务等领域的国家标准；后一个委员会重点研究和制定物流信息基础、物流信息系统、物流信息安全、物流信息应用等领域的国家标准。在我国，与物流相关的政府管理部门较多，各方发展不平衡、协调难度大，成立两个委员会在统一指挥下突出了各自的工作特点，有利于加快工作进度。

两个技术委员会成员包括交通、铁路、民航、邮政、贸易、信息技术等物流相关产业的标准化研究机构、标准化技术机构、各种类型的物流企业。全国物流标准化技术委员会主要从事工作：一是制定物流管理、物流服务方面的基础性标准，如有关物流企业、物流园区建设的标准；二是组织各个行业的标准化技术组织、研究机构，交流、研究物流标准化的一些具体问题，如托盘标准化问题，解决各个产业物流标准化工作没有交流，没有配合的问题，促进中国物流标准化的协调发展。全国物流信息管理标准化技术委员会的主要任务是协调、制定并推广现代物流信息方面的标准、向国内企业引进世界最新的现代物流信息管理技术和运作理念、提高国内流通行业的信息化水平和国际竞争力。专业物流标委会的成立，标志着物流标准化的工作脱离了行政管理，进入了中介组织，与市场的联系更加紧密，将在很大程度上改进物流标准的制定效率和实施效果。

2. 物流标准化的最新进展

我国目前已经建立了物流标识标准体系和《中国物流标准化体系规范》，并制定、实施了一系列重要的国家标准，如物流术语、商品条码、储运单元条形码、物流单元格条码、联运通用平托盘尺寸公差等。这些标准的实施对于规范我国当前物流业发展中的基本概念、促进物流业迅速发展并与国际接轨起到了重要作用。随着两个物流标准化技术委员会的成立，我国物流标准化的工作进程进一步加快，近两年，主要取得了以下一些新的进展：

(1) 物流标准化在现代物流业发展中的地位突显

2003 年 12 月，全国政协报送的《关于我国现代物流情况的调研报告》中特别提出我国的物流信息化、标准化程度不高的问题，建议要加强物流信息化和标准化建设，报告引起了国务院领导的高度重视。各地政府和香港部门在经济建设和发展中，对建立物流标准科学体系的呼声也十分强烈，上海、广东、浙江等现代物流发展较快的地区都提出了加快推进物流标准化工作。

2004 年 8 月，经国务院批准，国家发改委、商务部等九部委联合印发了《关于促进我国现代物流业发展的若干意见》（以下简称《意见》）。《意见》中明确提出：要建立和完善物流技术标准化体系，加快制定和推进物流基础设施、技术装备、管理流程、信息网络的技术标准，尽快形成协调统一的现代物流技术标准化体系。值得提出的是，在九部委文件中，重点列出了发展现代物流的四项基础性工作，物流标准化列为这四项基础工作的首位，物流标准化在现代物流业发展中的地位突显出来。

(2) 大企业、大集团参与物流标准研究和制定的积极性越来越高

发达国家的经验表明，标准参与和实施的主体是企业，标准的直接推动力来自市场的需求。我国过去的标准化工作主要靠政府推进，企业参与积极性不高，市场化程度低。2004 年，全国物流标委会重点进行了物流标准体系的研究制定，从物流标准体系研制过程来看，中远、中外运、中储、宝供等企业和集团对物流标准体系研制表现出了很高的热情，这其中还包括马士基等一批著名的跨国物流企业。这为我国的物流标准化工作加快市场化进程、加快与国际接轨，展现了良好的前景。

(3) 全国物流标准发展战略规划和一批基础性、通用性的物流标准正在加紧制修订

在国家标委会直接领导下，物流标委会研制物流标准战略发展规划工作取得了很大进展。全国物流标准战略发展规划以物流标准体系表为核心，与国家“十一五”计划相衔接，初步规定了我国未来的物流标准化的指导思想和物流标准制修订的总体框架，将基本解决物流相关产业的标准缺乏有效衔接，标准的制修订体制过于分散等阻碍物流业发展的“瓶颈”问题。在准备对原国家标准《物流术语》进行修订的基础上，全国物流标委会组织力量，目前正对《联运通用平托盘》、《企业物流成本构成与计算》、《物流中心规划与建设》等一批通用性较强，社会和企业急需的物流基础标准进行制修订工作。2005 年 5 月，国家标准《物流企业分类与评估指标》正式公布实施，该标准通过对不同类型的物流企业及其综合服务指标做出明确的技术规定，对于引导我国物流企业的健康发展和国家物流产业政策的制定都具有重要的实践意义。

(4) 物流标准制修订从产品标准向服务性和管理性标准重点推进

过去，标准化工作以产品标准为中心，服务和管理类标准十分缺乏。现代物流是以高新技术为支撑的服务性产业，对服务和管理的标准化要求很高，也很迫切。为解决社会急需，一年来，为了推进物流标准化朝着市场化的方向前进，物流标委会重点抓了一

批物流服务和物流管理的制修订。

在物流通用设备服务方面，正在制定《散装水泥输送车卸料管快速接头》、《货运汽车厢体规范与安全》等标准。《库存商品融资作业规范》、《轿车运输专业设备标准》、《联运平托盘主要尺寸及公差》等一批重要的服务类基础类标准的制修订也已经有物流标委会报送，先后列入国家标准委标准制定计划。集装箱标准化也有了良好进展。在采用国际标准方面，我国已参照 ISO、IEC 的一些标准制定了通用集装箱内部尺寸、包装储运标示标志、运输包装件各部位标示方法、船用电器等几百个国家和专业的标准，提高了我国标准化水平。如 GB 2934—82《联运平托盘外部尺寸系列》，等效采用 ISO/DP 8611，属当代国际先进水平。

（5）物流信息标准化全面推进

信息化和标准化是推动现代物流前进的两个车轮，物流信息管理标委会自成立起一直对实现物流信息标准化的重要技术项目进行了全面跟踪和研究，取得了很大的成效：科技部支持的物流标准化项目“物流配送系统标准体系及关键标准”和“我国电子商务与现代物流标准体系及关键标准的研究与制定”成果显著；展开了对全球产品分类（GPC）、全球数据同步（GDS）、全球数据字典（GDD）、联合国标准产品与服务代码（UNSPSC）、产品电子代码（EPC）的研究工作。尤其是全球数据同步（GDS）和产品电子代码（EPC）的研究取得重大进展，为提高我国物流企业的运作效率打下坚实基础。

随着电子技术、网络技术的发展，全球经济、全球贸易和电子商务已成为当今的发展趋势。贸易伙伴之间主数据是商务系统中最基本最重要的信息，在不同的经济体系中，全球产品与服务主数据能否共享和一致是提高电子商务效率和效益的关键。而电子商务与现代物流又是紧密联系的，针对当前严重影响现代物流建立与发展的物流数据一致性问题，急需展开这方面的标准化工作，全球数据同步已经列入物流信息标准规划中。产品电子代码（EPC）是近年来出现的物流信息管理、自动识别和供应链应用的一项新技术，它的出现给全球带来了物流信息化的革命。新型的产品电子标签在国外正由研究转向生产和应用，我国对这种新技术的推广应用做了大量跟踪研究工作，参加了 EPCglobal 的 HAG、SAG、BAG 工作组的工作。

EPC 系统是全球性、开放性的社会化大系统，信息交互与沟通需要协商一致的标准支持。EPC 系统的规划、建设以及相关产业的形成也需要标准化支持。2004 年 12 月 EPCglobal 批准发布了第一个标准 UHF Gen2，是 EPC 实施的里程碑。委员会归口管理 EPC 及其相关标准的制定，目前已经完成了 EPC 标准体系研究和 EPC 系统术语、EPC 系统数据结构标准草案，现这两项标准已经通过技术委员会进行了标准立项。与此同时，信息标委会积极协助国家无线电管理委员会开展 EPC 工作频率的测试工作。为 EPC 编码和自动识别技术在商品条码应用的基础上更好、更便捷、更迅速地在物流和供应链管理领域，进而在贸易领域的应用创造了良好的发展环境。

（6）物流标准学术研究取得重要成果

两年来，围绕物流标准化问题，我国的政府部门、科研院校、行业组织、企事业单位的广大理论工作者和实际工作者进行了多方面的学术理论探讨。2003 年开始，物流标委会和物流信息标委会以研讨物流标准体系表为核心，组织了多次大型的专家研讨活动，从而为最后制定的物流标准体系表及全国物流标准发展规划的出台起到了至关重要的作用，推动了物流标准研究在全社会范围的展开，也极大地促进了物流标准化工作的开展，为物流标准化活动的进一步深入进行奠定了坚实的理论基础。

（7）初步形成了协调、顺畅的物流标准化工作机制

虽然两个物流标准化技术委员会的秘书处分别设在中国物流与采购联合会与中国物品编码中心，但这两个委员会是由国家标准化管理委员会直接管理，成员包括经贸、商务、交通、铁路、民航、邮政、贸易、信息技术等物流相关产业的政府管理部门、标准化研究机构、标准化技术机构、各种类型的物流企业，其职能是全面组织和推动物流领域的标准化技术工作。近几年，在国家标准委的领导下，物流标准化组织得到了各方面的大力支持，与物流业相关的各个产业部门打破行业界限，为加快推进我国现代物流的整体发展，积极参与物流标委会的工作，使物流标准制定过程中的整体性、系统性和科学性大为加强，各方面的意见在标准制修订过程中在这个平台里得到了充分的体现和合理吸收，以物流标准化组织的正式成立和运作为标志，我国已经初步形成了协调顺畅的物流标准化工作机制。

（8）市场化运作情况进一步改善

一方面，物流市场的实际运行，推动了通用技术标准化的进展。以集装箱为例，过去铁路部门有集装箱的行业标准，使用 5 吨箱、10 吨箱，与海运中使用的 20 英尺、40 英尺国际标准的集装箱不一致，而且相关行业对这一问题一直都没有提出明确的解决办法，因而有关的资料、报道提出我国海铁集装箱标准不一致阻碍了多式联运的发展。但最近调查表明，在实际运作当中，老式的 5 吨箱、10 吨箱只是在国内内陆运输中还有使用，而且数量在不断减少。目前在海铁联运中使用的都是国际统一标准的集装箱，这也是市场化运作对集装箱标准的自我选择，可见市场的自我选择对标准化的实施已经开始起到明显的推动作用。

另一方面，标准化的宣传对市场运作的积极影响也渐渐显现出来。例如，贸易与服务标准一直是标准化的薄弱环节，在物流业中更为突出。在原国家经贸委立项的 2002 年行业标准项目计划中，有进一步提高仓储业服务水平的库存商品退货及储运包装辅品回收管理。然而从总体上讲，我国物流标准化工作的市场推动形势仍不容乐观，与发达国家相比尤其存在很大的差距。最为突出的一点在于标准编制中市场力量的相对薄弱，这与标准的市场导向弱乃至最终的采标率低是有着直接的关系的。

（三）我国物流标准化的主要问题

我国由于经济体制与经济发展的特殊性，物流标准化的滞后被看做是阻碍物流发展的一个“瓶颈”，受到业内各界的广泛关注。这方面的问题主要有：

1. 总体发展滞后，行业系统效率低下

（1）标准本身不“标准”，有待系统性整合

目前我国国民经济各主要行业都已形成各自的一套标准体系，但这些体系的形成，

由于历史因素，并未考虑到现代物流发展与整合的需要。部门、行业之间的诸多差异，制约了物流的协调运作，突出表现在托盘、包装、信息技术等通用设备与技术方面，铁路、公路、海运、民航、工业部门物流系统都有自己的或选择不同的物流标准，形式多样，版本不一。又如由于货物条形码没有统一的标准，企业要为每件进出仓库商品更换统一的条形码标志，除了经济上的直接损失，还造成人力、时间、效率等方面无法估算的损失。再如国家在已经制定了工农业产品分类办法的情况下，同时又有一个外贸产品的代码标准，导致一个水杯在国内市场上是一个代码，如果出口则又是另外一个代码的现象，给国内企业带来很大麻烦。

可见，标准的“标准化”问题，有待国家系统性的整合。

（2）大量已有标准老化过时

标准老化的问题在我国大多数行业都比较普遍的存在，有些标准甚至还是30多年前制定的。由此引发的问题有两个层面：

一方面，这类老化过时的标准都需要尽快加以更新，以适应当前社会的实际需要。例如我国在1996年就已公布托盘国家标准，共4个规格，与当时的ISO 6780的规格相同。但目前国内流通的托盘仍然十分混乱，随着国际ISO标准的修订和有关托盘通用系统建设方案的提出，我们必须尽快地对原有国家标准进行修订。由于托盘在我国主要用于外贸，现有托盘标准与各种运输装备、装卸设备标准间缺乏有效衔接，降低了托盘在整个物流过程中的通用性。这就需要我们调整标准以协调托盘业的进一步发展，满足货物在国内、国际贸易间更有效流通的需求。

另一方面，标准的老化更新也是一个契机，我国可以借此发挥后发优势，先行采用国际上更先进、更具发展前景的标准，规范带动国内产业发展，实现跨越。例如韩国最初就是在电信产业落后的情况下，举国采用了当时尚属新兴技术的CDMA移动通信模式，从而带动了其通信电子工业的全面振兴。

（3）物流信息标准化工作滞后

在物流管理中，统一的商品信息对供应链成员信息的交换和共享非常重要。物流信息的标准化工作完成以后，给物流过程的各个参与方之间的信息传递提供了可依据的标准，但是物流服务系统的建立必须以统一的数据库为基础，如果物流的各个参与方都要建立自己的数据库，而且要根据各自的需求，不断地补充、修改自己的数据库，不断地重复建设，不仅造成大量资源浪费，也带来了数据库信息的不统一，数据更新不够及时等问题。目前我国许多部门和单位都在建立自己的商品信息数据库，但数据库的字段、类型和长度都不一致，形成了一个个“信息孤岛”。据中国物品编码中心所做的调查显示：在被调查的234家企业中，仅有6家与贸易伙伴的数据一致，占2.6%。

物流信息系统软件的开发也需要统一的标准。据估算，如果我国物流软件有一个统一的参照标准，物流企业用于信息系统开发的费用就可降低80%，将各系统连通起来的成本也可减少一半以上，并可避免大量的重复开发与建设。

2. 起点倾向基础，研究呼唤务实创新

我国物流发展学术理论与工作实践之间的落差是客观存在的，现代物流乃至物流标准化的理论与实践本就源自西方发达国家，我国在学术理论上的借鉴和研究探讨相对容易跟进，然而就实践层面而言，我国物流业发展的起步较晚，基础还较薄弱，在物流的基础设施、管理体制、管理水平、人员素质、市场发育程度等诸多方面存在明显的先天不足。这就决定了物流标准化的许多方面需要从基础性工作做起，也对我们的理论研究工作提出了要求：

其一，要立足于我国物流发展的现状，敢于“摸着石头过河”。在某种意义上，我国物流标准化工作所面临的困难与问题，正是我国作为一个转型期国家所面临的经济发展诸多问题的子集。需要明确一个信念：我们工作中的许多问题或许本身就是国外已有经验回答不了的。从而，在进行人类史上前所未有的实践时，必须认清形势，具备开拓的勇气和信心。

其二，要耐心而自信，在吃透精髓的基础上灵活取舍和借鉴国外经验。这涉及如何看待国外做法和经验的问题。西方国家的物流产业已经高度发达，可供我们选择的努力目标可以说非常高。多年来面对差距，一方面，我国众多行业、地方表现出极大的积极性，物流业发展迅速，成为又一个热点；另一方面，对物流的许多概念甚至基本概念却往往处于一知半解的状态。这种心态断不足取。必须明确我国当前的实践水平离国外物流经营中诸如4PL、供应链管理的最新理念、业务外包的成熟经营模式还有较大差距，并不是所有国外学术上的新理念、新思路都适用于我们的工作；我们必须从最基础性的地方起步，将发达国家的成功经验，尤其是历史经验与我国物流发展的实际相结合，提出符合我国实际需要的标准规范。

其三，要保证适度的前瞻性，尽可能谋求后发优势。这涉及如何面对国际合作与竞争的问题。标准其实是重要的战略资源。以我国的经济规模与潜力，应有能力与资格参与，乃至主导未来国际物流标准化的进程。当然，目前我国物流领域的企业、市场力量还很薄弱，客观上需要政府和标准化机构做更多运筹帷幄的工作，但工作中必须强调战略思考，注重国家安全和长远利益，尽可能地未雨绸缪。目前我国已经由物流的系统化特点切入，成立了以“物流标准化”为主要职能的专业组织，进行了初步探索，这不能不说是颇富胆识的一大创举，也是未来机遇所在。

3. 体制条块分割，管理归口亟待整合

当前我国已基本实现以市场调节为主的经济运行机制，但物流标准化工作的运行，即物流相关标准的管理以及提出、制定、发布依然以传统的部门、地域为基础，缺乏协调配合机制。有关物流及标准化的行政管理，除了国家统一的标准化管理机构，还有交通、铁路、民航、信息产业等代表行业的部门，商务部、国家发展改革委员会等综合经济管理部门；而众多涉及物流标准化的专业技术组织与科研机构，则分散在各个部门、行业；在标准化运作中，行政部门之间没有建立协调机制，时常政出多门；另外，标准管理体制划分了生产标准、服务标准、管理标准，各种标准之间界限明确，从立项到报批，不能越雷池一步，如果涉及跨行业、跨部门的标准，则协调难度更大。凡此种种，现代物流在本质上所要求的高度系统化、协调化与标准化工作中的部门、地方分割出现了严重矛盾。

近年来这种现象已有所好转，例如原来商品条形码标准的技术归口单位是中国物品编码中心，集装箱标准的技术归口单位是交通部科学研究院，托盘标准技术的归口管理单位是铁道部科学研究院，而今这些物流相关标准都已技术归口到全国物流标准化技术委员会和全国物流信息管理标准化技术委员会。但类似问题远未彻底解决，依然是我国标准化的重大障碍。

4. 市场基础薄弱，业界参与、宣贯不足

我国物流标准化的市场基础比较薄弱，远未形成以市场需求为主导，以企业为主体的标准体系，直接影响到物流标准化的实施。在市场经济条件下，标准化要以市场化为基础，物流标准化同样要以物流市场的发育与成熟为基本条件。经过多年改革开放，可以说我国企业已全面实现了市场化经营，但是除了宝供等几家大企业之外，很多从事物流的企业都是由传统行业转型的中小企业，尽管更换了公司名称，但操作理念和规范还比较陈旧。从经营方式讲，“小而全”、“大而全”的结构与观念还有很大影响；从生产发展水平来看，企业生产的物质成本与劳动力成本都还有很大潜力，物流作为第三利润源，还没有普遍成为企业生存发展必须寻求的主要渠道与当务之急。两个方面综合作用，造成了物流市场实际需求的不足，并与我国物流市场的潜在需求与物流业的急速膨胀形成巨大反差，直接影响到物流标准化的进展与具体实施。

采标率低下，是标准市场基础薄弱的直接表现。以物流标识为例，国家标准《储运单元条形码》颁布后，实际应用正确率不足15%，没有实现规范物流条形码的预期目的。又如药品一般有批号、批次、生产日期、有效日期等信息，一般的条形码是无法表示的，因而采用二维条形码是必然的趋势，这些代码、标准国内国际都有，但我们很多生产和物流企业都不知道，商品进来后又在上面贴一个标签加一个条形码，造成重复劳动。

5. 行政色彩浓厚，协会、中介有待作为

一方面，当前物流标准化对行政力量的依靠程度比较高，许多物流标准化的具体问题被提出来，行政部门各管一段，没有充分发挥行业协会和标准技术组织的作用。另一方面，我国行业协会自身的特殊性在于，大多数协会不是在市场经济发展过程中自发产生和发展的，而是由政府部门中分离出来部分职能和人员组建而成的，是在行政体制内产生的，因此其本身也带有浓厚的行政色彩，独立运作机制还没有完全形成，更缺乏所需的协调机制，必然影响到行业协会在标准化活动中作用的发挥。

据调查，在参与过国家标准化、行业标准化工作的“中”字头一级行业协会中，大部分没有专职负责技术标准工作管理的部门；对国家标准、行业标准立项与起草工作的参与度普遍较低；标准服务的收入也近乎聊胜于无。与此同时，多数协会具有更多地参与国家和行业标准的立项、起草、审查乃至宣贯的主观意愿；而且很多协会认为自身具备行业标准化管理的优势。

事实上，2006年温总理的“两会”政府工作报告中提到要努力建设服务型政府，意味着我国政府决心在我国经济领域中的很多方面实现由管理者到服务者的转变、也是由全能政府向有限政府的转变。我国的传统是强政府，弱社会，无“个人”。职能转变就是逐渐培养企业和“个人”的市场主体地位，加大社会中介组织机构的培育，最终形成政府社会和企业之间地位平衡、机会均等的一个均衡状态。只有当目前社会权力构成的三方面力量——政府、市场组织、社会中介组织——相互均衡时，才能达到一种和谐社会的状态。将这一恰逢其时的战略考虑落实到物流标准化建设中，要求我们的中介组织、行业协会加强工作、努力作为。

三、国内外物流标准化状况对比

（一）国外物流标准化状况

1. 国际组织的物流标准化状况

（1）国际标准化组织（ISO）

ISO 是当前国际最具影响，最有权威的标准化组织，它成立于 1947 年，今天已有 151 个成员国的 ISO 拥有自己的“国际标准分类法”（ICS），其现已发布的 14941 项国际标准及文件据此被分为 7 大门类，其中并没有专门的物流标准。与物流相关的标准约有 2000 条，其中运输 181 条、包装 42 条、流通 2 条、仓储 93 条、配送 53 条、信息 1605 条。2004 年全年（1 月 1 日至 12 月 31 日），ISO 在“运输与货物配送”（基于 ICS 的行业分类）领域新增国际标准 126 项，使该领域国际标准总数达到 1621 项，新增标准草案 235 项（如图 1 所示）。

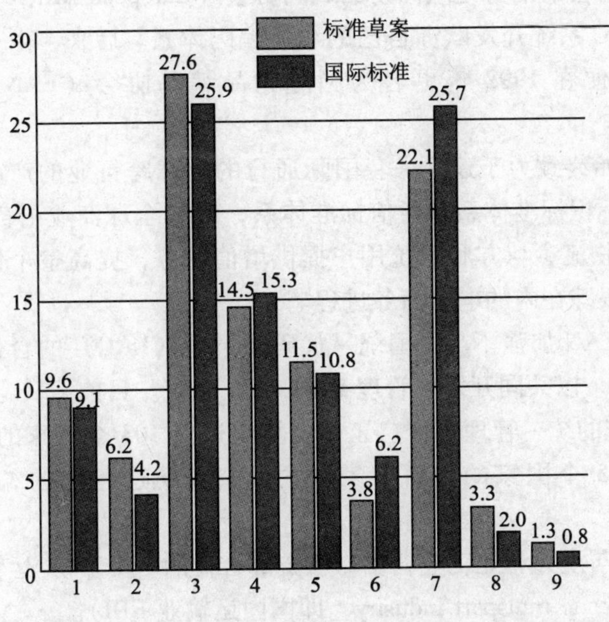

其中：

1——一般性，基础设施，科学；2—健康，安全性，及环境；

3—工程技术；4—电子信息技术与电信；5—运输与货物配送；

6—农业与食品技术；7—材料技术；8—建筑；

9—特殊技术（军事工程等）

图 1　2004 年新增 ISO 标准的行业分布（百分比）

ISO 确定了国际单位制的基本单位、辅助单位和导出单位，并制定了相应的编码标准，如《国际单位制代码》ISO 2955—1983 等。ISO、IEC 和其他一些国际组织已经制定了有关物流的许多设施、设备、船用电器方面的技术标准，并且制定了国际物流基础模数尺寸的标准方案。ISO 中央秘书处和欧洲各国确定的物流基础模数尺寸为 600mm × 400mm，物流模数尺寸（集装模数尺寸）：以 1200mm × 1000mm 为主，也允许 1200mm × 800mm 及 1100mm × 1100mm。这主要是考虑了现有物流系统中影响最大而又最难改变的输送设备，采用"逆推法"由现有输送设备的尺寸推算而来的；此外，相关考量还包括已通行的包装模数和集装设备，以及从行为科学角度对人体操作影响的研究成果。

一个典型的成功例子是 ISO 16104：2003 标准的制定。货物运输的过程中会不可避免地发生事故，而对危险品的运输，这类事故的后果可能将相当严重。实践证明，合适的包装可以有效地减轻危险品运输事故的危害。ISO 由此制定了 ISO 16104：2003 标准，针对全球范围内危险品运输的包装要求提供了国际公认的测试方法，从而为业界提供了亟须的参考。该标准所规范的是一系列基于效果的整体需求，对具体的设计细节并无强制。

（2）国际物品编码协会（EAN）的物流标准化状况

国际物品编码协会的前身是欧洲物品编码协会（European Article Numbering），成立初衷是参照美国 UPC 系统开发欧洲自己的统一编码体系。后来，由于世界范围内的成员组织不断增加，便在 1992 年更名为国际物品编码协会（EAN International），简称 EAN。

多年来，EAN 始终致力于建立一套国际通行的全球跨行业的产品、运输单元、资产、位置和服务的标识标准体系和通信标准体系，即"全球商业语言——EAN. UCC 系统"①。其目标是向物流参与方和系统用户提供增值服务，提高整个供应链的效率，加快实现包括全方位跟踪在内的电子商务进程。

近几年，国际 EAN 加强了与美国统一代码委员会（UCC）的合作，先后两次达成 EAN/UCC 联盟协议，以共同开发、管理 EAN. UCC 系统。目前 EAN 主要负责除北美以外的 EAN. UCC 系统的统一管理及推广工作，拥有遍及 103 个国家的 101 个会员组织，全世界已有遍布 155 个国家的上百万家公司、企业通过各地的编码组织加入到了 EAN. UCC 系统中来。

以下简介 EAN 与澳大利亚工业科学与旅游部合作的一个贸易/运输项目——DOMEDI（EDI for the domestic transport industry，即国内运输业 EDI）。

DOMEDI 的范围涵盖公路运输、铁路运输、空运和海运。其目标是通过信息传递与处理的电子化，提高澳大利亚国内运输流程参与者相关信息的可得性，使流程更为顺

① EAN. UCC 系统包括建模、标识、条形码、EDI、EANCOM、XML/EDI、GTIN Rules、EPC global. Inc、GPC、GDS、GDD 等方面的内容。考虑相关性，这里恕不赘述，详见 http：//www. gs1. org/index. php？ http：//www. ean - int. org/history. html&2。

畅，使运输决策进一步精确。

在其供应链流程中，购买者首先通过 EDI 系统向出售者发出订单信息；随后发货方将货物装入物理容器中以备运输，此时即可生成并发出发货信息；在向接收方发出发货信息之后，发送方即可就转运指令正式通知运输提供商。接收方随后可就所收到的货物状况通知向发送方发送确认信息，这样，就避免了书面通知的麻烦。至于发送方向运输公司实施支付的时间，可以在其收到发货单之后，也可在其通过自身信息系统计算出费用之后。如图 2、图 3 所示。

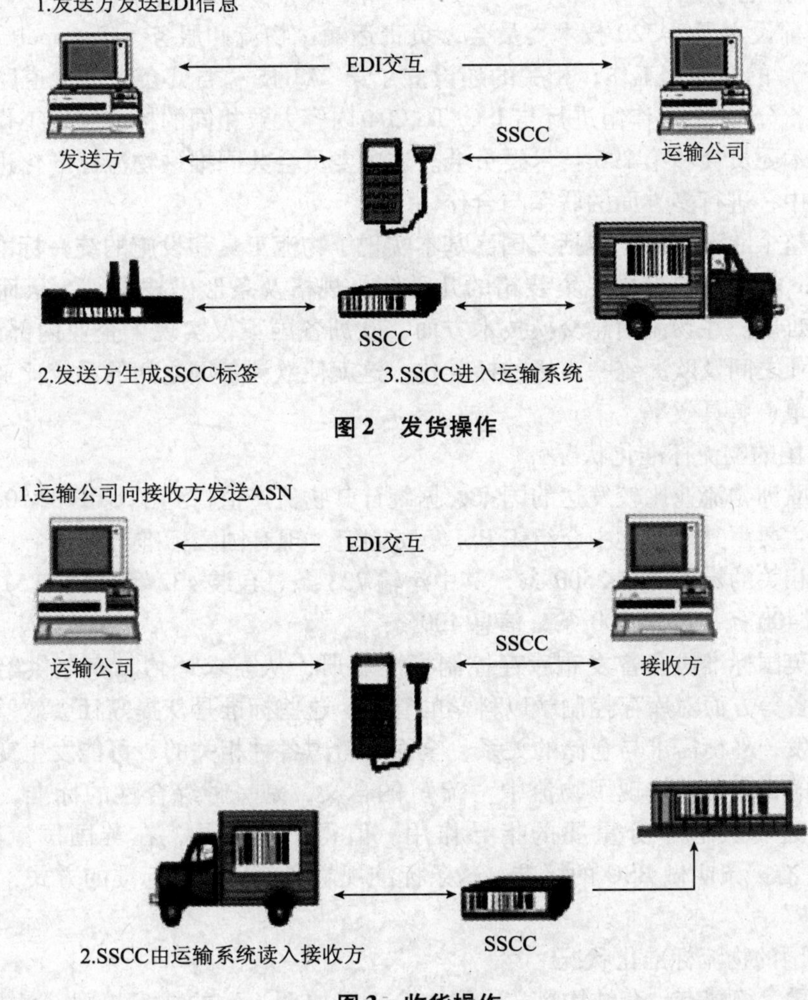

图 2　发货操作

图 3　收货操作

任何时间，可由本计划提供的 EAN. UCC 物流标记得到如下信息：产品标识；产品数量；批量信息，例如产地、生产时间等；保质期；质量状态信息。

2. 欧美的物流标准化状况

（1）CEN 的物流标准化状况

欧盟从事标准化工作而主要覆盖物流领域的机构，是欧洲标准化委员会（European Committee for Standardization）。

CEN 包括了 28 个成员国、8 个合作机构、2 个指导机构，由设在布鲁塞尔的 CEN 管理中心统筹管理。同时，CEN 的合作伙伴还包括欧洲电工标准化委员会（CENELEC）、欧洲电信标准协会（ETSI），其技术委员会与 300 多个贸易和行业实体保持着联系。

对于具体的标准发布，CEN 采用了与 ISO 相同的 ICS 分类标准，总体归入 17 个行业领域，包括化学、建筑、消费品、环境、食品、通用标准、健康与安全、卫生保健、采暖通风空调、材料、机械工程、安全防务、服务业、运输与包装、能源、工业标准规格（ISSS）、其他等。

CEN 目前设立了第 320 技术委员会，负责运输、物流和服务（Transport - Logistics And Services）的标准化工作，相关的还设立了第 278 技术委员会，负责道路交通和运输的信息化，分 14 个工作组进行与 ISO/TC 204 内容大致相同的标准制定工作。另外还有第 119 技术委员会和第 296 技术委员会。这些委员会共同推进物流标准化进程，在标准制定过程中，进行多方面的联系与合作。

今天，整个欧洲、甚至包括美国已基本实现了物流工具和设施的统一标准，如托盘采用 1000mm × l200mm 标准、集装箱的几种统一规格及条形码技术等，从而大大降低了系统运转难度。在物流信息交换技术方面，欧洲各国不仅实现了企业内部的标准化，也实现了企业之间及欧洲统一市场的标准化，这就使欧洲各国之间的系统比亚、非等国家交流更简单、更具效率。

（2）英国的物流标准化状况

英国是欧洲物流业比较发达的国家，据统计其物流产值占到了 GDP 的 10. 63%。英国国家标准主要由其标准化中介组织 BSI 负责制定。现有国家标准 1. 6 万个，截至 2003 年，与物流相关的标准约有 2500 条，其中运输 733 条、包装 432 条、装卸 51 条、流通 51 条、仓储 400 条、配送 400 条、信息 400 条。

例如，英国标准协会曾发布库存控制标准手册，从需求评估、库存供给、数据处理、库存储备等方面对库存控制予以科学的管理。这些标准是从提高社会效益与经济效益的角度出发，平衡需求与仓储的关系，全面地考虑各种相关的、可能发生变化的影响因素而制定的，充分地体现了物流中“流”的含义，是一种综合性的标准，它对物流活动的有序进行具有十分重要的指导作用。值得一提的是，在英国国家标准体系（NSB）中，有一条叫做 BSO 的标准，这条标准规定了 BSI 编制标准的方式，是所谓的“标准的标准”。

（3）德国的物流标准化状况

总体来看，德国有一套结构科学、层次合理、协调一致的技术规则（法规、标准、规则）体系。各种标准、技术法规、技术规程、技术条例、技术规格统称为技术规范文件，一般由“技术法规”、“技术规则”、“一般基准、标准和规范”三个层次组成；由政府制定基本法，各州（市）或专业主管部门制定实施条例，技术监督机构制定技术规定和技术规则，标准化机构制定内容具体、详尽的技术标准。目前该体系中包含的与物流相关的标准约有 2480 条，其中运输 788 条、包装 40 条、流通 124 条、仓储 500

条、配送499条、信息499条。

具体实践中，由中介组织所设立的标准委员会及其附属机构来组织专家参与标准化工作，当前德国标准协会DIN即包括76个标准委员会。除此之外，DIN也和德国汽车工业协会（VDA）、德国电器工程师协会（VDE）等在标准化方面有广泛的合作。这当中，一种双编号的做法颇为引人注目（如DIN/VDE或DIN/VDA），在德国具有悠久传统、势力强大的专业协会的标准据此实现了与DIN自身标准的整合。

（4）美国的物流标准化状况

美国标准可分为4个等级：国家标准（标准代号为ANSI），政府标准（由政府各部门发布），专业标准（由各专业团体如学会、协会等制定的适用于本专业、行业的标准），企业标准。与此相对应地，制定标准的机构繁多，约700个，分为联邦政府机构和非政府机构两类，其中民用物流标准的制定者有两种力量——官方性质的美国国家标准协会（ANSI，www. ansi. org）和一系列具有行业背景的组织，后者例如美国国家公路运输官员协会（AASHTO，www. aashto. org）、美国铁路工程与维护协会（AREA，www. arema. org）、美国铁路协会（AAR，www. aar. org）等；军用物流标准的制定则归口于美国国防部（这其实也是美国最大的标准制定部门）。

为了促进物流信息技术的发展，加快物流信息系统的建设，美国非常重视物流信息标准化工作，并通过发布国会立法和总统命令的形式不断加强这一工作。美国相继制定了一系列物流信息技术方面的标准、规范和指南，同时对物流标准化也较重视，并形成了较完善的体系。该体系包含的与物流相关的标准有1200余条，其中运输91条、包装314条、装卸8条、流通33条、仓储487条、配送121条、信息123条。

以美国ITS（智能交通系统）标准化工作的实施为例。多年来，美国运输部（USDOT）的ITS联合项目办公室（JPO）对各标准编制组织（Standards Development Organizations）给予了一贯的、广泛的且力度不断加大的支持，力图建立一个开放的ITS环境、编制并实施相应的标准。

参与ITS标准活动的有以下组织：

- 美国国家高速公路与运输官员协会AASHTO（American Association of State Highway and Transportation Officials）
- 美国国家标准学会ANSI（American National Standards Institute）
- 美国材料实验协会ASTM（American Society for Testing and Materials）
- 电气和电子工程师协会IEEE（Institute of Electrical and Electronics Engineers）
- 交通工程师学会ITE（Institute of Transportation Engineers）
- 国际电气制造业协会NEMA（National Electrical Manufacturers Association）
- 汽车工程师协会SAE（Society of Automotive Engineers）

有些标准活动是由多个SDO联合进行的。

作为一个参考框架，美国国家ITS架构跨越了所有有关ITS的标准活动，提供了一种检测标准之间差距、重复以及矛盾的方法。对于标准编制活动来说，这些逻辑和物理架构通过识别可应用于国家ITS架构的标准化了的结构流程和数据流，以及信息在这些接口之间交换的方式，提供了一个可行的工作起点（见表1）。

表 1

<table>
<tr><td>SDO</td><td colspan="2">在国家 ITS 架构中的接口工作</td></tr>
<tr><td rowspan="3">AASHTO，ITE，NEMA</td><td colspan="2">交通管理中心与其他中心的接口</td></tr>
<tr><td colspan="2">交通管理中心与实地设备的接口</td></tr>
<tr><td colspan="2">转运中心与其他中心、车辆的接口</td></tr>
<tr><td>ANSI</td><td colspan="2">商用车辆操作（CVO）相关的系统接口</td></tr>
<tr><td>ASTM</td><td colspan="2">存档数据管理中心接口</td></tr>
<tr><td>ASTM，IEEE</td><td colspan="2">车辆与车辆；车辆与路旁设施</td></tr>
<tr><td>IEEE</td><td colspan="2">紧急状况管理中心与其他中心</td></tr>
<tr><td>EIA/CEA</td><td colspan="2">ISP 无线广播与移动用户</td></tr>
<tr><td>ITE</td><td>交通管理中心与其他中心</td><td>路旁信号控制器</td></tr>
<tr><td rowspan="3">SAE</td><td colspan="2">旅行者信息（信息服务提供者 ISP 接口）</td></tr>
<tr><td colspan="2">定位参考</td></tr>
<tr><td colspan="2">车辆接口</td></tr>
</table>

3. 日韩的物流标准化状况

（1）日本

日本是对物流标准化比较重视的国家之一，标准化的速度也很快。日本在标准体系研究中注重与美国和欧洲进行合作，将重点放在标准的国际通用性上。日本政府工业技术院委托日本物流管理协会花费 4 年时间对物流机械、设备的标准化进行调查研究。目前已经提出日本工业标准（JIS）关于物流方面的若干草案，它们包括物流模数体系，集装箱的基本尺寸，物流用语，物流设施的设备基准，输送用包装的系列尺寸（包装模数），包装用语，大型集装箱，塑料纸通用箱，平托盘，卡车车厢内壁尺寸等。日本物流管理也达到了标准化的水准，主要表现在物流计划化、物流共同化、运输直达化、物流大量化和物流系统化等五个方面。“五化”的内容十分丰富，综合表现在采购、运输、仓储、包装、装卸、搬运等物流环节中，各环节配套作业，环环相连，构成了一个有机的物流系统。

在包装标准方面，为了统一包装的标准，日本政府在很早就颁布了《工业生产包装标准》，大多数包装都有统一的编号，采用条形码识别货物。包装技术和产品包装手段都实现了高度现代化。在许多物流中心，对物资的再包装，也都实现了自动化的捆扎作业。

日本在 1965 年制定和实施了托盘标准。日本是亚洲地区首次引进托盘公用系统的国家，在日本有两家比较大的托盘租赁公司：日本托盘租赁公司和日本托盘共享公司。日本托盘租赁公司成立于 1971 年 12 月，在日本各个主要城市和新加坡有 7 家销售部，在日本全国有 95 个托盘回收点和 14 个托盘维修部，并和韩国托盘共享公司、中国物流和租赁公司有协作。日本托盘协会还一直致力于在东亚地区和东南亚地区推广符合日本工业标准的标准化托盘的应用。

在信息技术领域，日本采用的是本国的 RFID 标准—UID。得到包括日立公司在内的日本电子厂商、信息企业的支持。为了推广和应用电子标签，日本已成立了“随时随地可应用的识别中心”。参加这一识别中心的有日本电子厂商、信息企业和印刷公司等，总计已达 352 家。该识别中心实际上就是日本有关电子标签的标准化组织。

截至 2003 年，在日本现有的标准体系中，与物流相关的标准约有 400 条，其中运输 24 条、包装 29 条、流通 4 条、仓储 38 条、配送 20 条、信息 300 多条。

（2）韩国

①物流标准体系认证

为了大量减少物流成本和建立东北亚物流中心，韩国政府自 2004 年 7 月 26 日起推行物流标准设施的认证体系。韩国是世界上第一个推行此系统的国家。

作为第一步，首先将物流标准认证系统应用于 12 种物流设备上，包括包装机、托盘等。8 个公司采用了此认证。在单元货物运输中，所用的货物包装必须符合标准，从而有助于提高运输、卸货，存储过程的效率。商业、工业、能源部门的技术和标准机构也宣布将此系统应用于国家标准的托盘 1100mm × 1100mm，保证包装机、传送带、升降机、托盘等物流设施标准的一致性和衔接性。

韩国技术和标准机构同时也计划在物流信息领域进行标准规范的认证，如 RFID、EDI。这样可以避免物流过程中信息技术之间的不兼容等混乱现象。

技术和标准机构打算基于本国标准和国际标准（ISO、IEC）同时兼顾本国经济条件情况下制定物流标准。一旦建立起来以后，该系统有望每年提高标准率 5%，5 年以后达到美国标准化水平的 60%，十年后达到欧洲标准化的 85%。

②韩国信息技术标准

韩国信息技术标准制定模式正逐渐由政府主导向企业主导型转变。

• 政府主导的技术标准战略

韩国信息技术标准工作随着信息产业的发展而推进，由于受信息技术发展水平的限制，从 1961 年韩国政府制定工业标准法案开始，韩国主要采取自上而下的政府主导的技术标准战略，由政府投入大量经费，组织技术专家为企业提供服务。在韩国信息产业的初期——20 世纪 70 年代，技术以引进、消化和改良为主，技术标准主要侧重数字处理技术，字母代码等基础技术。80 年代随着信息产业的发展和个人计算机的广泛使用，韩国推行以引进为主，资助研发为辅的科技政策，对信息技术标准的关注程度提高，政府逐渐在公共领域设立标准的研究机构，开发制定信息技术标准。90 年代采用引进与自主开发并重的科技政策，追赶先进国家的技术水平，技术标准体系不断完善，技术标准水平有所提高。

• 向企业主导转换的技术标准战略

工业化阶段，韩国政府主导的标准化政策对促进经济增长和增强产业竞争力确实发挥了重要作用。但韩国政府也意识到要实现科技发展规划，企业必须具备自主研发的实力，拥有核心技术，改变对国外技术长期依赖的局面。建立以企业为主导的标准战略，让企业直接参与标准制定的全过程，将形成技术促进标准，标准带动技术发展的良性循环。如果仅仅依靠政府主导的标准政策，在跟踪技术前沿，应对市场变化上存在“政府失灵”的缺陷真空，不会带领韩国标准在国际上走得更远。因此，政府必须鼓励企业在标准事务中起到主要和引领的作用，共同构建更具有竞争力的标准体系。

③托盘标准化

韩国在制定托盘标准化时，由政府牵头，相应协会紧密配合，企业积极响应，认真执行。

• 政府非常重视托盘标准化

韩国政府认为，托盘虽然只是一种最基本的物流用具，但与叉车作业、集装箱运输、仓库保管以及商品包装等都密切关联。没有托盘规格尺寸的统一，就无法实现物流作业的机械化和自动化，整体物流效率也难以提高，所以韩国政府决定以托盘标准化为核心，全面推行物流标准化。1973 年，韩国政府将 T11 型（1.1m×1.1m）托盘定为国家标准（SKA 2155），当时韩国托盘的使用率还不到 30%，可是业界缺乏足够的托盘规范化意识，一味迁就物资的包装大小，使用许多种不同尺寸的托盘，效果不够明显。1995 年韩国政府又颁布了《托盘单元化装载通则》（KSA 1638）。同年，修改了《货物流通促进法》。1995 年以后，韩国政府加大托盘标准化建设投入，采取各种措施对表现好的企业实施奖励。1996 年，在韩国托盘标准化组织长期不懈的努力下，T11 成为了国际标准规格。

韩国政府的重视使韩国标准化托盘的数量急剧上升。到 2000 年 12 月底，韩国托盘总拥有量为 5000 万个，人均约 1.1 个，其中 T11 型标准托盘占全部托盘的比例为 26.7%；从 1997 年到 2000 年短短 3 年时间里，T11 型标准托盘普及率就上升了 10%。但是韩国政府仍然认为，与日本标准托盘利用率 35%、澳大利亚 95%、美国 55%、欧洲 70% 相比，韩国还相差太多，因此决定在五年之内，使 T11 型标准托盘的普及率上升到 50%。其中木制托盘年平均增长 13.3%；塑料及复合材料托盘年平均增长 16.5%，钢托盘产量年平均增长 8.8%。全韩国 2000 年各类托盘（含 5 万个纸托盘）生产总量年平均增长率达 14%。

• 建立托盘共用体系

韩国于 1994 年 10 月正式成为国际标准组织的托盘专门委员会（TC 51）成员，在此后的时间里韩国一直为把 1100mm×1100mm 的托盘纳入国际标准组织的规格作出努力。在 1996 年 6 月的加拿大多伦多分科委员会上，成功制定这一修正案。韩国产业界正在快速推进一贯托盘化，韩国是亚洲地区第二个引进托盘公用系统的国家。韩国政府与企业都在进行着不懈的努力，韩国政府通过制定各种政策并提供资金来培育托盘共用计划。在政府、协会和业界的共同努力下，负责韩国托盘共同使用制定的韩国托盘共用公司拥有的托盘数量发生了很大的变化，自 1985 年至 1990 年长达 5 年的时间内仅有 5 万个，1991 年 20 万个，1992 年 50 万个，1993 年 75 万个，1994 年 100 万个，1995 年 130 万个，1996 年 200 万个，1999 年 300 万个，2002 年突破 400 万个。目前，韩国托盘共用公司（株）把 400 多万个标准化托盘向 350 多万个企业提供，以及构筑回收系统，提供回收企业所必需的托盘和其他装载产品。无论向何处出库的空托盘，即使只有 1 个托盘，也可以通过全国性的指定仓库和网络进行回收。

韩国还一直致力于亚洲托盘共用系统的建立，韩国托盘共用公司和日本 JPR，台湾的 TPR 共同结成亚洲托盘共用，经营 3 个地区间的国际托盘共用系统，预计不久将来，将会同东南亚、中国等国家相连接发展名副其实的跨亚洲的托盘共用制度。

（二）国外标准化工作的管理模式

1. 国际标准组织的管理模式

（1）ISO 的标准化工作管理模式

ISO 标准的编制遵循严格的规则以保证其透明、公平。

• 机构：首先由某个行业或商业部门向本国的 ISO 会员提出标准制定的需求，后者由此提出整体的工作项目，如果审批通过，则该项目便被委派给一个技术委员会（Technical Committee）。当然，也可成立新的委员会以满足新领域的需求。技术委员会的专家可以来自相关行业部门，也可包括如政府机构、测试机构、消费者组织、环保组织、学术界的代表等。另外，国际航空运输协会（IATA）、国际海事组织（IMO）、国际铁路联盟（UIC）等国际机构发布的部分标准，经 ISO 确认并在《国际标准题内关键词索引（KWIC）》中加以公布，亦是国际标准。

• 编制：技术委员会中的专家首先开会讨论、达成协议并提出协议草案 DIS（Draft International Standard），这一草案随即被交给 ISO 的各成员传阅，征求意见、进行修改与投票（许多成员在这一环节有自己的公示机制）。如果对该协议已无异议，就可作为最终协议草案 FDIS（Final Draft International Standard）最后一轮交会员传阅，如投票通过，则作为正式国际标准发布。就世界范围而言，平均每个工作日约有 10 个 ISO 的会议在某处召开。会间，专家们可通过通信手段继续工作。

• 立项指导：为了有效使用资源，ISO 原则上只在有明确市场需求的情况下发起对某项标准化项目的研究。事实上，ISO 设有三个机构可在此领域为标准化研究提供战略政策指导：负责标准符合性评价（Conformity Assessment）的 CASCO；负责消费者政策的 COPOLCO；负责发展中国家事务的 DEVCO。

• 速度问题：如上严格遵守规程的负面结果是可能造成时间的拖延。对于某些用户而言，标准化的速度或许比求得完全一致更加重要。据此，ISO 设计了如下几种可用规范（deliverables），提供尚未达成广泛一致的但立即可用的解决方案：公用规范（Publicly Available Specification，PAS），技术规范（Technical Specification，TS），技术报告（Technical Report，TR），以及国际项目协议（International Workshop Agreement，IWA）。

除去国际标准、可用规范之外，ISO 还编制、出版各种指南、手册、标准概略、杂志等文献。2004 年 ISO 收入的 65% 来自成员的会费，35% 来自出版物的销售和其他服务收入。

（2）CEN 的标准化工作管理模式

对于 CEN 来说，欧盟委员会（European Union）和欧洲自由贸易协会（EFTA）代表着政府的权威。尤其在自由贸易、工人与消费者安全、网络的互用性、环境保护等领域，CEN 很注重对 EU 和 EFTA 政策的支持。有时，欧盟委员会或 EFTA 秘书处会以下达正式“命令”（Mandates）的形式要求欧洲的标准化组织编制其政策所需的特定标准。

根据1985年采用的“新途径”：

• 立法干预只限于“基本标准”（Essential Requirements）范围之内。这些标准是强制性的，其描述通常较为笼统、概括；

• 为实施指令而所需的细节技术规范的起草工作交由如CEN这样的、非官办的志愿欧洲标准组织进行；

• 后者制定的这些标准不具备强制性，但是根据这些标准制造的产品可以被认为符合指令中法定基本标准的要求；

• 依从标准制造的产品，有权标记。

2. 发达国家的标准化管理模式

国外标准化管理模式的不同主要体现在制定标准化过程中，政府、中介机构所担任角色的不同。表2是几个主要国家的标准化机构对比情况。

表2　　几个主要国家的标准化机构对比情况

国家	政府组织结构	组织或协调机构	标准学、协会性质
法国	贸易与工业部标准化专署	法国标准化协会（AFNOR）	官助民办，政府监督
英国	英国贸易与工业部质量设计教育局标准质量处	英国标准学会（BSI）	民间团体，不受政府控制，但得到政府的承认和支持
美国	政府中没有专门的标准化机构	美国国家标准化学会（ANSI）	民间团体，起行政管理机关作用，不具法律权威
德国	政府中没有专门的标准化机构	德国标准化协会（DIN）	经注册的公益性民间团体，负责全国的标准化工作
日本	日本工业标准调查会（JISC），日本农业产品标准调查会（JASC）	日本工业标准调查会（JISC），日本农业产品标准调查会（JASC）	日本规格协会（JSA）是民间团体，不靠政府援助

总的说来，标准化工作的管理模式有三种：集中式、分散式和混合式。

（1）集中式

过去原苏联等东欧国家实行计划经济，国家标准化主管机构对全国标准化工作实施集中领导和管理。这种模式是在以产品经济和企业生产型为前提的经济模式上建立起来的，其标准化活动的目的主要是为生产活动提供技术依据，促进生产活动的高质量、高效率和高效益。这种模式易于在全国范围内统一和协调标准化工作；但由于实行高度集中控制，抑制了企业和个人的主动性和创造性，不能满足国内外市场对产品多样化的要求。此外，修订标准手续繁杂，修订周期长，可能使某些标准失去先进性，新的科学技术成就难以及时反映到标准中，影响产品质量的提高。

（2）分散式和混合式

这两种模式是建立在市场经济和生产贸易型为前提的经济模式上的，其标准化活动的范围包括生产、流通等整个经济活动的全过程。这种模式反映了企业的要求和利益，使标准更切合实际，增强企业采用标准的积极性，吸引企业积极采用。在标准制定过程中，各标准化机构（学会、协会）相互竞争，促使标准化水平不断提高。

美国是分散式管理模式的典型代表。美国国家标准学会（ANSI）是一个私有的、非营利性的组织，负责管理和协调美国自愿标准化工作和符合性评价系统。其运作主要特点有：

• 基于“标准的标准”的标准管理思想

ANSI 管理上最大的特点，在于它自己不制定标准，而是设计和执行一套“标准化”的标准制定流程，为所有国内的利益相关方提供客观开放的、可以充分谈判求得共识的平台。ANSI 一项很重要的工作就是保证任何与某项制定中的标准直接或本质相关的团体、个人都能够在制定该标准的过程中具有发表自身意见，乃至提出申诉的权利。

• 授权管理

从概念层面讲，符合性评价活动涉及授权、认证、检查、注册、供应商声明、测试等，ANSI 主要从事的是授权。

• 消费者服务

事实上 ANSI 的两大使命，其一是推动标准的制定和相关符合性评价工作；其二便是保证在标准化工作中公众的利益能够得到充分保护。据此，ANSI 设立了网上消费者权益论坛，以便消费者代表能够畅通地获取信息和表达观点。

实践证明，消费者代表在推动提出新的标准方面可以发挥重大的作用。例如，服务标准、电子商务消费者保护指南以及国际环境与社团社会责任标准就是最先由消费者提出倡行的主题。

• 教育与培训

主要包括三个方面的工作：

◈ 提供一整套各种形式、各具特色的教育产品和培训项目，满足各种层次与形式的需求。

◈ 监督所有相关教育机构的工作状况，推行美国国家标准战略之教育部分，向学术界和公众推介标准的重要性。

◈ 加强高校教育支持。

另外，ANSI 还提供广告、注册服务、研究服务等。

（3）混合式

德国、英国、日本是混合式管理模式的典型代表。

德国：拥有悠久行会传统，标准化活动完全是由民间机构开展的。

1975 年 6 月，德国经济部和 DIN 签署了协议，联邦政府认可 DIN 为德国唯一的国家标准化组织，从而为 DIN 此后的工作定下了基调。今天，德国标准化学会（DIN）已成为最大的具有广泛代表性的公益性标准化民间机构，有团体会员 5900 多个，负责国家标准即 DIN 标准的制定与修订，并代表德国参加非政府性的国际和区域性的标准机构。在更广阔的层面上，分别有 17% 的 ISO 和 28% 的 CEN 委员会秘书长职务由 DIN 担负。

与此同时，这一与联邦政府达成的协议也预见到工业界未来基于自律的标准化进程。多年来，工业界也坚守这一原则，从而使包括有 28900 项标准的德国标准体系成为推动国家出口增长的重要支柱，为 GDP 做出的贡献超过了 160 亿欧元。

长期以来，DIN 和德国政府一直保持着良好的合作关系。最著名的一个例子，便是在过去二十年中奠定欧洲内部市场基础的所谓的“新途径”（New Approach）（见本文“CEN 的标准化工作管理模式”部分）。

英国：作为世界上最早的全国性标准化机构，英国标准学会（BSI）是由英国政府承认并支持的独立的、非营利性的民间团体，负责英国国家标准（BS）的制定和修订，并代表英国参加国际和地区标准化活动。

英国政府对 BSI 的工作给予了三方面的支持：

其一，法规支持。根据 1982 年 11 月 24 日英国政府与 BSI 签订的“联合王国政府和英国标准学会在标准方面的备忘录”，政府各部门此后不再负责标准的制定，而一律使用 BSI 制定的英国国家标准（BS）。

其二，职能支持。关系到政府部门、BSI 及有关各方在标准化和质量保证方面的活动，由英国贸易与工业部（DTI）的计量、质量保证、安全与标准局（MQS）负责协调。

其三，财政支持。英国政府通过 MQS 每年向 BSI 提供一定的财政支持。

日本：日本的标准化体制是混合型体制，政府参与了标准化的管理。日本工业标准调查会是属于政府领导下的，民间广泛参与的标准化组织，负责日本工业标准的制修订。日本农林产品标准调查会负责日本农业标准的制修订。日本的规格协会负责标准的出版发行和宣传普及。

日本的标准化组织机构主要有：

①日本工业标准调查会（JISC）

1949 年，根据日本《工业标准化法》设置了日本工业标准调查会。它是日本政府的全国性标准化机构。主要任务是：受主管大臣委托提出日本国家标准化方针，政策和长期规划；组织制定和审议日本工业标准；调查和审议 JISC 标志指定产品和技术项目；向各省主管大臣提供标准化咨询；代表日本参加国际标准化组织，国际电工委员会组织，从事有关国际标准化活动。

②规格协会（JSA）

日本规格协会是1945年12月经通商产业省认可成立的。它是日本推行工业标准化和质量管理的民间公益组织，拥有8000多个会员，经费全部自筹。JSA每年平均出版650多种JSA标准，同时将部分JSA标准译成英文，向80多个国际标准化组织成员国分发。协会编辑出版《标准化》、《质量管理》等月刊，向世界各地发行。

③农林产品标准调查会（JAS）

农林产品调查会是根据《农林产品标准化法》设立的农林产品标准化管理机构，设在农林省，其任务是组织制定和审议JAS标准，开展普及宣传工作。它同时又是农林大臣的标准化咨询机构。

④中介机构

日本有数百个专业团体、行业协会从事标准化工作。它们大多数接受日本工业标准调查会的委托，承担JIS标准草案的研究，起草工作，然后将标准草案提交部会审议。日本每年新制定的标准中，3/4是委托民间团体和研究机构完成的。此外，大约有200个行业团体也自行制定少量的行业标准，供本行业使用。这类行业团体标准总数大约4500个。

（三）国外物流标准化的主要特点

1. "物流"标准化体系的"间接"建立

物流标准化的理念是在原有的社会经济各部门充分发展的基础上提出的，也意味着对原有的各相关行业、部门的大整合——这是物流标准化区别于普通行业标准化的重要特征之一，这一特征也就决定了，如果操作不当，物流标准化的过程必将遭遇巨大的阻力，建立一个完整物流标准化体系的难度将极大。

从所掌握的材料来看，西欧、美国、日本等国在其民用物流产业发展过程中，均多倾向于制定面向基础、实用领域（如运输、包装等）的物流标准规范，而并没有将物流标准化作为一个专门的、突出的问题提出来，也没有专门冠以"物流"（Logistics）的标准技术机构。[①] 但是一个不争的事实是通过这种各行业各部门的"间接覆盖"，一个有章可循的物流标准化的整体体系已基本建立。

以下仅就日、韩、美、英、澳、德等国标准查询的结果进行归纳：

如果把在标题中含有"物流"的标准称为专门标准，把针对物流活动的技术标准称为业务标准，大体上可将美国、德国和英国归为一类，其特点是在已有的业务标准基础上制定了专门标准，这样做的优势在于能够在系统的国家标准基础上，较快地建立物流系统的标准体系，在国家标准尚未覆盖的领域，优先引进和采用国际先进标准。

日本、韩国和澳大利亚可归为一类，其特点是注重完善业务标准。这样的优势在于业务标准的行业覆盖面较宽，适应范围较广。达到这一目标需要较长的时间，涉及的行业也较多。

---

① 当然如北约这样的军事组织则不然，物流乃至物流标准化的概念被明确提出，并以此为专题从事了大量理论与实践工作。可以想见，正是这些军事领域的工作，带动了民间将物流标准化作为一个独立的学术概念剥离而出的思潮。

二者的共同特点，是其所涉及的新领域的标准——EDI 标准、GPS 标准和条码技术标准等都在积极引进和采用国际标准。

2. 标准化运作的市场化

在市场经济发达的国家里，标准化运作长期以来形成了高度市场化的态势，政府、业界和中介组织三方之间基本形成了和谐的分工、互动。

一般的做法：政府与相应的标准化中介组织（标准管理机构）之间达成了协议，认可后者在相关标准化领域的权限、权威，同时给予相当力度的、法规、行政、财政方面的支持。政府的管理职能在此领域趋于规范化、宏观调控化。

中介组织则根据本国国情、自身实际，设计并实践自身开展标准化工作的机制。可能是如 ISO、德国那样设立相应的标准技术委员会直接组织专家进行相关标准编制工作；也可能是如美国 ANSI 那样更多地建立一种“论坛”（Forum）机制，鼓励和协调市场经济中各方力量的发挥。总的来说，技术标准制定的思路总是尽可能趋向专业化、开放化。此外，标准化团体还通过标准版权、销售标准文本和相关服务取得经济回报。

对于业界而言，标准已成为一种事实上的战略资源。一方面积极参与国家乃至国际标准的制定以抢占自身发展的战略制高点；另一方面也根据实际业务的需要在内部推行自身的企业标准，这样做的结果是诞生了相当一批在某种程度上主导着相关行业市场的“事实上的标准”。一种典型情形是某企业提出某标准，其周边（即在实现这一标准的具体途径上）则围绕着一系列该企业所独有的技术专利。当这种标准在市场上占据一席之地时，企业便可以坐地收钱，借助其专利收入盈利了。例如在通信领域，围绕国际通行的 CDMA 2000 标准，美国高通公司拥有 1400 多项独家专利，占到了相关专利总数的 29% 左右，专利使用收费构成了高通收入的主要来源。

最后值得指出的两点：

①西方发达国家的物流企业本身发展基础很好，从而为目前这种市场导向鲜明的标准化工作模式提供了良好的支撑。据统计，发达国家第三方物流在物流市场的比重每年以 15% ~20% 的速度增长，到 2010 年，有可能达到 50% 左右；跨国物流公司经过全球性兼并形成了新的格局：美国联邦快递、总统轮船公司、联合包裹公司、丹麦马士基、德国邮政、日本通运、英国 EXCEL 年营业额都超过 200 亿美元；世界性、地区性、社会化物流中心也在崛起：日本已建成 24 个，平均占地 74 万平方米；韩国已建成 2 个，平均占地 33 万平方米；荷兰已建成 14 个，平均占地 44. 8 万平方米；德国已建成 20 个，其中不来梅港口物流中心占地 100 万平方米。

②在目前这种市场化的标准化机制中，标准化相关技术的研究不仅受到企业的重视，也受到了政府的高度重视。由于标准化的发展直接关系到产品市场的占有，因此标准化相关技术研究的战略意义也就十分重大。美国商务部技术管理局即专门设有国家标准与技术研究所（NIST），每年投入大量资金从事相关研究，取得了显著成就，在全世界享有盛誉。号称“技术立国”的日本，长期以来政府在技术产业的发展中更是发挥着重大的引导、推动甚至协同作用。

3. 政府作用的差异和“标准之标准”思想

这一问题其实是上一点的深化，因其特殊性而单列说明。

对于物流标准化进程而言，政府干预是一把“双刃剑”。一方面，对于后进国家而言，较大力度、运用得当的政府干预对于加快标准化进程、提高物流系统的效率、引导乃至培育产业和市场力量的发展往往会起到立竿见影的效果；另一方面，由于人类的理性局限，大力的政府干预一旦失当，可能对产业创新构成沉重的枷锁，影响产业与市场的健康发展，从而造成不可挽回的损失。

实际考察起来，不同国家和地区在物流标准化乃至物流业发展过程中的政府干预程度是存在差异的，这种差异在欧美和东亚的对比中表现得尤其明显，究其原因，与各国自身现代物流业的发展基调有很大区别有关，也与本国经济政治和文化传统的大环境有关。

以美国和日本为例：

美国政府的鼓励政策重点之一是理顺产业运作机制。在20世纪80年代初，美国政府制定了汽车运输业管理法案，放松对汽车运输的管制。此后，又陆续通过了一系列的运输改革政策，目的是减少国家对运输业的控制和约束，推动运输业更接近于自由市场体系。重点之二是积极推进多式联运，在其颁布的《多式联运法》中明确提出，发展国家多式联运运输系统是美国重要的运输发展政策。在美国《2000～2005年运输部战略计划》中指出，21世纪美国运输系统的四大特征之一便是多式联运。

日本政府则在鼓励物流业发展中发挥了更强的导向作用。一是提高物流社会化程度，大力提倡混载化。日本通产省倡导发展“城市内最佳配送系统”，即围绕某个标准轴心，将城市内无规则发生的各种方向、数量、时间的货运需求加以汇总，实行混载配送。在政府大力提倡下，日本各个行业，从零售业、批发业、物流业到生产企业，对实现物流共同化、混载化都比较积极。二是非常重视物流园区的建设，从20世纪60年代至今，日本已经建成了20多个平均占地74公顷的物流园区。

简单来讲，这种区别的产生有如下背景：

（1）目标市场不同

美国物流业的发展是以国内市场为基础，逐渐向全球市场扩展。日本是以海外市场为主，国内市场为辅。中国香港和新加坡的国际都市经济特点，决定了其依托港口和地域优势，发展国际物流枢纽。

（2）企业组织结构不同

美国的生产和零售企业之间的批发环节作用较弱，生产企业是通过生产、销售的网络，零售企业是通过采购、销售的网络，建立起物流业的基本构架。日本则是在生产和零售之间发展综合商社的组织形式，批发商的作用较大。日本核心发展配送网络和系统是其物流业的一大特色，因此，日本物流组织的社会化程度比较高。

（3）民族政经文化传统的差异

东亚自古以来受儒家“家长制”思想的影响，战后在其经济发展过程中一贯呈现政府引导作用明显的现象。与之相异的，具有悠久资本主义发展历史的欧美国家往往更注重引导市场的力量尽可能发挥作用，其中尤以英国、美国为甚。

从这个思路深入下去，我们其实还可从英国和美国的标准化管理方法中，抽象出颇具特色的“标准之标准”的思想理念。

欧洲学术史上有传统的“大陆学派”和“英美学派”之说，在物流标准化领域也在某种程度上显示了二者的不同。应该说除英、美外的大多数国家都是由标准管理机构自己组织制定标准与依靠专业团体制定标准相结合。而美、英的处理方法颇具“标准之标准”的思想意味。

依据这种理念，标准化组织的作用是制定并维护一套标准化的标准规程，而较少直接参与具体的标准制定工作本身。这种标准规程，在英国国家标准体系（NSB）中体现为BSO标准、在美国ANSI体系中体现为以美国国家标准流程（The American National Standards Process）为代表的一系列规程。

通过这种模式，标准管理机构对自身的角色做了微妙的定位，牢牢地将制定棋局规则的权利把握在自己手中，而将具体的对弈格局交给了下棋的人——来自社会经济各个层面的利益相关者们（Stakeholders）。从学术渊源上讲，这种思路其实是和盎格鲁—撒克逊传统的民主政治、自由主义经济学思想有一脉相承之处的（美国立国思想之一就是通过建立一套机制来保障社会各种力量的发声、最终实现某种均衡），其出发点和归宿，都在于尽可能淡化行政系统直接干预和管制的意味，让市场的力量、专业的力量最大限度地发挥作用。

4. 物流标准化的区域联盟和全球融合趋势

欧盟标准化战略强调要进一步扩大欧洲标准化体系的参加国，要统一在ISO中进行标准化提案，要在国际标准化活动中形成欧洲地位，制定并推广以欧洲标准（EN标准）为基础的国际标准，加强欧洲产业整体在世界市场的竞争力。1999年10月欧盟部长级会议决议《欧洲标准化的作用》据此已提出了明确的方针。

美国要在几个主要技术领域重点承担或从事ISO、IEC的秘书工作，积极参加所有国际标准化活动，美国要与更多国家的政府标准化机构和标准化团体建立联盟，努力制定出反映美国技术的国际标准。加拿大则期望通过加强北美区域联盟，保证其标准和美国标准的整合，进而形成共同标准提案，将其国家、区域标准转化为国际标准。

日本针对国际标准化活动制定了20项战略措施，包括国际标准的对策、产业界提出战略性的国际标准提案、创造良好的参加国际标准化活动的环境、培养国际标准化专家、推进亚太地区的国际标准化活动等。日本也试图通过建立亚洲区域联盟将日本和亚洲的标准推向国际，与欧洲相抗衡。

韩国产业资源部的物流发展五年计划提出，韩国将与中、日展开更密切的合作，以降低物流成本，创建一套现代化的物流信息系统，包括统一条码、电子文本标准化等。

（四）对我国物流标准化工作的启示

综合国外的工作，我们对物流标准化的理解应进一步加深，由此对我国物流标准化需要做的工作有一个更清晰、更有条理的认识。

1. 理解物流标准化——提高效率，加强整合

从方法论的角度来说，标准化的工作有两个层面的需要，第一个是技术层面或者也可以说主要层面的需要，在于为人类的生产、服务等活动提供一定规范，从而提高活动的效率、质量。第二个是由此衍生而来的管理层面的需要，是要在这一规范的制定中，

达成在社会各方面利益相关人之间的最大妥协，使各方的利益达到尽可能的均衡。经济学中有所谓帕累托最优的提法，即一个社会中已经没有一个人或集体的福利可以在不减少其他人或集体的福利的条件下进一步增加，这固然在实践中是不可能把握的一种理想状态，却也是标准化工作某种境界与诉求之所在。

在此基础上，物流的标准化又有两个特点。第一个特点在于“服务”。物流产业事实上是服务行业。只是作为一个整体而言，这一服务行业还缺乏与其发展水平相适应的标准和规范。第二个特点在于“整合”。如前所述，对原有的各相关行业、部门的整合正是物流标准化区别于其他一般行业标准化的重要特征之一。在长期实行计划经济、各部门各行业的利益条块分割错综复杂的我国，这一问题的规模与难度尤为突出。

由此申发，可见我国物流标准化工作的两方面任务：首先是面对当前标准化工作相对现代物流行业发展的滞后，迎头赶上，建立一个统一成熟的物流标准体系，提高物流业的效率；其次是在这一工作过程中，整合原有的行业机制，建立一个健康的、协调的、高效的政府、企业、市场互动的标准化机制。与此同时，从长远战略来看，在前者的工作中应加强对相关技术研发的投入，抢占技术和产业的制高点；在后者的工作应融入我国政府职能转变的思考，为和谐社会形态的建设做好铺垫。

综上，或许国外经验对我国的最大的启示就在于需要“从基础性、实用性的标准出发，逐步动员社会各相关方面的力量，建立物流标准体系，建立物流标准化相关人机制，注重技术研发，并在最终融入我国政府职能转变之远景战略”。就目前而言，政府和相关标准化管理机构应积极作为，努力发挥导向作用。

2. 建立统一、成熟的物流标准体系

容易理解，面临国内外现代物流也日新月异的发展和当前我国物流相关标准工作的滞后，建立统一、成熟的物流标准体系是我们最为迫在眉睫的任务。以下就此问题重点说明两点：

（1）我国物流标准化工作的切入点应是基础性、通用性物流标准的制定

在标准化制定过程中一个现实的难题是：从什么角度切入、真正去着手建立我国的物流标准体系，物流标准化的度应该有多大，如何界定标准化的范畴。如果要先清晰界定物流及其标准化工作的外延再加以整合，即使可行，也必将导致牵一发而动全身的巨大变革，难以预料，不堪设想。

鉴于此，参考国外“间接”建立物流标准体系的做法，我们提出，我国物流标准化工作的切入点应是基础性、通用性物流标准的制定。换言之，我国将要建立的物流标准体系，应是从提高物流服务产业的效率出发，从规范各个基础、通用环节入手。物流业是一个服务性行业，物流活动是因顾客需要而产生的。顾客需要将货物送到他们手中就必须要对货物进行运输、储存、装卸搬运、包装、流通加工、配送等；为了提高服务质量及时安全地把货物交付给顾客，就必须采用先进的信息技术。类似物流作业和技术设备，均可通过物流标准化的工作加以规范，从而推动效率和服务质量的提高。同时我们也需要对服务本身进行标准化，即对物流服务内容、增值服务、服务管理以及物流服务评价等进行规范。从这层意义上说，物流标准化范围的界定是模糊的，是由服务所需

的通用基础环节入手、随着服务的需要而不断改变的。

另外需要说明的是，标准化工作一定应注意度的掌握。

其一，标准的数量宜按市场需要决定，绝非越多越好。ISO 原则上只在有明确市场需求的情况下才发起对某项标准化项目的研究，并有专门的机构对此提供指导，这一做法应引起我们注意。

其二，标准的内容应注意不宜过于超前，否则便易作茧自缚，影响行业的创新。日本树立技术立国口号之后，有段时间曾经倾力发展高清晰度彩电，思想大胆，耗资巨大，却未能超脱模拟技术的老路，终于被欧美一朝以数字化技术的创新轻易反超。

（2）注意物流标准的开放性，合理借鉴国外做法

随着经济的全球化，物流活动已不局限于一个地区一个国家，它是一个跨地区跨国界的活动，因此物流标准是一个开放性的标准。根据 WTO/TBT 协议规定，成员方制定标准时有国际标准的要以国际标准为基础制定本国标准。所以在制定标准时要积极采用国际和国外先进的标准。但这并不意味着只要是国外的先进标准我们就一定要采用，只要是发达国家的标准化工作模式我们就一定要效仿。我国地域辽阔，物流发展状况及特征的地区差异也很大、很复杂。既存在如北美那样地广人稀、需要依赖长途公路/铁路运输的地域；也存在如日本那样人口密集，乃至以出口为主要导向的物流基地。因此，应注意结合本国实际，综合、灵活地借鉴国外物流标准化的工作经验，走出自己有中国特色的标准化之路。

因此，在采用国际标准和借鉴国外先进标准工作经验时，要根据我国国情理性而又有计划、有步骤地使国内标准与国际标准进行整合。引用的标准的水平应该与我国经济发展水平相适应，不能忽略我国产业发展的现状，否则可能会给我国企业造成高门槛，反而为发达国家的产品在我国市场中畅通无阻大开方便之门，同时企业对制定过于脱离实际和拔高的标准也不感兴趣。因此一方面产品出口需要符合国际标准或进口国标准，另一方面又可以通过本国技术标准对国外产品或厂商进行制约。

关于标准的推广和自主知识产权的问题，韩国的做法在一定程度上值得借鉴。韩国认为技术标准体系是一个开放的系统，信息技术标准的研发过程往往涉及技术专利，在平衡技术标准的公利性和私利性时，韩国认为初期阶段取得标准领域的话语权更甚于专利技术的既得利益，先将韩国标准推广为国际标准，获得世界的认可，以后再逐步争取利润。韩国的技术标准战略从 20 世纪 80 年代跟踪国际标准，到 90 年代积极参与国际标准化活动，以及 21 世纪韩国标准国际化的进程和建立韩、中、日三国联盟的亚洲合作平台的努力，都可以看出韩国技术标准战略的开放性和与世界融为一体的标准意识。

值得注意的是，标准的开放性不可避免地会涉及国家的经济安全，尤其是在信息技术领域，电子标签标准往往会涉及国家安全。电子标签中涉及国家安全的最核心最关键的问题不是硬件技术，而是编码规则、传输协议、中央数据库等，中国必须警惕信息侵略，国家必须掌握电子标签领域发展的主动权。国家信息安全高于一切，在电子标签标准的制定过程中，应牢牢把握这个核心。

3. 建立物流标准化相关人机制，加强市场导向

这里有两个层面的意思：

（1）要充分发挥企业、中介组织甚至消费者等利益相关人在标准化工作中的作用

物流标准的制定是一项极其庞大的工程，标准内容复杂、烦琐。政府主导不但会抑制企业和个人的主动性和创造性，而且精力也远远不够，顾此失彼。同时也可能使某些标准失去先进性，使新的科学技术难以及时反映到标准中。结果往往是投入了大量的人力财力却收效甚微。在市场经济条件下，企业是市场的主体，能够第一时间把握市场动向。因此物流标准的制定要充分发挥企业的重要作用，反映本国企业的利益。

一方面，在市场经济体制下，行业协会在国家标准化和行业标准化活动中发挥着重要作用。行业协会通过组织相关方制定本行业的协会标准，可以树立协会的权威，协调企业间的利害冲突。在制定国家标准时，行业协会可以代表企业积极参与，反映行业利益。这样，可使有相同利益的团体通过单一渠道表达它们的观点，实现标准的广泛协商。例如，负责制定英国标准的英国标准协会（BSI）的技术委员会成员便是此类组织的典型代表。

另一方面，协会标准也是行业协会获得资金支持的重要手段。从国外的经验来看，美国机械工程师学会（ASME）标准文件的销售收入约占其总收入的50%；德国标准化协会（DIN）的标准出版发行及服务收入占其经费总额的66%；法国标准化协会（AFNOR）的经费56%来自出版物销售收入。可见我国的行业协会、中介组织还可，也还应在标准化工作中发挥更多潜力。

最后值得关注的是消费者权益的问题，来自消费者的需求在我国当前的物流标准化表现还不是太强烈，但我国相关机构也有必要借鉴国外一些标准化机构的做法，通过网络、电话等方式设立互动机制，尽可能地在标准化工作中发现和解决消费者的困扰，听取更多利益相关方的意见。

（2）标准化工作应精心服务乃至培育国内物流产业和市场

必须承认，我国物流发展学术理论与工作实践之间的落差是客观存在的。现代物流乃至物流标准化的理论与实践本就源自西方发达国家，我国在学术理论上的借鉴和研究探讨相对容易跟进，然而就实践层面而言，存在的差距还很大。

发达国家物流标准化的一个重要原动力是企业的需求，而其企业的发展水平也确实能够产生类似高度的需求。以法国KN公司为例：在没有任何运输工具的情况下，它在全球98个国家、600个城市开展物流业务，通过自行设计开发的全程物流信息系统，通过其18500名员工和300万平方米仓储，对世界各地的物流资源进行组织，使空运做到世界第五位，每周运输量1.9万次，海运业务位居世界第一位。2002年该公司毛利为19.1亿瑞士法郎，相当于40亿欧元（约390亿元人民币）——正是类似这样的企业龙头，构建了规范有力的市场基础，进而提供了物流标准化工作的第一推动力。

反观国内，类似的企业龙头确实难觅踪影。目前一些国际化程度较高的中国公司已开始在标准化领域伸出触角，据说华为在标准方面的专职人员就有200多人，参加了50多个标准组织，2004年内申请了2000多项专利，并提交了300多篇标准文档。然而

在物流领域，可与其比肩的企业并不多见。这就要求我国在制定物流标准化战略时，进一步关注培育、服务本土企业的问题。

目前我国物流领域的企业、市场力量还很薄弱，客观上需要政府和标准化机构做更多运筹帷幄的工作，工作中必须强调战略思考，要以国家安全和长远利益为出发点，尽可能地未雨绸缪。我国已专由物流、物流标准化的角度切入，成立了组织机构，进行了初步探索，这不能不说是颇富胆识的一大创举，也是未来机遇所在。

4. 产学研相结合，推动物流标准化相关技术研发

物流标准的制定一定要与物流设施、物流技术的研发相一致。发达国家强调科技开发与标准研制一体化推进，提出科学技术研究与标准研制要同步进行，因此，他们在科研上一有突破就迅速制定出技术标准，并形成产业，进而占领市场。2000 年 4 月，日本政府公布的“国家产业技术战略”中提出，要把标准化和研究开发实行一体化实施。日本把标准化和研究开发比作一辆车的两个轮子，把标准化的重要性等同于开展研究开发。2001 年 3 月，日本开始实施的“科学技术基本计划”把标准化作为振兴科技的一项重要知识性基础工作。在安排为制定标准的科研经费中，也给予大力支持。对于标准化的重大意义，科学技术基本计划指出，为了推广研究开发的成果，标准化是新开发技术实现市场化的手段，特别是当前互联网的普及，跨行业的领域范围扩大等原因，控制了国际标准就等于控制了市场，而且研究开发成果转化后的产品的标准认证制度，在各国之间也是同等的，这在国际竞争中成为相当重要的因素。日本政府规定要将科研人员参加标准化活动的水平作为个人业绩进行具体考核。这对我国的物流标准化有着借鉴作用，我国标准的制定与相关技术的研究严重脱节，尤其是在高新技术领域，标准制定严重滞后，大量的科技成果无法转化为生产力，严重影响我国产业的国际竞争力，所以我国物流标准的制定与相关物流设施等的研发也要相一致，这样不仅有利于我国物流产业的发展，也有利于自主产权产品的出现。

5. 远景战略上，可融入政府职能转变考量，重视“标准之标准”思想

目前，我国标准化的管理模式中，行政的色彩与意味还很浓厚，政府的作为在很多层面影响着事态的成败。因此在现阶段，我国政府毫无疑问应积极介入物流标准化工作，发挥主导推动作用。

然而从长远来看，我们认为美国“标准之标准”的思想①也颇有借鉴意义，应可纳入我国政府职能转变的既有考量。换句话说，政府力量应可考虑退出具体标准的制定工作，而着力设计由专门机构维护一套科学的标准管理流程，促成市场力量的最大限度发挥。

其一，中国的客观国情与美国有颇多可类比之处。美国与我国，虽然意识形态、政治经济制度、现有经济实力等各方面存在着很大的差异，但就物流标准化问题而言，两国同属幅员辽阔的大国，经济规模庞大复杂，国内各区域之间、各部门行业之间千差万

① 依据“标准之标准”思想，标准化组织的作用是制定并维护一套标准化（即标准制定与管理）的标准规程，而较少直接参与具体的标准制定工作本身。参见本章“政府作用的差异和‘标准之标准’思想”相关内容。

别，各利益相关方出于自身的实际需要而“想自己的办法”，逢山开路，见水架桥，管理机制错综重叠，有时甚至出现令出多门的现象……这些方面都颇有相似之处。

其二，从标准化终极目的来说，“标准之标准”思想跳出了直接干预具体标准制定的窠臼，有利于最大限度地发挥市场的力量以实现帕累托最优，突出了政府力量和中介组织的“服务”而非“管制”性质，符合我国政府职能转变的战略考量。

当然就目前现状而言，这方面的建言还只能说是一种不折不扣的战略考虑。不过，我们可以据此在我国物流标准化体系的建设过程中，借鉴以美国为代表的先进国家的经验，注意总结自身行之有效的、规范的做法，着手将其固化。

四、我国物流标准化战略与实施原则

我国物流标准化存在的主要问题是行政色彩过于浓厚，弱化了中介组织的作用，直接导致管理体制混乱，标准的市场化基础比较薄弱，物流效率低下。物流标准化的战略目标和实施原则主要是从远景规划出发，提出目标以及目标的实施原则。

（一）战略目标

物流标准化的根本目的就是提高物流效率，因此物流标准化的战略目标的制定必须以此为根本。实现这一目标的关键是要理清原来行业、部门标准与物流标准的关系，确定哪些标准需要整合，哪些标准需要继续留用，从而建立协调统一的物流标准体系；实现这一目标的重点是建立物流标准实施保障体系，核心是建立市场主导的标准化机制，从而明确政府、中介以及企业各自的定位以及彼此的关系。

1. 提高物流系统效率

物流标准化是现代物流的基础。物流通过标准化整合各节点的资源，达到降低物流产业成本、提高物流产业效率的目的。近年来，我国物流费用占 GDP 的比例呈上升势头：2000 年我国物流费用支出高达 17880. 8 亿元，约占 GDP 的 20%；2003 年，我国物流总成本达 24974 亿元，占 GDP 的 21. 4%，这一比例高出美国、日本等物流发达国家一倍多。

物流产业要提高效率，必须实现运输合理化、装卸搬运机械化、仓储管理科学化。没有统一的集装箱尺寸标准，就不可能进行机械化的集装运输；托盘规格与叉车货叉尺寸标准不协调，就不可能进行机械化装卸；没有标识技术标准化的支持，就不可能进行自动化分拣货物；没有信息标准统一化，就不可能有信息的流畅传输。例如，1999 年海关总属联合各部委建设的“中国电子口岸”，搭建了一个信息畅通交换的平台，该系统将跨部门跨行业的进出口业务的信息流、资金流、货物流电子抵账数据集中存放到一个公共的数据中心，政府和企业都可以在网上核查和办理业务，大大增加了政府监管的有效性和企业通关的整体效率。其中“无纸通关”改变了以往进、出口企业递交书面单证报关的做法，通过联网实现数据审核、信息验放，事后集中补交书面单证，通过海关监管工作的前置和后移，最大限度压缩通关时间，而统一的数据交换及单证标准是信息快速有效传递及提高物流效率的重要保证。图 4 为中国的电子口岸的信息平台示意图：

因此，物流标准化要实现运输合理化、装卸搬运机械化、仓储管理科学化、信息标准统一化、管理和服务的标准化，从而提高现代物流产业效率，降低成本。

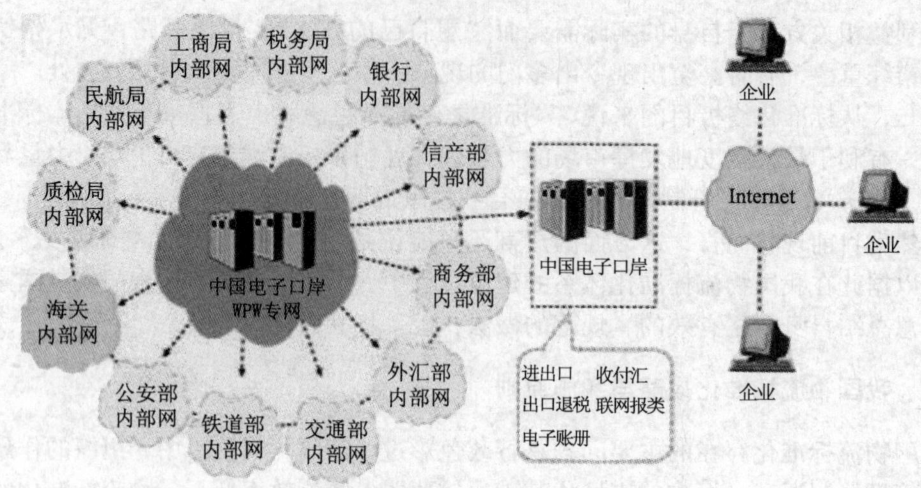

图4　电子口岸信息平台示意图

2. 促进物流的整合作用

整合是现代物流的一个根本理念，而标准化是一切整合过程的出发点和归宿，是建设现代物流的基础和核心。整合包括需求的整合，指生产企业、商贸企业的物流需求如仓储、运输、加工、配送、信息服务等按流程要求重新设计，从而使物流成本更低，客户的资金周转更快；整合也包括供给的整合，即对分散的物流资源如车辆、货站、仓储、设备、人员、网络等重新组织、优化，从而充分提升资源的利用水平，从而达到提高效率、增强竞争力的目的。在各种整合过程中，离不开标准化的建设，包括流程和管理制度的标准化、设备器具的标准化、物流信息的标准化等。标准化促使整合得到更快、更深入地发展。

首先，“现代物流企业”的标准定义可以促使社会上闲散物流资源得到整合。简单的有车或者仓库就可以自称为物流公司的局面得到改善，新的物流企业标准使这些企业不能够被社会认可，促使这些所谓的“物流公司”将自己的一些资源进行彼此间的整合或者被第三方物流公司整合从而成为真正的物流企业。其次，有利于企业管理资源的整合。物流企业每天所要承运的货物名目复杂，种类繁多。由于缺乏统一的标准，不同的货物，运输的车辆不一样，即便同一批货，也有不同的要求。要使车辆资源实现优效使用必须考虑到货物的各种因素，这占用了很多管理资源。再如产品报价，有的企业按吨公里报价，有的企业按立方报价，如果有一个相对固定的标准，就可以设置一个基础参考价格，直接使用这个价格标准，不需要面谈便能基本达成交易。再次，有利于设备资源的整合，减少设备资源的闲置浪费。正如前面介绍韩国标准化中提到的，韩国是从托盘标准化开始并以此带动整个物流行业设备的标准化。而在澳大利亚，运输是以1m×1.2m的托盘为单位，在全澳洲范围内托盘都可以跟随货物，因为全国都是统一的，同时也方便统计、计算托盘的数量和价值。因为托盘是按照集装箱的尺寸实行统一标准，箱子又按照统一标准的托盘进行成比例的设计和制造，所以集装箱里正好可以装下成整数量的箱子，也不会浪费空间。这种设计特别适合于叉车这样的机械作业。货车的载货区也是按照托盘来设计的，一层正好能够装得下若干个托盘，这样叉车很快就能够将集装箱里的托盘和箱子一起装到货车上。商场里的货柜也是按照托盘的尺寸进行设计的，用机械将托盘、箱子一起从货车上装到货架上。所以，在澳大利亚，集装箱的尺寸、集装箱中托盘的尺寸、卡车的大小、仓库的货架，都能很成功地配套使用。这样就有效避免了设备资源彼此之间的不匹配，整合了各种物流设备资源。最后，设备标准的统一可以促使如运输、仓储、装卸、包装等物流功能的整合，极大地提高了物流效率。由此可见，物流标准能够促进各种物流资源和物流功能的整合，使物流更加畅通。

3. 建立原有行业标准与物流标准的协调机制

物流涉及国民经济众多部门，在20世纪末之前的长期发展过程中，运输、仓储、信息、邮政、商贸、机械等物流相关行业，按照传统的流通方式和标准化管理体制制定本行业的技术装备和作业环节标准，没有充分考虑行业衔接与整合运作的需要。在现有与物流业相关的标准中，这一阶段的标准占据了主要部分。在这种管理模式下形成的标准架构，相关行业各自形成一套标准体系，致使现有技术标准形式多样、版本不一、标龄老化；涉及多行业的通用性、基础性标准薄弱，特别是有关物流服务、物流统计、物流企业、人员素质等方面的基础性标准尤为缺乏。如何处理原有行业，部门标准与物流标准之间的关系是制定我国物流标准最重要的问题。

对于原来的行业标准不可能完全推倒重建，只能就大家共有的、涉及整个系统的配合性、统一性的标准进行整合。中国在现阶段选择了在统一的平台上建立物流标准化体系的思路。2003年，全国物流标准化技术委员会和全国物流信息管理标准化技术委员会建立，在原有诸多标准基础上，整合重组、沟通协调、提高适应性，搭建了一个修订物流标准和制定物流标准体系的全新平台。这种思路在国内外都有成功的例子。比如在多式联运过程中不同运输方式之间的换装是不可避免的，要提高效率只能从减少拆装箱的次数入手。因此最好的办法就是用新的技术标准来整合。例如，北京二七车辆厂于1999年研制开发了一种NX－17B型铁路运输平车—集装箱两用平车标准，使得几乎所有的海运标准集装箱都可以直接驳接火车。实际上，为了解决各种运输方式的衔接问题并提高效率，在发达国家已经广泛采用卡车挂车上火车的“猪背”运输（Piggy－back）；挂车上飞机的“鸟背”运输（Birdie－back）；挂车上轮船的“鱼背”运输（Fishy－back）；卡车上轮船的滚装运输（Ro－Ro）；还有火车上轮船的“摆渡”运输（Trainship）等技术措施。这些运输管理技术的应用实际上就是用一个新的货运管理标准来整合不同的设备技术标准。因此，根据我国国情以及国内外成功的经验，这种在统一的平台上建立物流标准化体系的思路是值得肯定的，是一个正确方向。在这个平台的基础上，对于原有行业标准是继续保留还是进行整合，应该有几个原则可以遵循：①通用性原则，对于各行各业中的那些基础性的而且有共性的标准应该加以整合。例如托盘、集装箱等。②整体效率原则，不能以技术先进与否作为是否需要整合的原则，要以整个供应链的综合效率最高为原则。③经济性原则，这是决定物流标准化是否有长久生命力的重要因素，不要片面顺从行业的习惯和现状，看此标准是否考虑到长期的经济效益。④循序渐进原则，对于那些与整个标准体系不协调的标准不能武断地废除，必须考虑到行业的具体情况，对于影响力比较大的要慢慢过渡。

4. 加强物流标准的系统性建设

现代物流标准化因涉及面广泛，对象繁多而存在标准化协调一致的问题，主要包括三个方面关系的协调。

（1）建立统一协调的物流标准体系表。针对现代物流这个综合系统，制定门类齐全、协调配套的标准体系，以保证整个管理系统功能的发挥。然而，由于现代物流及系统物流管理思想诞生较晚，而其子系统在没有归入物流系统之前，早已分别实现了本系统的标准化，并经过多年的运用已经很成熟而难以改变。推行现代物流标准化，必然要与以往的标准体系相协调。为此，必须在各子系统标准化基础上，建立物流标准系统表。按照物流的基本要素，把标准化对象分为物流技术（包括设备设施）、物流管理、物流服务、物流信息四个方面，加上通用基础性标准，物流标准化主要有五个子系统。将各类不同对象归纳为各自的分标准体系，从而建立统一协调的物流标准体系。

（2）各物流环节在管理、技术等方面的配合和协调。某一环节的标准化工作没有做好，或片面强调科学技术水平而忽略经济效益，都会造成经济损失，影响物流标准化的预期综合效益。所以，实施物流标准化，必须解决物流各环节之间管理技术等方面的协调和配合问题。

（3）国内外物流标准的协调接触。从历史上看，发达国家在处理本国物流和外国物流的衔接时，都将物流标准化作为一个关键环节，将其纳入现代物流业发展的总体规划中，并随着现代物流系统的不断发展，逐步实现两者的协调配合。当前，我国现代物流管理尚处于发展时期，更应关注与国际物流业的接轨问题，关注我国物流标准与国际物流标准的协调问题，以谋求物流标准化与物流整体发展的协调一致。

总之，物流系统是一个庞大的系统，涉及各部门、各行业，所以各部门的标准制定技术委员会要互相沟通，建立一个公共信息平台，遵循一致性与协调性的原则，避免制定出来的标准彼此不能衔接。

5. 建立物流标准实施保障体系

物流标准制定完以后，为确保标准的顺利执行，要建立相应的配套措施使之得到推广及应用。

首先，建立适合我国国情的激励机制。1995 年以后，韩国政府加大托盘标准化建设投入，各相关部门都出台了优惠政策，在减免税负、财政补贴等方面采取了种种鼓励措施。如建设交通部设立“购买公用标准托盘奖励资金”、产业资源部设立“购买物流标准化设备奖励资金”、农林部设立“农副产品物流设备及机械标准化、装卸自动化奖励资金”等。除此之外，韩国政府还对积极响应国家号召，模范贯彻执行国家物流标准化政策的企业给予减免所得税的照顾，对业绩突出的企业予以奖励，发放政府补贴。在政府各部门、各行业团体以及广大企业的一致努力下，韩国的托盘生产和使用出现了奇迹般的变化。

其次，建立标准服务体系。法国、美国和德国等发达国家都建立了现代化的标准服务体系，提供标准信息化服务是美国、日本和欧盟等发达国家标准服务体系的重要特征，使标准信息能够及时、准确和有效地传播给使用标准的用户，在需要的时候可以提供相应的培训等。发达国家标准化机构更加注重开发提高标准附加值的服务形式，例如，美国的 ANSI 成立了标准化战略中心（CSSMTM），专门研究如何利用标准化工作在竞争中获得优势，重点在于如何利用标准帮助公司降低成本、高效地开发产品，在国际市场中获得竞争优势。

再次，政府政策法规的支持。政府在立法和采购中引用自愿性标准。在政府制定的法律法规中引用标准，从而使标准具有法律效力，使标准成为法律法规和契约合同的组成部分，是发达国家标准法制化的重要特征。例如，英国政府与英国标准学会（BSI）签订的备忘录中规定，今后政府各部门将不再制定标准，一律使用 BSI 制定的英国国家标准，特别是在政府采购规格及其制定的法律中要引用 BSI 的标准。德国政府工作运转时明确规定使用 DIN 标准，如国防部采购局明文规定，采购合同中的技术要求首先使用 DIN 标准，没有相应的 DIN 标准时，才允许使用其他标准，但要经过批准。

最后，对于现行标准要及时修订、修改或废止。否则会导致标准的技术指标低下，旧的技术标准的技术内容既不能及时反映市场需求的变化，也难以体现科技发展和技术进步。

美国、欧盟、日本等发达国家和地区拥有完善的标准实施保障体系，法律体系、市场准入、合格评定三个环节相互衔接配套，政府的主要职责只是监督与执法。我国的标准化还没有深入人心，建立物流标准实施保障体系显得尤为重要。

6. 建立市场主导的标准化机制

标准的出台来自市场需求，制定标准要了解市场需求。标准从市场中来，最终还是要应用到市场中去。参加制定标准的主体应以企业和消费者等利益相关体为主。要建立与市场经济相适应的标准体系以及与之相适应的管理体制和运行机制。制定工作者要积极调研，了解市场需求同时鼓励企业积极参与，不断提高技术标准的市场适应性。怎样才能体现以市场为主导呢？在标准的制定过程中一定要充分发挥企业和行业协会的重要作用，因为企业和行业协会是市场的直接接触者，能够及时快速地反映市场需求。

企业是市场的重要主体之一，物流标准化的最终目标是使企业获取最大的利润。作为物流标准化的主管部门首先应树立市场观念，遵从市场经济的规律，让企业参与标准化活动。只有让企业真正地参与到标准化的制定才能增强企业在市场中的竞争能力，为企业最大限度地争得市场，才能使企业获取最大利益，适应市场经济的要求。因此要充分发挥企业在标准化活动中的积极性和创造性，将企业吸引进来才能真正发挥标准化的作用。政府还要鼓励企业积极参与国际标准化工作，企业要借助自身的技术能力和对国际标准的认识使国际标准的制定能够体现自身的利益，朝着有利于自己的方向发展。同时，物流企业对物流标准的制定同样承担着巨大的责任，因为企业是我国物流标准化的基础。物流标准的具体条款是要通过我国国内物流行业的具体运作和实践进行检验。物流企业能够在自身的运作中总结经验，提供企业自身的物流标准，为国家标准的制定提供良好的基础素材。对国内已有的标准，各物流企业要结合自己的实际，认真地贯彻执行，这样不仅有利于企业自身的发展，也会促进国内物流业的整体发展。在韩国，企业积极支持政府的托盘标准化，使韩国的托盘生产和使用出现了奇迹般的变化，T11 型标准托盘普及率，在 1997 年到 2000 年短短 3 年时间里就上升了 10%。

此外，要充分发挥行业协会的作用。行业协会是随着市场经济的发展而产生和发展起来的。行业协会反映市场主体的意愿，沟通政府和市场主体的关系，对于保证市场经济的高效运行有着极其重要的作用。作为政府与企业、企业与企业之间的桥梁和纽带，行业协会在标准化活动中具有重要的作用及功能。行业协会为企业和会员服务而生存，协会开展的任何工作均以企业和市场需求为前提，行业协会组织企业制定的标准是市场需要，企业认可的标准。市场经济条件下，企业需要标准，但无法单独制定行业标准，行业协会通过组织相关方制定本行业的协会标准，树立协会的权威，协调企业间的利害冲突。在制定国家标准时，行业协会代表企业积极参与，反映企业利益和市场需求。在市场经济体制中，行业协会在国家标准化和行业标准化活动中发挥着重要的作用。如采用分散制的美国，主要发挥专业团体的积极性制定专业标准。美国国家标准协会（ANSI）只是起到协调国家层面标准化的作用。美国政府部门要制定一个新的标准或维护一个现行的标准时，它们通常主动同非政府标准化组织交换意见，并积极参与其活动，以逐步减少政府对个别专用标准的制定和维护工作。其他国家大部分是混合制，即标准管理机构自己制定标准（集中制）与依靠专业团体制定标准（分散制）相结合。市场经济国家的政府也参与管理标准化工作，但通常是官民结合。政府只参与标准化的组织管理工作，确定最高权力机关机构的长官，保证最高权力机构组阁的公正性，审批标准化章程，保证标准制定程序的公开和透明，甚至批准发布标准，但是不干预标准化过程，更不会通过标准化干涉企业的生产。例如，德国标准化学会（DIN）从不强迫任何人参加其标准化工作或执行其标准。公众可以得到所有的标准项目和标准草案，欢迎各方人士提出不同的看法和批评。

随着改革开放的深入和社会主义市场经济体制的日趋完善，标准和标准化工作的市场取向日趋明朗；政府将由标准制定的直接组织者逐渐成为标准和标准化工作的监护人、委托人。因此标准的制定要坚持以市场为主导，企业为主体的模式，这也是很多发达国家的经验。如在工业化阶段，韩国政府主导着信息标准化，也确实发挥了重要作用。但政府也意识到只有企业才能不断跟踪技术前沿，应对市场变化。因此光靠政府是远远不够的，必须建立以市场为主导，企业为主体的标准战略，让企业直接参与标准制定的全过程，将形成技术促进标准，标准带动技术发展的良性循环。

（二）实施原则

1. 可持续性发展原则

物流标准的实施一定要体现科学发展原则，就物流领域而言要重点体现可持续性发展原则。我国企业大量生产和使用木制托盘，主要原因是钢制和塑料材质的托盘价格偏高。木制托盘由于大部分都是一次性使用，材质要求不严格，价格也较低，企业比较容易接受。因此，大力推进托盘标准化，提高托盘的循环利用率，不仅可以降低企业产品储运成本，提高物流运作效率，而且对于保护我国生态环境，节约自然资源也有着重大的意义（一棵成材大树最多只能制造 6 个标准托盘）。一些物流活动也直接影响着环境，尤其表现在运输环节。我国目前的货物运输绝大多数采用“裸露运输”即开放式运输，容易造成货物丢失、破坏交通、危害人身安全、影响环境等诸多隐患。而从国外发达国家情况来看，城市间和城市内的货物运输 90% 以上采用厢体运输，我国仅有 10% 左右。厢式运输不仅环保，而且极大提高了效率。在美国，货运厢式物流集散中心全部采用货厢的方法进行装卸；在日本、韩国，则以翼开车为主，以液压方式开启两侧翼板，由地面的叉车进行装卸；在欧洲，则采用可更换车厢、实行物流过程中的甩挂式、多联式运输。在发达国家，凡是涉及环保问题的标准都会优先实施，由国家主导进行。日本还专门设立了负责处理环境保护和资源再循环等事务的“环境与资源专业委员会”。因此我国在制定实施物流标准时，应遵循可持续性发展的原则，考虑整个行业及社会的整体和长远利益。

2. 加快物流标准的国际化

加快物流标准的国际化是指，一方面要加大采用国际标准和国外先进标准的力度，另一方面，积极主动参与国际标准化的活动。从过去的紧紧跟踪了解国际和国外先进标准的情况，到直接承担ISO/IEC技术委员会秘书处工作，直接组织并参与有关国际标准的制定，进而充分的反映我国企业的利益。很多发达国家都是国际标准化组织的主要成员甚至在标准制定中担当着领导角色。如日本，政府资助研究国际标准化的战略；政府支持企业行动，增加日本的国际标准化组织的主席，召集人和秘书；进一步加强与亚太地区各国标准化组织的合作。我国是世界制造中心，物流活动很频繁，因此，应该鼓励和支持有条件的企业或者相关部门积极参与国际标准的制定，充分反映我国企业的利益。

3. 与现代物流发展相结合

现代物流的显著特征是系统化、信息化。物流标准体系的建立要从物流大系统出发，体现系统化，而信息标准化是物流标准体系中最重要的一部分。当今世界，信息通信技术已经把全球经济联为一体，物流空间也一定会越来越大，信息技术成为现代物流最为显著的一个特征。信息标准的不统一或信息阻塞也会影响效率和效益。在信息时代，由于有了信息通信技术的支撑，物流服务业通过网络平台和信息通信，使制造商、供应商、代理商以及业主和客户有机地联系起来，对货品的供给和销售情况实行实时跟踪、动态管理和有效控制，可以优化环节，加速流通，提高效率，降低成本。信息标准化包括各种信息通信技术的相关硬件制造统一，基本信息以及信息接口，信息安全保障，信息系统设计等。

4. 加强物流标准的宣贯

在前面介绍国外先进物流标准的内容中，我们会发现许多国家都特别重视对物流标准的宣传和贯彻，进行各种各样的教育与培训，提供标准咨询等措施。通过这种宣传使更多的企业知道哪些标准已经制定出来，使它们意识到标准的重要性，转变观念，认识到未来的市场之争就是标准之争，无论是生产企业还是物流企业，不仅产品生产要严格采用国际国内标准，而且要积极参加国家行业标准的制定。三流的企业重视产品，二流的企业重视技术，一流的企业则更关注标准。

有关部门要加大物流标准的宣传力度。如韩国政府为了在公众中树立标准意识，开展了一些有关技术标准的教育项目。这些教育项目是有别于标准化人才的培训项目，是面向公众的普及性的标准培训。2003年韩国举办了关于标准理念的大学生征文比赛，希望在大学生中加强标准观念，为今后标准的开发和标准工作的推动打下一定的学术理论基础。国外有一些大学积极开展标准化教育，课堂授课方式主要针对各领域涉及的实际问题，通过案例分析来讨论、学习。市场经济发达的国家其标准化机构非常重视标准的宣传推广工作，通过教育培训和宣传推广，促进标准的广泛采用，从而提高标准化机构的形象，增加其收入。1918 年，即德国标准化机构成立的第二年，就设立了负责促进标准贯彻与应用，组织标准实践经验交流的专门机构——标准实践委员会（ANP）。日本的规格协会（JSA）专门负责标准的推广：JSA 每年平均出版 650 多种 JIS 标准，同时将部分 JIS 标准译成英文，向 80 多个国际标准化组织成员国分发；协会编辑出版《标准化》、《质量管理》等月刊并向世界各地发行。

因此，我国也应建立这样一个类似的部门，专职负责物流标准的宣传。可以提供培训、咨询和服务一体的实行全方位、系统化的服务，为企业提供标准化培训，包括大学水平的课程。

5. 保证国家经济安全

正如前面提到的，标准的建设一定要以国家利益为前提。在物流标准中涉及的技术标准，尤其是那些事实标准难以避免的会涉及一些知识产权问题，要积极制定自主知识产权标准，形成标准安全防御体系。我国还没有建立完整的国家安全标准体系，WTO/TBT/TRIPs 协议对标准与知识产权结合的保护也只是初级阶段。因此，建立知识产权标准的意识比较淡薄，这不利于我国经济的开放发展，我们应从国家、企业、社会不同层面构筑标准安全防护体系，保护自主知识产权。

目前，有关 EPC 争论的主要焦点就是国家安全问题。EPC 的特点是对单一产品进行编码，产品编码以后，将国家任何产品的产量、流向等信息形成一个巨大的数据库。反对 EPC 的声音认为：EPC 的数据库在国外，如果采用 EPC 就意味着数据库所在国可以查询我国任何产品的信息，这些产品包含军用产品，还有那些涉及国民经济命脉的重要产品，如农产品、医药产品等。而如果采用我国自行研制的产品代码如 NPC，不管是赋码、对码的管理、数据库的管理，都是自己控制。支持 EPC 的专家认为：EPC 已经在美国经过多年的研发，并在实际商业需求的基础上经过无数次的测试和调整。因此，从条形码可以顺利地过渡到 EPC。目前全球共有 100 多万家企业在使用条形码，这些企业未来可以很顺利地转用 EPC 标准的电子标签。针对此事，近期国标委领导还专门向大众澄清，EPC 的数据库的管理由国际标准组织（ISO）负责，并不是由哪一个国家负责，同样标准的专利也不属于哪一个特定的国家。不管怎样，这些都说明标准的制定是十分敏感的事，特别是当它与国家安全相关时更是如此。当然，如果国标委的澄清属实，EPC 的使用的确要优于 NPC，因为 EPC 比 NPC 更加成熟，也有利于我国信息标准与国际标准的接轨。

由于我国物流标准化建设起步较晚，因此要积极采用国际通用标准或国外先进标准。但同时，要结合我国国情，合理采用或转化。形成既与国际标准密切接轨，又具备相对独立性的物流标准化体系，以利于在经济全球化背景下保证我国经济的安全，维护国家利益和国内企业的利益。

6. 标准与创新并举，产学研须相结合

标准是寻找共性，追求的规模效应的产物；创新则是冲破旧理念，寻找新的途径和方法，因此风险大，但一旦成功，回报巨大。创新与标准是一个企业成功的两翼。标准和创新之间是一个矛盾，因为创新是不断造新的东西出来，标准是继承现实，创新要不断打破旧的东西，引进新的技术。事实上，标准化对技术创新确实存在着不利影响，标准使新技术难以融入标准体系，从而窒息了技术创新。所以，有时标准也会成为垄断的借口。

虽然标准和创新看似一个要维持、一个要变更，是矛盾的。但是，创新与标准化的根本利益却是一致的，现代经济中两者缺一不可，对物流领域的信息技术尤为如此。技术创新是标准化的基础，创新需要并推进标准化。标准化的重要作用之一是协调不同的创新努力，将其统一到一套新的技术系统，从而开创一个新的市场。

因此，要正确处理创新和标准的关系。技术创新并非是一次性的工作，在市场需求瞬息万变的现今社会，要想再创新就必然要用到以前的创新成果，这些创新成果已经成为了一种可重复利用的资源即标准。因此，在新技术实现的时候，我们应该选择一条演进的过程，而不是革命的过程。在充分理解和吸收传统技术基础上进行创新。保证标准的连续性，在面向未来的同时保证新标准对于现有技术、标准的兼容。这样才能吸引更多的人参与创新和标准化过程。所以，物流标准的制定一定要与物流设施、物流技术的研发相辅相成，物流科技开发与物流标准研制要一体化推进。一些发达国家，如日本提出科学技术研究与标准研制要同步进行，因此，他们在科研上一有突破就迅速制定出技术标准，并形成产业，进而占领市场。

附　录

课题组成员名单

课题组组长：	戴定一	中国物流与采购联合会副会长、全国物流标准化技术委员会副主任
课题组副组长：	孟国强	中国物流与采购联合会副秘书长、全国物流标准化技术委员会秘书长
课题组成员：	牟惟仲	中国物流学会副会长、教授级高级工程师
	黄久久	中国物流与采购联合会标准化工作部主任、全国物流标准化技术委员会副秘书长
	丁静之	北京交通大学经管学院副教授
	闵　骐	北京交通大学经管学院硕士研究生
	崔文波	北京交通大学经管学院硕士研究生
	崔　俊	北京交通大学经管学院硕士研究生
	霍金宁	北京交通大学经管学院硕士研究生

参 考 文 献

[1] 王忠敏．标准化新论
[2] 赴韩物流标准化考察报告节选．借鉴韩国经验发展我国托盘标准化，2001

［3］孟国强，孙珂．发展现代物流必须大力推进托盘标准化和社会化应用——关于我国托盘应用现状与发展的建议，2004

［4］席宏卓，李柱．标准化管理模式综述．湖北工学院，1992

［5］吴青．国外物流标准现状及发展趋势．理论月刊，2003（12）

［6］黄久久．我国物流标准化的特点、问题与进展．中国物流与采购，2003（14）

［7］赵朝义，白殿一．发挥行业协会在我国标准化活动中的作用．中国标准化，2004（12）

［8］国际物流标准化现状扫描．市场周刊．新物流，2003（11）

［9］朱梅．物流标准化．铁道技术监督，1996（4）

［10］袁可明．加快制定我国铁路物流标准化体系．上海标准化，2003（12）

［11］陆复芳．促进道路交通标准化技术进步的政策建议，交通标准化，1997（3）

［12］苏其云．搞好水运交通标准化为水运事业服务．交通标准化，1996（2、3）

［13］田学军．对我国邮政物流标准化的若干思考．中国标准化，2003（6）

［14］张君．标准化在铁路运输中的作用．铁道技术监督，2003（11）

［15］金江军，潘懋．现代物流．北京：北京大学出版社，2003，12

［16］李会太，张文杰．物流标准化：定义、实施与对策．中国标准化，2000

［17］王长琼．现代物流标准体系基本问题研究．中国标准化，2002

［18］郭成．发达国家物流标准化建设对我国的启示．中国标准化，2003

［19］陈方建，王正谦．中国物流标准化概况．铁道物资科学管理，1997（2）

［20］霍红．我国物流标准化的现状与对策分析．商业研究，2003

［21］徐炳伦．物流之道．（社）韩国物流协会等，2003

［22］Seirut. European Committee for Standardization，2004（2）

“十一五”物流信息化研究

内容提要：本报告详细阐述了物流信息化建设的意义及主要内容，初步搭建了物流信息化框架体系。报告在借鉴国外发达国家物流信息化经验的基础上，研究了我国物流信息化的现状、特点与问题，指出目前我国物流信息化存在的四大制约因素：一是基础信息缺乏，数据采集困难，标准不统一；二是“信息孤岛”问题，信息与业务管理脱节，信息共享与交流机制欠缺；三是物流监管的信息化水平不高；四是物流信息服务业的法规、制度、标准建设滞后。报告对于物流信息平台建设进行了重点研究，指出目前存在的一些误区以及未来发展的路径与方向。在上述分析的基础上，报告提出了“十一五”物流信息化研究的目标和重点任务，并提出了有关政策、措施建议。

一、物流信息化的现状与特点

现代物流的概念包括两个方面，一是作为一个新兴的服务型产业；二是作为一种管理技术，普遍应用于各行各业。无论新兴产业还是管理技术、物流信息化都是其中极其重要的组成部分。物流信息化就是通过信息技术的应用，提高物流管理水平，提高物流服务效率，实现经济增长方式的转变。物流信息化包括基础设施和环境的建设、企业信息化、物流相关的政府监管和服务信息化，以及物流信息平台体系的建设等内容。

基于信息技术的现代物流，其运作方式、商业模式和技术基础都发生了极大的变化，远远突破了传统仓储运输信息化的狭隘范围。

（一）信息技术是现代物流的基础

1. 信息技术推动了现代物流的发展

一般认为，现代物流起始于第二次世界大战后美国将军事后勤的统筹优化方法应用于经济管理（参见《现代物流国际通用管理与成功案例典范》），但是真正得到大规模发展是在20世纪90年代中期，其原因主要缘于需求的快速发展和技术的进步。一方面是世界经济一体化趋势的发展，跨国公司在全球采购、全球销售，需要在更大领域内整合资源并实现优化配置，加上市场竞争激烈，产品更新速度加快，库存风险增高，对于物流系统的需求达到前所未有的高度；另一方面是以互联网为代表的信息技术突飞猛进，应用渗透到各行各业，出现了以信息化为特征的传统产业升级和现代化浪潮，利用信息技术提供全新的现代物流服务已成为可能。这里讲的全新，主要是指突破原有的地域、分工等传统边界，在新的基础上整合、优化，从而达到降低物流总成本的目的。经济理论认为交易成本是影响专业化分工的主要因素，很多专业化分工的边界是由交易成本决定的。但是当构成交易成本的主要内容——信息成本大幅度降低后，传统的专业化分工就会面临新的冲击，正如日本著名的管理大师大前沿一（Ohmae，1944）所说：“现代信息技术将使传统边界过时。”从这个意义上来看，整合之所以成为现代物流的核心理念，正是由信息技术的高速发展所推动的。

以物流专业分工的重组和整合为核心的理念把传统的仓储运输业从运营操作层面提升到了战略规划和决策的层面。现代物流的效益主要得益于物流流程的改造、物流计划方案的设计、物流网络的布局等战略决策，因此我们才有理由把现代物流称为新兴产业。

2. 信息技术是现代物流的关键技术

信息技术与现代物流的特殊关系还表现在运作层面，即现代物流的运营是通过信息与网络通信技术，利用信息流来控制、优化物流。现代物流所强调的整合，有两个基本类型：一类是横向的整合，例如把某一地区、行业或跨地区跨行业的物流贸易、运输、仓储、配送等资源分别整合起来，实现规模化、标准化，也称为物流平台建设；另一类是纵向的整合，即根据客户需求将物流流程的各环节整合起来，达到既定服务目标条件下物流总成本最低的要求，通常也称为供应链管理。现代物流的发展就是要实现全方位的物流平台体系建设，以及在此基础上形成各种专业化、个性化的物流解决方案。如果说传统产业的整合主要依靠资产或市场纽带，那么现代物流的整合主要是通过信息技术和信息共享机制来完成。

信息技术在现代物流中如何实现整合、优化，可以通过以下两个案例来说明。

案例1：

锦程全球订舱中心，这是一个依靠信息系统进行横向整合的典型。锦程物流集团的主营业务是国际海运货代。作为一家发展迅速的民营物流公司（2005 年通过评审达到5A 级物流企业标准），其业务网主要是靠连锁加盟的方式得以迅速扩张的。该集团目前在国内主要口岸城市、内陆大中型城市以及国外拥有 200 多家集团成员，与数十家国内外大型船公司建立了战略合作关系，与海外三百多家国际物流企业保持着长期稳定的业务关系，形成了覆盖全球的国际物流服务网络。在此基础上集团组建了锦程全球订舱中心，对进出口海运集装箱箱量资源进行整合，向承运船东集中订舱，获取优势运价，实现运力的集中采购。加盟的合作伙伴在资产上可以有不同的整合方式，但是在信息系统方面必须一致，以形成统一的物流信息平台，并保证品牌、标准、服务的一致性。可以说，信息系统是锦程物流网络的基石，依靠信息系统整合货代需求，以集中采购运力的方式获取和增强市场竞争力，是锦程物流集团的核心优势。在此基础上建立起来的锦程物流网（www. jctrans. com）是国内最著名的物流综合门户网站之一。根据世界权威检测网站（Alexa. com）的访问量排名统计，锦程物流网在国内物流行业网站中排名第一。

案例2：

宝供物流信息系统，这是一个依靠信息化实现纵向整合，提供供应链服务的典型。宝供物流集团也是一家民营物流企业，主要从事快速消费品、家电等领域的供应链服务。宝供物流信息化成功运作方案成为物流界的经典案例。它们从改革传统物流单证的通信传输方式开始，循序渐进，先后整合了运输、仓储、订单管理、客户查询等环节，现在已经可以与客户的信息系统相连接，参与客户的物流流程、计划方案的设计，可以根据客户的需要对物流的全流程进行实时跟踪、查询。宝供物流集团成为传统的仓储企业转向现代物流企业的一面旗帜，其信息系统也成为物流企业信息化的一个典范。

上述案例表明，物流信息系统是为特定的业务服务的，在不同的整合中物流信息化的作用也是各有其特点的。在横向的整合中，物流信息化关注数据标准，是通过将标准和授权等管理制度固化在信息系统中再实现资源整合的；在纵向的整合中，物流信息系统的重点在于流程管理和监控。两者均通过信息的交换与共享实现业务的协同。

3. 国外物流信息化的概况

由于信息技术在现代物流中的特殊地位，信息化建设成为现代物流发展的重要内容。从发达国家的情况来看，物流企业的信息化最初是为减少人工干预，并作为企业内部业务自动化的一个组成部分。其后随着需求的升级，开始追求全程监管、实时控制，以提高对于全流程的控制力。在此基础上又进一步发展数据应用，开发信息资源，优化流程，提高企业决策的科学性。近年来物流信息化的目标已经多元化，不仅仅是降低物流总成本和提高效率，还包括支持新的营销战略、提高市场反应能力等，从而构筑核心竞争力。物流信息化早已走出了企业的边界，成为企业之间建立供应链关系的纽带。“9·11 事件”以后，物流信息化的一个新热点是提高物流的安全性，特别是在国际物流领域，保障物流安全成为信息技术应用的主要任务之一。

政府在物流信息化的建设方面发挥着越来越重要的作用，主要反映在公共信息平台的建设和采用信息技术提升物流中的行政监管水平等方面。下面列举一些发达国家物流信息化建设的情况。

（1）美国

美国是现代物流最发达的国家，也是信息化建设最先进的国家。在美国，物流信息化的主体是企业，像沃尔玛、UPS 这样一批跨国公司，在理念、技术、投资等各方面都发挥着主导作用，引领着现代物流及其信息化的发展方向。

沃尔玛在全球拥有 4000 千兆容量的数据库、5500 多个工作站以及不计其数的服务器和 PC 机，计算机系统规模仅次于五角大楼甚至超过了联邦航天局。沃尔玛是最早（1980）采用条形码的公司，在其系统内形成的商品统一编码 UPC 已经成为重要的行业标准之一。沃尔玛对外通信采用了 EDI 和自建的卫星系统。由于上述技术的强大支持，沃尔玛最早实现了供应商管理库存（VMI），保证全公司能在一个小时内对全球 4500 多家店铺内每种商品的库存、上架、销售量全部盘点一遍。目前沃尔玛正在深入开展“协同计划、预测与补给”技术的研究（Collaborative Planning Forecasting and Replenishment，CPFR）。沃尔玛与宝洁公司合作的“纸尿裤”案例成为数据挖掘技术应用的典范。凭借其信息化的巨大优势，沃尔玛的商品物流成本占销售额的比例仅为 1.3%，相当于同类公司的 20%～30%。沃尔玛的实践清楚地揭示出物流信息化才是该公司的核心竞争力。当前沃尔玛在引领 RFID 技术的应用潮流中再次成为业界领袖，在美国乃至全世界都发挥着举足轻重的影响力。

UPS 是美国最大的物流企业之一，业务遍及 200 多个国家和地区，每天发送货物、邮件超过千万件。伴随并支撑 UPS 业务成长的信息系统建设也是业界的一个典范。在近 10 年中，UPS 在信息技术方面的投入多达 110 亿美元，平均每年超过 10 亿美元，从应用角度来看主要集中在三方面：一是通过自动识别技术完成信息的采集，即采用条形码和扫描仪使 UPS 公司能够每天 24 小时跟踪和报告装运状况，这是提高管理和服务的基础。二是研发和应用动态信息采集和跟踪技术。例如 UPS 的司机工作时携带一块电子操作板，即“DIAD”（运送信息采集器），利用它可以即时获得和发送运货信息，对每个包裹的运送过程实行电子跟踪，用户可以直接在“DIAD”上签收包裹。尽管这个装置的研发经费高达1亿美元，但通过它可使UPS每天减少1600多万份单据用纸，在降低业务成本的同时大大提高了顾客服务水平。三是无线通信技术，在此基础上整合的信息网络平台能跟踪UPS公司在全球范围内每天上百万笔递送业务。上述信息服务已成为该公司的核心竞争力。

尽管美国政府没有专门的物流管理部门，也没有专门的物流信息化投资，但许多政府部门的信息化建设对物流的影响和推动很大。一是各政府部门普遍采用信息技术来实施监管，使得管理更加科学、透明。例如运输部（DOT）建设的车辆安全和超载的监管系统，海关对进出口集装箱的安全监管系统等。这些系统的建设既促进了信息技术的研发，也推动了基础设施和网络平台的建设。二是政务信息的公开。以1966年制定的《信息自由法》为代表的一系列法律制度，确立了政务信息“公开为原则，不公开为例外”的条例，并有完善的监督制度。这就使得政府的许多信息资源可以为提高企业的物流管理服务。值得注意的是，正因为美国政府十分重视政务信息公开的制度环境，从而使信息交换和共享的难题大大减少，因此公共信息平台也就没有在美国成为被关注的焦点。三是政府支持重点科学技术的研发，例如在2000年美国国家科技委员会运输分会聚集众多专家合力完成的《美国国家运输战略研究计划》中，不仅提出了需要解决的突破性技术，而且提出需要财政支持的、五年内可能没有实际效益的运输方面的基础研究，列出了详细的规划和很长的项目清单，例如：使智能交通系统作用最大化的先进的通信方式；能够持续监测基础设施、交通工具和操作者状况的性能先进的传感器等。美国国防部已成为当前RFID技术应用最大的推动者。由于政府的科技战略和对科技研发的有力推动，使得美国的企业也能够从这些财政支持的科技研发中大大获益。

（2）欧洲

在欧洲一体化统一的进程中，交通和物流系统的整合是先行的，而促进交通和物流的整合，一靠管理制度的统一，二靠信息技术来落实相应的管理。因此欧洲各国十分重视信息化在交通与物流领域的规划。2000年欧洲各国政府通过的“电子化欧洲计划”，其重要内容就是交通与物流的信息化建设，其中包括智能运输系统、伽利略卫星定位与导航系统等基础设施的建设。

由于欧洲的特殊情况，在物流信息化中，尽管各国政府的作用不十分明显，但是由政府支持的跨国信息化合作项目作用突出。例如欧洲多式联运实时信息平台项目，就是由欧盟提供部分资助的一个运输研究和技术发展项目，其目标是设计并试验一个适用于多方式联运的实时信息平台。该平台可以提供经过挑选和标准化的大量市场数据，包括货物的组织递送和安排预约、交易协议、契约和有关条件、基础设施能力、路径、设备、时间表、关税、递送的可信度等多方面信息。政府在此类建设中发挥了主导作用。

此外，一些大型的物流公司例如马士基、DHL、TNT等都是国际物流界的巨头，业务网络遍布全球，支撑其体系的信息系统也是全球性的网络，这些系统本身就极其庞大，建设周期很长，有许多值得总结的规律和经验。其中值得关注的一点是，这些大系统基本上都是分布式管理的，在全球若干区域各自拥有相对独立的信息系统，这种独立性是由当地的市场环境、法律制度、结算方式等多种因素造成的。但是各系统之间又存在紧密的联系，同时根据业务联系来确立信息整合的程度，如信息的格式、标准等。整合的目的是满足信息能够共享，客户能够查询，从而支持业务的联系与拓展。这种整合程度还在不断发展、深入，但是这种分布式结构的基本特点在短期内难以改变。

（3）日本

日本也是一个物流发展水平很高的国家，其中有两个特点值得关注。

一是政府高度重视，直接制定了物流发展规划，这在发达国家里并不多见。在物流发展规划中，又把推动信息化作为首要任务。在2002年制定的《新综合物流施政大纲》中，把信息化作为措施的第一条纳入规划，提出了要在互联网基础上建立日本标准的EDI，要积极开发智能交通管理系统，充分应用地理信息系统等要求。

二是日本制造业企业的物流管理快速发展。日本制造业创造的“即时生产”（JIT）和“零库存”模式，已经成为世界制造业发展的一个方向，特别是在汽车、电子等更新周期越来越快的产品领域。丰田汽车公司是其中的突出代表，它所创造的“丰田生产方式”强调按需定产，强调生产均衡要靠物流的精细化管理来支撑，强调质量管理要扩展到全员，渗透到流程的每一个环节。在此基础上形成的低成本、高质量和时效性等特点成为以丰田汽车为代表的日本产品的竞争优势。物流系统作为丰田生产方式的支撑体系充分体现了这些管理方式的创新。日本的物流信息系统以精细化管理以及制造业流程为核心、以供应链协同为特色，在国际上享有盛誉。

（4）其他国家

近年来经济增长比较快的国家，也都很重视物流的发展。韩国政府为了提高总体物流服务水平，从国家层面来整合、构建了综合物流信息系统。该系统是联结制造业、运输公司、仓库业等物流系统参与方的物流信息传递网，不仅处理陆运、海运、空运业务，还处理通关与贸易业务。该系统于1996年开始规划，分三个阶段实施：1996～1997年为综合物流信息网建设阶段，进行基本计划与详细设计，实施中央计算中心示范服务；1998～2000年为服务扩展阶段，开展实际商业服务；2000～2015年为超高速尖端化发展阶段，提供电子商务与多媒体服务。该系统包括电子数据交换、进出口货物及运输信息数据库等内容。

新加坡政府则推出了贸易网络（TradeNet）和贸易调色板（TradePalette）系统。TradeNet于1988年开发成功，所有的进出口商能在网上完成全部必要的进出口申办手续。TradePalette是继TradeNet之后开发的全方位物流信息转换平台。它汇总物流行业内的各类信息供授权用户共享，实现物流业的广泛业务协同。任何物流链上的企业均可以登录系统，实现与其他物流服务供应商的直接联系，获得无纸化物流服务。新加坡的物流信息化是支撑其作为全球物流枢纽的重要技术基础。

4. 我国的物流信息化概况

我国企业的信息化发展很不平衡。据中国物流信息中心的调查，物流企业建立信息系统和内部网络的不足50%。根据中国物流与采购联合会多年来征集的信息化应用案例来看，已经建立了信息系统的企业其应用水平可以分为三类：80%的应用属于基础阶段，其特征是基本不涉及流程的改造，只是将原有的业务采用计算机网络来处理，将计算机网络采集的信息与人工决策系统结合起来，加强决策的数据基础；大约有15%的应用已经升级到流程改造和控制的优化，具有不同程度的决策支持功能，信息系统的决策可以部分取代人工决策；约5%的应用案例已经提升到供应链的水平，系统的覆盖范围跨出了企业的边界，应用范围也不仅仅局限于物流，还包括商流、资金流等。

从行业来看，各产业集约化程度和管理水平的差异，决定了其物流市场的成熟程度和物流信息化发展水平。我国的物流信息化最早是从零售连锁、家电、快速消费品、医药、烟草等行业开始，现在已经扩展到钢铁、建材、石化、农业等行业，出现了一批典型案例、成功的解决方案和比较有影响的物流信息化服务商。

各级政府部门也越来越重视物流信息化，在各自的物流发展规划中都把信息化建设作为一项基础建设，加大了物流信息平台建设的投入。在政府的推动下，一批政务和公共服务平台已经取得成功，为推进物流信息化发挥了很好的作用。例如：全国电子口岸工程，实现了海关、发改委、商务、公安、工商、税务、质检、环保、铁道、银行、外汇、港务以及相关企业联网，提高了大通关效率，打击了走私、骗汇、骗税等违法犯罪，取得经济效益、社会效益的双丰收；交通部建立的高速公路联网收费和水上运输安全监控等信息平台也都取得了很好的效果。

从区域来看，东部地区的物流市场相对成熟，信息化水平也较高。目前长三角、珠三角等跨区域信息平台建设正在兴起。例如，泛珠三角物流信息平台 2006 年 4 月开始启用，广州已有 300 多家大中型物流企业加盟，该信息平台面向整个泛珠三角地区，为物流企业提供集网上虚拟物流市场、货物跟踪服务、应用托管等为一体的信息综合服务，可极大提高物流配送效率。

关于国内物流信息化的情况，可详见《我国物流信息化现状研究报告》。

（二）物流信息化体系

物流信息化究竟包括哪些内容？目前国内还没有一个比较统一的看法。这里我们试图建立一个我国物流信息化体系框架（见下图），以便说明物流信息化的内涵和相互关系。搞清楚这些问题，对于制定物流信息化的专项规划和确定其中的政府职责是很有必要的。

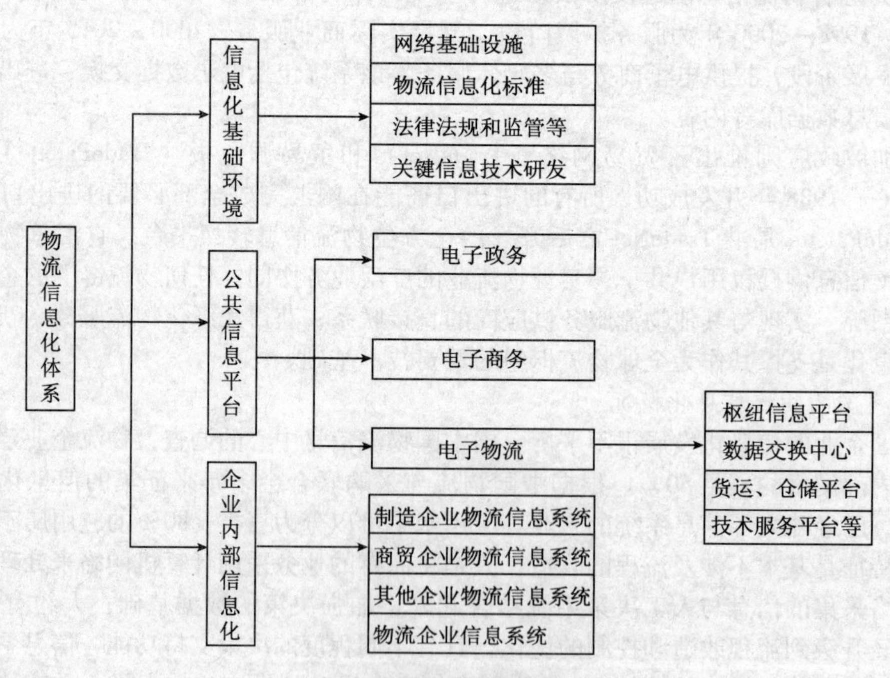

物流信息化体系示意图

物流信息化的内容可分为三个方面：

第一个方面是信息化基础环境，包括：信息化共用的基础条件（例如，网络基础设施、物流信息化的规划和法律法规等制度建设）、物流信息化标准与规范的制定以及关键技术的研发和应用。这些构成了物流信息化的基础性建设。

第二个方面主要是物流公共信息平台的建设。公共信息平台是向各类用户提供信息交换、共享服务的开放式平台，其中主要分为三种类型：一是电子政务平台，完成政府监管或公共服务的职能，例如电子口岸、重点商品物流监管、交通联网监管等；二是物流商务服务平台，是提供物流服务的电子商务平台，例如 EDI 中心、行业供应链一体化管理平台等；三是电子物流平台，主要指完成物流运作过程的管理平台，例如物流园区、保税区、配送中心等物流枢纽平台，货运（公路、航空、海运）、仓储服务平台，物流数据交换中心，以及 GPS 技术服务平台等。从服务的范围来分，公共物流信息平台也可分为企业间物流平台（以大企业为主导）、行业物流信息平台、区域物流信息平台（包括物流枢纽如物流中心、港口、机场等信息平台，城市物流信息平台，省级平台，跨区域平台）、全国性平台等。

第三个方面是指企业（或机构）的内部信息化，这是物流信息化的重要基础。许多物流运作是在企业内部完成的，因此企业内部的信息化也会包含一些物流功能。例如制造业、商贸流通业、农业、建筑业等企业的内部信息系统（ERP 等）都会有一部分涉及物流的内容，这些内部信息系统的建设关系到与外部进行物流信息交换的接口标准和规范。

上述三个方面构成了物流信息化的主要内容和总体框架。这三个方面是相互联系、相辅相成的：基础设施环境是底层建设，公共平台是重点，企业（或机构）信息化是基础。同时，在实际工作中这些内容可能会交织在一起，彼此渗透。

（三）物流信息化的行业特点

物流信息化与制造业、商贸业、文化教育等领域的信息化固然有不少相同的规律，但是也有许多显著的行业特点，这些特点在物流信息化的建设过程中必须给予充分的重视。

1. 物流业务复杂，存在多方面信息需求

物流业务涉及面广，流程复杂。除一般贸易电子商务的买方、卖方及相关的银行、中介代理外，物流业务还包括实物运输、保险、仓储、装卸、包装、配送等。涉及的主体除企业外，还包括各类物流园区和行政管理部门。其业务模型不仅涉及物流交易及其单证、资金和监管信息流管理，还包括实物流转过程中的控制和动态监控管理。

物流业务的复杂性决定了其信息化除企业内部的信息系统外，还涉及大量跨单位、跨部门、跨地区、跨行业的应用，对公共信息的服务要求尤为广泛。除物流贸易供求信息以及物流过程实时动态信息外，大量涉及气候、公路、时间、法规等方面的环境和外部信息，都需要外部提供。

上述客观情况决定了物流信息化结构复杂、难度高、组织协调和推动工作量大，但同时也存在着取得显著效果和产生巨大增值的可能性。

2. 物流过程动态信息采集难度高，技术涉及面广

现代物流管理越来越趋于要随时掌握实际货物的运输、交付、通关情况，以及内、外部环境的动态变化，并根据变化的环境或需求对流程作出实时控制和优化。这些要求决定了动态性是物流信息化的行业特殊性之一。从技术方面来看，动态信息的采集和识别技术，动态定位与跟踪技术以及安全、低成本的无线通信技术在物流领域中尤为重要。信息技术和各类识别、传感、定位、检查监测技术中的任何一项重要发现与创新，都可能引起物流信息化的总体技术方案或商业模式产生带有根本性的变革。

目前我国不少物流信息系统的数据采集依然靠手工操作输入，不能适应繁忙的业务和大数据量环境的需要。在一些领域，例如 IT 业、图书出版、烟草和连锁零售业，条形码、IC 卡的应用已比较普遍。RFID 的应用刚刚开始，但由于其在自动识别和信息采集方面具有极大优势，因此近年来受到高度重视。我国在 GPS，手机定位等动态定位和跟踪技术以及无线通信技术方面也已经有多种应用，市场需求正处于发展阶段，正在进入良性循环。物流信息化的实践已显示出对多种支持技术的广泛需求。

3. 物流信息系统要求高度的开放性

现代物流的核心理念是整合，并且是通过信息流的整合来控制、优化物流资源、流程的整合。物流信息化的作用就在于面向全过程、跨领域、多样化的物流信息，通过实现方便、高效、有序的数据交换与共享，从而支持物流业务的整合与优化。因此我们不难理解为什么公共物流信息平台建设、物流信息标准化体系的制定等成为物流信息化的焦点所在。

物流信息化的开放性要求在实际工作中非常明显。由于对外部信息的依赖程度超过了其他行业，物流企业的互联网应用非常普遍，即使是个体户、夫妻店，也会用拨号方式联网，获取和传输信息，反映出物流企业对外部信息联网交换的要求远高于内部管理自动化的要求。同时，尽管很多中小企业内部业务还可能基本上停留在手工作业状态，但是已有不少物流企业采用 ASP 方式来应用信息系统，这种比率相对较高，不仅服务器可以租用，信息系统甚至信息部门都可以外包，其中主要的应用项目大都集中于对外联网业务。

物流信息系统的开放性特点，也表现在技术上更加关注信息平台的相关技术，例如集中与分布相结合的高可用性架构，数据及数据交换接口标准、通信标准，以及开放环境下信息交换和共享的安全性、可靠性、可信性的保障技术。

4. 物流信息化要求与电子政务、电子商务密切结合

一方面，物流业务流程中包括许多政府监管的环节，例如车辆监管、通关监管，同时对特殊商品如危险品、食品、药品等还有一系列特殊的监管规定，因此物流信息化必然要求相应监管业务也实现信息化。物流监管信息化是电子政务的重要组成部分，这样就使得电子政务与物流信息化之间的关系非常紧密。此外在许多商业性公共信息平台的建设中需要解决信息的真实性、有效性，即网上交易的诚信问题，这都需要政府的信息系统提供基础的监管信息或验证服务。

另一方面，物流主要还是为商流服务的，制造业、商贸业的物流信息系统是其电子商务的一个组成部分，物流信息化是电子商务发展的必然要求；物流企业的信息系统也

通常要与客户的信息系统相连接，从广义地来看物流信息化也是电子商务的一部分。

物流信息化要求电子政务和电子商务紧密结合，使得无论是电子政务还是电子商务的建设对物流信息化的重视程度都大大加强。但是实际工作中也存在一些问题，例如物流信息化在具体项目的建设中会出现“亦政亦商”情况，使具体项目基本属性究竟是政务还是商务定位不准，从而在投资主体、服务模式等方面出现疑问或误区。

（四）我国物流信息化存在的主要问题

影响我国物流信息化发展的问题可以分为两类：一类是与其他行业类似的问题，例如信息化发展不平衡，应用水平不高，系统的安全性，投资效益难以评估等。这些共性化的问题不可能仅靠物流行业自身的信息化去解决，要放在整个社会的信息化规划中去研究。另一类是带有行业特点的一些问题，或者是虽然也具有一定的社会共性，但是对于物流行业的信息化来说影响特别显著。下面将集中分析几个这样的基础性问题，这些问题的解决应该成为“十一五”期间物流信息化规划的重要依据。

1. 信息采集依然是信息化的瓶颈

随着物流管理的需求提高，对物流信息采集的要求也在不断提升，范围不断扩展，频率也在加快，目前已经延伸到对流程中的商品和物流装备的状态、位置进行及时地识别和跟踪。信息采集要满足物流管理的实时化、可视化将是一个必然趋势和长期趋势。

回顾物流信息化的进程，信息的采集由最初的人工输入方式过渡到条形码、IC 卡、RFID 技术，不仅仅是降低了成本，减少了信息的差错率，还大大改进了物流运作的模式和提升了管理水平。当前，国内物流信息化比较先进的领域，比如连锁超市、IT 业、家电业，烟草等已经广泛地使用条形码设备，标志着这些行业的管理水平已经与国际接轨。值得注意的是物流信息的采集问题并不是在物流领域内解决的，而是通过一项基础建设实现的，即所有的商品上加条形码或其他的数字化识别信息，在行业内甚至全社会形成统一标准；另外所有的单证也要数字化，并通过相对统一的标准体系进行交换或转换。由此可见，全面地解决物流信息的采集问题，需要从全行业乃至全社会的角度来设计，这是全社会信息化、数字化的基础建设。

但从整体上来讲，我国在流通领域的条形码技术推进工作目前还处于起步阶段，由于受到各种因素的影响，国内各行业的商品普遍采用条形码的速度在短期内难有大的改变。另外在许多大宗物资、散货的流通中也难以采用条形码的技术，例如煤炭、矿石、建材、粮食等。在这样的条件下，通常是通过对于物流装备（车辆、集装箱、托盘、气瓶等）的监管，间接地掌握商品的物流信息，作为物流管理决策的依据。因此解决物流信息采集的瓶颈，一是靠商品的识别系统（还应该包括人员的识别系统），二是靠物流装备的识别系统，三是靠物流中涉及的单证数字化。这是物流信息化三大基础建设。如果能够在这三方面能够实现动态、准确、高效的信息采集和识别，那么物流信息化一定可以实现跨越式发展。

目前我国的商品、物流装备和单证的数字化基础还很薄弱，表现为标准不统一，技术较落后，应用不普遍，归结为一点是管理制度不完善，需要明确责任，统筹规划，加快建设。

2. “信息孤岛”问题呼唤公共平台的建设

当前各行各业的信息化进程中普遍都遇到“信息孤岛”的问题，即已建立的各信息系统不能够互联互通，影响了信息资源的交换与共享，不能充分发挥信息化的价值。这一点在物流信息化中尤为突出，因为前面已经分析过，物流信息化具有的显著开放性特点决定了物流信息的价值很大程度就在于交换与共享。“信息孤岛”的问题呼唤公共信息平台的建设。近年来无论是政府还是企业都作了许多积极的探索，也取得了不同形式的成果。专家们对于公共信息平台的研究更是全面深入，已经成为物流信息化研究的第一主题。但是在这里必须指出的是，至今还没有对于公共物流信息平台的系统理论形成共识，还存在不少认识上的误区。如果不能正确地理解公共信息平台的定义与内涵，解决好平台的功能定位、结构体系、技术方案、服务模式等一系列问题，将会极大地影响物流信息化的发展速度和应用效果，由此可以毫不夸张地说，公共信息平台的建设是物流信息化的核心问题。

关于公共信息平台的理论与实践，本研究有专题分报告作了系统化的论述（《物流公共信息平台的发展现状及对策研究》）。

3. 信息的缺乏规范管理导致诚信危机

随着信息的作用越来越被重视，信息已经成为重要的资源。在物流领域由于其开放型特点，物流信息的交换、转化及其相关的信息服务也在快速发展，但是对于信息的管理却大大滞后于对于产品的管理，例如对于信息的质量、认证，信息发布者、传输者的资质、责任等在制度建设上都还是空白，这种状况已经影响了物流信息化的进程，也直接影响着现代物流的发展。因此，加强物流信息及其服务的监管成为当务之急。

近几年，互联网上物流信息的数量扩张非常迅速，能够提供物流信息服务的网站已经比比皆是。但是由于质量得不到保证，信息的及时性、准确性受到怀疑，多数物流信息服务商已经被市场淘汰，甚至在部分地区已经出现物流信息的诚信危机。《河南商报》曾针对郑州市“货运蒸发”现象进行过一项问卷调查，结果显示：从 2003 年以来因信息不实，河南省郑州市有近 20 家物流公司骗走客户货物，携款“蒸发”，受害客户的货款损失高达 1260 多万元。在吉林、四川等地也都出现过类似的现象，物流信息的监管已经成为信息化的一个突出问题。

从技术上来看，物流信息交换中的电子认证技术还不普及，以及电子数据的法律效力也没有得到普遍的确认等固然是重要的原因，但是更主要的还是管理制度的缺失。信息已经成为物流业中的重要资源，需要像管理商品、设备那样对信息进行规范化的管理，否则将影响物流信息化的健康发展。

物流信息化建设的发展要求尽快建立起相应的管理体系，一是进一步完善政府的监管和公共服务的信息化建设，把原有的行政监管职能向监管对象的信息管理延伸；二是把政府掌握的监管信息资源作为物流信息化的一部分，例如将车辆监管、司机监管、重要物品监管等信息采取适当的方式向社会开放服务；三是建立物流相关信息的经营管理制度，信息的生产、发布、转换和其他各项服务都要建立起规则和标准。物流信息化建设的主体还是企业，调动社会投资的积极性就要建立起良好的市场环境和游戏规则。总之政府要把物流监管与物流信息的监管结合起来，也要把物流的监管信息系统与物流信息服务系统结合起来。

以上论及的物流信息的采集、交换与共享、监管三个问题是当前物流信息化比较基础性的问题，也是政府应该关注的问题。解决这些问题需要在“十一五”期间，在全国范围内解决三个基本建设：一是信息化的起点即基础信息的动态采集网络体系的建设；二是信息流的运行基础即提供信息交换与共享的平台体系的建设；三是物流信息的管理基础即信息及其运营的管理体系建设。

如果在“十一五”期间能够解决好这些问题，一定可以促进物流信息化的加快发展。当然，物流信息化还存在许多其他问题，例如信息资源的开发利用，信息系统的安全可靠性、物流信息的标准化等。这些问题有的已经包含在上述三个基础性问题中，有的还没有显示出充分的紧迫性来，有些则不属于政府应该解决的问题，在此暂不进行深入地讨论。

（五）现代物流应用的主要信息技术

现代物流中应用的主要信息技术是与物流信息化的主要特点密切相关的。例如，过程动态控制对于识别技术、定位技术和无线通信技术的依赖性很高；开放性要求着重对于信息平台技术如分布式系统的整合、SOA 为代表的模块化、中间件技术、数据标准、通信网络及协议等技术特别关注；而物流信息系统承担的管理职能则对于 EDI 技术，安全技术和相关的标准等给予高度重视。关于物流信息化应用的主要技术在《基于 RFID 的物流信息化关键技术研究》中将作比较系统的介绍，这里仅对物流过程控制的应用技术作一个简要的综述。

1. 识别技术

物流中的识别包括对于商品、物流设备、物流单证以及相关人员等不同对象的识别，通常采用条形码（包括二维条形码）、IC 卡、RFID 技术等进行信息的采集和识别。由于这是信息化的基础，因此数据采集和识别的范围、数据格式、准确性、采集频率等直接影响以后的传输、交换和应用。但是由于参与物流信息交换的主体多元化，信息的种类及其管理模式也非常复杂，采用的技术和标准都各不相同，为物流信息的整合与交换带来困难。从当前发展趋势来看呈现以下特点：一是物流信息的采集技术不可能单一化，物流信息系统要兼容各种信息的采集技术；二是编码技术成为信息交换与共享的关键，促进编码的相对统一与保持编码多样性的两大趋势长期并存，关于这个问题在后面将作进一步说明；三是随着物流管理的实时化、精细化，对象识别与信息采集的实时性和动态化趋势越来越明显。

2. 定位技术

物流的动态化管理有不同程度的要求，实践中除使用各类固定的卡口检测货物通过情况外，常用的主动定位技术有 GPS/GIS 和手机定位两类。

GPS/GIS 是通过车辆（或船舶）的定位来识别物品的位置，可以做到实时跟踪，定位精度高，还可以扩展到自动导航、防盗、预警等功能，但是成本较高，适用于物流的高端市场。

手机定位是通过物流操作者（例如货车司机）的手机位置来判定物品位置的技术，其原理是根据移动通信基站的蜂窝网络布局来大致地识别手机所处的区域，其特点是成本低、简单易行，主要用于实时性不高、定位要求不精细的低端物流市场。物流管理的动态化是一个明显的趋势，因此手机定位技术成了一个很好的切入点。这是在我国创新的一种服务模式，很适于我国手机普及率很高，物流管理水平尚处于起步阶段的国情，非常值得关注。但此项服务的规范化工作还有许多事情要做，国外又没有现成的经验可供借鉴，需要从完善服务标准出发来制定相关的技术标准。

3. 无线通信及网络接入技术

如同物流网络分为干线网络与末端配送网络两类一样，物流信息化应用的通信网络也分为两类：骨干网络和末端网络。骨干网以互联网为基础，要求广覆盖、低成本、安全、可靠和高带宽，还要求与其他干线网络能够互联互通。数据采集和末端网络接入则由于物流的工作环境千变万化，更多依赖于卫星、CDMA、WiMAX、RFID 等各种无线通信及接入技术，这些技术均有非常广阔的发展天地。

4. RFID 技术

RFID 集身份识别、数据采集和无线通信技术于一身，近年来成为物流信息化领域关注的一个热点。RFID 技术可以实现自动识别动态定位，并且其相对复杂的制作技术和较大的信息存储容量对信息管理功能有极大的提升，最适用于防伪和物流领域。有的专家认为 RFID 技术用于物流将会导致物流管理乃至商品流通方式的重大改变，将会给经济和社会的发展带来重大的革命性影响。因此本研究报告也把 RFID 技术作为一个重点，比较深入地分析该技术在未来我国物流信息化中的地位和作用。

RFID 技术已经有了多种比较成功的应用模式，如商品的标识，门禁系统，车辆监管系统，危险品物流监管系统，现在正朝着行业整体解决方案的方向发展，如零售连锁行业、烟草行业、汽车行业等供应链管理解决方案。在 RFID 技术应用不断完善的促进下，物流信息化和移动商务时代将趋于成熟，届时商品的营销方式、结算方式、广告方式、监管方式等都将发生巨大的变化，这就是有人把 RFID 技术称为革命性技术的来历。

但是在 RFID 技术推广应用中还存在着许多问题，其中主要有三点：一是标准问题，包括电子标签的编码、频率以及相关的应用、设备技术标准；二是成本较高和投资回报率问题，特别是如何解决上游投资、下游受益的矛盾，即商品加装电子标签要由生产商支付成本，受益的是物流商、分销商等；三是某些技术还不成熟，如动态识别率、识别距离、环境影响等。但这些问题正在实践中逐步得到解决，RFID 技术正显示出巨大的发展空间和市场前景。

值得注意的是，在 RFID 技术的应用方面，我国与发达国家的差距不大，当前国外的 IT 商纷纷来到中国投资，寻求合作，十分看好中国巨大的物流市场前景。同时国内的应用，特别是政府项目的应用，显示出我国应用 RFID 技术正呈现出后来居上的趋势。例如铁道部将所管辖的 55 万多台车辆、车头加装了 RFID 技术，实现了车辆的实时管理。这是我国第一个最大的 RFID 技术应用系统，其应用效果非常好，不仅减少了管理成本，提高了管理水平，还明显增加了经济效益，仅车辆资源占用费一项每年就可增收 3 亿多元。海关在其监管场所及特殊监管区域进行的卡口控制与联网项目也是一个较大的应用系统。海关负责监管 4000 多个场所和区域，卡口总数超过 10000 个，计划对进出的车辆全部采用RFID电子车牌识别技术。到2005年年底海关已完成全国400多个智能卡口系统及20多个国家级出口加工区的监管车辆识别管理和自动化作业。

各地方也有许多探索。例如上海市已经利用RFID技术实现对进入上海市的动物产品的有效监控和管理，射频卡由上海市兽医监督管理所统一发放。进入上海的八个市境公路道口的所有动物运输车辆都实行车辆的验证、登记，指定屠宰场，进行数据上报，对数据视频信息进行监控与保存分析，对违规运输车辆进行违章处理，对各项数据进行统计分析。严格确保进入上海的动物及动物产品的安全可靠，禁止非法动物及动物产品进入市场，从而保证人民的饮食健康。上海市质量技监局、市科委对全市100万个危险化学品气瓶实时监控，也采用了电子标签技术，建立了与危险化学品生产企业、气瓶检验机构、危险化学品物流配送单位联网的危险化学品气瓶安全公共服务平台。

上述情况表明，以RFID技术为代表的先进信息技术给我国的物流信息化乃至全社会的信息化带来了一个跨越式发展的机遇，通过做好统筹规划，在信息化的基础建设中充分采用先进技术，充分发挥我国政府的主导作用，就可以抓住机遇，实现信息化的跨越式发展。

二、物流信息平台

由于物流信息平台在物流信息化中的核心地位，在此将专门讨论物流信息平台的问题。

（一）我国公共物流信息平台建设的现状

本研究所讨论的物流信息平台是指整合多方信息并为多方提供服务的公共平台，它不同于企业或政府的内部信息平台。目前此类平台按服务的范围可大体分为三类。

1. 政府的公共服务或监管平台

此类平台是为有关政府部门的行政职能服务的，主要依靠国家财政性投资完成。例如铁道运输管理信息系统（TMIS）覆盖全国，为铁路调度部门提供了实时掌握全部火车、机车、列车、集装箱以及所运货物的状态及位置的变化信息，为保证计划、统计、财务等部门进行宏观决策和科学管理提供可靠依据，目前也在逐步开放，将货物运输的动态信息提供给货主，作为企业组织生产适应市场变化的主要依据；公路运输管理信息系统的建设分为联网收费、安全监控、公共信息服务三个部分，此外电子地图及地理信息数据库也在建设之中。质检总局正在全国推广产品质量电子监管网，对食品、农资、建材、化妆品等进行联网监控。

近年来，此类平台出现了一些新的发展趋势，一是跨部门合作共建物流信息平台日益增多。比如，铁道部和海关合作共同开发了铁路口岸信息平台系统，实现了铁路与海关间的联网互通、进口货物信息的电子传送和共享等功能；二是开放程度逐步扩大，社会服务功能不断提升。如商务部与海关、银行合作，准备把与内外贸业务有关的企业安全证书逐步过渡到联合共建的统一身份认证系统，建立“一卡通”和一体化服务体系。

2. 物流枢纽（口岸、港区、物流园区等）的公共信息平台

此类项目通常属于地区性基础建设范畴，如各地的地方电子口岸，财政投资与社会投资相结合，一部分平台提供公益性服务，也有一些提供的服务属于有控制的有偿服

务。随着我国物流园区建设的快速发展，一系列“空港物流监管信息平台”和“保税物流园区监管信息平台”已完成开发投入使用。其中广州白云机场物流监管系统就是以舱单数据为依据，将卡口管理系统、仓储管理系统、快件通关系统、电子地磅等与通关系统联网，使整个物流园区的各作业部门以及海关各监管业务的信息在一个计算机平台上交换，可满足空运进出口、转关、鲜急特货、快件、保税、卡车航班、进境入区、出境出区、进口出区、出口入区等业务门类的需求。上海确立了把建设国际航运中心作为城市发展的战略目标，加大了各类物流信息平台的投资，其中洋山港管理信息系统作为上海电子口岸的组成部分已投入使用，保证了这个世界上最大的集装箱枢纽开始正常高效运转。

3. 多种形式的商业性物流信息平台

由于市场需求的驱动，各种商业化的物流信息平台取得成功。这些平台是专业化的，按其行业性、功能性等可以有不同的分类。一类是以行业物流业务为基础的行业物流信息平台，如汽车物流信息平台、医药物流信息平台、烟草物流信息平台等，连接上下游合作伙伴的信息系统，成为行业物流信息化解决方案的重要组成部分。另一类是以特定的物流服务功能为基础，如公路货运信息平台、国际海运货代信息平台等，则整合其供方与需方的信息，以降低交易成本，优化资源配置来获得商机，赢得市场。前一类平台无疑是属于管理信息系统的范畴，值得注意的是近年来后一类平台也开始向客户管理的功能延伸，因为其提升服务价值要靠提高信息的可靠性，仅仅靠扩大信息数量的做法已经越来越没有市场。

总的来看，尽管物流平台建设领域存在着大量的商机，但是商业化的物流信息平台必须要以明确的业务为基础，要有相对稳定的客户群，要能够为客户群提供有价值的信息服务。另外，一个明显的发展趋势是，物流信息平台越来越需要加强对于客户及其信息的管理功能。

（二）物流信息平台将成为今后的建设重点

《国民经济和社会发展第十一个五年规划》中明确了要大力发展现代物流业，物流的基础建设将成为“十一五”期间的投资重点，其中物流信息平台的建设已经成为热点，各级政府部门在其规划中均有关于物流信息平台建设的内容。

在信息产业部委托电信研究院完成的课题基础上形成的《全国性和区域性物流公共信息平台建设的指导意见》中提出，“国家和地方政府部门应在 2006 年启动全国性物流公共信息平台的建设，整体规划，分步实施。纳入国家专项投资规划”，并提出建设内容“首先从物流基础数据建设开始，为政府和行业提供及时、准确、完整的物流活动分析指标体系”，“以省或经济区域为基础，建立区域性物流公共信息平台。各级政府应加大投入力度，吸引并鼓励企业参与平台建设和营运。”全国政协的一些专家也联名提交提案，建议“建立中国物流互联网工程”，“利用互联网和 RFID 技术”，“实现对移动目标的身份识别、统一协调、统一指挥调度、安全管理等功能”。

许多地方政府也都把建设公共物流信息平台纳入“十一五”规划来抓。例如湖北省在其交通运输物流发展战略中提出建设物流信息平台，并认为：“较好的可行的办法是建立政府共用物流信息平台，采用共用信息平台的方式进行系统共用信息的管理。共用信息平台担负信息系统中共用信息的中转功能，承担数据采集的各子系统按一定规则将共用数据发送给共用信息平台，由共用信息平台进行规范化处理后加以存储，根据需求规划或者子系统的请求，采用规范格式将数据发送出去。”四川省在物流规划中对于信息平台的建设包括了以下几部分内容：信息基础设施建设（以高性能的信息网络传输平台为重点，建设信息交换枢纽）；建立电子商务认证体系；大型商贸企业为依托的电子商务平台；以及发展以数据库为核心的决策支持及运营系统；加强信息的收集、整理和开发，实现物流信息共享。

近年来跨行政区划的地区间合作在物流领域得到重视，物流信息平台成为此类合作的切入点，例如在《泛珠三角现代物流发展合作协议》中规定，要“共同构建泛珠三角区域内海关、检验检疫、税务、外汇管理等部门在内的物流信息快速反馈制度和检验检疫风险预警信息机制，通过整合物流信息资源，搭建物流信息平台，建立共享、高效的物流信息资源协调体系，实现区域内物流信息资源共享”。

（三）关于物流信息平台认识上的误区

在物流公共信息平台的建设上存在着不少误区，如各种“大而全”、“小而全”的想法，希望用信息化实现不切实际的物流业务改革的想法等，其共同特点都是不从实际需求出发，不清楚物流业务的管理机制和格局，未作深入细致的必要性、可行性分析研究，在某种程度上仅凭一相情愿的想象行事。

例如有一种观点，主张政府投资建立一个集中各种物流数据的大型数据库或者是网站，要求物流中的所有相关机构向其报送数据，在集中了这些数据信息的基础上可以向政府、企业提供各种服务。这种项目建议经常以各种方式出现在一些物流规划中，成为建设物流信息平台的典型注解。此外还有其他一些似是而非的观点。这里至少包含着以下几个认识上的误区：

一是把信息的整合理解为信息的集中存储和管理。这种理解把整合简单化、绝对化了。实践中虽然存在数据集中存储和管理的形式，但是绝大多数的整合表现为数据的交换与共享，并不改变数据的管理模式。

二是把整合的范围过分扩大，甚至想无所不包，把各类信息和技术集中在一起，以不变应万变，结果却脱离了实际的需求，资源的利用率很低，投资效益不佳。

三是把信息平台等同于信息库、网站，忽略了平台的业务基础以及对于信息的管理职能。服务于物流管理的信息平台本质上属于管理信息系统，是以特定的物流业务为基础的，其信息用于管理或商务，提供或使用者往往是负有经济责任甚至是法律责任的。因此，平台过分庞大会导致对数据安全、应用授权、运营维护等方面一系列复杂的分工、协调、配合、监督关系问题，解决不好就难免最终走向失败。

四是平台性质和服务模式定位不清，甚至错位。如前所说，物流信息化涉及电子政务与电子商务的密切结合，因此很容易出现平台建设项目“亦政亦商”的现象。例如一些政务信息平台谋求商业利润，或者超出行政职权，扩大服务范围进入了商业领域；另一些商务信息平台则谋求政府支持，或要求授予行政权力，使其服务具有强制性、垄断性等。

（四）关于信息的整合

为避免上述认识误区，正确地理解平台建设和信息整合的意义，需要特别重视信息的管理属性和整合的相对性这两个基本问题。

1. 信息的管理属性

实用有效的数据背后必定都是有管理的，管理属性是信息的一个基本属性，管理属性的改变会根本改变信息的价值，这一点往往会被忽视。在物流信息系统中运行的数据都是根据物流管理的需要产生的，这些信息的采集频率、准确性、使用权限、存储方式等都是管理者的责任，它们构成了信息价值的重要组成部分。例如某钢铁公司的销售经理通知有一批钢材需要在规定时间内从上海运至广州时，因为该经理会对此信息的所有内容负责任，所以我们能够判断这条信息的价值，物流商可以与之商谈业务的合作。但是如果是从互联网上的某个免费网站上看到此信息，那么它的价值就大打折扣了，甚至会被视为信息垃圾。互联网早期提供物流供求信息服务的网站是很多的，因为从技术上来看，把供方信息和需方信息分别收集起来集中存储，供用户检索查询是很容易的事。所以曾经出现过许多全国性、地区性的物流信息网站，也曾被视为公共物流信息平台的代表形式。但是很快此类网站纷纷倒闭，其根本原因就是这些信息一旦改变了原有的管理属性就贬值了，甚至完全失去了使用价值。这说明信息的价值不仅存在于信息的内容，还存在于与此信息关联的管理属性。

对于绝大多数信息平台来说，主要目的是通过连接各管理信息系统，实现信息的交换与共享，信息的整合应该是在不改变信息管理模式和职责分工的前提下进行的。改变信息的管理模式涉及业务改革，导致信息的价值可能发生很大的改变，原有的整合设想因此会失去生命力。

2. 整合的相对性

如果说信息的整合不应改变信息的管理属性，则必然得出整合应是相对的结论。随着专业化分工的深化，信息的产生及其管理模式也会发生相应改变，总的趋势是分散化，集中只是相对的。这既是合理分工的要求，也是为调动发挥各方面积极性和明确职责。因此无论企业内部还是外部，信息的整合都只能是相对的。实际应用中的信息整合总是针对特定目的的，形式也是多样化的，既无可能，也无必要把所有的物流信息整合在一起。

另外，需要整合的信息服务绝大多数并不属于普遍服务，而属于商业服务的范畴，即要由受益者支付包括补偿平台建设投资在内的费用。因此从市场需求来看，哪些信息需要整合，建立怎样的公共物流信息平台，更多的是属于商业投资的决策问题，政府的职责应着重于搞好规划、制定政策，改善投资环境，实施行政监管和必要的基础性公共服务。

（五）信息的标准化

与信息整合密切相关的是信息的标准化，包括数据元、代码表、报文、单证等标准。目前由于物流单证格式及编码不统一，造成数据和单证多次录入，不仅提高了成本，还增加了发生差错的可能，因此物流单证与数据的统一标准成为建立信息平台的重要内容而备受关注。实现标准化的过程就是整合的过程，因而往往存在诸多困难，例如在国际范围内整合会遇到各国的主权、安全等问题，在一个国家的范围内也会遇到各行业、各地区的行政管理分工及知识产权方面的问题。如果涉及需要对原有系统进行大量修改，或增加某一方的工作量，有关利益和方案的争议就无法避免。实践中尽管有较快达成统一标准的情况，但更多的是冗长的协商、谈判过程，这些实质上反映了深层次的业务本质差异或利益格局冲突。这一情况说明了要求各方面采用完全统一的单证，在很多情况下是不可能或不现实的，只能采用相对的办法、转换的办法。

因此，为提高效率，满足实际应用需要，在多数情况下联网各方往往只是共同商定统一的“交换标准”，各方内部仍保持各自原有的系统标准不变，数据交换前各自按照“交换标准”定义转换，便可顺利开展联网应用。

在已经建立的公共信息平台系统中，所定的数据标准大都是指这类“交换标准”。例如统一定义了仓储单证、运输单证、货代单证等电子报文的交换格式和代码表，数据交换时共同遵循约定先转换再传送。此外也有由公共信息平台直接提供不同代码间进行翻译转换的通用服务，以便进一步简化各参与方的工作。

（六）平台服务模式和建设思路

物流信息平台分为物流贸易平台和物流过程控制平台两个层面，每一个层面又都包含政府监管要求。两个层面的平台从服务和建设模式来看又可以分为政务平台和商务平台。

其中政务平台是与物流流程相关的政府监管或公共服务信息平台，例如电子通关系统，交通监管系统，危险品储运监管系统，食品、药品监管系统等。这些平台是为特定的政府职能服务的，需要的投资应由财政资金解决。基于公共财政的原则，财政投资的信息平台应该局限于那些基础性的普遍服务，通常是垄断性的，非盈利性的，甚至是强制性的。所谓非盈利性，是指免费服务，或收取一定的成本、维护、扩容费用，但实行收支两条线的管理。

商务平台则是以盈利为目的的，根据需求寻找商机，所以在内容上、形式上投资主体和服务模式等各方面都将会呈现多元化特点。物流信息化的增值服务将会主要体现在这一领域中，因此具有非常广阔的空间。必须保证客户有充分的选择自由，防止此类平台服务形成垄断。投资有盈利和客户能选择是保证市场机制能够持续、健康、高效发展的基本条件，必须防止出现商业平台与行政权力结合，在提高权威性的招牌下走向垄断。

综上所述，物流信息平台是一个多层次、多元化的体系，需要各方面共同积极参与才能建设好。政府在公共物流信息平台的建设上要做好两方面的工作：一是把监管系统和公共服务系统建设好，这是本职工作，其中也包括统筹规划、开放信息互联互通等要求；二是为商业资本进入公共物流平台的建设创造一个良好的投资环境，保证公平的竞争和规范的市场秩序。

（七）物流公共信息平台的几个典型案例

公共物流信息平台的实践在我国已经相当丰富了，在本课题的《物流信息平台》分报告中收集了许多案例，也作了比较系统的分类研究。这里列举了三个典型案例，各自具有其代表性。

1. 电子口岸系统

电子口岸系统是涉及物流的政务信息平台中最成功、最有影响的项目。该项目是国务院领导亲自倡导、海关总署等十多个部委共同推动的一项国家工程。中国电子口岸运用现代信息技术，借助国家公网资源，把国家各行政管理机关分别管理的进出口业务信息流、资金流、货物流电子底账数据，在统一、安全、高效的网络物理平台上实现数据共享和数据交换，同时为进出口有关用户提供互联网上信息服务门户。在这个系统里，海关、商务、质检、外汇、税务等政府执法管理部门可进行跨部门、跨行业的联网数据核查，加强政府各部门联系配合，推动廉政建设，提高政府执法管理的整体效能，创造公平的竞争市场环境。同时方便企业网上办理各项进出口相关业务和缴纳税费，大大提高口岸大通关效率。中国电子口岸表现出以下优点：（1）需求导向，效益为本，务实发展；（2）一个公共数据中心和交换平台，信息资源广泛共享；（3）基于公网系统，并实施较完备的安全认证保障措施；（4）多种入网方式适应不同需求，克服数字鸿沟；（5）实现了统一标准、统一认证、统一品牌。电子口岸工程实施以来取得了极其显著的社会效益和经济效益，通关速度大大提高，减轻了相关程序的复杂性，打击了走私、骗汇、骗税，直接保障了关税收入，是政府和企业“双赢”的典范。

电子口岸系统由多项实际应用组成，经长期推进逐步发展起来。其公共数据中心集中存放了各应用项目运行中传输和使用的数据，用于为各使用方提供方便的备案核销、查询和存证、举证服务，既不盲目地追求“大而全”，也完全不改变信息的管理属性。电子口岸的信息均由原提供部门和机构负责并规定其使用授权，数据中心只负责系统和数据库的技术管理。该平台建设实践中也出现各种业务协调和数据整合的具体问题，但由于存在紧迫的实际需求，又有国务院领导和各部委主要领导同志亲自介入决策，使相关问题一一逐步解决。

2. 汇通天下物流信息平台

汇通天下物流信息平台是民营公司投资于公路货运市场提供整合信息资源服务的一个典型，此类平台还有很多，该项目具有代表性。

长期以来我国公路货物运输一直存在“（企业）小、（资源）散、（市场秩序）乱”的问题，造成公路货运行业的运营模式、技术进步停滞不前，甚至还在某些方面出现倒退，例如普遍的超限超载，以及出现越来越频繁的“骗货”、“蒸发”现象。改变这种状况要从解决公路货运信息不清的问题开始，一些企业看到了需求，捕捉到了商机。

北京汇通天下信息技术有限公司投资的物流信息平台，把信息的整合分为三个层次：第一是供需信息整合，即把货主与车主的信息收集起来进行配货服务。后来收购了“配货网”，提高了配货的成功率，取得第一阶段的成功。第二是把管理职能整合进配货网络，即对货主、车主的身份、资质进行初步的管理，使得信息的诚信得以提高，价值也就提升了，很受客户的欢迎。这方面很重要的措施是整合了部分政府的管理信息资源。第三是整合了其他的技术服务，例如手机定位服务，可以用很低的成本监测车辆的动态位置，可以满足大部分公路货运管理的需求水平。目前该网络在整合了大量信息源的基础上，开始延伸到数据开发利用的新层次，已经与中国物流与采购联合会合作编制公路普通货运价格指数，并能够向企业提供个性化的咨询服务，使得企业能够掌握主要干线的主流价格。

从这个案例可以看出，公共物流信息平台的建设蕴藏着巨大商机，商业资本会有很大积极性来参与此类商业平台的建设。此类项目主要由需求引导，信息的整合方式和内容千变万化，构成了公共物流信息平台的主要部分。

但是在实践中也碰到一些典型问题值得深思，例如在对车辆、驾驶员的信息进行鉴定的时候，需要与有关政府监管部门的信息进行交换。目前国内还没有一个普遍的规则和标准来规范此事，因此存在重复谈判、不规则收费、服务不能保障等阻碍因素。如果消除了这些现象，将会引发商业投资更大的积极性，而消除这些障碍正是政府可以做到，也是应该做到的事情。

3. 航天科技集团的危险品物流信息平台

中国航天集团利用自身的信息技术优势参与物流信息化的建设，在危险品物流的信息平台建设中取得成功，主要是把行政监管系统与企业的商用系统结合起来，成为值得关注的一个案例。该系统的基本功能是对危险品物流的动态跟踪，在集成了国内外多项技术的基础上，具有危险品动态信息的采集、定位、导航、报警等多项功能，并将中国化工信息中心的其他业务信息整合进来，增加了咨询、查询等增值服务。实践表明，客户对该系统的应用效果很满意，可以减少事故，还可以降低物流成本。该系统对多家行政监管部门开放，例如安全监督部门、交通部门、环保部门、公安部门、医药急救部门等，这些部门可以通过该系统查询危险品物流的动态信息，一旦发生意外事故，该系统会同时向各有关部门报警，为各部门及时做出反应赢得时间。因此这套系统获得有关政府部门的重视，国家安全监管总局根据此案例制定了两项安全技术标准：《危险化学品汽车运输安全监控系统通用规范》（AQ 3003—2005）、《危险化学品汽车运输安全监控车载终端》（AQ 3004—2005）。

电子商务和电子政务是物流业务中紧密连接的工作环节，物流信息化中既可采用政务平台和商务平台互连，也可直接在商务平台上提供政府的监管和各种服务，实现物流全过程的信息化作业。本例的这个平台本质上还是商业平台，没有变成垄断经营，其制定的国家安全运输监控相关的标准是开放的标准，不涉及企业的知识产权。此外，商业平台主动向行政监管部门提供服务，可以提高自身的品牌，也并非是没有回报的。

航天科技集团的实践说明，只要遵循正确的思路和原则，政府借助商业平台进行监管和服务，是可行的，也完全可以避免有些公共物流信息平台“亦政亦商”出现的负面影响，取得双赢的结果

三、“十一五”物流信息化的目标任务和指导思想

“十五”时期，我国现代物流业跨越了“起步期”，进入理性、务实、快速发展的新阶段，为“十一五”发展积累了经验、奠定了基础。同时新技术的发展，正在全世界范围内冲击着传统的经济，使得我们有机会后来居上。大力推进物流信息化发展，以信息化带动现代物流的发展，已成为新时期重要而紧迫的战略任务。只要我们把握住规律，统筹规划，并结合我国的国情，完全可以在信息化方面实现跨越式发展，其中物流的信息化是重要的领域。下面就“十一五”期间我国物流信息化发展的形势任务和指

导思想作分析探讨，提出一些建议。

（一）关于物流信息化面临的形势

“十一五”期间我国正处于战略发展的关键时期，物流信息化被提到重要的议事日程，存在迫切的客观需求，也初步具备了必要的发展条件，面临快速发展的大好机遇。

1. 国家“十一五”规划纲要提出发展物流业的目标任务

在《国民经济和社会发展第十一个五年规划纲要》中，明确规定了现代物流的发展任务：“推广现代物流管理技术，促进企业内部物流社会化，实现企业物资采购、生产组织、产品销售和再生资源回收的系列化运作。培育专业化物流企业，积极发展第三方物流。建立物流标准化体系，加强物流新技术开发利用，推进物流信息化。加强物流基础设施整合，建设大型物流枢纽，发展区域物流中心。”这是我国政府第一次在五年规划中明确物流产业的地位和任务，并且放在大力发展的地位上来安排，表明现代物流将进入一个新的快速发展时期。

有关现代物流的“十一五”专项规划正在草拟之中，发展目标是：要基本建立快捷、高效、安全、方便并具有一定国际竞争力的现代物流服务体系；提高物流的社会化、专业化和现代化水平，积极培育具有国际竞争力的大型物流企业，促进物流产业的较快发展；社会物流费用占 GDP 的比率，在 2005 年 18.6% 的基础上下降 2 个百分点左右。在此基础上提出了包括加快物流信息化建设在内的重点任务。在规划的指导思想方面，特别强调了：市场配置资源，政府营造环境，加强统筹规划，注重协调发展等原则。随着物流发展的“十一五”专项规划的出台，必将进一步推动物流的发展速度。

2. 国家社会和经济建设要求快速发展物流信息化

“十一五”期间，我国物流业将在规模、效率、质量、效益各方面全面发展，建立快捷、高效、安全、方便并具有国际竞争力的现代物流服务体系，大幅度提高物流的社会化、专业化和现代化水平，为我国实现四个现代化奠定基础。这对物流信息化的发展提出了更高、更新的要求。

（1）调整经济结构和转变经济增长方式需要发展物流信息化

国家“十一五”规划纲要提出，在“十一五”期间，要立足优化产业结构推动发展，把调整经济结构作为主线，促使经济增长由主要依靠工业带动和数量扩张带动向三次产业协同带动和结构优化升级带动转变。

和发达国家相比，我国第一、第二、第三产业发展明显不协调，农业发展滞后，工业、建筑业增长过快，第三产业发展缓慢。2005 年，我国第一、第二、第三产业增加值占 GDP 中的比重分别为：12.4%、47.3% 和 40.3%。物流业作为生产性服务业，既为工业生产服务，也是服务业的重要组成部分，物流业的发展对促进我国工业结构优化升级、走新型工业化道路以及提升服务业在国民经济中的比重具有重要作用。

在国家《2006～2020 年国家信息化发展战略》中指出，充分利用信息技术，促进我国经济增长方式由主要依靠资本和资源投入向主要依靠科技进步和提高劳动者素质转变，提高经济增长的质量和效益。

中国经济发展中的深层次矛盾主要是落后的经济增长方式，粗放经营导致成本太高、效率太低、竞争力太弱，而物流的落后是其中一个重要方面。根据国家发改委、国家统计局、中国物流与采购联合会发布的2005年中国社会物流统计公报，2005年物流总成本占GDP的比例为18.6%，这一比例高于发达国家接近一倍。虽然这与国家的产业结构有关，但也从一个侧面反映了中国物流业手段落后、方式落后、技术落后的状况，总体上看要落后于发达国家20~30年。“十一五”期间，现代物流作为调整经济结构，转变经济增长方式的重要途径，迫切需要通过信息技术的普遍采用，使增长方式由主要依靠增加物流基础设施等硬件投入转向主要依靠提高设施的综合利用水平和网络信息资源的利用效率，从而大幅降低物流成本、降低能源消耗和环境污染、提高经济增长的质量与效益。

（2）贯彻以人为本和可持续发展理念要求发展物流信息化

国家“十一五”规划纲要指出，必须加强和谐社会建设，要按照以人为本的要求，从解决关系人民群众切身利益的现实问题入手，更加注重经济社会协调发展。

一些重要的商品如食品、药品、医疗器械产品、危险化工品等，涉及人民的生命安全，其监管是政府的重要职能之一。对这些商品的监管范围需要覆盖生产、流通、物流的全过程，而目前由于行政管理部门的划分往往产生部门之间、区域之间的不衔接、不配套，造成物流监管的“盲区”。因此，迫切需要采用先进的信息技术如RFID等，对上述重要商品从源头一直到产品的消费进行全程监控，避免重大事故灾害的发生，提高重大突发事件的应急反应能力。

“十一五”期间，物流的快速发展与土地、能源、环境等资源条件制约的矛盾将会显现，必须走可持续发展之路，借助信息化手段提供物流效率，缓解资源压力，适应物流发展新的需求。通过物流流程中信息的及时采集、交换与共享，优化与管理系统的应用，可以不断提高物流企业的组织管理与服务水平，减少空驶运输、重复运输和迂回运输，减少交通车辆在途时间和排队拥堵，降低物耗和能耗水平；加强运输装卸方面的及时安全性、保管加工方面的保质保鲜性、包装处理方面的健康环保性，推进无损毁作业、废弃物循环物流和“绿色”物流，将推动资源节约型和环境友好型产业发展，保障现代物流与整个社会经济的和谐发展。

3. 发展物流信息化所需的法律、标准在逐步出台

物流信息化必需要获得相关的法律和标准支持。回顾物流信息化的历史，有两个重要的阶段值得重视。第一是EDI技术的应用，成为20世纪八九十年代电子商务代名词。但是由于成本高昂、技术复杂等因素影响了此项技术应用的广泛性，所以只有国际贸易等高端市场应用较普遍。第二是互联网应用迅速普及，包括物流领域在内的全社会的信息化进入了一个高速发展的新阶段。但是由于缺乏对于网络信息的规范管理，在应用于电子商务时受到制约，如果不能够解决网络信息的可信性和法律效力等方面问题，则互联网将难以进一步深入应用于电子商务。于是如何解决互联网信息的有效管理问题就成为当前信息化向纵深发展的重要方向之一。

在这方面国际上已经有很多进展，许多发达和发展中国家相继颁布支持保障电子商务的各项法律法规，ISO等国际标准化组织发布了整套用于电子商务的技术标准。例如主要用于物流行业的AS 2（Applicability Statement 2）解决方案，是基于互联网的EDI（EDIINT）中的一种方式。EDIINT是专为利用互联网技术传送EDI或XML报文而制定

的标准，它定义了报文的协议（MIME）、保安技术（加密及电子签名）以及信息交换的流程（如确认的信号及通知），弥补了互联网上传输信息在可靠性及保密性方面的缺陷，同时节省了传送文档的成本。目前已经有沃尔玛等一批跨国公司采用了AS2方案，把EDI移植到了互联网上，在零售领域已经成为一项行业标准。

国内在这方面也有不少进展，例如2005年4月1日开始实施电子签名法，为物流电子商务提供了最基本的法律保障。国家标准化委员会于2005年颁布了《基于EDI-FACT报文实施指南的XML Schema生成规则》，2006年将继续发布《基于XML的电子商务技术体系》、《基于XML的电子商务业务数据和过程》等一系列国家标准。我国电子商务的法律和标准环境建设的发展形势对物流信息化的发展提供了有利的外部环境。

4. 电子政务建设将支持和促进物流信息化发展

在中共中央办公厅、国务院办公厅发布的《2006～2020年国家信息化发展战略》中指出，要大力推行电子政务。具体包括：改善公共服务。逐步建立以公民和企业为对象、以互联网为基础、中央与地方相配合、多种技术手段相结合的电子政务公共服务体系；加强社会管理。整合资源，形成全面覆盖、高效灵敏的社会管理信息网络，增强社会综合治理能力。协同共建，完善社会预警和应对突发事件的网络运行机制，增强对各种突发性事件的监控、决策和应急处置能力，保障国家安全、公共安全，维护社会稳定；强化综合监管。满足转变政府职能、提高行政效率、规范监管行为的需求，深化相应业务系统建设。围绕财政、金融、税收、工商、海关、国资监管、质检、食品药品安全等关键业务，统筹规划，分类指导，有序推进相关业务系统之间、中央与地方之间的信息共享，促进部门间业务协同，提高监管能力。建设企业、个人征信系统，规范和维护市场秩序；完善宏观调控。完善财政、金融等经济运行信息系统，提升国民经济预测、预警和监测水平，增强宏观调控决策的有效性和科学性。

在最近国务院颁发的《安全生产“十一五”规划》中，把安全生产信息系统建设工程作为一项重要的任务来抓。其中包括：完善公路交通快速报警系统，建设交通事故紧急救援信息平台。逐步建设铁路全路综合移动通信系统。建设完善水上交通安全监督系统，推广应用船舶动态管理系统。建设完善以航空安全管理、飞行标准管理、航空器适航管理、机场安全管理、航空保安管理、空中交通安全管理为主的航空安全综合管理信息系统。依托公安专网建设全国重大责任事故案件管理系统。建设全国建筑安全管理系统，推广应用建筑施工现场远程监控系统。建设完善特种设备安全动态监管网络系统。建设农机、渔业船舶安全综合管理系统。该规划还特别要求，建设和完善国家安全生产综合监管监察信息系统，要实现各级安全生产监管监察机构以及国务院安全生产委员会成员单位之间的信息互联互通、资源共享。

电子政务作为转变政府职能和创新管理方式的重要手段，其最本质、最核心的内容是用现代信息技术改造政府的业务管理模式和手续，使其更加规范、透明、简化和优化，支持政府完成法定职能。“十一五”期间，需要与物流相关的各政府部门以电子政务的建设为依托，打破政府部门对信息资源的垄断思维，加快部门之间的信息交换与共享的进程，推动跨部门基础信息共享，加强物流信息资源的综合开发利用，不断提高政府的调控、管理能力以及服务质量。变管理为服务，并由此带动管理体制的创新。政府信息平台的搭建和政府信息的对外开放，在大大提高政府公共服务和科学、民主执政的能力的同时，也将进一步促进物流基础信息网络的搭建和社会信用体系的建设。

（二）关于发展目标

“十一五”期间，建议要在物流动态信息的采集与监控、物流信息资源的整合与开发利用、物流公共信息服务、重点商品物流监管、完善物流信息化保障体系与推进物流企业信息化等方面实现重点突破，初步完成我国物流信息化整体框架建设，全面提高物流行业总体运营效率，降低物流成本，提升政府物流监管水平，增强应急处理能力，为“十一五”我国物流行业的跨越式发展提供支撑与保障。具体说明如下：

——增强物流动态信息采集能力。指全面采用车辆和集装箱的RFID识别技术、卡口联网技术、GPS监控技术等先进技术，基本具备口岸和全国范围内公路、铁路、海上和内河运输等方面物流动态信息采集与监控能力。

——加强物流信息资源的整合开发利用。首先是指与物流有关的各政府部门内部的信息资源整合，同时通过部门间沟通合作、业务协同，开展跨部门、跨行业、跨地区信息交换与共享以及网上“一站式”服务。通过信息技术与业务的结合，大大提高政府的决策水平、服务能力和管理效率，极大地提高物流行业总体效率和国际竞争能力。

——初步建立物流公共信息服务体系。指制定政府信息公开的相关法律、法规和政策，使政府信息适度开放，促进政府信息平台与外部平台的连接；制定有关物流公共信息服务的鼓励政策与监管措施，促进物流信用体系的形成；发挥市场机制的作用鼓励开放与竞争，鼓励第三方物流及各类中介代理企业开展“一站式”服务，促进物流公共信息服务的蓬勃发展。

——提高政府对重要商品的物流监管水平。指对食品、药品、危险化工品等关系到人民的生命安全的物流，要采用先进的信息和识别、跟踪技术，相关政府部门和各地方政府要协同合作，建立互联互通的监控平台，以进行更为周密的全程跟踪、实时监管，发现突发事件立即作出应急处理。

——完善物流信息化保障体系。逐步建立健全、完善物流信息化相关的法律和标准体系，强化互联网及公共信息平台安全保障体系，以及建立物流信息平台建设与运营的监管体系。

（三）关于主要任务

“十一五”期间物流信息化的主要任务建议包括：建设物流动态跟踪和重点物流监管网络体系；建设物流贸易电子商务和电子政务平台体系；加快制定和完善物流信息化相关的政策、法律、制度和标准；推进中小物流企业信息化。

1. 加大投入，整合资源，完善物流基础信息网络体系

建议“十一五”期间进一步加大投入，通过大力推进政府各部门监管信息的交换与共享，采用RFID和相关的先进技术，初步建立全国干线公路和主要港口及重要水道的车辆、船舶动态信息自动采集跟踪系统；开放铁路货运动态跟踪系统的对外联网应用；试点建立集装箱货运全程跟踪监控系统；全面建成全国口岸与保税区域卡口联网系统。

2. 建立重点物流服务与监管体系

一是建立进出口货物、国内重点货物的物流业务申报、审批、备案管理系统。通过政府有关部门间高度协调合作，搭建电子政务平台，提供“一站式”服务，促进口岸大通关、保税物流、国内危险品等重点物流的政府管理和决策水平，方便有关物流企业网上办理申报或备案，简化手续，提高透明度和效率，提高公共服务能力。

二是建立重要货物流转过程的动态监管平台，对口岸转关及保税运输，以及国内有关食品、药品、危险化工品等关系人们生命安全商品的流转过程，进行强制性、全方位实时动态监管。

3. 加快完善物流信息化相关的政策、法律、制度和标准

建议政府有关主管部门明确政务与商务两类不同平台的任务分工、投资主体、运营模式等政策规定，规范物流信息化市场管理；出台鼓励促进第三方物流等中介机构开展信息平台建设、从事物流信息服务，并对之进行相应监管的政策；制定有关的法律、法规与制度，规定电子业务安全、保密、诚信规则，明确电子签名和相关电子数据法律效力以及业务参与方的法律责任；明确政府开放信息和推动不同政府部门信息平台互联互通的责任义务。加快物流信息平台建设中术语定义、数据元、代码、报文、电子单证、协同规程、业务过程、通信协议等标准的制定和标准认证体系的建立。

建议高度重视、积极参与 RFID 国际标准的制定，尤其是集装箱、车辆、船舶、货物包装等的 RFID 标准，并等同制定相应的国家标准。

4. 推进企业信息化

企业是信息化的主体，企业的管理水平和信息化基础决定了行业信息化的总体水平。物流信息化不仅依赖于物流企业的信息化，也依赖于其客户——制造企业、商贸流通企业的物流信息化水平，任务格外艰巨。第一，建议政府采取低息贷款或优惠贷款、建立示范项目等多种措施推动企业内部信息化和企业上网、联网；第二，鼓励行业协会和中介机构采取培训、会议、优秀案例与成熟的软件推广等多种活动，提高企业信息化水平；第三，建议政府有关方面形成共识和合力，协调并推动海、陆、空承运人，第三方物流公司等大型企业的信息共享与合作，这些大型的物流企业地域分布广，实际上也是多个中小企业的集合体，其信息化基础较好，他们的信息共享与合作将会推进信息化步伐，并在一定程度上带动中小企业信息化的建设。

就物流行业而言，需要指出的是，尽管国内大型先进物流企业的信息化水平比较高，但是完成 80% 以上物流量的中小物流企业的情况是投资少，信息化水平低。建议鼓励和支持软件商开发小型、适用的物流软件；鼓励专业的第三方物流企业（指专职的实际物流和物流信息服务的企业）为中小物流企业开展信息系统外包服务；并在国家“十一五”科研计划中对中小企业信息化进行立项支持和应用示范，克服数字鸿沟，从而提升物流行业信息化的总体水平。

（四）关于指导思想

物流信息化发展的指导思想是：以邓小平理论和“三个代表”重要思想为指导，贯彻落实科学发展观，坚持以信息化带动物流现代化，坚持以改革开放和科技创新为动力，大力推进信息化，充分发挥物流信息化在促进我国走新型工业化道路、加快服务业

发展中的重要作用，不断提高物流信息化总体水平，推动我国物流产业实现跨越式发展。

物流信息化发展的战略方针是：统筹规划、资源共享，深化应用、务求实效，政企互动、联合推进，完善监管、安全可靠。要以科学发展观为统领，以改革开放为动力，努力实现网络、应用、技术和产业的良性互动，促进资源整合与网络融合，实现资源优化配置和信息共享。要以需求为主导，充分发挥市场机制配置资源的基础性作用，大力推动企业信息化，探索成本低、实效好的物流信息化发展模式。要以政务信息资源的整合与综合开发利用为先导，以政府监管平台和跨部门协同业务应用系统建设为重点，逐步建立全国动态采集、动态定位、无线通信、无缝连接的物流基础信息网络。要把制度创新与技术创新放在同等重要的位置，完善信息化制度建设，推动 RFID 等先进技术的应用，加强重点商品的物流监管，为建立快捷、高效、安全、方便并具有一定国际竞争力的现代物流服务体系奠定坚实的信息化基础。

“十一五”物流信息化，应遵循下述基本原则：

——统筹规划，分类指导

对于以政府部门为主导推动和财政投资的电子政务项目和物流监管项目，从大物流的全局出发，制定总体规划，按实际需求的轻重缓急，统筹规划，分期分步推进物流信息化建设，防止一哄而上、各自为政、盲目投资、资源浪费。

对于推动物流企业信息化，尤其是对中小企业，要继续坚持从实际需求和效益出发，首先至少做到用 PC 上网，或采用 ASP 服务，去获取外部信息，开展对外数据交换和网上办事业务，立即取得网络化电子业务的主要效益。企业内部管理的信息化则可在充分论证必要性、可行性后制定规划，要发挥政府和行业协会的作用，一方面指导帮助物流企业做好底层业务流程的标准与规范，另一方面鼓励软件商开发低成本、可持续升级、成熟的软件产品，在此基础上鼓励企业采用租用或购买的方式使用软件产品或使用 ASP 服务。

——需求导向，突出重点

紧密结合行业发展、公共需求和政府履责的要求，选择涉及物流监管、公共安全和公共服务中需求迫切、条件具备、效益显著的应用项目，以点带面，有序推进。充分发挥物流信息化在电子政务与电子商务中的桥梁作用，以物流贸易电子政务和电子商务平台、大交通基础网络平台、重点商品物流监管系统为突破口，提供各类公共信息服务以及网上办公业务，进一步推动物流行业信息化和企业信息化的发展。

——政企结合，正确定位

需要制定一系列物流信息化相关法规与政策，明确政府和企业各自在信息化中的地位与作用，充分发挥各方积极性。商务和市场的事应放手让企业主导去做。政府的主要作用是：第一，制定物流信息化发展战略和规划；第二，制定或完善物流信息化相关法律和标准体系，为物流信息化提供良好的法制环境；第三，推进政府各部门之间的协调与合作，打破部门、区域的界限，提高办事效率，降低行政成本，为社会提供“一站式”、高效的信息和电子化服务；第四，结合政府监管职能，通过采用先进的信息技术，抓好重大物流监管项目的建设，加快政府信息的对外开放以及信息资源的整合与共享，保证了物流信息的真实性、可靠性和有效性，帮助打通物流管理全程信息化。

——创新开放，确保安全

坚持观念创新、制度创新、管理创新和技术创新，充分利用政府、行业和市场各种资源，发挥政府、行业协会和企业的积极性，鼓励开展竞争，扩大交流与合作。大部分公共服务平台应该采用市场机制运作，积极鼓励第三方物流及各类中介代理企业进入一站式门户服务，促进平台建设的健康发展与良性循环。物流信息系统建设中必须同步设计信息安全的技术和管理方案，对国际物流还要着重考虑反恐防恐的需要，保障信息系统的安全。

四、重点任务和项目建议

如前所述，目前我国物流信息化的主要瓶颈在四个方面：信息的动态采集、信息的动态定位、信息的整合和物流信息服务管理体系的建设。针对上述问题，建议“十一五”期间，通过实施若干物流信息化重点项目和政府信息的对外开放与延伸，搭建物流信息化基础网络和形成高效、畅通、整合的外部环境，推动我国物流的跨越式发展。

（一）重点项目确立的原则

1. 具有全局性、基础性、示范性、开放性

要密切结合国家经济、社会发展战略和现代物流发展的需求，选择具有全局性、基础性、示范性、开放性的项目，这类项目本身具有重大的社会效益与经济效益，能够解决当前我国物流信息化过程中的突出问题，其实施将带来全行业信息化水平的大幅提高，有助于推动我国物流信息化的跨越式发展。

2. 财政投入要符合政府的公共服务和行政监管职能

通过重点项目建设，要实现对关乎国计民生的重要商品物流和重大经济活动信息的跟踪、监测与监管。这些项目的实施，一方面有利于促进政府职能的转变，提高政府的服务能力与监管水平；另一方面通过政府的资金投入，将搭建一些基础公共基础信息平台，有利于实现信息的互联、互通和共享，为商务平台的建立奠定基础条件。

3. 技术的先进性与适用性相结合

物流项目一般是大的技术集成项目，需要将自动识别技术、定位跟踪技术、平台技术、系统优化等技术集成起来。要根据各类项目的需求、已有的基础和信息化成果，选择恰当的技术。例如，对于重点商品（如危险品）的物流监管，采用的技术要有一定的先进性和前瞻性；对于搭建基础物流信息网络，则需要兼容现有的各种技术方式，如条码、GPS、手机定位、RFID 等。

4. 充分发挥建设的继承性

目前，一些行业、部门已经建立了一些成功的信息化项目，要充分借鉴现有的国内外经验，在已有的信息化成果基础上进一步拓展深化，不要抛开现有的项目另立新项，要避免走重复建设的老路。无论是现有成果还是未来获得的成果，都要在认真总结经验的基础上采用模式复用、创新并举的方式加以推广应用，充分发挥重点项目在我国物流信息化推进过程中的“示范作用”和“辐射作用”。

（二）制定物流信息化专项规划

如上所述，物流信息化是推动我国物流跨越式发展的重要基础和关键支撑。制定国家物流信息化专项规划具有必要性和紧迫性：

第一，物流信息的宽泛性、复杂性需要相关部门的协同合作。由于物流信息涉及的范围广、部门多，相当一部分重要信息来源于政府管理部门。例如，要做到货物运输定位与跟踪信息的采集可能涉及交通部、铁道部、民航总局、公安部、海事部门、海关、保税区等多个部门，任何一个环节的信息堵塞都会导致物流的不畅通和低效率，都会导致信息化的效果大打折扣。以往建设中，由于缺少统一规划与信息共享，形成了很多信息孤岛，其教训值得反思。

第二，管理创新、体制创新亟待高层规划。目前，各有关部门、各个地区已经纷纷从自身的管理职能和需求出发，分别制定“十一五”信息化规划。其信息化规划主要侧重于为本部门、本地区需要服务，而且大多是封闭的或未对外开放的系统。例如，交通部高速路联网收费系统主要是以“管公路”而不是“管车”为主，铁道部铁路机车运行监测系统以“管机车”而不是“管货”为主等，并且基本上是行业内部的信息系统。从物流的角度来看，上述系统都为物流信息的动态采集提供了很好的网络和应用基础，如果通过物流信息化规划和相关的法规、制度，要求这些系统适度开放和延伸，互联互通，不仅大大有助于物流信息网络的迅速搭建，极大地推动物流产业的发展；而且大大有助于政府职能的转换，提高其公共服务的能力与水平；同时，国家的投资还可以起到减少重复建设，取得事半功倍的效果。

第三，有助于重点突破，消除瓶颈。由于各行业、各地区信息化水平各异，制定国家的统一规划有助于真正克服薄弱环节、消除瓶颈。

由此可见，物流信息化是跨部门、跨地区的大系统工程，亟须统筹规划、分步实施。建议在物流部际联席会议中设立物流信息化专门机构，负责组织相关部门共同制定物流信息化专项规划，包括中长期规划和“十一五”专项规划，制定相关政策与法规，确立发展目标、指导思想和一系列重点项目，更快地推动物流信息化的发展。

（三）抓好一批物流信息平台的重点工程建设

1. 进一步加快口岸物流信息平台的建设

建设我国的电子口岸，是国务院作出的一项重大决策。它是加强口岸执法和进出口管理，为企业进出口提供便利，提高口岸通关效率的有效手段；也是更好地适应国际物流发展要求，推行电子政务、建设服务型政府的需要。随着外贸进出口规模的迅速发展，口岸物流管理的工作量与难度越来越大，迫切需要借助于现代信息技术手段，不断提高效率、降低成本，实现有效监管和高效运作的统一。电子口岸建设已经发挥了显著的实际效果，今后必须进一步加大协调和领导力度，为此国务院办公厅下发了《国务院办公厅关于加强电子口岸建设的通知》（国办发［2006］36号）。

国办通知中指出，电子口岸的发展目标和基本内容是：用五年左右的时间，把电子口岸建设成为具有一个“门户”入网、一次认证登录和“一站式”服务等功能，集口岸通关执法管理及相关物流商务服务为一体的大通关、大物流、大外贸的统一信息平台。国务院各有关部门间实现大通关流程相关的数据共享和联网核查，地方各有关部门、单位和企业将大通关核心流程及相关的物流商务服务程序整合到统一的地方电子口岸平台上，使口岸执法管理更加严密、高效，使企业进出口通关更加有序、便捷，进一步提高我国对外开放水平和国际竞争力。电子口岸的指导原则是牢固树立和落实科学发展观，以服务为宗旨，以促进为目的，以需求为导向，以合作促发展。坚持统一认证、统一标准、统一品牌，在国务院和当地政府的统一领导下，建立共同管理、协商决策的领导体制和开发运行机构，实行共建、共管、共享。

具体内容包括：

第一，完善口岸物流监管信息系统

口岸物流监管既要监管到位，维护国家的经济、政治安全，又要使货畅其流，提高通关效率，降低贸易成本。因此，要进一步完善口岸物流监管系统建设，海关、检验检疫、边检、交通运管等口岸管理部门要进一步理顺业务内网和电子口岸平台的关系，加强各部门的业务信息开放与共享，简化程序，丰富公共服务功能，真正做到一体化通关，一站式服务。

第二，推广保税物流监管信息系统

近年来，国务院和海关总署加大了保税物流监管改革的力度，并以信息化为突破口，在区港联动、保税物流中心、保税港、珠澳跨境工业区等试点项目中采用联网监管和风险管理新手段，简化了通关手续，实现了联网申报，无纸通关；进出园区（中心）货物提前申报，卡口自动验放；区内货物自由流转，电子报备，事后报核。目前已有苏州、张家港、大连等地保税区进行了保税物流监管系统试点，园内企业通过电子口岸实现与海关信息系统对接，可以在线办理各种货物进出口、转关、跨关区仓储、分拨、配送、中转等各种业务，效果显著。今后要在总结经验的基础上，逐步推广应用。

第三，建设口岸物流安全体系

自“9·11”事件以来，反恐和保障经济安全成为各国普遍关心的课题，口岸作为一国进出口货物的集散地，构筑确保物流运营的安全保障体系至关重要。其中特别是国际物流集装箱的安全分析和监控措施，更是成为关注的焦点。

口岸物流安全保障体系以集装箱的智能化监管为主线，通过应用 RFID、GPS、GIS 等先进技术，开展各国口岸之间集装箱发货和运输过程信息的交换，进行事先分析预测、到货自动识别和分类控制，在不降低通关效率的前提下实现对集装箱全程安全运输的有效监管。因此，要加快各类智能集装箱的研制，并在此基础上开发口岸物流安全应用系统。

第四，建设国际海关物流信息交换体系

国际海关之间数据交换是讨论多年的课题，为了对国际物流安全进行有效的风险分析和打击走私，目前我国正在积极研究与部分国家海关进行进出口货物数据和信息交换。下一步要根据国际海关相关公约、协议的规定，制定我国海关对外提供数据的原则、标准，逐步试点建立国际海关物流信息交换体系。

由于口岸物流信息化历来是各国政府最关注的问题，本研究专门组织了一个分报告，介绍国外口岸物流的情况，也对我国的口岸物流信息化提出了比较系统地分析与建议。详见《口岸物流信息化专题报告》。

2. 加快以“大交通”为目标的交通基础信息平台的建设

交通基础信息平台的建设对促进我国现代物流业的发展具有重要的意义。各种交通方式的整合是以信息的整合为基础的，而信息的整合主要是在不改变管理模式的基础上实现方便的信息交换与共享。信息的整合要逐步完成，当前重要的是奠定一个平台的框架基础，使这个平台能够兼容多种信息采集方式，多种定位技术，多种信息的提供者、应用者，同时又有规范的管理和服务准则。

首先要继续支持各相关部委的信息化项目。目前，各物流的相关部门如公安部、交通部、铁道部、民航总局、国家海事部门已经建立了一批信息化项目，取得了显著的成果。“十一五”期间，国家应继续支持各有关部门的信息化建设。根据《2006～2020年国家信息化发展战略》的要求，电子政务的重点是：改善公共服务、加强社会管理、强化综合监管、完善宏观调控。

建议“十一五”期间应分别建立或完善：道路交通综合管理信息平台、公路水路交通应急处理信息系统、水路交通管理综合信息平台、铁路运输调度指挥智能化系统、民航网络与信息安全保障体系等。对于上述信息系统，分别确定动态信息的采集频率、动态定位的要求，并确定这些基础信息向社会开放和服务的形式。各地方的实施步骤可能会有先后，但是每个系统的规划设计要统一，要保证各地之间的监管信息能够彼此交换与共享。

其次要促进各相关系统之间的整合与合作，共享资源，避免重复建设。

最后是要求各政府信息系统对社会提供基础信息服务。要确立服务的范围、内容、方式等规则，并作为各行政管理信息系统立项的依据。

3. 加快重要商品监管与服务系统的建设

我国经济正处在快速转型期，社会上一些假冒伪劣产品屡禁不止，给人民群众的生命财产安全造成极大危害。建设重点商品物流监管系统，从整个生产流通环节对重点商品进行全程的联网监管，将有助于规范市场经济秩序，及时发现和制止违法行为，维护消费者和企业合法权益，保障人民群众身体健康和生命安全。重点是要加强下述物流监管系统的建设：

一是对与人民生活关系密切的商品，例如重点食品、药品等，要实施生产与流通的全过程监管。目前，部分省市在这方面的监管已取得成功经验。例如，上海已成功建立了“畜牧业供应链及安全生产监管服务平台”，其经验值得借鉴。

二是建立全国危险品联网实时监管系统。通过该系统的应用可加强对危险品储运的安全监管，预防和减少危险品储运过程中的恶性事故，建立健全社会预警体系和应急救援机制，最大限度保障国家和人民群众的生命财产安全。目前，采用RFID技术监管危险化工品已有突破，上海和广州都已有成功的实践，可以在此基础上形成全国的危险品物流监管信息系统的统筹规划，避免各地各自为政、自成体系。

三是建立集装箱监管信息系统。

4. 建设城市配送中心信息平台

根据国外经验，发达国家一般由政府进行规划和指导，建立城市配送中心，以保证城市人民的生活品配送和相应的生活质量与水平。以日本东京都筑地物流配送中心为例，由政府委派官员担任配送中心董事长，负责指导和监督经营，10 家大批发商公司负责具体供应，中间环节由中间批发商和物流商组织实施，运用电子拍卖等技术，确保实现对城市日常用品的及时配送。

目前我国大城市一般都制定了城市配送中心的建设计划。因此，强大的、及时更新的配送中心信息平台建设也提到日程上来。该平台可由各配送中心分头建设，但由政府进行统一联网，对重点商品的配送和供应体系进行监管和指导，以确保城市配送体系的高效、及时、可靠和安全。平台应包括城市基本的人口信息，各类商品日常消费信息，动态更新的各销售网点的销售信息、仓储信息、配送信息等。

5. 加快“物流枢纽”的公共信息平台建设

作为现代物流的关键节点，重要的中心城市、港口、公路或铁路的枢纽城市具有特殊的信息集散功能，对于周边地区、全国甚至国际市场的影响都十分显著。发展这些物流枢纽的重要途径就是扩大其信息的集散功能。

英国的船舶拥有量仅占全球的3%，直接的航运收入占4%。但其卓越的航运服务业对全球航运的“无形”控制，使其成为当之无愧的国际航运中心。伦敦提供的航运服务不仅涉及面广，而且在各个领域都具有绝对优势。例如其融资占了全球航运贷款总额的15%～20%；海上保险业务所占比重高达19%；船舶经纪方面，伦敦是全球最重要的船舶买卖市场，全球一半以上的散装船舶的买卖均由该市场完成。此外还有法律、会计与管理咨询、出版、研究、高等教育、技术与工程咨询等服务。这说明在信息时代物流中心是靠综合服务体系支撑的，决定的因素不能仅靠区位优势、资产优势，要更加依靠信息优势和人才优势。

我国有些城市已经在国际物流网络中占有一定的地位，目前主要是靠物流吞吐量。未来的发展要靠综合服务体系的建设来提升对于国际物流网络的影响力，其中信息平台的建设是一项基础建设，除了当地政府要作为一项重要投资来规划以外，国家也应给予一定的支持。

（四）加快建立物流信息化标准体系

物流信息化标准体系是物流信息化的重要基础，由于涉及面广、工作量大，其制定需要投入大量的人力、物力和大量的协调工作，需要政府牵头，并给予一定的资金支持。下面对重要的基础标准作一阐述。

1. 基础数据元标准

由于基础数据元标准关系到数据交换的实质性内容，这类标准更为基础，其影响和作用会更加深刻。首先，必须明确运输、仓储、分拣、配送、包装等物流业务流程中的每一个数据元（术语）的定义；其次，明确每一个数据元的内容界定，否则无法进行有关的信息系统的开发工作，更无法进行必要的管理。目前，交通部等部门已经在组织研究与制定有关运输、仓储、配送等数据元标准，这项工作还需要扩展到物流各个领域。

2. 电子单证标准

电子单证指电子形式的各种票据，如电子货票、电子发票等。物流业务中涉及相当多的单证，目前的情况是：每个企业制定了自身需要的单证格式，但作为企业上下游供应链信息传递时，就出现了混乱，导致错误发生；同时作为第三方物流企业来说，当为多个用户进行服务时，不同的单证格式需要大量的转换，成本很高。因此，在用信息系统进行管理和物流运营管理，尤其是在与外界进行信息交换时非常需要制定统一的、标准的电子单证标准。

电子客票被业界称之为航空业的第三次革命，是因为其具有节省大量成本、提升核心竞争力的重要作用。同样，如果有经过政府授权的、与银行结算挂钩的第三方电子货票，将会大大节省制造企业、流通企业的资金成本，大大缩短货款占压时间，加快流通速度。目前，在货运行业，货到付款是普遍形式，一笔货从发出到回款往往要经历多个环节，长达数个月，中间存在多种风险。因此，推动电子货票、电子发票的诞生与应用，是物流业的一场革命，需要政府、银行、工商、税务等多方合作。

3. 条码标准

条码技术作为一种重要自动识别技术，已在我国许多领域得到较好应用，为电子商务、连锁经营和物流配送打下了良好的技术基础，但其应用和推广工作与国外发达国家相比，仍存在较大的不足，主要表现在：系统成员发展领域不宽，条码技术应用广度和深度不够，全社会对条码认知程度不高，条码工作投入不足等。目前在物流领域的主要问题是：

（1）在有些领域尚未制定有效的商品条码标准，尤其是生产资料生产与流通领域，例如目前国内仍缺少汽车及零部件行业适用的产品与包装条码标准。

（2）在一些关键领域，条码未作为强制性标准而应用，导致在生产、销售、物流中造成巨大的混乱。例如，在关系到老百姓生命与安全的药品管理方面，没有把推行条码作为强制性标准。反映在药品中，医药条码平均不合格率在10%左右；同一种药品有不同的名称、不同的批号、不同的包装、不同的计量；由于有的厂家未采用条码，导致在包装、分拣、配送过程中出错率高，问题很多。

（3）除商品条码外，物流很多业务都需要条码，如包装用条码、单证条码、生产序列条码等，目前也缺乏统一的标准。

4. 数据传输格式和数据转换标准

在物流公共信息平台建设中，需要在不改变已建系统的结构和运作流程的前提下，兼容和支持现有已建系统的标准、格式、协议，具备不同标准、不同格式、不同协议间的翻译与转换能力。物流公共信息平台还应该支持统一的安全标准，比如CA认证，通过统一的或者可相互认证的CA认证中心，实现身份认证、电子签名，保证物流公共信息平台的使用安全和数据传输安全。

5. 统一的运载工具电子标识

目前，部分省市如湖南、广州等地已开始启动对客运车辆加装RFID电子标签（电子车牌），一些口岸也采用RFID进行车辆监管。需要制定全国的统筹规划和统一标准，尽快规定标签的使用频率、安装位置、信息内容与标识格式等标准与规范，否则一旦各地方纷纷建立自己的标准，各省、各口岸之间不统一，信息不能跨地区识别与共享，将造成巨大的物力、财力的浪费。

建议尽快组织力量制定车辆、船舶、集装箱、托盘等运输设备与工具以及货物包装的电子标识标准。

（五）开展对于RFID技术的专项研究

鉴于RFID技术的特殊地位，建议国家组织力量对于此项技术及其应用做专项研究，以便确定RFID如何作为未来信息采集、识别的基本技术广泛地应用于物流和人的管理，这是关系到能否将我国的信息化水平提升到一个信息层次，实现跨越式发展的战略问题。

1. 要加快RFID标准体系的建设

（1）鉴于目前缺乏公认的RFID标准建设主管机构的现状，建议由国务院出面，协调中国标准化管理委员会、信息产业部、科技部、中国RFID产业联盟、RFID标准工作组等机构，组建专门的“RFID工作领导协调小组”，以全面负责RFID相关技术标准的研究、制定、行业示范、推广应用等工作。

（2）吸取WAPI的经验教训，尽快将RFID标准列入国家标准体系，分析国际RFID标准对我国的影响，研究在与国际标准接轨的基础上，制定具有中国特色的国际标准体系。

（3）国家应给予研究、试点应用等方面的经费支持，尽快调动企业力量投入标准制定、产品研发及生产，尽快推动RFID的普及应用。

2. 加快RFID核心技术的研发

由于RFID技术研发正处于“群雄逐鹿”的关键阶段，我国应立即加大对核心技术（例如芯片设计、天线设计、超高频应用、系统集成应用等）的研发投入，形成具有自主知识产权的技术或产品，避免在未来受制于人。

（1）确定RFID研发的关键领域和研究方向，统一规划RFID技术研发战略，避免各部委、各地区重复投入，造成资源浪费；

（2）由政府出台各种鼓励科研机构、企业进行RFID核心技术研发的政策措施，例如优惠贷款政策、税收优惠政策、人才引进人才、资金扶持政策等；

（3）加强对国家立项的各种RFID研发项目的监督管理，保证专款专用，严格控制项目投入与产出；

（4）建立相应的RFID芯片研究机构。国家给予相应的资金和政策支持，开发具有中国自主知识产权的RFID芯片。以中国的成本优势，促进RFID的发展和普及。

3. 加快RFID试点项目的应用

（1）加快基于RFID技术的电子标签在特殊监管物品中的应用。对于一些属于行业特殊监管的物品，例如危险品、药品、食品等，为了提高监管效率，降低监管风险，可以考虑应用RFID电子标签进行自动化、全过程监控。

（2）加快基于RFID的智能安全集装箱应用。出于国际反恐、提高货物运输安全性、可靠性、改善供应链管理等方面的需要，研究智能安全集装箱的应用已成为一种国际趋势。我国应紧紧把握这一应用趋势，加大对基于RFID技术的智能安全集装箱的应用研究，进一步扩大我国在国际集装箱运输领域的影响力。

（3）加快RFID电子标签在制造领域的应用。由于RFID电子标签可在制造领域多次重复应用，反复利用，在使用成本的阻碍方面较零售领域要小很多，因此可以首先在制造领域里推广使用。例如可以在一些高附加值产品制造业（如电子元器件、汽车等）中率先尝试应用。一旦示范效果明显，就会迅速带动其他制造行业的应用。如果 RFID 电子标签最终能在制造领域得到广泛的应用，必将推动零售、分销、消费等领域的产业化应用。

（4）选择几家比较大的企业进行 RFID 试点应用，像美国国防部和沃尔玛一样力推 RFID 应用，促进 RFID 的快速发展。为其他企业的 RFID 项目实施起到示范作用，并积累 RFID 项目实施的经验教训及解决办法，为其他企业的 RFID 项目实施扫清障碍。

（六）鼓励社会投资于物流信息平台的建设

服务于企业的物流信息平台应主要依靠社会的商业性投资，例如各种动态定位系统、多式联运信息平台、行业性的物流信息平台以及物流园区信息平台等。此类平台形式多样，内容各异，将是物流信息平台体系的主体。但由于所提供的服务不属于普遍的、基础性服务，企业可以直接从提供的服务中受益，因此可以采用市场机制来促进服务的供给。政府要鼓励社会投资于物流信息平台的积极性，可以对一些重要的示范性项目给予一定的指导和支持。与此同时，要建立起商业性物流信息服务的管理制度、物流信息的认证制度和相关的法律体系。

五、配套措施

（一）完善现代物流部际协调会议制度

1. 明确部际协调会议的物流信息化规划与协调职责

物流信息化是一个大的工程体系，涉及方方面面，尤其是为了我国物流在未来五年内实现跨越式发展，迫切需要相关部委和行业组织在物流信息化方面的通力合作。由于物流的管理涉及许多部门，在国务院的领导下成立了现代物流部际协调会议的机制，由国家发改委牵头，成员目前包括商务部、交通部、铁道部、海关总署等十三个政府部门和中国物流与采购联合会、中国交通运输协会两个行业协会。部际协调会议成立以来，已召开了全国第一次物流工作会议，组织了全国物流发展专项规划的研究，推动了支持物流发展的税收政策制定，此外行业的基础统计和标准体系的建设也有很大进展。目前看来，部际协调会议是当前负责我国物流发展和管理最综合的机构，也应该是负责规划、协调物流信息化建设的最权威的机构。

2. 加强部际协调会议的信息化工作

建议部际协调会议把物流信息化的规划、协调工作尽快提上重要议事日程。目前还存在一些问题需要进一步完善：一是组成的部门还不全，涉及物流信息化的一些重要机构也应该参与其中，例如科技部、国信办、食品药品监督局、公安部等；二是需要在部际协调会议下设立物流信息化专业委员会，由各成员单位的信息化专家或信息化工作的主管部门领导组成，具体负责研究制定物流业信息化的规划、方案。部际协调会议是领导层级的机构，负责方案审批和重大事项的决策、协调。

《国民经济和社会发展第十一个五年规划纲要》中已经明确了现代物流的产业地

位，并要求大力发展，但是在许多方面还有待落实。目前国家发改委正在起草现代物流业的专项规划，其中物流信息化由于专业技术性较强，在专项规划中显得内容比较薄弱，建议尽快成立上述信息化专业委员会，以便参与研究拟定物流信息化的专项规划。

3. 加强各有关部门的信息化建设协调工作

当前各政府部门正在落实“十一五”规划，制定相关的信息化发展规划。建议有关各方的信息化规划进行相互交流与沟通，寻求交流、合作、协同，以及联合共建公共信息平台的可能性。通过这样的交流合作，减少重复建设，扩大信息共享的范围，促进信息标准体系的形成。在前面的论述中我们已经阐明了公共信息平台体系的建设不改变信息管理体制的格局，只是建立信息共享和交换的机制。据调查这样的合作机制受到普遍的欢迎，是有基础并实际可行的。

4. 促进政府信息向社会开放

在平台体系建设中的一项重要原则，是政务信息系统向社会提供必要的开放服务，为公共信息平台体系提供基础信息资源。这样的开放性服务应有立法保证，同时也应制定标准的服务规范，由于部际协调会议由多个部门参加，还有代表企业需求的行业协会参与，具有较高的权威性和代表性，建议这些事项都通过部际协调会议来解决。

（二）加速建立适应现代物流发展的物流信息化创新体制

为加强对基础性、关键性和具有前瞻性的物流信息技术的突破性研究，建议鼓励有关部门、行业协会、院校建立专业研究院所，围绕着物流跨越式发展中的关键和前瞻性技术问题，加强技术创新、科技攻关，并开展基础性、公益性等国家项目的组织与管理。

应按照知识产权管理规定，进一步完善信息化成果发布制度，对社会发布研发成果。凡是政府出资的项目，一律对外发布。加大对优秀信息化成果的宣传力度，推动研发成果的应用与推广，提高成果的转化率，实现成果共享。

要组织力量深入研究基于新一代互联网的物流信息平台体系。新一代互联网将是“无处不在”的网络体系，要整合各种通信方式、数据采集方式以及各种信息的应用方式、管理方式，其中的技术问题、体制问题、标准问题等需要作出前瞻性深入研究。建议有关部门对此类战略性、基础性研究给予政策、资金等方面的支持。

（三）推进物流企业信息化

1. 采用多种措施推动企业信息化

信息化是手段，应用是目的，要以促进企业发展为目的，充分提高企业参与的积极性。信息化工作应从实际需求出发，结合物流链条中的各相关行业发展现状，在相关行业应用的基础上，充分利用和发挥现有信息系统的作用，加快面向行业（企业）的基础设施建设。

建议政府采取多种措施如低息贷款或优惠贷款、设立信息化基金以及建立示范项目等推动企业内部信息化，政府监管的信息平台可通过强制企业上网、联网来促进企业信息化。政府要鼓励行业协会、中介机构和软件公司采取培训、会议、优秀案例与成熟的软件推广等多种活动，提高企业信息化水平。

2. 推进大型企业之间的信息共享与合作

目前，大型物流企业基本上建立了自身的信息系统，信息化基础较好。建议政府有关方面形成共识和合力，协调并推动海、陆、空承运人，第三方物流公司等大型企业信息系统的对接以及信息共享与合作，发挥大型企业在信息标准制定方面的牵头作用，这将会推进整个行业的信息化步伐，并在一定程度上带动中小企业信息化的建设。

3. 促进中小物流企业信息化

如前所述，物流行业的中小企业比例很大，很多企业至今还没有跨进信息化的门槛。其中既有企业自身的管理基础、投资实力等方面的内部原因，也有缺乏主流的信息化解决方案以及信息标准不统一等外部原因。近年来国家各部门和各级政府在信息化方面投资较多，但是尚未惠及中小企业，物流行业的数字鸿沟有扩大的趋势。政府从推进信息化市场和促进中小企业发展的角度出发，有必要把推进中小企业信息化作为建设物流平台体系的一项重要配套措施。

（1）开发基础应用系统

随着管理软件的模块化，适于中小物流企业入门级的信息系统技术方案基本成熟，但是由中小企业自己来设计开发这样的系统仍然是很困难的。建议可以由联席会议的专家委员会，在经过充分调研的基础上，提出一系列小型物流企业信息系统的基础性、行业性标准和规范，引导、支持一些软件商开发出若干种符合行业标准的信息系统，主要由订单系统、运输系统、仓储系统、查询系统等部分构成，另外再加上若干数据交换的接口，如与财务系统的接口，与税务、海关等政务系统的接口，与通信系统的接口等，让中小企业可以免费或以很低价格下载使用。据了解，只要形成行业标准，一些开发商是愿意向中小企业免费或以很低价格提供入门级的信息系统的，他们可以在以后的人才培训、软件升级中找到市场。

（2）鼓励采用 ASP 模式

在实践中已经出现了一些提供信息系统租用服务的供应商，即 ASP 模式，这也是一种公共信息平台的形式。这种方式可以进一步减轻小企业进入信息化的门槛，还有利于物流信息行业标准的形成，是一种信息整合的好形式，具有值得鼓励的发展前景。不少成功的案例已经在信息系统的技术服务基础上开始向信息加工和咨询以及信用服务等领域扩展。但是也存在着一些问题需要规范，需要对此类服务制定标准或相关法律，使其能够得到健康的发展。

（3）鼓励与推动服务于中小企业的物流在线服务

要结合国情，采取政府引导、市场推动的方式，鼓励建设服务于中小企业的物流在线服务。

（四）大力发展第三方物流企业和第三方物流信息服务商

1. 大力发展第三方物流企业

专业化物流企业的发展和专业化物流信息服务商的发展是社会分工深化的必然，是生产力进步的标志。当前主要是应解决两个方面的问题。

一是促进企业内部的物流需求释放出来，形成第三方物流市场。由于体制的原因、观念的原因，相当多的企业存在“小而全”、“大而全”和“事事不求人”的现象，结果企业的内部物流资源闲置，市场需求也发展不起来。对于这个问题，可采取以下措施：第一，大力推动建立科学的物流统计尤其是物流成本核算体系，使企业通过成本核算了解自身在物流运营中的问题与差距，促进企业寻求专业化服务以提高物流效率和管理水平。第二，推进现代物流理念和方法的普及。政府可通过行业协会、科协等机构举办多种培训班，系统地对大中型工商企业开展培训，介绍现代物流理念和方法。第三，通过报纸、电视、网站等大众媒体系统宣传现代物流理念、方法以及现代物流发展规划的内容，树立先进的典型，引起全社会对此问题的重视和自觉学习。

二是要积极鼓励和引导社会化、专业化的第三方物流企业的发展，使其成为社会物流资源的组织者和高质量物流服务的提供者，提高现代物流业的整体水平。要打破条块分割和垄断，促进全国统一市场的形成，进一步整合现有物流资源，盘活物流资源存量，推动第三方物流企业的并购、重组，专业化细分和规模化发展。

三是要给物流企业的发展创造公平竞争、良性循环的环境。不能以为物流行业是竞争性行业而放弃管理。从目前的实际情况来看，由于市场规则不健全，监管不严，企业之间的恶性竞争已经阻碍了产业的健康发展。所谓一个良性循环的环境是指企业通过技术进步、科学管理能够获得平均利润率，反之则可能被淘汰出局的环境。政府应在科学的调查基础之上，制定市场规则和监管办法，促进物流企业的专业化和规模化发展。

2. 促进第三方物流信息服务商的发展

随着信息化的深入发展，信息在经济、社会生活中的作用越来越大，专业化的信息服务商在国民经济中的作用也会明显上升，对于信息服务的规范化管理越来越重要，这是物流信息化以及整个社会信息化健康发展的必要环境。

目前我国在这方面还有许多空白，对于信息产品的管理，对于信息服务企业的资质认证、管理以及对于相关人员、相关设备的管理等，都亟待补充、健全与完善。当前比较迫切需要解决的问题有：政府信息的公开，政府信息的服务规范，信息服务业的资质认证与各项标准，电子签名法配套细则等。

促进第三方物流和第三方信息服务的发展归根结底就是促进社会的专业化分工。经济学理论表明，当市场风险较大时，社会交易成本高，就会影响专业化分工的深入；当市场风险较小，社会交易成本低的时候，社会的专业化分工就会深化。因此，建立完善的法律与诚信体系，降低社会的市场风险，是促进社会专业化分工的根本，也是发展服务业的根本。

（五）充分发挥行业协会中介组织的作用

行业协会在促进物流信息化的许多基础工作方面可以发挥重要的作用，包括部际联席会议在内的各政府部门应给予支持，特别是在以下几方面要充分发挥行业协会的作用：

1. 搭建信息化沟通、交流平台

在前面的讨论中，我们已经说明了在公共信息平台体系中，政府的政务平台提供的政务服务、监管服务以及基础信息服务，是以行政权力为基础的，是垄断的，是非营利性质的；而其他商业性信息平台提供的信息整合、信息交换服务则是以营利为目的的，是竞争性的。在两者之间需要一个桥梁，政府部门可以主动去做，行业协会也可以发挥这方面的桥梁作用。

行业协会在商业平台互联，平台间全面开展信息共享与交换方面历来有许多成功案例。最知名的典范之一是国际航空运输协会（International Air Transport Association，IATA)，这是一个由世界各国航空公司所组成的大型国际组织。国际航协采用世界统一的信息系统进行客票联网销售和查询以及统一的资金结算系统，不仅提高了各航空公司的订票率，加速了资金结算速度，也给乘客带来了方便。这套信息系统成功地整合了各航空公司和客户单位（例如旅行社）的信息系统，也极大地提高了全世界航空运输业的管理水平。

2. 组织并管理物流信息化标准建设工作

标准体系的建设是物流信息化的一项重要基础。在计划经济体制下，政府承担了几乎所有标准的制定修订工作。随着专业分工的细化和标准形式的多样性，传统的标准管理模式越来越不适应需求的发展。根据发达国家的经验，除了少数涉及安全、环境、卫生等强制性标准由国家颁布相关法律法规推行以外，绝大多数技术型标准是推荐性的，是由行业协会或标准化组织来负责制定和管理的。我国除了有各种相关的物流行业协会之外，已经成立了全国物流标准化技术委员会和全国物流信息管理标准技术委员会两个标准化机构，并在各政府部门的支持下完成了物流标准体系的研究，制定并颁发了全国物流标准“十一五”期间的规划，同时正在组织专家完成一批基础性标准的制定修订工作，可以说一个与国际接轨的标准化工作模式正在形成。建议部际协调会议和各政府机构也充分支持这一模式的发展，由行业协会承担行业技术标准的主要管理和组织工作。

（六）完善信息系统建设和服务的监管制度和评价体系

1. 改进基建项目中有关物流信息化投资和评价办法

我国在信息化建设中的投资和评价体系基本上还是沿用原来的基建投资管理办法，已经越来越不适应信息化建设的特点，因而影响到项目监管和正确的评估，需要尽快进行修改、完善。

目前存在的问题表现在：第一，信息化项目的许多投资要用于软件开发和信息源的建设，但是在财务上很难体现为固定资产的价值，因此出现信息化项目中普遍存在资金挪用、预算不实等现象。第二，一个信息系统的初始投资只是一部分，运营成本如何解决，在立项的时候往往缺乏论证，因此造成项目建成后缺乏运营资金的支持而失败。第三，对于安全、灾备等方面的投资也没有规范的审核办法，有些项目的安全、灾备投资因一直没有发生意外而启用，在审计中被视为不当投资。这些现象的存在影响了对于信息化项目投资的正确评估，需要在制度方法上予以解决。

2. 建立物流信息平台评价体系

对于政府出资的信息化项目和物流信息平台项目，需要借鉴发达国家的经验，建立一整套科学、合理、公开的评价体系及其实施、管理办法，其中不仅包括信息平台的建设标准、验收标准和经济效益指标等内容，还要包括后续跟踪与评估体系，对项目的实施、运营、效益有独立的、切实的、公开的监督与评价，同时使评价体系成为信息化体系中的一部分，通过评价来完善与改进信息化规划与计划，从而更有效地推动信息化建设。

参考文献

［1］中华人民共和国国民经济和社会发展第十一个五年规划纲要，2006

［2］中共中央办公厅、国务院办公厅．2006～2020年国家信息化发展战略，2006

［3］现代服务业发展战略与技术经济政策专题研究组．现代服务业发展战略与技术经济政策研究报告，2005

［4］国务院．国家中长期科学和技术发展规划纲要（2006～2020年）

［5］国务院办公厅．关于加强电子口岸建设的通知，2006

［6］交通部．道路运输业“十一五”发展规划纲要（征求意见稿）

［7］交通部．公路水路交通信息化“十一五”发展规划，2006

［8］铁道部．铁路信息化总体规划（铁信息［2005］4号）

［9］信息产业部．信息产业科技发展“十一五”规划和2020年中长期规划纲要

［10］信息产业部．全国性和区域性物流公共信息平台建设的指导意见（讨论稿），2006

［11］科学技术部等十五部委．中国射频识别（RFID）技术政策白皮书，2006

［12］吴仪．吴仪副总理在全国地方电子口岸建设现场会上的讲话，国务院办公厅内部情况通报，2005（378）

［13］欧新黔．认真落实科学发展观 努力推进我国现代物流业持续快速健康发展，2005

［14］龚正．创新海关制度 促进国际物流发展．口岸物流与海关通关改革论坛，2006

［15］李传卿．加快推进信息化和电子政务建设，2006

［16］徐祖远．在全国港口设施保安履约阶段性工作总结会议上的讲话，2005

［17］国务院信息化办公室．中国信息化发展报告2006，2006

［18］中国物流与采购联合会．中国物流发展报告（2005～2006）．北京：中国物资出版社，2006

［19］中国物流与采购联合会．中国物流年鉴（2005）．北京：中国物资出版社，2006

［20］中国口岸年鉴2005．北京：中国海关出版社，2006

［21］广东省物流信息化建设研究小组．广东省物流信息化建设研究报告，2005

［22］王志勤等．全国性和区域性物流公共信息平台建设．软科学研究报告，2005

［23］P. R. Foste, R. A. Burberry. Antenna problems in RFID system. IEEE Colloquium on RFID Technology. 1999. 3/1～3/5

［24］Lionel M. Ni. LANDMAC. Indoor Location Sensing Using Active RFID. IEEE International Conference in Pervasive Computing and Communications，2003（IEEE）

［25］PerCom 2003. Dallas. TX. USA，2003（3）

［26］Dirk H. Mapping and localization with RFID technology. Proceedings of the 2004 IEEE International Conference on Robotics & Automation. New Orieans，LA 2004（4）．1015～1020

我国物流统计指标体系与统计调查组织实施研究

内容提要：物流是一种经济活动，包括运输、储存、装卸、搬运、包装、流通加工、配送、信息处理等基本功能，是国民经济不可缺少的组成部分，社会经济运行中生产、流通、消费等环节均涉及物流。

现代物流业是经济全球化、一体化、信息化、网络化的产物。发展现代物流业可以大幅缩短物品流动的时间，提高物品流动的效率，减少物品流动的库存，降低物品流动的费用。从而成为现代经济增长的“第三利润源”，被喻为促进经济发展的“加速器”。在国民经济中具有十分重要的地位。

近年来，我国物流业发展逐步进入快速发展的阶段。各级政府普遍重视现代物流的发展，把现代物流作为国民经济的基础性产业和新的经济增长点，制定相应的配套政策加以推动。国家“十一五”规划，把物流列为生产性服务业，强调要大力发展。越来越多的工商企业开始引进现代物流的理念，整合物流资源，探索建立供应链合作关系；运输、仓储企业逐步摆脱传统业务模式，向专业化物流企业转型；国有、民营、合资等多种所有制形式的专业化物流企业应运而生。

物流统计，即从数量上反映物流活动的规模、结构、发展水平、比例关系以及对国民经济的影响程度，是监测、分析物流运行状况，制定物流产业政策、发展规划的重要基础。一个国家的物流发展水平如何，物流对国民经济的影响有多大，都必须要有一个比较合理的物流统计指标体系对物流运行水平和质量进行经济考量与解释。物流发展越快，对国民经济影响越大，这方面的需求就越迫切。物流活动越发展越需要统计，物流活动越发展越离不开统计。

由于我国引入现代物流的理念并实际应用的时间不长，也就是近几年的事。不仅没有建立系统的物流统计制度和统计方法，没有独立的物流统计指标体系，也没有可供发布的统计数据资料。这种状况与我国物流业的快速发展和物流热的经济环境十分不相称，研究建立适应我国社会主义市场经济特点的现代物流统计指标体系、方法、制度并组织实施，不仅是一个迫切需要的重大理论问题，更是一个迫切需要的改革实践问题。

中国物流与采购联合会作为经国务院批准设立的中国第一家物流与采购行业社团组织，坚持“为企业服务、为行业服务、为政府服务”的根本宗旨，致力于推动中国现代物流的发展。组织实施行业调查和统计是其主要工作职能之一。中国物流信息中心作为中国物流与采购联合会的科技信息部，是联合会行业调查和统计职能的具体执行单位。负责统计调查的方案设计、组织实施、数据收集、汇总分析等工作。

2002 年以来，中国物流与采购联合会、中国物流信息中心在了解研究国外物流统计开展情况的基础上，开展了有关我国物流统计指标体系与方法制度方面的调查研究。

我们的研究成果，在物流统计指标设计方面，既考虑国内物流发展需要和实际情况，又考虑到与国外物流统计接轨，提出了以物流费用为核心指标，配套以物流投入、物流产出、物流规模、物流效益等方面的指标，构成我国的物流统计指标体系。

在统计方法上，既考虑国内已有的物流相关总量统计的现实情况，又借鉴国外物流统计核算的方法经验，提出了充分利用国家现行统计的数据基础，采取社会物流核算与企业统计调查相结合的方法。

在组织实施方面，既考虑国内物流统计工作需要由政府部门来组织开展的权威性和合法性，又借鉴国外物流统计主要由行业组织与专业人士具体实施的专业性特点，提出了由国家发改委、国家统计局、中国物流与采购联合会联合组织，中国物流信息中心具体实施的办法。

由于综合考虑了各方面因素，在实际操作方面具有较强的可行性，这一成果已得到有关部门采纳。2004 年 10 月，国家发改委、国家统计局联合印发了《国家发改委、国家统计局关于组织实施〈社会物流统计制度及核算表式（试行）〉的通知》（发改运行［2004］2409 号）。该文明确提出，我国社会物流统计和核算工作由国家发改委、国家统计局、中国物流与采购联合会联合组织实施，具体工作委托中国物流与采购联合会承担。这一文件的印发标志着我国社会物流统计和核算制度正式建立。按照文件的要求，中国物流与采购联合会、中国物流信息中心具体组织实施了我国社会物流统计和核算工作，2005 年 4 月，由国家发改委、国家统计局、中国物流与采购联合会联合召开新闻发布会，第一次向社会公开正式发布了我国物流统计数据。从而填补了我国物流统计工作的空白，为各级政府及时监测、了解国内物流运行情况，制定十一五物流发展规划和发展政策，加强和改善宏观调控提供了重要依据。

本课题就我国社会物流统计的紧迫性与现状、我国社会物流统计指标体系的设计与选择、我国社会物流统计指标的内容与计算方法、我国社会物流统计制度正式建立与组织实施、从统计数据看我国现代物流发展状况、我国社会物流统计的发展方向六个方面，对前期物流统计指标体系的设计、组织实施的情况进行介绍、总结、归纳，结合获得的统计数据简要分析我国物流发展现状及对国民经济发展的影响情况，提出下一步物流统计工作的思路与发展方向，以推动我国物流统计工作向更加完善、更加系统、更加科学、更加方便的方向快速发展，更好地促进“十一五”物流产业及国民经济的发展。

一、我国社会物流统计的紧迫性与现状

（一）物流的概念、作用与经济意义

简单地说，物流就是物品的流动。在 2001 年颁布的物流术语国家标准中是这样规定的：“物品从供应地向接受地的实体流动过程。根据实际需要，将运输、储存、装

卸、搬运、包装、流通加工、配送、信息处理等基本功能实施有机结合。”

要说明的是，物流的概念一直在发展。《2005年物流术语国家标准》修订稿第三稿给出的最新定义为：“为物品及其信息流动提供相关服务的过程。”

物流是一种经济活动，是国民经济不可缺少的组成部分，是进行生产和建设的物质前提，是实现商品价值和使用价值的重要保障，是全球经济一体化的客观基础，也是企业参与国际市场竞争的必要条件。

社会经济运行中生产、流通、消费等环节均涉及物流。物流活动直接参与了物品价值的创造。在生产领域，从供应物流到生产物流，再到销售物流、回收物流，物流活动贯穿到生产的每一个环节。在流通领域，物流是实现商品流通必不可少的重要内容，是商品流通的最终目标。在消费领域，物流是完成商品最终消费的前提和保障。

物流业是物流活动的承担者，是社会物流服务的主要提供方。是物流活动社会化、规模化、专业化、产业化分工、发展的客观要求和必然结果。包括运输、装卸搬运、仓储、流通加工、包装、配送、信息等物流业务活动和物流服务内容。涵盖交通运输业、仓储业、商品流通业、邮政业、商务服务业等国民经济产业活动部门。其中：交通运输行业包括各种运输方式所实现的货物空间转移，也包含与之相关的起支撑、保证、衔接作用的许多辅助作业，如相应的装卸搬运、保管、送货上门、上门取货、联运等；储运行业以储存为主体兼有与之相关的运输、流通加工、包装、配送等功能；货代行业是介于货主和运输业之间的第三方，专门从事托运和货运委托业务，既为货主提供物流服务，又可提高交通运输效率；流通加工、包装、配送是商品流通行业中从事的物流增值服务，如消费品的拆分包装、生产资料的套裁等辅助加工活动，以及商品配货、送货等多种物流服务；邮政业主要提供包裹、小件物品等邮政货物的收集、包装、运输、发送等服务；商务服务业则主要提供包装服务。其中交通运输、储运、货代、流通行业是物流业的主体。

我国传统的物流业是在计划经济体制下形成并发展的，是互相分割、各自独立的体系，各项物流功能之间缺乏有机的联系。

现代物流业是随着经济全球化、一体化的发展和现代科学技术、管理技术在物流行业的应用，使原来分散于不同经济领域和环节的相对独立的物流功能发生了密切的联系，统一为综合物流系统，这不仅可以大幅缩短物品流动的时间，提高物流本身的运作效率，而且还能减少物品流动的库存，降低物品流动的费用，更好地适应了市场上用户对物流的要求。使现代物流业发展成为有别于传统运输、仓储行业的新兴产业。从而成为现代经济增长的“第三利润源”，被喻为促进经济发展的“加速器”。在国民经济中具有十分重要的地位。

（二）物流统计的概念与对象

物流统计，是指从数量上反映物流活动的规模、结构、发展水平、比例关系，反映物流活动的发展规律、对国民经济发展的影响。是监测、分析物流运行状况，制定物流产业政策、发展规划的重要基础。是现代物流发展的重要组成部分，也是国民经济统计的重要组成部分。一个国家的物流发展水平如何，物流对国民经济的影响有多大，都必须要有一个比较合理的物流统计指标体系对物流运行水平和质量进行经济考量与解释。物流发展越快，对国民经济影响越大，这方面的需求就越迫切。物流活动越发展越需要统计，物流活动越发展越离不开统计。

2001 年，国家发改委等六部委联合印发了《关于加快我国物流发展的若干意见》，提出将现代物流培育为我国经济发展的重要产业和新的经济增长点。

2004 年 8 月，国家发改委等九部委又联合印发了《关于促进我国现代物流发展的意见》，进一步明确提出：加快发展现代物流业，是我国应对经济全球化和加入世界贸易组织的迫切需要，对于提高我国经济运行质量和效益，优化资源配置，改善投资环境，增强综合国力和企业竞争力具有重要意义。

2006 年 3 月，在十届全国人大四次会议通过的《中华人民共和国第十一个五年规划纲要》中，也再次明确提出要大力发展现代物流业。并有史以来第一次专门对大力发展现代物流业提出了规划和目标：“推广现代物流管理技术，促进企业内部物流社会化，实现企业物资采购、生产组织、产品销售和再生资源回收的系列化运作。培育专业化物流企业，积极发展第三方物流。建立物流标准化体系，加强物流新技术开发利用，推进物流信息化。加强物流基础设施整合，建设大型物流枢纽，发展区域性物流中心。”这标志着“十一五”时期，我国物流业将进入一个新的发展阶段。

这些国家现代物流产业政策规划的制定、贯彻实施，以及政策实施效果监测反映等，都需要有物流统计数字，迫切需要一套科学、准确、系统、全面、灵活的物流统计指标体系、方法体系和组织实施体系来保证。

（三）我国社会物流统计的现状

在我国现代物流业快速发展，对物流统计指标数据需求迫切的时候，在我国已有的政府统计中，并没有独立的物流统计指标体系，而且在现行的业务、财务、统计三大核算体系中，也没有专门的物流核算指标。与物流统计相关的统计指标与统计业务工作被分散在传统的交通运输统计、仓储统计、物资统计、商业统计、邮政统计等专业统计中。而传统的交通运输统计、仓储统计、物资统计、商业统计、邮政统计等，又是从各自独立的系统工作任务目标要求出发，侧重于反映本系统、本行业的业务成果。其中：传统的交通运输统计，主要是以货运量、货运周转量等实物量指标来考虑。应该说这是两个比较有典型代表性的指标，能在一定程度上客观反映交通运输行业的物流活动规模与水平。但问题是在当今市场经济形势下，物品种类极为丰富，各种的鲜活、易碎物品、高价值物品比例越来越大，它们主要以台、套、件、条、箱等计量单位表示，它们的运输物流，特点是要保鲜、防碎、防盗，需要冷冻冷藏运输、集装箱运输等专用运输方式完成，传统的以重量为单位表示的货运量、货运周转量指标，已远不能反映它们高价值、低重量特征。同时，在现代运输中，也有越来越多的货物采取混载的形式，货运量如用实物量来表示，各种货物的统计口径不统一。若从价值量表示货运量，而不同的货物价值又不一样。此外，随着市场经济的发展，政府管理职能的弱化，在运输份额中占大部分公路运输统计受到明显冲击，已取消了企业物流业务收入与成本、效益方面的统计；传统的物资统计、商业统计，在我国计划经济时期，物品短缺，供不应求的情况下，统计工作的首要任务是反映物品供给的保证情况，统计指标体系的设置主要是从物品的购进、销售、库存三部分来考量，追求的首要目标，是各环节的数量越多越好，物流的效率与效益指标，则是在由计划经济向市场经济转变的过程中，才开始关注的指标。但随着市场经济的深入发展，绝大部分国有经济从物资、商业中退出，原有政府物资与商业管理部门的撤销，物资统计、商业统计受到严重冲击。虽经政府综合管理部门和国家统计部门授权与委托，从原政府物资与商业部门脱离出来的两个行业协会组织仍然继续承担着相应的物资统计与商业统计工作，但统计调查范围已大大缩小，统计内容萎缩，在内涵和外延上都与现代物流的概念差距甚远。

有时为了分析问题的需要，只能利用现有的货运量、货运周转量等指标，因为运输是物流过程中实现货物空间位移的中心环节，用这两个指标来衡量物流规模有一定的科学性，但却不能真实反映物流的全貌。也有研究人员根据 GDP 和社会消费品零售总额、生产资料销售总额、进出口总值等国民经济核算指标，结合国际经验来估计我国的物流规模、需求量等，但这仅仅是从宏观上对物流需求的简单估算，与我国物流实际情况有很大差距。同时，因为不同的研究人员采用不同的数据比例估算，造成同一个指标有多种结果，如物流总费用与 GDP 的比例，从百分之十几到百分之三十不等，其间的差额较大，给理论分析带来了混乱，使实际工作无所适从。

二、我国物流统计指标体系的设计与选择

鉴于各方面对物流统计数据的迫切需要，有必要开展我国的物流统计调查核算工作，首要问题是需要对我国的物流统计指标体系进行设计与选择。由于我国现代物流起步较晚，对物流发展本质、规律等认识还有限，物流统计方面的工作更是处于空白状态。因此，在物流统计指标体系的设计选择，物流统计方法制度的建立，物流统计工作的组织实施等方面，都需要广泛借鉴物流发达国家的经验。

（一）国外物流统计指标及统计方法

欧美等市场经济发达的国家，由于其政治体制不同，同时也由于其包括现代物流业在内的产业经济高度发展、成熟，政府部门一般不承担也无须承担包括现代物流业在内的具体的产业发展政策、规划的制定，因此在政府统计中也没有设立专门的物流统计。这方面的工作一般都由行业协会组织承担完成。而行业协会组织代表企业，对物流统计的要求，也主要侧重在物流费用、物流效率、物流市场份额等方面。为此，物流相关企业也普遍都有较为完整、成熟的及核算指标与核算标准，有较完整的统计数据。美国、日本等物流费用包括存货储存成本、运输成本、管理成本三部分，有细分到行业的指标。日本在引进现代物流理念后，政府有关方面专门为此制定了明确的企业物流费用统计核算标准。

国际货币基金组织、欧盟、美国、英国、德国、日本、新加坡等普遍采用物流费用

与国内生产总值（GDP）的比例来表示一个国家的物流发展水平，并根据比例进行未来产业规模预测。

此外，美日等还通过灵活多样的专项调查提供反映物流需求的信息。如物流产业合同金额及增长；电子商务交易额；物流软件销售额及增长；物流费用占制成品成本的比例；制造商和供应商使用合同物流服务意向等。

（二）我国物流统计指标的设计原则与思路

我国是社会主义市场经济国家，国民经济的发展还处在市场经济的初级阶段，我国的现代物流业还刚刚起步，基础差、总体落后，物流业的发展需要政府规划设计与政策引导，政府的作用权威、独特。物流统计工作的组织开展，按照我国《统计法》的规定，也需要由政府部门来进行或由政府部门授权进行。同时，政府统计调查的机制，还形成了一批可用于物流统计核算的相关产业总量指标数据。因此，设计选择我国的物流统计指标体系，既要借鉴国外的先进经验，同时也要结合我国实际。要遵循以下几个原则：

1. 适应性：物流统计指标首先要能基本满足各级政府部门制定物流产业发展政策、规划的需要。其次要能基本满足行业管理部门与组织机构的需要。第三要能基本满足相关企业经营的需要。不能是只为了统计而统计，只为了与国外比较而统计。

2. 合理性：一是物流统计指标要能够科学合理地反映物流发展的现状和与国民经济的关系；二是各项指标应具有合理性、完整性，并且相互关联；三是各项数据结果要有充分的统计依据。各项权数和系数必须建立在已有的统计数据基础上；四是社会物流统计指标的时空范围以进入社会物流领域为起点，以送达最终用户为终点。

3. 可操作性：物流统计是一项新的工作，指标体系过于超前，难以操作。因此物流统计要建立在现有的统计基础上，采取循序渐进的方式，从有条件的指标先起步，逐步推进。

4. 国土性：物流统计指标包含的范围为国境内产生物流活动的所有企业。包括合资与外资企业。

（三）我国社会物流统计指标的基本框架

基于上述原则，目前我国物流统计指标体系的主要内容包括7个方面：一是反映物流费用支出方面的指标；二是反映物流总需求方面的指标；三是反映物流资源供给方面的指标；四是反映物流业市场规模方面的指标；五是反映物流业最终产出方面的指标；六是反映物流业可持续发展能力方面的指标；七是反映物流业务活动量方面的指标。这七方面的指标，又遵循国际上发达国家的普遍观念，以物流费用指标为核心指标，同时以物流费用指标的构成指标为纵向，以物流需求、供给、市场规模、最终产出、可持续发展能力、物流业务活动量等物流费用构成因子指标为横向的梯型结构型指标体系（如表1～表5所示），来反映我国社会物流的整体规模、水平、发展趋势，及分行业、分地区、分企业、分指标的物流运行状况、特征、规律。

表 1　社会物流总费用

<table>
<tr><th>一级指标</th><th>二级指标</th><th>三级指标</th><th>四级指标</th></tr>
<tr><td rowspan="3">社会物流总费用</td><td>运输费用</td><td>铁路运输费用
公路运输费用
水上运输费用
航空运输费用
管道运输费用
装卸搬运及其他运输费用</td><td>一、农产品运输费用
1. 农业产品运输费用
2. 林业产品运输费用
3. 畜牧业产品运输费用
4. 渔业产品运输费用
二、工业品运输费用
1. 采掘业产品运输费用
①煤炭开采和洗选业产品运输费用
②石油和天然气开采业产品运输费用
③黑色金属矿采选业产品运输费用
④有色金属矿采选业产品运输费用
⑤非金属矿采选业产品运输费用
⑥其他采矿业产品运输费用
2. 制造业产品运输费用
①农副食品加工业产品运输费用
……
㊸废弃资源和废旧材料回收加工业运输费用
三、进口货物运输费用
四、再生资源运输费用
五、单位与居民物品运输费用</td></tr>
<tr><td>保管费用</td><td>利息费用
仓储费用
保险费用
货物损耗费用
信息及相关服务费用
配送费用
流通加工费用
包装费用
其他保管费用</td><td>一、农产品
1. 农业产品
2. 林业产品
3. 畜牧业产品
4. 渔业产品
二、工业品
1. 采掘业产品
①煤炭开采和洗选业产品
②石油和天然气开采业产品
③黑色金属矿采选业产品
④有色金属矿采选业产品
⑤非金属矿采选业产品
⑥其他采矿业产品
2. 制造业产品
①农副食品加工业产品运输费用
……
㊸废弃资源和废旧材料回收加工业运输费用
三、进口货物
四、再生资源
五、单位与居民物品</td></tr>
<tr><td>管理费用</td><td></td><td></td></tr>
</table>

表 2　　社会物流总额

<table>
<tr><th>一级指标</th><th>二级指标</th><th>三级指标</th><th>四级指标</th></tr>
<tr><td rowspan="5">社会物流总额</td><td>农产品</td><td>1. 农业产品
2. 林业产品
3. 畜牧业产品
4. 渔业产品</td><td>粮食
蔬菜
水果
原木
肉类
鱼
……</td></tr>
<tr><td>工业品</td><td>1. 采掘业产品
①煤炭开采和洗选业产品
②石油和天然气开采业产品
③黑色金属矿采选业产品
④有色金属矿采选业产品
⑤非金属矿采选业产品
⑥其他采矿业产品
2. 制造业产品
①农副食品加工业产品
……
㊸废弃资源和废旧材料回收加工业产品</td><td>煤炭
原油
矿石
汽油
钢材
铜
水泥
饮料
香烟
药品
……</td></tr>
<tr><td>进口货物</td><td></td><td>粮食
蔬菜
水果
原木
煤炭
原油
矿石
汽油
钢材
铜
水泥
饮料
……</td></tr>
<tr><td>再生资源</td><td></td><td></td></tr>
<tr><td>单位与居民物品</td><td></td><td></td></tr>
</table>

表 3　　物流相关行业业务收入

<table>
<tr><th>一级指标</th><th>二级指标</th><th>三级指标</th><th>四级指标</th></tr>
<tr><td rowspan="2">物流相关行业业务收入</td><td>运输收入</td><td>铁路运输收入
公路运输收入
水上运输收入
航空运输收入
管道运输收入
装卸搬运和其他运输收入
运输附加收入</td><td>铁路运输业运输收入
公路运输业运输收入
水上运输业运输收入
航空运输业运输收入
管道运输业运输收入
装卸搬运和其他运输服务业运输收入
仓储业运输收入
邮政业运输收入
批发业运输收入
零售业运输收入
包装服务业运输收入</td></tr>
<tr><td>保管收入</td><td>配送收入
流通加工收入
包装收入
信息及相关服务收入
代理收入
仓储收入
其他保管收入</td><td>铁路运输业
公路运输业
水上运输业
航空运输业
管道运输业
装卸搬运和其他运输服务业
仓储业
邮政业
批发业
零售业
包装服务业</td></tr>
</table>

表 4　　物流相关行业增加值

<table>
<tr><th>一级指标</th><th>二级指标</th><th>三级指标</th></tr>
<tr><td rowspan="6">物流相关行业增加值</td><td>交通运输业</td><td>铁路运输业
公路运输业
水上运输业
航空运输业
管道运输业
装卸搬运和其他运输服务业</td></tr>
<tr><td>仓储业</td><td></td></tr>
<tr><td>批发业</td><td></td></tr>
<tr><td>零售业</td><td></td></tr>
<tr><td>包装业</td><td></td></tr>
<tr><td>邮政业</td><td></td></tr>
</table>

表 5　　物流相关行业固定资产投资

一级指标	二级指标	三级指标
物流相关行业固定资产投资	交通运输业	铁路运输业 公路运输业 水上运输业 航空运输业 管道运输业 装卸搬运和其他运输服务业
	仓储业	
	批发业	
	零售业	
	包装业	
	邮政业	

三、我国社会物流统计指标的内容与计算方法

（一）总量指标的内容与计算方法

社会物流的物品总额：简称社会物流总额，即报告期内社会物流物品的价值总额。包括5个方面：①进入需求领域的农产品物流总额；②进入需求领域的工业品物流总额；③进口货物物流总额，也即进口总额；④进入需求领域的再生资源物流总额；⑤单位与居民物品物流额。

社会物流总额在很大程度上决定社会物流产业活动的规模，它的增长变化在一定程度上反映物流需求的增长变化。

农产品物流总额：报告期内，由农业生产部门提供，进入需求领域，产生从供应地向接受地实体流动的全部农林牧渔业产品价值总额。也就是农业生产部门的农产品商品产值，但不包括不经过社会物流服务，由农业生产者直接通过集市贸易售与居民消费的部分。

计算方法：

农产品物流总额＝报告期内农产品商品产值－农业生产者直接通过集市贸易售与居民消费的部分

数据来源：国家统计局现行农业统计、批发贸易统计资料及相关测算等。

工业品物流总额：报告期内，国内工业生产部门提供，进入需求领域，产生从供应地向接受地实体流动的全部工业产品价值总额。简单地说也就是工业生产部门的销售产值，但不包括不能以具体产品体现的工业性作业销售产值，或不能通过一般性运输、装卸、搬运等物流服务形式完成的电力、蒸汽、热水的生产与供应业销售产值，煤气生产和供应业销售产值，自来水的生产和供应业销售产值。

计算方法：

工业品物流总额＝报告期工业销售产值－（工业性作业销售产值，电力、蒸汽、热水的生产与供应业销售产值，煤气生产和供应业销售产值，自来水的生产和供应业销售产值之和）

数据来源：国家统计局现行工业统计资料。

进口货物物流总额：报告期内，以人民币表示的，通过我国海关进口的物品总额。

计算方法：

进口货物物流总额 = 以美元表示的海关进口总额 × 报告期人民币对美元的平均汇率

数据来源：国家现行海关及银行统计资料。

再生资源物流总额：报告期内，进入需求领域，经再生产加工后可重复利用的废旧物资总额。

计算方法：根据流通环节再生资源商品销售额计算。即：

再生资源物流总额 = 流通环节的再生资源商品销售额

数据来源：国家统计局现行批发贸易统计数据资料。

单位与居民物品物流额：报告期内，进入需求领域，经社会物流服务，从提供地送达接收地的单位与居民的物品价值总额。包括铁路、航空等运输中的计费行李，邮政与快递业务中快件、包裹、信函、报刊杂志等寄递物品，形成社会物流服务的社会各界的各种捐赠物，单位与居民由于搬家迁居物品等。

数据来源：寄递物品根据国家邮政业务额中的寄递业务收入核算。其他根据相关统计调查资料核算。

社会物流总费用：是指报告期内，国民经济各方面用于社会物流活动的各项费用支出。包括：支付给运输、储存、装卸搬运、包装、流通加工、配送、信息处理等各个物流环节的费用；应承担的物品在物流期间发生的损耗；社会物流活动中因资金占用而应承担的利息支出；社会物流活动中发生的管理费用等。

社会物流总费用划分为运输费用、保管费用、管理费用三大部分核算。

1. 运输费用：运输费用是指社会物流活动中，国民经济各方面由于物品运输而支付的全部费用。包括支付给物品承运方的运费（即承运方的货运收入）；支付给装卸搬运保管代理等辅助服务提供方的费用（即辅助服务提供方的货运业务收入）；支付给运输管理与投资部门的，由货主方承担的各种交通建设基金、过路费、过桥费、过闸费等运输附加费用。

运输费用 = 运费 + 装卸搬运等辅助费 + 运输附加费

具体计算时，根据铁路运输、公路运输、水上运输、航空运输和管道运输不同的运输方式及对应的业务核算办法分别计算。

（1）铁路运输费用：社会物流活动中，国民经济各方面因为物品经铁路运输而发生的全部费用。包括支付给铁路运输部门的运费和为运输而发生的物品装卸、保管等延伸服务费用；由铁路运输部门按国家规定代收的铁路建设基金等。也就是铁路运输部门取得的物流业务收入，即铁路部门现行收入统计中的货运收入、行李包裹收入、邮运收入和其他收入中的货运与行李包裹部分；铁路运输部门实际代收的铁路建设基金；铁路系统多种经营中的货运部分。

铁路运输费用的基本计算公式是：

铁路运输费用 = 运费 + 装卸搬运、堆存保管、货运代理等延伸服务费 + 铁路建设

基金

其中：

运费 = 铁路货物周转量 × 铁路平均运价

延伸服务费 = 延伸服务计费作业量 × 延伸服务平均价格

铁路建设基金 = 铁路货物周转量 × 铁路建设基金征收率

数据来源：铁路运输费用数据由铁道部门提供。

（2）公路运输费用：社会物流活动中，国民经济各方面因为物品公路运输而发生的全部费用。包括支付给物品运输承运方的运费（即运输承运方的货运收入）；支付给物品装卸搬运、保管、代理等其他公路运输费用（即装卸搬运和其他公路运输的货运业务收入）；由货主方承担的，支付给有关管理和投资部门按规定收取的各种管理费、通行费等。

公路运输费用，既包括支付给专业物流、运输与辅助服务企业的货运业务费用，同时也包括生产、流通、消费企业自有车辆承担完成的，属于需求领域的物品运输业务，理应获得的收入部分。不包括客运业务费用。

公路运输费用的基本计算公式是：

公路运输费用 = 运费 + 装卸搬运和其他公路运输费用 + 通行附加费

其中：

运费 = 公路货物周转量 × 公路货物平均运价

装卸搬运费 = 公路货运量 ×2 × 货物装卸搬运平均运价

通行附加费 = ∑（每批货物计费作业量 × 该批货物附加费率）

其他公路运输费用是指实际发生且由货主方承担的，未包含在前述几项费用之中的，属于运输费用之中的费用，如堆存保管费、代理费等根据实际发生情况统计。

数据来源：货运量、周转量等数据由交通管理部门提供，公路货物平均运价、公路货物平均装卸搬运费率等数据根据企业调查资料计算。

（3）水上运输费用：社会物流活动中，国民经济各方面因为物品水上运输而发生的全部费用。包括支付给物品运输承运方的运费（即水上运输承运方的货运业务收入）；支付给港口、码头等的物品装卸搬运、堆存保管、货运代理等其他运输费用（即港口、码头等的货运业务收入）；由货主方承担的，有关管理和投资部门按规定收取的各种航道维护费、港口建设费等附加费。

水上运输费用既包括支付给专业物流、运输与辅助服务企业的货运业务费用，同时也包括由生产、流通、消费企业自有船舶承担完成的那部分费用，属于需求领域的物品运输业务，理应获得的收入部分。

水上运输费用的基本计算公式是：

水上运输费用 = 运费 + 港口（码头）装卸搬运和其他运输费 + 附加费

其中：

运费 = 水上货物周转量 × 水上货物平均运价

港口（码头）装卸搬运费 = 水上货运量 ×2 × 水上货物平均装卸搬运费率

港口建设费＝港口货物吞吐量吨数×港口建设费率

航道维护费＝水上货物周转量×航道维护费率

其他水上运输费用是指实际发生且由货主方承担的，未包含在前述几项费用之中的，属于运输费用之中的费用如堆存保管费、代理费等根据实际发生情况统计。

数据来源：水上货运量、周转量、港口货物吞吐量等数据由交通部门提供，水上货物平均运价，水上货物平均装卸搬运费率等数据根据企业调查资料计算。

(4) 航空运输费用：社会物流活动中，国民经济各方面因为物品航空运输而发生的全部费用。包括支付给航空运输承运方的运费（即航空运输公司的货邮运输业务收入）；支付给机场地勤服务方的进港到达货物保管提取服务费、出港货物仓管装机服务费、地面运输服务费、包装物及包装服务费、特种货物检查费等。

数据来源：航空运输费用数据由民航部门提供。

(5) 管道运输费用：社会物流活动中，因为物品管道运输而发生的全部费用。包括支付给管道运输承运方的输送费；装车装船费；储存保管费等（即管道运输单位的货运业务收入）。目前国内主要是中国石油化工集团公司、中国石油天然气集团公司承担的石油与天然气输送业务。

数据来源：管道运输费用数据由中国石油化工集团公司、中国石油天然气集团公司提供。

2. 保管费用：保管费用是指社会物流活动中，物品从最初的资源供应方（生产环节、海关）向最终消费用户流动过程中，所发生的除运输费用和管理费用之外的全部费用。包括：物流过程中因流动资金的占用而需承担的利息费用；仓储保管方面的费用；流通中配送、加工、包装、信息及相关服务方面的费用；物流过程中发生的保险费用和物品损耗费用等。

保管费用的基本计算公式是：

保管费用＝利息费用＋仓储费用＋保险费用＋货物损耗费用＋信息及相关服务费用＋配送费用＋流通加工费用＋包装费用＋其他保管费用

(1) 利息费用：利息费用是指社会物流活动中，物品从最初的资源供应方（生产环节、海关等）送达最终消费用户的过程中，因为流动资金的占用而需承担的利息支出。包括占用银行的贷款所支付的利息和占用自有资金应相应计算的利息成本。

利息费用的基本计算方法是：

利息费用＝社会物流总额×社会物流流动资金平均占用率×报告期银行贷款利率

式中，流动资金占用率是指报告期内，物品最初供给部门完成全部物品从供给地流向最终需求地的社会物流活动中，所占用的流动资金的比率。即：

社会物流流动资金平均占用率＝报告期流动资金平均余额÷报告期社会物流总额

数据来源：社会物流总额根据前述测算取得，社会物流流动资金平均占用率根据企业物流调查资料加工计算，银行贷款利率来自人民银行制定公布的利率。

(2) 仓储费用：仓储费用是指社会物流活动中，为储存货物所需支付的费用。

仓储费用的基本计算方法是：

仓储费用＝社会物流总额×社会物流平均仓储费用率

式中，社会物流平均仓储费用率，指报告期内，各物品最初供给部门完成全部物品从供给地流向最终需求地的社会物流活动中，仓储费用额占各部门物流总额比例的综合平均数。

数据来源：根据企业物流调查资料加工取得。

（3）保险费用：社会物流活动中，为预防和减少因货物丢失、损毁造成的损失，与社会保险部门共同承担风险，向社会保险部门支付的货物财产保险费用。

保险费用的基本计算方法是：

保险费用＝社会物流总额×社会物流平均保险费用率

式中，社会物流平均保险费用率，指报告期内，各物品最初供给部门完成全部物品从供给地流向最终需求地的社会物流活动中，保险费用额占各部门物流总额比例的综合平均数。

数据来源：根据企业物流调查资料加工取得。

（4）货物损耗费用：社会物流活动中，因货物的损耗，包括破损维修与完全损毁而发生的价值丧失。同时也包括部分时效性要求高的货物因物流时间较长而产生的折旧贬值损失。

货物损耗费用的基本计算方法是：

货物损耗费用＝社会物流总额×社会物流平均货物损耗费用率

式中，社会物流货物损耗费用率，是指报告期内，各物品最初供给部门完成全部物品从供给地流向最终需求地的社会物流活动中，货物损耗费用额占各部门物流总额比例的综合平均数。

数据来源：根据企业物流调查资料加工取得。

（5）信息及相关服务费用：信息及相关服务费用是指社会物流活动中，支付的信息处理费用，包括支付的外部信息处理费用和本单位内部的信息处理费。

信息及相关服务费用的基本计算方法是：

信息及相关服务费用＝社会物流总额×社会物流平均信息及相关服务费用率

式中，社会物流平均信息及相关服务费用率，是指报告期内，各物品最初供给部门完成全部物品从供给地流向最终需求地的社会物流活动中，信息及相关服务费用额占各部门物流总额比例的综合平均数。

数据来源：根据企业物流调查资料汇总加工取得。

（6）配送费用：社会物流活动中，用户根据自身需要，要求物流服务提供方完成对物品进行拣选、加工、分割、组配、包装等作业，并按时送达指定地点的物流活动，所需支付的全部服务费用。

配送费用的基本计算方法是：

配送费用＝社会物流总额×社会物流平均配送费用率

式中，社会物流平均配送费用率，是指报告期内，各物品最初供给部门完成全部物品从供给地流向最终需求地的社会物流活动中，配送费用额占各部门物流总额比例的综合平均数。

数据来源：根据企业物流调查资料汇总加工取得。

(7) 流通加工费用：社会物流活动中，为满足用户的消费需要，在流通环节对物品进行加工改制作业，所需支付的加工费用。

流通加工费用的基本计算方法是：

流通加工费用 = 社会物流总额 × 社会物流平均流通加工费用率

式中，社会物流平均流通加工费用率，是指报告期内，各物品最初供给部门完成全部物品从供给地流向最终需求地的社会物流活动中，流通加工费用额占各部门物流总额比例的综合平均数。

数据来源：根据企业物流调查资料汇总加工取得。

(8) 包装费用：社会物流活动中，为保护产品、方便运输与储存、促进销售，采用容器、材料和辅助物对物品按一定技术方法进行分装、集装、运输包装等作业，所需支付的费用。

包装费用的基本计算方法是：

包装费用 = 社会物流总额 × 社会物流平均包装费用率

式中，社会物流平均包装费用率，是指报告期内，各物品最初供给部门完成全部物品从供给地流向最终需求地的社会物流活动中，包装费用额占各部门物流总额比例的综合平均数。

数据来源：根据企业物流调查资料汇总加工取得。

(9) 其他保管费用：是指在社会物流活动中，实际发生且由货主方承担的，未包含在前述几项费用之中的，属于保管费用之中的费用。根据实际发生情况统计。

3. 管理费用：管理费用是指社会物流活动中，物品供需双方的管理部门，因组织和管理各项物流活动所发生的费用。主要包括管理人员报酬、办公费用、教育培训、劳动保险、车船使用等各种属于管理费用科目的费用。

管理费用的基本计算方法是：

管理费用 = 社会物流总额 × 社会物流平均管理费用率

式中，社会物流平均管理费用率，是指报告期内，各物品最初供给部门完成全部物品从供给地流向最终需求地的社会物流活动中，管理费用额占各部门物流总额比例的综合平均数。

数据来源：根据企业物流调查资料汇总加工取得。

社会物流业务总收入：是指报告期内，物流相关行业参与社会物流活动，提供社会物流服务所取得的业务收入总额。是物流相关行业的总产出，也是国内物流市场总规模。包括：参与社会物品物流过程中运输、储存、装卸搬运、包装、流通加工、配送、信息处理等各个方面业务活动的收入。

与社会物流总费用指标体系的核算相对应，社会物流业务总收入根据参与过程，也可以简单划分为运输收入和保管收入两大部分来计算。

(1) 运输收入：运输收入是指社会物流活动中，物流相关行业参与物品运输而取得的全部收入。包括物品运输承运企业的货运收入；装卸搬运保管等辅助服务企业的货运业务收入；货运代理服务企业的货运代理业务收入。运输管理与投资部门收取的各种交通建设基金、过路费、过桥费、过闸费等货物运输附加费用，虽然不能直接计入物流相关行业的业务收入之中，但属于社会物流运输活动的成果，应计入社会物流业务总收入中。

具体计算方式方法与费用的计算相同。

与运输费用计算不同的是，不包括生产、流通、消费企业拥有的，非独立核算的物流业务部门完成的业务收入。

（2）保管收入：保管收入是指社会物流活动中，物流相关行业参与物品的配送、流通加工、包装、信息及相关服务、仓储保管和其他属于保管环节活动，所取得的业务收入。

具体计算方式方法与费用的计算相同。

物流相关行业固定资产投资完成额：报告期内，物流相关行业建设项目累计完成的全部投资。

数据来源：根据国家现行固定资产投资统计数据资料分行业项目加工取得。

铁路营业里程：又称营业长度（包括正式营业和临时营业里程），指办理客货运输业务的铁路正线总长度。

数据来源：国家现行交通运输统计数据资料。

公路里程：指在报告期内实际达到《公路工程［WTBZ］技术标准 JTJ 01—1988》规定的等级公路，并经公路主管部门正式验收交付使用的公路里程数。

数据来源：国家现行交通运输统计数据资料。

内河航道里程：也称内河通航里程，指在报告期内，能通航运输船舶、排筏的天然河流、湖泊、水库、运河及通航渠道的长度。

数据来源：国家现行交通运输统计数据资料。

民用航空航线里程：指在报告期内，民用运输飞机飞行的航线长度。

数据来源：国家现行交通运输统计数据资料。

输油（气）管道里程：指油（气）实际输送的距离。

数据来源：国家现行交通运输统计数据资料。

民用货运汽车拥有量：指在公安交通管理部门注册登记并领有本地区民用车辆牌照，用于运送货物的汽车。一般分为重型、中型、轻型和微型四种。

数据来源：国家现行交通运输统计数据资料。

民用运输船舶拥有量：指报告期内全社会实际拥有的可用来进行水上运输且由航政部门和港务监督部门掌握的领有船舶牌照的民用船舶，包括具有运输、旅游双重作用的旅游船。

数据来源：国家现行交通运输统计数据资料。

铁路货车拥有量：指报告期内，用于装运货物的铁路车辆。

数据来源：国家现行交通运输统计数据资料。

（二）企业调查指标内容与计算方法

1. 法人单位基本情况

法人单位代码（01）：指根据中华人民共和国国家标准《全国组织机构代码编制规则》（GB11714—1997），由组织机构代码登记主管部门给每家企业颁发的在全国范围内唯一的、始终不变的法定代码。

具体填写规定如下：已经领取了法定代码的法人单位必须使用法定代码，不得使用临时代码。法人单位代码由八位无属性的数字和一位校验码组成。在填写时，要按照技术监督部门颁发的《中华人民共和国组织机构代码证》上的代码填写。

法人单位名称（02）：指经有关部门批准正式使用的单位全称。

企业的详细名称按工商部门登记的名称填写，填写时要求使用规范化汉字全称，与单位公章所使用的名称完全一致。

凡经登记主管机关核准或批准，具有两个或两个以上名称的单位，要求填写一个法人单位名称，同时用括号注明其余的单位名称。

法定代表人（负责人）（03）：指依照法律或者法人组织章程规定，代表法人行使职权的负责人。

企业法定代表人按《企业法人营业执照》填写；民办非企业法定代表人按《民办非企业单位（法人）登记证书》填写。

单位所在地及行政区划（04）：指单位实际所处的详细地址及行政区划代码等。本栏分三部分填写：

第一部分：单位实际所在地的详细地址。要求写明单位所在的省、市、县（区、市）、乡（镇）以及具体街（村）的名称和详细的门牌号码，不能填写通信号码或通信信箱号码。

第二部分：单位归属的街道办事处、居委会或村委会。位于城市内的单位填写所在街道办事处及居委会的名称；位于农村的单位填写所在村委会的名称。

第三部分：行政区划代码，填表单位免填。

联系方式（05）：包括长途区号、电话号码、分机号、传真号码、邮政编码、电子信箱和网站地址。

在填写电话号码时，将号码以左顶齐方式从左向右填写在方框内；号码超过所列空位时，向方框外右面扩充。

行业类别（06）：根据其从事的社会经济活动性质对各类单位进行的分类。本项分两部分填写：

（1）主要业务活动（或主要产品）栏。具体填写各单位的一至三种主要业务活动（或主要产品）名称，并按其重要程度或总产值所占比重，从大到小顺序排列。

军工企业兼生产民品的只填写主要民品的名称。

筹建单位按建成投产（营业）后的活动性质填写主要业务活动（主要产品）名称。

（2）行业代码栏，基层单位免填。由所在地统计机构根据各单位填写的主要业务活动（或主要产品名称），对照《国民经济行业分类》（GB/T 4754—2002）填写行业小类代码。

筹建单位按建成投产（营业）后的活动性质填写行业小类代码。

登记注册类型（08）：

企业登记注册类型，按其在工商行政管理机关登记注册的类型填写。

工商行政管理部门对企业（单位）登记注册的类型分为以下种类：

（1）国有企业：指企业全部资产归国家所有，并按《中华人民共和国企业法人登记管理条例》规定登记注册的非公司制的经济组织。不包括有限责任公司中的国有独资公司。

（2）集体企业：指企业资产归集体所有，并按《中华人民共和国企业法人登记管理条例》规定登记注册的经济组织。

（3）股份合作企业：指以合作制为基础，由企业职工共同出资入股，吸收一定比例的社会资产投资组建，实行自主经营，自负盈亏，共同劳动，民主管理，按劳分配与按股分红相结合的一种集体经济组织。

两个及两个以上相同或不同所有制性质的企业法人或事业单位法人，按自愿、平等、互利的原则，共同投资组成的经济组织称为联营企业。联营企业包括国有联营企业、集体联营企业、国有与集体联营企业和其他联营企业。

（4）国有联营企业：指所有联营单位均为国有。

（5）集体联营企业：指所有联营单位均为集体。

（6）国有与集体联营企业：指联营单位既有国有也有集体。

（7）其他联营企业：指上述三种联营企业之外的其他联营形式的企业。

根据《中华人民共和国公司登记管理条例》规定登记注册，由两个以上，五十个以下的股东共同出资，每个股东以其所认缴的出资额对公司承担有限责任，公司以其全部资产对其债务承担责任的经济组织称为有限责任公司。有限责任公司分为国有独资公司以及其他有限责任公司。

（8）国有独资公司：指国家授权的投资机构或者国家授权的部门单独投资设立的有限责任公司。

（9）其他有限责任公司：指除国有独资公司以外的其他有限责任公司。

（10）股份有限公司：指根据《中华人民共和国公司登记管理条例》规定登记注册，其全部注册资本由等额股份构成并通过发行股票筹集资本，股东以其认购的股份对公司承担有限责任，公司以其全部资产对其债务承担责任的经济组织。

由自然人投资设立或由自然人控股，以雇用劳动力为基础的营利性经济组织称为私营企业。包括按照《公司法》、《合伙企业法》、《私营企业暂行条例》以及《个人独资企业法》规定登记注册的私营独资企业、私营有限责任公司、私营股份有限公司、私营合伙企业和个人独资企业。

（11）私营独资企业：指按《私营企业暂行条例》的规定，由一名自然人投资经营，以雇用劳动力为基础，投资者对企业债务承担无限责任的企业。

个人独资企业指按《个人独资企业法》、《个人独资企业登记管理办法》的规定，由一个自然人投资，财产为投资人个人所有，投资人以其个人财产对企业债务承担无限责任的经营实体。个人独资企业填表时归入私营独资企业。

（12）私营合伙企业：指按《合伙企业法》或《私营企业暂行条例》的规定，由两个以上自然人按照协议共同投资、共同经营、共负盈亏，以雇用劳动力为基础，对债务承担无限责任的企业。

（13）私营有限责任公司：指按《公司法》、《私营企业暂行条例》的规定，由两个以上自然人投资或由单个自然人控股的有限责任公司。

（14）私营股份有限公司：指按《公司法》的规定，由五个以上自然人投资，或由单个自然人控股的股份有限公司。

（15）其他内资企业：指上述第（1）条至第（7）条之外的其他内资经济组织。

（16）与港澳台商合资经营企业：指港澳台地区投资者与内地的企业依照《中华人民共和国中外合资经营企业法》及有关法律的规定，按合同规定的比例投资设立，分享利润和分担风险的企业。

（17）与港澳台商合作经营企业：指港澳台地区投资者与内地企业依照《中华人民共和国中外合作经营企业法》及有关法律的规定，依照合作合同的约定进行投资或提供条件设立，分配利润、分担风险和亏损的企业。

（18）港澳台商独资经营企业：指依照《中华人民共和国外资企业法》及有关法律的规定，在内地设立的由港澳台地区投资者在内地全额投资设立的企业。

（19）港澳台商投资股份有限公司：指根据国家有关规定，经外经贸部批准设立，并且其中港、澳、台商的股本占公司注册资本的比例达25%以上的股份有限公司。凡其中港、澳、台商的股本占公司注册资本的比例小于25%的，属于内资中的股份有限公司。

（20）中外合资经营企业：指外国企业或外国人与中国内地企业依照《中华人民共和国中外合资经营企业法》及有关法律的规定，按合同规定的比例投资设立，分享利润和分担风险的企业。

（21）中外合作经营企业：指外国企业或外国人与中国内地企业依照《中华人民共和国中外合作经营企业法》及有关法律的规定，依照合作合同的约定进行投资或提供条件设立，分配利润、分担风险和亏损的企业。

（22）外资企业：指依照《中华人民共和国外资企业法》及有关法律的规定，在中国内地设立的由外国投资者全额投资设立的企业。

（23）外商投资股份有限公司：指根据国家有关规定，经国务院有关部门批准设立，并且其中外资的股本占公司注册资本的比例达25%上的股份有限公司。凡其中外资股本占公司注册资本的比例小于25%的，属于内资中的股份有限公司。

控股情况（09）：本项限全部企业法人填写。根据企业实收资本中某种经济成分的出资人实际出资情况进行分类，并按出资人对企业的控股程度，分为国有绝对控股、国有相对控股、集体绝对控股、集体相对控股和其他。

（1）国有绝对控股：指在企业的全部实收资本中，国家资本（股本）所占的比例大于50%的企业。

登记注册类型为“国有”、“国有联营”和“国有独资公司”的企业必须选填此项。

（2）国有相对控股（含协议控制）：指在企业的全部实收资本中，国家资本（股本）所占的比例虽未大于50%，但相对大于企业中的其他经济成分所占比例的企业（相对控制）；或者虽不大于其他经济成分，但根据协议规定，由国家拥有实际控制权的企业（协议控制）。

（3）集体绝对控股：指在企业全部实收资本中，集体资本（股本）所占比例大于50%的企业。

（4）集体相对控股：指在企业的全部实收资本中，集体资本（股本）所占的比例虽未大于50%，但相对大于企业中的其他经济成分所占比例的企业（相对控制）；或者虽不大于其他经济成分，但根据协议规定，由集体拥有实际控制权的企业（协议控制）。

（5）其他：指除以上两种情况以外的企业法人。

隶属关系（10）：指本单位隶属于哪一级行政管理单位，按照国家标准《单位隶属关系代码》（GB/T 12404—1997）分为：中央、省、市（地区）、县（区、市）、街道、镇、乡、居民委员会、村民委员和其他。

在填写隶属关系时，须注意以下几点：

（1）中央与地方双重领导的单位，以领导为主的一方来划分中央属或地方属。

（2）中国人民解放军各总部、各军兵种、各大军区及集团军办的国有单位，划为中央属单位；各省（自治区、直辖市）军区办的国有单位，划为省（自治区、直辖市）属单位。

（3）乡改镇的原乡办企业（单位），如果还隶属于乡镇企业局管理，该企业（单位）的隶属关系仍应填“乡”。

（4）无主管部门的单位、本省（自治区、直辖市）在外省（自治区、直辖市）的办事机构所开办的第三产业等单位填“其他”。隶属于“中央”的单位兴办的集体企业，隶属关系也填“其他”。

开业（成立）时间（11）：除筹建单位外，所有单位均应填写本项。

（1）解放前成立的单位填写最早开工或成立的年月；

（2）解放后成立的单位填写领取营业执照或批准成立的时间（如开业年月早于领取营业执照的时间，填写最早开业年月）；

（3）合并或兼并的企业，按合并前主要企业领取营业执照的时间（或最早开业时间）填写；

（4）分立企业按分立后各自领取营业执照（或独立开业）的时间填写；

（5）与外方或中国港、澳、台合资的企业，按领取合资企业营业执照的时间填写。

年末从业人员数（17）：指在本单位工作并取得劳动报酬的年末实有人员数。除当年关闭和当年破产的企业免填外，其他单位均应填写本项指标。

从业人员包括在各单位工作的外方人员和中国港、澳、台方人员，兼职人员，再就业的离退休人员，借用的外单位人员和第二职业者，但不包括离开本单位仍保留劳动关系的职工。

基础设施（12）

自有仓储面积（平方米）：指本企业拥有并用于保管、储存物品的建筑物和场所的面积，包括库房面积和货场面积。库房面积＝内墙的长×宽－障碍物面积（不能存放货物部分的面积，如柱子）。

租用仓储面积（平方米）：指租用本企业以外的保管、储存物品的建筑物和场所的面积。包括库房面积和货场面积。

装卸设备（台）：专用于装卸搬运货物的设备。包括集装箱装卸桥、门式起重机、桥式起重机、带式输送机、叉车等。

物流计算机信息管理系统（套）：指为提高经营管理的工作效率，对相关物流过程进行全面动态监控与管理的计算机管理系统。

铁路专用线（条）：指和铁路大动脉相连，归企业所有的为加速货物的集散而铺设的专用铁路线。

货运车辆（辆）：包括普通货车和专用货车。

普通货车（辆）：指只有一般构造的栏板式及平板式货运汽车，包括自卸车、半挂车等。

专用货车（辆）：指具有特殊构造和专门用途的货运汽车，如集装箱专用车、冷藏车、罐车、活畜运输车、散装水泥车等。

冷藏车（辆）：能进行冷冻运输的货运汽车。

集装箱专用车（辆）：专用装载集装箱的货运汽车。

2. 物流相关行业企业经营情况

货运量（01）：指报告期内，企业组织完成的各种运输工具实际运送到目的地并卸完的货物数量。

周转量（02）：指报告期内，企业利用各种运输工具实际完成运送过程的货物运输量。计算公式为：

货物周转量＝Σ（每批货物重量×该批货物的运送距离）

配送量（03）：指报告期内，企业根据用户要求，对物品进行拣选、加工、包装、分割、组配等作业，并按时送达指定地点的货物数量。

流通加工量（04）：指报告期内，货物从生产地到消费地过程中，经过企业施加包装、分割、计量、分拣、刷标志、拴标签、组装等流通加工过程的货物总量。配送量和流通加工量要界定清楚，不要重复计算。

包装量（05）：指报告期内，货物从生产地到消费地过程中，经过企业施加包装过程的货物数量。包装量与配送量和流通加工量要界定清楚，不要重复计算。

装卸搬运量（06）：指报告期内，经过企业装卸搬运的货物数量。

吞吐量（07）：指报告期内，仓储企业进出货物数量。货物吞吐量＝入库货物重量＋出库货物重量。

期末储存量（08）：指报告期末处于储存状态的货物总量。

平均储存周期（09）：指报告期内，库存物品从入库到出库的平均时间，即仓储货物平均储存时间。可参考以下公式计算：

平均储存周期＝报告期天数（全年按360天）÷周转次数；

周转次数＝报告期货物吞吐量÷报告期货物平均储存量。

主营业务收入（10）：指报告期内，企业通过物流业务活动得到的收入。包括运输、储存、装卸、搬运、包装、流通加工、配送、信息等业务取得的收入总额。根据“损益表”或“利润表”的资料填写。

配送收入（11）：指报告期内，企业完成货物配送业务，所取得的业务收入。

流通加工收入（12）：指报告期内，企业完成货物流通加工业务，所取得的业务收入。

包装收入（13）：指报告期内，企业完成货物包装业务，所取得的业务收入。

信息及相关服务收入（14）：指报告期内，企业完成信息及相关服务业务，所取得的业务收入。

代理收入（15）：指报告期内，企业完成物流代理业务，所取得的业务收入。

仓储收入（16）：指报告期内，企业完成货物仓储业务，所取得的业务收入。

运输收入（17）：指报告期内，企业完成各种运输活动取得的收入（含监管收入）。

装卸搬运收入（18）：指报告期内，企业完成装卸搬运业务，所取得的业务收入。

主营业务成本（19）：指报告期内，企业从事物流业务活动所发生的实际业务成本。根据“损益表”或“利润表”的资料填写。

配送成本（20）：指报告期内，企业为完成货物配送业务而发生的全部费用。包括支付外部配送费和企业自身完成配送业务所发生的费用。包括业务人员的工资福利、配送设施年折旧、燃料与动力消耗、设施设备维修保养费、业务费。

流通加工成本（21）：指报告期内，企业为完成货物流通加工业务而发生的全部费用。包括支付外部流通加工费和自有设备流通加工费。包括业务人员的工资福利、加工设施年折旧、燃料与动力消耗、设施设备维修保养费、业务费。

包装成本（22）：指报告期内，企业为完成货物包装业务而发生的全部费用。包括运输包装费和集装、分装包装费。包括业务人员的工资福利、包装设施年折旧、包装材料消耗、设施设备维修保养费、业务费。

信息及相关服务成本（23）：指报告期内，企业为完成信息及相关服务业务而发生的全部费用。包括支付外部信息及相关业务费和本企业内部信息及相关服务业务费。包括信息及相关业务的业务人员工资福利、信息及相关业务设施年折旧、燃料与动力消耗、设施设备维修保养费、业务费。

代理业务成本（24）：指报告期内，企业为完成各种国内外物流代理业务所发生的全部费用。

仓储成本（25）：指报告期内，企业为完成货物储存业务而发生的全部费用。包括业务人员的工资福利、仓库设施年折旧、水电费、燃料与动力消耗、设施设备维修保养费、业务费。

运输成本（26）：指报告期内，企业为完成货物运输业务而发生的全部费用。包括支付外部运输费和自有车辆运输费。包括从事货物运输业务人员的工资福利、车辆（船舶、飞机、管道）年折旧、燃料与动力消耗、过路过桥费、维修保养费、年检费、企业货物运输业务费。

装卸搬运成本（27）：指报告期内，企业为完成货物装卸搬运业务而发生的全部费用。包括业务人员的工资福利、装卸搬运设施年折旧、燃料与动力消耗、设施设备维修保养费、业务费。

物流人员劳动报酬（28）：指报告期内，是在企业从事物流工作的劳动者从单位得到的各种形式的报酬。包括货币工资及收入、实物工资、企业为劳动者支付的社会保险。根据会计资料归纳取得。

主营业务利润额（29）：指报告期内，企业完成物流业务所取得的利润。该指标根据企业会计："损益表"中的"主营业务利润"项填列。

主营业务营业税金（30）：指报告期内，企业从事物流业务活动，按规定向财税部门缴纳的各种税金。包括损益表中的主营业务（经营、营业）税金及附加、应交增值税，财务成本表中属于物流业务部分的房产税、车船税、土地使用税、印花税以及养路费、排污费、水电费附加、上交管理费等。该指标根据企业会计："损益表"中的"主营业务利润"项填列。

资产总计（31）：指报告期内，企业拥有或者控制的能以货币计量的经济资源，包括各种财产、债权和其他权利。资产按流动性质一般分为流动资产、长期投资、固定资产、无形资产、递延资产和其他资产。根据会计"资产负债表"中"资产总计"项的期末数填列。

固定资产折旧（32）：指报告期内，企业累计提取的固定资产折旧。根据会计"财务状况变动表"中"固定资产折旧"项的数值填列。

3. 企业物流状况

购进总额（01）：指报告期内，企业从本单位以外的单位和个人购进，供本单位消费使用的原材料、燃料、设备等物品的价值总量。

销售总额（02）：指报告期内，企业对本单位以外的单位和个人销售的物品价值总量。

货运量（03）：指报告期内，企业购进、销售货物中，由各种运输工具实际运送到目的地并卸完的货物数量。以重量单位吨计算（以下同）。

自运货运量（04）：指报告期内，由本企业自行完成运输的货物数量。

委托代理货运量（05）：指报告期内，委托本单位以外的企业（单位）完成运输的货物数量。

自运周转量（06）：指报告期内，企业利用本单位各种运输工具实际完成运送过程的货物运输量。计算公式为：

货物周转量 = Σ（每批货物重量 × 该批货物的运送距离）

平均货物存储量（07）：在一定报告期内，平均每天的货物储存量。其中：月平均存储量=（月初库存量+月末库存量）÷2；累计平均存储量=月平均存储量之和÷累计月份。

平均存储周期（08）：在一定报告期内，库存物品从入库到出库的平均时间。即仓储货物平均存储时间。可参考以下公式计算：

平均存储周期=报告期天数（全年按360天）÷周转次数

周转次数=报告期货物吞吐量÷报告期货物平均存储量

自运货物平均运价（09）：指报告期内，企业使用自有运输工具完成物品的社会运输业务，理应取得的运输业务收入与自运货物周转量之比。

自运货物平均运价=应计算的自运货物业务收入额÷自运货物周转量

委托代理货物平均运价（10）：指报告期内，委托本单位以外的企业运输完成物品运输业务，所支付的运输费用与货运周转量之比。

委托代理货物平均运价=所支付的委托代理运费额÷委托代理货运周转量

企业物流费用（11）：指企业在购进、销售货物过程中发生的全部费用。

运输费用（12）：指报告期内，企业在购进、销售货物过程中，由于物品运输而支付的全部费用。包括支付的运费、为运输发生的装卸搬运等辅助服务费、货运代理费、运输附加费等。

运输附加费（13）：指一定时期内，生产和使用企业在销售或购进物品的过程中，支付给运输管理或投资部门的各种交通建设基金、过路费、过桥费、过闸费等。

利息费用（14）：指报告期内，企业在购进、销售货物过程中，由于资金的占用而需承担的利息支出。

仓储费用（15）：指报告期内，企业在购进、销售货物过程中，为储存货物所支付的费用。

保险费用（16）：指报告期内，企业在购进、销售货物过程中，为预防和减少因物品丢失、损毁造成的损失，与社会保险部门共同承担风险，向社会保险部门支付的物品财产保险费用。

货物损耗费用（17）：指报告期内，企业在购进、销售货物过程中，因物品损耗，包括破损维修与完全损毁而发生的价值丧失。同时也包括部分时效性要求高的物品因物流时间较长而产生的折旧贬值损失。

配送费用（18）：指报告期内，企业在购进、销售货物过程中，根据自身需要，要求物流服务提供方完成对物品进行拣选、加工、分割、组配、包装等作业，并按时送达指定地点，所支付的全部服务费用。

流通加工费用（19）：指报告期内，企业在购进、销售货物过程中，为满足销售或消费需要，通过流通环节对物品进行加工改制作业，所支付的加工费用。

包装费用（20）：指报告期内，企业在购进、销售货物过程中，为保护产品、方便运输与储存、促进销售，采用容器、材料和辅助物对物品按一定技术方法进行分装、集装、运输包装等作业，所需支付的费用。

信息及相关服务费用（21）：指报告期内，企业在购进、销售货物过程中，支付的信息处理费用，包括支付的外部信息处理费用和本单位内部的信息处理费。

管理费用（22）：指报告期内，生产和使用企业的物流管理部门，因组织和管理各项物流活动所发生的费用。主要包括管理人员报酬、办公费用、教育培训、劳动保险、车船使用等各种属于管理费用科目的费用。

四、我国社会物流统计制度正式建立与组织实施

（一）我国社会物流统计制度的提出与建立

我国现代物流的快速发展，迫切需要建立一套适合国情的物流统计制度。在国家发改委、国家统计局直接指导下，中国物流与采购联合会和中国物流信息中心组织力量，在经过近两年的研究之后，着手设计我国社会物流统计指标体系与方法。到2004年年初，提出了一套能基本反映我国社会物流发展的统计指标体系和核算方法。并就此对我国“八五”时期以来的有关物流发展运行情况进行了试核算和分析，对我国物流发展现状与趋势得出了初步的定量概念和观点。2004年5月，国家发改委经济运行局组织有关专家对中国物流与采购联合会提交的《我国社会物流统计核算与报表制度》（试行方案）进行了评审。专家指出：联合会对物流统计指标体系与制度的研究，适应了我国物流发展形势的迫切要求，将对政府部门加强宏观调控和企业科学决策提供重要依据，也是评价现代物流在国民经济中的地位和作用的重要基础。专家评审认为目前编制的《社会物流统计核算与报表制度》（试行方案）研究方法科学，研究成果具有较强的可操作性，填补了国内物流研究的空白。专家组建议对方案进行适当修改后，由国家发改委、国家统计局、中国物流与采购联合会三家联合尽快组织实施。

2004年10月，国家发展改革委、国家统计局联合印发了《关于组织实施〈社会物流统计制度及核算表式（试行）〉的通知》（发改运行［2004］2409号）。该文的发布，标志着我国社会物流统计制度的正式建立。该文规定我国的社会物流统计工作由国家发展改革委、国家统计局、中国物流与采购联合会联合组织实施。

（二）统计核算与企业调查相结合方法

国家发展改革委、国家统计局的（发改运行［2004］2409号）文同时颁布了《社会物流统计制度及核算表式（试行）》（以下简称《制度》），《制度》规定我国的社会物流统计，采取统计核算与企业调查相结合的方法进行。《制度》主要内容分为三部分，一部分是由企业填报的基层调查表，一部分是供国家和省市用的核算表，一部分是相关的指标解释与计算方法。本制度企业调查范围为在我国国境内登记注册，从事农业、工业、建筑业、批发贸易业等货物生产、消费、流通的各种经济类型法人企业，以及物流相关行业的各种经济类型法人企业，包括国有和民营，内资和外资。其中：农业、工业、建筑业、批发贸易业等货物生产、消费、流通企业采取典型调查的方式，每个省市、每个行业、每类产品选择2～3个企业调查。报送单位名单由国家统计局根据第二次基本单位普查名录库选定。物流相关行业企业则为2004年物流业务营业收入在亿元以上的独立法人企业。企业调查共有三张表。表式见表6～表8。

表 6　　法人单位基本情况

<table>
<tr><td colspan="2">01 法人单位代码：□□□□□□□□－□
02 法人单位名称：________
03 法定代表人（负责人）：</td><td colspan="2">04 单位所在地及行政区划
______省（区、市）______地（市、区）
______县（市、区）
行政区划代码□□□□□□</td></tr>
<tr><td colspan="2">05 通信号码</td><td>06 行业类别</td><td>09 控股情况</td></tr>
<tr><td colspan="2">电话号码
分机号
邮政编码
电子信箱
通信地址</td><td>行业代码□□□□
主要业务活动
1 ______
2 ______
3 ______
4 ______</td><td>1 国有绝对控股
2 国有相对控股
3 集体绝对控股
4 集体相对控股
□</td></tr>
<tr><td colspan="2">08 企业登记注册类型</td><td colspan="2">10 隶属关系</td></tr>
<tr><td>110 国有企业
120 集体企业
130 股份合作企业
140 联营企业
150 有限责任公司
160 股份有限公司
170 私营企业
200 港、澳、台商投资企业
230 港、澳、台商独资经营企业 □□□</td><td>300 外商投资企业
310 中外合资企业
330 外资企业</td><td colspan="2">10 中央，20 省（自治区、直辖市），40 地（区、市、州、盟），50 县（区、市、旗），61 街道，62 镇，63 乡，71 居委会，72 村委会，90 其他

11 开业（成立）时间
□□□□年□月

17 年末从业人员</td></tr>
</table>

指标名称	代码	总计	女性
甲	乙		
年末从业人员	01		

<table>
<tr><td colspan="2">18 基础设施</td></tr>
<tr><td>自有仓储面积（平方米）
租用仓储面积（平方米）
装卸设备（台）
物流计算机信息管理系统（套）
铁路专用线（条）</td><td>运输车辆（辆）
其中：普通货车（辆）
专用货车（辆）
其中：冷藏车（辆）
集装箱专用车（辆）</td></tr>
</table>

单位负责人：　　统计负责人：　　填表人：

联系电话：　　填表日期：200　年　月　日

审表人：　　审表日期：200　年　月　日　（单位在此盖章）

表 7　　物流相关行业企业经营情况

企业（单位）详细名称：

企业（单位）代码□□□□□□□□□—□

指标名称	计量单位	代码	2004年	2003年	指标名称	计量单位	代码	2004年	2003年
一、运营情况及效率					包装收入	万元			
货运量	万吨				信息及相关服务收入	万元			
其中：自运货运量	万吨				代理收入	万元			
委托代理货运量	万吨				仓储收入	万元			
货物周转量	万吨公里				其他保管收入	万元			
货物配送量	万吨				运输收入	万元			
货物流通加工量	万吨				装卸搬运收入	万元			
货物包装量	万吨				主营业务成本	万元			
装卸搬运量	万吨				其中：配送成本	万元			
货物吞吐量	万吨				流通加工成本	万元			
期末货物储存量	万吨				包装成本	万元			
平均货物储存量	万吨				信息及相关服务成本	万元			
平均存储周期	天				代理业务成本	万元			
自运货物平均运价	元/吨公里				仓储成本	万元			
委托代理货物平均运价	元/吨公里				其他保管成本	万元			
平均货物配送费率	元/吨				运输成本	万元			
平均货物流通加工费率	元/吨				其中：运输附加费	万元			
平均货物包装费率	元/吨				装卸搬运成本	万元			
平均货物仓储费率	元/吨				物流人员劳动报酬	万元			
平均货物装卸搬运费率	元/吨				主营业务利润额	万元			
二、主要经济指标					主营业务营业税金	万元			
主营业务收入	万元				资产总计	万元			
其中：配送收入	万元				其中：流动资产	万元			
流通加工收入	万元				固定资产折旧	万元			

单位负责人：　　　填报人：　　　电话：　　　报出日期：200　年　月　日

说明：1. 本表由物流相关行业中，2004 年物流业务营业收入在亿元以上的独立法人企业填报。

2. 本表中各项指标均只填报为完成物流业务活动所发生的内容。

3. 本表为年报，报送时间为 200 × 年 3 月 25 日前。

4. 本表报送方式为网上直报或电子邮件、传真。

表 8 **企业物流状况**

企业（单位）详细名称：

企业（单位）代码□□□□□□□□□—□

指标名称	计量单位	代码	2004年	2003年	指标名称	计量单位	代码	2004年	2003年
一、运营情况					配送费用	万元			
货物销售总额	万元				流通加工费用	万元			
货物购进总额	万元				包装费用	万元			
货物运输量	吨				信息及相关服务费用	万元			
其中：自运货运量	吨				其他保管费用	万元			
委托代理货运量	吨				管理费用	万元			
自运货物周转量	吨公里				流动资产	万元			
平均货物储存量	吨				**三、企业所属物流设施**				
平均存储周期	天				自有仓库面积	平方米			
自运货物平均运价	元/吨公里				租用仓库面积	平方米			
委托代理货物平均运价	元/吨公里				装卸设备	台			
平均货物储存费用率	元/吨				自有运输车辆	辆			
二、企业物流成本					其中：普通货车	辆			
其中：运输费用	万元				专用货车	辆			
其中：运输附加费	万元				其中：冷藏车	辆			
仓储费用	万元				集装箱专用车	辆			
保险费用	万元				铁路专用线	条			
货物损耗费用	万元				物流计算机信息管理系统	套			

单位负责人： 填报人： 电话： 报出日期：200 年 月 日

说明：1. 本表由本制度选定农业、工业、建筑施工、批发贸易企业填报。其中：农业、工业企业填报本企业因产品销售而发生的物流业务、费用与设施情况，不填货物购进总额指标及由此产生的物流费用。建筑施工企业填报本企业因购进生产用材料、设备等所发生的物流业务、费用与设施情况，不填货物销售总额指标及由此产生的物流费用。批发贸易企业填报本企业因产品销售业务而发生的物流业务、费用与设施情况，同时填报货物购进总额和货物销售总额指标及由此产生的物流费用。不包括本企业自用货物购进及由此产生的物流费用。

2. 企业所属物流设施为年末数。

3. 本表调查时期为200×年，报送时间为200×年3月25日前。

4. 本表报送方式为网上直报或电子邮件、传真。

核算表用于核算国家和地区的物流总费用、物流业总产值、物流业固定资产投资和物流主要基础设施等总量指标情况，表中涉及的工业、农业、海关、铁路、公路、水上、港口、民航、管道运输及邮递业务方面的物流业务数据，由政府统计部门及各有关政府职能部门提供。共有四张表，见表9～表12。

表9　　社会物流总费用

200　年　季　　（单位：亿元）

费用支出 / 社会物流的物品	代码	本期：社会物流总费用总计	本期·运输费用：运输费用合计	本期·运输费用：铁路运输费用	本期·运输费用：公路运输费用	本期·运输费用：水上运输费用	本期·运输费用：航空运输费用	本期·运输费用：管道运输费用	本期：装卸搬运及其他运输费用	本期·保管费用：保管费用合计	本期·保管费用：利息费用	本期·保管费用：仓储费用	本期·保管费用：保险费用	本期·保管费用：货物损耗费用	本期·保管费用：信息及相关服务费用	本期·保管费用：配送费用	本期·保管费用：流通加工费用	本期·保管费用：包装费用	本期：其他保管费用	本期：管理费用
甲	乙	1	2	3	4	5	6	7	8	9	10	11	12	13	14	15	16	17	18	19
社会物流物品总额	01																			
一、农产品	02																			
1. 农业产品	03																			
2. 林业产品	04																			
3. 畜牧业产品	05																			
4. 渔业产品	06																			
二、工业品	07																			
1. 采掘业产品	08																			
①煤炭开采和洗选业产品	09																			
②石油和天然气开采业产品	10																			
③黑色金属矿采选业产品	11																			
④有色金属矿采选业产品	12																			
⑤非金属矿采选业产品	13																			
⑥其他采矿业产品	14																			
2. 制造业产品	15																			
①农副食品加工业产品	16																			
……	……																			
三、进口货物	47																			
四、再生资源	48																			
五、单位与居民物品	49																			

续 表

费用支出 / 社会物流的物品	代码	上期																		
		社会物流总费用总计	运输费用							保管费用										管理费用
			运输费用合计	铁路运输费用	公路运输费用	水上运输费用	航空运输费用	管道运输费用	装卸搬运及其他运输费用	保管费用合计	利息费用	仓储费用	保险费用	货物损耗费用	信息及相关服务费用	配送费用	流通加工费用	包装费用	其他保管费用	
甲	乙	1	2	3	4	5	6	7	8	9	10	11	12	13	14	15	16	17	18	19
社会物流物品总额	01																			
一、农产品	02																			
1. 农业产品	03																			
2. 林业产品	04																			
3. 畜牧业产品	05																			
4. 渔业产品	06																			
二、工业品	07																			
1. 采掘业产品	08																			
①煤炭开采和洗选业产品	09																			
②石油和天然气开采业产品	10																			
③黑色金属矿采选业产品	11																			
④有色金属矿采选业产品	12																			
⑤非金属矿采选业产品	13																			
⑥其他采矿业产品	14																			
2. 制造业产品	15																			
①农副食品加工业产品	16																			
……	……																			
三、进口货物	47																			
四、再生资源	48																			
五、单位与居民物品	49																			

表 10 **物流相关行业业务收入**

200 年 季 （单位：亿元）

业务收入 / 行业	代码	本期 物流业务收入合计	运输收入 运输收入合计	铁路运输收入	公路运输收入	水上运输收入	航空运输收入	管道运输收入	装卸搬运和其他运输收入	运输附加收入	保管收入 保管收入合计	配送收入	流通加工收入	包装收入	信息及相关服务收入	代理收入	仓储收入	其他保管收入
甲	乙	1	2	3	4	5	6	7	8	9	10	11	12	13	14	15	16	17
社会物流业务总收入	01																	
铁路运输业	02																	
公路运输业	03																	
水上运输业	04																	
航空运输业	05																	
管道运输业	06																	
装卸搬运和其他运输服务业	07																	
仓储业	08																	
邮政业	09																	
批发业	10																	
零售业	11																	
商务服务业	12																	
包装服务	13																	

续 表

业务收入 / 行业	代码	上期																
			运输收入								保管收入							
		物流业务收入合计	运输收入合计	铁路运输收入	公路运输收入	水上运输收入	航空运输收入	管道运输收入	装卸搬运和其他运输收入	运输附加收入	保管收入合计	配送收入	流通加工收入	包装收入	信息及相关服务收入	代理收入	仓储收入	其他保管收入
甲	乙	1	2	3	4	5	6	7	8	9	10	11	12	13	14	15	16	17
社会物流业务总收入	01																	
铁路运输业	02																	
公路运输业	03																	
水上运输业	04																	
航空运输业	05																	
管道运输业	06																	
装卸搬运和其他运输服务业	07																	
仓储业	08																	
邮政业	09																	
批发业	10																	
零售业	11																	
商务服务业	12																	
包装服务	13																	

表 11 **物流相关行业固定资产投资完成情况**

200 年 季 （单位：亿元）

行 业	代码	投资完成额	
		本期	上年同期
甲	乙	1	2
合计	01		
铁路运输业	02		
公路运输业	03		
水上运输业	04		
航空运输业	05		
管道运输业	06		
仓储业	07		
邮政业	08		
批发和零售业	09		

表 12 **社会物流基础设施情况** （单位：亿元）

行 业	计量单位	代码	本期	上年同期
甲	乙	丙	1	2
铁路营运里程	万公里	01		
公路营运里程	万公里	02		
内河航道里程	万公里	03		
民用航空航线里程	万公里	04		
输油（气）管道里程	万公里	05		
民用货运汽车拥有量	万辆	06		
民用运输船舶拥有量	艘	07		
铁路货车拥有量	辆	08		
装卸设备拥有量	台	09		
自有仓储面积	万平方米	10		
租用仓储面积	万平方米	11		
物流计算机管理系统	套	12		

说明：

①铁路营运里程，公路营运里程，内河航道里程，民用航空航线里程，输油（气）管道里程，民用货运汽车拥有量，民用运输船舶拥有量，铁路货车拥有量由铁道部、交通部、民航总局提供

②装卸设备拥有量、自有仓储面积、租用仓储面积、物流计算机管理系统数据根据企业统计调查汇总

（三）政府部门与行业协会联合组织实施的运行机制

发改运行［2004］2409 号文规定，我国的社会物流统计工作由国家发展改革委、国家统计局、中国物流与采购联合会联合组织实施。国家发展改革委负责整体设计和协

调工作；国家统计局负责对调查方案的审核完善；中国物流与采购联合会负责方案初步设计，编制数据处理程序，布置和培训，横向资料的收集，调查数据的回收处理，核算表的编制，资料的分析和开发等。有关信息的发布由三机关联合组织进行。

五、从统计数据看我国现代物流发展状况

我国物流统计制度的建立和物流统计数据结果的推出，对掌握我国现代物流发展趋势，加强物流宏观调控，引导企业经营具有积极的推动作用。我们提交的物流数据客观地反映了我国物流运行的实际情况，澄清了社会上一度出现的物流数据混乱的现象。通过物流数据也反映了发展现代物流是改变我国经济运行质量的关键。

“十五”以来，我国现代物流需求进一步扩大，物流费用增速回落，与GDP的比例有所下降，物流投入增速加快，效益明显提高，为“十一五”期间我国物流业健康快速全面发展创造了良好条件。可以肯定，“十一五”期间，现代物流作为生产性服务业将在国民经济发展中发挥越来越重要的作用。现代物流作为调整经济结构，转变经济增长方式的重要途径，将是降低成本，提高效率与效益最关键的因素之一。

（一）近10~20年是中国物流需求的高增长期

“十五”期间，国民经济进入新一轮增长期，我国社会物流需求出现持续高速增长的局面，社会物流总额规模持续扩大，社会物流总额达158.7万亿元，比“九五”时期增长近1.4倍，年均增长23%。扣除价格因素，需要运输、装卸等物流服务的实物量年均增长15%左右。这一速度明显快于“十五”时期GDP增长9.5%的水平，一方面说明我国物流发展正处在高增长期；另一方面也表明社会经济发展对物流的依赖程度明显增大。根据我们测算，1991年单位GDP对物流需求的系数为1∶1.4，到2005年已经上升到1∶2.64，这说明目前我国每单位GDP产出需要2.64个单位的物流总额来支持，比1991年提高了一倍多。从发展的趋势来看，社会经济发展对物流的需求是不断加速的。我们从统计数据看到，“八五”时期单位GDP对物流需求的系数平均为1∶1.54，“九五”时期上升至平均1∶1.58，“十五”时期更是提高到1∶2.18，明显高于“八五”和“九五”时期的水平（见表13）。可见社会经济发展越来越依赖于现代物流的发展，这是一个国家调整经济结构，转变经济增长方式的必由之路，也反映出通过流通现代化推动工业现代化的必然规律。

物流需求高速增长期将继续持续10~15年的时间。特别是在“十一五”时期，我国正处于工业化中期和调整经济结构，转变经济增长方式的关键时期。而现代物流作为生产性服务业向生产、建设、贸易等领域延伸，是调整经济结构，转变经济增长方式的重要内容。随着国民经济的稳定快速发展，随着进出口贸易的进一步扩大，物流需求的规模还会继续扩大。我们用统计模型预计，如果“十一五”时期GDP年均增长8.5%，物流总额年均增长16.7%左右，到2010年社会物流总额将达到90万亿元，比2005年翻一番。

表 13　　1991~2005 年单位 GDP 物流需求系数

年份	物流需求系数
1991	1.40
1992	1.47
1993	1.54
1994	1.64
1995	1.68
1996	1.55
1997	1.57
1998	1.53
1999	1.55
2000	1.72
2001	1.77
2002	1.93
2003	2.18
2004	2.40
2005	2.64

（二）2005 年的物流业现状，显示宏观调控取得明显成效

1. 2005 年，我国物流运行仍保持较快增长。但与上年较高增速相比，物流供求偏紧的状况有所缓解，反映出国家宏观调控政策取得了明显的成效，过热的增长势头得到遏制，同时又保持了国民经济稳定快速健康增长的趋势。2005 年全国社会物流总额为 48.1 万亿元，同比增长 25.2%，增幅比上年同期回落 4.3 个百分点（见图 1）。其中：工业品物流总额为 41.3 万亿元，同比增长 27.2%，增幅比上年同期回落 3 个百分点。进口货物物流总额为 5.4 万亿元，同比增长 16.4%，增幅比上年同期回落 19.5 个百分点。

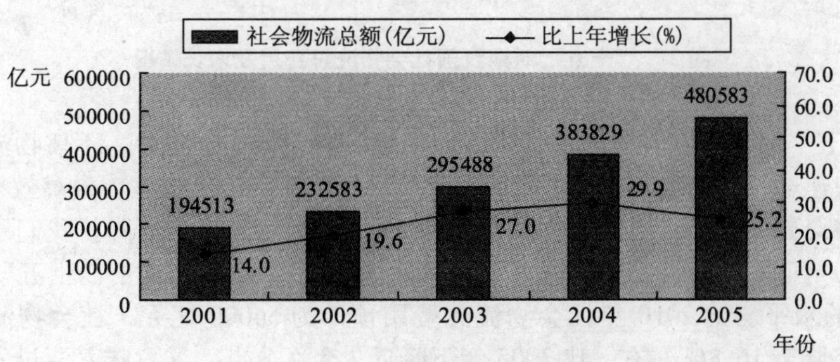

图 1　“十五”时期我国社会物流总额及增长情况

2. 社会物流总费用增幅回落，与 GDP 比例进一步降低，宏观调控在适当控制过热增长的同时，提高了经济运行的质量。2005 年，我国社会物流总费用为 33860 亿元，同比增长 12.9%（按第一次经济普查调整口径计算，下同）。这一增幅比上年同期回落了 3.7 个百分点。社会物流总费用与 GDP 的比例，呈进一步下降之势。2004 年为 18.8%，比上年下降 0.15 个百分点；2005 年这一比例继续下降，为 18.6%，比上年下降 0.2 个百分点。物流与 GDP 的比例下降 0.2 个百分点，就意味着增加了 365 亿元经济效益。

“十五”期间，虽然我国物流费用仍处在较高水平，但我国社会物流总费用与 GDP 比例呈逐渐下降的趋势。由 2000 年的 19.4% 下降到 2005 年的 18.6%。“十五”期间由于与 GDP 比例下降而节约的社会物流费用合计为 1090 亿元，相当于 2005 年全国规模以上电力工业企业实现利润总额的水平（见表 14 和图 2）。

表 14　“十五”期间社会物流费用与 GDP 比例及节约的社会物流费用

年份	社会物流费用与 GDP 比例（%）	与上年相比下降百分点	节约社会物流费用（亿元）
2001	18.80	0.58	634.1
2002	18.90	−0.10	−114.6
2003	18.92	−0.02	−26.5
2004	18.77	0.15	243.6
2005	18.57	0.19	353.5

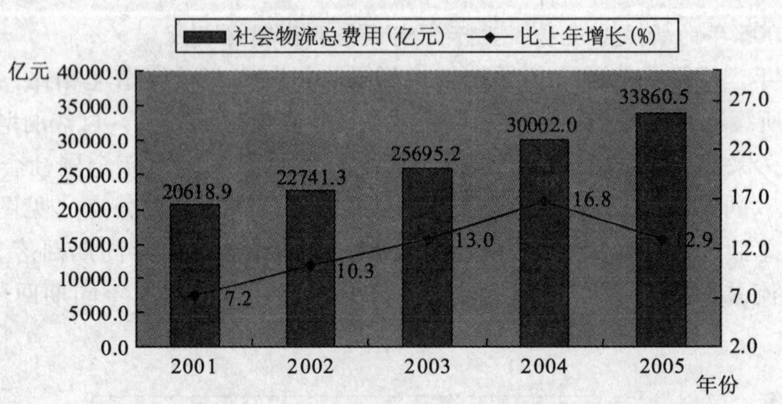

图 2　“十五”时期我国社会物流总费用及增长情况

“十一五”时期，在调整经济结构，转变经济增长方式过程中，不仅物流需求将会保持持续快速增长的趋势，更为主要的是发展现代物流在降低成本，提高效率与效益方面的作用将会更加显现，社会物流总费用与 GDP 比例将进一步下降。我们用统计模型预计，“十一五”时期，社会物流总费用年均增长 10% 左右，低于“十五”时期年均增长 12% 的水平。到 2010 年社会物流总费用预计为 54000 亿元，社会物流总费用与 GDP 比例将降至 16.8% 左右，比 2005 年下降近 2 个百分点，这意味着通过发展现代物流，降低物流费用，增加 4350 亿元经济效益。

3. 国内物流行业固定资产投资继续较快增长，充分体现了宏观调控有保有压的基本原则。2005 年，投资额为 9293 亿元，同比增长 22.8%，增幅虽比上年回落 4.2 个百分点，但仍保持较高的增长。从投资构成来看，交通运输业投资达到 7750 亿元，同比增长 22.6%，增幅比上年回落 0.7 个百分点。占物流用固定资产总投资的 83.4%，这对于继续缓解交通运输紧张的局面将起到积极作用。仓储业固定资产投资额为 356 亿元，同比增长 4.4%；贸易业物流用固定资产投资额为 1104 亿元，同比增长 31.6%；配送、流通加工、包装业等物流用固定资产投资额为 46 亿元，同比增长 32.9%；邮政业固定资产投资额为 38 亿元，同比增长 2.8%。可见，物流业基础条件持续改善，物流行业可持续发展能力得到增强。

“十五”以来，我国物流固定资产投资增长迅速，物流基础条件持续改善，物流行业可持续发展能力得到增强。“十五”期间，物流用固定资产年均增速达 19.7%（见图 3）。增长速度比“九五”时期加快了 4.2 个百分点。物流业基础条件得到充分改善。据初步核算，“十五”期间，全国铁路营运里程年均增长 2.1%，比“九五”时期的平均增速提高了 0.2 个百分点；全国公路营运里程年均增长 6.7%，比“九五”时期的平均增速提高了 2.8 个百分点。2005 年全国公路营运里程达 192 万公里，比“九五”末期增长了 36.9%。“十五”期间相继建成投产集装箱、原油、矿石、煤炭等专业化码头泊位 920 个，其中万吨级以上泊位 188 个，新增港口吞吐能力 5.4 亿吨，分别是“九五”期间的 1.3 倍、1.7 倍和 2.1 倍。车船运力加快向大型化、专业化方向发展。截至 2005 年年底，全国营运汽车发展到 760 万辆，比“九五”末增长 41.8%。目前，专用和重型货车数量比五年前翻了一番。运输船舶达 22.1 万艘，船舶净载重量和集装箱箱位分别比“九五”末增长 84.6% 和 127.8%，超大型油轮、大型散货船和大型集装箱船拥有量显著增加。

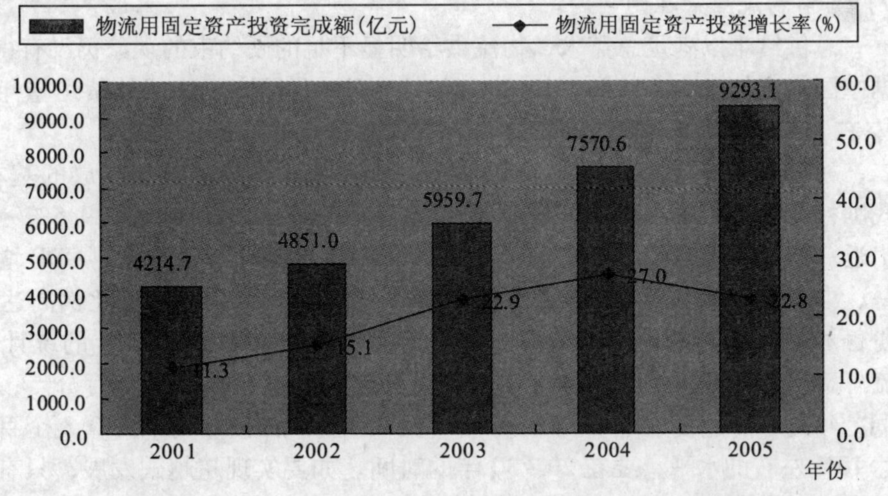

图 3 “十五”时期我国物流用固定资产投资及增长情况

注：1. 2004 年投资统计在往年口径基础上，新增加城镇集体、个体 50 万元以上的项目

2. 投资增长率按可比口径计算

（三）物流业在国民经济发展中的作用越来越重要

1. 物流规模扩大，为国民经济的发展提供了基础保障。2005 年我国物流实物量增长 17%，仍保持快速增长的局面。“十五”期间，按实物量统计，我国社会物流规模增幅高达 15%，比“九五”时期增加了 7 个百分点。这是“十五”时期我国 GDP 年均增长 9.5%，增幅比“九五”期间高 0.9 个百分点的一个基本保障。尤其是对工业生产、固定资产投资、进出口贸易三大需求增长的推动更为明显。其中：工业总产值年均增长比“九五”期间加快 12.6 个百分点。固定资产投资年均增长比“九五”期间加快 11.6 个百分点。进出口总额年均增长比“九五”期间加快 14.4 个百分点。工业生产、固定资产投资、进出口贸易三大需求的快速增长又导致物流产业的快速发展，基本满足了物流需求的增长。

2. 现代物流发展，推进了我国流通效率的显著提高。现代物流快速发展成为推动我国流通速度加快、效率提高的重要因素。据国家统计局对规模以上工业企业统计，2005 年工业企业产成品存货增长率由 2004 年的 24.7% 回落至 17.9%，回落 6.8 个百分点。据中国物流信息中心对全国 50 家重点生产资料流通企业统计，2005 年生产资料流通企业的流动资产周转次数由 2004 年的 2.6 次提高到 2.8 次，提高了 0.2 次，流动资产周转速度加快了 7.7%；商品库存周转次数由 2004 年的 12.4 次提高到 13.4 次，提高了 1.0 次，商品库存周转速度加快了 8%，增速比 2004 年提高了 3.6 个百分点。

3. 现代物流作为国民经济的重要产业，直接推动 GDP 的扩大与增长。物流业的发展，不仅保证了经济发展的物流需要，也直接创造了巨大产出。2005 年，国内物流业实现增加值 12140 亿元，同比增长 12.7%（按现价计算）。占当年 GDP 的 6.7%，占服务业全部增加值的 16.5%，分别比上年提高了 1.4 个和 3.5 个百分点，物流业对经济发展作用进一步增强。

（四）当前物流业存在的问题

第一，总供给难以满足总需求，物流供给明显不足的硬约束的现象仍没有得到根本缓解。据中国物流信息中心统计，1991 ~ 2005 年间，我国实际完成的货运量年均只增长 10% 左右，与同期需求增幅之间至少存在 5 个百分点的差距。

第二，社会物流费用比 GDP 比例仍然偏高，反映我国经济运作粗放的基本现实。目前，我国社会物流总成本与 GDP 的比例仍高达 18.6%，比发达国家 9.5% ~ 10% 的比例高出近一倍。原因是我国经济尚处于工业化中期的重化工业阶段，GDP 增长主要依靠第一、二产业，第三产业 GDP 只占到 40%，与发达国家第三产业比例高达 70% ~ 80% 的份额相比，我国的经济增长方式显著落后。根据 1991 ~ 2005 年的统计，15 年中，物流总费用与 GDP 的比例下降了 5.4 个百分点，年均下降 0.36 个百分点，但“十五”期间，年均下降速度为 0.16 个百分点（见表 15）。如按年均下降 0.3 个百分点计算，到达 10% 左右的水平，要花 20 ~ 30 年的时间。如要实现超越式发展，只有两个办法，一是加快现代物流业的发展，二是加快产业结构调整，增加服务业的比例。

表 15　　**1991 年以来社会物流总费用与 GDP 的比例**

年份	社会物流总费用
1991	24.0
1992	23.0
1993	22.4
1994	21.4
1995	21.2
1996	21.1
1997	21.1
1998	20.2
1999	19.9
2000	19.4
2001	18.8
2002	18.9
2003	18.9
2004	18.8
2005	18.6

第三，现代物流业务附加值低。我国物流实物规模较大，社会物流收入总规模却较低，说明我国现代物流业务增值服务少、附加值低。和美国相比，2002 年美国货运总量为 158.2 亿吨，同期我国为 148.3 亿吨，中美两国货运量基本相当。同时，结合美国交通统计局（BTS）数据计算，1993 年、1997 年和 2002 年美国单位货运量物流收入分别为 409 元/吨、473 元/吨和 476 元/吨，近几年基本保持稳定，而我国单位货运量物流收入虽然 1991 年以来一直呈现增长态势（见图 4），但总体水平仍然很低，2005 年单位货运量收入不到 160 元/吨，为美国同期 26% 左右，这说明我国现代物流业务附加值低，物流业务增值服务太少，导致物流活动还处于低水平、粗放的阶段，很难适应目前多品种、多批次、少批量的流通方式的变化。

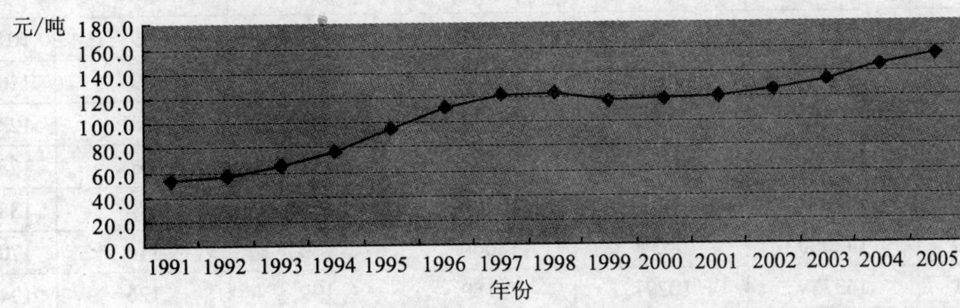

图 4　1991 年以来我国单位货运量物流收入

六、我国社会物流统计的发展方向

社会物流统计是一项开创性的工作，处于刚刚起步阶段，还存在许多需要完善的地方。企业还缺乏统一的物流统计核算体系，物流统计的基础还十分薄弱。我们希望通过各方面的努力，共同促进我国物流统计工作完善发展。

我们考虑，下一步的工作思路是：充分利用现有统计基础，在继续完善统计核算与企业调查相结合的方法的同时，加强物流企业统计调查工作，完善统计指标体系，提高物流统计分析与研究水平，推动各地区和行业物流统计工作的开展，使我国物流统计工作上一个新的台阶。

（一）在进一步完善宏观物流统计工作的基础上，通过加强物流企业统计调查工作，对不同行业和企业的物流运行状况、物流业务构成及发展趋势、物流费用水平、物流装备状况进行深度分析，更加深入地掌握我国物流发展趋势，为制定我国现代物流发展政策和战略规划，加强宏观调控提供更加科学权威的依据。并按照国际通行方法，在规范的统计调查基础上，严格以企业的物流业务收入指标进行百强排名。

（二）积极探索适应物流市场需要的物流统计指标和方法，包括开展物流市场规模与构成的统计核算，第三方物流发展状况的统计调查，物流价格及指数的研究与探索等工作。

（三）积极推动有条件的地区与行业开展物流统计调查工作。一是从物流统计方法制度方面，积极支持有关地区与行业建立开展物流统计工作；二是充分发挥各地区和行业的优势，完善物流企业统计调查工作。

附录　社会物流统计数据表

附表 1　　**社会物流总额**　　（单位：亿元）

年份	工业品	农产品	进口货物	再生资源	单位与居民物品	合计
1991	23418	3252	3395	198	27	30290
1992	31121	3335	4444	255	33	39188
1993	43780	4281	5990	382	42	54475
1994	62571	6104	9964	548	50	79237
1995	82584	7951	11029	352	59	101975
1996	89730	8618	11523	347	69	110287
1997	102501	8996	11817	274	78	123666
1998	107688	9160	11626	172	86	128732
1999	115827	9138	13736	155	98	138954
2000	142000	9634	18660	150	116	170560
2001	163739	10291	20159	199	126	194514
2002	196799	10986	24431	235	132	232583

续 表

年份	工业品	农产品	进口货物	再生资源	单位与居民物品	合计
2003	249570	11261	34193	278	187	295488
2004	324876	11970	46467	325	190	383829
2005	413161	12748	54093	376	205	480583

注：1. 本表根据国家相关部门统计资料核算；

2. 本表数据依据全国第一次经济普查数据进行了调整；

3. 2005 年数据按快报数据核算；

4. 本表按当年价格计算，以下各表同。

附表 2　　社会物流总额构成　　（单位：%）

年份	工业品	农产品	进口货物	再生资源	单位与居民物品	合计
1991	77. 49	10. 76	11. 24	0. 42	0. 09	100
1992	79. 62	8. 53	11. 37	0. 40	0. 09	100
1993	80. 60	7. 88	11. 03	0. 41	0. 08	100
1994	78. 97	7. 70	12. 58	0. 69	0. 06	100
1995	80. 98	7. 80	10. 82	0. 35	0. 06	100
1996	81. 36	7. 81	10. 45	0. 31	0. 06	100
1997	82. 89	7. 27	9. 56	0. 22	0. 06	100
1998	83. 65	7. 12	9. 03	0. 13	0. 07	100
1999	83. 36	6. 58	9. 89	0. 11	0. 07	100
2000	83. 25	5. 65	10. 94	0. 09	0. 07	100
2001	84. 18	5. 29	10. 36	0. 10	0. 06	100
2002	84. 61	4. 72	10. 50	0. 10	0. 06	100
2003	84. 46	3. 81	11. 57	0. 09	0. 06	100
2004	84. 64	3. 12	12. 11	0. 08	0. 05	100
2005	85. 97	2. 65	11. 26	0. 08	0. 04	100

附表 3　　社会物流总额增长率　　（以上年为 100）

年份	工业品	农产品	进口货物	再生资源	单位与居民物品	合计
1991	—	—	—	—	—	—
1992	132. 9	102. 5	130. 9	128. 9	122. 0	129. 4
1993	140. 7	128. 4	134. 8	150. 1	124. 7	139. 0
1994	142. 9	142. 6	166. 4	143. 4	119. 5	145. 5
1995	132. 0	130. 3	110. 7	64. 3	118. 2	128. 7
1996	108. 7	108. 4	104. 5	98. 6	117. 6	108. 2
1997	114. 2	104. 4	102. 5	78. 7	112. 6	112. 1
1998	105. 1	101. 8	98. 4	63. 0	110. 3	104. 1
1999	107. 6	99. 8	118. 2	89. 8	114. 0	107. 9

续 表

年份	工业品	农产品	进口货物	再生资源	单位与居民物品	合计
2000	122.6	105.4	135.8	97.3	118.4	122.7
2001	115.3	106.8	108.0	132.1	108.6	114.0
2002	120.2	106.8	121.2	118.3	104.8	119.6
2003	126.8	102.5	140.0	118.3	141.7	127.0
2004	130.2	106.3	135.9	116.8	101.6	129.9
2005	127.2	106.5	116.4	115.7	107.9	125.2

附表 4　　每单位 GDP 的物流需求系数

年份	工业品	农产品	进口货物	再生资源	单位与居民物品	合计
1991	1.083	0.150	0.157	0.009	0.001	1.4
1992	1.168	0.125	0.167	0.010	0.001	1.5
1993	1.239	0.121	0.170	0.011	0.001	1.5
1994	1.298	0.127	0.207	0.011	0.001	1.6
1995	1.358	0.131	0.181	0.006	0.001	1.7
1996	1.261	0.121	0.162	0.005	0.001	1.5
1997	1.298	0.114	0.150	0.003	0.001	1.6
1998	1.276	0.109	0.138	0.002	0.001	1.5
1999	1.292	0.102	0.153	0.002	0.001	1.5
2000	1.431	0.097	0.188	0.002	0.001	1.7
2001	1.493	0.094	0.184	0.002	0.001	1.8
2002	1.635	0.091	0.203	0.002	0.001	1.9
2003	1.837	0.083	0.252	0.002	0.001	2.2
2004	2.032	0.075	0.291	0.002	0.001	2.4
2005	2.266	0.070	0.297	0.002	0.001	2.6

附表 5　　社会物流总费用　　（单位：亿元）

年份	运输费用	保管费用	管理费用	社会物流总费用
1991	2879	1612	691	5182
1992	3379	1922	836	6137
1993	4507	2317	1074	7898
1994	5579	3276	1483	10338
1995	6455	4459	1970	12884
1996	7633	5109	2250	14993
1997	8218	5820	2629	16667
1998	8668	5625	2728	17021
1999	9533	5344	2937	17814
2000	10070	5975	3185	19230
2001	10813	6458	3348	20619

续 表

年份	运输费用	保管费用	管理费用	社会物流总费用
2002	12000	7281	3460	22741
2003	14068	8057	3570	25695
2004	16932	8981	4089	30002
2005	18639	10632	4590	33861

附表 6　　社会物流总费用构成　　（单位:%）

年份	运输费用	保管费用	管理费用	社会物流总费用
1991	55.6	31.1	13.3	100
1992	55.1	31.3	13.6	100
1993	57.1	29.3	13.6	100
1994	54.0	31.7	14.3	100
1995	50.1	34.6	15.3	100
1996	50.9	34.1	15.0	100
1997	49.3	34.9	15.8	100
1998	50.9	33.0	16.0	100
1999	53.5	30.0	16.5	100
2000	52.4	31.1	16.6	100
2001	52.4	31.3	16.2	100
2002	52.8	32.0	15.2	100
2003	54.7	31.4	13.9	100
2004	56.4	29.9	13.6	100
2005	55.0	31.4	13.6	100

附表 7　　社会物流总费用增长情况　　（单位:%）

年份	运输费用	保管费用	管理费用	社会物流总费用
1991	—	—	—	—
1992	117.4	119.3	120.9	118.4
1993	133.4	120.5	128.6	128.7
1994	123.8	141.4	138.0	130.9
1995	115.7	136.1	132.9	124.6
1996	118.3	114.6	114.2	116.4
1997	107.7	113.9	116.8	111.2
1998	105.5	96.7	103.8	102.1
1999	110.0	95.0	107.7	104.7
2000	105.6	111.8	108.4	107.9
2001	107.4	108.1	105.1	107.2
2002	111.0	112.7	103.3	110.3
2003	117.2	110.7	103.2	113.0
2004	120.4	111.5	114.5	116.8
2005	110.1	118.4	112.2	112.9

附表 8　　社会物流总费用与 GDP 的比例　　（单位:%）

年份	运输费用	保管费用	管理费用	社会物流总费用
1991	13.3	7.5	3.2	24.0
1992	12.7	7.2	3.1	23.0
1993	12.8	6.6	3.0	22.4
1994	11.6	6.8	3.1	21.4
1995	10.6	7.3	3.2	21.2
1996	10.7	7.2	3.2	21.1
1997	10.4	7.4	3.3	21.1
1998	10.3	6.7	3.2	20.2
1999	10.6	6.0	3.3	19.9
2000	10.1	6.0	3.2	19.4
2001	9.9	5.9	3.1	18.8
2002	10.0	6.1	2.9	18.9
2003	10.4	5.9	2.6	18.9
2004	10.6	5.6	2.6	18.8
2005	10.2	5.8	2.5	18.6

附表 9　　运输费用　　（单位：亿元）

年份	铁路运输费用	公路运输费用	水上运输费用	航空运输费用	管道运输费用	装卸搬运和其他运输费用	运输费用合计
1991	618	1637	187	24	39	374	2879
1992	652	1966	254	32	41	435	3379
1993	755	2787	309	39	42	575	4507
1994	835	3467	484	44	45	705	5579
1995	943	3927	679	53	46	808	6455
1996	1125	4567	891	57	48	946	7633
1997	1113	5062	925	59	50	1010	8218
1998	1148	5387	959	63	55	1055	8668
1999	1215	5885	1151	73	60	1149	9533
2000	1227	6249	1250	78	64	1203	10070
2001	1334	6697	1363	70	69	1279	10813
2002	1363	7577	1479	103	76	1402	12000
2003	1582	8957	1693	115	87	1634	14068
2004	1873	10744	2119	142	101	1953	16933
2005	2030	11766	2458	166	117	2101	18639

附表 10　　运输费用构成　　（单位:%）

年份	铁路运输费用	公路运输费用	水上运输费用	航空运输费用	管道运输费用	装卸搬运和其他运输费用	运输费用合计
1991	21.5	56.9	6.5	0.8	1.3	13.0	100
1992	19.3	58.2	7.5	0.9	1.2	12.9	100
1993	16.7	61.8	6.9	0.9	0.9	12.8	100
1994	15.0	62.1	8.7	0.8	0.8	12.6	100
1995	14.6	60.8	10.5	0.8	0.7	12.5	100
1996	14.7	59.8	11.7	0.7	0.6	12.4	100
1997	13.5	61.6	11.3	0.7	0.6	12.3	100
1998	13.2	62.2	11.1	0.7	0.6	12.2	100
1999	12.7	61.7	12.1	0.8	0.6	12.1	100
2000	12.2	62.1	12.4	0.8	0.6	11.9	100
2001	12.3	61.9	12.6	0.6	0.6	11.8	100
2002	11.4	63.1	12.3	0.9	0.6	11.7	100
2003	11.2	63.7	12.0	0.8	0.6	11.6	100
2004	11.1	63.5	12.5	0.8	0.6	11.5	100
2005	10.9	63.1	13.2	0.9	0.6	11.3	100

附表 11　　运输费用增长情况　　（以上年为 100）

年份	铁路运输费用	公路运输费用	水上运输费用	航空运输费用	管道运输费用	装卸搬运和其他运输费用	运输费用合计
1991	—	—	—	—	—	—	—
1992	105.5	120.1	135.9	132.7	104.7	116.2	117.4
1993	115.8	141.8	121.5	124.0	103.9	132.1	133.4
1994	110.6	124.4	156.4	111.9	106.1	122.6	123.8
1995	113.0	113.3	140.5	120.0	101.6	114.6	115.7
1996	119.3	116.3	131.2	107.8	104.5	117.1	118.3
1997	98.9	110.8	103.8	104.4	104.3	106.7	107.7
1998	103.2	106.4	103.7	106.6	110.3	104.5	105.5
1999	105.8	109.2	120.0	115.2	109.3	109.0	110.0
2000	101.0	106.2	108.6	106.6	106.8	104.6	105.6
2001	108.8	107.2	109.0	89.6	108.2	106.4	107.4
2002	102.2	113.1	108.5	147.7	110.3	109.6	111.0
2003	116.1	118.2	114.4	112.1	114.1	116.5	117.2
2004	118.4	120.0	125.2	123.4	116.3	119.5	120.4
2005	108.4	109.5	116.0	116.9	115.8	107.6	110.1

附表 12　　物流业增加值　　（单位：亿元）

年份	交通运输业物流增加值	仓储业物流增加值	贸易业物流增加值	流通加工、包装业物流增加值	邮政业物流增加值	物流业增加值合计
1991	1526	59	193	53	20	1851
1992	1778	73	232	68	22	2174
1993	2371	98	315	94	27	2906
1994	2935	138	399	147	35	3654
1995	3396	175	459	195	40	4265
1996	4013	187	533	217	45	4996
1997	4324	205	571	251	47	5398
1998	4732	211	602	269	44	5858
1999	5205	226	665	279	42	6416
2000	5498	274	714	335	66	6887
2001	5903	308	772	377	68	7429
2002	6195	363	861	442	65	7927
2003	7122	409	1001	516	64	9112
2004	8466	458	1168	596	87	10776
2005	9470	517	1340	720	93	12140

附表 13　　物流业增加值构成　　（单位:%）

年份	交通运输业物流增加值	仓储业物流增加值	贸易业物流增加值	流通加工、包装业物流增加值	邮政业物流增加值	物流业增加值合计
1991	82.4	3.2	10.4	2.9	1.1	100
1992	81.8	3.4	10.7	3.1	1.0	100
1993	81.6	3.4	10.8	3.2	0.9	100
1994	80.3	3.8	10.9	4.0	1.0	100
1995	79.6	4.1	10.8	4.6	0.9	100
1996	80.3	3.8	10.7	4.4	0.9	100
1997	80.1	3.8	10.6	4.6	0.9	100
1998	80.8	3.6	10.3	4.6	0.7	100
1999	81.1	3.5	10.4	4.3	0.6	100
2000	79.8	4.0	10.4	4.9	1.0	100
2001	79.5	4.2	10.4	5.1	0.9	100
2002	78.1	4.6	10.9	5.6	0.8	100
2003	78.2	4.5	11.0	5.7	0.7	100
2004	78.6	4.3	10.8	5.5	0.8	100
2005	78.0	4.3	11.0	5.9	0.8	100

附表 14　　物流业增加值增长情况　　(以上年为 100)

年份	交通运输业物流增加值	仓储业物流增加值	贸易业物流增加值	流通加工、包装业物流增加值	邮政业物流增加值	物流业增加值合计
1991	—	—	—	—	—	—
1992	116.5	124.6	120.1	128.2	112.2	17.4
1993	133.4	133.8	135.7	137.8	121.0	33.6
1994	123.8	140.5	126.7	156.5	129.5	25.8
1995	115.7	126.9	114.9	132.6	115.5	16.7
1996	118.2	107.1	116.2	111.4	111.1	17.1
1997	107.7	109.5	107.2	115.4	104.7	8.1
1998	109.4	103.0	105.3	107.1	93.3	8.5
1999	110.0	107.2	110.4	103.7	95.0	9.5
2000	105.6	120.9	107.5	120.3	158.2	7.3
2001	107.4	112.6	108.0	112.6	103.1	7.9
2002	104.9	117.8	111.5	117.2	96.7	6.7
2003	115.0	112.6	116.3	116.8	97.8	15.0
2004	118.9	112.1	116.7	115.5	135.9	18.3
2005	111.9	112.7	114.8	120.7	106.9	12.7

附表 15　　物流业增加值占 GDP 比重　　(单位:%)

年份	交通运输业物流增加值	仓储业物流增加值	贸易业物流增加值	流通加工、包装业物流增加值	邮政业物流增加值	物流业增加值合计
1991	7.1	0.3	0.9	0.2	0.1	8.6
1992	6.7	0.3	0.9	0.3	0.1	8.2
1993	6.7	0.3	0.9	0.3	0.1	8.2
1994	6.1	0.3	0.8	0.3	0.1	7.6
1995	5.6	0.3	0.8	0.3	0.1	7.0
1996	5.6	0.3	0.7	0.3	0.1	7.0
1997	5.5	0.3	0.7	0.3	0.1	6.8
1998	5.6	0.3	0.7	0.3	0.1	6.9
1999	5.8	0.3	0.7	0.3	0.0	7.2
2000	5.5	0.3	0.7	0.3	0.1	6.9
2001	5.4	0.3	0.7	0.3	0.1	6.8
2002	5.1	0.3	0.7	0.4	0.1	6.6
2003	5.2	0.3	0.7	0.4	0.0	6.7
2004	5.3	0.3	0.7	0.4	0.1	6.7
2005	5.2	0.3	0.7	0.4	0.1	6.7

附表 16　　物流业增加值占第三产业增加值比重　　（单位:%）

年份	交通运输业物流增加值	仓储业物流增加值	贸易业物流增加值	流通加工、包装业物流增加值	邮政业物流增加值	物流业增加值合计
1991	21.1	0.8	2.7	0.7	0.3	25.6
1992	19.5	0.8	2.5	0.7	0.2	23.7
1993	19.8	0.8	2.6	0.8	0.2	24.2
1994	18.0	0.8	2.5	0.9	0.2	22.4
1995	16.9	0.9	2.3	1.0	0.2	21.3
1996	17.1	0.8	2.3	0.9	0.2	21.3
1997	15.9	0.8	2.1	0.9	0.2	19.9
1998	15.4	0.7	2.0	0.9	0.1	19.1
1999	15.3	0.7	1.9	0.8	0.1	18.8
2000	14.1	0.7	1.8	0.9	0.2	17.7
2001	13.2	0.7	1.7	0.8	0.2	16.6
2002	12.3	0.7	1.7	0.9	0.1	15.7
2003	12.6	0.7	1.8	0.9	0.1	16.1
2004	13.0	0.7	1.8	0.9	0.1	16.5
2005	12.9	0.7	1.8	1.0	0.1	16.5

附表 17　　物流业固定资产投资额　　（单位：亿元）

年份	交通运输业	仓储业	贸易业	流通加工、包装业	邮政业	合计
1991	299.8	9.6	42.7	1.3	4.1	357.5
1992	496.6	11.1	122.7	3.3	16.4	650.0
1993	890.6	18.5	128.9	5.8	31.9	1075.6
1994	1284.5	24.2	163.1	9.1	46.4	1527.3
1995	1469.7	28.7	169.9	9.6	45.8	1723.6
1996	1776.3	39.5	150.1	8.1	46.8	2020.8
1997	2113.2	52.2	149.2	6.8	45.8	2367.2
1998	3082.0	69.9	185.0	6.5	58.1	3401.6
1999	3164.7	130.6	185.8	6.4	46.0	3533.5
2000	3194.6	95.3	194.5	7.7	62.7	3554.7
2001	3589.4	91.4	202.2	8.7	64.6	3956.4
2002	4154.9	115.5	231.7	12.0	39.4	4553.6
2003	4861.0	161.5	510.2	23.5	38.2	5594.4
2004	6319.6	341.1	838.7	34.2	36.9	7570.6
2005	7749.6	356.3	1103.8	45.5	37.9	9293.1

附表 18　　物流业固定资产投资构成　　（单位:%）

年份	交通运输业	仓储业	贸易业	流通加工、包装业	邮政业	合计
1991	83.9	2.7	11.9	0.4	1.1	100
1992	76.4	1.7	18.9	0.5	2.5	100
1993	82.8	1.7	12.0	0.5	3.0	100
1994	84.1	1.6	10.7	0.6	3.0	100
1995	85.3	1.7	9.9	0.6	2.7	100
1996	87.9	2.0	7.4	0.4	2.3	100
1997	89.3	2.2	6.3	0.3	1.9	100
1998	90.6	2.1	5.4	0.2	1.7	100
1999	89.6	3.7	5.3	0.2	1.3	100
2000	89.9	2.7	5.5	0.2	1.8	100
2001	90.7	2.3	5.1	0.2	1.6	100
2002	91.2	2.5	5.1	0.3	0.9	100
2003	86.9	2.9	9.1	0.4	0.7	100
2004	83.5	4.5	11.1	0.5	0.5	100
2005	83.4	3.8	11.9	0.5	0.4	100

附表 19　　物流业固定资产投资额增长情况　　（以上年为 100）

年份	交通运输业	仓储业	贸易业	流通加工、包装业	邮政业	合计
1991	—	—	—	—	—	—
1992	165.6	116.0	287.2	265.0	400.0	81.8
1993	179.3	166.5	105.1	173.6	194.5	65.5
1994	144.2	131.2	126.5	157.2	145.5	42.0
1995	114.4	118.3	104.2	105.5	98.7	12.9
1996	120.9	137.7	88.4	84.5	102.2	17.2
1997	119.0	132.3	99.4	84.3	97.9	17.1
1998	145.8	133.8	124.0	95.3	126.9	43.7
1999	102.7	186.8	100.4	97.9	79.2	3.9
2000	100.9	72.9	104.7	120.8	136.3	0.6
2001	112.4	96.0	104.0	113.1	103.0	11.3
2002	115.8	126.4	114.6	138.2	61.0	15.1
2003	117.0	139.8	220.2	195.5	97.0	22.9
2004	130.0	211.2	164.4	145.7	96.5	27.0
2005	122.6	104.4	131.6	132.9	102.8	22.8

附表 20　　物流用主要设施

年份	铁路营运里程（万公里）	公路营运里程（万公里）	内河航道营运里程（万公里）	民用航空航线里程（万公里）	输油（气）管道里程（万公里）	民用货运汽车拥有量（万辆）	民用货运汽车吨位（万吨位）	民用运输船舶拥有量（艘）	铁路货车拥有量（辆）
1991	5.78	104.11	10.97	55.91	1.62	398.62	1633.11	385537	370054
1992	5.81	105.67	10.97	83.66	1.59	441.45	1834	373568	373233
1993	5.86	108.35	11.02	96.08	1.64	501.00	2114.27	372481	390097
1994	5.90	111.78	11.10	104.56	1.68	560.33	2396.34	353385	415919
1995	6.26	115.70	11.10	112.90	1.72	585.43	2370.93	364968	432731
1996	6.49	118.58	11.08	116.65	1.93	575.03	2280.62	326007	443893
1997	6.60	122.64	10.98	142.50	2.04	601.23	2392.5	265797	437686
1998	6.64	127.85	11.03	150.58	2.31	627.89	2408.94	260208	439326
1999	6.74	135.17	11.65	152.22	2.49	676.95	2730.42	242043	436236
2000	6.87	140.27	11.93	150.29	2.47	716.32	2889.22	229676	443902
2001	7.01	169.80	12.15	155.36	2.76	765.24	3056.67	210786	453620
2002	7.19	176.52	12.16	163.77	2.98	812.22	3244.33	202977	459017
2003	7.30	180.98	12.40	174.95	3.26	853.51	3405.5	204270	510327
2004	7.44	187.07	12.33	204.94	3.82	893.0	3563.42	210700	528005
2005	7.64	191.97	12.30	199.90	4.40	955.5	3866.86	207294	548368

附表 21　　物流用主要设施增长情况　　（以上年为 100）

年份	铁路营运里程（万公里）	公路营运里程（万公里）	内河航道营运里程（万公里）	民用航空航线里程（万公里）	输油（气）管道里程（万公里）	民用货运汽车拥有量（万辆）	民用货运汽车吨位（万吨位）	民用运输船舶拥有量（艘）	铁路货车拥有量（辆）
1991	—	—	—	—	—	—	—	—	—
1992	100.5	101.5	100.0	149.6	98.1	110.7	112.3	96.9	100.9
1993	100.9	102.5	100.5	114.8	103.1	113.5	115.3	99.7	104.5
1994	100.7	103.2	100.7	108.8	102.4	111.8	113.3	94.9	106.6
1995	106.1	103.5	100.0	108.0	102.4	104.5	98.9	103.3	104.0
1996	103.7	102.5	99.8	103.3	112.2	98.2	96.2	89.3	102.6
1997	101.7	103.4	99.1	122.2	105.7	104.6	104.9	81.5	98.6
1998	100.6	104.2	100.5	105.7	113.2	104.4	100.7	97.9	100.4
1999	101.5	105.7	105.6	101.1	107.8	107.8	113.3	93.0	99.3
2000	101.9	103.8	102.4	98.7	99.2	105.8	105.8	94.9	101.8
2001	102.0	121.1	101.8	103.4	111.7	106.8	105.8	91.8	102.2
2002	102.6	104.0	100.1	105.4	108.0	106.1	106.1	96.3	101.2
2003	101.5	102.5	102.0	106.8	109.4	105.1	105.0	100.6	111.2
2004	101.9	103.4	99.4	117.1	117.2	104.6	104.6	103.1	103.5
2005	102.7	102.6	99.8	114.2	115.2	107.0	108.5	98.4	103.9

附表 22 **货运量** （单位：亿吨）

年份	铁路货运量	公路货运量	水运货运量	航空货运量	管道货运量	货运量合计
1991	15. 29	73. 39	8. 34	0. 0045	1. 56	98. 58
1992	15. 76	78. 09	9. 25	0. 0058	1. 48	104. 59
1993	16. 28	84. 03	9. 79	0. 0069	1. 48	111. 59
1994	16. 32	89. 49	10. 71	0. 0083	1. 51	118. 04
1995	16. 6	94. 03	11. 32	0. 0101	1. 53	123. 49
1996	17. 1	98. 39	12. 74	0. 0115	1. 6	129. 84
1997	17. 21	97. 65	11. 34	0. 0125	1. 6	127. 81
1998	16. 43	97. 6	10. 96	0. 0140	1. 74	126. 74
1999	16. 76	99. 04	11. 46	0. 0170	2. 02	129. 30
2000	17. 86	103. 88	12. 24	0. 0197	1. 87	135. 87
2001	19. 32	105. 63	13. 27	0. 0171	1. 94	140. 18
2002	20. 5	111. 63	14. 18	0. 0202	2. 01	148. 34
2003	22. 11	116. 00	15. 81	0. 0219	2. 20	156. 14
2004	24. 90	124. 50	18. 74	0. 0273	2. 45	170. 62
2005	26. 86	133	21	0. 03	2. 70	183. 59

附表 23 **货运量构成** （单位:%）

年份	铁路货运量	公路货运量	水运货运量	航空货运量	管道货运量	货运量合计
1991	15. 51	74. 44	8. 46	0. 005	1. 58	100
1992	15. 07	74. 67	8. 84	0. 006	1. 42	100
1993	14. 59	75. 30	8. 77	0. 006	1. 33	100
1994	13. 83	75. 81	9. 07	0. 007	1. 28	100
1995	13. 44	76. 14	9. 17	0. 008	1. 24	100
1996	13. 17	75. 78	9. 81	0. 009	1. 23	100
1997	13. 47	76. 40	8. 87	0. 010	1. 25	100
1998	12. 96	77. 01	8. 65	0. 011	1. 37	100
1999	12. 96	76. 60	8. 86	0. 013	1. 56	100
2000	13. 14	76. 46	9. 01	0. 014	1. 38	100
2001	13. 78	75. 35	9. 47	0. 012	1. 38	100
2002	13. 82	75. 25	9. 56	0. 014	1. 35	100
2003	14. 16	74. 29	10. 13	0. 014	1. 41	100
2004	14. 59	72. 97	10. 98	0. 016	1. 44	100
2005	14. 63	72. 44	11. 44	0. 016	1. 47	100

附表 24　　货运量增长情况　　（以上年为 100）

年份	铁路货运量	公路货运量	水运货运量	航空货运量	管道货运量	货运量合计
1991	—	—	—	—	—	—
1992	103. 1	106. 4	110. 9	128. 9	94. 9	106. 1
1993	103. 3	107. 6	105. 8	119. 0	100. 0	106. 7
1994	100. 2	106. 5	109. 4	120. 3	102. 0	105. 8
1995	101. 7	105. 1	105. 7	121. 7	101. 3	104. 6
1996	103. 0	104. 6	112. 5	113. 9	104. 6	105. 1
1997	100. 6	99. 2	89. 0	108. 7	100. 0	98. 4
1998	95. 5	99. 9	96. 6	112. 0	108. 8	99. 2
1999	102. 0	101. 5	104. 6	121. 4	116. 1	102. 0
2000	106. 6	104. 9	106. 8	115. 9	92. 6	105. 1
2001	108. 2	101. 7	108. 4	86. 8	103. 7	103. 2
2002	106. 1	105. 7	106. 9	118. 1	103. 6	105. 8
2003	107. 9	103. 9	111. 5	108. 5	109. 5	105. 3
2004	112. 6	107. 3	118. 5	124. 4	111. 4	109. 3
2005	107. 9	106. 8	112. 1	110. 0	110. 2	107. 6

附表 25　　货物运输周转量　　（单位：亿吨·公里）

年份	铁路货运量	公路货运量	水运货运量	航空货运量	管道货运量	货运量合计
1991	10972	3428	12956	10	621	27987
1992	11576	3755	13256	13	617	29218
1993	11969	4071	13861	17	608	30524
1994	12471	4486	15687	19	612	33275
1995	13050	4695	17552	22	590	35909
1996	13106	5011	17863	25	585	36590
1997	13270	5272	19235	29	579	38345
1998	12560	5483	19406	33	606	38089
1999	12910	5724	21263	42	628	40568
2000	13771	6129	23734	50	636	44321
2001	14694	6330	25989	44	653	47710
2002	15658	6783	27511	52	683	50686
2003	17247	7100	28716	58	739	53859
2004	19289	7844	38973	72	815	66993
2005	20546	8574	48058	77	889	78144

附表 26　　货物运输周转量构成　　(单位:%)

年份	铁路货运量	公路货运量	水运货运量	航空货运量	管道货运量	货运量合计
1991	39.20	12.25	46.29	0.04	2.22	100
1992	39.62	12.85	45.37	0.05	2.11	100
1993	39.21	13.34	45.41	0.05	1.99	100
1994	37.48	13.48	47.14	0.06	1.84	100
1995	36.34	13.07	48.88	0.06	1.64	100
1996	35.82	13.69	48.82	0.07	1.60	100
1997	34.61	13.75	50.16	0.08	1.51	100
1998	32.98	14.40	50.95	0.09	1.59	100
1999	31.82	14.11	52.41	0.10	1.55	100
2000	31.07	13.83	53.55	0.11	1.43	100
2001	30.80	13.27	54.47	0.09	1.37	100
2002	30.89	13.38	54.28	0.10	1.35	100
2003	32.02	13.18	53.32	0.11	1.37	100
2004	28.79	11.71	58.17	0.11	1.22	100
2005	26.29	10.97	61.50	0.10	1.14	100

附表 27　　货物运输周转量增长情况　　(以上年为 100)

年份	铁路货运量	公路货运量	水运货运量	航空货运量	管道货运量	货运量合计
1991	—	—	—	—	—	—
1992	105.5	109.5	102.3	132.7	99.4	104.4
1993	103.4	108.4	104.6	124.0	98.5	104.5
1994	104.2	110.2	113.2	111.9	100.7	109.0
1995	104.6	104.7	111.9	120.0	96.4	107.9
1996	100.4	106.7	101.8	111.7	99.2	101.9
1997	101.3	105.2	107.7	116.9	99.0	104.8
1998	94.6	104.0	100.9	114.9	104.7	99.3
1999	102.8	104.4	109.6	126.5	103.6	106.5
2000	106.7	107.1	111.6	118.8	101.3	109.3
2001	106.7	103.3	109.5	87.0	102.7	107.6
2002	106.6	107.2	105.9	117.9	104.6	106.2
2003	110.1	104.7	104.4	112.1	108.2	106.3
2004	111.8	110.5	135.7	124.6	110.3	124.4
2005	106.5	109.3	123.3	107.2	109.1	116.6

附表 28　　2005 年中国物流企业 50 强排序名单

排位	单　位	2004 年主营业务收入（万元）
1	中国远洋运输（集团）总公司	7553193
	其中：中远集装箱运输有限公司	2489591
	中国远洋物流有限公司	935724
2	中国海运（集团）总公司	4230347
	其中：中海集装箱运输股份有限公司	2014489
	中海集团物流有限公司	52229
3	中国对外贸易运输（集团）总公司	3435213
	其中：中国外运股份有限公司	2187983
	中国外运广东有限公司	228652
4	中国物资储运总公司	580606
5	五矿国际货运有限责任公司	567100
6	锦程国际物流集团股份有限公司	532095
7	中国国际货运航空有限公司	475164
8	山东海丰国际航运集团有限公司	441993
9	嘉里大通物流有限公司	353768
10	广东南粤物流股份有限公司	272049
11	中国货运航空有限公司	264349
12	远成集团有限公司	264279
13	大连港集团有限公司	226509
14	天津大田集团有限公司	204981
15	中邮物流有限责任公司	197000
16	中铁快运股份有限公司	172988
17	安吉天地汽车物流有限公司	169648
18	黑龙江省华宇物流集团有限公司	157322
19	中铁特货运输有限责任公司	150624
20	青岛海尔物流有限公司	150491
21	天津港（集团）有限公司	148785
22	浙江传化物流基地有限公司	115000
23	深圳市华运国际物流有限公司	90900
24	南方企业集团物流有限公司	89000
25	深圳市腾邦物流有限公司	88000
26	中铁现代物流科技股份有限公司	78646
27	焦作市汽车运输总公司	75134
28	无锡山禾集团医药物流股份有限公司	68864
29	民航快递有限责任公司	64200
30	山东海化物流有限公司	62531

续 表

排位	单　位	2004 年主营业务收入（万元）
31	深圳长禾国际供应链管理（控股）有限公司	61955
32	宝供物流企业集团有限公司	60299
33	北京宅急送快运有限公司	54578
34	深圳市粤钢松山物流有限公司	54020
35	中国物流公司	49677
36	蛇口集装箱码头有限公司	48859
37	上海天原国际货运有限公司	46620
38	上海时代航运有限公司	44946
39	厦门华茂物流有限公司	40770
40	广东鱼珠物流基地有限公司	39522
41	中铁联合物流有限公司	39140
42	上海航空股份有限公司	38013
43	重庆港务（集团）有限责任公司	37104
44	北京福田物流有限公司	35968
45	上海现代物流投资发展有限公司	33900
46	招商局物流集团有限公司	30804
47	青岛铁路远东物流有限公司	28721
48	绍兴县中国轻纺城国际物流中心有限公司	27056
49	浙江省八达物流有限公司	26727
50	安得物流有限公司	26135

附　录

课题组成员名单

课题组负责人：陆　江　中国物流与采购联合会会长

课 题 组 成 员：翟志宏　国家统计局贸易外经司司长、高级统计师

蔡　进　中国物流与采购联合会副秘书长

中国物流信息中心主任、硕士、高级经济师

王克臣　国家统计局贸易外经司副司长、高级统计师

崔忠付　国家发改委经济运行局处长

严先溥　国家统计局贸易外经司处长、高级统计师

贺登才　中国物流与采购联合会研究室主任

何　辉　中国物流信息中心副总经济师、高级经济师

叶茂盛　中国物流信息中心

冯　燕　中国物流信息中心经济师

采购经理指数（PMI）与经济发展研究

内容提要：采购经理指数（Purchasing Managers' Index，简称 PMI）体系，是国际上通行的宏观经济监测指标体系之一，是各国特别是发达国家反映经济活动快速及时的先行指标，对国家经济活动的监测和预测具有重要作用。

从国际经验来看，通过 PMI，可以及时监测和预测经济与商业活动中出现的问题和趋势，为政府正确判断经济形势、做好经济调控工作提供科学依据。目前全球已有 20 多个国家建立了 PMI 体系，有关机构已开始建立全球指数和欧元区指数，PMI 指数及其商业报告已成为世界经济运行活动的重要评价指标和世界经济变化的"晴雨"表。

"十一五"时期是我国全面建设小康社会的关键时期，按照"十一五"发展规划的总体部署和基本要求，我国将全面贯彻落实科学发展观，加快经济结构调整，促进经济增长方式转变；走新型工业化道路，发展循环经济，建立资源节约型、环境友好型社会；要继续深化体制改革，完善现代市场体系。在这些过程中，尽管宏观经济仍将保持一定的平稳增长，但随着结构调整加快、改革向纵深方向发展，国民经济各行业发展将会发生深刻变化，个别行业甚至可能出现较大波动。

为了建立一套快速反应的预警指标体系，及时捕捉市场和经济走势的苗头性、趋势性变化，对经济形势做出准确的预测和预警，有必要在中国建立 PMI 体系。这是新时期经济发展的必然要求，也是政府宏观管理、科学决策的迫切需要。

中国 PMI 指标体系的建立，是一项开创性的工作，也是一项复杂的系统工程。经历了自 2002 年以来的长时间探索、实践之后，目前已由中国物流与采购联合会和国家统计局合作建立了中国制造业 PMI 调查制度，取得了自 2005 年 1 月份以来的制造业 PMI 数据，并固定在每月的第一个工作日发布中国制造业 PMI 商务报告。中国制造业 PMI 数据和商务报告，较好地反映了中国宏观经济和产业经济走势，自发布以来在社会上引起了强烈的反响，并引起了世界的关注。

基于现有的 PMI 数据，我们开展了"PMI 与经济发展关系"课题研究，该课题获得了国务院国有资产监督管理委员会的重大支持，被列为重点课题项目之一。我们研究认为，随着 PMI 数据的不断积累，PMI 指标体系可以成为我国行业经济乃至宏观经济预测预警的基本工具。

本报告就是该项课题研究的重要成果，主要内容在结构上分为六部分：（一）PMI 的特点与作用，主要介绍国际上 PMI 指标体系构成、主要特点以及 PMI 的应用；（二）国外 PMI 的发展，主要介绍美国、欧洲、亚洲以及全球 PMI 发展情况；（三）中国 PMI 指标体系的建立过程，主要介绍中国 PMI 指标体系框架以及建立过程及其重要意义；（四）从 PMI 看宏观经济发展变化，首先从国际经验看 PMI 与宏观经济的关系，其次基于当前 PMI 数据，研究中国 PMI 同宏观经济的关系，由于当前的数据为制造业 PMI 数据，所以重点研究PMI同制造业经济之间的关系；（五）从PMI看微观经营环境变化，主要是基于PMI调查研究制造行业企业采购政策变化以及经营发展中存在的问题；（六）对中国PMI的思考，总结建立中国PMI的基本经验，指出目前存在的问题，阐述未来发展思路。

一、PMI的特点与作用

（一）PMI指标体系框架

采购经理指数（Purchasing Managers' Index，简称PMI）体系，涵盖生产与流通、制造业与非制造业等领域，是国际上通行的宏观经济监测指标体系之一，对国家经济活动的监测和预测具有重要作用。

从国际上看，PMI是一套月度发布的综合性的经济先行指标体系，分为制造业PMI、服务业PMI，目前也有一些国家建立了建筑业PMI。制造业PMI最早起源于美国20世纪30年代，经过几十年的发展，该体系现包含新订单、产量、员工、供应商配送、库存、价格、积压订单、新出口订单、进口等商业活动指标（见表1）。以上各项指标指数基于对样本企业采购经理的月度问卷调查所得数据合成得出，再对生产、新订单、员工、供应商配送与库存五项类指标加权计算得到制造业PMI综合指数。服务业PMI指标体系则包括商业活动、投入品价格指数、费用水平、员工、未来商业活动预期等指数，但因其建立时间不长，尚未形成综合指数。

PMI每项指标均反映了商业活动的现实情况，综合指数则反映制造业或服务业的整体增长或衰退。调查采用非定量的问卷形式，被调查者对每个问题只需做出定性的判断，在（比上月）上升、不变或下降三种答案中选择一种。进行综合汇总就是统计各类答案的百分比，通过各指标的动态变化来反映经济活动所处的周期状态。制造业及非制造业PMI商业报告分别于每月第一个和第三个工作日发布，时间上大大超前于政府其他部门的统计报告，所选的指标又具有先导性，所以PMI已成为监测经济运行的及时、可靠的先行指标，得到政府、商界与广大经济学家、预测专家的普遍认同。

表1　　制造业PMI指标体系

PMI综合指数构成		其他扩散指数
指标	权重（%）	采购量
生产量	25	积压订单（现有订单）
新订单	30	出口订单
就业	20	价格（采购品价格、产成品价格）
供应商配送	15	库存（产成品库存、采购品库存、用户库存）
库存	10	进口

注：上述指标除综合指数是各国统一的以外，其他扩散指数各国并非全部采用，而是根据本国情况有所差异

目前全球已有20多个国家建立了PMI体系，有关机构已开始建立全球指数和欧元区指数，PMI指数及其商业报告已成为世界经济运行活动的重要评价指标和世界经济变

化的“晴雨”表。

（二）PMI 主要特点

PMI 指数具有下述主要特点：

1. 及时性与先导性

PMI 指数是经济监测的先行指标。由于采取快速、简便的调查方法，每月第一个工作日发布，在时间上大大早于其他官方数据。在 PMI 基础之上发布的商务报告，是所有宏观经济序列数据中滞后期最短的报告之一。

2. 综合性与指导性

PMI 是一个综合的指数体系，尽管指标不多，但涵盖了经济活动的多个方面，如新订单、新出口订单、进口、生产、供应商配送、库存、员工、价格等，其综合指数反映了经济总体情况和总的变化趋势，而各项指标又反映了企业供应与采购活动的各个侧面，尤其是 PMI 中一些特有的指标是其他统计指标中所缺少的，如订货提前期与供应商配送时间等，有助于详细分析行业发展走势的成因，为国家宏观经济调控和指导企业经营提供了重要依据。

3. 真实性与可靠性

PMI 问卷调查直接针对采购与供应经理，取得的原始数据不做任何修改，直接汇总并采用科学方法统计、计算，保证了数据来源的真实性。同时它还进行季节性调整，消除季节性波动、法规制度和法定假日等因素变化所造成的影响，因此具有很高的可靠性。

4. 科学性与合理性

首先，样本选择涵盖了不同行业，按照各行业对 GDP 贡献大小选取一定数量企业，贡献大的行业样本多，反之，则少；其次，考虑地理分布，样本企业要具有足够的地域代表性；另外还考虑企业规模，不同规模的企业均有代表。这样，减少了随机波动带来的误差。在首次抽样选择之后，样本基本确定下来，但每年度或每半年要对样本进行抽查，根据企业、采购经理发生的变化，予以及时调整。

5. 简单、易行

PMI 问卷调查是非定量调查，仅包括三种答案：升高、持平或降低，既不涉及商业秘密，又明确易答。PMI 数据采集和加工的简单易行，保证了它作为预测工具的连续性、及时性和可靠性。问卷对每个指标都有明确解释。问卷还列出了几个开放性问题，包括采购策略（前置期问题）、价格升高与降低的原材料与短缺品种等，为企业提供了更为具体的信息。

（三）PMI 的应用

国际上，PMI 指数体系无论对政府部门、金融机构、投资公司，还是对企业来说，在经济预测和商业分析方面都有重要意义。PMI 指数作为预测经济的重要工具，已成为美联储、美国中央银行、华尔街、道琼斯通讯社、路透社等经济媒体广为应用、传播的重要信息。

1. 政府部门、金融机构与投资公司方面的应用

（1）预测经济走势和转折点

当分析商业趋势时，其可靠性是基于对数据转折点（峰值点和谷底点，也即商业周期中的高潮和低潮）的预测和分析。PMI 指数与 GDP 具有高度相关性，且其转折点往往领先于 GDP 几个月。根据美国专家的分析，在过去 40 多年里，美国制造业 PMI 的峰值可领先商业周期高峰与低谷数个月。

（2）分析产业信息

通过 PMI，首先可以对占支配地位的产业进行分析。根据国外经验来看，总的商业采购活动主要集中在少数产业，并且采购操作也有相似的集中性。这些集中的产业是：食品业、石油及其相关产品、钢铁及其相关产品、汽车产业等。PMI 各产业的指数可反映该产业发展趋势及各项指标的变化。通过对占支配地位产业的分析，更有助于对制造业或服务业总体趋势的把握。

其次，每月 PMI 商业报告后面会列出短缺的产品目录、价格上涨和价格下跌的目录，这有助于更好地了解和监测各个产业的变化。

2. 企业方面的应用

企业经营活动主要是根据预测来安排的，对原材料、零部件的供应预测有时比销售预测更为重要。首先，供应预测更有助于预测和控制生产、库存等成本；其次，对供应的预测是避免缺货的前提。通过 PMI，企业经营者可及时判断行业供应及整体走势，从而更好地进行决策。

具体说来，企业采购决策面临三个方面的挑战：第一，支持企业整体目标；第二，在企业战略中发挥采购和供应职能；第三，甄别特殊决策。PMI 指数在这三个方面都有所应用。

第一，企业可利用 PMI 评估当前或未来经济走势，判断其对企业目标实现的潜在影响。例如，一个制造企业的目标是降低人工成本，而 PMI 员工指数正快速增长，劳动力资源紧缺，这时候降低新员工的工资就较难实现。

第二，PMI 也可用于判断整体经济状况对市场的影响。例如，一个快速发展的制造行业的企业需要扩大生产能力，既可以用加班或转包等暂时的方法，也可以用扩大固定资产规模这种永久的方法，这时就可以用 PMI 综合指数、生产量指数、新订单指数及其他有关整体经济状况的数据来判断该行业的增长是否会持续下去，从而确定采用哪种决策。

第三，在甄别特定采购决策时也需要用 PMI 预测经济走势。例如，一个制造企业要决定一个主要原材料的定价策略，需要考虑是长期锁定一个价格还是制定一个价格承诺。利用 PMI 价格指数和其他价格信息（如美国联邦政府生产价格指数）能显示近期和未来的价格趋势，如果价格走升，且整体经济状况走强，可以采取锁定的价格策略；反之，短期定价更合适。

3. 扩展应用区域与行业调查

应用 PMI 商业调查的方法，除了全国性普遍调查之外，还可将样本规模集中于特定区域或行业，用于分析该区域或行业经济的发展状况。目前美国许多州已开展区域商业调查。例如，最早开展 PMI 调查的底特律，于 1935 年开始商业调查，亚利桑那州、波士顿、布法罗、卡罗莱纳州、维吉尼亚、芝加哥、佐治亚州、休斯顿、纽约、俄勒冈州、密歇根州等许多地区也都建立了采购经理调查制度，发布了本地区 PMI 指数。尽管这些调查在内容和质量上各有差异，但它们都提供了有用的区域与行业信息。例如，底特律的汽车和非汽车指数，纽约州的制造业和非制造业指数，俄勒冈州的批发指数等。有些地区的调查还广泛收集和报道了被调查者的评论，这些对详细了解行业走势和区域发展都非常有帮助。

二、国外 PMI 的发展

建立中国 PMI，一方面要结合中国的具体国情进行设计和组织实施，另一方面要借鉴国外多年运作的成熟方法和经验，尽量保持与国际通行做法的一致性。因此，研究国外 PMI 发展对建立和完善我国 PMI 指标体系具有重要意义。目前，全球已有 20 多个国家建立了 PMI 编制和发布体系，并且有关机构已经建立了全球制造业和服务业 PMI。

（一）美国

美国是最早建立 PMI 指标体系的国家。美国的 PMI，由美国供应管理协会（ISM，原为美国采购管理协会）负责。美国供应管理协会是美国最大的采购与供应管理研究、教育机构，在美国和波多黎各有 48000 多名会员。该协会每月进行问卷调查，将其结果绘制成图表，发布 PMI 指数和商业报告。目前美国 PMI 指数包括制造业与非制造业两大部分。

1. 美国的 PMI 发展简介

（1）历史悠久，体系完善

早在 20 世纪 30 年代，美国就开始了 PMI 的调查。1948 年以后，美国供应管理协会就开始每月发布调查数据和基于调查的商务报告。

ISM 建立 PMI 体系经历了一个不断完善的过程。ISM 的制造业 PMI 体系最初选取了产量、新订单、库存、雇员和产品价格五个指标，直到 1971 年才加入供应商配送指标，1988 年、1989 年、1993 年又依次加入新出口订单、进口和积压订单三个指标，以后美国制造业 PMI 指标又加上了消费库存指标。

美国非制造业 PMI 及其 ISM 报告是 1997 年后制定的，它是对标准行业分类（SIC）中 9 个类别 62 个不同的行业小类、超过 370 个服务业企业的采购与供应经理调查的结果汇总而成。这些行业也是根据标准行业分类目录而变化的，并基于各行业对 GDP 的贡献而定。服务业 PMI 指标主要包括商业活动、新订单、库存变化、库存灵敏度、进口、价格、就业和供应商配送等。仅有四个指标即商业活动、新订单、进口和就业进行季节性调整。目前，非制造业指数的形式尚未建立综合指数，有待进一步完善。

（2）PMI 相关研究开展深入

由于美国 PMI 历史数据极为丰富，大量学者、专家对 PMI 进行了深入的研究。例如，一些专家对 PMI 与经济周期的转折点进行了研究，发现 PMI 指标领先于经济周期的高峰与低谷数个月；一些研究对国家总体经济指标 GDP 与 GNP 的关系作了相关分析，认为两者之间存在高度的正相关；还有研究对 PMI 与国家其他指标如工业品价格指数、库存指数等作了相关研究。通过这些研究，对 PMI 的特点与作用有了更为深刻的认识。据美国专家分析，如果美国制造业综合指数在一段时间内高于 42.7%，表示国家总体经济上升。

（3）应用不断扩大

首先，PMI 在政府部门的应用不断加强。由于 PMI 的特性，它已成为美国经济运行监测的及时、可靠、权威的先行性指标，得到了美联储、中央银行和商业银行、金融与投资公司以及政府与商界的经济学家与预测专家的普遍认同和采用。由于 GDP 只有季度数据，而且发布时间过晚，一些研究机构甚至用 PMI 来预测 GDP 的走势。

其次，开展区域与行业调查研究。除了全国性普遍调查之外，美国许多州还开展了区域性 PMI 商业调查，将调查范围集中于特定区域或行业，用于分析该区域或行业经济发展状况。这方面的情况在第一章“PMI 的应用”一节中有较为详细的介绍，在此不做赘述。

2. 美国 PMI 的编制过程

（1）建立调查报告和管理机构。首先确定报告的目的和性质，然后选定或建立一个独立的，有能力进行数据收集、统计的机构负责调查项目的运行。美国供应管理协会就是一个这样的机构。

（2）选择被调查者、样本规模。ISM 按照规模、行业、地理位置和占 GDP 的百分比对企业详细分类后随机进行选择。在企业中具体回答问题的人是该企业的采购经理。

（3）问卷的设计。问卷设计的原则是使采购经理回答的问题简单容易，不需要过多地思考就可以做答，题目保持在一页之内。制造业 PMI 指标包括新订单、产品、就业、供应商配送、存货、消费者存货、价格、积压订单、新出口订单、进口等内容。非制造业报告的指标包括商业活动、新订单、就业、供应商配送、存货、存货敏感度、价格、积压订单、新出口订单、进口等内容。基本上所有的问题答案都被设计成三种，即“增长”、“一样”、“下降”。

（4）数据的分析。指数的计算为：回答“增长”的百分数加上回答“一样”的百分数的一半而得出。PMI 离中线（50%）越远，表示变化的速度越大。高于 50% 表示比上月有所增长，低于 50% 表示比上月有所下降。PMI 在一段时间内保持在 42.7% 以上，表明全面经济或国内生产总值是扩张的；低于 42.7%，则显示正在衰退。商务报告中的 PMI 指标，可以与政府的系列统计数据进行对比，并根据回归分析来说明经济扩张或衰退的起点。

（5）数据的发布。其中制造业 PMI 商务报告在每月第一个工作日发布，非制造业 PMI 商务报告在每月第三个工作日发布。

（二）欧洲

20 世纪 90 年代初，在 NTC - Research 集团（一家全球商业信息研究和咨询机构，以下简称 NTC）的支持下，欧洲多数国家已经建立了 PMI 编制和发布制度。

1. 欧元区总指数

NTC 集团在各国完成 PMI 调查基础上，建立了欧元区 PMI 体系和欧元区 PMI 总指数。欧元区 PMI 总指数是在每个月定期调查超过 5000 个公司采购经理的基础上完成的，各项指数计算方法与美国类似。该指数由欧元区制造业与服务业数据加权形成，权重是将欧元区作为一个整体，基于各国总产值对于欧元区经济发展的相对重要性来进行计算。整个欧元区 PMI 体系包括 6 个指标：欧元区综合生产指数、新订单指数、雇员指数、采购品价格指数、积压订单指数、产出品价格指数（见图 1）。

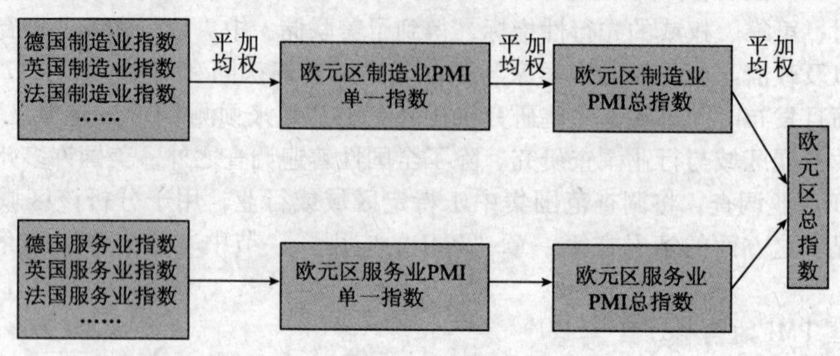

图 1　欧洲 PMI 体系

制造业欧元区 GDP 在整个欧元区 GDP 中约占 24% 的比重。欧元区制造业 PMI 调查了德国、法国、意大利、西班牙、荷兰、奥地利、希腊、爱尔兰 8 个国家，这些国家 GDP 占整个欧元区产出的 92%。欧元区制造业企业调查指标主要包括 8 个：生产、供应商配送时间、新订单、采购量、采购品价格、产成品库存、采购品库存、雇员。每个指标通过各国指标的加权平均得到合成的欧元区系列数据。对每个指标都进行季节性调整。例如，欧元区制造业生产指数是 8 个国家生产指数的加权平均数。制造业 PMI 综合指数是根据产出、新订单、采购品库存、供应商配送时间、雇员五项指标进行加权计算出来的。

服务业 PMI 调查了德国、意大利、西班牙、法国和爱尔兰 5 个国家，上述 5 国服务业 GDP 代表了欧元区服务业活动的 83%。欧元区服务业企业调查指标包括商业活动、新商业活动、采购品价格、雇员、服务费用价格、未完成商业订单、商业预期，根据调查结果分别编制以下指数：商业活动指数、新商业订单指数、未完成商业订单指数、投入品价格指数、费用水平指数、雇员指数、未来商业活动预期指数。欧元区服务业序列数据通过单个指标的加权平均而得到，对单个指标进行了季节性调整。例如，欧元区服务业商业活动指数是 5 个国家商业活动指数的加权平均数。权重是基于最新的欧元区统计数据，按各国服务业增加值对欧元区服务业总的增加值的比重来计算。即首先将各国服务业增加值汇总合计，再算各国的比重得出权重。此外，还根据欧元区 5 个指标利用加权方法合成欧元区服务业 PMI。

NTC 除了帮助欧元区建立制造业和服务业 PMI 外，还建立了建筑业 PMI，但建筑业 PMI 未计算入欧元区总指数以内。建筑业调查在德国、法国、意大利和爱尔兰 4 个国家开展。建筑业主要指标包括 6 个：商业活动、新商业、采购品价格、雇员、采购量、供应商配送时间，其计算过程与制造业、服务业基本相同。

2. 英国 PMI 编制情况

英国是欧盟国家的一个典型代表，其 PMI 包括制造业与服务业两部分，其数据与报告均为月度发布，由 NTC 研究机构代表卡特采购与供应学会和路透社共同研究、发布和出版。

英国制造业 PMI 基于对 600 个英国私人制造业公司经理的调查，提供了对英国制造业活动的最及时的监测。制造业 PMI 指数包括 12 个指数：产量、新订单、新出口订单、工作积压、制成品库存、就业、产品价格、采购品价格、供应商配送时间、采购量、采购库存、采购经理指数（综合指数）。首次公布时间是 1992 年 1 月。调查覆盖基于标准工业分类（SIC）的工业部门，如化学、电子、食品饮料、机械工程、金属、纺织、木材、造纸、运输等。

英国服务业 PMI 每月调查的对象超过 700 家企业。数据最早的收集时间是 1996 年 7 月。调查范围包括运输与通信、金融中介、商业服务、个人服务、计算机与 IT 服务以及宾馆餐饮服务业。调查指标有 7 个：商业活动指数、新商业订单、待处理商业订单、采购品价格、费用水平、雇员指数、未来商业活动预期指数。

英国 PMI 调查的汇总，是根据企业与行业的贡献度进行加权，即每一份回收的问卷根据公司规模的大小、各个分部门对制造业总体的贡献率而加权，这就确保了较大的公司比小公司有更大的影响力。加权的权重根据变化及时进行调整。

3. 德国 PMI 编制情况

德国分别建立了制造业、建筑业和服务业 PMI 指数。德国制造业 PMI 报告来源于对全国 400 家制造业公司的调查。调查对象是根据各行业对德国制造业产值的贡献度以及地区分布而选出的。德国建筑业 PMI 调查监测了德国私人建筑业经济的发展趋势，对调查成员经过仔细的挑选，以便准确地反映建筑业经济的结构。德国服务业 PMI 报告来源于对全国 450 家服务业公司的调查。调查对象是根据各行业对德国服务业产值的贡献度以及地区分布而选出的。

（三）亚洲

相对于欧洲来说，亚洲仅有少数国家开始编制 PMI 指数，比较典型的是日本和新加坡。

1. 日本制造业 PMI

日本制造业 PMI 数据的收集和建立始于 2001 年 10 月，数据来自 300 个制造企业采购经理或类似高层管理人员。日本的 PMI 调查样本经过了仔细挑选，能够准确地反映日本制造业的真实结构。首先，根据官方数据确定日本制造业的现行结构，对制造业进行了归并，整合为 11 个大类，并根据每类对 GDP 的贡献确定了该类样本在总体中的比重。其次，在每一个工业部门（2 位数的国际标准分类 ISIC）中采用随机抽样方法得到适当的公司数目。在每一个 2 位数的 ISIC 部门中，包括了大、中、小型不同的企业。各行业样本数目见表 2。

日本 PMI 的统计和分析方法基本与 NTC 相同，所不同的是 NTC 在日本采取了比较特殊的季节调整方法。PMI 调查数据的季节性调整通常采用 12 个月（X12）的统计调整，这是许多发达国家政府统计机构采取的方法。但是，X12 统计调整只有具备 5 年以上的数据才比较有效。由于日本缺乏这样的数据基础，因此采用了 NTC 提供的变通方法来解决季节调整问题。

表 2　　　　　　日本制造业 PMI 调查样本构成

SIC 代码	SIC 分类	比重（%）
15，16	食品、饮料和烟草	11.5
17，18	纺织、服装	3.2
20	木材和木制品	2.1
21，22	纸及纸制品	9.1
23，24，25	化学品、橡胶、塑料	16.8
26	矿业	1.9
27	金属生产	3.5
28，29	贱金属、机械制造	16.8
30～33	电气、电子、光学产品	18.4
34，35	运输和车辆制造业	11.5
36，37，40	所有其他分类	5.1

2. 新加坡 PMI

新加坡 PMI 有几个特点：

第一，包括制造业与非制造业。制造业包含 13 个行业：电子、医药、化学品、金属产品、机械、食品与饮料、造纸、纺织、运输与物流设备、橡胶塑料产品、电线电缆、管道和海运设备、其他。制造业 PMI 除了综合指数外，还包括 10 个指标：新订单、新出口订单、生产、库存、制成品库存、进口、雇员、投入品价格、供应商配送、积压订单。非制造业包括 10 个行业：建筑业、批发与零售、旅店餐馆、金融服务、商业服务、房地产、教育、旅游相关服务、运输服务、其他。非制造业 PMI 指标有 9 个：新订单、新出口订单、商业活动、库存、积压订单、进口、收费价格、雇员、供应商配送。

第二，对每一个问题的回答不是简单地设计成三种，即增长、下降或不变，而是细分为五种：略有增长、显著增长、不变、略有下降、显著下降。这样可以更深入地了解采购经理对问题的看法，同时也能更好地反映经济活动的变化。

第三，开放性。对调查渠道不很在意，企业数目可多可少。由于新加坡是个小国，按照 PMI 设计者的想法，制造业 PMI 原本仅打算调查 150 家企业，但很多企业知道后，对 PMI 非常感兴趣和关注，自愿参加调查，因此实际填报企业达到 200 多家。当然，这与新加坡采购协会的做法有关。

第四，新加坡是一个资讯、通信业比较发达的国家，因此直接采用了网上直报的方法。

（四）全球 PMI 指数

目前，全球已有 24 个国家（或地区）建立了 PMI 体系（见表 3）。在 PMI 调查和研究方面，除了单个国家 PMI 和区域性 PMI 外，JP. Morgan、NTC、国际采购联盟和美国 ISM 还共同发起建立全球制造业、服务业 PMI 指数。

表 3　全球 PMI 情况

制造业	服务业	建筑业
美国	美国	
日本＊		
德国＊	德国＊	德国＊
英国＊	英国＊	英国＊
法国＊	法国＊	法国＊
西班牙＊	西班牙＊	
意大利＊	意大利＊	意大利＊
俄罗斯＊	俄罗斯＊	
爱尔兰＊	爱尔兰＊	爱尔兰＊
希腊＊		
奥地利＊		
荷兰＊		
波兰＊		
捷克＊		
丹麦		
以色列		
匈牙利		
南非		
澳大利亚	澳大利亚	
瑞士		
新加坡		
新西兰		
中国＊＊		
中国香港＊	中国香港＊	

注：＊：NTC 协助开展调查的国家

＊＊：中国 PMI，NTC 与中国物流与采购联合会均开展了调查

1. 全球制造业 PMI 指数

全球制造业 PMI 是根据各国制造业对全球制造业 GDP 的贡献度进行加权汇总得到的。其数据来源于对全球 22 个国家、超过 7000 个采购经理的调查，这些国家的制造业 GDP 总和占全球制造业 GDP 的 76%，其产出占全球制造业产出的 80%。全球制造业 PMI 目前称为 JP. Morgan 全球制造业 PMI 指数。在全球 PMI 制造业商务报告里共发布五个主要指数，包括全球制造业产出指数、全球制造业新订单指数、全球制造业采购品（投入品）价格指数、全球制造业雇员指数和全球制造业供应商配送时间指数，由各国

相应扩散指数加权平均得到（国家及权重见表4）。其综合指数计算方法与ISM相似。该指数的制定有助于对世界经济及行业发展状况的分析和预测。

表4　　全球制造业PMI的数据来源及其权重

国家	贡献度（%）	承担人	合作者	网　址
美国	27	ISM	—	www. ism. ws
日本	17	NTC	Reuters/Nomura/JMMA	www. nomura. co. jp
德国	8	NTC	BME/Reuters	www. bme. de
法国	5.3	NTC	CDAF/Reuters	www. cdaf. asso. fr
英国	3.9	NTC	CIPS/Reuters	www. cips. org
意大利	3.6	NTC	Reuters/ADACI	www. adaci. it
西班牙	2.1	NTC	AERCE	www. aerce. org
荷兰	1.5	NTC	NEVI/YACHT	www. nevi. nl
澳大利亚	1.4	AIG	Price Waterhouse Coopers	www. aigroup. asn. au
俄罗斯	1.1	NTC	Moscow Narodny Bank	www. mosnar. com
瑞士	1.0	SVME	Credit Suisse	www. svme. ch
奥地利	0.8	NTC	BA Creditanstalt/OPWZ	www. ba - ca. com
丹麦	0.6	DILF	Danske Bank	www. dilf. dk
南非	0.5	BER	IPSA/Investec	www. ber. sun. ac. za
波兰	0.5	NTC	—	www. ntc - reserch. com
希腊	0.4	NTC	HPI	www. hpi. org
爱尔兰	0.3	NTC	NAB Stockbrokers	www. ncbdirect. com
新加坡	0.3	SIPMM	—	www. sipmm. org. sg
以色列	0.3	IPLMA	—	www. iplma. org. il
捷克	0.2	NTC	—	www. ntc - research. com
匈牙利	0.2	HALPIM	—	www. logisztika. hu
新西兰	0.2	Business NZ	ANZ Banking Group	www. businessna. org

各国制造业PMI的指标设计大同小异。PMI综合指标的计算完全相同，通过五个主要指标加权汇总得到，权数依次为新订单占30%、产量占25%、雇员占20%、供应商配送时间占15%、库存占10%。由NTC所协助制定的一些国家的PMI数据采集、汇总和计算方法与ISM基本一致，但在指标的选择上稍有出入，除了五项构成综合指数的五个主要指标外，还包括新出口订单、积压订单、产成品库存、产品价格、投入品价格、采购数量六个指标。

2. 全球服务业PMI

全球服务业PMI是基于美国和澳大利亚分别对本国的调查和NTC对英国、德国、法国、西班牙、意大利、俄罗斯、爱尔兰和中国香港开展的调查基础上汇总而成。上述10个国家（或地区）的服务业产出估计总共占全球服务业的60%左右。为了与其他国家保持一致，美国服务业的数据是从ISM非制造业调查中抽取的。

全球服务业PMI，是在对全球服务业3500个采购经理调查的基础上得到的，是第一个提供全球服务业私人部门的运营情况的数据。该数据由NTC汇总并分析，有助于金融世界和政府的决策者更方便、更快地判断和分析市场形势。PMI 指标的覆盖面，以及其快速可得性、准确性和直接可比性，使之成为无可替代的经济指标。它们为金融机构、全球性大公司提供了必备的基础数据。全球服务业 PMI 数据来源详见表 5。

表 5　　全球服务业 PMI 的数据来源及其权重

国家	贡献率（%）	承担人	合作者	网　址
美国 *	27	ISM	—	www. ism. ws
德国	8	NTC	—	www. ntc – research. com
法国	5. 3	NTC	CDAF	www. cdaf. asso. fr
英国	3. 9	NTC	CIPS	www. cips. org
意大利	3. 6	NTC	ADACI	www. adaci. it
西班牙	2. 1	NTC	AERCE	www. aerce. org
澳大利亚	1. 4	AIG	Price Waterhouse Coopers	www. aigroup. asn. au
俄罗斯	1. 1	NTC	Moscow Narodny Bank	www. mosnar. com
中国香港	0. 5	NTC	—	www. ntc – research. com
爱尔兰	0. 3	NTC	NAB Stockbrokers	www. ncbdirect. com

注：ISM 非制造业数据由 NTC 重新计算以便与服务业涵盖范围一致

资料来源：世界银行

3. 全球电子业 PMI

在全球制造业调查基础上，单独列出了全球电子业 PMI。该指数是根据全球超过 600 家从事半导体或 IT 生产企业的采购经理的调查而得出的。调查范围包括如下行业：计算机和相关信息处理设备的制造，有线与无线通信设备，医疗、光学和精密仪器制造，消费者电子设备制造。参与调查的企业来自美国、西欧、欧洲中部和亚洲（日本、中国、中国香港、中国台湾和韩国）。与 NTC 制造业 PMI 指数编制方法相同，全球电子 PMI 由通常采用的 5 个单个指数加权合成。

4. 全球行业总指数

全球制造业和服务业指数经过加权产生了全球行业总指数（Global All Industry Indexes）。权重是根据世界银行的世界经济增加值总值，按照 PMI 调查的国家制造业和服务业对总值的重要性而计算出来的。全球行业总指数有 4 个指标：全球总行业产出指数、全球总行业新订单指数、全球总行业雇员指数、全球总行业采购品价格指数。

三、中国 PMI 指标体系的建立

如前节所述，目前已有许多国家建立了 PMI 指标体系，还有国外一些经济研究机构已经建立了全球 PMI。中国加入 WTO 之后，正在日益成为世界采购中心与制造中心，中国经济发展成为世界经济发展的主要推动力，中国经济形势如何已是全球关注的焦点，所以中国需要自己的 PMI，世界也需要中国的 PMI。建立中国的 PMI，将在统计调查方法和数据的可比性上实现与国际接轨。不仅如此，中国 PMI 的建立将填补我国采购领域统计的空白，无论是从宏观层面还是微观层面来讲，都具有重要的现实意义。

中国PMI指标体系的建立，是一项开创性工作，也是一项复杂的系统工程，包括方方面面的内容，既包括调查方法、抽样样本的确立，也包括调查问卷的设计、调查过程的控制、调查数据的汇总与分析等。经过了自2002年以来的长时间探索、实践之后，目前已由中国物流与采购联合会和国家统计局合作建立了中国制造业PMI调查制度，取得了自2005年1月以来的制造业PMI数据，并固定在每月的第一个工作日发布中国制造业PMI商务报告。中国制造业PMI数据和商务报告，较好地反映了中国宏观经济和产业经济走势，自发布以来在社会上引起了强烈的反响，并引起了世界的关注。

（一）中国PMI指标体系框架

1. 指标的选择

我们参照了美国供应管理协会（ISM）、NTC以及其他国家的做法，根据中国的国情，选定了11个指标作为制造业PMI指标，具体包括新订单、生产、雇员、供应商配送、库存、采购价格、出口订单、积压订单、产成品库存、进口、采购量。中国ISM与NTC有关制造业PMI指标对比见表6（斜体为含义不同的指标）。其中，新订单、生产、雇员、供应商配送、产成品库存五个重点指数与国际完全相同。与美国相比较，增加了采购量指数，用产成品库存代替用户库存。与NTC比较，增加了进口指数，没有产成品价格。

表6　　中国制造业PMI与NTC、美国（ISM）指标比较

ISM指标	新订单	生产	雇员	供应商配送	自有库存	新出口订单	*产成品价格*	积压订单	*客户库存*	*进口*	
NTC指标	新订单	生产	雇员	供应商配送	原材料库存	新出口订单	*购进价格*	积压订单	*产成品库存*	*产成品价格*	*采购数量*
中国指标	新订单	生产	雇员	供应商配送	原材料库存	新出口订单	*购进价格*	积压订单	*产成品库存*	*进口*	*采购数量*

注：1. 库存：ISM有自有库存和客户库存两个指标，而NTC和中国则将自有库存细分为采购品库存和产成品库存

2. 价格：ISM为单一产成品价格，NTC将价格分为购进价格和产成品价格，中国只调查了购进价格

3. 中国和ISM包括了进口量，而NTC未包括这一指标

4. 中国和NTC均将采购量列入指标体系，而ISM则无该指标

如此选择指标，主要考虑了如下几个方面：

（1）采购量是反映采购活动以及经济活动增加或减少的重要指标。在设计的调查表试填报过程中，从反映的情况来看，多数企业反映该指标较为重要。

（2）对于中国来说，外贸是经济增长的巨大动力。2005年中国进出口总额14221亿美元，其中出口7620亿美元，进口6601亿美元，进出口总额占当年GDP的比例达到65%左右。因此进、出口指数对于中国来说都是必要的。

（3）尽量简化，但要基本反映制造业经济活动情况，并对宏观经济形势具有预示作用。经过一年来的试运行，目前确立的11个主要指标基本反映了中国制造业经济形

势的变化，初步目标已经实现。今后依据需要，也可能适当增加一些指标。

2. 调查问卷的制定

在调查问卷的设计上，我们遵循了以下3个原则：一是简练，即所提的问题尽可能简练，尽量少占用被调查者的时间，以便提高调查的回收率；二是熟悉，即提的问题是采购经理较为熟悉、比较关心、容易回答的问题，一般不采用技术性强的专业术语；三是定性，即几乎所有问题都采用多重选择题的形式，即有几个相互独立的预置答案，被调查者只需在自己认为正确的答案上打上记号即可。

采购经理调查问卷共设有12个封闭型问题，3个开放型问题。具体内容如下：

（1）封闭型问题

①生产量：企业报告期内生产的符合产品质量要求的主要产品的实物数量。

②产品订货：企业根据报告期内正式签订的订、供货合同计算出的主要产品订货数量。

③出口订货：企业报告期内产品订货数量中用于出口的部分。对于没有经常出口业务的企业应选择“没有出口”项。

④现有订货：企业报告期末止累计结余的产品订货数量。对于现有订货没有办法进行计算，选择“不好估计”项。

⑤产成品库存：企业报告期末止已经生产并验收入库但尚未售出的主要产品的产成品库存的实物数量。

⑥采购量：企业报告期内购进的主要原材料（包括零部件）的实物数量。

⑦进口：企业在报告期内进口的主要原材料（包括零部件）的实物数量。对于不经常发生原材料进口的企业，选择“没有进口”项。

⑧购进价格：企业报告期内购进的主要原材料（包括零部件）价格水平，对于报告期购进多种原材料的企业，按照一种或几种主要原材料价格变化趋势来判断，只考虑简单平均价格的变化。

⑨主要原材料库存：企业在报告期末止已经购进并登记入库但尚未使用的主要原材料的实物数量，企业可以在下一个报告期继续使用。

⑩生产经营人员（雇员）：报告期末企业主要生产经营人员的数量变化。

⑪供应商配送时间：报告期内企业主要原材料供应商发送货物时间的快慢。

⑫原材料订货提前时间：企业所使用的各类原材料需求提前多长时间（大约数）进行订货，分为国内采购的生产用原材料、进口的生产用原材料、生产或维修用零部件、生产用固定资产四类，不包括套期保值或投机用的原材料。每类原材料提前订货天数分为“随用随买”（5天）、“30天”、“90天”、“6个月”和“1年”。

这12个问题涵盖了企业的生产、订货、库存、价格、购进、雇员、配送等环节，其中生产量、产品订货、现有订货、出口订货、购进价格、原材料库存、进口、从业人员、配送9个问题为国际通用的调查问题，而采购量、产成品库存是根据我国企业生产经营的具体情况增加的，并且对从业人员进一步限制在主要生产经营人员。

（2）开放型问题

①在本月购进的主要原材料中，价格上升或下降的有哪些？（按常用名称列示）

②在企业主要原材料中，本月出现供应短缺的有哪些？（按常用名称列示）

③贵企业目前在原材料采购中遇到的主要问题或困难是什么？您有何评价或建议？

3. 抽样调查方法

（1）抽样总体

以大中型制造业法人企业（或依照法人单位进行统计的制造业产业活动单位）为抽样单位。调查总体为2003年年底前在工商部门登记注册、能够从事正常经营活动的全部大中型企业，不包括小型企业。

（2）抽样方法

采用分层PPS抽样，以行业大类为层，层内使用与企业主营业务收入成比例的概率（Probability Proportional to Size，即PPS）抽样方法。

根据《国民经济行业分类》（GB/T4 754—2002），制造业分为30个大类，剔除采购活动关系不大的“废弃资源和废旧材料回收加工业”，对一些增加值比重较小的行业大类进行了归并，最后保留20个工业行业大类。

（3）样本量的计算

本调查为比例估计抽样。在不需要得到各层的精确估计，在95%的概率保证程度下，按照最大相对误差 r 不超过10%来确定样本量。根据企业景气调查历史数据测算，需要估计的主要比例 P 一般分布在20% ~50%之间，平均值在35%左右，预计回答率在95%以上，2003年年底全国共有大中型制造业企业20680家。计算样本量为725家，最终确定样本量为730个。在最近几次调查中，回收的样本量为728家。

（4）样本量的分配

在样本量固定的情况下，样本在各行业大类之间的分配采用与各层增加值成比例分配的方法，即按照各行业大类增加值占全部制造业增加值的比重进行样本分配。

4. 数据处理方法

在数据处理上，采用国际通行做法，即单个指数采用扩散指数方法，综合指数采用加权综合指数方法。

（1）单个指数的计算

单个指数的计算涉及生产量、产品订货、出口订货、现有订货、产成品库存、采购量、进口、购进价格、主要原材料库存、生产经营人员、供应商配送时间11个问题，而原材料订货提前天数单独处理，开放性问题不参加计算。

①汇总方法：分为加权和不加权两种方法。

a. 采用加权计算百分比：以国家统计局《企业基本情况调查表》（N131表）的上年营业收入作为权重，计算“增加”、“基本持平”、“减少”选项所占百分比。

b. 采用不加权计算百分比：直接通过企业个数计数，计算“增加”、“基本持平”、“减少”选项所占百分比。

计算各选项（“增加”、“基本持平”、“减少”）百分比时，要剔除无关项（如“不好估计”、“没有出口”、“没有进口”等），即“增加”、“基本持平”、“减少”三项的百分比之和为100%。

②指数计算：采用扩散指数法，即正向回答的百分数加上回答不变的百分数的一半。计算公式如下：

DI = “增加”选项的百分比×1 + “持平”选项的百分比×0.5

其中：供应商配送时间是逆指标。

扩散指数具有先行指数的特性，可以很方便地显示变化的趋势及变化范围。

③对于“原材料订货提前天数”，先分别按照加权方法和不加权方法计算选择“随用随买”（5天）、“30天”、“60天”、“90天”、“6个月”、“1年”企业所占的百分比，最后计算提前采购天数。提前采购天数的计算公式为：

提前采购天数 = 5 ×“随用随买”选项百分比 + 30 ×“30天”选项百分比 + 60 ×“60天”选项百分比 + 90 ×“90天”选项百分比 + 180 ×“6个月”选项百分比 + 360 ×“1年”选项百分比

（2）综合指数（PMI）的计算

PMI是一个综合指数，由5个扩散指数加权而成，即产品订货（简称订单）、生产量（简称生产）、生产经营人员（简称雇员）、供应商配送时间（简称配送）、主要原材料库存（简称存货）。这5个指数是依据其对经济的先行影响程度而定，各指数的权重分别是：订单30%，生产25%，雇员20%，配送15%，存货10%。计算公式如下：

PMI = 订单×30% + 生产×25% + 雇员×20% + 配送×15% + 存货×10%

如此计算的PMI指数，如果在50%以上，反映制造业扩张；反之，如果低于50%，通常反映其在衰退。美国ISM实证结果表明，采购经理指数在一段时间内超过42.7%，反映了整个国民经济或者说国内生产总值在扩张；如果相反，则说明经济在衰退。与50%或42.7%之间的差距表示扩张或衰退的程度。

（3）季节因素调整

由于调查结果反映了当月相对于上月的变化情况，受季节性因素影响比较明显，需要进行季节性调整。美国的PMI调查结果的季节调整因子由美国商务部提供，每年根据环境条件变化作相应调整。我们调查数据采用的季节调整方法是以纯粹的时间因素为基础，同时考虑天气变化等不规则因素，然后根据采购经理对于每个问题受季节变动影响的程度和他们在填写问卷时多大程度上考虑季节因素进行调整。

（二）中国PMI指标体系的建立过程

中国PMI指标体系的建立，经历了长达三年多的时间，可以划分为三个阶段：

第一阶段：从2002年到2004年上半年，为中国制造业PMI的调研阶段。

这期间，参与中国制造业PMI编制工作的有关单位同国外专家进行了多次交流、研讨，并开展了大量的研究与宣传工作。

（1）与国外专家进行多次交流、研讨

中国物流与采购联合会、国家统计局企业调查队、中国物流信息中心多次与美国、新加坡、中国香港、英国等专家进行交流与研讨。

（2）开展大量的研究与宣传工作

第一，中国物流与采购联合会、中国物流信息中心翻译了大量美国、英国、日本、新加坡等国PMI的资料与相关报告。

第二，设立了中国PMI专项研究课题。中国物流信息中心对PMI开展了专题研究；国家统计局企业调查队责成山东、天津和宁夏三个省（市区）的企调队也开展了PMI

的专题研究。

第三，向国家有关部门呼吁尽快建立中国 PMI。早在 2002 年，中国物流与采购联合会常务副会长丁俊发同志就在有关媒体上发表了相关文章，2003 年撰写了“建议尽快建立我国采购经理指数”一文，发表在 8 月动态清样上，并写了有关报告，同时向国家计委、经贸委、统计局、财政部报送。2004 年，丁俊发同志在《经济日报》上又发表了有关“加紧建立中国采购经理指数”的文章。中国物流信息中心向国家统计局提出了建立 PMI 统计调查制度的报告，并起草了初步的调查方案和工作计划。

第二阶段：从 2004 年下半年到 2004 年年底，为中国制造业 PMI 的推进阶段。

2004 年下半年，为加快推进中国制造业 PMI 建立，中国物流与采购联合会与国家统计局展开了密切的合作与磋商，达成了如下意见：一是为保证调查数据来源的权威性、准确性与可靠性，将 PMI 列入国家正式统计调查制度之中；二是结合双方优势，共同开展中国 PMI 调查与指标体系的建立工作。中国物流与采购联合会与国家统计局组成中国 PMI 协调工作小组，工作机构设在国家统计局企业调查队和中国物流信息中心（中国物流与采购联合会科技信息部）。

这为中国制造业 PMI 的建立完成了前期准备工作。

一是确定和完善了制造业 PMI 调查方案，包括调查行业的确定、企业抽样方法、调查对象的确定、调查问卷的设计等。

二是在山东、天津和宁夏三个省（市区）开展部分企业的试点。

三是 2004 年 9 月，在山东青岛召开了部分省市采购经理指数小型研讨会，并邀请一些企业当场试填，进一步完善方案。

四是 2004 年 10 月，国家统计局正式下发“关于开展制造业采购经理调查的通知”（国统字［2004］121 号）。

五是完成了采购经理指数全国调查样本的抽样，全国共抽取 730 家企业进行制造业采购经理指数调查，在各省企调队的帮助下，已逐一对企业进行了核实，落实到采购经理本人，并取得了企业对此项工作的支持和理解。

六是 2004 年 11 月，召开了全国 PMI 统计调查工作会议，正式布置全国 PMI 调查工作。大会就 2005 年 1 月开展中国制造业采购经理指数调查进行了部署，并针对采购经理指数的特点及其应用、采购经理调查问卷、联网上报的具体事宜开展了培训。会后，各省企调队对本省参加采购经理指数调查的所有企业分别进行了培训。

第三阶段：从 2005 年 1 月开始，全国制造业采购经理指数调查工作正式启动，进入实施阶段。

从 2005 年 1 月开始，全国制造业采购经理指数调查工作正式启动。经过一年多的试运行，取得了重要成果。

一是形成了完善的调查制度，建立了稳定的调查渠道。目前，全国制造业 20 个大行业 727 家企业的采购经理按月填报调查问卷，数据来源稳定可靠。在调查方式上，利用现代计算机手段和网络技术，采用企业联网直报方式。在组织形式上，采用一级调查、多级管理模式，即由省、自治区、直辖市企业调查队负责样本落实和更换、催报和数据审核，企业调查总队负责数据汇总，企业调查总队和中国物流与采购联合会共同负责分析研究工作。调查时间确定为每月的23～25日。采购经理指数（PMI）的发布日期，遵循国际惯例，确定在每月的第一个工作日。在调查制度的执行上，国家统计局企业调查总队负责数据的调查采集和加工处理；中国物流与采购联合会和中国物流信息中心负责数据分析、商务报告的撰写以及对社会发布。在数据的分析方面，集中了中国物流与采购联合会、中国物流信息中心、国家统计局的有关专家，同时邀请了国务院发展研究中心研究员张立群先生作为特约分析师，形成了一支阵容强大的专业人才队伍。

二是经过一年多的运行，在每月采购经理网上填报的基础性数据基础上，经过核实和汇总，建立了较为丰富的、系统的中国制造业PMI数据库。

（三）中国采购经理指数的建立在社会上引起强烈反响

中国PMI的建立，在统计调查方法和数据的可比性上实现了同国际接轨。不仅如此，中国PMI的建立也填补了我国采购领域统计方面的空白，无论是从宏观层面还是从微观层面来讲，都具有重要现实意义。首先，从宏观层面来讲，PMI是反映经济活动的重要先行性指标，透过PMI可以及时、快速地反映我国经济活动的趋势与方向，为国家宏观调控和经济预测提供重要参考依据。从微观层面来讲，PMI调查涉及企业生产、采购、销售等多个环节，几乎涵盖了企业生产经营的全过程，因而PMI以及基于PMI的商务报告对企业实际经营活动也具有重要的指导意义。

总之，中国PMI的建立，是一项开创性工作，具有重大现实意义，有关数据和分析报告自发布以来，在社会上引起了强烈反响。

1. 引起了新闻媒体的广泛关注

（1）北京新闻发布会

2005年7月6日，我国制造业采购经理指数（PMI）正式发布，引起了国内外各大媒体、证券金融机构、政府机构等的强烈关注。

2005年7月7日，经济参考报、中国经济时报、中国商报、中华工商时报、国际金融报、第一财经日报、北京现代商报、人民日报、每日经济新闻和中国证券报、证券日报、上海证券报等39家中央和地方报刊以及中国新闻网、中国债券信息网、广发证券、《中国市场》杂志等50多家网站和10多家杂志，以“我国首次发布制造业采购经理指数（PMI）”为题，进行了系统报道。上投摩根基金周报、兰德视点、奇摩股市等根据我国发布的采购经理指数，进行了经济分析和预测。

国务院发展研究中心、北京市发改委、天津市发改委经济研究院、上海市发改委等地方政府机构纷纷进行咨询并寻求合作。

（2）香港新闻发布会

2005年8月31日，在香港利丰集团的支持下，中国制造业采购经理指数（PMI）国际新闻发布会在香港成功召开。到会的媒体包括中央电视台国际频道、路透社、道琼斯通讯社、彭博资讯、华尔街日报、香港经济日报、星岛日报、明报、香港商报、成报、香港文汇报、苹果日报、香港信报、CEIC DATA、东方报业等30多家国内外著名媒体及新闻社。会上，各方媒体反应热烈。发布会后，中央电视台、香港经济日报、星岛日报、明报、香港商报、成报、香港文汇报、信报等多家媒体纷纷作了相关报道。

2. 专家给予高度评价

为保证中国采购经理指数的科学性、合理性，2005 年 4 月 27 日，中国物流与采购联合会在北京组织召开了“中国采购经理指数专家研讨会”。专家评审团由政府部门、研究机构、高等院校的权威人士、知名学者组成，具有很强的代表性、权威性。

会上，专家评审团对中国采购经理指数给予了高度评价：

（1）《中国制造业采购经理指数》指标体系的研究，适应了中国成为“世界采购中心与制造中心”的发展要求，对宏观经济监测和预测具有重要的现实意义，同时对指导企业微观经营活动也将发挥积极作用。该指标体系填补了国内空白。

（2）该指标体系是建立在对采购经理直接的调查基础之上，其数据采集方法科学，保证了数据来源的可靠性、及时性。目前已经初步建成了比较完善的调查制度和调查渠道，并形成了一套比较完整的中国制造业采购经理调查指标体系。

（3）该指标体系具有较强的针对性和实用性。在调查指标和统计方法上，一方面借鉴国际 PMI 的先进经验和成熟做法，保证国际可比性；另一方面又紧密结合中国国情，有一定的独创性。

3. 获得国内外高度重视和应用

目前，中国物流与采购联合会每月在第一个工作日发布中国制造业 PMI 指数和在此基础上撰写的商务报告。该报告报送到国务院研究室、国家发改委、商务部、财政部、中国人民银行、国务院发展研究中心等政府决策机构。PMI 指数和商务报告得到全球著名财经媒体和新闻社如道琼斯通讯社、路透社、彭博资讯等的转载和刊登，国内各大媒体如《新华社》、《经济日报》等连续全文刊登。一些海内外著名企业如西门子等公司也纷纷应用 PMI 于企业自身的经营决策之中。

四、从 PMI 看宏观经济发展变化

从国际上来看，PMI 是各国特别是发达国家反映经济活动快速及时的先行指标。通过 PMI，可以及时监测和预测经济与商业活动中出现的问题和趋势，为政府正确判断经济形势、做好经济调控工作提供科学依据。

我国从 2005 年 1 月正式开始 PMI 调查，经过一年多的实践，已经初步形成了比较完善的调查方法和制度，建立了较为系统、全面的 PMI 数据库。基于现有数据，我们开展了“PMI 与经济发展关系”研究，取得了初步的成果。

我们发现，由于目前 PMI 数据较少，PMI 同 GDP 之间的相关性不如预期那样显著，但制造业 PMI 与工业经济相关指标之间表现出了较强的相关性，比如，生产量指数的变化与工业总产值增长率的变化，出口订单指数的变化与工业行业出口交货值增长率的变化，PMI 综合指数的变化与工业增加值增长率的变化，购进价格指数的变化与生产资料价格指数的变化，相关性分别达到 0.771、0.815、0.735、0.788。从统计上讲，如果基础数据更多一些，这种相关性表现将更为突出。这反映出透过 PMI 的变化可以预测工业经济总体运行趋势。我们研究认为，随着 PMI 数据的不断积累，PMI 指标体系可以成为我国行业经济乃至宏观经济预测预警的基本工具。

（一）从国际经验看 PMI 与经济发展的关系

从国际上看，PMI 是监测经济活动的重要先行性指标，与宏观经济指标（GNP、GDP）密切相关，可预测宏观经济发展形势。

1．PMI 在经济周期活动中具有先行性

经济周期是经济运行中的起伏波动，通常把经济周期划分为上升、高峰、下降和低谷四个阶段。在周期中，我们可以看到 GDP、失业率、价格和利率的变化。

图 2 是一个典型的“上升—下降”经济周期。经济增长，首先导致失业率下降、原材料需求上升；进而引起技术短缺，供应出现“瓶颈”；原材料价格上涨，员工工资成本上升；生产的高成本传递到消费者方面，引起通货膨胀；政府通过调高利率，使经济增长减缓，经济进入下降通道；在经济增长速度减慢后，再逐步调低利率，刺激经济增长。

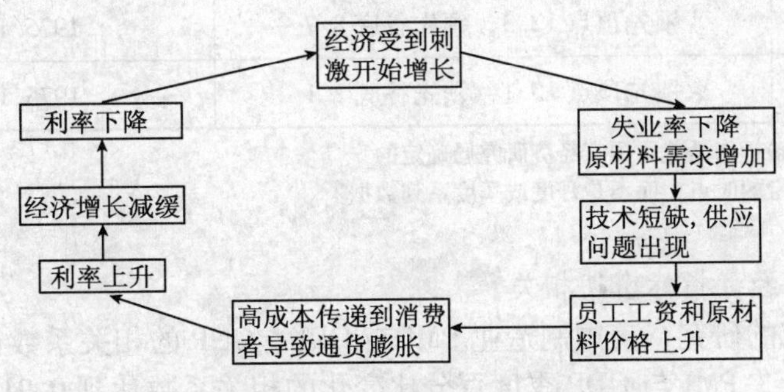

图 2　典型的“上升—下降”经济周期

在这个经济周期过程中，采购经理指数的多项指标都反映了上述变化（见图 3）。例如，新订单、生产量、采购量、雇员、供应商配送时间、价格等指数都反映了经济活动乃至经济趋势的发展与变化。

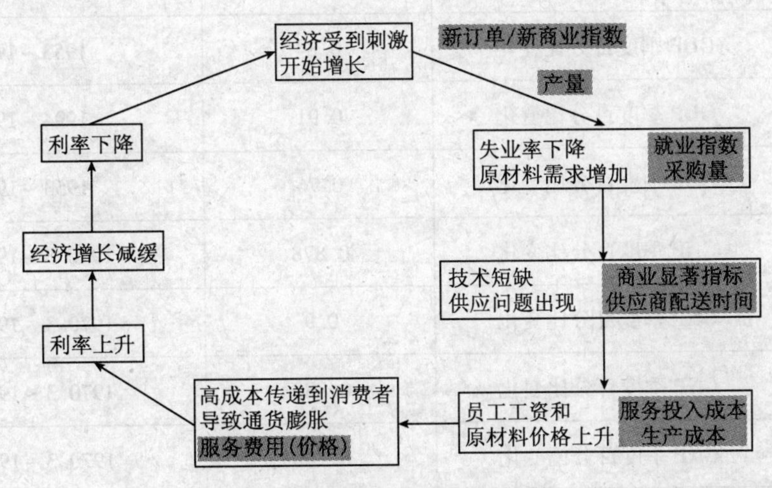

图 3　商业周期中的 PMI 指标

根据美国专家的研究，PMI 指数通常领先经济顶点 8～15.4 个月，领先经济谷底 1～8.7 个月（见表7）。PMI 中的指标如生产、新订单、库存、供应商配送、就业等也显示了在经济周期中的先导作用。

表7　　美国制造业 PMI 与商业周期的关系

PMI 指标	与商业周期的关系（月）	时　段
PMI 综合指数	领先顶点 14.9，领先谷底 3.1	1975.1～1994.9
生产	领先顶点 15.4，领先谷底 3.6	1975.1～1994.9
新订单	领先顶点 15.9，领先谷底 4.0	1975.1～1994.9
库存	领先顶点 14.1，领先谷底 1.1	1975.1～1994.9
供应商配送	领先顶点 12.3，领先谷底 8.7	1975.1～1994.9
就业	领先顶点 15.1，领先谷底 2.1	1975.1～1994.9

注：①商业周期的转折点是美国国家经济研究局确定的
②这里是指特定的时点，而不是月度或季度系列数据

2. PMI 与宏观经济指标密切相关

根据美国专家的研究，美国制造业 PMI 与 GDP、GNP 的相关系数很高，在 0.75 以上。1994～1997 年，PMI 与 GDP 季度百分比变化的相关系数达到 0.91。在 1970～1992 年长达 22 年的时间里，PMI 与 GNP 季度百分比变化的相关系数达到 0.878。同时，PMI 中的新订单、生产等指数，与 GNP 也密切相关（见表8）。

表8　　美国制造业 PMI 与 GDP、GNP 的关系

PMI 指标	经济活动指标	平均相关系数（R）	研究时期
PMI	GDP 季度百分比变化	0.84	1953～1987
PMI	GDP 季度百分比变化	0.91	1994～1997
PMI	GDP 季度百分比变化	0.76	1953～1986
PMI	GNP 季度百分比变化	0.878	1970.3～1992.6
生产	GNP 季度百分比变化	0.9	1970.3～1992.6
新订单	GNP 季度百分比变化	0.888	1970.3～1992.6
预测指数	GNP 季度百分比变化	0.742	1970.3～1992.6

（二）从 PMI 透视中国经济发展

1. PMI 总体走势反映了宏观经济发展变化

由于我国 PMI 刚刚建立，基础数据较少，PMI 同 GDP 之间的相关性定量研究尚难以开展，但我们仍然可以从 PMI 总体走势上看到二者之间的关联性波动。

从 2005 年 1 月至 2006 年 3 月，PMI 综合指数总体走势呈现出从高位下滑到逐步稳定回升的基本态势（见图 4）。

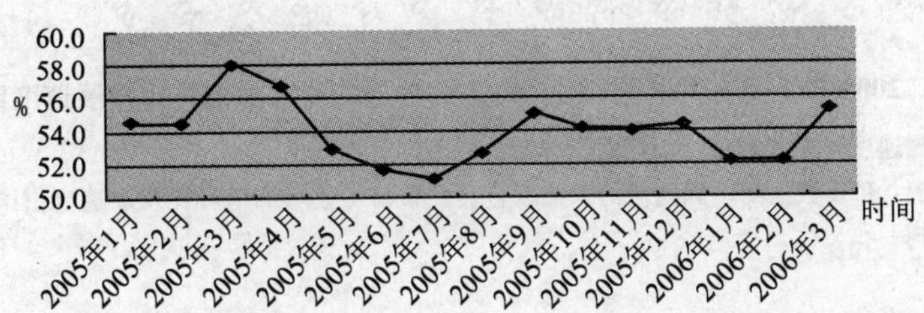

图 4　2005 年 1 月～2006 年 3 月中国制造业 PMI 走势

PMI 总体走势反映了宏观经济的发展变化。2005 年以来，我国经济增长持续升温的态势明显改变，逐步转向较高水平稳定增长，特别是结构性供求矛盾缓解，物价涨幅降低。这些调整和变化影响了企业经理人的预期，造成了 PMI 指数的起伏波动。

一般来讲，PMI 在 50% 以上，显示制造业经济的增长。从我国情况来看，2005 年 1 月～2006 年 3 月，PMI 指数平均为 54%，显示了我国制造业经济总体呈现稳定上升趋势。

2005 年，各月制造业 PMI 均在 50% 以上，全年平均为 54.1%。但从走势来看，年初与年底比较平稳，3 月是顶点，之后下滑，7 月为最低点，9～12 月在 54%～55% 之间微幅波动。PMI 走势显示了在市场供求关系趋于大体平衡、价格涨幅开始走低的环境下，企业的生产投资预期发生一些转变。由于投资、消费、出口仍然有较大增长潜力，因此企业预期的变化是在较高水平上保持稳定或小幅波动，对市场继续保持较强信心，高增长、低通胀、注重效益和质量的发展格局逐步形成。与此同时，尽管企业的发展空间仍然很大，但相互之间的竞争日趋激烈。

2006 年，由于 1、2 月经历春节长假期间，企业生产受到一定影响，PMI 有所走低。3 月 PMI 指数表现出了明显的上升，达到 55.3%，4 月的 PMI 指数进一步上升到 58.1%，反映出经济增长有逐步加快的迹象。从一季度国家宏观经济指标来看，GDP 增幅达到 10.2%，印证了经济增长加快的迹象。这反映出，PMI 指数对宏观经济运行具有一定的预警意义。

2. PMI 与工业经济相关性分析

（1）PMI 与工业增加值

从图 5 可以看出，从 2005 年 1 月到 2006 年 3 月，PMI 指数与工业增加值环比发展速度总体走势基本一致，高点与低点也比较相近，但 PMI 变化幅度要比工业总产值变化更大一些。

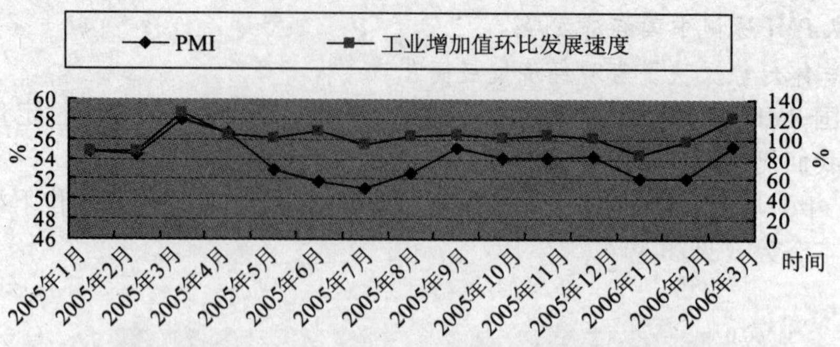

图5　2005年1月~2006年3月PMI指数与工业增加值环比发展速度比较

注：①环比发展速度＝本月数值/上月数值×100，以下同

②资料来源：PMI数据由中国物流与采购联合会发布；工业增加值环比发展速度由国家统计局发布的数据计算得到

进一步研究发现，工业增加值环比增长率的变化与PMI指数的变化二者走势更为相近（见图6）。定量研究表明，二者之间具有较强的相关性，相关系数达到0.735。这说明透过PMI指数的变化可以较好地预测工业增加值增长率的变化。

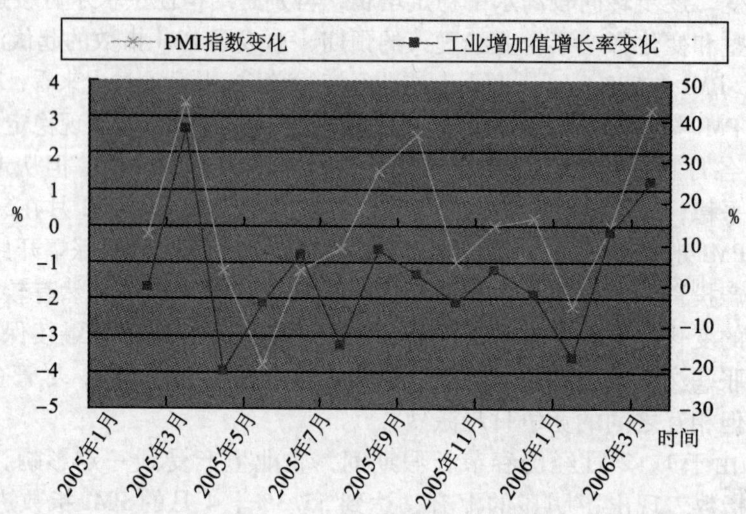

图6　PMI指数变化与工业增加值环比增长率变化比较

注：①环比增长率＝（本月数值/上月数值－1）×100，以下同

②增长率的变化＝本月增长率－上月增长率；指数的变化＝本月指数－上月指数，以下同

（2）生产量指数与工业总产值

工业总产值环比增长率的变化与生产量指数的变化，二者之间具有较强的相关性，相关系数达到0.771（见图7）。这说明透过生产量指数的变化可以较好地预测工业总产值增长率的变化。

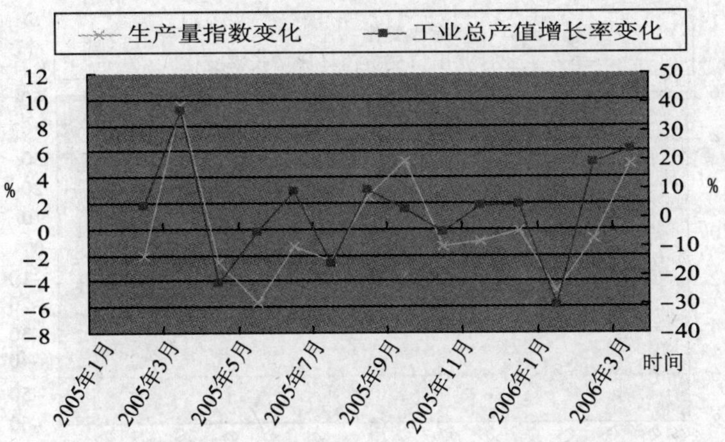

图 7　生产量指数变化与工业总产值环比增长率变化比较

（3）产成品库存指数与工业产成品库存

我们将 2005 年 1 月 ~2006 年 3 月 PMI 指标体系中的产成品库存指数与工业产成品库存指标做了对比分析。从图 8 可见，制造业产成品库存指数与工业产成品环比发展二者变化趋势很相近，并且在一定程度上产成品库存指数显示了先行的迹象。

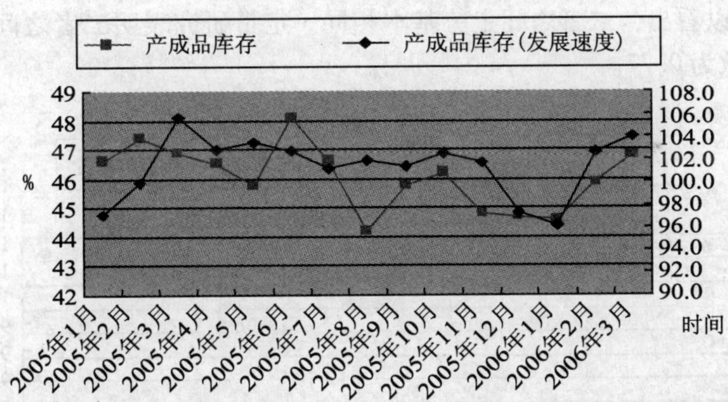

图 8　2005 年 1 月 ~2006 年 3 月产成品库存指数与工业产成品库存比较

资料来源：产成品库存数据来自国家统计局

（4）出口订单指数与工业行业出口交货值

从图 9 可见，工业行业出口交货值环比增长率的变化与出口订单指数的变化趋势相近。定量研究表明二者之间具有较强的相关性，相关系数达到 0. 815。这说明透过生产量指数的变化可以较好地预测工业总产值增长率的变化。

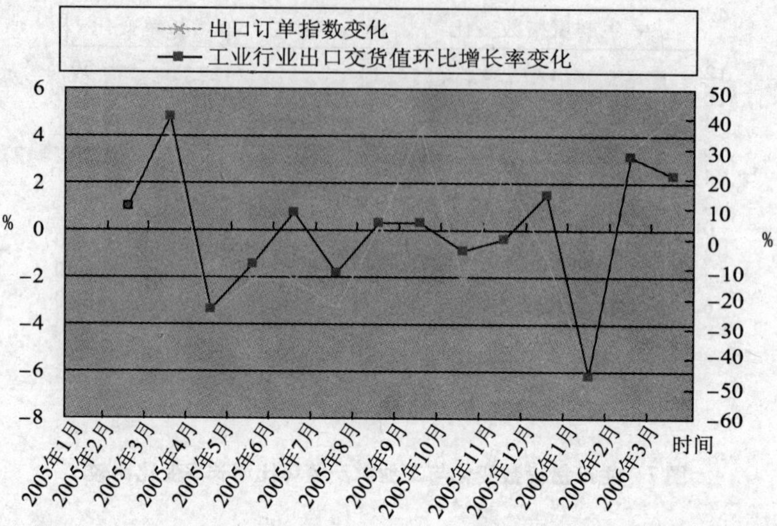

图9　出口订单指数变化与工业行业出口交货值环比增长率变化比较

资料来源：工业出口交货值数据来自国家统计局

（5）购进价格指数与生产资料价格指数

我们将PMI指数体系中的购进价格指数与生产资料环比价格指数做了对比分析研究。从图10可以看出，二者之间走势基本相同。定量研究表明二者之间存在较强的相关性，相关系数为0.77。

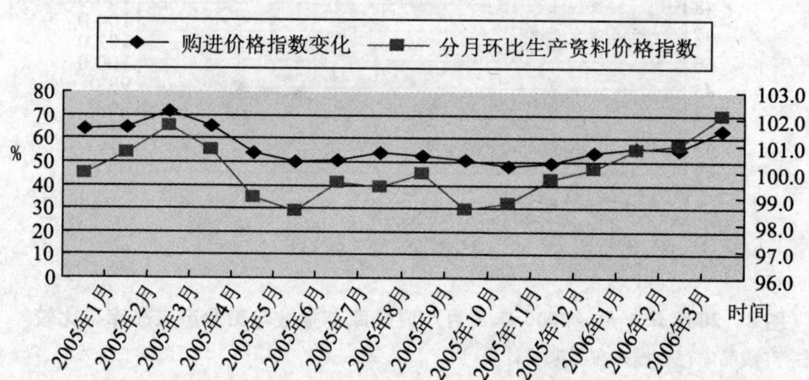

图10　2005年1月~2006年3月购进价格指数与生产资料价格指数

资料来源：生产资料价格指数来源于中国物流信息中心，是环比指数

在进一步的研究过程中，我们还发现，购进价格指数的变化与生产资料环比价格指数的变化之间相关性更强（见图11），二者相关系数达到0.788。

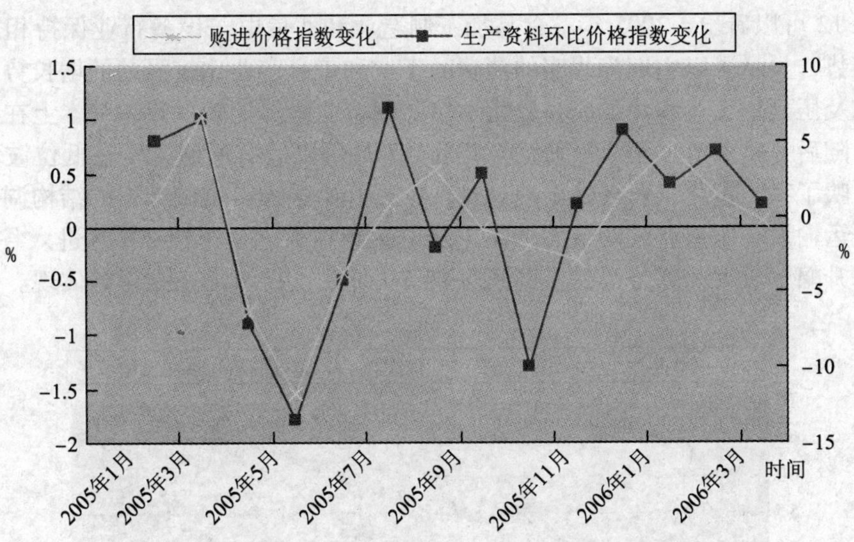

图 11　生产资料环比价格指数变化与购进价格指数变化比较

资料来源：同图 10

总之，PMI 指数与相关的工业经济指标之间存在较强的正相关，相关系数达到了 0.7 以上（见表 9）。这表明可以通过 PMI 指数的变化情况来预测工业经济发展趋势。

表 9　　我国 PMI 指数与相关工业经济指标的相关性（2005 年 1 月 ~ 2006 年 3 月）

PMI 指数	相关经济指标	相关系数
PMI 综合指数变化	工业增加值环比增长率变化	0.735
生产量指数变化	工业总产值环比增长率变化	0.771
出口订单指数变化	工业行业出口交货值增长率变化	0.815
购进价格指数	生产资料环比价格指数	0.77
购进价格指数变化	生产资料环比价格指数变化	0.788

资料来源：①工业增加值、工业总产值、工业行业出口交货值来源于统计局
②生产资料环比价格指数来源于中国物流信息中心

3. 透过 PMI 结构分析经济变化

PMI 综合指数反映了制造业经济走势的总体变化，非但如此，透过 PMI 结构还可以对制造业进行更为深入的分析，可以分析哪些产业、哪些类型、哪些区域发生了变化，尤其是对占支配性的产业、重点区域、不同产品类型，可以做深入细致的分析。

（1）行业发展变化

通过对行业的结构分析，可以了解不同行业的未来走势，从而有利于企业指导自身的生产与经营活动。

从行业来看，通信电子设备制造业、交通运输设备制造业、黑色金属冶炼及压延加工业、化学原料及化学制品制造业和食品加工业及制造业是我国制造业的支柱产业，PMI 调查中这 5 大行业占全部企业样本的 41%。

从图 12 可以看出，2005 年，食品加工制造业和通信电子设备行业保持相对平稳的高增长态势，显示了以它们为代表的消费品工业和信息产业比较强劲的增长势头。黑色金属冶炼及压延加工业和化学原料及化学制品制造业走势比较一致，基本上在 2 月份达到顶点，随后一路下滑，至 6 月份跌至谷底，7 月份以后有所回升，在低位波动。这两个行业反映了我国重化工业开始出现过剩现象，开始进入市场调节下的结构调整升级过程。交通运输设备制造业波动最大，在 3 月份达到顶点之后下滑，8 月进入谷底，9 月份之后回升幅度较大，部分反映了国家对装备工业的支持政策正在得到体现。

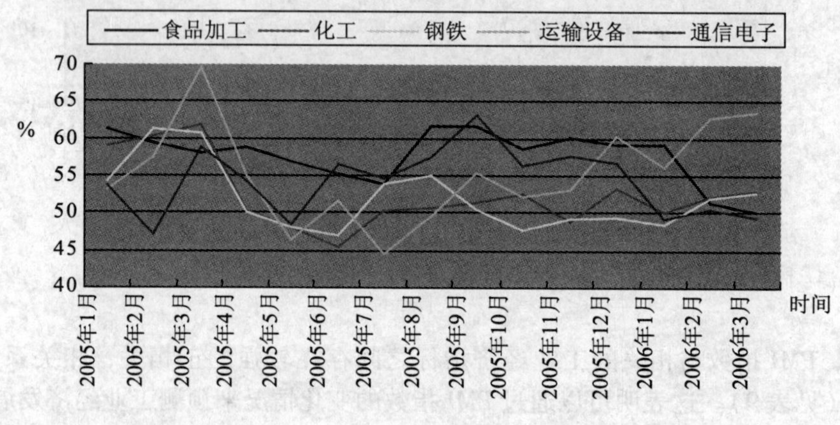

图 12　2005 年 1 月～2006 年 3 月主要行业 PMI 走势

进入 2006 年后，呈现出几个特点：第一，基础装备工业势头强劲。交通运输设备行业显示强劲增长态势，相关的专用设备、通用设备制造业均显示了较好的上升势头，反映了国家对于装备工业的支持正在加大力度；第二，黑色金属冶炼和压延业（钢铁）从 2005 年下半年的低迷状态开始上升；第三，食品加工、电子行业显示了有所下滑态势，尤其是电子计算机通信设备制造业连续 3 个月落在 50% 的临界点附近，值得关注。

（2）地区发展变化

近年来，国家加大了对中西部地区的投资和支持力度。在 2005 年 PMI 走势（见图 13）中，可以看出中部制造业的发展和崛起，全年 PMI 平均为 54.7%；东部发展势头减缓，全年 PMI 平均为 54.1%；西部相对增长略慢，全年 PMI 平均为 53.3%。但总的来说，三大区域的差异并不明显。进入 2006 年后，尤其是 2 月份以后，西部地区呈现较好的上升势头，其指数高于东部与中部。

（3）不同产品类型制造业发展变化

根据产品的性质，我们把企业分为 4 种不同类型：原材料与能源加工制造类、中间产品类、消费品类和生产用制成品类，目的是发现不同类型产品的企业变化趋势。消费品类和工业制成品类均属于最终产品，但因产品用途不同分为两类。例如，一家汽车生产企业，如果生产的产品主要是小轿车，则划入生活消费品类；如果生产的主要是货车，则归入生产用制成品类。

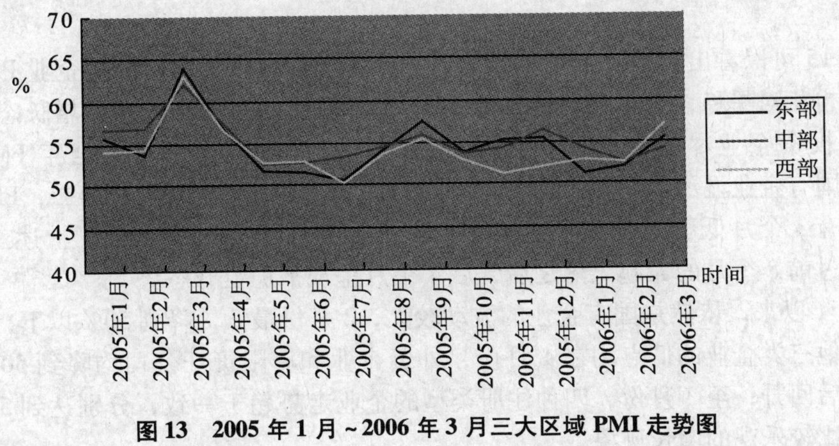

图 13 2005 年 1 月～2006 年 3 月三大区域 PMI 走势图

从 2005 年情况（见图 14）来看，中间品类与消费品类 PMI 走势相对平稳，但也显示了比较强劲的增长势头，于 3 月份达到顶点，四季度之后稳定在 55% 左右。生产用制成品波动很大，3 月份达到最高点 63.9%，之后一路下滑，至 7 月份跌至谷底，8 月份以后回升，年末接近 55%。原材料与能源类显示了比较疲弱的走势，在 2 月份达到顶点之后呈现波动下降趋势，6 月份降到最低点 46.9%，之后在临界点 50% 上下波动，显示该类企业面临结构调整升级的压力。

进入 2006 年后，情况发生了一些变化。首先，生产用制成品（主要是投资品）在 2 月份以后显示了大幅走高的趋势；第二，受油品价格持续上涨影响，原材料与能源类企业依然处于 50% 的临界点边缘，未来发展并不乐观；第三，除 1 月份受季节因素影响以外，中间品类生产企业保持较好的上升势头；第四，相对于 2005 年下半年持续增长的态势，生活消费品类企业近两个月显示有所下滑迹象，值得关注。

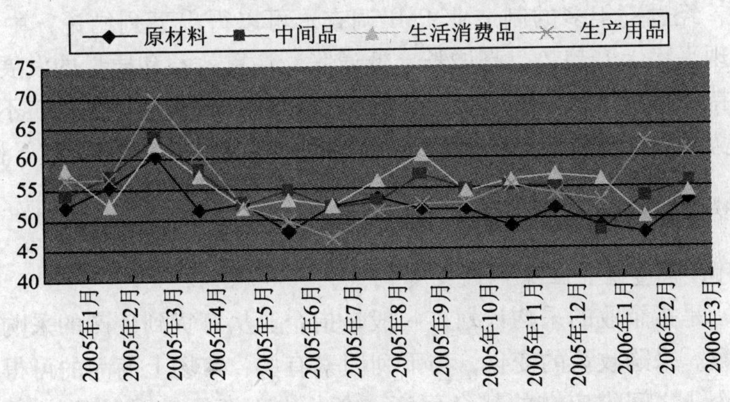

图 14 2005 年 1 月～2006 年 3 月四类企业趋势图

（4）不同注册类型制造业企业发展变化

在制造业 PMI 调查的样本中，国有企业、有限责任公司、股份有限公司和外资与港澳台投资企业分别占 12.6%、27.6%、35.6%、20.5%，合计占全部被调查企业的 96.3%。

从图 15 可以看出，2005 年，有限责任公司和股份有限公司这两类企业 PMI 走势比较接近，也相对平稳，全年平均分别为 55% 和 54.1%，呈现出较好的增长态势。外资与港澳台投资企业尽管与前两类走势趋同，但波动相对大一些，全年 PMI 平均为 53.6%。国有企业显示了与前三种企业不同的特点：第一，波动大；第二，PMI 水平较低，全年有 3 个月低于 50% 的临界点，PMI 指数平均为 51.9%，低于上述三类企业；第三，经过前 8 个月的大起大落之后，后 4 个月呈现平稳上升态势。

2006 年以来，依然是国有企业的波动较大，2 月份最低，降到 50% 以下，3 月份回升；而其他三类企业的低点均在 1 月份，外资企业和有限责任公司均降到 50% 临界点附近，之后回升；至 3 月份，四种注册类型的企业走势趋于一致，分别达到 54% 以上，均显示了比较乐观的增长迹象。

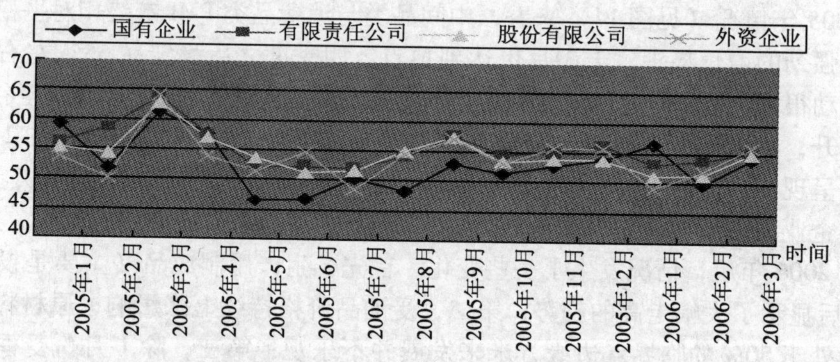

图 15　2005 年 1 月 ~2006 年 3 月四种注册类型企业走势

综上所述，经过一年多的制造业 PMI 调查，可以得出下列结论：中国制造业总体经济活跃，呈现平稳上升趋势，高增长、低通胀、注重效益和质量的发展格局正在逐步形成。但在保持总体经济稳定的基础上，经济结构在不断调整、优化，不同行业、不同类型的企业走势各异，需要进行比较深入的分析。

五、从 PMI 看微观经营环境变化

（一）从 PMI 调查看企业采购政策变化

采购政策，是指企业的采购计划，一般是指企业从订货到生产的采购前置期，大约需要提前的天数。采购政策的变化，与下列因素有关：市场上商品的可得性、运输与配送的及时性、企业之间供应链的整合程度、企业内部资源整合的程度等，因此也可以说，主要反映了三个方面的问题：一是市场上商品的供求关系；二是运输与物流是否通畅；三是企业管理水平，包括内部资源整合与外部供应链关系。观察企业采购政策的变化，其目的首先是了解现状，建立一个全国或行业、区域的平均水平；其次是有助于了解行业之间、地域之间、不同类别之间的差异，以及企业自身与行业平均水平之间的差异，将大大有助于制定相关政策与导向，也有助于广大企业进一步提高管理水平。

从2005年1月开始，中国物流与采购联合会与国家统计局企业调查总队对全国720多家企业的采购经理开展了联合调查。除了PMI各项指标以外，我们还对企业的采购政策进行了调查。由于采购的商品类别与来源不同，采购政策也各不相同。我们将采购的商品划分为四种：国内采购的原材料、进口的原材料、生产或维修用的零部件采购和生产用固定资产（主要指机器、设备）的采购。对每一种分为：随买随用（按5天计算）、30天、60天、180天和360天5种方式，再根据各种回答的比例汇总，得到平均的采购前置期。总体来看，2005年企业的采购政策随着时间的推移产生了一些变化，最明显的是原材料采购前置期缩短。下面我们对2005年以来的制造业采购政策作一简要分析。

1. 国内采购政策总体变化趋势

2005年1月~2006年3月，制造业企业采购政策发生了一些变化。从表10可以看出，第一，原材料采购，无论是国内采购还是进口的前置期均在缩短，其中国内采购前置期从44.8天减少到年末不足40天，全年平均为41.6天；进口前置期从80.5天减少到76.9天，全年平均为78.5天。第二，零部件和生产用固定资产采购前置期均有所延长，平均分别为29.1天和96.3天。

表10　　2005年以来国内采购政策变化趋势　　（单位：天）

日　期	国内原材料	进口原材料	零部件	固定资产
2005年1月	44.8	80.5	27.8	93.2
2005年2月	43.5	77	28.2	93.4
2005年3月	41.8	79.7	27.5	98.3
2005年4月	43.7	82.5	30.8	95.9
2005年5月	41.9	80.2	30.5	97.2
2005年6月	41.1	78.9	28.9	94.5
2005年7月	40.2	77.1	31.1	96.5
2005年8月	40.1	76.4	29.3	97.7
2005年9月	41.2	77.7	28.2	97.8
2005年10月	39.5	77.1	29.6	95.9
2005年11月	41.8	77.4	28.7	98.1
2005年12月	39.2	76.9	28.2	96.8
2006年1月	40.3	78.2	28.7	97.5
2006年2月	40.2	77.8	29.5	95
2006年3月	39.7	78.6	29.9	96.7
平　均	41.3	78.4	29.1	96.3

资料来源：中国物流信息中心

2. 对国有企业、有限责任公司和外资企业的比较

调查中，国有企业、有限责任公司和外资企业（包括港、澳、台投资企业）分别占全部调查企业总数的12.8%、27.7%和20.5%，合计共占61%。分析这三类企业采购政策的差异，有助于我们了解企业的差距所在。

表11 **三种注册类型企业采购前置期的比较** （单位：天）

采购前置期类型	国有企业	有限公司	外资企业	国有/外资
国内原材料	74.6	38.2	31.0	2.40
进口原材料	134.4	75.5	62.0	2.17
零部件	35.8	29.7	29.8	1.20
生产用固定资产	129.2	98.1	79.5	1.63

从表11可以看出，无论是哪种类型的采购，国有企业的采购前置期都最长，其次是有限责任公司，而外资企业的采购前置期最短。以原材料采购来看，国有企业比外资企业要长一倍多的时间，国内与进口采购的前置期分别长1.4倍和1.1倍的时间，即使比起有限责任公司，国有企业的采购时间也要分别延长93%和76%的时间。采购过程的拉长，影响了企业对客户需求的快速反应，影响了企业的正常运营和生产效率。而在采购过程拉长的背后，供应链的不畅，资金支付的困难，物流的不配套等，则是影响国有企业经济效益的重要原因，需要进一步深入研究。

3. 对三大区域的比较

从表12可见，东部、中部、西部地区企业采购前置期呈现由短到长的分布。西部地区经济不够发达、交通基础设施落后，物流水平与管理水平也相对低一些，企业采购前置期比中部与东部地区普遍延长，差距明显。

表12 **三大区域采购前置期的比较** （单位：天）

采购前置期类型	东部	中部	西部
国内原材料	36.7	45	57.5
进口原材料	72.9	84.6	98.6
零部件	29.2	28.6	29.7
生产用固定资产	89.3	103.9	117.1

注：东部、中部、西部根据国家统计局分类标准确定

4. 对烟草行业采购政策的简单分析

之所以要对烟草行业进行分析，是因为该行业无论在哪一种采购上，其采购前置期均是各行业中最长的，而且比平均水平长1倍以上。由表12可见，烟草行业在进口原材料、零部件和固定资产三个方面，其采购前置期分别是全国平均水平的2.4倍、2.1倍和1.9倍，而在国内原材料的采购上，更是全国平均水平的3.9倍。进一步观察，该

行业国内原材料采购前置期之所以长，是因为提前1年订购的企业所占比例超过30%，提前半年订购的企业所占比例在15%左右，与其他企业的差异极大。烟草行业利润较高，而采购提前期如此之长，说明提高管理水平与其经济效益之间没有直接的关系，其原因与国家垄断专营不无关系，值得认真研究。

表13　　烟草行业采购前置期与全国平均水平的比较　　（单位：天）

	国内原材	进口原材	零部件	固定资产
烟草行业	161.7	191.1	59.7	187.4
全国平均	41.6	78.5	29.1	96.3
烟草/全国	3.9	2.4	2.1	1.9

5. 主要结论

对企业采购政策的分析，既可以进行行业结构分析，也可以对三大区域进行分析，还可以对生产不同类型产品的企业比较分析，限于文章篇幅，在此不一一列举。总起来看，制造业企业采购政策呈现下述特点：

（1）总的来说，企业采购前置期随着政府政策的变化、市场供需的波动和管理水平的提高而趋于缩短。但是，企业的固定资产投资政策略有不同，企业采购前置期有所拉长。

（2）行业差异明显。五大重点行业中，黑色金属与交通运输设备制造业的采购前置期普遍长于其他三个行业，这一方面需要进一步研究原因所在，另一方面也说明这些行业提高的潜力较大。通信电子行业的采购前置期最短，显示了行业特点与企业管理的较高水平。烟草行业的采购前置期超过全部企业平均水平的1倍以上，但同时又具有较高利润，其原因与国家垄断专营不无关系。

（3）根据产品用途划分，原材料与能源类加工企业的采购前置期普遍长于其他三类企业，其原因之一是受2005年以来燃料紧缺、原材料价格始终居高不下的影响最为严重，与此同时企业经济效益也受到影响。

（4）东部、中部、西部地区企业采购前置期呈现由短到长的分布，差距比较明显，这也显示了国家支持西部开发、缩小区域差别政策的必要性。

（5）国有企业的采购前置期远远长于外资企业和有限责任公司，尤其是在原材料采购方面，表明国有企业在企业挖潜、提高管理水平方面还有很长的路要走。

总而言之，企业采购政策是宏观经济形势、市场供需、物流与供应链关系、企业管理水平的综合反映，研究各行业、各地区、各类企业的先进水平、平均水平、差异以及差异背后的深层原因，有助于为企业经营提供指导和政策支持。

（二）从PMI调查看企业经营发展中存在的问题

在PMI调查表中，有几个开放性问题：一是有关市场供需方面的问题，即价格上升、价格下降和短缺的产品，企业的回答有助于我们及时捕捉到市场供需和价格的变化。二是请采购经理回答面临的主要困难和问题。从一年多的调查情况来看，每月回答的企业大约占1/3，超过200家。由于采购经理对经济状况的反应最为敏感，因此，他们所反映的问题也非常值得重视。应该说，每月的PMI调查，不仅提供了经济各个层面的动态变化趋势，企业也对一些政府政策以及政策执行中的问题提出了反馈，为政府了解企业经济活动中存在的问题提供了有价值的渠道。通过对企业回答的分析，有助于及时了解经济运行中的问题。我们对一年多来的PMI问卷进行了分析，企业所反映的主要问题归纳如下。

1. 资金与运力紧张是影响企业的主要问题

在回答的企业中，大部分企业认为资金紧张、流动资金短缺，是影响企业生产、采购的主要因素。具体来说，有如下几个方面：一是采购资金不完全到位；二是结算要求现款现货、导致企业流动资金缺乏；三是企业之间货款拖欠的问题没有根本好转，资金回笼较慢，影响了原材料采购。一些企业认为，资金短缺已成为采购中的主要问题，影响采购成本控制效果。由于采购资金常常满足不了实际生产经营所需物资的需要，导致了在采购过程中更多地被动适应市场变化，很难准确预测市场变化并主动地利用市场变化规律降低采购成本。有些企业并建议政府能协调银行加大短期贷款力度，尤其是对重点企业。

大部分企业认为，运力紧张是导致企业成本增加的重要原因之一。铁路车皮紧张导致供货不及时，外地货源运输困难，采购周期拉长；公路运费上涨也导致了购进价格上涨。还有一些企业反映，电煤紧张，缺少正式计划，临时计划要半个月才有回音，对企业生产造成不利影响。

2. 价格问题依然困扰企业

原油等原材料价格居高不下，导致相关产品如化工原料、塑料原料、有色金属等价格在高位徘徊，加大了企业生产成本，企业利润空间受到进一步挤压，亏损面扩大。具体如下：

（1）对石油加工企业来说，原油价格居高不下，成品油顺价不到位，价格倒挂，造成加工企业亏损。

（2）很多企业反映市场变化快、价格波动大，使企业难以预测和把握市场，对成本无法控制，对经营决策带来难度。一些产品（如棉花）市场放开后市场调控能力还较弱，价格波动大。企业希望政府对原材料市场适当调控，使之良性发展，并希望了解和掌握更多的信息。

（3）近期影响企业生产的价格问题。例如，在2005年10月的调查中，有的企业反映，普通钢铁板材在四个月内每吨下降1500～2000元，钢板价格几乎每天都在变化，热轧钢板卷、螺纹钢、线材等主要产品已出现亏损，企业经营较为困难，很难把握和规避风险。个别公司（舞阳钢铁有限公司）垄断国内厚钢板（$\delta \geq 150mm$）市场，其价格居高不下、交货迟滞且需搭配其他品种销售。

（4）价格上涨和短缺的产品。根据采购经理的反馈，价格上涨和短缺的产品主要是原油、成品油、煤炭等能源产品。钢铁、有色金属和部分化工产品价格波动剧烈，需要及时跟踪。

3. 质量与管理问题

一些企业反映采购的产品质量不过关，影响生产。质量的问题与政府以及行业管理有关。反映的问题主要是：煤炭质量和数量不能完全保证；农副产品厂商服务质量较差，导致供需双方出现矛盾；国产棉花纤维偏粗、质量不过关；受生产季节性因素影响，有些原材料的市场质量不稳定；由于地方保护，高质量的原料不多；质检体系不健全，物料品质还不够稳定，供方出货前没有严格把控质量。

对上述问题，企业建议：相关质检部门深入上游原辅料生产商，推行相关可执行性的质量认证体系；加大对产品的检测、监控力度；对基础原料加工企业的管理加强规范。

4. 企业对控制采购成本和物流成本日益重视

由于原材料价格和成本上升，而大多数产成品价格只降不升，加上资金等问题，造成几方面影响：原材料库存量大大低于往年，正常生产难以为继；企业的市场预测与计划难度大大增加，很难进行成本控制；企业的利润空间受到挤压。因此，企业对物流与采购成本控制的需求日益迫切，采购风险控制成为采购工作的主要问题。

目前采购工作中存在的主要问题是：库存量有限，抗风险能力差；供货质量稳定性、交货期不能满足需求；自然灾害与突发事件对采购带来影响，缺少应急措施；部分原料需要进口，周期长。对此企业提出了一些建议：如增加地方储备，稳定物资供应；在资金承付上给予支持，迅速拉动主要原燃、材料库存，确保正常生产；解决国产原料问题，建立大型供应基地等。

企业对物流成本控制的需求也日益迫切。一些企业提到的问题与物流有关：例如进口矿石价格偏高，主要原因是物流不畅；一些非标产品材料采购周期长，影响交货期；国外配件交货时间长，很难保证时间；电子行业的国内货物需绕香港一日游，希望有所改变；进口件采购渠道少，物流控制在供方，希望加强需方查询功能；在大量客户紧急订单情况下，企业如何应对，如何缩短采购前置期；粮食的存放问题；以及危险品运输比较困难等。

对上述物流方面的问题，一些企业也对政府和行业协会提出了一些不错的建议，例如希望在政府的推动和指导下尽快建立企业诚信与信用体系，建立稳固的供应链和长期合作关系，以抵御市场风险；希望政府与行业协会在培训、提高供应商整体质量方面有所建树。

5. 某些具体行业存在的问题

除了上述普遍性问题之外，一些企业也提出了本行业中存在的问题，希望政府相关部门重视，并加以解决。简单归纳如下：

（1）钢铁行业

国家出口政策进行调整，对出口企业影响较大。

钢铁企业产品价格跌幅大于原材料跌幅，运输紧张时铁矿石不能正常供货，铁精粉价格过高。

废钢采购困难。主要原因是：国家税务局加强废钢收购行业税收管理，废钢收购行业旧有习惯操作方法违规，新的规范操作机制尚未形成，收购企业大都停业。

进口的镀锡原板行业垄断，价格较高，加工的成品价格较低。

（2）纺织行业

20/22 白厂丝价格上涨，生产成本上升，盈利困难。白厂丝价格上涨，主要受期货市场操纵影响。

棉花市场放开后，市场调控能力弱，价格波动太大，企业资金跟不上，很难适应企业发展。

某纱厂反映新疆铁路发运困难，2004 年 11 月订的原料到 2005 年 7 月还未发运，严重影响企业生产。

（3）化工行业

从 2005 年 7 月份开始，国家税务总局取消尿素产品的增值税，造成公司尿素产品无进项税，相当价格上涨 10% 左右。企业反映，从 2004 年开始，国家先后出台了一系列针对尿素产品的限价政策，但收效并不好，并不能将这些优惠政策落实给农民。

对石油加工企业来说，原油价格居高不下，成品油顺价不到位，价格倒挂，造成炼油企业亏损。

总之，PMI 调查建立起了与企业直接沟通的渠道，这是一个非常好的渠道，有必要长期培养和维护。对企业提出的问题应该高度重视，及时研究与反馈。这样，一方面有助于政府的决策，了解一些政策实施中的问题和结果；另一方面，对重点问题可以进一步调查研究，切实提高政府的服务与管理水平。

六、对中国 PMI 的思考

（一）建立中国 PMI 的基本经验总结

根据各国的经验来看，PMI 是经济预测的先行指标，其核心作用是预测经济短周期的拐点，无论是从其指标的设置、抽样样本的代表性、调查方法等各个方面都贯穿了这一思想。在中国制造业 PMI 体系的建设中，我们遵从这一思路，按照既与国际接轨又兼顾中国国情的原则，取得了一些经验。

1. 在指标选择上既考虑同国际接轨又兼顾中国国情

我们参照了美国供应管理协会、NTC 以及其他国家的做法，根据中国的国情，选定了 11 个指标作为制造业 PMI 指标，具体包括：新订单、生产、雇员、供应商配送、库存、采购价格、出口订单、积压订单、产成品库存、进口、采购量。中国、ISM 与 NTC 有关制造业 PMI 指标对比参见第三章。就上述指标，采取企业经理易懂、易填的方式分别设计了问卷问题。

其中，五个重点指数与国际完全相同。与美国比较，增加了采购量指数，用产成品库存代替用户库存。与 NTC 比较，增加了进口指数，没有产成品价格。

2. 调查样本的选取具有代表性、权威性、合理性

由于 PMI 是反映经济活动的先行指标，采用比较科学的方法，即通过调查来得出结论、进行客观判断的方法，因此，调查样本的代表性对调查结论来说至关重要。在这

方面，除了参照国外通行做法外，我们更多地考虑了中国的国情，做到充分的代表性、权威性、合理性。

（1）行业覆盖面广

由于我们从2004年下半年开始试点，因此以2003年数据为准。根据国民经济行业分类，制造业类别从13到43大类，共31个大类。我们将制造业合并为20个大类，根据各行业对GDP的贡献率分别确定了样本比例，其与国际标准工业分类（Standard Industrial Classification，SIC）的对应关系如表14。可以看出，重点行业的企业样本比例大，重要的工业产业门类如：通信设备计算机及其他电子设备制造业、交通运输设备制造业、黑色金属冶炼及压延加工业、化学原料及化学制品制造业、食品加工及制造业、电气机械及器材制造业、纺织业等行业的企业样本数都超过了40个以上，通信设备计算机及其他电子设备制造业甚至达到75家企业。

表14　　中国制造业PMI的行业分布

GB代码	ISIC码	行业名称	占GDP比重（%）	样本量（个）
13/14	15	食品加工及制造业	6.32	46
15	155	饮料制造业	2.36	17
16	16	烟草制品业	4.66	34
17	17	纺织业	5.65	41
18/19	18/19	服装鞋帽制造及皮毛羽绒制品业	4.47	33
20/21	20/36	木材加工及家具制造业	1.33	10
22/23/24	21/22/36	造纸印刷及文教体育用品制造业	3.75	27
25	23	石油加工及炼焦业	3.82	28
26	241	化学原料及化学制品制造业	7.31	53
27	242	医药制造业	3.04	22
28/29/30	243/25	化学纤维制造及橡胶塑料制品业	4.23	31
31	26	非金属矿物制品业	5.19	38
32	271	黑色金属冶炼及压延加工业	8.37	61
33	272	有色金属冶炼及压延加工业	2.67	20
34	28	金属制品业	2.88	21
35	291	通用设备制造业	4.71	34
36/40/41	292/33	专用设备及仪器仪表制造业	4.31	32
37	34/35	交通运输设备制造业	8.59	63
38	293/31	电气机械及器材制造业	6	44
39	32	通信设备计算机及其他电子设备制造业	10.33	75

（2）地域分布较为合理

企业样本的分布一方面充分考虑到了地域的代表性，另一方面兼顾了制造业总体经济的区域分布。除了西藏之外，其他30个省市均有企业参加调查。企业在东部、中部、西部的比例分别为63.6%、23.6%和12.8%。

其中，重点工业省市的企业样本比例也比较大，前五大主要省市的企业样本比例超过了40%，其样本分布如表15所示。

表15　主要省市企业调查样本

省市	个数	比例（%）
广东	74	10.18
江苏	67	9.22
山东	64	8.80
浙江	59	8.12
上海	44	6.05
合计	308	42.37

（3）企业类型以大中型为主，各种所有制类型均占有一定比例

由于PMI是预测经济的先行指标，只有大中型企业是经济的中坚力量，代表了发展方向，具有代表性。因此，我们的调查样本中，大型企业和中型企业占绝大多数，比重达到99%。

国外调查基本上是对私有企业调查，在中国经济中，国有企业依然占有一定比重。我们选取的企业样本中，股份有限公司、有限责任公司、外商投资企业和国有企业分别占35.6%、27.6%、20.5%和12.6%。这与各种类型企业在整个工业经济中的地位相适应。

（4）调查企业数量广泛

美国、欧洲、日本等国家和地区，PMI调查的企业通常只有300～400家，考虑到中国的国情，地域之广、产业类型繁多，要有足够的代表性，必须有足够的样本量。我们根据分层PPS抽样，选取了730家企业，实际参与调查的企业727家。

此外，国外调查的反馈率一般都低于80%，而我们由于建立了稳定的调查渠道，除了个别企业由于兼并、重组，发生变化之外，调查的回答率几乎为100%。

由于上述四个方面的原因，我们调查的企业具有很好的代表性、权威性、合理性。从表16可以看出，参与PMI调查的企业销售收入占国有规模以上全部工业的21%，占全部大中型工业销售收入的30%，占制造业大中型工业销售收入的35.6%。因此，我们选取的样本，应该说具有非常好的代表性。

表16　参与PMI调查的企业代表性

项目	销售收入（万亿元）	人数（万人）
参加PMI调查的企业	3	425
	所占比重（%）	
占国有及规模以上全部工业	20.95	7.39
占扣除后全部工业	24.19	8.70
占全部大中型企业	30.09	13.18
占扣除后大中型企业	35.6	18.0

注：①以上数据以2003年全年数据为准

②扣除是指扣除采掘业、电力、水、天然气等行业后的制造业

3. 建立了良好的调查渠道与机制

由于PMI指数建立在长期的、连续性的月度调查基础之上，建立良好的调查渠道与机制，确保调查数据的稳定性与连续性，是开展这项工作的基础。中国物流与采购联合会与国家统计局开展合作，非常圆满地解决了这一问题。

（1）拥有一支业务素质高、专业能力强的调查队伍

国家统计局企调队有全国的调查队伍、全国从省到重点城市的调查网络和丰富的实践经验，统计人员素质很高，在统计、调查的研究与方法上有很高的造诣。在确定了企业样本之后，采用网上直报，两级机构即城市与省市级企调队负责催报的方式。这两级机构直接针对企业，对被调查对象连续跟踪，如果企业出现兼并、重组等变化，随时进行调整，补充相似的企业，保证了企业样本的数量和数据的来源准确、可靠。

（2）建立了稳定可靠的调查渠道

调查以全国为总体，采用分层PPS抽样，以制造业行业大类为层（对于部分行业大类进行了归并，最后确定20个行业层），层内使用与企业主营业务收入成比例的概率抽样方法（PPS）。从2005年1月开展调查以来，每月报送的企业在725家以上。

（3）建立了良好的反馈机制

一项长期调查，要持久、高质量、高效率地完成，不仅需要有好的调查渠道，还需要企业的理解与配合，对企业有吸引力，要考虑满足企业的需求，对企业经营给予指导。目前，中国采购经理调查采取三方面措施，一是落实企业样本时采取自愿原则；二是对企业给予反馈，将调查结果、商务报告反馈给企业；三是起到政府与企业之间的桥梁作用，对企业在调查中反映出来的动态问题，及时汇总，报送给发改委、商务部、财政部、中国人民银行等相关部门。

4. 研究与试点先行，逐步推进与完善

中国PMI的建立经历了长达三年的时间，前期开展了大量的准备工作。中国物流与采购联合会早在2002年起就开始对PMI进行研究，翻译了大量的国外资料，开展了与国外专家的研讨和交流。国家统计局企业调查队也对PMI十分关注，专门将PMI列为2004年的研究课题。PMI体系建设是一项系统工程，如前所述，我们遵循了研究与

试点先行，逐步推进与完善的办法，获得了宝贵的经验，建立了稳定的调查渠道，重点解决PMI数据来源的可靠性、代表性、稳定性和权威性问题。

5. 注意处理好两大问题

（1）从中国的国情出发，对国外的经验加以分析，不完全照搬

PMI是对本国经济监测与预测的有效工具，而且首先是在发达国家建立起来的，其指标的确立、权重的选择以及计算分析方法是建立在对市场经济长期观察、分析与研究的基础之上。而我国的国情不同，具有下述三个特点，这是在建立我国的PMI体系和应用该指标方面必须思考和研究的问题。

①经济体制有所差异。我国正在从计划经济转向市场经济，不是完全的市场经济国家。

②企业的差异。大部分企业尚未建立起现代企业制度，企业的管理水平与国外存在一定差异。

③采购经理素质的差异。国外的采购经理一般都经过正规的培训与认证，获得了相应的资格证书，人员素质较高。我国的采购经理人员素质参差不齐，对指数的理解与认识也不尽相同。

（2）数据积累尚少，注重在研究方法上不断完善

美国制造业PMI指数从1948年开始建立，已有接近60年的历史，形成了完善、系统、科学的方法论，积累了非常丰富的经验和系统的数据资料。英国、日本、新加坡等国的PMI指数体系也有10年左右的历史。我国在2005年正式启动PMI调查，仅有1年多的历史，数据积累较少，方法上要不断完善，研究也要不断深入。

（二）现存问题

1. 指数中存在的问题

全球PMI指数的制定具有统一的方法论。PMI综合指数由五个指数加权而成：新订单、生产、库存、雇员、供应商配送时间。这五个指数分别根据它们对经济中的重要性和先行影响程度确定的权重，更重要的是，这主要是依据它们在市场经济环境下的特性来确定的。

由于中国是处于计划经济向市场经济的转轨过程之中，中国经济具有本身的一些特点，因此，有必要根据中国的国情来考察上述指标。

（1）雇员指数

雇员指数在国外是一个比较敏感的指标，反映了企业的规模和经济景气的好坏，在经济上升时雇员增加，反之就减员。因此在PMI综合指数的构成中，该指数占有20%的权重。

从2005年以来的情况来看，我国的该指数显示了三个特点：第一是比较稳定，变化不大，在48%~52%之间波动，各月基本上都有超过80%以上的企业认为没有变化；第二是平均水平不高，全年平均为50.6%；第三是其走势与PMI总指标不完全同步。这一现象反映了我国企业的一些特点，大企业尤其是国有企业承担了一部分社会责任，不能轻易裁员，也很难根据企业的生产进行人员调整。

根据我们对部分被调查企业的调查，接近45%的企业经理认为该指数没有变化，

30%的企业认为变化不大或仅有季节性变化，认为有较大变化的仅占25%。在谈到发生变化的原因时，企业兼并重组导致的变化接近五成。

因此，在对中国PMI进行分析时，需要考虑中国的具体情况。这导致两种可能性：一种是随着中国市场经济体制的不断完善，雇员指标成为比较敏感的、能及时反映经济形势的指标，那么我们仍保留它作为重要的合成指标之一，给它赋予20%的权重；另一种是赋予雇员指标相对较低的权重，同时增加更为敏感的指标。当然，这些有待于实践与积累。

(2) 供应商配送时间指标

在国际上，供应商配送时间指数是逆指数，占PMI综合指数的15%。一般来说，该指数在50%以下，表示供应商配送时间放慢、配送延迟、经济活跃、形势好转；该指数在50%以上，显示供应商配送加快、经济呈下降趋势。

从我国实际情况来看，第一，这一指标并不敏感。2005年1月~2006年3月份制造业的供应商配送时间指数一直比较稳定，各月均有90%左右的企业认为与上月变化不大，上下波动在2个百分点之内。第二，相当一部分企业采购经理认为这是一个正指标，当经济形势好的时候，配送会加快。根据我们近期对一部分企业的调查，大约80%的企业认为该指标是一个正指标。由于该指数与企业采购经理的理解有关，因此，一方面需要对已有数据进行调整；另一方面也需要对企业进一步培训，使企业完全理解该指标的含义。

2. 季节因素的调整

在国外，季节因素对PMI指数的影响不太明显。例如，在美国，每月发布的数据均为实际数据，并不进行季节因素调整。只是在每年年末，由美国商务部提供工业季节调整的因子，再据此对这一年的数据进行调整。NTC集团在协助一些国家制定PMI指数时，采用了变通的方式对当月PMI进行季节因素调整，其调整的办法被视为核心机密，并不对外透露。因此，在确定我国PMI季节因素调整因子时，存在若干难点：

(1) 缺少可借鉴的办法

第一，现有统计软件中关于季节调整方法一般是在拥有几年的历史数据基础之上，而PMI刚刚建立，缺乏这样的条件，同时又缺乏相关的、月度的政府统计指标，例如新订单、采购量、供应商配送等都没有可借鉴的历史数据；第二，国外的软件基本是根据国外的情况编制的，不符合中国的国情；第三，由于中国的春节对企业生产影响很大，春节前后对企业的影响超过半个月时间，因此在问到本月与上月比较的生产、订单等定性问题时，接近一半的企业认为是减少的，其对采购经理指数的影响非常大，必须要进行调整。

(2) 对不同指标、不同行业，季节因素影响的程度不同

PMI指数体系除了综合指数外，包括11个指数。每个指数受季节因素的影响不同，需要确定不同的季节因素调整因子。

对不同的工业行业，季节因素影响也不同，不仅是影响的程度不同，影响的方向也会产生差异。比如春节，对食品、饮料、烟草等消费品行业，可能是正面的影响。而且，对各个行业的影响程度也会因行业的特性产生差异。

上述这些问题，均有待于在实践中进一步探索。

3. PMI 指标与国家相关经济指标之间对比分析有较大局限性

到目前为止，PMI 仅有一年多的数据，数据积累不够，与相关经济指标的对比比较困难。比如制造业 PMI 指标与 GDP 的比较就存在很大难度。中国的 GDP 是季度数据，而且是累计数据，当季数据往往进行调整。目前的官方数据基本上都是与去年同期比较，而 PMI 是与上个月比较，因此比较起来存在一定的难度。这需要时间和数据的积累。

（三）未来发展思路

1. 继续完善制造业 PMI 指标体系建设

中国 PMI 指数体系是建立在对中国经济监测的基础之上，要符合中国国情。如前所说，PMI 综合指数由五个指标合成，其中雇员指数占 20%。由于雇员指数这一指标对我国来说并不敏感，我们可能需要采取两种方法并行的办法，即一方面可以根据国际惯例计算 PMI 综合指数；另一方面要根据中国的具体情况，通过历史数据来观察、分析哪个指标比较敏感，具有先行性，从而建立符合中国国情的指标体系。

2. 进一步夯实基础性工作

（1）加强对采购经理的培训工作

目前国内采购经理人员素质参差不齐，对 PMI 调查问卷的理解不同。例如，在青岛企业调查试填会上，对供应商配送所代表的经济意义理解出现差异，一些企业并未认识到这是个逆指标。因此，需要进一步加强对企业采购经理的培训，一方面更深入地讲解 PMI 的作用以及各项指标，另一方面提高中国采购经理的整体素质。

（2）研究季节因素调整方法

目前我们采用调查和一定的方法相结合，正在研究和制定可行的调整方法，这也需要不断探讨和摸索经验。

3. 加强对 PMI 的深入研究、推广与应用

需要进一步开展与政府机构、国内外研究机构、金融机构、大专院校的广泛合作，加强对 PMI 的分析，尤其是该指标体系与我国经济之间的关系。

要扩大宣传，一方面是推动政府与研究机构、投资与金融机构的应用，另一方面是扩大广大企业对该指标体系的理解与应用。

4. 着手开展非制造业 PMI 调查

根据国家统计局的数据，改革开放以来，我国服务业取得了长足发展，增加值占 GDP 的比重从 1978 年的 23% 上升到 2003 年的 33．2%。由于受多种因素影响，服务业的发展仍相对滞后，成为制约我国经济未来增长的重要因素。但我国服务业加快发展存在巨大潜力，只要采取相应的对策措施，从“十一五”开始，我国服务业有可能进入快速增长的时期，在 GDP 中的比重也将得到较快提升。

目前，国内有关服务业方面的数据非常匮乏。中国物流与采购联合会将在制造业 PMI 指标体系建设取得宝贵经验的基础上，继续与国家统计局合作，开展服务业 PMI 调查。为便于工作的开展，整个工作将参照美国与新加坡的做法，纳入非制造业 PMI 的调查，范围涵盖服务业与建筑业。非制造业 PMI 调查于 2006 年开始启动，制订调查方案、开展试点，2007 年开展正式调查。

附 录

课题组成员名单

课题组负责人： 蔡 进 中国物流与采购联合会副秘书长、中国物流信息中心主任 高级经济师

课 题 组 成 员： 吴志惠 中国物流信息中心处长、高级经济师

蔺 涛 国家统计局企业调查总队处长、高级统计师

张立群 国务院发展研究中心研究室主任、研究员

贺登才 中国物流与采购联合会研究室主任、主任编辑

闫淑君 中国物流信息中心副处长、高级经济师

陈中涛 中国物流信息中心副处长、硕士、高级经济师

叶茂盛 中国物流信息中心

李雅慧 中国物流信息中心高级工程师

终 审： 蔡 进

参考文献

[1] Tool for Supply Chain Managers Matthew D. Lindsey & Robert J. Pavur

[2] Using Manufacturing Surveys to Assess Economic Conditions Matthew Harris, Raymond E. Owens, and Pierre - Daniel G. Sarte

[3] Robert J. Bretz, C. P. M. 运用商务报告进行预测

[4] 美国供应管理协会网站，http://www.ism.ws

[5] NTC - research 网站 http://www.ntc_ research.com

[6] 丁俊发．建立中国采购经理指数具有重要意义

[7] 吴志惠．中外 PMI 的初步研究